XUEBAO BIANJI LUNCONG

2020

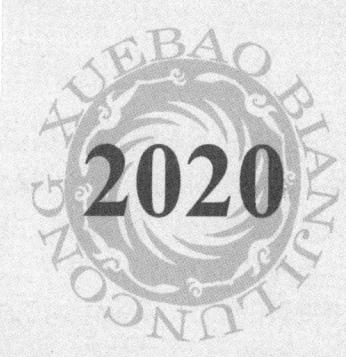

学报编辑论丛

（第27集）

主编　刘志强

上海大学出版社

内容提要

本书是由华东编协组织编辑,关于中国高校学报、学术期刊理论研究与实践经验介绍的汇编,也是系列丛书《学报编辑论丛》的第27集。全书刊载论文139篇,内容包括:学报创新与发展、编辑理论与实践、编辑素质与人才培养、媒体融合与新媒体技术应用、期刊出版工作研究 5 个栏目。本书内容丰富,具有理论研究和实际应用的参考价值,可供各类期刊和图书编辑出版部门及主管部门的编辑工作者和管理人员参考。

图书在版编目(CIP)数据

学报编辑论丛.2020 / 刘志强主编. -- 上海:上海大学出版社,2020.10

ISBN 978-7-5671-3972-5

I.①学… II.①刘… III.①高校学报-编辑工作-文集 IV.①G237.5-53

中国版本图书馆 CIP 数据核字(2020)第 201776 号

责任编辑　王　婧
封面设计　柯国富
技术编辑　金　鑫

学报编辑论丛(2020)
(第 27 集)
刘志强　主编
上海大学出版社出版发行
(上海市上大路 99 号　邮政编码 200444)
(http://www.press.shu.edu.cn 发行热线 021-66135112)
出版人　戴骏豪
*
上海华教印务有限公司印刷　各地新华书店经销
开本 787 mm×1092 mm　1/16　印张 50　字数 1 200 000
2020 年 10 月第 1 版　2020 年 10 月第 1 次印刷
ISBN 978-7-5671-3972-5/G・3149　定价:150.00 元

版权所有　侵权必究
如发现本书有印装质量问题请与印刷厂质量科联系
联系电话: 021-36393676

学报编辑论丛(2020)

（第 27 集）

主　办：华东编协

主　编：刘志强

副主编：赵惠祥　李　锋　黄崇亚　王维朗　吴学军　徐海丽
　　　　张芳英

编　委：于　杰　王金莲　王培珍　王维朗　王勤芳　毛文明
　　　　方　岩　叶　敏　朱夜明　朱学春　刘玉姝　刘志强
　　　　闫杏丽　许玉清　寿彩丽　李　锋　李力民　李启正
　　　　李国栋　李爱民　杨　贞　吴　坚　吴学军　吴赣英
　　　　余　望　张芳英　张秀峰　陆炳新　陈　鹏　陈石平
　　　　林国栋　罗　杰　郑美莺　赵惠祥　胡宝群　姚实林
　　　　贾泽军　夏道家　徐　敏　徐海丽　高建群　黄仲一
　　　　黄崇亚　曹雅坤　鲁　敏　廖粤新　潘小玲　伍传平
　　　　姚多喜

编　辑：王　婧　段　佳

上海大学出版社

前 言

2020年是不平凡的一年。这一年来，我国面临着新冠病毒肆虐和国际形势错综复杂的局面。在如此艰难的环境下，我国广大科技期刊工作者积极响应党和国家的号召，克服困难，努力工作，为我国的科技交流与传播作出了重要贡献。与此同时，很多科技期刊工作者在不断开拓思路，研究和探索我国科技期刊的创新发展之路。其中，有部分研究成果和实践经验的论文将刊登在即将出版的《学报编辑论丛（2020）》之中。本书为系列丛书《学报编辑论丛》的第27集，共刊登"学报创新与发展""编辑理论与实践""编辑素质与人才培养""媒体融合与新媒体技术应用""期刊出版工作研究"等方面的论文139篇。

纵观《学报编辑论丛》1990年第1集至2020年第27集的内容变化，可以发现，每一集论丛的内容都与我国当时的科技期刊发展热点息息相关，从中不仅可以看到中国高校自然科学学报30年来的发展，同时也可以感受到我国科技期刊群体由小变大、由弱变强、由封闭向开放、由国内发展向世界迈进的变革。如本书所刊载的论文中，就有不少论文涉及当前热点"培育一流科技期刊"的理论研究与实践探索，这充分说明了广大期刊工作者正在努力贯彻与践行党中央《关于深化改革培育世界一流科技期刊的意见》的精神。

要争创一流的科技期刊，就需要在办刊模式上不断改革，出版质量上不断提高，传播方式上不断创新。这些方面都需要广大的科技期刊工作者去积极探索和实践的，而本书所刊载的论文也都和这些主题紧密相关。如："学报创新与发展"栏目中，就有涉及专业化、国际化、集群化等方面的论文；"编辑理论与实践"栏目中，就有涉及稿件管理、编校规范、三审三校等方面的论文；"编辑素质与人才培养"栏目中，就有涉及职业规划、专业素养、编辑培养等方面的论文；"媒体融合与新媒体技术应用"栏目中，就有涉及公众号建设、媒体融合、XML编排等方面的论文;"期刊出版工作研究"栏目中,就有涉及选题策划、引证分析、出版制度等方面的论文。

华东编协30多年来坚持致力于为华东地区高校自然科学学报编辑乃至全国科技期刊工作者提供一个专业的、贴近一线编辑的学术研究和经验总结的学习交流平台,这就是已经连续编辑出版了 27 集的《学报编辑论丛》。近年来,随着我国科技期刊的快速发展和"培育一流科技期刊"的兴起,《学报编辑论丛》的影响力也在不断扩大,这不仅体现在投稿量的翻倍增长,而且也体现在作者地域的大幅扩张,从而使得每一集的论文更具实用性与代表性,也更具参考和借鉴价值。

希望本书能一如既往地得到广大科技期刊编辑、学者、专家及相关人员的喜爱与支持。

华东编协第十届理事会理事长 赵惠祥

2020 年 10 月 18 日

目　次

学报创新与发展

ACS 与 RSC 出版刊群结构分析及对我国刊群建设的启示 ·················吴万玲 (1)
责任编委制度促进编委办刊模式新转型 ···············张黄群，孙　静，夏道家 (9)
云南国际化办刊的优势探析 ·····················韩明跃，徐写秋，张　坤 (13)
提升科技期刊内容质量的措施和实践——以 Science China Chemistry 为例
　····································张学梅，郑建芬，许军舰 (19)
加快开放获取促进学术期刊走向世界一流 ·····················徐文娟 (24)
新媒体时代下我国科研单位主办科技期刊的现实困境与融合发展对策
　····································汪汇源，董定超，黄东杰 (30)
医学期刊的预印本政策：2018—2020 年文献综述 ·················陈红云 (37)
高校学报英文版的现状分析与专业化探索 ···········黄　伟，黄龙旺，蒋　霞 (44)
我国科技期刊出版管理政策的分析及建议 ······················陈　鹏 (53)
多点异地环境下军校学报终审定稿会组织模式探讨 ·················董　燕 (58)
我国科研人员对期刊开放科学数据的认知差异性分析 ······胡正君，曾　文，刘　颖 (63)
破除论文"SCI 至上"后"双一流"高校科技期刊的发展机遇和路径
　····································韩　俊，武晓耕，刘晓婷 (70)
科技期刊论文评价指标探讨 ···················宋晓林，罗　玲，商丽娜 (76)
一流学科建设背景下高校学报的发展对策 ·················丁红艺，王东方 (82)
国际四大学术期刊出版机构的同行评议标准解析 ·······瞿麟平，章雅青，曹智勇 (90)
创建"双一流"：高校科技期刊的责任和机遇 ·····················吴敬涛 (98)
"双一流"背景下高校社科学报特色化发展路径探析 ··················曲　红 (102)
科技成果分析视角下期刊发展决策研究——以吉林省为例
　····································刘东亮，张　洁，刘俏亮 (106)

Ⅰ

基于2019年中国科技期刊引证报告(扩展版)数据的中医院校高校学报学术影响力分析
··杨芳艳 (114)

高影响因子期刊中论文被引频次的差异——基于科睿唯安最新期刊引证报告的分析
···余 方,李金城 (119)

预印本平台bioRxiv剖析及对期刊的启示···姜 旭 (128)

"自上而下"策略对国内科技期刊发展的推动作用············许军舰,孙陆威,张学梅 (137)

提高科技期刊服务能力的举措刍议···杨明春 (142)

高校科技期刊管理现状及优化···刘凤祥 (147)

浅析英文科技期刊的申办·····························陈呈超,于 鑫,李佳楣 (153)

建设世界一流科技期刊背景下我国科技期刊发展策略研究············李 志,方 圆 (158)

基于SWOT分析的公安院校学术期刊发展策略·······················刘彦超,李 志 (162)

我国冶金工程学科英文科技期刊国际影响力现状及提升策略···杜 焱,蒋 伟,季淑娟 (167)

中国英文科技期刊的国际影响力提升实践——Journal of Pharmaceutical Analysis的
实践与发展···王梦杰,国 荣,邱 芬 (173)

培育中国一流科技期刊文献的主题分析——基于中国知网和万方数据库
···史格非,张 慧,黎世莹,黄 平 (179)

建设世界一流新能源材料期刊··任 杰,曹淑凤 (187)

新建本科地方高校学报的功能和内涵建设···································范玲娜,赵 杨 (193)

编辑理论与实践

不同选题论文参考文献准确性及规范问题分析················叶 靖,徐石勇,杨一舟 (197)

从编辑角度优化科技论文题名的策略·······················李小丽,周洪光,于 洋,张 伟 (204)

医学科技期刊封面和目次页编排问题分析······································龚 杰,舒 畅 (208)

文字叙述与引用图表的衔接方式···石红青 (214)

中英文破折号、连接号在科技期刊中使用的若干问题
·····················王雪莉,韩文超,刘朝阳,张雪琴,李在蓉,杜 娟,张 腾,关中原 (220)

重视中医药期刊英文摘要助推中医药国际化发展··················王尔亮,李海英 (226)

期刊论文古籍参考文献著录规则探赜···张 龙 (232)

科技期刊审稿工作中常见问题探析 ··· 孙 岩 (241)
科技论文编辑加工中的常见图表问题 ····················· 张丽红，胡 敏，阮 剑 (246)
编辑快速准确鉴别论文价值的意义与方法 ····································· 张艳霞 (255)
关于中文文献中阿拉伯数字和变量符号等并列关系成分之间的标点使用浅析
　　 ··· 阎正坤，王 静 (261)
医学学术论文"前言"撰写方法的合理性分析 ············· 张 敏，卓选鹏，黄崇亚 (266)
试论科学编辑工作的重要原则——维护编辑独立性 ······················· 徐 诺 (270)
浅谈校对工作的现状与对策 ··· 金 鑫 (276)
航海类书刊编校常见差错类型 ·· 王 露 (282)
学术论文中参考文献规范化问题的建议 ······················· 邓国臣，路素军 (294)
科学技术名词在学术期刊传播中的作用 ·· 王一凡 (298)
编校一体化下社科类学术期刊常见的编校差错类型和应对策略分析 ······· 王晓雪 (302)
文稿中的词语误用及编辑的应对 ··· 贾忠峰 (306)
证、症、征相关医学概念辨析 ···················· 成建军，张 怡，赵允南 (311)
从欧美姓氏起源角度探析包含前缀人名的著录问题 ····················· 刘晓艳 (315)
新时期校对面临的机遇与挑战 ·· 林 娜 (319)
科技论文中向量与矩阵表达的正误辨析——以《济南大学学报(自然科学版)》为例
　　 ··· 刘建亭，王 耘，刘 飚 (322)
医学科技论文层次标题的编制要点 ·································· 郑海蓉，王汝斌 (328)
学术期刊编辑如何处理和防范作者的学术不端行为 ····················· 江国平 (334)
科技论文图表编校中一致性问题例析 ··· 马攀可 (339)
学术著作中外国人名汉译的常见错误及解决方法 ·························· 逄锦伦 (345)
医学科技论文中摘要与全文内容的"一致性"探讨
　　 ··· 胡 鹭，刘国栋，向 勇，林昊阳，李 璇，邵献丽 (351)
科技论文摘要的逻辑优化研究 ···················· 丛 敏，姜雪梅，金胜迪，王治红 (356)
从作者在国外数据库中的著录情况谈中国人名汉语拼音拼写规则——以 PubMed 数据库为例
　　 ··· 张翠红 (361)
生物医学论文中 PCR 术语辨析与写作应用参考 ··············· 顾建雨，曹 灵，徐 晶 (368)

科技期刊论文英文对照部分的介词使用浅析⋯⋯⋯⋯⋯⋯⋯⋯⋯⋯蒋　霞，黄龙旺，黄　伟 (372)
英文学术期刊长句常见的语法问题解析⋯⋯⋯⋯⋯⋯⋯⋯⋯⋯⋯⋯⋯⋯⋯⋯⋯⋯⋯杨建霞 (377)

编辑素质与人才培养

科技期刊青年女性编辑成长困惑与策略分析⋯⋯⋯⋯⋯⋯⋯⋯⋯⋯⋯⋯李春红，胡晓雯 (382)
新形势下英文科技期刊青年编辑提升职业素养的主要途径
　　⋯⋯⋯⋯⋯⋯⋯⋯⋯⋯⋯⋯⋯⋯⋯⋯⋯⋯⋯杜　焱，蒋　伟，季淑娟，李忠富 (387)
提升编辑能力　助力学科发展⋯⋯⋯⋯⋯⋯⋯⋯⋯⋯⋯⋯⋯⋯⋯⋯⋯⋯⋯⋯⋯李　庚 (393)
新媒体时代科技期刊编辑沟通方式及技巧⋯⋯⋯⋯⋯⋯⋯⋯⋯刘　莉，崔　桐，蒋　函 (397)
论编辑工作者在实现文化价值中的作用及地位⋯⋯⋯⋯⋯⋯⋯⋯⋯⋯⋯⋯⋯⋯张卓文 (403)
编辑加工退修中编辑与作者间有效沟通的实现⋯⋯⋯⋯陈爱萍，余溢文，巩　倩，赵惠祥 (406)
新建地方本科高校学报编辑的初审策略与学术鉴赏能力的培养
　　⋯⋯⋯⋯⋯⋯⋯⋯⋯⋯⋯⋯⋯⋯⋯⋯⋯⋯⋯⋯⋯⋯⋯周　俊，杨灵芳，龚小兵 (411)
刍议学术期刊编辑动力生成机制⋯⋯⋯⋯⋯⋯⋯⋯⋯⋯⋯⋯张建业，樊艳芳，刘　勇 (417)
科技期刊青年编辑快速成长的方法与建议⋯⋯⋯⋯⋯⋯⋯⋯⋯⋯⋯⋯⋯⋯⋯⋯来冰华 (422)
新时期科技期刊编辑综合素质的培养与提升⋯⋯⋯⋯⋯⋯⋯⋯⋯⋯⋯⋯⋯⋯⋯王　艳 (427)
"三字经"——学术期刊编辑与作者间矛盾的解决途径⋯⋯⋯⋯⋯⋯⋯⋯⋯⋯⋯⋯袁　茹 (432)
关于出版专业技术人员继续教育的思考与建议⋯⋯⋯⋯⋯⋯⋯⋯⋯⋯⋯莫　愚，梁光萍 (438)
期刊编辑工作投入现状调查及提升策略⋯⋯⋯⋯⋯⋯⋯⋯⋯⋯⋯⋯⋯⋯龚阔英，赵　正 (442)
通过修改医学论文摘要来提高编辑的专业素养⋯⋯⋯⋯⋯⋯⋯⋯⋯⋯⋯聂兰英，张以芳 (448)
科技期刊编辑论文选题、撰写及发表⋯⋯⋯⋯⋯⋯⋯⋯⋯⋯⋯⋯⋯⋯⋯⋯⋯⋯张建军 (452)
关于科技期刊青年编辑拓展国际化视野的几点体会⋯⋯⋯⋯⋯⋯⋯⋯⋯⋯⋯⋯⋯李　锡 (455)
高校科技期刊青年编辑的成长与实践⋯⋯⋯⋯⋯⋯⋯⋯⋯⋯⋯⋯⋯⋯⋯⋯⋯⋯熊莹丽 (460)
打造当代精品力作——编辑先行⋯⋯⋯⋯⋯⋯⋯⋯⋯⋯⋯⋯⋯⋯⋯⋯⋯⋯⋯⋯高丽丽 (465)
新时代高校学报编辑政治素养研究⋯⋯⋯⋯⋯⋯⋯⋯⋯⋯⋯⋯⋯⋯⋯⋯⋯⋯⋯刘朝霞 (469)
科技期刊青年编辑焦虑的原因与突破口⋯⋯⋯⋯⋯⋯⋯⋯⋯⋯⋯⋯⋯⋯⋯⋯⋯吴领叶 (475)
全球化语境下科技期刊编辑的能力提升——以《等离子体科学和技术》为例
　　⋯⋯⋯⋯⋯⋯⋯⋯⋯⋯⋯⋯⋯⋯⋯⋯⋯李　芬，李仁红，严　慧，项　磊，许　平 (480)

媒体融合与新媒体技术应用

科技期刊微信公众号版式设计优化技巧……………………李 莉,周翠鸣,黄祖宾,蒋巧媛 (484)
参考文献著录自动录入系统的设计与实现……………………………………………包震宇 (494)
基于微信公众平台的科技期刊新媒体化探索——以《电力系统自动化》为例
　　………………………………………………………………………………孔丽蓓,许文杨 (500)
我国医药卫生类英文期刊网站建设现状及改进建议………………………………黎世莹 (505)
基于OSID开放科学计划的科技期刊融合发展模式应用…………………郑 雯,马慧群 (511)
《核动力工程》期刊媒体融合发展路径
　　………………………………杨灵芳,周 俊,黄可东,左婉玉,周 茂,杨洁蕾,邱 彦 (518)
疫情背景下体育学术期刊的媒体融合发展…………………………………………王 娟 (524)
高校社科学报栏目在数字化出版模式下的瓶颈与突围……………………………廖哲平 (530)
高校医学期刊微信公众号运营分析与优化策略…………陈 越,朱 欣,戴月卿,杨郁霞 (535)
互联网产品在科技期刊商业模式中的应用…………………………………………张 晶 (541)
新书 新课 新服务——"互联网+"5G下高等教育外语教材出版新模式……………王琳琳 (547)
人工智能技术赋能科技期刊集群平台的展望——以中国水产期刊集群平台为例
　　………………………………………………………………………………黄 历,陈 鹏 (553)
科技期刊微信公众号运营探析………………………………………………………王李艳 (557)
基于CNKI的我国科技期刊新媒体相关研究的文献数据分析
　　………………………………………………………………郑 雯,王婉芬,吕依宣,马慧群 (563)
学术期刊编辑在线排版的实践与探索——以《农业大数据学报》为例……黄 朝,郝心宁 (570)
学术科研类微信公众号对遴选"小同行"审稿人的启示………………………………于红艳 (574)
融媒背景下科技期刊开展科普工作的路径思考与实践探索……………………方 圆,李 志 (579)
北京科技大学期刊中心微信公众号运营的实践及思考
　　…………………………………………………………杜 焱,蒋 伟,李淑娟,李忠富 (584)
媒体融合与学术期刊影响力的提升…………………………………………………李 莉 (590)
高校学报微信公众号运营策略探析…………………………………………………黄 勇 (594)
科技期刊批量发行效率的提升途径………………………………………谢文亮,郑添尹 (598)

期刊出版工作研究

上海高校科技期刊的发展现状与对策研究……………王　婧,吴领叶,张芳英,刘志强（604）

中国知网数据库新冠肺炎高被引论文分析………………………董瓅瑾,段晓彦,李宏伟（609）

大数据时代高校学报档案管理中须引起重视的工作………………………………周晓薇（615）

《学报编辑论丛》研究文献特征及其图谱分析………………………王　健,贾晶晶,许　金（620）

中文临床医学论文中常见的统计学问题……………………………翟铖铖,黄丽红,贾泽军（626）

以期为单位特刊组稿模式的探索与实践………………………………………魏莎莎,余党会（632）

科技期刊培养优秀作者群路径……………………………………詹燕平,游　滨,陈移峰（637）

综合性预防医学学术期刊100篇现场流行病学论著的编撰分析
………………………符移才,吴玉霞,洪　琪,张俊焱,吕涵路,黄明敏（642）

积极应对因退稿产生的作者意见反馈………………………………………张娅彭,王紫霞（649）

普通科技期刊重细节促发展的实践探索——以《生物安全学报》为例…………杨郁霞,郭　莹（653）

加强审稿专家队伍建设　合理组织同行评议……………………………………杨凤霞,钮凯福（658）

《滨州学院学报》2005—2019年载文被引特征分析………………贾晶晶,王　健,许　金（663）

我国出版领域论文被引情况分析……………………………………丁　寒,吴晓红,李　丽（669）

科技期刊零被引和高被引论文特征分析——以《检验医学》为例…………伍潇怡,李　欣（676）

科技期刊编辑部针对学术不端的防范措施……………………………王　嘉,仲　辉,杨　琴（683）

突发事件与学术期刊选题策划——以新冠肺炎主题征文为例…………………………王　玉（687）

学术期刊与新型智库的协同发展策略——以《上海行政学院学报》为例……………周　巍（692）

2012—2019年《中华创伤骨科杂志》论文发表时滞量化分析及改进建议
………………………………………………………………张以芳,聂兰英（697）

某些高校学报编辑缘何不愿被称呼为编辑？……………………………………………刘胜兰（707）

数字化背景下学术期刊的选题策划策略…………………………………………………楼启炜（712）

大数据环境下科技期刊学术影响力评价分析——以《信息工程大学学报》为例
………………………………………………吴绍民,尤江东,颜　峻（717）

运筹学高被引期刊分析及启示——以《运筹管理杂志(JOM)》为例……………张济明（726）

提高期刊质量方法的探索——以《国际外科学杂志》为例………………………………袁　梦（734）

基于VOSviewer的英文学术期刊选题策划——以《亚洲两栖爬行动物研究(英文版)》为例

....赵鹤凌，朱 丹，毛 萍 (738)
石油类科技期刊提升国际影响力研究——以《大庆石油地质与开发》为例
....周 琴，杨家伟 (744)
科技期刊宣传推广策略与实践——以《大气与环境光学学报》为例
....王晓梅，陈文琳，胡长进，徐宽业，马 跃 (749)
英文科技期刊编辑在国际学术会议中的宣传和实践——以 Reproductive and
　　Developmental Medicine 为例..................................朱永青，赵玲颖，孙 敏 (753)
网络出版背景下学位论文析出内容再发表的思考与建议.........曾礼娜，徐婷婷，任滢滢 (759)
基于 CI 值的中文科技期刊学科影响效能分析——以电气工程学科中文科技期刊为例
....王 静，阎正坤 (764)
我国学术期刊开放获取面临的困境探析..王 倩 (771)
我国科技期刊发展与一流学科建设关系的思考——以华东师范大学统计学科及统计学
　　英文刊为例..赵 伟 (776)
编辑部严格执行《报纸期刊质量管理规定》的若干措施
....闫杏丽，胡亚敏，张淑艳，张 锴 (780)

编者的话..编委会 (785)
《学报编辑论丛(2021)》第 28 集征稿启事..................................编委会 (786)

ACS 与 RSC 出版刊群结构分析及对我国刊群建设的启示

吴万玲

(《北京化工大学学报(自然科学版)》编辑部，北京 100029)

摘要：针对我国目前科技期刊结构不足以满足学科发展需求的现状，对美国化学会、英国皇家化学会出版刊群结构特别是近年来新创办期刊群的特点进行分析，发现它们具有向细化及交叉领域扩展、在同一领域内打造不同定位期刊以及品牌化和差异化发展新创办期刊的特点。结合我国科技期刊建设中存在的客观条件，提出为刊群建设主体提供更多的自主性，引入市场化运作模式，才能紧跟学科发展，自发形成合理优化的刊群结构，为不同学科领域、不同定位的研究成果构建完善的期刊体系。

关键词：刊群结构；美国化学会；英国皇家化学会；布局特点

截至 2017 年底，我国科技期刊总量为 5 052 种，仅次于美国和英国，全世界排名第三[1]，从数量上看，是个不折不扣的"期刊大国"。然而，在期刊质量和影响力方面，与实现"期刊强国"的目标相比还有不短的距离[2]。

2018 年 11 月 14 日召开的中央全面深化改革委员会第 5 次会议审议通过了《关于深化改革培育世界一流科技期刊的意见》，提出要以建设世界一流科技期刊为目标，科学编制重点建设期刊目录，做精做强一批基础和传统优势领域期刊[3]。这为我国科技期刊的发展指明了方向，同时也表明科技期刊领域的深化改革，须以"质量"为着手点。具体到实现路径上，基于世界范围内共同面对的"趋势性"挑战和我国科技期刊固有经营模式带来的"约束性"挑战，国内科技期刊的经营者、管理者和研究者们近年来已形成了新的共识，提出集群化、市场化、产业化、品牌化等一系列期刊发展策略，其中集群化被认为是首要的前进路径[4]。骆超等[5]提出专业性学科刊群是当前我国刊群建设的核心形态和未来发展趋势；朱琳等[6]在对中国科协所属学会办刊情况及刊群建设现状进行调查分析的基础上，探讨了刊群建设的动力机制和发展措施；梁永霞等[7]通过对不同层面的业界专家进行访谈，获得了关于刊群建设的一些共识。然而在期刊集群的结构布局建设方面，鲜有文献报道。吴晓丽等[8]针对当前中国科技期刊大而不强、结构不合理等现象，应用供给侧结构性改革思维对我国科技期刊发展的路径进行了探讨，提出形成结构合理、布局科学的期刊集群，实现科技期刊的良性发展。刘天星等[9]调查了我国一线科研工作者和科技期刊从业人员对中文科技期刊发展的相关意见和建议，结果显示，在中文科技期刊发展存在的问题方面，有 39.03% 的被调查科研工作者认为当前的期刊数量和结构不足以满足学科发展需求。

化学是我国的传统优势学科，然而国内化学期刊的发展水平却与我国在该学科领域的科研水平严重不匹配。根据 Scopus 数据库 2012—2016 年发文情况统计，化学在几个优势学科中海外发表比例最高,已达 85%,且稿件质量远高于国内期刊文章[10]。要实现优质稿源的"回流",必须具备相应的具有较高影响力、结构合理且完善的期刊体系。美国化学会(American Chemical Society,ACS)是世界上最大的科技协会之一,其出版的期刊被期刊引用报告(Journal Citation Report,JCR)评为"化学领域最具影响力的期刊"[11];而英国皇家化学会(Royal Society of Chemistry,RSC)作为欧洲规模最大的非营利性化学组织,据 2013 年的 JCR 数据显示,其出版期刊的平均影响因子为 5.3,远远超过化学领域期刊的平均影响因子 2.67,且 30%的期刊影响因子在 5.0 以上[12]。因此本文以 ACS 及 RSC 出版的刊群为研究对象,通过对其刊群结构特别是近年来所创办新刊的特点进行分析,探究这两个代表性化学类刊群的期刊布局特征,并尝试总结对我国刊群建设的启示,以期为我国化学类刊群及其他学科领域刊群建设提供参考。

1 ACS 与 RSC 出版期刊基本情况

1.1 ACS 出版期刊

美国化学会出版的期刊涵盖 24 个化学主要研究领域,目前出版纸版与网络版期刊共 60 种。按照创办时间段划分的刊物信息如表 1 所示,需要指出的是其中个别期刊经历了刊名、刊登宗旨与范围的变更,本文均将此类期刊作为更名当年的新创期刊。

表 1 美国化学会不同时间段出版刊物情况

创刊年份	数量	刊名
1990 之前	23(21)	Accounts of Chemical Research, Analytical Chemistry, Biochemistry, Chemical Research in Toxicology, Chemical Reviews, Chemistry of Materials, Energy & Fuels, Environmental Science & Technology, Industrial & Engineering Chemistry Research, Inorganic Chemistry, Journal of Agricultural and Food Chemistry, Journal of Chemical & Engineering Data, Journal of Chemical Education, Journal of Chemical Information and Modeling, Journal of Medicinal Chemistry, Journal of Natural Products, Journal of the American Chemical Society, Journal of Organic Chemistry, Langmuir, Macromolecules, Organometallics, Product R&D*, The Journal of Physical Chemistry*
1990(含)—2000	7(6)	ACS Combinatorial Science, Bioconjugate Chemistry, Biotechnology Progress*, The Journal of Physical Chemistry A, The Journal of Physical Chemistry B, Organic Letters, Organic Process Research & Development
2000(含)—2010	10	ACS Applied Materials & Interfaces, ACS Chemical Biology, ACS Nano, Biomacromolecules, Crystal Growth & Design, Journal of Chemical Theory and Computation, Journal of Proteome Research, The Journal of Physical Chemistry C, Molecular Pharmaceutics, Nano Letters
2010(含)至今	23	ACS Applied Bio Materials, ACS Applied Electronic Materials, ACS Applied Energy Materials, ACS Applied Nano Materials, ACS Applied Polymer Materials, ACS Biomaterials Science & Engineering, ACS Catalysis, ACS Central Science, ACS Chemical Neuroscience, ACS Earth and Space Chemistry, ACS Energy Letters, ACS Infectious Diseases, ACS Macro Letters, ACS Materials Letters, ACS Medicinal Chemistry Letters, ACS Omega, ACS Pharmacology & Translational Science, ACS Photonics, ACS Sensors, ACS Sustainable Chemistry & Engineering, ACS Synthetic Biology, Environmental Science & Technology Letters, The Journal of Physical Chemistry Letters

注:*刊名已变更或停刊,或已不再由 ACS 出版;括号内数字为目前仍在出版的期刊数量

从作为会刊的《美国化学会会志》(Journal of American Chemical Society)创刊(1879 年)至 1990 年的 100 多年间，ACS 出版的刊物数量在 20 种左右；1990 年至 2000 年的 10 年间，新创办期刊 7 种；2000 年至 2010 年的 10 年间，新创办期刊 10 种；而在 2010 至今的不到 10 年间，ACS 新创期刊已达 23 种，基本相当于第一个 100 年间出版期刊数量的总和。

1.2 RSC 出版期刊

截至目前，英国皇家化学会共出版期刊 44 种，涵盖了化学学科的核心分支，并涉及生物学、生物物理学、能源与环境、工程、材料、医学和物理等相关领域，具体的刊物信息见表 2，其中对新创期刊的定义同 1.1 节。

表 2 英国皇家化学会不同时间段出版刊物情况

创刊年份	数量	刊名
1990 之前	10(4)	Analyst, Chemical Society Reviews, Journal of Analytical Atomic Spectrometry, Natural Product Reports, Journal of the Chemical Society Dalton Transactions*, Discussions of the Faraday Society*, Journal of the Chemical Society B: Physical Organic*, Journal of the Chemical Society C: Organic*, Transactions of the Faraday Society*, Chemical Communications(London)*
1990(含)—2000	7(6)	Chemical Communications, CrystEngComm, Faraday Discussions, Green Chemistry, Journal of Materials Chemistry*, New Journal of Chemistry, Physical Chemistry Chemical Physics
2000(含)—2010	10	Analytical Methods, Chemistry Education Research and Practice, Dalton Transactions, Energy & Environmental Science, Lab on a Chip, Metallomics, Nanoscale, Organic & Biomolecular Chemistry, Photochemical & Photobiological Sciences, Soft Matter
2010(含)至今	24	Biomaterials Science, Catalysis Science & Technology, Chemical Science, Environmental Science: Nano, Environmental Science: Processes & Impacts, Environmental Science: Water Research & Technology, Food & Function, Inorganic Chemistry Frontiers, Journal of Materials Chemistry A, Journal of Materials Chemistry B, Journal of Materials Chemistry C, Materials Chemistry Frontiers, Materials Horizons, MedChemComm, Molecular Omics, Molecular Systems Design & Engineering, Nanoscale Advances, Nanoscale Horizons, Organic Chemistry Frontiers, Polymer Chemistry, Reaction Chemistry & Engineering, RSC Advances, Sustainable Energy & Fuels, Toxicology Research

注：* 刊名已变更；括号内数字为目前仍在出版的期刊数量

从不同时间段所创办刊物的数量上看，与 ACS 相比，英国皇家化学会新创期刊在近 10 年呈现出井喷式增长，2010 年至今共创办新刊 24 种，几乎相当于之前所有时间段出版期刊数量的总和。

2 ACS 与 RSC 出版刊群结构特点分析

2.1 刊群随时间演变特点

对表 1 和表 2 中 ACS 与 RSC 在不同时间段出版的期刊进行分析比较，可以发现两者出版的刊群都随时间呈现出一定的变化，变化特征分别总结如下。

(1) ACS 出版刊群的演变特点。美国化学会早期(1990 年之前时间段)出版的期刊布局已较为完整,除了分析化学、有机化学、无机化学、物理化学、化学工程等这些传统化学分支领域,还涉及生物化学、材料化学、农业与食品、能源、环境、表面化学、高分子化学等交叉或细分领域。这也从一个方面展现出美国化学界在早期实力水平的全面性和研究的前瞻性。随着化学学科的发展,原有一些领域进一步细化,同时也涌现出许多新兴领域。为应对这一变化,ACS一方面将一些原有刊物进行调整,另一方面创办了相应的新刊物。如创刊于1896年的《物理化学杂志》(The Journal of Physical Chemistry)是物理化学领域的老牌期刊,随着涉及领域的不断扩展,现在已经演化成3本姊妹刊(The Journal of Physical Chemistry A/B/C),其中,JPCA为环境化学、地球化学和天体化学方向,JPCB为生物、液体和软物质方向,JPCC为能源、催化、光学和电磁性质及过程、纳米和混合材料方向;另外于2010年还创办了强调可将最新研究进展快速发表的《物理化学快报》(The Journal of Physical Chemistry Letters)。针对纳米、生物、能源等新兴领域,ACS分别创办了 ACS Nano、Nano Letters、ACS Chemical Biology、ACS Biomaterials Science & Engineering、Biomacromolecules、ACS Applied Energy Materials、ACS Energy Letters 等刊物。总的来说,ACS创办刊群紧跟化学学科发展,近年来呈现出向细化领域、交叉学科及新兴学科扩展的特点。

(2) RSC出版刊群的演变特点。英国皇家化学会早期(特别是1990年之前)刊物的数量和种类都不多,仅有几种专业类刊物与综述类刊物,与美国化学会出版社、Elsevier出版社和Wiley出版相比,其出版的刊物和书籍市场份额较小。在2007年对出版社作出整体评估后,RSC开始主要以市场份额增长、国际影响力提升、以客户为中心,并将技术革新的目标作了战略性规划[12]。在实施该战略性规划后,RSC创办新刊的速度急剧加快,覆盖学科领域不断扩张,同时积极开展国际合作。鉴于2011年在英国皇家化学会所出版的期刊上中国超过美国成为发表化学论文最多的国家[13],RSC作出深入中国的战略,先后与中国国家纳米中心合作创办了 Nanoscale、Nanoscale Horizons、Nanoscale Advances 等系列期刊,与中国化学会及具备相应学科优势的研究所、高校合作创办了Frontiers系列期刊(目前包括有 Inorganic Chemistry Frontiers、Materials Chemistry Frontiers 和 Organic Chemistry Frontiers)。此外,RSC还与日本东京大学iCeMS合作创办Biomaterials Science,与药物化学欧洲联合会合作创办MedChemComm,与英国毒理协会和中国毒理协会合作创办Toxicology Research。考虑到RSC发表的文章90%来自其他国家,只有10%来自英国本土的研究人员,同时其出版物有90%的全球市场,只有10%出售给英国本国的客户[13],可以说由于资源和市场两个方面的原因,RSC创办刊群呈现出开放扩张和国际合作的特点。

2.2 期刊布局特点

对表1和表2中近年来创办期刊进行分析发现,无论是ACS还是RSC,其刊群布局都趋向于呈现一种"网状"结构。该"网状"结构通过两个维度实现:一个是对细分领域和新涌现交叉领域的拓展覆盖;一个基于同一领域对刊载内容的不同定位。

从表1可以看出,2000年之后ACS出版期刊的领域不断扩大,除了化学领域中的新兴方向(如纳米、催化剂、能源等)外,还扩展至生物、医学、地空、物理等与化学交叉的领域,创办了如 ACS Chemical Biology、Journal of Proteome Research、ACS Infectious Diseases、ACS Pharmacology & Translational Science、ACS Earth and Space Chemistry、ACS Photonics、ACS Sensors 等刊物。RSC于2013年将材料化学类刊物 Journal of Materials Chemistry 分为3个子刊,其中 Journal of Materials Chemistry A 侧重于能源材料,Journal of Materials Chemistry B 侧

重于生物材料，Journal of Materials Chemistry C 侧重于光、磁及电子器件。同时，RSC 针对纳米、生物、能源、环境等新兴方向也创办了一系列新刊，如 Nanoscale 系列、Organic & Biomolecular Chemistry、Biomaterials Science、Environmental Science 系列、Sustainable Energy & Fuels 等。与 ACS 不断扩大化学与其他学科的交叉领域相比，RSC 则倾向于在化学领域的"深耕"，即化学领域内的进一步细分及不同方向间的交叉，在化学与其他学科领域的交叉方面涉足较少。

在对刊载内容的定位维度方面，ACS 基于快速发表重要科学发现的定位，在原有期刊的基础上创办了 Letters 系列，如 Environmental Science & Technology Letters(基于 Environmental Science & Technology)、The Journal of Physical Chemistry Letters(基于 The Journal of Physical Chemistry A/B/C)、ACS Macro Letters(基于 Macromolecules 和 Biomacromolecules)、ACS Materials Letters(基于 Chemistry of Materials 和 ACS Applied Materials & Interfaces)等。Letters 系列与原有刊物的影响因子(IF)和定位情况对比如表 3 所示，可以看出，在 Letters 系列推出后，原有刊物的定位基本上都调整为专注于发表完整、系统的研究成果，而以快速发表新成果为一个主要卖点，Letters 系列期刊都取得了良好的表现。ACS 另一个新近创办系列——ACS Applied 系列(除 ACS Applied Materials & Interfaces 外，其他均在 2018 年和 2019 年创刊)，包括 ACS Applied Bio Materials、ACS Applied Electronic Materials、ACS Applied Energy Materials、ACS Applied Nano Materials、ACS Applied Polymer Materials，与原有同领域方向期刊相比，则更侧重于实验和理论研究的应用性质。RSC 与中国化学会合作创办的 Frontiers 系列，目前有 Inorganic Chemistry Frontiers、Materials Chemistry Frontiers、Organic Chemistry Frontiers，所涉及的都是传统化学领域，然而都通过强调新颖性(新方法、新材料)或交叉性与原有同领域方向的期刊定位区别开来。RSC 的另一个 Horizons 系列，同样也是通过强调新概念、新思路，将新创办期刊定位为原有期刊的"高阶版"，目前看来也达到了预计的目标(Nanoscale Horizons IF 9.095，Nanoscale IF 6.97，Materials Horizons IF 14.356，Journal of Materials Chemistry A IF 10.733)。

表 3 Letters 系列期刊与原有期刊的影响因子和定位情况对比

刊名	创刊年份	影响因子	刊物宗旨(scope)
Environmental Science & Technology Letters	2014	6.934	就环境科学各方面(包括纯科学和应用科学)特殊、及时的实验或理论结果进行简短的交流，并对新兴的环境科学与技术主题进行简短的评论，描述跨学科研究或解决新兴问题的稿件尤为在感兴趣之列
Environmental Science & Technology	1967	7.149	为专业人士在广泛的环境学科内提供一个权威的信息来源，包括杂志部分和研究部分
The Journal of Physical Chemistry Letters	2010	7.329	致力于向物理化学、生物物理化学、化学物理学、物理学、材料科学领域的研究者和工程师报告新的和原创的实验和理论基础研究，具有重大的科学进步和/或物理洞察力以至于快速出版至关重要是稿件接受的一个重要标准
The Journal of Physical Chemistry A/B/C	1997/ 1997/ 2007	2.641/ 2.923/ 4.309	论文被接受的一个基本标准是它们提供了新的物理见解，请参考 New Physical Insights 虚拟专题以了解新物理洞察的内涵，只报道数据或数据应用的稿件一般不适合在 JPC A/B/C 中出版

ACS Macro Letters	2012	5.775	在聚合物科学和工程的所有领域收到广泛关注的高影响研究，包括与聚合物科学相关的跨学科研究，要表明需快速发表的关键研究结果。之前在 Macromolecules 和 Biomacromolecules 中发表的所有通信文章都将以 ACS Macro Letters 的形式出版
Macromolecules	1968	5.997	发表关于大分子科学所有基本方面的原始研究，包括合成、聚合机理和动力学、化学改性、溶液/熔融/固态特性以及有机、无机和天然多聚物的表面性质，论文需展示创新的概念、实验方法和理论方法
Biomacromolecules	2000	5.667	致力于对聚合物科学与生物学界的前沿研究进行传播，要求投稿在大分子设计、合成和表征，或聚合物材料在生物学和医学上的应用方面具有较高的创新性
ACS Materials Letters	2019	—*	在材料与化学、工程和生物学等其他学科的交叉领域，发表高质量的基础和应用研究前沿论文，特别欢迎展示多学科和创新性材料研究以应对全球挑战的论文。Chemistry of Materials 和 ACS Materials & Interfaces 将停止出版通讯类论文
Chemistry of Materials	1989	10.159	致力于发表化学、化学工程和材料科学领域的前沿、基础研究方面的原创文章，侧重于制备或理解具有不寻常或有用特性材料的理论研究和实验研究
ACS Applied Materials & Interfaces	2009	8.456	服务于化学家、工程师、物理学家和生物学家的跨学科社区，重点关注如何开发新材料和新的界面过程，并将其用于特定应用

注：* —表示还未列入 JCR 统计源的期刊

通过对原有传统学科领域刊物的定位进行调整分类，以及在不同细分领域和同一领域不同定位这两个维度上创办新刊，ACS 和 RSC 的刊群结构不断完善，化学及相关领域的不同类型稿件都可以较容易地在其中找到符合刊物宗旨的目标期刊。

2.3 刊群发展趋势特点

自 1999 年 ACS 创办首个以"ACS"作为前缀的期刊 ACS Combinatorial Science 之后，截至目前的 20 年间，已有 24 种新创办期刊被冠以"ACS"的前缀，特别是 2010 年之后所创办的期刊中绝大多数都属于"ACS 系列"。这可以解释为在近年来各类新刊不断涌现的情况下，美国化学会借助 ACS 原有期刊的品牌积累，为新刊提高辨识度和认可度的一种策略。同样的，RSC 近几年打造的 Frontiers 系列、Horizons 系列，以及定位为 Gold OA 的 Adavances 系列，都可视作品牌化发展刊群的表现。

注重新创办期刊与已有同类期刊的差异性也是新刊发展的一个策略。ACS 近两年来创办的 ACS Applied 系列，即是强调原理或方法应用性的刊群。而 RSC 由于早年的刊群规模较小，其出版期刊在很多细分领域都属于"后来者"，因此更加重视新创办期刊与对标期刊的差异性。如 RSC 2014 年创办的 Inorganic Chemistry Frontiers，与其对标期刊 ACS 的 Inorganic Chemistry(创刊于 1962 年)相比，更侧重于无机化学与有机、金属化学的交叉[14]；创刊于 2011 年的 Catalysis Science & Technology，与其对标期刊 Elsevier 的 Journal of Catalysis(创刊于 1962 年)以及 ACS 的 ACS Catalysis(创刊于 2011 年)相比，则在要求分子原子层面机理表征的同时兼顾工程应用[15]。在刊载内容上的差异化发展，既是学科领域本身不断扩展的需要，也是期刊发展的需要。

3 对我国刊群建设的启示

通过以上分析可以看出，ACS和RSC根据各自的历史积累和资源条件，为适应化学学科的发展，都分别对其刊群结构作出了相应的布局规划和调整。紧跟学科发展趋势，推进期刊种类向细化领域及交叉领域扩展，在同一领域方向上构建不同定位的期刊，以及品牌化和差异化的发展策略是它们的共同点。

近年来我国的科技期刊建设随着国家相关部门的重视和投入的增加得到了快速发展，但由于我国的出版体制和刊号审批制度，及办刊主体多元化，办刊资源分散，缺乏退出机制等客观条件的存在，出版资源难以实现市场环境下的有效配置[16]。这也造成了如化学、材料等这类优势学科，在我国拥有优质的稿件资源，却没有相应优质的出版资源的局面。王贵林等[17]对材料科学领域全球、中国期刊、中国作者发表论文的数量和影响力进行分析，结果显示，2007—2016年中国作者发表的材料科学SCI论文数量共计197 831篇，占全球总量的28.83%，而中国期刊发表的该学科SCI论文所占比例仅为4.65%；中国期刊发表的中国作者的SCI论文也只占中国作者发表论文总数的5.68%。在各个大型国际出版集团先发优势明显，纷纷抢占中国论文市场的情形下，我国的科技期刊不仅需要更大的出版规模，更需要结构合理的期刊布局，才能逐步改变优势学科优质稿源外流的局面。

ACS和RSC具有宽松的政府管理宏观环境，且均为市场化运作的科技社团，出版经营的收入是学会收入的主要组成部分[18]。这也决定了这类刊群出版主体具有敏锐、灵活的特点，能够及时洞悉学术出版需求，并根据市场对刊群结构进行调整优化。相比之下，我国的学术期刊出版机构多依靠财政资金办刊，缺乏内在的创新动力，一定程度上造成现有的期刊结构布局落后于学科发展，无法满足科研人员多方位、多层次出版需求的局面。因此可以说，我国刊群结构的问题反映的是期刊建设过程中的问题。赵少飞[19]认为科技期刊集群市场化运作能在提高工作效率的前提下获取可观的经济效益，提升市场竞争力，并提出了我国科技期刊集群组织机构的理想模式。在实践方面，北京卓众出版有限公司、煤炭科学研究总院等机构对集群化发展模式和路径都进行了有益的探索[20-21]。从实现路径上，笔者认为可以从以下几个方面加以考虑：①在现有出版主体很难变更的前提下，加强各行业/专业期刊群建设，可由相应的专业或行业学/协会牵头组织，对已有的出版资源情况进行较为全面的调研；②结合出版主体具体情况，对专业期刊群内各刊物的定位和刊物宗旨进行整体统筹，以适应该学科领域发展现状和未来的发展趋势；③对于该专业领域的新创办期刊，在创立初期即要纳入现有专业期刊群的框架下，看其是否填补了细分领域或新兴、交叉领域空白，或是在已有期刊基础上从内容定位维度方面具有差异性。

我国的刊群发展之路还有很多的问题等待解决，然而从国际上现有的成熟刊群建设经验来看，充分发挥专业化期刊群的集聚效应和品牌效应，将市场化引入刊群建设过程中，才能够使得各出版机构结合自身条件根据学术出版市场需要配置出版资源，目标更为明确地对存量期刊资源进行梳理调整，对新创办期刊进行统筹规划，让各个学科领域、各个层次的学术成果都能找到适合的期刊。

参 考 文 献

[1] 中国科学技术协会.中国科技期刊发展蓝皮书(2018)[M].北京:科学出版社,2018.
[2] 邱晨辉.中国科技期刊的"外患内忧"[EB/OL].(2017-10-30)[2019-08-01].http://zqb.cyol.com/html/2017-10/30/nw.D110000zgqnb_20171030_1-12.htm.
[3] 建设世界一流科技期刊未来可期[EB/OL].(2018-11-16)[2019-08-01].http://m.people.cn/n4/2018/1116/c28-11903651.html.
[4] 王铮.我国科技期刊刊群实现形态和路径研究[J].中国科技期刊研究,2015,26(12):1254.
[5] 骆超,钱向东,彭桃英.关于专业性学科刊群构建与发展的思考[J].编辑学报,2017,29(1):48.
[6] 朱琳,刘静,刘培一,等.中国科协刊群建设动力机制及发展措施探析[J].中国科技期刊研究,2017,28(2):190.
[7] 梁永霞,杜杏叶.国内学科化刊群建设访谈报告[J].数字图书馆论坛,2015(3):8.
[8] 吴晓丽,陈广仁.科技期刊供给侧结构性改革的思考[J].编辑学报,2019,31(2):129.
[9] 刘天星,武文,任胜利,等.中文科技期刊的现状与困境:问卷调查分析的启示[J].中国科学院院刊,2019,34(6):670.
[10] 中国科学技术协会.中国科技期刊发展蓝皮书(2017)[M].北京:科学出版社,2017:190.
[11] 陶磊.上海图书馆外文化学期刊数据库的建设与服务:以ACS及RSC数据库为例[J].河南图书馆学刊,2017,37(3):103.
[12] 宋冠群,朱晓文.英国皇家化学会办刊模式解析[J].中国科技期刊研究,2014,25(8):1009.
[13] 佚名.英国皇家化学会的中国路线图[J].国际人才交流,2011(3):23.
[14] Inorganic Chemistry Frontiers: scope [EB/OL]. [2019-08-02]. https://www.rsc.org/journals-books-databases/about-journals/inorganic-chemistry-frontiers/.
[15] SCI期刊点评:CATALSCITECHNOL[EB/OL].(2019-03-26)[2019-08-02].http://muchong.com/bbs/journal.php?view=detail&jid=8517.
[16] 刘天星.中国科技期刊集群发展之路探讨[J].中国科技期刊研究,2014,25(6):754.
[17] 王贵林,董少华,孙陆威,等.我国材料科学英文期刊的发展现状、挑战与展望[J].中国科技期刊研究,2019,30(6):649.
[18] 朱晓文,刘培一,张宏翔,等.国外科技社团期刊出版分析与借鉴[J].学会,2007(6):30.
[19] 赵少飞.科技期刊学科集群发展模式研究:以英国皇家化学会刊群为例[J].中国科技期刊研究,2018,29(4):421.
[20] 崔柳青,朱海玲,赵晶晶.从期刊群到产品群:卓众出版的集群化发展[J].传媒,2015(17):18.
[21] 朱拴成,许升阳,代艳玲,等.煤炭类科技期刊集团化管理模式与路径[J].中国科技期刊研究,2017,28(9):799.

责任编委制度促进编委办刊模式新转型

张黄群，孙 静，夏道家

(南京航空航天大学学报编辑部，江苏 南京 210016)

摘要：为了提高编委工作积极性，杜绝编委挂名现象，南京航空航天大学学报编辑部首创"责任编委"制度，以促进编委办刊模式新转型。本文总结了"责任编委"制度执行过程，并从《南京航空航天大学学报》(中、英文版)两刊"责任编委"实践中总结了该制度取得的成效，即："责任编委"制度可以从细节出发强化编委责任感，从需求出发细化编委工作内容，从过程出发推进"编辑部办刊"向"编委办刊"模式转变。

关键词：科技期刊；责任编委；编委办刊模式；机制改革

期刊的编辑委员会(以下简称"编委会")负责制定期刊的办刊宗旨、审核内容、审稿、组稿等多个环节，在很大程度上决定期刊的影响力以及学术质量[1]。根据设置的初衷，编委会不仅是期刊的主要职能机构，也是期刊核心竞争力的关键组成部分[2]。因此国内的学术期刊设置编委会是惯例，但受国内传统的"编辑部办刊"模式的影响，编委会多为"挂名"也是惯例。办刊过程中编委会工作的缺失在一个阶段限制了我国学术期刊的整体发展。

近年来，国内期刊编辑逐渐认识到传统的"编辑部办刊"模式存在的弊端，很多编辑部已经致力于向"编委办刊"模式转变，推动编委参与策划组稿、学术把关、宣传推广等办刊全流程。但编委会的专家们一般都是行业内知名学者，虽然学术影响力大，但也比较繁忙[3-4]，如何让这些专家们积极投入到办刊这一学术服务工作，编辑部除了要积极沟通联络外，还要有一些方法和策略。在这一方面，一些编辑部已有很好的措施，例如：《中国天然药物》编辑部通过编写《编委通讯》加强编辑部与编委会的黏性[5]；《药学进展》编辑部通过真诚服务编委来凝聚人心[6]；《中国中药杂志》编辑部设立了编委竞争机制，采取末位淘汰制度来激励编委工作积极性[1]；《结核病与肺部健康杂志》编辑部创立了"编委考核评价表"，并以此为依据对优秀编委实施奖励[1]；《协和医学杂志》编辑部通过"内外联动"机制调动编委积极性组织高水平稿件[7]；《机械工程学报》编辑部通过调查编委意愿、明确编委分工来提升编委会工作成效[8]；《航空学报》编辑部通过定期召开编委会、和编委一起参会等方式，进一步增进和编委的感情[9-10]，等等。

南京航空航天大学学报编辑部(以下简称南航学报编辑部)一直向优秀的期刊学习，积极尝试多种方式推动"编委办刊"模式转变，其中编辑部创新建立的"责任编委"制度成效显著。本文

基金项目：中央高校基本科研业务费前瞻性发展策略研究基金资助项目(NW202005)；江苏科技期刊研究基金重点资助项目(JSRFSTP2019A01)

介绍了"责任编委"制度的执行过程,并从工作实践中总结其取得的成效,以期抛砖引玉,和编辑同仁共同探讨我国学术期刊转变办刊模式、优化办刊机制之策略。

1 "责任编委"制度的建立

按照出版惯例,学术期刊每一期都由一名责任编辑负责当期的组稿、定稿、编校、出版及发行。为提升期刊质量、激励责任编辑从文字编校型向学术策划型转变,南航学报编辑部制定了约稿制度和专业负责制度,确定了每一个责任编辑的负责专业,以及责任编辑在该专业所要承担的策划组稿、评审编校以及宣传推广的任务目标和流程规范[11-12]。南航学报编辑部9名编辑按照相关制度积极开展工作,使得编辑部三刊有不同程度的提升,编辑专业素养也有较大提高。但是由于每个编辑掌握的学术资源有限,在开展近5年的组稿约稿工作之后,编辑们的学术策划工作逐渐感到力不从心。为了确保编辑部约稿制度的持续推进并确保整体约稿质量不断提升,编辑们急需编委给予系统、长期的指导和协助。基于此,南航学报编辑部于2018年底首创"责任编委"制度,并从2019年开始在《南京航空航天大学学报》(以下简称《南航学报》)(中、英文版)正式实施,其实施细则如下:

(1) 由各期责任编辑在自己负责的专业领域提议责任编委意向人选,经主编和编辑部共同商议通过后发出邀请。当期的责任编委指导责任编辑开展学术策划工作,或定点邀约稿件,或策划专刊/专栏。

(2) 由责任编辑负责对组织的稿件按照审稿流程进行同行评议,可请责任编委推荐小同行专家作为审稿人,确保快速专业的评审结果。

(3) 当期稿件评审完毕后,由责任编委和责任编辑联系召开编委终审会议,邀请与稿件专业相关的其他编委或资深专家参会,通过会评的方式对包括约稿在内的当期全部稿件进行终审,再次质量把关。

(4) 终审定稿后由责任编辑负责稿件编校及出版发行,将责任编委及责任编辑的姓名印至期刊封二页。

(5) 出版后由责任编辑负责将当期稿件电子版发送给责任编委,方便责任编委在学术圈进行宣传。

2 "责任编委"制度的成效

南航学报编辑部建立"责任编委"制度一年多来,编辑部在责任编委的指导下各项工作高质量推进,特别重要的是,"责任编委"制度的实施增加了编委和编辑部的工作黏性,激发了编委办刊的积极性,成效显著,具体表现在以下三个方面。

(1) 从细节出发强化编委责任感。

一般情况下,编委们科研工作繁忙,很难抽出较多的时间、精力为期刊发展献计献策[3-4]。同时,编委会成员人数众多,如果只是泛泛地呼吁编委多为期刊做贡献难免效果不佳。而"责任编委"制度定点到人、具体到期,使得责任编委对应该承担的工作无法推诿。而且,在期刊封二位置印上"责任编委"姓名,可以本能地激发编委的责任感。

在"责任编委"制度的引领和约束下,《南航学报》(中、英文版)两刊2019年12位责任编委都非常认真负责地完成了工作任务,很多编委都是主动联系,早早地询问编辑需要他做什么,变被动为主动,把期刊工作当成了自己的分内职责。

(2) 从需求出发明确编委工作内容。

如果按照编委会章程要求，编委需承担的工作包括：定期反馈学科领域的研究进展情况；约请、推荐最新或最有影响力学术论文；参与办刊方向的制定与日常管理工作；审阅稿件；组织小同行评议讨论会；推荐审稿专家；借助学术交流活动，宣传推广刊物；撰写学术论文；等等[8]。可以看出，编委工作内容涉及多个方面，如果不加以明确，热心期刊工作的编委也会觉得无从下手。"责任编委"制度可以通过责任编辑的联络和沟通，从需求出发引导编委开展工作，准确、细致、及时地为编辑部提供学术指导和支持，达到事半功倍的效果。

举例来说，《南航学报》2019年第2期计划出版"直升机技术"专刊时很需要有业内领军人物提升专刊影响力，为此，责任编委夏品奇教授不仅邀约了"武直十"总师吴希明撰写综述文章，还专程赶往杭州请刘人怀院士为专刊作序，使得专刊影响力得到跨越式提升。《南航学报》2019年第5期按照编辑的负责方向计划刊登电子计算机相关的文章，但《南航学报》在这一方向的投稿一直很少，于是第5期责任编委陈松灿教授依靠江苏省人工智能学会帮助期刊组织了11篇"人工智能+航空航天"相关领域的论文，开辟了《南航学报》的"空天智能"新方向。《南航学报》(英文版)由于未和国外出版集团合作，国际显示度有限，吸引国外稿件一直比较困难，了解期刊发展瓶颈后，责任编委们纷纷利用自己的学术资源邀约国际稿件，2019年《南航学报》(英文版)刊登国际合作稿件10余篇，即年国际论文比显著提升。

(3) 从过程出发推进编委办刊模式。

虽然国内期刊编辑们普遍认识到传统"编辑部办刊"模式存在的弊端，但向"编委办刊"模式转变也不能一蹴而就，必然要经过"编辑引导—内外联动—编委主导"的一个过程。"责任编委"制度是对此过程的一个保障和推进，能有效确保"编委办刊"模式转变的方向性。同时，责任编委的个人表率作用也会带动整个编委会的活跃度，由点及面，有效确保"编委办刊"模式转变的普及性。

通过执行"责任编委"制度，南航学报编辑部编辑和编委们意识上有转变、行动上有配合，编辑部"编委办刊"新模式已崭露头角。对"责任编委"制度的长期坚持和不断优化必将为期刊长效发展奠定坚实的基础。

3 结束语

"责任编委"制度是南航学报编辑部在从"编辑部办刊"到"编委办刊"模式转变过程中的一个小策略。编辑部从2019年开始执行该制度以来，虽然实施过程中在人选、时间、专业方向等方面仍有一些需要磨合和优化的细节，但从初步效果看，"责任编委"制度强化了编委的责任感、明确了工作职责、推进了编委办刊新模式的转变进程，还是非常值得尝试和坚持的。

"编委办刊"是优化我国学术期刊办刊机制、紧跟国际学术期刊发展趋势的重要改革方向，本文也旨在抛砖引玉，期待与编辑同仁共同探讨行之有效的改革举措。笔者相信，在全国科技期刊深化改革过程中，每个编辑部向前迈进一小步，我国整个科技期刊将会向"世界一流期刊"迈进一大步。

参 考 文 献

[1] 郭萌,范永德,李敬文,等.编委考核、激励措施助推新创办期刊影响力快速提升:以《结核病与肺部健康杂

志》为例[J].中国科技期刊研究,2018,29(8):798-805.

[2] 张立伟,姜春林.编委学术表现与期刊质量的相关性探讨:基于图书情报学期刊的文献计量研究[J].中国科技期刊研究,2014,25(9):1121-1126.

[3] 刘岗,魏海明,王婉,等.编委在科技期刊发展中的作用探讨[J].中国科技期刊研究,2015,26(3):239-243.

[4] 房玉新,金昕,方祎.科技期刊应注重开展编委及审稿人的培训活动[J].编辑学报,2019,31(2):234-236.

[5] 丁佐奇,程启厚,郑晓南.《编委通讯》促进期刊发展的实践分析及启示[J].编辑学报,2015,27(2):161-163.

[6] 杨臻峥,郑晓南.用真诚践行服务以服务凝聚人心:也谈科技期刊如何做好编委服务工作[J].编辑学报,2018,30(5):510-513.

[7] 李娜,刘洋,李玉乐,等.发挥编委潜能突破中文医学期刊发展的"瓶颈":《协和医学杂志》的实践与探索[J].编辑学报,2019,31(4):418-420.

[8] 张彤,刘丹,罗晓琪.论科技期刊编委的职责划分[J].传播与版权,2014(5):68-69.

[9] 张晗,李明敏,蔡斐.学术期刊编委会的建立与维护[J].编辑学报,2017,29(增刊2):36-38.

[10] 李明敏,徐晓,蔡菲.英文科技期刊国际编委的遴选与培养成效[J].科技与出版,2017(11):49-52.

[11] 张黄群,孙静.加强制度建设促进工作转型:以南航学报编辑部开展"哑铃型"工作模式为例[J].编辑学报,2019,31(3):324-327.

[12] 张黄群,孙静.多刊编辑部深度集约化改革模式研究:以南京航空航天大学学报编辑部3刊为例[J].编辑学报,2019,31(5):538-541.

云南国际化办刊的优势探析

韩明跃，徐写秋，张　坤

(《西南林业大学学报》编辑部，云南　昆明 650233)

摘要：通过对云南省科技期刊的现状进行调查，结合 2020 年度中国科技期刊卓越行动计划高起点新刊项目申报的相关要求，分析了云南省科技期刊国际化办刊的优势。云南争当生态文明建设排头兵，努力成为我国民族团结进步的示范区，加快推进面向南亚东南亚辐射中心，为云南科技期刊国际化办刊提供了机遇；云南素有世界文明的"植物王国""动物王国"和"有色金属王国"的美誉，丰富的资源吸引着世界各国专家学者到云南开展研究，一些成果具有国际领先水平，为国际化办刊奠定了基础；云南省高校留学生较多，来自 148 个国家，国际合作与交流水平较高，合作基础较好，成果丰硕，为创办英文期刊提供了可持续发展的良好条件，为培育国际化的审稿专家、作者群提供了保障。因此，云南省科技期刊国际化要把握政策优势，依托资源优势，抓住对外合作优势，精准定位，对标办刊，立足学科支撑，加强团队建设，利用主编领衔，充分整合资源，寻找自己的发展位置和空间，创办出高水平的国际化期刊。

关键词：科技期刊；国际化；政策优势；资源优势；国际合作；精准定位

我国的科技期刊已超过 6 000 种[1]，其中云南省 64 种，占比约为 1%。云南省科技期刊比重小，定位不准，国际化程度较低，整体发展实力较弱，强的不强，弱的太弱。科技期刊国际化定位是云南省科技期刊的一个薄弱环节，其中目标定位直接决定期刊发展的方向、特色与竞争力，特别是在地方科技期刊办刊同质化与国际化进程中的同质化背景下，竞争越来越激烈，科学精准的目标定位是科技期刊是否能走向国际化最重要的因素。依托云南省科协项目"云南省科技期刊的发展现状调查和信息数字化发展研究"，对云南省科技期刊现状进行调查，结合 2020 年度中国科技期刊卓越行动计划高起点新刊项目，分析了云南省科技期刊国际化办刊的优势，提出了国际化办刊对策。

1 国际化办刊的政策优势

2015 年 1 月，习近平总书记考察云南时指出："希望云南争当生态文明建设排头兵，努力成为我国民族团结进步示范区，加快推进面向南亚东南亚辐射中心。"[2] 国务院及云南省委、省政府围绕总书记对云南的定位分别出台了政策、提出了意见、制定了方案，不仅对云南社会经济发展指明了方向，同时也为云南科技期刊国际化办刊提供了机遇。

1.1 生态文明建设排头兵

人类社会从农耕文明到工业文明到生态文明，中国最早带领人类进入农耕文明时代，也必将引领世界进入生态文明时代，世界各国都在关注中国的发展，世界人民都渴望从中国生态文明建设中享受红利。党的十八大报告把生态文明建设纳入建设中国特色社会主义的总体布局，放在事关全面建成小康社会的战略地位。践行"绿水青山就是金山银山"理念，坚定生态良好的文明发展之路，爱护山水，敬畏自然，形成人与自然和谐发展的现代化建设新格局，推进美丽中国建设，为全球生态安全作出重要贡献。云南以建设中国最美丽省份为目标，狠抓生态文明建设，努力把云南建设成为祖国南疆的美丽花园，世界一流的健康生活目的地。云南大学的生态学研究处于全国领先水平，西南林业大学成立了西南绿色发展研究院，生态文明建设方面的成果丰硕。因此，开展生态文明建设研究已经成为世界关注的热点，创办生态文明建设相关科技期刊，势在必行，前景广阔。云南目前有《生态经济》、*Ecological Economy*两种生态方面的期刊，《西南林业大学学报》《西部林业科学》《林业建设》等 5 种林业期刊，《云南地理环境研究》1 种与环境保护相关期刊，这几种科技期刊可以围绕生态文明建设，结合实际，精准定位，逐渐走向国际化办刊。

1.2 民族团结进步示范区

云南有 25 个少数民族，其中特有民族 15 个，少数民族人口 1 593 万人，占全省总人口的33.4%，有 8 个自治州、29 个自治县。在中国共产党的领导下，推进各民族共同团结奋斗、共同繁荣发展，成功传递了民族团结进步理念，云南 26 个民族和睦相处，和谐共生，创造了民族团结、边疆稳定、社会和谐、跨越发展的良好局面[3]。为世界各国解决民族问题贡献了中国智慧及中国方案，成为多民族国家团结发展的样板。云南大学的民族学研究处于世界领先水平，云南只有《云南民族大学学报》《中国民族民间医药》2 种科技期刊，向世界宣传云南民族学研究成果是远远不够。未来打造民族团结相关方面的科技期刊，优势明显，推动各民族文化繁荣发展，深化各民族对中华文化和中华民族的认同，保护各民族文化多样性意义重大。

1.3 面向南亚东南亚辐射中心

云南是"一带一路"建设和长江经济带发展战略的交汇点，是我国连接南亚东南亚的重要通道，主动服务和融入国家战略，全力推进辐射中心建设，利用人缘相亲、地缘相近、商缘相通、文缘相融的独特优势，云南与南亚东南亚国家开展文化艺术、科学技术、经济贸易等全方位交流合作，成为中国参与大湄公河次区域合作的主体省份。一年一次"中国昆明出口商品交易会"，连续成功举办了 5 届南博会及 2 届中国-南亚合作论坛，增强了睦邻友好关系，加深了南亚及东南亚各国对我国实施"一带一路"倡议的响应与认同。为了打造开放包容新平台、架设人文交流新桥梁、构筑互联互通新枢纽、营造一流市场化法制化国际化营商环境，云南建设了中国(昆明)南亚东南亚研究院、优化提升中老共建的中国-老挝可再生能源开发与利用联合实验室，中斯共建的中国-斯里兰卡绿色植物资源研发实验室，云南与老挝共建的滇老热带亚热带天然药物资源调查研究联合实验室和滇老建设工程质量检验检测中心，推动中国-缅甸生物资源与生态保护联合实验室 5 个有影响力的联合研发机构，为创办国际化科技期刊提供了很好的政策环境。目前中国社会科学院亚洲太平洋研究所《南亚研究》，云南省社会科学院主办《东南亚南亚研究》，均为中文期刊，编委会没有聘请国际专家，很少录用国外论文，几乎没有组织国际相关学术会议，没有主动进入国际数据库，国际影响力较低。因此，以南亚东南亚为辐射窗口，推动云南部分水平相对较高的期刊逐渐走国际化道路，条件较好，机会较多，同时还能推荐和宣传中国先进科学技术文化，树立文化自信，实现人文与道路相通，增强互信，和谐发展。

2 国际化办刊的资源优势

云南省地处祖国西南边陲，是全国重点林区，也是世界十大生物多样性核心区域之一，有 105 个森林类型里蕴藏着 17 000 多种高等植物和 1 360 余种陆生野生脊椎动物，分别占全国总数的 62.9%和 58.2%，25 434 个物种，395 种动植物被国家重点保护，素有世界文明的"植物王国""动物王国"和"有色金属王国"的美誉。丰富的资源吸引着世界各国专家学者到云南开展研究，研发出一些代表国际水平的科研成果，为国际化办刊创造了良好的条件。

2.1 植物王国

全国约 3 万种高等植物，云南已经发现了 1.7 万种，占 56.7%。具有国家重点保护野生植物 153 种，约占全国的 41.6%。其中，国家一级重点保护野生植物 45 种；国家二级重点保护野生植物 108 种，至今已建立不同类型、不同级别的自然保护区，使全省自然环境和生物多样性以及 90%以上的珍、稀、濒、危野生动植物种得到有效保护。云南有 6 种相关科技期刊，其中 Plant Diversity 聘请了外籍主编，组建了国际编委会，扩充了国际稿源，已被 SCI 收录；《西南林业大学学报》《西部林业科学》为中文核心期刊，虽然加入了一些国际数据库，但没有国际化的审稿专家、国际化的稿源，国际化程度不高。另外，北京林业大学主办 Forest Ecosystems 及东北林业大学主办 Journal of Forestry Research 具有国际视野的主编，国际化的专家，国际范围的稿源，国际化水平较高，已被 SCI 收录。云南作为"植物王国"，为相关科技期刊打下了坚实的基础，创办的 3 种英文期刊为其他科技期刊提供了成功的样板，指明了方向，树立了信心。

2.2 动物王国

我国公布的 402 种重点保护野生动物和 257 种(类)重点保护野生植物中，云南省各有 215 种和 124 种(类)，分别占总数的 53.5%和 48.2%。有脊椎动物 1 737 种，占全国的 58.9%。其中鱼类中有 5 科 40 属 250 种为云南特有，主要特色物种有滇金丝猴、绿孔雀、小熊猫、蟒、亚洲象、抗浪鱼等。国家一级重点保护野生动物 60 种；国家二级重点保护野生动物 182 种。动物资源是人类生存发展必不可少的物质基础，它的开发利用可为人类带来巨大的财富。云南完全刊登动物研究方面的科技期刊只有 Zoological Research 一种，于 2018 年 12 月被 SCI 收录；相关期刊有《云南农业大学学报》《西南林业大学学报》，偶尔也会刊登少量动物学方面的论文。因此，专业性科技期刊数量太少，可开发的资源还有很多，精准定位，完全可以打造更多国际化品牌期刊。

2.3 有色金属王国

云南目前已发现矿产 150 余种，探明储量的有价值的矿产 92 种，其中储量位居全国前三名的有 25 种，矿产储量居前十位有 54 种，居全国首位的矿有锡、锌、镉、铟、铊、青石棉及石墨[4]。云南有《贵金属》《云南冶金》2 种相关科技期刊，其中《贵金属》为中文核心期刊。总体评价，2 种期刊没有聘请国际专家，没有刊登国际论文，没有搭建国际平台，国际化水平不高，国际定位不准，最有希望再打造一种具有国际影响力的科技期刊。

3 国际化办刊的对外合作优势

2018 年云南省高校招收留学生 1.8 万多人，位居全国第 8 位，留学生来自 148 个国家。其中，南亚东南亚国家留学生 15 952 人，占全省外国留学生总数的 85%，云南省高校加大与国外院校的合作力度，增强"留学云南"吸引力，与柬埔寨、老挝共建海外中国文化中心云南省逐渐成为南亚东南亚国家来华留学重要目的地。其中西南林业大学内设对外合作处、亚太森林组织昆明中心、国际学院、亚太林学院等管理、教学、培训、科研机构，与美国、巴西、俄罗斯、韩国、日本、澳大利亚、新西兰等 23 个国家的 61 所知名大学、科研机构、国际组织签署合作协议，在人才培养、科学研究、师生交流等方面开展了全方位的国际合作与交流，合作基础较好，成果丰硕。亚太森林组织昆明中心先后在国内、外组织培训班共 23 期，培训来自包括秘鲁、墨西哥、斯里兰卡、印度、孟加拉、尼泊尔、缅甸、泰国、柬埔寨、越南、老挝、马来西亚、印度尼西亚、菲律宾、斐济、文莱、巴布亚新几内亚、蒙古、不丹等 21 个经济体政府的林业高、中级技术人员，输出中国在森林恢复与可持续管理方面的理念、技术与成功实践经验，开展了区域性的林业发展研究项目，对区域性的林业政策、森林管理的运行机制、数据收集和信息分析等进行研究，掌握和了解区域性及各经济体林业发展的需求和动态变化；积极开展区域性的林业国际合作与交流，支撑学校教育国际化，发挥平台作用，成为亚太地区具有影响力的国际林业中心。云南大学、云南农业大学、云南民族大学也与很多国家建立合作关系，与法国、美国、加拿大、瑞典、埃及等国多个大学和研究机构保持着长期、稳定的合作关系，共同培养学生，共同建立研发机构，为英文期刊的创办奠定良好的基础。南亚东南亚研究院、中国科学院昆明植物所及动物所、国家高原湿地研究中心、西南绿色发展研究院等研究单位，国际交流合作多，研究水平高，很多研究成果处于国内领先、国际先进水平，为云南国际化办刊提供了较好的支撑条件。云南高校学报编辑部多年来与 Springer Nature、Elsevier、科学出版社、科爱公司、北京仁和汇智信息技术有限公司等建立了良好的合作关系，能够在期刊国际平台合作、投审稿系统建立、网站平台搭建、期刊排版与出版、期刊 OA 宣传等方面提供国际化、高水平的服务。因此，云南具有较好的国际合作基础，为创办英文期刊提供了可持续发展的条件，为培育国际化的审稿专家、国际化的作者群提供了保障。

4 云南省国际化办刊的建议

云南地处中国西南边陲，虽然具有政策优势、资源优势及外合作优势，但云南社会经济及科技文化相对落后，科技期刊国际化思想意识不强，国际宣传手段不多，总体水平不高，任重而道远。无论学科大小，依托主办单位的优势学科或研究方向进行，精准定位和充分利用国际国内资源对期刊的发展至关重要。如中国科学院成都生物研究所主办的 *Asian Herpetological Research* (《亚洲两栖爬行动物研究》)就属于小研究方向办刊的典型，又如中国气象局国家气候中心主办的 *Advances in Climate Change Research* (《气候变化研究进展》)就是大学科办刊的典型。打造具有国际影响力的英文期刊就必须采用国际化的办刊方式，需要我们在期刊创办过程中保持国际化的视野，如主编、编委的遴选国际化、稿源的国际化、学术会议的国际化等。要改变过去由某一国外主编进行办刊的思维，应改为团队办刊。建议如下。

4.1 精准定位

要对期刊进行定位，要办一个什么样的期刊，期刊的主要办刊方向是什么，未来在国际上是哪一个层次，哪一个水平的期刊。期刊定位一定是要对照世界高目标的期刊，要有独特性、唯一性。以优势学科为依托，能够反映和代表某一学科世界发展前沿的综合性学术期刊。如果期刊确立一个较高的学术定位，能够吸引并凝聚一批愿意为期刊发展做出贡献的专家为期刊服务，也更容易促进期刊的良性发展。如云南省的2本英文期刊 *Plant diversity* 和 *Zoological Research* 均是在已有期刊的基础上进行改版，期刊定位与原有期刊现承接；北京林业大学的 *Forest Ecosystems* 这是紧密结合其林学、生态学的优势学科，瞄准了国内外学科期刊的空白进行定位。云南的民族文化研究、动物学研究、植物化学与分类学研究、生态学研究、高原湿地研究、有色金属开采等方面的研究在国际上已经达到较高水平，有很高的话语权，组织大型、广泛、权威的国际研讨会有机会、有条件、有优势、更有竞争力，以此为基础精准定位，创办科技期刊，相对容易走向国际化。在市场竞争意识日益强烈的今天，精准定位后，编辑应树立起强烈的期刊品牌意识，突出办刊特色，转变观念，与时俱进，使云南科技期刊得到持续发展，从而打造中国科技期刊的品牌形象。

4.2 对标办刊

对标国际上顶级的期刊，借鉴他们的办刊方法，结合云南省国际化办刊优势，精准定位，办出特色，打造品牌，才能在国际期刊界占有一席之地。如果没有这个目标，我们永远跟在别人后面。把我们所要办的期刊与已经进入 SCI 的期刊进行对标，看刊登文章的差距在哪里，我们是否可以达到标准。

4.3 学科支撑

办刊要有学科支撑，学校的学科支撑是非常重要的，如果一个学科在国内或国际都没有一定特色和优势，要办好一个刊就很难。作为高校及研究单位主办的期刊，自身的力量非常重要。不论是优势学科还是优势学院，一定是具有研究优势，在国内有位置，在国际有影响。

4.4 团队建设

一是领导和决策团队：有判断力、执行力、可持续的领导决策团队。二是主编领衔的编委团队：起到学术的主持和把关作用，还要起到学术推广的作用。主编和编委给力的，期刊上升的就非常快。本来定位就要高，按这个标准在全世界遴选优质稿源。现在很多期刊实行双主编，一个在国内，一个在国外。两个人在国内外相互呼应，定任务，可进一步提升主编的学术地位和人脉关系。三是建一个左右逢源的编辑团队。如果按重要性来排，其一是主编领衔的编委团队，其二是领导和决策团队，其三是编辑团队。打造具有国际影响力的英文期刊就必须采用国际化的办刊方式。这就需要我们在期刊创办过程中保持国际化的视野，如主编、编委的遴选国际化、稿源的国际化、学术会议的国际化等。要改变过去由某一国外主编进行办刊的思维，改为团队办刊。打造具有国际影响力的学术期刊，就必须建立一个国际化的学术团队。学术团队可以是关于期刊的大学科学术团队，也可是根据期刊定位方向组建相关专题的学术团队。学术团队的建立能够更好地发挥期刊编委的主观能动性，摆脱期刊的主编依赖症，为期刊的全面发展奠定基础。具有国际影响力的英文期刊就必须采用国际化的办刊方式，在期刊创办过程中保持国际化的视野，如主编、编委的遴选国际化、稿源的国际化、学术会议的国际化等[5]。打造具有国际影响力的学术期刊，就必须建立一个国际化的学术团队。

4.5 主编领衔

创办国际化期刊要主编领衔整个期刊学术团队的建设，尤其是办刊初期要通过各种关系邀请能够为期刊作出贡献的科学家担任编委，由他们组建编委团队[6]。主编要选择在国际上有影响力，能够组织国际会议的科学家担任，如北京林业大学 *Forest Ecosystems* 的 Godawn 教授，是世界上比较活跃的生态学专家。植物所的期刊也主要以主编来进行，国际编委要有较高的比率，采用国外国内双主编。目前 *Plant Diversity* 的情况是由科学院昆明植物所所长直接负责，由所长与外籍主编进行直接对接,由外籍主编全权负责组稿。

4.6 资源整合

云南创办国际化期刊,光靠一所学校或科研单位独立创办力量不够。不仅要依靠学校的优势学科及研究单位的优势方向,还要加上国内外的优势学科资源进行整合,得到他们的帮衬,这样学科优势才可以突出,研究的水平才能提高[7]。要充分利用国际国内资源,如专业学会、国际机构等,召开国际学术会议,组织国际论文,加大国际宣传,提高国际影响力[8]。

参 考 文 献

[1] 中国科技论文统计与分析课题组.2015年中国科技论文统计与分析简报[J].中国科技期刊研究,2017,28(1):58-67.
[2] 陈豪.在省委学习贯彻习近平总书记在庆祝改革开放 40 周年大会上重要讲话精神座谈会上的讲话[J].社会主义论坛,2019(1):11-16.
[3] 童志云.闯出怒江跨越发展路[N].云南日报,2015-04-14.
[4] 龚贤.绿色发展视阈下云南省产业结构升级研究[D].成都:西南民族大学,2019.
[5] 李雪,赵一方,王少朋,等.科技期刊编委国际化分析与策略研究:以海洋学期刊为例[J].中国科技期刊研究,2019,30(10):1066-1072.
[6] 张莹,李自乐,郭宸孜,等.国际一流期刊的办刊探索:以 Light: Science & Applications 为例[J].中国科技期刊研究,2019,30(1):53-59.
[7] 徐军,陈禾,张敏.提升科技期刊国际影响力的策略与实践:以 Friction 为例[J].中国科技期刊研究,2018,29(8):853-859.
[8] 丁佐奇.基于 CiteScore 的江苏省科技期刊国际影响力研究[J].中国科技期刊研究,2018,29(4):334-338.

提升科技期刊内容质量的措施和实践
——以 Science China Chemistry 为例

张学梅,郑建芬,许军舰

(《中国科学》杂志社,北京 100717)

摘要:为更好地促进我国科技期刊的发展,总结了 Science China Chemistry 在强化内容质量建设方面采取的多种卓有成效的措施,包括:开通绿色通道、邀请多位知名专家联合撰写"大"综述、组织论坛并及时报道研讨成果、减少和优化专刊选题、向杰出科学家群体约稿、加强栏目建设、严格组织评审,并详细介绍了开展以上工作的途径或方式。同时,通过主动策划选题来发表创新性强、有重要指导意义的高质量文章,是 Science China Chemistry 可持续健康发展和国际影响力显著提升的重要因素,对建设世界一流科技期刊具有借鉴意义。

关键词:科技期刊;内容质量;选题策划;学术影响力

内容质量是期刊影响力不断提升的源泉。我国科技期刊正处于爬坡期,更需要编辑发挥主观能动性,采取多种措施组稿,吸引优质论文,以提升期刊的学术影响力,更好地服务于中国的科技发展。国内同行普遍认识到强化内容质量的重要性[1-3],并不断探索组稿的措施,如王雅雯[4]概述了通过加强组稿,提高医药综合类科技期刊质量的重要措施;张建军等[5]通过提高优质约稿的理念和严选自由来稿的意识促进学术质量提升,从而使《中国实用内科杂志》获得"中国精品科技期刊"称号。

为了将 Science China Chemistry 发展成具有广泛学术影响力和竞争力的优秀科技期刊,编委会、编辑部在强化内容质量建设方面进行了积极的探索和尝试,并取得了一定的成效,包括:①近 5 年高影响力文章不断涌现,零被引文章比例逐年降低(小于 5%);②21 篇文章入选了科睿唯安"高被引论文",其中 2 篇总被引频次超过 300 次,14 篇超过 100 次。③1 篇文章入选"中国最具影响力国际期刊学术论文";④4 篇文章入选中国科协"中国科技期刊优秀论文";⑤影响因子、国际同学科排名和总被引频次等学术指标逐年提升(见图 1)。本文在前期工作的基础上,总结了 Science China Chemistry 为提高学术质量而进行的新的实践探索,以期与同行分享并共同寻找创建世界一流科技期刊的途径[6]。

1 Science China Chemistry 的基本情况

Science China Chemistry(《中国科学:化学》英文刊,缩写为 Sci. China Chem.)是《中国科学》系列期刊之一,是由中国科学院主管、中国科学院和国家自然科学基金委员会共同主

基金项目:中国科技期刊登峰行动计划项目(卓越计划-C-166);中国科学院自然科学期刊编辑研究会研究课题(YJH2019019);中国科技期刊质量影响要素分析项目(2020XFKJQK03)

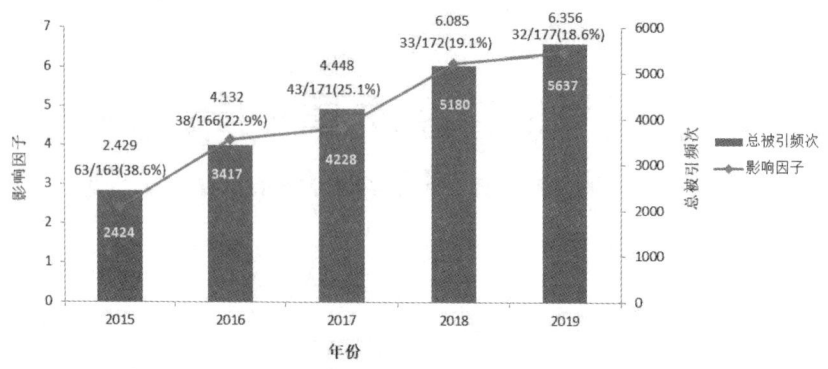

图 1 近 5 年 *Sci. China Chem.* 学术指标变化情况

办、《中国科学》杂志社出版的综合性化学期刊，月刊。1950年创刊，主要报道化学科学及其交叉领域的基础和应用研究方面的创新成果，被SCI、EI、Scopus等数据库收录。编委会始终秉承与时俱进的办刊理念，积极采取多种有效措施，推进改革和创新，并取得重要的成绩，包括获得中国科协"中国科技期刊国际影响力提升计划项目"(2013—2016年)、"中国科技期刊登峰行动计划项目"(2016—2018年)和"中国科协卓越行动计划项目"(2019—2023年)资助，2013年和2017年入选新闻出版广电总局"百强报刊"称号，2016年荣获第四届"出版政府奖期刊奖提名奖"。

2 强化内容质量建设的措施与实践

2.1 开通绿色通道，吸引优质原创论文

自2014年，*Sci. China Chem.*开通了"绿色通道"，将以下两种情况的优质原创论文由正副主编快速评审，一周内接收和在线发表(accepted online)。一是科研人员希望首发的突破性创新成果；二是已经过国际认可的高影响力期刊评审，至少有一个小修意见(minor revision)，带原评审意见和修改说明投稿的。第二种方式类似于国际著名出版商如Springer-Nature、Wiley等普遍采用的稿件转投(manuscript transfer)的方式，不同的是，前者属于在同一个出版单位的不同期刊内转投，本刊属于不同出版单位的期刊间转投。此类稿件通常由副主编和相关领域的编委亲自、及时评审，而且因为已经经历了在高影响力期刊的评审和修改过程，内容质量已显著提升，录用率达到95%。实践证明，通过"绿色通道"的形式吸引的稿件，整体质量较高，如2018年第5期发表的一篇文章[7]，即年引用已超过50次，且同时入选科睿唯安"热点论文"和"高被引论文"。截至2020年5月30日，该文已被引190次，入选了中国科协"第四届中国科技期刊年度优秀论文"。

2.2 邀请多位知名专家联合撰写"大"综述，提升关注度

调研发现，综述文章比研究论文更能获得读者的广泛阅读[8]，而多个单位的知名学者联合撰写的热点领域"大"综述，因具有重要的指导作用，吸引力更强[9-11]。在国外期刊的高被引论文中，常见此类综述，如 *Acs Nano* 2014年发表的石墨烯领域的综述，在第二年即被引用225次，且持续产生影响，在2014—2018年年均引用超过300次[12]。*Sci. China Chem.*自2018年加强了向多个单位的知名学者约请合著综述(见表1)，因具有内容丰富、系统、指导性强等特点，文章一经发表即引起广泛关注。

表 1　Sci. China Chem. 2018—2019 年"大"综述的出版信息、下载量和引用情况

序号	文章题目	出版年,卷页码	单位、作者数量及描述	总被引/次[a]	全文下载/次[b]	备注
①	Precise nanomedicine for intelligent therapy of cancer	2018,61: 1503-1552	18 个单位,42 位作者,其中 17 位为教授,3 位为院士	98	8 970	
②	Synthesis of novel nanomaterials and their application in efficient removal of radionuclides	2019,62: 933-967	11 个单位,18 位作者,其中 8 位教授,3 位杰青	67	897	入选 ESI 高被引论文
③	Visible light-driven organic photochemical synthesis in China	2019,62: 24-57	4 个单位,5 位作者全为教授,其中 2 位为"杰青"	60	2 135	入选 ESI 高被引论文
④	Controllable macrocyclic supramolecular assemblies in aqueous solution	2018,61: 979-992	3 个单位,4 位作者,其中 3 位为"杰青"	41	1 163	
⑤	2D graphdiyne materials: challenges and opportunities in energy field	2018,61: 765-786	3 个单位,5 位作者,其中 3 位为院士	36	2 238	
⑥	Aggregation-induced emission: a coming-of-age ceremony at the age of eighteen	2019,62: 1090-1098	5 个单位,4 位教授,1 位院士	32	1 040	入选 ESI 高被引论文

注:a.引用数据来自 Web of Science,截至 2020 年 5 月 20 日;b.期刊自主平台 SciEngine 和海外合作出版商 Springer 下载量之和,数据截至 2019 年底

2.3　组织"化学的创新与发展"论坛,及时发表研讨成果

Sci. China Chem.自 2011 年起连续举办"化学的创新与发展论坛"[13-15],逢双年作为中国化学会年会的分论坛举办,逢单数年走进重点院校。该论坛已成为期刊的品牌学术活动,促进了学术交流和传播。同时,论坛成果会发表在 Sci. China Chem.或中文刊《中国科学:化学》。2018 年,依托在杭州召开的第八届"化学的创新与发展论坛",论坛主席之一赵宇亮院士邀请了近 20 位报告人联合撰写了抗癌纳米药物领域的大综述(见表 1,①),截至 2020 年 5 月 20 日已被引 98 次,截至 2019 年底全文下载量达到 8 970 次,对提升 Sci. China Chem.的国际影响力起到重要的促进作用。此外,我们还通过该论坛组织了多个热点领域专刊/专题[16]。

2.4　减少并优化专刊选题,聚焦热点领域前沿进展

邀请特约编辑组织专题是提升期刊学术质量的重要途径之一,而且相对于单篇约稿更容易执行和开展工作,被国内外期刊普遍采用[3,17],这也是 Sci. China Chem.前些年的主要组稿方式[16]。但经过总结和统计我们发现,在期刊学术指标偏低时,专刊的篇均引用通常高于影响因子,但随着期刊影响力的提升,很多专刊的篇均引用情况并不理想。分析原因,与专题选

题不属于研究热点或者专题研究方向太集中，因而不利于广泛吸引读者关注有关。同时，我们还发现，具备以下要素有助于提升专题的影响力：①选题为热点领域；②特约编辑是知名专家；③知名作者撰稿；④优质稿源。因此，近年来 Sci. China Chem.出版的专题数量和篇数均逐年降低，且对组稿方式进行了优化：①从中国科学院科技战略咨询研究院、中国科学院文献情报中心与科睿唯安公司联合发布的《研究前沿》报告中寻找选题，因该报告依托大数据整理发布，因此具有重要的指导和参考价值；②特约编辑填写组稿申请书，阐述专题预期影响力、列出拟邀请名单，请正副主编审批后组稿。该组稿措施落实后，Sci. China Chem.多个专题出版后获得良好反响，如2015年第2期出版的"Organic Photovoltaic(有机光伏)"专刊[18]，24篇文章篇均被引超过25次，且两篇文章入选科睿唯安"高被引论文"(截至2020年5月30日总引次分别为300次和274次)。

2.5 向杰出科学家群体约稿，获得广泛支持

《中国科学》系列期刊是学部平台办刊，为提高两刊的稿源质量，学部鼓励新当选院士在两刊以第一作者或者通信作者发表研究论文[19]。此外，化学部主任朱道本院士和本刊主编万立骏院士每年联名向获得国家杰出青年科学基金项目的专家(简称"杰青")约稿，也获得广泛支持。由于院士和"杰青"国际影响力大、学术水平高、引领性强，文章一经发表即获得广泛关注。此外，Sci. China Chem.编委会主要由院士、杰青和海外知名专家组成，来自编委的投稿以及他们向海内外知名专家的约稿，也是促进学术质量提升的重要因素。

2.6 加强栏目建设，丰富阅读内容

自2014年，Sci. China Chem.在原有专题论述、综述、研究论文、快报等栏目的基础上，增设了亮点介绍(highlights)和展望(Perspectives)栏目。亮点介绍栏目主要是对国内化学领域最新重要研究成果的简要总结和学术评论；展望栏目是对化学领域最新研究趋势的简要报道，包括对突破性研究结果的讨论、重要科学议题的阐释和基金相关政策。这些丰富的、新颖别致的栏目吸引了广大读者的阅读兴趣，增强了读者的阅读期待。这也是高端学术期刊普遍设立的用以增加期刊可读性的文章类型[20]。

2.7 严格组织评审，保障录用文章质量

审稿是保障期刊质量的中心环节，同时也是编辑流程中的重要步骤。审稿工作的优劣直接影响期刊的质量及其在学科中的地位[21]。2018年，Sci. China Chem.新一届编委会组建后，优化了评审流程，稿件由原来的编委组织评审，改为副主编组织评审。因 Sci. China Chem.副主编均为院士，他们学术水平更高、对前沿研究的了解更充分，筛选文章质量的标准更严格，且调整后稿件集中由8位副主编处理，录用标准相对原来全体编委处理更统一。此外，借助他们的海外影响力，海外专家参与审稿的数量和比例均显著提升，不仅促进了期刊学术质量的提高，而且进一步提高了期刊的国际知名度和国际化程度。

3 结束语

学术质量是期刊生存和发展的前提条件，Sci. China Chem.采取多种有效措施提升学术质量，是期刊影响力不断提升的主要因素。国际影响力大、学术水平高、认真负责的编委会队伍[22-23]，学部平台办刊的优势[19]以及期刊在科研人员心中的重要地位，为成功组织高质量文章提供了有利条件。此外，编辑部与编委、科研人员的及时沟通和交流，也是约稿工作顺利进行的必要条件。通过组织"化学的创新与发展论坛"、参加学术会议、走访重点院校以及通过

期刊微信公众号、科学网、EurekAlert等多媒体对重点文章的多渠道推广,也是使其获得高阅读量和下载量的重要因素。目前,学术质量的提升,对 *Sci. China Chem.* 的可持续健康发展和品牌建设起到了强有力的推动作用,为其迈向世界一流科技期刊打下了坚实的基础。

参 考 文 献

[1] 接雅俐,汤先忻.高影响力论文是名牌医学期刊的特征[J].编辑学报,2008,20(1):93.

[2] 孙书军,朱全娥.内容质量决定论文的被引频次[J].编辑学报,2010,22(2):141.

[3] 朱全娥.组稿:提高学术期刊质量和影响力的重要措施:《中国科学:G 辑》的组稿实践[J].编辑学报,2009,21(3):257.

[4] 王雅文.加强组稿是提高医药综合类科技期刊质量的重要措施[J].中国科技期刊研究,2011,22(5):760.

[5] 张建军,高淼,颜廷梅,等.践行办刊宗旨,提升期刊学术质量和品牌影响力:《中国实用内科杂志》获中国精品科技期刊的经验介绍[J].编辑学报,2018,30(4):420.

[6] 朱晓文,宋冠群.期刊的学术质量建设:以《中国科学:化学》为例[J].中国科技期刊研究,2014,25(1):121.

[7] FAN Q, SU W, WANG Y, et al. Synergistic effect of fluorination on both donor and acceptormaterials for high performance non-fullerene polymer solar cells with 13.5% efficiency [J]. Sci China Chem, 2018, 61: 531.

[8] 余菁,刘清海,孙慧兰,等.期刊栏目设置与影响力[J].中国科技期刊研究,2018,29(1):75.

[9] FIGG W D, DUNN L, LIEWEHR D J, et al. Scientific collaboration results inhigher citation rates of published articles [J]. Pharmacotherapy, 2006, 26:759.

[10] SMART J C, BAYER A E. Author collaboration and impact: a note on citation rates of single and multiple authored articles [J]. Scientometrics, 1986, 10:297.

[11] 高宏,张晓冬,张琳琳,等.从源头提高科技期刊的学术质量[J].中国科技期刊研究,2010,21(2): 142.

[12] BUTLER S, HOLLEN S M, CAO L Y, et al. Progress, challenges, and opportunities in two-dimensional materials beyond graphene [J]. ACS Nano, 2013, 7(4): 2898.

[13] 朱晓文.化学的创新与发展论坛及相关活动[J].中国科学:化学,2010,40(8): 1193.

[14] 宋冠群,朱晓文.学科交叉为化学发展注入新活力:第二届"化学的创新与发展论坛"概述[J].中国科学:化学,2012,42(6): 873.

[15] 许军舰,朱晓文.物理化学学科前沿与发展:"化学的创新与发展论坛"苏州大学分论坛纪要[J].中国科学:化学,2014,44(3):403.

[16] SONG G Q, ZHU X W. Development of Science China Chemistry during 2008-2012: from the perspective of special issues/topics [J]. Sci China Chem, 2012, 55(12): 2617.

[17] 刘丽,刘俊丽.专刊主题选取对提升期刊学术质量的影响:以 Acta Mechanica Sinica 专刊出版为例[J].中国科技期刊研究,2015,26(5):465.

[18] LI Y F, CAO Y. Special issue: organic photovoltaics [J]. Sci China Chem, 2015, 58(2): 187.

[19] 魏秀,李雪,王振宇,等.依托学部办好《中国科学》《科学通报》的实践与启示[J].中国科技期刊研究,2018,29(8):849.

[20] 翟万银.Nature 非学术栏目研究及对我国科技期刊的启示[J].中国科技期刊研究,2018,29(12):1183.

[21] 姚雪绒.加强期刊审稿工作,提升期刊学术质量:以《国际地震动态》为例[J].中国科技期刊研究,2011,22(2):259.

[22] 朱晓文,宋冠群.编委会对提高期刊质量所起的作用[J].编辑学报,2013,25(6):564.

[23] 张学梅,许军舰.创新编委会工作模式,提升期刊国际影响力:Science China Chemistry 成立青年工作委员会经验浅析[J].中国科技期刊研究,2016,27(4): 444.

加快开放获取促进学术期刊走向世界一流

徐文娟

(中国科学院上海硅酸盐研究所《无机材料学报》编辑部，上海 200050)

摘要：跟踪国际开放获取(Open Access，OA)发展形势，为学术期刊的发展指明方向。通过 Web of Science 调研对比分析了我国的 SCI 收录论文、OA 论文、OA 论文占比，以及国内领军期刊的 OA 情况。数据调研显示，我国的 SCI 论文和 OA 论文逐年快速增长，但 OA 论文占比却明显低于主要发达国家，而率先冲击世界一流期刊的国内领军期刊绝大多数是开放获取的期刊或者 OA 论文占比非常高。在国内聚力世界一流期刊建设，国际积极推动开放转型的形势下，顺应时代发展的要求，加快开放获取，可以促进学术期刊不断走向世界一流。

关键词：开放获取；世界一流期刊；OA 论文占比；开放科学

科技期刊的开放获取是开放科学运动的重要实践，经过近 20 年的发展，国际开放获取已从缓慢发展进入快速发展阶段，经过同行评议的论文大约有 28%已经实施开放获取[1]。尽管如此，不断上涨的订阅费仍然是阻止他人及时获取相关突破结果的主要障碍。为此，欧洲 12 家科研基金会共同签署名为"cOAlition S"的 S 计划，要求所有受资助发表的科研论文必须立即完全开放获取；加州大学校长也呼吁世界各地大学开放获取突破性研究成果[1]。

在 OA 不断发展的 20 年里，我国科技期刊也有所进步但总体实力不强，特别是中文科技期刊，学术影响力不断下降，与我国快速增强的科研竞争力越来越不匹配[2]。与此同时，我国科技界逐渐认识到科技期刊的发展，对于服务创新型国家建设，维护国家科技信息安全，提高科研人员在国际同行中的学术影响力和国际话语权具有非常重要的意义[3]。2019 年我国组织实施的中国科技期刊卓越行动计划聚力建设世界一流科技期刊，就是要破除国外出版商对科学交流的垄断，回归期刊本源，为国内和国际科学交流服务[4]，而这与蓬勃发展的开放科学运动的初衷是一致的。图书情报界和学术出版界虽然对开放获取进行了不少研究，但真正来自于国内学术出版机构的实践还非常少[5]。为此，我们有必要分析清楚近年来国内外 SCI 收录论文的 OA 发表情况，以及国内顶级优秀科技期刊的 OA 情况，坚定开放获取的决心，顺应时代发展的要求。

1 研究方法

开放获取有很多种形式，Web of Science(SCI)数据库中标注的 OA 类型有开放存取期刊目录(DOAJ)金色、其他金色、青铜、绿色已出版、绿色已录用等，其中 DOAJ 金色是指期刊列在 DOAJ 中，且期刊中的所有文献必须根据《布达佩斯开放获取计划》获得许可；其他金色是指具备知识共享(CC)许可的文献，但这些文献并不在 DOAJ 所列的期刊中，大多数来自混合期刊；青铜是指位于出版商网站上的免费阅读或公开访问文献；绿色已出版指在知识库上托管的文献的最终发表版本；绿色已录用指的是在知识库上托管的已接受手稿，内容已经通过同行评审和最终评审，但可能还未通过出版商的编辑或排版。基于 SCI 数据库标识的开放获取数据，可以定量统计国内外 SCI 收录论文及其 OA 类型，具体检索方法如下：①在 Web of Science(WOS)核心合集中仅选择 Science Citation Index Expanded；②出版年分别设定为 2015、2016、2017、2018、2019；③文章类型选择研究论文、综述和研究快报(article、review、letter)，获取各年度 SCI 论文总数；④"开放获取"选择"yes"，获取各年度的 OA 论文总数；⑤"出版国家"分别选择"美国、德国、英国、日本、法国、意大利、加拿大"，获取每个国家各年度的 SCI 论文总数和 OA 论文总数。

2　2015—2019 年 SCI 收录论文及 OA 论文的数量变化

表 1 给出了 2015—2019 年 SCI 收录的不同类型的 OA 论文数。表中可见，OA 论文数逐年上涨，DOAJ 金色占比逐年增加，青铜 OA 在开放获取论文中的占比很大。有研究发现，开放获取对科技成果传播影响最显著的并不是金色、绿色或者混合 OA，而是青铜 OA[6]。由此可见即便是商业出版商，为了推广学术成果和提高学术成果影响力，也会限时开放获取。

表 2 列出了近五年来中国 SCI 收录论文数、OA 论文数量及其年增长率，由表可以看出，2015—2019 年 SCI 收录论文总数的年均增长幅度为 5.1%，OA 论文数年均增长幅度为 4.6%(2019 年度增长幅度下降较大与当年度青铜 OA 数量较少有关(见表 1)。相比之下，2015—2019 年中国 SCI 论文数和 OA 论文数保持 14.2%和 18.5%的年均增长率，远远高于国际平均水平。

表 1　2015—2019 年 SCI 收录的不同类型的 OA 论文数(检索时间为 2020-03-08)

年份	2015	2016	2017	2018	2019
所有 OA	508 346	571 438	614 626	651 612	624 604
DOAJ 金色	200 980(39.5%)	223 286(39.1%)	267 966(43.6%)	311346(47.8%)	372 958(59.7%)
其他金色	52 882	76094	76588	77 812	97 770
青铜	163 143(32.1%)	188 762(33.0%)	186 261(30.3%)	175 306(26.9%)	116 023(18.6%)
绿色已出版	264 084	296 334	325 790	345 494	340 955
绿色已录用	87 621	97 197	101 239	96 216	51 467

注："( )"内百分数是不同类型 OA 论文在所有 OA 论文中的占比

表 2　2015—2019 年中国 SCI 收录论文数、OA 论文数及其年增长率(检索时间为 2020-02-28)

出版年份	SCI 论文总数	OA 论文数	中国 SCI 论文数	中国 OA 论文数
2015	1 463 035	507 811	284 863	74 787
2016	1 518 663(3.8%)	568 662(12.0%)	313 273(10.0%)	91 451(22.3%)
2017	1 570 617(3.4%)	598 642(5.3%)	349 158(11.5%)	110 726(21.1%)
2018	1 647 574(4.8%)	632 671(5.7%)	400 808(14.8%)	127 524(15.2%)
2019	1 787 758(8.5%)	603 747(-4.6%)	482 789(20.5%)	147 138(15.4%)
年均增长率/%	5.1	4.6	14.2	18.5

注："( )"内百分数是论文数的年增长率

表 3 列出了 2015—2019 年 SCI 收录论文数位居前列的主要发达国家的 SCI 论文数及 OA 论文数。由表可以看出，2015—2019 年中国 SCI 论文数的年增长幅度(10%~20%)明显高于主要发达国家(1%~7%)。尽管中国的 OA 论文数年增长幅度远大于国际平均水平，但我国的 OA 论文占比(29.9%)却明显低于主要发达国家，也低于国际平均水平：①由表 2 数据计算可以得到，近五年来国际 OA 论文占比分别为 34.7%、37.4%、38.1%、38.4%、33.8%，均超过年发文量的 1/3；②表 3 显示，美国、德国、英国、日本、法国、意大利和加拿大的 OA 论文占比分别达到 47.0%、42.0%、60.2%、40.2%、37.9%、38.3%、39.8%。

表 3　2015—2019 年主要国家的 SCI 论文数及 OA 论文数(检索时间为 2020-02-28)

	年份	中国	美国	德国	英国	日本	法国	意大利	加拿大
SCI 论文数及年增长率	2015	284 863	365 692	102 158	91 847	78 479	73 021	66 490	61 982
	2016	313 273 (10.0%)	377 815 (3.2%)	106 539 (4.3%)	970 09 (5.6%)	81 316 (3.6%)	76 237 (4.4%)	69 925 (5.2%)	64 565 (4.2%)
	2017	349 158 (11.5%)	386 953 (2.4%)	109 417 (2.7%)	100 751 (3.9%)	83 493 (2.7%)	77 126 (1.2%)	71 551 (2.3%)	66 909 (3.6%)
	2018	400 808 (14.8%)	395 734 (2.3%)	111 346 (1.8%)	104 623 (3.8%)	84 824 (1.6%)	77 122 (≈0%)	74 104 (3.6%)	69 921 (4.5%)
	2019	482 789 (20.5%)	410 155 (3.6%)	116 758 (4.9%)	109 930 (5.1%)	87 660 (3.3%)	79 041 (2.5%)	79 319 (7.0%)	74 555 (6.6%)
年均增长率/%		14.2	2.9	3.4	4.6	2.8	2.0	4.5	4.7
OA 论文数及占比	2015	74 787 (26.3%)	178 809 (48.9%)	39 597 (38.8%)	51 108 (55.6%)	29 851 (38.0%)	25 697 (35.2%)	23 071 (34.7%)	23 599 (38.1%)
	2016	91 451 (29.2%)	195 948 (51.9%)	45 026 (42.3%)	61 238 (63.1%)	33 583 (41.3%)	29 626 (38.9%)	26 674 (38.1%)	27 062 (41.9%)
	2017	110 726 (31.7%)	193 327 (50.0%)	47 023 (43.0%)	65 656 (65.2%)	34 605 (41.4%)	30 313 (39.3%)	28 109 (39.3%)	28 329 (42.3%)
	2018	127 524 (31.8%)	194 168 (49.1%)	49 091 (44.1%)	67 425 (64.4%)	35 806 (42.2%)	31 146 (40.4%)	30 115 (40.7%)	29 387 (42.0%)
	2019	147 138 (30.5%)	144 672 (35.3%)	48 522 (41.6%)	57 991 (52.8%)	33 342 (38.0%)	28 064 (35.5%)	30 554 (38.5%)	25 739 (34.5%)
OA 平均占比/%		29.9	47.0	42.0	60.2	40.2	37.9	38.3	39.8

注："( )"内百分数是 SCI 论文数的年增长幅度及其对应的 OA 论文占 SCI 论文百分比

3　2015—2019 年国内领军期刊的 OA 情况

2019 年推出的中国科技期刊卓越行动计划全面具体地提出了培育世界一流科技期刊的对策与举措[2]，入选的"领军期刊"就是遴选出的有望率先冲击世界一流的科技期刊，也是国内顶级优秀科技期刊。表 4 列出了 2015—2019 年入选卓越计划的"领军期刊"的 OA 情况，经统计分析可以发现：入选的领军期刊 63.75%是 DOAJ 金色 OA 出版；22.7%是其他金色或青铜 OA 出版，除去 2019 年出版论文，OA 论文占比非常高；只有 13.6%的期刊 OA 论文占比还比较少。由此可见，绝大多数领军期刊都是开放获取的期刊，并且开放获取使一些创刊不久的期刊迅速跻身 SCI 学科排名 Q1 区。

表4 2015—2019年国内领军期刊的OA情况(检索时间为2020-02-20)

中文刊名	主办单位	合作出版商	OA	创刊年份	SCI发文量	OA论文数量	SCI学科排名
分子植物	中国科学院上海生命科学研究院植物生理生态研究所	Cell Press	其他金色，青铜	2008	162/152/140/122/106	161/150/136/121/39	Q1(16/299)
工程	中国工程院战略咨询中心	Elsevier	DOAJ金色	2015	49/47/101/93/106	49/47/101/93/106	Q1(7/88)
光：科学与应用	中国科学院长春光学精密机械与物理研究所	NPG	DOAJ金色	2014	69/83/101/142/110	69/83/101/142/110	Q1(2/95)
国际口腔科学杂志(英文版)	四川大学	NPG	DOAJ金色	2009	32/33/31/33/31	32/33/31/33/31	Q1(15/91)
国家科学评论(英文)	中国科技出版传媒股份有限公司	Oxford	其他金色，青铜	2014	55/64/91/119/97	53/54/81/97/83	Q1(3/69)
科学通报(英文版)	中国科学院	Elsevier	其他金色，青铜	1966	230/195/166/165/172	210/177/151/158/107	Q1(8/69)
昆虫科学(英文)	中国昆虫学会	Wiley	其他金色，青铜	1994	78/88/94/100/126	0/2/5/2/25	Q1(10/98)
镁合金学报(英文)	重庆大学	Elsevier	DOAJ金色	2013	42/44/43/70	42/44/43/70	Q1(5/76)
摩擦(英文)	清华大学	Springer	DOAJ金色	2013	28/33/34/35/48	28/33/34/35/48	Q1(29/129)
纳米研究(英文版)	清华大学	Springer	DOAJ金色	2008	357/351/363/526/393	18/8/8/32/29	Q1(23/148)
石油科学(英文版)	中国石油大学(北京)	Springer	DOAJ金色	2004	60/65/65/71/131	60/65/65/71/131	Q2(5/19)
微系统与纳米工程(英文)	中国科学院电子学研究所	NPG	DOAJ金色	2015	22/38/51/55/64	22/38/51/55/64	Q1(3/61)
细胞研究(英文)	中国科学院上海生命科学研究院生物化学与细胞生物学研究所	NPG	其他金色，青铜	1990	105/99/109/100/90	100/97/107/100/38	Q1(7/193)
信号转导与靶向治疗(英文)	四川大学	NPG	DOAJ金色	2013	20/37/32/51	20/37/32/51	Q1(39/299)
畜牧与生物技术杂志(英文版)	中国畜牧兽医学会	BMC	DOAJ金色	2010	59/68/84/90/92	59/68/84/90/92	Q1(2/61)
岩石力学与岩土工程学报(英文版)	中国科学院武汉岩土力学研究所	Elsevier	DOAJ金色	2009	103/96/102	103/96/102	2019年收录
药学学报(英文)	中国药学会	Elsevier	DOAJ金色	2011	69/70/76/89/100	69/70/76/89/100	Q1(17/267)
园艺研究(英文)	南京农业大学	NPG	DOAJ金色	2013	33/35/40/74/134	33/35/40/74/134	Q1(3/36)
中国航空学报(英文版)	中国航空学会	Elsevier	DOAJ金色	1988	177/171/175/201/224	177/171/175/201/224	Q1(7/31)
中国科学：数学(英文版)	中国科学院	Springer	其他金色，青铜	1952	168/148/143/134/156	2/1/3/5/8	Q2(84/314)
中国免疫学杂志(英文版)	中国免疫学会	NPG	其他金色，青铜	2004	85/80/100/113/114	66/77/96/111/29	Q1(14/158)
中华医学杂志(英文版)	中华医学会	Wolters Kluwer	DOAJ金色	1887	569/494/452/539/505	569/494/452/539/505	Q3(81/160)

注："SCI论文量"和"OA论文数量"两列给出了2015—2019年对应的文章数

4 分析讨论

4.1 开放获取存在的问题

综合分析表 1~表 4,可以发现:①我国的 SCI 论文总数逐年快速增长,已经连续两年超过美国,跃居为世界 SCI 论文第一产出大国;②我国 SCI 收录的 OA 论文逐年快速增长,年增长幅度远大于国际平均水平,但是 OA 论文占比却明显低于主要发达国家,也低于国际平均水平;③国内领军期刊绝大多数是开放获取的期刊,即使不是完全开放获取期刊,很多期刊的 OA 论文占比也非常高。由此说明,主要发达国家的科学共同体积极支持开放获取;开放获取促进了国内领军期刊的快速发展。再以国际著名开放获取期刊 *Nature Communication* 和 *Science Advances* 为例,2015—2019 年美国分别发文 11 426 和 2 328 篇,而我国分别发文 4 748 和 823 篇,远少于美国(数据来源于 Web of Science)。这组数据进一步说明,发达国家对开放获取持有更加积极的态度,开放获取已成为学术交流的默认方式[7]。而我国发表的 OA 论文占比还远低于主要发达国家,从我国发表 OA 论文的总数和增长速度来看,国内并不缺少支持科技论文开放获取的经费,迫切需要做的是通过与出版机构达成开放获取转型协议,建立以开放获取服务费核算的更合理的价格体系,并强化开放获取的意识,引导作者发表高质量论文时选择开放获取[7-8]。

同时,从表 4 还应该看到中国科技期刊存在的问题:国内领军期刊按 SCI 影响因子排名虽然已经进入学科排名 Q1 区(前 5%),但是年发文量不足 100 篇或 100 篇左右的占 77.3%,与我国庞大的 SCI 发文量无法匹配,并且国内领军科技期刊 100%是"借船出海",这必然会带来知识产权的损失,无法突破国外出版商对学术出版的垄断。笔者调研还发现中文学术期刊开放获取的意识都很薄弱,它们仅在自建网站上实施 OA,在期刊集成平台和邮局发行渠道又都是订阅模式[5],由于单刊网站的孤岛效应,这种 OA 水平根本无法满足广大学者对世界一流期刊传播广(如检索方便、阅读无限)的要求[9]。

4.2 时代发展的要求

2019 年,国家组织实施科技期刊卓越行动计划,共资助了 180 种英文期刊,100 种中文期刊以及 5 个集群化试点项目(建立统一刊群传播和服务平台)[10]等,目的是建立中英文兼顾的世界一流科技期刊体系,并建立具有自主知识产权的国际化数字出版服务平台,让我国科技期刊的国际化从"借船出海"发展到"造船出海"[3,11-12]。2020 年初,科技部又印发《关于破除科技评价中"唯论文"不良导向的若干措施(试行)》的通知,鼓励财政资金资助的论文在具有国际影响力的国内科技期刊发表,对于基础研究类科技活动产生的论文,国内科技期刊发表的论文原则上不少于 1/3,论文评价实行代表作制度,由"量"转变到"质",提高高质量论文考核评价权重[13]。这些政策无疑为我国科技期刊驶入良性发展轨道注入了强心剂,回归期刊本源,抢夺论文发表的首发权,保证论文传播的及时性和广泛性[4]将是科技期刊界努力奋斗的目标。

随着信息技术的飞速发展,科技期刊早已完成了纸版阅读到网络阅读的代际更替,世界一流期刊论文发表的首发权、传播的及时性和广泛性均体现在网络阅读上。文献计量学家已通过大量实际数据分析了 OA 论文的影响力,发现开放获取使论文引用优势提高了 18%,并且高质量论文 OA 可以获得更多的关注[6,14]。欧美国家一直处于开放获取发展前沿,都在积极推动开放科学的进程,2019 年通过与商业出版巨头达成开放转型协议,促成开放转型,并约束了出版商暴利[7]。2020 年 4 月,*Nature* 也宣布将实施完全开放获取[15]。在我国,无论是编辑同行[16]还是科学家[1,17]也都强力支持科学研究开放获取,特别是政府资金支持的科学研究成果更应该开放获取[17]。2020年世界范围里爆发的新冠肺炎,大量相关研究是通过国际出版平台OA出版或者预印本平台发布,展示出科学开放获取为人类生存发展服务的根本宗旨,同时说明科技期刊开放获取是顺应科学开放获取历史进程的行为。

4.3 顺应时代发展要求,加快开放获取

综上,我国科学界对科学开放获取有强烈的需求,政府基金对开放获取也有强大的支持力度,开放获取也促进国内领军期刊进入了快速发展通道。可见,加快开放获取是顺应时代发展要求的行为,也是促进学术走向世界一流的必经之路。为了实现这个目的,我国学术期刊需要克服开放获取存在的问题:①就领军期刊而言,需要在做强(高影响因子)的同时做大(大载文量),并在条件成熟的情况下"造船出海",突破国外出版商对网络知识产权的垄断;②就国内众多的学术期刊而言,笔者曾经详细分析过其开放获取存在的主观和客观障碍,并提出了详细建议,即明确高质量学术期刊可以收取合理的论文处理费,充分利用现有的开放获取平台,探索期刊集成平台的开放获取等[5]。

在国内聚力世界一流期刊建设,国际积极推动开放转型的形势下,国内优秀的学术期刊应该顺应时代发展的要求,加快开放获取,为作者和读者提供更优质的知识服务,促进学术期刊不断走向世界一流。

参 考 文 献

[1] 李晓明,孙睿晨.开放获取与付费墙的拉锯之战:谁来为传播知识买单?[EB/OL].(2019-11-13)[2020-03-03]. http://zhishifenzi.com/depth/depth/7483.html.

[2] 任胜利.培育世界一流科技期刊背景下我国学术期刊国际竞争力的提升[J].科学通报,2019,64(33):3393-3398.

[3] 高福.建设中英文兼顾的世界一流科技期刊[J].编辑学报,2019,31(5):473-476.

[4] 朱邦芬.回归本源,振兴中国期刊,争创国际一流[J].编辑学报,2018,30(6):551-552.

[5] 徐文娟.关于中文学术期刊开放获取的再思考[J].编辑学报,2019,31(5):495-499.

[6] PIWOWAR H, PRIEM J, LARIVIÈRE V, et al. The state of OA: a large-scale analysis of the prevalence and impact of Open Access articles [J]. PeerJ, 6:e4375. DOI:10.7717/peerj.4375.

[7] 任翔.开放生态改变出版规则:2019年欧美开放获取发展评述[J].科技与出版,2020,39(3):28-34.

[8] 程维红,任胜利.世界主要国家SCI论文的OA发表费用调查[J].科学通报,2016,61(26):2861-2868.

[9] 肖宏.冲刺"世界一流科技期刊"必须练就四大能力[J].科技与出版,2019(10):29-34.

[10] 任胜利,宁笔,程哲,等.2019年我国英文科技期刊发展回顾[J].科技与出版,2020,39(3):6-13.

[11] 刘天星,武文,任胜利.中文科技期刊的现状与困境:问卷调查分析的启示[J].中国科学院院刊,2019,34(6):667-676.

[12] 中国科技期刊卓越行动计划实施方案[EB/OL].(2019-09-19)[2020-03-01].http://www.cast.org.cn/art/2019/9/19/art_43_102333.html.

[13] 关于破除科技评价中"唯论文"不良导向的若干措施(试行)[EB/OL].(2020-02-17)[2020-03-01]. http://www.most.gov.cn/mostinfo/xinxifenlei/fgzc/gfxwj/gfxwj2020/202002/t20200223_151781.htm.

[14] OTTAVIANI J. The Post-Embargo Open Access Citation Advantage: It Exists (Probably), It's Modest (Usually), and the Rich Get Richer (of Course) [J]. PLoS ONE, 11(8): e0159614. DOI:10.1371/journal.pone.0159614.

[15] Nature to join open-access Plan S, publisher says [R]. DOI:10.1038/d41586-020-01066-5.

[16] 张莹,李自乐,郭宸孜,等.国际一流期刊的办刊探索:以Light:Science&Application为例[J].中国科技期刊研究,2019,30(1):53-59.

[17] 中国科学技术协会.中国科技期刊发展蓝皮书(2019)[M].北京:科学出版社,2019.

新媒体时代下我国科研单位主办科技期刊的现实困境与融合发展对策

汪汇源,董定超,黄东杰

(中国热带农业科学院科技信息研究所《热带作物学报》编辑部,海南 海口 571101)

摘要:分析新媒体时代下科研单位主办期刊的现实困境与发展策略,以期指导我国科技期刊在新媒体浪潮中健康发展。首先提出了社会进步与科学发展、科研单位及科技期刊之间的耦合关系,并采用经典案例,分析了我国科研单位主办期刊在新媒体应用过程中存在的问题,提出解决策略。研究发现,我国科技期刊与新媒体融合及应用程度不高,人员设置及激励制度不科学等问题。充分利用新媒体技术转变期刊传播模式及营销模式,科研单位应制定人才制度,坚持"两个效益"和谐统一,提高科技期刊质量。

关键词:新媒体;科研单位;科技期刊

据《中国科技期刊发展蓝皮书(2019)》数据显示,截至 2018 年底,我国科技期刊的数量为 4 973 种(不含军队系统出版的科技期刊),其中,中文科技期刊 4 519 种,占比 90%以上。2019 年,SCI 收录中国期刊总数为 250 种,其中收录中国大陆作者论文数超过 40 万篇。2019 年,EI 收录中国大陆期刊总数为 220 种,Scopus 收录中国大陆期刊总数为 600 余种。另外,截至 2018 年,我国科技论文体量为 39.77 万篇,首次位居世界第一位,占世界科技论文发表总量的 24.4%[1]。上述信息显示,我国科技期刊发展形势向好,我国正逐渐成为世界科技论文产出大国。在我国,科技期刊主办单位主要由科研单位、高等院校、专业学会组成,其中,科研单位是我国科技期刊主办的重要主体,科研单位对我国科技期刊的健康发展影响巨大。随着新媒体时代的到来,科技期刊迎来了巨大的发展机遇但随时也伴随着生存挑战,因此作为科技期刊的主办单位,科研院所如何顺应新媒体时代浪潮,办出顺应时代发展与坚守出版价值的学术期刊是学术出版界应共同思考的命题。

目前,我国学者对于科技期刊新媒体应用现状以及新媒体应用策略研究较为深入,例如陶华认为应宏观把控科技期刊新媒体发展脉络,提升读者新媒体技术应用的用户体验,构建科技期刊全媒体立体式传播格局[2]。吉海涛认为构建学术期刊新媒体产业联盟是学术期刊在媒体融合时代的发展思路,并探讨了产业联盟的组成要素、运行特点及组建影响因素[3]。有学者也指出了在媒体融合时代下,科技期刊的发展策略。赵赟认为在媒体融合背景下,应改进当前的学术评价体系,从政策及制度方面鼓励期刊集群化发展,鼓励创办英文期刊并发挥专题组稿的学科带头作用,强化媒体融合思维[4]。有学者从新媒体时代下学科领域角度,分析了国

基金项目:2019 年海南省自然科学基金青年基金(719QN282);中国热带农业科学院基本科研业务费专项(1630072020010);中国热带农业科学院基本科研业务费专项资金(1630012020011)

外顶级医学期刊数字化及新媒体平台建设现状[5]，以及中国地学期刊应用新媒体技术的现状、效果及问题[6]。可以说，目前我国对不同机构主办的不同类型期刊以及与新媒体融合发展的研究较多，但在中国知网数据库中用高级检索功能分别输入"新媒体""科研单位""主办期刊"等词条，所得文献比较少。因此，本文将新媒体时代作为研究背景，研究科研院所主办期刊在新媒体时代下的创新发展，指出发展过程中的存在问题并提出发展策略。

1 我国科研单位主办科技期刊的基本情况和特点

国家创新能力深深根植于知识创造与学术生态环境之中，科技期刊传承人类文明、引领科技发展，是知识创造的主要来源以及学术生态环境的重要组成部分。我国科研单位是科技期刊主办主体，拥有两点办刊优势。第一，资源优势。科研单位有着丰富的科研资源条件和优秀的科技成果，这些形成了科技期刊的办刊文化基础及源源不断的文化发展动力。第二，人才优势。科研单位一般拥有优秀的人才队伍，不缺乏某一学科的领头专家以及一批优秀的科研人员。这些专家及科研人员拥有较高的学术影响力，其学术能力以及学术社交范围可为科技期刊发展注入新鲜血液。社会进步与科学发展、科研单位及科技期刊之间的耦合关系可以描述为：社会进步与科学发展极大地推动了科研单位及科技期刊的良性发展，科研单位研发的科技成果及科技期刊将科学知识社会化的职能又推动了社会大环境的进步；科研单位为科技期刊提供人力资源与办公环境，其学科基础与业界影响力保障了科技期刊发展；科技期刊是科研院所对外交流的媒介，其优秀的品牌形象及学术交流力可以反哺科研单位发展。三者的耦合关系如图 1 所示。

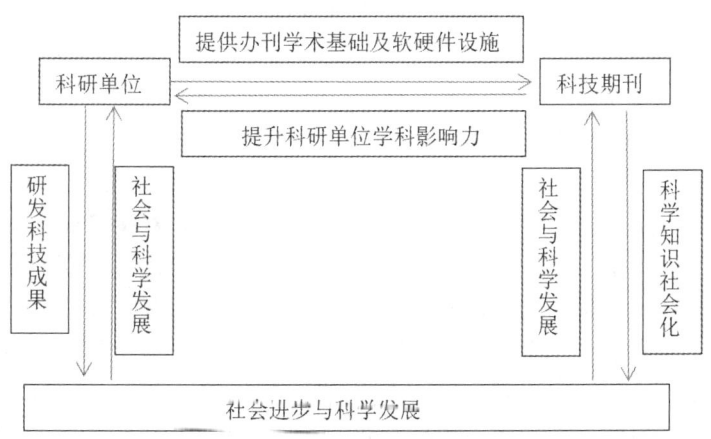

图 1 社会进步与科学发展、科研单位及科技期刊的耦合关系图

综上，传统科技期刊的基本功能是科技信息的生产和传播，是科技工作者获取专业科技信息的来源，又是学术思想及展示和保存科研成果的重要信息载体，是科学技术转化为生产力的重要信息媒介[7]。由此可见，科技期刊的健康发展对于科研单位提升学术影响力以及我国文化软实力具有重要意义。

2 新媒体时代下科研单位主办科技期刊的现实困境

2.1 媒体融合程度较低，固守传统纸媒出版模式

据 2019 年 8 月发布的数字出版产业报告显示，我国数字出版的产业规模已经超过 8 000

亿元，其中以传统出版为基础的互联网期刊产业规模达 21.38 亿元[8]。这意味着在数字出版产业中，资本和流量已经形成结构性偏移，数字移动出版对传统纸刊出版造成了剧烈冲击。受体制政策、办刊思维及工作方式等影响，我国科研单位主办的科技期刊办刊模式及发展模式固化、工作创新性不高，从而导致与我国科技期刊媒体融合程度较低。据笔者调研显示，我国科技期刊拥有独立官网总数占比为 41.1%，有网络出版期刊占比为 22.3%，有新媒体运营期刊占比为 9.8%。如果将选择范围进一步细化，我国科研单位主办期刊的新媒体技术运用情况不甚乐观。优秀科技成果由科研单位供给，再由科技期刊承载及传播，若我国科研单位主办期刊无法与新媒体时代进行有效融合，必将影响到我国优秀科技成果的传播及共享，从而有损我国科研强国的国际地位。

2.2 办刊初心偏移，期刊社会效益与经济效益缺乏有效统一

期刊质量是一个期刊长久健康发展的保证，提高办刊质量永远是编辑部工作的主要任务。科技期刊的社会效益与经济效益也来源于期刊质量，只有质量高的期刊才能获取到稳定的社会效益与经济效益。科技期刊作为一种文化产品，应将社会效益放在首位，实现社会效益与经济效益的有效结合。目前，我国大多数科研单位属于公益二类单位，既承担公益服务职能又承担部分生产经营职能。因此，一些科研单位要求内设的期刊编辑部尽力争取更多的经济效益，而严重忽略了期刊的社会效益。为了提高期刊收入以及个人工资收入，编辑部人员不得不额外付出时间与精力开展同编辑出版不相关的工作，例如从事新型农民职业培训工作或其他科研工作等。这些工作占据了编辑人员大量的时间，严重影响了编辑工作的准确性和实效性。长此以往，科技期刊质量必因缺乏有效投入的编辑力量而大打折扣，其新媒体发展程度也会远远落后于社会发展需要。诚然，科技期刊的发展离不开市场化环境，但无论是在哪种社会环境抑或是单位体制下，科技期刊追求的第一要义永远是提高办刊质量，刊物质量是科技期刊发展的初心。在市场经济体制以及单位体制改革背景下，编辑部应如何处理科技期刊"两个效益"融合发展的问题，在深耕期刊质量的基础上拓展新媒体业务是业界应认真思考的。

2.3 办刊规模与人员结构不科学，无法满足新媒体时代下期刊发展要求

在科研单位中，科学研究是其主要工作领域及发展方向，内设的期刊编辑部不是科研单位的主营部门，在科研单位的长期发展中处于边缘化地位，办刊规模较小，编辑部影响力较弱。期刊编辑亦不是科研单位主要培养对象，科研单位对期刊编辑的人才培养、职称晋升以及激励制度的倾斜力度无法同科研人员相比较。另外，一些期刊编辑同时还是兼职人员，工作专业性较低。这就导致了一些优秀的科研人员不愿意从事期刊编辑工作，目前编辑部人员结构不合理等问题。目前，笔者所在的中国热带农业科学院科技信息研究所承办的期刊有 4 本，刊均 3~4 人，包括了编务人员、编辑人员、排版人员及发行人员，没有专职的新媒体技术人员和市场运营人员。另外，由于编辑数量较少，笔者所在的编辑部编辑人员还需另外负责编务及排版工作，这严重影响了编辑校对的工作效率，一定程度上降低了编辑质量。办刊规模小尚未形成集团化办刊模式，人员结构不科学尚未设置专职的新媒体编辑，使得我国科研单位中的科技期刊远远落后于新媒体时代发展要求，偏离了新媒体与数字出版技术的发展轨道，新媒体发展程度较低。

2.4 科技期刊传播方式、速度及内容无法满足新媒体时代发展要求

我国科研单位主办的科技期刊在新媒体运用方面的不足主要表现在以下三点：传播方式

的死板、传播速度的缓慢以及传播内容的单调。

目前，我国科技期刊发行渠道极其单一，主要通过固定机构订阅或者通过赠书方式发行，期刊阅读群体相对固定，并且缺乏扩大的可能性。以农业科技期刊为例，据 2016 年新闻出版业统计公报显示，2015 年我国共出版农业科技类期刊 565 种，总发行数 1 351 万册，与上一年相比，种类增长 0.13%，但总发行量却下降了 7.78%[9]。由此可见，我国科技期刊发行状况不容乐观，受新媒体技术冲击，科技期刊传统发行方式受到挑战。发行渠道的单一造成了期刊传播方式的死板，这种静态的传播方式不具有流动性，期刊本身与受众没有选择权，发行渠道中也不存在信息的交流与传播。

传统科技期刊通常有半月刊、月刊、双月刊等分类，都是在规定时期将学术信息编辑后通过纸刊传播，信息的发布相对滞后，传播速度比较缓慢，很难适应新媒体时代下用户对消息获取的实效性要求。

目前，我国科技期刊大多数都建立了自己的官方网站，有的期刊还开通了微信公众号等。期刊将纸刊的目录、摘要及文章全文放在官网上，读者可自由下载文章进行阅读；有些期刊还将每期文章目录或重点文章利用微信公众号进行推送。但是无论是官网还是微信公众号，其传播的内容都是纸刊的翻版，缺少内容创新，对新媒体技术运用程度较低，并没有达到较好的传播效果。

3 新媒体时代下科研单位主办科技期刊的发展策略

3.1 改变传统出版模式，促进期刊融合出版

新媒体时代对科技期刊出版提出了更高的要求，融合出版已成必然趋势。习近平总书记曾提出："要遵循新闻传播规律和新兴媒体发展规律，强化互联网思维，坚持传统媒体与新兴媒体优势互补，一体发展。"新媒体时代开启了技术与内容的共生新阶段。纸刊已不再是唯一传播方式，以音频、视频或其他传播方式的文本逐渐成为出版传播的核心。例如，5G 技术已融入到出版流程之中，在内容编辑上，5G 技术可自动化生成内容，碎片化呈现内容。在编辑审核上，5G 技术可进行基础性审核和人工终审。在交流传播上，5G 技术可实现精准传播，为编辑部提供用户画像和受众反馈。因此，未来的出版流程不再是单向的、静止的而是交互的并且流动的。随着技术发展以及人们阅读方式的改变，移动阅读成为趋势，编辑部要做好纸质出版和数字出版的融合。积极开拓例如 PC 端和手机端的阅读方式，改变期刊传统的纸刊阅读方式。在期刊官网上开放读者交流专区，鼓励读者为期刊发展谏言，提高期刊吸引力；手机端阅读要以灵活性及趣味性为主，可刊登纸刊内容的启发式摘要，并配以前沿科学动态，满足读者碎片化阅读的需要。在新媒体时代，科研单位主办期刊首先要开发纸质出版和数字出版相结合的出版模式，运用新媒体技术例如 5G 技术、大数据技术以及区块链技术，革新科技期刊出版流程及模式。数字出版是科研单位主办期刊的现实痛点，是编辑部在新媒体时代首先要做的改变。

3.2 新媒体技术助力科技期刊营销模式的变化，服务意识将提升传播价值

新媒体时代为科技期刊创新发行模式及营销模式带来了发展机遇。随着数字阅读的普及，传统纸刊正逐渐转变为电子形式。出版社也逐渐从传统纸质内容提供商转变为电子内容提供商，其营销模式转变为数据库检索与阅读、内容付费和按需印刷复合型出版模式。以电子期刊及论文为主要内容的数字图书馆成为重要出版形式。国外一些出版商已形成了以政府机构、

金融机构、图书馆以及大企业为主要客户的盈利模式。国内一些期刊也在加速转型为信息提供商，营销方式已转变为以提供专业服务(检索、阅读、同步更新)为主、电子期刊付费下载阅读为辅的模式。

在新媒体时代，科技期刊不仅是优质内容提供商还是优质内容服务商，要积极开发读者资源，提升期刊服务意识，树立新媒体时代的用户思维。期刊不仅要为用户提供纸刊信息，还要注重提供线上线下的服务。当前，知识付费已成为一种社会常态，为科技期刊创新营销模式提供了新的发展思路。实践证明，知识付费诞生于优质内容之上，用户愿意为优质内容付费。在具备优质内容以外科技期刊要积极开拓知识付费业务，可开展手机报、期刊 APP 以及移动广告等业务，拓宽期刊盈利渠道。

新时期，要坚持科技期刊"两个效益"的和谐统一。忽略了科技期刊的社会效益不符合期刊的根本属性，而忽略了科技期刊的经济效益则不符合市场经济的发展规律。因此，科研单位主办期刊应利用新媒体技术转变期刊发行模式及营销模式，处理好新时期科技期刊"两个效益"的关系。

3.3 从人员结构、激励机制及个人发展方面入手，建立新媒体时代下科技期刊人才队伍

一支科学高效的办刊人才队伍是科技期刊发展的长久动力，人才队伍的质量对科技期刊质量有着重要影响。第一，改革人员结构。目前，我国科研单位主办期刊编辑部人才结构设置不合理、专业性较差，缺乏高层次办刊人员及新媒体技术人员等，无法充分发挥办刊人才优势。科研单位应加大对高层次办刊人员的引进力度，设立科学的用人机制及专项人才资金，引进具有较高学术素养、广泛学术交际圈及良好的编辑能力的办刊人才。例如 *Cell Research* 编辑部在 2006 年引进具有分子细胞生物学专业背景和世界顶级科技期刊编辑经验的博士担任该刊常务副主编，利用其深厚的学术背景增强了 *Cell Research* 的影响力。另外，*Cell Research* 还采用了国际期刊常见的全职编辑人才制度，全职编辑全部拥有博士学位。可见，*Cell Research* 通过引入高层次办刊人才不断夯实了期刊的人才基础，并提高了期刊业界影响力[10]。此外，编辑部还应设立专职的新媒体技术人才，以便适应新媒体时代发展需要，而不是利用现有人员额外开展新媒体业务，这无疑会增加编辑工作量并降低期刊编校质量，进而影响期刊质量。第二，建立激励机制。科学合理的工作激励机制对于提高办刊人员的工作积极性和创造力具有重要促进作用。科研单位应在职称评定和职工关怀方面给予编辑人员与科研人员同等的待遇。在职称评定时，要弱化对编辑人员科研项目及科技论文方面的要求，而应重点考察其学历、工作年限、业绩、工作量等，建立符合科研单位现有职称评定制度与编辑工作特点的编辑职称评定机制。另外，科研单位还应关注到编辑人员与科研人员的收入差距问题，采取有效措施缩小收入差距，激发编辑人员工作积极性。科研单位还应多多关注编辑人员的心理需求，使得编辑人员在单位中获得认同感和归属感。第三，个人发展。为应对新媒体时代发展要求，科研单位应给予编辑人员同科研人员同等的重视力度，积极为编辑人员提供外出交流与培训的机会，鼓励编辑人员学习国内外优秀期刊的办刊模式和经验、新媒体编辑技术等，培养编辑成为"多媒体主持人"，熟悉基本的编辑校对知识，开拓新媒体编辑出版知识。

3.4 从传播方式、传播速度及传播内容方面全面提高期刊新媒体运用程度

随着新媒体技术的发展，新媒体已经成为主要信息载体和传播工具，当然科技期刊也不例外。科研单位应主动摆脱传统科技期刊传播模式，从传播方式、速度及内容方面提高期刊新媒体运用程度。

第一，改变传统的纸刊传播方式，探索多方位的传播渠道。传统的纸刊传播方式体量小，传播速度慢完全不符合新媒体时代的传播需求。科研单位应支持内设编辑部探索微信、微博头条等期刊自媒体传播方式，探索多方位、立体化的传播模式，保证期刊在获取内容之后将科技成果及时传播出去，满足受众碎片化阅读习惯。另外，可建立学科领域内的数字化出版平台。例如，中华医学会杂志社于2015年建设了集约化数字出版平台，平台拥有中华系列、中国系列、国际系列、英文版系列和电子系列共计189种期刊。自建设以来，中华医学会杂志社的社会效益和经济效益明显提高[11]。笔者所在的编辑部可积极利用国内外热区资源，号召热带农业科技期刊建设数字出版平台，利用新媒体技术实现平台内的期刊资源共建共享，扩大行业影响力。

第二，提升期刊科技成果传播速度。科技期刊是一种学术媒介，不仅记录承载了科技成果，还是传播科技成果的重要方式。因此，对科技成果进行及时有效的传播，才算是完整的发挥了科技期刊的学术媒介作用。科技成果的传播速度对科技期刊影响力具有重要影响。在新媒体时代，科技期刊可根据用户类别，利用数字技术将内容精准传播给特定用户，即精准传播。科技期刊可依据大数据技术及5G技术，对用户进行画像，以其需求为核心、以数字化和网络化为基础，对稿件内容进行二次加工和深度挖掘，为用户提供个性化的、形式多样的信息资源及个性化知识服务[12]。

第三，丰富传播内容。丰富多样的传播内容可提升科技期刊传播效果。目前拥有官网或者微信公众号的科技期刊应该改变单纯地将期刊目录或者文章全文作为传播内容的方法，增强新媒体内容的趣味性和可读性。可将学术性的科学知识转化为大众可接受的形式，可附带宣传科普知识以及本单位科研动态等。丰富传播内容的表现形式，可充分利用视频与音频、有声读物等形式。科技期刊应根据不同客户群体和阅读习惯，开发不同的传播内容，而不是统一的提供单一内容。这样，科技期刊不仅丰富了传播内容，而且在无形中开拓了新的期刊受众群体。

4 结束语

国家文化软实力的发展离不开具有世界影响力的中国科技期刊品牌支撑，但无论时代如何更迭，科技期刊的价值应回归到优质核心内容上。历史与现实、国家与个体、继承与创新，在快速发展的时代中相遇，势必会激发出强大的市场活力和创作力，对出版产业来说，这是一个巨大的历史机遇。网络化、数字化及智能化将是未来出版产业的发展趋势，科研单位主办的科技期刊要用坚实的文本内容迎接变化。科研单位作为我国科技创新主体，科技期刊作为出版产业的中坚力量，理应展现宏伟时代精神，用优质内容提升我国科技创新能力。

参 考 文 献

[1] 中国科学技术协会.中国科技期刊发展蓝皮书[M].北京:科学出版社, 2018.
[2] 陶华,朱强,宋敏红,等.科技期刊新媒体传播现状及发展策略[J].编辑学报,2014,26(6):589-592.
[3] 吉海涛,郭雨梅,郭晓亮,等.媒体融合背景下学术期刊发展新模式[J].中国科技期刊研究,2015,26(1):60-64.
[4] 赵赟.媒体融合视域下期刊发展的现状、问题与对策研究:以江苏科技期刊发展为例[J].编辑学刊,2019(6):71-75.
[5] 罗玲,商丽娜,张海燕,等.中国地学科技期刊应用互联网+新媒体技术的现状、效果及问题[J].中国科技期刊

研究,2020,31(3):288-294.
[6] 陈唯真.在新媒体时代传统科技期刊如何实现跨越式发展[J].中国科技期刊研究,2013,24(3):561-563.
[7] 中国新闻出版研究院.2018—2019 中国数字出版产业年度报告发布.[EB/OL].[2019-09-08]. http://www.chuban.cc/.
[8] 李军英,金晓静,连继城.农业科技期刊发行现状及对策[J].现代农村科技,2019(4):95-96.
[9] 周蓁.中国科技期刊国际化实践的样本探析:以 Cell Research(《细胞研究》)为例[J].中国出版,2011(20):6-11.
[10] 沈锡宾,刘红霞,李鹏,等.中国科技期刊集约化数字出版的效益分析:以中华医学会杂志社为例[J].中国科技期刊研究,2019,30(12):1304-1310.
[11] 程维红,任胜利.中国科协科技期刊的数字出版商业模式[J].科技与出版,2017(1):47-52.
[12] 张音,韩新月,王青.科研院所主办科技期刊存在的问题及对策[J].中国科技期刊研究,2019,30(4):343-348.
[13] 翟宁.新媒体时代《读者》杂志媒体融合转型发展研究[J].出版广角,2020(13):51-53.
[14] 梁亚阁,王杨俊.行业技术类科技期刊媒体融合的探索与思考[J].科技与出版,2020(7):88-92.
[15] 刘红霞,沈锡宾,刘冰,等.中国科技期刊数字出版及新媒体运营工作的发展现状及展望[J].编辑学报,2020,32(3):314-317.
[16] 杨臻峥,郑晓南.全媒体背景下科技期刊品牌形象推广策略的探索[J].编辑学报,2020,32(3):291-294.
[17] 陈建华.媒体融合环境下我国科技期刊转型发展的困境及对策[J].编辑学报,2020,32(2):150-154.
[18] 杜焱,蒋伟,季淑娟,等.中国高水平科技期刊微信公众号运营现状及提升策略[J].编辑学报,2020,32(2):204-208.
[19] 纪大庆.媒体融合趋势下传统期刊的困局和发展思考[J].编辑学刊,2020(2):12-17.

医学期刊的预印本政策：
2018—2020年文献综述

陈红云

(《结合医学学报(英文)》编辑部，上海 200433)

摘要：传统的单一的出版模式不断被新的出版形式或传播工具以补充，预印本也是期刊出版的一种补充形式，伴随着研究者不断增长的学术出版需求和对出版速度的需求而产生。预印本作为一种新的存储模式在医学健康领域以缓慢的进度在推进，医学期刊工作者对预印本持谨慎态度甚或反对态度。新的预印本平台不断建立，而新型冠状病毒疫情等社会因素促使研究者们重视预印本存储的重要性，在期刊出版者、学会、基金组织和研究者中得到一些认可。本文通过综述2018年以来的发表文献，对预印本在医学出版领域中的作用和发展动态做一个介绍。

关键词：预印本；医学；期刊；基金组织

随着科学技术的发展，学术出版物方式和方法在不断变化，预印本平台在物理和数学学术出版领域中已被接受，但由于不同的专业背景，在医学领域，预印本平台的历史还很短，医学期刊对预印本也是褒贬不一。近年来不断有新的预印本平台上线，2013年冷泉港实验室(Cold Spring Harbor Laboratory)建立了生物科学领域的预印本平台bioRxiv，几年后(2019年6月)，冷泉港实验室和BMJ、耶鲁大学合作推出了临床预印本平台 medRxiv (https://www.medrxiv.org/)，相应地，bioRxiv不再存储医学临床研究预印本手稿。两个预印本平台实现跨平台链接和检索。国内暂无独立的医学领域预印本平台，中国科学院科学论文预发布平台(ChinaXiv)和中国预印本服务系统均设置医药类别。

出现源于需求。预印本平台不断发展的最大优势在于其科学交流的及时性和公平评论功能，而这一功能在2019年新型冠状病毒(COVID-19)的全球流行时得以充分展现。在医学领域，所谓"健康所系，性命相托"，医学科学家和医学出版工作者也在反复思考预印本的优势和可能的危害，权衡其对人类健康发展可能的影响。

1 预印本在医学健康领域快速传播中的需求

与其他学科相比，医学领域预印本领域进展缓慢。近年来频发的公共卫生事件，如2016年寨卡病毒爆发和2019年COVID-19的全球流行，促使科学界对新的出版模式的思考。全球的医学界在对COVID-19进行快速研究以应对这场危机，研究结果的快速传播变得至关重要，以满足社会的迫切需求。预印本平台可以立即在全球传播研究结果促进科学交流[1]。已有证据表明，预印本可以加速处理突发传染病的进展[2]。另外，预印本平台不受量的限制。截至2020年8月5日，medRxiv平台可检索到7 348篇相关文献(其中medRxiv 5 822篇，bioRxiv 1 526

篇)。COVID-19 这场全球危机促使预印本平台得到前所未有的使用，它们的及时传播在公共卫生危机期间发挥了强大作用[3]。相比之下，SARS 和中东呼吸综合征暴发时，很多研究在最迫切需要的时候没有公开[4]。

2 预印本在医学健康领域传播中的利害权衡

的确，COVID-19 全球流行使快速传播科研成果变得尤其重要，全球医学研究者需要快速了解病原体的传播模式、传染性以及致病和死亡的特征。将有效的(这是前提)医学研究成果尽早、尽快公布之于众，可以促进研究人员、政策制定者和公共卫生倡导者之间快速的信息共享和交流，有效地切断传播途径，救治伤患，甚至拯救生命。传统期刊传播科学研究时基于同行评议的基础之上，它们的出版需要时间，这似乎不利于公共卫生突发事件所需的快速反应。但是也要认识到，正是由于期刊的同行评议等措施，才保证了出版文献的质量，而预印本发布文献的质量参差不齐，甚至错误的信息传播会对公众导致伤害，因此需要辩证地看待预印本的作用。

2.1 预印本对医学健康出版的潜在危害

发表错误的临时研究具有潜在危害是医学界对预印本如此谨慎的首要原因之一。尽管快速提供信息具有优势，但缺乏同行审查也会导致有意和无意的错误信息问题。读者，包括科学家、记者和非专业人士可能不会意识到预印本未经过同行审查，而对研究结果缺乏判断真伪的能力会导致传播混乱和失真[5]；公众可能会根据未经审查和潜在无效的证据采取行动，尤其是当研究成果可以对医疗实践产生直接影响的时候[6]，使公众的健康受到不可预见的影响。一些负面的结果或对个别患者造成更多的健康恐慌或伤害。预印本平台 bioRxiv 撤回一项病毒学研究，该研究错误地声称 COVID-19 似乎含有人为的艾滋病毒"插入"，引起人们的恐慌。随着牛津大学一项"康复试验"预印本发布，全球使用地塞米松的需求激增[7]。

预印本平台可能存储的低质量文献，与"掠夺性"开放获取一样，未经充分审查或虚假的文献对研究者造成学术伤害。对于科学家来说，引用未经审查的研究损害文献基础的完整性[8]。

另外，预印本的公开评论功能，会被一些学者"利用"，试图从公众那里收集观点来改进一篇论文或后续研究。

对预印本持反对意见的期刊出版者们认为它违反英格尔芬格尔规则，属重复发表。在期刊采用双盲评审程序的情况下(即作者的身份未与审稿者共享，反之亦然)，预印本的可获得性会危及作者的匿名等。

2.2 预印本相对于医学健康出版的促进作用

支持预印本的研究者重视预印本平台的快速传播能力和评论反馈功能，而不同背景、不同立场、不同方法学研究的读者，可以对文献提出新的观点和方法，为促进研究和学术的早期发现、获取和反馈。

(1) 预印本平台与医学期刊建立合作关系，成为期刊发表能力不足的补充[9]，而在发生公共事件等特殊时期，研究的可靠性和及时性这两个挑战可能是相互矛盾时[10]，预印本作为期刊补充解决此矛盾。受科学世界中"不出版就死"文化的影响，出版需求不断增加，尽管期刊发表文章的数量迅速增长，但受医学期刊发表文章质量、期刊版面数量、期刊编辑偏好等的限制，仍有许多研究的结果(尤其是阴性研究结果)未被报告，或者不能被及时报道。预印本内容可以成为期刊约稿的对象。

部分同行评议期刊与预印本建立论文与发表后的评论、更新和修订双向链接。科学交流将从孤立的研究快照，转变为活生生的、有时间标记的文件，并由更广泛的研究人员进行永久审查[11]。medRxiv 可以将作者的手稿文件和元数据直接从 medRxiv 传输到期刊上，从而节省作者向期刊提交论文的时间。有 52 本期刊允许从 medRxiv 直接提交预印本。所有这些使得越来越多的研究人员开始相信预印本的合法性(并且不再那么担心被抢去)。

(2) 从知识共享角度来说，订阅期刊出版模式使期刊出版内容的传播限定于大学和科研机构，开放存取预印本平台的激增正在创造一场数据共享革命[12]。而成果多样性会加快科学交流的步伐。

(3) 预印本平台的存在可能会影响传统科学传播渠道应对危机的方式，从而带来附带的好处。有研究团队建议加速它们融入期刊出版工作流程，甚至可能迅速成为主流研究成果，成为 COVID-19 研究工作的重要组成部分[13]。例如，钟南山院士曾在 medRxiv 发表 6 篇，李兰娟院士发表了 3 篇，其中两人共同属名的文章(*Clinical Characteristics of Coronavirus Disease 2019 in China*)在 medRxiv 投稿后，又在国际医学期刊《新英格兰杂志》上发表。

(4) 增加文章的关注度和引用。研究发现有预印本的文章比没有预印本的文章更高的 Altmetric 关注得分(49%)和引用(36%)[14]。

(5) 缓解可重复危机(reproducibility crisis)。更多的眼睛将确实有助于使所有的错误变得肤浅，这样做将保持正式出版物作为可靠科学宝库的作用[15]。

(6) 同行评议。从投稿到发表时间不可预期，并且往往都很长；同行评议并不是万能的，许多经过同行评议的论文仍有错误。预印本提供了一个机会来发现更多的问题，并在出版前将它们修改。因此，预印本和同行审查是互补的[16]。大多数预印本平台将预印本标记为"未经过同行评审"，或编辑进行"健全检查"，以防止发布垃圾科学；在向同行评议期刊投稿前的评论可以尽早发表文稿中的错误，减少不必要的撤稿等。

(7) 避免延迟发表带来的伤害，如重复研究等。

3 医学健康领域出版者对预印本的认可程度

正式发表并作为记录版本成为科学证据的一部分，彻底的同行评审、经验丰富的编辑审查和指导的重要步骤，再加上将研究结果置于更广泛的背景中，并突出对临床实践的影响，使期刊最终发表的文章与预印本非常不同[17]，在此过程中，编辑与作者合作，精心编写他们的信息，为读者提供来自严格的医疗实践和基础科学的最佳信息[18]。通常需要多轮的修改增加这种价值，并确保研究数据的准确、诚实、完整、透明和有用的呈现，是期刊和出版商的重要角色。对预印本持认同意见和反对意见的期刊，正是预印本不具备的特点，从不同角度表达了他们的观点。

近年来，医学健康领域期刊集团、学会和机构也在创立预印平服务器，2018 年 6 月，《柳叶刀》杂志系列与免费预印平台 SSRN 合作，开始为期 6 个月的试验[17]；2019 年 6 月，BMJ、耶鲁大学和冷泉港实验室推出 medRxiv；Wiley 和 Springer-Nature 分别通过 Authorea 和 In Review 发布了一些期刊的预印本和透明的同行评审内容，统一了他们的政策来鼓励预印本共享[19]；EMBO 期刊已经扩展了它们的透明程序超出了期刊范围，除了预印本论文之外，还与评审共享(Review Commons)合作[20](评审共享是一个为生命科学的预印本提供给期刊前的同行评审平台[21])。

在信息的即时性已经成为决策者和普通公众的期望的时代，许多研究已经在同行评审之前以预印本的形式被分享[3]。JRSM 欢迎医学科学的预印本[22]，可拓展视野[23]；还包括临床化学[24]、心血管[10]、消化、神经外科[25]、护理学[26]、肾脏疾病[27]、肿瘤[28]等不同领域均有期刊加入欢迎预印本的行列。有研究调查了 100 份顶级临床期刊[29]发现，大多数期刊(86%)允许预印本，13 本期刊(13%)通过评估以根据其预印本的状况(逐案确定)决定是否拒绝，只有 1 本期刊(1%)有禁止预印的策略(禁止预印)。影响因子和预印政策类别之间并无直接相关性。

有些杂志明确不接受发布到预印本平台的研究稿件，像 The Bone & Joint Journal、The Journal of Orthopaedic Research 和 The Journal of Bone and Joint Surgery [30]。主要是考虑预印本发布后再在期刊发表违背英格尔芬格尔规则的重复发表和低质量文献可能导致的危害等，他们认为期刊在面对公共卫生等突发事件时也会启动相应的政策来应对，预印本的作用有限。

基金组织层面，美国国立卫生研究院 2017 年宣布了一项新政策[31]，鼓励其资助的研究人员在传统期刊上发表研究成果之前，先将其研究成果提交到预印本平台，被认为"可能是生命科学领域预印本的一个分水岭"[32]。2020 年推出 NIH Preprint Pilot 项目，以测试通过公共医学中心(PMC)获取美国国立卫生研究院(NIH)资助的研究成果预印本的可行性，探索提高 NIH 早期研究结果的可发现性。一种称为 U 计划(即"普遍"计划)的方法，希望以最小的努力实现为每个人免费获取世界科学成果[33]。而一些基金会承认申请人履历中预印本成果，如威康基金会、European Research Council[34]资助项目。另外 MedRxiv 还受到"陈-扎克伯格倡议"支持。

随着预印本的发展，一些学会组织如美国心脏协会也更新了它的政策，允许申请者"引用中期研究成果(如预印本)作为他们的拨款申请的一部分"。在这种情况下，美国心脏协会将预印本定义为"以同行评议的期刊文章的风格书写的完整的公开的科学文件草稿"。加拿大医学协会杂志也宣布认可预印本[35]。

鉴于预印本平台作为学术著作传播工具的作用越来越大，出版伦理委员会(COPE)亦考虑向预印本平台提供商提供会员资格。对于任何已经是 COPE 成员并运行预印本平台的发布者，预印本目前被认为是独立于发布者的 COPE 成员关系的[36]。

预印本是否对英格尔芬格法则等挑战？一些期刊已经开始朝着一个新的方向发展，不再认为预印本违反了英格尔芬格法则[37]。这对于依靠同行评议期刊发表文章来获得晋升和学术信誉的初级研究员来说是一个特别重要的问题。研究者们所担心的一个相关问题是，当他们的作品仅作为预印本提供时，他们有可能在没有适当归属的情况下被其他人抢先报道。有影响力的杂志，如《自然》《科学》《柳叶刀》和《英国医学杂志》现在明确声明，他们将不再把发表在预印本平台上的手稿视为之前的出版物，这绕过了英格尔芬格尔规则。

对于处于职业早期研究者[38]，由于审阅过程的长度和修改手稿所需的时间，预印本文章的 DOI 给研究人员的发现加盖了一个公开的"数字时间戳"，以确定他们的发现在历史上的首要地位。学术研究者可以在他们的国立卫生研究院提交或每年更新的文件中引用他们预印本的 DOI。年轻的科学家可以使用预印本向晋升委员会或潜在雇主展示他们的研究成果，这使他们能够比其他方式更快地建立自己的信誉。病人和病人护理小组也可以了解他们想要参与的处于早期临床研究阶段的新疗法。早期展示利于发现国际合作[39]。但大家仍要考虑涉及的发表伦理问题[40]。

4 预印本在医学领域的发展

对预印本质量的担忧同时也是传统期刊的问题，如近年来基于同行评议问题导致的撤稿事件等，而预印本手稿更有可能被讨论和分享，因此更有可能在预印阶段被更彻底地审查。为那些对人类健康有潜在影响但尚未得到同行评议的研究建立适当的早期共享标准[41]。Review Commons、In Review 推出独立于期刊的同行评议，可能更有利于预印本的发展，有利于预印本内容向期刊的转换。

高质量预印本平台已经融合提醒、审查、公共评审等多重功能。medRxiv 明确提示：由于未进行同行评议，预印本文章不应被视为结论性的、指导临床实践/与健康相关的行为，或作为既定信息在新闻媒体上报道。在发布文稿的选择过程中，重视作者的各种声明(报告规范、利益冲突，以及伦理批准的细节等)和涵盖的法律问题，如剽窃和诽谤审查后才发布[42]。从研究者角来看，出于对声誉的考虑，他们一般不会只是为争取优先权而发布低质量的文献。

预印平台不断增加，如果搜索引擎能检索到预印本，则会更利于读者发现已发布的预印本，无疑会增加学者对预印本的关注。

5 结束语

从上面综述的内容来看，影响预印本在医学领域中使用采技术问题和社会问题等多重因素的影响[43]，但预印本的发展有不可抵挡之势。预印本创办的初心是为快速传播促进科学发展，但相对传统期刊来说，它的历史还很短，尽管可能存在一些风险，但在医学领域的应用首先应该考虑对公众健康影响，其次是期刊遵从的出版模式等。对于以上期刊观点的综述，希望能为期刊提供一些参考依据，根据自己期刊发展要求做一些思考，做决定前要慎重考虑。从作者层面要意识到，现阶段快速发表带来的优先权印记可能会影响编辑在发表优先权的判断，一些传统的反对预印本的期刊可能会要求删除文章中预印本引用[44]，或完全否认预印本。投稿之前还是要认真查看心仪期刊的投稿政策。

参 考 文 献

[1] KRUMHOLZ H M, ROSS J S, OTTO C M. Will research preprints improve healthcare for patients? [J]. Bmj, 2018, 362:k3628.

[2] JOHANSSON M A, REICH N G, MEYERS L A, et al. Preprints: an underutilized mechanism to accelerate outbreak science [J]. PLoS Medicine, 2018, 15(4):e1002549.

[3] MAJUMDER M S, MANDL K D: Early in the epidemic: impact of preprints on global discourse of 2019-nCoV transmissibility [J]. Ssrn, 2020:3536663.

[4] Preprints can fill a void in times of rapidly changing science [EB/OL]. (2020-01-31) [2020-08-11]. https://wwwstatnewscom/2020/01/31/preprints-fill-void-rapidly-changing-science/.

[5] SHELDON T. Preprints could promote confusion and distortion [J]. Nature, 2018, 559(7715):445.

[6] KWON D. How swamped preprint servers are blocking bad coronavirus research [J]. Nature, 2020, 581(7807):130-131.

[7] MAHASE E. Covid-19: Demand for dexamethasone surges as RECOVERY trial publishes preprint [J]. Bmj, 2020, 369:m2512.

[8] MAGGIO L A, ARTINO A R, Jr, DRIESSEN E W. Preprints: facilitating early discovery, access, and feedback

[J]. Perspectives on Medical Education, 2018, 7(5):287-289.

[9] AQUINO-JARQUIN G, VALENCIA-REYES J M, SILVA-CARMONA A, et al. Preprints in biomedicine: alternative or complement to the traditional model of publication? [J]. Gaceta Medica de Mexico, 2018, 154(1):87-91.

[10] NALLAMOTHU B K, HILL J A. Preprints and cardiovascular science: prescient or premature? [J]. Circulation, 2017, 136(13):1177-1179.

[11] All that's fit to preprint [J]. Nature Biotechnology, 2020, 38(5):507.

[12] BERENBAUM M R. On Mr. Hyslop's prediction, content archives, and preprint servers [J]. Proceedings of the National Academy of Sciences of the United States of America, 2020, 117(17):9131-9134.

[13] CASADEVALL A, GOW N. Using preprints for journal clubs [J]. mBio, 2018, 9(2).

[14] FU D Y, HUGHEY J J. Releasing a preprint is associated with more attention and citations for the peer-reviewed article [J]. eLife, 2019, 8.

[15] OAKDEN-RAYNER L, BEAM A L, PALMER L J. Medical journals should embrace preprints to address the reproducibility crisis [J]. International Journal of Epidemiology, 2018, 47(5):1363-1365.

[16] TENNANT J, GATTO L, LOGAN C. Preprints help journalism, not hinder it [J]. Nature, 2018, 560(7720):553.

[17] KLEINERT S, HORTON R. Editors of the Lancet family of j: preprints with The Lancet: joining online research discussion platforms [J]. Lancet, 2018, 391(10139):2482-2483.

[18] RUBIN E J, BADEN L R, MORRISSEY S, et al. Medical journals and the 2019-nCoV outbreak [J]. N Engl J Med, 2020, 382(9):866.

[19] Springer Nature journals unify their policy to encourage preprint sharing [J]. Nature, 2019, 569(7756):307.

[20] Commons R. [2020-08-08]. https://wwwreviewcommonsorg/.

[21] PULVERER B, LEMBERGER T: Peer review beyond journals [J]. The EMBO Journal, 2019, 38(23):e103998.

[22] ABBASI K: A giant step for science: JRSM welcomes preprints in medical science [J]. Journal of the Royal Society of Medicine, 2018, 111(8):263.

[23] BOVE-FENDERSON E, DUFFY K, MANNSTADT M. Broadening our horizons: JBMR and JBMR Plus Embrace Preprints [J]. JBMR Plus, 2018, 2(2):59-61.

[24] RIFAI N, ANNESLEY T M, BOYD J C. Clinical chemistry views and policy on preprints [J]. Clinical Chemistry, 2018, 64(7):989-990.

[25] RUTKA J T. Editorial. Preprint servers and neurosurgical publications [J]. Journal of Neurosurgery, 2020:1-3.

[26] SOUZA J: The emergence of preprints for Brazilian science: considerations from the Nursing area [J]. Revista da Escola de Enfermagem da U S P, 2019, 53:e03534.

[27] VLASSCHAERT C, GILES C, HIREMATH S, et al. Preprint servers in kidney disease research: a rapid review [J]. Clinical Journal of the American Society of Nephrology: CJASN, 2020.

[28] XU J, ZHANG L. Will medical preprints change oncology practice?[J]. JAMA Oncology, 2020.

[29] MASSEY D S, OPARE M A, WALLACH J D, et al. Assessment of preprint policies of top-ranked clinical journals [J]. JAMA Network Open, 2020, 3(7):e2011127.

[30] LEOPOLD S S, HADDAD F S, SANDELL L J, et al. Clinical orthopaedics and related research, the Bone & Joint Journal, the Journal of Orthopaedic Research, and The Journal of Bone and Joint Surgery will not accept clinical research manuscripts previously posted to preprint servers [J]. The Bone & Joint Journal, 2019, 101-B(1):1-3.

[31] NIH: Reporting Preprints and Other Interim Research Products [EB/OL]. [2020-07-10]. https://grantsnihgov/grants/guide/notice-files/NOT-OD-17-050html?utm_source=dlvrit&utm_medium=twitter, Notice Number: NOT-OD-17-050.

[32] NIH's new embrace of preprints will be a boon to science [EB/OL]. (2017-03-31) [2020-08-08].

https://wwwstatnewscom/2017/03/31/nih-embrace-preprints/.

[33] SEVER R, EISEN M, INGLIS J. Plan U: universal access to scientific and medical research via funder preprint mandates [J]. PLoS Biology, 2019, 17(6):e3000273.

[34] 期刊是否支持预印本?它会取代传统出版吗?ScienceOpen 能为预印本做什么？[EB/OL].(2019-01-02)[2020-08-08]. http://wwwinternationalscienceeditingcn/solution-96html.

[35] KELSALL D. New CMAJ and CMAJ Open policy permitting preprints [J]. CMAJ: Canadian Medical Association Journal, 2019, 191(27):E752.

[36] COPE: Preprints. [2020-08-08]. https://publicationethicsorg/files/u7140/COPE_Preprints_Mar18pdf.

[37] BROOKES V. Editorial: preprints, the ingelfinger rule and the AVJ [J]. Australian Veterinary Journal, 2019, 97(11):423.

[38] SARABIPOUR S, DEBAT H J, EMMOTT E, etl al. On the value of preprints: an early career researcher perspective [J]. PLoS Biology, 2019, 17(2):e3000151.

[39] ABDILL R J, ADAMOWICZ E M, BLEKHMAN R. International authorship and collaboration across bioRxiv preprints [J]. eLife 2020, 9.

[40] BARBOSA D A, PADILHA M I. Ethical dilemmas for the areas of nursing and health in relation to preprints [J]. Revista Brasileira de Enfermagem, 2018, 71(Suppl 6):2602-2603.

[41] PEIPERL L, EDITORS P M. Preprints in medical research: progress and principles [J]. PLoS Medicine, 2018, 15(4):e1002563.

[42] RAWLINSON C, BLOOMT. New preprint server for medical research [J]. Bmj, 2019, 365:l2301.

[43] PENFOLD N C, POLKA J K. Technical and social issues influencing the adoption of preprints in the life sciences [J]. PLoS Genetics, 2020, 16(4):e1008565.

[44] Preprints and citations: should non-peer reviewed material be included in article references? [J]. Scholarly Kitchen.

高校学报英文版的现状分析与专业化探索

黄 伟,黄龙旺,蒋 霞

(上海交通大学期刊中心,上海 200030)

摘要:高校学报英文版创办之初的目的主要是作为重点大学对外展示的窗口,其综合性和多学科性制约着期刊的发展。本文首先对这 31 种高校学报英文版进行了基本信息的梳理,对其中 29 种期刊入选数据库的情况进行了展示,研究了其发文内容的专业化情况,并对部分期刊改刊(版)的成功经验进行了分析。研究表明:改刊期刊入选 SCI 数据库的时间远少于未改刊期刊;改刊期刊和未改刊期刊之间在内容的专业化方向上存在一定的差异;期刊内容专业化已成为期刊向更高水平发展的共识。

关键词:高校学报英文版;专业化;改刊

中国高校学报创办的初衷是为了对外展示本校的科学研究和学术水平,语言主要以中文为主。近三四十年来,随着国际学术交流的需要不断加强,学报英文版成为一些重点大学对外展示的窗口,陆续有 29 所高校 31 种学报英文版应运而生,除专业型大学创办的刊物,其他基本均为多学科、综合类的期刊。我国高校学报具有两个显著特征:综合性和内向性,即包含了相当广泛的研究领域和论文大多是由主办单位的教师和学生撰写[1],其在学报英文版上也得到了体现,地域性明显的作者群、管理不当、个性化缺失等问题都表明了改革的必要性和迫切性[2]。

近十余年来,各类期刊数据库的收录情况成为了评价这些期刊水平高低的丈量尺,影响着作者的发文选择和体现着期刊的学术水平。如今,科研学者们很少会去参加多学科、综合性的会议,他们更喜欢去参加由相同学科专家组织的会议。为了能够与同行之间进行更亲密的沟通,当他们在提交论文的时候,也通常会选择专业型的期刊,而不是多学科的[3]。由此引发的稿源问题也迫使高校学报英文版在不断地探索着自己的发展方向,其中有些改刊成为了专业刊,有些改版成为了专业刊,有些还坚守着;有些被 SCI 数据库检索,有些被 EI 数据库检索。2020 年,在《关于破除科技评价中"唯论文"不良导向的若干措施(试行)》中,科技部鼓励作者发表"三类高质量论文",一是发表在入选卓越行动计划的期刊目录上,二是依据学科和技术领域划分而确定。由此可见,"少而精,专业化"已成为目前中国科技期刊发展的新指向标,而学报英文版也需要紧跟时势,以助力中国科技期刊腾飞。

目前对高校学报英文版现状的研究成果有:李淑兰[4]对高校学报英文版的现状进行分析和前瞻;谭辉[5]调查了高校学报英文版在自主网站和国外数据库收录的情况;熊春茹[6]从影响因子指标入手,提出必须优化学报的专业报道方向;姜春明[7-8]对高校学报英文版的专业化改刊、

基金项目:上海交通大学期刊中心期刊发展研究基金(QK-Z-2020003)

收录、采编、出版等情况进行了全面梳理,提出了高校学报英文版的专业化改版和提升国际影响力是未来的发展趋势;刘红梅[9]展示了2019年EI数据库收录的高校英文科技期刊情况,提出了特色化、国际化、资源利用、稿源选用、英文摘要等方面的措施有利于高校英文科技期刊进入EI数据库。

同时对已经改刊(版)的期刊,部分学者也进行了成功经验的分享:《浙江大学学报(英文版)》A、B、C辑始终坚持接轨国际,打破传统的大综合办刊老路,走专业化之路[10];《西安交通大学学报(英文版)》改刊为《药物分析学报》,主要对学科定位、国际化合作、编委、同行评审和稿源国际化等方面进行了探索和努力[11];《上海大学学报(英文版)》改刊为《先进制造进展》,对学科专业的选择、国际化办刊、出版周期及数字出版等进行了多方面的论证[12];《清华大学学报自然科学版(英文版)》改版为信息类专业化期刊,从学校资源、校友团队、作者资源和学术会议入手,策划了信息科学领域高水平成果的主题出版,助力了期刊的发展[13]。

本文对这31种由中国高校主办的学报英文版进行了基本信息的梳理,对其历史和现状进行回顾,分析了其在数据库中的收录情况和近3年多发文内容的专业化情况,并总结汲取某些期刊的成功经验,为高校学报英文版的未来规划提供建设性的参考思路和举措。

1 期刊的基本信息

此次收集的由中国高校主办的学报英文版期刊有31种,入选依据为使用过大学学报名称的英文期刊,包括已经改刊的期刊。基本信息包括中文期刊名称、创刊时间、改刊时间、现期刊名称。已收集的信息以时间轴的形式展示,如图1所示。

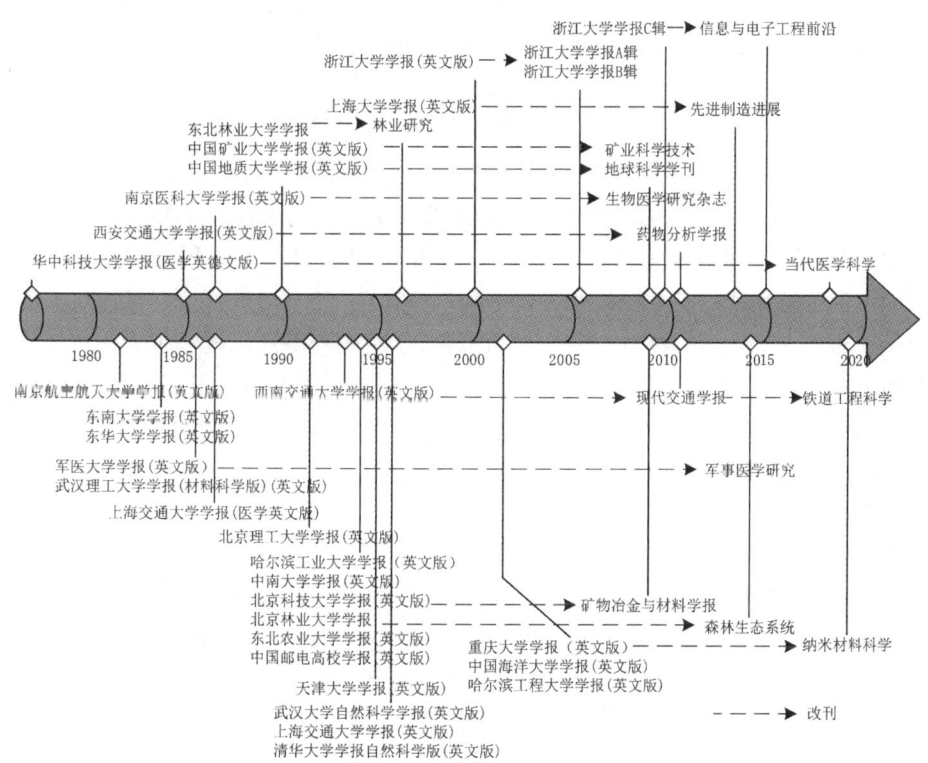

图1 高校学报英文版期刊基本情况

由图 1 可知，31 种高校学报英文版期刊中，《上海交通大学学报(医学英文版)》于 2013 年停刊，除浙江大学主办 3 种之外，其余主办单位各主办 1 种。根据创刊时间，1980 年之前创办 1 种，1980—1989 年创办 8 种，1990—1999 年创办 16 种，2000 年之后创办 6 种。近 20 多年来有 15 种期刊进行了改刊，根据改刊时间，2000 年之前有 1 种，2000—2009 年有 5 种，2010 年之后 9 种，其中：《哈尔滨工程大学学报(英文版)》即为《船舶与海洋工程学报》；《军医大学学报(英文版)》改刊后主办单位变更为人民军医出版社，不再属于高校学报英文版行列，下文不再讨论此期刊，故本文的研究对象变为 29 种期刊。

2　期刊入选的数据库情况

根据最新期刊入选的数据库情况分为：SCI 收录期刊(包括 ESCI 收录期刊)18 种、仅 EI 收录期刊 6 种和其他期刊 5 种。分别梳理其进入该数据库的时间、学科方向、排名、分区(或百分位)，改刊的期刊根据其改刊时间为其创刊时间，信息来源根据 2020 年 Clarivate Analytics InCites Journal Citation Reports 和 Elsevier Scopus CiteScore 的统计结果，以了解目前高校学报英文版在主流评价体系中的专业方向和地位，结果如表1~表 3 所示。

如表 1 所示，未改刊的期刊(4 种)入选 SCI 数据库的平均年数为 14 年，改刊的期刊(11 种)入选 SCI 数据库的平均年数为 4.1 年，《地球科学学刊》《矿物冶金与材料学报》和《信息与电子工程前沿》创刊当年即被 SCI 收录的原因在于其在改刊之前已是 SCI 收录的期刊，剩余 3 种改刊的期刊则入选了 ESCI 数据库。根据其分区情况，近年来大多数期刊依旧在 Q3 和 Q4 分区徘徊，部分期刊已上探到 Q2 分区，值得注意的是，《矿业科学技术》入选 SCI 数据库后第 1 个影响因子排名就达到 Q1 分区；《森林生态系统》今年也回到了 Q1 分区。

如表 2 所示，仅被 EI 数据库检索的期刊(6 种)均为未改刊的期刊，从创刊到入选的平均年数为 12.3 年。根据其在 Scopus 数据库的 CiteScore 排名(百分位越大，排名越靠前)，除《天津大学学报(英文版)》今年升到多学科的上半区和《上海交通大学学报(英文版)》接近多学科的上半区外，其余 4 种期刊的排名均比较靠后。6 种期刊所属学科方向基本为工程、多学科和计算机，选择学科方向相近的 SCI 期刊在 Scopus 数据库的情况来看：例如，《先进制造进展》在工程方向均排在第 70 百分位以上；《浙江大学学报 A 辑》在一般工程方向排到第 77 百分位；《信息与电子工程前沿》在工程和计算机方向均排在第 52 百分位以上；《清华大学学报自然科学版(英文版)》在多学科方向排到第 88 百分位；《船舶与海洋工程学报》在海洋工程方向也排到第 55 百分位。由此可见，凡是能够入选 SCI/ESCI 数据库的期刊其排名均比较靠前。

如表 3 所示，其他期刊中有 3 种入选了 Scopus 数据库，也有曾过入选 EI 数据库的经历。从学科方向的百分位来看，期刊所处的百分位均比较靠后。《纳米材料科学》于 2019 年创刊，其成绩如何还需拭目以待。

由期刊入选的数据库情况可知：①未改刊的 SCI 期刊，如《中南大学学报(英文版)》《武汉理工大学学报(材料科学版)(英文版)》《中国海洋大学学报(英文版)》，其在创刊之初便确立了专业化的办刊方向；②除清华大学和浙江大学主办的期刊外，其他 SCI 期刊改名均与其学科方向对应，具有一定的专业化方向；③除《纳米材料科学》外，其他未被 SCI 数据库检索的期刊均未更名。

表1 2020年SCI收录期刊的情况

SCI收录期刊名	创刊时间	入选时间	SCI学科方向	排名	分区
中南大学学报(英文版)	1994	1998	冶金：冶金工程	44/79	Q3
武汉理工大学学报(材料科学版)(英文版)	1986	2001	材料科学：多学科	288/314	Q4
中国海洋大学学报(英文版)	1994	2012	海洋学	53/66	Q4
清华大学学报自然科学版(英文版)	1996	2015	计算机科学：软件工程	68/108	Q3
			计算机科学：信息系统	123/156	Q4
			工程：电子电气	197/266	Q3
浙江大学学报A辑	2006	2007	物理：应用	108/154	Q3
			工程：多学科	53/91	Q3
浙江大学学报B辑	2006	2008	医学：研究和试验	98/138	Q3
			生物化学：分子生物学	220/297	Q3
			生物技术：应用微生物学	101/156	Q3
地球科学学刊	2009	2009	地球科学：多学科	100/200	Q2
			材料科学：多学科	223/314	Q3
矿物冶金与材料学报	2009	2009	冶金：冶金工程	32/79	Q2
			矿业：选矿	12/21	Q3
林业研究	1997	2013	森林	31/68	Q2
信息与电子工程前沿	2015	2015	计算机科学：软件工程	53/108	Q2
			计算机科学：信息系统	111/156	Q3
			工程：电子电气	171/266	Q3
先进制造进展	2013	2017	工程：制造	27/50	Q3
森林生态系统	2014	2018	森林	8/68	Q1
当代医学科学	2017	2018	医学：研究和试验	121/138	Q4
药物分析学报	2011	2018	药理与毒理学	137/270	Q3
矿业科学技术	2009	2019	采矿与选矿	2/21	Q1
生物医学研究杂志	2010	2015	多学科	ESCI	—
船舶与海洋工程学报	2002	2017	工程：海洋工程	ESCI	—
铁道工程科学	2020	2020	交通科技	ESCI	—

表2 2020年EI收录期刊的情况

EI收录期刊名	创刊时间	入选时间	Scopus学科方向	排名	百分位
北京理工大学学报(英文版)	1992	1994	工程：一般	267/299	10
东南大学学报(英文版)	1984	2003	工程：一般	254/299	15
天津大学学报(英文版)	1995	2004	多学科	46/111	59
上海交通大学学报(英文版)	1996	2005	多学科	60/111	45
南京航空航天大学学报(英文版)	1982	2005	工程：航空航天	107/127	16
			地球与行星科学：空间与行星科学	81/92	12
中国邮电高校学报(英文版)	1994	2006	计算机科学：计算机网络与通信	200/307	35
			计算机科学：信息系统	204/300	32
			计算机科学：信号处理	75/103	27

表 3　其他期刊情况

其他期刊	创刊时间	EI 经历	Scopus 学科方向	排名	百分位
东华大学学报(英文版)	1984	2006—2015	工程：工业和制造业工程 材料科学：聚合物和塑料	277/340 127/154	18 17
哈尔滨工业大学学报(英文版)	1994	2000—2015	工程：一般工程	250/299	16
东北农业大学学报(英文版)	1994				
武汉大学自然科学学报(英文版)	1996	1998—2006	多学科	72/111	35
纳米材料科学	2019				

3　期刊内容的专业化情况

从目前的情况来看，进行改刊之后的期刊，以后发文内容的专业化程度将更加聚焦，这有利于编辑部和编委会进行专业化的主题策划和开展专业化的组稿约稿工作，有利于专业化的作者来投稿，有利于专业化的读者来下载浏览。由于入选的期刊基本都被收录在 Scopus 数据库中(26 种)，本节将利用 Elsevier 的 SciVal 科研管理分析工具对期刊内容的专业化情况进行分析，旨在得出改刊期刊和未改刊期刊之间的差异。

2017—2020 年改刊期刊(12 种)和未改刊期刊(14 种)发文内容的专业化情况如图 2 和图 3 所示(数据统计日期截至 2020 年 8 月 12 日)。图中的大圆环代表了 Scopus 数据库的 27 个学科分类，每个气泡代表一个主题，不同颜色表示了不同的学科(主题)，气泡的大小表示该期刊在该主题下的发文数量，气泡的位置取决于发文的学科期刊分类代码(ASJC)，一般来说其位置越靠近圆环中心，越可能属于多学科，也有可能是两个或多个学科之间交叉研究的成果。

如图 2 所示，气泡分布得越集中，其专业化程度越高。期刊内容的专业化方向基本聚焦到 1 个方向的有《地球科学学刊》《先进制造进展》《当代医学科学》《矿业科学技术》；有些期刊有 2 个明显的专业化方向，例如《浙江大学学报 B 辑》《矿物冶金与材料学报》《林业研究》《信息与电子工程前沿》《森林生态系统》《生物医学研究杂志》；《浙江大学学报 A 辑》有 3 个专业化方向，《药物分析学报》发文则分散于化学、生物和医学方向，综合性较显著。

如图 3 所示，未改刊的期刊内容专业化方向基本聚焦到 1 个方向的有《武汉理工大学学报(材料科学版)(英文版)》《清华大学学报自然科学版(英文版)》《船舶与海洋工程学报》《中国邮电高校学报(英文版)》，除《清华大学学报自然科学版(英文版)》在 2011 年改版为信息类专业化期刊外，其他期刊在创刊之初就是依靠其优势学科做依托，走专业化道路，将来为了吸引全球范围的作者和扩大国际影响力，也会考虑改刊事宜；其他期刊发文的主题则比较分散，还没有形成较为显著的专业方向特色，如果仅从目前发文的情况来看，改刊的方向尚不明确。

对比图 2 和图 3，改刊和未改刊期刊内容的专业化程度存在一定的差异，改刊(版)的期刊已经确定了用稿方向，工作重心和发力也会集中到一点；而大部分未改刊(版)的期刊还依靠着自投稿件、零星约稿、分散小专题策划等，导致稿件质量得不到保证，无法吸引优质稿源，势必还将继续停留在多学科、小综合的方向上。

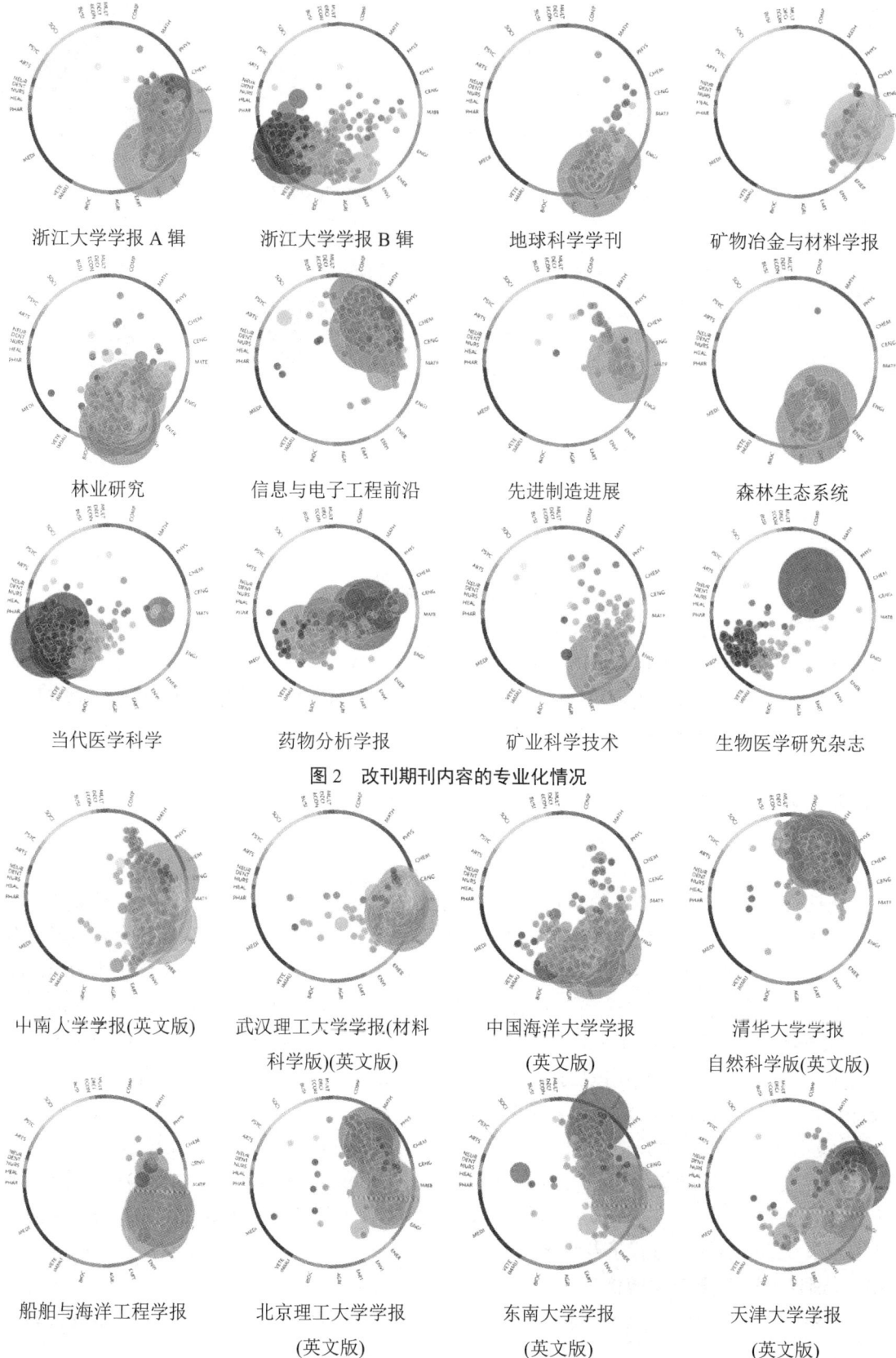

图 2 改刊期刊内容的专业化情况

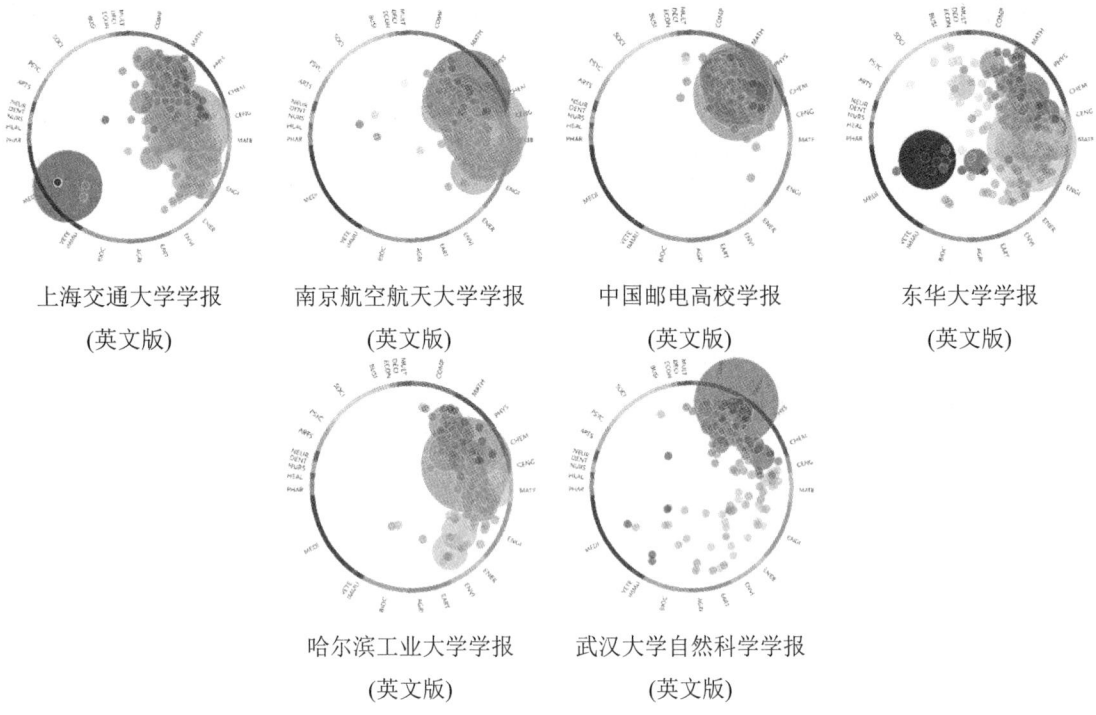

图 3 未改刊期刊内容的专业化情况

近年来,国家出台了多项利于期刊发展的政策,例如"中国科技期刊国际影响力提升计划""中国科技期刊登峰行动计划""中国科技期刊卓越行动计划",以期望能够建设一批世界一流的科技期刊。其中本文的研究对象中受到"中国科技期刊卓越行动计划(2019—2023)"资助的期刊有:重点期刊《药物分析学报》100 万/年和《地球科学学刊》60 万/年,梯队期刊有《清华大学学报自然科学版(英文版)》《浙江大学学报 A 辑》《中南大学学报》《天津大学学报(英文版)》《矿业科学技术》《船舶与海洋工程学报》各 40 万/年。

4 期刊改刊的成功探索

在期刊历史上,比较有名的期刊改刊成功案例为《美国卫生杂志》,于 1965 年改刊为《美国流行病学杂志》。创刊于 1921 年的《美国卫生杂志》,第一任主编希望该期刊发表与卫生有关的所有领域的科学研究。1938 年,为了服务于读者日益专业化的口味,《美国卫生杂志》将杂志分为 4 个专业部分,每一部分内容都单独分页,这样订户就可以根据自己的兴趣选择订阅哪一部分。到了 20 世纪五六十年代,由于大量的专业型期刊的出现,卫生领域的大多数科学有了专门的出版物,《美国卫生杂志》的运营出现第一次亏损。此时他们发现流行病学在过去 30 年一直持续发展,却缺乏专业型的期刊,最终在 1965 年期刊改名为《美国流行病学杂志》,虽然他们默认放弃了最初的使命——发表卫生领域所有的科学研究,但在专业科学出版的新世界里,这个使命显然已经过时了[14]。目前该期刊近二十多年均处于 JCR Q1 分区,表现突出以及稳定。近十几年来,中国高校学报英文版也意识到了内容的专业出版才是将来的可持续发展道路,也先后进行了专业化的改刊探索。

4.1 《浙江大学学报(英文版)》

《浙江大学学报(英文版)》创刊于 2000 年,2006 年专业化改刊为《浙江大学学报 A 辑》

和《浙江大学学报 B 辑》，2010 年创办《浙江大学学报 C 辑》，并于 2015 年改刊为《信息与电子工程前沿》，其优势学科集群办刊的形式值得学习和借鉴。期刊通过专业化的办刊接轨国际，采用严格的国际同行评议保障学术质量，率先使用 CrossCheck 杜绝学术不端行为，鼓励编辑参与国际出版活动等，形成了学者和期刊互利双赢的美好局面[10]。

4.2 《药物分析学报》

《西安交通大学学报(英文版)》于 2011 年改刊为《药物分析学报》，选择的专业方向既体现了自己的优势学科——药物分析专业，又填补了当时国内的期刊空白。为了让全球的科研人员能够认识这本刊物，《药物分析学报》与 Elsevier 出版集团合作，在 ScienceDirect 平台上进行 OA 出版，采用 Elsevier 投审稿系统，由 Elsevier 负责排版和校对。另外还组建了国际化编委会和审稿人队伍，并组织和吸引了大量的国际化优质稿源，数年努力之下，其国际影响力已有较大的提升[11]。

4.3 《先进制造进展》

《上海大学学报(英文版)》于 2013 年改刊为《先进制造进展》。成立的专业化转型筹备小组在选择专业化方向上做了很多工作，既要依托本校优势学科，又不能与校内现有期刊的专业化方向重合，通过调研国内外期刊情况，最终确定了制造业为改刊方向。同时，国际化办刊也是必需的：《先进制造进展》组建了国际化的编委和审稿团队；通过约稿和专题组稿国内外优秀稿源；同 Springer 出版集团合作办刊，由其提供出版平台、投审稿系统和排版[12]。

4.4 《清华大学学报自然科学版(英文版)》

《清华大学学报自然科学版(英文版)》于 2011 年从综合性科技期刊改版为信息类的专业化期刊。由于当时同类型的期刊已有数百种，如何找到突破和立足点成为了关键。故期刊选择不断地策划能够反映信息领域前沿发展的热门专题，依靠强大的主编团队、丰富的学校资源、知名的校友团队、热心的作者团队、国际学术会议和出版团队，策划与实施了一个又一个的高水平专题。同时关注专题的后续开发，例如热点专题的连续出版，还凭借成熟的专题创办了新刊[13]。

综合以上案例的探索经验，期刊的专业化改革需要从选择合适的专业化方向、组建国际化的编委和审稿人团队、开发国际作者、策划前沿专题、办刊方式接轨国际化等方面进行考虑。

5 结论

(1) 改刊的期刊入选 SCI 数据库的时间远少于未改刊的期刊，目前大多数期刊的分区排位多处于 Q3 和 Q4 分区，少数期刊排位靠前；仅被 EI 数据库收录的未改刊期刊，总体实力不强；其他期刊中曾有过 EI 数据库收录的经历，但实力近年来下滑较多。

(2) 从期刊发文内容的专业化情况来看，改刊(版)期刊的发文内容基本形成了集中的专业化方向，未改刊的期刊部分在创刊之初便确立了专业化的办刊方向，其余多数未改刊期刊的发文主题则比较分散，还未形成显著的专业化特色，依旧停留在多学科、小综合的方向上。

(3) 借鉴部分期刊改刊的成功探索经验，期刊内容专业化已成为期刊向更高水平进军的一种共识，综合类期刊要想走专业化道路，势必需要从选择合适的专业化方向、组建国际化的编委和审稿人团队、开发国际作者、策划前沿专题、办刊方式接轨国际化等方面进行发力。

同时期刊要借助于目前国家对学术科技期刊的利好政策，提高学术质量，突出学科优势，届时学报英文版的使命将产生巨大的改变。

参 考 文 献

[1] LI L. Advantages of university journals in China [J]. Learned Publishing, 2005, 18(3): 188-192.

[2] LIU Y. Developing strategies of university journals with the perspective of newspaper and journal reform in China [C]// 2011 6th IEEE Joint International Information Technology and Artificial Intelligence Conference. Piscataway, NJ, USA: IEEE, 2011: 441-443.

[3] MITCHELL M S. A general journal in a specialized world [J]. The Yale Journal of Biology and Medicine, 1976, 49: 315-316.

[4] 李淑兰.中国高校自然科学英文版学报的现状与前瞻[J].编辑学报,2002,14(2):121-122.

[5] 谭辉.我国高校学报英文版在线状况简析[J].科技与出版,2007(2):21-23.

[6] 熊春茹.高校英文学报报道方向整合势在必行:最新引证报告影响因子指标判读[M]//学报编辑论丛(2003).2003:36-38.

[7] 姜春明.高校学报英文版的专业化改刊及出版现状[M]//学报编辑论丛(2019).上海:上海大学出版社,2019:43-47.

[8] 姜春明.高校学报英文版专业化改革探析[J].中国科技期刊研究,2011,22(6):841-843.

[9] 刘红梅.Ei Compendex 数据库收录中国高校英文科技期刊统计分析[M]//学报编辑论丛(2019).上海:上海大学出版社,2019:12-20.

[10] 张月红.中国期刊走出去的底气在于实干与自信:浅析《浙江大学学报(英文版)》的改革之路[J].中国期刊年鉴,2013(1):604-606.

[11] 邱芬,国荣,赵大良.综合性大学学报英文版向专业期刊转型之路:Journal of Pharmaceutical Analysis 的创办和国际化探索[J].中国科技期刊研究,2014,25(8):1083-1086.

[12] 洪鸥,姜春明,陈海清,等.高校学报英文版专业化转型探索:以《上海大学学报(英文版)》为例[J].中国科技期刊研究,2013,24(5):942-946.

[13] 陈禾.英文科技期刊专题策划实践探索:以《清华大学学报自然科学版(英文版)》为例[J].科技与出版,2018(10):47-52.

[14] FEE E. Adapting to specialization: the founding, growth, and transformation of the American journal of hygiene [J]. American Journal of Epidemiology, 1991, 134(10): 1030-1040.

我国科技期刊出版管理政策的分析及建议

陈 鹏

(上海海洋大学期刊中心,上海 201306)

摘要:管理政策决定管理能力和实施效果,在培育世界一流科技期刊的新形势下,对我国科技期刊出版管理政策进行分析,有助于营造培育世界一流科技期刊的良好办刊环境。文章分析了我国科技期刊在行政管理、质量管理、人才管理等政策方面存在的不足,建议应从完善审批准入制、建立退出机制、改革评价体系、加强人才培养等方面提高科技期刊管理政策的实施效果,加快促进科技期刊健康发展。

关键词:科技期刊;管理政策;建议

我国科技期刊出版管理政策自 20 世纪 50 年代开始建立,改革开放后逐步健全、完善和具有针对性。如今,我国已基本建成了以《中国华人民共和国宪法》为根本大法,以《中国华人民共和国著作权法》《出版管理条例》《期刊出版管理规定》等法律、法规、规定、办法和细则等共同构成的、较完整的出版管理体系,大大促进了我国科技期刊的发展。科技期刊不但在数量和种类、学术内容质量和影响力方面有了极大的提升,而且在服务于科技创新、促进学术交流、加强人才培养等方面发挥了重要的社会作用,取得了显著的社会和经济效益。

新中国成立时,我国科技期刊仅有 80 种(其中英文期刊 3 种)[1],到 2019 年底,已达到 4 973 种(其中英文期刊 333 种)[2]。一批具有重大影响且彰显国家科技实力的科技论文选择首发在国内科技期刊上,同样引起了全世界的关注。如,龚岳亭等的《结晶牛胰岛素的全合成》、屠呦呦等的《一种新型的倍半萜内酯——青蒿素》、袁隆平的《水稻的雄性不孕性》、陈景润的《表达偶数为一个素数及一个不超过两个素数的乘积之和》哥德巴赫猜想,及陈宏溪等关于世界第一条克隆鱼的《鱼类培养细胞核发育潜能的研究》等[3]。同时,国内也涌现出了如《细胞研究》《纳米研究》等为代表的一批具有较高国际影响力的优秀科技期刊。

但是,与发达国家科技期刊相比,我国科技期刊的运行机制、办刊理念还相对落后,加上欠合理的过于量化和唯 SCI 的学术评价机制,导致我国科技期刊的整体竞争力和国际影响力均滞后于我国科研水平的发展,不能满足我国持续提升的科研投入、科研能力和科研产出的要求,与我国打造创新型国家的战略目标不匹配。基于此,本文初步分析了我国科技期刊管理政策在发展过程中存在的一些问题,提出了相关措施和建议,以期为培育世界一流科技期刊,促进科技期刊健康发展提供参考。

1 政策分析

1.1 行政管理体系方面

根据《出版管理条例》《期刊出版管理规定》,我国科技期刊实行出版审批制、主管主

基金项目:中国科协中文科技期刊精品建设计划(2018KJQK005)

办制和属地管理制,即科技期刊必须有符合资质的出版单位、主办单位、主管部门,并具备期刊编辑出版的基础办刊条件与能力,经国家新闻出版管理部门审批,取得期刊出版许可证及标准连续出版物号后,才能合法出版,属地单位负责日常监督和管理。这是自新中国成立以来一直未变的原则。

(1) 出版审批制度有待完善。如今,国际科技期刊竞争十分激烈,且"马太效应"影响日渐显著。国外大型出版商不断进入我国设立分支机构,创办子刊,争夺我国优秀学科的办刊机会、优秀稿源与办刊人才,形成越来越庞大的期刊集群,逐步挤压我国科技期刊发展的空间和时间窗口。吴寿林等[4]对审批准入制度进行过探讨,认为目前出版审批制中的行政主管部门一直处于被动状态,事先并未对期刊创办进行统一规划,创刊都是由创办单位自己提出的申请,一些可能有利于科技事业发展的学科可能会限于主客观条件而无人申办;再有就是申请创办期刊有时会重复申报多次才会获批,结果有时会贻误创办新刊的时机。

(2) 总量控制政策需再衡量。20 世纪 80 年代起,在国家科技发展最为迅速的这 40 年里,对总量控制认识上的误区似乎也影响了我国科技期刊的发展。曾有过段时间,一号多刊,用书号办刊比较盛行,这在一定程度上说明了我国现有的科技期刊容量还不能满足科研人员发文的需求,这可能也是导致我国优秀科技论文外流的一个因素。据统计,我国每年投到国外的论文数量逐年增加,2014 年有 29.68 万篇,2015 年 32.42 万篇,2016 年 36.12 万篇,2017 年 41.80 万篇,2018 年 39.77 万篇[5]。如果这些论文都留在国内,我们也根本没有足够的刊物来满足其出版要求。

还有,在如今的新媒体环境下,自媒体、富媒体、融媒体层出不穷,同样是宣传和交流,其信息量比科技期刊刊出的稿件数量多出了许多倍,不但方便、迅捷、广泛,而且引导了社会正能量,宣传了社会新风尚。与这些新媒体相比,科技期刊的内容更专业,科技期刊的作者和读者都来自高校或科研院所,编辑又都是专业人员,各方的政治素质、思想道德均过硬,能够最大限度地保障刊物正确的舆论导向。在这种大背景下,继续实施总量控制的科技期刊准入政策值得思考。

(3) 退出机制需要提上日程。我国科技期刊整体质量的组成像是一座金字塔,优秀科技期刊处于塔尖位置,中游水平科技期刊队伍较庞大,塔底则仍是一些较低水平的科技期刊。虽然,根据《期刊出版管理规定》《科技期刊审读办法》等,科技期刊管理部门每年都会对科技期刊进行审读、年检,但考核结果并未涉及期刊的退出,科技期刊的退出机制仍有待完善。与此同时,期刊总量无法突破,由此导致占用的刊号资源得不到有效释放,进而影响我国科技期刊合理布局的调控目标,影响了科技期刊总体质量的提升。

1.2 质量管理体系方面

(1) 评价管理的思考。我国学术期刊评价体系多,评价机构多,缺乏权威性和统一性。各大评价机构一般都采用定性和定量评价相结合,定量评价采用文献计量学的若干评价指标,定性评价采取专家评价的制度。然而,这些机构的来源期刊及选取的评价指标体系却不尽相同,同一种科技期刊在不同评价体系中的表现不统一,评选结果让人无所适从,影响了评价权威性。同时,在新的评价措施中又产生了新的问题。在 2020 年 2 月 17 日,科技部印发《关于破除科技评价中"唯论文"不良导向的若干措施(试行)》(以下简称《措施》)[6],要求高质量论文是发表在"具有国际影响力的国内科技期刊、业界公认的国际顶级或重要科技期刊的论文,以及在国内外顶级学术会议上进行报告的论文(即三类高质量论文)",其中"具有国际影响力的国内科技期刊参照中国科技期刊卓越行动计划入选期刊目录确定",不再"唯 SCI"评价,但也没有采用国内现有的科技期刊评价体系,却是把"中国科技期刊卓越行动计划"作为评价高质量科技期刊评价标准,这与培育和打造我国高质量科技期刊的初衷是否一致值得商榷。

在国内科研发展早期,从提高我国科研成果国际影响力的角度来讲,不能否认,这些评价体系在激励科研人员发表 SCI 论文方面的确起到了积极的作用。如今,随着我国科技创新进入以高质量创新促进高质量发展的阶段,如果还以 SCI 论文作为评价科研水平的唯一指标,就有些不合时宜。特别是近 10 年来,SCI 评价结果被过于放大,在 SCI 收录的期刊上发表论文被科研、教育部门作为评定科研工作水平、办刊水平的主要参考指标,由此导致新办期刊和未被收录的老刊难以获得优质论文,举步维艰。但是,如果新的评价体系选取角度不全面,同样不利于科技期刊的发展。

(2) 资助政策的思考。第一,我国科技期刊数量规模庞大,目前的资金支持主要面对部分较优秀的期刊,基本也是以 SCI 指标确定资助对象,很少考虑我国其他科技期刊的特色,以及其所属行业在国家发展中的地位和优势。如 2019 年"中国科技期刊卓越行动计划"只资助了 250 种学术期刊(新刊创办除外)[7],占全国现有科技类学术期刊的 7%不到,受资助面非常有限,资助效果需要时间检验。从过往的经费支持来看,获得经费支持的期刊在国际上能做到顶级水平的,至今没有形成规模效应。第二,我国科技期刊的主流大多数是无独立法人地位的期刊编辑部,其生存一般都是靠主管主办单位的财政投入以及部分版面费维持,民间投融资的政策支持一直是被忽视的。而国外的科技期刊一般多与民间企业合作,利用民间资本加强编辑部和期刊建设。

1.3 人才管理体系方面

(1) 人才的管理体制欠完善。这其中最根本的原因是没有对科技期刊人才管理模式进行系统地分析和研究,没有形成一套行之有效的科技期刊人才管理制度。有不少单位的编辑部都属于机关的附属部门或者后勤部门,长久以来,编辑部受事业单位体制和编制的限制,优秀的办刊人才进不来,冗余的人员出不去,科技期刊发展有时也是捉襟见肘。

(2) 编辑的知识储备欠全面。就目前我国大部分科技期刊编辑人员而言,虽然其专业理论知识、编辑操作技能一流,但新时代环境下的媒体融合知识欠缺。在媒体融合背景下,编辑应该不断适应新媒介,不断掌握新媒介相关的核心知识和技术并加以应用。这就需要加大编辑对所需专业技能的培训。但是,受到培训内容、培训资金、人力资源等多方面因素的制约,编辑学习和掌握新媒介的资源十分有限。当前的一些培训课程老化,跟不上时代的发展要求,无法有效缓解现今存在的新媒体运行人才匮乏的现象,这也是影响科技期刊媒体融合快速发展的一个原因。

2 建议

面对全球新一轮科技的快速增长和发展,加快建成世界一流科技期刊,提升我国科技期刊的国际影响力和对科技创新的服务能力,将是我国科技期刊发展的重要目标。为此,参与期刊管理的各主体部门,应加快建立健全具有中国特色的科技期刊出版管理体系,持续营造有利于培育世界一流科技期刊的良好办刊环境,促进科技期刊的健康发展。

2.1 完善行政管理体系

期刊审批准入制是期刊出版体制改革顶层设计中的重要一环,不是有申请才审批,而是要有专业的部门进行调研、指导相关领域创办新刊,这样才能提升整个期刊出版市场的生机与活力。2011年10月18日，中国共产党第十七届中央委员会通过的《中共中央关于深化文化体制改革推动社会主义文化大发展大繁荣若干重大问题的决定》提出，文化产业要"坚持发展多层次、宽领域对外文化交流格局，借鉴吸收人类优秀文明成果，实施文化走出去战略，不断增强中华文化国际影响力，向世界展示我国改革开放的新形象和我国人民昂扬向上的精神风貌"，这为我国科技期刊的发展提供了方向。科技期刊应坚持多层次、宽领域对外文化交流的格局，适时采用灵活的审批准入制度，试点实施登记制，激发办刊活力。作为期刊管理部门，实行登记制不是简单地全部"放权"和放松管理，而是应加强"过程管理"，要用更高的要求、更的高标准来强化主管单位的指导责任、管理责任，不断完善和加强期刊审读、年度核验、质量评价、财政扶持等制度，对不达标期刊坚决实施退出制度。

2.2 完善质量管理体系

（1）完善评价体系。科技评价和学术评价系统的完善，是导向的确立和价值观的重塑，是提升我国社会治理能力和水平的重要一环，将对我国科研事业和人才培养产生深远的影响。因此，以《关于深化改革 培育世界一流科技期刊的意见》《关于启动2019年度分领域发布高质量科技期刊分级目录试点工作的通知》《关于规范高等学校SCI论文相关指标使用 树立正确评价导向的若干意见》[8]、《关于破除科技评价中"唯论文"不良导向的若干措施(试行)》等国家政策为指导，兼顾不同的发展阶段，不同的需求，科技期刊管理部门应尽快修订和完善现有的评价管理体系。第一，无论是使用国内的评价体系，还是SCI评价体系，使用单一指标都无法衡量科研和学术价值的多元性，因此，要把分领域评价、同行评议、代表作制度融入到评价体系中，建立定量与定性相结合的新的评价指标体系。第二，建议把高被引论文的相关数据融合进评价指标。我国提出了建设创新型国家的战略目标，具有高创新性的研究工作往往可以获得更具创新性的科研成果，特别是那些解决基础研究重大问题、国家重大需求和产业重大应用问题的成果。目前常用的评价指标没有对期刊中的低被引论文和高被引论文进行区分，无法体现编辑部组稿、约稿的效果，不利于发挥编辑工作的积极性。第三，建议增加首发原创论文的权重。科技期刊有一个"登记注册"的作用，不管是影响因子高的期刊，还是影响因子低的期刊，在期刊上发表后，都可以把论文与发表时间、作者身份和观点联系起来，从而确定作者对某种观点享有的优先权。特别是在基础研究、应用研究、技术开发等领域，首发性论文往往更有创新价值。

（2）加大审读、核验、信息公开力度。第一，无论是实施审批准入制，还是将来实施登记制，审读、核验都是保证科技期刊出版质量的最重要的举措，是让科技期刊时刻保持正确发展方向的舵手，是传达政策导向的重要手段。因此，要继续大力加强审读、核验队伍的建设，增强审读、核验工作的前置性、主动性和积极性，改变阶段性集中审读，增加经常性的抽样审读，年度核验更不能走过场，审读意见和核验结果要直接下达到主管单位、主办单位，体现结果的严肃性。第二，落实期刊管理信息公开制度，给市场主体提供一个公开公平公正的竞争环境，这是期刊改革健康发展的前提和保障。期刊管理信息公开制度应贯穿期刊管理的整个过程，从登记注册、质量评估，到奖罚、资助等，都要做到公开透明。

（3）评估基金资助。加强对资助效果的评估，让资助真正落实到对科技期刊质量、行业影响力或国际影响力的提升。评估不能单单关注影响因子等表面指标的涨跌，还要关注期刊在作者队伍和编委团队建设、读者服务和国际化影响提升举措等多方面，促使科技期刊注重整体质量的提升。

2.3 建立人才培养体系

(1) 适当增加对办刊人员的资助。第一，科技期刊是科技工作的一部分，从事科技期刊的工作人员既要懂技术、精编辑、善交流，还要进行编辑学、出版学的研究，是标准的复合型人才。因此，国家新闻出版署、宣传部、科协科委、新闻出版局等部门可以分别或联合设置科技期刊人才基金，制定一套完整的科技期刊人才培育机制，在科技期刊编辑界也可以尝试设置"优青、杰青、百人、千人、万人"，加大对优秀科技期刊人才的扶持，培养一支具有国际化科技期刊办刊能力的人才队伍。第二，国家资助政策应注重全面性。人是办刊的根本，但从1999—2019年科技期刊的资助政策管理体系看，以往科技期刊的资助项目中还较少涉及人才培养项目的资金支持。虽然2019年"中国科技期刊卓越行动计划"中设置了"选育高水平办刊人才"项目，但该项目仍主要是面向获得"卓越计划资助"的280种期刊，具有一定的局限性。如果能够多层次、多方位设置一些人才培养的资助项目，将更有利于全面提升人才的竞争力。

(2) 建议实施编辑人才储备制度，包括国际科技期刊编辑人才，建立一个全国统一的科技期刊编辑人才交流信息平台，既支持优秀科技编辑人才的"走出去"，也支持优秀国际科技期刊编辑人才的"引进来"。

3 结束语

管理政策决定管理能力和实施效果。当前，建设世界一流科技期刊已形成共识，从2016年习近平总书记在两院大会上号召"把论文写在祖国大地上"，到2018年中央全面深化改革委员会关于"世界一流科技期刊"概念的提出，培育世界一流科技期刊已经上升为国家战略。中宣部、教育部、科技部、中国科协、中科院等多部门联动，逐步建立健全培育世界一流科技期刊的政策管理体系，不断深化改革学术评价体制机制，多方共同推动"中国科技期刊卓越行动计划"实施，引导优秀科研创新成果在国内优秀科技期刊发表，加快建成世界一流科技期刊，这既是党和国家对期刊建设和发展的要求，也是新时代科技、文化与学术发展的需要。

参 考 文 献

[1] 朱晓东,宋培元,曾建勋.我国科技期刊现状及管理政策分析[J].中国科技期刊研究,2006,17(6):1045-1049.
[2] 中国科学技术协会.中国科技期刊发展蓝皮书(2019)[M].北京:科学出版社,2019.
[3] 刘天星,武文,任胜利,等.中文科技期刊的现状与困境:问卷调查分析的启示[J].中国科学院院刊,2019,34(6):667-676.
[4] 吴寿林,王亚俊,王瑛,等.审批制与登记制比较及我国科技期刊管理模式创新探讨[J].中国科技期刊研究,2008,19(3):346-349.
[5] 任胜利,宁笔,陈哲,等.2019年我国英文科技期刊发展回顾[J/OL].科技与出版,2020[2020-08-10].https://doi.org/10.16510/j.cnki.kjycb.20200218.013.
[6] 中华人民共和国科技部.关于破除科技评价中"唯论文"不良导向的若干措施(试行)[N/OL].(2020-02-17)[2020-09-07].http://www.most.gov.cn/kjzc/zdkjzcjd/202003/t20200305_152137.htm.
[7] 中华人民共和国教育部.关于规范高等学校SCI论文相关指标使用树立正确评价导向的若干意见[N/OL].(2020-02-18)[2020-09-07].http://www.moe.gov.cn/srcsite/A16/moe_784/202002/t20200223_423334.html.
[8] 中国科技期刊卓越行动计划办公室.关于对中国科技期刊卓越行动计划拟入选项目进行公示的通知[N/OL].(2019-11-06)[2020-04-10].http://www.cast.org.cn/art/2019/11/6/art_458_104750.html.

多点异地环境下军校学报终审定稿会组织模式探讨

董 燕

(陆军炮兵防空兵学院教研保障中心编辑部，安徽 合肥 230031)

摘要：随着军队转型建设的深度推进和全面展开，军队院校在经历编制体制调整改革之后，逐步构建了一校多区、校区异地的体系格局。在分析军校学报传统编前会终审定稿的组织模式及其弊端的基础上，提出了一种新型的终审定稿会组织形式——网络平台专家异地审稿与远程视频会议集体定稿相结合的构想，力求解决军校学报传统终审定稿会在多点异地办学环境下存在的问题。

关键词：军校学报；多点异地；终审定稿；组织模式

终审定稿是科技期刊三审制的最后阶段，也是决定稿件是否录用的关键环节，其主要功能是对稿件进行以学术为重心的评价分析和最终裁定[1]，因此充分发挥终审定稿会的作用对提升期刊的学术质量至关重要。据笔者调研了解，目前军校学报终审定稿会主要有三种组织模式：一是主编终审定稿，即由主编或执行主编综合权衡全期稿件，确定拟录用稿件；二是编前会终审定稿，即由主编召集本地编委会专家集体审查把关，确定拟录用稿件；三是编辑部终审定稿，即由编辑部所有成员综合专家审稿意见共同讨论，确定拟录用稿件。

《陆军炮兵防空兵学院学报》自期刊重点建设之初，就一直坚持把编前会制度作为终审定稿阶段的重要环节加以执行。但是，随着近年来军队编制体制调整和军校期刊重组合并的不断发展，这种长期固化的终审定稿会日益暴露出诸多弊端，在现行的军校环境中其执行模式已显得不合时宜且效果堪忧。笔者以终审定稿会为线索展开研究后发现，相关的文献多是阐释终审会或定稿会的意义、形式和特点[2-4]，分析传统终审会或定稿会存在的问题、不足，提及改进的策略则较少，而针对多点异地办学环境下军校学报终审定稿会组织模式的探讨更是未曾有过。因此，本文拟在探讨军校学报传统终审定稿会问题的基础上，构建多点异地办学环境下一种新的终审定稿会组织模式——网络平台专家异地审稿与远程视频会议集体定稿相结合，以期为切实发挥终审定稿会的作用提供决策支撑。

1 多点异地环境下军校学报传统终审定稿会组织模式存在的问题

1.1 军校学报多点异地办刊的时代背景

近年来，随着军队转型建设的深度推进和全面展开，军队院校在经历编制体制调整改革之后，逐步构建了一校多区、校区异地的体系格局。以笔者所在的单位为例，新组建的陆军炮兵防空兵学院就是以原陆军军官学院(原炮兵学院)、南京炮兵学院、郑州防空兵学院、沈阳炮兵学院为基础整合而成的。主校区即院本部在合肥，下设南京校区、郑州校区、士官学校(沈阳校区），形成了"一校四区"的办学架构。类似地，还有国防大学、国防科技大学、陆军工程大学等院校，也是这种"一校多区"的结构布局。可以说，这种多点异地的办学模式在当前军队院校中非常普遍。在异地多区办学环境下，各个分校区归属主校区行政管理，但由于它们之间距离遥远，原先固有的办学模式在院校调整合并后相当长的一段时期内，各校区内部机构之间的互联性相对较少[5]，因而呈现出营区多点管理难、异地教学保障难、多元文化融合难的新特点[6]。

1.2 传统学报编前会终审定稿的组织模式

召开专家定稿会是科技期刊普遍采取的一种终审模式。创刊伊始，本刊就确立了编前会专家定稿制度，并在长期的执行过程中形成了一套相对固定的组织程序。本刊是双月刊，编前会一般安排在单月上旬召开，每期集体终审定稿40余篇。会议由主编主持，参会者为本地的部分编委、审稿专家和编辑部成员，少则七八人，多则十几人。会前编辑部梳理当期文章的审稿单和修改稿，制定本期拟上会文章的详细清单和定稿目次，并提前3~5天发给与会专家审阅。会上首先由主编通报本期的整体策划和组稿情况等前期准备工作，并逐篇介绍每篇拟用稿件的主要内容和外审意见；而后，栏目主审专家对所审稿件从科学性、创新性、实用性等方面发表自己的看法和建议；最后，经集体讨论确定本期拟用稿件的排序和数量。此外，主编还会就下期栏目策划和组约稿工作和与会专家展开研究讨论。

1.3 传统学报编前会终审定稿的主要问题

多点异地的办学模式给军校学报带来发展机遇的同时，也给传统编前会终审定稿的组织模式和运行机制带来了新的挑战。十余年来，本刊一直采用这种传统的主编主持、专家参与的"大定稿会"形式来终审稿件，多年来的办刊实践也证实其有效保证了期刊的学术质量。但是由于军校学报独特的办刊体制和相对封闭的特征，学报的内在运行动力呈现不断弱化趋势[7]，长期以来固化的编前会制度在院校调整改革的新环境下逐渐显露出诸多问题和弊端：定稿会形式固定，缺乏灵活性；专家参会动力不足，意愿降低；编辑参与度较低，发挥作用不足[8]，尤其是实施多点异地办学以来，期刊运行的统筹协调愈加困难。各校区之间不仅距离相隔遥远，缺乏协作机制，而且人员彼此陌生，文化精神各异，原有办刊的思维习惯、工作方式也难以在短期内实现融合。面对军校重组合并后的办刊环境，如何有效组稿、审稿而不厚此薄彼，如何突出学科特色而不均衡照顾，如何统筹力量资源而不闲置浪费，都是当前学报终审定稿会亟须研究和解决的问题。

2 多点异地环境下新型终审定稿会组织模式的设计实施

2.1 多点异地环境下军校学报新型终审定稿会组织模式的构想

随着现代信息技术的不断成熟，期刊出版数字化进程日趋加快，目前大多数军校学报都采用了期刊协同采编系统以提高编审效率，网上定稿会功能就是该远程稿件处理系统的最大亮点，它可以使收稿、审稿、定稿均在系统中完成。同时，军事综合信息网的建设完善和视频通讯技术的发展应用，将远程视频会议系统引入编前会集体定稿环节，可以使身处异地的多个用户实现面对面的沟通和交流。因此，为解决传统学报终审定稿会组织模式面临的诸多问题，基于军校多点异地办学的环境特点，本文提出构建一种新型的终审定稿会组织形式——网络平台专家异地审稿与远程视频会议集体定稿相结合的模式，即在终审定稿环节中，先利用网上定稿会系统开展网络平台专家异地审稿，再由主编召集各定审组组长通过远程视频会议系统进行集体定稿。

网上定稿会系统是近年来新出现的一种终审形式[9]。结合军校学报的栏目设置，网络平台专家异地审稿可以根据期刊专业类别划分为若干个评审小组，每组设 1 名主审组长，每次分别从各校区审稿人数据库中遴选 2~3 名小同行专家，负责相应专业组稿件的审稿工作。当稿件完成送审环节且质量评价较好时，编辑点击某一"专业组定稿会按钮"，给小组内的各位定稿会专家发送邮件和短信提示，通知其在 7 天内提出定审意见。定审组成员可以看到稿件外审意见和小组内其他专家评审意见，也可以重复留言或发表看法。待各位专家都填写完成审稿意见后，编辑点击该"专业组组长按钮"，汇总意见提交专业组组长审阅，5 天内形成最终的定审意见。各专业组组长可以看到外审意见和定稿会成员意见，在整理定稿会成员意见后签署结论：退稿、退修或修改后再审。对于"退稿"的稿件，编辑作退稿处理；对于退修或修改后再审的稿件，编辑点击"主任分稿"按钮，由主编统一分配稿件。

远程视频会议系统是伴随着多媒体技术，特别是视、音频信息的编码压缩，以及新型通信技术的发展而诞生的一种支持双向实时的通信方式[10]。它可以使身处异地的多个客户通过声音、影像、文件资料的互相传送进行同步在线的交流和探讨，实现跨越空间距离的信息交互、即时交流、协同共享工作。在网上定稿会之后，学报主编汇总考虑本期稿件的总体质量和数量，并适时组织召开编辑部全体成员与各栏目定稿组组长共同参与的远程视频会议，再次对所有"退修"及"修改后再审"的稿件进行最后一轮把关定稿，集体研究确定拟用文章的排序及数量。下期稿件的专栏策划和选题组稿等工作，也可以在视频会议上一并组织完成。此组织模式与目前流行的微信会议、腾讯会议、Zoom 会议不同的是，由于军校学报内容的政治性和保密性要求，远程视频会议系统仅支持军事综合信息网覆盖范围内的办公电脑终端参与网络会议，但同样可以通过传输线路和多媒体设备进行即时且互动的沟通，并且具有屏幕共享、即时沟通和录制回放功能。因此，在目前多点异地的办刊环境下，借助远程视频会议系统可以实现多校区集智审定、集中研讨、集体决策，从而极大地提高终审定稿会的工作效率。

2.2 多点异地环境下军校学报新型终审定稿会组织模式的意义

2.2.1 有利于锻炼责任编辑的业务能力和专业素质

新型的学报终审定稿会中，网上定稿会的设计思路是依据栏目所属专业进行分工，每位编辑分管 1~2 个专业的稿件，从初审、送审、编校到发排，均由同一位编辑完成。网上定稿会和远程视频会议的组织实施，需要编辑充分做好会前准备、会中参与和会后整理工作，尤其要加强网上定稿会的细节管理，定稿流程要简单易行，信息反馈要及时高效，这对编辑的沟通协调能力是一个极好的锻炼机会。同时，通过组织并参加远程视频集体会议，近距离聆听专家教授精彩的学术质量点评和研究方法分析，对编辑来说也是一次难得的学习机会，对增长自身的专业知识和素养大有裨益。在汇总和整理专家发言材料、撰写和反馈稿件退修意见的过程中，编辑的审稿能力和专业素养都得到了锻炼和提高。

2.2.2 有利于激发审稿专家的参与热情和责任意识

新型的学报终审定稿会中，网上定稿会是按照学科专业组分别进行的小同行专家定审会，送审稿件与审稿人的学科专业相同、研究方向一致，审稿人可以对稿件作出更加客观公正的质量评价，且易于在同行专家之间形成学术共识，规避了原先由少数专家拍板定稿可能带来的意见偏倚。同时，专家审稿数量、期限和间隔时间的合理安排也可以有效提高稿件送审的返回效率和审稿专家的责任意识。在完成网上定稿会的审稿任务之余，利用参加远程视频会议的契机，主校区与分校区的同行专家还可以一起研讨学界热点、互通科研信息、交流审稿经验，一定程度上解决了专家地域和专业知识局限性的问题[11]。因此，每位专家都愿意积极参与审稿、贡献智慧力量，从而增强了专家办刊的主人翁意识。

2.2.3 有利于提高学报工作的整体质量和组稿效率

网上定稿会系统中设置了"专家留言"版块，主要引导专家们就院校改革、学报整合后如何适应多点异地办学情况，统筹校区力量推进学报建设展开研讨。系统运行 3 个月以来，审稿专家们积极为学报工作献言献计、出谋划策，从期刊的栏目设置、专题研究、稿源拓展、队伍建设、激励机制等方面提出了许多极富价值的对策建议，极具科学性、指导性、实用性。同时，利用远程视频会议，借助各定审组组长的专家效应调动学术资源，帮助学报预测学科态势、制定报道计划，便于进行有针对性的选题策划、方案论证。如根据不同专家的学术领域和专业特长，指定相应专家承担不同专题的组约稿工作，先由主管专家做好前期的沟通联系，再由分管编辑做好后期的跟踪服务，可以较快地组约到高水平的学术论文，从而使组稿成功率得以极大提高。

2.3 多点异地环境下军校学报新型终审定稿会组织模式的优势

2.3.1 极大地缩短了论文出版时滞

网上定稿会系统在新型学报终审定稿会中的应用，实现了全程网络化自动办公和文件传输，从稿件的收发、送审、定审，到编辑、加工、校对，再到发排、查询、统计，都可以远程在线操作完成，作者、审者、编者可随时随地线上处理稿件，不受时间、空间和地域限制。因此，系统方便性、及时性、灵活性的工作机制使得本地和异地的专家都能够有效利用碎片化的时间参与审阅定稿，可以极大地提高稿件的运转效率和审理速度，缩短论文发表时滞，加快期刊出版周期，从而大大减轻审稿专家和编辑人员的工作负担。

2.3.2 极大地提高了学报工作质效

传统的学报终审定稿会组织模式一般在约定的时间和地点，由主编召集本地编审专家集中讨论参与定稿，对于促进学科发展、提高论文质量固然起着重要的作用，但是在多点异地办学的环境下，专家相距遥远、工学时间紧张的矛盾非常突出，这种传统的集中式终审定稿方式显然难以实现。而在终审环节利用远程视频会议系统，能够避免异地专家频繁往返奔波，节省大量人力和时间成本，其强大的数据功能还可为多点异地的互动交流搭建多人共享的平台，同时其身临其境之感可以极大地提高与会人员沟通效率，进而提升工作质效。

2.3.3 极大地推动了办刊资源整合

不同的主办单位背景使得期刊拥有不同的资源及核心能力，须充分挖掘、发挥这种核心优势，使其作用于期刊的内容建设，而集群的规模效应对于期刊发展具有重要推动作用，早已成为业界共识[12]。军校多点异地的办学环境下，重组合并的各院校在学科上大多都有内在关联性，许多专业细分可归属于同一学科体系范畴。因此，新型的学报终审定稿会管理模式与运作机制通过整合一校多区的办刊资源，有效利用且合理调配人才资源优势和信息技术优势，可以从心理上增强专家对学报的向心力和归属感，从而发挥出"1+1>2"的协同效应。

3 结束语

随着军队体系结构调整改革的不断转型升级，多点异地模式目前已成为军校办学环境的新常态,传统编前会终审定稿的组织模式已不能满足新时期学报可持续发展的要求,本文提出的网络平台专家异地审稿与远程视频会议集体定稿相结合的军校学报新型终审定稿会组织模式,可以较好地解决军校学报传统终审定稿会存在的校际资源分散、稿源统筹困难、协作机制缺乏等问题,为多点异地办学条件下学报新型终审定稿会执行模式的探索提供了思路。

参 考 文 献

[1] 鲁亚琳,史妍.科技学术期刊标准化审稿的层次与要素分析[J].编辑学报,2013,25(5):419-421.
[2] 高雪莲,刘菲.专家定稿会是提高期刊学术水平的关键举措:以《中华围产医学杂志》为例[J].编辑学报,2013,25(5):486-488.
[3] 郭鲜花.定稿会作为质量控制举措的探讨[J].中国科技期刊研究,2014,25(1):159-160.
[4] 徐斌靓,杨美琴,程杰,等.科技期刊定稿会的执行及模式分析[M]//学报编辑论丛2017.上海:上海大学出版社,2017:395-399.
[5] 邢志杰.中国大学异地办学的发展与问题研究[J].现代大学教育,2005(3):104-108.
[6] 李泰鹏.院校多校区异地办学须做好"四个强化"[J].指挥学报,2019(6):71-72.
[7] 李宗,原媛.关于军校学报发展现状和对策的思考[J].编辑学报,2015,27(3):257-259.
[8] 张琳琳,张晓冬,徐静,等.新时期科技期刊专家定稿会面临的挑战及对策[J].编辑学报,2019,31(1):63-65.
[9] 范永德.网上定稿会系统对期刊论文出版时滞的影响:以《中国防痨杂志》为例[J].中国科技期刊研究,2016,27(4):369-372.
[10] 刘艳丽.视频会议系统在多校区大学办学中的应用与体会[J].电脑知识与技术,2008,4(6):1476-1477.
[11] 郑春雨,魏正强.异地终审会:提高科技期刊学术质量及影响力的新举措[J].中国科技期刊研究,2015,26(9):956-957.
[12] 张音,韩新月,王青.科研院所主办科技期刊存在的问题及对策[J].中国科技期刊研究,2019,30(4):343-348.

我国科研人员对期刊开放科学数据的认知差异性分析

胡正君,曾 文,刘 颖

(中国科学院生态环境研究中心《环境化学》编辑部,北京 100085)

摘要: 针对我国 410 名具有职称的科研人员如何认识开放科学数据与科研的关系、二次利用已发表科学数据的意愿、对中文期刊开放科学数据的态度以及如何应对现阶段中文期刊开放科学数据等问题,进行了性别差异分析和职称差异分析,以更加清晰我国科研人员对于期刊开放科学数据的认知现状,以供各界人士参考,为中文期刊开放科学数据提供基础支持。

关键词: 科研人员;开放科学数据;认知;性别差异;职称差异

开放科学数据概念自 20 世纪 50 年代出现至今,越来越多的人意识到其能够产生巨大的价值,能给各方产生巨大利益,而逐渐引起各国政府、各种组织、团体、机构人员的广泛关注[1]。尤其近年来,在"大数据""共享"的时代潮流下,开放科学数据更是成为了大家追逐的热点。在各界力量的推动下,国内外建立了很多开放科学数据平台,出台了不少关于开放科学数据的相关政策[2-4]。研究人员也从多个角度、多个层面研究探讨了开放科学数据过程中面临的问题(运行模式、保障机制、政策讨论、利益平衡等)[5-9],以及科研人员数据共享意愿、二次使用已发表数据意愿等相关开放科学数据认知研究[10-13],但整体研究较少,还处于起步阶段[14]。

学术期刊作为科研成果发布的重要平台,其成果的背后包含了数以万计的原始科学数据。虽然近年来,为适应时代发展,纷纷出现以发表数据为主体的数据期刊[15],但对于普通的学术期刊,只有为数不多的期刊实施了开放科学数据政策[16-17],大部分学术期刊对开放科学数据持观望态度。尤其是中文学术期刊,只有零星的期刊有数据政策[18],绝大多数期刊对于开放科学数据疑虑重重。在我国的研究中,针对我国科研人员开放科学数据认知的关注相对较少,针对期刊以及中文期刊开放科学数据的研究就更少。为此,笔者于 2018 年对我国 950 名自然科学与工程领域的科研人员关于期刊开放科学数据认知进行了调研,对我国科研人员数据共享的意愿、对于期刊开放科学数据的态度、担忧的问题、二次利用已发表数据的意愿等问题进行详细讨论[19]。但该研究只是从整体上对我国科研人员进行了讨论,并未考察不同人群间的具体认知差异。

本研究选取其中 410 名具有职称的科研人员,针对科研人员如何认识开放科学数据与科研的关系、二次利用已发表数据的意愿、对中文期刊开放科学数据的态度以及如何应对现阶

基金项目: 中国科学院自然科学期刊编辑研究会项目(YJH-2018015)

段中文期刊开放科学数据等问题,进行了性别差异分析和职称差异分析,以更加清晰我国科研人员对于期刊开放科学数据的认知现状,以供各界人士参考。

1 研究方法

1.1 问卷发放

2018 年 6 月 22 日—2018 年 7 月 31 日,将问卷在"问卷星"平台发布,通过微信群转发、QQ 群转发、发送 E-mail 对我国科研人员开展"开放数据认知度"调查研究。问卷调查过程中,在问卷星平台中进行答题设置,同一台电脑、同一部手机只能答题一次;将同一 IP、不同种类答卷来源(如微信提交和手机网址链接提交)、问卷答案非常相似的问卷,视为同一份问卷,只保留微信问卷;并以填空题为筛选标准(科研人员的科研领域),凡为不合理答案(如:不知道、无、随便、1111 等),该份问卷视为作废。

1.2 问卷设置

问题包含:期刊开放科学数据是否有利于科研发展,科研人员二次利用已发表数据的意愿,如何看待中文期刊开放科学数据,以及现阶段中文期刊开放科学数据科研人员如何应对。所有问题均为单选题。

1.3 研究对象

本文以 410 份自然科学与工程领域具有职称的科研人员的调查问卷为研究对象。专业领域包含生态、环境、化学、地质学、海洋科学、生物、农学、材料科学、矿产、医疗、食品、能源、计算机等;88.2%来自高校、中科院、环科院等科研院所,其余则来自分析、检测、监测等及其单位。其中,男性科研人员 259 份,女性科研人员 151 份,比例为 1.7:1,其具体信息如表 1 所示。

表 1 参加调查的科研人员相关信息

统计项目		男性(n=259)		女性(n=151)	
		频数	占比/%	频数	占比/%
年龄段	<30 岁	23	8.9	19	12.6
	30~40 岁	151	58.3	79	52.3
	40~50 岁	59	22.8	35	23.2
	>50 岁	26	10.0	18	11.9
职称	初级	12	4.6	9	6.0
	中级	66	25.5	48	31.8
	副高级	101	39.0	59	39.0
	高级	80	30.9	35	23.2

由表 1 可知,从年龄分布来看,本研究中的男、女科研人员均基本集中在 30~50 岁之间,比例分别为 81.1%、75.5%;从职称来看,多集中于中级、副高级、高级,分别为 25.5%、39.0%、30.9%和 31.8%、39.0%、23.2%,三者之和分别为 95.4%、94.0%。

1.4 分析方法

采用 SPSS 22.0 统计软件,用卡方检验考察不同性别、不同职称科研人员关于期刊开放科学的认知差异。

2 结果与讨论

2.1 期刊开放科学数据与科研的关系

期刊开放科学数据是否有利于科研发展，是期刊开放科学数据过程中最重要的问题。科研人员对该问题的认知，将会直接影响他们对该政策的配合程度、认可程度。由表 2 可知，男女科研人员多数都认为有利于科研发展，比例分别为 61.0%、53.0%，其次持不确定态度，分别为 33.6%和 39.7%，两者间无显著性差异(P=0.271>0.05)。但从职称来看，不同职称间存在显著性差异(P=0.029<0.05)。认为开放科学数据有利于科研的初级、中级科研人员较多，比例分别为 76.2%、66.7%，而副高级和高级科研人员只有 51.9%、54.8%。相对较多的副高级、高级人员持不确定态度(40.6%、41.7%)，大于初级和中级人员(23.8%、25.4%)。由此看出，职称较高的人员对于期刊开放科学数据更加存疑，然而副高级、高级科研人员往往在实验室起决定性、主导性作用，他们决定着学术论文的撰写、投稿。这无疑将为期刊开放科学数据带来较大的困难，这也提示我们，期刊若要顺利实施开放科学数据政策，副高级、高级科研人员是应该重点关注的人群。

表 2 科研人员对期刊开放科学数据与科研关系的认知

	选项	男性(n=259)		女性(n=151)		P 值
		样本数	比例/%	样本数	比例/%	
性别差异	有利于科研	158	61.0	80	53.0	
	不利于科研	14	5.4	11	7.3	0.271
	不确定	87	33.6	60	39.7	

	选项	初级(n=21)		中级(n=114)		副高级(n=160)		高级(n=115)		P 值
		频数	占比/%	频数	占比/%	频数	占比/%	频数	占比/%	
职称差异	有利于科研	16	76.2	76	66.7	83	51.9	63	54.8	
	不利于科研	0	0	9	7.8	12	7.5	4	3.5	0.029*
	不确定	5	23.8	29	25.4	65	40.6	48	41.7	

注：置信水平为 0.05，*P<0.05，下同。

2.2 二次利用已开放的科学数据的意愿

在我国目前的研究中，多是研究科研人员共享数据的意愿，而很少研究科研人员是否愿意使用别人共享的数据[20]。然而，愿意使用已共享数据是开放科学数据能够最大利益化的根本所在。只有数据被多角度、多层次的二次利用，才可以达到节约资源、节省时间的目的，从而促进科研发展。

对我国科研人员使用已开放数据的意愿进行调查，结果显示(表 3)。女性科研人员中，不愿意使用别人数据的人员(43.7%)要多于愿意使用和具体看情况人员(15.2%、41.1%)；男性科研人员中，具体看情况人员居多，比例为 47.1%，多于非常愿意和不愿意人员(33.6%、19.3%)。但经卡方检验，男女间无统计学差异(P=0.118>0.05)，男女科研人员非常愿意使用已发表数据的人员均较少。有研究者曾对美国 Center for Embedded Networked Sensing (CENS)研究中心的研究人员进行调查,同样发现,很少的研究人员会使用已发表的数据[21]。

从职称看,高级职称科研人员中,不愿意使用已发表数据的人员所占比例最多;而初级、中级、副高级的人员中,具体看情况的人员占多数,但职称间无显著性差异($P=0.338>0.05$)。虽然无统计学差异,但是从趋势看,职称越高,不愿意使用别人数据而坚决认为自己数据可靠的人员比例越多,由初级人员的 28.6%,增加至高级人员 44.3%;而非常愿意使用的副高级、高级科研人员所占比例低于初级、中级,见图 1。这说明职称越高,对于使用别人数据的积极性越低。原始数据开放后再利用,科研人员非常担心的一个问题就是数据的真伪度[17,19]。错误数据的再利用将会产生不可估量的后果,也许正因为如此,职称越高的人员宁愿花费时间自行实验。这提示我们:开放科学数据,数据是根本;真实的、正确的、准确的科学数据开放,才是真正的开放科学数据。

表 3 科研人员二次利用已发表数据意愿的性别差异和职称差异

	选项	男性($n=259$)		女性($n=151$)		P 值
		样本数	比例/%	样本数	比例/%	
性别差异	具体看情况	122	47.1	62	41.1	
	不愿意	87	33.6	66	43.7	0.118
	非常意愿	50	19.3	23	15.2	

	选项	初级($n=21$)		中级($n=114$)		副高级($n=160$)		高级($n=115$)		P 值
		频数	占比/%	频数	占比/%	频数	占比/%	频数	占比/%	
职称差异	具体看情况	11	52.4	55	48.2	73	45.6	45	39.1	
	不愿意	6	28.6	34	29.8	62	38.8	51	44.3	0.338
	非常意愿	4	19.0	25	21.9	25	15.6	19	16.5	

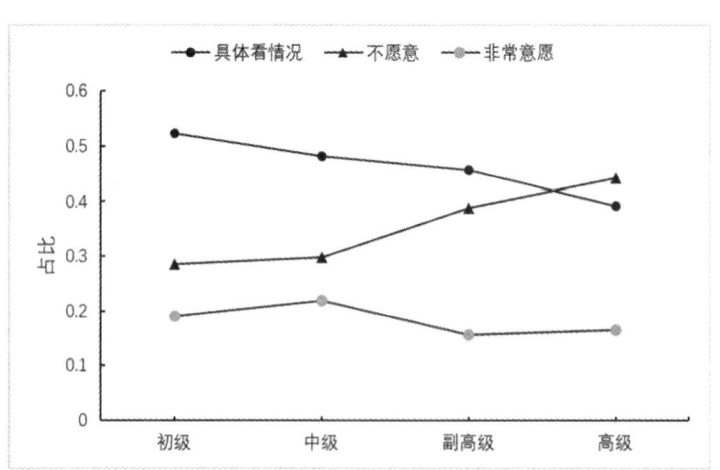

图 1 二次利用已开放科学数据意愿的职称差异

2.3 对中文期刊开放科学数据的态度和应对方式

由表 4 可知,我国男女科研人员认为若是 SCI 期刊已经开放科学数据且有足够保障的人员均为多数,分别为(53.3%、61.6%)。同时在男性科研人员中,非常愿意中文期刊开放数据的科研人员(26.3%)要多于不同意的科研人员(18.1%);而与之相反,非常愿意中文期刊开放数据的女性科研人员(15.2%)要少于不愿意的科研人员(20.5%)。但经卡方检验,性别差异并不具有统计学意义($P=0.081>0.05$)。

若目前中文期刊实施开放科学数据政策,男女科研人员应对方式具有显著性差异($P=0.031<0.05$),如表 4 所示,较大比例的男性科研人员并不受该政策影响会继续投稿该刊(41.3%),而女性科研人员则更多倾向于考察其他同等期刊转投(37.1%)。这提示我们现阶段中文期刊开放科学数据,若要继续维持本刊投稿量,要着重对女性科研人员予以关注。

表 4 科研人员对中文期刊开放科学数据态度和应对方式的性别差异

	选项	男性(n=259)		女性(n=151)		P 值
		频数	比例/%	频数	比例/%	
态度	非常愿意开放数据,开放数据利国利民的长远大计	68	26.3	23	15.2	0.081
	若是 SCI 期刊已经实行"原始数据开放",且中文期刊有足够的平台、政策等保障,开放数据也无妨	138	53.3	93	61.6	
	不同意中文期刊开放数据	47	18.1	31	20.5	
	其他	6	2.3	4	2.6	
应对方式	上传原始数据不会影响投稿,继续投稿该刊	107	41.3	51	33.8	0.031*
	考察其他同等期刊,若不用上传数据,果断改投	82	31.7	56	37.1	
	放弃发表中文核心期刊,考虑投稿 SCI 期刊	45	17.4	19	12.6	
	放弃发表中文核心期刊,补充数据发表 SCI 期刊	24	9.3	20	13.2	
	其他	1	0.4	5	3.3	

对于不同职称科研人员对于中文期刊开放科学数据的态度,经卡方检验,不同职称间并无显著性差异($P=0.091>0.05$),如表 5 所示。不同职称人员中,认为若 SCI 期刊已经开放科学数据且有足够保障中文期刊开放科学数据也无妨的人员均占多数;且初级、中级、高级科研人员均呈现出坚决不同意中文期刊开放数据的人员多于同意的人员。

若目前中文期刊实施开放科学数据政策,不同职称间的选择呈现显著性差异($P=0.031<0.05$)。初级科研人员面对中文期刊实施开放科学数据时,很大一部分人员(47.6%)会选择考察其他同等期刊改投,其次为继续投稿该刊(33.3%),选择改投 SCI 期刊人员为(14.3%)。中级职称科研人员选择继续投稿该刊的科研人员较多(43.0%),其次为考察其他同等期刊进行改投(36.8%),选择改投 SCI 期刊人员为(17.5%)。而副高级和高级人员差别较大。副高级人员改投 SCI 期刊人员占比 26.3%,高级人员改投 SCI 期刊人员达 37.4%。因此,现阶段若中文期刊实施开放数据政策,期刊编辑部尤其要注意副高级、高级职称人员弃投中文期刊。

表 5 对中文期刊开放科学数据态度和应对方式的职称差异

选项	初级(n=21)		中级(n=114)		副高级(n=160)		高级(n=115)		P 值
	频数	比例/%	频数	比例/%	频数	比例/%	频数	比例/%	
1	4	19.1	28	24.6	28	17.5	31	26.9	0.091
2	15	71.4	68	59.6	92	57.5	56	48.7	
3	2	9.5	14	12.3	38	23.8	24	20.9	
4	0	0	4	3.5	2	1.2	4	3.5	
5	7	33.3	49	43.0	57	35.6	45	39.1	0.031*
6	10	47.6	42	36.8	60	37.5	26	22.6	
7	2	9.5	9	7.9	27	16.9	26	22.6	
8	1	4.8	11	9.6	15	9.4	17	14.8	
9	1	4.8	3	2.6	1	0.6	1	0.9	

注：1.非常愿意开放数据,开放数据利国利民的长远大计；2.若是 SCI 期刊已经实行"原始数据开放",而且中文期刊有足够的平台、政策等保障,开放数据也无妨；3.不同意中文期刊开放数据；4.其他；5.上传原始数据不会影响投稿,继续投稿该刊；6.考察其他同等期刊,若不用上传数据,果断改投；7.放弃发表中文核心期刊,考虑投稿 SCI 期刊；8.放弃发表中文核心期刊,补充数据发表 SCI 期刊；9.其他

3 结束语

期刊开放科学数据不仅可使发表的文章更有公信力,还为数据二次利用提供了渠道,从而节省资源、加快科学发展。在我国,目前虽然对于开放科学数据的重视也到了前所未有的程度,但很多科研人员认识并不清楚,尤其是职称较高的人员,对于开放科学数据信心更加不足,他们对于开放科学数据是否有利于科研发展疑惑重重,对于二次利用已开放科学数据的意愿也更低,若目前中文期刊实施开放科学数据,职称较高的人员则更倾向于弃投中文期刊而改投 SCI 期刊。因此,要非常重视开放科学数据的宣传,尤其要针对职称较高(副高级、高级)科研人员进行重点宣传,同时也要加强开放数据过程中数据正确性、准确性、科学性的把关,提升科研人员尤其是职称较高人员对科学数据的信心,提升他们二次利用已发表数据的积极性。只有科研人员愿意二次利用科学数据,开放科学数据才能利益最大化,才能真正体现其价值,才能可持续发展。另外,中文期刊在开放科学数据,制定相关政策、选择相关开放路线时,也要对我国女性科研人员予以关注。若目前中文期刊实施开放科学数据,较多的女性科研人员会改投不开放科学数据的同等期刊。同时兼顾职称和性别差异的实施方案将会大大缩短中文期刊开放科学数据进程。

参 考 文 献

[1] 吴建中.推进开放数据助力开放科学[J].图书馆杂志,2018,37(2):4-10.
[2] 秦顺,汪全莉,邢文明.欧美科学数据开放存取出版平台服务调研及启示[J].图书情报工作,2019,63(13):129-136.
[3] 盛小平,王毅.利益相关者在科学数据开放共享中的责任与作用:基于国际组织科学数据开放共享政策的分析[J].图书情报工作,2019,63(17):31-39.
[4] 国务院办公厅.国务院办公厅关于印发科学数据管理办法的通知[EB/OL].[2020-03-24].http://www.gov.cn

zhengce/content/2018-04/02/content_5279272.htm.

[5] MEYER M N. Practical tips for ethical data sharing [J]. Advances in Methods and Practices in Psychological Science, 2018, 1:131-144.

[6] 李成赞,张丽丽,侯艳飞,等.科学大数据开放共享:模式与机制[J].情报理论与实践,2017,40(11):45-51.

[7] 马海群,洪伟达.我国开放政府数据政策协同的先导性研究[J].图书馆建设,2018(4):61-68.

[8] GILMORE R O, KENNEDY J L, ADOLPH K E. Practical solutions for sharing data and materials from psychological research [J]. Advances in Methods and Practices in Psychological Science, 2018, 1:121-130.

[9] 盛小平,吴红.科学数据开放共享活动中不同利益相关者动力分析[J].图书情报工作,2019,63(17):40-50.

[10] TENOPIR C, CHRISTIAN L, ALLARD S, et al. Research data sharing: practices and attitudes of geophysicists [J].Earth and Space Science, 2018, 5: 891-902.

[11] 包秦雯,顾立平,张潇月.开放科研数据的行为影响因素研究:以地球科学领域为例[J].情报理论与实践,2019,42(5):55-61.

[12] HOUTKOOP B L, CHAMBERS C, MACLEOD M, et al. Data sharing in psychology: a survey on barriers and preconditions [J]. Advances in Methods and Practices in Psychological Sciences, 2018, 1(1): 70-85.

[13] ZUIDERWIJK A, SPIERS H. Sharing and re-using open data: a case study of motivations in astrophysics [J]. International journal of Information Management, 2019, 49:228-241.

[14] 盛小平,武彤.国内外科学数据开放共享研究综述[J].图书情报工作,2019,63(17):6-14.

[15] 邱春艳.国内外科学数据理论研究评述[J].中国科技期刊研究,2019,30(3):271-279.

[16] 傅天珍,陈妙贞.我国学术期刊数据出版政策分析及建议[J].中国出版,2014(23):31-34.

[17] 胡正君,曾文,刘颖.大数据时代中文学术期刊开放数据的思考[J].科技与出版,2019(8):115-119.

[18] 吴蓉, 顾立平,刘晶晶.国外学术期刊数据政策的调研与分析[J].图书情报工作,2015,59(7):99-105.

[19] 胡正君,曾文,刘素琴,等.我国科研人员和期刊编辑对学术期刊开放科学数据的认知调查分析[J].中国科技期刊研究,2020,31(1):63-70.

[20] 何琳常,颖聪.科研人员数据共享意愿研究[J].图书与情报,2014(5):125-131.

[21] WALLIS J C, ROLANDO E, BORGMAN C L. If we share data, will anyone use them? Data sharing and reuse in the long tail of science and technology [J]. PLOS ONE, 2013, 8: e67332.

破除论文"SCI 至上"后"双一流"高校科技期刊的发展机遇和路径

韩 俊[1]，武晓耕[2]，刘晓婷[3]

(1.哈尔滨工业大学《节能技术》编辑部，黑龙江 哈尔滨 150001；2.西北工业大学期刊编辑部，陕西 西安 710072；
3.哈尔滨金融学院商务英语系，黑龙江 哈尔滨 150030)

摘要： 分析破除"论文 SCI 至上"政策的原因和影响，阐述由此为"双一流"高校科技期刊带来的发展机遇，指出基于自身准确定位下的发展路径，充分发挥制高点和风向标作用，为国内科技期刊的跨越式发展提供借鉴和参考。

关键词： 科技期刊；机遇；路径

2020 年 2 月，国家科技部印发《关于破除科技评价中"唯论文"不良导向的若干措施(试行)》的通知(国科发监(2020)37 号)。明确要求培育打造中国的高质量科技期刊。以培育世界一流的中国科技期刊为目标，推动中国科技期刊高质量发展，服务科技强国建设。2020 年 2 月，教育部、科技部印发《关于规范高等学校 SCI 论文相关指标使用树立正确评价导向的若干意见》，对破除论文"SCI 至上"提出明确要求。两份重磅文件的推出，成为国内学术界关注的焦点。其中涉及的人群可以分为三类：一是科技工作者，包括高校师生、研究院所及厂矿企业技术人员；二是管理层工作者；三是国内期刊工作者。笔者作为从事出版工作多年的期刊人，并未感到困惑。科技评价机制的重新制定，有利于承载高水平科研成果的论文发表在祖国的期刊上，这是推动国内科技期刊走向"世界一流"的难得机遇。同时，如何打造过硬的期刊梯队、实现合理的引流灌溉也是对国内科技期刊不小的挑战。

根据《中国科技期刊发展蓝皮书(2019)》，截至 2018 年底，我国科技期刊数量为 4 973 种(不含军队系统出版的科技期刊)，中文科技期刊 4 519 种，占比 90%以上。其中，具有"双一流"背景的高校科技学术期刊无疑站在科学技术的最前沿。关于"双一流"高校科技学术期刊如何发展，武晓耕认为学术期刊是学术体系的重要部分，应该努力参与到"双一流"建设之中[1]。李雪莲强调了真正的"一流"学术期刊可以更好地发挥功能属性，来为国家科研建设服务[2]。王顺善基于高校学术期刊的视角研究探讨"双一流"高校研究生的科研创新力[3]。金一超强调了"双一流"高校学报应当承担的使命和责任[4]。张伟伟分析了如何实现高校学术期刊出版与"双一流"建设工作的同振共鸣[5]。丁佐奇认为科技期刊是参与"双一流"建设的科技创新重要平台，有助于催生新的学科发展方向[6]。肖宏提出了使我国科技期刊迈进"世界一流"应该具备的能力建设目标[7]。朱剑对建构专业化、国际化的学术期刊集群之于"双一流"建设的必要性和紧迫性提出见解[8]。

在破除论文"SCI 至上"政策影响下，基于"双一流"高校科技期刊的特殊视角，如何发挥制高点和风向标作用，真正实现国内科技期刊的跨越式发展，值得深入研究探讨。

1 为何要破除"论文 SCI 至上"

1.1 SCI 被引入国内

1961 年,美国科学信息研究所(Institute for Scientific Information,ISI)在费城创办了《科学引文索引》(Science Citation Index,SCI)。科学引文索引、工程索引(The Engineering Index,EI)、科技会议录索引(Index to Scientific & Technical Proceedings,ISTP)是国际公认的科技文献检索系统,是科学统计与评价的重要工具,以 SCI 居首。SCI 收录全世界出版的涵盖自然科学所有学科的重要核心期刊。

从 20 世纪 80 年代,SCI 作为一个分类数据库被引入国内,通过统计论文的研究方向、使用方法、科研成果,以及被引频次等要素,为科技工作者在查阅学术文献、了解学科前沿、聚焦科研热点等各方面提供帮助。从这方面看,SCI 作为文献检索工具,为国内的科学技术发展做出贡献。

1.2 SCI 被扭曲使用

科学技术是第一生产力,科技强国政策的落实有力推动了科技进步和学术发展。科技论文的井喷式产出使得国内科技工作者对被 SCI 收录的期刊倍加推崇,认为被 SCI 期刊收录就意味着高水平、高质量、高创新、高地位,并在以下几个方面产生了过度的扭曲使用。

(1) 耗费精力。SCI 期刊大部分为国外期刊,皆为英文期刊。对于国内科技工作者来说,英语是第二、第三语言,如何把精心写作的科技论文准确翻译为英文成为头等难题,特别是英文摘要更需要反复修改润色。由于 SCI 期刊的特殊定位、出版要求、刊载惯例等方面与国内期刊明显不同,都要求国内科技工作者去极力迎合,耗费了宝贵的科研时间和精力。

(2) 浪费资金。截至 2019 年,SCI 收录的中国科技期刊仅为 195 种,占中国期刊总量的 2%[9],其余国外期刊大部分由五大出版集团垄断:里德-爱思唯尔(Reed-Elsevier)、威力-布莱克威尔(Wiley-Blackwell)、施普林格(Springer)、泰勒弗朗西斯(Taylor & Francis),以及美国化学学会(American Chemical Society)或塞奇出版公司(Sage Publishing)。中国科研工作者在 SCI 期刊发表论文获得了名誉,而这些精品科研成果积累成的数据库却实实在在的为国外出版集团赚取了巨大利润。全球各大学的图书馆要使用他们的数据库就得缴纳价格不菲的费用,并且逐年上涨。对于国内科研工作者而言,如果个人在国外数据库下载使用一篇文章需要花费几十甚至几百美元,难以承受。

(3) 评价准则。SCI 的本质是文献检索工具并非评价系统,SCI 期刊录用的论文也不能简单等同于高水平论文。高影响因子、高被引频次只能反映学术热点和论文受关注度,而不能全面反映科技创新程度、科研成果贡献和实际转化价值。然而国内的大学院所、科研机构却直接使用 SCI 论文相关指标用于科研成果评价。例如:博士研究生期间刊发 1~2 篇 SCI 论文就基本达到毕业要求,高校教师手拿 4~5 篇 SCI 论文就准备参评教授,十几篇 SCI 论文就准备冲刺学科带头人了。SCI 与评价准则挂钩,已发展成为绩效考核、职称评定、人才评价、学科评估、学校排名等诸多方面的核心指标。"SCI 至上"风气愈演愈烈且屡遭诟病,科研工作者不堪重负,亟待改革。

1.3 破除"论文 SCI 至上"的要点

破除"论文 SCI 至上"是国内科研学术界期盼已久的愿望,正风肃纪是为了促进科学技术的蓬勃发展,而不是否定 SCI、反对发表论文。高水平论文是科研工作者呕心沥血的劳动果实,是科技创新成果的一种表现形式，也是国内外专家学者进行交流的主要途径。高水平、高质量、高创新、高贡献的学术论文仍然是人类伟大的智慧结晶。

破除"论文 SCI 至上"是对国内现行科研评价体系的洗牌。如何正确、科学评价学术水平和研究成果是一个复杂的问题，既需要国家的政策引导，也需要不同类型的科研部门根据实际情况制定符合要求的评价准则。突出科学精神、创新质量，注重社会服务、实际效果永远是评价工作核心和要点。

2 "双一流"高校科技期刊的发展机遇

2.1 政策机遇

"广大科技工作者要把论文写在祖国的大地上，把科技成果应用在实现现代化的伟大事业中。"这既是习近平总书记对广大科技工作者的最高指示，也是对国内期刊行业的奋力鞭策。一流的科技期刊才能承载一流的科研成果，以及在应用和转化过程中发挥关键作用。

2019 年 8 月，中国科协、中宣部、教育部、科技部联合印发了《关于深化改革 培育世界一流科技期刊的意见》，这是贯彻落实 2018 年 11 月党中央全面深化改革委员会第五次会议精神、推动我国科技期刊改革发展的纲领性文件[7]。明确指出，我国作为期刊大国，缺乏有影响力的世界一流科技期刊，导致在全球科技领域竞争中劣势明显。打造世界一流科技期刊是建设科技强国的必由之路。

2019 年 11 月，中国科协、财政部、教育部、科技部、国家新闻出版署、中国科学院、中国工程院等七部委联合实施"中国科技期刊卓越行动计划"，设有领军期刊、重点期刊、梯队期刊、高起点新刊、集群化试点等五类项目，最终入选 285 项。目前，这是我国在科技期刊行业实施的资金最多、范围最广、力度最大的支持项目。

在国家政策的大力支持下，期刊行业在快速壮大，期刊发展在追求"卓越"，期刊人在切实行动。

2.2 行业机遇

在过去 100 多年中，80%以上的世界科技创新成果首先发表在科技期刊上，并且全球科技期刊数量超过 6.4 万种[10]。西方发达国家重视科技期刊的纽带和桥梁作用，认为是国家科技创新体系建设的重要支点，其风向标和助推器的作用是其他行业所无法替代的。经过多年的发展积淀，西方的品牌期刊和出版集团牢牢占据了出版行业领头羊的位置。

改革开放以来，在"科学技术是第一生产力"伟大论断的指引下，我国的经济事业和科技事业都取得了巨大发展。特别是在新的历史时期，党的十九大提出把我国建成世界科技强国的战略目标，建设一流科技期刊也就成为紧迫的政治任务。

虽然我国科技期刊数量众多，但是同质化严重，能站在世界科学中心和创新高地的品牌期刊少之又少，能起到行业主导并引领潮流的品牌期刊几乎没有。特别是在"论文 SCI 至上"的科研风气和评价机制的影响下，我国科研工作者经常把多年呕心沥血的研究成果凝练成精品论文，第一时间投至国外品牌期刊，特别是在某些尖端科研领域实现论文首发。短暂的个人荣誉，却是用"精力、资金"巨大代价换来的，同时对我国科技期刊行业形成的"无精品稿件可用"的桎梏和影响是无法估量的。

2.3 平台机遇

2017 年 9 月，教育部、财政部、国家发展改革委联合发布《关于公布世界一流大学和一流学科建设高校及建设学科名单的通知》[11]，按照国家要求，"双一流"学校和学科以 3 年为一个周期实施动态考核。集中优势资源，促进发展、迎接评估将是"双一流"学校和学科的重大任务。

科技期刊作为高校科研成果交流的重要平台，既是教学和科研工作的延伸，又是行业内实现成果交流和转化的重要阵地。目前，我国高校科技期刊共 2 500 多种，"双一流"高校占 1 200 多种，约占原国家新闻出版广电总局所认定两批学术期刊的 19%[12]。

由原国家新闻出版广电总局发布的《建设"中国期刊方阵"工作方案》可见，113 种高校科技期刊入选。其他如"双百期刊""双高期刊""双效期刊""双奖期刊"中，高校科技期刊占比 10%~20%。

由此可见，"双一流"高校科技期刊拥有的发展背景、高校资源、人才资源、稿件资源形成了雄厚的平台优势，成为了国内科技期刊行业发展的制高点和风向标。充分利用自身特点，整合资源，依靠政策优势，紧抓行业机遇，实现跨越式发展，是近期工作的首要任务。

3 "双一流"高校科技期刊的发展路径

3.1 宣传引导

长期以来，教学和科研始终是高校发展的重要岗位，其余包括图书服务、期刊出版、医疗健康、实验工程等，都被认为是教辅岗位。科技期刊作为承载科研成果的重要平台和纽带，却始终处于"边缘化"的角色，期刊编辑也往往看不到方向、打不起精神。然而，当政策机遇、行业机遇、平台机遇形成强大合力的时候，就是幸福来敲门的契机。"双一流"高校的期刊人要有清醒的认识。宣传引导是行业优势，也是改变形象、提高地位、推动发展的有效途径。宣传引导的对象主要分为三类：一是期刊人自身。长期的"边缘化"定位，期刊人已经形成了惯性思维，"走一步看一步"严重禁锢了想象力和创新力。虽然部分期刊人已经走在前面，例如：清华大学制定了《清华大学关于深化科研体制机制改革的若干意见》，提出"鼓励创办或主办具有国际影响力的高水平学术期刊"。行业需要示范效应，更需要期刊人的团结协作，携手共进。中国期刊协会、中国科技期刊协会、中国高校科技期刊研究会等行业协会，组织开展的各项会议、活动为期刊人统一思想、认清形势、抓住机遇、协同发展提供了良好的机会。二是"双一流"高校的领导层和管理者。期刊社社长和主编应该通过参加校内会议或者召开专项会议的形式，向领导层和管理者进言献策，宣讲科技期刊的国家政策、历史机遇和发展规划，使管理部门充分认识到"双一流"高校建设和科技期刊的发展是共赢的，改变学术期刊是边缘部门的不当认识。争取在经费上给予预算，在政策上给予支持，并以三年或者五年一个周期给予考核。三是"双一流"高校的师生和科研工作者。伴随着 3 年为一个周期的动态考核机制，"双一流"高校的大量科研成果和创新技术必然是通过发表一定数量论文的方式形成汇报总结。通过积极宣讲最新政策、展示期刊动态、结合考核机制，形成对优秀科技论文的引流灌溉，使之真正写在祖国的大地上。好期刊需要好文章的支撑，好文章需要好期刊的承载。鱼水相依，互惠共存。

3.2 队伍建设

"双一流"高校的建设需要人才，科技期刊的发展依靠人才。目前，高校期刊编辑部的人员主要来自于三种途径：一是部分教师兼职或者挂职在编辑部，为了满足高校对工作量的考评；二是部分教学岗位或者科研岗位的分流人员，主要是转岗或者二次择岗后的尝试；三是既有编辑人员，主要是从事编辑工作多年，已经完成国家出版职业资格认定，但是本专业多种多样，不一定对口。由此可见，现有的高校期刊编辑队伍层次多样，能否抓住机遇对期刊的发展形成强力支持还是未知。为此，对现有编辑队伍的能力提升迫在眉睫，主要途径如下：一是严格执行国家出版专业职业资格制度，守住入口关，对于不符合资质要求的人员不允许从事编辑出版工作。加强现有编辑人员的继续教育培训和学习，提升业务能力，对于不符合实际工作要求的人员予以分流；二是加强引进专业人才。高校科技期刊在实际出版过程中，涉及以下专业：新闻出版、专业学科、英语、广告营销等。由于各高校对于人员编制有严格的限制，所以编辑部在引进人才方面格外慎重，专业对口、能力突出就是首选。新鲜血液的引入，有助于推陈出新；三是增强对外交流和学习。爱岗敬业，任劳任怨是编辑的职业美德，勇于担当、加强学习也是发展的需要。对内，应该积极参加行业协会的重要会议，了解国家政策导向、学习办刊经验、补齐自身短板。对外，应该与国际出版集团增进交流互动，破除"唯SCI论"不等于抵制SCI期刊，也不等于闭门自修。国际优秀科技期刊的办刊经验值得深入研究和学习。

3.3 主动作为

"双一流"高校建设与一流科技期刊建设是相辅相成的，科技期刊既需要把握行业发展的历史机遇，利用"双一流"高校建设平台，也需要发掘自身优势和潜力，为学校建设增砖添瓦。只有主动作为，才能有所作为，从边缘部门成为核心力量，都需要踏踏实实从每一步做起。主要途径如下：一是塑造品牌。关于高校科技期刊的品牌建设已有部分学者关注，但是并不多见。邓美艳研究了高校科技期刊的品牌定位与品牌运作[13]，赵中波探讨了如何提高科技期刊的学术影响力和社会知名度[14]。随着"双一流"深入发展建设，科技期刊作为科研成果孵化器的作用将更加明显，塑造品牌、成为名片将反哺所属高校平台。二是打造专栏。科技期刊应该密切关注"双一流"建设发展动态，根据自身特点予以准确定位。大而全、散而乱，已经成为过去，依托"双一流"学科优势，对于契合主流热点的栏目予以重点培养。对于尚未设立的栏目，应该根据办刊宗旨和方向予以逐步设立。三是挖掘潜力。经过多年职业浸染，科技期刊编辑在论文的排版格式、词句谬误、写作方法、投稿技巧方面积累了大量经验。在完成本职工作的同时，如果能积极开设编辑讲座或者研究生选修课程，将会提高师生的科技论文写作能力，还可以在学科前沿、科研热点等方面，开展学术研讨会，形成互动。

3.4 准确定位

关于破除论文"SCI至上"两份重磅文件指明了建立新的科研评价体制的方向，具体内容需要根据部门的工作特点而细化。"双一流"高校科技期刊的编辑们应该根据学科特点和科研实力，及时转换思想，准确定位，从稿件加工者变成学术伴飞人。具体途径如下：一是掌握学科动向。通过与高校学科办、科研院等相关部门研讨，积极了解相关学科的发展动向和资助情况，也可以通过参加行业学术研讨会实现。二是聚焦科研团队。为严格落实国家科技兴国战略，各省市高校分别推出了资助方案，例如"头雁计划""领军计划""启航学者"等。在各部门的大力支持下，高学术产出是必然结果。三是分类制定方案。对于基础研究类科研团队，其标志性成果评价实行代表作制度，由过去的"看数量"变成现在的"重质量"。对于此类代表作稿件，应该强化同行评议，并积极反馈结果。对于优质稿件，应该加强优先发表、网络首发，通过科技期刊平台资源给予助推。对于应用研究类科研团队，其研究成果更加注重新技术、新工艺、新产品、新材料、新方案的质量、贡献和影响。科技期刊编辑可以利用平台资源把最新的科研信息传递给科研团队,做好他们的"眼睛"和"耳朵"。待成果产出后,给予积极宣传推广,做好他们的"嘴巴",促进国家产、学、研紧密结合。"双一流"高校的重点科研团队,特别是其中的青年学者将迎来快速成长。科技期刊的编辑们积极伴飞,将最终促进期刊事业的发展。

4 结论

破除"论文SCI至上"并不是反对在SCI期刊上发表论文,只是对国内现行科研评价体系的洗牌,对阻碍科学发展、扭曲评价机制的破除。诚然,如何正确、科学评价学术水平和研究成果是一个复杂的问题,既需要国家的政策引导,也需要不同类型的科研部门根据实际情况制定符合要求的评价准则。这需要经过实践的检验逐步确立。在此过程中,"双一流"高校科技期刊要充分研究实际情况、把握发展机遇,从宣传引导、队伍建设、主动作为、准确定位四方面路径入手,充分发挥行业制高点和风向标作用,推动国内科技期刊的跨越式发展,迈入世界一流行列。

参 考 文 献

[1] 武晓耕,韩俊."双一流"背景下的学术期刊发展策略探析[J].科技与出版,2018(8):142-146.
[2] 李雪莲,唱雪,徐若冰."双一流"建设背景下高校学报的特色发展及功能定位[J].哈尔滨学院学报,2019,40(5):137-140.
[3] 王顺善."双一流"建设背景下研究生科研创新能力培养的路径研究[J].齐鲁师范学院学报,2019,34(3):26-30.
[4] 金一超."双一流"建设进程中高校学报的发展支点[J].南通大学学报,2018,34(3):155-160.
[5] 张伟伟,赵文义.学术期刊服务"双一流"建设推进措施[J].科技与出版,2019(10):22-28.
[6] 丁佐奇.科技期刊多维度助力科技创新与"双一流"建设[J].科技与出版,2018(9):11-15.
[7] 肖宏.冲刺"世界一流科技期刊"必须练就四大能力[J].科技与出版,2019(10):29-34.
[8] 朱剑.被遗忘的尴尬角色:"双一流"建设中的高校学术期刊[J].清华大学学报(哲学社会科学版),2019(11):1-15.
[9] 任胜利,肖宏,宁笔,等.2018年我国英文科技期刊发展回顾[J].科技与出版,2019(2):30-36.
[10] 中国科学技术协会.中国科技期刊发展蓝皮书(2017)[M].北京:科学出版社,2018.
[11] "双一流"建设高校及建设学科名单公布[EB/OL].人民网(2017-09-21)[2019-04-25].http://edu.people.com.cn/n1/2017/0921/c367001-29549883.html.
[12] 尚利娜,牛晓勇,刘改换.我国"双一流"建设高校学术期刊与一流学科建设关系分析[J].中国科技期刊研究,2019(9):929-936.
[13] 邓美艳.论高校科技期刊的品牌定位与运作[J].编辑学报,2009,21(2):112-114.
[14] 赵中波,黄志红,黄斐.强化特色 凸显特色 塑造品牌 提升影响:《有色金属科学与工程》创办高校特色科技期刊实践[J].中国科技期刊研究,2014,25(3):442-445.

科技期刊论文评价指标探讨

宋晓林[1]，罗 玲[2]，商丽娜[2]

(1. 中国科学院东北地理与农业生态研究所《地理科学》编辑部，吉林 长春 130102；
2. 中国科学院东北地理与农业生态研究所《中国地理科学》(英文版)编辑部，吉林 长春 130102)

摘要： 如何正确而全面地评价科技期刊的影响力及科研论文的质量是目前科技评价工作的难点。本文基于大量的文献资料调研，分析比较了目前几个主流评价指标的优缺点，利用检索工具，在学科的尺度上分析了不同评价指标的关系，探讨了评价指标在不同尺度上的适用性，对未来科技期刊论文评价的未来发展方向进行了分析。研究表明，影响因子、h指数、H5指数及相对引用率等均具有各自的优缺点。在跨学科尺度上，期刊H5指数与IF在评价科研成果时存在较大差异。虽然两者之间存在极显著的正相关关系，但是H5指数与IF相互之间仅能解释46.8%的变量差异，中文期刊中H5指数与IF相互之间仅能解释28.6%的变量差异；当研究尺度降低到学科尺度上时，H5指数与IF之间极显著相关，两者之间几乎可以相互替换，说明在学科的尺度上，不同的评价指标对于期刊的评价结果是相似的。然而对引用率与H5、IF及RCR进行相关分析发现，单纯利用评价期刊的指标来评价科研论文是不恰当的。未来的期刊评价应当充分考虑引用有效性、人为评价、公众兴趣及学科差异等。

关键词： 期刊评价；影响因子；h指数；H5指数；相对引用率

科技期刊论文是科学和技术进步的科学记录和历史性文件，作为知识的载体，论文在现代科技知识技术化、技术传播与发展等过程中具有重要作用[1]。随着社会的进步及科技的发展，科技论文的发表量越来越多，速度越来越快。目前全世界已经有科技期刊上万种，涵盖了自然与社会科学各个领域。科技论文及学术期刊的评价已成为目前科研工作价值评判和科技发展的重要参考[2-3]。

学术论文的评价参数很多，涵义混乱，相互之间差异较大，甚至相互矛盾[4-5]。目前，学术界对期刊评价的主要指标——影响因子表现出越来越多的质疑和争议[6]。Vincent Lariviere等认为，期刊的影响因子不能体现单篇论文的引用信息，学术界不应过度依赖影响因子，或以此来评价某研究的科研水平及科研工作者，而是需要对具体论文或研究进行具体分析[7]。Nature也发表了"Beat it, impact factor! publishing eliteturns against controversial metric"的类似评论[8]。美国微生物协会(AMS)表示将不公布其所有杂志上的影响因子，并希望其他期刊也去掉影响因子信息，这表明建立合理、科学而公允的科技论文评价指标及方法体系，是目前科学

基金项目：ISTIC-ELSEVIER 期刊评价研究中心开放基金及中国科技期刊国际影响力提升计划资助项目(PIIJ2-C-44)
通信作者：商丽娜，E-mail：shanglina@iga.ac.cn

发展的必然需求。因此，目前亟待对已有的指标进行辨析，并构建新的评价指数以对科研工作进行全面评价。

科学技术是第一生产力，目前我国在诸多核心科技领域依然被卡脖子。破解科技软肋必须建立在对科研成果正确评价的基础上。长久以来，我国的科技评价主要建立在国外评价指标的基础上，采用相对僵化的影响因子等指标评价科研论文，并以此指导我国的科研发展。在"科技战""贸易战"日渐激烈的今天，厘清目前我国科技论文评价中采用的指标，分析其优缺点，探讨构建适用于我国科技论文期刊评价的指标体系，对于我国的科技发展至关重要。

目前已有多种学术论文评价指标，如影响因子(Impact factor，IF)[9-11]、H5因子、h指数、相对引用率等[12-13]，大多数评价指标都建立在论文的引用率基础上[14]。由于引用率的计算是建立在计算机辅助技术的基础上，目前的评价因子大多数落于僵化而缺乏灵活性，具有滞后性[15]。当科技成果的内容超出目前大多数研究人员的认知范围时，其学术成果往往不被大多数人所接受，未能引起足够的重视[16]。最为典型的例子是2016年诺贝尔生理学奖获得者大隅良典(Yoshinori Ohsumi)，其奠基性工作为1993年在 FEBS Letters 上发表的"Isolation and characterization of autophagy-defective mutants of Saccharomyces cerevisiae"一文。目前该文引用率为1 048次，而 FEBS Letters 的 IF 仅为3.519，在生物大类中为3区期刊，这说明目前的学术论文评价体系并不能完全对学术论文做出及时、正确及恰当的评价[17]。基于此，本研究对比分析了目前主流的学术评价指标，对未来科技期刊论文评价未来发展方向进行探索分析，以期为期刊发展提供支持。

1 指标评价

1.1 影响因子(impact factors，IF)

影响因子是目前国际上通行期刊评价指标，于1972年由E·加菲尔德提出，计算公式如下：

$$影响因子=\frac{该刊前2年发表的论文在第3年被引用的次数}{该刊前2年发表的论文总数}$$

从公式中可以看出，IF 反映的是期刊前两年的引用率，是一个相对数量的指标。通常影响因子越大，期刊的学术影响力和作用也越大[18]。IF 目前已成为我国评价学术论文时主要参考指标。但影响因子的计算公式决定其容易受到单篇异常高引论文的影响，且容易被人为操控，例如策略性编辑、期刊过度自引、有偿引用、同盟引用等[19]。此外，单纯利用期刊影响因子评价学术论文在逻辑上存在一定的误区，即影响因子是评价期刊本身而非针对发表在该期刊上的论文的[20]，这类似在自然科学领域，如果将大尺度的规律应用到精细尺度上可能会产生误差一样，存在局限性。

1.2 h 指数

h 指数用于计算基于论文总数及各论文被引用的次数，于2005年提出。原本用来评价某一个学者的影响力，即某学者如果在其所有学术论文中至少有 n 篇论文分别被引用了至少 n 次，那么该学者的 h 指数就是 n[21]。h 指数被认为是一种既体现发文数量，又体现发文质量(篇均被引量)的复合指标。

h 指数对引用次数的考虑及所界定的权重要远高于 IF，即作者的论文发表在高 IF 的期刊上，并不意味其论文的引用次数就高，有时甚至比发表在低影响因子期刊上的论文引用数还低[22]。h指数一般随着年限统计年限的增加而增加，与其在该领域研究的年限之间具有线性关系。对于一个在其科研生涯中以稳定速率发表论文的科研工作者而言，h指数在评价其产出与科研潜力方面比IF更全面。如果某位科研工作者从事科研工作20年，其h指数达到20时说明其是一个成功的科学家，达到40时表明其是一个杰出的科学家，而达到60则标志着其是一位首席科学家。

与传统评价指标相比，h指数最大的优势在于将论文数与引文数有机地联系在一起，综合考察论文的数量与影响力。对于论文数量多而引证数不高的研究者，或者是只有极少数高被引论文的作者，其h指数都不会很高。只有论文数量较多，且多数论文具有较高引文数量时，才能获得较高的h指数。此外，h指数相比于IF最大的优点之一是不容易被人为操控，尤其是在防止期刊为获得高IF恶意自引方面非常有效，即无法伪造[23]。

h指数也存在大量的缺点。例如h指数不利于刚从事科学研究的人员，其在微观层面是恰当的，但是在更高的集总水平上无法提供更为有效的参考。由于h指数的定义不能超过论文数量的界线，因此它不利于论文数量少而被引频次高的科学家。因此，基于h指数也产生了g指数、AR指数、A指数、R指数等不同的指数[24]。

1.3 谷歌学术评价体系 H5 指数

目前Google Scholar是国内外学术主要搜索引擎之一，并已推出了同样是基于h指数的H5指数[25]。与Web of Science相比，谷歌学术不仅可免费检索，而且范围远大于Web of Science，既包括正常的学术期刊，也涉及书籍、会议以及各种预印本。截至2014年5月，谷歌学术共收集1亿6 000万篇学术文献，几乎是Web of Science收录数量的3倍。基于谷歌学术强大的数据库所建立的H5因子，即某一出版物在过去5年发表的文章之中，至少有5篇文章每篇引用不低于H5次。基于此同时衍生出H5核心(h5-core)、H5中值(h5-median)等指数[26]。相比于传统的IF，H5指数最主要的优势在于H5指数体现了期刊的长期影响力而不仅仅是当前的热度，且H5指数不容易受到单篇异常高引文章的影响。然而，由于H5指数发布的时间较短，到目前为止仅发布了4期报告，其内容还需要进一步丰富。

1.4 相对引用率(Relative Citation Ratio, RCR)

2015年NIH科学家提出了相对引用率(RCR)的评价指标，对论文引用进行学科加权以便于对来自不同学科的论文进行横向比较。RCR相比于IF与H5更能体现不同学科领域中论文影响力的差异。目前RCR可以通过NIH在线公开的软件代码及在线网站进行评估(https://icite.od.nih.gov/)。

RCR指数的意义简单明了。如果某一篇论文的RCR值为1.0，则意味着该论文已达到该领域中所有论文的平均引用次数，如果RCR值为2.0，则意味着该篇论文的引用次数达到了该领域论文平均引用次数的2倍。相比于IF与H5指数，RCR指数虽然能够提供更有价值的参考。然而由于其发表时间较短，有效性、实用性等依然有待于检验。

1.5 其他指标

除了上述应用广泛的评价指标之外，还有很多其他指标，如总被引频次、篇均引用率、学科规范化引文影响力、平均百分位、论文被引百分比、热点论文、期刊规范化的引文影响力、高被引论文数、相对世界影响力等。此外，还存在一些反向指标，如零引用率等[27]。相比于IF、h指数、H5指数及RCR，这些指标应用较为小众。

2 各种评价指标之间的关系分析

为了分析各评价指标之间的相互关系,本研究在跨学科及学科两个尺度上开展了不同指标之间的相关性分析。在选定学科领域及关键词的基础上,利用统计分析方法确定不同指标间的关联性,并在此过程中对指标间的关系进行验证。

在跨学科尺度上,首先通过 google scholar metric 检索 H5 指数排在前 100 名的期刊,查找期刊对应的 IF 指数;在学科尺度上,选择近年来国际地学与气候学研究热点——全球气候变化与碳循环反馈关系作为检索词,在 Web of Sciences 上以"climate change"和"carbon"作为关键词检索引用率排名在 200 的期刊论文,分别查找对应期刊的 IF、文献引用率及相对引用率(RCR),整理数据后,利用数理统计方法分析三者之间的关系。

跨学科尺度上,谷歌学术 H5 指数排名在前 100 名的期刊 H5 指数变化范围为 110~379,平均为 150。对应的 IF 变化范围为 1.435~59.558,平均为 18.008。其中 H5 指数最高的期刊为 *The New England Journal of Medicine*,其也对应着最高的 IF;最低的 H5 指数期刊为 *Nature Reviews Microbiology* 和 *Nature Reviews Drug Discovery*,但是其对应的 IF 却非常高,分别为 24.727 和 47.12。这种差异充分反映了 H5 指数与 IF 在评价科研成果时存在较大差异。相关性分析表明,虽然二者之间存在极显著的正相关关系($r=0.468$,$P<0.001$),但是 H5 指数与 IF 相互之间仅能解释 46.8%的变量差异。对于 H5 指数排在前 100 名的中文期刊分析表明,中文期刊 H5 指数(CH5)在 19~46 之间变化,平均为 23,对应的中文期刊 IF(CIF)范围为 0.039~5.081,平均为 1.763。CH5 指数最高的期刊为《经济研究》,其对应的 CIF 为 4.293,而最低 CH5 期刊为《思想理论教育导刊》,其对应 CIF 为 0.442,CIF 与 CH5 之间极显著正相关($r=0.286$,$P<0.001$),但是相互之间仅能解释 28.6%的变量差异(见图 1)。

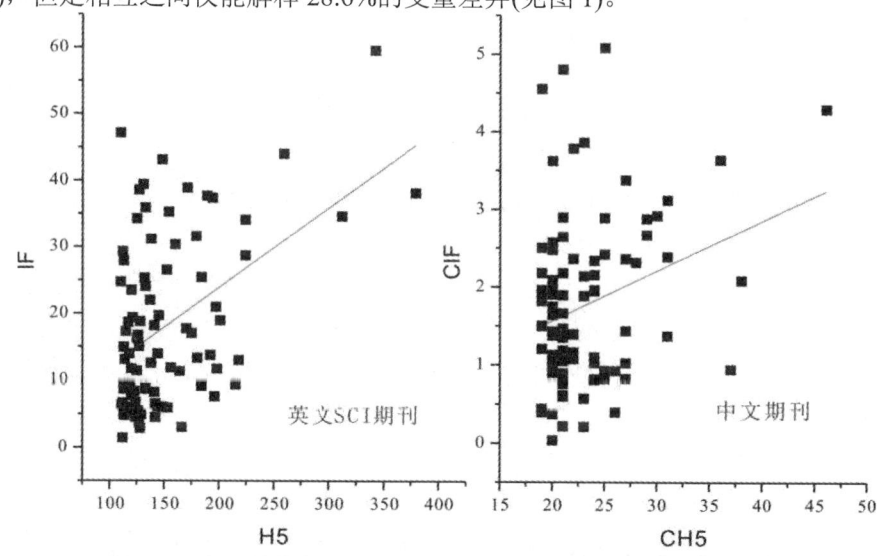

图 1　H5 指数排名前 100 的英文期刊与中文期刊 H5 指数与 IF 关系

当研究尺度降低到学科尺度上时,H5 指数与 IF 之间的相关性有所变化。对全球气候变化与碳循环反馈关系领域引用率排名在前 200 名的期刊论文分析发现,引用率范围在 577~4 375 次之间,平均为 1 030 次,这些论文分布在 56 种期刊上,影响因子范围为 0.849~42.81,平均为 20.57,H5 指数范围为 16~379,平均为 204。相关性分析表明,在学科尺度上,H5 指数与 IF 之间极显著相关($r=0.945$,$P<0.001$),两者之间几乎可以相互替换(见图 2),这说明在学科的

尺度上，不同的评价指标对于期刊的评价结果是相似的。然而对引用率与 H5、IF 及 RCR 进行相关分析发现，文献的引用率与 H5、IF 及 RCR 之间无显著相关性。这说明单纯利用评价期刊的指标来评价科研论文是不恰当的。

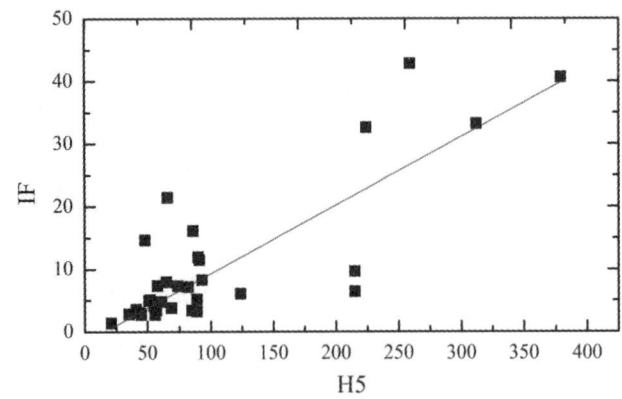

图 2　全球气候变化与碳循环反馈关系领域引用率排名在前 200 名论文期刊 H5 与 IF 之间关系

3　讨论与结论

科技期刊作为研究成果的论文载体，其影响力对于评价科技成果虽然具有一定的借鉴意义，然而完全依靠 IF、H5 之类的定量评价指标却无法对科技成果做出正确而统一评价。对于科研成果的评价，更多的应引入人为主观评价。目前推行的破四唯，是我国解决定量化指标对科研评价失准的举措，基于此的未来科技成果评价体系建设需要考虑以下几个发展方向：

(1) 在云计算的基础上开发论文引用文献的有效性识别技术及分类体系。引用率是目前期刊及论文评价的重要基础，且在未来很长一段时间内仍将被考虑用于构建新的评价指标。然而目前的指标单纯考虑引用率的高低，却未考虑"有效引用"与"无效引用"之间的区别，明确继承性引用、指示性引用及批判性引用之间的内涵及区分[28]，揭示差异性引用与 IF、H5 等评价因子的关系，杜绝恶意引用对期刊及论文评价的严重影响。因此，基于"互联网+"技术，借助目前蓬勃发展的人工智能，在云计算的基础上开发论文引用文献的有效性识别技术及分类体系，可能是未来期刊及论文评价的一个方向。

(2) 将人的主观能动性及评价引入到期刊的评价体系中。由于文献的出版速度及数量越来越快，因此诸如"调查问卷"之类传统的调查打分赋值方法，由于工作量巨大，引入到期刊评价中几无可能。然而，这些主观评价对评价体系的完善非常重要。因此，在未来评价体系中设计有效的作者自评环节，并对投稿者所提交的自评结果进行整理、分析与统计，将人为评价引入到期刊及论文成果评价中，可能是未来期刊及论文评价的另一发展方向。

(3) 借助移动终端、APP 等新技术的发展，将公众的阅读兴趣点及点评纳入到期刊评价中来也是未来发展的方向之一。公众的阅读兴趣及关心热点已经越来越成为影响科技发展方向的因素之一。在 ResearchGate 中阅读量及关注度已经成为评判论文质量的重要指标。然而，公众的阅读热点易受到媒体等外界因素的干扰，且公众对于科研论文的认知与科学家之间存在差异，如何将两者有机结合起来是未来研究的难点之一。

(4) 将学科间的差异科学地纳入到指标计算中也是十分必要的。除了综合性期刊之外，大多数期刊均是针对某一专业或方向的研究，因此，如若不考虑学科间的差异而单纯采用 IF、

H5等因子对不同期间进行简单的比较是不恰当的,这也是目前IF等指标饱受诟病的主要原因之一。在未来评价中,学科间的差异必须予以考虑。

参 考 文 献

[1] 郭玉,赵新力,潘云涛,等.我国科技期刊基本状况统计与分析[J].编辑学报,2006,18(1):1-4.
[2] 吴庆文.影响力指数(CI)对期刊评价的影响分析:以《陶瓷学报》为例[M]//学报编辑论丛(2018).上海:上海大学出版社,2018:474-478.
[3] 孟连生.引文分析方法在科技期刊评价工作中的应用[J].编辑学报,1999,11(4):203-206.
[4] 陈锐锋,何以平,吴秋玲.影响因子作为科技期刊评价指标的负面影响分析[J].编辑学报,2009(5):463-465.
[5] 姜联合.科技期刊学术质量动态评价指标分析[J].中国科技期刊研究,2001,12(6):437-439.
[6] 何学锋,彭超群,张曾荣.科技期刊影响因子的优化修正和使用方式[J].中国科技期刊研究,2003,14(5):489-491.
[7] LARIVIERE V, KIERMER V, MACCALLUM C J, et al. A simple proposal for the publication of journal citation distributions [J]. bioRxiv, 2016.
[8] CALLAWAY E. Beat it, impact factor! Publishing elite turns against controversial metric [J]. Nature, 2016, 535:2.
[9] 柳晓丽.提高科技期刊影响因子的途径探讨[J].编辑学报,2006,18(4):285-286.
[10] 李启正,徐石勇,杨一舟,等.影响因子和h指数与期刊评价结果的相关性:以纺织学科期刊为例[M]//学报编辑论丛(2015). 上海:上海大学出版社,2015:319-324.
[11] 王玉霞,印莉娟.科技期刊影响因子的本质意义、表征意义及影响因素[J].编辑学报,2006(增刊1):172-173.
[12] 刘雪立,周晶,盖双双,等.基于被引频次分布特征的影响因子缺陷矫正:位置指标应用于期刊评价的实证研究[J].图书情报工作,2016,60(9):99-105.
[13] 张良辉.H5平均数评价期刊的适用性研究[J].情报理论与实践,2015,38(9):69-72.
[14] 丁佐奇,郑晓南,吴晓明.科技论文被引频次与下载频次的相关性分析[J].中国科技期刊研究,2010,21(4):467-470.
[15] 莫京,马建华.中国科技期刊质量评价与存在问题:基于科学家问卷调查[J].中国科技期刊研究,2012,23(6):918-925.
[16] 汪再非,杨国祥.学术期刊对科研的评价作用[J].科技管理研究,2006,26(11):170-172.
[17] 游苏宁.对科技期刊评价指标的反思[J].中国科技期刊研究,2002,13(1):63-64.
[18] GARFIELD E. The history and meaning of the journal impact factor [J]. Jama-Journal of the American Medical Association, 2006, 295(1): 90-93.
[19] 王凌峰,叶涯剑.期刊影响因子操纵行为及抑制策略[J].编辑学报,2012(6): 567-570.
[20] 丁福虎.科技评价指标设置的误区[J].科学管理研究,2002,20(3):38-41.
[21] BORNMANN L, DANIEL H D. What do we know about the h index? [J]. Journal of the American Society for Information Science and Technology, 2007, 58(9): 1381-1385.
[22] SAAD G. Exploring the h-index at the author and journal levels using bibliometric data of productive consumer scholars and business-related journals respectively [J]. Scientometrics, 2006, 69(1): 117-120.
[23] CRONIN B, MEHO L. Using the h-index to rank influential information scientists [J]. Journal of the American Society for Information Science and technology, 2006, 57(9): 1275 1278.
[24] EGGHE L. An improvement of the h-index: the g-index [J]. ISSI Newsletter, 2006, 2(1): 8-9.
[25] HARZING A W, VAN DER WAL R. A google scholar h-index for journals: an alternative metric to measure journal impact in economics and business [J]. Journal of the American Society for Information Science and technology, 2009, 60(1): 41-46.
[26] DELGADO LÓPEZ-CÓZAR E, ROBINSON-GARCIA N, TORRES-SALINAS D. The google scholar experiment: how to index false papers and manipulate bibliometric indicators [J]. Journal of the Association for Information Science and Technology, 2014, 65(3): 446-454.
[27] 刘雪立,方红玲,周志新,等.科技期刊反向评价指标:零被引论文率及其与其他文献计量学指标的关系[J].中国科技期刊研究,2011,22(4):525-528.
[28] 刘雪立.参考文献的继承性引用、指示性引用和批判性引用与影响因子的标准化[J].中国科技期刊研究,2004,15(3):251-253.

一流学科建设背景下高校学报的发展对策

丁红艺[1]，王东方[2]

(1.《上海理工大学学报》编辑部，上海 200093；2.《同济大学学报(自然科学版)》编辑部，上海 200092)

摘要：针对一流学科建设背景下高校学报的发展问题进行研究。以45家一流学科建设高校学报为例，总结出高校学报存在一流学科特色不明显、学术水平和质量与一流学科不匹配、角色定位不明确等现状。通过分析学报与一流学科建设共建共荣的协同关系，从提高影响力、发挥学科优势、构建特色栏目、实施多元化组稿模式、培养新型编辑人才等方面为高校学报的发展提供新思路。

关键词：一流学科；高校学报；特色栏目；办刊理念；期刊影响力

2017年9月20日，教育部、财政部、国家发展改革委公布印发了《关于公布世界一流大学和一流学科建设高校及建设学科名单的通知》，137所高校进入了一流学科建设名单。双一流建设为高校的发展注入了新的动力和活力，为高校的发展指明了方向[1-4]。高校学报在一流学科建设中如何起到辅助作用，并有效利用这一契机，提高刊物的学术质量和水平，提高学术影响力，值得高校学报办刊人的深思和努力。

以理工科为主的综合性大学，由于其学科种类繁多，导致其学报(自然版)的综合性更强，特色更不明显，发展的障碍更大，这也是作者作为理工科高校学报编辑的困惑之一。因此，本文对此类高校学报(自然版)的学科特点、栏目设置与其所在高校一流学科的相关性等方面进行研究，探讨一流学科建设与高校学报发展的协同性，并结合作者所在学报的办刊经验，对一流学科背景下高校学报的发展提出建议，以期为学报的发展寻求新的对策。

1 高校学报服务于一流学科现状

1.1 学报一流学科特色不明显

作者选取了45所理工科背景较强的一流学科建设高校，对这些学校学报(自然版)所发文章学科、开设栏目、影响因子等进行分析(数据来源于中国知网，统计时间截至2019年9月1日)，如表1所示。这45种学报所在高校并非国内顶尖大学，且一流学科都以理工科为主，除哈尔滨工业大学、四川大学外，其余高校一流学科数量不多，易于辨别学报一流学科的发文情况，故以此为研究对象。这些学报中37家为北大核心，其中CSCD收录的有27家，EI收录的有12家。12家学报未开设栏目，其余33家学报所设栏目中含一流学科的有29家，其中一流学科栏目发文量占比较高的有14家，另外，有2家学报虽未设栏目，但一流学科文章比

基金项目：上海市高等院校科技期刊研究基金资助项目(SHGX2018C05)

例很高。重点分析 12 家 EI 收录的学报，6 家未设栏目(其中《北京科技大学学报》，现改名为《工程科学学报》2015 年开始取消栏目设置)，其余 6 家学报中《北京理工大学学报》《东北大学学报》《湖南大学学报》《中南大学学报》所设栏目一流学科发文量比重较高，均排在前三位，另外两家《天津大学学报》《华南理工大学学报》虽有一流学科相关栏目，但发文量占比不是很高。因此，相当高比例的一流学科建设高校学报在栏目设置、发文量上均未突出一流学科，文章的学科分类比较分散，有些占比较大的学科并不是一流学科。比如，《华南理工大学学报》是为数不多的 EI 收录的学报之一。华南理工大学的一流学科为化学、材料、轻工技术与工程、农学。近十年发文学科占比前四位的分别是计算机(10.8%)，公路(8.7%)，建筑(8.2%)，自动化(8%)。而与一流学科相关的栏目化学化工发文占比排在第六位，材料科学与工程排在第八位，其余两个一流学科并未设置相关栏目。

另外，从栏目名称上看，学报的栏目名称多数以学科命名，同质化现象严重，没有特色和吸引力，不仅未能体现出一流学科的优势，也显现不出当前学科的热点和前沿。因此，从一流学科建设高校学报的发文量和栏目设置上分析，这些学报并没有体现出一流学科特色，没有充分利用学校的优势学科资源，发展过程中也未能形成自己的特色，学术质量和影响力有限，很难有所突破。

表1 45 种高校学报一流学科发文情况

序号	期刊名称	影响因子(复合/综合)	期刊等级	栏目与一流学科相关性	一流学科发文占比情况
1	北京理工大学学报	0.370/0.595	核心、CSCD、EI	相关	中
2	天津工业大学学报	0.284/0.612	核心	不相关	高
3	河北工业大学学报	0.298/0.403	无	不设栏目	低
4	太原理工大学学报	0.407/0.650	核心	相关	低
5	大连理工大学学报	0.492/0.887	核心、CSCD	相关	低
6	南京理工大学学报	0.477/0.840	核心、CSCD	不设栏目	中
7	合肥工业大学学报	0.358/0.651	核心	相关	低
8	南昌大学学报	0.587/0.471	核心	不设栏目	低
9	武汉理工大学学报	0.245/0.375	核心	相关	高
10	成都理工大学学报	0.822/10144	核心、CSCD	相关	高
11	北京交通大学学报	0.450/0.876	核心、CSCD	相关	低
12	北京工业大学学报	0.671/1.154	核心、CSCD	相关	低
13	北京科技大学学报(工程科学学报)	0.377/0.817	核心、CSCD、EI	相关	高
14	北京化工大学学报	0.300/0.601	核心、CSCD	相关	高
15	天津大学学报	0.648/1.026	核心、CSCD、EI	相关	低
16	内蒙古大学学报	0.203/0.345	核心	不设栏目	中
17	辽宁大学学报学报	0.345/0.525	无	不相关	低
18	东北大学学报	0.493/0.768	核心、CSCD、EI	相关	高
19	河海大学学报	0.809/1.011	核心、CSCD	相关	高
20	湖南大学学报	1.101/0.681	核心、CSCD、EI	相关	低
21	中南大学学报	0.993/0.648	核心、CSCD、EI	相关	低
22	华南理工大学学报	0.867/0.532	核心、CSCD、EI	相关	低
23	广西大学学报学报	0.810/0.532	核心	相关	中

续表 1

序号	期刊名称	影响因子(复合/综合)	期刊等级	栏目与一流学科相关性	一流学科发文占比情况
24	海南大学学报学报	0.278/0.222	无	不设栏目	低
25	西南交通大学学报	1.858/0.987	核心、CSCD、EI	不设栏目	高
26	西北工业大学学报	0.631/0.417	核心、CSCD、EI	不设栏目	低
27	长安大学学报	0.906/0.585	核心、CSCD	相关	高
28	宁波大学学报	0.386/0.251	无	相关	低
29	安徽大学学报	0.540/0.364	核心	相关	低
30	福州大学学报	0.439/0.306	核心	不设栏目	低
31	山东大学学报	0.511/0.330	核心、CSCD	相关	高
32	郑州大学学报	0.529/0.358	核心	不相关	低
33	河南大学学报	0.594/0.376	无	相关	低
34	吉林大学学报	0.599/0.450	核心、CSCD	相关	高
35	哈尔滨工业大学学报	0.956/0.577	核心、CSCD、EI	不设栏目	低
36	哈尔滨工程大学学报	0.872/0.562	核心、CSCD、EI	不设栏目	中
37	华东理工大学学报	0.682/0.417	核心、CSCD	相关	中
38	四川大学学报	0.804/0.709	核心、CSCD	相关	高
39	重庆大学学报	0.976/0.563	核心、CSCD	不设栏目	中
40	西南大学学报	0.861/0.622	核心、CSCD	相关	低
41	贵州大学学报	0.398/0.241	无	不相关	低
42	兰州大学学报	0.956/0.749	核心、CSCD	相关	高
43	宁夏大学学报	0.357/0.231	无	相关	低
44	新疆大学学报	0.591/0.374	无	相关	低
45	中国矿业大学学报	1.863/2.579	核心、CSCD、EI	不设栏目	高

1.2 学报学术水平和质量与所在高校一流学科不相匹配

一流学科具有如下的共性特点：特色鲜明的学科方向，引领前沿的科学研究，极具影响的学科团队，顶天立地的科研成果，兼容并包的学科文化等要素[5]。因此，一流学科保有的学术水平在全国范围内要么具有领先的地位，要么具有良好的发展势头。然而，对应的高校学报相比较而言却逊色很多，代表的学术水平和质量均没有达到很高的水平。众所周知的原因是，我国高质量的学术论文都发表在了 SCI 收录的国际期刊，或者专业性更强的国内一流学术期刊，学报对这类文章的吸引力不够。本文研究的 45 家一流学科建设高校学报，EI 收录的学报仅有 12 家。从表 1 可知，这些学报 2018 年复合影响因子低于 0.5 的有 18 家，0.5~1.0 的有 24 家，超过 1.0 的仅有 3 家。这说明高校学报影响因子总体不高，学术影响力有限。

一边是冲击世界一流、如火如荼，另一边却是发展受限、岌岌可危，这种反差即使是在 EI 类的学报也是同样存在的。如何缩小这种差距，使学报能够享受到"近水楼台先得月"的优待，真正体现本校一流学科的先进性，不仅需要学报编辑部自身的努力，也需要学校上层认识到其中的重要性。

1.3 学报角色定位不明确

高校学报长期服务于众多学科，形成了综合性的特点。随着学术期刊竞争的加剧，各高校都大力发展专业性的学术期刊，导致学报的定位越来越不明确。这种角色定位的不明确表现在以下几个方面。

1.3.1 学报对于当前期刊发展的形势认识不足

大多数学报的开支由学校拨款，不需要面对市场竞争，研究生的扩招又带来了比较充足的稿源，这使得学报目前还无需担忧生存问题。然而，从国内科技期刊发展的态势来看，很多专业期刊已经走在了前面，从学术质量、影响因子、多媒体融合、数字化出版，直至国际合作等方面，都迅速发展起来。学报在各方面的发展相比还是比较落后的。虽然，有些学报已经使用数字出版，尝试进行媒体融合出版，但对这些新技术的使用还只停留在"有"，并没有真正运用起来，没有充分利用这些新手段为学报发展作贡献。这是由于人员配备和人员新技术运用能力的欠缺，再加上观念上不重视，导致这些新手段没有发挥其真正的作用。

期刊的发展关键还在于其刊载的内容。学报坐等稿件的现象比较严重，没有意识到期刊市场的竞争，吸引优质稿源的主动性和力度都不够。没有优质稿源，要提高学报的学术质量和影响力，可以说是比较困难的。

1.3.2 学校和学报自身都未能认清学报的作用

由于高校考核机制形成的唯 SCI 论，导致大家都把目光聚焦于 SCI 所属的期刊，校内教师和校内领导都对学报的发展缺乏关注。而大多数学报，在这样的氛围之下，缺乏办刊的底气和自信，忘记了学报成立的初衷和其承担的责任和使命。高校学报作为一校展示科研成果的窗口和平台，可以说它应该是表现高校实力的名片，而代表的也应该是全校最高的学术水平。然而，学报在办刊理念认识上的偏差，导致对自身作用认识的模糊和混乱，未能提出有效的办刊措施，刊物的创新和特色严重不足，更无法真正成为本校科研成果展示的平台。

1.3.3 学报对于未来的发展方向缺乏规划

学报未来是走专业化发展道路，还是设置特色专栏，或者继续保持现状，理论界对此有很多讨论，但实践中却未见有效的手段。这是因为学报办刊人的办刊自主权受到行政制约[6]，而行政管理人员又缺乏办刊的经验和理念，久而久之，学报未来发展方向如何，缺乏统一的规划。学报涉及学科过于广泛，导致编辑不能专注于某个学科，某一专题选题策划能力不足，对学科的发展方向把握不清，这也导致了学报缺乏长远规划。

2 一流学科建设与高校学报发展的协同关系

2.1 一流学科建设为高校学报发展提供机遇

一流学科建设的开展为高校学报的发展带来了新的机遇和契机，为学报的专业化发展指明了新的发展方向。一流学科建设使高校的学科建设聚焦于优势学科，而学报正可以抓住这良好的机会，依托一流学科，创设特色栏目，组织优质稿源，为学报的发展找到突破和切入点。通过一流学科的典型示范引导作用，推出一批高质量、高水平的优秀论文，能够有效带动学报向专业化、特色化、品牌化方向发展。

高校学报最大的核心优势就是有潜在的稿源优势，学校一流学科所在的科研团队就是学报最好的组稿对象。这些科研团队的学术水平毋庸置疑都是在全国排在前列的。一流学科建设也必将使大量科研成果产出，学报对此善加利用，将学报的发展与学校一流学科建设联系起来，吸引校内优质稿源，借助一流学科的势头，带动学报整体学术质量、学术影响力的上升。例如，以上海理工大学为例。上海理工大学虽非国家一流学科建设高校，但却入选了上海市高水平大学建设的第一批试点高校。该校的五个学科：光学工程、机械工程、动力工程及工程热物理、生物医学工程、系统科学为重点建设学科，这些学科潜在的优秀科研团队和高质量的学术成果都能为学报的稿源建设带来有益的助力，促进学报学术质量的大幅度提升。作为该校的学报如果趁此机会，根据这五大学科创设特色栏目，在办刊模式上创新，必将使学报的发展水平更上一层楼。

2.2 学报为一流学科建设提供平台

学报创办之初就是为了学术科研服务，是高校学术交流和传播的平台，这一历史使命至今都未有变化。平台的功能曾有弱化，但随着一流学科建设的开展，这一平台功能被赋予了新的意义。一校一学报，高校学报作为本校学科发展水平的代表，向社会传播学术研究的最新成果和发展新动向，是展现本校学科建设的载体和窗口。一方面，学报以优势学科为对象开设特色栏目，汇聚校内外一流的科研成果，促进学术的交流，提升了本校学术研究质量，带动一流学科建设发展。另一方面学报可通过栏目创新、选题策划等引领学科建设的发展方向，为科研团队提供科研成果的新思路，带来学术思想的交流和争鸣。最后，学报为学科建设培养了大批人才，这些人才又进一步为学科发展作出贡献。作者在发表学术成果的过程中，学术研究能力和论文写作能力不断得到提升，科研自信心和能力不断提高，投入到学术活动中，为学科建设提供了有力的人才队伍。

同样，以《上海理工大学学报》为例，对其2007—2017年论文被引频次统计发现，系统科学类论文被引频次最高。系统科学是上海理工大学的优势学科之一，在全国学科排名中位列第三。学报长期以来为系统科学学科的发展提供平台支持，尤其是在2011—2013年，改版以系统科学类文章为主，并在2012年为纪念钱学森诞辰100周年出版了特刊。在此期间，学报向国内外系统科学领域著名专家约稿，也鼓励本校专业老师投稿，系统科学学科的文章发稿量达到60%左右。学报专业化方面的这次尝试使学报之后的影响因子得到了大幅提升，也为本校的系统科学学科发展提供了良好的平台，提高了专业知名度，使学科评估在全国排名中名列前茅。另外，引进的青年教师也纷纷在学报发表文章，逐渐成为学科发展的生力军。因此，从《上海理工大学学报》的实践来看，为本校优势学科提供支持和配合，有效促进了一流学科的发展和人才的培养，也相应地为学报的高水平发展带来了好处。

3 基于一流学科建设的高校学报发展新对策

学报要秉承学术交流与传播的传统办刊理念，坚持为学校学科建设、培养人才服务，这是学报办刊一贯的宗旨。明确这一办刊理念，才能为学报未来发展指明正确的方向。围绕学科建设和人才培养，学报要立足于本校优势，合理定位，走特色化、专业化的创新发展之路，在提高学术影响力、创建特色栏目、组稿、培养人才方面都要顺应时代发展的需要，运用先进的理念和技术，将学报打造成一个学术交流和知识共享的平台。

3.1 多方位入手，提升学报影响力

期刊的影响力是期刊生存与发展的根本。目前评价期刊影响力的指标主要是影响因子。从表1可见，学报的影响因子均不高，影响力较弱。影响力大小不仅取决于文章的学术质量，还取决于文章传播途径的有效性和传播范围的广泛性。当前，学术论文的传播主要依靠各数据库平台(如知网、万方、维普等)。读者通过这些平台的搜索引擎根据主题、关键词等搜索需要的文章，因此，论文标题、关键词、摘要的撰写显得尤为重要，这决定了论文被搜索到的可能性大小。数据分析技术的发展为学报找到这些关键要素提供了帮助。为此，学报一方面

要通过这些新的分析技术研究作者的引用偏好和兴趣；另一方面，还需结合本校的优势，组稿约稿，形成聚焦效应，使读者引起注意，从而产生关注，提高学报影响力。

学报主要依靠数据库平台的传播效应是比较被动的，多媒体融合技术的发展为学术信息的广泛传播带来了有利条件，这可以更快更好地提高学报的影响力。第一，学报要优化自己的门户网站，丰富内容，及时更新，吸引浏览者点击文章。第二，引入XML排版方式，实现文章内容一次制作、多元多次发布的功能，以适应各类传播渠道发布的需要，为学报的多媒体融合发展提供基础。第三，学报要切合读者碎片化阅读的新阅读习惯，重组文章内容，加入音频、视频等补充材料，丰富文章内容，充分利用微信平台，重点发布热点、前沿的研究成果，提高阅读量和关注度。因此，从多方面入手，通过多种传播渠道迅速、便捷地宣传学报刊载的最新学术成果，才能有效提高学报影响力。

3.2 以学科优势创建特色栏目，打造学科建设平台

如前所述，一流学科发文量较大的学报有16家。这些学报所在的高校，某些前身就是学科特色明显、专业性很强的高校。比如天津工业大学前身是天津纺织工学院，其一流学科是纺织科学工程，该校学报所设栏目很大一部分与一流学科相关，且发文量占比很高。成都理工大学前身是地质学院，它的一流学科是地质学，学报基本以一流学科为主，特色明显。北京化工大学无疑是以化学为优势学科，其学报也主要以化工类文章为主。长安大学前身为公路学院，一流学科为交通运输工程，学报的栏目和发文都以此为主。河海大学的一流学科为水利工程、环境科学与工程，学报相应开设了水文水资源环境、水利水电工程栏目，水利工程的总发文量排在第一位。其余一些高校综合性较强，但学报在一流学科方面的发文量是比较明显的。比如，山东大学的数学和化学为一流学科，《山东大学学报》开设了相关栏目，且发文量占比很高，数学占到了56.3%。从这些高校的一流学科和学报之间的关系来看，一流学科与学报息息相关。学报的栏目设置和发文量都以一流学科为主导，不仅起到了宣传和交流学术的目的，更是有效促进了一流学科的发展。

办刊模式的创新就是要打破原有的局面，对于学报来说就是要打破综合性局面。如果要兼顾每一个学科，只能是在原地徘徊，甚至倒退。学报应根据本校的优势学科创设栏目，走特色化发展道路，形成学报特有的不可替代的标志性品牌效应[7]。学报一般综合性较强，然而通过对文章被引频次的统计分析可以发现，对学报被引频次作出较大贡献的文章往往都属于所在高校的优势学科，而这些学科一般都有深厚的底蕴和背景。以《上海理工大学学报》为例，对其2007—2017年高被引论文进行分析(被引频次≥20)，符合要求的论文总共53篇，其中属于系统科学的文章33篇。对10年间被引频次前10位的作者进行分析，前8位都是系统科学方面的作者，对各年总被引频次进行统计，2011—2013年各年的被引频次都较高，尤其2011年的文章总被引频次达到631次。从这些统计数据可以看出，优势学科对学报的贡献是非常显著的。因此，以优势学科为对象，创设栏目，有计划地开展组稿约稿工作，通过栏目产生集聚效应，吸引相关学科的作者，产生栏目品牌效应，带动学报知名度和影响力的提升，才能有效促进学报的进一步发展。

特色栏目的开设可通过对学报以往的发文情况进行分析，根据历史经验，选择自身有能力，有一定基础的学科，即原有的投稿量有一定保障，学校也能给予支持。从专家队伍中精选出栏目主持人，为栏目进行选题策划，并进行约稿和组稿，使栏目得到可持续发展。

3.3 建立多元化组稿模式

学报由于身处高校，有丰富的作者队伍和源源不断的稿源，在组稿方面缺乏主动性，多数是坐等稿件，不愁"无米下锅"。但是，开办栏目之后，要将栏目办好，办出特色，办出品牌效应，光靠投稿不行。之前分析中，45 家学报中 EI 也仅有 12 家，高校考核机制的要求使好的文章大多投向了 SCI 收录的期刊，学报要收到好稿子比较困难。所以，学报要学会主动出击，开展多元化组稿工作[8]。不光是向校内优秀作者约稿，还要走出去，向国内知名的专家教授约稿。多元化组稿模式可以通过以下途径开展。

(1) 校内模式。一流学科所属的科研团队是学报重点的约稿对象。这些科研团队的学术成果代表了国内的较高水平。如何确定约稿对象，并把握学科研究热点，可从国家自然科学基金获批名单，ESI 高被引论文，国家、省部级科研获奖名单中获取组稿对象信息，展开约稿工作。另一方面，经常走访校内教师，参加学术讨论，了解这些科研团队研究的内容，把握学科发展动态，进而向合适的教研人员约稿。

(2) 校外模式。参加学术会议，与参会专家建立良好的关系，了解其研究方向，适当时机开展约稿工作。另外，也可通过栏目主持人、校内专家，向其熟知或关系密切的专家约稿。《上海理工大学学报》就是通过校内系统科学专业的一位资深老教授进行的约稿，取得的效果非常显著。

3.4 培养新型编辑人才，提高专业化办刊水平

学报由于综合性的特点，编辑人员缺乏专业化办刊经验，对学科发展前沿、发展热点把握不透彻，影响选题策划和栏目的发展，对编辑的培养可以从以下几方面入手：

(1) 针对拟设栏目学科，培养编辑该学科的选题策划能力和组稿能力。编辑要大量阅览该学科权威期刊最新发文，查阅国家自然科学基金获批项目等，了解当前的研究热点，参与学术交流、学术会议，掌握第一手学术动态。总之，通过这些活动增强专业学科知识，不需精通，但需了解。

(2) 将学报的发展与自己的职业生涯规划结合起来。学报的发展伴随着编辑个人的职业生涯发展。编辑要依托学报做好个人职业生涯规划，在办刊的过程中努力提高自己的专业素养，提高学科的选题策划能力，建立关系紧密的核心作者群，使自己成为行业内具有竞争力的资深编辑人才，在风云变幻的竞争环境中具备竞争优势，不仅能带领自己的期刊适应市场的变化，也能使自己的经验和能力经得起市场的考验。

(3) 培养编辑新媒体技术运用能力。数字出版、媒体融合对编辑提出了新的要求。学报编辑人员要在琳琅满目的新技术中学会识别和使用新技术，如微信推送、微信小程序、XML 排版技术等，这些都需要编辑人员不断学习，并在实践中运用起来，最终对运用的效果要进行适当的评估，选择对学报有利的技术方法，为学报扩大宣传、提升影响力服务。

4 结束语

一流学科建设为高校的学科发展带来了新的动力，也为高校学报的发展带来了新的机遇。大多数学报在发展过程中并未有效地将本校优势学科作为发展的着力点，高水平学术成果展示和交流的平台功能较弱，不能恰如其分地代表一流学科的学术水平。为此，学报应抓住有利的机会，依托一流学科，提高学报影响力，创设特色栏目，开展多元化组稿模式，培养新型编辑人才，创新办刊模式，实现学报与一流学科共建共荣，共同促进我国高校学科建设发

展和科研水平的提高。

参 考 文 献

[1] 郑琰琰,李燕文,莫弦丰,等.高校学报在"双一流"建设中的机遇和挑战[J].编辑学报,2017,29(2):160-162.
[2] 金一超."双一流"建设进程中高校学报的发展支点[J].南通大学学报(社会科学版),2018,34(3):155-160.
[3] 田江."双一流"建设与高校学报学术影响力提升的协同机制分析[J].传播与版权,2017(12):23-26.
[4] 杨光宗,刘钰婧.高校学术期刊与一流学科建设:引领、推动及发展[J].出版科学,2018,26(3):19-22.
[5] 王永才,程功鹏,邓俊锋.高等院校一流学科建设路径探讨[J].科教导刊,2017(30):4-6.
[6] 钱澄.高校学报专业化转型与特色栏目定位[J].重庆大学学报(社会科学版),2018,24(1):82-91.
[7] 李宁.高校学报栏目设置现状分析及作用探讨[J].闽南示范大学学报(哲学社会科学版),2016(1):157-160.
[8] 李克永.高校学报特色栏目多层次组稿模式研究:以《西安科技大学学报》为例[J].今传媒,2017(6):135-136.

国际四大学术期刊出版机构的同行评议标准解析

瞿麟平，章雅青，曹智勇

(上海交通大学医学院学报编辑部，上海 200025)

摘要： 同行评议的质量与期刊的学术质量息息相关，而制定具有期刊特色的审稿标准有助于提升同行评议的质量。国际著名的四大学术期刊出版机构 Elsevier、Springer、Taylor & Francis、Wiley 的网站上均有详细的同行评议标准，供审稿专家学习、参考。本文比较分析了这四大出版机构的同行评议标准，旨在为国内科技期刊建立全面、科学、规范的同类标准提供参考。

关键词： 同行评议；审稿标准；Elsevier；Springer；Taylor & Francis；Wiley

科技期刊的"三审制"通常是指编辑初审、专家二审、主编终审[1]，其中专家二审又称为同行评议，在科技出版中发挥着重要作用——筛选优质稿件、提升稿件质量[2]，因此同行评议的质量直接关系到期刊内容的学术质量。但目前国内期刊普遍存在同行评议质量参差不齐、审稿时间较长的现象；笔者在实际工作中也发现部分专家的审稿意见比较简单、笼统、不够全面，给编辑和作者的参考价值有限。

盛怡瑾等[3]认为，长久以来审稿专家多是凭借自身的经验和认知对稿件进行评价，而审稿培训可以使专家尽快了解编辑部的审稿要求、掌握审稿技巧、提高审稿质量，同时还能培养更多的年轻专家加入到审稿队伍中。相对于一些培训课程，期刊网站上的审稿指南作为一种非正式的培训方式，更易于编辑部操作，而专家也可以自行安排时间、按需查看。国际著名的四大学术期刊出版机构 Elsevier、Springer、Taylor & Francis、Wiley 都在各自的网站推出了审稿人培训课程或审稿指南[4-7]，除了审稿相关伦理、如何撰写审稿报告等内容外，"如何审理一篇稿件"(同行评议标准，通常又称为审稿标准)在其中占据了大量篇幅。已有研究证明，审稿标准是影响审稿质量的关键因素[8]，有助于培养审稿专家全面评价论文的能力。而国内的多数科技期刊网站上虽然也附有审稿指南或审稿须知，但其中大多是对审稿系统操作方法的介绍，或简要的审稿要求，网站上登载详细审稿标准的期刊较为少见。

他山之石可以攻玉。笔者希望通过比较分析国际四大学术期刊出版机构 Elsevier、Springer、Taylor & Francis、Wiley 的审稿标准(本文仅讨论研究性论文的审稿标准)，博采众长，对国内科技期刊制定全面、科学、规范的审稿标准有所助益。

基金项目： 上海交通大学医学院科技创新项目(WK2007)；上海市高水平高校学术期刊支持计划
通信作者： 曹智勇，E-mail: flyczy@shsmu.edu.cn

1 总体评价指标

4个审稿标准均建议审稿人先通读全文。Wiley强调第一遍应为略读,对稿件有一个初步的印象,并初步决定是接受稿件还是退稿。表1显示的是4个审稿标准对首次阅读后总体评价的7个共同指标。其中语言表达出现在了全部4个指南中,其重要性可见一斑。一方面,虽然稿件的语言表达不是审稿专家需要关注的主要考查指标,与其学术价值没有必然的联系,但实际工作中发现,语言表达可直接影响审稿专家对稿件的初步印象,进而可能关系到审稿专家最终的决定;另一方面,稿件的可读性差会严重影响审阅者对内容的理解,增加审稿专家的负担。因此建议编辑初审时对稿件的文字质量严格把关,提前请作者修改,达到基本要求后再送专家审稿,以减轻专家修改文字的负担,使专家可以把更多的注意力集中到稿件学术价值的评判中。另外较重要的指标(出现在3个标准中)还包括研究目的/主要问题、研究价值/意义、创新性、实验设计/方法的合理性,均与稿件的学术价值直接相关。

Wiley的审稿标准还特别提到了作者的观点与学术界共识相悖的情况,请审稿专家对作者观点的论据进行考证,判断论据是否足够充分,是否需要补充更多的证据。可见,国际出版机构对学术上的争鸣持一种开放、支持的态度,不因观点与学术界的共识不同而将其拒之门外。而"判断研究结论与研究目的的一致性"虽然只出现在一个指南(Wiley)中,但也不可忽视,因为在作者的投稿稿件中研究结论与研究目的不一致的情况并不少见。除此以外,笔者认为,"稿件是否存在学术剽窃"也应作为总体评价的指标。Wiley的审稿标准中提到无论审稿专家确认或仅是怀疑稿件存在剽窃,都可以向编辑部提出。

总体评价往往决定着专家对稿件去留的最终决定,对编辑部终审的判定也起到了决定性的作用。尤其是其中学术价值的相关指标是编辑部最为关心的问题,编辑部往往希望专家能在这几方面多着笔墨加以论述,而不只是笼统地给出评判"该研究有价值"或"该研究没有什么意义"。编辑部不仅希望"知其然",还希望"知其所以然"。请专家对自己的观点加以佐证或者说明,不仅可以在出现审稿意见不一致时帮助终审做出更准确的判定,而且可以在一定程度上减少专家由于利益冲突或熟人稿件而出现的审稿不公平现象。因此审稿标准中总体评价指标的制定非常重要,首先需要突出期刊对稿件要求的重点,其次可以用问句的形式对专家加以引导,请其对研究的意义及创新性等加以论述。

表1 4个审稿标准在总体评价中的共同指标

指标	Elsevier	Springer	Taylor & Francis	Wiley
语言表达	√	√	√	√
研究目的/主要问题		√	√	√
研究价值/意义	√	√		√
创新性	√		√	√
实验设计/方法的合理性		√	√	√
结果是否支持结论		√		√
文章结构的合理性	√	√		

2 分项评价指标

审稿专家在首遍阅读后如果认为稿件原则上可以发表后,就可以进入第二遍的审读,即对稿件的内容逐项进行评价、提出修改意见,帮助其进一步提升质量。

2.1 题目、摘要和关键词的评价指标

4个审稿标准中仅Springer将题目、摘要、关键词单独列出,作为文章的一部分,与前言、方法、结果等并列;Wiley在分项评价指标前简要提及了三者,提醒专家第2遍阅读时加以关注;Taylor & Francis仅提及了题目和摘要;Elsevier仅提及了摘要。4个审稿标准对题目、摘要、关键词评价的共同指标见表2。3个审稿标准对题目的一致要求是反映文章的主题/内容,意在让读者能直接从题目的信息中了解是否对文章内容感兴趣,从而增加目标读者的点击量。如果说读题是读者筛选文献的第一步,那么阅读摘要一般是读者筛选文献的第二步,决定了其是否还会进一步阅读正文,因此"一篇概括了研究目的、关键方法、重要发现和结论的简短、清晰的摘要"(Taylor & Francis)显得尤为重要。4个审稿标准都对摘要"是否概括了文章的内容"提出了要求;而Springer和Taylor & Francis另外对摘要的简洁性和独立完整性有所要求。Springer的审稿标准中针对关键词特别提出"是否有助于读者搜索到该文",而Wiley更是在整篇审稿标准的末尾单辟一个版块来说明标题、摘要、关键词的"搜索引擎优化(search engine optimization,SEO)"。标题、摘要、关键词通常是读者搜索文献的主要对象,Wiley请专家在审阅完整篇文章后对这三者是否以搜索为目的达到最优化提出建议。

表2 4个审稿标准对题目、摘要、关键词评价的共同指标

指标	Elsevier	Springer	Taylor & Francis	Wiley
题目				
是否反映了文章的主题/内容		√	√	√
摘要				
是否概况了文章的内容	√	√	√	√
是否包含了不必要的信息		√	√	
自明性/独立完整性		√	√	
关键词				
是否反映了文章的内容		√		√
是否有助于读者搜索到该文		√		√

题目、摘要、关键词尽管不是论文的核心部分,但它们是论文的门面、论文的缩影,直接影响论文的搜索命中率、点击量和正文阅读量。因此这3个部分的评价指标都应围绕能否反映、概括论文的内容,足够引起读者兴趣,方便读者检索这几方面展开。目前国内科技期刊的审稿专家对这3个部分关注度略显不足,所以这部分标准的制定将对专家有一定的提示作用;同时编辑部也应重视这3个部分的修改,因为"引人"方能"入胜"。

2.2 引言的评价指标

引言作为正文的第一部分,起到介绍研究现状,指出现有知识的不足或者局限性,从而引出研究问题,阐述研究必要性的作用。4个审稿标准对引言的评价指标主要也是围绕这几点(见表3);其中出现在3个审稿标准中的有2条,分别是引言"是否总结了研究现状",以及"是否说明了本研究的必要性"。此外,4个审稿标准中仅Elsevier对引言的结构条理提出了评价要求,并请专家在结构上给予适当的建议,笔者认为这一条也具有一定的实际应用价值。

根据笔者平时工作中的观察,引言条理不清晰、研究背景与研究目的南辕北辙的论文不在少数,且往往会被其繁复的方法与结果所掩盖,被编辑或专家所忽视。但好的引言是一篇

论文坚实的基础,没有"坚实的基础","高楼大厦"也只能是"危房"。因此,引言部分的评价指标可侧重于表 3 的第 1~3 条内容,用于搭建引言的基本框架。如果专家对该领域较为熟悉,更可能在引言部分提出建设性的意见。

表3　4个审稿标准对引言评价的共同指标

指标	Elsevier	Springer	Taylor & Francis	Wiley
是否总结了研究现状		√	√	√
是否说明了本研究的必要性		√	√	√
是否指出了现有知识的不足或矛盾之处				√
研究目的是否明确		√	√	
研究目的是否与文章其他部分保持一致		√	√	
引文是否恰当,有无遗漏	√	√		

2.3　材料与方法的评价指标

Wiley 的审稿标准强调科学研究应是可重现(replicable)和可重复(repeatable)的:可重现是指其他研究者可以重现研究的结果,这就要求实验设计合理,包括设置对照、抽样具有代表性、有一定的实验重复次数等;可重复是指其他研究者根据文章叙述的方法可以重复研究的操作,这就要求研究方法叙述足够详细,包括抽样的方法,仪器、试剂的来源等。本文将统计学方面的评价指标也纳入这一部分。4 个审稿标准对材料与方法评价的共同指标见表4。虽然方法细节的描述在 4 个审稿标准中都有所提及,但笔者认为在专家的审稿标准中无需过于强调,作为编辑初审或者后期编辑加工的标准似乎更加合适。另外,4 个审稿标准都提到了是否需要补充实验以提高文章的质量,但同时 Springer 也提到:几乎所有的研究补充实验后都能有进一步的提升,请专家以如果不补充这个实验(或这些实验)论文就无法发表的标准提出相关的建议。Springer 这条建议的补充一方面提醒专家对补充实验的要求应从期刊的发表要求出发,另一方面也简化了编辑对这类修回稿件是否可以发表的判断。

表4　4个审稿标准对材料与方法评价的共同指标

指标	Elsevier	Springer	Taylor & Francis	Wiley
方法描述是否足够详细	√	√	√	√
是否需要补充实验	√	√	√	√
是否说明了样本收集或参与者招募的方法(包括抽样)且方法是否正确		√	√	√
是否有潜在的偏倚		√	√	√
是否设置了合适的对照		√	√	√
统计学方法使用是否正确		√	√	√
是否随机化分组		√	√	
样本量是否合理或是否进行了检验效能的分析		√	√	
实验重复的次数是否满足条件		√		√
是否符合伦理学的相关要求			√	√

目前统计学在科学研究中的地位越来越重要，研究对象的选取、分组，以及数据的分析都与之息息相关。关于统计学部分的审核，Springer 的审稿标准单独将其作为一个版块，且明确提出：如果专家自认不足以胜任这部分的工作，可以向编辑提出，编辑可以另请他人来完成统计学部分的评价。此外，Springer 还罗列了统计学部分中的常见问题，方便审稿专家一一参照审核，这一做法值得借鉴。因此，各编辑部可以在日常工作中整理归纳来稿常见的统计学问题或错误，作为审稿标准的一部分；需要注意的是不同学科、不同研究类型在统计学方面的要求应该有所差异，不可一概而论。

2.4 结果与图表的评价指标

4 个审稿标准中，结果、讨论、结论、图表 4 个部分表述顺序及板块划分各有不同。鉴于国内多数科技期刊的格式，本文将结果与图表、讨论与结论的相关指标进行合并，重新整理归纳。Springer 的审稿标准特别强调了结果和图表是论文最重要的部分之一，因为通常读者在继题目、摘要之后直接阅读结果和图表，所以请审稿专家尽可能地提出改进意见。表 5 所示为 4 个审稿标准在结果和图表评价中的共同指标，其中 3 个审稿标准都包含的指标包括"数据呈现的方式是否合适""图片质量是否符合发表要求""数据或图片有无篡改的痕迹"。3 个审稿标准都提到了请审稿专家审核数据或图片是否被篡改过，Wiley 更是规定除了作者自行说明的改动，其他图片的改动都是不合适的；可见这种学术不端的行为已经较为常见，需要引起足够的重视，坚决予以抵制。

表 5　4 个审稿标准对结果与图表评价的共同指标

指标	Elsevier	Springer	Taylor & Francis	Wiley
数据呈现的方式是否合适	√	√	√	
图片质量是否符合发表要求	√	√		√
数据或图片有无篡改的痕迹		√	√	√
结果与方法是否对应		√	√	
应该仅描述结果，不对其进行解释		√		√
图表格式是否完整	√			√
图例、表格是否具有自明性		√	√	
图表与文中数据是否一致	√		√	
图表应包括不确定度的结果以及样本量*		√	√	

注：*不确定度指可信区间、标准误等

Taylor & Francis 的审稿标准提到结果中"参与者是否有被识别的风险"。审稿专家作为同行，可能更容易察觉参与者信息有无泄漏，可以与编辑共同把关，保护参与者的隐私；伦理面前无小事，笔者认为实验伦理相关的任何标准都应引起编辑部的重视。Wiley 还对"数据看上去是否可信"(符合一般常理)、"时间点的选取是否足够解释变化趋势"等一些结果中常见的细节问题加以提醒。

对结果和图表评价的 9 条共同指标中，7 条与图表相关。因为图表是论文的核心内容，完整的图表应该可以体现研究的主要成果和思路。而国际上有些知名期刊直接要求作者提供图文摘要,以便吸引读者的眼球,并能使读者快速了解研究的内容。因此,对于图表除了一些规范性的要求外,设计是否合理、美观也应逐步纳入到国内科技期刊的审稿标准中。

2.5 讨论与结论的评价指标

讨论部分一般应围绕研究目的对结果数据进行解释,既不是研究背景的重现,也不是其他研究成果的综述。那么应该如何评价一篇论文的讨论呢?表 6 罗列了 4 个审稿标准的共同指标,从中可以找到一些方向,如"是否与已有的其他结果进行了比较""是否讨论了该研究对未来研究的影响或潜在的应用价值""是否讨论了研究的局限性"均出现在了 3 个审稿标准中。对于研究结论,4 个审稿标准均强调结果必须支持结论。

此外,Elsevier 要求专家对研究结论的重要性和普适性进行评价,减少不当主张及结论过度普适化,Springer 也要求对作者有无夸大研究结果的重要性进行审核,这都是作者经常容易犯的错误,专家的把关必不可少。作者另一个容易犯的错误是在讨论中重复结果的数据,Springer 的审稿标准中明确指出讨论可以概述结果的内容,但不宜重复数据。

表 6 中的第 2~6 条共同指标涵盖了讨论的 5 个要点:①解释结果;②与已有研究比较;③讨论矛盾的数据(如果有的话);④指出研究局限性;⑤展望对未来研究的影响。该 5 点不仅可以作为审核讨论部分完整性的标准,而且可以作为作者撰写讨论的框架。

表 6　4 个审稿标准对讨论与结论评价的共同指标

指标	Elsevier	Springer	Taylor & Francis	Wiley
目前的结果是否支持结论	√	√	√	√
是否与已有的其他结果进行了比较		√	√	√
是否讨论了该研究对未来研究的影响或潜在的应用价值		√	√	√
是否讨论了研究的局限性		√	√	√
是否讨论了相互矛盾的数据			√	√
是否有逻辑地解释了结果	√		√	
是否有其他未考虑到的对结果的解释	√	√		

2.6 参考文献的评价指标

参考文献部分通常容易被审稿专家所忽略,而且编辑限于对学科前沿的了解程度,较难在这部分提出修改的建议,因此更需要专家对参考文献的问题提出建设性的意见。4 个审稿标准在参考文献评价中的共同指标有 11 条(表 7),其中"是否漏引了关键文献""引用的文献是否能代表研究现状"出现在了 3 个审稿标准中,应该是专家主要关注的问题。此外,Springer 和 Wiley 对参考文献的均衡性均有一定的要求,不仅主张不能过度自引,还要引用多个研究团队的论文,尽量避免学术偏见,让读者可以更全面地了解研究现状,有利于学科正常、健康地发展。

Wiley 的审稿标准将参考文献的要求归纳为 3 点——准确性、充分性和均衡性,更简洁地概括了对参考文献的要求,方便编辑部的操作。

表 7　4 个审稿标准对参考文献评价的共同指标

指标	Elsevier	Springer	Taylor & Francis	Wiley
是否漏引了关键文献		√	√	√
引用的文献是否能代表研究现状		√	√	√
是否引用了最初的发现			√	√
应少引用综述，多引用原始文献		√	√	
引用文献的准确性	√			√
引用的文献是否与研究相关		√		√
是否引用了与作者观点相似以及相反的论文		√		√
是否引用了最新的文献		√		√
引用的文献是否对读者有益		√		√
是否引用了多个研究团队的论文		√		√
是否过度自引		√		√

3　讨论

对同行评议的质量要求可以从另一个方面体现编辑部对稿件质量的要求，全面且具有建设性的审稿意见素来受到编辑部及作者的欢迎。中华医学会曾对审稿专家开展了连续 2 年的培训，取得了一定的成效[9]；但是国内的科技期刊大多缺乏对审稿专家开展培训的观念。随着多种同行评议方式的出现，审稿专家的门槛在逐渐降低甚至消失，审稿标准的设立不仅能帮助年轻学者快速入门，同时也可以作为审稿质量评判的指标之一。Elsevier、Springer、Taylor & Francis 和 Wiley 4 家出版机构旗下均有数千种的学术期刊，覆盖多个学科，因此审稿标准的适用性较广；且分析后发现 4 个审稿标准的评价指标与国内科技期刊作者投稿稿件的常见问题重合度高。充分分析了解这 4 家出版机构的审稿标准，不仅对国内科技期刊审稿指标的制定具有重要的参考价值，对编辑加工、作者写作也具有一定的指导意义。

通过解读分析后发现，4 家出版机构都对审稿标准进行了详细甚至细致的阐述，从总体到部分，综合 4 个审稿标准可以涵盖科技期刊同行评议的绝大多数指标。但也需要注意的是，部分指标之间可能存在重叠，例如引言评价指标部分的"引文是否恰当，有无遗漏"与参考文献部分的"是否漏引了关键文献""引用的文献是否能代表研究现状"，涵义上均有一定程度的重复，需要加以筛选。对于仅出现在个别或少数审稿标准中的一些指标，如 Springer 对常见统计问题的罗列、Wiley 传递给专家的 SEO 理念、Springer 和 Wiley 强调的参考文献均衡性等，对提升论文质量，提高论文检索命中率，营造公平、开放的学术氛围都有所裨益，也可纳入审稿标准的考虑范围。因此，国内的科技期刊可在此 4 个审稿标准的基础上，根据自身期刊的特点建立个性化的审稿标准，用以培养优秀审稿人，提升审稿质量。

参 考 文 献

[1] 陈文文,季德春,邱彦涛,等.浅谈英文科技期刊的同行评议:以《中国海洋大学学报(英文版)》为例[M]//学报编辑论丛(2017).上海:上海大学出版社,2017:131-134.

[2] MA Z, PAN Y, YU Z, et al. A quantitative study on the effectiveness of peer review for academic journals [J]. Scientometrics, 2013, 95(1): 1-13.

[3] 盛怡瑾,初景利.同行评议质量控制方法研究进展[J].出版科学,2018,26(5):46-53.

[4] SUGRUE D. How to review manuscripts [EB/OL]. [2020-07-31]. https://www.elsevier.com/reviewers-update/story/tutorials-and-resources/how-to-review-manuscripts.

[5] Evaluating manuscripts [EB/OL]. [2020-07-31]. https://www.springer.com/gp/authors-editors/authorandreviewertutorials/howtopeerreview/evaluating-manuscripts/10286398.

[6] Step by stepguide to reviewing a manuscript [EB/OL]. [2020-07-31]. https://authorservices.wiley.com/Reviewers/journal-reviewers/how-to-perform-a-peer-review/step-by-step-guide-to-reviewing-a-manuscript.html.

[7] Review checklist [EB/OL]. [2020-07-31]. https://editorresources.taylorandfrancis.com/reviewer-guidelines/review-checklist/.

[8] 李晓.影响科技期刊论文专家审稿质量的因素分析[J].中国科技期刊研究,2014,25(11):1369-1372.

[9] 石朝云,游苏宁.在沟通中了解,在交流中同行:参加第6届国际生物医学期刊同行评议和出版大会有感[J].编辑学报,2010,22(1):85-87.

创建"双一流":高校科技期刊的责任和机遇

吴敬涛

(《中国粉体技术》编辑部,山东 济南 250022)

摘要:为了研究大学和学科"双一流"背景下,高校科技期刊面临的责任和机遇,分析"双一流"和"世界一流科技期刊"的相关要求,从期刊的组稿和栏目设置、期刊和科研的相互配合、培养拔尖创新人才、充分利用高校本身的文化内涵和底蕴、发挥期刊的纽带作用等方面论述高校期刊推动"双一流"建设方案的实施,并提出高校科技期刊应借"双一流"建设的春风,从提升学术期刊的内容质量、编校质量、建立可持续发展的作者队伍、改变出版模式等几个方面着手,明确责任,提高高校期刊影响力,争创世界一流科技期刊。

关键词:双一流;一流科技期刊;期刊影响力

2010年5月,国务院提出加快创建"世界一流大学"和"一流学科"(简称"双一流"),对人才、学科、科研成果等提出新要求[1]。同年10月,《统筹推进世界一流大学和一流学科建设总体方案》对此做了阶段性规划:到今年,有一部分大学和学科进入世界一流行列,部分学科甚至位于世界一流前列;再过10年,能有一批大学和学科进入世界一流前列,并且有更多的大学和学科进入世界一流大学的学科行列;到2050年,要把我国基本建设成为高等教育的强国[2]。2016年2月,教育部出台了"双一流"的实施方案,落实和深入实施人才计划,鼓励大学承担,如国家科学基础设施、实验室、科技计划等科技项目,完善促进科技成果转化等[3]。"双一流"的提出和系列方案的出台,为新时代大学和学科建设提出新的发展要求、更高的发展平台、更多的发展机遇。在这种新形势下,高校的各方面工作,特别是科研和学术工作,也会随着一流大学学科的深入开展,而受到深远影响。

2019年8月,中国科协等四部门出台了培育世界一流科技期刊的意见,作为推动科技期刊改革发展的指导性文件,提出国家创新能力的根植环境,那就是知识创造、汇聚与传播。对科技期刊进行定位,认为科技期刊起到了对人类文明进行传承的作用,汇集了科学技术领域的新发现、新成果,引领科学技术的发展,是国家科技和文化方面竞争与实力的直接体现。同时也提出,我国期刊数量虽然庞大,但世界一流科学技术期刊数量较少,在全球范围内的科技竞争中缺乏优势。所以当前尤为重要和迫切的事情就是要加快世界一流科技期刊建设的速度,为我国进军世界科技强国打下的科技与文化的有力基础[4]。

大学是"双一流"建设的主体,建设的核心是其学术研究水平达到或超越世界一流。高校科技期刊则是体现大学学术研究水平一面重要的镜子。科技期刊起到传播和彰显大学丰厚的学术底蕴的作用,是展示高校科学研究水平、开展学术交流、培养创新人才的重要平台和窗口。

大学科技期刊的办刊水平,是衡量大学发展水平和学科建设水平的重要参照物[5]。纵观"985""211"大学,或现在已建成的一流大学所办期刊,其质量和水平多位于国内外学术期刊前列,不仅在国内影响较大,在国际上也有了一席之地。可见大学办学水平和大学或学科建设水平之间虽不是线性关系,但也有很大的相关性,因此说高校科技期刊办刊水平的提高与大学"双一流"建设之间关系密切。在某种程度上可这么说,两者是互相促进、协同发展的关系[6]。

1 高校期刊能够推动"双一流"建设方案的实施

1.1 组稿和栏目设置

不同高校的科技期刊在组稿和栏目设置方面,普遍倾向其所代表高校的优势学科,体现出明显的办学特色,这对于优化学科设置起到一定作用。期刊可利用其宣传和传播的特点,全方位、多角度地展示本校优势学科的科研成果和学术状况,提高优势学科的学术传播力和学术影响力,从而起到巩固优势学科地位的作用,并进一步促进优势学科发展。期刊可开辟特色栏目,突出宣传特色,促进特色学科发展,体现优势。期刊可利用高校学科的综合性,促成不同学科间的相互交叉和融合,从而产生新的学科方向,培育出新学科。高校期刊还可通过发表从事某学科的专家或学术带头人的最新研究成果,传播该学科的最新发展状况,从而起到引导和促进学科建设发展的作用。

1.2 期刊和科研的紧密配合

通过高校期刊和科研的相互配合,有助于提升科研水平,体现出与学科建设的内在联系。科研成果是科研水平的体现,需要得到及时的传播并不断增强其影响力,而学术刊物是最为重要传播载体,通过该媒介,作者和读者,甚至还有评审方面专家,以及编者之间能开展高效地学术研究和推广,为提升科研水平不断做出贡献。

1.3 培养拔尖创新人才

"双一流"建设方案中,培养拔尖创新人才是建设重点之一。高校期刊与校内外、国内外学者联系密切,为提高办刊水平和层次,需不断筛选和挖掘优秀稿源,刊登其前沿科研成果,不断地发现和培养新人、名人,成为学科带头人。

1.4 充分利用好高校本身的文化力

高校本身都具有深厚的文化内涵和底蕴,加强大学文化建设也是"双一流"建设的任务之一。期刊为传承这种优秀文化起到了重要的作用,不同高校期刊办刊质量和水平的对比,正是不同高校文化自信和管理自信的对比。

1.5 发挥期刊的纽带作用

"双一流"建设与经济社会发展密切相关,而高校期刊则是一个重要纽带。高校期刊可将前沿的科学研究成果有效地向社会传播,促进了生产、教学、研究的快速结合,有利于前端创新型、实用型科研成果向生产力的转化,进而产生经济效益,同时产生更大的社会效益。

2 借双一流建设的春风,争创世界一流科技期刊

打铁还要自身硬,面对"双一流"建设的任务,高校期刊应把握机会,把好时代的脉搏,与时俱进,分析现状和条件、优势和不足,参考国际先进学术刊物的办刊模式、管理和营销模式,积极与国际接轨,办出特色、办出高水平的同时,不断提高学术质量,争创世界一流的学术刊物,与创建"双一流"相契合。建设世界一流大学和建设世界一流学科,离不开世界一流

期刊的支撑和辅助。

2.1 提升学术期刊的内容质量和水平

学术质量是"双一流"建设的核心，也是高校期刊筛选审核稿源的根本。对高校期刊来说，为提高学术质量，应设立严格的、统一的门槛，严格按照初审、复审、终审的三审程序进行处理与审核。同时组建期刊自身的专家库和评审团，对所有来稿进行同行评议或匿名审稿，甚至双盲审或三盲审。期刊应利用好本校的优势学科，作为重要内容源，及时将最新科研成果进行传播，打造出较为固定的特色栏目、优势栏目。同时尽可能地吸引国内外相关学科的专家、学者的来稿，如果能做到对该学科领域做到垄断性发表和出版，无疑会对建设世界一流期刊起到推动作用。期刊编校人员应当不断创新组稿方式，积极参与科研活动和学术交流，激发灵感，把握具有传播价值的学术资源，及时把握具有学术前沿性质的科研成果，增强创新意识，利用敏锐的嗅觉，形成新颖观点，以寻求新的稿源，提升刊物内容质量。

2.2 提升编校质量和水平

创建世界一流期刊当然需要高水平的编校人员和队伍，同样要有高水平的管理模式。期刊需要提高编校人员的编辑素质、学术素质、科研素质等，只有这样才能得到长足的发展与进步。期刊编辑应当严格按照总局要求，每年至少通过规定学时的业务培训，不仅是提高编校水平，增强业务技能，更应持续了解行业动态和学术前沿变化。如果能增加国际上高水平编校专家的课程学习，则是锦上添花。不同编校环境和学术领域有着不同的特色，编校从业人员应加强与同行的学术交流，互相学习，取人之长补己之短，以起到共同进步的目的。参与科学研究，积极申请科研项目，不断提高科研水平，产生有影响力的科研成果，不仅有助于提高编校水平，对于提升专业稿件的鉴别能力也起到重要作用。无论是传统纸制出版还是数字出版，编校者业务水平提高了，期刊编校水平就会相应的科学和规范，使高校期刊充分发挥其规范学术、引导学风的示范性作用，并最终提升其学术质量。对一个运转良好的、高效的期刊社或编辑部，需要所有参与人员的默契配合，科学而又合理的管理和监督，显得非常重要，是提升执行力的重要手段，为编校质量的提高打下重要基础。

2.3 建立良好的、可持续发展的作者队伍

成果是刊物的源泉，没有高水平专家学者的参与，也就没有高水平的成果。"双一流"建设需要高校期刊培育一批世界一流的作者梯队，把握了作者，也就把握了成果和稿源。首先，不同的大学都会有自己传统优势学科，高校期刊应充分发挥这些重点学科的优势，依托贡献于这些学科的资深专家学者、学科带头人的学术影响力，同时发挥主观能动性，带动中青年作者学术成果的发表，从而形成可持续发展的潜力。要通过设置新兴学科、交叉学科栏目吸引和鼓励相关学科的青年学者，调动其科研积极性，研究并发表相应的科研成果，扶持与引导青年学者成长，也为期刊稿源的可持续性打下基础。编校人员应积极、主动、及时了解作者的学术领域，甚至他们的写作风格，从学术成果传播的科学、专业的角度，为作者提供科学研究的思路或方向，使作者与编者逐步建立起一种学术上的互信。

2.4 改变出版模式，与国际接轨

国际范围内，传统出版已显微弱的生命力，阅读量和传播效果已不太突出，随之出现的数字化立体出版模式，彰显出旺盛的活力。结合纸质出版、网络出版、无线推送，尽最大可能地扩大传播效率，已成为国际期刊出版的潮流。但网络出版的软、硬件实力，是期刊社的瓶颈，国内外也只有少数期刊，拥有自己的期刊网站。多数期刊采用的是抱团取火或借船出

海的方式，借助知名的出版或信息库引擎，或联合成立出版机构，以此实现网络出版与传播。应该学习和借鉴这些期刊出版的经验，结合自己的实际情况，找到一条适合自己的路子，为创建一流期刊不断摸索、不断前进。

3 结束语

总之，高校创建"双一流"，对于高校，是机遇，更是责任，高校期刊的发展应当有所为有所不为，找准刊物发展与"双一流"建设方案的契合点，立足实际情况，紧跟国家重大战略性要求，以求获得更高更好的发展机会。传播思想、交流学术是高校期刊创办的目的，在高校创建"双一流"的大环境下，高校期刊应不断提升办刊质量和水平，重点建设一批国内领先、国际一流的期刊和栏目，为"双一流"建设做出自己的贡献，这更是高校期刊的责任。

参 考 文 献

[1] 中国网.国家中长期教育改革和发展规划纲要(2010－2020 年)[EB/OL].(2010-03-01)[2020-06-04]. http://www.china.com.cn/policy/txt/2010-03/01/content_19492625_3.htm.

[2] 中国政府网.统筹推进世界一流大学和一流学科建设总体方案[EB/OL].(2015-11-05)[2020-06-04]. http://www.gov.cn/xinwen/2015-11/05/content_2960898.htm.

[3] 教育部.教育部 2016 年工作要点[EB/OL].(2016-02-04)[2020-06-04].http://www.moe.gov.cn/s78/A26/A26_gggs/A26_sjhj/201602/t20160205_229504.html.

[4] 中国科学技术协会.关于深化改革 培育世界一流科技期刊的意见[EB/OL].(2019-08-16)[2020-06-04]. http://www.cast.org.cn/art/2019/8/16/art_79_100359.html.

[5] 李铄.高校社科学报发展与"双一流"建设关系研究[J].河南大学学报(社会科学版),2017(4):146-151.

[6] 赵纪宁.浅谈对"双一流"建设的认识[J].北京教育(高教),2017(1):24-27.

"双一流"背景下高校社科学报特色化发展路径探析

曲 红

(中国石油大学(华东)期刊社,山东 青岛 266580)

摘要: "双一流"建设为高校的发展注入动力,也为高校学报的发展带来机遇。本文从"双一流"建设的背景出发,提出高校社科学报应该依托主办高校特色,突出人文社科方向学科优势,优化栏目设置,走特色化发展道路;并对学报特色化发展的保障措施进行分析,以期能够推进高校社科学报的可持续发展。

关键词: "双一流"; 高校社科学报; 特色化

2015年10月,国务院印发了《统筹推进世界一流大学和一流学科建设总体方案》,明确提出要加速建成一批世界性的一流大学和一流学科。2017年10月,习近平总书记在十九大报告中明确指出:要加快一流大学和一流学科建设,实现高等教育内涵式发展[1]。自此,我国"双一流"建设进入一个崭新的阶段。

在"双一流"建设中,学术成果是评价一流学科的重要标准之一[2]。高校学报作为科研成果的交流发布平台,应深度参与学校学科建设,加强学术交流,实现学报与学科的协同发展。2019年7月,中国科协、中宣部、教育部和科技部联合发文《关于深化改革 培育世界一流科技期刊的意见》,明确指出:强化基础支撑做强优势学科领域;突出专业化导向,推动差异化特色发展。在11月份公布的"中国科技期刊卓越行动计划拟入选项目"的285个项目中,除拟资助的平台项目外,所有280种期刊中,主办单位为高校的中英文期刊一共66种,其中能够以高校学报命名的期刊仅有14种,通过对这些期刊发文情况的分析,可以发现其无不具有显著的专业特色。

不同于高校自然科学版学报有较为明确的特色方向,社会科学版学报一般是各学科均衡发展的综合性期刊。能够进入核心期刊之列的高校社科版学报数量极少,仅有的几个也是具有非常明确的专业特色。由此可见,高校社科学报想要有所突破、在竞争中取胜,必须走特色化发展的道路。著名编辑出版专家邹韬奋曾说过:没有个性或特色的刊物,发展就没有希望,特色是高校社科学报发展的出路[3]。借"双一流"建设的东风,高校社科学报应如何凝练各自的特色、实现学报的可持续发展值得每位学报工作者深入探讨。

1 高校社科学报发展现状

高校学报是我国学术期刊的重要组成部分,是由高等学校主办的,依托高校学科而生,旨在促进高校科研成果展示、科研队伍培养及学科发展建设,是学术交流的重要园地[4]。高校学科专业设置的多样性,使得诸多学报定位于综合性学术期刊,这种办刊使命一直难以改变。

2019年中国知网发布的《中国学术期刊影响因子年报(人文社会科学)》中，属于人文社会科学综合和社会科学综合两个类别的期刊一共是627种，其中以高校学报命名的期刊有523种，除此之外，仅在政治、法律以及民族学等领域有少量高校学报。诸多社科版学报都走综合性道路，没有明显的特色，导致栏目设置极其相似，千刊一面、小而全，刊发论文方向分散，没有显著特色，这已成为目前高校社科学报普遍存在的问题，而这一系列问题已极大地影响和制约了高校社科学报的发展。高校社科学报要抓住"双一流"建设的机遇，将学报成长融入学校学科建设，突出学科优势，冲破发展困境，走出特色化办刊之路。

2 高校社科学报特色化发展路径

2.1 依托主办单位特色，定位学报发展方向

高校的竞争力更多体现在学科建设方面，高校的发展能力也取决于学科建设的成果。高校学报作为学科建设成果发布的平台和窗口，势必要依托主办单位特色，定位学报发展方向。以《中国石油大学学报(社会科学版)》为例，依托主办单位——中国石油大学(华东)，突出石油特色，结合能源做文章。作为一所为能源而生的高校，中国石油大学(华东)在能源领域有着得天独厚的优势，社科版学报要在诸多综合性期刊的"夹缝中生存"，只有开展"错位竞争"，突显出属于中国石油大学(华东)的优势，那就是"能源"。

2.2 立足学科专业特色，凝练学报学术重心

学报的功能及定位决定了其与主办学校学科建设的紧密联系，学报的特色必须要立足于高校的优势学科专业。"双一流"建设的大背景下，各高校纷纷把学科建设作为自身发展的当务之急，优选自己的优势学科，给予大力支持。而学科建设的过程中，必然需要刊发大量的学术论文，学报可以借机扶持、打造特色学科专业，优先刊发这些学科的研究成果，从而凝练学报的学术重心，把高校人文社科学科专业优势转化为学报的专业特色。《中国石油大学学报(社会科学版)》自1984年创刊起就设立"石油工业经济"栏目，后更名推出"石油与能源"栏目，刊发了石油、天然气、电力、新能源等研究方向的大量文章。如今在建设"绿水青山"的大趋势下，能源行业供给侧结构也将逐步调整，化石能源将逐渐被可再生新能源替代，学报紧随行业发展趋势，将学术重心定位于"大能源"，围绕能源经济、能源人文、能源法律等做文章。

2.3 优化栏目设置，强化学报特色化建设

高校学报的栏目设置，应与主办单位的办学定位、学科建设相一致。学报成立的初衷可能是为了服务于高校发展，故最初的栏目设置往往是"小而全"，这也是高校社科学报在期刊竞争中居于弱势的原因之一。在大力推进"双一流"建设的新时期，高校社科学报应着力优化自己的栏目设置，依托学校"双一流"学科，创建自己的优势栏目，打造自己的学术特色。以《中国石油大学学报(社会科学版)》为例，期刊发展定位即为"围绕能源做文章"，因此栏目设置突出能源特色，由原来的特色栏目"石油与能源"，逐步演化出一系列的能源栏目，诸如"能源经济与政策""能源社会""能源人文"等，在栏目设置上进一步明确"能源"的核心地位，强化学报的能源特色。

2.4 利用专家办刊，增强学报特色

"双一流"建设的高校中，往往聚集了一批学科或行业"大咖"，他们一般是所在学科领域的学术带头人，在国内外业界享有较高的声誉和威望。高校社科学报可以充分利用这些校内的优质资源，充分发挥专家们的作用和影响来加强学报的特色，聘请他们作为学报的编委或者

审稿专家，积极与他们进行沟通交流，策划选题，确保期刊的内容能跟上学术界研究的方向及趋势。此外，可以邀请他们及其科研团队为学报撰稿、向同领域专家学者约稿及协助进行期刊宣传等，借助他们在行业内科研成果的影响来增强学报的特色，提高学报的学术影响。

3 特色化发展的保障措施

特色化是高校社科学报发展的出路，要在"双一流"背景下实现特色化转型，仅依靠学报自身力量是不够的，还需要多方面的支持与保障。

3.1 积极争取高校政策上的支持

学报是高校的学术产物，学报编辑部大都是高校的教辅单位，其运营经费一般是来源于高校事业经费。目前高校社科学报基本都不收取版面费、审稿费等，还要向作者支付一定的稿酬，如果办刊资金不足，将会产生一系列的不良反应，学报的特色化之路也将困难重重。因此，积极争取学校政策上的支持是社科学报特色化发展的重要一环。

3.2 培育优秀期刊编辑、编委队伍

学术质量是期刊生存发展的关键，优秀的编辑、编委队伍则是期刊的核心竞争力。编辑技能和规范是编辑工作的基础，但仅掌握这些基本业务对于高校学报的可持续发展来说是远远不够的。编辑人员还应该掌握基本的专业领域知识，了解行业领域的热点、学科发展的前沿、相关专家的研究方向及研究动态等，这对于社科学报走专业特色化发展道路极为重要。因此，编辑人员应充分利用高校的学术环境和学术资源，通过参加相关学术会议、与学科领域科研人员沟通交流等方式加强专业领域知识的学习，提高自己的专业素养。

优秀的编委队伍对学报的特色化发展也起到指导作用。高校"双一流"建设的专业势必是高校的优势专业，师资、科研人员很多都是行业佼佼者，学报应该聘请他们作为学报编委，一方面可以邀请他们及其团队为学报撰稿，另一方面也要利用他们行业内的声誉提高学报知名度。

3.3 培养优质作者群和专家群

学报是展示科研成果的窗口，也是培养科研人才的平台。学报的发展需要有强大的科研成果来支持，也就是学科建设要为学报提供充足的高质量的稿源，这样才能形成学报的专业特色[5]。一流的师资是高校建设"双一流"的重要保障，每所高校的重点学科必然有一批一流的师资或科研人员。学报编辑应了解这些学科的建设情况，掌握相关学术人才的科研能力、研究方向、研究动态，能够及时确立选题向他们约稿，通过优秀论文发现优秀人才，逐步培养学报的优质作者群，保障学报的学术质量。学报也不能仅限于校内，应该利用高校优势资源加强与国内外高校或行业领域的合作，聘请知名专家学者作为学报审稿人，借助其雄厚的专业知识能力，为作者提供修改意见，提升作者的专业知识，拓宽科研视野。专家的建议可以对作者起到较好的引导作用，间接地也可以提高学报的学术质量。

3.4 多媒体融合加快数字化发展

"互联网+"时代，网络已经成为人们获取信息的重要渠道。传统出版受出版流程的限制，难免在时效性上大打折扣，传播速度也远低于网络媒体。传统纸质媒体与新媒体融合，实现数字化转型成为期刊可持续发展的必经之路。高校社科学报只有推动多媒体融合、加快数字化改革，才能跟上"互联网+"的大环境和"双一流"建设发展的需要[6]。2020年疫情期间，期刊的正常出版发行受到影响，但是却为期刊的新媒体融合、数字化转型带来了机遇，高校学报

也应该借机充分利用自建自媒体或第三方平台，发挥优先数字出版的优势[7]，加快出版传播速度，抢占学术制高点。

高校学报数字化发展过程中，还存在一个无法避免的问题，学报编辑往往仅具备相关的编辑知识技能，缺乏互联网 IT 或者是 DT 技术[8]，而掌握数字化技术的群体往往又不具备编辑人员的专业领域知识，这两个群体之间的衔接还存在一些问题。因此需要加强编辑人员的互联网技术培训，培养一批能够致力于"互联网+"期刊工作的群体，来保障高校社科学报多媒体融合下的数字化建设快速发展。

4 结论

传统的高校社科学报走综合性道路，是基于历史的选择。现如今科学技术的高度分化使得学术分工越分越细，研究成果的专业化越来越强，读者群体也越分越细，高校综合性社科学报已经不再适应高校学科建设发展的特点。抓住高校"双一流"建设的机遇，高校社科学报应选择性的成为某一个或某几个学科领域的学术平台，创立自己的风格，走特色化发展之路。①充分利用本校优质的学科资源，选择有发展潜力的学科做支撑，以学科建设促进期刊发展，实现特色化转型；②加强与特色学科领域专家的沟通交流，为学报的特色化发展获取学术支持；③多渠道、多方式开展宣传，将特色化办刊的信息传达给学科领域的科研人员，增强期刊影响力；④传统期刊出版流程与现代化"物联网"技术结合，加快网络优先刊发的步伐。只有学报内容特色化，聚焦的问题才能更集中，才可以吸引专业领域的作者，不断提高学报的学术质量，进而会提高学报的影响力，实现学报发展创新的目标。

参 考 文 献

[1] 张蕾."双一流"建设视域下高校学报发展探析[J].编辑出版,2018(11):37-39.
[2] 李雪莲,唱雪,徐若冰."双一流"建设背景下高校学报的特色发展及功能定位[J].哈尔滨学院学报,2019,40(5):137-140.
[3] 杨荔晴.高校学报与学科建设的关系探析:以协同创新为视角[J].出版广角,2015(12):70-71.
[4] 许玉清.专业化办刊:高校学报改革路径的一个选择:以《中国石油大学学报》为例[J].编辑学刊,2019(6):76-80.
[5] 刘岩.基于学科建设的高校学报特色化发展途径与策略[J].中国科技期刊研究,2012(3):467-469.
[6] 余泉,阮剑."双一流"建设背景下高校学报发展思路[J].编辑出版,2018,66(11):75-77.
[7] 张海生.预出版的实践探索与可能模式[J].编辑学报,2019,31(4).434-436.
[8] 徐会永,许玉清."互联网+"时代对科技期刊数字化的思考[J].中国科技期刊研究,2016(2):132-135.

科技成果分析视角下期刊发展决策研究
——以吉林省为例

刘东亮,张 洁,刘俏亮

(吉林大学学报编辑部,吉林 长春 130012)

摘要:通过对 CNKI 近年来科技论文发表情况的统计分析,对某地区不同时段的科技成果的数量、水平进行研究,较全面地了解这一地区科技实力,并作出客观的评估,旨在了解该地区科技成果的特点及规律,为科技期刊发展决策和科研管理提供参考。并以吉林省地区为例,分析了地区科技成果发展情况与科技期刊发展方向的关系。

关键词:科技成果;成果水平;科技期刊

科技成果是指人们在科学技术活动中通过复杂的智力劳动所得出的具有某种被公认的学术或经济价值的知识产品。中国科学院在《中国科学院科学技术研究成果管理办法》把科技成果的含义界定为:对某一科学技术研究课题,通过观察实验、研究试制或辩证思维活动取得的具有一定学术意义或实用意义的结果。科技成果按其研究性质分为基础研究成果、应用研究成果和发展工作成果[1-8]。

笔者通过统计分析某地区不同时段科技成果的数量、水平进行研究,可以较全面地了解这一地区科技实力,并作出客观的评估,旨在了解该地区科技成果的特点及规律,为科技期刊发展决策和科研管理做好服务。

1 数据来源与研究方法

1.1 数据来源

本研究的数据均来源于中国科技项目创新成果鉴定意见数据库(知网版)主要收录正式登记的中国科技成果,按行业、成果级别、学科领域分类。每条成果信息包含成果概况、立项、评价,知识产权状况及成果应用,成果完成单位、完成人等基本信息。核心数据为登记成果数据,具备正规的政府采集渠道,权威、准确[9-14]。

1.2 研究方法

以 2010—2019 年为时间界限,在中国科技项目创新成果鉴定意见数据库(知网版)中检索所在省市为"吉林省"的科技成果,运用数理统计的方法对数据进行分类统计和系统分析。

2 科技成果数量分析

以成果登记日期为准,吉林在 2010—2019 年近 10 年登记的科技成果总数为 7 109 项,如图 1 所示,2010—2019 年成果登记数量整体呈下降趋势,2011 年和 2013 年有所回落,2012 年达到峰值 1 147 项,2015 年起呈快速下降态势,可能存在部分科技成果未在中国知网公开,本研究基于现有的公开数据进行统计与分析。

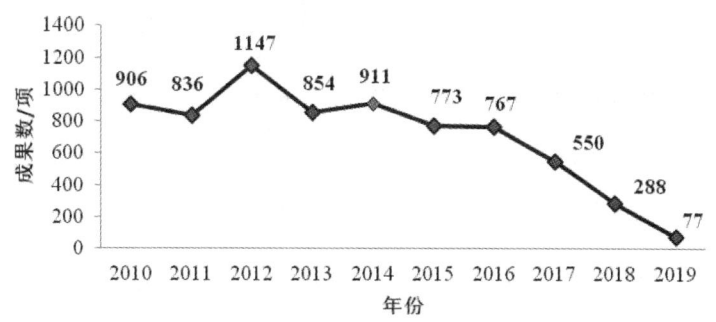

图 1 2010—2019 年吉林省科技成果数量

3 科技成果学科分析

2010—2019 年吉林省科技成果的学科分布情况(表 1),其中农业物、中医学、中药学三个学科的科技成果最多,占 27.93%,体现了吉林省的区域优势学科领域。

3.1 农作物学科领域

在农作物学科领域的 794 项科技成果(见附录 A)产出最多的第一完成单位:

(1) 吉林省农业科学院(245 项、30.86%),吉林省农业科学院的科技成果主要是关于玉米、大豆、水稻、人参等农作物的抗灾抗旱抗盐碱、防虫抗病、养殖栽培的研究;

(2) 吉林农业大学(73 项、9.19%),吉林农业大学的科技成果主要关于高产玉米、大豆、水稻、菌类、人参、药材的栽培、施肥、农药技术研究;

(3) 通化市农业科学研究院(60 项、7.56%),通化市农业科学研究院的科技成果主要关于水稻、大豆、玉米新品种的培育。

3.2 中医学学科领域

在中医学学科领域的 614 项科技成果(见附录 B)产出最多的第一完成单位:

(1) 长春中医药大学(305 项、49.67%),长春中医药大学主要关于各种疾病的中药新药、外敷、溻渍等临床研究,各种针灸、针刺、艾灸、雷火灸等方法治疗糖尿病、关节炎、中风等疾病,推拿方法治疗小儿尿频、肩周炎、失眠等慢性疾病,脑出血的破血化瘀的临床研究等;

(2) 吉林省中医药科学院(81 项、13.19%),吉林省中医药科学院主要关于益气健脾活血治疗心力衰竭、老年痴呆等疾病,清热利湿治疗慢性乙型肝炎,补肾健脑治疗轻度认知功能障碍的临床研究;

(3) 长春中医药大学附属医院(59 项、9.61%),长春中医药大学附属医院主要关于肝硬化、糖尿病、高血压、中网等重大疾病的病理、药疗和康复研究。

3.3 中药学学科领域

在中药学学科领域的 581 项科技成果(见附录 C)产出最多的第一完成单位:

(1) 长春中医药大学(238 项、40.10%),长春中医药大学主要关于人参有效成分提取、生物活性、化学成分等的研制成药物治疗老年痴呆、增强免疫力、改善记忆的研究;

表 1 2010—2019 年吉林省科技成果学科分布情况

学科	数量/项	占比/%
农作物	794	11.17
中医学	614	8.63
中药学	581	8.17
有机化工	368	5.18
中西医结合	367	5.16
园艺	358	5.04
畜牧与动物医学	339	4.77
林业	259	3.64
轻工业手工业	238	3.35
植物保护	191	2.69
电力工业	190	2.67
计算机软件及计算机应用	187	2.63
公路与水路运输	168	2.36
肿瘤学	155	2.18
农业基础科学	151	2.12
环境科学与资源利用	147	2.07
生物学	141	1.98
气象学	131	1.84
急救医学	123	1.73
建筑科学与工程	121	1.70
水产和渔业	116	1.63
临床医学	115	1.62
蚕蜂与野生动物保护	102	1.43
外科学	85	1.20
农艺学	82	1.15
汽车工业	81	1.14
药学	79	1.11
内分泌腺及全身性疾病	77	1.08
儿科学	72	1.01
自动化技术	67	0.94
无线电电子学	63	0.89
仪器仪表工业	61	0.86
预防医学与卫生学	57	0.80
农业工程	56	0.79
金属学及金属工艺	55	0.77
心血管系统疾病	55	0.77
材料科学	54	0.76
生物医学工程	52	0.73
化学	51	0.72
地质学	45	0.63
其他	61	0.86

(2) 吉林省中医药科学院(65 项、11.19%)，吉林省中医药科学院主要关于各种中药材用于治疗心脏疾病、心血管疾病、高尿酸血症等疾病的药品、保健品；

(3) 吉林医药学院(37 项、6.37%)，吉林医药学院主要关于各种药材的提取和研制用于治疗肿瘤、癌症等重大疾病。

4 科技成果所属高新技术类别分析

高新技术是指那些对一个国家或一个地区的政治、经济和军事等各方面的进步产生深远的影响，并能形成产业的先进技术群。主要特点：高智力、高收益、高战略、高群落、高渗透、高投资、高竞争、高风险。2010—2019 年吉林省科技成果的 7 109 项中属于高新技术类别的科技项目有 4 399 项，其中农业、生物、医药和医疗器械的高新技术类别的项目共 3 349 项，占科技成果总数的 47.11%(见表 2)，科技成果产出最多；新材料、光机电一体化、电子信息、环境保护、新能源与高效节能的高新技术类别的科技成果的数量都大 100 项，产出次之；但是在地球、空间与海洋、软件、航空航天和核应用技术的高新技术类别的科技成果数量最少，说明吉林省在这些高新技术也在探索前行。

表 2 2010—2019 年吉林省科技成果所属高新技术类别分布情况

高新技术类别	数量/项	占比/%
农业	1 826	25.69
生物、医药和医疗器械	1 523	21.42
新材料	279	3.92
光机电一体化	205	2.88
电子信息	191	2.69
环境保护	173	2.43
新能源与高效节能	107	1.50
地球、空间与海洋	58	0.82
软件	23	0.32
航空航天	10	0.14
核应用技术	4	—

5 科技成果课题来源分析

吉林近 10 年登记的 7 109 项科技成果按其课题来源进行分类，分别为地方计划项目 3 940 项，自选项目 768 项，部门计划项目 617 项，国家科技计划项目 507 项，地方基金项目 370 项，其他项目 247 项，部门基金项目 117 项，国际合作项目 40 项，横向委托项目 39 项，民间基金 5 项(见表 3)。数据显示，科技成果课题来源以地方计划项目为主，所占比率高达 55.42%，说明地方财政支持的计划项目管理及实施对吉林省科技发展起着关键作用，有效地促进了吉林省科技成果的产出。

表 3 2010—2019 年吉林省科技成果课题来源构成

课题来源	数量/项	所占比率/%
地方计划	3 940	55.42
自选	768	10.80
部门计划	617	8.68
国家科技计划	507	7.13
地方基金	370	5.20
其他	247	3.47
部门基金	117	1.65
国际合作	40	0.56
横向委托	39	0.55
民间基金	5	0.07

6 科技成果完成单位分析

在吉林近 10 年登记的科技成果 7 109 项中，第一完成单位登记的科技成果大于 28 项的机构数有 39 个，共 4 440 项科技项目，按单位属性分，其中科研机构最多，共 2 111 项，占 47.55%；大专院校次之，共 1 953 项，占 43.99%；医疗机构最少 376 项，占 8.47%。

科技成果第一完成单位排名前十(见表 4)，从上述数据可以看出，长春中医药大学、吉林大学和吉林省农业科学院在吉林省科技创新中发挥了重要作用，科研机构和大专院校是科技发展的主力军，医疗机构的科技成果虽少但也起到了一定的作用，但企业的项目产出率和参与率差强人意。

表 4 2010—2019 年吉林省科技成果第一完成单位排名前十位

序号	第一完成单位	数量/项	占比/%
1	长春中医药大学	692	9.73
2	吉林大学	504	7.09
3	吉林省农业科学院	450	6.33
4	吉林农业大学	320	4.50
5	吉林省中医药科学院	191	2.69
6	中国科学院长春应用化学研究所	185	2.60
7	吉林农业科技学院	153	2.15
8	吉林省林业科学院	142	1.20
9	吉林农业大学	320	4.50
10	吉林医药学院	121	1.70

7 科技成果水平分析

7.1 成果属性

2010—2019 年吉林省的科技成果 7 109 项，其中原始性创新的项目共 4 544 项，占 63.92%，最多；国内技术二次开发的项目共 809 项，占 11.38%；国外引进消化吸收创新的项目共 293

项,占 4.12%。

7.2 成果所处阶段

2010—2019 年吉林省的科技成果 7 109 项,其中成熟应用阶段的项目共 3 153 项,占 44.35%,最多;初期阶段的项目共 1 470 项,占 20.68%;中期阶段的项目共 1 022 项,占 14.38%。

7.3 成果水平

2010—2019 年 10 年间的所有科技成果水平,其中达到国际领先的有 159 项,占 2.24%;达到国际先进的有 446 项,占 6.27%;达到国内领先的有 2 360 项,占 33.20%;达到国内先进的有 1 912 项,占 26.90%;达到国内一般的有 180 项,占 2.53%;未评价的有 574 项,占 8.07%;未标记的有 1 478 项,占 20.79%(见图 2)。数据表明:科技成果水平大部分处于国内领先和国内先进,说明吉林省科技水平在日渐上升,但也存在大量未评价或未标记的科技成果,有待进一步提高。

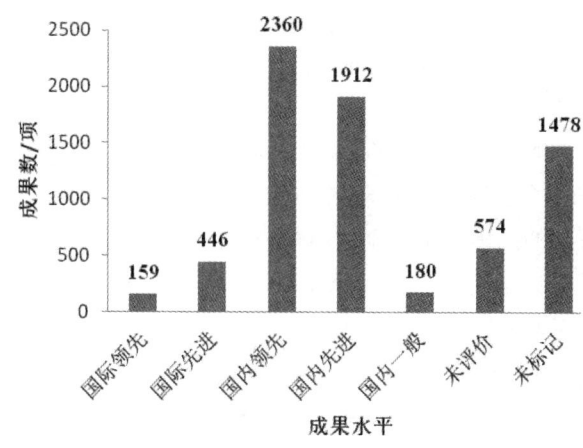

图 2　2010—2019 年吉林省科技成果水平(图中数字三分位)

在国际领先的 159 项科技成果(见附录 D)中,其中成果产出数量排名前三的第一完成单位:

(1) 吉林大学(26 项,16.35%)主要关于 3D 金属打印、吴茱萸碱－磁性纳米粒子复合物制备及其抗肿瘤研究、汽车动力系统研究等;

(2) 吉林省蚕业科学研究院(11 项,6.92%)主要关于培育众多的柞蚕新品种;

(3) 吉林农业大学(7 项,4.40%)主要关于对开蕨的栽培、菌种发酵、果树蜜选育等;

(4) 吉林省农业科学院(7 项,4.40%)主要关于培育大豆、菌类新品种;

(5) 吉林省中医药科学院(7 项,4.40%)主要研制莽勃乳蛾消颗粒治疗急性扁桃体腺炎、生物反馈疗法治疗脑损伤、益心抗毒颗粒治疗小儿病毒心肌炎。

在国际领先的 159 项科技成果中,其中成果产出数量排名前四的作者:

(1) 吉林省蚕业科学研究院的朱兴友(6 项,3.77%),主要培育了几种新的柞蚕品种及柞蚕杂交繁殖技术研究;

(2) 吉林省蚕业科学研究院的李金志(3 项,1.89%),主要攻破柞蚕的繁殖、丰产、防御及摘茧等技术难题;

(3) 吉林省林业科学研究院的章林(3 项，1.89%)，主要研究冠下造林技术和经验、制定了详细的森林火险预警等级；

(4) 吉林省中医药科学院的田洋(3 项，1.89%)，主要研究经颅磁刺激配合作业治疗改善脑卒中患者认知功能、肌电生物反馈疗法配合作业治疗对脑损伤后半侧空间忽略症、"促通"按摩法治疗中枢性神经损伤后咀嚼功能障碍。

8 期刊发展分析

根据中国知网的科技成果库的数据统计，近十年吉林省的科技成果主要以农作物、中医学、中药学的技术领域为主，科技成果数量最多，占 27.93%，在农作物技术域的科技成果的主要完成单位是吉林省农业科学院、吉林农业大学和通化市农业科学研究院，在玉米、大豆、水稻、菌类等农作物的养殖栽培、抗旱搞盐碱、防虫抗病技术的研究有所突破。在中医学科领域的科技成果的主要完成单位是长春中医药大学、吉林省中医药科学院和长春中医药大学附属医院，在中药新药、针灸、推拿等方面的研究。在中药学科领域的科技成果的主要完成单位是长春中医药大学、吉林省中医药科学院、吉林医药学院，在人参有效成分提取制药治疗老年痴呆、中药材治疗心脏疾病等研究。

科技成果的所属高新技术类别主要集中在农业、生物、医药和医疗器械、新材料技术类别，项目共 3 349 项，占全部科技成果的 47.11%，新材料、光机电一体化、电子信息、环境保护、新能源与高效节能的高新技术类别的科技成果的数量都大 100 项，产出次之；但是在地球、空间与海洋、软件、航空航天和核应用技术的高新技术类别的科技成果数量最少，说明吉林省在这些高新技术研究中还有很大空间。

经由上述研究分析，我们可以看出吉林省在农学、中医药学和光机电方面的研究成果较多。与此同时在这几方面的期刊也都有较好的发展。例如《光》《吉林农大学报》《菌物研究》等期刊都取得了不俗的成绩。吉林也是中医药材种植大省，因此，对中医药研究也相对校好，同时产生了大量的科技论文。

9 结束语

期刊发展依附于学科的发展，科技期刊应该与自己所在地的优势学科相互依托、相互支持。优势学科带动期刊发展，优秀期刊扩大学科的影响力。尤其是传统的综合性高校科技期刊近年来已遇到越来越严重的问题，唯有扬长避短，找出自己所在学校、地区的学科优势，并与之紧密结合才有出路。首先要以优势学科为龙头，与优势学科互动互助，相得益彰，努力办出自己期刊的特色；其次是利用优势学科寻找相关行业支持，扩大行业影响，争取校外优质稿源；最后在时机成熟时将综合性刊名改为专业性刊名，打造有独特优势的精品期刊。

参 考 文 献

[1] 佚名.中国科学院科学技术研究成果管理办法[J].中国科学院院刊,1986(3):283-285.
[2] 王金棒,王锐,毕蒙蒙,等.2006—2016 年省部级烟草科技奖励成果的计量分析[J].中国科技资源导刊,2019,51(1):81-91.
[3] 苏团,温德才.福建省本科院校科技创新能力评价研究:基于 2013—2017 年高等学校科技统计数据的分析[J].龙岩学院学报,2018,36(6):105-112,136.

[4] 蒋璇.2008—2017 年广西蚕桑科技成果的统计与分析[J].中国蚕业,2018,39(4):51-54.
[5] 井丽巍.吉林省国家科技计划跟踪调查项目统计分析研究[C]//财金观察(2018 年第 1 辑),吉林省财政科学研究所.2018:168-177.
[6] 孙华.基于 CNKI 文献计量的地方高校图书馆员科研成果探究[J].技术与市场,2017,24(5):287-290.
[7] 赵淑梅.数字时代我国档案保护技术发展趋势:基于 1987—2015 年国家档案局优秀科技成果奖的统计分析[J].档案学通讯,2017(2):72-76.
[8] 熊霖.加快科技服务体系建设 促进科技成果转化:2015 年度安徽省科技统计公报分析[J].普洱学院学报,2016,32(6):81-82.
[9] 刘兰.重庆直辖市 1998—2015 年科技进步水平评价与对策研究[J].创新科技,2016(12):29-31.
[10] 陈云香.2015 年江西省科技成果登记统计分析研究[J].科技广场,2016(11):90-95.
[11] 翟东宇,程红星,舒晓红.湖北省"十二五"期间科技成果登记统计分析研究[J].科技创业月刊,2016,29(16):12-13,16.
[12] 张佳宁,刘晓荣.2015 年度甘肃省科技成果登记统计分析报告[J].甘肃科技,2016,32(10):5-6.
[13] 林雪英.福州大学获奖科技成果统计分析[J].情报探索,2009(7):52-54.
[14] 任虹,宋春红,查亚,等.新疆自治区近 10 年来科技成果的统计分析与研究[J].科技管理研究,2009,29(6):201-203.

基于2019年中国科技期刊引证报告(扩展版)数据的中医院校高校学报学术影响力分析

杨芳艳

(陕西中医药大学杂志社,陕西 咸阳 712046)

摘要:分析中医药期刊高校学报与非学报文献计量学指标。检索《2019年中国科技期刊引证报告(扩展版)》中医相关期刊数据,采用 SPSS 26.0 统计软件,对数据统计分类、对比。2018年其他中医药期刊的扩展总被引频次高于中医药院校学报($P<0.05$)。中医院校科技核心期刊在扩展他引率和扩展学科影响指数两个指标上高于其他中医药科技核心期刊($P<0.05$)。扩展总被引频次、扩展影响因子、扩展引用刊数、扩展学科影响指标、扩展学科扩散指标中,学报科技核心期刊高于学报非科技核心期刊($P<0.05$)。中医院校高校学报引用频次比较稳定,变化浮动不大,学术影响力比较广,但顶层期刊不多。未来期待高校学报依靠高校平台走特色化发展道路,抓住破除"SCI 至上"机遇,提高期刊约稿质量,借助融媒体时代,努力提高高校学报传播力。

关键词:中医药期刊;高校学报;期刊评价;文献计量学;扩展总被引频次;扩展影响因子;扩展即年;扩展他引率

文献计量学是以文献体系和文献计量特征为研究对象,采用数学、统计学等计量方法,研究文献情报的分布结构、数量关系、变化规律和定量管理、并进而探讨科学技术结构、特征和规律的一门分支科学[1]。通过文献计量分析,可以从一个侧面反映某地区或单位的科研水平、人才培养等方面的发展变化[2]。本文根据《2019 年中国科技期刊引证报告(扩展版)》[3]数据,选择扩展总被引频次、扩展影响因子、扩展即年指标、扩展他引率、扩展引用刊数、扩展学科影响指标、扩展学科扩散指标、扩展被引半衰期 8 个评价指标对中医院校高校学报情况做现状分析研究。

1 材料与方法

1.1 资料来源

根据中国科技论文与引文数据库形成的《2019 年中国科技期刊引证报告(扩展版)》[3]中关于中医类、中医药大学高校学报类、中西医结合类、中药类、针灸骨伤 5 大类的 119 本期刊的 8 个评价指标数据内容进行整理,包括:引证指标扩展总被引频次、扩展影响因子、扩展即年指标、扩展他引率、扩展引用刊数、扩展学科影响指标、扩展学科扩散指标、扩展被引半衰期,数据采取单人录入,再次核对数据录入准确性的方式完成 Excel 数据录入工作。

1.2 统计分析

采用 SPSS 26.0 统计软件数据分析,对数据进行统计分类,数据采用均数加减标准差形式表示，进行方差分析，进行对比。

2 结　果

2.1 一般情况

根据期刊学科分类情况，对中医药类期刊进行分类，并计算科技核心和非科技核心的百分比，结果如表 1 所示。

表 1　中医药期刊科技核心与非科技核心分类统计

类别	n	构成比/%	科技核心		非科技核心	
			n	%	n	%
高校学报类	20	16.81	13	65.00	7	35.00
中医类	65	54.62	28	43.08	37	56.92
中西医结合类	17	14.29	12	70.59	5	29.41
中药类	10	8.4	10	100.00	0	0.00
针灸、骨伤类	7	5.88	6	85.71	1	14.29
合计	119	100.00	69		50	

表 1 数据显示：其他中医药期刊所占比例大，而中医院校高校学报所占比例不及五分之一，相对较少。中医院校高校学报科技核心的比例高于其他中医药科技期刊，说明高校学报的学术质量较高。中药类期刊 10 本，全部都是科技核心期刊，可能与学科有关。

2.2 学报及其他中医药期刊学术影响力指标比较

为了分析中医药院校高校学报在整个中医药期刊中的发展情况，了解学报与其他中医药期刊的差异，了解学报科技核心期刊和其他中医药科技期刊的差异、中医院校高校学报内部科技核心与非科技核心的差异。特此对中医药院校高校学报与其他中医药期刊进行对比，如表 2 所示。

表 2　中医药学报期刊与其他中医药期刊评价指标结果

期刊分类	n	扩展总被引频次	扩展影响因子	扩展即年指标	扩展他引率
中医院校高校学报	20	2 513.850±1 777.232	1.412±0.710	1.020±2.509	0.963±0.029
科技核心	13	3 062.385±1 983.313	1.669±0.741	0.211±0.094	0.966±0.015
非科技核心	7	1 495.143±521.895&	0.935±0.300&	0.160±0.672	0.957±0.046
其他中医药期刊	99	4 651.640±4 337.136*	1.268±0.656	1.470±2.908	0.932±0.850
科技核心	56	5 642.750±4 772.554#	1.588±0.642	0.247±0.137	0.928±0.068#
非科技核心	43	3 360.884±3 323.991	0.851±0.387	2.150±3.435	0.936±0.103

期刊分类	n	扩展引用刊数	扩展学科影响指标	扩展学科扩散指标	扩展被引半衰期
中医院校高校学报	20	463.450±134.637	0.920±0.089	22.065±6.411	4.985±1.148
科技核心	13	505.231±144.762	0.962±0.650	24.054±6.891	4.992±1.408
非科技核心	7	385.857±68.438&	0.843±0.079&	18.371±3.264&	4.971±0.464
其他中医药期刊	99	500.293±247.299	0.846±0.197	22.000±27.988	4.605±1.192
科技核心	56	573.054±252.192	0.871±0.191#	31.746±32.866	4.675±1.197
非科技核心	43	405.535±207.752	0.814±0.20069	9.307±11.032	4.514±1.195

注：与中医院校高校学报比较，其他中医药期刊，*$P<0.05$；与学报科技核心比较，其他中医药科技核心期刊，#$P<0.05$；与学报科技核心比较，学报非科技核心期刊&$P<0.05$

2.2.1 中医院校高校学报与其他中医药期刊比较

中医院校高校学报一共 20 本，其他中医药期刊一共 99 本，其他中医药期刊的扩展总被引频次大于学报扩展总被引频次($P<0.05$)。扩展总被引频次是影响力指数(CI)选取代表性的两个评价指标之一，指期刊自创刊以来所登载的全部论文在统计当年被引用的总次数，显示该期刊被引用的文章频次数。这是一个非常客观实际的评价指标，可以显示该期刊被使用和受重视的程度，反映刊登的文章的质量和期刊在学术界的影响力，以及在科学交流中的绝对影响力的大小。结果说明 2018 年其他中医药期刊的被引用频次高于中医院校高校学报。

2.2.2 学报科技核心期刊与其他中医药科技核心期刊比较

中国科学技术信息研究所根据自行研制的中国科技论文与引文数据库(CSTPCD)，利用该数据库的数据，每年对中国科研产出状况进行各种分类统计和分析，公开出版《中国科技论文统计与分析》年度研究报告、《中国科技期刊引证报告(核心版)》，《中国科技期刊引证报告(扩刊版)》由北京万方数据有限公司出版，为政府管理部门和广大高等院校、研究机构和研究人员提供丰富的信息和决策支持。"中国科技论文与引文数据库"选择的期刊成为中国科技核心期刊，他的选取经过了严格的同行评议和定量评价，是中国各学科领域中较重要的，能反映本学科发展水平的科技期刊，其每年进行遴选和调整。是目前国内比较公认的科技统计源期刊目录。为了研究中医药院校学报中的科技核心期刊与其他中医药期刊中的科技核心期刊之间的差异，特此对两者中的数据进行比较。

学报科技核心期刊 13 本，其他中医药科技核心期刊 56 本，两者比较结果显示：其他中医药科技核心期刊在扩展总被引频次指标上高于中医院校科技核心期刊($P<0.05$)说明其在 2018 年的引用高于学报科技核心期刊被引频次。中医院校科技核心期刊在扩展他引率和扩展学科影响指数两个指标上高于其他中医药科技核心期刊($P<0.05$)。他引率指期刊总被引频次中，被其他刊引用次数所占比例，测度期刊学术传播能力。学科影响指标指期刊所在学科内，引用该刊的期刊数占全部期刊数量比例。这两个指标均可以反应期刊的学术传播能力。结合扩展总被引频次，可以推断，学报科技核心期刊学术质量和学术影响力在中医药行业中质量较好，影响较广，得到科研工作者普遍认可，这可能与学报的主办单位高校有关。学报科技期刊的他引率高于其他中医药科技期刊。

2.2.3 学报科技核心期刊和非科技核心期刊比较

为分析中医院校高校学报各期刊之间的差异，根据其是否属于科技核心，进行分类，按照均值加减标准差进行统计分析。中医院校高校学报共 20 种期刊，其中核心期刊 13 种(65%)，非核心期刊 7 种(36%)。说明中医院校高校学报的总体质量较高。结果显示，扩展总被引频次、扩展影响因子、扩展引用刊数、扩展学科影响指标、扩展学科扩散指标中，学报科技核心高于学报非科技核心期刊($P<0.05$)。学科影响指标和学科扩散指标同他引率和引用期刊数一样，均可反应期刊的学术传播能力。学报科技核心期刊相对于学报非科技期刊其文章的引用频次、引用率、学科学术影响力大。但在扩展几年指标中两者差异不显著，即年指标指期刊当年发表的论文在当年被引用的情况，表征期刊即时反应速率。从一个侧面也反映学术期刊对前沿科学技术的传播情况，以及期刊编辑部对学术热点敏感度。

3 中医药高校学报发展策略

综上所述，说明 2018 年其他中医药期刊的被引用频次比中医药院校学报高。学报科技核心期刊学术质量和学术影响力在中医药行业中质量较好，影响较广，得到科研工作者普遍认可，这可能与学报的主办单位高校有关。但学报类顶层期刊不多，学报的学术质量起点高，但非学报中医药期刊个别期刊的行业影响力高，如中医杂志。引用频次、引用率、学科学术影响力中医药高校学报科技核心期刊学报高于非科技期刊。但扩展即年指标，两者比较没有显著差异，从一个侧面也反映学术期刊对前沿科学技术的传播情况，以及期刊编辑部对学术热点敏感度。如何做好学报建设，走出缺少顶层期刊的困境，配合国家建设双一流大学的规划，值得中医药院校学报办刊人认真思索，基于以上数据分析，提出一下发展策略。

3.1 依靠高校平台 特色发展

《中国科技期刊发展蓝皮书(2019)》指出："大学出版在依托自身优势，打造优质出版基础上，面向国际市场，以品牌为核心，世界一流大学出版社正在积极推动数学化转型，逐渐从传统大学出版向知识服务转变"[4]。中医药高校学报应该依托高校学术平台，在稿件的质量上多下工夫，走特色化发展道路。高校学报是向社会各界展示高校科研、教学成果的窗口，同时为本校师生和科研人员搭建起进行校内外、国内外学术交流的平台[5]。中医院校高校学报的办刊方向应紧密结合各自地方学校的自身专业优势和地域性优势，突出本校办学理念和本校科研的强项，办特色期刊，这样有利于形成顶层稿件，提高被引频次以及影响因子。比如，在约稿、组稿时，先从高校自身的高质量课题组入手，进行约稿。在栏目设置上突出地域特色，吸收地域性的中医药研究文章。

3.2 抓住机遇 提高约稿质量

SCI 是国内外广泛使用的科技文献检索数据库，作用就像图书馆内的图书分类卡片，因收录的文献质量和影响力高，被科研工作者捧为"神殿"。目前，在科技评价活动中出现 SCI 论文被"异化"为唯一的评判标准来评价作者科研成绩的现象，即"SCI 至上"。2020 年初，科技部、教育部等部门印发了《关于破除科技评价中"唯论文"不良导向的若干措施(试行)》《关于规范高等学校 SCI 论文相关指标使用，树立正确评价导向的若干意见》的文件，瞄准破除论文"SCI 至上"，破除"唯论文"评价导向等社会热点，引发广泛关注。

对中医院校高校学报而言，破除"SCI 至上"给学报带来了机遇，学报要紧抓机遇，加强约稿力度，紧密联系国内外有影响力的作者，让更多的高质量、高影响力论文，以及在国内外顶级学术会议上的报告论文，在高校学报上发表，让更多科技之花开在祖国大地上。

3.3 借助融媒体时代，努力提高高校学报传播力

中国互联网络信息中心发布了第 44 次《中国互联网络发展状况统计报告》，截至今年 6 月，我国网民规模已经达到了 8.54 亿人，互联网普及率达 61.2%；其中，手机网民规模达到了 8.47 亿人，网民手机上网比例达 99.1%。在舆论生态、媒体格局、传播方式等发生深刻变化的同时，数字化媒体已经慢慢影响了传统纸质期刊的发展[6]。比如，传统纸质期刊纷纷建立各自的微信公众号，以期通过微信这个平台达到与作者交流的目的。很多期刊在微信上对各自期刊每期的重点文章进行推送，并且通过微信完成稿件的投稿、状态查询、版面费收缴等工作[7]。中医院校高校学报必须把握媒体融合的机遇，做好期刊传播设计，充分认识传统纸质媒体与新媒体各自的传播特点和规律，强化互联网思维，借助多种媒体渠道，打造期刊传播平台，增强编辑与作者的沟通互动，使中医院校高校的传播力增强，不在受地理位置、学术基础等资源条件的限制，更好地服务作者和读者，使中医先进技术得到广泛传播[8-9]。

中医药是中华民族的瑰宝，也是打开中华文明宝库的钥匙。传承、创新、发展中医药是

中华民族的伟大复兴的一项重要任务,肩负着弘扬中华民族优秀传统文化、增强民族自信、文化自信的重任。《中共中央国务院关于促进中医药传承创新发展的意见》要求我们要促进中医药传承与开放创新发展,挖掘和传承中医药宝库中的精华精,加快推进中医药科研和创新。中医院校高校学报在中医药科研传播中具有得天独厚的优势,不仅是中医药科研和创新动态的公布台,而且是中医药中优秀文化得以传承、传播的重要记录者和传播者。我国高等学校已成为国家科学研究的中流砥柱,高校学报是科技成果的重要传播平台。高校学报借助高校科研平台的优势,跟踪学术前沿,公布学科领域最新科研成果,不断提升高校学报学术质量,在国家科学研究知识传播中发挥重要作用。未来,期待中医院校高校学报依靠高校自身平台,走特色化发展道路,抓住破除"SCI 至上"的机遇,提升期刊约稿质量,借助融媒体时代,努力提高高校学报传播力,进一步提高中医院校高校学报学术质量。

参 考 文 献

[1] 邱均平.文献计量学[M].北京:科学出版社,2019.
[2] 陈瑞芳.不同医学高校学报文献计量指标的比较与分析[J].编辑学报,2010(增刊 2):159-161.
[3] 北京万方股份责任有限公司.《2019 年中国科技期刊引证报告(扩展版)》[M].北京:科学技术文献出版社,2019.
[4] 中华人民共和国中央人民政府.中共中央国务院关于促进中医药传承创新发展的意见[EB/OL].(2019-10-26) [2019-10-20]. http://www.gov.cn/zhengce/2019-10/26/content_5445336.htm.
[5] 张蓉,张行勇.从文献计量指标看《西北大学学报(自然科学版)》的发展对策[J].中国科技期刊研究,2008,19(6):1054-1057.
[6] 中国新闻网.第 44 次中国互联网络发展状况统计报告:全国网民规模已达 8.54 亿[R/OL].(2019-08-31)[2019-08-30].http://www.chinanews.com/sh/2019/08-31/8943407.shtml.
[7] 邓微.融合出版背景下提升编辑能力的几点思考[J].出版参考,2017(9):43-44.
[8] 孙冬梅,李守玉.融媒体背景下高校推进理论宣传载体创新研究[J].北京教育杂志,2019(12):24-26.
[9] 綦利群.探究融媒体时代下提高传统媒体传播力的策略[J].传媒论坛,2019,2(19):8-9.

高影响因子期刊中论文被引频次的差异
——基于科睿唯安最新期刊引证报告的分析

余 方[1]，李金城[2]

(1.浙江大学出版社《浙江大学学报(医学版)》编辑部，浙江 杭州 310007；
2.杭州电子科技大学人文艺术与数字媒体学院，浙江 杭州 310018)

摘要：期刊影响因子是期刊评价和科研绩效评价中发挥重要作用的质量指标。但其作为一种算术平均值，并不等同于其所刊登的某篇论文的被引情况。本文对最新发布的 2020 年度期刊引证报告中排名前 100 位期刊中的 99 本期刊 2017—2018 年发表论文的被引情况进行统计分析发现：72.7%的期刊发表论文的被引频次不符合正态分布；10 本期刊零被引论文占比 60%以上；95 本期刊低于篇均被引频次论文占比在 60%以上，其中 19 本期刊低于篇均被引频次论文占比在 80%及以上；10 本期刊 95%的被引频次仅由 20%不到的论文产生。结果提示，简单地以期刊的影响因子来评判期刊及其所刊登论文的学术水平和价值是片面的。

关键词：影响因子；科技期刊；科技论文；被引频次

最近，科睿唯安发布了 2020 年度期刊引证报告(JCR)[1]，许多期刊以影响因子作为亮点开始了新一轮的宣传。期刊影响因子作为一个经典的文献计量学指标，是期刊评价和科研绩效评价中发挥重要作用的质量指标。从影响因子的计算公式来看，期刊影响因子本质上反映的是期刊所刊出论文在某一年的平均被引率。既然是一种算术平均值，必定存在其中个体数据的高低差异。因此，近年来很多学者提出，期刊的影响因子并不等同于其所刊登的某篇论文的被引情况，不能以期刊影响因子的高低来评判单篇论文的学术水平[2]。那么，期刊的影响因子与其所刊登论文的被引情况到底存在多大差异？期刊的影响因子能否代表其所刊登的大部分文章平均被引水平？本文对最新发布的 2020 年度期刊引证报告中排名前 100 位的期刊 2017—2018 年发表论文的被引情况进行了统计和分析，报道如下。

1 资料与方法

1.1 研究对象

选择 2020 年 6 月 29 日科睿唯安公布的 2020 年度期刊引证报告[1]中期刊影响因子排名前 100 位的期刊(见表 1)。

基金项目：教育部人文社科基金一般项目(20JDSZ3059)

表 1　2020 年度期刊引证报告中影响因子排名前 100 位的期刊及其影响因子

排名	刊名	影响因子	排名	刊名	影响因子	排名	刊名	影响因子
1	CA-A Cancer Journal for Clinicians	292.278	35	Nature Methods	30.822	69	Reviews of Geophysics	21.449
2	New England Journal of Medicine	74.699	36	Nature Catalysis	30.471	70	Annals of Internal Medicine	21.317
3	Nature Reviews Materials	71.189	37	Energy & Environmental Science	30.289	71	Nature Climate Change	20.893
4	Nature Reviews Drug Discovery	64.797	38	BMJ-British Medical Journal	30.223	72	Cell Stem Cell	20.860
5	Lancet	60.392	39	Lancet Neurology	30.039	73	Psychological Bulletin	20.850
6	WHO Technical Report Series	59.000	40	Nature Reviews Gastroenterology & Hepatology	29.848	74	Accounts of Chemical Research	20.832
7	Nature Reviews Molecular Cell Biology	55.470	41	Cancer Discovery	29.497	75	Nature Reviews Nephrology	20.711
8	Nature Reviews Clinical Oncology	53.276	42	Progress in Energy and Combustion Science	28.938	76	Journal of the American College of Cardiology	20.589
9	Nature Reviews Cancer	53.030	43	Nature Reviews Endocrinology	28.800	77	Journal of Hepatology	20.582
10	Chemical Reviews	52.758	44	Nature Genetics	27.603	78	Cell Research	20.507
11	Nature Energy	46.495	45	Nature Electronics	27.500	79	Nature Immunology	20.479
12	JAMA-Journal of the American Medical Association	45.540	46	Advanced Materials	27.398	80	Nature Reviews Cardiology	20.260
13	Reviews of Modern Physics	45.037	47	Joule	27.054	81	Nature Neuroscience	20.071
14	Chemical Society Reviews	42.846	48	Nature Reviews Neurology	27.000	82	Nature Cell Biology	20.042
15	Nature	42.778	49	Materials Science & Engineering R-Reports	26.625	83	Living Reviews in Solar Physics	20.000
16	Science	41.845	50	Cancer Cell	26.602	84	Annual Review of Immunology	19.900
17	Nature Reviews Disease Primers	40.689	51	Materials Today	26.416	85	Gut	19.819
18	World Psychiatry	40.595	52	Physics Reports-Review Section of Physics Letters	25.798	86	Chem	19.735
19	Nature Reviews Immunology	40.358	53	Annual Review of Biochemistry	25.787	87	Annual Review of Physiology	19.556
20	Nature Materials	38.663	54	Physiological Reviews	25.588	88	Annual Review of Plant Biology	19.540
21	Cell	38.637	55	Lancet Diabetes & Endocrinology	25.340	89	Nature Physics	19.256
22	Nature Biotechnology	36.558	56	Advanced Energy Materials	25.245	90	ACS Energy Letters	19.003
23	Nature Medicine	36.130	57	Lancet Respiratory Medicine	25.094	91	Nature Biomedical Engineering	18.952

24	Living Reviews in Relativity	35.429	58	JAMA Oncology	24.799	92	Science Robotics	18.684
25	Nature Reviews Chemistry	34.953	59	Lancet Infectious Diseases	24.446	93	JAMA Internal Medicine	18.652
26	Nature Reviews Microbiology	34.209	60	IEEE Communications Surveys and Tutorials	23.700	94	Annals of Oncology	18.274
27	Lancet Oncology	33.752	61	Circulation	23.603	95	Annual Review of Psychology	18.156
28	Nature Reviews Neuroscience	33.654	62	European Heart Journal	22.673	96	European Urology	17.947
29	Nature Reviews Genetics	33.133	63	Progress in Polymer Science	22.620	97	IEEE Transactions on Pattern Analysis and Machine Intelligence	17.861
30	Annual Review of Astronomy and Astrophysics	32.963	64	Clinical Microbiology Reviews	22.556	98	Intensive Care Medicine	17.679
31	Journal of Clinical Oncology	32.956	65	Immunity	22.553	99	Blood	17.543
32	Progress in Materials Science	31.560	66	Nature Chemistry	21.687	100	JAMA Psychiatry	17.471
33	Nature Nanotechnology	31.538	67	Lancet Global Health	21.597			
34	Nature Photonics	31.241	68	Cell Metabolism	21.567			

1.2 数据来源

在 Web of Science 平台检索上述 100 本期刊在 2017—2018 年发表的论文,以及这些论文截至 2020 年 8 月 6 日的被引数据,包括被引频次总计、每篇合计引用频次、篇均引用频次等。

1.3 评价指标

总载文量:期刊 2017—2018 年发表的论文总篇数。

总被引频次:截至 2020 年 8 月 6 日,期刊 2017—2018 年发表论文的总被引频次。

篇均被引频次:截至 2020 年 8 月 6 日,期刊 2017—2018 年发表论文的平均被引频次,即总被引频次÷总载文量。

零被引论文:截至 2020 年 8 月 6 日,期刊 2017—2018 年发表论文中尚未被引用的论文。

低于篇均被引频次论文:截至 2020 年 8 月 6 日,期刊 2017—2018 年发表论文中,被引频次低于该刊篇均被引频次的论文。

95%贡献度篇数:截至 2020 年 8 月 6 日,期刊 2017—2018 年发表论文中,95%总被引频次需要由多少篇论文贡献。

1.4 统计学方法

采用 Excel 2010 和 SPSS 软件对数据进行整理和分析。采用柯尔莫戈洛夫-斯米诺夫检验(载文量 2 000 篇以上)和夏皮洛-威尔克检验(载文量 2 000 篇及以下)分析期刊被引频次是否符合正态分布,$P<0.05$ 提示数据呈非正态分布。

2 结果

2.1 各刊被引一般情况

因 WHO Technical Report Series 在数据库中的数据出现异常(总被引频次与报告中的影响

因子严重不符),遂本次研究不对该刊的数据进行分析,仅分析其余99本期刊的数据(表2)。2017—2018年,99本期刊总载文量为10~16 023篇,年均载文量最大的是 *Journal of Clinical Oncology*,达8 011.5篇,15本(15.2%)期刊的年均载文量不足50篇。72本(72.7%)期刊的被引频次不符合正态分布,提示篇均被引频次不能用于表示这些期刊的平均被引水平。

表2 各刊2017—2018年发表论文的被引情况

影响因子排名	载文量/篇	年均载文量/篇	总被引频次	被引频次范围	篇均被引频次	低于篇均被引频次论文	95%贡献度篇数	零被引论文
1	89	44.5	38 748	0~13 812*	435.37	81(91.0)	16(18.0)	15(16.9)
2	3 006	1 503	117 685	0~2 063	39.15	2 468(82.1)	819(27.2)	764(25.4)
3	190	95	16 196	0~1 521*	85.24	132(69.5)	70(36.8)	58(30.5)
4	564	282	11 827	0~1 191*	20.97	470(83.3)	123(21.8)	244(43.3)
5	4 148	2 074	83 707	0~1 611	20.18	3 561(85.8)	753(18.2)	1 861(44.9)
7	265	132.5	13 944	0~780*	52.62	177(66.8)	90(34.0)	91(34.3)
8	439	219.5	11 339	0~669	25.83	358(81.5)	90(20.5)	181(41.2)
9	265	132.5	13 303	0~1 548*	50.20	194(73.2)	87(32.8)	98(37.0)
10	526	263	61374	0~1 605*	116.68	358(68.1)	375(71.3)	13(2.5)
11	481	240.5	23 093	0~959	48.01	365(75.9)	163(33.9)	158(32.8)
12	3 160	1 580	13 303	0~738*	14.71	2 479(78.4)	944(29.9)	1 304(41.3)
13	88	44	61 374	0~882*	97.45	64(72.7)	57(64.8)	6(6.8)
14	753	376.5	23 093	0~1 395	78.41	515(68.4)	458(60.8)	136(18.1)
15	8 661	4 330.5	46 484	0~2 212	20.78	6 927(80.0)	1 751(20.2)	4 831(55.8)
16	6 232	3 116	8 576	0~3 037	24.61	4 806(77.1)	1 569(25.2)	3 053(49.0)
17	198	99	59 043	0~648*	45.07	130(65.7)	75(37.9)	87(43.9)
18	213	106.5	179 976	0~337*	20.23	163(76.5)	119(55.9)	13(6.1)
19	304	152	153 370	0~578*	35.79	216(71.1)	93(30.6)	103(33.9)
20	577	288.5	8 924	0~1 037*	51.96	419(72.6)	258(44.7)	124(21.5)
21	1 216	608	4 309	0~1 813*	61.61	846(69.6)	720(59.2)	102(8.4)
22	785	392.5	10 880	0~987*	22.78	600(76.4)	233(29.7)	294(37.5)
23	661	330.5	29 981	0~781*	43.10	448(67.8)	293(44.3)	142(21.5)
24	15	7.5	74 918	3~262*	70.47	10(66.7)	11(73.3)	0(0.0)
25	211	105.5	17 882	0~1 010*	33.82	152(72.0)	68(32.2)	88(41.7)
26	356	178	28 489	0~352	26.33	258(72.5)	98(27.5)	172(48.3)
27	1 293	646.5	1 057	0~607	21.22	1 035(80.0)	310(24.0)	464(35.9)
28	323	161.5	7 136	0~316	26.53	231(71.5)	91(28.2)	177(54.8)
29	245	122.5	9 373	0~451	31.50	168(68.6)	87(35.5)	86(35.1)
30	28	14	27 437	0~272	63.61	19(67.9)	19(67.9)	2(7.1)
31	16 023	8 011.5	8 569	0~581	3.50	14 179(88.5)	2 727(17.0)	10 842(67.7)
32	100	50	7 718	0~803*	73.09	72(72.0)	78(78.0)	0(0.0)
33	609	304.5	1 781	0~1 531*	40.06	437(71.8)	258(42.4)	168(27.6)

34	487	243.5	56 081	0~612*	32.66	343(70.4)	179(36.8)	183(37.6)
35	716	358	7 309	0~1 226*	30.79	526(73.5)	284(39.7)	239(33.4)
36	196	98	24 397	0~344*	34.04	133(67.9)	86(43.9)	51(26.0)
37	565	282.5	15 905	0~592*	68.38	372(65.8)	411(72.7)	18(3.2)
38	5 939	2 969.5	22 046	0~671*	3.41	4 928(83.0)	1 299(21.9)	3 680(62.0)
39	461	230.5	6 672	0~812*	24.26	331(71.8)	166(36.0)	118(25.6)
40	341	170.5	38 635	0~685*	20.95	265(77.7)	113(33.1)	115(33.7)
41	1 093	546.5	20 252	0~386	10.92	909(83.2)	177(16.2)	698(63.9)
42	67	33.5	11 184	0~526*	65.52	43(64.2)	48(71.6)	1(1.5)
43	418	209	7 144	0~472*	16.70	329(78.7)	101(24.2)	183(43.8)
44	572	286	11 936	0~438*	44.52	349(61.0)	341(59.6)	63(11.0)
45	188	94	4 390	0~258	20.04	141(75.0)	56(29.8)	85(45.2)
46	3 004	1 502	6 981	0~901*	58.68	2 026(67.4)	2 112(70.3)	93(3.1)
47	344	172	25 465	0~349*	37.63	221(64.2)	191(55.5)	44(12.8)
48	369	184.5	3 768	0~346*	17.32	284(77.0)	106(28.7)	141(38.2)
49	24	12	176 275	0~233*	62.75	17(70.8)	21(87.5)	0(0.0)
50	365	182.5	12 945	0~335	41.07	240(65.8)	228(62.5)	10(2.7)
51	401	200.5	6 391	0~601*	16.77	309(77.1)	94(23.4)	234(58.4)
52	97	48.5	1 506	2~577*	57.36	66(68.0)	64(66.0)	0(0.0)
53	77	38.5	14 991	0~588*	61.31	52(67.5)	51(66.2)	2(2.6)
54	99	49.5	6 725	0~353*	52.00	65(65.7)	68(68.7)	5(5.1)
55	498	249	5 564	0~340*	18.54	372(74.7)	166(33.3)	178(35.7)
56	1 403	701.5	4 721	0~667*	54.34	912(65.0)	1 046(74.6)	26(1.9)
57	591	295.5	5 148	0~538*	13.12	467(79.0)	179(30.3)	197(33.3)
58	957	478.5	9 233	0~1 561*	19.82	712(74.4)	335(35.0)	320(33.4)
59	1 013	506.5	76 239	0~602*	15.27	767(75.7)	363(35.8)	323(31.9)
60	238	119	7 754	0~645	53.80	162(68.1)	164(68.9)	6(2.5)
61	10 995	5 497.5	18 968	0~3 927*	3.68	9 937(90.4)	793(7.2)	9 302(84.6)
62	10 471	5 235.5	15 469	0~1 852*	2.84	9 514(90.9)	624(6.0)	8 989(85.8)
63	110	55	12 804	0~209	52.57	72(65.5)	90(81.8)	2(1.8)
64	67	33.5	40 462	0~365*	50.04	47(70.1)	47(70.1)	2(3.0)
65	501	250.5	29 738	0~497*	33.66	313(62.5)	283(56.5)	55(11.0)
66	470	235	5 783	0~376	36.42	310(66.0)	275(58.5)	65(13.8)
67	757	378.5	3 353	0~422	11.46	574(75.8)	284(37.5)	239(31.6)
68	480	240	16 864	0~280*	36.32	293(61.0)	305(63.5)	36(7.5)
69	52	26	17 117	0~222*	46.15	32(61.5)	38(73.1)	2(3.8)
70	1 764	882	8 675	0~767*	8.11	1 435(81.3)	426(24.1)	937(53.1)
71	610	305	17 434	0~347*	22.41	406(66.6)	289(47.4)	156(25.6)
72	447	223.5	2 400	0~337*	25.33	292(65.3)	230(51.5)	77(17.2)
73	100	50	14 306	0~561*	41.18	68(68.0)	63(63.0)	7(7.0)
74	660	330	13 670	0~404*	43.63	415(62.9)	492(74.5)	6(0.9)

75	352	176	11 323	0~259*	13.47	274(77.8)	98(27.8)	148(42.0)
76	11 484	5 742	4 118	0~979*	3.20	10 340(90.0)	982(8.6)	9 272(80.7)
77	4 345	2 172.5	28 796	0~1 260*	5.06	3 752(86.4)	665(15.3)	2 928(67.4)
78	310	155	4 741	0~435*	25.06	226(72.9)	177(57.1)	31(10.0)
79	560	280	36 749	0~313*	22.07	382(68.2)	214(38.2)	201(35.9)
80	417	208.5	21 986	0~187	12.35	321(77.0)	109(26.1)	186(44.6)
81	509	254.5	7 769	0~366*	34.16	316(62.1)	301(59.1)	71(13.9)
82	440	220	12 359	0~283	26.42	285(64.8)	211(48.0)	92(20.9)
83	10	5	5 150	0~111	39.30	5(50.0)	9(90.0)	0(0.0)
84	52	26	17 387	0~316*	46.79	30(57.7)	41(78.8)	2(3.8)
85	2 053	1 026.5	11 625	0~1 205*	9.76	1 653(80.5)	383(18.7)	1 358(66.1)
86	468	234	393	0~418*	25.34	318(67.9)	244(52.1)	64(13.7)
87	47	23.5	2 433	0~378*	50.47	34(72.3)	36(76.6)	2(4.3)
88	52	26	20 037	0~148*	45.35	30(57.7)	39(75.0)	2(3.8)
89	747	373.5	11 859	0~392	24.27	520(69.6)	318(42.6)	242(32.4)
90	826	413	2 372	0~380	39.66	530(64.2)	614(74.3)	25(3.0)
91	323	161.5	2 358	0~574*	21.61	224(69.3)	138(42.7)	80(24.8)
92	132	66	18 130	0~326*	27.56	91(68.9)	82(62.1)	11(8.3)
93	1 306	653	32 759	0~354*	9.50	964(73.8)	464(35.5)	511(39.1)
94	8 346	4 173	6 980	0~532*	3.00	7 360(88.2)	941(11.3)	6 475(77.6)
95	50	25	3 638	0~217*	45.40	27(54.0)	37(74.0)	5(10.0)
96	1 016	508	12 407	0~1 247	16.48	753(74.1)	348(34.3)	339(33.4)
97	429	214.5	25 038	0~7 470*	68.91	389(90.7)	182(42.4)	16(3.7)
98	874	437	2 270	0~1 738*	11.63	670(76.7)	405(46.3)	185(21.2)
99	13 248	6 624	16 744	0~214	2.69	11 488(86.7)	1 942(14.7)	9 715(73.3)
100	624	312	29 562	0~291*	15.52	440(70.5)	260(41.7)	199(31.9)

注：截至 2020 年 8 月 6 日的统计数据，影响因子排名对应的期刊名称(见表 1)，*WHO Technical Report Series* 数据异常(总被引频次与报告中的影响因子严重不符)，不纳入本次研究；*被引频次不符合正态分布

2.2 零被引论文

99 本期刊零被引论文占比主要分布在 10%~60%。5 本期刊无零被引论文，分别是 *Living Reviews in Relativity*、*Progress in Materials Science*、*Materials Science & Engineering R-Reports*、*Physics Reports-Review Section of Physics Letters*、*Living Reviews in Solar Physics*，27 本期刊零被引论文占比为 10%及以下，10 本期刊零被引论文占比 60%以上(见表 2 和图 1)。

2.3 低于篇均被引频次的论文

99 本期刊中，95 本期刊的低于篇均被引频次论文占比在 60%以上，其中 19 本期刊的低于篇均被引频次论文占比在 80%及以上(表 2)。从各刊论文被引频次及该刊篇均被引频次分布图(图 2)可以看出，期刊存在极少数论文的被引频次远高于其他论文的情况。

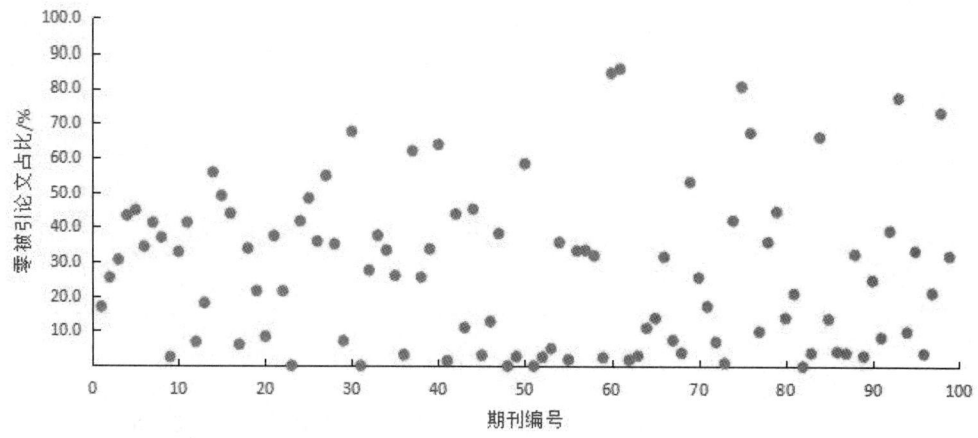

图 1 各刊 2017—2018 年发表论文中零被引论文占比分布

(截至 2020 年 8 月 6 日的统计数据)

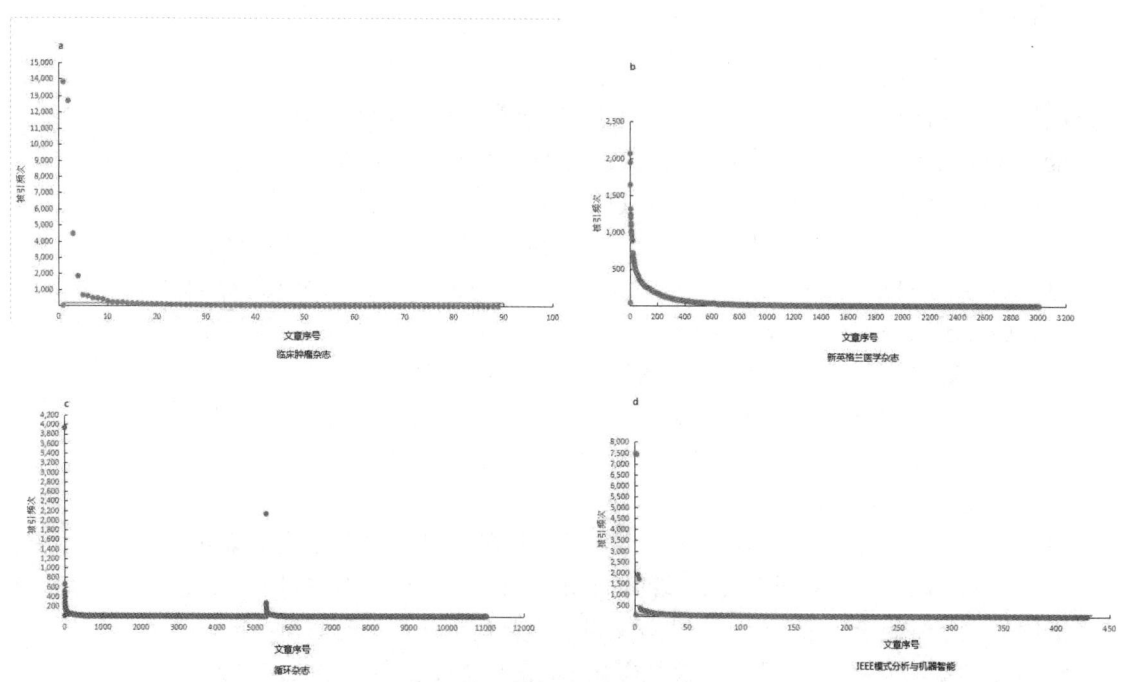

图 2 部分期刊 2017—2018 年发表论文的被引频次分布

(截至 2020 年 8 月 6 日的统计数据)

2.4 95%贡献度篇数

99 本期刊中，18 本期刊 95%的被引频次由 70%以上的论文产生，71 本期刊 95%的被引频次由 20%~70%的论文产生，10 本期刊 95%的被引频次仅由 20%不到的论文产生(见表 2 和图 3)。

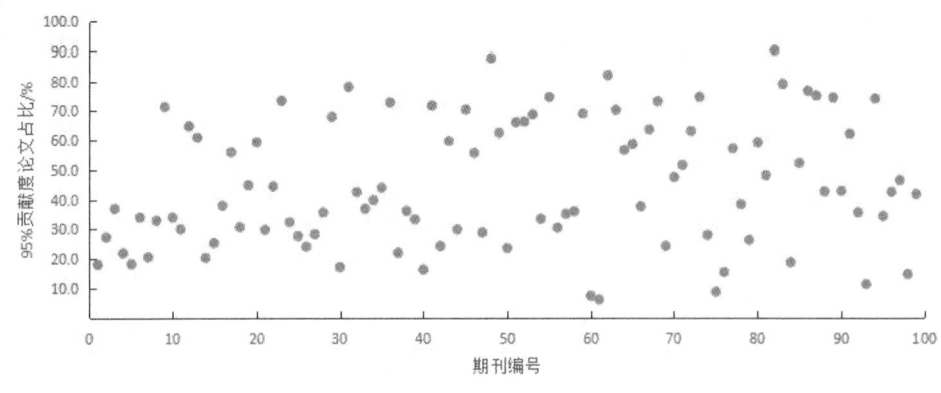

图 3　各刊 2017—2018 年发表论文中被引频次 95%贡献度论文占比分布

(截至 2020 年 8 月 6 日的统计数据)

3　讨论

本研究对 2020 年度期刊引证报告中排名前 100 位的期刊 2017—2018 年发表论文的被引情况进行了统计和分析，结果显示，72.7%的期刊发表论文的单篇被引频次不符合正态分布，不能简单地采用算术平均值代表该刊论文被引的平均水平。此外，部分期刊载文量较小，零被引论文所占比例较大，期刊影响因子主要靠少量高被引论文拉高。

作为知识传播的载体，载文量代表一本期刊传载知识的容量，反映学术期刊吸收和传递信息的能力，也是期刊影响力的一个重要指标[3-4]。如 New England Journal of Medicine、Lancet、JAMA-Journal of the American Medical Association、Nature、Science 等学界公认的世界级顶级名刊，其年载文量均在 1 500 篇以上。载文量大的期刊读者作者群相对大，受众相对较多。载文量的高低，除了与期刊所属学科科研产量、该学科期刊数量有关外，还与期刊本身的发展策略相关。在以期刊影响因子为导向的时期，载文量与被引频次、影响因子的关系一直被期刊学界所关注，也不排除部分期刊为了提高影响因子而减少期刊的载文量，或有意识地将一些研究报告放在读者来信等不纳入载文量统计的栏目中刊出[5-6]。这些举措虽然可以短期内提高期刊的影响因子，但对于期刊的长期发展未必有益。如果一本期刊年载文量仅数十篇，读者能够从中获得的信息量远远不如年载文量上百篇甚至几百篇的期刊，长此以往，不利于期刊稳固或扩大其读者和作者群。本文资料显示，影响因子排名前 100 位的期刊中，有 15 本期刊的年均载文量不足 50 篇，占 15.2%。以 Materials Science & Engineering R-Reports 为例，其所在学科类别"Physics, Applied"共 154 本期刊，总载文量为 68 539，即载文量的平均值为 445 篇[1,3]，与这个平均值相比，Materials Science & Engineering R-Reports 年均 12 篇的载文量明显偏低。

再好的期刊，也无法做到其刊登的每篇论文都获得很高的关注度，因此，论文间被引频次存在差异是必然的。零被引论文占比、低于篇均被引频次论文占比以及 95%贡献度论文占比都是反映期刊中论文间被引数据均衡性的指标。本文资料显示，99 本期刊中，5 本期刊无零被引论文，27 本期刊零被引论文占比为 10%及以下，而有 10 本期刊零被引论文占比 60%以上。虽然这种阶段性的引用数据不能完全体现论文的实际价值，且不排除某些零被引论文一段时间之后突然被大量引用，即所谓的"睡美人"论文[7]，但零被引论文比例过高，至少在一定程度上反映出该期刊所刊登的论文在学术界的认可度上存在较大差异。同理，本文资料显示各刊均存在极少数论文的被引频次远高于其他论文的情况，有10本期刊95%的被引频次仅由20%不到的论文产生，即剩余80%左右的论文在被引频次上对期刊的贡献度仅为5%，这也反映了同一本期刊中论文价值的极度不均衡。这一结果至少给我们两点提示。第一，单纯地以期刊的影响因子来评判期刊的好坏过于片面。对于学术期刊评价指标的选取，人们往往倾向于选取那些数据容易获得的指标，而较少考虑这些指标是否合适[8]。随着学术期刊评价相关研究的不断发展，期刊评价指标需要更加多元化、综合化。第二，不能以刊评文，即不能简单地以期刊的评价指标代表单篇论文的价值。高影响因子期刊载有高水平的论文，其前提是建立在影响因子高的期刊必定同行评议水平也高的假设基础上[9]。虽然这个假设在大部分情况下是成立的，但也不排除部分期刊通过一些技术手段单纯做高影响因子的情况，因此，对于论文价值的评价不能简单地用期刊影响因子这一项指标。

综上所述，本文通过对100本期刊零被引论文、低于篇均被频次论文、95%贡献度论文等数据进行分析发现，同一本期刊所刊登论文仅仅在被引频次上就存在巨大差异。因此，简单地以期刊的影响因子来评判论文的学术水平和价值是不合理的。如果要评价某篇论文的被关注程度，可以对这篇论文的被引数据进行个体分析，这种做法可能更加真实和科学。但是，从本质上而言，影响因子反映的只是文章与文章之间的关联，观点与观点的对接[10]。至于这种关联和对接是肯定的还是否定的，是无法通过引用频次这种简单的数据来评判的。因此，对于科研评价来说，期刊的影响因子，甚至单篇论文的引用频次，都存在局限性。真正科学严谨的科研评价，必定是多维度立体的。

参 考 文 献

[1] Clarivate. Journal Citation Reports [R/OL]. [2020-07-01]. https://clarivate.com/webofsciencegroup/solutions/journal-citation-reports/.

[2] 游苏宁.对科技期刊国际化有关问题的反思[J].编辑学报,2008,20(1):1-4.

[3] 中国科协学会服务中心.2020年度《期刊引证报告》发布,让我们随着专家透过数据看门道[N/OL]. (2020-07-06) [2020-07-09].https://baijiahao.baidu.com/s?id=1671458136969760861&wfr=spider&for=pc.

[4] 黄明睿.载文量对科技期刊影响力评价的影响[J].中国科技期刊研究,2015,26(7):749-757.

[5] 安梅.科技期刊的主要影响力指标的波动与期刊载文量的关系[J].中国科技期刊研究,2011,22(5):712-714.

[6] 韦青侠.10年来我国科学、科学研究类核心期刊载文量与学术影响力评价分析[J].中国科技期刊研究,2014, 25(1):35-38.

[7] VAN RAAN A F J. Sleeping beauties in science [J]. Scientometrics, 2004, 59:467-472.

[8] 俞立平,潘云涛,武夷山.学术期刊评价指标选取若干问题的思考[J].情报杂志,2009,28(3):75-77,100.

[9] 金碧辉,汪寿阳,任胜利,等.论期刊影响因子与论文学术质量的关系[J].中国科技期刊研究,2000,11(4): 202-205.

[10] 宋梅梅.没有标准答案:学术评价与期刊评价中的 SCI 影响因子[EB/OL].(2020-06-28)[2020-08-01]. https://mp.weixin.qq.com/s/DyvhfP84t7oK2oN16oXJ0A.

预印本平台 bioRxiv 剖析及对期刊的启示

姜 旭

(上海交通大学医学院附属瑞金医院《转化神经变性病(英文)》编辑部,上海 200025)

摘要:以预印本平台 bioRxiv 为例研究预印本的发展情况、发表模式特点,以及所面临的挑战,为学术期刊的发展提供建议。通过访问 bioRxiv 预印本网站获取相关的数据,综述相关文献,了解预印本的发展进展和优缺点。预印本正在蓬勃发展,它具有时效性强、开放获取、受关注度高等特点,在突发的公共卫生事件下能加快知识的传播,但同时由于缺乏严格的同行评议机制而出现一些质量低下、实验设计漏洞百出的文章,在科学界和公众间引起了一些争议。预印版的发展启示科技期刊要想办法加快稿件处理时效,缩短发表周期,同时加强与预印本的合作,在预印本平台上发掘优秀的稿件,开拓期刊的国际影响力。

关键词:预印本; bioRxiv; 开放获取; 同行评审; 版权

预印本是指科研工作者的研究成果在正式发表在出版物上之前,出于和同行交流的目的,自愿先在学术会议上或通过互联网发布的科研论文、科技报告等文章[1]。预印本的出现由来已久。arXiv 是成立于 1991 年的第一个预印本服务商,是物理学家和数学家讨论未发表的研究结果、树立学术思想旗帜的平台[2]。

之后,许多机构、出版商和基金会都陆续创立了各自的预印本平台,例如,美国冷泉港实验室(Cold Spring Harbor Laboratory, CSHL)于 2013 年 11 月 11 日创立了生物预印本 bioRxiv;美国开放科学中心(Center for Open Science)创立了预印本集合平台 OSF(Open Science Framework) Preprints;MDPI 出版公司在 2016 年 5 月成立了自己的预印本服务平台 Preprints;Elsevier 在 2017 年 5 月成立了 SSRN 预印本平台;冷泉港实验室、BMJ 和耶鲁大学三方于 2019 年 6 月 25 日正式开始运营 medRxiv;比尔及梅琳达·盖茨基金会(Bill and Melinda Gates Foundation)在 2017 年底创立的 Gates Open Research 平台,Wellcome Trust 基金会在 2016 年 11 月创立的 Wellcome Open Research 平台等。与此同时,中国也成立了以中国科学院科技论文预发布平台(ChinaXiv)及中国预印本服务系统(https://preprint.nstl.gov.cn/preprint/)为代表的预印本平台。

预印本的出现积极促进了科学的传播,但是随之也暴露出了一些弊端。特别是在 2019 年底爆发的新冠疫情期间,很多重大研究突破都最先发布于 bioRxiv 和 medRxiv 预印本平台,但同时那篇漏洞百出最终狼狈不堪地撤稿的"病毒人造论"文章也引发了科学界对预印本质量把控的担忧。本文以 bioRxiv 为例,分析了 bioRxiv 的发展状况,特点和弊端,以及对于期刊发展的启示。

1　bioRxiv 的发展状况及对期刊发展契机的启示

bioRxiv 是生物医学领域发展最快的预印本平台，根据 bioRxiv 网站提供的数据，从 2014 年开始，bioRxiv 每年发布的文章数就呈现出逐年激增的发展态势(见图 1)，仅 2018 年一年发布的文章数就比前四年的文章数总和还要多，年 PDF 下载量呈现指数式的增长(见图 2)，并且在其上发布文章数最多的 20 个院校都是世界知名的院校(见表 1)，这说明 bioRxiv 预印本已经在国际主流学术界中占据了一方领地，影响力越来越高。

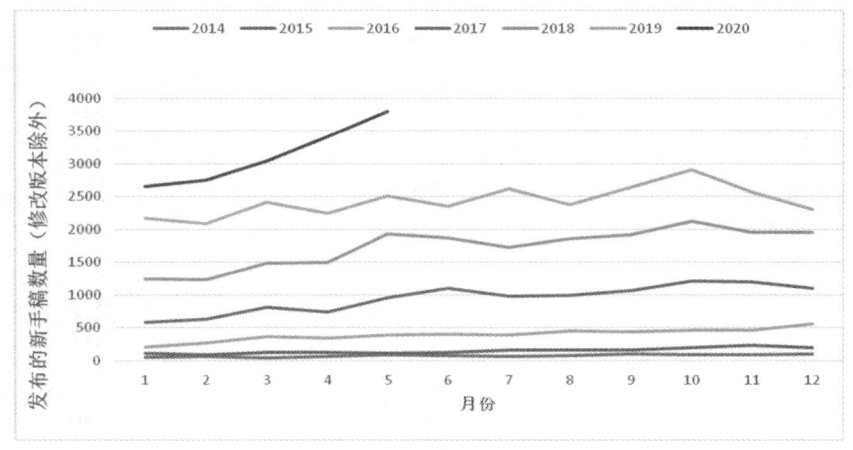

图 1　2014—2020 年 5 月 bioRxiv 上每月新存档的稿件(修改稿版本不计入内)

图 2　2014—2020 年 7 月 bioRxiv 存档 PDF 的年下载量

2019 年底开始的新冠疫情更是凸显了预印本平台在促进科学交流、第一时间公布最新攻关进展方面的重要性。在新冠疫情刚开始时，武汉病毒研究所石正丽团队的新冠病毒全基因组测序结果就最先于 2020 年 1 月 23 日发布于 bioRxiv[3]，11 天后才正式发表在 *Nature*[4]。在发现新冠病人之后的 4 个月内，科学界已经产生了 16 000 多篇相关文章，其中至少有 6 000 篇存放在了 bioRxiv 和 medRxiv 预印本平台上，并且从 2020 年 1 月 27 日开始，存放在 bioRxiv 和 medRxiv 上的 COVID-19 相关文章的数量成逐周递增的趋势，并且对 COVID-19 相关文章的点击量和转发量是非 COVID-19 文章的 15 倍之多[5]，这充分反映了预印本在快速发布研究进展方面的独特优势。

表 1　在 bioRxiv 上发布文章数最多的 20 个院校

院校	国家	发布的文章数
斯坦福大学	美国	939
牛津大学	英国	784
剑桥大学	英国	712
华盛顿大学	美国	546
密歇根大学	美国	490
宾夕法尼亚大学	美国	489
伦敦大学学院	英国	482
伦敦帝国学院	英国	447
爱丁堡大学	英国	438
哈佛大学	美国	430
哥伦比亚大学	美国	390
加州大学伯克利分校	美国	374
约翰霍普金斯大学	美国	355
康奈尔大学	美国	346
耶鲁大学	美国	331
杜克大学	美国	328
明尼苏达大学	美国	296
芝加哥大学	美国	288
哈佛医学院	美国	284
麻省理工学院	美国	283

注：数据截至 2020 年 5 月

此外，在 bioRxiv 上存放的手稿中，很多最终都发表在了声望很好的高质量学术期刊上(见表 2)，其中发表数占比最多的前 20 种期刊大多处于 JCR 分区的 Q1 和 Q2 区间，这 20 种期刊发表的总和占所有手稿数的 36.62%，这表明 bioRxiv 不仅体积庞大，而且大部分手稿的质量都比较高。

对期刊的启示：期刊应加强和 bioRxiv 预印本平台的合作，探讨合作模式，积极挖掘优秀稿源。众所周知，稿源是期刊发展的关键。鉴于 bioRxiv 存放的手稿在数量和质量上都可圈可点，这也为期刊提供了挖掘优秀稿源，接触优秀作者，了解领域热点的契机。

目前，生命科学领域大多数期刊都对预印本持接受态度，有明确的政策表示不会将存放在预印本服务平台上的文章视作重复投稿[6]。bioRxiv 目前采用 B2J(bioRxiv to journal)的期刊合作模式，即文章在 bioRxiv 存档后直接从 bioRxiv 转送至期刊或直接进行同行评审。在这种模式下，作者只需在 bioRxiv 网站轻轻一点，就能将文章投给期刊进行同行评议，这个过程将预印本展示和期刊审稿无缝整合起来，而且也极大地便利了作者，节约了时间。作者在这个过程中既能收到来自 bioRxiv 平台的在线评论，又能收到来自期刊的审稿意见。另外，在同行评议之前和期间，研究结果能通过预印本服务平台得到快速传播，这有利于提高文章的引用率。为了实现这种直接传送稿件的流程，bioRxiv 在数字出版技术供应商 HighWire 的支持下，开发了一套标准体系和系统架构，实现了预印本库与不同期刊投稿系统的对接以及稿件文件和元数据在两个端点间的快速传输[7]。

表2 2020年上半年发表bioRxiv上存档文章的前20种期刊

年份	期刊	学科内排名*	发表文章数	占比/%
2020	PLOS ONE	Q2	432	6.31
2020	eLife	Q1	306	4.47
2020	Nature Communications	Q1	298	4.35
2020	Scientific Reports	Q1	276	4.03
2020	PLOS Computational Biology	Q1	146	2.13
2020	Proceedings of the National Academy of Sciences	Q1	144	2.1
2020	NeuroImage	Q1	100	1.46
2020	PLOS Genetics	Q1	80	1.17
2020	The Journal of Neuroscience	Q1	79	1.15
2020	Bioinformatics	Q1	78	1.14
2020	Cell Reports	Q1	78	1.14
2020	Nucleic Acids Research	Q1	78	1.14
2020	Biophysical Journal	Q2	72	1.05
2020	G3: Genes|Genomes|Genetics	Q2	60	0.88
2020	Current Biology	Q1	49	0.72
2020	iScience	暂无排名	48	0.7
2020	mBio	Q1	47	0.69
2020	Molecular Biology and Evolution	Q1	46	0.67
2020	PLOS Biology	Q1	45	0.66
2020	Science Advances	暂未被SCI收录	45	0.66
	总计		2 507	36.62

注：*数据来源 2018 CLARIVATE ANALYTICS

最近几年，我国出台了很多政策来扶持英文科技期刊的发展，加快建设世界一流科技期刊。在中国科技期刊卓越行动计划等国家基金的保驾护航下，我们更有底气来开拓思维，寻求发展的契机。如何解决当前我国很多期刊所面临的国际稿源少的问题，笔者认为除了依靠编委会的力量之外，期刊自身也应寻找新的发展契机。目前，已经有175种期刊与bioRxiv建立了B2J的合作关系，其中就包括Science、PLoS系列、Frontiers系列等大名鼎鼎的期刊，但是目前我国还没有一个期刊与bioRxiv开展合作。我们期刊需要走出封闭的运作模式，以开放的心态迎接bioRxiv这样的新型数字平台，和它们建立合作关系，为期刊的国际性发展创造有利条件。除了期刊与bioRxiv建立官方的合作关系之外，我们期刊的编辑也可以主动出击，去预印本平台寻找领域合适、学术水平高的潜在作者，积极和对方取得联系，通过设立快速评审通道、免除发表费、进行开放获取发表、重点宣传、选作封面文章等措施来吸引他们投稿。如果对方表现得兴趣寥寥或者没有回音，则可以依靠主编和编委的力量来进行约稿，利用他们的学术影响力来吸引对方投稿。

2 bioRxiv预印本的特点及对期刊的启示

预印本与传统期刊在运作模式上分别具有对方所不具备的优势，相对地，一方的优势又是另一方的劣势。如果能将两者结合起来，取长补短，将有效地规避彼此的劣势、发挥各自优势，实现互利双赢，形成全新的学术交流体系和出版模式。

2.1 bioRxiv 具有时效性强的优势

bioRxiv 不采用期刊的同行评议环节，它只对提交的文档进行基本的检查，筛选出具有攻击性和/或非科学性的内容，以及可能造成健康或生物安全风险的材料，以及是否存在抄袭行为。因此，不同于期刊漫长的同行评议过程，在预印本平台上，文章从提交到发布仅需短短的 2 天时间，这大大缩短了作者等待的时间，并且每篇文章都有发布时间和数字对象标识符(DOI)，这有助于作者规避首发权争议，掌握科研交流的主动权，因此，越来越多的研究人员选择在向期刊投稿前先将论文的手稿提交到预印本平台从而快速公开自己的科研进展[8]。另外，美国国家卫生研究院(US National Institutes of Health)也开始允许研究人员在他们的资助申请中引用预印本文章[9]，这更是对预印本平台的一种肯定，也促使越来越多的研究人员将目光投向了预印本平台。

2.1.1 对期刊的启示一：期刊应加快稿件处理时效

bioRxiv 的高时效性值得传统期刊学习和思考。在保持严格的同行评审制度的前提下加快稿件处理时效，这是提升期刊生命力、吸引作者的重要环节。

在进行稿件初筛的过程中，编辑应当提高效率，充分了解所在期刊的发表水平，通过查阅 Pubmed 上相关领域的文章以及运用 Crosscheck 等查重软件对来稿的学术水平、学术不端等行为要做出快速、准确的判断，不管是送审还是退稿，都要及时快速地做出决定。

在同行评议环节，编辑一般会邀请 2~3 位审稿人进行审稿，如果领域较偏，可以适当增加审稿人数量。英文期刊在邀请国外审稿人时往往会遇到发出邀请后审稿人没有应答的情况。这种情况下，编辑应在发出邀请两天没有应答后，继续通过查阅 Pubmed 和 Web of Science 等数据库寻找、邀请更多的审稿人，以免延长作者的等待时间。期刊应当不断地完善、扩充审稿人库，通过颁发类似"最佳贡献审稿人"等奖项或者将积极审稿的审稿人纳入编委会等方式，来提高审稿人的荣誉感，提高其审稿积极性。另外，编辑在挑选审稿人时，也要注意避免同时期多次邀请同一位审稿人，以免加重该审稿人的审稿负担，降低审稿效率。编辑还应加强与审稿人的沟通，熟悉审稿人的审稿习惯，及时跟进审稿人的审稿状态，在审稿人拒绝审稿或审稿时间超期时及时邀请新的审稿人或给予提醒，减少等待的时间空当。

另一方面，期刊也可以为一些被大刊退稿的优秀稿件设立快速评审通道，在大刊已有的审稿意见的基础上，再请 1 位期刊编委进行快速评审，这样也能加快对这些稿件的处理时效。

2.1.2 对期刊的启示二：期刊应探讨多模式出版，加快科研成果的快速传播

在信息化、网络化的时代下，加快科研成果的传播是大势所趋，也是人心所向。因此，期刊也应该积极加入这股潮流，探索多种出版模式。目前最常见的网络快速出版模式包括网络优先出版(online first)和网络首发模式(early release)。网络优先出版(online first)是指借助于互联网技术，在稿件录用后立即对文章进行编辑、排版、校对，然后在网上公开发表。相对于传统的纸质出版，网络优先出版的发表周期更短，能加快科研成果的快速传播。但是在这种模式下，接受后的稿件仍要先经过编辑、排版、校对等环节才能在线发表，如果收录的稿件较多，还要面临排队的问题，这无疑还会延长在线发表的时间。所以网络优先出版的文章一般从稿件接受到在线发表仍需 1~2 个月左右的时间。

相比之下，网络首发模式(early release)更为快速。网络首发模式是指稿件在录用后立即在网上公开发布，它的发表周期比网络优先出版更短，更有利于加快科研成果的快速传播，这

也是 Nature 目前所使用的模式,在这种模式下,文章在接受后平均一周左右就能上网。但是,Nature 的这种网络首发模式没有经过编辑加工过程,因此需要文章的质量达到一定的水平,语言逻辑清晰,没有错误才可以。

我们期刊需要根据自身的实际水平和编辑团队情况,前期把握好文章的质量关,后期从生产加工环节进行优化,把关语言表述和格式关。例如,对于英文书写较差的稿件,期刊要在稿件接受前建议作者寻找专业的语言润色机构进行语言润色,提高文章的可读性和科学逻辑性,为后面的网络优先出版或网络首发打下基础。另外,许多出版商(如 BMC 和 Springer Nature 等)能为合作期刊提供非常专业的后期生产服务,他们的稿件排版遵循严格的格式要求,对文章中的每篇文献都设置超链接,为每篇文章制作 HTML 格式文件,这在很大程度上分担了编辑部的后期工作。编辑部可以将主要精力放在审稿和对稿件内容的编校上,通过各环节的无缝衔接,加快稿件的发表周期。

2.2 bioRxiv 投稿流程简单方便

bioRxiv 对投稿的格式没有条条框框的约束,作者只需要上传一个单独的 PDF 文件即可,PDF 里要包含正文和所有的图表。如果有一个或多个补充文件,再分别单独上传。这种简单的投稿方式极大地方便了作者,给他们带来了很好的作者体验。

2.2.1 对期刊的启示:期刊应简化投稿流程,提高作者的积极性

在期刊水平差不多的情况下,作者会优先选择体验较佳的期刊进行投稿。目前,大部分期刊对于来稿都有自己的格式要求,基本上每个期刊都有长长的"投稿须知"(Instructions to Authors),里面详细地列出了对标题、摘要和正文等方面的格式和字数要求,以及参考文献引用格式等,这些要求对于建立期刊自己的风格和形象至关重要,且是必不可少的,但同时,这些要求和文章的科学内容关联较小,且会耗费作者很多的时间和精力。期刊应从传播科学、服务作者出发,在投稿流程上进行探索,简化投稿过程,提高作者的投稿体验。例如,期刊可以将这些格式要求后移至修改稿投稿阶段。在初稿投稿过程中,如 bioRxiv 那样允许作者只上传一个单独的 PDF 文件用于对科学内容进行评审,不设置细致的格式要求;在修改稿阶段再要求作者对格式进行修改。对于在其他期刊上经过了同行评议后再转投的稿件,同样也不设格式要求,这有助于期刊吸引到好的稿件,提高作者的积极性。

2.3 bioRxiv 采用开放获取的出版政策

bioRxiv 上发布的所有文章都是开放获取(open access,OA)的,版权归作者所有,作者的信息全部公开。另外,作者在上传文档时有多种开放协议可以选择:知识共享(CC)署名(BY)(可以复制、发行、展览、表演、放映、广播或通过信息网络传播;必须按照作者指定的方式对作品进行署名)、CC BY-NC(非商业性使用)、CC BY-ND(禁止演绎)、CC BY-NC-ND、CC0(版权共享协议),或者选择不允许重利用。灵活多样的版权给了作者充分的选择。

通过预印本的开放获取功能,其他研究人员可以在第一时间关注到作者的工作,可能会指出作者稿件中的重大缺陷或错误、提出新的研究建议来提高其科学质量。这些反馈可以通过公开的评论或私下的邮件联系传达给作者,这对于作者提高文章质量、完善实验设计是非常重要的,甚至有助于作者在更有声望的期刊上发表文章。bioRxiv 的开放获取政策已经让它成为了交流和公布新的研究发现的重要平台。有研究表示,采用预印本的文章,往往在正式发表后拥有更高的关注度,altmetric 的评分也更高。来自美国西北大学的 Nikolai Slavov 助理教授是 bioRxiv 平台的众多受惠者之一。他于 2014 在 bioRxiv 发布的首篇预印本文章[10]已经

被浏览了超过了 11 000 次,最近一篇有关干细胞单细胞蛋白质组学的文章[11]从发布后的短短几个月内就被浏览了超过 19 000 次[12]。同时,他还收到了来自四面八方的同行的评论和联系,这其中有大牛教授的反馈,有许多同行的建议,媒体的联系,期刊的邀请,甚至一些顶尖的研究院也向他抛出了橄榄枝。Nikolai Slavov 助理教授的经历只是众多研究人员的一个缩影,bioRxiv 平台不仅加强了科学交流,而且也极大地惠及了作者。

2.3.1 对期刊的启示:OA 模式是未来期刊出版的主流

OA 能最大限度地实现文章的显示度和影响力,不受任何时间、任何地点的限制,对于提升期刊的影响力、促进学术交流具有巨大贡献。近几年 OA 的发展非常迅速。世界上 DOAJ、Socolar、J-Gate 三大知名 OA 平台的收录论文数量在不到 5 年的时间内分别增长了 104.96%、1 319.56%和 739.29%,并且有越来越多的 OA 论文被 SCIE 数据库收录[13],这说明 OA 论文的质量在不断提升。这些数据都表明,OA 是未来期刊出版的主流。我国虽然在 OA 出版方面起步较晚,但是进步很大,目前已经产生了一批发展稳健的优秀的 OA 期刊,在稿源、资金等方面已经步入良性循环。目前,许多订阅式期刊也在慢慢地向 OA 逐步靠近,例如最近 Springer Nature 集团就制定了一个由订阅模式向 OA 转变的计划,先帮助合作期刊转变成 hybrid OA 的模式,作者可以选择做 OA,也可以选择传统的订阅模式,在这个过程中慢慢扩大 OA 文章比例。但是,在订阅期刊向 OA 转变的过程中,资金是一个很大的问题。由于一篇 OA 文章的 APC 费用通常为 2 500~3 500 欧元不等,普遍高于普通的版面费,因此很多作者在选择 OA 时比较犹豫。笔者认为,可以通过以下几种方式来吸引作者选择 OA 出版。①期刊可以选择一些比较优秀的稿件,适当给予作者一部分费用补贴,减轻作者的费用负担。期刊通过投入一部分资金来提高优秀稿件的可见度,这也可以间接提高期刊的影响力。但是,由于目前我国大部分期刊在经营体制和盈利模式方面存在局限性,期刊编辑部自身的盈利无力承担大额的 OA 费用。建议国家和各主办单位在期刊的 OA 转型前期给予资金支持,帮助过渡,利用 OA 提高期刊的影响力,吸引更多的作者选择 OA 出版,从而使期刊走上良性循环。②依靠出版集群化的力量,将期刊整合起来与同一家出版商合作,这样在 APC 费用方面更具谈判空间。例如,Wiley 出版对于不同的合作期刊有不同的 APC 定价,而且对某些期刊提供学会(Association)会员打折的优惠政策。③编辑积极向作者介绍 OA 出版对于提高作者在国际上的可见度和影响力的益处和重要性,同时各大机构和媒体也要公正地宣传 OA 出版,消除科研人员"OA 期刊就是掠夺性期刊"的偏见。

2.4 预印本面临的挑战

虽然 bioRxiv 具有期刊无法比拟的时效性,但是它的时效性来源于同行评议制度的缺失,它只对提交的文档进行基本的检查,筛选出具有攻击性和/或非科学性的内容,可能造成健康或生物安全风险的材料,以及存在抄袭行为的文档,对文章的科学内容不会进行评价。众所周知,同行评议是保证文章的质量和科学性的关键,因此预印本文章的质量控制问题仍然是科研人员的主要担忧之一。另外,由于所有的预印本文章都会被分配一个专有的数字对象标识符(digital object identifier, DOI),因此它们可以被其他文章引用。有些未经同行评议的研究在科学可信度方面是存疑的,有些预印本文章甚至存在实验设计漏洞百出的问题,如果对这些文章进行引用,毫无疑问会对之后的研究造成误导,浪费资源,浪费时间,从而阻碍科学的发展,如果再加上各类媒体的大肆报道,就会使信息以指数级的规模扩散开去,误导民众一发不可收拾,产生非常严重的社会影响。

因此，预印本服务商在发布稿件之前，需要谨慎考虑某些文章可能会带来的社会影响，特别是有关药物的临床试验，绝对不能未经严格的同行评议就公开在预印本平台上[14]。另外，如何建立一种长久的机制来最大限度地避免发布科学错误的论文、及早警示是一个值得我们探讨的问题。笔者认为可以从两方面进行改进：首先，充分发挥科学共同体的作用，在文章发布后，通过评论功能让同行发现科学上的错误，评价结果解释是否得当，或者要求作者补足数据或实验。基于大量的评价，将文章分配以不同的颜色；例如用红色警示负面评价过多的文章，用绿色标注评价较正面的文章，将颜色标记设置为永久存在，以此来方便读者区分出受质疑较多的手稿，谨慎解读其研究结果，同时提醒作者要做出好的研究，而不是拿文章充数；其次，对于一些可能会引发社会慌乱或造成社会轰动的研究结果，必须坚守同行评审的原则。

2.4.1 对期刊的启示：期刊要严把审稿关，强化风险意识

bioRxiv 屡屡爆出的撤稿风波提醒我们期刊要严把审稿关不放松，在科研诚信、伦理风险和学术性方面保持警惕。在稿件初筛环节，期刊要利用 Crosscheck 等软件并结合查询 Pubmed 和"中国知网"等数据库对稿件内容进行查重比对，及时发现抄袭、重复发表、明显的数据造假等问题；在稿件送审环节，严防"审稿人造假"行为，特别是针对作者推荐的审稿人，一定要核实审稿人的单位、邮件地址和研究领域，并且谨慎邀请对方审稿；另外，期刊的审稿要严格实行同行评议制和三审制，切不可为了求快或者出于人情、关系、利益、金钱等目的而放松审稿流程，放低要求。

最近由中国科协、中宣部、教育部和科技部联合印发的《关于深化改革 培育世界一流科技期刊的意见》中提出，"要加强党对科技期刊工作的全面领导，确保正确的舆论导向和办刊方向"，这再一次提醒我们期刊要时刻保持风险意识，在选题策划、组稿与约稿、审稿、编辑校对、印刷、发行、广告、经营、数字出版、网络传播等各个出版环节加强把控，提高政治和科学敏锐性[15]，在内容上保持正确的政治方向和价值取向，及时发现存在的科研诚信和伦理问题，避免因防范疏忽而最终造成差错。另外，期刊还应加强对网站、微信等内容的审核，避免造成不良的社会影响。

3 结束语

预印本的发展为传统的学术出版不仅带来了挑战，而且也带来了机遇。期刊应取长补短，保持与时俱进开拓创新的精神，在保证同行评审质量的前提下寻找有效的方法来缩短稿件处理周期和发表周期，加强与预印本平台的合作，简化投稿流程，提高作者体验，探索开放获取的发表模式。同时，期刊也要加强编辑队伍人才的建设，通过设立激励制度吸引优秀人才，通过提供更多的培训机会使编辑得到更多的锻炼，毕竟，所有的工作都要由人来做，只有充分调动编辑的积极性，期刊才有生命力，期刊的发展才有活力。通过不断的探索和创新，我国一定会有越来越多的科技期刊在国际舞台上绽放！

参 考 文 献

[1] 丁笃.预印本网站的兴起给学术期刊带来的启示[J].编辑学报,2018,30(2):145.
[2] SILVA D, TEIXEIRA J A. The preprint debate: what are the issues? [J]. Med J Armed Forces India, 2018,

74(2):162-164.

[3] ZHOU P, YANG X, WANG X. et al. Discovery of a novel coronavirus associated with the recent pneumonia outbreak in humans and its potential bat origin [J/OL]. biorxiv, 2020 [2020-08-10]. https://doi.org/10.1101/2020.01.22.914952.

[4] ZHOU P, YANG X, WANG X. et al. A pneumonia outbreak associated with a new coronavirus of probable bat origin [J]. Nature, 2020, 579: 270-273.

[5] FRASER N, BRIERLEY L, DEY G, et al. Preprinting a pandemic: the role of preprints in the COVID-19 pandemic [J/OL]. 2020 [2020-08-10]. https://doi.org/10.1101/2020.05.22.111294.

[6] Direct submissions from bioRxiv [J]. J Neurosci, 2017, 37(2): 237.

[7] 杨硕.预印本库与传统期刊合作的典型模式研究[J].科技与出版,2020(7):130-136.

[8] 解贺嘉,刘筱敏,景然.预印本平台 bioRxiv 影响力实证研究及建议[J].中国科技期刊研究,2019,30(11): 1218-1224.

[9] KAISER J. NIH enables investigators to include draft preprints in grant proposals [J]. Science, 2017. doi:10.1126/science.aal0961.

[10] SLAVOV N. Variable stoichiometry among core ribosomal proteins [J/OL]. 2014 [2020-08-10]. https://doi.org/10.1101/005553.

[11] BUDNIK B, LEVY E, HARMANGE G, et al. Mass-spectrometry of single mammalian cells quantifies proteome heterogeneity during cell differentiation [J/OL]. 2018 [2020-08-10]. doi:https://doi.org/10.1101/102681.

[12] SLAVOV N. Why I love preprints [EB/OL]. [2020-08-10]. https://web.northeastern.edu/slavovlab/blog/2017/09/28/biomedical-preprints-benefits/.

[13] 王元杰,齐秀丽,王应.国内外期刊开放获取出版现状与启示[J].中国科技期刊研究,2020,31(7):828-835.

[14] LOEW L M. Peer review and bioRxiv [J]. Biophys J, 2016, 111: E01-E02.

[15] 王旐,卢全,游苏宁.强化期刊出版风险意识提高危机防控化解能力[J].编辑学报,2020,32(3):237-241.

"自上而下"策略对国内科技期刊发展的推动作用

许军舰，孙陆威，张学梅

(《中国科学：化学》编辑部，北京 100717)

摘要：国内科技期刊的发展目前正处于机遇期和关键期。本文通过分析国内科技期刊的现状，结合国内体制特点及科研环境，提出政策引导、期刊集群化、一体化平台建设等"自上而下"策略将对期刊的发展发挥重要的推动作用，以期为相关部门提供参考或启示，为新形势下国内科技期刊的进步助力。

关键词：科技期刊；发展策略；政策引导；集群化；平台建设

近年来，随着国家科技投入的持续增加，我国科技成果的产出也获得了快速上升。有报道指出，目前中国已成为世界上科技论文发表数量最多的国家[1]。然而不可否认的是，虽然近年来国内科技期刊的国际影响力获得了大幅提升，取得了长足的进步，但其发展相较于传统发达国家仍处于相对落后地位。图 1 列举了 1997—2018 年中国科技论文发表情况[2]。从中可以看出，近 20 年来，中国每年发表 SCI 论文总数以及占全世界 SCI 论文的比例均呈上升趋势，但国内期刊对中国论文的贡献率却逐年降低。另外，原国家新闻出版广电总局新闻报刊司司长李军在《中国科技期刊发展蓝皮书(2018)》正式发布时曾公布一组数据："我国 SCI 和高被引 SCI 论文的发表量都非常大。被引频次最高的 1%的论文当中，我国有 14.3 万篇，全球占比 16.62%。接近 20%的高被引 SCI 论文由我国学者贡献。但遗憾的是，有 95%的论文发表在海外期刊上，现实非常严峻。"这些数据表明，在中国每年所发表的大量科技论文中，国内期刊只承载了其中很小的一部分，尤其是高水平、高质量的研究论文流失更为严重[3]。因此，大力推动国内科技期刊更快、更好的发展，尽可能减少自主知识产权流失，已刻不容缓。

2018 年 11 月 14 日，中央全面深化改革委员会第五次会议审议通过了《关于深化改革培育世界一流科技期刊的意见》，吹响了国内科技期刊振兴的号角。随后，2019 年 8 月，中国科协、中宣部、教育部、科技部联合印发《关于深化改革 培育世界一流科技期刊的意见》，为下一步科技期刊的发展政策落地提供了纲领性文件。但具体到细化落实环节，究竟该如何针对差距，精准施策，扭转当前不利局面，还有大量的工作要做。本文在分析国内科技期刊的体制特点及影响因素的基础上，提出了"自上而下"相关策略，以期为相关部门提供参考，为新形势下国内科技期刊的进步助力。

1 国内科技期刊的体制特点及影响因素

基于国情及发展历程的不同，国内科技期刊与国外相比，体制、规模上有很明显的不同

基金项目：中国科技期刊登峰行动计划项目(卓越计划-C-166)；中国科技期刊质量影响要素分析项目(2020XFKJQK03)

之处。国外知名期刊一般隶属于商业化的出版机构,市场化程度很高,同时规模较大,同一出版机构下往往包含不同层次、不同领域、不同发文类型的期刊群,载文量大,对整个科研群体均有较强的吸引作用;而国内期刊大多挂靠于科研机构,市场化程度低,同时布局分散,规模较小,载文量低,难以对科研群体形成较强的集聚和吸引效应。

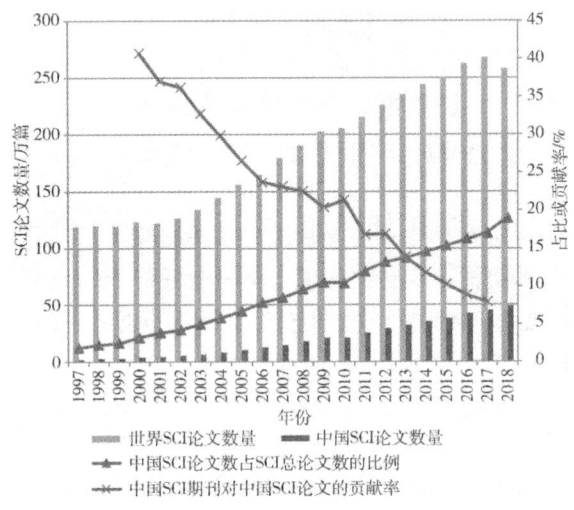

图1 中国出版的 SCI 期刊对中国 SCI 论文的贡献率[2]

在期刊的发展过程中,同时受到内部和外部因素的影响。近些年,国内的期刊从业人员也通过学习国外期刊的先进经验,采取了不少旨在提升期刊竞争力的措施,如加强期刊自身编辑素养[4];通过设立青年委员会吸引青年学者的关注与支持,进而提升期刊知名度[5];通过专刊专题约稿提升稿件质量[6];加强已录用稿件的推广与宣传[7];以及通过期刊投审稿平台及网站的优化与建设,为作者、读者提供更便捷与优质的服务等[8]。上述举措作为期刊发展的内部因素,无疑为近年来提升期刊影响力起到了重要的推动作用。除此以外,外部因素,如研发投入、政策因素、社会需求等,对期刊的影响也不容忽视[9]。在诸多外部因素中,笔者认为,源自于国家层面的"自上而下"相关举措,对推动期刊发展至关重要。

2 "自上而下"的举措

在期刊的发展过程中,外部因素对期刊的影响力不容忽视。如20世纪末,纳米科技的逐步兴起,就直接促成了 *Nanoscale*、*Nano Letters*、*Nano Research* 等一系列纳米领域期刊的创立与飞速发展。反之,期刊的发展,也从客观上对所属领域的进步起了一定程度的推动作用。国内期刊虽然市场化程度不高,大部处于体量小、分散的状态,但体制上的不同,使国内科技期刊对政策、科研环境等外部因素有更大的敏感性。因此,通过外部因素,尤其是一些可彰显国家意志的"自上而下"的举措,主动对科研群体以及科研与出版相关管理部门等施加影响,或可弥补国内期刊市场化程度低的短板,相信也会收到良好的效果。

"自上而下"举措,顾名思义,为"自上"而起,向"下"逐步落实的策略。体制上的独特性,使我国在优化配置资源、集中力量办大事方面较之其他国家具有无与伦比的优越性。如北斗系统的正式开通,即是其中一个很好的范例。同样,对于国内期刊来说,国家层面如果采取一些政策倾斜,加以相关主管部门的资金扶持、人才吸引,势必对国内科技期刊发展产生强大的影响。

笔者认为，从当前来看，以下几方面的"自上而下"的举措，应给予重点关注及支持。

2.1 通过政策引导，重塑更科学的科研评价体系

科研评价体系是对科技成果和科研人员的认定与评价，对科研人员和科技发展起导向性作用。科研评价体系是一个复杂的系统工程，在不同国家、不同部门或单位、不同时期均不尽相同。在我国科技事业的兴起过程中，科研评价体系无疑对促进科研人才的吸引与选拔，进而对我国整体科研实力提升起了重要的支撑与引导作用。但随着综合国力、研发投入与成果产出以及科研人员数量的大幅提升，原有评价体系时至今日已不能跟上时代的步伐，其中的一些弊端也逐步显现。由于缺乏科学的量化评价指标，"唯SCI""唯影响因子""唯论文数"等简单评价方式仍大范围存在。一方面，国内科技期刊论文承载能力不足；另一方面，国内科技期刊影响力与国际大刊相比还有较大差距，这难免造成国内大量科技成果外流，尤其是高水平成果流失严重。因此，也就形成了当前国内期刊"吃不饱""吃不好"，国外知名大刊"吃不下"，进而争先恐后到国内办新刊的奇特局面。

令人振奋的是，近些年，国家和相关机构也深刻认识到这一点，并逐步采取了一系列措施。2016年，习近平主席发出了"把论文写在祖国的大地上"的倡议[10]，此后，多部门的一系列政策相继发布。2019年12月18日通过的《国家科学技术奖励条例(修订草案)》明确了申报材料取消填写论文期刊影响因子，鼓励发表在国内期刊的论文作为代表作[11]。2020年2月23日，科技部与财政部共同制定了《关于破除科技评价中"唯论文"不良导向的若干措施(试行)》，明确要求破除"唯论文"论不良导向，打造中国高质量科技期刊[12]。该文件明确指出不允许将论文发表数量、影响因子等与奖励奖金挂钩，不把论文作为主要的评价依据和考核指标。文件同时明确了许多新的评价考核标准，如基础研究类论文评价实行代表作制度，其中，国内科技期刊论文原则上应不少于1/3。这些指导性意见从国家层面为优化科研评价体系，推动国内期刊发展注入了强心剂。

由于体制上的独特性，"自上而下"的政策在我国具有非比寻常的影响力与导向性。因此，这些措施一经推出，迅速产生了立竿见影的积极效果。以作者所在的《中国科学》杂志社为例，社属系列期刊2020年1—5月收稿量与去年同期相比平均增长了118%(见图2)。如此明显的变化，足以说明上述措施已直击要害，导向准确，效果显著。但同时我们还需清醒地认识到，投稿数量的增加只是一方面，论文质量的提高才是推动期刊发展的重中之重。在今年所收到的投稿中，大量稿件学术水平仍一般，没能满足我们对学术质量的要求，似乎存在为应付国内期刊论文占比任务而"灌水"之嫌。如何引导学者真正把高质量论文投到国内期刊，而不是仅仅为了学术头衔、奖励、职称申请的"上有政策，下有对策"之举，还需要科研管理部门层层细化，精准施策，对科技人才与成果实行更科学地评价，营造更加合理的科研环境与氛围，使科研人员、成果与期刊之间最终形成相辅相成的良性循环。

2.2 加强期刊集群化建设

目前，国际科技出版行业发展很不均衡，少数源于发达国家的传统出版集团占据明显的优势地位。以化学领域为例，目前影响力较大的出版商有美国的ACS(美国化学会)、英国的RSC(英国皇家化学会)、荷兰的Elsevier以及德国的Springer出版集团和Wiley出版集团等。整个化学领域的大部分的稿源尤其是优质稿源被这几个大的出版集团所掌握，其影响力及优势地位短时间内很难撼动。究其原因，其优势地位主要源于以下三点：①各自有所在领域的知名期刊，且发文量较大，对业界内的学者形成了很强的向心力作用。如ACS的 *Journal of the*

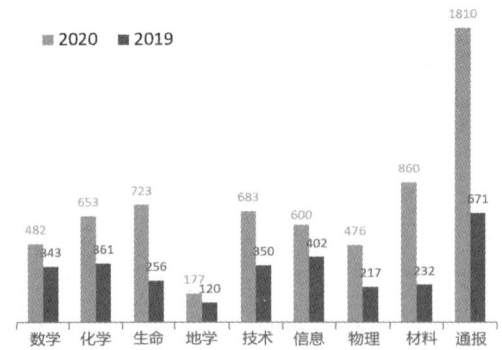

图 2 《中国科学》杂志社系列英文刊 2020 年 1—5 月份收稿量与去年同期对比

American Chemical Society (JACS)，Wiley 的 Angewandte Chemie、Advanced Materials 等。这些期刊代表了业内研究水平的制高点及研究热点的风向标，拥有庞大的读者和作者"粉丝群"。②他们具有各自完善的期刊体系，在不同领域具有灵活多样的期刊类型及互利互补的期刊梯队分布，便于不同领域、不同水平的读者及作者按需选择，已在业内形成稳定良性的"生态圈"。③这些大的出版集团历经多年的发展及市场化运作，已经形成了一整套成熟的商业化体系及清晰的盈利模式。在期刊推广、成果宣传等方面具有明显的物力优势。而放眼国内，大部分科技期刊零散挂靠于科研院所，各自为战，体量也较小，运营主要依赖于有限的经费支持，很难与知名国际大刊竞争。

为了尽可能增强期刊国际影响力，很多期刊也采取了一些措施，如"借船出海"，与国外知名出版商合作发行(主要为电子版)就是一个常用的模式。从目前来看，该手段确实为期刊走出国门，增加国际知名度贡献很大，但从长远来看，恐难成为长久之计。一方面，这仅仅是牺牲部分自主知识产权与期刊收益的权宜之法，如长期、大范围采用，代价太大；另一方面，未来期刊要想做大做强，探索更合理可行的市场化模式及盈利机制势在必行，此种对竞争对手的大幅依赖模式也必将难以久存。

笔者认为，期刊集群化可成为逐步摆脱外部依赖，增强竞争力的一剂良方。诚然，基于体制上的原因，短期内期刊全面集群化面临诸多困难。但当今互联网技术的飞速发展，为集群化之路提供了一条可借鉴的捷径。现如今互联网高度普及，传统纸质期刊的受众已愈来愈少，数字化期刊正大行其道，也毫无疑问代表了期刊的未来。主管部门可创新驱动，先从国内期刊的数字化整合入手，逐步建立不同学科或领域的期刊数字化集群，形成聚集效应。一方面可弥补体量上的劣势；另一方面在探索盈利模式时也将有更大的话语权，尤其对传统订阅式期刊更是如此。如此可暂时先绕过期刊整合在人员、体制上的一些障碍，待未来期刊整体壮大，时机成熟，期刊之间全方位的整合实施也可水到渠成。

2.3 推动期刊论文投审稿、发布一体化平台自主建设

论文投审稿、发布平台对期刊的发展至关重要[13]。互联网及数字化技术的发展，使稿件脱离地域的限制，从投稿、同行评议，到接收发布、媒体推广，流程更加便捷。更易于操作人性化的投审稿系统，可使评审专家对论文的同行评议更加简单快捷；快速、有效的发布平台可使科研成果尽快地呈现于读者面前。另外，当今媒体发展日新月异，方式更多样，效率也更高，如将其与期刊发布平台相结合，可使优秀的科研成果更及时、精准地推送至同行手中。经过多年市场化之路，国外知名出版集团已建立了一整套相对完善的论文投审稿及发布

系统,并拥有非常可观的用户群体。国内由于起步较晚,这方面具有非常大的差距:①由于国内缺乏简洁易用、功能齐全、用户认可(尤其国外用户)的投审稿平台,很多期刊无奈之下付费采用国外大刊的投审稿系统。从整个国家层面看,耗资巨大。②很多期刊虽然有各自的论文发布平台,但大多体量有限,功能简单,用户访问量极低,很难形成竞争力。同时,很多期刊名义上是订阅模式,但为了增加访问量,不得已在国内采取了免费开放期刊电子版的方式。这对期刊数据安全及知识产权的保护很不利。

因此,自主开发简便易用、兼容性强、高效稳定、可定制的多功能平台迫在眉睫。科技期刊一体化平台建设是一项庞大的工程,需要大量的人力物力,没有相关的政策、资金支持,单凭零散的国内期刊一己之力恐难以实现。如果能从顶层设计出发,依托当前相对优势或集中的期刊单位(如各学会组织或期刊数量较多的出版社),配以政策及财政扶持,在调研不同学科特点,了解读者、作者、编辑的需求,吸取国外大刊的先进经验的基础上,建立并逐步完善一整套国内自主的集成系统,必将对提高国内期刊竞争力打下坚实的基础。

3 结束语

从中央到相关部委一系列文件的发布,使我们看到了国内科技期刊崛起的曙光,国内科技期刊也真正进入发展的黄金时代。期刊发展是一个复杂的工程,需要研发人员、科研管理部门、出版部门等共同努力才能实现。目前,相关部门已采取了一些措施,部分也已初步显现出明显的效果。本文列举了对期刊发展起重要作用的几个"自上而下"的举措,对相关主管部门具有一定的参考价值。相信在各界的共同努力下,国内科技期刊必将迎来崛起的春天。

参 考 文 献

[1] 中国科学技术协会.中国科技期刊发展蓝皮书(2019)[M].北京:科学出版社,2019.
[2] 高福.建设中英文兼顾的世界一流科技期刊体系:在中国科学技术期刊编辑学会 2019 年学术年会上的报告[J].编辑学报,2019,31(5):473-476.
[3] 陈磊,代小佩.优秀论文"出国"95%的高被引论文在海外[J].科学大观园,2019(16):14-17.
[4] 董燕.新时代军校学报编辑学术素养提升策略[M]//学报编辑论丛(2019).上海:上海大学出版社,2019:262-266.
[5] 张学梅,许军舰.创新编委会工作模式,提升期刊国际影响力:Science China Chemistry 成立青年工作委员会经验浅析[J].中国科技期刊研究,2016,27(4):444-448.
[6] 黄崇亚,卓选鹏.编辑实践中专家约稿与专题约稿的策略:以《国外医学·医学地理分册》为例[J].传播与版权,2017(7):42-44.
[7] 李红霞,彭冰霞,邱亮斌.新形势下加强科技期刊宣传与推广的思路探讨[J].传播与版权,2019(1):81-83.
[8] 程维红,任胜利,沈锡宾,等.中国科协科技期刊数字出版及传播力建设[J].中国科技期刊研究,2014,25(3):340-345.
[9] 林松清.外部因素对中国科技期刊发展的影响[J].中国科技期刊研究,2012,23(6):932-937.
[10] 习近平:把论文写在祖国的大地上[EB/OL].(2020-07-06)[2016-06-11]. http://news.sciencenet.cn/htmlnews/2016/6/348350.shtm.
[11] 国家科学技术奖励"瘦身"完成:注重质量,提名打破部门垄断.[EB/OL].(2020-07-11)[2019-12-19]. http://www.gov.cn/zhengce/2019-12/19/content_5462447.htm.
[12] 关于破除科技评价中"唯论文"不良导向的若干措施(试行).[EB/OL].(2020-07-11)[2020-02-23]. http://www.cas.cn/zcjd/202002/t20200223_4735451.shtml.
[13] 梁小健.影响力、传播力与平台建设:世界一流科技期刊相关话题的思考[J].出版广角,2019(2):14-17.

提高科技期刊服务能力的举措刍议

杨明春

(中国科技出版传媒股份有限公司(科学出版社),北京 100717)

摘要: 随着我国科研实力的提高,科技出版事业越来越受重视。一系列支持性政策的出台,使得科技期刊迎来了春天。然而,目前大多数期刊都面临稿源不足、稿件质量下降、优质稿源外流、期刊同质化严重的现状,这与我国目前的科研发展现状极不匹配。鉴于此,学术期刊编辑应从关注学科动态、跟踪重大项目、参加大型学术会议宣传组稿、充分发挥编委作用、利用大数据来挖掘优质作者等方面来吸引并留住优质稿源;制定合理的送审和出版制度来严格把控审稿和出版时效;利用微信公众平台、邮箱精准推送等方式来提高宣传力度;利用媒体融合出版来提高期刊服务能力。本文从以上几个方面展开论述,分析了新形势下提高科技期刊服务能力的着手点,以期为编辑同仁提供思路和视角。

关键词: 期刊发展;科技期刊服务能力;发展策略

改革开放以来,我国对科技发展的投入越来越多,科研实力也在不断增强。在这种背景下,我国的科技期刊也取得了长足发展。近年来,国家对科技出版事业尤为重视。习近平总书记《在庆祝改革开放 40 周年大会上的讲话》中又提到,中华文明是人类历史上唯一一个绵延 5 000 多年至今未曾中断的灿烂文明[1],而我们出版行业恰恰承载着传承文化、繁荣文化的历史使命。因此,在我国努力实现"两个一百年"奋斗目标、实现中华民族伟大复兴的中国梦中,出版行业工作者任务艰巨且光荣。习近平总书记还强调指出:广大科技工作者要把论文写在祖国的大地上,把科技成果应用在实现现代化的伟大事业中[2]。2019 年,中国科协、财政部、教育部、科学技术部、国家新闻出版署、中国科学院、中国工程院决定联合实施中国科技期刊卓越行动计划。该计划以 5 年为周期,面向全国科技期刊系统构建支持体系,是迄今为止我国在科技期刊领域实施的力度最大、资金最多、范围最广的重大支持专项,旨在贯彻落实《关于深化改革 培育世界一流科技期刊的意见》,推动我国科技期刊高质量发展,服务科技强国建设[3]。越来越多支持性政策、文件的出台,开启了中国科技期刊的新纪元,我国科技期刊迎来了春天[4]。这对于期刊工作者来说,更是莫大的机遇。但是目前大多数期刊在面临的稿源不足、稿件质量下降、优质稿源外流、期刊同质化严重[5]的背景下,学术期刊想脱颖而出永葆优势,对编辑来说仍充满挑战。学术期刊编辑在埋头苦干之余,应抬头认真思考期刊的未来发展之路。鉴于此,本文分析了国内科技期刊的现状,并提出几点发展建议。

1 国内科技发展与科技期刊发展现状

2019 年 9 月 25 日,由中国科技网和科睿唯安共同完成的《筑梦七十载,奋进科研路——

从全球学术文献数据看中国科研发展》报告(以下简称"报告")在京发布。报告显示,近年来我国发表的高影响力论文数量进步明显,过去11年间,我国共发表29 037篇高被引论文,仅次于美国居于全球第2位[6],这表明中国科研人员的发文量和展现出的世界影响力呈现了显著提升,我国的科研实力已得到了显著增强。然而,目前大多数期刊都面临稿源不足、稿件质量下降、优质稿源外流、期刊同质化严重的现状[5],这与我国目前的科研发展现状极不匹配,我国的科技期刊远不能为科研成果提供有竞争力的交流和展示平台[7]。在这种科研实力背景下,将中国的优秀稿源吸引到国内期刊上发表,将会对国内期刊的影响力提升有积极的作用。我们应当把期刊的国际影响力提升到与科研实力相匹配作为基础目标,而在达到基础目标后,更应努力吸引国际优质稿源,力争让期刊的国际影响力更上一层楼,来加速推动科技进步的进程。

2 发展策略

要想实现将期刊的国际影响力提升到与科研实力相匹配这一基础目标,期刊编辑可以从留住优质稿源—保证出版时效—提高平台推广力度—利用媒体融合出版来提高期刊服务能力等几个方面着手,形成一个良性循环。

2.1 吸引优质稿源

优质稿源是科技期刊的生命力,科技期刊的核心竞争是优质稿源的竞争[2]。目前我国的科研发展实力已跻身世界前列,我国的科技期刊有天然的稿源优势。如何留住优质稿源?这就要求期刊编辑对行业内科技发展保持足够的敏锐度,加强与作者之间的沟通,保持黏性联系。具体可以从以下几个方面开展工作。

2.1.1 关注学科动态,跟踪重大项目

科研成果的产出离不开科研项目的支持,近年来,我国对科研的投入力度在逐渐增加,陆续设立了诸如"科技创新2030—重大项目""国家科技重大专项""国家重点研发计划重点专项""国家自然科学基金委重大研究计划""国家自然科学基金委重大项目"等重大科研项目。这些项目都有明确要解决的科研前沿问题,且参与项目的科研人员都具有较高的学术水平和影响力,跟踪这些项目的进展,及时组稿约稿,也就把握住了学科领域内的最优质稿源。

2.1.2 充分发挥编委的带动作用

编委团队是学术期刊非常重要的组织力量。编委可以发挥召集人、送审人、审稿人、作者、读者和推广人等多重角色作用,好的编委团队可以为期刊的发展提供强有力的支持。好编委不仅需要在学术领域具有较高的威望和影响力,也需要对期刊工作保持热情和责任心。这就需要编辑加强与编委的沟通联系,使其充分发挥作用。

(1) 调动编委组稿积极性。

在国内,多数学术期刊的编辑都是专职编辑,并不直接参与科研活动。因此,编辑想深入到科研一线,与众多作者直接联系约稿相当有难度。而编委则不同,他们的主业就是科研,好的学术期刊往往编委也都是各个单位的学科带头人,其学术威望及号召力非常大。如编委能帮助编辑部组稿约稿,则对吸引优质稿源非常有效。

(2) 借助编委送审。

目前国内绝大多数科技期刊都采用同行评议形式进行稿件遴选,审稿质量及效率对期刊投稿作者的感受非常重要,而审稿人的工作质量和效率对审稿质量和效率起着决定性的作用。

因此，选取适合的审稿人是一项非常重要的工作。由期刊编辑自身的专业所限，编辑无法对本刊各个学科领域的科研人员以其研究方向精准分类，编辑选的审稿人往往因方向与稿件不匹配而拒绝审稿邀请，编辑就需要反复邀请不同的审稿人，这无疑大大延长了审稿周期。编委则不同，他们分布在本刊范围内的各个学科领域，也非常了解科研人员的研究兴趣和方向，可以为稿件快速匹配精准审稿人。此外，由于编委本身具有较高的学术影响力，由他们发出的审稿邀请往往很容易被审稿人接受。同时，由于编委与审稿人熟识，审稿人往往对这类审稿邀请格外重视，因此审稿工作也往往做得更为认真负责。这就提高了审稿的速度和质量。

(3) 发动编委审稿。

对于与编委研究方向相同的稿件来说，编委可以直接充当审稿人。另外，对于两份外审意见分歧较大的稿件，往往也需要编委根据审稿意见及稿件状况进行综合客观判定，避免优质稿件流失和劣质稿件以次充好。

(4) 向编委组优质稿件。

由于编委深入科研一线，且科研实力较强，编委写出的稿件往往质量较高，如编委能常常向期刊提供稿件，则会为期刊提供宝贵的优质稿源。

(5) 编委是期刊忠实读者和推广人。

毋庸置疑，编委的研究方向必然属于期刊的刊登范围，加上其编委身份，期刊所刊发的稿件自然而然会成为编委优选读物。同时，期刊编委若能及时将新刊发论文向同行推送，则会形成很好的推广效应。

综上所述，充分发挥期刊编委的作用，对期刊的发展至关重要。

2.1.3 参加学术会议，提高期刊知名度和影响力

除发挥编委作用外，大型学术会议对期刊的推广也十分重要。目前，各个学科领域都有相应的学会组织学术活动，这些学术活动往往能召集领域内众多学者参与，学术期刊应充分利用大型学术会议的平台，积极宣传推广期刊，同时，参加大型学术会议也是期刊编辑很好的组稿机会。

2.1.4 利用大数据深度挖掘审稿人和撰稿人

科技期刊要想为作者提供有竞争力的宣传交流平台，应努力跻身国际一流期刊行列。这就要求期刊应面向全世界的读者和作者。然而，编辑很难有足够的时间和财力支持去国外组稿，这就需要编辑利用有效的工具来扩大期刊国际影响力。目前一些大数据平台，如 Web of Science、EI 数据库、中国知网、Scopus、Clarivate Analytics 等都可以提供科研工作者的研究领域、发表论文情况、H 指数、公益服务等多方位的信息，都可以成为我们遴选审稿人和作者的有效途径。ScholarOne Manuscripts 平台里的 Reviewer Locater 模块也可为稿件快速匹配合适的国际审稿人，建议期刊编辑多利用这些有效工具挖掘审稿人。在邀请陌生审稿人的同时，也是为期刊进行推广，审稿人由审稿工作与期刊结缘，便也成为了期刊潜在的撰稿人。

2.2 保证出版时效

出版时效对于投稿作者体验来说至关重要。一些传统的优质期刊往往因为审稿周期和出版周期太长而导致作者流失。因此，保证出版时效也是留住好作者的重要途径。

2.2.1 保证审稿时效

目前，部分传统期刊审稿周期往往很长，遇到难审稿件，可能投稿到给出结论需要一年多的时间，这无疑降低了作者投稿的积极性。期刊编辑部门应制定严格的审稿流程和对应的

周期，初审、复审、终审时间应有严格的规定和把控。送审工作应明确责任人，将处理稿件的时效纳入考核方案。对于反复送审都无人接审的稿件，应尽快报送编委决定是否录用。

2.2.2 保证刊出时效

对于一些影响力较高的期刊，由于投稿作者众多，其录用的稿件也较多，而由于版面及人力的限制，每期可刊登的论文数量有限，这就造成了稿件录用后排长队等待刊出的现状。然而，期刊相对于专著的优势就在于其时效性较高，作者可以尽快将其成果出版发表，有些科研成果产出的早晚直接影响到作者的知识产权问题，因此保证刊出时效也至关重要。对于待刊稿件较多的期刊，可以采用优先线上发表的方式，对录用稿件进行粗加工后即上传到官方平台，以供读者阅读和引用。同时，对于引用半衰期较长的学科领域，优先线上出版还为其待刊论文提前宣传，为提高影响因子奠定良好基础。

2.3 提高平台推广力度

近年来，新科技的发展正在改变着人们的阅读方式[8]。期刊是科研工作者相互交流和展示成果的平台，需要提高自身推广力度才可吸引更多的读者关注。期刊推广也应借助新的技术做更加有效率的推广。微信公众号非定向宣传和邮箱精准推送的定向宣传是提高论文阅读量和引用率的有效途径。

截至 2019 年 8 月，微信月活跃人数已达 11.3 亿人[9]，人们越来越多地使用微信沟通交流和获取信息。期刊编辑部应积极利用微信公众号等新媒体形式推广新发论文，每期刊物上线后，可通过微信公众号推送目录信息，对于亮点文章，还可做单独的宣传链接，发动作者共同转发，以提高论文被阅读的概率，同时也可提高期刊自身的知名度。

邮箱精准推送是一种便捷有效的宣传方式，期刊编辑部可以在官网上开辟"E-mail Alert"功能，编辑可鼓励相关领域的读者使用此功能。在订阅后，新一期的论文一旦上线，平台即可自动生成目录邮件推送给订阅的读者。这不仅节省编辑部的宣传人力，也提高了宣传效率。

2.4 利用媒体融合出版提高科技期刊的服务能力

随着移动互联网和社交媒体的快速发展，人们获取信息的方式和阅读习惯已发生巨大变化，传统媒体已不能满足公众的需求。科技出版向媒体融合出版(后文简称融媒体出版)和知识服务转型升级已成为大势所趋[8,10]。

媒体融合指的是各类通信工具或传播平台的界限正在消融的趋势及现象[11]。实现融媒体出版的基础是数字出版，而数字出版具有诸多优势，主要体现在以下几个方面：①有利于提高出版效率；②有利于期刊对已刊发论文进行宣传推广；③对出版内容进行碎片化、结构化存储，便于建立数据库并通过二次开发实现多平台查询、在线阅读、传播，使得知识信息高效共享[12]，从而实现科技期刊对广大科研工作者提供知识服务的能力。因此，融媒体出版是提高科技期刊服务能力的极为有效的方法。

3 结束语

在新的社会背景和科技背景下，期刊的发展既面临机遇，也有严峻的挑战，期刊若想提高影响力，需要编辑团队不懈努力，顺应大势，紧跟形势，保持优势。期刊编辑需关注学科动态，借助编委力量和大数据来吸引优质稿源，借助融媒体出版来提高期刊服务能力和影响力。相信在政策支持的背景下，编辑们通过努力，定将使国内期刊迈上新的台阶，步入国际一流行列，让广大科技工作者愿意把论文写在祖国的大地上，为我国科技事业发展贡献更大的力量。

参 考 文 献

[1] 习近平.在庆祝改革开放40周年大会上的讲话[EB/OL].新华网(2018-12-18)[2020-05-07]. http://www.xinhuanet.com/2018-12/18/c_1123872025.htm.
[2] 彭飞.人民日报人民论坛:把论文写在祖国大地上[EB/OL].人民网(2019-05-31)[2020-07-05]. http://opinion.people.com.cn/n1/2019/0531/c1003-31112365.html.
[3] 操秀英.科技部等七部门实施中国科技期刊卓越行动计划[EB/OL].(2019-09-23)[2020-07-05]. http://digitalpaper.stdaily.com/http_www.kjrb.com/kjrb/html/2019-09/23/content_431385.htm?div=-1.
[4] 张广萌,苏磊,韩婧,等.拥抱科技期刊的春天[J].科技与出版,2019(1):5.
[5] 蔡斐,苏磊,李世秋.科技期刊争取优质稿源的重要抓手:策划出版专刊/专栏[J].编辑学报,2018(4):416-419.
[6] 郑金武.中国高被引论文数量跃居全球第二位[EB/OL].科学网(2019-09-25)[2020-07-05]. http://news.sciencenet.cn/htmlnews/2019/9/430930.shtm.
[7] 林鹏.关于建设世界一流科技期刊的思考与探索[J].中国出版,2020(9):15-20.
[8] 杨明春,王运.媒体融合和知识服务背景下科技出版行业一种新的生产方式[J].中国传媒科技,2020(9).
[9] 陆柯言.腾讯Q2财报:微信月活用户已达11.3亿[EB/OL].界面(2019-08-14)[2020-06-05]. https://www.jiemian.com/article/3405890.html.
[10] 辛亮,黄雅意,黄锋.媒体融合背景下科技期刊的思维转型[J].编辑学报,2019,31(2):156-158.
[11] 杨扬,张虹.媒介融合与内容拓维:融媒时代西方出版业的创新实践[J].科技与出版,2019,38(9):136-143.
[12] 赵鹏.科技期刊数字化出版建设实践:以金属矿山杂志社为例[J].中国科技期刊研究,2016,27(7):763-766.

高校科技期刊管理现状及优化

刘凤祥

(内蒙古师范大学学报编辑部，内蒙古 呼和浩特 010022)

摘要：建设世界一流期刊，需要一流的管理体制。围绕我国高校科技期刊建设世界一流期刊发展的需要，亟须对高校科技期刊的管理进行改革。首先要树立目标，通过培育高校科技期刊特色栏目、强化编辑队伍建设、突出编委会成员作用、加强高校科技期刊新媒体建设、鼓励出版专刊和推动快速发表稿件等措施优化高校科技期刊管理，推动并完善高校科技期刊评价机制，来实现建设世界一流高校科技期刊的目标。

关键词：高校；科技期刊；管理方式；评价机制

世界一流期刊是引领全球基础创新发展，技术应用研究和产业发展方向，发表原创性成果[1]。经过多年的发展，中国科技期刊数量上已具有一定规模。然而，高校科技期刊整体学术影响力仍然薄弱，核心竞争力不足，传播途径单一，期刊品牌栏目弱化。特别是近几年科学技术的快速发展，传统出版期刊的发展模式面临严峻地挑战。借助于我国建设世界一流大学和一流学科发展的机会，亟须分步骤、有目标地对期刊进行改革，目的是为提高我国高校科技期刊的学术影响力，满足建设世界一流院校和建设一流学科的发展需要。为此，从期刊主管部门到期刊工作者，从不同角度都做了很多务实的工作和有益的探索。本文着重从高校科技期刊管理角度深入探讨，提出如何管理科技期刊，咋样发展科技期刊。

1 高校科技期刊管理现状

1.1 影响发挥编辑作用的因素

高校科技期刊形成多年优良传统体制是有效管理科技期刊的核心要素，但是由于不同高校科技期刊的管理方式和管理水平不一样，会引起很多不必要的困惑，导致期刊的发展受到束缚。近年来，全国上下推动绩效考核机制，目的是调动每位员工工作的积极性。但是，如文献[2]所述，"期刊管理者容易抓住程序性，看得见摸得着的环节，忽视对期刊质量提升更为重要的隐形工作，而这些对期刊质量的提升有重要影响""若领导过于挑剔，不信任责编，遇事挑毛病，贪功诿过，出现问题责怪责编""有的领导一切采取量化考核，只信任'指标'，对责编采取高压'管控'措施，容易导致责编成为被动的管理对象"。因此，高校科技期刊要明确主任、主编和编辑的权利和义务。不能任意放大期刊管理者的权力，不对其进行约束，让期刊管理

基金项目：内蒙古自治区教育科学研究"十三五"规划课题（NGJGH2019275）；内蒙古师范大学引进高层次人才科研资助项目（2017YGRC004）

者把各种杂事儿都堆积在编辑身上,让编辑忙于与编辑无关的工作,耽误了编辑出版专业业务,这将严重伤害编辑工作的积极性和主动性。其次,如表 1 所示,高校科技期刊发表论文占有基金项目比例较大。编辑在初审稿件环节中,管理者是否要求编辑注重论文含有基金项目的稿件,值得同行人员深入研讨。最后,在量化考核指标中,管理者会不会考虑编辑付出的其他劳动应计入工作量,如编辑联系作者和组织约稿活动、给作者邮寄期刊、统计收取版面费、开发票和发放稿酬信息等隐性工作,这些工作都将影响到编辑的切身利益。

表 1 高校自然科学类中文综合性学报 2010—2019 年基金资助比例

高校学报	占当年文献量的比率/%									
	2010	2011	2012	2013	2014	2015	2016	2017	2018	2019
内蒙古大学学报（自然科学汉文版）	79.84	81.45	95.61	92.73	93.64	93.07	97.98	87.04	94.06	91.84
陕西师范大学学报（自然科学版）	84.77	94.24	92.86	93.23	94.49	93.60	97.64	92.31	94.12	87.39
郑州大学学报（理学版）	74.11	80.95	85.98	78.10	88.12	82.29	81.32	93.41	95.24	100
东北大学学报（自然科学版）	100	100	100	100	100	100	100	100	100	100
兰州大学学报（自然科学版）	85.93	96.99	97.89	93.66	93.29	97.18	92.47	93.94	95.20	90.40
四川大学学报（自然科学版）	76.58	80.46	87.14	86.19	88.99	92.37	92.07	93.83	96.30	93.05
吉林大学学报（理学版）	95.79	95.40	94.84	93.25	98.81	98.39	96.83	97.49	99.61	99.59
中山大学学报（自然科学版）	96.98	98.83	99.33	99.36	96.13	99.39	98.64	99.26	100	97.37
东南大学学报（自然科学版）	90.58	91.13	88.00	91.69	93.56	93.36	98.45	96.23	96.47	96.93
湖南大学学报（自然科学版）	95.91	98.54	95.73	98.24	98.33	97.58	97.67	98.48	98.18	99.52
北京大学学报（自然科学版）	83.85	86.59	90.98	93.20	87.50	100	94.37	95.35	93.51	93.94

注：比例=当年基金资助文献量/当年发文量×100%,该数据来源于 CNKI

1.2 编委会成员的作用未充分发挥

高校科技期刊的一部分编委会成员,对刊物的发展未能得到体现。主要表现在以下几方面：①编委中的成员越是知名度大的学者,往往比较忙；有些编委成员担任其他刊物的编委,甚至当主编或主任等职务。由于兼职较多,根本没有精力和时间协助该刊物的发展,更谈不上给予出谋划策。②有些编委要求学生把稿件投到国外的 SCI 刊物上,不愿意把稿件投到国内刊物,仅当编委的学生毕业,亟须科研论文发表,才会投几篇稿件。③一部分编委不愿意帮忙审稿,用各种理由推脱。原因可能是不熟悉该稿件的研究领域或者是没有时间和精力等。

④如在一些学术会议上，编委未对期刊进行广泛宣传。

1.3 评价机制滞后

过去很长一段时间以"SCI"为导向作为评价科研成果的标准，理科类科研工作者的大多数优质稿件投到国外SCI刊物上，造成国内科技期刊的优质稿源不足。如文献[3]所述，"仅2016年SCI收录中国学者英文论文321 266篇，科研经费成本约295.56亿元人民币。粗略估计每年仅国外刊物发表文章的版面费就达数十亿元。我国科研人员发表在国际刊物上的论文，版权为国外刊物所有，国内同行阅读须再花费巨额资金订购刊物或购买其使用权。粗略估计全国211高校每年购买国外文献数据库使用权花费约十几亿元，且买到的仅是一年的使用权，而非永久性文献"。最终的结果是国内科技期刊得不到优质稿件，制约期刊的发展速度，国际影响力难以变强。

1.4 新媒体技术发展滞后

随着多年固定的高校科技期刊出版模式，编辑流程基于传统的纸质期刊出版，新媒体技术应用发展滞后。比如新媒体技术未普及之前，作者通过邮箱投稿，编辑与作者通过邮件进行沟通，将稿件的初审、外审和校对等信息告知作者。随着新时代新媒体技术的普及，有些高校科技期刊仍然未充分利用该项技术，部分高校科技期刊还使用邮箱投稿，发表论文还需查阅该刊的邮箱，若查到虚假邮箱，投稿稿件信息将无法查询，耽误作者的科研成果传播。因此，高校科技期刊的发展若跟不上新时代新技术的运用，将严重制约科技成果的传播。

2 优化高校科技期刊管理方式

2.1 人员管理

2.1.1 增强管理队伍建设

高校科技期刊的生存发展，某种程度上与管理者的管理水平密切相关。高校科技期刊是专业性和学术性很强的辅助性教学单位，有其独特的特点和发展规律。因此，需要选择具有学术背景的学科带头人或者了解学术办刊的内行人员才能办好期刊，管理者需要立足期刊的实际情况，全面深入地掌握对期刊内外环境的信息，按照期刊的发展规律办事，才能规划长远发展路径，带领编辑队伍办好期刊。

2.1.2 强化编辑队伍建设

高校科技期刊的发展，离不开编辑队伍建设。编辑队伍人才建设是高校科技期刊的重要组成部分。如何加强编辑队伍建设，应从以下几方面考虑：①要鼓励编辑不断学习，经过规范化学习，编辑练好基本功，才能在实际应用中发挥编辑的业务能力。比如掌握标点符号、图表、参考文献和文字表述等知识的运用；②需要提升编辑理论知识。比如高校科技期刊要为编辑人员订阅经常阅读的《编辑学报》《中国科技期刊研究》等编辑出版类期刊，还可以引导编辑人员关注编辑课堂公众号等方式进行学习，提高编辑的理论知识水平。③鼓励编辑培养媒体融合思维，掌握新媒体的基本知识和运用能力。随着高校科技期刊新媒体技术的应用，编辑需要充分利用好该项技术，在选题策划、审稿把关、期刊内容传播等方面来保障期刊的正常运行。④激励编辑开展学术研究。要不断地跟踪学术前沿，积累经验，拓宽国际视野，加强同国际交流与合作。

2.1.3 突出编委会的作用

高校科技期刊的编委会对期刊的发展具有重要作用，如何组建编委会，以及如何发挥编委会的作用至关重要。首先，高校科技期刊选择编委成员，要优先考虑具有一定学术影响力的科研工作者，选择具有行政头衔的编委比例应降低。理由是从事行政工作的人员，已经没有时间和精力从事科研，对学术前沿领域了解较少，无暇顾及审稿等其他工作。因此，必须减少从事行政人员兼职编委的比例。另外，编委会成员要优化年龄结构[4]，进行梯队团队建设编委成员，扩大高校科技期刊吸收新成员的途径，包括吸纳国外优秀科研工作者。因为他们具有不同的优势。如需要编委审稿，年轻的编委成员精力充沛、工作效率高；最后，编委会成员每年应完成一定的工作量，主要是帮助审稿、约稿和投稿，编委会成员经常参加一些学术会议，还需要对刊物进行宣传。作为肯定编委的付出，高校科技期刊也要对编委进行奖励，来调动编委会成员的工作积极性。

2.1.4 建议期刊内部设置监督机制

探索设置高校科技期刊监督委员会，该部门的职责主要从几方面考虑：首先，该部门有权监督助理编辑、编辑、副编审和编审，发挥巡视利剑的作用，为管理高校科技期刊的主管单位和主办单位提供建设性意见。其次，该部门会定期抽查稿件，监督编辑人员选择录取稿件时，是否超出设置栏目要求，是否按正常程序处理稿件等。最后，该部门对期刊的质量进行指导，并提出一些建设性的方案，供期刊管理者参考。

2.2 期刊管理

2.2.1 完善品牌栏目管理

设置期刊栏目是科技期刊对稿件进行分类管理，通常把相近的研究方向或同一学科的稿件集中归于一类，便于作者了解期刊的品牌栏目。品牌栏目能够指引作者、增强阅读、体现科技期刊的办刊特色，某种程度上也能体现科技期刊的学术影响力。培育世界一流科技期刊需要打造品牌栏目，栏目的专业特色是科技期刊品牌的核心要素[5]。因此，高校科技期刊需要策划精品栏目，针对性的约稿和组稿，借助打造特色栏目，树立高校科技期刊的品牌，扩大高校科技期刊的影响力，从而吸引更多作者投稿优质稿件，有利于高校科技期刊快速发展。

2.2.2 加强科技期刊的新媒体建设

新媒体使传播方式更加多元化，传统纸质期刊与新媒体技术实现优势互补，能提升科技期刊的传播力度。传统的纸质期刊传播范围较小，把期刊网络化便于更多的阅读者查询。比如高校科技期刊通过建立自己的网站，在网页上增加查询论文信息或上传到CNKI数据库、万方数据库等。还可以通过微信、微博、APP的方式推送每期发表的内容。这样解决了有的作者乐于阅读纸质期刊，有的作者愿意采用电子版方式阅读。也方便读者不用从数据库上下载论文，可以减少读者的费用。因此，高校科技期刊应积极引进新媒体技术，打造纸质期刊与新媒体技术相融合，有助于提高高校科技期刊编辑的工作效率[6]。

2.2.3 鼓励高校科技期刊出版专刊

出版专刊能吸引优质稿源，提升高校科技期刊的学术质量，扩大高校科技期刊的知名度。通常出版专刊围绕热点方向、创新学术团队、具有纪念意义的学术组织、知名专家、热点领域、国家重点实验室、重要学术会议或一些研究机构合作出版专刊，这样才能扩大高校科技期刊的学术影响力[7]。然而高校科技期刊出版专刊需要花费较长时间和精力去准备，具体工作包括策划选题方案、制定出版专刊的目的和意义、约稿的对象、组稿的范围、提醒投稿时间、组织外审、催稿、与作者沟通、编辑出版、排版印刷、利用多媒体宣传推广等。可以发现合适的时机组织出版专刊，才能为高校科技期刊的传播达到较好的宣传效果。

2.2.4 优先推送科研论文信息

为了方便作者尽快发表或读者尽早阅读，可以优先从以下几方面做工作：①可以优先通过 CNKI 网络首发平台提前公开发表论文，也可以探索将单篇优质稿件提前在高校科技期刊网站公开发表。②为了便于作者了解高校科技期刊的最新组稿信息，可以在高校科技期刊官网、微信、APP 发布策划选题栏目，便于作者较早了解期刊的组稿信息。③借助于高校科技期刊邮箱给作者、专家和读者定期发送邮件，传播每期发表的刊物栏目，有助于及时了解刊物最新发表论文信息。

2.3 其他管理

2.3.1 营造人文关怀

高校科技期刊的编辑人员工作压力很大，生活氛围很枯燥，每天面对稿件、作者和审稿专家等。对于那些生活困难的编辑人员，要给予适当的照顾，多关心，多帮助，让编辑人员感受到大家庭的温暖。还可以适当增加一些工作之外的活动，包括健身、读书或其他文艺活动，目的是让编辑人员在紧张的工作中，对身心得到放松。日常工作中，领导要多与编辑进行沟通，充分尊重编辑的劳动成果，让编辑感到有主人翁的地位。

2.3.2 改善工作环境和激励机制

高校科技期刊给编辑人员创造宽敞舒适的工作环境，改善办公硬件设备和软件设备，让编辑愉快地高效率工作。要明确管理者和编辑的职责，不能随意对编辑施加压力，要优化绩效考核，细化编辑工作量。对一线工作的编辑人员，特别是具有突出贡献的编辑、工作量较大的编辑，要给予适当的奖励。肯定编辑人员的辛勤付出，激励编辑人员从心底上乐于工作，喜欢上这份职业，热爱这份工作。

3 完善高校科技期刊评价机制

3.1 客观看待"SCI"指标

人才评价标准要多元化，不能仅仅以 SCI 论文作为重要的评价标准[8]。破除"唯论文"的价值导向，破除过分看重论文的影响因子和论文数量等。要采用不同方式给予科研人员进行评价，应该注重科研成果在国家经济社会上的应用，切实强化科技成果服务和转化成效。只有树立正确的科研导向，引导和认同国内期刊，鼓励科研人员把优质稿件投到国内刊物上，才能推动国内高校科技期刊的影响力。正如习近平总书记曾指出："科学研究既要追求知识和真理，也要服务于经济社会发展和广大人民群众。广大科技工作者要把论文写在祖国的大地上，把科技成果应用在实现现代化的伟大事业中。"[9] 因此，把一些优质的、最新学术前沿领域的稿件投到祖国大地的期刊上，有助于工作在一线技术人员学习，为广大人民群众服务。

3.2 多元化评价科技期刊

推动高校科技期刊的发展，应采用多元化评价科技期刊。首先，从科技期刊的内容质量、编校质量、出版形式质量和印制质量进行评价。其次，不要盲目参考科技期刊的影响因子，始终坚持科技期刊的发展需要优质稿件，回归到学术论文是为人类社会发展服务的。最后，可以参考国际期刊的评价机制，但也不能完全照搬，要立足我国高校科技期刊发展的实际情况做出有益探索。

3.3 重视对论文的评价

一篇好的科研论文，能够给社会经济带来很大的推动作用。相应地该篇论文发表在某高校科技期刊上,该高校科技期刊的影响力也将会逐渐扩大。对于高校科技期刊而言,重点在于发表高质量的论文,而高质量的论文如何体现?关键还是看对社会的作用有多大。例如我国首席科学家屠呦呦[10]曾在《科学通报》上发表关于青蒿素的论文,引起中国科技工作者的自豪。因此,对高校科技期刊的评价,不能仅对期刊进行评价,还需对论文进行评价,两者相结合,才能真正体现出科技期刊的实际价值。

4 结束语

我国科技期刊面临大而不强的局面,可以通过改变不合理的期刊管理方式,营造良好的学术刊物环境,创造愉悦的工作模式,推广新技术的运用,发挥期刊人员和编委成员的各自优势,完善高校科技期刊的评价体制,才能促进我国科研人员把优质稿件投到国内高校科技期刊上,推动刊物的质量得到提升,为打造出世界一流高校科技期刊的学术品牌奠定基础。

参 考 文 献

[1] 金琦,王书亚,代小秋.打造一流科技期刊 提升青年编辑素养[J].中国编辑,2020(7):89-92.

[2] 占莉娟.责任编辑隐性工作对科技期刊质量的影响及激励对策[J].中国科技期刊研究,2018,29(2):125-129.

[3] 马秀珍委员:"唯论文"导向致大量科研经费流失,需破除[J].编辑学报,2020,32(3):233.

[4] 单超,王淑华,胡悦,等.大数据时代编委会结构优化及作用提升[J].编辑学报,2019,31(3):293-296.

[5] 杨臻峥,郑晓南.全媒体背景下科技期刊品牌形象推广策略的探索[J].编辑学报,2020,32(3):291-294.

[6] 梁远华,胡玥.大数据下学术期刊编辑思维转变及能力提升路径[J].中国编辑,2020(增刊1):80-84.

[7] 韩玉波,张艳,陈晓芳,等.关于科技期刊专刊出版类型、组织及实施策略的探索:以《遗传》为例[J].编辑学报,2020,32(3):330-333.

[8] 莫弦丰,田亚玲,郑琰燚.把论文铺展在祖国的绿水青山间:林业工程学科院士论文特点分析[J].编辑学报,2020,32(1):1-4.

[9] 孙涛.关于培育世界一流科技期刊首先需要解决的几个问题的思考[J].编辑学报,2019,31(6):596-599.

[10] 徐会永.从稿源外流和中英文特点谈中国科技期刊发展[J].编辑学报,2020,32(4):372-375,379.

浅析英文科技期刊的申办

陈呈超，于 鑫，李佳楣

(中国海洋大学期刊社《海洋生命科学与技术(英文)》编辑部，山东 青岛 266100)

摘要：近些年国家越来越重视英文科技期刊创办与发展，对于高起点创办英文新刊，在政策、经费、运行模式等方面均给予重点支持，因此，期刊界也越来越重视新刊的创办工作。为了使编辑同仁对新刊申请、筹备过程更为清晰地了解，本文以2018年获批的英文科技期刊《海洋生命科学与技术(英文)》为例，阐述了新刊的申办过程、材料准备、答辩论述、创刊筹备等工作细节和注意事项，为英文科技期刊申请和筹办提供参考，也对进一步探索如何高起点创办英文科技期刊提供思路和建议。

关键词：科技期刊；新刊申办；可行性分析；编委会；办刊措施；国际合作

近些年国家十分重视英文科技期刊的创办工作[1]，从2013年开始，中国科协开始实施"中国科技期刊国际影响力提升计划D类项目"和2019年开始的"中国科技期刊卓越行动计划高起点新刊项目"，对新刊创办进行项目资助，优先批准刊号并资助50万元人民币。2013—2015年是科技期刊影响力提升计划D类项目一期，每年资助10项；2016—2018年是项目实施二期，资助期刊数量调整为每年20项；2019年中国科协等七部门组织实施"中国科技期刊卓越行动计划高起点新刊项目"，资助由每年20项增加至每年30项。自2013年设立新刊资助项目以来，每年申报新刊创办的项目数量一直保持在100项左右，因此，资助率相应地由当初的约10%提升至目前的约30%[2]。除此之外，国家新闻出版署从未停止以常规途径申办科技期刊，如2016年创刊的英文期刊 *Aquaculture and Fisheries*、2019年创刊的中文期刊《隧道与地下工程灾害防治》等，都是未通过"影响力提升项目"答辩而获得创刊批准，国家对新刊的申报要求基本一致，都是要通过严格的专家论证和考核程序。另外，近几年在通过影响力提升计划项目的科技期刊中，获批CN号数量的期刊在2016年有19种，2017年30种，2018年8种，2019年17种[3-5]，意味着新刊申办即使通过了项目答辩，也可能种种原因，无法获得或延期获得CN号审批，表明新刊筹办工作细致而复杂，且对于一本英文新刊的创办，定位于国际高水平、高影响力，需要按国际标准高起点启动各项筹备事宜，不可急于求成。

本文以创办英文新刊 *Marine Life Science & Technology* (MLST)为例，梳理了创办工作中申办途径、申报流程、申报材料撰写、可行性调研、组建编委会、答辩报告撰写及创刊筹备等细节和注意事项。阐述了"如何启动新刊申请和筹办工作？从哪些方面充分论述创办的可行性与必要性？如何提供行之有效的办刊措施和途径？如何确定办刊模式？如何与国际出版集团展开合作？"等诸多问题。

1 申报流程及事项

目前新刊申办主要通过两种途径：一是通过"中国科技期刊卓越行动计划高起点新刊项

目"；二是按照期刊创办要求(http://www.nppa.gov.cn/nppa/channels/326.shtml)，通过市、省新闻出版局向国家新闻出版署提出申请。第一种途径在通过项目答辩后与第二种途径流程一致，因此，本文只给出第一种申办流程。基本流程包括：创刊准备—新刊论证—酝酿编委—撰写材料—项目申报—项目答辩—申请 CN 号—申请 ISSN 号—项目立项—创刊筹备—创刊号出版。

中国科协一般会在每年 3—4 月发布高起点新刊创办项目申报通知(有时也会在下半年)，接到通知后大概有 1 个月时间申报材料准备工作，2 个月时间组织答辩论证，当然对于新刊，申办单位都是尽早启动新刊申请准备：①物色主编，组织学科专家，充分调研论证，分析期刊数据，了解学科动向；②召开办刊专家沟通会，就办刊方向、学科范围、办刊需求、目标定位、期刊规划、编委组成、材料起草等事宜多次论证，拟定出主编、常务副主编、副主编及核心编委成员、编委会招募原则等。③编委会是办刊的核心成员，对于一本新刊，如何在国际范围内物色有领域影响力的编委是新刊成败的关键，是新创办科技期刊快速提升学术质量的重要途径[6]。因此依靠核心编委按照遴选标准在国际范围内推荐编委成员愈早愈好，强大的学术团队参与此刊的建设，说明了办此刊的能力和愿望，颇具说服力。④组成材料撰写小组，着手撰写材料，内容兼顾学科发展需要和期刊管理运营。⑤根据项目申报要求，凝练申报材料，填写项目申报书，然后即刻着手答辩报告的起草、论证，修改完善工作。⑥项目答辩一般需要期刊主编和主要办刊人员参加，主编亲自参加，即可显示对该刊的重视程度和决心，因为对于从零开始的新刊，创刊主编需要投入更多的心血和关注来建设期刊[7]。⑦项目通过评审后，便可启动 CN 号申请工作，一般要求通过市局向所在省局提出创刊申请，申请材料包括：主要主办单位报所在地省级出版行政主管部门的请示文件，出版单位的出版许可证复印件及法人证明文件复印件，主办单位、主管单位法人证明文件复印件，主办单位、主管单位的国有资产证明文件，出版单位同主办单位、主管单位隶属关系或出资关系的证明材料，拟任出版单位法定代表人或主要负责人的身份证复印件及出版专业职业资格证书复印件、编辑出版人员的身份证复印件及出版专业职业资格证书复印件、工作场所使用证明文件复印件。这些材料的具体填写要求均可在总署网站上下载模板查看，按规定提交材料后 60 个工作日，给出批复，当然若出现问题，总署会联系主办单位更改补充，持续时间会更长一些。

期刊 *Marine Life Science & Technology* (MLST)是由教育部主管，主要主办单位是中国海洋大学，其他主办单位是青岛海洋科学与技术国家实验室，双方签订合作办刊协议，MLST 是在 2017 年通过"中国科技期刊国际影响力提升计划 D 类项目"，2018 年 6 月申请到国内统一连续出版物号(CN)，11 月申请国际标准连续出版物号(ISSN)，2019 年 11 月创刊号出版。实际上，期刊 MLST 的准备工作在 2014 年就开始启动，当时学科定位在水产科学领域，参加"中国科技期刊影响力提升计划 D 类项目"一期申报，2014 和 2015 年都未获得批准。2016 年继续参加项目二期申报，调整了学科范畴，扩展到海洋生命领域，贯穿海洋生物、生物资源与生物技术，申请刊名为 *Marine Biology, Bioresource & Biotechnology*，主要主办单位为中国海洋大学，其他主办单位是青岛海洋科学与技术国家实验室，主办单位非常重视此次新刊申办工作，特成立创刊专家委员会，由分管校长担任组长，并成立材料撰写小组，通过多次调研和会议论证，形成申请报告，6 月参加项目答辩，未果。2017 年 4 月份在 2016 年基础上继续参加项目申办，由于 2016 年项目答辩期间评委对期刊名称提出质疑(主要感觉刊名不够简练)，此次将期刊名称定为 *Marine Life Science & Technology*，对材料进一步精炼、优化，并初步形成 70 多人(60%国际编委)的编委会名单,6月,院士主编亲自参加项目答辩,历经4年时间,终于获得D类项目审批。通过项目答辩后,主办单位便根据国家新闻出版署的要求申请CN号,材料经青岛市新闻出版广电局向山东省新闻出版广电局申请,由省局提交总署审批。CN号的申请也从2017年8月—2018年6月,历经近1年时间,主要因为起初出版单位为非法人编辑部,应总署要求更改为中国海洋大学出版社有限公司,并出具与主办单位的隶属关系及出资证明、补充了合作办刊协议等文件。获得CN号后,便可向ISSN注册中心(http://www.issn.org/zh-hans/)申请ISSN号,ISSN号的申请较为简单,另外期刊还需要有eISSN号,一般由合作出版商代为申请。

2　申报材料及细节

申报材料如何组织?如何撰写?如何准备答辩?这些问题也是同行们非常关心,经常咨询的问题。项目申报书规定填报的内容主要有基本信息、组织实施条件(1 000字以内)、拟创办期刊情况(2 000字以内,D类申报单位填写)、目标任务、资金使用计划等(1 000字以内,主要包括:采取措施,实施步骤,目标任务,考核指标,资金使用等内容)。虽然项目申报书有特定的格式和明确的内容要求,还是建议起初先形成一份"论证报告",报告中清晰地阐述"为什么要办这个刊?为什么是你来办这个刊?你要办成什么样的刊?你要如何来办这个刊?"等核心问题。为此,材料重点是要对创刊的必要性和可行性及办刊目标和思路进行充分论证。

(1) "必要性"主要围绕国家发展战略、支撑学科发展及促进学术交流的需要,以及对促进国家期刊建设等方面展开论述,给出办此刊的根本理由。"国家战略发展需要"主要说明该刊涉及的学科范围是否迎合国家重大发展需求,是否能够支撑面向国内走向国际的发展趋势;"学科发展需要"要充分说明国内外该领域发展的现状及未来态势,要在充分调研该领域期刊现状的前提下,强调该刊在支撑学科建设和促进学术交流的不可或缺性,说明刊物是目前国内该领域期刊缺失或需要重点建设的学科方向,可参考文献[8-11]分析的我国创办英文科技期刊的学科需求情况等;"促进期刊建设"的论述正迎合"中国科技期刊影响力提升计划"的初衷,可简要强调办好此本期刊的重要意义。

(2) "可行性"主要围绕主办单位的学术优势、科研实力和办刊经验重点阐述组织实施的条件。主办机构的"双一流"建设或重点学科建设是支撑办好这本期刊的基础,一流期刊也对促进"双一流"建设发挥重要贡献,文献[11-13]分析了期刊与主办机构ESI学科相互促进关系,因此,客观充分地阐述主办机构的学术优势和科研实力需要占有很大比重,这也是说明能否办好这本期刊的学术根基,建议用漂亮的数据和奖项为材料增分;办刊经验重点是表述目前已办期刊的业绩情况,以此来证明主办单位的期刊运营能力。

(3) "办刊目标及办刊思路"显示了办刊人对领域期刊的了解程度,以及对当前国际期刊的发展态势和运营模式的掌握情况。材料要有对期刊的明确定位,阶段性指标会更加清晰明确,比如影响因子目标,在该领域的位次等。接下来需要论述实现办刊目标的具体措施,包括主编在创办新刊中发挥的作用[7],编委会成员情况,如何快速实现专家办刊[6],新刊将采取的办刊模式和运营规划[14]。此部分内容需要在广泛查阅相关文献基础上,结合主办单位和出版单位实际,设计出思路清晰的办刊模式和运营方式。

有了论证报告后,可以根据项目申报书的具体内容要求进行精炼填写,在规定的范围内,凝练内容重点和提供极具说服力材料支撑,是提升申报材料的关键,因为有严格的字数限制,填写内容务必言简意赅，否则无法提交填报系统。接下来的答辩 PPT 更会是一份凝缩版本，因为只有 8 分钟的陈述时间，基本要求答辩 PPT 不能超过 20 张，且每页不能太满。答辩主要内容可包括：创刊立项依据、新刊构想与建设目标、主办单位优势、项目建设和实施措施。立项依据主要阐述创刊的必要性；新刊构想与建设目标主要包括期刊定位和目标愿景；主办单位优势体现主办方的学科优势和科研实力及办刊经验；项目建设和实施措施主要包括编委会构建情况、办刊运营模式及经费保障措施等。

3 创刊筹备

新刊在通过项目答辩之后，便可着手创刊筹备工作：包括成立办刊机构、明确期刊定位、确定审理标准和流程、国际出版商合作、办刊模式、网站和投审稿系统，以及数字化建设等诸多事项。

以 MLST 筹办工作为例，筹备工作第一步是成立办刊机构，确定职责分工。MLST 办刊机构除了两个主办单位、期刊社编辑部、编委会外，还成立了负责运营管理的常务编委组和负责学术运营的领域主编组。常务编委组由两主办单位负责办刊的主要人员 13 人组成，服务于主办单位，主要讨论一些与行政有关的事项；领域主编组由各学科领域学术带头人 11 人组成，服务于编委会，负责该领域文章审理的具体细节，是实施专家办刊的有力保障。编辑部隶属期刊社，服务于常务编委、领域主编，以及负责向两主办单位管理部门汇报办刊情况，MLST 编辑部由 3 位专职编辑，都是博士学位。编委会由 90 位领域知名专家，来自 10 多个国家，60%以上国际编委，编委成员遴选经过常务编委提名推荐—编辑部征求意见反馈—主办单位名单确认—制定编委会章程—主办单位聘任的流程。MLST 聘请母语为英文的境外编委 6 名负责语言提升和把关。另外，MLST 采取与 Springer Nature 出版商合作，委托其排版加工和负责在国际范围内电子版出版和发行。纸版出版由编辑部联系当地印刷厂负责，通过邮局纸版发行。因此，MLST 采用编委会+编辑部+国际出版商的运营模式，编委会负责学术运营，编辑部+国际出版商负责期刊的出版发行工作。

办刊机构确定后，筹办的各项事务陆续展开：①MLST 稿源建设主要依靠编委的供稿约稿，编委会章程规定编委有供稿职责，鼓励其发挥学术影响开展组稿约稿，并发动国际编委专家为新刊做出贡献。②学术质量把关也是依靠领域主编、编委和审稿专家的学术评判，领域主编在学术初审后选择学科编委、学科编委来选择审稿人，综合审稿人意见甄选每一篇有价值的来稿，即便是退稿也应给作者充足的修改意见，帮助作者提升文稿质量[15-16]。③MLST 编委深度参与审理的各个环节，从组稿供稿，到初审、送审稿件，退作者修改及语言润色提升、终审等各环节，充分体现专家办刊机制。④快速有效地答复作者审理情况会增加作者对刊物的认可和声誉[17-18]，为了取得良好声誉，MLST 重视审理时效的把控，审理的整个流程高效，时间保持在 10 天内完成送审，60 天给作者答复，100 天 OnlineFirst 发表。⑤编辑部负责期刊出版环境配置及编辑出版质量把关：出版环境配置主要包括期刊 Logo 图案、封面设计、版式、网站、投审稿系统、出版商合作谈判等。高水平期刊都非常注重期刊的封面等设计[19]，为体现出一本国际化的期刊，MLST 十分重视各元素细节的国际化水准，花费相当大的精力调研、设计，采用委托设计方式，委托几家有经验的设计公司设计出 10 几套方案备选，编委会定夺合适的方案，封面设计注重主题鲜明、色彩饱满、有视觉冲击力，表现出强烈的海洋生物色彩，封面每卷进行更新。Logo 设计力求简约震撼、寓意丰富。版式设计因选择与国际出版商

Springer Nature 合作，规定文稿版式只能在既定的几种版式下稍作调整，MLST 在其基础上做了充分调整，增加了个性内容。MLST 网站建设是除了在 SpringerLink 有统一网站外(https://www.springer.com/journal/42995)，还建设自己的官网(http://mlst.ouc.edu.cn/)，充分参考了国际期刊网站风格，委托北京仁和公司设计开发。投审稿系统采用众多英文期刊使用的 ScholarOne Manuscripts 系统(https://mc03.manuscriptcentral.com/mlst)，并根据自身审理流程定制，能够满足功能需求。出版方面，MLST 十分重视文章图片的质量和版式，对每一篇文章的图片精雕细琢，从色彩、布局、清晰度等很多方面把关，还创意的使用图片目录，图文并茂，呈现出"美学"效果。⑥在期刊宣传、传播、发行方面，MLST 除了委托 Springer Nature 加强在国际宣传外；还通过微信公众平台发布热点文章、学术微信群推送、PDF 电子版全文邮件推送、还在国际上开通 Twitter 账号；利用科睿唯安影响力提升服务 E-mail 精准推送；采用 TrendMD 文章跨平台推荐；通过 ScienceOpen，ResearchGate 等科研平台传播分享；编辑部还准备精美 PPT 和期刊宣传页，委托编委在全球范围内通过参加学术会议等方式开展宣传推介。

4 结束语

英文科技期刊的创办，从无到有，申请、筹备工作繁琐细致，要在充分调研、借鉴成功创刊经验的基础上，做精做细各项工作。为此，本文以创办英文科技期刊《海洋生命科学与技术(英文)》为例，梳理总结了申办英文科技期刊的流程、材料准备及创刊筹备的过程，为大家在今后申办科技期刊时提供参考。

参 考 文 献

[1] 张品纯.对培育世界一流科技期刊几个相关问题的思考[J].出版广角,2019,33(5):6-10.
[2] 任胜利,宁笔,陈哲,等.2019 年我国英文科技期刊发展回顾[J].科技与出版.2020(3):6-13.
[3] 任胜利.2016 年我国英文科技期刊发展回顾[J].科技与出版,2017(2):30-33.
[4] 任胜利,宁笔,严谨.2017 年我国英文科技期刊发展回顾[J].科技与出版,2018(3):47-52.
[5] 任胜利,肖宏,宁笔,等.2018 年我国英文科技期刊发展回顾[J].科技与出版,2019(2):30-35.
[6] 李雪莲,徐若冰,孟玮.新创办科技期刊如何快速实现专家办刊[J].哈尔滨学院学报,2016.37(10):142-144.
[7] 丁洁,王晓峰,胡艳芳,等.主编在学术期刊创刊中的职责与工作探讨[J].中国科技期刊研究,2018,28(1):8-12.
[8] 张晓宇,翟亚丽,朱琳,等.基于 WoS 分析我国创办英文科技期刊的学科需求[J].中国科技期刊研究,2018,29(11):1148-1152.
[9] 陈禾,杨柳.研究型大学创办英文科技期刊的机遇与挑战[J].编辑学报,2011,23(增刊1):102-104.
[10] 王继红,刘灿,邓群,等.我国 SCIE 收录期刊学科分布及建议[J]编辑学报,2015,27(6):576-579.
[11] 宁笔.我国需要更多英文科技期刊[J].科技与出版,2020(5):5-10.
[12] 丁佐奇.中国高校主办的 SCI 收录期刊对 ESI 学科贡献度研究[J].中国科技期刊研究,2018,29(7):722-727.
[13] 宁笔.创建世界一流期刊,助力"双一流"建设[EB/OL].(2018-07-29)[2020-05-25]. http://blog.sciencenet.cn/blog-408109-1126488.html.
[14] 初景利,闫群.我国科技期刊国际化战略与策略[J].中国科学院院刊,2018,33(12):1358-1365.
[15] 孙惠昕,宋冰冰,张茂祥.528 篇初审退稿稿件的追踪和分析[M]//学报编辑论丛(2019).上海:上海大学出版社,2019:463-467.
[16] 周凯红.在编委会终审和稿件退修环节中如何处理好专家审稿意见[J].编辑学报,2016,28(2):142-143.
[17] 卢圣芳.加快稿件发表速度提升科技期刊影响力[J].湖北师范大学学报(自然科学版),2018,38(3):135-137.
[18] 蓝红杰,诸叶梅.从六种学术期刊刊出情况分析稿件的处理周期及发表时滞[J].中国科技期刊研究,2013,24(5):902-905.
[19] 王静心.我国高水平科技期刊封面设计的特点与思考[J].中国科技期刊研究,2020,31(3):263-269.

建设世界一流科技期刊背景下我国科技期刊发展策略研究

李 志，方 圆

(北京海鹰科技情报研究所，北京 100074)

摘要：针对我国科技期刊的发展现状，从内部因素和外部因素两个方面对影响我国科技期刊发展的因素进行了分析，并分别从深化体制机制改革、完善科研评价体系、培养专业化的编辑人才队伍、建设中国特色出版平台、加快科技期刊集群化建设、加强科技期刊宣传与推广六个方面提出发展建议，以期在建设世界一流科技期刊背景下为我国科技期刊的发展提供参考。

关键词：唯"SCI论"；世界一流科技期刊；科研评价体系；中国特色

据《中国科技期刊发展蓝皮书(2019)》统计数据显示，截至 2018 年末，我国科技期刊总数为 4 973 种(不含军队系统出版的科技期刊)，我国科技期刊数量众多，但整体质量不高，影响力不强，距离国外高水平期刊还存在一定差距。2019 年 8 月，中央出台了《关于深化改革 培育世界一流科技期刊的意见》，提出了实现一流期刊建设目标的措施和途径，明确了我国科技期刊的发展目标，开启了中国科技期刊的新纪元[1-2]。有关专家学者对"世界一流科技期刊"的概念进行了定义，即能发表最具原始创新意义的研究成果并在世界范围内得到广泛认可、学科影响力指标位居世界综合或学科领域定量统计排名前 5%的期刊[3]。科技期刊作为展示科研成果、推动学术交流、传播科学文化、引领科技发展的重要载体，直接体现国家科技竞争力和文化软实力，是科技强国的重要支撑。

1 影响我国科技期刊发展的因素

1.1 内部因素

期刊主管单位、主办单位、出版单位众多且过于分散，我国科技期刊主管单位、主办单位、出版单位分别有 1 345 家、3 238 家、4 391 家，但单独某个单位可以负责多种期刊的却很少；单刊体量(年发表文章数)普遍较小，出版周期较长，年载文量偏低，季刊出版的科技期刊724 种(占比 14.55%)，双月刊出版的科技期刊 1 963 种(占比 39.47%)，月刊出版的科技期刊 1 847 种(占比 37.14%)[4]；国际间学术竞争力较弱，在学术交流中无法起到举足轻重的作用；学科分布不平衡，大部分科技期刊集中在物理、化学、地球科学等传统学科，交叉学科、新兴学科的期刊数量相对较少，同质化现象严重；高水平的英文期刊数量不足，英文期刊普遍存在语言表达不过关的问题，不利于国际学术交流。

1.2 外部因素

唯"SCI 论"的科研评价体系。SCI(Science Citation Index)即科学引文索引，是由美国科学情报研究所 1961 年创办出版的引文数据库，是目前国际公认的科学评价和统计的三大检索数据库(SCI、EI、ISTP)之一。由于早期国内的高校、科研院所等对 SCI 过分追求，中国学术界出现了唯"SCI 论"的学术评价导向。使作为检索工具的 SCI，成为学生毕业、职称晋升、科研人员评价奖励的衡量工具。"SCI 热"虽然促使中国 SCI 论文数量激增，但由于 SCI 收录的我国科技期刊数量较少，使越来越多的国内科研成果发表在国外的 SCI 期刊上，导致优秀科研成果外流严重，直接制约了我国科技期刊的发展和学术交流。

2 我国科技期刊的发展策略

2.1 深化体制机制改革

深化改革是培育世界一流科技期刊的关键措施和根本动力。我国科技期刊管理体制复杂，运行机制落后，经济实力弱，生存发展形势严峻，在培育世界一流科技期刊过程中不可避免会遇到各种困难和问题，这些困难和问题必须通过深化改革才有可能解决[6]。具体举措包含以下几方面：①推进科技期刊出版体制改革，科技期刊管理者要有突破改革的勇气，突破改革难点，完善相关政策，鼓励体制创新，奠定良好的体制基础。②鼓励运行机制创新，对于机制创新取得成绩的科技期刊和期刊出版单位，在出版资源配置和建设资金投入上给予更大力度的支持。③加强多部门沟通与协作，充分发挥行政主管部门、人民团体、学术机构和事业单位的作用，明确分工，协同发力，保证相关政策措施的贯彻落实及时推进。

2.2 完善科研评价体系

国家相关部门应加强顶层设计，制订符合我国国情、科学、合理的科研评价体系，在制度上对作者权益加以保障，要让作者发表在国内科技期刊上的论文与发表在 SCI 上的论文在评价、考核过程中做到同质等效，促进科研成果在祖国的大地上生根发芽，打破唯"SCI 论"。《分领域发布高质量科技期刊分级目录实施方案(试行)》的实施，推动了高质量中国科技期刊与国外高水平期刊的等效使用，"同行评议"的科研评价手段，也使论文质量的高低不再取决于是否发表在 SCI 上，而是由领域学科专家来评价其学术价值。

2.3 培养专业化的编辑人才队伍

培育世界一流科技期刊需要高水平的论文支撑，高水平的论文源自专家高水平的研究。同这样的专家组约稿件，就要求编辑必须对专业知识有一定的了解[8]。只有这样，才能有针对性地向专家组稿、约稿，才有可能组约到高水平的文章。专业的编辑还能够依靠自身的学科素养，从海量的学科信息中捕捉到研究热点，紧跟学科前沿。在建设世界一流科技期刊的背景下，专业化编辑人才的培养是创办世界一流科技期刊必备的人力保障。同时，科技期刊编辑人才流失的现状也应该引起高度重视，期刊出版部门应引入先进的企业管理模式，完善人才培养和晋升机制，将期刊编辑的主观能动性发挥到最大，吸引和留住专业化的编辑人才。

2.4 建设中国特色国际出版平台

目前我国缺乏大型的国际出版平台，诸如中国知网、万方数据、维普数据等出版平台，国际化程度较低，国际影响力较弱。国内的科技期刊多加入 Elsevier、John Wiley、Springer Nature、Taylor & Francis 等国外大型出版平台，依靠其"借船出海"。国际出版平台借助其品牌效应，国际化的出版服务，可以大大提升中国期刊的影响范围[9]。但有利必有弊，中国期刊和国际出版平台合作，除了高额的合作费用外，版权也会受到一定的限制。因此，必须建设中国特色国际出版平台。据 2019 年统计数据，我国科研工作者发表的科技论文中，高被引论文数为 30 755 篇，位居世界第 2 位；热点论文数为 1 056 篇，位居世界第 2 位；在各学科最具影响力期刊上发表论文 11 318 篇，位居世界第 2 位；在 Science、Nature 和 Cell 三个享有最高学术声誉的科技期刊上发表论文 429 篇，位居世界第 4 位；材料科学、化学和工程技术三个领域的论文被引用次数排名世界第 1 位。从以上数据可以看出，我国科研产出成果众多，已逐渐成为世界关注的焦点[10]。因此，建设中国特色的国际出版平台，大可不必担心成果不能国际化。

2.5 加快科技期刊集群化建设

集群化建设从期刊的发展趋势来看，是期刊做大做强的重要策略，我国要想建设世界一流科技期刊，在国际科技期刊界拥有话语权，就必须加快科技期刊集群化建设。集群化建设可以打破封闭的办刊模式，有效解除办刊资源分散、力量薄弱的局面，形成专业化的知识供应网络，消除期刊严重的人财物浪费的现象，优化出版资源配置，实现学术、人力等出版资源的重组与共享[11]。目前我国科技期刊集群化建设还处在起步阶段，虽然有北京卓众出版有限公司期刊群、中华医学会期刊群等比较成功的期刊集群案例，但大部分期刊集群由于主管单位、主办单位复杂，个刊之间存在一定的利益冲突，刊群合力不强，无法有效地整合出版资源，集群发展的道路还需要多加探索。

2.6 加强科技期刊宣传与推广

科技期刊的自我宣传与推广不仅能提高知名度，将科技成果进行普及，还有助于增加引用，提高期刊影响力。建设世界一流科技期刊，应该多渠道、全方位的对科技期刊进行宣传与推广。一些好的方法归纳如下：①利用 AI、大数据、云计算等技术手段，融合新媒体等社交平台，提升期刊的网络显示度，增强传播能力，平台包括国内的微信公众号、微信科研群，国外的 Facebook、Twitter 等[12]。②借助国际性的网络服务平台扩大影响力，比如数字对象唯一标识符(DOI)、CrossRef、Kudos、Publons 等，从论文的显示度、下载量、引用率等多方面提高期刊的曝光度[13]。③组织会议可以在短时间内集中宣传期刊，通过会议与专家讨论学术成果的同时，对期刊进行宣传推广，以提高期刊的知名度。

3 结束语

科技期刊作为国家科技竞争力和文化软实力的直接体现，其发展任重道远。建设世界一流科技期刊不是哪个单位或者部门单凭一己之力就能做到的，需要政府、行业、学界等多方力量共同参与，统一认识，协同推进。为了更好地促进培育世界一流科技期刊这一重大战略的实施，笔者认为应从深化体制机制改革、完善科研评价体系、培养专业化的编辑人才队伍、建设中国特色出版平台、加快科技期刊集群化建设、加强科技期刊宣传与推广这六个方面着手推进，相信在多方力量的共同努力下，我国科技期刊在国际上的竞争力必会得到快速提升，建设世界一流科技期刊的目标必定能够实现。

参 考 文 献

[1] 游苏宁,陈浩元,冷怀明.砥砺前行 实现科技期刊强国梦[J].编辑学报,2018,30(4):331-336.

[2] 中国科学技术协会.中国科技期刊发展蓝皮书[M].北京:科学出版社,2019.
[3] 张昕,王素,刘兴平.培育世界一流科技期刊的机遇、挑战与对策研究[J].科学通报,2020,65(9):771-779.
[4] 林鹏.关于建设世界一流科技期刊的思考与探索[J].中国出版,2020(9):15-20.
[5] 孙涛.关于培育世界一流科技期刊首先需要解决的几个问题的思考[J].编辑学报,2019,31(6):596-599.
[6] 张品纯.对培育世界一流科技期刊几个相关问题的思考[J].出版广角,2019(5):6-10.
[7] 陈鹏,黄历,叶宏玉,等.培育一流科技期刊 助推一流学科建设[J].科技与出版,2019(10):17-21.
[8] 李志,王一琳,张肇聿.媒体融合背景下期刊编辑的能力培养研究[J].新媒体研究,2019,5(14):107-108,113.
[9] 谭京晶.洋为中用:浅谈如何推动科技期刊的可持续发展[J].编辑学报,2017,29(增刊2):5-7.
[10] 王继红,骆振福,李金齐,等.培育中国特色世界一流科技期刊的内涵与措施[J].中国科技期刊研究,2020,31(1):4-9.
[11] 王锦秀,李莉.科技期刊集群化发展研究[J].科技传播,2019,11(6):4-6.
[12] 郭伟.培育世界一流背景下普通科技期刊的发展策略[J].中国传媒科技,2020(2):36-38.
[13] 许丽佳,杨淇名,庞洪,等.中国建设世界一流科技期刊发展策略研究[J].编辑学报,2019,31(增刊2):4-5.

基于 SWOT 分析的公安院校学术期刊发展策略

刘彦超，李 志

(中国人民警察大学，河北 廊坊 065000)

摘要：结合《武警学院学报》办刊实践，运用 SWOT 分析法对公安院校学术期刊的优势、劣势、机遇和威胁予以分析。在媒介竞争日趋激烈的形势下，公安院校学术期刊需要进一步厘清办刊定位，加强优质稿源建设，强化内容把关，构建一流编辑团队，增强传播力，提升服务水平，推动办刊质量持续提升，为维护国家安全和社会稳定作出更大贡献。

关键词：公安院校；学术期刊；SWOT；学术质量；影响力；传播力

公安院校学术期刊是我国公安院校主办、刊登公安工作或公共安全工作领域研究成果的学术理论刊物。自20世纪80年代初陆续创办以来，公安院校学术期刊有了长足发展，办刊质量明显提升。然而，受公安学科建设发展相对滞后、公安理论研究水平不高等因素影响，相较于我国高校学术期刊整体水平，其学术影响力依然偏弱，办刊质量有待进一步提升。SWOT分析法是一种战略分析方法，由旧金山大学管理学教授H. Weihrich于20世纪80年代初提出。其中，S、W分别代表内部优势因素(Strength)、劣势因素(Weakness)，O、T分别代表外部机遇因素(Opportunity)、威胁因素(Threat)。该分析法通过综合评估和分析研究对象的优势和劣势，了解所面临的机遇和威胁，进而调整发展战略[1-3]。笔者结合《武警学院学报》办刊实践，运用SWOT分析法对公安院校学术期刊的优势、劣势、机遇和威胁予以分析，尝试提出公安院校学术期刊办刊策略。

1 公安院校学术期刊 SWOT 分析

1.1 优势

公安院校学术期刊主办单位通常为各省(区、市)公安院校，主管单位为公安部或各省(区、市)公安厅(局)。长期以来，各公安机关高度重视新闻宣传工作和"科技兴警"战略，充分履行主管、主办单位职责，大多公安院校学术期刊办刊条件比较成熟。经过近 40 年的发展，公安院校学术期刊办刊质量持续提升，在全国及各省(区、市)组织的期刊评优活动中屡获殊荣。通过查阅《中国学术期刊影响因子年报(人文社会科学)》相关数据可知，其影响因子整体呈现逐年上升趋势。

基金项目：河北省高等学校人文社会科学研究项目 (SD192021)；武警学院中青年教师科研创新计划课题(ZQN2018013)

1.2 劣势

由于公安学和公安技术直至2011年才被正式批准设立为一级学科,各公安院校的学科建设大多处于不成熟阶段,学术研究理论不系统,科研水平相对较低。公安院校学术期刊的选题和栏目设置相似性很高,同质化问题突出,呈现"全、散、小、弱"局面,学术质量整体不高[4]。在"以刊评文"科研评价导向影响下,高质量论文往往选择SCI收录期刊、中文核心期刊、CSSCI来源期刊等刊物发表。公安院校学术期刊大多为普通期刊,很难吸引到校内外优质稿件。作者和读者通常局限于公安院校及公安机关,受众范围较窄,论文下载量、引用量较小,影响因子偏低。其编辑出版部门大多为学校教辅单位,很难引进高学历、高水平优秀专业人才,办刊理念保守落后,数字化出版进程缓慢,工作效率不高。

1.3 机遇

2019年8月,中国科协、中宣部、教育部、科技部联合印发《关于深化改革 培育世界一流科技期刊的意见》[5-6]。该《意见》是贯彻落实中央全面深化改革委员会第五次会议精神、推动我国科技期刊改革发展的纲领性文件,对于公安院校学术期刊建设发展具有很强的指导作用。2020年2月,为破除论文"SCI至上"倾向,教育部、科技部印发了《关于规范高等学校SCI论文相关指标使用 树立正确评价导向的若干意见》[7]。该《意见》的出台,在一定程度上避免了国内优质论文争相刊发于国外期刊的怪相,有利于国内学术期刊吸引优质稿件。与此同时,信息技术的迅猛发展,给期刊业的理念更新、技术革新和模式创新提供了新动能,为公安院校学术期刊提供了"弯道超车"的重要机遇。

1.4 威胁

国际顶级期刊拥有先进的办刊理念、成熟的出版模式,不断细分创办子刊,实施集群化发展,严重挤压国内学术期刊的发展空间。此外,作为公安领域最新科技成果及最新技术的重要交流平台和园地,公安院校学术期刊与国家安全和社会稳定息息相关,面临着安全保密方面的重大挑战。

2 公安院校学术期刊发展策略

2.1 积极增长型战略

2.1.1 坚持党对办刊工作的全面领导,推动学术期刊健康发展

坚持正确的办刊方向,是期刊得以健康发展的根本保证。公安院校学术期刊必须坚持以习近平新时代中国特色社会主义思想为指导,深入贯彻落实党中央关于新闻出版工作的决策部署,自觉接受新闻出版管理部门和主管单位、主办单位、编委会的领导,确保正确的办刊方向。

2.1.2 加大信息化建设力度,推动数字化转型升级

在信息技术日新月异的今天,公安院校学术期刊要积极争取所在学校支持,抓住数字化、智能化促进期刊出版变革的重大机遇,充分运用新兴技术推动数字化转型升级,优化出版流程,丰富知识产品种类,提高刊物的传播力、引导力、影响力、公信力、服务力。

2.2 多元型战略

2.2.1 强化主体责任,加大办刊支持力度

公安院校应强化并落实办刊主体责任,进一步提高对办刊工作的重视程度,给学术期刊编辑出版部门提供优越的办公条件、充足的办公经费、优秀的编辑人才,营造学术期刊高质

量发展的良好生态。相关职能部门要充分发挥学术评价的指挥棒作用,继续在职称评聘、成果评奖等方面予以本校学术期刊论文适度的政策倾斜,以最大限度减少校内优质稿件外流。

2.2.2 严格执行规章制度,做好安全保密工作

公安院校学术期刊要认真遵守《中华人民共和国保守国家秘密法》《科学技术保密规定》《新闻出版保密规定》等法律法规,严格落实各项保密措施。所有来稿均须由作者单位进行保密审查并出具不涉密证明;在编辑初审、专家复审、主编终审环节,要求学术质量审查与保密审查相结合;在编校、审读工作中,检查是否遗留涉密内容或敏感信息,确保刊发稿件中不包含任何国家秘密、警务工作秘密及敏感信息。

2.3 扭转型战略

2.3.1 厘清功能定位,突出专业特色

期刊的定位,是期刊建设发展的基点。作为公安理论研究成果展示和交流的阵地,公安院校学术期刊必须以服务公安院校教学科研、指导公安实践为己任,不能为了片面追求"影响因子"等评价指标,而盲目追随法学期刊的发展路径,偏离自身的功能定位,失去专业特色[8]。公安院校学术期刊应以《关于深化改革 培育世界一流科技期刊的意见》等文件为遵循,立足本校优势学科、特色专业或地域特征,加大特色栏目建设,走特色化办刊之路。如:《武警学院学报》围绕边防等优势学科,开设了《边疆与边防研究》等特色栏目;《云南警官学院学报》立足于所处地域和社会环境,打造了《禁毒研究》特色栏目。

2.3.2 全方位拓展渠道,加强优质稿源建设

公安院校学术期刊要抓住国家科研评价政策调整的契机,积极开展约稿、组稿工作,全方位挖掘优质稿源。一是密切跟踪专业领域学术动态,积极向重点学科带头人和重点科研院所约稿。二是及时了解学校科研项目立项信息,积极向课题组特别是省部级以上基金项目课题组约稿。三是围绕国家安全、公安工作、社会治理等领域出现的热点、难点、重点问题,及时策划专栏;或聘请专家担任专题主持人,开展专题组稿。四是鼓励编辑参加校内外学术活动,积极向与会专家约稿。五是充分发挥编委会作用,借助编委在专业领域的学术影响力实施约稿。六是建立与校属各单位、公安机关、智库、企事业单位的联系网络,通过主办或协办学术会议,遴选刊发优质会议论文。

2.3.3 借助现代信息技术,进一步增强传播力

公安院校学术期刊要积极运用现代信息技术,大力拓展传播渠道,进一步增强传播力。一是在坚持向公安机关免费赠送期刊基础上,进一步扩大赠阅范围,增强纸刊发行的精准度。二是积极寻求与更多的互联网数据库出版平台开展合作,第一时间上传数据,实施开放获取、优先出版、网络首发等出版模式,提高刊文的显示度和可获取性。三是加快微信公众平台建设,通过精准推送增加读者黏性,扩大信息覆盖面[9]。四是主动与文献检索机构建立联系,积极推荐优质论文。五是借助高层次国内外学术论坛、研讨会等场合,积极接触专家学者,主动宣传推介刊物[10]。

2.3.4 加大引进培育力度,构建一流编辑团队

编辑是期刊的活动主体,打造高质量的公安院校学术期刊离不开高素质的编辑团队。一是积极争取所在学校支持,引进具有较强专业背景、较高学术水平、热心期刊事业的优秀编辑人才,构建结构合理、素质优良的编辑团队。二是加强经常性思想政治教育,大力培育"为他人作嫁衣"的无私奉献精神和精益求精的"工匠精神"。三是积极鼓励编辑参加业务培训,拓

展学术视野,夯实业务知识,提升专业技能。四是积极鼓励编辑参与专业领域、传播学、编辑学等课题研究,促进其专业知识把关能力及业务能力的提升。

2.4 防御型战略

2.4.1 对标一流学术期刊,强化内容把关

公安院校学术期刊要对标一流学术期刊,建立健全编辑出版全链条质量管理机制,强化内容把关。一是严格执行学术不端检测制度,坚决抵制任何形式的学术不端行为。二是严格执行"三审"制和专家匿名审稿制度,公平公正录用稿件。三是严格遵循学术规范和编排标准,审慎编辑加工稿件。四是严格执行"三校一读"、计算机电子校对、交叉校对等校对制度,确保上佳的编校质量。五是加强印刷质量监控,督促印制单位做好刊物印制和装订工作。

2.4.2 探索实施联合办刊,协同发展

目前,我国大学学报有2 000多种,而公安院校学术期刊仅有30余种,无法形成规模效应,竞争力较弱。公安院校学术期刊应打破"单打独斗"局面,由上级管理部门或行业组织牵头,探索实施联合办刊、协同发展[11]。一是建立公安院校学术期刊学术不端文献检测平台,弥补中国知网等学术不端文献检测系统无法检测公安院校部分教材、内部资料等不足,最大限度地遏制抄袭剽窃行为。二是建立公安院校学术期刊待用稿公示平台,遏制一稿多投、重复发表行为。三是依托中国知网创建公安院校学术期刊网刊联盟,集中展示公安学术成果,增强公安院校学术期刊的传播力和学术影响力[4]。

2.4.3 树立"以人民为中心"理念,提升服务水平

公安院校学术期刊要牢固树立"以人民为中心"的发展理念,全方位提升服务水平。一是借助期刊四封、网站主页、微信公众平台等渠道,及时分享国内外最新研究动态,发布选题方向,指导作者撰写论文。二是开通稿件采编平台,方便作者实时了解审稿进度。三是耐心细致地反馈审稿意见,对于不能刊用稿件要真诚地予以解释,做到"退稿不退人"。四是尊重作者辛勤劳动的智慧结晶,稿件作实质性或较大改动时必须征得作者同意,切忌随意删改[12]。五是加快审稿、刊发速度,建立优质稿件快速发表的"绿色通道"。六是做好期刊发行后的跟踪调查工作,及时收集读者和作者的意见建议,进一步改进编辑出版工作[10]。

2.4.4 实施精细化管理,提高工作质效

公安院校学术期刊要广泛开展调研活动,加强同行业组织、名刊大刊、兄弟院校期刊的交流,进一步优化编辑出版流程,学习借鉴先进管理经验,突出以工作质效为核心的绩效导向,充分调动编辑的工作积极性、创造性。

3 结束语

在媒介竞争日趋激烈的形势下,公安院校学术期刊需要进一步厘清办刊定位,加强优质稿源建设,强化内容把关,构建一流编辑团队,增强传播力,提升服务水平,推动办刊质量持续提升,为维护国家安全和社会稳定作出更大贡献。

参 考 文 献

[1] 李拓宇."双一流"师范类高校学报自然科学版发展SWOT分析[M]//学报编辑论丛(2019).上海:上海大学出版社,2019:74-78.

[2] 李小玲.基于SWOT分析的科技期刊精品化发展战略:以《热带地理》近年办刊实践为例[J].中国科技期刊研究,2018,29(9):956-962.
[3] 吴月红.我国科技期刊数字出版的SWOT分析[J].编辑学报,2010,22(3):202-204.
[4] 谢昀.公安学报服务新型智库建设路径探究[J].北京印刷学院学报,2019,27(1):24-28.
[5] 四部门联合印发《关于深化改革 培育世界一流科技期刊的意见》[EB/OL].(2019-08-19)[2020-07-11].http://www.xinhuanet.com/science/2019-08/19/c_138320888.htm.
[6] 徐雁龙,王聪.我国培育世界一流科技期刊的思考[J].中国科技期刊研究,2020,31(4):371-374.
[7] 教育部科技部印发《关于规范高等学校SCI论文相关指标使用 树立正确评价导向的若干意见》的通知[EB/OL].(2020-02-20)[2020-07-11].http://www.moe.gov.cn/srcsite/A16/moe_784/202002/t20200223_423334.html.
[8] 刘芳.公安学术期刊的困境与出路研究[J].政法学刊,2015,32(4):123-128.
[9] 刘少霞.期刊评价模式下公安学术期刊发展的困境与对策[J].传播与版权,2020(6):45-48.
[10] 刘彦超."以人民为中心"视域下的高校学报办刊策略研究[J].武警学院学报,2019,35(8):81-87.
[11] 刘旸.公安高校学报应对数字化出版的策略[J].净月学刊,2014(4):126-128.
[12] 姚林.公安学术期刊发展的困境与出路[J].北京警察学院学报,2020(1):119-124.

我国冶金工程学科英文科技期刊国际影响力现状及提升策略

杜焱，蒋伟，季淑娟

(北京科技大学期刊中心，北京 100083)

摘要：以 6 种冶金工程学科传统高水平英文科技期刊建设为例，通过查阅数据库、文献、期刊主页和微信公众号等方式，从载文量和影响力、发表周期、编委会、投审稿系统和网站、数字出版和媒体融合发展等方面进行对比分析。多举措加强稿源质量建设，适度扩大出版规模，缩短发表周期，提高编委会的国际化程度，建设独立的青年编委会，加强数字化平台、个性化网站和微信平台建设，组建冶金工程学科期刊联盟将是未来国内冶金工程学科英文科技期刊提升其国际影响力的主要途径。冶金工程学科英文科技期刊国际影响力提升举措可为当前国内英文科技期刊建设成为国际一流科技期刊提供参考与借鉴。

关键词：中国英文科技期刊；冶金工程学科；国际影响力；提升策略；数字化建设；新媒体

  科技期刊是科研成果交流和展示的载体，也是国家科技竞争力与文化软实力的重要体现。近年来，随着我国科研实力和科研产出的快速提升，科技期刊也得到了稳步发展，我国已进入科技期刊大国行列。截至 2017 年底，中国科技期刊数量达 5 052 种，居世界第三位[1-2]。2018 年 11 月 14 日召开的中央全面深化改革委员会第五次会议审议通过了《关于深化改革 培育世界一流科技期刊的意见》，并强调要以建设世界一流科技期刊为目标，科学编制重点建设期刊目录，做精做强一批基础和传统优势领域期刊[3]。

  根据 2019 年科睿唯安发布的《期刊引证报告》(JCR)统计，2018 年度中国大陆计有 213 种期刊被收录，相比 2017 年度的 192 种增加了 21 种，增幅为 10.94%，远高于 JCR 收录期刊总量的增幅 1.78%。从影响因子的学科分区看，2018 年度中国大陆地区期刊位列 Q1 区("期刊分区"的分值为 75~100)的期刊数量相对 2017 年度的 40 种上升至 48 种，影响力指标显示出良好的发展态势，尤其是新创办期刊在运作机制和学术影响力提升方面具有明显优势[4]。但是老牌传统的 SCI 期刊一直处于"小、弱、散"的办刊模式下，未能形成规模化、集约化办刊；同时，由于影响因子起点较低，一直面临着优质稿源匮乏、学术影响力增长缓慢等困境。面对激烈的国际竞争，传统学科的"老牌"学术期刊如何生存以及发展，是中国科技出版界一直面临的问题[5]。

  冶金工程是我国的传统优势学科领域，也是我国学术论文产出量最大的学科之一。2013

基金项目：中国科技期刊国际影响力提升计划 2018 年度 C 类项目(PIIJ2-C-21)
通信作者：蒋伟，E-mail: jiangwei@ustb.edu.cn

年以来，随着国家六部委"中国科技期刊国际影响力提升计划"项目的实施，我国在冶金工程学科领域创办的 SCI 期刊国际影响力均有了较大的提升[6-10]。根据科睿唯安公布的 2018 版 JCR，在冶金工程学科全球共有 76 种期刊被 JCR 收录，其中中国大陆共计有 9 种期刊，占比 11.8%，位列 Q1 区 3 种，Q2 区 3 种，总数量在中国大陆创办的 SCI 期刊的所有学科领域仅次于材料学科，排名第二[4]。

本文通过对我国冶金工程学科领域 6 种传统高水平 SCI 期刊的近五年的国际影响力发展现状进行客观地比较和分析，分析存在的问题和不足，并提出相应的提升策略，以期为国内其他领域英文科技期刊国际影响力的提升提供思考和借鉴。

1　数据统计源和研究方法

以 6 种近 5 年来在 JCR 位列冶金工程学科 Q2 区，且创刊历史在 10 年以上的传统老牌期刊为研究对象。通过登录科睿唯安 Web of Science 查看 2014—2018 年期刊 JCR 相关数据，同时登录期刊在合作出版商的主页、国内主页和微信公众号查找期刊相应信息，对这 6 种期刊的载文量和影响力、发表周期、编委会、投审稿系统和网站、数字出版平台和微信平台等相关数据进行统计分析。

2　期刊基本情况

6 种传统高水平冶金工程学科英文科技期刊的基本信息汇总于表 1。从表中可以看出，6 种期刊有以下共同点：①历史悠久(创办时间均在 25 年以上)，被 SCI 收录均在 10 年以上；②均为月刊，有着比较稳定充足的稿源；③均与国际著名出版商 Elsevier 或 Springer 合作共同出版发行；④均未采取全文开放获取(Open Access，OA)的形式。其中，JMST、TNMSC 和 RM 入选了中国科协等七部门联合实施的"中国科技期刊卓越行动计划"。此外，笔者统计得知，除了 JMST 和 AMS 同时隶属于中国科学院金属研究所"材料期刊社"，其余 4 种期刊分属于 4 个不同的主办单位，除了"材料期刊社"在集群化发展上进行了一些尝试外，其余期刊大多处于分散办刊的状态，集约化程度较低。

表 1　我国冶金工程学科 6 种传统高水平英文科技期刊的基本信息

期刊全称	英文简称	创刊年	被 SCI 收录年	出版周期	合作的国际出版商	是否全 OA	是否入选中国科技期刊卓越行动计划
Journal of Materials Science and Technology	JMST	1985	1997	月刊	Elsevier	否	是
Transactions of Nonferrous Metals Society of China	TNMSC	1991	1998	月刊	Elsevier	否	是
Acta Metallurgica Sinica-English Letters	AMS	1988	2011	月刊	Springer	否	否
Rare Metals	RM	1982	2001	月刊	Springer	否	是
Journal of Iron and Steel Research International	JISRI	1994	1999	月刊	Springer	否	否
International Journal of Minerals Metallurgy and Materials	IJMMM	1994	1999	月刊	Springer	否	否

3 国际影响力现状对比分析

在媒体融合和新媒体蓬勃发展背景下,衡量期刊国际影响力的主要因素除了期刊基本引证指标、出版能力和热点文章影响力、编委国际化等[11],还应包括数字化建设和新媒体平台建设等。

3.1 载文量及影响力

稳定的载文量和高水平、高质量文章的数量是期刊国际影响力的重要指标,也是期刊国际影响力"既强又大"的直接体现。从年出版文章数量来看,JMST 先降低后升高,AMS 和 RM 先升高后降低并稳定,TNMSC 和 JISRI 在逐渐降低,IJMMM 一直保持稳定。出版文章数量下降是由于期刊主动采取措施降低录用率,编辑对于自由来稿加大了退稿力度,提高了录用门槛,以此来提升稿件质量,同时缩短发表周期[10]。从出版综述论文数量来看,JMST 和 RM 最高,两者的综述文章分别每篇平均被引用 24.4 和 7.8 次,远高于其同期出版的研究文章的单篇平均被引次数。其中,JMST 的 5 篇高被引论文中有 3 篇来自于综述文章。从高被引论文来看,近 5 年仅 JMST 有 5 篇论文入选 ESI(Essential Science Indicators)高被引论文。从表 2 可知,JMST 在 2018 年高被引论文数量上已与冶金工程学科中排名前 5 的国际权威一流期刊 *Corrosion Science*、*Acta Materialia* 等并驾齐驱,其他 5 种期刊在高被引论文方面仍然较为欠缺。虽然 JMST 在影响因子、高被引论文数量上已经和冶金工程学科的国际权威期刊不相上下,但是在年出版文章数量和总被引频次方面仍有一定的差距。

表 2 2018 年冶金工程学科影响因子排名前五位的期刊引证指标(2018 版 JCR)对比

期刊全称	影响因子	出版量	总被引频次	ESI 高被引论文数
Acta Materialia	7.293	776	73 990	9
Corrosion Science	6.355	501	37 952	3
Journal of Materials Science and Technology	5.040	301	6 753	5
Scripta Materialia	4.539	554	33 032	2
Journal of Alloys and Compounds	4.175	3841	102 871	14

3.2 发表周期

稿件发表周期是体现科技期刊核心竞争力的关键指标,对科技期刊吸引优秀稿件具有重要作用。从国际期刊普遍采用的录用后即优先网络出版(Online First)方面来看,JMST、RM、IJMMM 和 JISRI 均可以检索到相应的文章。Online First 可以大幅缩短论文发表时滞,使尚未出版的论文也产生了一定数量的引用[10,12]。笔者通过统计 6 种期刊 2019 年的文章出版历程,除了 JMST,从投稿到正式出版,其他 5 种期刊平均需要花费 8~10 个月,与冶金工程学科国际一流期刊相比,稿件整体发表周期仍普遍偏长。通过计算平均值,6 种期刊从投稿到录用的周期,通常约为 3 个月,稿件处理效率略优于国际一流期刊。但是 6 种期刊从录用到出版花费的时间,普遍比国际一流期刊要长很多。以 *Acta Materialia*、*Corrosion Science* 为例,其从录用到正式出版通常需要 2~3 周,而 JMST 约需要 2~3 个月,其他 5 种期刊则平均需要 3~6 个月。

3.3 高水平、国际化的编委会

高水平、国际化的编委会是期刊学术水平和质量的把关者,是学术期刊发展方向的指导者。从编委会来看,只有 JMST 聘请了国际专家担任主编。从国际编委总人数来看,JMST 的最多,其次是 IJMMM。AMS 国际编委的占比最高,达到了 51.6%。从期刊官方网站和微信公众号搜索编委会相关信息可知，多数期刊每年都会定期召开编委会议讨论期刊的工作进展、发展目标、面临的挑战与问题等，鼓励编委为提升期刊的国际影响力建言献策。同时，还会开展优秀编委评选，鼓励编委发挥主动性参与期刊各项工作。当前，建设青年编委会受到广泛关注，青年编委也被誉为编委团队中全新的生力军[13]。6 种期刊仅有 IJMMM 建设了青年编委会。通过考察编委的年龄组成情况，我们发现 JMST 和 IJMMM 的编委团队中均有近三分之一为 45 岁以下中青年学者，其他 4 种期刊编委团队中的中青年学者比例普遍偏低。

3.4 投审稿系统和期刊网站

国际化的采编平台、出版平台及网站是期刊扩大传播和提高国际影响力的重要途径。6 种期刊均采用国际上最为通用的投审稿系统 ScholarOne 或 Editorial Manager，大大提高了期刊的工作效率和国际化程度。6 种期刊均在国外合作出版商上设有专门的官方网站，实现了期刊电子数据全文在线，大大增加了在国际上的曝光度。同时，6 种期刊均建设了自己在国内的独立个性化网站。但除了 IJMMM 的网站为 2019 年最新建设的，内容更新比较及时，其他部分期刊网站内容较为陈旧，更新较为滞后。IJMMM 的网站包含多个栏目，可以适应多种移动端阅读，读者可以通过网站浏览文章并且可以通过脸书、推特、领英、微信等社交媒体分享按钮进行分享。

3.5 数字出版平台

近年来，通过对数字化建设的探索与分析，提高期刊影响力，实现数字化、网络化、现代化办刊已成为期刊发展的必由之路[6]。为更好地适应期刊数字出版、移动阅读以及大数据发掘等发展需求，6 种期刊均在数字化建设方面进行了很多尝试。TNMSC 通过自主搭建在线投审稿平台、文献数字化加工平台、多终端出版平台、精准化推广平台等形成全流程数字化出版架构[6]。AMS 通过购买专业数字化推广服务，进行高效率国际宣传，通过关键词圈定目标推送群，将包含期刊介绍、期刊目录、征稿主题等信息的邮件准确送达目标人群[9]。

3.6 微信公众号

随着新媒体融合的理念深入人心，建设微信公众号成为学术期刊扩大传播和提高期刊影响力的重要手段[9-10]。通过清博新媒体指数查询到 6 种期刊微信公众号的微信传播力指数（WCI），对比评价其微信公众号的受关注度和影响力情况，取样起始时间为 2019 年 12 月 15 日至 2 月 14 日，计算其 WCI 绝对平均值。经统计，JMST 和 AMS 的微信公众号传播影响力最高，两个公众号的推送频率也为最高，平均为每周 1 次。考虑微信用户以华人为主，6 种期刊的推送语言均采用中英文相结合的形式。推送主要常规内容为期刊目次、虚拟专刊、亮点文章、编辑部公告、会议通知、专刊征稿通知、优秀审稿人和优秀论文评选等。JMST 和 AMS 的微信公众号受关注度最高，但推文仍缺乏与作者和读者的互动，其传播影响力与中国科技核心期刊前十名榜单中的期刊微信公众号相比，还存在一定的差距[14]。

4 国际影响力提升策略

4.1 全方位加强稿源质量建设，适度扩大出版规模

明确期刊定位和发展方向，设立中长期规划，全方位加强组约稿和专刊策划工作。在组约稿过程中，明确期刊专业特色，精心策划，细心遴选，适当增加原创性较强的综述论文的比例。提高编校工作效率，缩短文章发表周期，尤其是从录用后到出版的时间周期。灵活办刊，根据录用稿件的数量及时调整刊发页数[15]。广泛应用优先出版的模式，增强文章发表时

效性，提高期刊对于高质量稿源的吸引力。JMST编辑部为优秀论文开通"绿色通道"，提供"即时通道"，稿件基本实现自投稿日3个月内在线发布，6个月内发表[10,15]。在稿源增加和约稿工作的支撑下，保证期刊发表论文整体学术质量，适度扩大出版规模，向内涵式发展转变，实现期刊国际影响力"既强又大"。

4.2 多举措加强编委会建设，充分发挥编委积极性

借鉴 *Acta Materialia* 的经验，实行开放办刊策略，在全球范围内遴选主编和副主编，增加国际专家在编委会中的比例，利用国际学术机构与学者的影响力组约优质稿件[15]，快速提升刊物的学术质量和国际品牌形象。加强国际合作交流，邀请国际专家担任专刊的客座编辑或学术编辑，协助组约高水平稿件，参与稿件评审以及编校工作。JMST聘请了中青年科学家作为学术编辑，负责稿件初审、送审、终审以及编校工作[15]。充分发挥青年学者的思维创新、学术交流活跃等优势，建设独立的青年编委会，保持编委会的活力和热情，或者在正式编委会人选中保持一定比例的中青年专家。IJMMM建立了独立的青年编委会，青年编委们在参与期刊宣传推广、审稿、组约稿等方面均表现出了极高的热情和活力。

4.3 加强数字化建设和媒体融合，扩大传播和提高期刊影响力

对国内网站功能进行升级，加强网站宣传，保证网站数据实时更新，实现多媒体分享和适应不同终端阅读。实施论文增强阅读计划，为论文提供相应的音视频等多媒体资源，提升期刊的可视度[6]。TNMSC自主开发苹果App客户端，使作者和读者可以时刻关注期刊动态以及论文更新情况，可以在社交媒体上分享论文，并收藏感兴趣的论文[6]。以服务用户体验与需求为中心，强化个性化与增值服务，借鉴国际出版平台经验，加强与企业合作，建设一体化融合出版平台，提高数字化服务水平和工作效率。IJMMM与专业公司合作建设了基于XML在线排版的一体化融合出版平台，可实现无纸化的期刊论文生产与管理全过程网络操作与管理，便于数据网络发布推广与网络传播及文章的微信推送。

4.4 建设以学术服务为主、资讯为辅的复合型微信公众号

培养专业的新媒体团队，充分挖掘刊物特色，搜集行业学科动态和人文内容，开设特色服务栏目，增加相关学科作者的黏性。JMST聘请出版部门的技术编辑制作发布内容，开发了特色推送栏目，获得了广泛的关注[15]。AMS在推送中设置了人物团队栏目，特别为青年学者开辟了"青年才俊"专题，报道青年人才和其科研团队的研究方向和最新成果，深受青年学者的欢迎和好评[7]。加强与用户的互动，将微信融入编校工作，提升对于读者和作者的服务体验。IJMMM微信服务号平台作者绑定后可以实现编校过程编辑与作者的实时沟通交流，自动给作者发送文章录用、加工和排版等全流程的进度。通过在专业学科微信群中推送虚拟专刊，热点文章等内容，加强与作者、读者的互动和动态宣传[9]。采用集群式的发展模式，建立冶金工程学科微信联盟或微信行业矩阵，将各刊的刊载内容借助集群平台的栏目进行展示，共享和交流动态信息，进行整体营销，树立冶金工程学科微信品牌，实现合作共赢[16]。

4.5 探索跨单位合作、集约化发展，建设冶金工程学科期刊联盟

借鉴"光学期刊联盟""材料期刊社"和"材料期刊联盟"的经验[17-18]，探索将分属于不同主办单位和出版单位的冶金工程学科领域期刊划归一个虚拟化的集约化期刊平台，成立"冶金工程学科期刊联盟"。各期刊归属单位、财务、出版运营等均保持独立，重点共享优质学术资源，加强期刊业务交流，推动各刊协同发展[17]。加强作者、读者、编委和审稿人交流共享，共享稿件和数据库资源，建设稿件转移系统，并根据各刊的定位和特色合理分流稿件。建立冶

金工程期刊编辑微信群,及时交流编校和办刊经验。进行多媒体融合,搭建冶金工程学科期刊网站导航和微信矩阵,致力于打造实现期刊的集成出版、信息整合、资源共享、文献检索、会议合作等多功能于一体的服务平台。

5 结束语

通过对中国冶金工程学科 SCI 收录的 6 种高水平英文期刊国际影响力现状的分析研究,可以看出其载文量及影响力、编委会建设、数字出版和媒体融合发展等方面不断提升,但仍普遍存在发文量较小、发表周期较长、编委会国际化程度不高、网站陈旧、微信公众号传播影响力一般、未能全面实现集约化发展等问题,制约了英文科技期刊国际影响力的提升。多举措加强稿源质量建设,适度扩大出版规模,缩短发表周期,提高编委会国际化程度,建设独立的青年编委会,加强数字化平台、个性化网站和微信平台建设,组建冶金工程学科期刊联盟将是未来国内冶金工程英文科技期刊的发展方向,也是提升其国际影响力的途径之一。

参 考 文 献

[1] 我国科技期刊数量已居世界第三,质量不高,如何做大做强?[EB/OL].(2018-05-21)[2020-08-10]. http://www.ce.cn/ xwzx/kj/201805/21/t20180521_29194135.shtml/.

[2] 《中国科技期刊发展蓝皮书(2018)》发布,打造一流期刊还需多方发力[EB/OL].(2018-10-24)[2020-08-10]. http://news. sina.com.cn/c/2018-10-24/doc-ihmuuiyw7909500.shtml/.

[3] 建设世界一流科技期刊未来可期[EB/OL].(2018-11-16) [2020-08-10]. http://www.xinhuanet.com/tech/2018-11/16/c_1123720735.htm/.

[4] 2018 年度我国 SCI 收录期刊引证指标概览 [EB/OL].(2019-06-21) [2020-08-10].http://blog.sciencenet.cn/blog-38899-1186131.html/.

[5] 任胜利,肖宏,宁笔,等.2018 年我国英文科技期刊发展回顾[J].科技与出版,2019(2):30-36.

[6] 汪凡云,何京平,龙怀中,等.利用数字化建设提升学术期刊影响力的实践与思考:以《中国有色金属学报》(中、英文版)为例[J].中国科技期刊研究,2019,30(4):375-380.

[7] 罗艳芬,罗东,黄春晓,等.《金属学报(英文版)》提升学术质量和影响力的新举措[J].编辑学报,2018,30(3):310-312.

[8] 王超,彭超群.国际一流科技期刊建设的思考:以《中国有色金属学报》(中、英文版)为例[J].中国科技期刊研究,2017,28(7):664-668.

[9] 迟美,杜晓宁,黄春晓,等.《金属学报(英文版)》提升期刊国际影响力的实践[J].中国科技期刊研究,2017,28(5):480-484.

[10] 罗东,黄春晓,周海燕,等.学术期刊国际化发展的思考与探索:以《材料科学技术(英文版)》为例[J].中国科技期刊研究,2015,26(3):223-228.

[11] 伍军红,肖宏,张艳,等.科技期刊国际影响力评价指标研究[J].编辑学报,2015,27(3):214-218.

[12] 李江,伍军红.论文发表时滞与优先数字出版[J].编辑学报,2011,23(4):357-359.

[13] 占莉娟,张带荣.青年编委会:突破传统编委会困境的有效之策[J].中国科技期刊研究,2018,29(10):1042-1047.

[14] 程海燕,田艳妮.科技期刊微信公众号运营与其学术影响力关系的实证分析:基于医学期刊数据的研究[J].中国科技期刊研究,2019,30(4):387-393.

[15] 罗艳芬,刘冬,罗东,等.Acta Materialia 的办刊之道及对我国科技期刊的启示[J].中国科技期刊研究,2018,29(5):525-530.

[16] 杜焱,蒋伟,季淑娟,等.中国高水平科技期刊微信公众号运营现状及提升策略[J].编辑学报,2020,32(2):204-208.

[17] 迟美,刘冬,周海燕,等.材料期刊社集约化办刊的实践探索与发展思考[J].中国科技期刊研究,2017,28(9):793-798.

[18] 胡冰,段家喜,杨蕾.光学期刊集群化发展的新思路[J].传媒,2015(17):15-17.

中国英文科技期刊的国际影响力提升实践
——Journal of Pharmaceutical Analysis 的实践与发展

王梦杰[1]，国 荣[2]，邱 芬[1]

(1. 西安交通大学期刊中心《药物分析学报(英文)》编辑部，陕西 西安 710061；
2. 西安交通大学期刊中心《西安交通大学学报(医学版)》编辑部，陕西 西安 710061)

摘要：本文总结了 Journal of Pharmaceutical Analysis (JPA，药物分析学报(英文))近 5 年来在提升国际影响力方面的实践举措。在影响力提升计划项目的支持下，JPA 充分发挥编委会学术力量，走近科研团体，组约优质稿件，走进国内外学术会议宣传推介期刊，提高期刊显示度；不断提高期刊服务质量，加强审稿队伍和作者队伍建设，优化投审稿体验，吸引高水平作者和优质稿源；通过邮件推送、虚拟专刊、跨平台内容分享、社交平台等方式加快文章内容传播，通过以上多角度的实践，JPA 的学术质量和期刊国际影响力均得到了显著提升。

关键词：Journal of Pharmaceutical Analysis；英文科技期刊；国际影响力；中国科技期刊国际影响力提升计划

科技期刊是承载和传播科研成果的重要载体，为学术交流提供平台，促进科技进步，催生科技创新。《2018 年全国新闻出版业基本情况报》数据显示，截至 2018 年，我国共出版期刊 10 139 种，其中自然科学、技术类期刊 5 037 种[1]；《中国英文科技期刊引证报告》显示 2016 年我国大陆出版或待出版的英文科技期刊共 307 种，2018 年增至 373 种[2]。

虽然近几年我国英文科技期刊的数量不断增加，但现有期刊的国际化进程和国际影响力与我国的科研成果产出并不匹配。为进一步提升我国英文科技期刊的国际影响力与核心竞争能力、增强科技期刊服务创新的能力，中国科协、财政部、教育部、国家新闻出版广电总局、中国科学院、中国工程院六部门，在 2013—2018 年间共同实施了中国科技期刊国际影响力提升计划一期项目(2013—2015)和二期项目(2016—2018)，采取"以奖代补、定额资助"的方式，重点支持了 批学术质量高、国际影响力明显提升的英文科技期刊，创办了一批代表我国前沿学科，或能填补国内英文科技期刊学科空白的高水平英文科技期刊，激发我国科技期刊品牌建设和创新发展的内在动力，引导国内优秀科研成果在国内科技期刊上发表[3-4]。中国科技期刊国际影响力提升计划实施效果与分析显示，经过 6 年的实施，入选项目的大部分期刊学术水平均有不同程度提升，影响因子和总被引频次的增幅平均值分别为 66.71%和 51%[5]。为认真落实《关于深化改革 培育世界一流科技期刊的意见》，推动我国科技期刊高质量发展，加快建设世界一流科技期刊，夯实进军世界科技强国的科技与文化基础，中国科协、财政部、

基金资助：中国科技期刊国际影响力提升计划二期 C 类项目(PIIJ2-C-39)；中国高校科技期刊研究会专项基金课题(CUJS2017-023)

教育部、科学技术部、国家新闻出版署、中国科学院、中国工程院 2019 年联合实施了中国科技期刊卓越行动计划。在本次计划中，受资助的英文类期刊共计 180 种，占总体资助率的 60.48%。

1　JPA 介绍

Journal of Pharmaceutical Analysis (JPA，《药物分析学报(英文)》)创刊于 2011 年，由西安交通大学期刊中心与西安交通大学药物分析学科科研团队合作创办，旨在搭建全球科学家发表优秀研究成果、进行学术交流和对话的一个高端平台，促进学科发展。JPA 与 Elsevier 国际出版集团合作，开放获取。2016 年入选中国科技期刊国际影响力提升计划二期项目 C 类，在该项目的支持下，通过一系列的实践举措，JPA 学术质量和国际影响力显著提升，为发展成为世界一流科技期刊奠定了基础。2017 年被 PubMed Central 全文收录，2018 年被 SCIE 收录，2019 年获得首个影响因子 4.44，位于 Q1 区。2019 年中国科学院期刊分区表位于医学大类 1 区、药学小类 1 区。2018 和 2019 年分别被评为中国最具国际影响力学术期刊。2019 年入选中国科技期刊卓越行动计划重点期刊项目。

本文结合笔者的工作实践，总结归纳了在中国科技期刊国际影响力提升计划的资助下，JPA 近 5 年来提升国际影响力的具体举措，与同行交流探讨，为我国英文科技期刊国际影响力提升提供策略与努力方向。

2　编辑部与编委会携手联动推进学术宣传与期刊推广

编委会是科技期刊发展的核心，学术期刊编委大多是相关领域成果较突出的知名学者，在期刊国际宣传和推广等方面发挥着重要作用[6]。学术期刊编委掌握着相关领域的学术会议信息，能够准确把握学科发展动态、前沿和热点，一些编委还是国际学术会议的组织者或者负责人[7]。因此，可以在组织、参加国内外学术会议之际积极宣传期刊，如将期刊信息放在会议网站、会议手册上、报告期刊发展、组织稿件和专刊等，提升期刊的国际知名度和国际影响力。同时，在期刊宣传和推广中，编辑部的联动作用不可或缺。JPA 的期刊编辑与编委主要通过以下几个方面共同推进期刊宣传，建立期刊品牌，从根本上提升期刊国际影响力。

2.1　充分发挥编委会的学术作用

编辑部定期向编委收集国内外学术信息，及时和相关度高、有较高影响力的会议的主办方联系，确定期刊宣传方式，并邀请参会编委宣传期刊，提升期刊的国际显示度。同时，通过分析会议主题，商定约稿专家，邀请编委在参会时定向组约稿件，2016—2019 年编委共在 23 次国内外学术会议报告中推介期刊，组约高质量稿件 32 篇，提升了期刊国际影响力。

2.2　充分发挥编委在国际会议组织中的作用，协办国际会议，组织专刊

2017 年 JPA 协办了编委组织的 2017 Advances in Pharmaceutical Analysis(APA 2017)国际会议，设立了 JPA Poster 奖；编委在此次国际会议上亲自组织了专刊，专刊文章全部来自于相关领域国内外知名专家；会后，编辑部和编委确定了 2018 Advances in Pharmaceutical Analysis (APA 2018)和 2019 Advances in Pharmaceutical Analysis(APA 2019)国际会议的具体协办方案；在 APA 2018 国际会议中，JPA 充分发挥国际编委的学术影响力，邀请期刊国际副主编以大会报告的形式推介期刊，并且采用国内外双客座编辑的形式组织了专刊，国外客座编辑定向向国外重要科研团队约稿，提升了期刊学术影响力，也使期刊宣传达到了事半功倍的效果。

2.3 期刊编辑积极参加学术会议，走访科研团体

编辑部主动参加国内外学术会议，通过设立展台、咨询台等方式介绍、宣传期刊，提高期刊的显示度；与参会学者交流，了解他们的投稿需求，提高专家学者对期刊的关注度；听取学者专家对期刊发展的意见和建议，优化工作流程，提升期刊服务质量。此外，编辑部利用学术会议之际走访优秀科研团队，共同策划组织专刊，提高期刊学术质量。2019 年 JPA 利用参加学术会议的机会，精心策划组织 2 个热点专刊，药物及药物靶点分子成像分析专刊和药物代谢和药代动力学研究新技术和新方法专刊，受到了相关领域学者的欢迎和关注。

3 加强审稿专家和作者队伍建设

科技期刊的审稿专家、作者和读者具有三位一体的特征，审稿专家和作者是科技期刊最重要的读者，维护好审稿专家队伍和作者队伍，不仅有利于期刊宣传，而且有助于吸引高水平的作者和文章，从根本上提高期刊的国际影响力[8]。

3.1 动态管理专家库，提高审稿质量

审稿专家对通过初审的稿件进行同行评议，是科技期刊遴选稿件的必经流程，也是保证期刊学术质量的必须手段。经过多年的不断完善和优化，JPA 目前已拥有一支 2 800 多人的审稿专家队伍，其中海外审稿专家约占 70%，均是药物分析领域及相关领域的专家学者。维护好审稿专家队伍，不仅可以保证审稿质量，缩短审稿周期，而且有助于优化稿源，从根本上提升期刊的国际影响力。在加强审稿专家队伍建设上，JPA 在以下三个方面开展了长期工作：

(1) 加强审稿专家对期刊的了解，提高审稿专家对文章质量把控。优秀的审稿专家不仅具有较高的学术水平，了解学科进展，而且能够保证公平、公正的对待稿件[9]。在送审时，与审稿专家沟通，使审稿专家了解期刊水平，帮助审稿专家把控稿件质量，同时宣传期刊，提高期刊显示度。

(2) 关注年轻学者成长，采用"新老"结合的审稿方式。年轻学者是科研的新生力量，走在科研第一线，给予年轻学者更多审稿机会，不仅可以为期刊发展持续注入新的活力，而且有助于提升期刊的知名度，吸引高水平的作者和文章[10]。JPA 通过邀请资深审稿人推荐，鼓励年轻学者自荐，从优秀的年轻作者中遴选，利用大数据分析学术研究水平等方式遴选年轻学者参与审稿，不断扩充年轻审稿专家库。为了保证审稿周期和审稿质量，JPA 采取"新老"结合的审稿方式，即邀请资深审稿专家和年轻学者共同审稿，这样既可以保证审稿质量，也可以缩短审稿周期。

(3) 有效激励审稿专家，肯定审稿专家贡献。审稿专家是期刊发展的重要资源，是文章质量评估和改进的"志愿者"，期刊要精心维护审稿专家队伍，充分尊重并肯定他们对期刊发展的贡献，设立以精神奖励为主的奖项，激励他们更好地为期刊贡献学术力量[11]。JPA 每两年根据审稿专家的审稿质量和审稿数量评选出 20 位优秀审稿人，颁发优秀审稿人证书并在线下和线上公布评选结果；将优秀的年轻审稿人吸纳到青年编委会中，目前共有 30 位年轻审稿人被推荐到青年编委会中，成为期刊发展的新生力量，更多地参与期刊发展。此外，JPA 充分利用 Elsevier 的审稿人识别平台(Reviewer Recognition Platform，RRP)认证审稿专家贡献，对审稿人的贡献给予肯定和感谢，激励审稿人更好地为期刊学术质量把关。

通过对审稿专家队伍的不断维护，优化审稿体验，JPA 固定审稿专家队伍不断扩大，保证了审稿周期和审稿质量。同时，审稿专家也是优质稿源的重要来源，近年来 JPA 审稿专家的

来稿量不断增加,2019年审稿专家来稿量占总来稿量的7%,在一定程度上优化了稿源,提升了期刊学术质量。

3.2 优质高效服务促进作者队伍建设

作者是期刊最好的宣传者之一,改善投稿体验,不仅有助于宣传期刊,而且可以吸引更多的优质稿源,提升学术质量。在加强作者队伍建设上,JPA进行了以下四个方面的工作:

(1) 严控审稿质量,提高文章质量。好的同行评议有助于作者提高文章学术质量,JPA通过不断优化审稿专家库,遴选与文章研究方向相关度高的审稿专家审阅稿件,保证审稿质量,帮助作者提高文章学术质量。

(2) 缩短审稿周期,快速发表。科技期刊稿件具有时效性,缩短文章发表周期,不仅有助于稳定作者群,而且对文章引用有一定的积极作用,有助于提升期刊的国际影响力[12]。对此,JPA不断优化工作流程,有意识地缩短文章审稿周期和发表周期。在审稿周期方面,初审在三天内完成,同行评议周期根据学科特点设置为28天,在14天和21天时提醒审稿专家,如在25天内未审回,JPA会主动联系审稿专家,如因不可控因素无法完成审稿,JPA从固定审稿专家库中遴选合适的审稿专家快速审稿,保证审稿质量和审稿周期。通过实时监察和有效沟通机制,JPA 2019年的平均审稿周期缩短至3.2周。在文章发表周期方面,JPA借助Elsevier平台,采取in press模式,文章录用后即可在线发表,有效缩短了发表周期,使研究成果得到快速传播。

(3) 定期告知作者文章传播情况。文章录用后,JPA会定期向作者提供文章下载和引用等相关数据,方便作者查阅跟踪相关文献。

(4) 评选优秀文章,吸纳优秀作者。高质量的文章内容是期刊的生命,高水平的作者是优质内容的提供者。维护好作者队伍,制定奖励措施,有助于激励作者贡献更高质量的文章,吸纳更多的优秀作者[13]。JPA根据文章的下载量和引用量,评选优秀文章,设置不同等级奖项,为作者颁发证书,在线下和线上公布评选结果,并给予一定的物质奖励。

通过不断优化作者和审稿专家的投审稿体验,JPA来稿量逐年增加,2019年的来稿量达到1 100篇,较2018年增长近1倍,稿件来自57个国家和地区,期刊固定科研团队作者数量逐年增加,且每年投稿两篇以上的科研团队数量也在逐年增加,2019年共有40个科研团队贡献了2篇以上的稿件。

审稿人和作者是期刊两个不可或缺的部分,维护审稿人和作者队伍,改善二者投审稿体验,不仅可以间接的扩大期刊宣传范围,而且可以吸引更多的优质稿源,提高学术质量,提高期刊国际影响力。

4 加快文章内容传播,提高文献关注度

文章内容的有效传播不仅和文章的学术质量有关,而且与传播的深度和广度密切相关[6]。JPA通过实践,总结出以下几种内容传播方式。

(1) 电子邮件推送。邮件推送的主动性、针对性有助于挖掘潜在的读者和作者,是直接展示文章内容的一种重要方式。一是广泛推送:JPA定期向审稿专家和作者推送文章亮点和摘要信息,提高文章的关注度。二是虚拟数字专题和专刊定向推送:根据研究方向,定期将文章分类,制作数字专刊,发送给相关研究方向的审稿专家和作者,方便他们查阅文献信息,加强文章内容的传播。三是借助第三方平台推送:JPA与科睿唯安、清华AMiner合作,借助其

文章推送服务，寻找潜在的读者，将包括期刊介绍，专刊、专题约稿函，特选文章信息发送给目标人群，提高期刊显示度。

(2) 跨平台文章内容分享。跨平台文章推荐使文章的浏览页面同时显示相关文章，实现内容跨平台共享。高匹配度的文章内容能够更好地吸引读者的眼球，提高文章内容的关注度。JPA 与加拿大 TrendMD 公司合作，跨平台精准分享文章内容，进一步提高文章内容的显示度，加快学术传播。

(3) 运用社交网络平台。鼓励作者充分利用 Mendeley、ResearchGate 等学术文献交流平台，与同行分享文献内容，加快内容传播，提高作者学术影响。编辑部利用微信公众号、Facebook 等大众社交网络平台，将文献二次加工，使其更加符合大众社交信息传播特点，提高文献内容的关注度，加快学术传播。

(4) 支持作者发布预印本。为了进一步加快学术内容传播，JPA 鼓励作者发布预印本，掌握学术成果首发权。稿件经过形式审查后即可在预印平台发表，稿件预印出版后即可获得 DOI 号，文章经过同行评议正式出版后，预印本和正式出版文章实现互相链接，使文章尽早被引用，提高学术成果传播效率[14]。在 COVID-19 爆发期间，JPA 主动联系相关重点项目团队，通过预印本的方式，协助作者快速发表最新研究成果，掌握成果首发权。

通过以上举措，不断加强文章内容传播，JPA 2019 年首个 SCI 影响因子位于 Q1 区，Scopus CiteScore 指标 2013—2018 年呈增长态势，在相关学科排位均位于 Q1 区。

5 结束语

近年来，我国英文科技期刊数量在不断增多，但仍不能满足科研成果产出的需要，与科研发展的整体水平不匹配，科技期刊的学术质量和国际影响力有待提升，而中国科技期刊国际影响力提升计划对于改变这一现状起到了积极作用。JPA 在该计划的支持下，不断加强优质稿源建设，提升期刊服务质量，优化投审稿体验，多渠道宣传期刊，多方位加快文章内容传播从根本上提升了期刊学术质量和国际影响力，为发展成为一流学术期刊奠定了基础。

在我国，每个英文刊都有自身特点以及自有资源，在机遇与挑战并存的大环境下，期刊应充分发挥自身优势，多维度、多举措的提升期刊国际影响力，打造一流期刊品牌。本文内容仅基于 JPA 工作实践，为我国英文期刊国际影响力提升提供参考。

参 考 文 献

[1] 国家新闻出版署.2018 年全国新闻出版业基本情况[N/OL].中国新闻出版广电报,2019-08-29 [2020-02-17].https://www.chinaxwcb.com/info/556005.
[2] 中国科学技术信息研究所.2018 年版中国英文科技期刊引证报告[R].中国科学技术信息研究所,2018.
[3] 关于中国科技期刊国际影响力提升计划项目申报的通知[EB/OL].(2013-09-03)[2020-02-17]. http://www.cutech.edu.cn/cn/Fund/webinfo/2013/09/1379871715155929.htm.
[4] 中国科协财政部教育部国家新闻出版广电总局中国科学院中国工程院关于继续组织实施中国科技期刊国际影响力提升计划的通知[EB/OL].(2016-07-11)[2020-02-17].http://www.cas.cn/tz/201606/t20160628_4566320.shtml.
[5] 佘诗刚,马峥,许晓阳.中国科技期刊国际影响力提升计划实施效果与分析[J].中国科技期刊研究,2018, 29(4):313-320.

[6] 李雪莲,张妍,徐若冰.双主编模式下充分发挥外籍主编作用的实践:以《Journal of Marine Science and Application》为例[J].编辑学报,2019,31(1):81-84.

[7] 丁洁,王晓峰,胡艳芳,等.提升期刊国际影响力的宣传策略研究[J].中国科技期刊研究,2015,26(6):648-653.

[8] 迟美,杜晓宁,黄春晓,等.《金属学报(英文版)》提升期刊国际影响力的实践[J].中国科技期刊研究,2017,28(5):480-484.

[9] 张丽娟,于萍,李富岭.《能源化学(英文)》提高国际影响力的方法分析[J].中国科技期刊研究,2015,26(7):678-682.

[10] 韩锟,刘冬云,游苏宁.论科技期刊编辑部对年轻审稿者的选拔与培养[J].中国科技期刊研究,2007,18(2):329-331.

[11] 徐丁尧,步召德.提升科技期刊国际影响力的策略[J].青年记者,2017(6):59-60.

[12] 徐军,陈禾,张敏.提升科技期刊国际影响力的策略与实践:以 Friction 为例[J].中国科技期刊研究,2018,29(8):853-859.

[13] 谢暄,蒋晓,何雨莲,等.我国英文科技期刊影响力提升策略思考:写在职称制度改革之际[J].编辑学报,2018,30(2):125-128.

[14] 杨硕.JMIR 平台创新出版实践及其启示[J].编辑学报,2019,31(12):113-119.

培育中国一流科技期刊文献的主题分析
——基于中国知网和万方数据库

史格非，张 慧，黎世莹，黄 平

(司法鉴定科学研究院 上海市法医学重点实验室 司法部司法鉴定重点实验室
上海市司法鉴定专业技术服务平台，上海 200063)

摘要：探讨和了解近10年培育中国一流科技期刊的发展情况和动向。利用NoteExpress 3.2.0.7409、Jupyter Notebook 6.0.3 和 Gephi 0.9.2 收集文献资料，进行文献清洗、数据清洗、主题时序分析，计算特征向量中心度和 PageRank，绘制散点图、桑基图、共现图。培育中国一流科技期刊的文献量在2018—2019年激增；文献主题按重要程度分别是办刊措施、交流途径、办刊主体和办刊单位。一流科技期刊的培育基本经历了探索(2010—2011年)、研究(2012—2013年)、休整(2014年)、讨论(2015年)和实践(2016—2019年)5个过程。在国家领导的重视下，在多项政策的支持下，中国科技期刊的发展业态趋于好转。但不管如何，将高水平科研成果写在祖国的大地上是培育一流科技期刊的重中之重。

关键词：科技期刊；文献计量；一流；中国；中国知网；万方

2018年全国共有期刊10 139种，其中自然科学、技术类期刊5 037种(占期刊总数的49.68%)、综合类期刊362种(占期刊总数的3.57%)[1]。《中国科技期刊发展蓝皮书(2019)》[2]显示，2018年英文科技期刊在我国科技期刊中不足7%，其中优秀期刊更是凤毛麟角，与我国在Web of Science中位居第一的科技论文发表数量相比极其不符，中国"科研成果出口"问题非常严重，培育中国一流科技期刊势在必行。2016年5月30日习近平总书记提出"广大科技工作者要把论文写在祖国的大地上"[3]，2018年中央审议通过了《关于深化改革 培育世界一流科技期刊的意见》[4](以下简称"意见")，2019年，四部委联合发布了这一意见。一流科技期刊的培育一直在路上，为了解近10年一流科技期刊培育的发展情况和动向，拟基于中国知网和万方数据库中的相关文献进行主题分析。

1 材料和方法

1.1 文献收集

通过NoteExpress 3.2.0.7409 (复旦大学版)(北京爱琴海乐之技术有限公司)检索2010—2019年"万方数据"和"CNKI 中国知网"上发表的有关"一流科技期刊"建设的文献。"万方数据"的检

基金项目：中央级公益性科研院所基本科研业务费专项资金资助项目(GY2019G—5，GY2016G—7)；国家重点研发计划(2016YFC0800701)；上海市法庭科学重点实验室资助项目(17DZ2273200)；上海市司法鉴定专业技术服务平台资助项目(19DZ2292700)

索式为：(("题名或关键词"="一流"AND"期刊") NOT ("题名或关键词"="入选")) AND"起始年"="2010"AND"结束年"="2019"。"CNKI 中国知网"的检索式有 2 个，检索式 1 为：("关键词"="一流"AND"期刊")AND"发表时间_从(19XX-XX-XX)"="2010-01-01"AND"发表时间_到(20XX-XX-XX)"="2019-12-31"；检索式 2 为：("篇名"="一流"AND"期刊") AND"发表时间_从(19XX-XX-XX)"="2010-01-01"AND"发表时间_到(20XX-XX-XX)"="2019-12-31"。"万方数据"检索文献 210 条，"CNKI 中国知网"2 次检索文献分别为 243 条(关键词)和 212 条(篇名)，共获得文献 665 条。

1.2 文献选择

通过 NoteExpress 3.2.0.7409 的"查找重复题录"功能，保留重复题录中的 1 条；删去"前言""广告""发刊词"等与研究无关的论文；删去仅有题目的题录。通过以上操作，获得 375 条题录。将题录导出为".xls"文件，通过 Microsoft® Excel® for Microsoft 365(美国微软公司)转为".csv"文件。利用 Jupyter Notebook 6.0.3(美国 Patent & Trademark 办公室)删除无作者记录，选取文章类型为"Journal Article"的记录，最终获得 261 条题录。

文献收集和文献选择路径如图 1 所示。

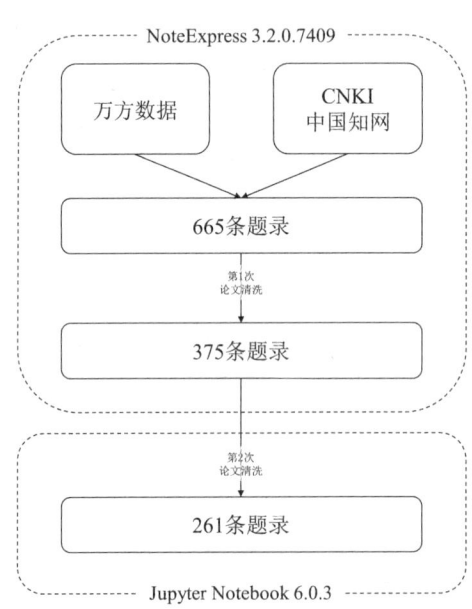

图 1 文献收集和文献选择路径

1.3 分析方法

1.3.1 词组获得

主题分析利用文章名、关键词和摘要一起进行分析。获得具体步骤如下：

步骤 1 利用 jieba 软件包的默认分词模式(精确模式)对每篇文章名和摘要进行全分词；

步骤 2 通过通用停用词库对所有词组进行清洗，删除意义不明了的单字词；

步骤 3 通过"posseg"选取名词性词组；

步骤 4 将每篇题录的文章名、关键词和摘要所得词组合并；

步骤 5 将每篇题录的词组和出版年对应合并。

2.3.2 分析方法

分析中均采用合并后词组。词频累积频率大于等于 34%[5-7]的关键词为高频词组。使用 Gephi 0.9.2 中的模块化[8-9]算法和 ForceAtlas 2[10]构图算法分析和构建高频词组的共现网络图，并计算特征向量中心度[11]和 PageRank[12]。利用 Jupyter Notebook 6.0.3 分析主题的时序性变化，并绘制桑基图。

2 结果

2.1 文献概况

共 261 篇题录纳入分析，平均每年发表文章 26.1 篇。从图 1 可以看出，2017 年之前每年发文量均不超过 20 篇，平均发文 12.25 篇/年。2018 年文章数激增至 48 篇，是前 8 年平均值的 3.9 倍；2019 年则达到 115 篇，是前 8 年平均值的 9.4 倍。图中，虚线表示年平均值。

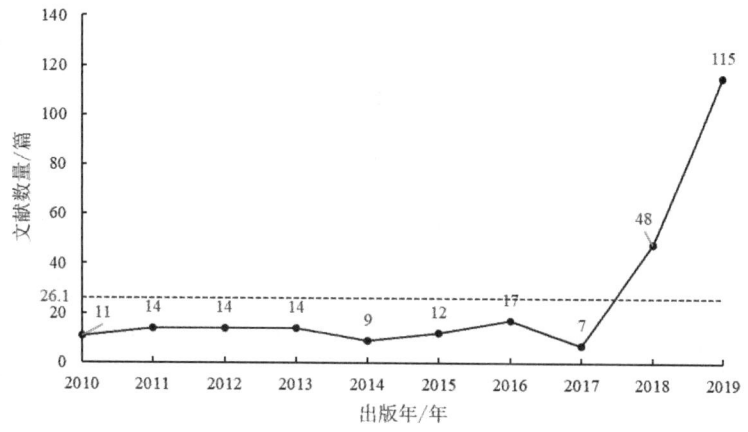

图 2　文献发表趋势

2.2 共现分析

共有词组 1 168 个，词频累计 2 183 次，频次大于等于 4 的关键词累计词频(39%)大于 34%，因此频次≥4 的词组为高频词组。高频词组共有 85 个。"科技期刊""学术期刊""世界""国际"和"中国"位于前 5 位。

通过 Gephi 0.9.2 进行模块化算法、特征向量中心度和 PageRank 分析，高频词组被分为 4 大主题(见表 1 和图 3)。依据特征向量中心度和 PageRank，4 大主题的重要程度依次为"办刊措施""交流途径""办刊主体"和"办刊单位"。其中"办刊措施"的文献(180 篇)主要讨论一流科技期刊的办刊策略、科技期刊影响力提升、期刊质量控制、调整学术评价指标以及如何提升国际知名度等；"交流途径"方面的文献(153 篇)主要体现了培育一流科技期刊的交流方式，除期刊行业的国际学术座谈会、研讨会、编委会会议等，还体现在"讲话"以及更"高端"的"智库"建议中；"办刊主体"方面的文献(95 篇)则主要是办刊主体通过编委会报告、期刊工作汇报等形式介绍自己的办刊经验；"办刊单位"方面的文献(121 篇)则主要是对高校办一流科技期刊的经验和思考。

表 1 各主题前 10 位高频词组

主题	词组	词频	特征向量中心度	PageRank	主题	词组	词频	特征向量中心度	PageRank
办刊措施	—	311	9.281	0.289	办刊主体	—	160	7.873	0.237
	科技期刊	102	0.999	0.036		中国	39	1.000	0.034
	世界	46	0.717	0.021		杂志	20	0.819	0.023
	编辑	12	0.534	0.013		编辑部	8	0.572	0.015
	科技	10	0.518	0.014		出版社	7	0.531	0.016
	办刊	14	0.488	0.014		中华人民共和国	9	0.492	0.013
	科学	11	0.449	0.013		杂志社	10	0.460	0.014
	策略	10	0.448	0.012		报刊	7	0.391	0.012
	英文	9	0.445	0.013		精品	8	0.389	0.010
	质量	7	0.412	0.013		领导	5	0.375	0.012
	国际影响力	9	0.404	0.012		编委	5	0.361	0.011
交流途径	—	208	8.278	0.246	办刊单位	—	168	6.370	0.228
	学术期刊	52	0.986	0.033		高校	32	0.616	0.021
	国际	40	0.916	0.029		学科	15	0.555	0.020
	学报	19	0.778	0.023		影响力	8	0.426	0.012
	创刊	17	0.711	0.020		背景	18	0.416	0.013
	座谈会	8	0.560	0.014		路径	7	0.349	0.009
	品牌	9	0.506	0.014		学术影响力	4	0.347	0.009
	创新	4	0.491	0.013		特色	6	0.337	0.010
	学术	8	0.439	0.013		对策	8	0.328	0.011
	国家	5	0.438	0.013		学科建设	8	0.325	0.012
	研讨会	8	0.419	0.012		大学	5	0.267	0.011

注："—"表示无内容。

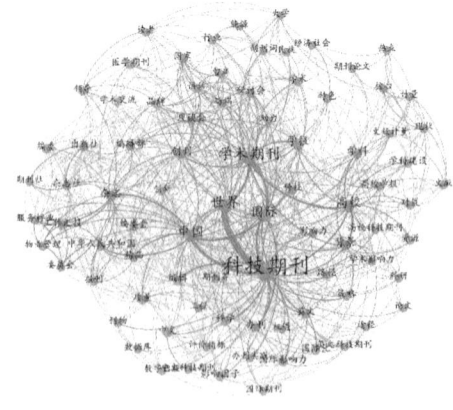

图 3 高频词组聚类(模块化)

(图中点的大小反映词频，点越大，词频越高；边的粗细反映两个词之间的共现次数，边越粗，两个词之间的共现次数就越多；每种颜色代表 1 个主题)

依据特征向量中心度(见表 1 和图 4)来看,"中国""科技期刊""学术期刊""国际""杂志""学报""世界""创刊""高校""编辑部"排在前 10 位。其中"中国""杂志""学报""编辑部"被归入办刊主体,"科技期刊"被归入办刊措施,"学术期刊""国际""创刊"被归入交流途径,"高校"被归入办刊单位。

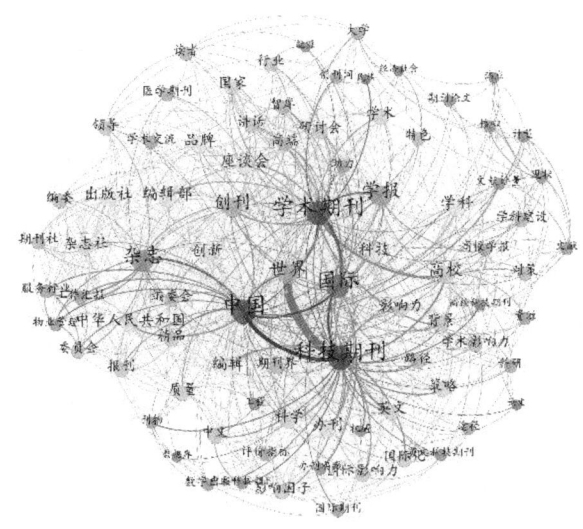

图 4　高频词组的特征向量中心度共现图

(图中点的大小反映特征向量中心度,点越大,特征向量中心度越高;点的颜色红色-黄色-蓝色依次反映特征向量中心度从大到小的变化;边的粗细反映两个词之间的共现次数,边越粗,两个词之间的共现次数就越多)

从图 5 可以看到,左边为期刊创建的各个基本单元,如编辑部、杂志社、学科建设、编委会等词组,右边为办刊目的,两者通过中间的学术活动连接在一起,反映了一流科技期刊创建过程中的主体、意向和措施。

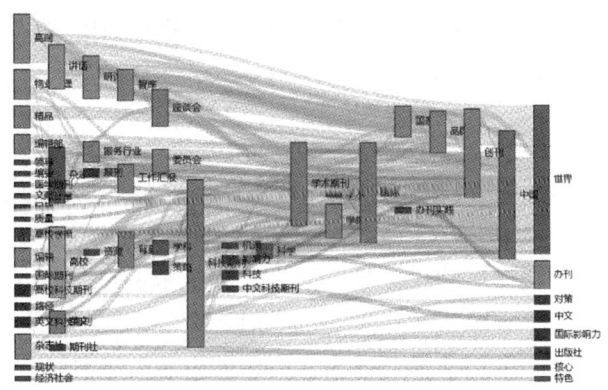

图 5　高频词组的桑基图

2.3　主题的时序性发展

从时序上分析(见图 6),2010 年主要出现"中国""编委会""编辑部"等办刊主体词组,2011 年也主要是办刊主体的讨论,如"杂志社""期刊社""出版社"等;2012 年集中在办刊措施上,出现了"国际化""数据库""数字出版"等新词；2013年主要集中于"影响力""学科""评价"等，分属于办刊单位和办刊措施主题；2014的高频词只有"现状"和"世界"；2015年探讨交流途径增多，如"研讨会""智库"等；2016—2019年则以办刊单位为主，其中2017年和2018年尤为突出，如"高校科技期刊"一组最早出现在2016年，2017年出现"学科建设"等词，2018年首次出现"高校学报""影响力"等词；2019年出现的新词是"路径"。

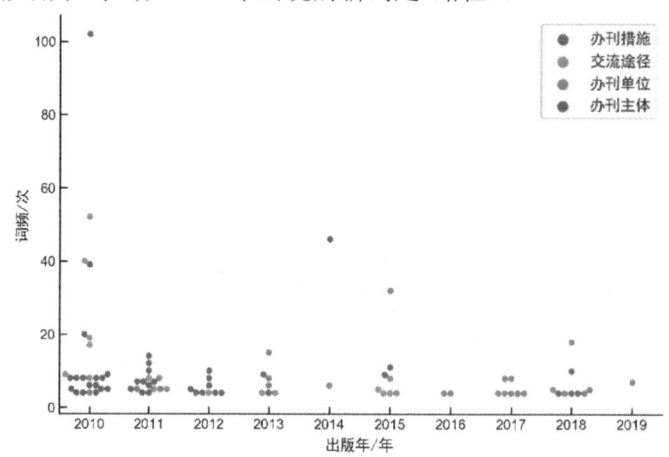

图6 高频关键词的出版年分布

基于以上结果，培育一流科技期刊的大探讨在这10年中，大概经历了探索(2010—2011年)、研究(2012—2013年)、休整(2014年)、讨论(2015年)和实践(2016—2019年)5个过程。

从主题的发展来看，办刊主体词组均出现在2010—2011年；办刊单位在2010—2015年主要讨论"学科""资源""特色""影响力"，2016—2019年除上面所述高校期刊的研究外，开始出现"计量""文献计量"等相关词语；办刊措施于2010—2011年，主要关注中文科技期刊的质量提高和影响力提升，2012—2014年探讨了国际化的重要性，评价指标也被首次关注到，2015年、2018年"英文期刊"作为中国期刊国际化的一种措施被广泛讨论；交流途径，2010—2011年一流科技期刊的创建主要在期刊行业中讨论，2012年提出"创新"后，2013年将一流科技期刊的创建提升到"民族""工程"高度，于是2015年在"高端""讲话""智库""研讨会"中得到全社会更加广泛和深入的讨论。

3 讨论

培育一流科技期刊的文献10年间每年平均发表26.1篇，2017年之前每年发表的文章均低于平均值。自2018年开始激增、2019年达到高峰，这一现象与意见的审议通过和发布在时间上具有高度一致性，说明国家的政策导向对于科技期刊的发展具有举足轻重的作用。

"办刊措施"在4个主题中拥有最高的特征向量中心度和PageRank值。刘勇等[13]提出从改革科研评价导向、合理运用期刊评价指标两个方面助力培育中国的一流科技期刊，高校这个群体将这两个方面高度统一。本研究结果也显示，高校在培育一流科技期刊的研究中独树一帜，究其原因可能为：①高校作为学术的摇篮，期刊的好坏一定程度上反映了院校在某学科的学术水平，高校期刊的编辑们有更强的动力和期许；②高校拥有庞大的作者群体和读者群体，比其他办刊单位有更好条件来培育一流科技期刊；③高校的编辑们在学术的沃土上，在各位学者的影响下，拥有更高的学术素养和创新精神，更善于运用科学的手段(如计量学)分析问题、解决问题。此外，正如陈鹏等[14]所说，科技期刊是集聚科技前沿信息的重要平台，是成果展示的交流平台，建设一流的科技期刊就是要将高校"双一流"建设中的成果写在祖的大地上，并向世界展示，提升我国的学术话语权和科研人员的学术影响力。正是学科建设的外在要求和期刊求进的内在动力共同激发了高校期刊蓬勃发展的无限活力。

学术期刊泛指所有的与研究相关的期刊，可以是文史、哲学类，也可以是文艺史，当然也包括科技期刊。本研究显示，学术期刊多与学术交流、研讨会同时出现，表现出其宽泛的概念属性，在这种场合专家的观点题更具有一定的普适性。但"科技期刊"一般是指自然科学、科技类期刊，本研究中，它与影响力、策略、质量等词组分为一个主题，表现出具体的办刊措施，具有明显的针对性和指向性。当然，科技期刊编辑更应该多参加本专业的学术交流活动和研讨会，一方面可以了解专业前沿动态、结识学术大咖和新秀；另一方面还可以推介期刊、邀约高水平文章或专题，提高期刊在行业的影响力。

办刊主体中的词组明确显示，在培育一流科技期刊、精品期刊的过程中，其主体是中国的编辑部、杂志社和出版社，但政策的导向、领导的支持、编委会各成员的努力、学术领军团队的信任等对于培育高水平的，有影响力、有品牌特色的科技期刊具有举足轻重的作用。因此，各编辑部、杂志社和出版社应利用好政策红利，充分发挥编委会中每位委员的学术引领作用，主动为领军团队发表高质量提供便利条件，转变信息服务理念、搭建信息服务平台，不断构建和完善自身品牌体系。

时序性研究结果发现，一流科技期刊的培育基本经历了探索(2010—2011 年)、研究(2012—2013 年)、休整(2014 年)、讨论(2015 年)和实践(2016—2019 年)5 个过程。这个过程中，高校期刊、学报作为科技期刊的主力军发挥了重要的排头兵、领头羊作用。2019 年 9 月，中国科协、财政部、教育部科技部、国家新闻出版署、中国科学院、中国工程院 7 部委联合发布《关于组织实施中国科技期刊卓越行动计划有关项目申报的通知》[15]，2019 年 11 月 25 日完成项目评审工作。虽然此项目是对 2013 年开始的"中国科技期刊国际影响力提升计划"的升级，但此次项目中除了英文期刊外，增加了对中文期刊的支持，对各项目的支持力度也有所提升，充分展现了国家培育一流科技期刊的决心，这一处于实践阶段的重在举措大大增强了科技期刊工作者培育一流科技期刊、构建一流学术平台的信心，着实对期刊界起到了聚人才、稳人心、鼓士气的作用。

不论文章发表的形式如何演变，不论期刊文字校对质量如何提高，一流的科技期刊其最基本的还是高质量的内容。中国科学院物理研究院所所长王玉鹏对科研人员的要求[16]——要做发光的"星星"，而不做借光的"月亮"——从一定程度上反映了目前我国科研评价的健康取向，即在科研质量上下工夫，而不是在文献数量上做文章。长此以往，科研慢火必能"熬"出高质量文章，如果将这些高质量文章写在中国大地上，国际一流科技期刊的梦想便指日可待。

综合研究结果，笔者认为：①政策是培育中国一流科技期刊的充分必要条件。2018 年后有关一流期刊建设的相关文章数量激增就从侧面说明了这一点。国家相关部门、期刊主管部门、期刊主办单位等应进一步重视期刊建设，在人力、财力、物力上给予充分保障。②科研院校主办的期刊是中国一流科技期刊建设的主力军和先行兵。高校的"双一流"建设为一流科技期刊的建设提供了契机，也为建设一流科技期刊铺好了路、搭好了桥。科研院所，如中国科学院，拥有大量高水平的科研团队和科研成果，为建设一流科技期刊打下了良好基础。③创办具有自主知识产权的英文期刊是建设具有国际影响力一流科技期刊的必经之路。虽然说我们要继承发扬中国的传统文化,但英语作为目前国际学者之间交流的通用语言,创办有中国特色的中国人自己的高水平英文期刊才有可能成为国际学者交流、互动的平台,才有可能得到世界范围学者的认可。④汇聚国际人才是建设一流科技期刊的重要途径。我们是"人类命运共同体",只有不分国界招贤纳士、广聚人才,运用先进的期刊管理理念、运营模式创办期刊,才有可能建设具有世界水平的一流科技期刊。⑤构建有影响力的品牌特色是建设一流科技期刊的关键要素。高校科技期刊,特别是学报,是一定历史条件下的产物,其小而全、同质化的特点[17]制约了一流科技期刊的建设,只有细分期刊读者群、精准定位期刊发文范围[17]、构建有特色的知识服务体系[18]、组建高水平的编辑团队、执行严格的编校质量管理体系、打造属于自己期刊的品牌口碑,才有可能培育出高水平的科技期刊。

培育一流科技期刊需要时间积累和打磨,只要期刊人不气馁、不放弃,肯钻研、肯创新,中国科技期刊必将跻身于世界一流期刊之林、必将引领世界科技发展。

<h2 style="text-align:center">参 考 文 献</h2>

[1] 2018 年全国新闻出版业基本情况[EB/OL].(2019-08-29)[2020-05-25].http://media.people.com.cn/n1/2019/0829/c40606-31325579.html.

[2] 《中国科技期刊发展蓝皮书 2019》:世界一流科技期刊发展路径专题[EB/OL].(2019-12-25)[2020-05-25]. https://www.thepaper.cn/newsDetail_forward_5340788.

[3] 习近平治国理政"100 句话"之:把论文写在祖国的大地上[EB/OL].(2016-06-11)[2020-05-25]. http://news.cctv.com/2016/06/11/ARTIkwZyh7XE0vFUZky2Djrh160611.shtml.

[4] 中央审议通过《关于深化改革培育世界一流科技期刊的意见》[EB/OL].(2018-11-15)[2020-05-25]. http://xb.hust.edu.cn/article?id=100.

[5] 丁汉青,曹璞.2013 年国外传媒经济研究热点与场域:基于文献计量学的方法探索[J].新闻与传播研究,2015,22(4):61-82.

[6] 张晗,崔雷.生物信息学的共词分析研究[J].情报学报,2003,22(5):613-617.

[7] 安兴茹.基于正态分布的词频分析法高频词阈值研究[J].情报杂志,2014(10):129-136.

[8] BLONDEL V, GUILLAUME J, LAMBIOTTE R, et al. Fast unfolding of communities in large networks[J]. J Stat Mech Theory Exp, 2008(10): P10008.

[9] LAMBIOTTE R, BARAHONA M, DELENNE J C. Dynamics and multiscale modular structure in networks[EB/OL]. (2009-09-18)[2020-05-30]. http://www.monmeetings.org/meeting8/lambiotte.pdf.

[10] JACOMY M, VENTURINI T, HEYMANN S, et al. ForceAtlas2, a continuous graph layout algorithm for handy network visualization designed for the Gephi software[J]. PLoS One, 2014, 9(6): e98679.

[11] Eigenvector centrality [EB/OL]. (2019-03-07)[2019-03-19]. http://en.m.wikipedia.org/wiki/Eigenvector_centrality.

[12] BRIN S, PAGE L. The anatomy of a large-scale hypertextual Web search engine [J]. Computer Networks and ISDN Systems, 1998, 30(1): 107-117.

[13] 刘勇,姚树峰,张建业.以科研评价和期刊评估双驱助力科技期刊创一流发展[J].编辑学报,2018(增刊1):196-198.

[14] 陈鹏,黄历,叶宏玉,等.培育一流科技期刊 助推一流学科建设[J].科技与出版,2019,38(10):17-21.

[15] 中国科协,财政部,教育部科技部,等.关于组织实施中国科技期刊卓越行动计划有关项目申报的通知:科协发学字〔2019〕41 号[S].2019.

[16] 姜天海.做"星星",不做"月亮":专访中国科学院物理研究所所长王玉鹏[J].科学新闻,2014(4):33-37.

[17] 李雪莲,唱雪,徐若冰."双一流"建设背景下高校学报的特色发展及功能定位[J].哈尔滨学院学报,2019, 40(5):137-140.

[18] 范晨芳,沈宁,余化刚.打造国际一流军事医学英文期刊的策略与实践[J].中华医学图书情报杂志,2018, 27(9):65-69.

建设世界一流新能源材料期刊

任 杰，曹淑凤

(中国硅酸盐学会《硅酸盐学报》编辑室，北京 100831)

摘要： 新能源作为未来能源的基石，已成为新一轮国际竞争的战略制高点。然而我国新能源学科发展滞后于欧美、日本等研发强国，存在缺乏国际学术话语权、关键技术受垄断、产业化能力弱，缺乏自主创新和研发等问题。学科发展和科技期刊息息相关，虽然我国论文发表量居世界前列，然而，由我国主办的新能源材料英文期刊稀缺、发文量小，在国际上影响力弱；中文刊稿源质量低、国际关注度差，导致我国虽然论文发表量居世界前列，但是未能在学科起到引领作用，大量优质稿件外流，未能结合我国科技发展战略和资源储备情况开展研究。通过创办有特色的英文刊，提高已有英文刊的稿件质量、载文量和国际影响力等，打造一批引领学科发展的世界一流新能源材料期刊，并且以解决国家战略需求、突破技术垄断问题为宗旨提高中文刊质量，可以促进新能源材料学科发展，帮助我国在新能源材料领域占据世界领先地位。

关键词： 科技期刊；新能源材料；世界一流；国际影响力

能源是国民经济的重要物质基础。目前石油、煤、天然气等非可再生能源是主要的能源来源，但它们不仅会污染环境、破坏生态平衡、目前还面临着日益枯竭的问题。因此新能源逐渐引起了人们的关注，如太阳能、风能、氢能、核能和电化学能等[1]。能源的革新推动了两次世界工业革命，对人类和社会的发展历程起到了巨大的影响，因此新能源的发展水平成为了新一轮国际竞争的战略制高点[2]。

新能源材料科技期刊是传播新能源材料学科发展的重要载体。但关于我国新能源材料科技期刊发展状况以及其在新能源材料发展中所起到的作用的研究报道较少。一些研究关注了科技期刊对建设创新性国家的推动作用[3]以及科技期刊对于学科建设的作用[4]。鉴于此，笔者通过层层渐进的方式，先阐明了我国新能源学科的发展状况，提出了创建一流新能源材料期刊对新能源学科发展的重要意义，再分析了国内外新能源材料领域期刊的发展状况，最后，提出了建设国产世界一流期刊的举措。

1 我国新能源学科的发展现状

新能源材料包括新型二次电池材料、燃料电池材料、太阳能电池材料、储氢材料、核能

基金项目： 中国科技期刊卓越行动计划(C-039, C-114)

材料等，其中的前 3 种在新能源材料研究中占主要地位。固态电池、固体氧化物燃料电池和质子交换膜燃料电池、染料敏化层叠太阳能电池分别是这 3 类新能源材料的发展重点和未来的趋势[5-7]。但是我国的发展状况与欧美、日本等研发强国存在较大差距。普遍存在的共性问题是成本高、稳定性差、产业化能力弱，缺乏自主创新和研发，缺乏结合我国资源储量和国情因地制宜的研发思维，造成了"卡脖子"现象，许多关键材料依然依赖从国外进口，比如：直接甲醇燃料电池采用的质子交换膜，仍然以杜邦公司的 Nafion 为主；制备膜电极所用的碳纸、碳布仍以日本的东丽公司、德国 SGL Carbon 公司产品为主，特殊领域应用存在限购禁购的风险[8-9]。

2　创建一流新能源材料期刊的重要意义

高水平的科技期刊，是记录科学发现与激发创新思想的重要载体，是学科发展的风向标，具有为科研工作者提供最前沿的科研成果和最新的研究动态，引导科技走向，促进科技成果转化、引导产业良性发展的作用。一个国家拥有越多的世界一流科技期刊，则在科技领域具有越权威的国际话语权和越广泛的学术影响力。多年来，我国的新能源材料学科发展方向追逐国外脚步，缺乏自主创新，与我国新能源材料期刊的发展状况密切相关。创办和发展我国一流的新能源材料科技期刊有助于我国掌握该领域的重大科技成果的首发权，掌控学术话语权，引导科技工作者抓住国家对新能源材料技术发展的战略需求，利用国内储量较丰富资源研发新材料、降低成本，重视科技成果转化应用[10]。

3　新能源材料期刊的发展现状

报道新能源材料研究动态的期刊主要分为两大类：一是材料、化学、化工综合类期刊，比如《硅酸盐学报》、*Advanced Materials*，这类期刊刊登内容广泛，不仅包括新能源材料类论文，也包括其他专业论文。另一类是专门报道新能源材料的期刊，通过查阅 Web of Science、Scopus 和中国知网数据库中同属于新能源和材料类的期刊，将该类期刊汇总如表 1 所示。

从表 1 可知，专门报道新能源材料的期刊可细分为：①能源材料类的期刊，随着能源材料的更替，这类期刊的内容也紧随潮流，开始着力报道新能源材料的研究进展；②针对一类或几类新能源材料的期刊；③综合报道各类新能源材料的期刊，这种类型的期刊长期处于匮乏状态，随着研发新能源材料的必要性、重要性日益凸显，这类期刊也日益增多，主要是在近十年内创刊。

图 1 和图 2 的数据采集自 Scopus 数据库中同属于新能源和材料领域的论文。由图 1 可见，新能源材料论文的发表数量基本呈现逐年增加的趋势，尤其是自 2006 年后，新能源材料论文发表数量急剧增加。2006 年，新能源材料的论文为 4 439 篇，次年增加了近 2 倍，达到了 7 883 篇，而到了 2019 年，新能源材料的论文增加了近 5 倍，达到了 19 692 篇。

图 2 为新能源材料论文主要发表国家(中国、美国、德国、韩国、日本、英国和印度)在 2000—2019 年新能源材料论文发表情况。由图 2 可见，2000—2007 年，日本和美国发表的论文数量占据前 2 位，而 2007 年后，中国的论文发表数量超过了日本，位居第 2 位，自 2013 年起，中国的论文发表数量更是超过美国，跃居第 1 位，并且保持了大幅度的增长速率，在 2019 年，中国的论文发表数量已经是美国发表数量的 2 倍多。

表 1 新能源材料期刊

类别	刊名	出版国家或地区	创刊年份	2017—2019年年平均发文量	是否被SCI或Scopus收录	影响因子(2019年)
能源材料类	Journal of Power Source	荷兰	1976	1 268	是	8.247
针对一类或几类新能源材料	Progress In Photovoltaics	英国	1993	104	是	7.690
	IEEE Journal of Photovoltaics	美国	2011	254	是	3.052
	International Journal of Photoenergy	埃及	1999	94	是	1.880
	Solar Energy Materials and Solar Cells	荷兰	1992	565	是	6.984
	Journal of Electrochemical Energy Conversion and Storage	美国	2016	40	是	1.845
	电池	中国	1971	112	否	综合影响因子 0.481
	太阳能学报	中国	1980	487	是	Citescore: 0.4
综合报道各类新能源材料	Nature Energy	美国	2016	213	是	46.495
	Nano Energy	美国	2012	857	是	16.602
	Energy Storage Materials	荷兰	2015	273	是	16.280
	ACS Energy Letters	美国	2016	409	是	19.003
	Advanced Energy Material	德国	2011	683	是	25.245
	Journal of Materials Chemistry A	英国	2013	2 661	是	11.301
	Green Energy & Environment	中国	2016	56	是	6.395
	Materials for Renewable and Sustainable Energy	瑞士	2014	22	是	Citescore: 2.54
	Sustainable Materials and Technologies	荷兰	2014	29	是	4.375
	Materials Today Energy	荷兰	2016	119	是	5.604
	储能科学与技术	中国	2012	218	否	综合影响因子 1.008
	新能源进展	中国	2013	71	否	综合影响因子 0.465

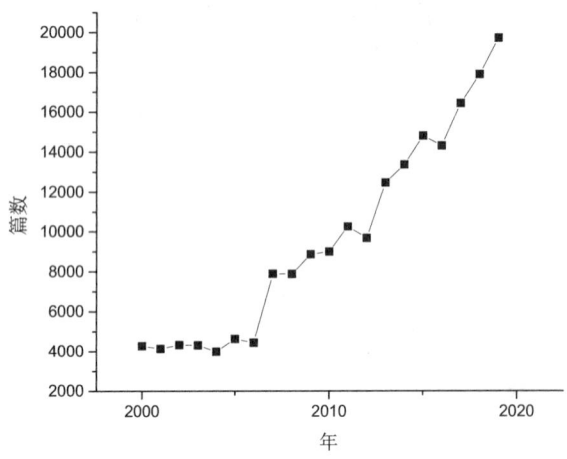

图 1　2000—2019 年新能源材料论文发表数量

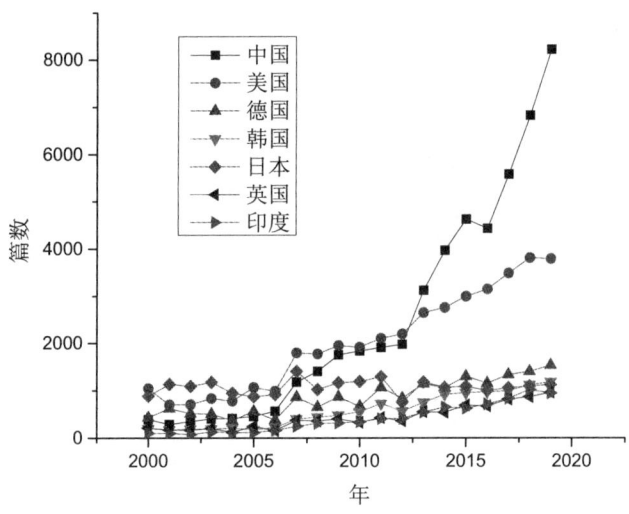

图 2　新能源材料论文主要发表国家 2000—2019 年论文发表情况

4　我国新能源材料期刊发展面临的困境与不足

4.1　缺乏国际一流期刊引领技术创新发展方向

从表 1 可见，新能源材料期刊共包含 16 种英文期刊，而我国主办的期刊只有 1 种，美国主办的期刊有 5 种，占比近 1/3。由我国主办的新能源材料英文期刊极其匮乏。并且，这本唯一的英文期刊 *Green Energy & Environment* 的 2017—2019 年年平均发文量仅有 56 篇。而同类国外期刊，*Nano Energy*、*Journal of Materials Chemistry A*、*Advanced Energy Material* 近 3 年年平均发文量达到了 570 篇以上，其中 *Journal of Materials Chemistry A* 的近 3 年平均年发文量甚至达到了 2 661 篇。我国尚未有能与国际一流新能源材料期刊比肩的同类期刊。虽然近几年，中国的新能源材料论文发表数量急剧增加，现在已经远超美国和日本这类新能源材料研发强国。但是由于国产新能源材料期刊的稀缺和在主流学者群中缺乏认可度，中国大量的优质稿件向国外期刊单极流动，造成我国新能源学科发展的方向受到国外期刊主导，我国在该领域丧失国际科技话语权，无法引领技术应用研究和产业发展方向。

4.2 中文刊弱化，未能有效促进科技成果产业化

由于英文是世界通用出版语言，限制了中文刊的国际关注度和国际影响力，并且由于评价机制问题，科研人员更愿意将最重大的成果发表在英文期刊上，进而造成了中文刊弱化、文章质量较差、影响力进一步恶化的恶性循环。表 1 中汇总的 4 本中文期刊，其中《储能科学与技术》虽然在中文刊中指标较好，但与同类英文期刊相比，引用量明显偏低。这 4 本中文刊的国际关注度也较差，4 本期刊均未被 SCI 收录，《太阳能学报》被 Scopus 收录而《储能科学与技术》《新能源进展》和《电池》未被 Scopus 收录。

中文刊主要面向国内作者，应当起到引导科技成果转化，促进解决"卡脖子"关键问题的作用。然而由于新能源材料的中文刊不受重视，无法有效促进科研工作者结合我国科技发展战略和资源储备情况开展研究，产业化能力弱、自主创新动力不足。

5 建设我国世界一流新能源材料期刊

5.1 创办有特色的新能源材料期刊

刊物是否能在学科中起到引领地位，其刊登内容非常重要，即要有特色也要有一定的受众。目前已有的新能源材料期刊包括了综合类和针对太阳能电池材料、新型二次电池材料类的期刊，针对一类或某几类新能源材料的期刊较为缺乏，比如针对燃料电池材料的期刊。燃料电池采用电化学方式取代直接燃烧，几乎不产生污染物，且发电效率可高达 50%~70%，已成为美国、日本等研发强国的重点技术攻关方向。创办该类期刊不仅能改善此类期刊的不足，也有望推动我国科技创新，弥补与国外的差距。

5.2 打造一流国产新能源材料期刊，树立品牌

目前已有的国产英文新能源材料期刊 *Green Energy & Environment*，创刊 4 年后已经被国外重要数据库 SCI 和 Scopus 收录，并且获得了首个影响因子 6.395，具有了一定的国际知名度，但在同类 9 本 SCI 收录期刊中，影响因子位居第 7 名，载文量位居第 8 名。该刊要成为世界一流期刊，还需要在内容质量、载文量、稿件来源国际化、品牌形象等方面有所突破。

通过严把审稿关、组织专刊、组约稿件等可以有效提升内容质量。这需要编辑与审稿人通力合作、充分发挥编委会作用、培养具有敏锐洞察力和沟通能力的编辑通过关注重大项目、参加国际会议、实地走访实验室等自主约稿。

此外，通过提高编委会的国际编委占比、打造全球合作的编辑团队、提供高效的稿件处理流程和便捷化的沟通渠道、加强国际宣传力度可以吸引优质稿源，提高国际稿源占比[11]。

当 *Green Energy & Environment* 具有高质量、发表快、传播广、影响大等特征时，就会得到新能源材料主流学者群的信赖和认可，继而树立起品牌形象，有利于发展子刊，促进世界一流新能源材料期刊群的建设。

5.3 提升中文刊对我国经济社会发展的服务能力

习总书记号召广大科技工作者要把论文写在祖国的大地上，把科技成果应用在实现现代化的伟大事业中。这一号召提振了中文刊，也促进了我国科研评价体制的改革。中文刊迎来

了发展的春天。

科学无国界，科学家有祖国，国际间有竞争。在目前复杂的国际环境下，高科技关键技术的垄断日趋严重，掌握新能源材料关键技术对未来的能源安全具有重要的战略意义。新能源材料中文刊应立足我国科技、社会、国民经济发展和重大实际需求，重点刊登解决科技疑难问题、卡脖子技术难题、自主创新的工作，鼓励产业化应用。此外，采用网络优先出版，缩短出版周期，可以提高作者与期刊的黏合度；利用微信、QQ、微博等"大众化"的社交应用软件建立社群，可以为新能源材料科技成果转化提供交流与探讨的平台，促进产业化应用。

6 结束语

能源可谓是工业的粮食，2019年李克强总理在政府工作报告中更是将"保粮食能源安全"列入2020年的工作着力点。传统能源日趋枯竭且污染严重，新能源的开发和有效利用程度将影响未来国家的命运。科技期刊作为记录科学发现与激发创新思想的重要载体，对新能源材料的发展起到了反映研究动态和研究趋势、引导科技走向、促进科技成果转化、引导科学研究和产业良性发展等举足轻重的作用。然而，目前我国仍缺少新能源材料领域的世界一流期刊。在国家大力的支持下，通过创办有特色的英文刊，提高已有英文刊的稿件质量、载文量和国际影响力等，定会催生一批引领学科发展的世界一流新能源材料国际期刊，中文刊则立足国家战略需求、突破技术垄断问题，从而帮助我国在新能源材料领域占据世界领先地位。

参 考 文 献

[1] 邹才能,赵群,张国生,等.能源革命:从化石能源到新能源[J].天然气工业,2016,36(1):1-10.
[2] 秦容军.能源革命驱动要素及新一轮能源革命方向研究[J].煤炭经济研究,2018,38(444):6-10.
[3] 颜帅,张昕.科技期刊如何服务于创新型国家建设:中国科技期刊的"三步走"[J].科技与出版,2014(1):22-25.
[4] 刘俊丽.从《力学学报》发展历程看科技期刊对学科建设的推动作用[J].中国科技期刊研究,2019,30(6):571-576.
[5] 陈凯,程丽乾.体型无机全固态锂离子电池研究进展[J].硅酸盐学报,2017,45(6):785-792.
[6] 杨英,潘德群,高菁,等.基于P型光电极的染料敏化太阳能电池研究进展[J].无机化学学报,2018,34(4):615-626.
[7] 倪维婕,朱腾龙,陈晓阳,等.Co/Ni 掺杂 $SrTi_{0.3}Fe_{0.7}O_{3-\delta}$ 钙钛矿电极材料制备及性能[J].硅酸盐学报,2019,47(3):313-319.
[8] 许世森.燃料电池发电技术的现状和发展趋势[J].电力设备,2001(2):35-39.
[9] 陈济颖,郑家阳,祝晓强.燃料电池发电技术的发展现状与应用研究[J].新型工业化,2019(9):110-114.
[10] 秦德继.建设世界一流科技期刊的路径研究[J].科技传播,2019(11):1-3.
[11] 邱俊明.新形势下世界一流科技期刊培育刍议[M]//学报编辑论丛(2019).上海:上海大学出版社,2019:95-99.

新建本科地方高校学报的功能和内涵建设

范玲娜，赵 杨

(成都师范学院学报编辑部，四川 成都 611130)

摘要：新建本科地方高校学报不仅是我国学术期刊的一个组成部分，而且在服务于教育教学、学科研究和人才培养方面发挥着重要作用。在概述新建本科地方高校学报功能的基础上，从立足学校转型发展和应用型人才培养的学校定位，明确学报定位；聚焦特色学科，举办特色栏目；发挥信息化手段，提高审编效率；建设高水平编辑队伍等方面，探讨了新建本科地方高校学报自身的内涵建设问题。

关键词：新建本科地方高校学报；功能；内涵

新建本科地方高校通常是指在21世纪初以来，我国高等教育由精英化向大众化迈进的过程中，由专科层次或成人高校通过升格、重组、合并等方式，先后新建的一批普通本科院校，目前占本科高等学校总数近一半。新建本科地方高校学报是由这些专科、成人高校或职业学院学报整合、升级而成。在新建本科地方高校的发展中，其学报作为高校的内设学术机构，与学校的教育教学、学科研究和人才培养方面有着密切的联系[1]。

新建本科地方高校作为新进入本科序列的高校，在管理、教学、科研等各方面都有较大的短板和不足，尤其是为了迎接本科教学合格评估和之后的本科教学审核评估，其重心放在了教育教学上，学报的建设与发展往往容易被忽视。新建本科地方高校对学报建设的重要性认识不足，主要表现在：一是将学报建设与学校的内涵建设割裂开来，没有认识到学报对于学校学科建设和人才培养的重要性，也没有将学校的教学、科研和人才培养与学报的建设结合起来，忽视了学报在学校发展中的重要性。二是将学报工作作为学校一项普通的事务性工作对待，这是新建本科院校在学报建设中容易犯的通病。三是对学报在学校内涵建设中发挥的作用和影响也认识不足，往往把学报作为教辅部门或者挂靠在其他二级单位。

目前，学界对于新建本科地方高校学报的建设开展了一些研究，例如秦住[2]总结了《泉州师范学院学报》高教研究栏目建设的成功经验；仲圆[3]以《唐都学刊》为例，讨论新建本科地方高校学报栏目的特色与创新；刘建朝[4]为新建本科院校学报特色栏目的建设提供了思路；宇文高峰[5]认为新建本科院校学报应走特色化发展之路。许多研究以学报建设经验为例，进而为新建本科地方高校学报发展提供借鉴，也有很多学者对地方高校学报的现状与困境、发展与改革等进行了探讨。

新建本科地方高校学报是新建本科地方高校的学术窗口，建设好新建本科地方高校学报，是提升学校教学科研水平的重要途径之一。加强新建本科地方高校学报的功能和内涵建设，需要基于学校的定位和学科优势，并充分依据这些条件，形成自己鲜明的特色[6]。本文从新建

基金项目：四川省委宣传部"四川省人文社科品牌期刊"建设资助项目

本科地方高校在转型发展中学报所承担的功能出发，探讨学报自身的内涵建设问题。

1 新建本科地方高校学报的基本功能概述

1.1 学科建设成果的展示平台

由于新建本科地方高校进入本科序列的时间不长，学科建设中通常面临着可供依托的相关平台较少，相关的科研基地、重点实验室等都较为欠缺等问题[7]。学校的学科建设成果需要对外展示，而学报则是学科建设成果的重要展示平台。在学科建设平台不足的前提下，学报是学校学科建设的重要依托。科学研究在学科建设中占有相当重要的地位，学科建设中相关学科科学研究的水平，直接决定着该学科的水平。学报作为学校科学研究、学术成果的重要展现平台，具有重要的意义。对于新建本科地方高校而言，随着学校的发展，相关科研平台会随之增加，但学报作为学术成果的重要展现平台，其独特的地位是无法被取代的。

1.2 教育教学改革探索的"主阵地"

在国家对高等教育结构的调整中，新建本科地方高校承担着培养应用型人才培养的职责。长期以来，包括新建本科地方高校在内的许多地方本科高校，基本上是按照"学术型"来进行人才的培养，开展对应用型人才培养可以说是对新建本科地方高校的一个挑战。新建本科地方高校在向应用型高校的转型发展中，必然会涉及人才培养方案、课程建设与开发、教材建设、教学模式和专业管理制度建设等的改革。为此，新建本科地方高校学报需要按照国家对地方高校转型发展的要求，强化反映对应用型人才培养的研究成果，成为探索高校对应用型人才培养的"主阵地"。

1.3 师资队伍建设的培育和引领

新建本科地方高校的师资队伍普遍存在一些问题：一是教师的普遍学术能力较为欠缺。二是缺少高水平的领军人才。三是学术氛围不如老牌本科院校浓厚。教师的科研能力需要培育培养，高水平的研究型教师不是凭空出现的，需要在学术写作中不断锤炼。新建本科地方高校学报的来稿有相当比例来自于本校教师。学报就应该充分发挥磨刀石的作用，对学术稿件严把质量标准，对投稿者的学术写作意识、学术写作规范等各方面能力进行培养。教师在与学报编辑的沟通交流及论文的修改中，学术写作能力可以逐步提升，以此来促进教师学术研究能力的提高。教师在知名期刊发表论文往往需要前期的成果铺垫，而学报则能作为相关前期成果的培育平台发挥作用。学报可以通过举办相关专栏和发表系列研究等方式来使原本松散的科研方向，逐渐凝练出明确的方向，帮助组建科研团队。通过举办专栏等形式，展示教育教学成果，吸引教师的研究兴趣，促使其投身到相关科研当中，有效提升学校的科研氛围。

1.4 提升学校的学术影响力

学报作为学校的公开出版的刊物，是展示学校学科建设、科学研究、教育教学成果的重要平台，在扩大学校的学术影响力和声誉方面有着不可替代的作用[8]。新建本科地方高校在学术研究领域往往缺少发出声音的平台，水平较高的学报能够有效提升学校在学术界的声誉，进而能够树立学校良好的学术形象。同时，学报也是学校与学术界的纽带和桥梁。学报可以通过举办各种研讨会、学术交流会等形式扩大学校在学术界的影响力，进而对学校的科研、学科建设产生较大的推动作用。新建本科地方高校学报虽然具有很重要的功能，但是其发展也面临一些问题。当前，中国学术期刊、尤其是新建本科地方高校学报，存在着学术方向散、影响力不足、办刊特色不突出、学术影响力弱等问题。新建本科院校学报应努力克服这些不足，主动加强自身内涵建设。

2 新建本科地方高校学报的内涵建设

2.1 立足学校定位，明确学报的定位

在学报的发展过程中，期刊的定位一直都是关注的焦点。但长期以来，学报往往只从自身来寻找的定位，而没有将学校的办学定位与学报的发展定位结合起来。将学报的定位与学校的定位割裂开来，这对于学报的发展是极其不利的。因此，学报办刊要紧密结合学校的办学定位[9]。新建本科地方高校属于地方性高校、应用型高校，这就决定了新建本科地方高校的学报办刊定位要紧紧围绕地方性、应用型做文章，将学报的关注点聚焦于地方需求、应用型等方面。例如，陕西学前教育师范学院是一所以学前教育为重点发展方向的本科院校，而其学报则将学前教育作为其办刊的基础，围绕学前教育研究领域打造特色期刊，在此办刊的策略下，陕西学前教育师范学院学报已经成为国内刊发高水平学前教育研究论文的重要阵地。新建本科地方高校学报一定要紧密结合学校办学定位，科学制定学报的办刊定位，将期刊发展融入到学校的转型发展的战略中。

2.2 聚焦特色学科，开设特色栏目

新建本科院校学报往往特色不鲜明、稿源质量不高、学术影响力不强。归根结底是新建本科地方高校学报的学术资源有限，较少能够收到高水平的稿件，进而造成学术影响有限。要改变这种局面就必须立足已有资源，需要按照学校转型发展中所设重点学科、特色学科的发展战略，积极参与到学校的学科建设和培养应用型人才中，立足学校学科特色而举办专栏。

学报作为学术成果的发表平台，所面对的学科种类繁多，如果不明确学报的办刊原则和重点学科，很容易贪多求全，没有特色。因此，学报应该立足学校本身的强势学科和特色学科，明确办刊原则，凝练办刊方向，并以此为基础举办特色专栏[10]。例如师范院校的教育学、心理学一般为其强势学科和特色学科，学报可开设学前教育、基础教育等专栏，聘请领域内的专家担任顾问和审稿专家，并针对学术前沿、学术焦点开展专题策划，向该专业领域的高被引作者约稿，以期用较短的时间在某个学术领域实现突破，扩大学校的学术影响力。同时，学报可开设将应用型人才的培养方面的专栏，关注大学生创新创业、产学研融合等与新建本科地方高校息息相关的专题，为新建本科地方高校转型发展提供建议和思路。在组稿中，学报一定要注重收集高水平稿源，确保特色栏目的稿源质量。学报可以适当向著名学者约稿以增强特色栏目的影响力，同时充分运用编委会等专家学者的学术资源吸引专题稿件，从时间和流程上保证投稿中的优质专题稿件及时录用。

2.3 立足学术专栏，定期举办学术会议

学报不仅可以纸质刊物或电子刊物的形式来提供学术成果发表的平台，也可以举办学术会议的形式来为众多的研究者提供交流、合作的平台[11]。学报应该以专栏建设为平台，通过定期举办学术会议，在该领域吸纳、结识一大批相关研究者、学者，逐步形成在该领域的学术影响力，这是难得的学术资源。对于学校而言，他们不仅是作者，更是研究者，也是未来学术团队的合作者和参与者。举办学术会议也是新建本科地方高校提升学术影响力的有效手段，但由于新建本科地方高校往往在行业内影响力较弱，举办高水平学术会议的机会较少，而学报可以充分利用所拥有的资源。通过学报举办过程中所建立的学术资源和学术交流平台

来举办、协办相关学术会议，为学校教师搭建学术交流的平台，为科研团队提供更多的交流机会。通过举办学术会议，学校的标志性科研成果可以在学术领域较快地使相关研究者得以知晓，并产生学术影响，这是学报展现学校研究成果的主要途径。

2.4 充分发挥信息化手段，提高审编效率

新建本科地方高校学报普遍存在"全、散、小、弱"的现象，其管理也存在许多不足。当前，新建本科地方高校都在全方位加强学校的信息建设，学报要以此为契机，融入学校信息化发展的大格局，争取资金和技术支持。学报应该加强网站、投稿系统、审编系统等的信息化建设，以提升工作效率。学报可以充分运用信息化手段，全面提升管理水平，尤其需要在规范编辑流程，提高审稿效率、缩短编校周期等方面下工夫。同时，学报可以运用大数据等技术，围绕学报的学术研究领域、稿源数量与质量、作者基本来源等信息进行分析，从而找出学报存在的问题和不足并加以改进。

2.5 建设高水平编辑队伍，提升编校质量

建设一支高水平的编辑队伍，是新建地方高校学报内涵建设的重要环节。学报的编辑不应该仅仅是编辑，同时也应是学校师资队伍中的一个重要团队[12]。学报编辑在学校的事业发展中有着多重身份，既是学报编辑，也是参与教学的教师。因此，建设一支高水平的编辑队伍，不仅有利于学报自身的发展，而且对于学校的师资队伍建设也有着促进和推动作用。学报要加强对编辑的教育培训，增强"四个意识"，提高学术能力和编辑水平，提升学报的编校质量。学报可以鼓励编辑攻读博士学位和参加继续教育培训，让编辑成为学者专家，这不只是壮大增强编辑队伍自身的实力，对于新建本科院校的各项人才指标也有着较大的助力。

3 结束语

新建本科地方高校学报是学校重要的学术、科研窗口。学报的内涵建设离不开学校的大力支持，需要建设高水平的管理体系和培养经验丰富的学术编辑。尽管新建本科地方高校学报还存在许多不足，但在开放性办刊的趋势下，一方面需要继续强化自身服务于学校在转型发展中的教育教学、学科研究和人才培养方面的功能。另一方面，需要注重学报内涵的建设，使学报真正成为学校科研、教学和人才培养的重要平台。只有学报内涵建设的水平不断地提升，才能在学校的发展中发挥出更好的作用。

参 考 文 献

[1] 刘海涛.地方高校学报发展策略探究[J].铜陵学院学报,2012(6):92-94.
[2] 秦佳.新建地方高校学报高教研究栏目建设的成功范例:试论《泉州师范学院学报》高教研究栏目建设[J].常州工学院学报(社科版),2006(4):103-107.
[3] 仲圆.新建本科地方高校学报特色栏目建设研究[J].科教导刊(上旬刊),2015(6):16-18,28.
[4] 刘建朝.新建本科院校学报特色栏目建设的思考[J].菏泽学院学报,2013(4):99-103.
[5] 宇文高峰.对新建本科院校学报建设发展的思考[J].渭南师范学院学报,2009(4):80-82.
[6] 董霞.地方高校学报建设的现状与发展趋势[J].中国劳动关系学院学报,2007(6):111.
[7] 李玉恒.地方高校学报的发展困境与应对策略[J].中国出版,2012(2):39-41.
[8] 赵大良,孙岩,张丛.亮点与困惑:对《关于进一步加强和改进高校出版工作的意见》的解读[J].编辑学报,2015(2): 103.
[9] 曲晓红.地方高校学报的定位问题[J].合肥师范学院学报,2016(9):119-121.
[10] 叶利荣.地方高校学报特色栏目发展路径探析[J].长江大学学报(社科版),2015(12):86-88.
[11] 何应森.共生理论视域下地方高校学报可持续性发展研究[J].成都师范学院学报,2020(6):112-116.
[12] 陈果.地方高校学报学习型编辑的培育对策探讨[J].武夷学院学报,2015(1):102-104.

不同选题论文参考文献准确性及规范问题分析

叶 靖[1,2]，徐石勇[1,2]，杨一舟[1,2]

(1.浙江理工大学杂志社，浙江 杭州 310018；2.《丝绸》杂志社，浙江 杭州 310018)

摘要：为了研究科技期刊不同选题类型论文参考文献引用准确性及规范的问题，以科技期刊《丝绸》为例，统计分析 2019 年《丝绸》杂志发表的所有论文初稿，参照 GB/T 7714—2015《信息与文献参考文献著录规则》，分别从研究与技术、设计与产品、历史与文化三个选题类型出发，比较不同选题类型论文参考文献存在的问题，分析产生问题的原因，提出建设性意见，以期有针对性地提高科技期刊参考文献的引用准确性和规范性。

关键词：科技期刊；选题类型；参考文献；引用准确性；规范问题

参考文献是期刊论文的重要组成部分，引用的文献是否恰当、规范、准确，间接反映了作者的科研水平及作者对他人学术成果的科研态度[1-3]。参考文献的引用是否规范及准确主要包括引用格式、引用内容和引证作用三个基本要素[4]。而参考文献的规范性和准确性是评价论文学术价值的重要指标，也是论文质量的基本保障[5]。中国参考文献著录规则已从 GB/T 7714—1987 更新到 GB/T 7714—2015[6]。可见，随着科学技术的发展，科研水平的不断提升，参考文献著录规则也随着科研成果的发表日益受到重视，这也在一定程度上彰显了参考文献在论文中的重要作用。

目前，已有许多编辑学者对科技期刊参考文献的著录规范及准确性进行了研究。大部分学者主要是针对论文中常见的参考文献引用格式及著录规范进行探讨，如达海莉等[7]从文献的分类、主要责任者著录、题名著录、年卷期页码著录、电子文献的著录、引文标注几个方面分析了科技期刊参考文献存在的常见问题。也有学者对科技期刊参考文献中的隐蔽性问题进行分析，如于学玲等[8]从著录无关文献、引用二手文献、正文内容有误等方面探讨了参考文献的隐蔽性差错。这些都是科技期刊参考文献存在的通性问题，当然也有学者对科技期刊参考文献进行了更细致的分类探讨，如丁绿芳等[9]提出了几种常见的中文科技期刊参考文献英文对照的正确著录，对英文对照中的几种常见错误进行了分析。陈丽萍等[10]针对科技期刊中"近年来"引用参考文献的老化进行了规律性探讨。

但是，他们基本上都是对科技期刊参考文献的通性问题或某一具体问题进行分析，未发现有从科技期刊的论文选题类型入手，对不同选题论文的参考文献存在的问题进行统计分析。因此，以科技期刊《丝绸》为例，分别从研究与技术、设计与产品、历史与文化三个选题类型出发，比较科技期刊不同类型论文参考文献存在的问题差异，分析产生问题的原因并提出建议，以期有针对性地提高科技期刊参考文献的引用准确性和规范性。

1 研究方法与内容

1.1 资料来源

选取科技期刊《丝绸》2019年1~12期发表所有论文的初稿(共199篇)为研究对象。

1.2 文献核查

对所选论文的参考文献进行核查，其中，中文文献通过中国知网、百度学术、万方数据库、超星电子图书进行核对，英文文献通过Calis外文期刊网(CCC)、Web of Science (SCI/SSCI/A&HCI/CPCI-S/CPCI-SSH)进行核对。

1.3 数据整理

统计三种选题论文的参考文献数量，分别提取出文献中引用不准确和不规范的文献条数。其中，不准确引用包括：漏引、无关引用、错误引用、多引[11-12]。不规范引用包括：著者项错误、标识符错误、页码错误、出版项错误等[13]。根据数据统计的结果，对比分析科技期刊不同选题类型论文参考文献中的不准确及不规范问题分布情况，为作者和编辑提供一些参考，进一步提升科技期刊参考文献的著录水平。

2 结果与分析

2.1 文献引用准确性及不规范性总体情况

对2019年《丝绸》期刊所有发表文章初稿的三种选题类型参考文献总体情况进行统计，如表1所示，所选论文的参考文献总数为3 367条。其中，不准确及不规范条数为1 586条，占总文献条数的47.1%，研究与技术论文参考文献的不准确及不规范条数占其对应该类选题文献总数的43.8%，设计与产品论文参考文献的不准确及不规范条数占其对应该类选题文献总数的59.0%，历史与文化论文参考文献的不准确及不规范条数占其对应该类选题文献总数的48.3%。从总体数据来看，三种类型论文参考文献的总体错误率：设计与产品>历史与文化>研究与技术。

三种类型论文的参考文献按中文文献、英文文献及其他文献来分(其他文献为除了中文、英文外的其他语种文献)，研究与技术中文文献不准确及不规范条数占对应该类选题中文文献的64.7%，英文文献不准确及不规范条数占对应该类选题的英文文献的8.9%，其他文献不准确及不规范条数占对应该类选题的其他文献的45.5%。

设计与产品中文文献不准确及不规范条数占对应该类选题中文文献的64.4%，英文文献不准确及不规范条数占对应该类选题的英文文献的11.1%，其他文献不准确及不规范条数占对应该类选题的其他文献的0%。

历史与文化中文文献不准确及不规范条数占对应该类选题中文文献的49.1%，英文文献不准确及不规范条数占对应该类选题的英文文献的22.2%，其他文献不准确及不规范条数占对应该类选题的其他文献的0%。

可见，错误文献主要集中在中文文献。对比三种类型论文中文文献的错误率：研究与技术>设计与产品>历史与文化。英文文献的错误率：历史与文化>设计与产品>研究与技术。其他文献的错误率：研究与技术>设计与产品=历史与文化。

以上是文献引用准确性及不规范性的总体情况分析，接下来将根据不同错误类型进行细化统计，进一步分析三种选题类型论文参考文献的错误分布情况，为编辑和作者等提供数据参考。

表1 2019年《丝绸》期刊所有发表文章初稿的三种选题类型参考文献总体情况

选题类型	文献数/条				不准确及不规范数/条			
	中文	英文	其他	合计	中文	英文	其他	合计
研究与技术	1 227	735	11	1 973	794	66	5	865
设计与产品	399	45	0	444	257	5	0	262
历史与文化	923	27	0	950	453	6	0	459
合计	2 549	807	11	3 367	1 504	77	5	1 586

2.2 三种类型论文参考文献引用准确性情况分析

参考文献的不准确引用主要分为：漏引、无关引用、错误引用、多引。

(1) 漏引。

漏引主要指该标注参考文献的地方没有标注。研究与技术中，常见于引用他人的观点但没有标注参考文献，比如在数据分析时引用他人的研究成果。历史与文化类论文中，作者会引用很多图片，但是有些作者并没有标注图片的来源，造成参考文献的漏引，容易引起版权问题。如："例 1[14]中图 1 是清代中期典型的贵妇人便服"，此处需标出图 1 的出处。

(2) 无关引用。

无关引用主要指引用内容与正文内容无关，这还涉及学术不端的问题。一些作者为了增加某篇文章的引用率，在文章中故意添加无关文献。有时候单从参考文献的题名就可看出该文献是否相关；有时候则比较隐蔽，需要下载参考文献全文进行核对。建议编辑在核对参考文献时都能下载全文进行内容的核对。

(3) 错误引用。

错误引用主要指引用部分的作者、观点、内容、结论等存在错误。有些作者在引用文献时张冠李戴，如正文中写的是张某的观点，但在参考文献中写的却是李某的文献。所以编辑在核对参考文献时要注意前后文的一致性。

(4) 多引。

多引主要指引用内容与原文内容相关，但多个文献内容引用重复或文献指代不明。这种情况一般在论文引言部分比较常见，如："例 2[15]随着对其结构和组成的深入研究，已从传统纺织领域扩展到生物医学领域[11 17]"。此处文献"[11-17]"即为多引，可分别列举生物医学领域各位学者研究的内容和观点。多引还包括文后参考文献数量多于正文中的标注数量，校对时编辑应注意。

表 2 为 2019 年《丝绸》期刊所有发表文章初稿的三种选题类型参考文献引用不准确情况对比。文献引用不准确主要集中在中文和英文文献。其中，中文文献引用不准确数共 82 条，英文文献引用不准确数共 30 条。

中文文献引用不准确中，研究与技术占 48.8%，设计与产品占 15.8%，历史与文化占 35.4%。英文文献引用不准确中，研究与技术占 90%，设计与产品占 3.3%，历史与文化占 6.7%。其他文献因只有研究与技术引用 5 个，未发现有引用不准确情况。综上，中文和英文文献引用不准确率为：研究与技术>历史与文化>设计与产品。

表 2　2019 年《丝绸》期刊所有发表文章初稿的三种选题类型参考文献引用不准确情况

选题类型	中文引用不准确数/条					英文引用不准确数/条					其他引用不准确数/条				
	漏引	无关	错引	多引	合计	漏引	无关	错引	多引	合计	漏引	无关	错引	多引	合计
研究与技术	21	0	6	13	40	8	0	2	17	27	0	0	0	0	0
设计与产品	6	0	3	4	13	0	0	0	1	1	0	0	0	0	0
历史与文化	15	0	1	13	29	1	0	0	1	2	0	0	0	0	0
合计	42	0	10	30	82	9	0	2	19	30	0	0	0	0	0

对中文文献引用情况分析，三种类型选题的论文中文引用不准确情况均为：漏引>多引>错引>无关引用。

对英文文献引用情况分析，研究与技术：多引>漏引>错引>无关引用。设计与产品：多引>漏引=错引=无关引用。历史与文化：多引=漏引>错引=无关引用。

通过表 2 的数据统计可知，三种选题类型论文中文文献引用不准确均以漏引为主，可能是因为中文文献较多，有些作者为了突出研究的先进性故意引而不标，或者不确定哪些需要标注，造成漏引数较多。英文文献引用不准确以多引为主，可能是因为作者直接转引他人文献，造成多引数较多。

2.3　三种类型论文参考文献引用不规范性情况分析

参考文献的不规范引用主要包括以下几个方面：著者项错误、文题项错误、标识符错误、出版项错误、卷期页码错误、英文翻译错误。参考 GB/T 7714—2015《信息与文献参考文献著录规则》(以下简称新标准)，对参考文献进行规范化解析。

(1) 著者项错误。

著者项错误主要包括引用的参考文献作者姓名、顺序、数量、大小写错误。根据新标准的规定，个人著者姓名应"姓前名后"，姓应用汉语拼音全大写，名可缩写；主要责任者少于或等于 3 人的，全部原样著录，主要责任者超过 3 人的，前 3 人原样著录，在最后一个人名后加".等"[16]。

(2) 文题项错误。

文题项错误主要包括参考文献的题名有误，或者题名中出现基因名称、拉丁学名等未用斜体表示。

(3) 标识符错误。

标识符错误主要包括文献类型及其标识代码对应错误、作为前置符的项目标识符错误，如"."":"","";""//"以及内容识别符错误，如"( )""[ ]""/""-"。

(4) 出版项错误。

出版项错误主要包括出版单位、出版地、出版年的错误。

(5) 卷期页码错误。

卷期页码错误主要包括卷、期、页码著录错误或缺失，以及卷号、期号混淆。

(6) 英文翻译错误。

一些科技期刊要求参考文献中英文对照著录，因此，存在英文翻译错误等问题，主要包括：原文有英文对照信息，但作者未采用，自行翻译；原文无英文对照，作者翻译但有误；中文直译拼写错误等。

表 3 为 2019 年《丝绸》期刊所有发表文章初稿的三种选题类型中文参考文献引用不规范情况对比。总体来看，三种选题类型论文中文参考文献引用不规范错误中：英文翻译>卷期页码>著者项>标识符>出版项>文题项。其中，研究与技术、设计与产品的中文参考文献引用不规范错误顺序为：英文翻译>卷期页码>著者项>标识符>出版项>文题项；历史与文化的中文参考文献引用不规范错误顺序为：英文翻译>卷期页码>标识符>著者项>出版项>文题项。

表 3 2019 年《丝绸》期刊所有发表文章初稿的三种选题类型中文参考文献引用不规范情况

选题类型	不同引用项不规范数/条						
	著者项	文题项	标识符	出版项	卷期页码	英文翻译	合计
研究与技术	122	21	58	37	276	539	1 053
设计与产品	31	5	23	14	107	185	365
历史与文化	71	14	89	17	159	362	712
合计	224	40	170	68	542	1 086	2 130

表 4 为 2019 年《丝绸》期刊所有发表文章初稿的三种选题类型英文参考文献引用不规范情况对比。总体来看，三种选题类型论文英文参考文献引用不规范错误中：著者项>文题项>标识项>卷期页码>出版项。其中，研究与技术的英文参考文献引用不规范错误顺序为：著者项>标识项>文题项>卷期页码>出版项；设计与产品的英文参考文献引用不规范错误顺序为：文题项=卷期页码>著者项>出版项>标识项；历史与文化的英文参考文献引用不规范错误顺序为：文题项>著者项=卷期页码>标识项>出版项。

表 4 2019 年《丝绸》期刊所有发表文章初稿的三种选题类型英文参考文献引用不规范情况

选题类型	不同引用项不规范数/条					
	著者项	文题项	标识符	出版项	卷期页码	合计
研究与技术	92	56	67	14	44	273
设计与产品	4	5	2	3	5	19
历史与文化	3	5	2	1	3	14
合计	99	66	71	18	52	306

表 5 为 2019 年《丝绸》期刊所有发表文章初稿的三种选题类型其他参考文献引用不规范情况对比。由于设计与产品和历史与文化没有其他语种的参考文献，所以只讨论研究与技术的论文。由表 5 得出，研究与技术类论文其他参考文献引用不规范错误顺序为：英文翻译>著者项>出版项>标识项=卷期页码>文题项。

表5 2019年《丝绸》期刊所有发表文章初稿的三种选题类型其他参考文献引用不规范情况

选题类型	不同引用项不规范数/条						
	著者项	文题项	标识符	出版项	卷期页码	英文翻译	合计
研究与技术	3	0	1	2	1	7	14
设计与产品	0	0	0	0	0	0	0
历史与文化	0	0	0	0	0	0	0
合计	3	0	1	2	1	7	14

对比表2~表5，可得三种类型论文的参考文献引用不规范条数远远超过不准确条数。说明作者在写作时对参考文献的格式规范不够重视，但对内容的引用相对准确。由表3可知，三种选题类型论文中文参考文献引用不规范错误中都是以英文翻译错误为主，可见作者在中英文对照时还存在很多问题，有部分原因是作者的英文水平有限，也可能是作者不仔细造成。由表4可知，三种选题论文英文参考文献引用错误的排序略有不同，研究与技术以著者项为主，可能是作者对外国人名的著录格式不太了解，中文里都是姓前名后，而英文中是姓后名前。设计与产品、历史与文化以文题项为主，这两类论文的参考文献书籍较多，作者可能对书籍等参考文献的著录格式不清楚，造成文题项问题偏多。由表5可知，研究与技术的其他文献也是以英文翻译为主，这可能是因为作者对其他语种不太熟悉，在翻译时造成偏差。

2.4 引用不准确及不规范的原因

参考文献引用不准确原因主要有：①作者不确定哪些内容需要标引出处，造成漏引。②作者直接转引他人文章中的文献，造成多引或错引。③作者初稿时标了参考文献，但后期因终稿文字有变动但忘记修改对应的参考文献，造成错引。④有些作者为了达到投稿期刊的参考文献数量，故意凑数或者为了提高某些论文的引用率，造成无关引用。

参考文献引用不规范原因主要有：①作者在著录参考文献时直接引用二次文献，但二次文献有误。②作者对参考文献的格式不够重视，写作时较为随意，造成笔误。③作者不清楚规范的参考文献著录格式，分不清卷、期的区别等。④作者在著录中英文对照文献时，未按照原文献的翻译而自行翻译，或者原文献翻译本身有误以及作者英文水平有限，无法正确翻译。

3 总结与建议

通过三种选题类型论文参考文献的数据统计，得出了不同选题论文参考文献引用不准确及不规范的错误分布，同时也分析了这些错误产生的原因，根据研究的结果，在此提出一些建议：①编辑部应提高作者对参考文献重要性的认识，从主观上提高作者对参考文献正确著录的意识；②为作者提供正确的参考文献著录范本，让作者有据可依，从技术上提高参考文献的规范性；③制度上要求作者投稿时应按标准规范初稿的参考文献，从制度上筛选出规范的论文；④提高编辑自身的专业技术水平，编辑应熟悉新标准的著录规范及常见的错误类型和分布，做到火眼金睛；⑤设置专人负责论文参考文献的审查核对，做到熟能生巧。

希望通过作者、编辑的内外防控、共同努力，将科技期刊参考文献的正确著录深入人心，从态度、制度上不断强化作者和编辑的责任心，最终达到提高科技期刊参考文献的引用准确性和规范性的目的。

参 考 文 献

[1] 李丽,张凤莲.应重视参考文献的编辑加工[J].编辑学报,2004,16(6):412.
[2] 陈灿华.参考文献与作者和编辑[J].编辑学报,2003,15(1):42.
[3] 马立富.关于参考文献标引质量的探讨[J].编辑学刊,2001(3):27.
[4] 朱大明.参考文献引用质量鉴审的3个基本要素[J].编辑学报,2015,27(4):334.
[5] 陈桂芳.编辑如何利用参考文献初步鉴审科技论文[J].科技传播,2016,8(14):49.
[6] 陈海燕.《信息与文献参考文献著录规则》(GB/T 7714—2015)部分条款解读[J].中国科技期刊研究,2016,27(3):1.
[7] 达海莉,李晓瑞,周慧,等.科技期刊参考文献著录常见问题解析[J].宁夏农林科技,2018,59(11):26.
[8] 于学玲,阎明凡.科技期刊编辑要善于发现参考文献的隐蔽性差错[J].编辑学报,2014,26(2):132.
[9] 丁绿芳,孙高霞,王兴会,等.国际化背景下中文科技期刊参考文献英文对照的正确著录[J].编辑学报,2015,27(1):44.
[10] 陈丽萍,周英智.科技期刊中"近年来"后引用参考文献的老化规律:以化学学科为例[J].中国科技期刊研究,2016,27(12):1263.
[11] 朱红梅,张大志,孙宇航,等.高影响力医学期刊参考文献引用错误分析[J].中国科技期刊研究,2012,23(2):243.
[12] 王立宏,赵清.不合理引用参考文献问题解决途径探析[J].农业图书情报学刊,2009,21(4):52.
[13] 王媛媛.出版类期刊参考文献著录常见不规范问题分析[J].编辑学报,2018,30(2):148.
[14] 王淑华,柏贵喜.清代服饰三蓝绣基因图谱研究[J].丝绸,2019,56(1):87.
[15] 朱聪聪,左保齐.预拉伸对不同盐质量分数再生丝素膜的影响[J].丝绸,2019,56(1):1.
[16] 信息与文献参考文献著录规则:GB/T 7714—2015[S].北京:中国标准出版社,2015.

从编辑角度优化科技论文题名的策略

李小丽，周洪光，于　洋，张　伟

(海军大连舰艇学院教研保障中心编辑部，辽宁　大连 116018)

摘要： 针对科技论文题名不符合刊用的特点，从编辑角度阐明优化科技论文题名的方法。从优化题名应遵循的原则入手，讨论了科技论文优选题名的常用方法，并提出了具体的优化策略。对加强论文题名规范性，提高科技论文质量有一定参考意义。

关键词： 学术论文；题名；内容信息；编辑加工

撰写一篇高质量的科技论文，要能够正确而恰当地拟定题名。首先，作者要明确题名撰写的要求，明确了要求，就比较容易选定一个既有学术价值，又适合个人研究能力，且较有成果把握的题名。选择一个合适的研究主题和方向将是科技论文成功的一半，还可以进一步发挥科研工作者的工作潜能，最大限度创造优质科研成果。对于编辑而言，非常希望收到高质量、选题创新的投稿，然而部分论文投稿时，就因为选题题名不符合要求，就被退稿。因此，从编辑的角度阐述论文题名相关优化方法，对提高科技论文质量和录用率发挥积极的指导作用。

1　科技论文题名的特点

科技论文是研究人员提供给学术性期刊发表的学术论文，主要报道科学技术研究成果的主要内容和进展，展示科学技术的创新水平，具有较强的专业性和学术性。科技论文的题名，俗称问题、题目(或总标题)，是论文的总纲，是能反映给读者和编辑的第一个总要信息[1]。题名应符合修辞语法，语序合理，具有严谨的逻辑性且精练，题名还必须有利于关键词的选定、摘要的撰写、编制题录和索引等。

科技论文的题名对于科技论文讲，题名具有重要提示作用，它能反映论文的具体研究内容，论文所能解决的问题以及研究价值和结论等信息，一个好的题名是对论文的高度概括，因此应选用最简明、最恰当的词语反映论文最主要的内容。从编辑的角度看，一个新颖的题名是论文的重点，它一定程度地决定着编辑及审稿专家对论文的关注度及兴趣。题名准确、鲜明、生动、富有吸引力，才能使编辑的对论文的全文内容产生兴趣，进而阅读全文，同时读者在阅读科技学术论文时，首先关注到的也是题名，高质量的题名能准确反映论文的主题内容，才会使读者对论文进行特别关注。这就需要编辑对科技论文的题名进行分析，根据编辑加工规范要求，把论文题名编辑加工优化成结构合理，满足规范要求的题名。

2　优化题名应遵循的原则

撰写科技论文，首先要明确论文的写作目的，即解决"我要写什么"的问题，根据目的确定论文的题名。科技论文题名的确定是科技论文写作最重要、最关键的步骤，作者需要通过对本专业知识的了解，并在科学实验的基础上进一步综合分析一些问题和现象，进而总结和创新结论。然后,作者选择当前需要解决的科学技术问题或需要攻克的科学技术难关,初步拟订一个方案,就所针对的问题进行研究。并在此基础上通过阅读大量与此问题相关的文献资料和已有的研究成果,进行积极思维,将问题研究引向纵深,对原有的论点提出新的补充和修改意见,使其更加完善和严谨,最终确定自己论文的题名。

从编辑角度讲,责任编辑可以通过题名归属论文的所属期刊栏目,也可以通过题名在初审中判断出论述是否符合本期刊出版的范围,该期刊栏目是否可以接纳作者的投稿,从而给作者一个准确而直接的答复。因此,论文题名的优化需要遵循3个方面的原则。

2.1 创新性原则

创新性是判定科技论文有无学术价值的一条根本性原则。创造性原则包含2层含义:一是论文选题的先进性和新颖性;二是论文选题的独创性和突破性。如论文的选题既没有新观点,新角度和新论据,也就谈不到学术价值[2]。具有创新性题名的论文一定有其学术价值。作者要在同样的论据、论点启发下,产生联想,善于思索,从新角度归纳和分析,撰写具有新意的题名。创新性题名要将新的研究成果和信息体现在题名中,如优化加工题名时,综述性论文应重点突出理论研究上的新观点,应用研究方面的论文应突出实践中的新技术和新方法。编辑加工后,论文题题名的新的观点、范围和深度就要充分表达出来,吸引受众的注意力。

2.2 标准性原则

科技论文的题名首先要符合编辑出版专业的要求和规范,达到出版标准。科技论文题名要根据题名所揭示主题思想和主要内容,提炼出的题名一般以不超过20字为宜,英文题名一般要求不超过12个实词或100个书写符号(包括间隔在内)。论文题名应言简意明,题名所反映的问题与文中论述的论点在同一层次上,与文中的问题也要具有相关性,不要偏离主题。论文题名通常是一个以名词词组为结构的偏正短语,用词要严谨规范,要结构合理,语序适当,用词准确,才能达到撰写题名的标准性要求。论文题名一般不宜使用标点符号,特别要注意一些未被公认的或不熟悉的缩略词,代号和公式不应出现在题目中。同时,论文题名,选词准确,还要实用且具体,有助于提供检索的特定信息、利于提高论文被引频次及影响因子[3],还有助于启迪科技工作者对论文的阅读兴趣。

2.3 科学性原则

科学性原则是科技论文必须具有科学的客观根据和理论根据,科学性原则包含2层含义:一是实事求是,以正确地反映客观事物客观规律为基础;二是符合论文写作规律,论点客观正确。科学研究的选题题名要根据现实和理论中存在的问题进行选择。首先,要选择具有鲜明科学性的问题,在各个学科领域需要尽快解决的问题。如当前科学领域发展过程中的课题。科技论文还要选择能够填补本领域研究空白的课题,有利于传递科技信息,利于交流和研究。由于科学发展的不平衡性,在许多学科的科学研究也有不平衡性。有些领域,一些基础研究已经相当深入和完善,但有些交叉学科还有大量问题没有解决,如一些特殊时期出现新的问题,一般情况对这些方面的研究甚少。如多媒体技术在课程中的应用,新的远程在线技术手段在教学中的应用等。从科学发展的全局看,只要是有利于社会发展、科学发展的空白研究,无论大小问题,都可以成为科学选题的对象,从而进一步加以研究。

3 科技论文题名优化的策略

从编辑的角度讲,希望所有的选题都能顺利通过责任编辑初审,而大部分论文在栏目选题初审的过程中就退稿，因此在提高作者撰写题名的规范意识的基础上，编辑通过和作者沟通，适当优化加工题名是生成高质量论文的关键。

3.1 以新的角度勤于思索，提升题名的创新性

科技论文题名是否具有创新性是判断科技论文成功与否，质量好坏，有无价值的重要标准。所谓创新就是在作者在论文中表达出了自己的新论据、新论证和新观点，而不是相关文献中已有的阐述。有了较为新颖的论点，论文就有了论述的价值，能引起受众的关注。提升论文选题题名的创新性需要注意三个方面。

一是从论点、论文所引用资料直至论证技术方法全是新的。这种选题题名价值较高，影响深刻，但撰写难度大。选择此类题名要以新的论证材料论证旧的课题，从而提出新的或部分新的论点和看法。如中国科技期刊的发展环境，当前可以论述大数据背景下中国科技期刊的发展环境，以及疫情期间中国科技期刊的发展环境等题名都是可以新的角度进行阐述的具有创新性的题名。又如思想政治教育这个题材，是前些年研究的"热点"问题，已经出了大量的研究成果。当前，根据新的改革形势的发展，思想政治教育选题可以围绕课程思政工作的角度进行研究，提炼出相关课程思政教学改革的选题题名。二是以新的角度或新的研究方法重做已有的选题，从而得出全部或部分新观点，如同样是思想政治课这个选题，有的作者针对近几年单位改革和编制体制调整，和整体结构发生变化的情况，分析论证了相关基础课程的课程思政研究有关方面的选题，探索思想政治课的方法和措施在基础课中的应用，从而提炼出新的内容。三是针对当前科研领域的发展，对现有的观点、材料、研究方法提出进一步质疑，补充相关新的论证，提出有说服性的结论，启发人们重新思考问题。从编辑的角度看，作者能按照其中的一点进行分析并整理题名，就可以认为论文具有创新性。编辑首先要通读来稿，了解了作者领域的研究范围，判断全文论据内容是否与题名提出的论点相关，文中是否提出问题，并根据事物的变化和发展分析了问题，进一步提出了新的解决问题的办法，从而鲜明、准确地概括论文主题内容，拟定出具有创新性并引人注目的题名。

3.2 按照编辑规范要求，提升题名的规范性

把握题名撰写"标准性"原则，对优化加工题名中出现的语法问题有很大作用。从编辑的角度，首先，编辑要判断论文题名是否符合汉语语法和修辞的要求，词语搭配是否得当，并适当地将题名编辑加工成以名词为中心的偏正结构的题名。其次，编辑要分析题名中出现的重复、多余或残缺的成分，将题名编辑加工为表述准确得体、简洁的题名，如题名中的浅析、论、研究、分析、关于等词语均可删除。最后，编辑要分析题名中不符合专业范围的学术用语和专业词汇，需要删除题名中不符合学术规范的用语。从编辑的角度看，编辑应将题名的一般要求和文字要求以书面修改意见的形式与作者沟通，要求作者先按照要求进行修改，修回后，再进一步优化[4]。

3.3 注意选题的科学性，提升题名的现实意义

作者撰写的现实意义的题名，应与作者自身科研领域密切相关，反映作者自身科研领域的重点和热点，理论联系实际，着重探究事物发展的客观规律，在了解和认识这些规律后，结合实践，找到与论文题名相关的并可以解决问题的论据，提炼出和自身专业相关的论文的题名。选择现实性较强的题名，要注重其使用价值，要有普遍性意义，进而进行理论和综合分析，使提炼出的题名从个别性上升到一般性。如对历史问题、基础理论问题、外国军事问题等的相关研究，与这些问题相关的题名对该研究领域的相关问题都具有实际应用价值，从

事物发展的眼光看,这些题名能够表示某种趋势,或对现实有借鉴作用。如我国数学教育的现状及应对措施,外国学者对中国历史的研究等,从题名中都能体现出论文的实际作用。

从编辑的角度看,具有现实意义科技论文题名的撰写,一是与科研发展建设相关的问题,这类问题关系事物的发展方向中存在的现实问题,也应是科研人员日常关注的热点,因而才能具有现实意义,对自身科研领域做出贡献。二是存在的现实问题虽不是全局性的,确是科研工作者关有疑虑的需要进行理论探讨和解答的问题,才能对改善某种不好现象,提出对应的策略。三是虽然题名具体但不能引起广泛重视,却能解决一定的倾向问题。总的来说,现实意义的题名需要作者用理论观点分析、发现其中的普遍性和现实性,从而撰写具有现实意义的题名。

3.4 注意选题的范围,提升题名的针对性

把握"适中"的原则对优化题名很重要。许多人在选择科技论文题名时,想通过论文的写作,将自己几年来的学习,研究所得充分地反映出来。因此,着眼于一些学术价值较高,角度较新,内容新奇的题名。但相应的难度也会很大,有可能超出作者所能承担的范围,容易半途而废。因此,选题时要量力而行,题名难易要适中[5]。

从编辑的角度看,撰写大小适度的科技论文题名,一是充分估计作者自身的知识储备情况和自身专业特长,客观分析和估计作者的理论基础和分析概括能力。如作者有较强的知识理论素养和专业能力,分析问题和解决问题的能力,以及论文写作经验,那就可以选择难度大一些,内容复杂的题名,有利益于锻炼自己,增长才干;如果作者在某一方面有较深的钻研,那么题目就应定的难度小一些,便于集中力量抓住重点。二是选题要深入细致,题名的大小要适度。一般来说,题名易小不易大,易窄不易宽。题名太大把握不住,容易泛泛而论。因为大题名需要掌握大量的材料,要有全局性和综合性的调查研究资料。选定小的题名,有2种方式:一是直接选个小的题名;二是在大的题名中选定小的论证角度,如有 3 个题名《青年编辑素质培养》《青年编辑专业素质培养》《军事学期刊青年编辑专业素质培塑探究》,第 1 个题名显然太大,编辑素质包含的内容十分广泛有人文素质、法律素质、业务素质等。第 2 个题名比第 1 个题名小一些,但编辑队伍包含的种类仍很多,作为学术论文概括不全面。第 3 个题名从军事学期刊抓住了期刊的属性,显得角度小,针对性强,容易抓住特点深入研究。

4 结束语

作为一名期刊编辑,不仅要掌握题名编辑加工的原则和策略,还要不断提升自身业务素质,还需要具备有效判断论文题名的有效性和逻辑性的编辑加工能力。从编辑的角度看,科技论文题名的加工是普及与提高的相辅相成的关系。普及是相对于提高而言的,从编辑的角度对相关选题题名的要求进行普及,帮助作者对题名进行优化,使论文题名真正突出主题,对于提高科技论文质量有一定参考意义。

参 考 文 献

[1] 陈浩元.科技书刊标准化 18 讲[M].北京:北京师范大学出版社,2000:59-60.
[2] 武英耀.学术论文题名常见问题及其修改[J].太原理工大学学报(社会科学版),2010,28(4):88-90.
[3] 吴红光,陈道斌.科技论文题名的信息构成及语言表述[J].编辑学报,2003,15(6):12-15.
[4] 李兴昌.科技论文德规范-写作与编辑[S].2 版.北京:清华大学出版社,2016:17-21.
[5] 科学技术报告、学位论文和学术论文的编写:GB 7713-87[S].

医学科技期刊封面和目次页编排问题分析

龚 杰，舒 畅

(杭州医学院，浙江 杭州 310013)

摘要：针对目前医学科技期刊封面和目次页编排存在的问题，根据期刊的有关国家规定和标准对66种国内公开发行的医学科技期刊的封面和目次页进行调查。结果显示，66种期刊有52种出现错误，占总数的78.8%。封面中常见的问题包括刊名常使用不规范汉字(24.2%)、拼音标注分节错误(16.7%)；中国标准连续出版物号和条码标注位置错误(各占15.2%)等；目次页中存在缺项(24.2%)、目次页编入正文编码(12.1%)和目次页与正文不符(18.2%)等问题。这些问题应引起编辑部和管理部门的重视。

关键词：封面；目次页；医学科技期刊

截至2018年底，我国科技期刊共4973种，其中医学科技期刊共1128种，占22.68%[1]。医学科技期刊作为反映国家医学创新的窗口，在推动我国医学事业发展中起到非常重要的作用。期刊的封面和目次页虽然只有寥寥几页，但是却承载着关于期刊的重要信息，是期刊的重要组成部分，也是作者和读者获取期刊信息的主要载体。随着媒体信息化的飞速发展，受到内容为王的导向思潮的影响，很多期刊编辑对封面和目次页的编排越来越不重视。为了解医学科技期刊封面和目次页的编排现状，进一步促进其规范化，本文对国内公开出版发行的66种医学类科技期刊进行调查，分析其存在的问题。

1 调查对象与内容

1.1 调查对象

在浙江省图书馆随机选择66种中文医学科技期刊，以2018年全年出版的刊物为统计样本。所选择的期刊主管、主办和出版单位分布总体上较为分散，出版周期以月刊和双月刊为主，与《中国科技期刊发展蓝皮书(2019)》相符。

1.2 调查项目

封面：a 刊名；b 出版年、卷号和期号；c 主办者；d 出版者；e 中国标准连续出版物号；f 条码。

目次页：a 目次页版头要素；b 目次页是否编入正文编码；c 中英文目次与正文是否相符；d 英文目次拼写是否正确。

1.3 参照的国家标准

(1) GB/T 3179—2009 期刊编排格式；

通信作者：舒 畅，E-mail: gjlczz@126.com

(2) GB/T 9999—2001 中国标准连续出版物号；
(3) GB 3259—92 中文书刊名称汉语拼音拼写法；
(4) GB/T 13417—2009 期刊目次表；
(5) 出版物汉字使用管理规定。

2 存在的问题

本次调查的 66 种医学科技期刊中，有 52 种期刊封面和目次页存在问题，占总数的 78.8%。现举例分析如下。

2.1 封面

2.1.1 刊名

根据《期刊编排格式》[2]和《出版物汉字使用管理规定》[3]的相关规定，刊名必须使用规范汉字；《中文书刊名称汉语拼音拼写法》[4]要求，国内出版的中文书刊应在封面，或封底，或扉页，或版权页上加注汉语拼音书刊名。

抽查发现刊名存在的问题主要包括：刊名使用繁体字或错别字、未标注汉语拼音、拼音标注分节错误。在本次抽查的 66 种期刊中，《中国医院》《心血管病学进展》和《颈腰痛杂志》等 15 种期刊刊名使用了繁体字，占总数的 22.7%，另外还有 1 种期刊刊名出现错别字；《中华老年心脑血管病杂志》《护理与康复》和《心电与循环》等 11 种期刊刊名的汉语拼音分节错误，占 16.7%。

图 1 《中国康复》2018 年第 4 期的刊名

例 1 图 1 中，《中国康复》2018 年第 4 期刊名中"国"出现错误，这是一个低级错误，但该错误仅出现在 2018 年第 4 期上，可见该错误应是编辑疏忽造成的，有时候越是明显的错误，越不容易发现，校对还需要更仔细和认真。

例 2 根据《中文书刊名称汉语拼音拼写法》的要求，四音节以上表示一个整体概念的名称按词分开，《浙江医学》全年刊名的汉语拼音写成"ZHE JIANG YI XUE"，这是按字分节，正确写法应是"ZHEJIANG YIXUE"。

2.1.2 年、卷、期号及主办者标示不清

年、卷、期号和主办者是期刊的重要标志，也是封面中仅次于刊名的重要信息。《期刊编排格式》[5]要求期刊封面必须有出版年、期号和主办者。在本次统计的期刊中，基本上所有期刊都有年份标识，但《浙江医学教育》《糖尿病新世界》和《糖尿病天地》全年的封面没有标注明确的期号，占总数的 4.5%。另外，《中国美容医学》《中华男科学杂志》和《中国卫生事业管理》等 21 种期刊封面不标、少标或错标期刊的主办者，占总数的 31.8%。

例 3 图 2 中，《中国卫生事业管理》的主办单位和主管单位均为四川省卫生和计划生育

委员会，但该刊全年的封面上两者均未写明。

2.1.3 书脊错误

《期刊编排格式》规定，当书脊厚度≥5 mm 时应设计书脊；若期刊厚度<5 mm 或其他原因不能印上书脊时，可在紧挨书脊边缘不大于 15 mm 处印刷。在抽查的 66 种期刊中，《卫生经济研究》《口岸卫生控制》和《健康人生》等 5 种期刊全年均未印刷书脊或书脊印刷错误，占总数的 7.6%。

例 4 《口岸卫生杂志》的书脊厚度超过 5 mm，应设计书脊，但该刊全年均未印刷书脊，今后在编辑出版时应注意书脊的印刷。

图 2 《中国卫生事业管理》2018 年第 5 期的封面　　图 3 《中国健康心理学杂志》2018 年第 10 期的书脊

例 5 图 3 中，《中国健康心理学杂志》虽然按规定印刷了书脊，但全年的年份均显示为"二〇一八"，其中"0"是阿拉伯数字，建议字体统一，改为"二〇一八"。

2.1.4 中国标准连续出版物号和 ISSN 条码标注错误

ISSN 号与 CN 号可以分开印刷，也可以一起印刷。当一起印刷时，中国连续出版物号应印刷在封一右上角或封四下方；当分开印刷时，ISSN 号应印刷在封一右上角、版权页或目次页，CN 号应印刷在版权页、目次页或封四下方[5]。

此次调查中，《家庭医生报》《健康之家》和《浙江创伤外科》等 11 种期刊全年均未标注中国标准连续出版物号，占总数的 16.7%；《养生保健指南》《心血管康复医学杂志》和《劳动保护》等 10 种期刊印刷格式错误，占总数的 15.2%，《心血管康复医学杂志》《浙江医学教育》和《卫生经济研究》等 10 种期刊印刷位置错误，占总数的 15.2%。

例 6 图 4 中，《卫生经济研究》全年均将中国连续出版物号印在封面右下角，印刷位置错误，且 ISSN 号与 CN 号之间未用长横线隔开。此外，该封面还存在诸多错误，例如刊名使用繁体字、未标注具体的卷、期号以及主办者标注不清等。

凡在中国注册并获准使用 ISSN 号(国际标准连续出版物号)的期刊，必须办理和使用条码。科技期刊的条码由主码(13 个数字)和附加码(2 个数字)组成，主码由前缀码(977)、数据码(ISSN 前 7 位)、年份码和校验码等 4 个部分组成。条码优选的印刷位置在封面左下角，也可以根据需要印刷在封四右下角，条码符号条的方向应与装订线平行或垂直[5]。在本次调查的 66 种期刊中，《护理与康复》《中国卫生》和《宁波大学学报(理工版)》等 10 种期刊全年的条码印刷位置错误，占总数的 15.2%；《心电与循环》《按摩与康复医学》和《肿瘤学杂志》等 15 种期刊全年均存在条码错误的现象,占总数的 22.7%,大部分为年份码错误。

例 7 《中国高原医学与生物学杂志》全年的封一和封四均未见条码。

例 8 《浙江海洋大学学报》全年的条码著录位置有误,应该著录在封一左下角或封四右下角,而该刊著录在封四左下角。

图 4 《卫生经济研究》2018 年第 1 期封面　　图 5 《浙江临床医学》2018 年第 2 期的封面

例 9 图 5 中,《浙江临床医学》的条码有误,根据第 11 和第 12 位的年份码可以看出,该条码是 2011 年的,而我们抽查的是 2018 年的期刊。

2.2 目次页和版权页

根据《期刊编排格式》[2]和《期刊目次表》[6]规定,期刊的目次页包括目次页版头和目次表。版权页应标明刊名、卷号、期号和出版年、月(半月刊、旬刊、周刊还应标明"日")。目次表的表题为"目次",在"目次"字样下方编排目次表,目次表应包含所有文章的标题、著者姓名和页码。根据《中国标准连续出版物号》[5]规定,ISSN 号应印刷在出版物的封面右上角、题名页、刊头、版权页或目次页和封四下方,CN 号应固定印刷在期刊版权页、封一和封四下方。

2.2.1 目次页缺项或错误

本次调查发现,共有 17 种期刊全年的目次页存在缺项的问题,占总数的 24.2%。其中《颈腰痛杂志》《中国糖尿病杂志》和《转化医学杂志》等 8 种期刊(12.1%)的目次页缺 ISSN 号或 CN 号,《中国医疗美容》《中国卫生》和《卫生经济研究》等 6 种期刊(9.1%)未标明卷期,《按摩与康复医学》《劳动保护》和《中国卫生》等 10 种期刊(15.2%)未标明出版时间。《口腔材料器械杂志》和《浙江医学教育》的主管单位早已更名为浙江省卫生和计划生育委员会,但是在其全年的目次页上依旧著录为浙江省卫生厅。

例 10 《浙江海洋大学学报》版头缺项,没有给出完整的期刊信息,只标注了刊名和出版年份,当读者在复印或者阅读目次时无法获得完整的期刊信息。

例 11 《浙江医学教育》2018 年的主管单位依然写成"浙江省卫生厅",而早在 2013 年浙江省卫生厅就已经更名为"浙江省卫生和计划生育委员会",可见 5 年来该刊主管单位的标注一直是错误的。

2.2.2 目次页编入正文编码

《期刊编排格式》[2]和《期刊目次表》[6]都规定，目次表应独立成页，不宜编入正文的连续编码。《卫生经济研究》《劳动保护》和《糖尿病天地》等 8 种期刊(12.1%)的目次页编入了正文编码。

2.2.3 目次页题名著录错误或与正文不符

根据《期刊目次表》[6]规定，目次表条目应与其对应的内容一致。在调查中，共 15 种期刊的目次页与正文不符或不互见，占总数的 22.7%，其中《协和医学杂志》《老年医学与保健》和《今日药学》等 10 种期刊的著录文章题目有缺失。

例 12　《国际输血与血液学杂志》全年的补白类消息未列入目次页。

2.2.4 英文目次拼写错误

66 种刊物中，《中华显微外科杂志》《中华医学教育探索杂志》和《转化医学杂志》等 5 种刊物的英文题目或作者名出现拼写错误，占总数的 7.6%。

例 13　《中国高原医学与生物学杂志》2018 年第 2 期英文目次中，将作者"金先革"写成"JING Xiange"，前鼻音写成了后鼻音，正确的写法应该是"JIN Xiange"。

3 思考与建议

期刊是特殊的文化产品，影响着人们的意识形态领域，而封面设计是期刊向进行品牌营销的一个重要渠道，也是与读者构建信息传达的视觉桥梁[7]。封面和目次页是刊物的重要组成部分，它们就好像饭店里的招牌与菜单，招牌吸引客人进门，菜单用来让客人挑选美食。封面就好像招牌，读者能从封面中获得期刊的关键信息；目次就好像菜单，能引导读者选中自己感兴趣的文章。因此，纸媒的封面和目次页的作用仍不容小觑。此次调查中发现，我国医学科技期刊封面的刊名、卷(期)号和 ISSN 号以及目次页均存在不同程度的不规范问题，且很多问题都贯穿全年，严重影响科技期刊的权威性和整体质量，究其原因主要是编辑部认识不足、管理不善和没有认真执行国家标准。

谈鹤玲和魏本力[8]分析了国内科技期刊封面编排上存在的问题，强调期刊封面编排应遵循国家标准，切实实现规范化。刘晓毅[9]分析了 31 种入选"名刊工程"的学报，也发现封面和目次存在不同程度的不规范问题，他认为这些问题严重影响了期刊形象，不利于编校质量的提高，要引起重视。本次调查 66 种医学类科技期刊的结果显示，封面中常见的错误有：刊名使用繁体字、拼音标注分节错误以及排版不规范；年、卷、期号标示不清；不注意书脊的设计；中国标准连续出版物号标注位置错误等。期刊的封面向读者提供期刊的基本属性、学术层次和编排特性。封面不规范不仅会降低期刊的翻阅率，还会给读者留下不认真、不严肃的印象，严重损害期刊的声誉和形象。

吴江洪[10]认为规范我国科技期刊目次页编排刻不容缓。本次调查结果显示，我国医学类科技期刊目次页仍存在缺项、目次页编入正文编码以及目次页与正文不互见等问题。《期刊编排格式》[2]和《期刊目次表》[6]都只说明目次页不宜编入正文的连续编码，因此目次页编入正文编码不能算错误。但是，考虑到现在许多科技期刊是按卷或年连续编排页码的，在装订合订本时，目次页常被剔除，如果目次页编入正文编码会带来诸多不便，因此笔者建议期刊尽量还是选择目次页独立编码。

我国医学科技期刊数量众多。据统计，医学科技期刊占我国科技期刊总数的 22.68%[1]，庞大的期刊数量表明这类刊物也拥有众多的读者群。医学期刊影响力是期刊得以生存和发展的根本保证，一些非学术细节做到准确规范，更能体现医学期刊编辑的严谨细致，从而真正赢得读者的尊重和信赖[11]。此次调查的 66 种医学期刊中，78.8%的期刊封面和目次页编排存在各种问题，有些甚至是低级错误。之所以出现这些现象，还是与编辑人员主观思想上重视不足有关。合格的封面和目次页编排并非难事，关键需要医学科技期刊编辑加强学习，提高认识，走出认为封面和目次页对期刊质量影响不大的思想误区。只有在思想上重视，认真学习和掌握有关国家标准和法令，以细致的编辑作风对待这项工作，才能减少或避免类似错误的发生，办出从内容到编排都让读者信服的精品期刊。

参 考 文 献

[1] 中国科学技术协会.中国科技期刊发展蓝皮书(2019)[M].北京:科学出版社,2019:5.
[2] 中华人民共和国国家质量监督检验检疫总局,中国国家标准化管理委员会.GB/T 3179—2009 期刊编排格式[S].北京:中国标准出版社,2009.
[3] 出版物汉字使用管理规定[M]//作者编辑常用标准及规范.北京:中国标准出版社,2015:111-112.
[4] 中华人民共和国国家标准.GB 3259—92 中文书刊名称汉语拼音拼写法[S].北京:中国标准出版社,1992.
[5] 中华人民共和国国家质量监督检验检疫总局.GB/T 9999—2001 中国标准连续出版物号[S].北京:中国标准出版社,2001.
[6] 中华人民共和国国家质量监督检验检疫总局,中国国家标准化管理委员会.期刊目次表:GB/T 13417—2009 [S].北京:中国标准出版社,2009.
[7] 张彤,恽海艳.学术期刊封面设计的品牌营销及影响力提升浅析[J].价值工程,2019,38(33):281-282.
[8] 谈鹤玲,魏本力.科技期刊封面编排规范的实证研究[J].中国科技期刊研究,2011,22(6):969-970.
[9] 刘晓毅."名刊工程"学报期刊封面编排现状调查及启示[J].邵阳学院学报(社会科学版),2018,17(1):112-116.
[10] 吴江洪.科技期刊目次表编排的规范化问题[J].中国科技期刊研究,2011,22(1):149-150.
[11] 石强,邰文,徐妍,等.提高医学科技期刊影响力的探讨[J].天津科技,2020,47(1):95-97.

文字叙述与引用图表的衔接方式

石红青

(中国林学会《林业科学》编辑部,北京 100091)

摘要:首先对期刊来稿中文字叙述与引用图表的各种常见衔接方式进行梳理、归纳、总结;其次比照国家标准、行业标准、编排规范,均未找到关于文字叙述与引用图表衔接方式方面的任何规定;再次对期刊来稿中常见的文字叙述与引用图表衔接的各种方式进行深入分析探讨;最后提出在完整句中使用"……(表×)"、"……(表×)……"、"……(图×)"、"……(图×)……",在不完整句中使用"……如表×所示"、"……如图×所示"的建议。

关键词:衔接方式;文字叙述;引用图表;期刊来稿

不同作者的素质、认知、理解和看法等存在一定差异,期刊来稿的表述格式不可能完全一致。从文学角度来看,保留各个作者不同的写作风格和表达习惯,能够使期刊看起来形式多样,不会那么呆板;但是从学术论文和期刊规范化角度来看,却要求表达格式统一规范。因此,国家对科学技术报告、学位论文和学术论文的编写格式或编写规则、期刊的编排规范等制定了统一标准,编辑出版人员需要根据国家标准、行业标准等对稿件进行审订和修改。在编辑加工过程中,往往会遇到稿件中文字叙述与引用图表的衔接方式不拘一格,而现有国家标准或行业标准均未对文字叙述与引用图表的衔接方式进行任何规定。在这种情况下,是否需要对文字叙述与引用图表的衔接方式进行规范化编辑加工?如果需要,那么依据又是什么?纵观现有文献资料,只有涉及表格和插图的设计制作[1]、编辑加工[2]、编排规范[3]等方面的研究成果,尚未见文字叙述与引用图表衔接方式方面的报道。鉴于此,本文以文字叙述与引用图表的衔接方式为例进行探讨,以期为广大编辑出版人员、论文作者和标准制定者提供参考。

1 来稿中常见的表述方式

在期刊来稿中,文字叙述与引用图表的衔接方式多种多样,可归纳以下几种类型。

1.1 在句子末尾

(1) 不加括号。时常可见在句子末尾处以不加括号的方式来表述文字叙述与引用图表的衔接关系,表达方式如:

1) ……如表 1 所示、……如图 1 所示;

2) ……见表 1 所示、……见图 1 所示;

基金项目:国家林业和草原局软科学项目(2020131003)

3) ……如表 1、……如图 1；
4) ……见表 1、……见图 1；
5) ……详见表 1、……详见图 1；
6) ……详见表 1 所示、……详见图 1 所示。

(2) 加括号。时常可见在句子末尾处以加括号的方式来表述文字叙述与引用图表的衔接关系，表达方式如：

1) ……(如表 1 所示)、……(如图 1 所示)；
2) ……(见表 1 所示)、……(见图 1 所示)；
3) ……(如表 1)、……(如图 1)；
4) ……(见表 1)、……(见图 1)；
5) ……(详见表 1)、……(详见图 1)；
6) ……(详见表 1 所示)、……(详见图 1 所示)；
7) ……(表 1)、……(图 1)。

1.2 在句子中间

时常可见在句子中间以加括号的方式来表述文字叙述与引用图表的衔接关系，表达方式如：

1) ……(如表 1 所示) ……、……(如图 1 所示)……；
2) ……(见表 1 所示) ……、……(见图 1 所示)……；
3) ……(如表 1) ……、……(如图 1) ……；
4) ……(见表 1) ……、……(见图 1) ……；
5) ……(详见表 1) ……、……(详见图 1) ……；
6) ……(详见表 1 所示) ……、……(详见图 1 所示) ……；
7) ……(表 1) ……、……(图 1)……。

1.3 在句子开头

时常可见在句子开头处以不加括号的方式来表述文字叙述与引用图表的衔接关系，表达方式如：

1) 如表 1 所示是(或为、系等) ……、如图 1 所示是(或为、系等) ……；
2) 表 1 所示的是(或为、系等) ……、图 1 所示是(或为、系等) ……；
3) 如表 1 是(或为、系等)……、如图 1 是(或为、系等) ……；
4) 表 1 是(或为、系等) ……、图 1 是(或为、系等) ……；
5) 从表 1 可以看出……、从图 1 可以看出……；
6) 根据表 1 所示的……、根据图 1 所示的……；
7) 根据表 1 提供的……、根据图 1 提供的……。

1.4 在句子末尾出现、在下句开头重复

时常可见在句子末尾出现、在下句开头以重复的方式来表述文字叙述与引用图表的衔接关系，其表达方式如：

1) "……如表 1 所示。从表 1 可以看出……"、"……如图 1 所示。从图 1 可以看出……"；
2) "……见表 1 所示。从表 1 可以看出……"、"……见图 1 所示。从图 1 可以看出……"；
3) "……如表 1。从表 1 可以看出"、"……如图 1。从图 1 可以看出……"；

4) "……见表1。从表1可以看出"、"……见图1。从图1可以看出……";
5) "……详见表1。从表1可以看出"、"……详见图1。从图1可以看出……";
6) "……详见表1所示。从表1可以看出"、"……详见图1所示。从图1可以看出……"。
7) "……(如表1所示)。从表1可以看出……"、"……(如图1所示)。从图1可以看出……";
8) "……(见表1所示)。从表1可以看出"、"……(见图1所示)。从图1可以看出……";
9) "……(如表1)。从表1可以看出"、"……(如图1)。从图1可以看出……";
10) "……(见表1)。从表1可以看出"、"……(见图1)。从图1可以看出……";
11) "……(详见表1)。从表1可以看出"、"……(详见图1)。从图1可以看出……";
12) "……(详见表1所示)。从表1可以看出"、"……(详见图1所示)。从图1可以看出……";
13) "……(表1)。从表1可以看出……"、"……(图1)。从图1可以看出……"。

2 国家标准、行业标准以及相关规定

文字叙述与引用图表的衔接方式如此之多，到底哪种表述方式更科学、更规范？这就首先需要了解国家标准、行业标准以及相关规范中对文中插图、表格制作以及文字叙述与引用图表的衔接方式都有哪些规定。

通过查阅国家标准 GB 7713—87《科学技术报告、学位论文和学术论文的编写格式》[4]、GB/T 7713.3—2009《科技报告编写规则》[5]、GB/T 7713.1—2006《学位论文编写规则》[6]、行业标准 LY/T 2019—2012《林业科技期刊编排规范》[7]、《中国高等学校自然科学学报编排规范》[8]、《中国高等学校社会科学学报编排规范》[9]对文章图表所做的规定发现，其仅对正文中图表的设计、内容、序号、题名、说明及其编排位置等进行了规定，未对文字叙述与引用图表的衔接方式进行规定。此外，《中国学术期刊(光盘版)检索与评价数据规范》[10]也未对文中的插图、表格提出任何规定。

3 文字叙述与引用图表衔接方式的思考

期刊来稿中，文字叙述与引用图表的衔接方式多种多样。在编辑加工稿件时，自然而然就会遇到一个问题：是否需要对文字叙述与引用图表的衔接方式进行规范化处理？要以哪种形式为准进行处理？由于没有统一的标准格式可供参考，只能凭编辑人员自己的认知来处理这个问题，所以在已发表文献中，还不时可见文字叙述与引用图表的衔接方式多种多样。为了使科学技术文献的表达格式能够达到简洁、科学、规范、统一，有必要对文字叙述与引用图表的衔接方式进行探讨。

3.1 使用"如"比使用"见"更贴切

综观"见"的意思，在文字叙述与引用图表衔接方式中的"见"，其意思最可能的是"(文字、数据等)出现在某处，可参考"。这样，表达方式"……见表(或图)×"、"……详见表(或图)×"、"……见表(或图)×所示"、"……详见表(或图)×所示"即为"……可参考表(或图)×"、"……详细可参考表(或图)×"、"……可参考表(或图)×所示"、"……详细可参考表(或图)×所示"。即，相关的文字、数据等制作成图表，可以参考某图表。如果确实想用"见"，也必须删去后面的"所示"，只能用"见表(或图)×"。

综观"如"的意思，在文字叙述与引用图表衔接方式中的"如"，其意思最可能的是"像、相似、同什么一样"。这样，表达方式"……如表(或图)×"、"……详如表(或图)×"、"……如表

(或图)×所示"、"……详如表(或图)×所示"即为"……同表(或图)×一样"、"……详同表(或图)×一样"、"……同表(或图)×所示一样"、"……详细同表(或图)×所示一样"。即，试验设计、测定数据、计算结果等具体的详细情况，就像某图表那样。

不管是反映试验研究的设计或结构的图表，还是反映调查测定统计的数据结果或动态结构的图表，都应该是学术论文不可缺少的重要组成部分，而不是可有可无、仅供参考的内容。所以，使用"如"比使用"见"更贴切。

3.2 加上"详"字犹如画蛇添足

在文字叙述与引用图表衔接方式中"详见……"或"详如……"中"详"的释义为"详细"。比如研究方法的文字叙述，没有给出正交试验设计中各种肥料施用量、间伐强度的具体数值，只交待是采用正交试验设计，而 3 种不同肥料施用量、3 种不同间伐强度的具体设计值被列在表格中，所以文字叙述为"为了研究肥料施用量、间伐强度及其交互作用而采用正交表进行试验设计，小区随机排列，3 次重复，试验设计的具体情况如表 1 所示。如果加上"详"字(试验设计的具体情况详如表×所示)，让人感觉很别扭，所以这个"详"字就是多余的，加上它犹如画蛇添足。

3.3 括号内加"如""见""所示"实为多此一举

科学论文写作应该是结构科学、措辞准确、表达精炼，所以，在用简单、精炼的措辞结构就能够表述清楚的情况下完全没有必要用多词汇的复杂结构。例如，"多因素交互作用方差分析结果(表×)表明：……"或"多因素交互作用方差分析结果表明：……不同施肥量间具有显著差异，其中施用复合肥 1.50 kg/株与不施肥对照间的差异达到极显著水平(表×)"。方差分析结果全部列在表格中，文字叙述中没有重复表达方差分析的具体数值。在这种情况下，无论是使用"(如表×)"或"(见表×)"，还是使用"(如表×所示)"或"(见表×所示)"，都不如使用"(表×)"精炼简洁。

3.4 使用"从图(或表)×中可以看出"造成本末倒置

"从图(或表)×中可以看出"是对图(或表)进行详细解释的表达方式，适用于工业设计、工程设计等图(或表)补充说明的表达。学术论文是记录以科学数据、文献资料等为论据对论点进行论证的过程。学术论文的论证过程与设计图表的解释说明，表达方式最显著的差异在于：学术论文需要用图(或表)等作为论据来证明某观点正确，图(或表)虽然是论证的重要论据材料，也是论文的重要组成部分，但其依然不是论文最核心的内容，仅是论证的论据，不能把图(或表)作为某段落的核心并对其进行详细的解释说明。可见，采用"从图(或表)×中可以看出，"的表达方式，就是把图(或表)作为某段落的核心并对其进行详细的解释说明。这样就喧宾夺主本末倒置了。

"从图(或表)×中可以看出"确实是专家学者在进行学术报告时表达能够证明某观点正确的主要证据来源常用口头语，因为在进行口述报告时不能把书面语中的(图×或表×)念成"括号、表×或图×、反括号"，更为重要的是要把听众的注意力及时地引导到相关的图(或表)上去。而期刊来稿必须完全使用书面语来表达，也不宜使用口头语来表达。

类似的表达方式还有"图(或表)×表明……"、"图(或表)×说明……"、"从图(或表)×看出……"等。

4 文字叙述与引用图表衔接方式的建议

基于文字叙述与引用图表衔接方式的讨论结果，提出以下 2 个建议。

4.1 在完整句子中使用"(图×)或(表×)"

依据简洁、精练、科学、准确原则，建议在完整句子中使用"(图×)或(表×)"。

在文字叙述中首次引用表中数据的句末处使用"(表×)"来表达，在紧接着也引用表中数据的其他句子不再一一标注"(表×)"。例如，不同肥料的 F_a=0.005＜$F_{0.01}$=0.555(表×)，说明不同肥料对杉木胸径生长的影响具有极显著差异；不同间伐强度的 F_b=0.004＜$F_{0.05}$=0.505，说明不同间伐强度对杉木胸径生长的影响具有显著差异。

在文字叙述中首次出现能够体现表格内容处使用"(表×)"来表达，在之后紧接着的叙述中即使引用表中数据，均不再一一标注"(表×)"。例如，方差分析结果(表×)表明：不同肥料的 F_a=0.005＜$F_{0.01}$=0.555，说明不同肥料对杉木胸径生长的影响具有极显著差异；不同间伐强度的 F_b=0.004＜$F_{0.05}$=0.505，说明不同间伐强度对杉木胸径生长的影响具有显著差异。再如，根据林业局的调查统计资料(表×)，农户贷款造林意愿差异极大，具有高中文化的年轻人意愿最为强烈，初中文化年轻人次之，小学文化老年人基本上没有这方面意愿。

在文字叙述中首次出现能够体现插图内容处使用"(图×)"来表达，在之后紧接着的叙述中即使引用图中的变化趋势或特征规律，均不再一一标注"(图×)"。例如，根据中国知网提供的年度引证报告相关数据(图×)，近 10 年来《林业科学》的网络下载量呈现出直线上升发展趋势，被引频次虽然有所波动，但总的还是呈直线上升发展趋势，影响因子逐年稳步提升。

4.2 在不完整句子中使用"如图×所示"或"如表×所示"

具体的详细情况都在图表中，文字叙述没有重复表达表格或插图中的内容，仅简单地点到图或表的名称，而且需要在句末加上"如图×所示"或"如表×所示"句子才能够完整。在这种情况下，使用"如图×所示"或"如表×所示"较为合适。例如，多因素交互作用的正交试验设计如表×所示、生态文明评价指标体系如表×所示、交互循环作用机制如图×所示、方差分析结果如表×所示。

5 结束语

衔接是文章的有形网络，体现于文章的表层结构上。表达是将思维成果用语言反映出来的一种行为，表达方式则是由表达目的所决定的使用语言文字的手段。本文以文字叙述与引用图表的衔接方式为例进行探讨，提出在完整句中使用"……(表×)"、"……(表×) ……"、"……(图×)"、"……(图×) ……"，在不完整句中使用"……如表×所示"、"……如图×所示"的建议，旨在使科学技术文献的表达方式能够达到简洁、科学、规范、统一，为广大编辑出版人员、论文作者和标准制定者提供参考。

参 考 文 献

[1] 何明莉,李兴超,孙丽梅,等.科技期刊论文常用图表格式修改实效分析:以《北方果树》为例,探讨文章图表格式修改问题[J].编辑学报,2006,18(增刊 1):3-6.

[2] 于荣利,曹晖,朱丽娜,等.科技论文表格编辑加工[J].编辑学报,2010,22(增刊 2):41-43.

[3] 庞富祥.科技期刊版式美学研究[J].编辑学报,2001,13(2):67-69.

[4] 全国文献标技会第七分会.GB 7713—87 科学技术报告、学位论文和学术论文的编写格式[S].北京:中国标准出版社,1987.

[5] 中国科学技术信息研究所,中国国防科技信息中心,中华人民共和国科学技术部科技报告编写规则:GB/T 7713.3—2009 [S].北京:中国标准出版社,2009.

[6] 中国科学技术信息研究所,国务院学位委员会办公室.学位论文编写规则:GB/T7713.1—2006[S].北京:中国标准出版社,2006.

[7] 中国林学会林业科技期刊分会.林业科技期刊编排规范:LY/T2019—2012[S].北京:中国标准出版社,2012.

[8] 中国高等学校自然科学学报研究会.中国高等学校自然科学学报编排规范[S].北京:北京工业大学出版社,1993.

[9] 全国高等学校文科学报研究会学术委员会.中国高等学校社会科学学报编排规范[S].北京:教育部办公厅,1999.

[10] 中国学术期刊(光盘版)编辑委员会规范化工作组.中国学术期刊(光盘版)检索与评价数据规范[S].北京:中华人民共和国新闻出版署,1999.

中英文破折号、连接号在科技期刊中使用的若干问题

王雪莉,韩文超,刘朝阳,张雪琴,李在蓉,杜 娟,张 腾,关中原

(中国石油管道科技研究中心《油气储运》杂志社,河北 廊坊 065000)

摘要:为了明确新国标 GB/T 15834—2011 中规定的中文破折号、连接号的用法与英文破折号、连接号用法的区别与联系,对这两类符号在科技期刊中的用法进行了对比,介绍不同符号的输入方法,并探讨这类符号使用中的两个问题。结果表明:中文破折号与 EM DASH 的用法相似,中文一字线、浪纹线的用法等价于 EN DASH 的用法,中文短横线与 HYPHEN 的用法相似。明确了各类符号的正确输入方法,并针对国标的明确性、国际化提出建议,以规范期刊标准化出版。

关键词:破折号;连接号;中英文;科技期刊;GB/T 15834—2011;输入法;国际化

为了提高论文的国际化水平,很多科技期刊的论文都将摘要、关键词、参考文献进行了英文翻译。笔者在从事相关的英文校对工作时发现,在科技论文中中英文破折号、连接号的用法较混乱,由于这些符号外形相似,若不了解它们在中英文中的用法及差异,会导致论文中存在很多错用上述符号的情况。陈桂香等[1-4]对中英文标点符号的差异进行了分析,其中包括破折号、连接号的用法,但叙述得较为简单;马奋华等[5]对中英文破折号、连接号的用法进行了比较,并提出了使用建议;李炳汝等[6-8]针对中文连接号标准中存在的问题进行了讨论,并提出了修订建议。上述研究均是基于 GB/T 15834—1995《标点符号用法》得到的,鉴于该标准的不完善之处,新版标准 GB/T 15834—2011 已发布并于 2012 年 6 月 1 日起开始实施。李学军等[9-13]对比了新旧标准中关于连接号的用法差异,新标准中取消了连接号中原有的二字线,将连接号的形式规范为短横线"-"、一字线"—"和浪纹线"～",更加简洁、规范。目前,还没有基于新标准的中英文连接号用法对比。针对中英文破折号、连接号用法的研究论文较多,但对于每种符号的正确输入方法并没有做明确介绍,导致各个期刊在使用这类符号时存在不一致,甚至错误输入的情况。因此,有必要对各类符号的用法、输入法进行梳理,并针对这类符号使用中的问题进行讨论,以期规范中英文破折号、连接号的使用。

1 用法比较

1.1 中文符号
1.1.1 国标规定

根据 GB/T 15834—2011 中的最新规定,中文破折号的用法是标示语段中某些成分的注释、补充说明或语音、意义的变化[14],其形式是"——"。破折号的用法较多,在科技论文中出现的主要用法有:①常用于副标题之前;②标示注释内容或补充说明。

例 1　决胜全面建成小康社会 夺取新时代中国特色社会主义伟大胜利——在中国共产党第十九次全国代表大会上的报告

例 2　物流领域的"JIT"——越库调度

一字线用于标示相关项目(时间、地域等)的起止[14]，浪纹线用于标示数值范围(由阿拉伯数字或汉字数字构成)的起止。短横线的用法较多，具体如下：①化合物的名称或表格、插图的编号；②连接号码，包括门牌号码、电话号码等；③在复合名词中起连接作用；④某些产品的名称和型号；⑤汉语拼音、外来语内部的分合。

例 3　2006—2016 年，每千米管道失效频率从 0.87 次降至 0.35 次。

例 4　动力黏度为 $1.0×10^2$～$1.0×10^4$ mPa·s。

例 5　中泰 PC6325-A 数据采集卡

1.1.2　输入法

1 个中文汉字(包括中文标点)以 2 个字节为单位，1 个英文字母(包括英文标点)以 1 个字节为单位。破折号俗称"二字线"[1]，本身由 2 个全角字符组成，占 4 个字节，所以它只能由两个"—"组成。其输入方法是，在中文输入法下按"shift+-"即可输入破折号，但可能输入的破折号中间会有空格，通过更改中文字体可消除空格。一字线的形式是"—"，为破折号长度的一半，在中文输入法下输入破折号，然后删掉破折号中的一半即可得到。浪纹线的形式是"～"，该符号在全角输入时占一个字的位置，在半角输入时占半个字的位置[10]，在 GB/T 15834—2011 中提供的形式是全角输入样式，而且全角输入样式更美观，故推荐采用全角输入浪纹线。

在 GB/T 15834—1995 中提到的连接号除了一字线、浪纹线、长横线外，第四种是半字线，占半个字的位置；在 GB/T 15834—2011 中除了一字线、浪纹线外，第 3 种连接线叫短横线，其长度比半字线短。李学军[9]认为"新标准将半字线表述为短横线"，如果仅从字长看半字线与短横线二者并不等价，但实际应用表明此两者一致，这也反映出新标准中短横线标示形式的不明确。对此，无论期刊使用哪种形式的短横线，都要做到全刊统一。短横线的输入方法是直接按键盘上"0"与"="中间的键即可，半字线还需选中短横线并将其修改为中文字体才可得到(本文均采用短横线输入形式)。

1.1.3　用法总结

为了更好地掌握各类中文符号的用法，对中文破折号和连接号的用法、输入法进行对比、总结(见表 1)，从而指导实际编辑工作。

1.2　英文符号

1.2.1　用法规定

在英文中，破折号为 EM DASH(—)，连接号为 EN DASH(–)，连字号为 HYPHEN(-)[5]。每种符号都有多种用法，现仅介绍科技论文中常用的用法[15-16]。

(1) HYPHEN 的主要用法如下：①用于复合词；②用于分隔数字或字母；③用于排版时连接因断行而被打断的单词。

例 6　long-distance pipeline　　multi-component gas

例 7　1-800-621-2376

例 8　Under the alternating loads of intensive injection and produc-
　　　tion, rocks will be damaged.

表 1 中文破折号、连接号的用法与 Word 输入法

符号类型	使用场合	Word 输入法
破折号	①标示注释内容或补充说明；②标示插入语；③标示总结上文或提示下文；④标示话题的转换；⑤标示声音的延长；⑥标示话语的中断或间隔；⑦标示引出对话；⑧标示事项列举分承；⑨用于副标题之前；⑩用于引文、注文后，标示作者、出处或注释者	在中文输入法下按"shift+-"，若输入的破折号中间有空格，通过更改中文字体可消除空格
一字线	标示相关项目(如时间、地域等)的起止	在中文输入法下按"Shift+-"，然后删掉破折号中的一半
浪文线	标示数值范围(由阿拉伯数字或汉字数字构成)的起止	输入法切换到全角，按"Shift+~"即可输入
短横线	①化合物的名称或表格、插图的编号；②连接号码，包括门牌号码、电话号码，以及用阿拉伯数字表示年月日等；③在复合名词中起连接作用；④某些产品的名称和型号；⑤汉语拼音、外来语内部的分合	短横线：按键盘上"0"与"="中间的键 半字线：按键盘上"0"与"="中间的键，并选中得到的符号、修改为中文字体

(2) EN DASH 的主要用法如下：①相当于 to。其主要用于连接数字或单词，表示"到并包括"。②后面什么也不接，比如用于表示年代，若事件仍在进行中，EN DASH 后面不要加空格。③在复合型形容词中，如果其中一个或多个构成元素是开放型复合词，或是带 HYPHEN 的复合词，则该复合词中应用 EN DASH 连接。

例 9 China–Russia Eastern Gas Pipeline project

例 10 Its location accuracy can be improved from the 3–10 m to 0.5–4 m at the flow rate of 100–360 L/min.

例 11 Professor Plato's survey (1999–) will cover the subject in the final volume.

例 12 a quasi-public–quasi-judicial body

(3) EM DASH 的用法与中文破折号类似，主要用于详述或解释。基本相当于一组逗号、圆括弧或冒号的用途。此用法还可以采用在英文连字符 HYPHEN 前后加空格的方式实现。

例 13 Erosion-corrosion failure of a carbon steel pipe elbow—A case study.

综合中英文破折号、连接号在科技论文中的常用用法发现，中文破折号与 EM DASH 的用法相似，中文一字线、浪纹线的用法等价于 EN DASH 的用法，中文短横线与 HYPHEN 的用法相似。

1.2.2 输入法

EM DASH 的长度为字母 M 的长度，先输入中文破折号，删掉其中一半符号，将剩下的符号改为英文字体即可。EN DASH 的长度为字母 N 的长度，为 EM DASH 一半的长度，其输入方法有 2 种：①在 Word 中用 Alt+0150(即按下 Alt 键的同时依次按下 0150)来输入；②利用 Word 的自动更正功能，按空格，按两下"-"，再按空格，例如输入"t -- h"后按空格就转换为"t – h"，得到该符号。HYPHEN 的长度为 EM DASH 的 1/3，其输入方法是直接按键盘上"0"与"="

2 错误例析

例 14　有效的天然气调峰储气技术—地下储气库

该例为著录的参考文献的题名,"地下储气库"是副标题,前面应该用破折号,而不能用一字线,检索该文献原文,确认为作者著录错误,应改为"有效的天然气调峰储气技术——地下储气库"。

例 15　水—胶凝原油两相流流态化试验研究

该例为一文章题目,应该用短横线,而不能用一字线,应改为"水-胶凝原油两相流流态化试验研究"。

例 16　中俄东线黑河-长岭段线路可靠性复核

该例为论文标题,黑河、长岭为地名,应该用一字线连接,应改为"中俄东线黑河—长岭段线路可靠性复核"。

例 17　地中海——苏伊士运河水域

地中海、苏伊士运河均为水域的名称,此处表达的是地中海到苏伊士运河的这块水域,应该用一字线连接,而不能用破折号,故应改为"地中海—苏伊士运河水域"。

例 18　供应链效率提升 35%,装卸效率提升 2-3 倍。

标示数值范围应用浪文线,此处应改为"装卸效率提升 2~3 倍"。

例 19　The marine carbonate reservoirs in China are characterized by deep burial depth, high temperature, high sulfur content, well–development and complex distribution of pore–fracture–cave, which leads to a series of techni-cal challenges for acid fracturing.

该例来自一段英文摘要,在该摘要中出现了合成词,也出现了因转行而被打断的单词(techni-cal),两种用法使用的符号不同,但按照英文 HYPHEN 的用法,这两种情况均应使用 HYPHEN,所以应将 well–development 改为 well-development,将 pore–fracture–cave 改为 pore-fracture-cave。

例 20　Petroleum and nature gas industries-Induction bends, fittings and flanges for pipeline transportation systems-Part 2: Fittings.

该例来自参考文献,著录的是标准名称,其中 industries-Induction、systems-Part 之间用了 HYPHEN,但此处似乎表示的并不是复合词。检索原标准,发现其为标准不同标题层级的分隔,应该用 EM DASH 或者 HYPHEN 前后加空格,故应改为"Petroleum and nature gas industries—Induction bends, fittings and flanges for pipeline transportation systems—Part 2: Fittings."或"Petroleum and nature gas industries - Induction bends, fittings and flanges for pipeline transportation systems - Part 2: Fittings."。

例 21　GB/T 15834-2011;ASME E208—2019

该例列出来两个标准的标准号,第一个为中国国标,按照国标中的标注形式,年份之前应用一字线连接,应改为 GB/T 15834—2011;第二个为英文标准,连接号应用 HYPHEN,改为 ASME E208-2019。

例 22　New method of safety assessment for pressure vessel of nuclear power plant — Brief introduction of master curve approach.

该例为一篇论文题目的英文翻译,中文标题采用破折号引出副标题,对应在英文中用 EM DASH 引出副标题,但在 EM DASH 前后均加了空格,这是不对的,正确做法为去掉 EM DASH 前后的空格,或者将 EM DASH 改为 HYPHEN,在实际的翻译工作中,遇到类似情况建议直接使用冒号引出副标题。

例 23　there should be an optimal separation viscosity zone (750-830 mPa·s).

该例错误地将 HYPHEN 用在了数值范围之间,应该使用 EN DASH,应改为 750–830 mPa·s。

以上错例均来自本刊校对工作或其他期刊,总体发现,中文符号的错误使用较英文符号少,究其原因,应该是各刊对国标的理解较为透彻,平时在工作中能够严格按照国标执行。而国内没有标准对英文符号的使用作出规定,导致英文符号使用存在混乱的情况。在平时的校对工作中发现,中文符号的错误使用大多集中在著录的参考文献中,由于作者对各类标点符号的用法与区别认识不清,导致各类符号误用。在平时的编辑工作中,应加强对作者的培养,帮助其正确使用各类标点符号。

3　建议

(1) GB/T 9999—2001《中国标准连续出版物号》中规定 ISSN 号、CN 号中间用半字线分隔数字,但查阅该标准发现,该标准是等效采用国际标准 ISO 3297:1998《国际标准连续出版物号(ISSN)》[17]修订的,可无论是 ISO 3297:1998 还是目前最新的 ISO 3297:2017[18],均提到 ISSN 号中应该被 HYPHEN 分隔,而不是半字线。由此表明我们的国标在某些方面并未与国际接轨。马奋华等[5]指出,中文连接号是从西方引进的,而数字也是从西方引进的,从这个层面讲,即便是中文科技期刊,在数字、字母之间的连接号使用英文连字符更恰当,而非中文连接号。

(2) 在 GB/T 15834—1995 中提到的半字线,与 GB/T 15834—2011 中提到的短横线长度不同,但实际应用表明此二者一致,建议在标准修订时将相关内容明确,对于相同用法的一些词汇,尽量沿用相同的名称,以免使用时引起混淆和歧义。

4　结束语

对比了中英文破折号、连接号在科技论文中的用法异同,明确了 Word 中中英文破折号、连接号的正确输入方法,以期规范期刊出版。讨论了 GB/T 15834—1995 中短横线的长度,GB/T 9999—2001 中 ISSN、CN 号中使用半字线的规定,表现出国标在订立时存在的问题,建议国标订立时可以更加明确并与国际接轨。

参　考　文　献

[1]　陈桂香.科技期刊英文标点符号差错例析[J].中国科技期刊研究,2000,11(4):269.

[2]　宇文高峰.中、英文标点符号的差异及其正确使用[J].中国科技期刊研究,2001,12(1):73-76.

[3]　秦和平.科技期刊中一些标点符号的使用探讨[J].中国科技期刊研究,2009,20(2):342-345.

[4]　宋双明.英文论文写作中如何正确使用连字符[J].中国科技期刊研究,2004,15(6):745-746.

[5]　马奋华,倪东鸿,王小曼.中英文破折号、连接号用法异同比较[J].中国科技期刊研究,2006,17(2):324.

[6]　李炳汝,宋敏,韩仲琪.对 GB/T 15834—1995 中连接号用法规定的疑问及修改[J].中国科技期刊研究,2006,

17(4):675-676.
- [7] 金顺爱.几种连接符号的进一步探讨[J].中国科技期刊研究,2001,12(6):491-492.
- [8] 马少怡.中文科技期刊中"连接号"的用法及建议[J].中国科技期刊研究,2000,11(2):123.
- [9] 李学军.科技论文中连接号使用问题讨论与建议[J].编辑学报,2013,25(3):257-259.
- [10] 王懿,刘湘,宋娟,等.连接号在《中国妇幼健康研究》期刊中的应用建议[J].中国妇幼健康研究,2017,28(8):1028.
- [11] 饶帮华.谈连接号的正确使用[J].科技与出版,2008,27(6):29-30.
- [12] 杨小萍.关于 GB/T 15834—1995 中连接号应用问题之我见[J].编辑学报,2005,17(5):390-391.
- [13] 周园.应当引起重视的标点符号——"连接号"[J].中国出版,2009(2):62-63.
- [14] 教育部语言文字信息管理司.标点符号用法:GB/T 15834—2011[S].北京:中国标准出版社,2012:8-11.
- [15] Magasa,屈艺.英文破折号(emdash)、连接号(endash)与连字符(hyphen)的区别及各自用法是什么？[EB/OL].(2012-10-10)[2019-06-27].https://www.zhihu.com/question/20332423.
- [16] The University of Chicago Press. The Chicago manual of style [M]. 16th ed. Chicago: The University of Chicago Press, 2010:855-866.
- [17] International Organization for Standardization. Information and documentation — International Standard Serial Number (ISSN): ISO 3297: 1998[S]. Switzerland: International Organization for Standardization, 1998:2.
- [18] International Organization for Standardization. Information and documentation— International Standard Serial Number (ISSN): ISO 3297: 2017[S]. Switzerland: International Organization for Standardization, 2017:3.

重视中医药期刊英文摘要
助推中医药国际化发展

王尔亮，李海英

(上海中医药大学科技人文研究院《中医药文化》编辑部，上海 201203)

摘要：英文摘要不仅能反映作者的学术水平，体现期刊的国际化程度，还能引导读者对学术文章的主要内容有所了解，为国内外数据库检索、文献汇编提供重要信息来源。通过分析中医药学术期刊英文摘要撰写的价值意义，从中医药学术期刊视角探讨英文摘要撰写时存在的问题，并针对相关问题提出中医药学术期刊英文摘要撰写的建议，为中医药学术期刊"走出去"，打造一流的国际中医药类学术期刊提供借鉴，对提高中医药在国际学术界的话语权具有深远意义。

关键词：中医药；英文摘要；学术期刊；写作规范；术语标准化

中医药学术期刊为中医药的学科发展、理论创新和临床实践提供了专业的学术平台。中医药期刊的英文摘要为中医药的国际传播具有重要的作用。尤其是新冠肺炎疫情以来，中医药关于新冠肺炎的诊疗经验为全球抗疫提供了理论基础和临床指导。中医药学术期刊作为国际上了解当今中医药学术界研究中医药理论基础、发展现状，洞悉中医药科研成果、研究前沿的重要媒介，尤其是英文摘要的阅读也日益成为国际上了解中医药的核心。随着学术期刊水平的提高，英文摘要撰写的不断完善，中医药在国际学术领域发出了越来越多的中国声音，对于中医药学的国际化发展及其话语权体系的建设具有举足轻重的意义，今后应该鼓励更多的中国学者重视英文摘要的作用，在国内学术期刊平台上发表高水平学术论文，发出中国学术的声音，推进中医药的国际认同度及学术影响力。可见，一篇高质量的英文摘要对中医药类学术论文的国际传播起着一定的作用。

1 英文摘要对学术期刊国际影响力的提升具有重要意义

摘要，即文摘。是对论文主要内容的概括和总结。根据国家标准 GB/T 6447—1986 中关于"摘要"的定义是："以提供文摘内容梗概为目的，不加评论和补充解释，简明、确切地记述文献重要内容的短文。"[1] 摘要是提供论文主要内容的短文。通常在文献检索时，只能看到该文章的摘要部分的信息，读者通过阅读摘要部分再去决定是否要下载全文，故编辑应在摘要修改这一工作环节中付出努力，才能提高文章的下载量，从而达到提高期刊影响因子的目标。可见英文摘要对学术性期刊影响力具有重要的作用。

英文摘要便于读者在最短的时间掌握全文的重要信息，了解文章的主要内容和作者的学

基金项目：上海市卫生健康委员会"中医三年行动计划"项目；上海市新闻出版局文教结合项目
通信作者：李海英，E-mail: editor_lhy@126.com

术观点。从而决定是否进一步下载、详读全文。摘要不仅能起到对读者的引导作用，还对文献汇编、计算机检索提供来源，成为科技成果情报信息的重要来源。英文摘要在某种程度上反映我国科学研究和杂志的质量水平，是世界了解中国的一个窗口[2]。

中医类文章根据其体裁不同，可分为三大类：理论研究类、临床观察类、实验研究类。不同类型中医论文的摘要，也有其不同的特点。摘要根据文章内容不同，撰写的形式亦不同。根据撰写格式分为两类，即结构式摘要和非结构式摘要。根据摘要功能分为三种，即：报道性摘要、指示性摘要和报道-指示性摘要。当前中医药科技期刊英文摘要的撰写，多采用OMARC格式写作。而中医药人文社科类期刊的英文摘要撰写多为一段式，缺乏统一的格式和方法。

2 国内外中医药类期刊英文摘要撰写存在的问题

2.1 中医药标准化是英文摘要撰写的关键问题

目前关于中医类期刊英文摘要撰写的标准和规范，主要包括：①国内外顶级医学期刊，如 The Lancet (《柳叶刀》)、The New England Journal of Medicine(《新英格兰医学杂志》)、The Journal of the American Medical Association (《美国医学会杂志》)以及国内的 Chinese Journal of Integrative Medicine、Journal of Traditional Chinese Medicine 等；②国家标准，《科学技术报告、学位论文和学术论文的编写格式》(GB 7713—87)《文摘编写规则》(GB 6447—86)；③相关机构出台的标准和规范，全国名词审定委员会发布的关于中医药术语的相关标准，Mesh 主题词表；④期刊编辑规范，如中华中医药学会发布的《中医药期刊编排规范》；⑤基于国际数据库如 EI、Web of Science 等的规范和标准。

除此之外还可结合编辑日常经验，积累中医药学术论文英文摘要写作的原则和标准，在借鉴《中医基本名词术语中英对照标准》《世界卫生组织西太平区传统医学术语国际标准》以及全国科技术语名词审定委员会确立的术语标准的基础上，建立编辑部的中医药术语标准数据库。

随着 5G 技术的推广和普及以及大数据、人工智能技术的发展，机器翻译越来越准确了，但由于中医药自身的学科体系特点，中医药的英译始终无法用机器取代人脑，而中医药期刊论文英文摘要的撰写难点主要在于中医药名词术语的标准化。

2.2 走出将中文摘要直译为英文的误区

大多数中医药类学术论文的英文摘要皆是对其中文摘要进行简单、直接的翻译。并未考虑到语言转换过程中文化内涵的流失。由于东西方文化存在差异，机械地翻译实际上获得的信息并非完全对等。英文摘要在其表达用语、遣词造句等皆有其特定的原则和特点，如 ABC 原则，即 Accuracy(准确)、Brevity(简洁)、Clarity(清晰)三原则。而中文摘要长句较多，用词多书面语。因此，英文摘要并非只是简单的直译，还应在符合英文用语习惯的同时，结合国际上期刊编辑规范及特定期刊的规定和要求。

2.3 中医名词术语易混淆影响英文摘要翻译的准确性

2.3.1 病、证、症概念的辨析

"病""证"与"症"是中医药类学术期刊中容易混淆的词。证、症皆是人体疾病的反映，"病"反映疾病全过程的整体属性、特征及其演变规律。古人对疾病的认识，一定程度上可以反映出当时的社会医疗水平。而中医学所涉及的疾病概念，实际应该包括 disease、disorder、illness,

其中 disease 特指疾病，disorder 表达身体或精神上的失调，即轻微的疾病或身体不适[3]。"证"是中医认识疾病的概念，是疾病发展到一定阶段在病性、病位、病因、治则、治法和预后等方面表现的综合性概括。是中医学对疾病的一种特殊的研究方法，也是种医学的基本特点。目前主要译法有 syndrome 和 pattern，但西医学关于"综合征"多为 syndrome，对中医学概念"证"当译为 pattern；"症"指症状体征，是疾病的外在表现，应译为 symptom.

2.3.2 经络、经、脉络的内涵辨析

在中医药对外交流中，针灸率先走在前列，最早被西方所接受的中医疗法。故其英译在国际标准化较中医典籍、中草药、方剂等相关术语成熟。传统上"经脉"被译为 channel 或 meridian."络脉"被译为 collateral。德国汉学家，中医翻译领域著名学者文树德将"经脉"译为 conduits，"络脉"被译为 network-vessels。

2.3.3 中药名的英译

中药按照来源可分为植物药(medicinal herbs)、动物药(animal herbs)和矿物药(medicinal minerals)三种。中药名的翻译不同于其他自然科学名词的翻译，因为中药名的翻译还需按照药源、药用部位等。如果用拉丁语翻译中药名，结构复杂，而且西方学者的接受度不高，难以辨识，西方学者很少熟悉拉丁语。优点在易于规范和显示出其药用部位。若单纯用英语翻译中药名，又存在指代不清，因为同一植物的名称可能包含几种中药，因此容易造成混乱。如枳壳、枳实皆属于同一种植物，清代陈士铎《本草新编》载："枳实，本与枳壳同为一种，但枳实夏收，枳壳秋采。"枳实，味苦、酸，气寒。"枳壳与枳实，不可同用，一治上而一治下。枳壳之功，不如枳实之大。"枳壳性缓、主治胸膈气逆。枳实性速，主治心腹痞满，气机不畅，分别作为两种完全不同的药物应用于临床。因此不能单纯英译以示区别。

为了保证中药名翻译的准确性，目前常用拼音(汉字+英语+拉丁语)的模式，不但在英译的名称之后以括号形式附上其英语和拉丁名称，而且还附上汉字，这就是所谓的"四保险"译法。作为中药名称国际标准化过渡时期的举措，这一做法值得提倡[4]。

2.3.4 中医药典籍书名的翻译

凡是医学古籍书名、篇名皆应该写全称，避免缩略名，简称或代称。除《内经》《素问》《灵枢》《难经》等少数常见的经典著作可使用简称，其余皆应该使用全称，如书名《针灸甲乙经》，篇名《扁鹊仓公列传》《阴阳应象大论》等皆不可缩写，以免引起歧义。《黄帝内经》作为现存最早的中医典籍，从1949年至今其英译本已有十余部，但其相关译名亦不同，如 *The Yellow Emperor's Classic of Internal Medicine*、*The Yellow Emperor's Canon of Internal Medicine*、*The Medical Classic of the Yellow Emperor*、*An Annotated Translation of Huang Di's Inner Classic—Basic Questions*、*The Yellow Emperor's Canon of Medicine: Plain Conversation*、*Introductory Study of Huang Di Nei Jing*、*New English Version of Essential Questions in Yellow Emperor's Inner Canon* 等，可见《黄帝内经》这部具有重要文化价值和临床实践价值的医学经典著作，其相关书名的英译就有等10余种，这给中医药典籍的对外交流和传播起到了阻碍。中医药的英译不仅要传达其医学科学价值，还要体现出其文化特色，因此对《黄帝内经》等中医药典籍的英译也需考虑从这两方面为出发点。

2.3.5 历代中医人名的英译原则

人名的撰写应该以中国人名顺序为主，尤其是古代人名，一般应以"姓+名(字、号)"的格式，不应以国外名在前，姓在后的格式。如华佗、张机、孙思邈、徐大椿、吴鞠通(吴瑭)等，

应译为 Hua Tuo、Zhang Ji、Sun Simiao、Xu Dachun、Wu Jutong (Wu Tang)。若遵照国外的姓名顺序，则会丢失了中医药文化特色。

2.4 科技期刊与人文社科类中医药期刊英文摘要水平的差异

多数情况下，英文摘要得不到作者的重视，因为作者没有正确认识英文摘要的重要性。而期刊编辑对自然科学与人文科学类学术论文英文摘要撰写的研究存在明显偏差。大多数是对科技期刊摘要撰写的研究，人文社科类摘要撰写的研究凤毛麟角。导致我们人文社科领域在国际上发展的优势不明显。在经济全球化、政治多极化、文明多样化的今天，人文社会科学的理论发展和对策性研究与探索已愈来愈迫切地需要超越地域性的交流与沟通，国际学术共同体之间也需要有更多的互动与对话[5]。构建中国特色学术话语体系，提升我国中医药类人文社科领域学术期刊的国际话语权的关键是创新[6]。人文社科学术期刊的国际化，学术期刊不仅应该追求国际学术界的认可，更应追求以弘扬中国文化为目的的自我塑造，从而主导国际学术话语权[7]。但由于多种原因，如中医药在国际上被列为替代医学、传统医学；中医药学科本身发展的不平衡，针灸和草药的参与度较高，药理实验、临床试验研究较多，而医学史研究、文献研究等中医药人文领域的学者国际学术参与度低，因此不利于中医药人文社科领域的学术交流合作。只有科技期刊、人文社科类中医药期刊共同发展，才能真正实现国际社会对中医药接受度的提高。

3 提升中医药学术期刊英文摘要编校水平

3.1 重视期刊编校规范化

为了让中文学术论文以更高的质量传播，增进国际社会对中医药领域的广泛关注，增进国际期刊界对我国中医药事业的认识与了解，助力中医药对外交流与传播。对医学期刊英文摘要进行规范化撰写，对促进中医药国际传播，提升期刊国际影响力具有重要意义。

姚晓语等对国内外医学学术期刊论文英文摘要进行比较研究，分别比较了国内外具有代表性的 6 本医学类期刊。国内以《第三军医大学学报》《中华医学杂志(英文版)》及《解放军医学杂志》为例，国外以最具代表性的权威医学学术期刊 *The Lancet*(《柳叶刀》)、*The New England Journal of Medicine*(《新英格兰医学杂志》)和 *The Journal of the American Medical Association*(《美国医学会杂志》)为例，通过对其分析得出国内医学期刊摘要总体上看，大致分四部分，即：目的(Objective)、方法(Methods)、结果(Results)和结论(Conclusion)。国外医学期刊《柳叶刀》和《新英格兰医学杂志》的摘要也采用四部分结构，但略有不同。《美国医学会杂志》的摘要分为七部分。《柳叶刀》的摘要四部分内容包括：Background(背景)、Methods(方法)、Findings(发现)与 Interpretation(解读)。《新英格兰医学杂志》摘要分为：Background(背景)、Methods(方法)、Results(结果)、Conclusion(结论)四部分。《美国医学会杂志》的摘要较其他期刊复杂，具体包括：Importance(重要性)、Objective(目的)、Design, Setting and Participants(设计及受试)、Interventions(干预)、Main Outcomes and Measures(主要发现及研究方法)、Results(结果)、Conclusions and Relevance(结论及相关性)七部分内容[8]。要翻译好医学论文摘要，不仅要了解国内关于摘要撰写的标准和规范，还需对国外期刊英文摘要的书写原则和规范以及专业医学知识非常熟悉，才能在正确理解原文的基础上，表达和传播原意。

3.2 建立中医药期刊自身的评价体系

为贯彻落实十九大精神，加快推进世界科技强国建设，提升我国在国际科技界的影响力和话语权,鼓励广大中医药科研人员、科技工作者把优秀的学术论文写在祖国的大地上,把中医药相关科技成果应用在实现健康中国的伟大事业中,充分发挥中医药期刊在人才评价体制、科技创新发展工作中的重要作用,中华中医药学会于 2019 年 4 月公布了《中医药科技期刊评价指标体系及释义》,为高质量中医药科技期刊分级目录的出台提供了科学依据。中国中医科学院黄璐琦院士指出:"由于中医药期科技期刊影响因子普遍不高,国际影响力低,优质稿件大多涌向 SCI 期刊。因此,建立符合中医药特色和规律的科技期刊评价体系,培育世界一流期刊,打造传统医药世界高地和核心显得非常必要和紧迫。"中华中医药学会副会长兼秘书长王国辰指出:"中华中医药学会是科技期刊的重要办刊主体,科技期刊又是学会不可或缺的学术交流平台。在通往建设世界一流学会的路上,离不开中医药科技期刊的支持。"因此建立自己的一套评价体系,对于打造一流的国际传统医药期刊,提高中医药的国际话语权,讲好中国故事具有深远的意义。

3.3 不断推进中医药术语标准化建设

国标 CY/T 119—2015《学术出版规范 科学技术名词》指出:"科学技术名词,即专业领域中科学和技术概念的语言指称。简称科技名词,也称术语。"[9] 虽然中医学建立在古代哲学的基础上,涉及的哲学思维、理论方法以及相关疾病名等术语本身存在诸如分类层次混乱、内涵、外延界定模糊等问题。虽然我国在术语标准化研究领域取得了一定的成效,近年来发布了一系列中医药相关标准如《中医基础理论术语》《中医临床诊疗术语证候部分》《中医临床诊疗术语疾病部分》《针灸学通用术语》等。一系列术语的发布,必将有助于中国在中医药国际标准化领域话语权的进一步提升,促进中医药及中国传统的文化进一步传播,也为中医药这一宝贵财富造福人类拓展了空间。

4 思考与讨论

英文摘要的撰写对中医药国际化、期刊的影响率、文章被引频次、下载率有不容忽视的作用。是一篇文章主要内容和观点的凝练和浓缩。对国际数据库的收录、文献的检索等都起到决定性作用。因此,英文摘要的撰写对期刊的影响力、论文的影响因子等具有举足轻重的作用。美国特拉华大学英文教授罗伯特·戴(Robert A. Day)在其著作 *How to Write and Publish a Scientific Paper*(《如何撰写和发表科科技论文》)中强调学术论文写作的重要性,他说:"Good scientific writing is not a matter of life and death, it is much more serious than that."[10] 可见一篇高水平的学术论文写作并非是关乎生死的大事,但却十分重要。

4.1 英文摘要促进中医药学术期刊的国际化

首先,英文摘要可以从侧面反映学术期刊的国际显示度和影响力。伴随社会网络化与信息化程度的不断深入,以及中医药在世界范围内的推广与传播,中医药类期刊的出版发行与传播交流已经不仅仅局限于国内学术群体,而是越来越多地呈现出全球化、多元化的特点,逐渐被世界范围内的科研工作者所关注。英文摘要的质量直接显示我国学术期刊的国际化水平,关系着中国发行的中医药期刊被国外期刊评价与检索体系收录的机会大小。其次,利于论文下载率、被引频次的提高。英文摘要的质量水平直接关系着文章的被检索次数和引用率的高低,影响期刊的影响因子。高质量的英文摘要对提高论文被检索和引用率、吸引读者、扩大期刊影响力具有不容忽视的地位和作用。医学学术期刊论文英文摘要的写作不仅要求准确、简明、清晰地表达,同时还需符合英语语言的特点和英文写作规范。

4.2 英文摘要助推对中医药对外传播

学术期刊要增强国际化传播手段,将我国中医药学术思想精华和科研成果传播出去,英文摘要具有至关重要的作用。国际学术界与国际社会倾听中国声音,争取更好的发展环境与广阔的发展空间。从形式上符合国际出版规范,从内容上突出研究创新点与结论,便于国际学术界了解中医药的最新研究成果,也符合学术期刊"走出去"发展战略。

虽然我国科研论文的英文摘要无论是从学术水平来看,还是从国际影响力来看都在不断提升,科研成果的国际认可度和论文的学术水平也在不断提升,与英美等发达国家的差距不断缩小。但我国中医药类学术期刊与国际一流医学期刊的差距还很大。可以通过提升国内中医药类学术期刊英文摘要的水平,促进国内期刊国际化发展,为国内学者搭建国际学术平台,发出中国学术之声。总之,在国际学术领域中医药学科方向上发出了越来越多的中国声音,对于中医药学的发展及其话语权体系的建设具有举足轻重的意义,今后应该鼓励更多的中国学者注重英文摘要的撰写和翻译,积极在国内学术平台上发表高水平学术论文,将中医药类学术论文发表在祖国的大地上,推进中医药的国际认同度及学术影响力。

参 考 文 献

[1] 文摘编写规则:GB/T 6447—1986[S].北京:中华人民共和国新闻出版行业标准,1986.
[2] 吴书芳.中文科技论文英文摘要撰写之我见[J].英语知识,2008(12):1.
[3] 兰凤利.中医学疾病的概念:"病"、"症"、"证"的内涵与翻译[J].中国中西医结合杂志,2010,30(4):428-429.
[4] 李照国.中医基本名词术语英译研究[M].西安:世界图书出版西安有限公司,2017:32.
[5] 徐枫.对中国人文社科学术期刊国际合作模式的思考[J].河南大学学报(社会科学版),2013,53(6):134.
[6] 伍蝉提,童莹.我国人文社科学术期刊国际话语权提升路径[J].报刊纵横,2017(15):47.
[7] 张慕华."弘扬本土文化"与"建立学术自信":论人文社科学术期刊国际化的实质与出路[J].编辑出版,2015(11):30.
[8] 姚晓语,刘海舟.中外医学学术期刊论文英文摘要的对比研究[J].考试周刊,2016(6):157-179.
[9] 学术出版规范 科学技术名词:CY/T 119—2015 [S].北京:中华人民共和国新闻出版行业标准,2015.
[10] DAY R A, GASTEL B.如何撰写和发表科技论文(影印本)[M].北京:北京大学出版社,2007:序言.

期刊论文古籍参考文献著录规则探赜

张 龙

(温州大学学报编辑部，浙江 温州 325035)

摘要：古籍具有责任者署名复杂、责任方式丰富、题名参差不齐等特质，这给古籍参考文献的著录带来困难，在《信息与文献 参考文献著录规则：GB/T 7714—2015》框架下对古籍参考文献的著录规则进行探讨具有普遍意义。通过编校实践和著录比较发现，以逻辑自洽、客观著录、完整著录、权威版本为古籍参考文献著录的原则有助于解决古籍自身特点所带来的参考文献著录难题。

关键词：古籍；参考文献；著录规则

中文学术期刊论文参考文献的标注方法主要有两种：顺序编码制和著者-出版年制，依据《信息与文献 参考文献著录规则：GB/T 7714—2015》，专著的顺序编码制著录格式是"主要责任者. 题名：其他题名信息[文献类型标识/文献载体标识]. 其他责任者. 版本项. 出版地：出版者，出版年：引文页码[引用日期]. 获取和访问路径. 数字对象唯一标识符. "，专著的著者-出版年制著录格式是"主要责任者，出版年. 题名：其他题名信息[文献类型标识/文献载体标识]. 其他责任者. 版本项. 出版地：出版者：引文页码[引用日期]. 获取和访问路径. 数字对象唯一标识符. "[1]13。

而当前中文学术期刊论文参考文献的著录格式则不拘一格，其间差异大多体现在对著录符号的运用上：有的采用"主要责任者 出版年 《题名》，出版者."著录格式，如"杨宝忠 2018 《疑难字三考》，中华书局."[2-4]；有的采用"主要责任者 出版年 《题名》，(出版地)出版者"著录格式，如"沈明 2014 《山西岚县方言》，(北京)中国社会科学出版社"[5]；有的采用"主要责任者 出版年 《题名》，出版地：出版者"著录格式，如"杨宝忠 2018 《疑难字三考》，北京：中华书局."[6]；有的采用"主要责任者：《题名》，出版地：出版者，'出版年'年，第 X 页。"著录格式，如"梁启超：《清代学术概论》，北京：东方出版社，1996 年，第 90 页。"[7-11]；有的采用"主要责任者：《题名》，出版地：出版者'出版年'年版，第 X 页。"著录格式，如"赖力行：《中国古代文论史》，长沙：岳麓书社 2000 年版，第 1 页。"[12]；有的采用"主要责任者. 题名. 出版地：出版者，出版年."著录格式，如"杨伯峻. 论语译注. 北京：中华书局，1980. "[13]。采用顺序编码制著录格式但参考文献并非按照参考顺序列出而是按照著者汉语拼音字顺列出的现象亦有所见[14]。

可见，中文学术期刊论文参考文献著录格式并非全如《信息与文献 参考文献著录规则：GB/T 7714—2015》所规定的那样整齐划一，而是具有现实"多样性"。在这种现实"多样性"中，对古籍的著录更显复杂，当然，这种复杂性主要彰显于人文社会科学类期刊之中。抛却中文

基金资助：浙江省哲学社会科学重点研究基地课题成果(20JDZD025)

学术期刊论文参考文献著录格式现实"多样性"的内在逻辑及其合理性问题而探究对应这种现实"多样性"的古籍著录规则,实无价值。在这种情况之下,探赜《信息与文献　参考文献著录规则:GB/T 7714—2015》视阈下的古籍参考文献著录规则尤具普遍意义。

1　古籍参考文献著录的难点及其处理方式

一般认为,古籍主要指 1911 年及以前书写或出版的书籍,之后对古籍的新印、整理、考订、辑校、标点、注释等亦属于广义古籍的范畴[15-16]。古籍参考文献著录的难点主要体现在责任者、责任方式、书名等方面。

1.1　责任者

在《信息与文献　参考文献著录规则:GB/T 7714—2015》中,责任者分为主要责任者和其他责任者,主要责任者指"主要负责创建信息资源的实体,即对信息资源的知识内容或艺术内容负主要责任的个人或团体","包括著者、编者、学位论文撰写者、专利申请者或专利权人、报告撰写者、标准提出者、析出文献的著者等"[1]。责任者之所以成为古籍参考文献著录的难点主要因为古籍的责任者会出现责任者署名隐藏、责任者署名不全、责任者署名复杂等现象。

1.1.1　责任者署名隐藏

有些古籍在流传过程中遗失了著者,因此,在现代出版时或无责任者,或仅有其他责任者。以《尔雅》为例,中华书局在 2016 年出版了无责任者的《尔雅》,在 2020 年又出版了仅有其他责任者(周远富、愚若点校)的《尔雅》,前者在作为论文参考文献时应被著录为"佚名. 尔雅:附音序、笔画索引[M]. 北京:中华书局,2016. ",后者在作为论文参考文献时应被著录为"佚名. 尔雅[M]. 周远富,愚若,点校. 北京:中华书局,2020. ",采用顺序编码制组织的参考文献亦可省略"佚名"二字。

而有些古籍的责任者或主要责任者并没有出现在书籍的版权页当中,而是隐藏在书名或序跋类文字里面。如凤凰出版社在 2007 年出版了魏同贤主编的《冯梦龙全集》,该书在封面、扉页、版权页等并未标出著者"冯梦龙",不少论文在参考文献中将该书著录为"魏同贤. 冯梦龙全集[M]. 南京:凤凰出版社,2007. "[17-18],在书名就含有著者信息的情况下这样著录会令读者困惑、误解,更明晰的著录方式应是"冯梦龙. 冯梦龙全集[M]. 魏同贤,主编. 南京:凤凰出版社,2007. "。又如中华书局在 2015 年出版了中华经典名著全本全注全译丛书本《聊斋志异》,该书在封面、扉页、版权页等亦未标出著者,但在"前言"中对著者"蒲松龄"进行了说明,因此,该书在作为论文参考文献时应被著录为"蒲松龄. 聊斋志异[M]. 于天池,注. 孙通海,于天池,等译. 北京:中华书局,2015. "。

尽管《信息与文献　参考文献著录规则:GB/T 7714—2015》未明确规定要将隐藏的责任者著录出来,但其所给的示例已经如此操作,如"马克思. 政治经济学批判[M] // 马克思,恩格斯. 马克思恩格斯全集:第 35 卷. 北京:人民出版社,2013:302. "[1]。该示例著作的版权页只标注了其他责任者及其责任方式——"中共中央马克思恩格斯列宁斯大林著作编译局编译",未标出主要责任者马克思和恩格斯,但该示例著作在书名及正文中均有明示著者为马克思和恩格斯,《信息与文献　参考文献著录规则:GB/T 7714—2015》将隐藏在书名与正文中的主要责任者著录出来是十分恰当的。

1.1.2　责任者署名不全

责任者署名不全指古籍署名有姓无名或有名无姓的现象。这类署名现象在现代出版物中罕见，常见于早期古籍或古籍的早期版本；而属于这类署名的古籍的责任者，若可考证，在现代出版时往往会标出姓名全称。

如南宋嘉定六年(1213)在泰州淮东仓司刻印的《注东坡先生诗》卷端署名为"吴兴施氏""吴郡顾氏"，显而易见，该书卷端只指出了责任者的"姓"，未指出责任者的"名"，其实，"施氏"即施元之，"顾氏"即顾禧[19]。现代出版物《宋集珍本丛刊》收有《注东坡先生诗》，并标出了责任者施元之和顾禧[20]。

又如丹东市图书馆馆藏古籍《三原焦吴里梁氏家乘》卷端题"希赟集刊"，仅指出了责任者的"名"为"希赟"，其实，姓名全称为"梁希赟"[21]。现代出版物《陕西省志·著述志》录有《三原焦吴里梁氏家乘》条，指出该书为"明梁希赟辑"[22]。

总而言之，责任者署名不全者在作为论文参考文献时应予以补齐，"名""姓"不可考者照实著录即可。

1.1.3 责任者署名复杂

现代出版的古籍署名相对较为直观：大多是直接标注真实的姓名全称，并加注责任者所在的朝代；少量为责任者不可考者，则不署名，或署名为"佚名""不题撰人""撰人不详"等，或署名诸如"兰陵笑笑生"之类的别号。古代图书署名较为复杂，除不署名或署名为"佚名"之类以外，往往涉及姓、名、号、字、身份、辈分、谥号、室名、斋号、地名、朝代、美称等中的一个或几个要素。如：

姓+名+字：秦观少游——丹东市图书馆馆藏古籍《法帖通解》卷端[21]

姓+字+名：马贵与端临著——丹东市图书馆馆藏古籍《文献通考纂》卷端[21]

号+姓+字：衣云道人罗聘——丹东市图书馆馆藏古籍《我信录》卷端[21]

号+姓+名+字：凤台子王得臣彦辅撰——丹东市图书馆馆藏古籍《麈史》卷端[21]

地名+姓+名+字：眉山苏轼子瞻——元延祐七年(1320)叶辰南阜书堂刻本《东坡乐府》卷端[19]

地名+字+姓+名：临川义仍汤显祖著——清康熙三十三年(1694)竹林堂刻本《玉茗堂全集》卷端[19]

地名+姓+名+字+美称：宁陵吕坤叔简父甫著——明万历癸巳(1593)刻本《呻吟语》卷端[19]

朝代+地名+姓+名：宋相台岳珂——明万历商浚半埜堂刻本《桯史》卷端[19]

朝代+身份+姓+名/字：汉兰台令史班固撰，唐正议大夫行秘书少监琅邪县开国子颜师古注——明嘉靖间南京国子监刻本《前汉书》卷端[19]

论文参考文献的著录在责任者姓名可知、可考的情况下一般应使用姓名全称，署名复杂但责任者姓名不可考的古籍，论文作者和编校人员应以注释形式予以说明。署名复杂的古籍给论文参考文献的著录带来困难，论文作者和编校人员务必审微辨细，否则会在"桂林陈宏谋榕门辑，孙兰森编校"[21]的署名中闹出笑话。

此外，古人有着以字行世的现象，如《经典释文》作者陆德明，"德明"其实是字，名是元朗，姓名全称是陆元朗，但在著录《经典释文》时，论文作者和编校人员应将其责任者著录为陆德明，而不是陆元朗。也就是说，面对复杂署名，在著录时取其字还是取其名，还要看古籍作者行世的通行名称是什么。

而以释家法号行世的古籍作者，将其著录为"释+法号"即可，如释行均、释慧琳、释玄应、释空海等。

1.2 责任方式

现代图书常见的责任方式是著、编、译等，相较而言，古代图书的责任方式就丰富多了，包括撰、著、绘、书、刻、篆、图、编、辑、录、纂、修、注、音注、音义、传、说、笺、故、诂、解、训、记、论、疏、正义、义疏、疏证、章句、校、勘、补、订、补遗、节选、删节、考定、增、续、抄、批、题、跋、纪、评、评阅、集、释、索隐、编次、学、述、驳、问、答、演、序、赞、正、口授等，无法尽举。责任方式连署、合署的形式亦不少见，如撰著、注疏、注释、笺注、批点、批注、辑录、校订、集解、集校、译绘、辑并撰等。古籍责任方式的多种多样是对责任者贡献的肯定，具有客观、准确的特点。但在《信息与文献 参考文献著录规则：GB/T 7714—2015》的框架下，古籍责任方式的多样性反而给论文参考文献的著录带来一定的难度，即如何著录主要责任者。

以上海古籍出版社 2012 年出版的《汉书补注》为例，该书封面和版权页标注的责任者和责任方式有三个，即：[汉]班固，撰；[清]王先谦，补注；上海师范大学古籍整理研究所，整理。那么在这三个责任者中哪个是主要责任者呢？一般认为，"撰"肯定是主要责任者，但班固只是《汉书》的主要责任者，作为《汉书补注》的主要责任者显然不太合适，因此，该书在作为论文参考文献时不能被著录为"班固. 汉书补注[M]. 王先谦，补注. 上海师范大学古籍整理研究所，整理. 上海：上海古籍出版社，2012．"。以补注者王先谦为该书的主要责任者，从主要责任者与书名及其体现的责任方式一致的角度看，是最合适的，但该书标注的撰者班固作为其他责任者亦不协调，妥协而且妥当的做法是省略该书标注的撰者班固，即在该书作为论文参考文献时将其著录为"王先谦. 汉书补注[M]. 上海师范大学古籍整理研究所，整理. 上海：上海古籍出版社，2012．"。

对照来看浙江古籍出版社 2000 出版的《汉书》，该书版权页标注的责任者和责任方式为：〔东汉〕班固，撰；赵一生，点校。从书名与责任方式来看，班固是主要责任者，赵一生是其他责任者，因此，该书作为论文参考文献时应被著录为"班固. 汉书[M]. 赵一生，点校. 杭州：浙江古籍出版社，2000．"。

综而言之，当古籍责任者和责任方式众多时，责任方式对应书名的责任者应被视为主要责任者，如此，对这类古籍著录的困难就迎刃而解。

1.3 书名

现代图书在版编目数据相对而言较为详细，书名、责任者、出版者、出版时间往往一目了然，而流传于世的古代图书则参差不齐，基本的编目数据缺漏疑难之处常见，书名即是其中一项。

1.3.1 书名缺漏

对于书名缺漏的古代图书，应首先查看《中国古籍善本书目》之类的古籍书目工具书以及涉及该书的相关研究成果，确定该书或该书的不同版本是否已经被收录进这些工具书中，以及是否已经在相关的研究成果中被拟定书名。使用已拟定的书名，必要时并予以说明，是个不错的方法。如果该书未曾被命名，应据其封面、卷端、版心、边栏、序跋、目录以及所载内容确定一个能够概括全书主旨的书名并予以说明。

1.3.2 书名疑难

对于书名疑难的古代图书，应确定书名用字，以免误录。如元代周伯琦撰有一书，书名繁体写作《六書正譌》，用简化字著录时书名应是《六书正讹》，因此，用简化字将其著录为

《六书正伪》是错误的，用繁体字将其著录为《六書正譌》是不严谨的。又如清代阎若璩撰有一书，书名有的写作《潜邱札记》，有的写作《潜丘札记》，其实，前者是错误的，后者才是正确的；"潜丘"是阎若璩所居之地的古称，"潜邱"则是为避孔子名讳而添笔的结果[23]。

1.3.3 合订书名

此外，合订书名古籍的著录也是一个难题。《信息与文献 参考文献著录规则：GB/T 7714—2015》规定："同一责任者的多个合订题名，著录前3个合订题名。对于不同责任者的多个合订题名，可以只著录第一个或处于显要位置的合订题名。在参考文献中不著录并列题名。"[1]10 其中对同一责任者合订书名的著录规定，可操作性较强；而对不同责任者合订书名的著录规定会导致所著录的第一个书名与正文内容不对应，即正文陈述的是B书，而对应的参考文献却是A书，这在逻辑上令人困惑。而正因为不同责任者的合订书籍没有统一的责任者，所以论文作者和编校人员也没办法按照析出文献的著录规定对其进行著录。有鉴于此，我们认为，解决这个问题至少有以下两种方法。

第一种方法是就事论事。既然A、B两个书名是并列的，且正文陈述的是B书，那么尽管A书名处于合订书名的第一位置，但参考文献仍然著录B书，以保持与正文一致。同时，为反映该书的题名合订性质，论文作者和编校人员应在版本项位置注明"合订本"字样。

第二种方法是补充版本项。正文陈述的是B书，参考文献依然按照《信息与文献 参考文献著录规则：GB/T 7714—2015》的规定著录第一书名A书，但论文作者和编校人员需在版本项位置注明"合订本"字样。

以中华书局2006年出版的《开元天宝遗事·安禄山事迹》为例。按照第一种方法，其中的《安禄山事迹》作为论文参考文献时应被著录为"姚汝能. 安禄山事迹[M]. 曾贻芬，点校. 合订本. 北京：中华书局，2006."；按照第二种方法，其中的《安禄山事迹》作为论文参考文献时应被著录为"王仁裕. 开元天宝遗事[M]. 曾贻芬，点校. 合订本. 北京：中华书局，2006."。

当然，不管采用哪种方法，同一期刊应采用统一的方法处理这种现象。

2 古籍参考文献著录的原则

《信息与文献 参考文献著录规则：GB/T 7714—2015》为参考文献的著录树标立范，功莫大焉，但其针对古籍参考文献著录的规定较少；学界对古籍参考文献著录规则的探讨时有零珠碎玉，但仍缺乏系统性的关照，针对古籍参考文献著录原则的分析亦为罕见。我们认为，古籍参考文献著录应至少同时符合逻辑自洽、客观著录、完整著录和权威版本四个原则。

2.1 逻辑自洽

逻辑自洽指语言陈述本身不存在任何矛盾，它是科学理论成立的前提。参考文献与论文的其他构件共同组成一个系统，参考文献自身亦是一个系统，符合逻辑自洽的原则是参考文献的题中之意。参考文献的逻辑自洽问题不限于古籍，但古籍著录方面的逻辑抵牾现象之所以特殊，是因为这些逻辑上的不自洽在很大程度上源自古籍自身的特点，如前文谈及的"责任者、责任方式、书名的一致性问题""合订书名与正文的对应问题"。除此之外，"参考文献格式统一问题""参考书目的交叉重复问题""用源文献而不用析出文献对应正文的问题"等均涉及逻辑自洽问题。

2.1.1 参考文献格式不统一致使逻辑不自洽

参考文献格式不统一，有的是论文作者和编校人员疏忽所致，有的是客观条件使然。请看下列三个参考文献：

房玄龄，等．晋书[M]．北京：中华书局，1974．

王念孙．广雅疏证[M]．虞万里，主编．张靖伟，樊波成，马涛，等校点．上海：上海古籍出版社，2017．

佚名．春秋穀梁传：附札记[M]．范宁，集解．北京：中华书局，1985．

上述三个参考文献并陈，将会构成两对矛盾。第一对矛盾是第一个参考文献在一个人名之后用"等"字，而第二个参考文献在三个人名之后才用"等"字。当然，第二个参考文献是符合《信息与文献　参考文献著录规则：GB/T 7714—2015》规定的，那么第一个参考文献就是错误的吗？其实第一个参考文献也是正确的，因为这本书在出版时就是这样标注责任者信息的。第二对矛盾是第三个参考文献中的"穀"是繁体字，而除了这个字，三个参考文献的用字均为简化字。那么是否应该将此处的繁体字"穀"改为"谷"呢？不行。因为《春秋穀梁传》中的"穀梁"是个姓氏，不能简化作"谷梁"。也就是说，第三个参考文献也是正确的。既然这三个参考文献都是正确的，那么难道就置这两对矛盾于不顾了吗？妥当的处理方式是对"房玄龄，等""穀"予以注释，这样就解决了这类逻辑不自洽的问题。

需要注意的是，如果能用简化字或类推简化字著录的，不必使用繁体字。

2.1.2　参考书目交叉重复致使逻辑不自洽

一篇论文的形成并不总是一气呵成的，而且一篇论文从写定到发表还要经过不同程度的增删修改，这就有可能导致参考文献的交叉重复现象。比如说，一篇论文正文多处引用《说文解字》的内容，但对应的参考文献却有两个：《说文解字》和《说文解字注》；或者一篇论文正文既引用《说文解字》的内容，又引用《说文解字注》中段玉裁的意见，却分别对应《说文解字》和《说文解字注》。其实，这大可不必，前者只要全部对应《说文解字》即可，后者只要全部对应《说文解字注》即可。再比如说，《十三经注疏》收录《周易正义》《尚书正义》《毛诗正义》《周礼注疏》《仪礼注疏》《礼记正义》《春秋左传正义》《春秋公羊传注疏》《春秋穀梁传注疏》《论语注疏》《孝经注疏》《尔雅注疏》《孟子注疏》，包含《易》《书》《诗》《周礼》《仪礼》《礼记》《左传》《公羊传》《穀梁传》《论语》《孝经》《尔雅》《孟子》十三部儒家经典，一篇论文正文如果多处引用其中的某几种经典或注疏，就对应《十三经注疏》一书即可，不必既对应《十三经注疏》，又对应某种经典或注疏的单行本。当然，上述两种情况不包括专以版本差异为讨论对象的论文。

事实上，参考书目交叉重复与否在很大程度上跟论文作者的写作态度直接相关，这类问题很难用是非对错来定性，但编校人员应力促论文参考文献臻于完美。

2.1.3　用源文献而不用析出文献对应正文致使逻辑不自洽

所谓析出文献指"从整个信息资源中析出的具有独立篇名的文献"[1]。相较于源文献，析出文献的价值在于其能够客观、准确、明确地宣示所对应正文之处来源的可靠性与相关性，读者亦能够从中直接获取相关学术信息。显而易见，与析出文献相比，直接标注源文献更加省事，但亦会令人困惑。请看下列两个参考文献：

叶适．叶适集[M]．刘公纯，王孝鱼，李哲夫，点校．2版．北京：中华书局，2010：186．

朱熹．诗集传：序[M]．王华宝，整理．南京：凤凰出版社，2007：2．

从表面上看，上述两个参考文献相当规范，但细看之下仍然存在问题：第一个参考文献信息过于宽泛；第二个参考文献书名错误，因为出版物中没有《诗集传：序》这本书。二者均是试图用源文献替代析出文献的现象，前者属于不严谨，后者则是错误的。正确的标注应是：

叶适．温州社稷记[M] // 叶适．叶适集．刘公纯，王孝鱼，李哲夫，点校．2 版．北京：中华书局，2010：186．

朱熹．诗集传序[M] // 朱熹．诗集传．王华宝，整理．南京：凤凰出版社，2007：2．

《诗集传》及其所载"诗集传序"的责任者均为朱熹，如果著作与序言分属不同的责任者，论文作者更应将序言析出。如：

段玉裁．序[M] // 王念孙．广雅疏证．南京：江苏古籍出版社，1984：2．

可见，析出文献是十分必要的，该析出文献而未析出文献甚至会导致参考文献标注错误。

2.2 客观著录

参考文献的客观著录指在参考文献著录时要求实、求真。求实即实事求是，求真即辨伪存真，两者相互照应。现代图书作为论文参考文献时著录过程一般求实就够了，因为著录项目在现代图书的封面和版权页上基本一目了然；而古籍作为论文参考文献时著录过程就不能止步于求实了，还要求真。

首先看古籍参考文献著录需要"求实"的一面。《信息与文献　参考文献著录规则：GB/T 7714—2015》规定："无责任者或者责任者情况不明的文献，'主要责任者'项应注明'佚名'或与之相应的词。"[1]9 需要注意的是，在现实情况中，无责任者或责任者情况不明的文献，论文作者和编校人员一般都会使用"佚名"一词代表责任者，但其实不少古籍本身就标注了"佚名""不题撰人""撰人不详""姓氏无考"之类的词语，在著录这类古籍时，应保留其标注的责任者用词，不必将这类用词统一改为"佚名"。《信息与文献　参考文献著录规则：GB/T 7714—2015》又规定："著作方式相同的责任者……超过 3 个时，著录前 3 个责任者，其后加'，等'或与之相应的词。"[1]9 但在一个人名或两个人名之后就标注"等"字的古籍习见。如：

丁度，等．宋刻集韵[M]．2 版．北京：中华书局，2005．

俞樾，等．古书疑义举例五种[M]．2 版．北京：中华书局，2005．

僧旻，宝唱，等．经律异相[M]．上海：上海古籍出版社，1988．

澁江全善，森立之，等．经籍访古志[M]．杜泽逊，班龙门，点校．上海：上海古籍出版社，2017．

此等标注责任者的古籍，在作为论文参考文献时，应保留其本身所标注的"等"字，并辅以说明来解释这种逻辑上的不自洽著录行为。

其次看古籍参考文献著录需要"求真"的一面。书名相同但其他责任者不同的古籍对主要责任者的标注有时是不同的，这个不同往往代表着其他责任者的不同学术观点，论文作者和编校人员不能凭经验妄改。以《越绝书》为例，商务印书馆 1937 年出版的《越绝书：附札记》，仅标注"撰人不详"；上海古籍出版社 1985 年出版的《越绝书》，标注"东汉袁康、吴平　辑录；乐祖谋　点校"；浙江古籍出版社 2013 年出版的《越绝书》，标注"东汉袁康、吴平　著；徐儒宗　点校"。浙江古籍出版社 2013 年版《越绝书》在"前言"中说："《越绝书》非一时一人之作，盖战国后人所为，而汉人又附益之，至东汉，始由袁康和吴平整理，写成定本传世。"[24]而上海古籍出版社 1985 年版《越绝书》所载"点校本越绝书序"言："《越绝书》的渊源远比《吴地传》所说的'建武二十八年古老'，而袁康(假使确有其人)和吴平的工作，无非是把一部战国人的著作，加以辑录增删而已。……尽管此书的作者问题还没有最后解决，而全书卷帙也很有缺佚，但是它仍然不失为一部具有重要价值的古代历史文献。"[25]因此，在"求真"之后，上述三家《越绝书》应"求实"著录如下：

撰人不详. 越绝书：附札记[M]. 上海：商务印书馆，1937.

佚名. 越绝书[M]. 袁康，吴平，辑录. 乐祖谋，点校. 上海：上海古籍出版社，1985.

袁康，吴平. 越绝书[M]. 徐儒宗，点校. 杭州：浙江古籍出版社，2013.

古籍参考文献著录的"求实"和"求真"目的在于客观反映古籍的面貌，使论文更加具有说服力和可靠性，对古籍研究的"辨章学术，考镜源流"亦有裨益。

2.3 完整著录

古籍参考文献的著录应该做到完整著录，不应漏掉其他责任者和版本项。前文已述，古籍的责任方式十分丰富，其他责任者也相应较多，而在古籍参考文献的著录中，其他责任者和版本项往往十分重要，具有对应正文和辨别版本的作用。

如中华书局 2005 年出版了一套《史记》，书名是《史记》，但内中还包含集解、索隐、正义，版权页既标注了《史记》的撰者司马迁，也标注了集解者裴骃、索隐者司马贞、正义者张守节。如果论文作者使用了该版《史记》并涉及其中的集解或索隐、正义，但在著录参考文献时并未将其他责任者裴骃、司马贞和张守节标注出来，那么该参考文献就会令人生疑。从逻辑上说，该参考文献就是不自洽的。

再如，中华书局 2015 年既出版了普通版《世说新语笺疏》，又出版了典藏版《世说新语笺疏》，其区别就在于版本项。如下：

余嘉锡. 世说新语笺疏[M]. 刘孝标，注. 周祖谟，余淑宜，周士琦，整理. 典藏本. 北京：中华书局，2015.

余嘉锡. 世说新语笺疏[M]. 刘孝标，注. 周祖谟，余淑宜，周士琦，整理. 3 版. 北京：中华书局，2015.

又如上海古籍出版社出版了两个版本的郭化若译《孙子兵法》，除出版时间不同外，其重要区别却是责任方式。如下：

孙武. 孙子兵法[M]. 曹操，注. 郭化若，导读今译. 上海：上海古籍出版社，2012.

孙武. 孙子兵法[M]. 曹操，注. 郭化若，今译. 上海：上海古籍出版社，2006.

此外，相同书名的古籍，一个出版社在同一年度可能会因一些原因出版"其他责任者不同"的两个甚至两个以上的版本，在这种情况下参考文献如不标注其他责任者将是不准确的。

概言之，完整著录本应是参考文献著录的基本要求，因为古籍具有不同于一般图书的特质，论文作者和编校人员更应多加注意。

2.4 权威版本

古籍参考文献应选用权威版本，当然有特定研究目的(如以古籍版本或其间差异为研究对象)的论文另当别说。某一版本之所以会被某一研究领域视为权威版本，最重要的原因就是该版本学术含金量高、出版质量高。从出版社的角度来说，中华书局、上海古籍出版社出版的古籍常常成为研究者的首选；从学者的角度来说，学术底蕴深厚的学者所整理的古籍往往受到更多的关注。如中华书局出版的 32 开本的《说文解字：附音序、笔画检字》、16 开本的影印版《十三经注疏》，上海古籍出版社出版的 16 开本经韵楼藏版《说文解字注》，周祖谟的《方言校笺》，项楚的《王梵志诗校注》等，均为学界所追捧。

当然，权威学者所整理的古籍也往往由权威出版社出版。如权威学者所整理的古籍并非由权威出版社出版，而权威出版社也没有出版相同书名的古籍，那么权威学者所整理的古籍的权威性自不待言；如权威学者所整理的古籍未在权威出版社出版，而权威出版社亦有相同书名的古籍，那么论文作者和编校人员要结合学界的评论对其权威性予以判断；如某一古籍仅见于某出版社，那么从参考文献的角度来说，对该古籍的权威性进行判断就没有意义，因为论文作者和编校人员没有选择空间。

权威版本意味着权威观点，意味着论文的可靠性和说服力，意味着作者写作态度的严谨性，以及期刊编校标准之高、要求之严，当然也意味着论文作者和编校人员要放弃为参考文献而参考文献的思想意识。

3 结束语

在中文学术期刊论文之中，古籍参考文献的著录是个难点，但并不是无迹可循。在《信息与文献 参考文献著录规则：GB/T 7714—2015》的框架下，以逻辑自洽、客观著录、完整著录、权威版本为古籍参考文献著录的原则，将会解决古籍责任者署名驳杂、责任方式丰富、题名参差不齐所带来的参考文献著录难题。

然而，因个体感受的不同，古籍参考文献著录的难题可能不止于此，拙文意在抛砖引玉，敬请读者批评指正，希望更多的同行就此论题进行更为深入的探讨，与有荣焉。

参 考 文 献

[1] 中华人民共和国国家质量监督检验检疫总局,中国国家标准化管理委员会.信息与文献 参考文献著录规则:GB/T 7714—2015[S].北京:中国标准出版社,2015.
[2] 梁春胜.六朝石刻疑难字考释[J].中国语文,2020(3):358-366.
[3] 董为光.说"洗涤"[J].语言研究,2020(2):11-15.
[4] 魏兆惠,华学诚.明清文人笔记所见北京方俗语三则:"嗓子""老婆"和"臭豆腐"[J].汉字汉语研究,2020(1):105-116.
[5] 潘悟云.地理虚时与音变链[J].方言,2020(2):142-147.
[6] 杨宝忠.大型字书隐性疑难字的发现与考释[J].古汉语研究,2020(2):2-9.
[7] 薛玉琴,刘正伟.国教运动与近代话语转向[J].中国社会科学,2020(5):180-203.
[8] 刘春现.《考工记》与晚清工艺书写文体[J].中山大学学报(社会科学版),2020(3):34-43.
[9] 关爱和.晚清:以报刊为中心的文学时代的开启[J].复旦学报(社会科学版),2020(3):132-143.
[10] 杜敏,刘志刚.新中国少数民族文字创制的目标与成效:以土族文字考察为例[J].华东师范大学学报(哲学社会科学版),2020(3):25-34.
[11] 赵立庆.儒学现代转型的逻辑与启示[J].南京大学学报(哲学·人文科学·社会科学),2020(2):148-157.
[12] 汪涌豪,王涛.文论史编撰的学科认知与方法论省思[J].北京大学学报(哲学社会科学版),2020(1):48-56.
[13] 陈望衡.中华美学的唐诗品格[J].武汉大学学报(哲学社会科学版),2020(4):45-56.
[14] 王立军.当代汉字应用热点问题回顾与思考[J].语言文字应用,2020(2):52-61.
[15] 倪波,程德璋.古籍基础知识问答[M].北京:书目文献出版社,1984:1-3.
[16] 沈乃文,曹淑文.古籍著录标准化的名词术语问题[J].大学图书馆通讯,1986(4):9-15.
[17] 李志阳.冯梦龙与闽中人事渊源述略[J].盐城工学院学报(社会科学版),2017(1):68-72.
[18] 高宇星.万历年间文人的俗文学活动[J].文山学院学报,2018(4):64-69.
[19] 李明杰,周亚.中国古代图书作者署名形式考略[J].大学图书馆学报,2012(1):111-115,126.
[20] 四川大学古籍整理研究所.宋集珍本丛刊:第18册[M].北京:线装书局,2004:427.
[21] 马海霞,周思繁.古籍责任者署名研究[J].图书馆学刊,2018(3):110-116.
[22] 陕西省地方志编纂委员会.陕西省志:第71卷:上册:著述志[M].西安:三秦出版社,2000:164.
[23] 胡渐逵.丘乎？邱乎？[J].辞书研究,2011(4):97-98.
[24] 徐儒宗.前言[M]//袁康,吴平.越绝书.徐儒宗,点校.杭州:浙江古籍出版社,2013:3.
[25] 陈桥驿.点校本越绝书序[M]//佚名.越绝书.袁康,吴平,辑录.乐祖谋,点校.上海:上海古籍出版社,1985:8-12.

科技期刊审稿工作中常见问题探析

孙 岩

(《第二军医大学学报》编辑部，上海 200433)

摘要：科技期刊一般遵循编辑初审、审稿专家同行评审、主编(编委会)终审的"三审制"原则。编辑不但要做好初审工作，还要选择合适的审稿专家，并在审稿专家和作者之间扮演"桥梁"的角色。本文总结审稿过程中一些常见的问题，并提出相应的解决办法，以达到最好的审稿效果，保证期刊质量。

关键词：科技期刊；审稿；三审制；期刊质量

审稿是保证期刊质量的重要环节。新闻出版总署在《关于严格执行期刊"三审制"和"三校一读"制度保证出版质量的通知》中明确指出：各类期刊的出版必须坚持质量第一的指导思想；严格执行稿件"三审制度"，切实做好稿件的初审、复审和终审工作。大多数科技期刊根据国际惯例，将"同行评议"作为"三审"中的一级审次，遵循"责任编辑初审、同行专家复审、主编(常务副主编)或编委会(审稿委员会)终审"的"三审制"原则，以保证审稿的科学性和公正性[1-2]。责任编辑初审是审稿过程的第一关，主要由责任编辑判断稿件是否符合期刊的收稿范畴，并对稿件的政治性、科学性、创新性和实用性作出初步判断，筛选出符合要求的稿子；同行专家复审是评判稿件学术性和科学性的重要保证，责任编辑对初审通过的稿子根据稿件内容选择同行专家，借助专家的专业素养和学术经历对稿件进一步把关；主编或编委会终审是决定稿件最终去留和发表栏目的关键环节，遵循学术水平为先、统一把关尺度的原则，既要充分尊重审稿专家的同行评议意见，又要根据自己的学识进行分析，做出对稿件取舍的结论。"三审制"通过编辑部内审和专家外审层层把关，保证了期刊的学术质量。遵循三审制是最基本的要求，但编辑在执行三审制的时候，依然会遇到许多问题，认识并解决这些问题，有助于提高审稿质量，达到最好的审稿效果。

1 科技期刊审稿工作中常见的问题

1.1 出版伦理问题

近年来，随着我国科技进步，科研人员面临的压力越来越大。无论是基金申请还是职称评审，都要求发表一定数量和质量的学术论文。在重重压力下，有的作者开始寻找"捷径"，论文代写、代发现象屡见不鲜。因此，编辑在初审稿件时，除了要核查作者署名、作者贡献声明、利益冲突等问题以外，还要时刻保持警惕，注意辨别代投、代写等学术不端问题。以下现象值得注意并核实：①IP 地址与作者单位不一致。如作者单位为 W 市某单位，而投稿的 IP 地址为 S 市。这种情况下应警惕论文代写代投。②同一 IP 地址投了不同单位作者的稿件。如 A 单位的一篇稿件和 B 单位的一篇稿件是由同一个 IP 地址投上来的。③在非约稿的情况下，一个作者同时投了不同领域的多篇稿件。④与作者沟通的过程中，作者表现出对稿件内容不熟悉。⑤提供的电话号码与作者单位不匹配。⑥抄袭现象。除了中文或英文查重，还应注意将别人已发表的论文译为另一个语种的现象。

1.2 科研伦理问题

世界上对科研伦理问题越来越重视。随着生命与健康、社会与生态、基因技术、信息技术、人工智能等新理念与技术的发展，催生了一系列新的科研伦理问题，许多伦理方面的问题仍然存在争议，某些领域的伦理问题仍缺乏相应的法律或规范[3]。编辑要注意学习相关政策法规，了解新的动向，在初审时注意判断论文是否符合伦理规范。应注意以下问题：①人体试验是否经过伦理委员会批准、是否取得被试者知情同意。②动物实验是否符合动物保护标准。③数据、图片造假问题。不真实的科研成果可能会干扰未来研究的方向，或对社会造成危害。④图片版权问题。有的作者版权意识薄弱，写文章时会在未取得版权人许可的情况下，把参考文献中的图直接复制过来。编辑在审稿时应核实作者是根据参考文献的描述自己绘制的图，还是复制原文献中的图。对于后者，编辑应要求作者提供获得版权使用许可的证明。

1.3 政治性和保密性问题

科技期刊涉及的政治性和保密性问题较少，在初审时很容易被编辑忽视。政治性和保密性问题一旦出现，将会给党和国家、相关单位带来不应有的损失，万万不能忽视。①涉及党的路线、方针、政策，国家发展方向，党和国家领导人的著作、言论等的表述，应核查政策文件、权威著述，与之保持一致。②涉及领土、涉外关系、民族政策的问题，一定要认真审查和核对国家有关的法律法规文件，不能与之违背。③涉及科技和军事秘密的问题，除了核查和请相关主管单位审定外，还应要求作者提供不涉密的证明材料。

1.4 编初审把关不严

编辑应对稿件的科学性、创新性和实用性作出初步判断，对于不符合这三项要求的稿子，予以直接退稿。①编辑有时由于时间所限，对初审疏于把关，将稿件的学术审查任务完全寄希望于审稿专家，对稿件只做形式上的审查，这可能会导致送审后浪费审稿人资源，给审稿人留下不好的印象。②编辑知识储备不够，无法对研究设计、数据分析和统计学方法进行把关，万一审稿专家也没注意到相关问题，容易导致学术性或科学性方面的错误。

1.5 审稿专家选择不当和外审失范问题

在选择同行评议专家的时候，应选择与论文内容相关的学科专家。审稿人依据各自的专业知识和经验，对论文做出独立的判断和评定，这些评定结果是编辑部决定稿件是否录用、稿件如何修改的重要依据。编辑部希望通过"同行"专家审稿，从专业的角度得到对稿件的中肯评价和具体意见，但有时并不尽如人意，可能存在下述问题：①选择的专家并非"小同行"专家，对待审稿件的内容了解不深，提不出有建设性的意见，或提出的意见有失偏颇甚至做出错误性判断；②审稿专家的审稿意见过于简单、笼统，或者只给出"具有参考价值""同意发表"等结论性意见，而没有具体的修改建议，对编辑和作者的指导意义不大；③有的审稿专家容易受到人情稿、关系稿的影响，或对有学术亲缘关系的人的偏倚，不能公正、客观地对稿件做出评价。

1.6 终审环节不能达到应有的把关作用

科技期刊的主编和编委会成员通常都是兼职，他们本职工作繁忙，用于审稿的时间和精力有限。有的主编或编委会成员没能仔细审读文章，主要根据编辑初审和专家复审意见做出取舍文稿的决定,没有真正起到严格把关作用。

1.7 处理审稿意见和返修意见草率

编辑需要将专家和主编的审稿意见反馈给作者,有时还需要将作者的返修意见呈送给专家再次审阅。如果编辑草率地处理审稿意见和返修意见,就不能在作者和审稿专家之间起到"桥梁"作用。常见问题如下:①不同审稿人的意见相左,编辑如果直接将审稿意见发给作者,将导致作者无所适从,不知该如何修改;②因专家选择不当,导致专家审稿意见缺乏客观性和准确性,或者语言中存在较多错别字或语病,如果完全将这样的审稿意见发给作者,可能会导致作者质疑编辑的水平和态度,对期刊造成不良影响;③作者返修时对审稿意见避重就轻,没有做出实质性修改,或提出激烈的反对意见,如果将这样的返修意见直接发给审稿专家,也会给审稿专家带来困惑。

2 解决办法

2.1 制定详细的审稿规范

通过制定审稿制度对审稿行为加以规范,制定内容质量标准对审稿评判标准进行界定,择优汰劣、去伪存真,提高审稿效率和审稿质量,进而提高期刊水平,促进学术研究发展。审稿规范包括审稿制度规范和审稿内容规范[4],主要包括:①审稿制度总则,如三审制的执行细则(双盲审稿还是单盲审稿)、基本原则等;②作者和审稿人的权利和义务,具体指审稿过程中作者、编辑、审稿人的权利义务以及他们之间相互关系的行为规范;③审稿质量标准;④审稿流程规定。在作者和审稿人的权利和义务规范中,作者需要履行稿件修改和解释、回复审稿意见的义务,具有稿件的最终修改权和对审稿意见提出申诉的权利;编辑具有提出初审意见、推进审稿流程、整合专家意见、与作者和审稿人沟通、保障作者著作权的义务,对于不符合期刊收稿要求的稿件具有直接退稿的权利,对于初审通过的稿件有选择审稿人的权利;审稿专家有提出客观审稿意见的权利和保障作者著作权的义务,中肯意见可成为论文能否发表的决定性依据;主编(或编委会)有对稿件进行最终把关的义务,有决定稿件最终能否录用的权利。在审稿质量标准中,编辑部可根据期刊的定位,从论文政治性、科学性、创新性、可读性和写作格式等方面,对于稿件内容的审阅制定较详细的要求。例如,编辑初审时需重点审阅哪些内容,审稿专家需重点审阅的内容、遵循的原则和标准,主编(编委会)终审时需遵循的一致性判断标准,针对三个审次制定有指导意义的审稿单,等。在审稿流程规定中,要详细考虑流程中可能出现的特殊情况,如初审时需要完成稿件信息审核、查重,选择审稿人时需要考虑利益冲突、回避制度、审稿周期的约定等。

2.2 提高编辑自身素养

一个编辑部的编辑数量十分有限,而科技期刊所涉及的内容不但知识面广,还非常深刻、新颖,编辑仅仅通过既往的知识储备和专业素养,难以胜任审稿工作。一个合格的科技期刊编辑不但要具备丰富的学科知识和专业知识,还应该具备"杂家"型的知识体系,培养严密的逻辑思维能力,以及对新事物的理解和鉴别能力。编辑要有意识地培养起自己"活到老、学到老"的好学品质,提升对社会动态和政治的敏感性,学会利用各种工具书和数据库,随时学科发展的新动态,充实并刷新知识储备,完善知识结构,从而提高对稿件的鉴别力。

2.3 审稿库建设与维护

选择研究内容契合的"小同行"专家是获得专业而中肯的审稿意见的重要前提。因此,编辑应注意了解各领域的研究专家，建立审稿专家信息库。除了了解专家的研究背景和研究方向之外，还要了解专家的审稿意愿和审稿质量，在合适时机选择合适的审稿专家，以获得期望的审稿意见。对于边缘学科的稿件，如果找不到对口的"小同行"专家，可以选择几个相关领域的专家，从不同方向把关。随着学科的发展，一些专家的研究方向或工作单位会发生变化，老的专家不断退出，新的专家不断涌现。编辑要及时跟进，更新专家库信息，每年对专家库中的专家审稿情况进行分析、评价，筛选优质审稿专家。尝试创新一些审稿制度，提高审稿人的积极性，关注一些新的同行评议平台(如 Publons 平台[5]等)，学习其做法和经验，使专家库成为一个动态、及时、有效的系统。

2.4 审稿过程管理

审稿周期的长短会影响出版周期。编辑全程参与审稿过程，应注意控制初审时间，并有效管理后续的专家审稿和终审过程。给审稿人一个合理的审稿期限(如半个月或 1 个月)，注意与审稿人沟通，为审稿人提供周到的服务，每周或每 2 周提醒审稿人 1 次，促使其及时审回稿件。审稿意见返回后，编辑应深入阅读、理解审稿意见，做出初步判断。判断审稿意见质量，辨别审稿人是否认真阅读了文章、提出的意见是否中肯等。对于同一篇稿件，如果多个审稿人持有的意见不同，要注意判断意见的不同之处，辨别这些意见是否在创新性、科学性和实用性方面存在致命性问题，有无让作者修改的可能性；编辑难以决断时，可请第三审稿人再审，或请相关专业编委进一步把关。如果审稿人要求复审，编辑部应核查并督促作者修改完善后，将作者返修稿和返修意见一起呈给审稿人复审；若审稿人未要求复审，需根据作者修改情况决定是否需要复审。专家审稿结束后应及时汇总专家意见送终审，并与终审审稿人适当沟通稿件情况，尽快得到终审结果。

2.5 注意沟通技巧

编辑在作者和审稿专家之间起着"桥梁"的作用。编辑收到专家审稿意见后，如果审稿意见可取，需要将意见发给作者修改，应注意修改审稿意见中的措词、语气和语病后再发给作者，但修改过程中不能改变审稿人原意；编辑要带着审稿人意见进一步深入阅读和理解稿件，努力发现新问题，并注意是否需要补充一些编辑部的处理意见或编辑规范方面的要求。发送给作者的审稿意见要主次分明、条理清晰，使作者在修改时能够抓住重点、避免遗漏，在返修邮件中要求作者对审稿意见逐条进行答复。收到作者的返修稿和返修意见后，编辑要根据审稿意见逐条核对修改情况，对于作者未能修改的条目，需审核未能修改的理由并判断是否对文章的科学性有较大影响，以做出能否接受的初步判断，并呈送审稿专家对稿件的修改情况进行评价。

如果作者不认同审稿人的修改意见，应当慎重处理。首先要请作者理解对一个问题持有不同的意见是一种正常的学术交流现象，指导作者认真地给予详细、有理有据的说明，再将作者的不同意见与审稿人探讨，或者换其他审稿人重新审稿。在整个过程中，编辑应保持谦虚的态度，尊重作者的意见和审稿人的辛苦劳动，做好沟通交流。

3 结束语

高质量、高效率的审稿是保证科技期刊质量的重要环节。在执行"三审制"审稿制度时，编辑一方面要做好初审工作，注意甄别政治方向正确、符合伦理规范、创新性和科学性强的稿子；另一方面要选择合适的审稿专家，管理好后续的审稿流程，并在审稿专家和作者之间扮演"桥梁"的角色。在审稿的全过程中,应提高警惕,注意细节的把控,避免出现各种把关不严的问题,提高期刊质量。

参 考 文 献

[1] 蒋希萍.科技期刊如何落实"三审三校"制[N].中国新闻出版广电报,2020-08-27(3).
[2] 任卫娜.近年来我国科技期刊审稿问题研究综述[J].出版科学,2020,28(2):45-51.
[3] 胡曙光,陈昌凤.观念与规范:人工智能时代媒介伦理困境及其引导[J].中国出版,2019(2):11-15.
[4] 漆玲琼.论审稿的制度规范与内容规范[J].四川行政学院学报,2001(1):78-80.
[5] 黄颖,吴其达,宗乾进,等.审稿人工作量的影响因素研究:基于对 Publons Top Reviewers 个体特征的实证分析[J].中国科技期刊研究,2019,30(9):956-961.

科技论文编辑加工中的常见图表问题

张丽红[1], 胡 敏[2], 阮 剑[1]

(1.武汉大学科技期刊中心《生物资源》编辑部,湖北 武汉 430072;

2.武汉大学科技期刊中心质检室,湖北 武汉 430072)

摘要: 图表是现代科技论文中不可缺少的一种表述手段,作用毋庸赘述。依据国家相关的编辑常用标准及规范,从《生物资源》编辑工作实践出发,分析科技论文中图表的不规范问题,归纳了图表编辑中的共性问题,以及处理图表的有效方法,以期对提升编校质量有一定的帮助。

关键词: 科技论文;编辑加工;图表

在现今能够快速分析海量大数据的时代背景下,学术出版中的图表内容越来越多,且越来越重要[1]。图表醒目、直观且形象,能够以较少的篇幅承载较多的信息,将图表作为科技论文中文本内容的有益补充,处理好图表的编辑加工,不仅可以通过减少繁琐的文字描述来活泼版面、缓解视觉疲劳,还可以更直观地进行数据对比、快速浏览,更完整、更清晰、更有说服力地说明问题[2-3]。

图表是一种特殊的语言表达形式,当使用文字不易表达清晰或是太费篇幅时,可以尝试恰当地使用图表等辅助语言。图表的主要要素包括字号、字体、字距、线条、色彩和构架等[4]。由于数据来源的复杂性以及作者对数据使用方式的多样性,稿件中图表数据存在的问题多种多样[1]。编辑只有熟练掌握图表的结构、特点、形态样式及规范要求,全面规范处理图表中的数据来源、数字错讹以及量和单位等问题,才能够审读出各类问题,并对其进行梳理修正,尽可能消灭硬伤。

在图表编辑加工中的常见问题主要有以下几方面:①图表和文中论述不一致。稿件在初始状态或者经过编辑加工(删图或补图)后,可能出现与正文中表达不一致的现象,如图表序号错位,导致看似缺图、多图、图文不一致[5]。②图表在文中的位置。一般论文编排,先文字后图表,并且图表尽力不要离文字部分太远,布局要合理[6]。③图表中信息不明。各种科技论文中不乏有一些由仪器自动生成的图表,无法顾忌图表编排的规范性,如一个大图里包含了若干小图,但没有分图的图题图号,也没有适当的说明,缺乏自明性;以及三线表中添加辅助线时没有注意线的长短,或缺乏必要的表注等信息,产生歧义[5-6]。④图表中的量和单位。例如单位的缺失、使用已废弃的旧名称或单位、同一个名称出现多种写法等;或是图表中出现的标值疏密不当、曲线对应的数值与文中不一致以及大小写、正黑体表述不规范等[5]。

图表能够使描述对象的属性、数据更为直观和形象[7]。为了让冗长的文本内容更生动形象、简洁明了,使用和制作图表时尽量用最少的篇幅直接而快速地表达作者的意思,遵循必要、清楚("自明性")、简洁、准确的原则。原则 1：根据数据的特点或内容表达的需要选择最为适合的方式(图或表格)；原则 2：图表的表述要考虑到读者的理解水平，应具有"自明性"；原则 3：图表的形式应尽量简洁，所承载的问题不要过多过杂；原则 4：图表的设计要基于成果的表达，准确地突出作者的贡献[4]。

本文就《生物资源》实践编辑工作过程中，依据以上四大原则，对常见图表的编辑加工规范方面遇到的各类问题进行分析，希望对大家今后的编辑工作有所助益。

1 图表的必要性原则

论文中根据数据的特点选择最适合的表达方式，选择表格或者插图，以及图的类型(柱状图、点状图或曲线图等)。不仅如此，图表的表现形式(一个图或是分图)、其各要素(坐标、说明、注解、单位等)的正确选择也十分重要，不容出现丝毫偏颇。

1.1 插图的编辑问题及其修改

从可视化角度来看，图比表格更具直观性，除了数据本身，插图能够更好地表现数据的变化规律和趋势。在线条图中正确选择曲线图、柱状图、点状图、框架图等，对读者快速准确理解其所表达的含义至关重要。如在某一处理下一个连续时间段某物质的含量变化，即 x 轴表示时间(连续变量)，y 轴表示所测某物质的含量，则选用曲线图；如表达在不同处理下某物质的含量变化，x 轴表示不同的处理方法(非连续变量)，y 轴表示所测某物质的含量，则选用柱状图；对于无一定规律的数据等内容，最好不用插图而采用表格的形式表达[8]。

如图 1 所示，图 1(a)为作者原图，将培养时间和培养基类型两种处理组放在一起进行说明展示结果，这造成了横坐标的含义不明。此外，不同培养时间处理组中设有 4 个梯度(6、9、12、15 d)，培养基处理组则设有 5 种不同的培养基(S1、S2、S3、S4、S5 型)，阅读正文发现同处理组内相互比较才是作者的意图，放在一起会使得同一类处理组组内的出愈率差异不显著；将两种处理组分为两个分图后(见图 1(b))，每个处理组的说明更为清楚，一目了然，更便于读者理解。并且每个处理组的数值对比、单位说明也变得清晰易懂。由此可见，选择最为恰当的表达方式是十分有必要的。

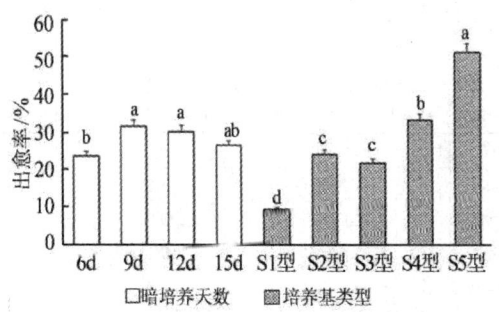

图 2 暗培养天数和培养基类型对出愈率的影响

Fig. 2 Effect of culture days in dark and medium type on recovery rate

注：a, b, c 分别代表在 0.05 水平的差异显著性

Note: a, b, c represent a, b, c represent the significance of the difference at the 0.05 level

(a) 作者提供原图

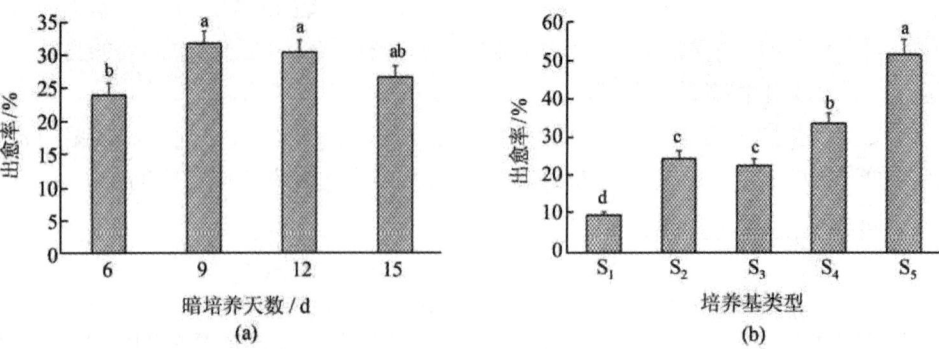

图 2 暗培养天数和培养基类型对出愈率的影响

Fig. 2 Effect of culture days in dark and medium type on recovery rate

注：a,b,c分别代表在0.05水平的差异显著性

Note: a,b,c represent the significance of the difference at the 0.05 level

(b) 编辑加工后

图 1 插图的必要性原则

1.2 表格的编辑问题及其修改

表格是记录数据或事物分类等的一种有效表达，有简洁、清晰、准确的特点。对于无规律的数据最好不用图而用表格形式进行表达，科技论文大多采用三线表，由表序与表题、项目栏、表身、表注四个要素构成[9]。表的格式以及这些要素均为必要要素，不仅不可或缺，且表达方式需正确无误。

三线表的表达方式，当表太长的情况下，会用双竖线进行转行，表达的内容与转行前完全一致，没有单竖线的表达方式。图 2(a)为作者原图，表的项目栏设置不当，出现了 2 个 P 值项和 2 个 log FC，这样的表达方式是不正确的。编辑修改后(见图 2(b))，将基因和 RNA 的信息分开，P 值和 log FC 的表达也不会造成误解，信息明确，更有条理。

表 1 差异显著基因及 miRNA

Table 1 Top 10 most differently expressed genes and miRNAs

基因	logFC	P Value	miRNA	logFC	P Value
HSD17B3	-1.98045	4.34E-05	miR-625*	-3.90444	0.000396
MYO18B	2.295404	0.000128	miR-342-3p	3.387641	0.00056
MYOM2	-2.04497	0.000405	miR-135a*	-10.4169	0.003067
CYS1	1.884446	0.000609	miR-105	8.503764	0.003377
CLDN8	1.795282	0.000905	miR-760	-3.65037	0.005334
LINC00644	1.921244	0.00145	miR-877	-3.26672	0.009745
LINC01207	1.780492	0.0032	miR-188-5p	-5.54824	0.015532
LOC101927292	1.813414	0.008534	miR-223	9.49615	0.017371
USP9Y	-2.01837	0.011814	miR-489	3.131872	0.03915
HLA-DRB4	2.680973	0.043753	miR-372	3.098358	0.039301

(a) 作者提供原表

表1 差异显著的基因及 miRNA
Table 1 Top 10 most differently expressed genes and miRNAs

种类	名称	logFC	P Value
基因	HSD17B3	−1.980 45	0.000 043 4
	MYO18B	2.295 404	0.000 128
	MYOM2	−2.044 97	0.000 405
	CYS1	1.884 446	0.000 609
	CLDN8	1.795 282	0.000 905
	LINC00644	1.921 244	0.001 45
	LINC01207	1.780 492	0.003 2
	LOC101927292	1.813 414	0.008 534
	USP9Y	−2.018 37	0.011 814
	HLA-DRB4	2.680 973	0.043 753
miRNA	miR-625*	−3.904 44	0.000 396
	miR-342-3p	3.387 641	0.000 56
	miR-135a*	−10.416 9	0.003 067
	miR-105	8.503 764	0.003 377
	miR-760	−3.650 37	0.005 334
	miR-877	−3.266 72	0.009 745
	miR-188-5p	−5.548 24	0.015 532
	miR-223	9.496 15	0.017 371
	miR-489	3.131 872	0.039 1 5
	miR-372	3.098 358	0.039 301

(b) 编辑加工后

图2 表格的必要性原则

2 图表的"自明性"原则

图表的"自明性"指的是图表所要表达的内容在图/表题、图/表注或图/表内能够直接体现，或者在正文中通过提供更多的背景而间接地让读者理解。每个图表应相对独立，图表中的信息清楚且完整，才能使读者在不读正文的情况下也能够理解图表中所要阐述的问题，图表中各组元(术语名称、数据、单位或不同字母等)的安排要力求使表述的数据或论点一目了然，避免堆积过多的令人分心的细节，从而造成图表理解上的困难[10]。

2.1 图的编辑问题及其修改

如图 3(a)所示，在不读正文的情况下，无法正确理解该图所要表达的含义，上下两个分图的横纵坐标一致，除了数值外并没有其他的区别，且图中也没有进行说明和区分，易让读者一头雾水；修改为图 3(b)后，可以直接通过看图，清晰地理解该图的含义，表达的是正负离子质谱图，加强对文章的理解。

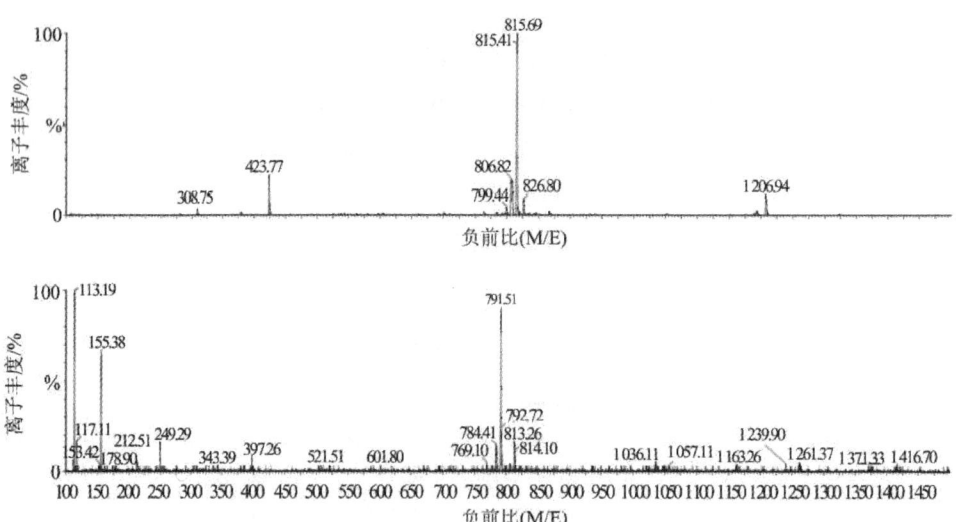

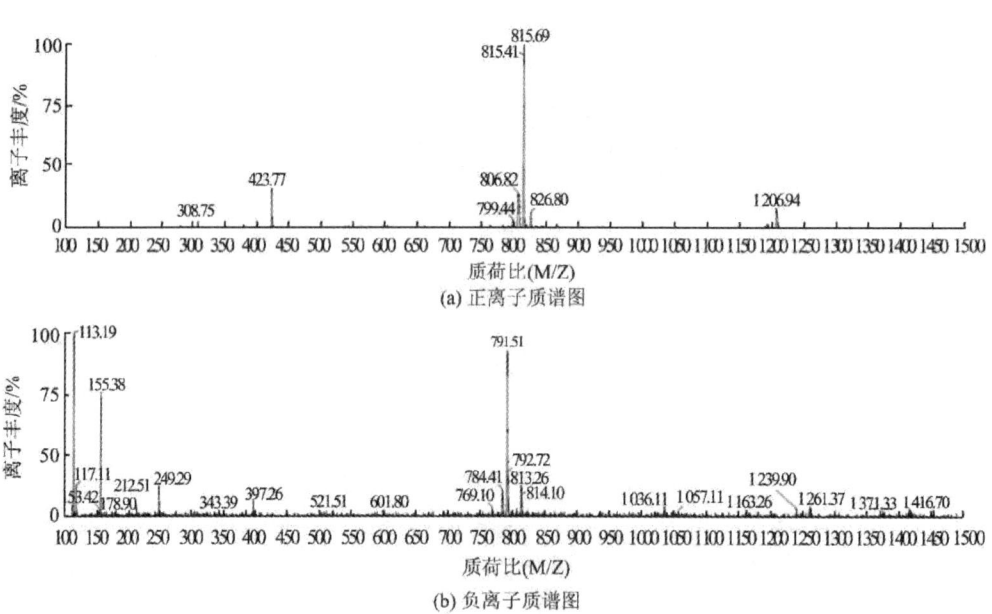

图 3　主要活性产物的质谱图(保留时间=7.585min)

Fig. 3　Mass profile of target compound(Rt=7.585min)

(b) 编辑加工后

图 3　图的"自明性"原则

2.2　表格的编辑问题及其修改

图 4(a)中出现了三行"总计",由于进行了加线的处理,在理解上没有太大的歧义,但这样排表,不易读者理解阅读。且最后两行重复表述同样的数据,此外,代表差异水平的大写

和小写字母排列混乱,无法较好地进行分析比较;修改为图 4(b)后,去掉引起歧义的内容,各处理组内和组间的比较一目了然,更便于读者分析理解。

表 2 各处理对秸秆降解的影响
Table 2 Effect of straw degradation in each treatment

处理	纤维素含量/%	纤维素降解率/%	半纤维素含量/%	半纤维素降解率/%	木质素含量/%	木质素变化率/%
T1	18.37±0.42a	48.09±1.18c	15.47±0.55b	35.97±2.28b	13.86±0.40a	12.05±3.24a
T2	14.40±0.56c	59.31±1.57a	12.80±0.56c	47.02±2.30a	14.26±1.01a	15.28±8.17a
T3	17.07±0.38b	51.77±1.07b	15.87±1.01b	34.31±4.19b	14.56±0.70a	17.70±5.66a
总计	16.61±1.80B	53.07±5.07A	14.71±1.58B	39.11±6.54B	14.23±0.71A	15.04±5.77A
F1	17.40±0.53a	50.83±1.50b	14.97±0.50b	38.04±2.08b	13.56±0.87a	9.62±7.04a
F2	14.40±0.46b	59.31±1.29a	12.30±0.46c	49.09±1.90a	14.68±0.56a	18.67±4.56a
F3	17.30±0.46b	51.12±1.30b	14.40±0.46b	40.40±1.90b	14.35±0.42a	16.01±3.37a
总计	16.37±1.53B	53.74±4.33A	13.89±1.28C	42.51±5.32A	14.20±0.75A	14.79±6.06A
CK	18.20±0.30a a	48.57±0.85c b	18.43±0.50a a	23.72±2.08c c	13.20±0.46a a	6.71±3.70a a
总计	18.20±0.30	48.57±0.85B	18.43±0.50A	23.72±2.08C	13.20±0.46	6.71±3.70A

注:表中的小写字母表示T和F处理组内差异水平,大写字母表示T和F处理组间差异水平,$P<0.05$
Note: The lowercase letters in the table indicate the level of difference in the T and F treatment groups, and the uppercase letters indicate the level of difference between the T and F treatment groups. $P<0.05$

(a) 作者提供原图

表 2 各处理对秸秆降解的影响
Table 2 Effect of straw degradation in each treatment

%

处理	纤维素		半纤维素		木质素	
	含量	降解率	含量	降解率	含量	变化率
T1	18.37±0.42^a	48.09±1.18^c	15.47±0.55^b	35.97±2.28^b	13.86±0.40^a	12.05±3.24^a
T2	14.40±0.56^c	59.31±1.57^a	12.80±0.56^c	47.02±2.30^a	14.26±1.01^a	15.28±8.17^a
T3	17.07±0.38^b	51.77±1.07^b	15.87±1.01^b	34.31±4.19^b	14.56±0.70^a	17.70±5.66^a
F1	17.40±0.53^a	50.83±1.50^b	14.97±0.50^b	38.04±2.08^b	13.56±0.87^a	9.62±7.04^a
F2	14.40±0.46^b	59.31±1.29^a	12.30±0.46^c	49.09±1.90^a	14.68±0.56^a	18.67±4.56^a
F3	17.30±0.46^b	51.12±1.30^b	14.40±0.46^b	40.40±1.90^b	14.35±0.42^a	16.01±3.37^a
T$_{均值}$	16.61±1.80^B	53.07±5.07^A	14.71±1.58^B	39.11±6.54^B	14.23±0.71^A	15.04±5.77^A
F$_{均值}$	16.37±1.53^B	53.74±4.33^A	13.89±1.28^C	42.51±5.32^A	14.20±0.75^A	14.79±6.06^A
CK	18.20±0.30^A	48.57±0.85^B	18.43±0.50^A	23.72±2.08^C	13.20±0.46^A	6.71±3.70^A

注:表中的小写字母表示T和F处理组内差异水平,大写字母表示T和F处理组间差异水平,$P<0.05$
Note: the lowercase letters in the table indicate the level of difference in the T and F treatment groups, and the uppercase letters indicate the level of difference between the T and F treatment groups. $P<0.05$

(b) 编辑加工后

图 4 表格的"自明性"原则

3 图表的简洁性原则

图表的形式应尽量简洁,所承载的信息不要过多过杂。图表内的内容尽量精简,不必要的信息可以去掉。特别是函数图,由于其能够直观地表现事物的变化趋势,揭示内在规律的特点,一般画成简易图,尽量避免密集的纵、横坐标,体现必要的标值即可[11]。

3.1 图的编辑问题及其修改

如图 5(a)所示,横坐标存在错误,且超出了数据值表达的范围,有一种"话没有说完"的感觉,没有必要;可将最后一个区间去掉,留下必要的标值区域即可,这样更干脆利落(图 5(b))。

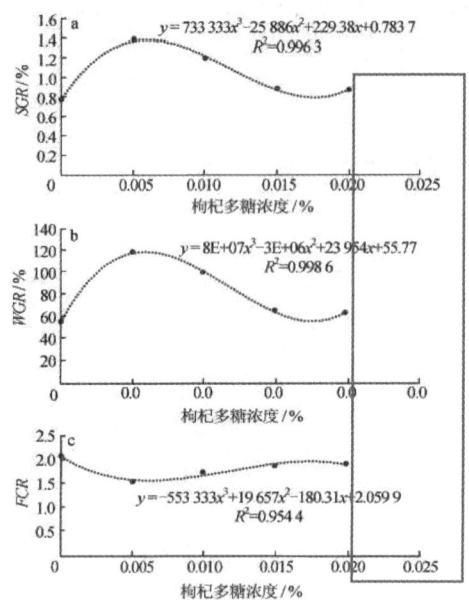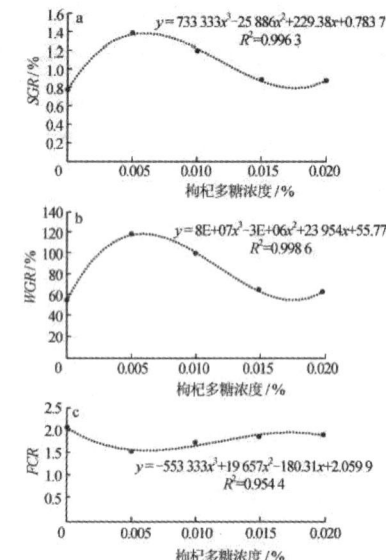

图1 枸杞多糖对鲤生长性能的影响(a,枸杞多糖添加水平与鲤特定生长率的关系;b,枸杞多糖添加水平与鲤增重率的关系;c,枸杞多糖添加水平与饲料系数的关系)

Fig. 1 Effect of Lycium barbarum polysaccharide on growth performance of carp (a, relationship between LBP levels and SGR; b, relationship between LBP levels and WGR; c, relationship between LBP levels and FCR)

图1 枸杞多糖对鲤生长性能的影响
Fig. 1 Effect of *Lycium barbarum* polysaccharide on growth performance of carp

注:a,枸杞多糖添加水平与鲤特定生长率的关系;b,枸杞多糖添加水平与鲤增重率的关系;c,枸杞多糖添加水平与饲料系数的关系

Note: a, relationship between LBP levels and SGR; b, relationship between LBP levels and WGR; c, relationship between LBP levels and FCR

(a)作者提供原图　　　　　　　　　　(b)编辑加工后

图5　图的简洁性原则

3.2　表格的编辑问题及其修改

图 6(a)中编号一栏中,除了序号,还有更为重要的关于藻分类的其他信息,将序号加上让表达显得冗余,且容易造成关键信息不突出,让读者分心。并且该序号也无法简单清楚地体现每一个门类下有多少种藻类,该信息在正文中也有体现,因此没有必要放在表格中;经过修改后(见图 6(b)),将序号去掉,页面显得更干净,信息更为突出。

表2　莲虾共作池塘浮游植物种类组成
Table 2　Composition of phytoplankton species in the integrated lotus-crayfish culture ponds

编号	种名	拉丁名	编号	种名	拉丁名
硅藻门		Bacillariophyta	35	裸藻	*Euglena* sp.
1	尖针杆藻	*Synedra acus*	36	龟形裸藻	*Euglena pisciformis*
2	菱形藻	*Nitzschia* sp.	37	囊裸藻	*Trachelomonas* sp.
3	扁圆卵形藻	*Cocconeis placentula*	绿藻门		Chlorophyta
4	双生双楔藻	*Didymosphenia geminata*	38	弗曼角星鼓藻	*Staurastrum manfeldtii*
5	小环藻	*Cyclotella* sp.	39	扁鼓藻	*Cosmarium depressum*
6	变异直链藻	*Melosira varians*	40	拟新月藻	*Closteropsis longissima*
7	细布纹藻	*Gyrosigma kutzingii*	41	镰形纤维藻	*Ankistrodesmus falcatus*
8	长蓖藻	*Neidium* sp.	42	浮球藻	*Planktosphaeria gelotinoca*
9	罗泰舟形藻	*Navicula rotaeana*	43	粗剌四刺藻	*Treubaria crassispina*
10	系带舟形藻	*Navicula cincta*	44	转板藻	*Mougeotia* sp.
11	双头舟形藻	*Navicula dicephala*	45	单角盘星藻	*Pediastrum simplex*
12	舟形藻	*Navicula* sp.	46	双射盘星藻	*Pediastrum biradiatum*
甲藻门		Pyrrophyta	47	二角盘星藻	*Pediastrum duplex*
13	薄甲藻	*Glenodinium pulvisculus*	48	十字顶棘藻	*Chodatella wratislaviensis*
14	角甲藻	*Ceratium hirundinella*	49	链丝藻	*Hormidium flaccidum*
15	二角多甲藻	*Peridinium bipes*	50	微小四角藻	*Tetraëdron minimum*
金藻门		Chrysophyta	51	三角四角藻	*Tetraedron trigonum*
16	浮游金杯藻	*Kephyrion planctonicum*	52	三叶四角藻	*Tetraedron trilobulatum*

(a) 作者提供原图

表 1　莲虾共作池塘浮游植物种类组成
Table 1　Composition of phytoplankton species in the integrated lotus-crayfish culture ponds

属名	种名	拉丁名	属名	种名	拉丁名
硅藻门		Bacillariophyta		裸藻	*Euglena* sp.
	尖针杆藻	*Synedra acus*		鱼形裸藻	*Euglena pisciformis*
	菱形藻	*Nitzschia* sp.		囊裸藻	*Trachelomonas* sp.
	扁圆卵形藻	*Cocconeis placentula*	绿藻门		Chlorophyta
	双生双楔藻	*Didymosphenia geminata*		弗曼角星鼓藻	*Staurastrum manfeldtii*
	小环藻	*Cyclotella* sp.		扁鼓藻	*Cosmarium depressum*
	变异直链藻	*Melosira varians*		拟新月藻	*Closteropsis longissimi*
	细布纹藻	*Gyrosigma kutzingii*		镰形纤维藻	*Ankistrodesmus falcatus*
	长篦藻	*Neidium* sp.		浮球藻	*Planktosphaeria gelotinoca*
	罗泰舟形藻	*Navicula rotaeana*		粗刺四刺藻	*Treubaria crassispina*
	系带舟形藻	*Navicula cincta*		转板藻	*Mougeotia* sp.
	双头舟形藻	*Navicula dicephala*		单角盘星藻	*Pediastrum simplex*
	舟形藻	*Navicula* sp.		双射盘星藻	*Pediastrum biradiatum*
甲藻门		Pyrrophyta		二角盘星藻	*Pediastrum duplex*
	薄甲藻	*Glenodinium pulvisculus*		十字顶棘藻	*Chodatella wratislaviensis*
	角甲藻	*Ceratium hirundinella*		链丝藻	*Hormidium flaccidum*
	二角多甲藻	*Peridinium bipes*		微小四角藻	*Tetraëdron minimum*
金藻门		Chrysophyta		三角四角藻	*Tetraedron trigonum*
	浮游金杯藻	*Kephyrion planctonicum*		三叶四角藻	*Tetraedron trilobulatum*

(b) 编辑加工后

图 6　表格的简洁性原则

4　图表中的单位问题

图表中的单位和文中的文字单位要求基本相同，单位不缺不漏、单位的正确性以及单位的表达形式。图表中的法定计算单位，应使用符号表达。单位应该遵循我国相关国标规定以及国际标准命名原则。此外，单位所放的位置易被忽略，需要引起注意。如图 7 所示，作者提供的原图中，单位的表达并没有问题，只是全部相同，这样的情况可以提到表格的表题下方，更为简洁美观且一目了然。

(a) 作者提供原图　　　　　　(b) 编辑加工后

图 7　图表中的单位位置

5　结束语

科技论文中的图表数据以其灵活、直观、明确的表现形式与文字表述相辅相成，使学术研究成果能够更为清楚明了地呈现出来，功能不可小觑[1]。协助作者准确、科学、规范地使用图表，修改可能存在的各种数据问题，优化学术成果表现形式，是编辑的基本职责。以上列举了在科技论文图表加工工作中的一些常见问题和技巧，希望能对大家有所帮助。图表对科技论文而言非常重要，对图表的编辑加工不能敷衍了事。这就要求编辑具备足够的耐心和观察力，掌握一定的技巧，工作时遵循一定的原则步骤。此外，编辑不论对图表作什么样的变动，也不论变动程度有多大，都要一一和作者沟通并征得作者同意，尊重作者的著作[9]。凡是从事编辑工作的人员都应拒绝侥幸和浮躁，无论是审稿、加工整理还是读校样，都不能放过任何一个疑点。作为青年编辑唯有编学结合，永不停止，才能成长为一名优秀的编辑。

参 考 文 献

[1] 曹长香.学术出版中的图表数据问题及其编辑加工[J].出版科学,2015,23(4):39-42.
[2] 林召霞.浅谈图书编辑加工中的图表问题及对策[J].学理论,2017(6):160-161.
[3] 陈玲.科技论文图表的编辑加工[J].泸天化科技,1995(3):236-239.
[4] 图表制作的基本原则[J].中国高等医学教育,2013(7):23.
[5] 刘瑜君,李玉江.论科技论文中的图表编校[J].湖北师范学院学报(自然科学版),2016,36(3):255-257.
[6] 张冬冬,赵春秀,陈欣,等.科技论文图表的编辑加工[J].鞍山师范学院学报,2015(3):236-239.
[7] 王勇,陆小新,单晓巍.例谈医学图书的图表编辑加工[J].科技与出版,2011(12):65-68.
[8] 李睿旻,贾泽军,兰芬.医学论文中图表的正确使用[J].教育研究前沿:中英文版,2014,18(3):94-98.
[9] 郭柏寿,潘学燕,杨继民.科技文稿表格编辑加工中常见问题分析[J].今传媒,2014(11):135-136.
[10] 于敏.论科技论文中图表的自明性[J].合肥学院学报(综合版),2019(4):82-86.
[11] 郭海燕.图表的编辑加工与版式设计在科技文稿中的应用[J].出版参考,2017(3):43-45.

编辑快速准确鉴别论文价值的意义与方法

张艳霞

(北京工业职业技术学院学报编辑部，北京 100042)

摘要：无论是传统出版还是新媒体出版，学术期刊离不开优质的稿源做支撑，而优质的稿源依赖编辑去发现、收集和推荐。学术期刊编辑如何从每天大量的作者投稿中，快速准确鉴别论文的价值，并择优推荐外审专家审稿，是编辑综合素质和业务能力的一种体现，也是提高期刊质量的一个重要方面。从学术期刊稿源现状、编辑快速准确鉴别论文的意义、快速准确鉴别论文价值的方法等方面进行了论述，提出"八看"的快速准确鉴别论文价值的方法，以为学术期刊编辑提供参考和借鉴。

关键词：学术期刊；期刊编辑；论文鉴别；论文价值；期刊质量

近年来，新媒体传播方式迅速发展，人们获取信息的渠道不断拓宽。作为媒体传播组成部分的学术期刊，正在不断探索传统媒体与新兴媒体融合发展之路，以期通过融合出版打造优秀期刊。但无论是传统出版还是新媒体出版，归根结底，优秀的期刊需要优质的稿源做支撑，而优质的稿源依赖编辑去发现、收集和推荐。学术期刊与大众通俗刊物相比，具有作者专业性、内容学术性、形式固定化、受众单一化等特征[1]，因此更加依赖编辑个人的综合素质和业力能力。学术期刊编辑如何从大量的作者投稿中，快速准确鉴别论文的价值，从中选择有价值的论文推荐外审专家审稿，是编辑综合素质和业务能力的一种体现。因此，无论是从期刊发展的角度，还是从编辑成长的角度，提升编辑快速准确鉴别论文价值的能力都显得尤为重要[2]。

1 "内容为本"是办好期刊的基础

2014年，习近平总书记针对推动传统媒体和新兴媒体融合发展问题，在中央全面深化改革领导小组第4次会议上首次提出："坚持先进技术为支撑、内容建设为根本"的理念[3]。从习总书记的讲话中可以感悟到，无论是传统媒体时代还是新媒体时代，抓住内容是根本，深挖主题是基础。媒体是内容的载体，内容才是期刊的根本，无论载体、渠道、平台如何变化，"内容为本"在任何时候都不能动摇[4]132。因此学术期刊编辑应该始终把挖掘优质稿源，抓好稿件质量作为一项重要工作，培养自己去伪存真、弃劣选优、慧眼识珠的业务能力和基本素养，为期刊的发展提供源源不断的优质稿源。

2 学术期刊稿源现状

笔者通过与同业人员交流、与作者沟通和自身工作实践，发现目前大部分学术期刊的投稿渠道主要有采编平台、投稿邮箱、熟人推荐等，各个期刊接收的稿件数量不均衡，但总体感觉可用稿件较少，优秀论文匮乏，重复选题、无新意、不合期刊选题范围或与期刊定位不相符的论文较多。

2.1 稿件数量不均衡

学术期刊的稿件主要来自 4 个方面：自投、推荐、引进、组织。自投指作者自行把稿件投寄给有关出版单位，既表示希望自己的作品公开发表，同时也表示愿将作品的出版权授予该出版单位[5]93。推荐是指由有关机构、团体或个人出面，把作者的稿件转交给出版单位[5]94。引进是指通过著作权贸易或者出版交流而获得稿件[5]94。组织是编辑根据所策划并得到批准的选题，主动物色、联系作者而获得稿件。它是选题得以实现的重要手段，也是出版物质量得以保证的有力措施[5]95。

从笔者了解的情况看，学术期刊出版单位组织和自投是稿件的两大主要来源。通常情况下，组织的稿件是按选题组稿，出版方和作者均有充分的准备和明确的目的，出版单位选择的作者有着较高的学术水平和写作能力，所以稿件质量较高，基本都能达到出版要求。在自投稿方面，各出版单位接收的稿件数量不均衡，如核心期刊、专业期刊、985 和 211 高校学报的投稿作者较多，稿件相对充足，而一些非核心期刊、综合性期刊、高职院校学报的稿件相对不足，稿源令人担忧。而且因自投稿作者对期刊出版定位不清楚，对期刊的选题方向不了解，对期刊的编辑规范不熟悉，再加上作者的科研能力、学术水平和写作能力的差别，因此造成稿件质量参差不齐的局面。其中不乏水平较高的优秀稿件，但更多的是较低水平的平庸稿件和不属期刊发表范围的稿件。

因自投稿在出版单位稿件来源中占比较高，编辑每天要面对少则几十、多则成百甚至上千的稿件，如果不具备快速准确鉴别论文价值的能力，每天必将要陷在稿海里无法自拔，如此不但拖延了后续的审稿进度，而且也影响编辑其他工作的进行。因此出版工作需要编辑具备快速准确鉴别、筛选来稿的能力，这也是对编辑基本业务素质的一种考验。

2.2 优秀稿件占比较低

科技论文是科技工作者对其创造性研究成果进行理论分析和科学总结，并得以公开发表或通过答辩的科技写作文体[6]54。理论上讲，来自一线并撰写成文的科研成果，应具备创造性、学术性、科学性、实用性、可读性 5 个特征，其应具有较高的学术水平和文字质量，但现实中编辑收到的稿件质量却差强人意，情况令人担忧。其原因是部分作者不是因需而研，研后再写，而是因需而写，先写再研甚至只写不研。一些作者撰写论文的目的主要来自 5 个方面：一是评定职称的需要，二是年终考核的需要，三是申报学位的需要，四是申请课题的需要，五是寻找工作的需要。因受外部干扰因素较多，功利思想较为严重，真正沉下心来，踏踏实实搞研究的人较少，导致涌现出大量同质、无新意的平庸之作。

在这种情况下，更需要编辑科学判断、准确鉴别出有价值的论文，练就在鱼龙混杂的海量稿源中"慧眼识珠"的本领。

3 编辑快速准确鉴别论文价值的意义

编辑是出版单位的工作人员，承担着出版单位的选题、组稿、审稿、编辑、校对等主要工作，是稿件的第一接触者，也是稿件交付排印的责任人，对于出版物的质量起着至关重要的作用。编辑在来稿中快速准确鉴别论文价值，决定稿件去留，对于提高后续审稿速度，提高刊物质量，树立期刊良好形象有着重要的意义。

3.1 提高外审效率

我国出版单位一直实行"三级审稿责任制度",即初审、复审、终审,简称"三审制"。编辑负责初审环节的收、审稿,承担的工作量最大,任务最繁重。面对每天众多的来稿,编辑快速准确鉴别稿件质量,决定取舍,有利于提高后续审稿效率。部分期刊特别是高校学报通常是综合性期刊,涉及学科或专业较多,而编辑人员有限,无法满足全部学科和专业的审稿工作,大部分稿件需要借助外部审稿力量才能完成审稿工作。外审专家由出版单位以外的专业人员担任,审稿是其本职工作以外的业余工作,由于时间、精力有限,大部分外审审稿时间较长,如果编辑在收稿初审环节把控稿件质量能力较强,尽量避免送出质量不高的稿件,可以减少审稿专家的无效劳动,提高外审工作效率。

3.2 提高期刊质量

如前所述,因编辑部人员有限,需要借助外部力量进行审稿,而外审专家多为兼职审稿,对期刊定位、宗旨不熟悉,对期刊选题重点不了解,对稿件质量把控标准不一致,难免出现一些质量不高或不适宜在期刊发表的稿件也易通过审稿的现象。而编辑熟悉期刊的办刊宗旨、定位、风格、选题,在收稿初审时,做到快速准确鉴别稿件质量,决定稿件取舍,对于提高期刊质量具有重要意义。

3.3 树立期刊良好形象

从专家角度看,编辑选送水平较高的论文,可以树立期刊的良好形象。外审专家审稿是保证期刊质量的关键环节,由于外审专家一般都是本专业的骨干,承担着繁重的业务工作和科研项目,且参加学术会议和社会活动较多,因此,他们的时间非常宝贵,如果把质量较差的稿件送给他们审稿,必然会引起专家的反感。因此编辑在收稿初审时,做好稿件价值的鉴别和筛选,将明显不符合本刊发表要求或毫无新意的稿件拦截在初审时,可以有效地避免浪费审稿专家的宝贵时间,同时也给外审专家留下期刊编辑业务能力强,工作认真负责,期刊工作规范的良好印象。总之,编辑把好初审关,减少送审低质量稿件,可以提高专家对刊物的评价,有利于培养刊物与专家的良好关系[7]。

从作者角度看,编辑及时回复作者,同样可以树立期刊的良好形象。作者投稿为期刊的发展提供了稿源支持,没有作者的期刊将是无源之水,无米之炊。作者资源是期刊赖以生存和发展的源泉,办好刊物离不开作者的信赖与支持。无论稿件是否收稿、发表,编辑必须要与作者保持良好的合作关系。编辑快速准确鉴别稿件质量,决定稿件取舍,为快速回复作者创造了条件。决定收稿的,编辑可以及时回复作者,告诉作者后续工作流程,提醒作者关注审稿动态;决定退稿的编辑,可以婉转地指出其存在问题与不足,也可以推荐给其他适合的刊物。总之,通过快速准确鉴别、取舍,编辑可以迅速回复作者,减少作者稿件投出后等待回复的时长,为作者修改或改投赢得宝贵的时间。

4 快速准确鉴别论文价值的方法

4.1 一看政治方向

党的十九大报告关于坚定文化自信的论述中明确指出,要牢牢掌握意识形态工作领导权。掌握意识形态的领导权,其目的是要坚持正确的舆论导向,使全体人民在理想信念、价值理念、道德观念上紧紧团结在一起,建设具有强大凝聚力和引领力的社会主义意识形态[4]130。学术期刊作为文化建设事业的组成部分,坚持正确的舆论导向是首要和必需的责任。编辑在先进思想文化的传播、中华优秀传统文化的创造性转化和创新性发展上承担着神圣的职责使命，在坚持正确出版导向、践行社会主义核心价值观、弘扬主旋律、传播正能量上，发挥着不可替代的重要作用[8]。

编辑在鉴别稿件取舍时，要时刻绷紧舆论导向这根弦。在审稿时首先要进行政治方向的审查，坚持论文政审一票否决制。审稿标准的政治性，主要体现在坚持四项基本原则；与党的各项方针、政策保持一致；保守国家机密；符合宪法、法律的规定等方面。政治方面审稿不合格的论文必须无条件淘汰。

4.2 二看论文选题

笔者在工作实践中发现，存在部分作者投稿与期刊的办刊定位相差甚远的情况。如定位为中文的期刊，收到了纯英文论文；定位为工业技术研究的期刊，收到了农业技术研究、医学研究方面的论文；定位为学术论文的期刊，甚至收到了文学类作品，如小说、散文、诗歌等文章。编辑在收稿时遇到这类稿件较好处理，应尽快回复作者，建议改投他刊。还有一些投稿与本刊办刊定位相符，但是缺乏新意或不是期刊现期内需要的选题，编辑也要尽快回复作者，建议作者修改或改投。

4.3 三看篇幅字数

虽然提倡言简意赅、开门见山、有话则长、无话则短的简朴文风，但科技论文是科技工作者对其创造性研究成果进行的理论分析和科学总结，文中需要体现研究的理论依据、实验过程、实验数据、公式、图表、结果验证、结论等内容，如果字数过少，必然有些问题不能论述清楚。因此一般期刊要求文字至少在 5 000 字以上，现在有上万字的发展趋势。固然文字数较多并不代表稿件质量就高，但字数过少的论文质量肯定不高。根据编辑工作经验，包括中英文标题、摘要、关键词，参考文献在内的文字如少于 4 000 字，这类的稿件就可以做退稿处理。

4.4 四看论文重合率

在互联网高速发展的时代，网络给人们的工作、学习和生活了提供便捷，与此同时，也有个别人利用互联网的便捷做出不齿之事，如剽窃、抄袭别人的论文，通过下载、复制、粘贴、简单修改，就冠冕堂皇地变成自己的论文，投递到出版单位。在这种情况下，论文重合率检测就显得尤为重要。编辑可以利用中国知网和万方数据库提供的学术不端检测软件进行检测，凡是超过规定比例的均做退稿处理。利用检测软件可以有效地检测出抄袭的稿件，对于拦截重合率过高的稿件发挥了重要作用，在实践中收到了较好的效果。

4.5 五看引言内容

引言作为论文的开场白，应以简短的篇幅介绍论文的写作背景和目的，以及相关领域内前人所做的工作和研究的概况，说明本研究与前人工作的关系，目前研究的热点、存在的问题及作者工作的意义，引出本文的主题给读者以引导[6]67。好的编辑通过引言可以判断稿件质量的高低，这是因为通过内容，编辑可以了解写作背景、目的、前人研究情况，研究的热点和作者研究的意义，判断稿件的学术价值；通过文字，可以了解作者写作风格，文字功底，判断作者写作水平。经常有些作者在短短的引言文字中，就暴露出其逻辑不清晰、语句不通顺、措辞不得当、行文不规范等文字方面的问题。一般而言，这类论文在正文文字的论述中问题也会较多，质量不会太高，可以做退稿处理。

4.6 六看层次结构

通常一篇好的论文应在层次、段落、开头、结尾、过渡和前后照应等方面体现出结构的严密、思路的清晰和体系的完整。特别是同一层次的标题要体现相互并列的关系，尽量保持结构相似、意义相关、语气一致；上下层的标题应显示相关联的关系，内容上应相互关联[6]58。如果一篇论文没有达到这些要求，层次标题结构混乱，逻辑性差，那么这样的论文质量一般不会太高，编辑可以考虑退稿。另外，科技类期刊的图表也是编辑审查的重点，如果图表文不对题，粗制滥造，错误百出，可以考虑退稿。

4.7 七看参考文献

在撰写论文和论著时，参考别人的文献并加以引用是必不可少的一个环节。按规定，凡是引用前人或他人的观点、数据和材料等，都要对它们在文中出现的地方予以标明，并在文末列出参考文献表[6]204。

作者引用的参考文献对编辑判断论文价值具有一定参考意义。这是因为参考文献可以发挥以下功能：一是作为论据，可以论证论文的创新性和科学性；二是作为背景、现状和趋势，可以说明论文研究主题的新颖性、前沿性、重要性和关注热度[9]；三是作为态度，可以反映作者为该研究所付出的工作量和努力程度。因此编辑通过审查参考文献，可以考察论文的创新性和科学性；通过审查参考文献发表的年份，可以判断论文的新颖性、前沿性和关注热度；通过审查参考文献引用的数量，可以判断作者在撰写论文中付出努力的程度。如果一篇论文参考文献与论文的关联性不大，且大部分参考文献发表时间久远，参考文献数量过少，该篇论文可以考虑退稿。

4.8 八看作者简介与基金情况

作者与论文是不可分割的整体。论文是作者的产品，而作者的身份在一定程度上体现着论文的价值。通常，职称、学历、学位高的作者，其论文质量也相对较高。另外基金项目论文，因有经费支持、团队研发、充裕时间，其论文质量也普遍高于无基金项目支持的论文。因此，编辑可以参考作者简介和基金情况来判断论文的价值。

5 结束语

本文分析了学术期刊稿源现状、编辑快速准确鉴别论文价值的意义和方法，特别是结合工作实践，从 8 个方面论述了如何快速准确鉴别论文价值的方法。通过这些方法，可以帮助编辑从海量来稿中，快速准确判断论文质量，决定论文取舍，减少工作强度，提高工作效率，促进期刊质量的提升。但同时也要注意"八看"不是绝对的，工作中应灵活掌握，具体情况具体分析。如在审查作者简介时，不能绝对以职称、资历、学历、学位来决定论文取舍。在笔者接触的作者中，发现年轻的作者，如在读硕、博士或者青年教师，特别是 90 后的作者，富有较高的学术热情和写作激情，其撰写的论文大多结构严谨、格式规范、语言流畅，易于编辑加工。因此，编辑应重视这些学术领域的后起之秀，用心与这些年轻作者沟通，为学术期刊培育重要的作者队伍和学术新秀，使期刊的作者队伍后继有人。

总之，编辑作为学术期刊出版的制作者和把关人，其综合素质和业务能力的高低，在很大程度上影响着学术期刊出版质量的高低[10]。学术期刊作为文化建设事业的组成部分，编辑有义务为建设社会主义文化强国做出自己的贡献。借用宋代诗人朱熹的诗词"问渠哪得清如许，为有源头活水来"自勉，让我们不断提高自身的综合素质和业务能力，努力培养优秀作者，挖掘优质稿源,发现优秀作品,使学术期刊成为有源之水,有本之木,呈现出蓬勃发展的生机。

参 考 文 献

[1] 陈世华.认知传播视角下的学术期刊编辑培养[J].中国编辑,2018(2):37-41.
[2] 刘琪.以稿件讨论会提升编辑审稿能力[J].出版与印刷,2019(4):90-93.
[3] 李雪昆,赵新乐.《关于推动传统媒体和新兴媒体融合发展的指导意见》审议通过引业界关注:媒体深度融合热潮将至[N/OL].中国新闻出版报(2014-08-20)[2018-01-17].http://www.gapp.gov.cn/news/1670/233692.Shtml.
[4] 张艳霞.十九大精神引领下的学术期刊工作新思考[J].北京工业职业技术学院学报,2019,18(2):129-132.
[5] 国家新出版广电总局出版专业资格考试办公室.出版专业实务·初级[M].武汉:崇文书局,2015.
[6] 陈浩元.科技书刊标准化18讲[M].北京:北京师范大学出版社,2000.
[7] 邓艳.学术期刊审稿过程中的责任编辑行为:基于网络采编系统审稿流程的分析[J].南通大学学报(社会科学版),2016,32(2):157-160.
[8] 宋永刚.新时代如何加强编辑队伍建设[J].中国编辑,2018(6):4-9.
[9] 杨晋红,王娜.学术期刊编辑快速判断文稿价值的几个视角[J].编辑之友,2018(4):93-96.
[10] 韩淞宇.编辑应具备的基本素质[J].新闻传播,2019(2):17-19.

关于中文文献中阿拉伯数字和变量符号等并列关系成分之间的标点使用浅析

阎正坤，王 静

(山西大学学术期刊社，太原 030006)

摘要：针对中文科技期刊中大量出现的阿拉伯数字、变量符号、序号等的并列成分之间使用的标点"，"或"、"不统一的现象，查阅了包括强制性国家标准、推荐性国家标准、行业标准等 10 部标准，对其中出现的该类表述的示例和用法进行了分析和梳理。分析发现：近年颁布的标准中，推荐在这类并列关系中使用"、"，或者弱化此类情况下"，"的使用；而很多数理类科教获奖图书等更多地遵循《量和单位》(GB3100~3102—93)使用"，"作为这类并列关系的标点。从国家标准来看，对这一问题尚未强制统一，编校中应更保持注意全书的一致性。

关键词：中文科技期刊；并列关系；变量符号；阿拉伯数字；标点

期刊出版的规范化，是各个期刊编辑和校对工作的核心之一，也是各期刊出版编校质量检查的一个关键点。随着相关国家标准、行业标准等的完善和更新，期刊编校工作中很多细节，可以参考国标和行标进行规范化处理。通过广泛查阅科技期刊文献，笔者发现在科技期刊的文献中，存在着大量的数学和物理的变量符号、阿拉伯数字(后文简称"数字")、分子式等的并列关系，而各刊中这类特殊的并列成分之间使用的标点主要有顿号"、"和逗号"，"两种，且每种标点都有不少核心学术期刊在使用。而查阅《标点符号用法》(GB/T 15834)[1]却未见对这类并列成分使用的标点做专门的说明或示例。与之相反，在一些关于物理量、数值的修约等的标准中，虽有明确的使用方式或示例，但各标准的用法不统一，有的标准也存在模棱两可的现象。

本文选择部分编辑和作者常用的标准为研究对象，选取包括强制性国家标准、推荐性国家标准、行业标准等在内的多部标准。就其中阿拉伯数字、变量符号、序号等的并列关系成分之间的标点使用这 问题，对各标准的标点使用方式和示例进行整理和对比分析。

1 相关标准的说明及部分使用示例

根据科技类期刊质量要求[2]，选择科技期刊编辑和作者使用频率较多的，具有多学科综合性和规范性的国家标准和行业标准，如《量和单位》(GB 3100~3102—93)等 10 部标准。对其按标点使用情况进行分类，从各标准中查找阿拉伯数字、变量符号和序号等的并列关系成分之间使用的标点进行总结和整理。

1.1 使用顿号的部分标准

推荐性国家标准《标准化工作导则 第 1 部分：标准文件的结构和起草规则》(GB/T

1.1—2020》[3]中的数字并列关系间,如前言部分的章节序号、标准号之间,以及8.4节中的"编号0.1、0.2……"等,多使用"、"作为标点。该标准中的变量符号并列关系间,如第17页8.8.3节中的"B、b、C、C_m、C_2、c、d、d_{ext}、d_{int}、d_1"等,也使用了"、"作为标点,可见该标准在这类并列成分间推荐使用"、"。

然而,明确在这种情况中使用顿号"、"的综合性标准的数量不多,且这部标准也并非专门针对阿拉伯数字和变量符号使用方式制定的标准。不过该标准订立时间为2020年,是一部新的推荐性国家标准,且它也是标准化工作的"标准",其对后续的标准修订可能具有较强的指导意义。

1.2 使用逗号的部分标准

(1) 强制性国家标准《量和单位》(GB 3100~3102—93)[4]中的数字并列关系成分之间使用了",",如第55页中的"整数倍12.1, 12.2, 12.3, 12.4等。"。该标准中的变量、符号、字母类的并列关系成分之间也使用了",",如第48页中的"$ab, a\ b, a·b, a×b$",第41页中的数学运算式"$\exp(W/kT), \ln(p/kPa), \sin\alpha, \sin(\omega t)$",第61页中的"附录A, B和C",第62页中的"$\alpha, \beta, \gamma, \theta, \varphi$"等。该标准中,仅在第9页表5下的注释中"在组合单位中应采用(°)、(′)、(″)的形式。"的并列关系成分之间采用了顿号"、",其原因可能是此处有括号"( )"隔开了原单位符号,因而使用了"、"。

(2) 强制性国家标准《科学技术报告、学位论文和学术论文的编写格式》(GB 7713—1987)[5]虽然部分已废止,但其中针对"学术论文"的部分尚未颁布新的替代标准,故此标准该部分仍然有效。该标准中的运算符号、变量符号等的并列关系之间均使用了",",如该标准6.4.3节中"只能在+,-,×,÷,<,>处转行","示例:I, l, 1, i; C, c; K, k, κ; O, 0, o, (°); S, s, 5; Z, z, 2; B, β; W, w, ω。"等。

该标准在21世纪进行了编修,派生了两个新标准,即《学位论文编写规则》(GB/T 7713.1—2006)[6]和《科技报告编写规则》(GB/T 7713.3—2014)[7],对原标准做了部分替代,这两个标准分别替代原标准的"学位论文"和"科学技术报告"部分。

查阅这两个新标准,发现第一个例子已改为"只能在'+''−''×''÷''<''>'处转行……"(此处因已使用双引号引用原文,故将原文的双引号改为单引号),因为此处的几个运算符号已由引号隔开,根据文献[1],其并列关系成分之间可以不再使用","或"、",因而避免了本文所讨论的情况。而原标准的第二个例子则在新标准中删除了。除此二例外,原标准与新标准均无其他相关示例。

由上述分析可推断,新标准有意避开了在这种情况下使用","或"、"。但因针对学术论文的编写规则的新标准一直未见颁布,可理解为此标准仍尊重在这种情况下使用","作为并列成分之间的标点。

(3) 推荐性国家标准《期刊编排格式》(GB/T 3179—2009)[8]中的这类并列关系表述倾向使用标点",",如第1页的"图书和杂志开本及幅面尺寸(GB/T 788—1999, neq ISO 6716:1983)""期刊目次表(GB/T 13417—2009, ISO 18:1981, MOD)"等。但也有使用"、"的语句,如第1页的"增加了期刊 ISSN、CN 号、条码等内容"。不过后者明显与前两者情况不同,即并列关系中有汉字。须注明的是,此标准是《学术类、技术类科技期刊质量要求》及《学术类、技术类科技期刊质量评比标准》[2]文中关于质量考核参考的重要依据之一。

(4) 推荐性国家标准《数值修约规则与极限数值的表示和判定》(GB/T 8170—2008)[9]中有

一些数字并列关系的表述,如第2页中3.2.4"若保留到末尾数字为奇数(1,3,5,7,9)则进一,……偶数(0,2,4,6,8),则舍去。",此处倾向使用","。而其旧版标准《数值修约规则》(GB 8170—87)中更多的关于数字并列关系的表述却在新版中删除了。

由上可知,在编辑和作者广泛参考的部分国家标准中,推荐在此类并列关系中使用逗号","的标准相对较多,尤以《量和单位》(GB 3100~3102—93)国家强制性标准为主。需要注意的是,倾向使用","作为这类并列关系成分之间标点的上述标准,多在其制定中或多或少将《量和单位》(GB 3100~3102—93)作为依据或参考性资料。但随着一些标准的重新编修,这种情况中使用","的示例和用法却明显减少了。

1.3 用法模糊的部分标准

(1) 推荐性国家标准《变化量的符号和单位》(GB/T 14559—93)[10]中的变量、符号等的并列结构间的标点存在不统一现象:如第 3~5 页中所有表格里都使用了",",第 5 页中的表 4 和表 5 的注释中"x_{a1}, x_{a2}……x_{b1}, x_{b2}……。""r, trt——过渡的……s, st 和 start——稳定的。"也使用了",";但在该标准附录里同样类型的变量并列关系之间却使用了"、"。考虑到此标准的引用标准为 GB 3102.5,故推测此标准的上述不统一之处可以《量和单位》(GB 3100~3102—93)为准。

(2) 行业标准《中文出版物夹用英文的编辑规范》(CY/T 154—2017)[11]没有明确的这类情况的使用示例,在5.5.2 中说明"中文句子内夹用两个或两个以上并列的英文单词、字母或词组时,中间宜使用中文顿号。"在 5.4.2 中说明"所夹用的英文句子内如有逗号,应使用英文逗号"。然而变量、阿拉伯数字、符号等并非"单词、字母或词组"之类的成分,且该标准开篇"2 规范性应用文件"中明确说明将"GB 3100—1993 有关量、单位和符号的一般原则"作为参考。故此处存在——变量、符号和阿拉伯数字的并列结构,是理解为独立的西文短句,还是理解为中文句子中夹用的英文单词使用的疑问。

由上可知,这类标准在制定时参考了《量和单位》(GB 3100~3102—93)这一国家强制标准,虽然其对变量、符号等特殊并列成分间的标点使用存在"模棱两可"的态度,但也基本遵循了《量和单位》标准中的规则。

经查阅,以"标点符号"为主的标准《标点符号用法》(GB/T 15834—2011)[1]在 2.1 中说明"注:数学符号、货币符号、校勘符号、辞书符号、注音符号等特殊领域的专门符号不属于标点符号。",且在全文中未见变量符号、阿拉伯数字等并列关系的相关说明、用法和示例。该标准有几处序号间的并列关系成分之间使用了分隔号"/",如:在 4.17.3.1 节中有"……也可使用逗号和分号,见 4.4.3.1/4.6.3.1。"。其他几处类似用法均在该标准的前言中;该标准仅在 4.10.3.3 节中有"……(也可用冒号,见 4.7.3.1、4.7.3.2)。"使用顿号"、"做序号间并列关系成分之间的标点。故推测,该标准对序号并列关系,倾向使用间隔号"/"与顿号"、"。但序号仅是这类问题的一个分支,且序号与变量符号的性质明显不同,如变量符号、数字等使用"/"间隔,会产生除法运算的歧义。考虑到该标准制定时也参考了《量和单位》(GB 3100~3102—93),故判断其对这类问题没有明确的指示性表述。

2 相关标准的推荐用法

根据第 1 章所列各个标准及其相关使用示例,以出现频率的高低进行整理,列表说明各标准在变量符号、数字、序号等并列成分之间的推荐使用标点,如表 1 所示。

表 1　不同标准中变量符号、数字、序号等的并列成分间标点的使用情况

	标准号	变量符号之间	数字之间	序号之间	含有其他成分	备注
强制性国标	GB 3100~3102—93[4]	，	，	，	、	无例外
	GB 7713—1987[5]	，	—	—	、	新标准尚未颁布专门的"学术论文"版；另两个替代标准并未于此冲突，但部分示例删除
推荐性国标	GB/T 8170—2008[9]	—	，	—	、	删除了旧标准中重要示例，而此处也仅在括号中使用
	GB/T 3179—2009[8]	—	—	，	—	本标准为《学术类、技术类科技期刊质量要求》[2]的重要考评依据
	GB/T 14559—93[10]	，	—	—	、	本标准附录不统一
	GB/T 1.1—2020[3]	、	、	、	、	后面的一些函数符号并列关系使用了引号间隔开，并未直接用"、"
行业标准	CY/T 154—2017[11]	—	—	—	—	非英文句子中的并列关系的英文单词、字母、词组间宜使用"、"，未强制

注：①表头中的"含有其他成分"指在此类并列关系的成分中含有汉字或其他标点符号，如"'＋''－'×'÷'"中含有引号，"50 人、100 人、150 人"中含有汉字，等类似情况；
②表中的"—"表示在标准中未见该类示例或用法。

由表 1 可知，只有《标准化工作导则 第 1 部分：标准文件的结构和起草规则》[3]和《量和单位》[4]对这类问题的示例较全，其他的标准均没有完全涉及各种情况的相关示例，有的缺少数字之间并列成分标点的使用示例，有的缺少变量符号之间并列成分标点的使用示例。GB/T 1.1—2020[3]是 2020 年修订的，属于最新的国家标准，而 GB 3100~3102—93[4]则修订于 1993 年，已修订了 27 年。虽然所列的大部分标准推荐使用"，"作为这类并列关系成分之间的标点，但是近些年颁布的标准均存在弱化此类示例的现象，尤其是 GB/T 1.1—2020[3]与 CY/T 154—2017[11]，或通过示例或通过指导性说明，建议在这类关系中使用顿号"、"。也许是因为这两个标准均为推荐性国家标准的原因，目前很多书籍、期刊的编辑仍遵循 GB 3100~3102—93[4]的推荐用法。

综合分析，对变量符号、阿拉伯数字、化学式、序号等并列结构的标点使用问题推荐使用"，"的相关标准，其原因可归纳为两点：①这类成分属于信息类著录格式的范畴，或这部分并列关系短句属于西文句式，故推荐使用半角逗号"，"；②按照中文标点符号用法[1]，特殊成分或符号间的并列关系可不使用顿号"、"。故两者结合看，推荐使用"，"。

另外，由表 1 可知，在"含有其他成分"的变量或数字等的并列关系中，全部标准都推荐使

用顿号"、"作为标点,这符合 GB/T 15834—2011[1]中关于顿号的使用规则。

3 结束语

从标准等级来看,《量和单位》[4]是强制性国家标准,虽然一直未重新修订,但各新标准在制定时均以它作为编修的重要参考依据;

从针对性来看,《中文出版物夹用英文的编辑规范》[11]是这对夹带英文定制的标准,且与其对应的还有 2010 年、2017 年新闻出版署出的文件,此标准虽注明了"规范性依据"为《有关量、单位和符号的一般原则》(GB3101—93)[4],但没有明确给出变量、阿拉伯数字的用法的示例,不过该标准在文中提到"英文单词、字母和词组间并列关系"处宜使用"、",不过并未强制。

从与数学、物理学科的相关性来看,《量和单位》[4]和《数值修约规则与极限数值的表示和判定》[9]则互补性地统一使用了",",作为此类并列结构的标点符号。

综上,《量和单位》[4]和《数值修约规则与极限数值的表示和判定》[9]等标准关于变量符号间的并列关系推荐使用标点",",仅有《标准化工作导则 第 1 部分:标准文件的结构和起草规则》[3]明确使用"、"作为变量符号并列关系成分之间的标点。此外,人教版中小学数学教材、同济版《高等数学》《线性代数》等业内多次获奖、多次再版、销量很高的教育类图书,在这类情况中目前均使用","。纵观获得各级期刊奖的中文科技期刊,在处理这类情况时,编辑部使用逗号","还是顿号"、",并不统一。这说明针对这一问题,目前尚不统一,但需要注意全书的一致性。

在本次研究中没有查询全部的国家标准和行业标准,仅选取了部分具有学科综合性的、规范性的标准做研究,故对各类标准的使用情况统计结果不够全面,后续工作中仍需要更深入地研究标准的规定以及其用法背后的依据。

参 考 文 献

[1] 教育部语言文字信息管理司.标点符号用法:GB/T 15834—2011[S].北京:中国标准出版社,2012.
[2] 宋元培,贺之强,朱孟杰,等.学术类、技术类科技期刊质量要求[M]//国家科委科技情报司.科学技术期刊编辑出版工作文件选编.成都:四川科学技术出版社,1991:236-237.
[3] 全国标准化原理与方法标准化技术委员会(SAT/TC 286).标准化工作导则 第 1 部分:标准文件的结构和起草规则:GB/T 1.1—2020[S].北京:中国标准出版社,2020.
[4] 全国量和单位标准化技术委员会.量和单位:GB 3100~3102—93[S].北京:中国标准出版社,1994.
[5] 全国文献工作标准化技术委员会.科学技术报告、学位论文和学术论文的编写格式:GB 7713—1987[S]北京:中国标准出版社,1988.
[6] 全国信息与文献标准化技术委员会.学位论文编写规则·GB/T 7713.1—2006[S].北京:中国标准出版社,2007.
[7] 全国信息与文献标准化技术委员会(SAT/TC4).科技报告编写规则:GB/T 7713.3—2014[S].北京:中国标准出版社,2014.
[8] 全国信息与文献标准化技术委员会(SAC/TC4).期刊编排格式:GB/T 3179—2009[S].北京:中国标准出版社,2010.
[9] 全国统计方法应用标准化技术委员会.数值修约规则与极限数值的表示和判定:GB/T 8170–2008[S].北京:中国标准出版社,2009.
[10] 全国量和单位标准化技术委员会.变化量的符号和单位:GB/T 14559—93[S].北京:中国标准出版社,1994.
[11] 全国新闻出版标准化技术委员会(SAT/TC 527).中文出版物夹用英文的编辑规范:CY/T 154—2017[S].北京:中国标准出版社,2017.

医学学术论文"前言"撰写方法的合理性分析

张 敏，卓选鹏，黄崇亚

(西安交通大学学报(医学版)编辑部，陕西 西安 710061)

摘要："前言"是医学学术论文的重要组成部分，其撰写质量直接影响立题依据的充分性和读者阅读的顺从性。在本文中，笔者就"前言"的重要性、常见的不合格类型及"前言"的书写要素展开论述，分析作者撰写失误的可能原因，阐明精炼、合理、有价值的"前言"对于学术传播的重要作用，以期为作者的撰写、编辑的审核修改提供参考。

关键词：医学论文；前言；类型；要素

医学学术论文的撰写已形成基本固定的结构和相对成熟的表达模式。前言作为文章的"门面"、开场白，总领全文的逻辑、主旨，上承"文题"，下启"讨论"，对于整个文章的结构和研究内容的呈现都起到了至关重要的作用。但是笔者在编辑工作中发现，很多作者常常更重视结果部分，而忽视了前言的撰写，仅仅顾及文章的结构要求，而未能追求论文前言的真正内涵。要么三言两语，前言缺如；要么曲径通幽，堆积文献。这必然导致研究的立题依据不充分，学术高度不够，行文结构差强人意[1]。即所谓的"名不正，则言不顺"。目前关于医学学术论文"前言"部分撰写方法的讨论较少。本文将从前言的重要性入手，分析编辑工作中遇到的不合格前言类型，并通过前言的书写要素探讨如何正确撰写"前言"。

1 前言的重要性

1.1 对作者的要求

任何科研行为都不是孤立存在的。作者在进行本项科研工作之前，必然阅读过大量同类研究文献，对相关的研究背景已经了然于胸。撰写前言的过程，就是作者梳理、提炼该选题学术研究背景及本研究所要从事的工作和可能存在的价值、意义的过程。如何将研究背景以精炼准确的语言呈现给读者，既是研究表述的需要，也是对作者逻辑思维能力和语言表达能力的考验。如果医学学术论文的"前言"部分缺如，就如同陌生人见面不做自我介绍一样，既不符合科技论文的行文规范，也不利于研究成果的有效表达及传播交流。规范的前言，可以向同行传达出的信息是丰富的：在目前情况下，本研究非常有必要，本研究意义重大，本研究水平较高，本研究应用性很强等。

对作者而言，如果其学术功力尚浅，无法对研究进展进行宏观的把握和精准的分析，往往其选题思路不够明确，行文逻辑不够清晰，学术观点也难以准确传达。所以"前言"的准确撰写是对作者论文写作的第一道考验。

1.2 读者阅读的需要

论文的最终受众是读者。不同学术层次的读者对前言的需求程度不同。对于学术层次高、专业知识储备充分、熟悉本学科研究动态的读者来说，他们脑中的学科架构可能远比作者还要完整，"前言"只是起到引出研究内容的作用。而对于相当一部分读者来说，尤其是学科入门的年轻学者，阅读文献是了解学科研究进展、学习专业知识的最佳途径。一段站位层次高、信息量充足、详略得当的前言有助于他们快速把握作者的选题背景和立题依据，从而更准确地领会作者的学术观点。因此，他们需要作者提供恰当而规范的论文前言。

2 不合格前言类型

编辑在审稿过程中，对文章论文的第一关注点就是前言[2]。前言写得好，整篇文章如行云流水，顺理成章；反之，言而不导，或盲目自诩，起不到导引的作用。有经验的编辑通过前言大体上就能判断该文的先进性、科学性、实用性等情况。笔者将编辑工作中见到的不合格前言总结为以下几种类型：

2.1 迫不及待型

这类前言初看觉得短小、精炼，两三句话就交代了研究背景，但细品便觉得不妥。研究领域的学科专有名词、术语、缩写缺少必要的说明，科研链条不够清晰，选题目的过于粗略等等[3]。写出这类前言的原因主要有：①盲目自信。作者阅读了相当数量的学术文献，也充分了解研究的选题背景，但未能换位思考，对读者的阅读需求了解不够，过分高估了自己的语言表达能力。殊不知自己的两三句话远远不能高度概括选题的意义，只会让读者产生"云深不知处"的感觉。②信任误区。作者认为阅读该文章的读者都是同一学术领域的学者，"没必要"花费篇幅解释名词、阐述背景，过于相信读者能够与自己"心意相通"。但其实在医学领域，常常有几种名词英文缩写相同的情况，如果在背景介绍中没有说明本研究论文中相应的名词、缩写等，往往容易产生歧义，影响学术交流与传播。③储备不足。作者写作之前并未做扎实的选题策划，对学科研究的背景了解极其有限，不愿也无法给出更有说服力的立题依据。这类文章的传播价值是非常有限的。

2.2 文献堆砌型

与"迫不及待型"正好相反，文献堆砌型的前言通常从名词解释开始，将国内外该领域学科发展的历史沿革、不同课题组的研究进展、各成果的优缺点等不加评述、不加分析的一一陈列，且有大量的参考文献支持，甚至于把前言写成一篇小型综述。其原因主要有：①能力有限。作者确实做了大量的前期文献阅读工作，对学科的认识也足够充分，但归纳、概括、提炼的能力和语言表达能力有限，难以用准确精简的语言传达学术观点[4]。②态度不端。作者的学术道德不端正，为了前言而写前言，懒于做宏观提炼、梳理思路，机械地把前人的研究、论点堆砌在一起，甚至将不贴切的文献照搬过来"凑字数"。这种看似"内容丰富"的前言，实际上失去了前言的"引导"意义，缺乏逻辑性，文章显得头重脚轻。③舍不得删减。期刊论文与学位论文不同，其目的是及时与同行交流最新的学术发现与学术思想，因此要求全文语言精简，用最少的字数将学术观点合乎逻辑、论据充分、客观公正的论述清楚即可。如果对原始材料、阅读的文献不加提炼梳理，文章全文体量过大，必然会出现前言啰嗦冗长的情况。这需要作者在开展学术研究的同时，注重综合能力的培养，提高学术人文素养。

2.3 自弹自唱型

这类前言是"迫不及待型"的更极端情况，是最典型的前言"缺如"。没有交代同行在做什么、得出什么结论、进展如何，也没有行业研究现状的描述，只有当前研究的目的、内容，脱离了行业整体的研究背景，仿佛归隐田园一般，自斟自酌，自弹自唱，这已背离了科研的规律。其原因可能有：①不知道。研究者并不关心同行的进展，仅是报道自己的研究工作及结果，其文章的创新性和前沿性更是无从谈起。②分不清。混淆了"前言"与"讨论"的侧重点，将本该是"前言"的内容写到了"讨论"部分。对科技工作者而言，清楚的阐释选题的必要性，对作者的学术素养、综合能力、写作功底均有较高的要求。③没的写。作者的研究简单，观点相对肤浅，内容单薄，不足以支撑一篇学术论文。

2.4 顾左右而言他型

这类前言并不鲜见。如果和下文分开看，就如同 2 篇文章，实际上就是前言脱题了。例如前言先以较大篇幅讲某种疾病的发病、症状、治疗、预后，突然提出某个基因，下文的方法、结果、结论也都是围绕基因的表达、凋亡展开，衔接生硬，读者的思维也跟着走了急转弯。有这类前言的文章往往是概念不清，结构不够顺畅，可读性较差。其原因可能有：①着眼点过小。在科研工作中，随着学科分支越来越细，研究者往往容易从小处着眼，忽略了宏观的把握。②详略失当。对选题背景的脉络把握不够，不相关的内容论述过多，重点反而不够突出，失去了平衡，最终迷失了自我。③得过且过。一些作者的选题来源于课题组的系列研究，其学术活动是跟随前辈的步伐继续行进。如果作者缺乏钻研精神，对研究领域的认识不够系统，对选题的目的和意义一知半解，不能真正明确研究的立足点所在，在撰写文章时很可能为了故意掩盖学科知识不扎实，对相关的研究背景顾左右而言他。这类文章的前言往往不够成熟规范，言之无物，逻辑性差，论文的价值也会大打折扣。

3 如何规范地撰写前言

前言，就是用最精炼的语言，阐明本科研工作的背景、动机、内容、方法及意义，从而开门见山的将读者迅速"引导"至研究情境中[5]。前言的结构应该是标准的"漏斗形"结构模式，从已知到未知再到问题，一步一步阐释立题依据，循序渐进，脉络清晰。前言撰写的总经验：前言如饵要拌香，量大字少有妙方；长镜取景清脉络，自弹自唱是硬伤。值得注意的是，本研究在学术领域的意义应当点明，使读者有一个综合明确的判断。撰写前言时，须明确构成前言基本框架的三要素：研究背景、研究目的、研究意义。

3.1 研究背景详略得当

国内外该领域研究的进展，是前言的第一要素，也是该研究的立题依据。有价值的学术论文都是在前人研究的基础上，分析、总结、探索出来的新方法、新成果、新理论、新经验。因此要求作者对本科研领域的研究背景、国内外研究现状有最全面的认识，以便在撰写时思路清晰、开门见山，避免像综述一样事无巨细、长篇大论[6]。具体的叙述方法为：文章开篇首先对该研究领域的国内外现状做全面系统的梳理，紧密围绕研究主题，对代表性文献进行综合提炼，合乎逻辑、以理服人地交代当前的研究进展(占前言 1/2~2/3 的篇幅)。对背景部分的描述，就像摄像中的远景镜头一样，既要提高站位、纵览全局，又能长拉短调、详略得当。审稿人、编辑和读者通过阅读这一部分，往往就能大致判断本研究的创新性：如果这一问题尚无人涉猎，本研究的创新性可能较高；如果已有相关研究，但结论不同甚至相左，本研究可能有继续探索的必要性或辨析的价值；如果研究对象涉及种族、气候、环境、地理等因素，本研究可能具有填补空缺、丰富研究资料的意义。

3.2 研究目的清晰明了

阐明本科研工作的动机、内容、科学的方法及达到的目的，是前言的重要内容。本研究进行的必要性，只罗列、介绍他人的研究进展是远远不够的，必须加以分析。通过对文献的梳理和总结，发现并提出前人研究的未尽之处、研究方法的进一步改进意见、持有与之不同的观点或拟解决的问题，从而衔接起"他人的研究"与"本人的研究"[7]，构筑起纵深的科研链。其中，"提出问题"是学术论文的"文眼"，体现了研究的先进性和深入性，论述时应观点鲜明、深刻独到。研究方法是与研究目的相匹配的，编辑通过审阅研究方法的表述就可以大致判断该研究的深度。前沿性的方法往往预示着研究涉及机制的探索，如医学研究中的基因组学、蛋白组学、分子生物学、芯片技术、PCR、激光共聚焦等；而传统的免疫组化方法、影像学分析及实验室检测等方法，可能意味着研究停留在功能性层面。

3.3 研究意义客观公允

客观、公正、科学的论述本科研活动的预期结果和意义，也是前言不可或缺的部分，必须合情合理。具体到医学论文中，通常有：本研究建立了实验室新方法、探索了基因与疾病的作用机制、为新药开发提供了实验室证据、为临床治疗提供了新的方向或是验证了某一方法的可靠性等等，均需客观评价[8]。已知内容—提出问题—解决办法—预期结果，是明确的逻辑链。如果预期结果、意义与采用的方法相悖，那么该研究往往南辕北辙，不知所云。

4 结束语

综上所述，一篇有价值的医学论文，前言不可或缺，详略得当、由浅入深、立题充分的前言能紧抓读者的眼球，对于学术成果的传播和交流有至关重要的作用。作者、编辑应对此有足够的重视，进一步加强前言书写的规范化，提升文章价值，推动我国医学科学事业的不断进步。

参 考 文 献

[1] 盛文彦.科技论文写作中的常见错误分析[J].中国科技信息,2015(24):141-142.
[2] 肖丽娟,倪青,孙茂民.医学科技论文编辑的若干业务技巧[M]//学报编辑论丛(2011).上海:上海大学出版社,2011:97-102.
[3] 丁春,万甜.学术论文引言的编辑初审要点[J].编辑学报,2009,21(2):123-124.
[4] 李林.研究生投稿稿件写作问题及编辑策略[J].科技传播,2016,8(24):13-14.
[5] 王寅生.医学论文前言撰写之我见[J].编辑学报,1991(3):150-151.
[6] 陈辉,赵海燕,任玉皎.医学论文前言部分写作的基本要求初探[J].河北医学,2015,21(4):701-702.
[7] 胡炜华,辜小汉,秦晓华.试论提高科技论文的科学性:以医学科技论文为例[J].江西农业大学学报(社会科学版),2006,5(3):158-159.
[8] 王丹娜,陈晶.对医学论文的基本要求和如何撰写前言[J].中国地方病学杂志,2006(5):590-591.

试论科学编辑工作的重要原则
——维护编辑独立性

徐 诺

(哈尔滨工业大学学报编辑部，黑龙江 哈尔滨 150001)

摘要：针对近年科技期刊群体性编辑独立性遭到破坏的事件，分析编辑独立性的内涵与表现形式，制约编辑发挥独立性的因素，提出从吸纳"高精专"人才、明确编辑职责分工、利用政策引导与支撑、行业规范，维护和完善编辑独立性原则，保证办刊质量的基础上打造世界一流科技期刊。

关键词：科技期刊；科学编辑；编辑独立性

科技期刊编辑肩负着传播先进知识和学术成果的使命，是期刊质量的"把关人"。编辑独立性是判断学术成果是否发表的不可或缺的原则之一，是开展任何编辑工作的基础，它滋养着科学期刊的灵魂。

1 问题的提出

近年来，编辑独立性受到学界和出版界的广泛关注。2015年，出版超过50本期刊并聘用5万多名学术编辑的国际开放获取出版公司Frontiers爆发编辑部独立性争议，来自旗下2家期刊的3名主编及28位总编辑认为Frontiers公司以利益最大化而不是提高论文质量，拒绝编辑独立性，并正式提交一份《编辑独立宣言》(*Manifesto of Editorial Independence*)抗议，结果Frontiers以"编辑在达到要求之前拒绝沟通并且拖延出版工作"为由，解雇了这些编辑人员[1]。*Frontiers in Medicine*和*Frontiers in Cardiovascular Medicine*的期刊编辑列举了诸多遭受干涉的问题。*Frontiers in Medicine*期刊前主编Jos Van der Meer认为公司干预编辑的决定，有时为了加快审稿速度擅自撤换论文的责任编辑，甚至在编辑不知情的情况下，自行向作者邀请评论文章。科研领域和出版行业认为Frontiers公司的做法是对编辑独立性的公然挑衅。

2 编辑独立性的内涵

"编辑独立性"(Editorial Independence)又称"编辑自由"(Editorial Freedom)。世界医学编辑学会(World Association of Medical Editors, WAME)认为，主编有权决定其期刊的全部编辑内容及发表时间；编辑能自由地表达关于医学各个方面的负责任的批评意见。期刊所有者不应干涉任何一篇论文的评价、选择、编辑和决策。主编还应当对期刊是否刊登广告或者推广内容，包括是否出版增刊，拥有最终话语权[2]。

国际科学编辑委员会(Council of Science Editors, CSE)从9个方面论述了编辑自由[3]。在接受编辑职位之前，期刊所有者应向编辑提供一份书面声明，明确规定编辑的责任和自主权，包括对编辑内容、论文发表以及广告内容的控制程度，建立防止他人对编辑产生不当影响的机制。

国际出版伦理委员会(Committee on Publication Ethics, COPE)认为在处理编辑与期刊所有者、出版商的关系时，要坚持编辑独立性原则[4]。国际出版物伦理委员会(COPE)有 6 412 家会员，Elsevier、Wiley–Blackwell、Springer、Taylor & Francis、Palgrave Macmillan 和 Wolters Kluwer 等均为 CPE 成员[5]。

国内学者对编辑独立性的理论研究还较少，游苏宁从正确处理编辑与期刊拥有者的关系，提出捍卫编辑独立性的先决条件是提高自身素养及减少对审稿专家的依附[6]；陶范认为应从改变依附关系、培养独立人格、改善编辑环境、完善编辑制度，妥善处理各种关系等方面加强科技期刊编辑的独立性[7]；程翠探究中国医学科技期刊受到"本土主义"、经济利益等因素的影响和制约，应采取合理的措施保证、落实编辑独立准则[8]；张洁、丁佐奇提出广义的编辑独立性的概念，建议科技期刊采取合理的措施保障,完善编辑的独立性原则[9]。本研究主要探析科学编辑职位的编辑独立性的具体表现，探究制约编辑发挥独立性的因素，提出维护编辑独立性的一些建议。

3 科学编辑独立性的具体表现

3.1 独立鉴审选题

独立鉴审选题是编辑独立性的一个体现，也是期刊编辑的首要工作。优秀的科技期刊具有鲜明的特色和定位，编辑依据办刊宗旨、读者对象和学科进展，确定期刊的选题范围和重点领域。*Nature* 杂志一直以编辑独立性为荣。期刊每周收到约 200 篇学术论文，而录取率仅有 8%。面对巨大的投稿量，期刊未聘用编辑委员会，也不隶属于任何特定的科学学会或科学机构，直接由科学编辑而不是审稿人对论文的趣味性和价值作出评判。*Nature* 杂志前主编坎贝尔在接受专访时强调："我们所做的就是发表我们认为有意义的论文，在同行评议人的帮助下，我们的编辑一直是选定文章和做最终决定的人。自然集团的所有期刊都这样"。*Science* 期刊编辑一直维护编辑独立性原则，对不符合要求的稿件，科学编辑在一周左右直接退稿。

3.2 独立分析学术内容

编辑的独立性最重要的一个方面体现在能够独立判断学术内容[9]。学术和期刊界对编辑的认识已经发展到"编辑职业化"模式。欧美国家科技期刊已经形成了规范的编辑出版模式，具有比较完善的出版制度和高标准的职业道德要求[10]。国际知名学术期刊多采用科学编辑责任制模式，编辑扎实的学术功底、独到的见解和认知，能获得科研人员的认可和尊重，实现编辑自由。

长期以来，我国绝大多数科技期刊采用的是依靠同行专家审稿制度，主要根据同行评审意见决定稿件录取与否，编辑未认识清楚自己的权利与责任，因此，编辑独立性原则被忽略。专家评议制度的实施决不意味着取代或削弱编辑部对稿件评审的权利和责任，不能简单地以评审者的多数和少数来判定文章和决定录取与否。编辑应遵循客观、公正、及时的原则，抵制各种人情稿，不违规与被评审稿件的利益相关人员联系，不披露任何未公开的与评审有关的信息，并自觉回避利益冲突[11]。对于"疑议稿"，编辑应依据合理的申诉机制，认真复审，不误判不漏判。

3.3 独立选择审稿人

近年多发的学术不端事件，从侧面反映了科技期刊确实存在编辑独立性的问题。2020 年

4月，施普林格旗下期刊 *Multimedia Tools and Applications* 公布近两年共撤销41篇论文，批评者认为，大规模出事期刊的编辑没有履行编辑独立判断的职责，有把关不严的嫌疑。伪造同行评议是最常见的套路，在稿件评审环节，编辑过于倚重由作者推荐的审稿人。倘若涉事期刊的编辑坚持独立选择审稿人，重视审查审稿人信息工作，类似丑闻是极有可能避免的。

此次 Frontiers 公司事件，编辑集体起草的《编辑独立宣言》中提出两个关注点，一是副编辑(Associate Editor)的决策权高过主编，另外一个是作者可以选择副编辑。在选择副编辑的过程中，作者的权力过大，编辑恰恰失去了独立的决策权，因此期刊编辑认为这违反了操作标准。有一个 Frontiers Research Topics 特刊由客座编辑(Lead Guest Editor)负责直接录取稿件，严重忽视了科技期刊编辑判断学术内容的重要角色，也剥夺了主编判断稿件的终审权利。

3.4 独立约组优质稿件

编辑独立策划个性化选题是很多优秀科技期刊的特色和魅力所在。2019年，*Science* 创刊125周年之际，期刊推出了125个最具挑战性的科学问题，科学编辑邀请不同领域科学家就这些科学问题展开论述，点评当前最新研究进展、展望未来研究。科学前沿问题的提出往往会引入新概念、带来新理论或方法的发展，顶级期刊发布年度科学前沿问题已经成为引导选题策划的基础，有利于提升科技期刊的竞争力。

约组优质稿件是决定期刊学术影响力的重要环节之一。然而在撤稿事件中，特刊文章出了不少问题。Springer 官网显示，集体撤稿的论文多数来自期刊组织的特刊征稿(Special issue)，如"Multi-source Weak Data Management using Big Data"。Elsevier 旗下期刊 *Future Generation Computer Systems* 撤回了13篇论文，其中8篇来自同一期特刊。尽管特刊编辑在组稿的过程中发挥重要的作用，但是期刊编辑仍要坚守独立性原则，从关注稿源国际化、稿件来源、判断学术内容等方面引导特刊出版工作有序地开展。

3.5 独立开展其他活动

编辑具备独立学习并开展其他活动的能力。参会者常通过国际会议的论文摘要和海报展览获知最新研究进展；编辑和其他参会学者讨论有助于精准地提炼出研究问题；经常阅读所在领域的最新文献能够拓展现有研究范围、关注新领域的研究。此外，科学编辑还要善于学习，博览其他领域的研究，这有助于挖掘"交叉"领域的热点话题。

科学编辑在提升期刊影响力方面发挥独特的优势。电气和电子工程师协会(IEEE)旗下杂志的科学编辑每年会在全球科研机构举办 2~3 次讲座，拜访知名学者或参观实验室，了解科技进展的同时，还能向科研人员介绍期刊的发展现状、办刊理念及投稿事宜。这样，一方面抢占优秀稿源，另一方面提升科技期刊在科研机构的知名度。中国科学技术大学潘建伟、赵博等在超冷分子量子调控中取得重要进展，这一研究成果被国际权威学术期刊《物理评论快报》以"编辑推荐"形式抢先发表，这说明编辑独立依靠敏锐的洞察力至关重要。

科学编辑参加学术会议的目的包括了解最新研究进展，与专家建立联系，宣传期刊，完成组稿任务。与学者交流的同时，编辑有时也会受邀，介绍学术论文撰写和期刊情况，并附赠一些期刊宣传材料。笔者曾有幸参加了中国材料大会(2019)和第七届智能材料与纳米技术国际会议(SMN2019)。在中国材料大会上，代表杂志社布置了展台，与《纳微快报》等近十家期刊一起展示。SMN2019 是一个非常出色的国际会议，多名中国院士参加，学术交流非常活跃。会议期间笔者受邀作了期刊报告，同时做报告的还有 Wiley–Blackwell 出版集团旗下 *Advanced Materials* (2018 IF：25.809)期刊的梁多多博士和中国科学杂志社的孙书军博士。事实证明许多优秀期刊的科学编辑能够独立胜任并一直坚持参与和学术内容相关的活动。采取主动出击，自信并稳重地与专家对话，有助于为期刊赢得"主动权"。

4 制约编辑发挥独立性的因素

4.1 编辑岗位职责不清

早期国内科技期刊编辑较少具备博士学历的专业背景，因此在初审的过程中，只注重来稿格式化和标准化的审核，忽略对稿件学术内容和价值的审核[12]。"小而散"的编辑团队，有时还要身兼数职，解决网站技术问题、从事媒体推送，版面费等事务性工作，编辑很容易忽视内容的创新性和前沿性，而这些正是学术期刊核心竞争力的根本。形成鲜明对比的是，国外大型出版集团的编辑职位分类较为齐全，包括由主编、执行主编、科学编辑、编辑助理等在内的学术团队构成科学编辑；以及由助理编辑、出版编辑、管理编辑、校对编辑、版权编辑等构成强大的期刊管理和出版团队。分工明确又协同作业的模式更有利于编辑更好地实现独立性。

4.2 缺少科学编辑及支撑政策

早期对编辑工作的认识停留在编校质量上，将编辑的职责限定在修改格式及文字编辑，忽视专业科学编辑需要极强的专业知识和英文表达能力。因此，在招聘的过程中，并未对学历水平、专业水平及英语水平作严格要求。专业的局限和编辑人员科学专业知识的不足，常常会导致编辑话语权缺失和决策失准。从国家政策层面看出，近些年才提出实现世界一流期刊的目标，对编辑人才的政策较少。以科研领域为例，人才项目数不胜数，如"万人计划""长江学者奖励计划""杰出青年基金项目"等，而期刊出版领域的项目屈指可数。近年在科技期刊行业比较知名的"中国科技期刊国际影响力提升计划"，也仅仅是支持英文期刊的项目，并不是编辑人才项目。

4.3 对编辑缺乏足够的职业认可和尊重

国内学术编辑在社会中的地位普遍偏低，被边缘化的事实，似乎与社会对编辑主体性的认知有关。长期以来，由于把编辑职业定位于"为他人作嫁衣"、是其他学科的附庸，导致编辑及其工作处于被动地位。在实际编辑工作中，大多数编辑主要从事文字编辑工作，存在科学编辑人才缺乏或不被重视的问题[13]。这样，一方面编辑失去了独立性，另一方面对编辑及其职业的轻视，以及编辑由此产生的自轻心理，影响了编辑工作和人才培养。

我国学术期刊的主管、主办单位一般都是高校、科研机构和政府管理学术的部门[14]。一些高校学报还是封闭办刊、观念落后，不参与市场竞争的状态使学报处于劣势地位。长期不作为、不改变使得学校领导失去对学报的信心，很难愿意给予经费支持。笔者参加的一次科研会议上，领导劝吓搞不好科研的人员转岗去学报工作，可见运营不佳的学报不受到领导的重视。还有的领导认为，编辑部是一个不用考虑专业背景的部门，对于引进人才需要安置家属工作问题，编辑部也成了首选部门。参差不齐的人员组成的编辑团队，很难打造一本高水平期刊。

5 维护编辑独立性的建议

5.2 吸纳"高精专"人才

吸纳高学历、精细化专业人才是维护编辑独立性的必要前提条件。许多国际顶级期刊，如

Nature、*Science*、*Cell*都要求科学编辑具备博士学历,所学的专业及其工作经验必须与期刊的专业方向一致。*Nature Medicine*于1995年由自然出版集团创刊,编辑团队囊括9名科学编辑全部获得了博士学位,具有生物医学专业背景,并具有在相关实验室或研究机构工作的经历,学术造诣很深[15]。近年来,国内编辑行业也非常重视编辑人才,数据显示,英文期刊编辑具有博士学历占比约为50%,拥有海外留学背景编辑的编辑部接近六成;超过八成的编辑部招聘要求以硕士、博士为主,高端刊物更是要求海外博士或博士后[16]。这种工作方式反映出很多英文期刊已经采用科学编辑负责制,科技期刊对编辑人才的需求量较大。

5.2 编辑职责与分工明确

明确的职责分工和合理的岗位设置有利于于期刊的健康发展。国内很多编辑部规模较小,基本是处于单打独斗的"小作坊"模式。集群化、集团化、协同办刊是现在编辑部改制的一个方向。编辑的主要任务是分析学术内容、选题和策划。经营者负责期刊的市场定位和开发,把期刊产品推销出去,同时为编辑生产出版物的日常运转提供资金保障,保证学术期刊持久的发展。经营者不参与编辑的业务,但其活动要始终围绕期刊,保持学术期刊向良性发展,这是坚持编辑独立性的最好体现。像 Elsevier 这样的大型出版集团更重视维护编辑独立原则的完整性。在任何情况下,商业或行政方面的任何人都不能参与、干涉甚至评论编辑决策,确保出版物的编辑决策过程与其商业利益完全分离[17]。

5.3 编辑人才支撑政策

建设世界一流强刊,需要通过政策营造良好的出版环境。目前,期刊对科学编辑的学历水平、专业水平及英文水平要求越来越高,为我国期刊行业注入强劲的力量。主办或主管单位应给予一定的经费支持、建立相应的保护机制,提升期刊的自主地位。设置更多类别的编辑研究项目,包括期刊人才项目、适合编辑申请的杰出人才课题及青年编辑课题。只有将编辑人才与科研人才同等对待,才能吸引更多优秀人员从事编辑职业。参照科研绩效考核规定,设置一定比例的绩效奖励,对贡献突出的编辑给予奖励,以提高编辑办刊的积极性。科技期刊本质上属于科研的一部分,鼓励期刊编辑撰写高水平研究论文,在职称评定方面,设置一定比例的专业技术职称名额,以第一作者或通信作者署名的文章应纳入职称评定参考指标。职业的发展与培训、团队稳定性等要素跟上发展的步伐,为科学编辑提供良好的保障条件。

5.4 营造良好的行业环境

编辑和编辑组织有义务维护编辑独立性的原则,并引导国际学术界和非专业社团关注严重违反编辑自由的事件。WAME、COPE 官网定期发布出版物伦理道德的案例分析和针对案例的多元化评论,为编辑同行提供更多的借鉴经验。时代的发展以及国家创办世界一流科技期刊的战略实施,要求我们与时俱进、开拓创新办刊的同时坚守科学道德诚信。科技期刊编辑应该认识到编辑独立性对科技期刊可持续发展的重要性,树立正确的职业目标,努力提升自己,获得对编辑职业的荣誉感,营造良好的行业环境,为保持编辑独立性提供必要的支撑条件。任何编辑工作离不开编辑的独立性思考、决策和创新,做到真正从制度上保护科技期刊的编辑独立性原则。

参 考 文 献

[1]　31 位编辑因"编辑部独立性"与 OA 出版商发生争执[EB/OL].(2015-05-05)[2020-06-08]. editage.cn/insights/

31-wei-bian-ji-yin-bian-ji-bu-du-li-xing-yu-oa-chu-ban-shang-fa-sheng-zheng-zhi-2419.

[2] International Committee of Medical Journal Editor. Recommendations for the conduct, reporting, editing, and publication of scholarly work in medical journals [EB/OL]. (2018-12-01)[2020-06-09]. http://www.icmje.org/recommendations/archives/2018_dec_urm.pdf.

[3] CSE: white paper on publication ethics [EB/OL]. (2018-05-10)[2020-08-13]. https://www.councilscienceeditors.org/resource-library/editorial-policies/white-paper-on-publication-ethics/2-1-editor-roles-and-responsibilities/#211.

[4] COPE. COPE's core practices [EB/OL].(2020-04-10)[2020-08-10]. https://publicationethics.org/core-practices.

[5] 国际出版伦理委员会 [EB/OL]. (2020-04-10)[2020-08-10]. https://baike.baidu.com/item/%E5%9B%BD%E9%99%85%E5%87%BA%E7%89%88%E4%BC%A6%E7%90%86%E5%A7%94%E5%91%98%E4%BC%9A.

[6] 游苏宁.捍卫编辑的独立性[J].编辑学报,2006(5):321-322.

[7] 陶范.科技期刊编辑独立性论析[J].编辑学报,2012(1):22-24.

[8] 程翠.试论医学科技期刊编辑独立性保障[J].出版广角,2012 (9):82-83.

[9] 张洁,丁佐奇.再谈科技期刊编辑的独立性[J].编辑学报,2020,32(2):222.

[10] 李军纪.简论编辑自主性[J].编辑之友,2008(4):87-88.

[11] 丁佐奇.学术期刊建立申诉机制的实践研究及启示[J].编辑学报,2018,30(3):237-240.

[12] 舒安琴,徐川平,王东,等.编辑对循证医学稿件的审核要点与学术能力提升[J].编辑学报,2016,28(6):595-597.

[13] 李文娟,张红霞."双一流"建设契机下高校学术期刊编辑人才的发展之路[J].中国科技期刊研究,2019,30(1):64-69.

[14] 何进平.论学术期刊独立性与编辑自主性[J].天府新论,2010(3):151-154.

[15] 骆筱秋,王晴,袁鹤,等.从国际知名医学期刊看"科学编辑"[J].中国编辑,2018(9):66-69.

[16] 程磊,徐佳珺,姜姝姝,等.我国英文科技期刊编辑人才队伍现状及对策[J].中国科技期刊研究,2019,30(9):989-996.

[17] Elsevier editorial independence [EB/OL]. (2020-04-08)[2020-08-09]. https://www.elsevier.com/about/policies/editorial-independence.

浅谈校对工作的现状与对策

金 鑫

(上海大学出版社，上海 200444)

摘要：校对旨在确保校样与原稿内容一致的基础上，核校编辑稿件中存在的各种差错。校对是编校工作中的重要环节，其对确保稿件质量的重要性不言而喻。然而，当前重编轻校的现象却十分普遍。本文简要分析了这种现象产生的原因，并结合工作实际，从三个方面探讨在当前形势下提升校对质量的有效措施，供同仁参考。

关键词：校对；重编轻校；编校合一；校对法；智能校对软件

什么是校对？校对，我国古时称其为"校雠"或"雠校"。《文选·魏都赋》中说："雠校，一人读书，校其上下，得谬误为校。一人持本，一人读书，若怨家相对。"指的就是校对工作。我国的校对历史源远流长，早在先秦时期，校对就已经存在。儒家学派创始人孔子通过整理编订《六经》开了编辑、校对的先河。校对是保证出版物质量的重要环节，是对编辑工作的继续、补充和完善。校对以原稿为准，主要任务包括核查校样稿中的排版错误，发现原稿中的错漏和不妥之处，核实校样中的人名、职名、地点、组织机构名称、时间、数字、引文来源、重要事实等，解决和消除校样中存在的任何疑点，保证校样的质量。

新闻出版署 1997 年颁布的《图书质量保障体系》规定：必须坚持"责任校对制度和三校一读制度"。这两个制度是校对的基本制度，也是肯定校对在图书质量保障体系中重要性的基本制度。校对是编辑出版中必不可少的重要环节，对从业人员的知识综合应用能力要求很高[1]。然而，实际的图书编辑出版工作对校对很不重视，很多编辑部门没有专门的校对人员，校对由编辑兼职或者由排版人员完成，毫无保障。缺乏必要责任担当的校对，对图书出版的质量产生重要影响[2]。2017 年华东师范大学哲学系教师钟锦发布了一封《致上海世纪出版集团总裁的公开信》，信中指出，上海古籍出版社出版的很多书籍存在质量问题。这封信在社会上产生了广泛影响，掀起了一股关注图书出版质量的热潮，由此也暴露出图书出版更多的质量问题。编校质量是出版的生命线，在出版工作中校对工作和编辑工作同样重要。为了全面提升图书出版的质量，提升校对的质量，本文拟从工作实践出发，在综合分析我国出版校对工作背景的基础上，总结当前校对工作存在的主要问题，并针对这些问题提出改进建议，以供相关同仁参考。

1 出版工作中校对工作现状

校对这项本该在出版环节中占据重中之重的工作在实际工作中只是充当配角，重编轻校的现象在众多出版单位中屡见不鲜，突出表现在：①编辑和校对人员的配置比例严重失调，与编辑人员相比，校对人员的数量可以忽略不计，很多单位甚至没有专门的校对人员，校对工作由编辑人员兼职,将编辑与校对工作合二为一,在编辑审稿时简化或省略校对环节[3];②编辑和校对人员能力要求显著不同,在招聘编辑人员时,要求应聘人员必须高学历、高水平,而在招聘校对从业人员时,对应聘人员的学术水平要求则很低;③待遇不同,编辑人员一般是出版部门的正式员工,而校对人员很多都是非正式编制人员,或是新进人员先在校对部门进行轮值锻炼,等其开始掌握初步的校对技能时,又将其从校对部门调出。

无论是"重编轻校",还是"编校合一"的出版现状,笔者认为主要由以下几个方面所造成:①降低出版成本,互联网的快速发展给传统出版业带来巨大冲击,为了应对市场日益压缩所带来的困境,各出版单位都在精简支出,尽量降低出版成本,人尽其用,以求能在市场竞争中求得生存;②对校对工作重要性普遍重视不够,虽然各项制度都规定要对编校一视同仁,但在实际操作中,普遍存在编为主、校为辅的观念,甚至认为校对可有可无,完全可以实行编校合一的工作模式;③人员编制已满,如要招聘校对人员只能通过企业招聘的方式进行选拔,导致应聘的校对人员人才凋零,高素质的人才不愿意前来应聘,校对队伍无法充实和发展壮大[4];④对于一些学术性、专业性强的期刊,由于其期刊周期性运转的特性,使得校对工作受到了一定的时间限制,只能有编辑人员自行完成校对工作[5]。

2 提升校对质量的有效措施

2.1 积极处理好校对与各个环节之间的关系

2.1.1 处理好校对与作者的关系,提高稿件校对准确率

校对人员与作者的交流是一种跨越时间和空间的交流。开始时,这种交流是非直接的、通过样稿的邮寄来传递信息。校对人员从稿件的字里行间了解作者在稿件中想要表述的观点和立场,作者在校稿的标注中获悉校对人员对稿件的困惑与不解。当双方的了解达到一定程度且不能用稿件传递的形式解决时,这种交流就变成了直接交流。校对人员和作者均可通过微信或网络视频电话等多种形式完成对稿件的深入解读。一般情况下,稿件越专业,需要直接交流的情况越多。在此过程中,校对人员要与作者建立密切的联系,认真听取作者对文章所做的解释,对于不明白的问题,要主动向作者请教,只有这样,才能做到核校过程中准确理解和把握文章的主旨,掌握文章的精髓,才能校对、校好文稿。良好的合作关系能使校对人员和作者的各项交流变得畅通无阻,还能相互学习,拓宽知识面,适当提升校对人员的专业技能和知识素养,提升工作技能。与此同时,作者也会因此而改善对校对人员的工作态度,对校对环节发生改观,逐渐认识到校对工作的重要性,进而对该出版单位留下深刻的印象,甚至以后有了其他成果,也会主动与该出版单位对接[6]。

2.1.2 处理好校对与编辑的关系,创造和谐协作的工作氛围

把校对与编辑的关系可以说是稿件处理环节中最为重要的环节。虽然编辑与校对相辅相成、互为依托、密不可分,但是因编辑与校对的关注侧重点不同,业务专攻方向不同,所以一个也不能少。

编辑的主要任务是根据市场需求,策划选题,确定作者组稿,并对其稿件加以组织整理,经排版后变成样稿,然后再以通读稿件的流线型方式分析稿件内部的逻辑联系,准确把握逻辑性方面的问题,找出差错加以改正。因此,编辑的侧重点是"线"。而校对则是对其所拿到的样稿,依据职责,进行认真的校对,既检查校正排版录入的错误,又通过审读稿件,发现编辑和作者的疏漏,提出质疑。因此,校对的侧重点是"点"。这些"点"落实到字、词、标点等每

一个细微之处，不仅包括对稿件漏字、多字、错别字、形近字、同音字的把关，还涵盖了对字体、字号、公式、标点、目录与正文标题的统一、注文与注图的一致、图表与正文顺序的衔接、外文的转行以及外文大小写、正斜体的规范等的处理。此外，校对人员还可以通过发现稿件中思想上、政治上、常识性方面的差错，向编辑提出质疑，承担起技术整理、监督检查的责任，为后续编辑工作的开展提供帮助。处理好与编辑的工作关系，有利于更好地提升稿件的编校质量，改善编辑对校对工作的认识，通过推心置腹地沟通与交流，让编辑从潜意识中认识到校对工作的重要性，认识到校对与编辑既相互依存，又相互独立，从而改变重编轻校的观念，提升校对在出版工作中的位置。一篇稿件只有做到了"编辑消源、校对净后"，质量才能得到切实保障。校对与编辑两者的工作不应区别对待，而要共同成长[7]。

2.1.3 通过处理好校对与出版的关系，多做有用功，屏蔽无用功

校对与出版的联系主要发生在印前排版环节。对于某些手写稿、影印稿等无电子稿的稿件，图书排版人员在排版操作之前需要进行文字录入操作。排版人员有时会因为原稿字迹模糊而辨认不清，或是自身键盘操作不当，发生了错误的录入，这使得录入的校样相比原稿件差错增加，造成后续稿件的反复修改，做了很多无用功。在处理此类稿件的校对工作时，校对人员应与录入排版人员相互理解、相互尊重、宽以待人、严于律己、不急躁、不抱怨，认真校对样稿，发挥自己的优势，与排版人员相互提携、相互学习，多做有用功，希望通过自己的努力将低质量的录入稿件变成高质量的校样稿，为后续编辑工作的开展发挥自己的作用。

2.2 提升个人素养，改善校对质量

2.2.1 端正工作态度

校对是确保稿件质量的一个关键环节，如果校对工作出现纰漏，那么稿件质量必然会存在问题。校对人员要帮助编辑找出稿件中的隐患，在校对中感觉有疑点的地方就要标出来，与编辑大胆地探讨、协商，不放过任何一个疑点。校对人员要有"为他人做嫁衣"的心态，这就需要高度的责任心和勇于担当、挑战难关的气度。校对工作源于热爱，校对人员要给自己定好位，要有"鸡蛋里挑骨头"的钻劲和咬文嚼字的韧劲，在精神上和体力上予以付出，排除一切杂念，把心态摆正，否则三心二意、满腹牢骚是做不好校对工作的。只有去除浮躁，才能真正静下心来做好校对工作[8]。

校对工作还因其职业的特殊性，有着单调性的特点。因此在工作中，校对人员要始终保持斗志激昂、神情专注的状态，做到眼到心到，这是一件非常不容易的事情。任何人都会犯错，所以在工作中校对人员需要时刻提醒自己，克服侥幸心理，在错误中总结教训，不要在同一个地方跌倒两次；有时前一校次没发现的问题，不代表这一校次没有问题；某种类型的校对错误很少，不代表其他类型的错误就没有；一部稿件前部分内容的校对差错率很少，不代表后半部分就可以精神松懈、掉以轻心。校对人员不应轻言放弃，需要尽心尽力，直到把整本稿件校对完最后一个字，才算有始有终[9]。

2.2.2 选用科学校对法，提高校对技能

校对是一门技术活，常用的校对方法有很多种，如比较法、对校法、读校法、通读法等。

比较法，是将原稿逐行折叠，使原稿上的每一行文字与校样上相对应的文字排齐，逐字进行校对，当校完上行时，再将原稿折到下一行继续进行校对，这种方法又称其为"死校法"。校对人员只对原稿负责，原稿是什么样就是什么样。它的优点是，原稿上的文字与校样上对应的文字相距很近，有利于比较和发现校样错误，所以不仅校对速度高，而且节省校对体力。

但是这一校对只是单纯的"校异同",即根据原稿校对清除清样上的差错。另外,由于折叠原稿和推开原稿并标注错误时也浪费了校对时间。

对校法,是指校对时将原稿放在左边,校样放在右边,先看原稿,再看校样,一句一句核对,这种方法又被称为"点校法"。这一校对法的优点是,原稿和校样各看一次,有利于发现错误;缺点则校对人员容易疲劳,而且所有文字都要看两遍,速度较慢。这种点校法现今一般是在整个稿件完成编辑和三校付印前,发现整本稿件还存在少数分散的错漏需要改正时,才进行的点对点的扫尾清稿工作。

读校法,是指多人合作的校对方法,其中一人读原稿,另一人或二三人核对校样,又叫"唱校法"。读原稿者不仅要读出每个文字、标点、符号,还要读出版面格式(如另起一段、另页、空行等)。读校法简单而有效,著名教育家叶圣陶先生就曾指出:"吟诵的时候,对于讨究所得的不仅理智地了解,而且亲切地体会,不知不觉之间,内容与理法化而为读者自己的东西了,这是最可贵的一种境界"。因此,吟诵的原稿利于校对人员理解稿件内容,体会其中深意,从而发现差错。但由于读校时,版面格式和同音字、近音字的差错不易被发现,所以读校法不适于初校和校对公式、表格、外文较多的专业书籍。

通读法,是不看原稿,只读校样,是一种层次更高、难度更大的校对方法,这种活校法的主要任务是"校是非"。校对人员要运用自己的知识储备,调动理解能力,努力改正文稿中存在的政治性、思想性、常识性差错,在遇到人名、地名、数字、生僻词或有任何疑问时,及时查对原稿[10]。

在实际校对工作中,我们不能只用单一的校对法来处理样稿,而应科学地将多种校对法相互结合,以原稿的顺序进行全面的校对,不跳跃式地抽检校对,处理不同问题使用不同的校对法,加强对形近字、近义词、同音字的仔细辨认,对正、反义词放慢校对速度、多加关注,检查版式前后的统一和标点的前后逻辑性,对容易出错的地方多加留意;更有甚者可以采用交叉校,发挥团队优势和集体智慧,打破校对中容易出现的弊端——同一稿件一个人反复多次也不能发现差错,充分发挥交叉校的优势,减少遗漏。

2.2.3 熟悉相关法律法规,提高工作质量

正确的方向决定最终的胜利。校对工作的开展也需要法律法规的指导和规范。有许多编辑出版和编校质量管理方面的法律法规,都是校对人员必须熟悉和掌握的,例如《图书编校质量差错认定细则》《校对符号及其用法》《图书质量管理规定》等。校对人员要用好不同的法律法规,指导自己的校对工作。例如,用《图书校对工作基本规程》规范校对工作,因为它是校对理论与校对实践相结合的产物;用《学术出版规范》为标准,校对注释和参考文献,使其规范统一;以《通用规范汉字表》为依据,来校对繁体字、异体字的使用是否正确;用《出版物上数字用法》来规范数字使用;用《标点符号用法》来规范汉字标点书写的问题,等等[11]。

除了用以上专业性的法律法规和标准来指导校对工作,校对人员还要积极学习其他的相关政策规定,对于新闻出版管理机构颁布的政策,有些是正式法规,有些则是专项规定,在日常工作中要有充分了解和把握。例如《新闻出版保密规定》要求遵守保密制度,做好保密工作。所以校对人员需要把握政策标准,把稿件中具有保密性要求的内容加以删除,确保不对外公开泄露。

2.3 科学利用前沿技术(人工智能校对软件)来提高校对效率

随着互联网技术和计算机技术的飞速进步,人类进入了智能发展时代,许多产业都已开发出各自的职能产品,校对也不例外。无论是中文文字校对,还是英文文字校对,都有相应的校对软件被研发出来。目前常用的中文核校软件有"黑马文字校对"和"方寸无忧校对"。这些校对软件能够在很短的时间内识别出大量常用的语言表达错误,降低人力成本,克服人工校对的生理缺陷,对于解决校对人员配备不足、工作量大、出书周期短等问题起到了很大的帮助。实践已经充分证明,使用智能校对软件对已经过三审三校并完成多次通读的稿件进行检查,还能发现一些被忽略的错别字[12]。这说明智能校对软件对保证校对质量深有裨益。

但是,智能校对软件的核校主要依据于固化在其中的常见错别字和语法结构,并不能代替人脑思维,所以依然存在许多缺陷和不足,主要表现在:①误报率偏高,智能软件在检查待校文稿时,由于缺乏进一步的审核机制,所以对于不一致的地方,误报的情况比较明显,需要人工再次校对核实;②整句话的纠错能力不高,现有的智能校对软件只能简单对比字词库,在语义层面上还不能具体问题具体处理,所以无法校对逻辑性的错误,不能发现文稿中的先后因果以及并列不当的逻辑错误;③对图表、公式以及版式的校对能力薄弱,现有的智能核校软件只停留在文本层面,无法校对图文不符、图序错误、版面格式不统一等问题;④对古籍书的处理能力不足,由于古籍以文言文为主,用字少,语法结构较普通稿件更为复杂,加上通假字等情况比较普遍,所以校对软件基本无法识别并处理。由此可见,目前放弃人工校对,完全依托智能校对软件,是不现实,也不科学的[13]。

因此,为了充分发挥智能软件的优势,避免其弊端,校对人员必须学会使用智能校对软件,将智能校对软件与人工校对结合起来,协同工作。

校对软件是机械性的,没有理性的思维和判断能力,无法识别出超越其设置和既定知识容量之外的错误,但能以有限的词为单位,识别出文稿中所有与既定设置相悖的问题。人工校对具有理性的思维,能够完全识别和掌握文稿中所有字、词、句、段落的意思,识别出常识性错误,理清文章中各种逻辑关系,但由于精力所限,会忽略稿件中的某些细节。因此,校对软件能够在一定程度上弥补人工校对的不足,人工校对是校对软件正确率和完整性的有效保证。开展人机协同工作,需要校对人员在平时不断加强技能学习,实时了解最新的智能校对软件的操作技巧,熟练其性能,明确其优势,知道什么样的稿件需要用校对软件来处理问题,什么样的情况下需要人工校对,从而最大限度地提升校对质量,加快校对速度。让智能软件多处理"校异同"的工作,将其在"校异同"的方面发挥到极致,减少人工校对在"校异同"上花费的精力,把更多的精力安排在"校是非"的环节,充分发挥主观能动性,积累经验,更新自身知识结构,提高自身对逻辑语法差错的敏感度,更快地发现问题、提出质疑[14]。

3 结束语

在出版工作中编校一体,校对工作和编辑工作同样重要,不应被忽视。我们要在工作中减少重编轻校情况的发生,让编校一起和谐发展。校对人员应多积累、多分析、多交流,坚持与时俱进,从思想上加以重视,在工作中以严谨细致、精益求精的态度来积极对待,并找准定位,努力提升自我素养,妥善处理好自身与作者、编辑、出版人员等的关系,学好用好适合的校对方法,掌握并利用国家标准及行业规范,结合最先进的智能校对软件,开展人机协同工作,才能以最优化的组合方式完成校对,使校对后的稿件质量符合国家新闻出版署规定的标准，令广大读者获得更优质的精神食粮，出版事业就能更加繁荣昌盛，谱写出新的篇章。

参 考 文 献

[1] 李香.对创新校对工作的思考[J].新闻世界,2012(7):26-27.
[2] 国廷生.图书质量问题及其根源分析[J].现代出版,1995(4):42-43.
[3] 张琪.论期刊校对[J].长江大学学报:社会科学版,2014(8):121-123.
[4] 赵春,韩廷俊,万惠琴."编校合一"模式下社科类学术期刊校对质量控制[J].传播与版权,2017(11):41-44.
[5] 玛英.论强化学术期刊校对工作的原因与对策[J].传播与版权,2016(6):46-47.
[6] 胡育.提高科技期刊校对质量的几点措施[J].长江工程职业技术学院学报,2015(2):63-64.
[7] 谭玉先.校对在出版工作中的地位及其和编辑的关系[J].传播力研究,2019(33):145-146.
[8] 王鹤远.议社科期刊的校对工作[J].经济技术协作信息,2015(23):33.
[9] 任凤鸣.文稿校对工作杂谈[J].江苏政协,2016(6):36-37.
[10] 赵红海.如何精准校对文稿[J].秘书工作,2018(12):38-39.
[11] 李建平.浅谈如何做好校对工作[J].传播与版权,2017(10):59-61.
[12] 胡佩,李小青.人工智能校对的应用前景分析[J].现代出版,2019(2):59-61.
[13] 张睿.人工校对不可取代[J].出版参考,2018(5):71-72.
[14] 张欣.浅析现代校对的发展趋势[J].出版科学,1998(4):40.

航海类书刊编校常见差错类型

王 露

(上海海事大学,上海 201306)

摘要: 分析航海类书刊编校中常见的问题,将其归纳为量符号使用差错、航海术语使用差错、规范字使用差错。然后根据行业的相关国家标准和专业规范,以及航运业相关专家的意见,给出建议采用的规范用法,以期对航海类书刊编校人员提供借鉴。

关键词: 书刊编校;差错类型;航海专业;专业名词;专业术语;规范表达

书刊出版要将社会效益放在首位,同时兼顾经济效益,而书刊质量是保证社会效益和经济效益,尤其是社会效益得以实现的重要途径,航海类书刊也不例外。由于特殊的行业性质,航海类书刊中经常出现与国家标准不统一、易混淆且用法不规范等情况,因此笔者在对航海类书刊编校中常见问题分析的基础上,将其归纳为以下几类。

1 量符号使用差错

量不能随意编造,都有各自的名称及标准化的符号,如力的量符号为F,时间的量符号为t,体积的量符号为V等,详见GB 3102.1~GB 3102.13。

在科技书刊中,量符号表示不规范是常见的问题,特别是错误地用2个或2个以上的字母构成一个量符号,而这在航海学科中尤为普遍且习以为常,如错误地将缩写词直接作为量符号使用。

1.1 实例举隅

例1:

(1) $TB = TC + Q$, $GB = GC + Q$, $MB = MC + Q$, $CB = CC + Q$,规范用法:
$$B_T = C_T + Q, \quad B_G = C_G + Q, \quad B_M = C_M + Q, \quad B_C = C_C + Q$$

(2) $TC = CC + \Delta C = GC + \Delta G = MC + Var$,规范用法:
$$C_T = C_C + \Delta C = C_G + \Delta G = C_M + \Delta C_{Var}$$

(3) $LHA = GHA \pm \lambda_W^E$,规范用法:
$$\Omega_{LHA} = \Omega_{GHA} \pm \lambda_W^E$$

(4) $CE = GMT - CT$,规范用法:
$$t_{CE} = t_{GM} - t_C$$

(5) $GMT = ZT + ZD$,规范用法:
$$t_{GM} = t_Z + t_{ZD}$$

(6) $GM = KB + BM - KG = KM - KG$,规范用法:
$$h_{GM} = h_{KB} + r_{BM} - h_{KG} = h_{KM} - h_{KG}$$

(7) $NDW = DW - \sum G - C$,规范用法:
$$m_{ND} = m_D - \sum G - C$$

注:普通高等教育"十一五""十二五"国家级规划教材《航海学》《船舶原理》《海上货物运输》《船舶货运》等[1-9],以及航海类专业期刊[10-15]。

1.2 应对策略

国家标准对量的符号及其使用作出的规定具有普遍意义。虽然各个学科也有自己特殊的、具体的量,但在国家标准中常常无从查找这些量的名称和符号。

由于航海的特殊行业性质,针对上述问题,笔者根据《航海科技名词2016》[16]《船舶工程名词2016》[17]和《天文学名词2016》[18]等专业规范,以及新闻出版总署科技发展司和新闻出版总署图书出版管理司制定的《作者编辑常用标准及规范》[19]等行业标准,对航海类书刊中有关量的主符号进行了规定:航向的英文为course,符号为C,方位的英文为bearing,符号为B,[磁]罗差的英文为compass error,符号为ΔC,故量的主符号应分别为C、B和ΔC;半径、球面角、距离、时间、质量、长度、高度、体积、力和力矩等量的主符号分别为r、Ω、d、t、m、l、h、V、F和M;由于航海学科中用d表示吃水,因此将吃水量的主符号定为d;地方平时和视太阳时在航海学科中的代号分别为T和T°,因此LMT和LAT的量符号应分别为T和T°;总吨和净吨虽然从其定义可知其单位应为m³,但是在行业实践中没有明确其具体单位,因此其量的主符号在国家标准中无从查找,笔者根据行业内有关专家学者的意见将总吨和净吨量的主符号暂定为T。如表1所示。

表1 航海类书刊中有关量符号及其规范用法

序号	中文名称	英文名称	缩写	定义	规范量符号
1	真航向	true course	TC	测者真北线顺时针到航向线之间的夹角	C_T
2	真方位	true bearing	TB	测者真北线顺时针到物标方位线之间的夹角	B_T
3	陀螺航向	gyrocompass course	GC	陀螺北方向线(陀螺罗经刻度盘的0°)顺时针到航向线之间的夹角	C_G
4	陀螺方位	gyrocompass bearing	GB	陀螺北方向线顺时针到物标方位线之间的夹角	B_G
5	磁航向	magnetic course	MC	磁北(磁针N端所指的方向)方向线顺时针到航向线之间的夹角	C_M
6	磁方位	magnetic bearing	MB	磁北方向线顺时针到物标方位线之间的夹角	B_M
7	罗航向	compass course	CC	磁罗经北(罗北)方向线(磁罗经刻度盘的0°)到航向线之间的夹角	C_C
8	罗方位	compass bearing	CB	罗北方向线顺时针到物标方位线之间的夹角	B_C
9	计划航迹向	course of advance	CA	真北线顺时针到计划航(迹)线的夹角	C_A
10	推算航迹向	course made good	CG	真北线顺时针到推算航(迹)线之间的夹角	C_G

序号	中文名	英文名	缩写	定义	符号
11	艏向	heading	Hdg	船舶某一瞬间的船首方向	C_{Hdg}
12	磁差	variation	Var	磁北偏离真北的角度	ΔC_{Var}
13	天体视半径	semidiameter	SD	地球表面所看到的天体半径角	r_{SD}
14	赤纬	declination	Dec	天赤道与天体中心在天体时圈上所夹的大圆弧距	Ω_{Dec}
15	天体格林时角	greenwich hour angle	GHA	在天赤道上由格林午圈始向西度量到天体时圈的大圆弧距	Ω_{GHA}
16	天体地方时角	local hour angle	LHA	测者午圈与天体时圈在天赤道上所夹的大圆弧距	Ω_{LHA}
17	赤经	right ascension	RA	从春分点起,沿天赤道向东度量到天体时圈的大圆弧距	Ω_{RA}
18	共轭赤经	sidereal hour angle	SHA	从春分点起,沿天赤道向西度量到天体时圈的大圆弧距	Ω_{SHA}
19	春分点格林时角	greenwich hour angle of aries	GHAγ	在天赤道上由格林午圈始向西度量到春分点的弧距	$\Omega_{GHA\gamma}$
20	春分点地方时角	local hour angle of aries	LHAγ	在天赤道上测者午圈与春分点所夹弧距	$\Omega_{LHA\gamma}$
21	东西距	departure	Dep	起始点与到达点间所在纬度的纬度圈弧长	d_{Dep}
22	纬度渐长率	meridianal parts	MP	海图上各纬度线的纬度与赤道之间的子午线图长	d_{MP}
23	纬度渐长率差	difference of meridianal parts	DMP	起始点与到达点间的纬度渐长率差	d_{DMP}
24	最近会遇距离	distance to closest point of approach	DCPA	船舶会船(相互驶过)时相互间的最近距离	d_{CPA}
25	最近会遇时间	time to closest point of approach	TCPA	他船驶抵距本船最近会遇点的时间	t_{CPA}
26	海图深度基准面	chart datum	CD	海图上标注水深的起算面和干出高度的起算面,通常也是潮高的起算面	h_{CD}
27	潮高基准面	tidal datum	TD	计算潮高的起算面,一般为海图深度基准面	h_{TD}
28	大潮升	spring rise	SR	从海图深度基准面至平均大潮高潮面的垂直距离	h_{SR}
29	小潮升	neap rise	NR	从海图深度基准面至平均小潮高潮面的垂直距离	h_{NR}
30	平均高潮间隙	mean high water interval	MHWI	某地的月中天时刻至该地出现高潮时的时间间隔的长期平均值	t_{MHWI}
31	平均低潮间隙	mean low water interval	MLWI	某地的月中天时刻至该地出现低潮时的时间间隔的长期平均值	t_{MLWI}
32	平均大潮高潮面	mean high water spring	MHWS	大潮期间高潮位的平均值	h_{MHWS}
33	平均大潮低潮面	mean low water spring	MLWS	大潮期间低潮位的平均值	h_{MLWS}
34	平均小潮高潮面	mean high water neap	MHWN	小潮期间高潮位的平均值	h_{MHWN}

35	平均小潮低潮面	mean low water neap	MLWN	小潮期间低潮位的平均值	h_{MLWN}
36	平均高高潮	mean higher high water	MHHW	同一太阴日中的两次高潮的高度不等，其中较高的一次高潮的长期平均值	h_{MHHW}
37	平均高低潮	mean higher low water	MHLW	同一太阴日中的两次低潮的高度不等，其中较高的一次低潮的长期平均值	h_{MHLW}
38	平均低高潮	mean lower high water	MLHW	同一太阴日中的两次高潮的高度不等，其中较低的一次高潮的长期平均值	h_{MLHW}
39	平均低低潮	mean lower low water	MLLW	同一太阴日中的两次低潮的高度不等，其中较低的一次低潮的长期平均值	h_{MLLW}
40	最低天文潮面	lowest astronomical tide	LAT	在平均气象条件下和在结合任何天文条件下，可以预报出的最低潮位值	h_{LAT}
41	最高天文潮面	highest astronomical tide	HAT	在平均气象条件下和在结合任何天文条件下，可以预报出的最高潮位值	h_{HAT}
42	平均海面	mean sea level	MSL	根据长期潮汐观测记录算得的海面平均高度	h_{MSL}
43	天文钟时间	chronometer time	CT	天文钟上读取的时间	t_{C}
44	秒表时	watch time	WT	秒表上读取的时间	t_{W}
45	时差	equation of time	ET	同一时刻视时与平时的时间差值	t_{E}
46	天文钟误差	chronometer error	CE	世界时与天文钟时间之差	t_{CE}
47	格林平时	greenwich mean time	GMT	从格林尼治子圈开始起算的平时	t_{GM}
48	地方恒星时	local sidereal time	LST	在周日视运动中，春分点由某地午圈起，向西运行所经历的时间间隔	t_{LS}
49	格林恒星时	greenwich sidereal time	GST	在周日视运动中，春分点由格林午圈起，向西运行所经历的时间间隔	t_{GS}
50	船时	ship's mean time	SMT	船上的船钟所指示的时间	t_{SM}
51	区时	zone time	ZT	时区中线上的地方时	t_{Z}
52	时区号	zone description	ZD	时区号	t_{ZD}
53	地方平时	local mean time	LMT	从某测者子圈开始起算的平时	T
54	视太阳时	local apparent time	LAT	太阳中心由某测地子圈起，向西运行所经历的时间间隔	$T^{\odot}$
55	每厘米吃水吨数	tons per centimeter immersion	TPC	平均吃水变化1厘米时所需要加减载荷的吨数，或平均吃水变化1厘米时，船舶排水量(或总载质量)的变化量	m_{PC}

56	每厘米纵倾力矩	moment to change trim per centimeter	MTC	船舶吃水差每变化1厘米所需的纵倾力矩值	M_{TC}
57	初(横)稳心半径	initial metacentric radius	BM	初(横)稳心到浮心之间的距离	r_{BM}
58	初稳心高度	initial metacentric height	GM	船舶正浮或小角度倾斜时横稳心与重心之间的垂向距离	h_{GM}
59	浮心距基线高度	vertical center of buoyancy above baseline	KB	浮心距基线的垂直距离	h_{KB}
60	稳心距基线高度	initial metacentric height above baseline	KM	稳心距基线的垂直距离	h_{KM}
61	重心距基线高度	height of center of gravity above the baseline	KG	重心距基线的垂直距离	h_{KG}
62	积载因数	stowage factor	SF	积载每吨货物的所占据的立方米容积	V_{SF}
63	复原力臂	righting lever	GZ	重心至倾斜后浮力作用线的垂直距离	l_{GZ}
64	形状稳性力臂	lever of form stability	KN	基点至倾斜后的浮力作用线的垂直距离	l_{KN}
65	重量稳性力臂	lever of weight stability	KH	基点至倾斜后的重力作用线的垂直距离	l_{KH}
66	剩余静稳性力臂	lever of residuary stability	MS	稳心至倾斜后的浮力作用线的垂直距离	l_{MS}
67	淡水超额量	fresh water allowance	FWA	由标准密度海水水域进入标准密度淡水水域时船舶平均吃水的变化值	d_{FWA}
68	半淡水超额量	semi fresh water allowance	SFWA	由标准密度海水水域进入半淡水水域时船舶平均吃水的变化值	d_{SFWA}
69	安全工作负荷	safe working load	SWL	经正确安装的起重设备在设计作业工况下,证明能吊起的最大静载荷	F_{SWL}
70	最大系固负荷	maximum securing load	MSL	用以确定系固设备系固货物时所允许的最大负荷能力	F_{MSL}
71	总载质量	dead weight	DW	船舶在任意吃水时所有载荷的总质量	m_D
72	净载质量	net dead weight	NDW	船舶在具体航次中所能装载货物的最大质量	m_{ND}
73	总吨	gross tonnage	GT	按吨位规范丈量核定的船舶总容积	T_G
74	净吨	net tonnage	NT	按吨位规范丈量核定的有效容积	T_N

2 航海术语使用差错

术语,可以是词,也可以是词组,是在特定学科领域用来表示概念的称谓的集合,是通过语音或文字来表达或限定科学概念的约定性语言符号,是思想和认识交流的工具,其用来正确标记生产技术、科学、艺术、社会生活等各个专门领域中的事物、现象、特性、关系和过程。在我国,术语又被称为名词或科技名词(不同于语法学中的名词)。不同的文化有不同的术语,文化与术语如影随形。因此,随着社会的发展进步,使用规范的术语具有重要的意义。

由于特殊的行业性质,航运业中经常会遇到不规范的、易混淆的术语,给航海类书刊编辑出版和读者阅读理解带来诸多不便。

航海类书刊中有关术语的常见差错可归纳为以下2类。

2.1 术语使用不规范

2.2.1 实例举隅

例2 后石电厂进港航道从厦门湾10万吨级航道B点接入,航道长约4.6 n mile、宽250 m,走向303°—123°……(《航海技术》[21])

例3 从目前散货船发展趋势来看,散货船仍在向大型化发展,现有订单散货船的平均载重吨已达8.66万t,8万t级以下船舶所占比重将明显减少,而15万~30万t级船所占比重将明显增加,特别是25万t级以上船将成倍增加。说明25万t级以上干散货船得到船东普遍青睐,将继15万~20万t级船之后成为铁矿石远洋运输的主力船型之一……

……为保证操船安全,船舶与航道底边间的富裕宽度分别增加1倍C,取为1.5B……(《港工技术》[22])

例4 船舶经过浅水区域时,会出现船体下沉、纵倾变化和操纵性能变差等现象,为避免搁浅、触底等险情的发生,必须合理考虑船底与河底的安全距离,即保留足够的富裕水深……(《中国水运》[23])

2.2.2 应对策略

例2~例4代表了几种典型的不规范的航海术语用法,其中:航道走向303°—123°,由于航道、码头的走向是从不同方向测量的,相差180°,因此用一字线是错误的,规范的用法为航道走向123°/303°;吨级是表示船舶吨位大小的单位,其是一个范围,不能写成t级;富裕是指充裕丰富,常指财富,富余是指足够而有剩余,因此富裕水深、深度、宽度的规范用法分别为富余水深、深度、宽度。

常见的不规范字及其规范用法如表2所示。

表2 常见的不规范字及其规范用法

不规范字	规范字
船舶的里挡、外挡,里档、外档	船舶的里当、外当
富裕水深、深度、宽度	富余水深、深度、宽度
了头,了望	瞭望
趟航	淌航
粘度	黏度
噪音	噪声
积碳	积炭

常见的不规范的航海术语及其规范用法如表3所示。

2.2 易混淆的航海术语

2.2.1 首与艏、中与舯、尾与艉

根据康熙字典:艏,指船的前端或前部;舯,指船体的中部;艉,指船体的尾部。《现代汉语词典》[24]亦有此解释。

表3 常见的不规范的航海术语及其规范用法

不规范的术语	规范的术语
旋回水域	回旋水域
国家海事局	中华人民共和国海事局或交通运输部海事局
引水	引航员
引水梯	引航员梯
电罗经	陀螺罗经
载重量	载质量
knot，knots，knt，kts	kn①
t级	吨级
船只	船舶
一条船	一艘船
拖轮	拖船
操作船舶	操纵船舶
气缸注油率	气缸油注油率
18点	1800时②
发讯器	发信器
初稳性高度GM	初稳心高度GM
初稳心高度KM	稳心距基线高度KM
码头/航道走向80°－260°	码头/航道走向80°/260°③
rpm	r/min
M，Mile，mile	n mile
ppm	10^{-6}
120°.8E E120.8°	120.8°E④
120°.8W W120.8°	120.8°W④
60°.8N N60.8°	60.8°N⑤
60°.8S S60.8°	60.8°S⑤
地理位置60.8°N/120.8°E	地理位置60.8°N，120.8°E
flag state	flag State或Flag State
port state	port State或Port State
交通部	交通运输部

注：①速度单位，节；②航海中的时间用4位数字表示；③码头/航道走向由不同方向测量，相差180°；④E和W分别表示东经和西经，为正体，东经和西经各180°，用3位数字表示，如090°E，不能写成90°E；⑤N和S分别表示北纬和南纬，为正体，北纬和南纬各90°，用2位数字表示，如60°N，不能写成060°N

(1) 实例举隅。

例6 ……在船舶碰撞中,船艏是主要作用方,船艏结构的碰撞特性,如碰撞刚度和能量吸收率是影响船-船碰撞过程中结构损伤情况的决定因素……(《上海交通大学学报》[25])

例7 本文的计算区域入口取船艏向前延伸1倍船长处,出口取船艉向后延伸3倍船长处……

……船尾底部水流均有较为明显的外旋分量……(《上海交通大学学报》[26])

例8 ……将处于船体中纵剖线上、甲板边线上以及靠近船舯横剖面上的网格控制点作为优化过程中的不变点……(《船舶工程》[27])

(2) 应对策略。

航海类书刊中首与艏、中与舯、尾与艉的用法很混乱,常使读者很迷惑,如例6~例8。

笔者在总结前人经验和根据相关标准的基础上,将航海类书刊中首与艏、中与舯、尾与艉的用法归类为:凡是与船直接相连的,用首、中、尾;反之,用艏、舯、艉,如船首向、艏向、艏吃水、船首吃水等。

2.2.2 船员与海员

船员有广义和狭义之分。广义的船员指包括船长在内的船上所有任职人员;狭义的船员则不包括船长,仅指与船舶所有人签订船员雇佣协议的人。根据《中华人民共和国船员条例》规定,"船员,是指依照本条例的规定经船员注册取得船员服务簿的人员,包括船长、高级船员、普通船员"。

甲板部船员包括船长、大副、二副、三副、水手长、木工、水手、舵工等;轮机部船员包括轮机长、大管轮、二管轮、三管轮、电机员、机匠长、机匠等。

船员又有内河、近海、远洋之分。海员是船员的一种,主要指从事远洋运输的船员。

(1) 实例举隅。

例9 朱国锋、何存道于2002年采用症状自评量表(SCL-90)对随机抽取的235名我国海员的心理健康状况进行了问卷调查……

邬远和、张蓓于2003年随机抽取240名现职船员用SCL-90症状自评量表进行心理健康水平测试发现……(《航海教育研究》[28])

例10 ……全球海员劳务市场对船员的需求大幅增长,海员数量已不能适应航运业的发展需求……(《航海技术》[29])

例11 据调查,船员普遍认为他们自身具有较好的敬业精神,但就我国海员综合素质而言……(《水运管理》[30])

(2) 应对策略。

船员和海员是常见到的形容船上工作人员的术语,在航海类专业书刊中经常混用,如例9~11。

笔者建议船员与海员的用法为:若从事内河、近海运输,则用船员,若从事远洋运输以及外派,则用海员;当没有明确是内河、近海运输,还是远洋运输以及外派时,统一用船员;法律、法规、公约、规则等名称中,船员、海员,不做修改。

2.2.3 船速与航速

船速(Ships' Speed, V_E),指船舶在无风流情况下,单位时间内航行的距离,是相对于水的速度,单位为kn。

航速(Speed Over Ground),指船舶受风流影响后的实际航行速度,是相对于海底的速度,单位为kn。在航海实践中，习惯将在航迹推算中考虑风流影响而估算的或预配风流压后的航速称为推算航速(Speed Made Good)或计划航速(Speed of Advance)。航速是船速与流速的矢量之和。

(1) 实例举隅。

例12　当接近锚泊点时还有5kn 多的船速(实际是流速，船速大小视流速而定) ……(《天津航海》[31])

例13　……船舶在某些情况下，将航速减低到失去舵效的程度也往往是危险的做法，这对船舶避碰是十分不利的。因此，船速应控制在有利于采取适当而有效的避碰行动的程度……(《大连海事大学学报》[32])

(2) 应对策略。

船速与航速常见于航海类书刊中，两者虽然都是船舶速度的术语，但有不同的定义，不可一概而论。然而，笔者在编辑航海类书刊时，经常见到将两者混用的情况，给很多编辑和非专业学生带来不必要的麻烦，如例12和例13。

根据有关专家、学者的意见，笔者建议船速与航速的用法为：航行中的所说的船舶速度，为航速；当介绍船舶设计速度、计程仪对水速度、主机静水中的有效推进速度、燃油耗量条款(Speed and Fuel Consumption)等时，为船速。

2.2.4　总吨与净吨

根据《航海科技名词2016》[16]和《船舶工程名词2016》[17]，总吨位(gross tonnage，GT)，即总吨，净吨位(net tonnage，NT)，即净吨。

根据《1969年国际船舶吨位丈量公约》，总吨位指根据本公约各项规定丈量确定的船舶总容积；净吨位指根据本公约各项规定丈量确定的船舶有效容积。

$$GT = K_1 V$$

式中：K_1为系数；K_1=0.2+0.02lg V；V为船舶所有围蔽处所的总容积，m^3。

$$NT = K_2 V_c \left(\frac{4d}{3D}\right)^2 + K_3 \left(N_1 + \frac{N_2}{10}\right)$$

式中：V_c为船舶各载货处所的总容积，m^3；K_2为系数，K_2=0.2+0.02lg V；K_3为系数，$K_3 = \frac{1.25(GT + 10\,000)}{10\,000}$；$D$为本规则定义船长中点的型深，m；$d$为本规则定义船长中点的型吃水，m；$N_1$为不超过8个铺位的客舱中的乘客数；$N_2$为其他乘客数；$N_1+N_2$=船舶乘客证书中所载准许乘客综述，$N_1+N_2$小于13时，$N_1$及$N_2$均取0。

(1) 实例举隅。

例14　……容许的误差范围不超过下列值：＜150 gt(总吨，下同)船舶为5%，150~500 gt船舶为3%，500~3 000 gt船舶为2%，＞3 000 gt为1%……(《船舶与海洋工程》[33])

例15　通过对5 000 GT客船船型尺度的分析研究，发现5 000 GT客船样本船型的部分资料与其船型尺度特征值一致……(《水运工程》[34])

例16　A轮：船长199 m，宽28 m，总吨18 753 t……(《航海技术》[35])

例17　……船舶总长397.71 m,船宽56.55 m，型深30.20 m，夏季满载吃水16.02 m，最大净空高度76.50 m，总吨170 794，净吨55 396……(《航海技术》[36])

(2) 应对策略。

总吨和净吨的用法在航海类专业书刊中非常混乱,如例14~例17。

在《1969年国际船舶吨位丈量公约》中对总吨位和净吨位的单位没有明确的表示。

在航海实践中,当值班驾驶员被港调或VTS问及船舶的tonnage时,回答的是表示船舶容积的总吨位和净吨位,而不回答表示重量的排水量和总载质量。只有当明确地问及船舶的dead weight或displacement时,才回答表示重量的夏季总载质量或排水量[37]。

因此,根据行业内有关专家学者的意见,建议总吨位和净吨位的用法为:××总吨,××净吨,或总吨位××,净吨位××。但是,在同一本书或期刊中,用法应统一。

另外,在英文中,不能直接表述成××GT,××NT,应表述成××gross tonnage,××net tonnage。

2.2.5 载质量与载重吨

按船舶载重能力大小,载质量可分为总载质量(dead weight,DW)、净载质量(net dead weight,NDW)。

总载质量,指船舶在任意吃水时所有载荷的总质量,其值等于该吃水下船舶满载排水量 Δ 与空船排水量 Δ_L 之差。

净载质量,指船舶在具体航次中所能装载货物的最大质量,其值等于总载质量与航次储备量 $\sum G$ 和船舶常数 C 之差。

载重吨(Dead Weight Tonnage,DWT),表示船舶在营运中能够使用的载重能力,可分为总载重吨和净载重吨。

总载重吨(Gross Dead Weight Tonnage),指船舶根据载重线标记规定所能装载的最大限度的重量,其值等于满载排水量 Δ 与空船排水量 Δ_L 之差。

净载重吨(Dead Weight Cargo Tonnage),指船舶所能装运货物的量大限度重量,又称载货重吨,即从船舶的总载质量中减去船舶航行期间需要储备的燃料、淡水及其他储备物品的重量及船舶常数所得的差数。

(1) 实例举隅。

例18 ……2万载重吨及以上原油船或3万载重吨及以上成品油船)、C2 (有专用压载舱,2万载重吨及以上原油船或3万载重吨及以上成品油船)……

……确定约束范围是5 000 DWT以上单壳油船……(《航海技术》[38])

例19 最近注意到某新建造的76 000载重吨新船,在船舶两舷中间勘划的载重线标志……

……船舶数据表中显示夏季吃水14.22 m,排水量为88 535.9 t,载重吨75 518.6 t……(《航海技术》[39])

例20 灵便型散货船(handy bulker)原指载质量为2万~4万吨的较小型散货船……灵便型散货船也得到了进一步的发展,演变出载质量更大的3.5万载重吨以上大灵便型散货船……(《船舶工程》[40])

(2) 应对策略。

载重吨和载质量经常在航海类专业书刊中一起使用,有时还会遇到将载重吨及其英文缩写DWT作为单位使用的情况等,如例19~例21。

然而,载重吨与载质量其实为同一概念,而排水量是以"吨"作为计量单位的,因此载重吨与载质量的单位均为t。虽然在航运业中有载重吨这一说法,但在相关行业标准及教材中均未提及，因此建议在编辑航海类书刊时将载重吨改为载质量，单位为t。

2.2.6 主机、副机、辅机

根据《船舶工程名词2016》[17]，主机(main engine)指船舶动力装置中用于船舶推进的发动机，主要类型有柴油机、蒸汽轮机、燃气轮机等。商船的主机基本为柴油机，包括四冲程柴油机和二冲程柴油机。

副机(auxiliary engine，donkey engine，generator engine)，指发电机，其作用是提供和保证船舶的电力供应，一般船舶上配备3台副机，超大型船舶上也有配备4台副机的。

辅机(auxiliary machinery)，指除主机、副机以外的所有机械设备的统称，主要包括船用泵、空压机、液压元件、甲板机械(如舵机、锚机、绞缆机、起货机、减摇装置等)、船舶制冷装置和空调装置、船舶海水淡化装置以及辅锅炉装置等。

(1) 实例举隅。

例21 辅机，有人认为辅机是主机的备用设备，当主机故障时可以代替主机工作，其实并不是这样，辅机的作用是带动船舶发电机，提供和保证全船所有的电力供应……因此辅机也称为发电机……(吾爱航运网[41])

例22 ……辅机类又包括甲板机械、舱室机械、特种机械、发电机组及电站等……(《上海造船》[42])

例23 ……目前，大多数的船舶辅机都是采用交流异步电动机……(《中国水运》[43])

(2) 应对策略。

主机、副机、辅机是船舶设备的主要组成部分，在航海类书刊中会经常遇到，然而在很多时候会遇到混淆副机与辅机的情况，特别是错将辅机认为是发电机等，如例21~例23。

因此，在编校航海类书刊时应根据以上定义注意区分。

3 结束语

对于航海类书刊中有关量符号的缩写词，不会随着量符号的规范而消失，在不涉及量的情况下(量主要用于公式中)，它们将一如既往地得到广泛使用，实际上，在编写书刊时，直接使用这些缩写词远比使用相应的中文名词更为方便、直观、明了，还可使读者更好地掌握这些缩写词及其含义。对于航海术语，虽然由于行业的特殊性，有太多无法弄清楚的航海知识，但在各科学技术领域都在执行国家标准的今天，必须先行先试，走出第一步，正确区分并加以规范航海术语。对量和术语进行规范以后，对于编辑而言，在加工稿件时不会出现同一缩写词和术语在不同地方有不同表述的困惑以及不知如何改正才是规范的，此外，还可使书刊不会出现这方面的编校差错；对于专业工作者而言，可加深其理解，并使其在工作中不会出现同一缩写词和术语在校学习的与工作中遇到的有冲突；对于读者而言，在阅读有这些缩写词和术语的书刊时，可更好地理解，不会出现困惑。

参 考 文 献

[1] 陈宏.航海学[M].大连:大连海事大学出版社,2007.
[2] 郭禹.航海学[M].大连:大连海事大学出版社,2009.
[3] 赵仁余.航海学[M].北京:人民交通出版社,2009.
[4] 郭禹,张吉平,戴冉.航海学[M].大连:大连海事大学出版社,2014.

[5] 徐邦祯.船舶货运[M].大连:大连海事大学出版社,2011.
[6] 王捷.海上货物运输[M].大连:大连海事大学出版社,2007.
[7] 王捷.海上货物运输[M].大连:大连海事大学出版社,2007.
[8] 杜嘉立.船舶原理[M].大连:大连海事大学出版社,2011.
[9] 杜嘉立.船舶原理[M].大连:大连海事大学出版社,2011.
[10] 徐邦祯.船舶货运[M].大连:大连海事大学出版社,2011.
[11] 陈传坎.基于GPS的风流压差估算与航向修正[J].航海技术,2006(2):24.
[12] 翁建军.正横前交叉相遇局面让路船减速时TCPA及DCPA的变化规律分析[J].武汉理工大学学报(交通科学与工程版),2003(3):370-373.
[13] 方瑞祥,张晓.大型船舶过桥时船舶吃水与潮时的计算[J].航海技术,2011(4):12-14.
[14] 陈亚飞,汪溢兵.海运固体散装货物的水尺计重[J].航海技术,2010(3):36-38.
[15] 李贵成.船舶装运散装谷物的稳性要求[J].航海技术,2007(6):23-27.
[16] 全国科学技术名词审定委员会.航海科技名词2016[M].北京:科学出版社,2016.
[17] 水利科技名词审定委员会.船舶工程名词2016[M].北京:科学出版社,2016.
[18] 天文学名词审定委员会.天文学名词2016[M].北京:科学出版社,2016.
[19] 新闻出版总署科技发展司,新闻出版总署图书出版管理司.作者编辑常用标准及规范[M].北京:中国标准出版社,2006.
[21] 夏成龙.厦门后石电厂码头引航作业[J].航海技术,2016(5):1-3.
[22] 张俊健,杨彩云,梁婷.某港大型深水航道设计中几个关键问题的确定[J].港工技术,2016(5):15-17.
[23] 张洪刚,艾万政.长江干线富裕水深研究[J].中国水运,2016(3):23-25.
[24] 中国社会科学院语言研究所词典编辑室.现代汉语词典:第6版[M].北京:商务印书馆,2012.
[25] 江华涛,顾永宁.油轮艏部结构碰撞特性[J].上海交通大学学报,2003(7):985-989.
[26] 易文彬,王永生,彭云龙,等.喷泵叶轮旋转方向对喷水推进性能的影响[J].上海交通大学学报,2016(8):1207-1213.
[27] 吴凯,冯佰威,常海超.基于偏相关性分析的船型优化设计方法[J].船舶工程,2016(10):46-51.
[28] 李静.影响海员心理健康的因素及心理援助对策[J].航海教育研究,2010(2):105-108.
[29] 刘桂云,王益军.论提高海员综合素质的对策[J].航海技术,2007(5):68-70.
[30] 李宁.我国船员服务平台建设[J].水运管理,2013(5):10-13.
[31] 于高飞.印度达黑港最新介绍[J].天津航海,2015(4):10-12.
[32] 黄剑明.浅议安全航速[J].大连海事大学学报,2008(S1):51-53.
[33] 苏奇,卫冬生.船舶吨位丈量技术问题研究[J].船舶与海洋工程,2013(3):50-53.
[34] 刘少华,符志良.对5000GT客船设计船型尺度的探讨[J].水运工程,2008(12):29-33.
[35] 陈才根.从至起搁浅事故谈船舶自行脱浅的两个误区[J].航海技术,2011(1):30-32.
[36] 林晓梁.超大型集装箱船安全靠泊洋山深水港[J].航海技术,2009(1):17-20.
[37] 时培育,陈世才.漫谈"吨位"[J].航海教育研究,2014(2):51.
[38] 龙涛.主管机关监督和审核CAS检验的若干关键环节[J].航海技术,2009(1):65-67.
[39] 张锋.船舶载重线及水尺标志勘划出现不一致的释疑[J].航海技术,2013(2):32-33.
[40] 王运龙,纪卓尚,林焰.散货船现状及其发展趋势[J].船舶工程,2006(1):58-61.
[41] 苑增国.分不清楚主机辅机?这次给你把整船设备讲透彻[EB/OL].[2020-05-01].www.52shipping.com.
[42] 富贵根,蒋原成,桂文彬,等.船舶辅机技术的发展与创新[J].上海造船,2007(1):29-31.
[43] 邓勇.浅析智能控制下的船舶辅机节能技术[J].中国水运,2012(11):87-88.

学术论文中参考文献规范化问题的建议

邓国臣，路素军

(中国测绘科学研究院《测绘科学》编辑部，北京 100036)

摘要：编辑部当前的参考文献处理流程各有特点，但能充分利用现有技术手段的不多，流程科学合理的更少。通过分析作者投稿和编辑加工过程中参考文献的加工，了解当前主流投稿系统相关功能和技术状态，调研一些编辑部当前的具体处理流程，综合考虑提出 4 点思考。参考文献不应该成为编辑的"工作重心"，应该用合理的流程和主流的技术手段达到规范化、高效化的效果。提出参考文献处理流程建议：通过现有可行的技术方式，提升参考文献的规范化程度，同时提高处理效率。

关键词：参考文献；编辑；规范化

参考文献是学术论文中必不可少的组成部分[1]。论文中准确标注和正文后规范著录参考文献也是学术期刊标准化的要求。同时，参考文献承载着体现科学文化的发展历史和继承性，尊重和保护他人的著作权，反映文章时效、背景、水平和深度，方便读者找到原始出处及有助于科学评价体系建立的重任。精准、完整的参考文献是一篇优秀学术论文的重要组成部分。

然而，编辑工作过程中发现作者的来稿中有很多参考文献都非常不规范，甚至常规的检索方式根本查不到该文献[2]。有些作者虽然明白参考文献的重要性，可是在具体写作著录中，参考文献著录格式不规范、文中标注随意等问题依然不少。如，有的作者将所有文献不分出处、不分年代、不分次序随意罗列，更有甚者不管与自己文章是否有关，将其他文章的参考文献部分直接照搬到自己的文章中。编辑及学者针对参考文献著录格式的标准化和规范化做了很多的讨论和研究。文献[3]中作者结合编校经验，列出了科技论文中常见的参考文献相关问题，提出了参考文献核查校对建议。文献[4]列出了引用参考文献常见的问题，并提出避免文献引用隐形错误的建议。

本文综合分析参考文献的编辑处理流程和当前常用的辅助校对方式这两方面的因素，提出几点思考，希望通过现有可行的技术方式，提升参考文献的规范化程度，同时达到提高工作处理效率的目的。

1 编辑加工

通常编辑在稿件初审时，如发现参考文献著录问题严重，就直接将稿件退回给作者修改规范。除此次之外，通过初审的稿件基本就依靠编辑用严谨的治学态度和规范的行文准则逐条查漏补缺[3]。

传统的方法是直接利用图书馆索引查阅纸媒、互联网查阅等方式，校对正确率有保障，但效率很低。目前部分编辑部参考文献校对还是采用这种原始的、手动的方式。查找规范的参考文献耗费了编辑大量的工作时间，在甚至占据编辑"主要的"工作时间，严重制约了期刊的学术及编校的质量提升。

近年来，有编辑对文字处理软件进行功能开发，将其应用到参考文献编辑校对中，但这种方法难以为多数编辑所掌握。文献[2]提出并设计了一种利用百度学术库的参考文献的辅助比对方法。流程是逐条读取文后的参考文献，提取文献题名并在百度学术中检索获取该参考文献的著录格式。该辅助比对方法思路清晰、流程简单，并可根据具体需求修改代码，用于参考文献比对工作。该方法能够规避大部分的参考文献不规范问题，但主要依赖百度学术数据库，目前确实存在查不到或格式不规范的问题，且不能解决文中标引和文后序号正确对应等问题。

2　当前常用的辅助校对

参考文献审校系统设计开发的目的是最大限度减少繁琐的手工劳动，提高工作效率。目前参考文献校对主要放在编辑端，辅助编辑工作。有些投稿系统中部分融入了参考文献校对功能，如一些"云系统"；有些系统本身不提供参考文献校对功能，通过购买服务等方式实现"辅助校对"。当前参考文献审校系统主要从几个方面辅助解决参考文献加工的相关问题。

(1) 稿件参考文献缺字、少符号或错别字很多。系统会自动校对参考文献，用红色标示出差异处，并提供源文链接。在文献收录的情况下，中文参考文献的查全率和查准率超过95%。英文参考文献的查全率和查准率超过90%。

(2) 多种审校方式。审校一条或多条参考文献，可以直接输入审校；审校一篇稿件的参考文献，可以直接上传稿件审校；审校多篇审校(如一整期稿件)，可以上传压缩包审校；如果使用采编平台，可以开通自动审校服务，在工作流程中看到审校结果。

(3) 系统可以校对的文献类型。有的系统使用中国知网的中文文献库(包括期刊、博硕论文、会议论文、报纸、标准、专利、图书等类型)来校对中文文献，使用知网的英文文献库(期刊、会议论文、专利、图书)和合作的英文文献库系统可以识别稿件里的中英对照文献，把中文文献和对照的英文文献作为一条参考文献处理。作者只写中文文献，或者只写对照的英文文献时，系统会补充对照的英文或中文。中文文献和对照的英文文献的格式可配置，还可以自建比对源库，可以在日常编校中导入积累的参考文献。

辅助校对系统理论上是编辑校对参考文献的好帮手，但目前没有一个数据库收录了全世界所有的文献。受到数据库的全面性、更新时效、使用成本、功能完善、使用便利等因素制约，目前这些系统还不够普及，这是制约期刊编辑工作效率，进而可能影响期刊学术质量提升，因此这个问题亟待解决。

3　参考文献处理的几点思考

参考文献的规范化处理不是编辑的核心工作，但从学术规范角度讲，参考文献不规范直接影响到文章的质量。作者要对自己的文章负责，编辑要对自己的工作职责负责，严格执行标准，杜绝不规范、不合理的文献引用，充分实现参考文献的功能。还有一些中文期刊的参考文献不用国标，为了中文刊的规范化，我们提倡使用国标(最新版 GB/T 7714—2015)。充分利用可利用的自动化技术，科学规划稿件处理流程。

(1) 关于标准化。国家的文献标准为广大作者和编辑提供了可借鉴的参考文献著录格式参考，这对促进书刊的规范化、提高出版质量有积极意义。从提高参考文献著录标准化水平的角度讲，无论是中文期刊还是英文期刊，无论是专著还是论文集，国内公开出版的期刊和图书的参考文献著录都应执行GB/T 7714—2015《信息与文献参考文献著录规则》。但是编辑工作中发现一些特殊的情况：一些国内中文预印本或者优先出版，一些国外英文刊没有卷、期等等。这两种情况就无法按照GB/T 7714—2015《信息与文献参考文献著录规则》来著录。

对预印本，如某科技论文在线、网络首发等等"出版"方式。有些有明确的出版源，如中国知网的网络首发模式，可以确定作者、题目、期刊名称等信息，但有时不确定出版年、卷、期和页码。有些没有正式的出版源，或者只是在网上传播，而不是正式出版。对于此类"预出版"文献著录，我们当前是作为电子资源(EB/OL)，但如果正式版发布后就存在同一篇文章两种引用方式，这篇文章的引用次数如何计算？

英文刊中有的采用"随录用随发"模式，尤其是国外期刊或者国外出版社合作的部分国内期刊，除了年，其他信息都不易获取，如卷、期、页码。有的期刊采用在参考文献后面加上DOI号等方式。目前没有看到"标准格式"，此处列出来供同行参考讨论，以期研究得出规范化的处理方式。

(2) 作者是参考文献的第一负责人。作者参考相关文献来完成论文，只有作者最清楚参考文献的来源。但一些作者不熟悉参考文献著录规则的问题也是客观存在的。文献[5]认为参考文献最初的错误来源于作者，建议在约稿信函或投稿模板中举例说明各种文献的著录格式，以便作者自行核查。文献[6]认为提高参考文献质量，必须帮助作者养成规范的参考文献著录习惯，提高作者的规范意识。

(3) 编辑是参考文献的"质检者"和"修补者"。编辑要把握引文的准确性，应严格审查核实参考文献的标引和规范，遇到确实无法查到的文献应找作者提供源文或删除[7]。编辑要大力宣传参考文献的相关国标规范，通过各种方式渠道"培训"作者，提高作者群体的参考文献著录意识。如可以通过到主要作者群体单位组织编辑和作者进行座谈，共同探讨论文写作；通过网站、邮件、微信公众号等方式给作者"科普"规范化的格式样本，争取把如作者、题目不正确，出处不明等严重的参考文献不规范问题消灭在"入口"。也可考虑让作者在投稿的文件中附上参考文献出处的链接。总之，编辑要和作者共同努力，让论文中的参考文献规范、准确。

当前人工智能和大数据技术发展迅速，一些投稿系统中已直接提供参考文献审校系统，也有些软件服务商提供可选购的专业参考文献规范服务。所以出版单位在条件允许的情况下，使用投稿系统集成的参考文献校对系统或购买专业的校对服务是理想的选择。如果使用的投稿系统集成了参考文献校对系统，建议在作者投稿流程中加入参考文献比对环节，以帮助作者在正式投稿前自查。

4 结论

参考文献是学术论文的重要组成部分，正确规范著录参考文献是写好学术论文的基本要求。参考文献著录不规范，一个重要的因素是作者未充分认识或理解参考文献的重要性。出版部门能做的是用合理的流程和主流的技术手段达到规范化、高效化的效果。

本文通过分析作者投稿和编辑加工过程中参考文献的加工流程，分析当前主流投稿系统的相关功能和技术状态，综合提出一些参考文献处理流程的思考。希望通过充分利用现有可行的技术方式和合理规范编校流程，提升参考文献的规范化程度，同时提高处理效率。

参 考 文 献

[1] 陈浩元.著录文后参考文献的规则及注意事项[J].编辑学报.2005,17(6):413.
[2] 刘永强,徐敏,李园,等.一种参考文献辅助比对方法[J].编辑学报,2019,31(4):431-433.
[3] 封静.参考文献著录问题分析与思考:以医学期刊为例[J].传播与版权,2019,73(6):46-48.
[4] 耿建业,范运年.浅析学术论著中的参考文献规范引用[J].出版与印刷,2019(3):60-62.
[5] 高雪莲,权菊香,单爱莲.医学论文参考文献的核查方法及网络查阅技巧[J].中国科技期刊研究,2009,20(1):173-175.
[6] 肖楚楚.科技期刊参考文献著录的问题及应对措施[J].黄冈师范学院学报,2019,39(6);256-258.
[7] 彭桃英.学术论文参考文献的隐性错误分析[J].中国科技期刊研究,2010,21(3):368-371.

科学技术名词在学术期刊传播中的作用

王一凡

(《上海交通大学学报》编辑部,上海 200030)

摘要:学术论文是严谨的,行文所用名词必须规范。学术论文的摘要、关键词、正文、图表等,都涉及科学技术名词,其规范化对论文内容的传达、文章检索的效率以及学术质量的提升有着至关重要的作用。本文按照国家新闻出版行业标准对科学技术名词的定义,阐述了规范名词、异名和字母词的概念和使用要求,并从多角度、多学科、多专业领域展开讨论,以期帮助读者熟悉科学技术名词的内涵和外延。

关键词:学术论文;科学技术名词;规范化;多学科

学术论文的研究成果体现了作者的智慧,而语言文字的规范化能够更好地向读者传达文章内容,也为学术质量的提升奠定了基础。语言文字规范化的体现形式有很多,本文重点讨论其中的重要一环——科学技术名词的准确使用。可以说,科学技术名词的规范化程度是学术论文质量的标志之一。

1 科学技术名词的概念

国家新闻出版行业标准 CY/T 119—2015《学术出版规范 科学技术名词》[1]中对"科学技术名词"定义为:专业领域中科学和技术概念的语言指称,简称科技名词,也称术语。

20世纪70年代,各个学科、不同专业领域的名词规范化问题亟待解决,全国科学技术名词审定委员会应运而生。1985年经国务院批准成立的全国科学技术名词审定委员会,是国务院授权,代表国家审定、公布科技名词的权威性机构。经其审定的自然科学名词具有权威性和约束力,全国各科研、教学、生产、经营、新闻出版等单位应遵照使用。截至今天,全国科学技术名词审定委员会针对各个学科审定并正式公布了126个系列的科学技术名词,这些规范名词是科学研究、学术发展的基石。

2 科学技术名词的种类

2.1 规范名词

规范名词是由国务院授权的机构审定公布、推荐使用的科学技术名词,简称规范词[1]。

在学术论文的写作中,作者应首选规范名词。如:在力学、化学等学科中经常用到"黏度"(viscosity)一词,表示液体受内部阻力作用表现出黏滞性的一种度量,在稳态液体中黏度为剪切应力与剪切速率梯度之比值,作者经常会错写成"粘度"。再如:船舶工程学科中,有"面

基金项目:上海交通大学期刊中心期刊发展研究基金(QK-Y-2020003)

积渗透率"和"容积渗透率"之分,作者在表述的时候一定要写清楚。

同一概念在不同的学科或专业领域不一致时,宜依据所属学科或专业领域选择规范名词。如:数学中常见的"向量"(vector)一词,在计算机科学技术学科中也是规范名词,在物理学和电工学中则称为"矢量"。再如:《电力名词》[2]中的"分散控制系统"(distributed control system, DCS),在计算机科学技术和化学工程中则被称作"集散控制系统"。

在同一篇文章中,科学技术名词应保持一致。笔者在对学术论文进行编辑加工的过程中,经常遇到一篇文章中同一个科技名词表达混乱的现象。如:在大气科学、力学、航天科技等学科中的规范名词"涡旋",在使用中作者会与"漩涡"混用,前后不一致;而"漩涡"则是规范名词"漩水"的又称,在水利科技学科中常用。再如:"实验"和"试验",这两个名词也是很容易混淆的。实验强调通过实例验证、检验某种科学理论或假设,而试验侧重于通过检测性的操作来察看某事的结果或某物的性能;在英文中,实验为 experiment,试验为 test。又如:"含量"这个词的表述很模糊,作者应尽量精确地写为"质量分数""体积分数""摩尔分数"等;"浓度"(也称"物质的量浓度")和"质量浓度"是两个意义完全不同的物理量名词[6]。这些细节问题,看似微不足道,却会影响读者阅读,降低文章的质量,因此需要作者和编辑共同发现和解决。

2.2 异名

异名是与规范名词指称同一概念的其他科学技术名词[1],有全称、简称、又称、俗称、曾称之分。

全称是与规范名词指称同一概念且表述完全的科学技术名词。简称是与规范名词指称同一概念且表述简略的科学技术名词。全称和简称都可以使用。如:规范名词"艾滋病"是简称,其全称为"获得性免疫缺陷综合征"。再如:机械工程中的"维氏组织",全称"维德曼施泰滕组织"。

又称是与规范名词并存,但不推荐使用的科学技术名词,也就是说,又称应减少使用。如:《土木工程名词》[3]中的"界限配筋梁",又称"平衡配筋梁";"集料咬合力",又称"骨料咬合力"。机械工程中的"相变点",又称"临界点";"脱溶物",又称"析出物"。这里强调学科的界限,是因为又称也可以是其他学科的规范名词。如:"临界点"在数学、物理学等学科领域中,就是规范名词。这一点也可以通过其各自的英文等价规范名词确定,因为与"临界点"critical point 不同,"相变点"是 transformation temperature。

俗称是通俗而非正式的科学技术名词,不宜使用。如:规范名词"选单"(menu)会被俗称为"菜单";规范名词"传声器"(microphone)常因英文读音被称作"麦克风",也有俗称"话筒"的情况;"噪声"是规范名词,但是作者也会误写作"噪音"。尽管口语中的"菜单""麦克风""话筒""噪音"是易于理解和传播的,但是在学术文章中,需要使用规范名词"选单""传声器""噪声"。

曾称是曾经使用、现已淘汰的科学技术名词,同样不宜使用。如:物理学等学科中的"概率",曾称为"几率",现已不再使用。生理学等学科中的"红细胞",曾称"红血球",也不再使用。

2.3 字母词

字母词是全部由字母组成或由字母与汉字、符号、数字等组合而成的科学技术名词[1]。如:CPU、DNA、GPS、α 射线、B 样条、BASIC 语言、C 语言、FORTRAN 语言、Java 语言、PID 控制、维生素 B6 等。

关于字母词,笔者认为作者需要提高重视程度,因为我国对字母词的使用有很多要求。《学

术出版规范 科学技术名词》中明确指出：应控制使用字母词；未经国家有关机构审定公布的字母词在文中首次出现时，应以括注方式注明中文译名[1]。

在编辑加工学术论文的过程中，笔者总结字母词可以分为以下情况：

(1) 面向同一学科的字母词。这种单一情形下，用词不当的问题比较少。如：《通信科学技术名词》[4]中的 Wi-Fi，规范名词为无线保真，不会出现歧义，只需要注意大小写以及连字符。再如：生物化学与分子生物学中的 DNA(脱氧核糖核酸)，常见并且不会用错。又如：20世纪 80 年代逐步兴起的 AUV，即自治式潜水器，在海洋工程学科中比较常见。

(2) 面向不同学科的字母词，而含义相同。如：GNSS，在测绘学和地理信息系统这两门学科中，都指全球导航卫星系统。类似的有：CPU，中央处理器，在电子学和地理信息系统中一致。再如：CAD，在土木工程、计算机科学技术和机械工程等学科中，都指计算机辅助设计。又如：SEM，扫描电子显微镜，经常用于细胞生物学、物理学、材料科学技术等学科。

(3) 面向不同学科的字母词，尽管英文等价术语一致，如果含义不同，都应以括注方式注明其中文译名。如：前文所述 DCS(distributed control system)，在《电力名词》[2]中意为"分散控制系统"，而在计算机科学技术和化学工程中意为"集散控制系统"。

(4) 面向不同学科而英文等价规范名词也不同的字母词，含义不同，必须括注其全称。如：力学中经常用到的 CFD(computational fluid dynamics)，即"计算流体力学"，但是在电子学中则指"正交场器件"，英文等价术语为 crossed-field device。再如：大家所熟悉的 GPS，即全球定位系统，英文等价术语为 global positioning system，而在《自动化名词》[5]中，却有另外的含义——通用解题者(general problem solver)。由此可见，即使是我们耳熟能详的规范名词，也需要注意学科和专业领域，更需要考虑到其英文全称。

以上所讲都是经全国科学技术名词审定委员会审定公布的字母词，此外，还要注意一个特殊情况——缩写词。在《学术出版规范 中文译著》中，对未经审定公布的缩写词有明确的使用要求：原文缩写词第一次出现时，译文中应完整译出，并在译名后括注原文全称。原文再次出现缩写形式时，通行的可照用原文词形[7]。如：流体体积函数(Volume of Fluid，VOF)，这是在文章中首次出现时的写法，下文再次出现时就可以直接使用缩写词 VOF。类似还有：人工蜂群算法(Artificial Bee Colony，ABC)，多自由度(Multi-degree of Freedom，MDOF)，等效单自由度(Equivalent Single Degree of Freedom，ESDF)等。

3 规范使用科学技术名词的意义

规范使用科学技术名词，有利于高效地检索文献，进而准确地传播科技成果，使国际化交流更为便捷。

3.1 高效检索文献

规范使用科学技术名词，有利于高效地检索学术论文。学术期刊凝聚了各行各业的学术思想和科技成果，通过关键词等可以将学术论文进行系统的分类。学者通过检索关键词等信息来查阅文献，可以在最短的时间内获得最优的结果，以此学习前辈研究成果和贡献。由此可见，科学技术名词作为学术论文中关键词的重要组成部分，在文献检索中起到了至关重要的作用。

3.2 准确传播科技成果

规范使用科学技术名词，有利于准确地传播科技成果。学术论文作为科学技术成果的载体，所要发挥的最大作用就是传播科学技术知识，方便相同研究领域的学者进行交流探讨，进而发展、升华优秀的成果，使学术成果传播最大化。学者著述文章时，如果能够正确使用所研究课题领域的科学技术名词，那么在文章发表后，就能够让读者准确获得相关信息，不会出现曲解的情况。通过每一位学者的努力，可以使整个学科领域向着更加规范的方向发展。

3.3 有利于国际化交流

规范使用科学技术名词，有利于国际化交流。科学技术名词是一种通用语言，在翻译标准的基础上，不同母语的学者可以使用一致的科技名词进行交流。标准的翻译包含了两个方面：一方面是学者在引用国外优秀成果时，要准确翻译成汉语，为国内学者提供标准的解释；另一方面，国内的研究成果发表在国外期刊时，要注意相应语言的正确表达，避免出现误译、漏译、译不达意的情况。通过全世界学者的共同努力，可以将科学技术名词这套通用语言得到规范的传播和推广。

4 结束语

本文以学术论文的写作为切入点，解读了与科学技术名词相关的国家新闻出版行业标准，并从多学科、多专业领域对规范名词、异名和字母词展开了阐述，帮助高校师生、科研人员、企业科技工作者理解国家标准规范，方便其查阅文献，使其在今后的写作中能够灵活应用科学技术名词，自主核实，进而扩充自己的科学技术名词储备库。目前学术论文用词不规范的情况时有出现，因此需要作者、编辑和读者的共同努力，实现规范的学术用语，展现健康的学术面貌，进而提升传播中的学术质量。

参 考 文 献

[1] 学术出版规范科学技术名词:CY/T119—2015[S].国家新闻出版广电总局,2015.
[2] 全国科学技术名词审定委员会.电力名词(定义版)[M].北京:科学出版社,2002.
[3] 全国科学技术名词审定委员会.土木工程名词[M].北京:科学出版社,2004.
[4] 全国科学技术名词审定委员会.通信科学技术名词(定义版)[M].北京:科学出版社,2007.
[5] 全国科学技术名词审定委员会.自动化名词[M].北京:科学出版社,1991.
[6] 陈浩元.科技书刊标准化十八讲[M].北京:北京师范大学出版社,1998:355.
[7] 学术出版规范 中文译著:CY/T 123—2015[S].国家新闻出版广电总局,2015.

编校一体化下社科类学术期刊常见的编校差错类型和应对策略分析

王晓雪

(河南理工大学学术出版中心，河南 焦作 454000)

摘要：在现阶段，很多编辑部都采用编校一体化模式，编辑既做编辑工作又做校对工作，日常工作量大且繁琐，所以编辑在校对时有些文字、语言等差错就很难发现和改正。本文通过分析社科类学术期刊在编校中存在的差错类型和应对策略，从学术和管理两个方面提出了解决编校问题的方法，以期提高社科类期刊的工作效率和编校质量。

关键词：编校一体化；期刊；差错类型

2018年1月10日，原国家新闻出版广电总局报刊司发布了《关于对<报刊质量管理规定>(征求意见稿)征求意见的通知》[1]，其中，期刊编校质量的差错率从原来的万分之三降低到万分之二，这一变化说明国家出版管理对期刊编校质量有了更高的要求，因此提高编校质量势在必行，不能让期刊的编校质量成为期刊质量的短板。但是，现阶段期刊编辑部所采用的编校一体化模式，严重影响了期刊质量的提升。下面结合编校工作的实际，探讨一下社科类期刊编校一体化差错类型和应对策略，以期对提高编校质量有一定的借鉴作用。

1 社科类学术期刊编校中常见的差错类型

编校工作是一个不断纠错、追求完美的过程。在实际工作中，由于社科类学术期刊都是高校和科研机构所办，受办刊经费和办刊环境的限制，大多数学术期刊都采用编校一体化的办刊模式，编辑身兼多种身份——编辑、校对、出版、发行。在琐碎的工作中，编辑有时会静不下心来，其专注力、注意力、情绪受各种外界因素的影响很大，校对质量有时很难保证，常常出现一些编校质量差错。

1.1 政治差错

政治性差错是社科类期刊中应特别注意的差错，也是必须消除的差错。现阶段，大多数期刊编辑部将意识形态和政治性审查作为期刊出版审查的主要内容。同时，编辑部要求编辑时刻加强政治理论学习，提高编辑自身政治方面的大局意识、政策意识、法制意识、舆论阵地意识、责任意识和职业敏感性，避免政治性差错。但是有些政治性知识点错误非常隐蔽，不仔细核对很难发现，比如涉及国家主权、民族称呼、地图地域等错误，在有些论文中还时有出现。具体而言，比如"香港某大学"，表述不严谨，很容易被一些不法分子利用，造成不良的政治影响，应该改为"香港地区某大学"。编辑在编校稿件的时候，一定要有高度的主权意识，

基金项目：河南理工大学国家社科基金预研项(GSKY2018-13)

仔细审读稿件中的每一个文字。

1.2 文字差错

文字差错是期刊编校中最常见的一种差错，占差错率的 50%左右。文字差错主要有以下几种：①因对文字的误读造成的文字差错。比如："就多方受到制肘的期刊，就必须在策划选题上下工夫。"其中的"制肘"应为"掣肘"。掣读 chè，有人误读 zhì，结果就写成了"制"。②因对文字的误解而造成的文字差错。如："天空群星闪烁，实际上我们看到的光辉是几万光年以前发生的。"[2] "光年"是天文学上一种距离单位，指光在真空中一年走过的路程为 1 光年，不是时间单位，在这句话中误认为是时间单位。③因对字意的误解而造成的文字差错。比如："这次冠状病毒疫情发生后，一个明星一下子拿出 1 000 多万元捐赠武汉，真是大方之家。""大方之家"是懂得大道理的人，并非是舍得花钱的人。

1.3 引文差错

引文差错是社科类期刊常见的差错之一，也是编校工作中重点防范的对象，特别是政治思想方面的引文、重要理论的引用要逐字逐句地审核比对，一个字都不能有疏漏，这类引用差错在编校质量检查中扣分分值特别高，说明出版管理部门对这类差错非常重视。比如：1934 年 1 月，毛泽东同志在一文中指出："我们应该深刻地注意群众生活的问题，从土地、劳动问题到柴米油盐问题……都应该把它提到自己的日程上。"[3] 其中"日程"前漏掉"议事"二字。除了政治方面的引文之外，还有很多历史文献方面，如："通计一舟，为人五，为窗八，为箬篷，为楫，为炉，为壶，为手卷，为念珠各一。"[4](魏学洢《核舟记》)"箬蓬"应为"箬篷"。"箬篷"是用箬叶编的船篷，等等。

1.4 标点差错

在语言的表述中，标点符号是辅助文字记录语言的符号，是书面语的有机组成部分，用来表示停顿和语气以及词语的性质和作用[5]。标点差错一般有标点误用、标点遗漏、标点重复和多余、标点位置错误等情况。

(1) 标点误用。标点符号是一个复杂的系统，在标点差错中，标点符号误用占比最高，约为 45%。如：程颐特意把自己的感悟总结为"四箴"："非礼勿视，非礼勿听，非礼勿言，非礼勿动"，作为正心修身的行为标准，时时提醒自己。根据《标点符号用法》，冒号是提示性话语，其提示范围无论多少，都应该在该范围的末尾用句号点断。此句若在"作为"前用句号，就会影响句子的连贯性，用逗号又明显不合要求，所以应该把"四箴"后面的冒号改为"逗号或者即"。

(2) 标点遗漏。标点符号在语文表达中的作用非常重要，如果漏掉一个标点符号，所表达的意思和性质可能与原文完全不同。如："我们准备在墙边垒一个南北长约三米深的水泥池"其中"南北长"后漏掉了顿号。原文中"约三米"是池子的深度，顿号漏掉了，"约三米"就变成了池子的南北长度。

1.5 数字差错

在社科类文章中，数字的应用也非常广泛，概括起来，主要有两个功能：计量和编号，与其功能相对应，数字在文章中的主要呈现方式是汉字数字和阿拉伯数字。两种用法有这样的原则：在强调精确的记录数据和编号时倾向用阿拉伯数字，阿拉伯数字简短明了，表达清晰。但是在一些纪年中，习惯用汉字数字表述。如：清朝光绪 11 年(1885 年)，中法战争爆发，李鸿章代表签和约。其中，"11 年"应为"十一年"[6]。

1.6 参考文献著录格式差错

参考文献是学术论文的重要组成部分，体现论文的研究背景和研究依据，在一定程度反映文章的创新性和价值[7]。在实际写论文时，由于作者对参考文献著录格式的不了解，会有各种各样错误。常见的参考文献错误类型有：①注释和参考文献使用混乱。②多次引用同一个作者的文献重复标注，例如：[3]李红印.现代汉语颜色词语义分析[M].北京:商务出版社,2007:12.[7]李红印.现代汉语颜色词语义分析[M].北京:商务出版社,2007:53.这样的情况只需标注一个首次引用的序号[3]即可，第一次出现时用[3]12，第二次出现时用[3]53。③参考文献著录责任者及文献类型标志代码标注不规范[8]。例如：责任者不超过3个时，全部著录；超过三个时，只著录前3个，其后加"，等"。有的参考文献中只写一个作者就加"，等"；有的参考文献各作者之间用"、"隔开，这都是不对的。例如："刘建生、惠梦倩.精准扶贫第三方评估:理论溯源与双SMART框架[J].南昌大学学报,2017(2)：69-75."应为"刘建生,惠梦倩.精准扶贫第三方评估:理论溯源与双SMART框架[J].南昌大学学报,2017(2)：69-75."④析出文献和英文文献标注不符合学术规范，例如："Lamb, Charles. Essays of Elia [M]. New York: St Martin's Press, 1962."应为"LAMB, CHARLES. Essays of Elia [M]. New York: St Martin's Press, 1962."[9]。

2 编校一体化下社科类期刊应对编校差错的策略

论文的编校质量直接影响期刊的出版质量，继而影响期刊的学术性和可读性。因此，编辑部和相关管理部门要对稿件的编校流程进行规范化管理，从以下几个方面着手，对不同类型的差错找出不同的解决途径，提高编校质量。

(1) 严格落实三审三校制度，消灭政治性差错。在编校一体化下，为切实提高编校质量，编辑部应把政治性差错严格落实到三审三校制度的各个环节中。一是初审环节，初审由期刊的责任编辑负责，收到稿件后，编辑应首先对论文的政治性和意识形态方面进行审查，审查稿件是否有与党的方针、政策以及法律法规相违背的内容，是否有不宜公开发表的内容。对涉及国家主权、国家安全、海洋权益、社会安定、民族宗教、重大历史事件等内容的文章严格审查，确保文章政治方向和舆论导向都是正确的和正面的。二是复审环节。复审环节主要是同行专家评审。在给专家审阅的审稿单上，第一项审查内容就设置为审查稿件的政治性有无差错，是否有禁用词和慎用词，提醒专家对稿件进行学术性和政治性审查。三是主编终审环节。主编对文章的意识形态和政治方面的审查，对稿件的政治方向和舆论导向再次把关。三审结束后，确定录用的稿件，进入下一个流程——校对环节。校对包括三校、交叉互校、通读等环节。在这些环节中，编辑应特别关注稿件中的政治方面相关表述，避免使用国家禁用的词语，多查多问多讨论，确保稿件的政治方向和舆论导向是正确的和正面的。

(2) 提升编辑的知识素养，消灭文字相关差错。社科稿件涉及面广，包括政治学、法学、哲学、宗教、文学、语言学等，需要编辑不仅具有专业的学科背景和渊博的知识，而且对现代科学创新和先进文化思想具有高度的敏锐性，高度关注相关学科研究热点。编辑的学识越渊博，眼界越卓越，对字、词、句子、知识性差错的辨别能力也就越强。所以，提高编辑的知识素养和职业素养(出版方针政策和编校规范知识)是减少差错的有效方法。首先，编辑应定期研读期刊相关学科的专业书籍，实时了解国家出版法律法规，及时更新知识，学习新出版的编排规范。其次，要注意总结。在日常编校工作中，把一些文字、标点明显的疏漏分离出来，将易产生错误的分散点，如：文章题目、作者信息、摘要、页眉、关键词等，拟成校对分类清单，逐项进行校对和审核，做到全面、有序、有效。

(3) 采用人机校对相结合方式消灭参考文献差错。人机校对相结合的编校工作模式是新时代技术创新的结果[10]。计算机校对可以有效克服编校一体化模式下编辑一人包揽的弊端，节约人力，提升工作效率。但是，计算机校对只能解决固定模式的东西，其纠错能力有限，如果计算机校对无法识别文章题目中的错误。所以我们需要人机结合，优势互补，人工校对可以完成计算机无法完成的工作，计算机可以使校对工作变得便捷。两者结合，就可以使校对质量大大提高，差错率明显下降。

3 结束语

社会科学类期刊刊登的都是社会科学领域先进思想的文章，承载着引领意识形态、文化传承和知识传播的任务，在社会发展和社会主义文明建设中发挥着重要的作用。作为编校一体化模式的编辑，要正确认识自身工作的特点，自觉养成严谨的工作作风和细致的工作习惯，做到专注、专心；要加强自己的专业知识的积累和职业规范的学习，在编校中克服各种难题和浮躁心理，使编校的各个环节都能得到及时有效的把关，减少差错率，努力打造精品期刊，做一个科学文化的正确传播者，民族文化的传承者。

参 考 文 献

[1] 赵青.地方高校学报编校质量提升策略[M]//学报编辑论丛(2019).上海:上海大学出版社,2019:412-416.
[2] 李红彦.有效提升少儿图书编校质量探析[J].新闻爱好者,2016(10):78-80.
[3] 王雪.坚持以人民为中心推进新时代中国特色社会主义建设[J].知与行,2017(12):10-13.
[4] 林育川.马克思恩格斯的社会主义民主思想及其建构性价值[J].马克思主义哲学研究,2019(1):39-47.
[5] 邵敬敏.现代汉语通论[M].上海:上海教育出版社,2016.
[6] 史强,包雅琳.参考文献数字对象标识符规范著录的编校实践[J].中国科技期刊研究,2018(9):901-905.
[7] 黄勇.科技期刊参考文献隐性错误例析及编校策略[J].2020(4):394-397.
[8] 陈爱萍,余溢文,赵惠祥,等.提高参考文献中外国人名著录准确性的途径[J].编辑学报,2012(5):441-442.
[9] 袁毅,刘英.学术期刊中英文作者姓名著录问题探究[J].陕西理工大学学报(社会科学版),2018(5):70-76.
[10] 马建华.学术论文参考文献的隐形错误例解[J].编辑学报,2019(2):169-170.

文稿中的词语误用及编辑的应对

贾忠峰

(《黄河科技学院学报》编辑部,河南 郑州 450063)

摘要: 文稿中常见的词语误用表现为四个方面。一是词语的羡余。二是词语搭配不当,主要表现为述(介)宾、偏正结构中述语(介词)和宾语、修饰语和中心语搭配不当。三是助词"的(地)、了"的误用。四是关联词的混用、滥用以及在句中的位置不当。编辑要不断学习语言文字知识,提高自身语文素养,可以借助校对软件消除文稿中的部分词语差错,还要养成一丝不苟的工作作风。人工为主,软件为辅,不断提高刊物的编校质量。

关键词: 文稿;词语误用;编辑

词汇是语言的建筑材料,一个具体的词语通常具有词汇意义、语法意义,有的还有附加意义。词语的选择对于文意的表达具有很大影响,不恰当地使用词语,可能造成语意的重复或晦涩,甚至与作者想要表达的意思背道而驰。在学报收到的稿件中,特别是一些非中文专业作者的稿件中,或多或少地存在词语使用不当的情况。同时,词语误用也是一些刊物在编校质量检查中失分较多的项目。本文拟从词语羡余、词语搭配、助词"的"和"了"、关联词等四个方面讨论,以期对论文的写作、编辑有所帮助。

1 文稿中常见的四种词语误用情况

1.1 词语羡余

这包括两种情况:一是使用某个词已经可以清晰表达某个意义,又用了与该词相近的词来表示这个意义;二是同一个词不恰当地重复使用。词语羡余使句子叠床架屋,语意重复。如:

(1) 这些培训会能够促进员工之间的交流。

(2) 伴随着中央出台各类有关民办教育法规的同时,……

(3) 由此可知,马克思主义对人的生命的关注可见一斑。

例(1)中,"会"和"能够"都是助动词,"会"表示某种必然性,"能够"表示可能性[1],两者不能连用,只能择其一。例(2)中,"伴随"义为"随同"[2]38,表示"在……同时",句尾又用了"同时",造成语意重复、语法结构的混乱,应当删去"的同时",或者把"伴随着"改为"在"。例(3)中,"由此可知"衔接上下文,连接一个结论,和上文形成推论因果的关系[3]284。又用"可见一斑"作谓语,造成语意重复,应当删去"可见一斑"。

(4) 辅以时事报告、论坛等作为补充。

(5) 其次,《中庸》继而提出"修道之谓教"。

这两例的用词错误，主要是因为作者对传承下来的古汉语词汇的意义不清楚。例(4)中，"辅"义为"辅助"[2]404。"辅以"是"辅之以"的省略形式，包含"以……作为补充"的意思。或者删去"作为补充"，或者删去"辅"字。例(5)中，"继而"义为"接着"，表示承接关系，和句首的"其次"意思重复。两者只能择一。

(6) 湖南全省77所学校中有54所学校办了民办学校。

(7) 被调查者的年龄以20~30岁的年龄居多。

这两例是同一词语的不当重复使用，使得语义啰嗦。例(6)中，两个数量名结构"数词+所+学校"所指内容是整体和部分的关系，第二个数量名结构可以省去名词，"54所学校"改为"54所"。例(7)中，定中结构"被调查者的年龄"作主语，其中心语是"年龄"，对它的描述可以直接写成"以20~30岁居多"。

1.2 词语搭配不当

这种情况主要出现在述宾、介宾、偏正结构中，分别表现为述语和宾语、介词和宾语、修饰语和中心语搭配不当，特别是多个述语对应一个宾语或一个述语对应多个宾语时，更容易出现这种错误。有的搭配造成了语法成分的杂糅或残缺。还有一些词组在句法结构上没有错误，但忽略了词语的修辞色彩，混淆了褒义词和贬义词、口语词和书面语词，从而影响了文意的表达。如：

(8) 董事长应努力成为帅才，充分信任、支持、鼓励校长大胆工作。

(9) 身为高校的学生，从年龄上看已经是成人了。

这两例是述宾搭配不当。例(8)中，主谓短语"校长大胆工作"作宾语，分别和三个动词搭配，组成述宾结构，但"信任校长大胆工作"搭配不当。例(9)中，"身为"通常用于引介身份、地位比较高的人。另外，当一个身份地位较低者的行为严重偏离了他的社会角色时，说话人为了强调这个人的义务和责任，也使用"身为"。例(9)中的"身为"与这两个条件都不符，搭配不当。

(10) 父母要控制"泛滥"的爱心，不要让脱离实际的期望成为孩子严重的心理负担。

(11) 建校20年来，共向社会培养了三万余名大学毕业生。

这两例是修饰语和中心语搭配不当。例(10)中，"严重的心理负担"是个定中结构。"严重"意思是程度深，影响大[2]1495，用来修饰"负担"，不妥，可以改为"沉重"。例(11)中，介宾结构"向社会"作状语，修饰"培养了三万余名大学毕业生"。"向"作介词，可以"引进动作的方向、目标或对象"[2]1424。"向社会"是合语法的，我们可以说"走向社会""向社会献爱心"，但它和"培养"搭配不当，可以改为"为社会"。

(12) 根据某教授主持的研究表明，……

(13) 关于大学生人文素质缺失问题，已经引起了全社会的关注。

这两例中，一些词语的搭配造成了语法成分杂糅或残缺。例(12)中，"某教授主持的研究"既作"根据"的宾语，又作"表明"的主语。现代汉语中表示使令、带领、陪同义的动词可以这样使用，构成兼语句[3]176-177。但"根据"不是兼语类动词，不能这样使用。这个结构实质上是把述宾结构和主谓结构糅合在了一起。或者去掉"根据"，变为主谓结构；或者去掉"表明"，整个结构变为句首修饰语。例(13)中，介词"关于"和"大学生人文素质缺失问题"组成的介宾结构只能做句首修饰语，但后边的句子是个无主句，造成了语法成分的残缺。应该去掉"关于"。

(14) 教学方法的改革迎合了时代要求，提高了学生的综合素质。

此例中述语"迎合"和宾语"时代要求"组成述宾结构，"迎合"意为"有意使自己的言语或举动适合别人的心意"[2]1561，含有贬义的感情色彩，从整个句子来看，把"教学方法的改革"说成"迎合"是不恰当的。

1.3 助词"的(地)""了"的误用

结构助词"的(地)"的基本功用是充当定语(状语)的标志，用作定中短语(状中短语)中修饰语和中心语之间的连接成分[4]200。在定中短语中，有时不用"的"，有时必须用"的"，有时可用可不用。"的(地)"的误用主要表现在两方面：一是在一些必须加"的(地)"才能成立的定中结构(状中结构)中，没有用"的(地)"；二是定语为联合结构的定中短语中"的"的多用。此外，还有少数稿件中的"地"误用为"的"。如：

(15) 建立一支稳定的思想政治教育队伍，是提高教育实效重要条件。

(16) 更好实施科教兴国、人才强国、可持续发展三大战略。

(17) 很喜欢目前就读的学校的学生的比例是 5.5%。

例(15)中，定中结构的中心语"条件"，先由形容词"重要"修饰，"的"可加可不加。再由述宾短语"提高教育实效"作定语，修饰"重要条件"，这时述宾短语后面必须加"的"，才能构成新的定中结构。例(16)中，状中结构"更好"(副+形)修饰述宾结构"实施……战略"，"更好"后面必须加上助词"地"，整个结构才能成为新的状中结构。例(17)中，中心语"比例"的定语是一个多层次的定中结构，述宾结构"很喜欢目前就读的学校"修饰"学生"，组成定中结构"很喜欢目前就读的学校的学生"。这个定中结构再作为定语修饰"比例"。同时，述宾结构的宾语"目前就读的学校"也是一个带"的"的定中结构。这就形成了带"的"的定中结构连用。在这种情况下，各个定中结构中可用可不用的"的"就可以省去，以避免表达的啰嗦。在次序上，带"的"的定语通常放在不带"的"的定语之前(数量词作定语和领属性定语除外)[5]。例(17)中第一个和第三个"的"都可省去。

时态助词"了"用在动词或形容词后面，表示完成态(分句和复句末尾的"了"是语气词，如果带"了"的谓词性短语正好在句子末尾，是语气词+时态助词)[4]219。"了"的误用有两种情况：一是在含有已然义的词语、强调结果的句子中，当用"了"而没用；二是在含有未然义词语的句子中使用了"了"，造成语义的矛盾。如：

(18) 他对民族文化的剖析，为寻求民族文化之未来提供有益借鉴。

(19) 这项制度的实施，必将促进了学校的发展。

例(18)是对"他"所做的工作进行评价，从句意可见，这项工作已经部分或全部完成并具有一定的积极作用，动词"提供"后加上"了"，才能更好地表达上述意义。例(19)是对这项制度实施后所起作用的展望，行为还没有实施，"促进"后却用了"了"，造成了语意的前后矛盾，应当去掉"了"。

1.4 关联词误用

关联词(主要是关联连词，包括与之配合的关联副词)可以用在单句、复句和句组中，有的是单独使用，有的是配对使用。关联词的误用表现在三方面。一是混用。在配对使用的关联词中，表示某种逻辑关系的一组词的配合通常是固定的，但有些稿件里随意换用配对关联词。或者在句子的同一层次上同时使用两套表示不同逻辑关系的关联词。二是位置不当。三是滥用。关联词的使用虽然有一定的主观选择性，但主要取决于句子内部的客观语义依据和逻辑关系[4]166。一些人却不管句子的客观语义关系，随意使用关联词。较为常见的情况是：不管句子间有没有因果关系，都使用"所以""可见"；大量使用连词"而"，有的文稿甚至一小段话里能用四五处。

(20) 这种版画不但没有获得发展，而是造成了一种虚假繁荣。

(21) 不管是正面的经验也好，还是反面的教训也好，都值得我们深思。

这两例是关联词的混用。例(20)中，"而是"不能和"不但"配合，只能和"不是"配合，"不是……而是"表示并列关系[3]274。这两个分句是反向递进关系，应该用"不但/不仅……反而"。例(21)中，单句的两个主语"正面的经验"和"反面的教训"之间同时用了两套关联词，"不管……还是"表示无条件关系，"也好……也好"表示相容性选择[4]156，显然是错误的。此句的两个主语是并列的体词性成分，使用"也好……也好"更合适。

(22) 办学者一心想赚钱，甚至有的卷跑资金。

(23) 教师一方面要认真备课、上课，另一方面，学生也要认真学习。

这两例是关联词的位置不当。例(22)中，"甚至"单用表示递进关系。两个分句的主语是同一类主体，"甚至"应放在"有的"之后。例(23)中，"一方面……另一方面"表示并列关系。句中讲的是两个相关的主体(教师和学生)，"一方面"应放在教师之前。

2 编辑的应对措施

以上举例分析了稿件中词语误用的四种情况。在加工整理稿件时，编辑怎样才能更好地解决这些问题呢？可以从三方面着手。

一是不断学习语言文字知识，提高自身语文素养。编辑不仅要纠正稿件中的语言文字差错，还要具有"通过精心润色，提高稿件表达效果的加工能力"[6]。发现问题是解决问题的前提。如果编辑没有正确、丰富的词汇、语法、修辞知识，对于稿件中词语的不当用法很可能"视而不见"，使这类差错成为"漏网之鱼"。编辑不仅要学习现代汉语的有关知识，也要学习一些古汉语知识，因为语言具有继承性，古汉语的一些语言要素仍在大量使用。文史类编辑尤其应当重视古汉语的学习。同时，随着语言的发展，新词新义不断出现，一些旧词产生了新用法，这就要求编辑不断更新自身的语言知识。

二是借助校对软件消除部分字词差错。校对软件通常内置较大的词库，运行速度快，可以提高工作效率，消除文稿中部分字词差错。以黑马校对软件(V21.0)为例，该软件对于异形词，成语中用错的语素，配对使用的关联词误用，部分"的、地、了"的误用情况，具有很好的识别能力，而且提供了修改建议。需要注意的是，校对软件大多只能消除一部分现代汉语书面语中的字词差错，且存在漏报、误报等缺陷，如黑马校对软件对于文史类稿件中的文言史料，大面积误报。因此，编辑不能依赖校对软件，可以根据校对软件的提示查检相关工具书，核实并修改文稿中的词语差错。使用校对软件的过程，其实也是学习提高的过程。通过多次查对、核实，编辑能够加深对某些词的印象，提高对这些错误的敏感度，有助于在加工其他文稿时识别并改正类似的错误。

三是养成一丝不苟的求是作风。有的编辑认为"内容为王"，至于语言表达，只要没有明显的错误，"差不多"就行；有的编辑可能发现了稿件中某词语的使用不够恰当，但因为惰性，没有及时查证。这种"差不多"思想和惰性，也是导致刊物中出现词语误用情况的重要因素。编辑在日常工作中要养成勤问、勤查的习惯，可以跟作者或同行就稿件中的问题探讨、交流，对一些拿不准的词语，要及时查阅《现代汉语词典》《古代汉语词典》《汉语大词典》等语文工具书。

总之，编辑不仅要有较高的语言文字能力，还要养成一丝不苟的工作作风，发扬工匠精神，精益求精。人工为主，软件为辅，不断提高刊物的编校质量。

参 考 文 献

[1] 张斌,方绪军.现代汉语实词[M].上海:华东师范大学出版社,2000:184.
[2] 中国社会科学院语言研究所词典编辑室.现代汉语词典[M].6版.北京:商务印书馆,2012.
[3] 张斌,陈昌来.现代汉语句子[M].上海:华东师范大学出版社,2000.
[4] 张斌,张谊生.现代汉语虚词[M].上海:华东师范大学出版社,2000.
[5] 朱德熙.语法讲义[M].北京:商务印书馆,2000:150.
[6] 中国编辑学会.全国出版专业职业资格考试办公室.出版专业基础(中级)[M].上海:上海辞书出版社,2007:75.

证、症、征相关医学概念辨析

成建军，张　怡，赵允南

(山东中医药大学，山东 济南 250355)

摘要：对证、症、征三字的概念进行辨析。对证、症、征相关的几组医学概念进行辨析，包括：①病症、病证、病征；②症状、症候、症候群、综合征；③体征、生命体征、症状；④证、证候、证素；⑤适应证、禁忌证、并发症。明确了证、症、征相关医学名词的涵义与规范用法。

关键词：证；症；征；综合征；适应证；禁忌证

医学专著、期刊中常见到证、症、征三字相关的名词，在实际应用中，有许多作者分不清这三个字的具体含义，不明白如何恰当使用这三个字相关的医学名词，引起了各种混淆和错误。本文对这三字作简单的文字分析，并对相关医学概念加以辨析，以便写作中妥善使用。

1 证、症、征概念

这三个字均为简化字。1964 年第一次、1986 年重新发布经国务院批准的《简化字总表》第一表中，证、症、征分别由證、癥、徵简化而来。在通行的《现代汉语词典》(简称《现汉》)和《新华字典》中，均明确标明症为證的异体字。

证(證)，是中医的专有名词，在清代以前的中医学著作中，一直用"證"字来表述疾病、症状、体征、中医证型等，基本涵盖了现在病、症、证的用法，然而，也导致了理解的歧义与混淆。中华人民共和国成立以后，在中医学教育与临床实践中，专家们按照各自对证的理解，对证概念进行了界定，也是各持己见，未能统一。目前，较有代表性的看法有以下两种。王永炎、鲁兆麟主编的《中医内科学》认为"证，是指非健康机体整体状态的综合概括，在疾病连续的全过程中，是其一个环节或横断面，有严格的阶段性"[1]。张伯礼、吴勉华主编的全国中医药行业高等教育"十三五"规划教材对证的定义："证是归纳分析患者某一阶段出现的各个症状、体征而作出的诊断，即'证候'。"[2]以上两书对证的定义应该是比较权威的，从中可以归纳出证概念的几个要点：①证是针对患有疾病的机体而言的；②证具有严格的阶段性；③证是对患病机体特定阶段表现出来的症状和体征归纳分析的结果；④证是对疾病某一阶段的本质的认识。每个证均传递了疾病的相关信息，如风热证是对感冒患者具有发热，微恶寒，汗出不畅，头痛，鼻塞浊涕，口干而渴，咽喉红肿热痛，咳嗽，痰黄黏稠，苔薄黄，脉浮数等症状的概括，表明病因是感受风热之邪，病位在表，病性属热属风，邪正力量的对比处于邪盛正盛的相持阶段。依笔者之见，证是中医学专有名词，在定义的时候应加以明确，似在以

通信作者：赵允南，E-mail: zhaoy_002@sina.com

上定义时，可以加"应用中医学理论"这个限制性短语，上述两个定义可以分别表述为"证，是指应用中医学理论对非健康机体整体状态的综合概括""证，是应用中医学理论归纳分析患者某一阶段出现的各个症状体征而作出的诊断"，这样，证的定义更合理一些。

证，还有证据的意思。《现汉》解释证据为"能够证明某事物的真实性的有关事实或材料"。这个义项应用在医学领域如西医学流行的循证医学，英文 evidence-based medicine (EBM)，意为"遵循证据的医学"，又称实证医学，港台地区译为证据医学。其核心思想是强调任何医疗决策均应建立在最佳科学研究证据基础上，即"慎重、准确和明智地应用所能获得的最好研究依据来确定个体患者的治疗措施"[3]。2014 年第 22 届 Cochrane 年会上，Gordon Guyattd 将循证医学定义为"临床实践需结合临床医生个人经验、患者意愿和来自系统化评价和合成的研究证据。循证医学也"是推动中医药标准化和现代化进程的重要方法学理论和实践手段"[4]

症字作为"證"的异体字在明代时开始出现。如明代谢肇淛《五杂俎》卷十一"物部三"即有"荔枝核性太热，补阴，人有阴症寒疾者，取七枚煎汤饮之，汗出便差。亦治疝气"的记载[5]。症有两个读音，zhēng 和 zhèng。读 zhēng 时，是"癥"的简化字，指腹腔内有结块的病，与别的字组成的名词有症结、症瘕、症积、症块等。需要注意的是，现在中医学专业著作和论文中，多数作者倾向于用"癥"而不是"症"，如上述两本《中医内科学》中就均用癥瘕这个词。读 zhèng 时，症是"證"的异体字，《现汉》解释为"疾病"，即症=病，如继发性血小板减少症、肾性尿崩症、镰状细胞性肾病等，组成的普通名词有症候、症状等。又如中医多用癌病，西医多用癌症。

征，即"表露出来的迹象，现象"。征字含义简单，应用于医学名词如体征、综合征等。

2 证、症、征相关医学名词辨析

2.1 病症、病证、病征

病症，《现汉》释义："病症，即病"，也就是我们通常意义上的"病"，即"心理上或生理上发生的不正常的状态"，如疑难病症。

病证，疾病和证候的总称。如《中医病证诊断疗效标准》、GB/T 15657—1996《中医病证分类与代码》。按照《现汉》的释义，病证的外延要大于病症，也即病证包括病症(病)和证候(证)两部分。

病征，《现汉》释义："表现在身体外面的显示出是什么病的征象。"

2.2 症状、症候、症候群、综合征

症状，1979 年版《辞海》(上海辞书出版社)释为"病人患病时所发生的异常感觉"，2016 年 7 版《现汉》(商务印书馆)释义："机体因发生疾病而表现出来的异常感觉和状态，如咳嗽、盗汗、下午发热等是人患肺结核的症状。"从定义可以看出，症状包括患者自觉的不适感，如眩晕，也包括患者疾病客观的表现，如咳嗽、发热。

症候，《现汉》有两种释义：①疾病，②症状。可以看出，症候概念的外延要大于症状，包括疾病和症状两部分。症候指疾病，如元代乔吉《玉萧女两世姻缘》第二折："我请医者看看你这脉息，知他是甚么症候"。现代郭沫若《沸羹集》"才·力·命"："治疗这种症候，在现代是极其平常的事了，只消把扁桃腺割掉，孩子便会聪明起来。"[6]

症候群，指因某些相互关联的器官或功能因疾病而同时出现的一系列症状或表现。在临床上，症候群是一些特定的症状、现象的集合。这些特征性症状或表现有一定的关联性，可

能会单一或同时表现出来，且经常是同时出现。一旦发现某症候群的单一或几种症状时，虽然此时尚无法确诊患者具体所患疾病名称或相关病理变化，医师仍应警觉患者可能一并出现该症候群的其他相关变化，而采取相应的预防措施，这为临床治疗争取了宝贵的时间。需要注意的是，经全国科学技术名词审定委员会审定，目前，"症候群"已被"综合征"代替，也就是说，在正式医学出版物中规范化的名词应是综合征，而症候群则是不推荐用词。1979 年版《辞海》早就明确解释"症候群即'综合征'"。

"综合征"这个词的涵义有以下几方面：①综合征是一组特定症状或表现的集合，在临床上常单一或同时表现出来，即这些症状或表现之间有相当高的关联性。如代谢综合征指的是肥胖、高血糖、高血压、血脂异常、高血黏度、高尿酸、脂肪肝和高胰岛素血症的发生。②综合征包括的症状或表现虽多种多样，但往往有共同的病理基础。如代谢综合征的共同病理基础是中心性肥胖所造成的胰岛素抵抗和高胰岛素血症。③综合征是相关联的症状或表现的集合，并不是某一具体疾病，而可能是多种疾病在某一特定阶段时共有的表现。

如果某综合征为原发性，且病位和病性相对明确单一时，那么临床上宜称为某病。如阿尔茨海默综合征，其典型症状为认知功能减退、具有精神行为症状和社会生活功能减退等，其症状明确，符合痴呆的一般规律，现在已规范为阿尔茨海默病。又如帕金森综合征，2015 年版《实用内科学》说："帕金森症候群(parkinsonism)是一组临床综合征，其中绝大多数(90%)为原发性帕金森病(parkinson disease, PD)，其余由可引起类似 PD 表现的各种继发性 PD 综合征、遗传变性性帕金森综合征和帕金森叠加综合征组成"。这里，作者可能认为症候群和综合征是两个概念，故在文中并列，其实后者只是前者的规范用法而已，帕金森症候群宜规范为帕金森综合征。从这一定义，我们可以看出，帕金森综合征包括四大类：原发性帕金森病(典型症状：少动、静止性震颤、肌肉强直、姿势不稳)、各种继发性帕金森综合征、遗传变性性帕金森综合征、帕金森叠加综合征[7]。

综合征一词，至今在大陆地区仍有许多作者写"综合症"，属于不规范用法。另外，中国台湾地区多用"综合征"，而中国香港特区、新加坡等有用"综合症"者，则宜遵循当地习惯用法。

2.3 体征、生命体征、症状

体征，1979 年版《辞海》释义为"医生在检查病人时所发现的异常变化"，现在看来有点简单。《辞海》释体征为"异常变化"，意即体征是疾病状态下才会出现。7 版《现汉》释义为"表现身体健康状况的生理指标和症候，通常指医生在检查病人时发现的异常变化，如心脏病患者心脏的杂音，阑尾炎患者右下腹部的压痛等"，笔者认为还有可商榷之处。把体征定义为"表现身体健康状况的生理指标和症候"，即体征有正常或健康状况下的"生理指标"，也有异常或疾病状态下的"症候"。如前所述，症候一词有两种含义，一指疾病，二即症状，这里用的症候，显然指的是症状，如此则把体征等同于症状，显然是不合适的。

由体征衍生而出的生命体征，一般指的是心率、脉搏、血压、呼吸、瞳孔和角膜反射等，前四者在临床上犹为常用，是医院日常监测患者健康状况的必测指标。健康人生命体征应在正常范围内波动，而监测任何生命体征所得数据如超过/低于正常范围时，表明人体处于疾病状态。

临床教学时，常将体征与症状进行区分。一般认为，症状是患者自己向医生陈述(或是别人代述)或患者自身的异常表现，而体征则需要通过医生给患者做检查才能发现，是具有诊断意义的征候。如乙型肝炎患者出现发热、恶心、呕吐、乏力这是症状，而医生检查患者时发现黄疸、肝脾肿大,这是体征。

2.4 证、证候、证素

目前,中医界对证候概念有两种理解,一种观点认为,证候即证,两者的内涵、外延是相同的。另一种观点认为,证候可分解为证和候来理解。如秦伯未认为"证在医学上只代表临床表现,一般对单独的证称为症状,由几个症状综合成一个病证时称为证候。"[8]申维玺认为"证是从证候出发,经过辨证证思维而得出的结论。证源于证候,又高于证候。证候不仅是证的现象,而且是证候之生命候,是证本质的组成部分"[9]。还有不少学者对证或证候的本质结合西医学的理论与成果进行研究。然而,目前看来,以上关于证与证候进行分论的观点,也只是个别学者的一时之论,如前所述,"证即证候"说目前在中医学界仍占据着主导地位。

证素是近年来中医证候学研究产生的新概念。湖南中医药大学朱文锋教授基于数据挖掘技术建立证素辨证研究平台。朱教授认为,证素即中医辨证所要辨别的本质性内容,是构成证(名)的基本要素。"'证素'是通过对'证候'(症状、体征等病理信息)的辨识,而确定的病位和病性,是构成'证名'的基本要素。"[10]把证区分(或包括)为证候、证素、证名,能对证的概念起到规范作用。然而,这一定义把证作为种概念,而把证候作为属概念,与证即证候的主流认识不相统一。

2.5 适应证、禁忌证、并发症

适应证、禁忌证,这两个词是一组药学名词,是某药适合或禁忌用于某些疾病,然而,至今经常有作者写成适应症、禁忌症,在不少出版物、厂家药物说明,甚至日常生活中仍不时错用为"适应症、禁忌症",均属于不规范用词,应及时加以纠正。另有并发症一词,这是个医学名词,指患者在患某一病的同时,又有其他症状的表现。适应证、禁忌证属于药学名词,而并发症属于医学名词,这是大家应注意的地方。

3 结束语

总之,由于文字演变的历史原因与证、症、征三字含义的交叉性以及人们主观认识的不一致,决定了目前三字单独使用或组成相关医学名词时仍不易准确区分而易于混淆误用。尽管如此,综合前文所述,以下几点是比较明确的:①虽然仍有争议,但证等同于证候是主流观点;②症候群一词已被综合征取代,而综合症则属于不规范用法;③适应证、禁忌证是规范用词,适应症、禁忌症则是不规范或错误用词。明白了这几点,我们以后在医学写作的过程中就能基本做到规范使用证、症、征三字。

参 考 文 献

[1] 王永炎,鲁兆麟.中医内科学[M].2版.北京:人民卫生出版社,2016:60.
[2] 张伯礼,吴勉华.中医内科学[M].4版.北京:中国中医药出版社,2017:9.
[3] 李幼平,李静,孙鑫,等.循证医学在中国的起源与发展:献给中国循证医学20周年[J].中国循证医学杂志,2016,16(1):2-6.
[4] 喻佳洁,李琰,陈雯雯,等.从循证医学到循证科学的必然趋势[J].中国循证医学杂志,2019,19(1):119-124.
[5] 谢肇淛.五杂俎[M].北京:中华书局,1959:316.
[6] 郭沫若.沸羹集[M].上海:群益出版社,1950:125.
[7] 陈灏珠,林果为,王吉耀.实用内科学[M].14版.北京:人民卫生出版社,2015:2752.
[8] 秦伯未.中医辨"证论治概说"[J].江苏中医,1957(1):2.
[9] 申维玺.中西医结合理论研究的新发现:中医证本质的研究[J].医学研究通讯,1998,27(3):34.
[10] 朱文锋,张华敏."证素"的基本特征[J].中国中医基础医学杂志,2005,11(1):17-18.

从欧美姓氏起源角度探析包含前缀人名的著录问题

刘晓艳

(河海大学期刊部，江苏 南京 210098)

摘要：欧美国家很多人的姓名具有前缀，这类人名当姓单独出现或全名出现时，前缀是否保留及其前缀大小写规则视名字来源国的不同而不同。本文从欧美姓氏起源角度，探析这类人名的产生过程及构成结构，并总结了这类人名在参考文献列表及正文引用处的著录规则，以期能为编辑提供参考。

关键词：作者姓名；前缀；欧美人名；著录规则

撰写科技论文，文后参考文献是不可或缺的一部分。文后参考文献既可反映作者对研究现状的了解，也给出了作者研究的科学依据。作者要全面地了解所研究领域的现状，英文文献必不可少。于是，加工处理英文参考文献便成为科技期刊编辑必不可少的工作。研究表明，文后英文参考的差错类型中，作者姓名问题最多，尤其是姓的拼写问题[1-3]。究其原因，主要是外国人的姓名构成一般都比较复杂，而科技期刊编辑一般为理工科出身，很难清楚地了解外国人名的构成，从而造成不能很好区分英文参考著者的"姓"与"名"。如果编辑分不清"姓"与"名"，在加工处理文后参考时只是机械地按照标准格式硬套，往往会出现错误，如将"名"当作"姓"等。

关于英文参考著者姓名的著录问题，已有学者做过相关研究，如王劲[4]给出了姓名中"Jr."的著录建议；鞠衍清[5-6]总结了姓名著录中常出现的几种错误，并给出了韩国著者姓名标注应注意的问题。王长凤[7]认为可以通过《牛津高阶英汉双解词典》《日本姓名译名手册》来分辨姓和名。宋衍茹等[8]基于《芝加哥手册》《科学编辑理事会手册》《英语科技论文撰写与投稿》总结了含有前缀名字的著录规则。以上研究，或是通过统计分析得出英文姓名著录中存在的问题，或是总结英文姓名著录中的规则。所谓"知其然，知其所以然"，既要知道事物的表面现象，也需要知道事物的本质及其产生的原因。因此，笔者试从欧美姓氏起源角度，给出包含前缀人名的产生过程及其结构构成，分析这类姓名的著录问题，以期能为编辑同仁提供参考。

1 欧美姓氏起源

欧洲国家，如德国、法国、英国等的姓氏来源基本相同，而主要为欧洲移民去的美国人姓氏基本也是沿袭了欧洲各国的姓名，因此，本文以英语系国家(如爱格兰、英国等)姓氏起源为例进行说明。英语姓名的全称(personal name)一般由3部分组成，依次为：本名(forename 或 first name)、中名(middle name)、姓氏(surname 或 last name)，因此，典型的英语姓名全称为罗纳德·威尔逊·里根(Ronald Wilson Reagan)。英国人习惯将本名、中名缩写，美国人则习惯只缩写中名。

英语系国家使用姓氏要比名字迟得多，姓氏原来只是用来区别同族不同家庭的同名人的注释，后演变为姓氏。世袭姓氏出现的更迟，大致始于11世纪，普及于16世纪。从词源来讲，英语姓氏可以概况为5类[9]：乡土姓(local surnames)、亲缘姓(surnames of relationship)、职业姓(surnames of occupation)、绰号(nicknames)、本名(forenames)。

1.1 乡土姓

英语姓氏中，乡土姓的数量最多，其词源可以为一个人的领地地点、原籍、定居地或是居住地的环境特征。一般冠以介词at、in、of、on(法语源乡土姓常用de)，附在名后作为注释，用以区别于其他同名人，如Leofnath in Brothortun。后来有些冠词逐渐融入姓氏中保留下来，如Attlee(艾德礼)、Offield(奥菲尔德)，de也与其后元音打头的地名合为一体(法国仍然是分开的)，如Danvers(丹弗斯)、Disney(迪斯尼)。

1.2 亲缘姓

亲缘姓一般源于父名，其构词为父名(或其异体)+适当词缀，这些词缀表示"子孙"的含义。古英语中会在父名后附加后缀-ing或-sunu，如Dudding表示Dudda之子。12~14世纪又先后出现了filius型、-s型、-son型等姓氏，如Ricardus filius Agnetis，表示Agnet之子Ricard；Avice la Smithes，表示Smith之子Avice。

亲缘姓常见前词缀：Fitz-(菲茨-)，源于诺曼法语"fis"一词，尤为爱尔兰人偏爱，如Fitzwater(菲茨沃特)；Mac-、Mc(麦克-)，为苏格兰人和爱尔兰人所偏爱，如MacDonald(麦克唐纳)，此类构词数量很多；O'-(奥-)，为爱尔兰人常用，含义为"××之孙"，如O'Connor(奥康纳)；P-，为威尔士人常用，如Powell(鲍威尔)，意思为"Howel之子"。

1.3 职业姓

职业姓原来是表示一个人的实际职业或职位，但是今天，姓氏持有者的实际职业与其姓氏本身的含义不相干，只能说明其祖先所从事的职业。职业姓成为世袭姓一般以无冠词为标志。如Boatwright(-wright指与生产制造工作有关的行业)，Goldsmith(-smith的意思是铁匠或金属制造者)。职业姓的数量虽没有乡土姓多，但有些职业姓已经成为美英等国的大姓，如Smith(史密斯，意为铁匠)、Miller(米勒，意为磨坊主)。

1.4 绰号

现代英语姓氏中，有些是源于绰号，其始于13世纪。这些绰号有些是描写体征的，如Hurrcn(赫仑)：毛发蓬松的；有些是用动物名描述外貌或气质，如Lamb(拉姆)：羔羊，比喻温顺、Bull(布尔)：公牛，比喻强壮；有些用植物名比喻其销售者或种植者，如Cardon(卡登)，蓟，比喻顽强；有些是描述人品的，如Bevin(贝文)，意为酒徒；有些源于物品名，如Hood(胡德)：头巾。

1.5 本名

现代英语姓氏中，有很多是源于本名、小名或昵称。如Brown(布朗)、James(詹姆斯)、Alexander(亚历山大)、Henry(亨利)等。

了解欧美姓氏的起源，对于科技期刊编辑确定欧美人的姓氏和名字具有一定作用。对于一个名字，编辑可以查找名字中单词的含义，如果单词具有这5类姓氏起源构词，基本可以确定其为姓，然后使用《牛津高阶英汉双解词典》进行确认。

2 欧美姓名前缀的含义及其著录规则

2.1 欧美姓名常见前缀及其含义

欧美人姓氏里相当一部分含有前缀，其中最常见的包括：Fitz、Mac、Mc、O'、Ap、de、de la、la、da、du、von、van、della 等。这些前缀大体可以分为两类：① Fitz、Mac、Mc、O'、Ap，这一类属于亲缘姓。Fitz、Mac、Mc、Ap，意为"son of(××的儿子)"之意，其中 Ap 会省略为 P 或用 B 代替：Prain、Badam[10]。O' 意为"××之孙"。② de、de la、la、da、du、von、van、della，这一类属于数量最多的乡土姓。de、da、von、van、della 相当于英语中的 of、from；de la、du(=de le)相当于英语中的 of the，其后面的名词一般为专属名词。综上，从欧美姓氏起源角度分析可知，名字中包含的前缀为姓的一部分，其在参考文献列表中应按照姓的著录规则进行著录。

2.2 著录规则

2.2.1 参考文献表

参考文献表可以按著者-出版年制编制，也可以按顺序编码制。根据 GB/T 7714—2015《信息与文献 参考文献著录规则》，个人著者采用姓前名后的著录形式，姓全大写，名可缩写。由 2.1 节可知，名字中的前缀为姓的一部分，因此，文后参考中的前缀应大写。采用顺序编码制时，参考文献各文献按照在正文中出现的顺序排列即可；采用著者-出版年编制时，参考文献表需要按照作者姓名字母排列，当名字中包含前缀时，如 de la Salle K L，应按前缀的首字母 d 排序。

示例：MCLOON S，VAN SUMMERREN J R G，O'CONNER M。

2.2.2 正文

参考文献在正文标注时，一般只列出姓。对于包含前缀的名字，当姓单独出现时前缀是否保留，前缀首字母是否大写会因名字来源国的不同而不同。但包含前缀的人名出现在句首时，首字母需大写[8]，如"Van Vuren 等"。当人名处于句中时，可以参考表 1 确定前缀是否保留和首字母大小写问题。表 1 是参照《芝加哥手册》[11]总结的各国包含前缀名字姓单独出现时的著录规则。《芝加哥手册》由芝加哥大学出版社制定发现，出版商和编辑在遇到文本表述问题时，通常以该手册为最终标准[12]。

表 1 包含前缀人名姓单独出现在正文时的著录规则

来源国	著录规则
英语国家	姓单独出现时前缀保留，大小写与全名一致
法语、西班牙	姓单独出现时 de 省略（传统姓氏 de Gaulle 除外，且 de 首字母小写）；du、le 保留，且大写首字母；de la 的 la 保留，且大写首字母
德语、葡萄牙	姓单独出现时前缀通常省略（da Gama 除外）
意大利	姓单独出现时前缀保留，且大写首字母。但很多传统贵族名字中，前缀省略，如 Beatrice d'Este、Lorenzo de'Medici 的姓单独出现时应写为 d'Este、de'Medici
荷兰	姓单独出现时前缀保留，且大写首字母

3 结束语

了解欧美人姓氏起源，可以知道为什么欧美人名中会存在前缀，可以确切地知道前缀为姓氏的一部分，也可以用于判断欧美人名的姓和名，对于正确著录欧美人名具有重要作用。编辑应熟记常见前缀的著录规则，并按照国家标准进行著录，同时做到全文、全刊统一。

参 考 文 献

[1] 陈瑞芳.不同医学高校学报英文参考文献的比较与分析[J].编辑学报,2009,21(4):312.

[2] 周晴霖,黄亚萍,王志翔,等.编辑加工医学期刊英文参考文献的错误要点及对策分析[J].编辑学报,2016,28(增刊1):32.

[3] 朱红梅,张大志,任红.对我国高影响力医学期刊的中、英文参考文献著录差错分析[J].中国科技期刊研究,2012,23(5):784.

[4] 王劲.参考文献欧美著者姓名中"Jr."著录的建议[J].编辑学报,2008,20(2):162.

[5] 鞠衍清.外文参考文献著者姓名著录中的问题[J].编辑学报,2009,21(5):414.

[6] 鞠衍清.英文参考文献韩国著者姓名标注中的问题[J].编辑学报,2015,27(5):457.

[7] 王长风.文后参考文献表中英美日人姓与名的辨识[J].编辑学报,2002,14(4):269.

[8] 宋衍茹,散飞雪.英文科技论文中包含前缀人名著录规则辨析[J].编辑学报,2017,29(3):246.

[9] 朱晓刚.英语姓名简史[M].北京:商务印书馆,1992.

[10] 富饶.从姓名内涵看中西文化[J].黑龙江社会科学,2009(4):131.

[11] 美国芝加哥大学出版社.芝加哥手册:写作、编辑、出版指南[M].16版.吴波,译.北京:高等教育出版社,2014.

[12] 朱兰双,敬铃凌.浅析英文参考文献处理中的一些问题[J].科技与出版,2015,34(4):65.

新时期校对面临的机遇与挑战

林 娜

(中国电影出版社有限公司质检校对部，北京 100013)

摘要：随着时代的发展，计算机和网络在出版工作中被广泛地运用，计算机校对技术逐渐取代人工校对，校对这一环节越来越被弱化，不被重视。随着十九大的召开，高质量的出版对校对也提出了高要求，同时也给校对带来了新的机遇与挑战，校对是否能再现往日荣光，是出版人要思考的问题。

关键词：校对；人机结合；编辑加工；校对思维；文化自信

1 现阶段校对的窘状

1.1 校对的演化

校对形成于中国西汉时期，著名的学者刘向父子受当时的两任皇帝成帝和哀帝的任命校宫中藏书，每校对完一书，都要写出内容纲要报告皇帝，当时称校对为校雠或校勘。"一人读书，校其上下，得谬误，为校；一人持本，一人读书，若怨家相对，故曰雠也。"(《文选·魏都赋》注引《风俗通义》)，这是古代校勘的方法，校雠学也是由此而生。

我们常说的校雠，在古代通常是编校合一的，而现代校对工作随着时代的演变已然从编辑中分离出来，成为一个独立的工种并且逐步成为一个独立的职业存在。校对工作经过历史的演变和不断地进步已经发展成为技术性、专业性很强的工作，同时也是一种知识性、文学性的创造性工作，由专门的技术人员担任，并且相关职业的理论研究和技术指导也相继有了很大的提升。

借用清朝段玉裁的一句话："照本改字，不讹不漏，谓之校异同；信其是处则从之，信其非处则改之，谓之校是非。"校异同是指在校对工作中发现校样里和原稿中一切不同的地方。校是非则是辅助编辑发现原稿中可能存在的错漏和不妥之处，消灭一切可能出现的差错。随着校对技术的一步步发展和完善，作为一门技术性很强的工作，校对也有了一套自己的操作流程和基本工序：一校（初校）、二校、三校、通读、誊样、核红、文字技术整理等多个环节。

1.2 校对软件的出现

校对工作一直这样有条不紊按流程稳步前行。但随着计算机科技的进步，人工智能技术被广泛运用，校对工作受到巨大冲击，发生着显而易见的改变。黑马校对软件系统中的词库包含了海量的专业词、常见错误词、政治性敏感词等，可以为绝大多数文稿提供校对服务，确实给校对工作带来了很大的便利。现如今，我国大多数出版行业都在广泛使用黑马校对软件，并对它颇为依赖。但随着时代进步，计算机校对软件的兴盛和完善，出版业的发展不可避免地影响和改变着校对工作。人工校对工作的重点也在开始发生偏移，由以前工作量庞大的"校异同"转向知识性更强的"校是非"，校对工作的编辑功能化趋向明显，所以行业中"编校合一"的呼声也越来越高。校对的工作陷入了尴尬的境地，校对可有可无，有的甚至是淘汰掉了人工校对，认为电脑可以代替人脑。市场的快餐文化也促使出版流程越来越快捷化，中间环节能省就省，对校对的不重视，使得有的出版公司直接撤销了校对部门，校对的稿件直接承包给外面的私人公司，而外包公司的校对人员很少具有职业资格，大部分人员学历、阅历很难达到要求，校对质量得不到保障。校对不受重视、工作单调、技术能力要求高，待遇又不成正比，使得越来越多人不愿意从事校对工作。恶性循环使得校对一度陷入窘状。

2　编辑加工与编辑校对的方向性差异

"校异同"逐渐被计算机软件替代后，人工校对进一步趋向"校是非"。这和编辑工作有了很多重合，这也使得"编校合一"的呼声很高。编辑加工和编辑校对的工作范围有一定的重合，但差异性也很大，下面我们对两者的差异做一比较分析，看编辑加工工作能否取代校对从而达成合一。

2.1　编辑加工的宏观思维，大局意识

编辑加工是指按照出版的要求，编辑对稿件进行审核、修改、润饰、标注、整理提高的过程。编辑加工更注重大局意识，是一种宏观的思维活动，运用整体思维对稿件进行把控和加工。整体思维是从全局出发，是一种具有高度概括性、综合性的高层次认知思维的方式。整体思维把控文章的框架、论点、论据是否合理是否均衡。整体思维的不同决定了编辑加工的方向性不同。编辑加工在处理稿件问题时，更关注的是宏观问题，文章思想、整体框架、段落逻辑等成为编辑加工过程中需关注的主要问题。

2.2　校对工作的微观思维，细节处理

相对于编辑加工环节的整体思维，校对工作的侧重点在于微观思维的运用。微观思维是对细节的洞察，大到句子的语法逻辑是否有误、文字表述是否准确、图表公式排列是否规范、体例格式是否统一，小到字体、字级、批注，甚至一个标点符号的使用是否正确。这些都需要微观思维去做细节的处理。

正因为审读稿件的思维不同，侧重点不同，导致编辑在处理文章时，对细节的控制，对错字错词的敏感度下降。而校对人员对细节的注重导致整体的把握下降，这是不可避免很难两全的问题。校对工作入手简单做精却很难。编校合一不仅要求扎实的业务能力，还要求比较强的综合素质能力，这也是"编校合一"的想法提出了若干年但一直很难实施的原因之一。编辑和校对工作的思维转换，宏观和细节同时把控都对编辑提出了更高的要求。周期变短出版流程减少，从而留给编辑审稿的时间越来越短，再加上"编校合一"，兼职校对的工作，势必图书的品质就很难得以保证。

一直以来，提到校对给人的第一印象就是"校对是出版工作中的一个重要环节，是编辑工作的延续"，校对工作是对编辑后续工作的增补。但在出版工作中，校对实际上一直被边缘化，大多出版单位更偏重和经济效益挂钩的编辑加工，而轻视不能直接产生经济效益的校对工作。编校比例在人员配备上也是非常不合理，校对人员明显偏少。另外，校对人员在岗位设定时也比编辑加工的要求低，文化水平和专业素养普遍偏低的校对人员，也没有对其设置高级职称。造成这种局面的原因是管理者的认知误区，管理者认为校对工作只是一种简单的劳动，不直接产生经济效益，因此，校对部门里被安排进了各色各样的照顾对象、编余人员。其至

更有些管理者认为校对可有可无,想整合资源减少成本取而代之,实行编校合一。

3 政策给校对工作带来的福音

不管是机器取代人工,还是施行编校合一,大量数据和事实都已然证明,十多年来图书质量一再下滑的重要原因正是这种对校对定位的失误!后果不可谓严重,影响不可谓深远!党的十九大的召开给出版工作指明了前进的方向,为满足"人民日益增长的美好生活需要","激发全民族创新创造活力",政府也对文化工作者提出了"高质量发展"的要求,以工匠精神、劳模精神打造精品力作。出版物的质量成为出版的重中之重,社会效益放在首位、实现社会效益和经济效益有机统一,坚持把好内容关、质量关。建立好内容、高品质的图书品牌。为响应国家号召,很多出版公司又再次完善生产机制,编辑、校对工作在整个出版流程中居于中心关键地位,校对部门再次受到重视。

机遇摆在面前,校对再次得到重视、整合和发展。有的出版公司再次启动校对部门,有的整合资源创立了新的部门——质检校对部,对校对又有了新的诠释,也让校对的工作上升了新的台阶。这既是校对的机遇也是挑战,也为不受重视的校对工作带来了新的希望。

出版承担着建设社会主义文化强国的重任,也作为中国特色社会主义文化建设的基础工程之一备受关注。一个国家一个民族的"文化自信"的底气在于坚定的信念,而一个出版公司的"文化自信"的底气则在于质量,内容质量、文字质量成为重中之重。而作为质量的把关人——编辑、校对、质检,就起到了至关重要的作用。校对作为承接编辑和质检的纽带又起着衔接作用,有的出版社校对和质检有机结合,效果更是显著,质量检查的严格使得质检校对部得到重视,人员的配备,管理者的重视,校对地位的提升,极大地提高了员工的积极性和能动性。

4 结束语

无论时代如何发展,计算机软件如何更新换代,机器都不可能取代人工校对。北京工业大学计算机学院"人工智能"校对系统研制主持人宋柔教授认为:"自动校对"的说法是不切实际的,甚至在可预见的未来,也不可能做到,只能同人的校对互补,起到辅助作用。无论校对软件发展到怎样的程度,又是如何的智能化,校对方式发生怎样的改变,保障出版物质量的重要条件一直都是人工校对。优秀的校对守护着出版单位的信誉,也作为监护人保护着读者的权益,他们承担着出版物质量的重任。在这种"深耕细作"推动文化强国的大环境下,校对工作再现往日的荣光指日可待。

参 考 文 献

[1] 王京山.中国传统目录学"辨考"与"致用"的辩证思[J].图书与情报,2002(2):25-28.
[2] 周麒编.出版校对培训教程[M].北京:商务印书馆,2005.
[3] 张睿.人工校对不可取代[J].出版参考,2018(5):71-72.
[4] 张小镝.浅析编辑校对的重要性及校对方法[J].职工法律天地,2014(9):230.
[5] 张瑞.浅论编辑加工和编辑校对的思维差异[J].中国科技投资,2017(24):378.
[6] 康伟.面对新兴媒体崛起电视新闻编辑应向复合型转变提升编排意识[J].新闻研究导刊,2015(8):121.
[7] 刘敏.高职层次编辑校对专业人才培养途径研究[J].出版与印刷,2013(1):39-41.
[8] 周奇.现代校对学概念[M].苏州:苏州大学出版社,2005.

科技论文中向量与矩阵表达的正误辨析
——以《济南大学学报(自然科学版)》为例

刘建亭,王 耘,刘 飚

(济南大学《济南大学学报(自然科学版)》编辑部,山东 济南 250022)

摘要:为了便于理解和对比,针对科技论文中向量与矩阵的表达错误多的问题,将向量与矩阵这2个既有联系又有区别的不同概念融合到同一个定义中;从行矩阵、列矩阵以及特殊分块矩阵的逻辑角度给出向量与矩阵的联系,从构成、外括符号、内部标点、量符号形式、几何意义等方面综合对比分析向量与矩阵的区别;通过强调注释以及《济南大学学报(自然科学版)》稿件中的典型案例分析,辨析编辑加工向量与矩阵的相关表达时常见的错误,并给出正确形式;从编辑、作者、行业角度给出合理化建议,以提升科技论文的编辑加工质量与效率。

关键词:向量;矩阵;表达;联系;区别;案例分析

向量(矢量)与矩阵是科技期刊编辑在加工相关稿件时常见而极易混淆和出错的2个概念,据不完全统计,矩阵的错误率高达46%[1]。究其原因,一方面,与向量、矩阵有关的数学知识有一定的难度,有些编辑的数学专业知识匮乏;另一方面,投稿作者的学术水平高低不一,未意识到或者未认真对待稿件中的疏漏和错误。

近几年,一些科技期刊编辑针对向量与矩阵的加工问题进行了研究。赵阳等[2]、程伟等[3]通过分析复杂矩阵中各行、列元素之间的变化规律和逻辑关系,给出矩阵省略中常用的行省略、列省略和三角省略的表示方法。张宏等[4]对矩阵、向量等书写格式中的外括符号进行了区分。秦和平等[5]、张黄群等[6]、向阳洁[7]、张黄群等[8]分别从概念、运算等方面分析了向量、矩阵等量符号在字体表示方面的区别。在一般的大学数学教材中,向量与矩阵的定义都是由不同的问题引出的,其定义在不同的章节分别给出[9-13]。在针对向量与矩阵某一方面的编辑加工规范的研究[1-8,14]中,向量与矩阵的概念也都是分别独立给出的。为了便于理解和对比向量与矩阵这2个既有联系又有区别的概念,本文将其融合到同一个定义中;用2个结论分别从行矩阵、列矩阵以及特殊分块矩阵的逻辑角度给出向量与矩阵的联系,从构成、外括符号、内部标点、量符号形式、几何意义等角度综合对比分析向量与矩阵的区别;通过强调注释以及《济南大学学报(自然科学版)》稿件中的典型案例分析,辨析编辑加工向量与矩阵的相关表达时常见的错误,并给出其正确的表述形式;从编辑、作者、行业角度给出提升科技论文编辑中向量与矩阵加工质量与效率的合理化建议。

通信作者:王 耘,E-mail: ss_wangy1@ujn.edu.cn

1 基本数学概念

科技期刊编辑要正确、有效地加工与向量、矩阵相关的稿件，必须掌握与其相关的一些基本数学概念。为了便于理解和对比向量与矩阵这 2 个既有联系又有区别的概念，笔者将其融合到同一个定义中，给出定义 1。

定义 1 由 $m \times n$ 个数 a_{ij} ($i=1, 2, \ldots, m$; $j=1, 2, \ldots, n$)排成的数表称为 m 行 n 列矩阵，简称 $m \times n$ 型矩阵，记作

$$A = \begin{pmatrix} a_{11} & a_{12} & \cdots & a_{1j} & \cdots & a_{1n} \\ a_{21} & a_{22} & \cdots & a_{2j} & \cdots & a_{2n} \\ \vdots & \vdots & & \vdots & & \vdots \\ a_{i1} & a_{i2} & \cdots & a_{ij} & \cdots & a_{in} \\ \vdots & \vdots & & \vdots & & \vdots \\ a_{m1} & a_{m2} & \cdots & a_{mj} & \cdots & a_{mn} \end{pmatrix} \text{。} \tag{1}$$

简记为 $A_{m \times n}$ 或 (a_{ij}) 或 $(a_{ij})_{m \times n}$。矩阵的构成 a_{ij} 称为矩阵的元素。当 $m=n$ 时，称为 n 阶方阵。当 $n=1$ 时，$A = \begin{pmatrix} x_1 \\ x_2 \\ \vdots \\ x_m \end{pmatrix}$ 称为列矩阵，又称 m 维列向量。当 $m=1$ 时，$A=(y_1 \ y_2 \ldots y_n)$ 或 $(y_1, y_2, \ldots, y_n)$ 称为行矩阵，又称 n 维行向量。向量的构成 x_i 或 y_j 称为向量的分量。

定义 2 将矩阵 A 用若干纵、横线分成小矩阵，每个小矩阵称为 A 的子块，以子块为元素的矩阵称为分块矩阵[9]58。

定义 3 把矩阵 A 的行换成同序数的列得到的新矩阵，称为 A 的转置矩阵，记作 A^T。

注释 1 A^T 中上标 T 的含义是转置(transpose[14])是一种运算符号，并非一般变量，因此应该是正体。科技期刊编辑理解了这一点，在加工含有转置运算符号的变量时，就可以杜绝将上标 T 用斜体表示的常见错误了。

2 向量与矩阵的联系与区别

2.1 联系

由定义 1，可得以下表明向量与矩阵联系的结论：

结论 1 向量是特殊矩阵：m 维列向量即为 $m \times 1$ 型列矩阵，n 维行向量即为 $1 \times n$ 型行矩阵。

向量按矩阵的运算法则进行加法、数乘、乘法、转置等运算。

注释 2 矩阵的运算是数的运算的推广，要特别注意不同于数运算且出错率极高的以下 2 种矩阵运算：①矩阵与矩阵的乘法不同于数与数的乘法，矩阵与矩阵的乘法必须满足 2 个矩阵可乘的前提条件，即前一个矩阵的列数等于后一个矩阵的行数，因此矩阵的乘法不满足交换律；②与数的除法运算不同的是，矩阵与矩阵之间没有除法，与数的除法对应的运算是矩阵(方阵)求逆运算。

由定义 2，分别对形如式(1)的矩阵 A 按列、行分块，得到

$$A=(a_{ij})_{m\times n}=(\boldsymbol{x}_1 \quad \boldsymbol{x}_2 \ldots \boldsymbol{x}_j \ldots \boldsymbol{x}_n)= \tag{2}$$

$$(\boldsymbol{y}_1^T \quad \boldsymbol{y}_2^T \ldots \boldsymbol{y}_i^T \ldots \boldsymbol{y}_m^T)^T, \tag{3}$$

其中 $\boldsymbol{x}_j=(a_{1j} \quad a_{2j} \ldots a_{ij} \ldots a_{mj})^T$ 是式(1)中矩阵 A 的第 j 列,即 A 的第 j 个 m 维列向量;$\boldsymbol{y}_i^T=(a_{i1} \quad a_{i2} \ldots a_{ij} \ldots a_{in})$ 是 A 的第 i 行,即 A 的第 i 个 n 维行向量。由此可知:式(2)、(3)均为分块矩阵;式(2)为分块行矩阵,由式(1)按每列为 1 块的列分块法得到,其元素即 n 个子块($m\times 1$ 型列矩阵)是 n 个 m 维列向量;式(3)为分块列矩阵,由式(1)按每行为 1 块的行分块法得到,其元素即 m 个子块($1\times n$ 型行矩阵)是 m 个 n 维行向量;因此可得以下表明向量与矩阵另一种联系的结论:

结论 2 向量是分块矩阵的特殊子块,是矩阵的特殊元素;将矩阵的每一列作为 1 个子块进行分块,作为矩阵特殊元素的每个子块均为列矩阵,即列向量;按行分块的情形类同。

结论 1、2 分别从行矩阵、列矩阵以及特殊分块矩阵等逻辑角度阐述了向量与矩阵的联系。

2.2 区别

虽然向量与矩阵在逻辑上具有密切的联系,但是两者毕竟是 2 个由不同领域的应用问题引出的不同的量。笔者从构成、外括符号、内部标点、量符号形式、几何意义等方面对比分析向量与矩阵的区别,如表 1 所示。

表 1 向量与矩阵的区别

区别	向量	矩阵
外形	数组	数表
构成	分量(数)	元素(数、向量、矩阵)
外括符号	圆括号	圆括号或方括号[15]
内部标点	行向量的分量间加逗号	元素间不加逗号
量符号形式	黑斜体小写字母	黑斜体大写字母
运算	求模(长度)、求夹角、求内积(数量积、点乘)、求外积(向量积、叉乘)	求行列式、求逆
几何意义	既有大小又有方向的向量构成向量空间	

注:在此不考虑矩阵是行矩阵或列矩阵的特殊情况;矩阵求行列式、求逆的运算前提是矩阵为方阵

3 案例分析

通过《济南大学学报(自然科学版)》稿件中的典型案例分析,分别辨析加工向量与矩阵的相关表达时,在概念、运算、符号、构成等方面的常见错误,并给出正确形式。

例 1 笔者加工的一篇稿件中有以下算法公式:

$$y=(y_{\max}-y_{\min})*\frac{x-x_{\min}}{x_{\max}-x_{\min}}+y_{\min}。 \tag{4}$$

稿件中作者对式中相关符号的说明如下:输入数据 $x=[T \quad X_1 \quad X_2]$,将输入数据 x 约定在 $[-1,1]$ 之间;$x_{\min}=[150 \quad 0.109 \quad -0.038]$,$x_{\max}=[1200 \quad 0.692 \quad 0.036]$,$y_{\max}=1$,$y_{\min}=-1$。所有输入数据进行归一化处理后,得到 $p=[y_T, y_{X1}, y_{X2}]$,其中 y_T、y_{X1}、y_{X2} 分别是输入数据 T、X_1、X_2 归一化后的结果。

结合式(4)形式及其中各符号的说明,分析其矛盾和错误之处如下。

误:(1) 原稿中的 x、$x_{\min}$、$x_{\max}$ 均为行矩阵,因此 $x-x_{\min}$、$x-x_{\max}$ 仍为行矩阵。这 2 个行

矩阵分别位于式(4)中分式的分子和分母上,而根据注释2,矩阵与矩阵之间是没有除法的,显然矛盾。

(2) x 是行矩阵,并非某一具体数值,而[−1,1]表示闭区间,因此"将输入数据 x 约定在[−1,1]之间"的描述是不严密、不准确的。

(3) 无论是数乘矩阵、向量与向量点乘或叉乘,还是矩阵与矩阵相乘,都没有式(4)中的符号*。

(4) 由于 $y_{min}=-1$,因此从逻辑上,与其相加的不可能是向量或矩阵,只能是一个数,而结果也只能是一个数;但是原稿中没有对符号 y 的说明。

针对以上错误,经过与作者沟通和确认,式(4)中的分子、分母要作的运算是,在每一次算法中,将列矩阵某行的元素减去另一个列矩阵同行的元素;分式相除的结果再经过运算得到式(4)的值,这样处理的所有数据归一化后作为新的列矩阵 p 的同行元素。由此作以下更正。

正:(1) 原稿中的输入数据 $x=[T\ X_1\ X_2]$ 改为"$X=(x_i)_{3\times1}=[T\ X_1\ X_2]^T$,其中 i 为 T、X_1、X_2,即 $x_T=T$,$x_{X_1}=X_1$,$x_{X_2}=X_2$";"将输入数据 x 约定在[−1,1]之间"改为"将输入数据 X 的元素 x_i 约定在[−1,1]之间"[16]146。

(2) 式(4)改为

$$y_i = \left(y^{max} - y^{min}\right)\frac{x_i - x_i^{min}}{x_i^{max} - x_i^{min}} + y^{min}, \quad (5)$$

并且添加说明"$(x_i^{min})_{3\times1}=[150\ 0.109\ -0.038]^T$;$(x_i^{max})_{3\times1}=[1\ 200\ 0.692\ 0.036]^T$;$y^{max}=1$,$y^{min}=-1$。所有输入数据进行归一化处理后,得到 $P=(y_i)_{3\times1}$,其中 y_T、y_{X1}、y_{X2} 分别是输入数据 T、X_1、X_2 归一化后的结果。"[16]146

例2 稿件中有以下描述:A_1 为一个 20×1 型的矩阵,隐含层到输出层的权值为一个 1×20 型的矩阵 $W_2=[-0.432\ 97\ \ -0.250\ 03\ \ -0.158\ 82\ \ 0.657\ 70\ \ \ldots\ \ 0.126\ 11]^T$;隐含层到输出层的阈值为 $b_2=0.199\ 24$。对输出层的输入数据 A_1 进行权值、阈值合并的计算公式为

$$\begin{cases} o_1 = W_2 A_1, \\ o_2 = o_1 + b_2. \end{cases} \quad (6)$$

计算后输出层的输入数据 o_2 为一个常数。

误:在该稿件的叙述中,矩阵 W_2 被叙述为 1×20 型行矩阵,而在形式上,$W_2=[-0.432\ 97\ \ -0.250\ 03\ \ -0.158\ 82\ \ 0.657\ 70\ \ \ldots\ \ 0.126\ 11]^T$ 却是 20×1 型的列矩阵,显然矛盾。原稿中,b_2 以及根据式(6)的第 2 个方程所得的 o_2 均为常数,则第 1 个方程的结果 o_1 只能也是常数;再根据注释2,2 个矩阵可相乘的基本前提是前者的列数等于后者的行数,如果 W_2 是 $[-0.432\ 97\ \ -0.250\ 03\ \ -0.158\ 82\ \ 0.657\ 70\ \ \ldots\ \ 0.126\ 11]^T$ 的形式,则式中的乘法违反了 2 个矩阵可乘的前提。由此可知,要么 $W_2=[-0.432\ 97\ \ -0.250\ 03\ \ -0.158\ 82\ \ 0.657\ 70\ \ \ldots\ \ 0.126\ 11]^T$ 叙述为 20×1 型的矩阵,A_1 为 1×20 型的矩阵,同时将第 1 个方程中相乘的 2 个矩阵交换顺序,要么去掉 W_2 形式中的转置符号,否则有逻辑错误。

正:经过向作者确认,应去掉 W_2 形式中的转置符号 T[16]147。

例3 作者原稿中的一段描述如下:对称矩阵 M^{in} 为同类矩阵,若样本 x_i 与 x_j 类型相同,则 $m_{ij}^{in}=1$;反之,若不为同一类样本,则 $m_{ij}^{in}=0$,具体为

$$M_{ij}^{\text{in}} = \begin{cases} 1, & l_i = l_j, \\ 0, & l_i \neq l_j。 \end{cases} \tag{7}$$

其中 l_i 与 l_j 分别表示样本 x_i 与 x_j 的类别。矩阵 P 为对角矩阵，对角元素为同类矩阵 M^{in} 每行或每列元素之和，$P_{ii} = \sum_{j=1}^{N} m_{ij}$。

误：(1) 根据"对称矩阵 M^{in} 为同类矩阵，若样本 x_i 与 x_j 类型相同，则 $m_{ij}^{\text{in}}=1$；反之，若不为同一类样本，则 $m_{ij}^{\text{in}}=0$"，可知 m_{ij}^{in} 是矩阵 M^{in} 的元素；而根据"矩阵 P 为对角矩阵，对角元素为同类矩阵 M^{in} 每行或每列元素之和，$P_{ii} = \sum_{j=1}^{N} m_{ij}$"，可知 m_{ij} 是矩阵 M^{in} 的元素；矛盾。

(2) 原稿中 4 个形式相近的符号 M^{in}、m_{ij}^{in}、M_{ij}^{in}、m_{ij} 关系不明确，根据 M_{ij}^{in} 的写法，M_{ij}^{in} 像是与 M^{in} 密切相关的矩阵，但是除了行数与列数均为 1 的矩阵是一个数值，一般矩阵是一个数表，这与式(7)的结果矛盾。

正：(1) 作者用 m_{ij}^{in}、m_{ij} 要表示的量均为矩阵 M^{in} 的元素，因此根据矩阵 M^{in} 的形式，应将"$P_{ii} = \sum_{j=1}^{N} m_{ij}$"中的 m_{ij} 改为 m_{ij}^{in}[17]121。

(2) 式(7)是"若样本 x_i 与 x_j 类型相同，则 $m_{ij}^{\text{in}}=1$；反之，若不为同一类样本，则 $m_{ij}^{\text{in}}=0$"的等价描述，并且除了式(7)，原稿中并无关于 M_{ij}^{in} 的其他描述，因此式(7)中的 M_{ij}^{in} 应改为 m_{ij}^{in}[17]121。

经过与作者沟通，作者本人确认了以上修改。

例 4 作者稿件中的描述如下：将轨迹数据序列 $t_i = \{(P_1^x, P_1^y), \cdots, (P_n^x, P_n^y)\}$ 以 B 样条基得出稀疏矩阵 Φ，建立控制点序列求解方程

$$f_i = \Phi^{-1} t_i, \tag{8}$$

得到 t_i 基于控制点表示的特征为 $f_i = \{(C_1^x, C_1^y), \cdots, (C_p^x, C_p^y)\}$。其中，$p$ 表示控制点的数量，(P_n^x, P_n^y) 表示轨迹的第 n 个位置点的 x 和 y 方向上的坐标值。

误：集合 t_i 是不能参与式(8)中与 Φ 的逆矩阵的乘法运算而得到集合 f_i 的。

正：作者混淆了集合与向量的外括符号，应将 t_i、f_i 表达式中集合的外括符号改为向量的外括符号，即 $t_i = ((P_1^x, P_1^y), \cdots, (P_n^x, P_n^y))$，$f_i = ((C_1^x, C_1^y), \cdots, (C_p^x, C_p^y))$[18]203，作者本人也确认了以上修改。

在以上案例中，稿件的错误涉及向量与矩阵的概念、运算、符号、构成、外括符号等，因此要求编辑须具备一定的数学专业知识，遇到问题时还须从逻辑上对稿件进行反复推敲，只有这样，才能作出正确的判断。

4 结束语

将科技期刊论文中常见的向量与矩阵这 2 个不同的数学概念融合到同一个定义中，以方便理解和对比这 2 个既有联系又有区别的概念。向量与矩阵两者密切相关：向量是特殊矩阵；向量是分块矩阵的特殊子块，是矩阵的特殊元素。向量与矩阵在构成、外括符号、内部标点、量符号形式、几何意义等方面又有明显区别。关于矩阵运算的注释以及《济南大学学报(自然科学版)》中的典型案例分析，说明了编辑加工相关表达时常见的错误及其正确形式。基于此，

分别从编辑、作者、行业角度给出以下提升科技论文编辑加工质量与效率的建议。

(1) 科技期刊编辑应掌握相关的基本专业知识，打铁还需自身硬：一方面，掌握了一定专业知识的编辑在加工相关稿件时，自然得心应手，可纠正作者稿件中的一般疏漏和错误；另一方面，与作者交流有歧义的学术问题时，更便于沟通和作出正确的判断。

(2) 处理向量、矩阵符号较多的稿件时，可以要求作者单独列出稿件中表示向量、矩阵的符号，以此督促作者自行检查稿件中的符号是否有疏漏和错误，同时便于期刊编辑在加工时进行核对。

(3) 科技期刊编辑部应考虑引进掌握本刊相关专业知识甚至具有相关学历的复合型人才作为学科编辑，做到编辑学者化，这不仅是提高期刊学术水平的需要，更是高效传播科学与技术，促进当代科学技术整体发展的要求。

参 考 文 献

[1] 马兰兰,徐若冰,李雪莲.科技期刊中矩阵写法的常见错误[M]//学报编辑论丛(2013).上海:上海大学出版社,2013:107.
[2] 赵阳,梁霞,赵艳静.矩阵表达常见错误分析[J].编辑学报,2015,27(3):233-235.
[3] 程伟,孙立华.规范中矩阵省略表达的解读[J].编辑学报,2010,22(3):225-226.
[4] 张宏,赵丽莹,荀海鑫,等.矩阵、向量、集合中数学符号的规范使用[J].编辑学报,2011,23(5):418-419.
[5] 秦和平,邢宝妹,周佩琴.向量、矩阵量符号字体使用规范辨析及注意要点[J].科技与出版,2006(3):47-48.
[6] 张黄群,熊春如.物理量符号是否用黑斜体的判别方法[J].中国科技期刊研究,2010,21(6):884-885.
[7] 向阳洁.数学中国家标准要求用黑斜体表示的几个符号[J].编辑学报,2009,21(6):508-509.
[8] 张黄群,熊春如.物理量符号是否用黑斜体的判别方法[J].中国科技期刊研究,2010,21(6):884-885.
[9] 同济大学数学教研室.线性代数[M].3版.北京:高等教育出版社,2001.
[10] 陈世杰.高等代数与解析几何[M].北京:高等教育出版社,2000.
[11] 李世栋.线性代数[M].北京:科学技术出版社,2000.
[12] 于朝霞,张苏梅,苗丽安.线性代数与空间解析几何[M].北京:中国科学技术出版社,2003.
[13] 罗亮生.国标中向量矩阵张量符号与数学中相应符号之异同[J].编辑学报,2003,15(5):343-344.
[14] 张鸿林,葛显良.英汉数学词汇[M].北京:清华大学出版社,2006:768.
[15] 陈浩元.科技书刊标准化18讲[M].北京:北京师范大学出版社,1998:149.
[16] 贠海涛,王成振,曹爱霞,等.基于BP神经网络的电动堆高车货叉偏载检测[J].济南大学学报(自然科学版),2017,31(2):143-149.
[17] 唐斯琪,潘志松.基于流形学习的网络数据流异常检测[J].济南大学学报(自然科学版),2017,31(2):118-128.
[18] 王丽珍,胡大睿,李策.基于LCSCA特征与协同表示的轨迹分析算法[J].济南大学学报(自然科学版),2017,31(3):202-207.

医学科技论文层次标题的编制要点

郑海蓉，王汝斌

(山东第一医科大学附属省立医院医药卫生期刊中心《山东医药》编辑部，山东 济南 250014)

摘要： 探讨医学科技论文层次标题的编制要点。结合笔者自己的编辑、编审经验体会，对部分医学科技期刊所刊载的某些医学科技论文的内容进行阅读理解，探讨科学、合理的医学科技论文层次标题的编制要点。总结了四条医学科技论文层次标题的编制要点，并结合实例作了阐释。医学科技论文层次标题的编制要点是清晰并符合逻辑、准确并关联主题、前后呼应并统一风格、规范并简洁概括。

关键词： 层次标题；题名；科技论文；医学科技论文

科技论文的层次标题就是论文中的各层级标题，或论文中的各分级标题[1-2]，依据论文的分层需求可分为一、二、三等不同层级。层次标题是论文正文的框架结构，即内容提纲，隶属于题名。题名是最恰当、最简明并反映论文最重要内容的词语的逻辑组合[3]，那么层次标题就是最恰当、最简明并反映论文中某一层次段落最重要内容(或核心内容)的词语的逻辑组合。层次标题的主要作用在于体现作者逻辑论证的先后顺序、使论文内容层次分明、方便读者的阅读理解等。对于科技论文，作为其框架结构的层次标题，如果编制得好，既能明确显示论文结构合理，也能准确反映论文核心内容，容易引发读者的阅读兴趣、方便读者快速阅读理解，并准确从论文中选择自己所要参阅的部分；如果层次标题编制得不好，则会让论文看上去杂乱无章、核心内容无法得到准确表达，让读者不知所云，甚至引发其厌烦心理，这样的论文有可能因此而会失去读者，甚至失去传播机会[4]。

近年来，随着我国整体科研水平的不断提高，科研技术手段的不断增加，研究成果不断丰富，科技论文产出数量迅速增长，尤其是医学科技论文的数量增长明显，加之交流传播平台的不断增多，随之出现的是医学科技论文的模式化，规范的模式化，不规范的也模式化了。在医学科技论文不规范的模式中，论文层次标题的不规范、不准确、不恰当等非常多见，相当一部分论文的层次标题编制质量不佳，这直接影响了医学科技论文的整体质量。给论文编制恰当的题名和层次标题是科技论文撰写规范化的要求[5]，更是让论文具有可读性的编辑职责。作为一名长期从事医学科技期刊编辑出版工作的编辑，笔者目前所了解的情况是，医学科技论文的作者及医学科技期刊的编辑对医学科技论文题名的编制都比较重视，但对论文层次标题的编制及重视程度则不够，相关研究文献也较少，尤其是对医学科技论文层次标题的研究更是少见，这或许是医学科技论文层次标题制作质量普遍不高的原因之一。作为科技论文重要组成部分的医学科技论文，其结构具有专业特点，作为其框架结构的层次标题也有不同于其他科技论文的地方。笔者结合自己的编辑、编审经验和体会，对部分医学科技期刊所刊载的某些医学科技论文进行阅读理解，探讨总结了医学科技论文层次标题的编制要点，主要包括清晰并符合逻辑、准确并关联主题、前后呼应并统一风格、规范并简洁概括四点，现结合实例阐述如下。

1 医学科技论文的层次标题要清晰并符合逻辑

医学科技论文层次标题的编制应该层次清晰、结构严谨。医学科技论文中论著型论文的正文主要是由引言、资料(材料)与方法、结果、讨论组成的，各部分的内容既彼此独立又相互联系，存在着密切相关的逻辑关系。"引言""资料(材料)与方法""结果""讨论"通常作为论文的一级层次标题出现。如果把一篇论文比作一棵大树，那么题名就是大树的主干，层次标题就是枝干，枝干依附于主干，下一级枝干依附于上一级枝干，没有主干就不可能有枝干，没有上一级的枝干也不可能有下一级的枝干。作为论文逻辑结构外在表现的层次标题应该条理清晰、严密完整、组合有序。

例1 "脂质体转染法与电转染法在HCV质粒转染人肝癌细胞中的应用效果比较"[6]一文，其一级标题"方法"下的二级标题分别为"细胞分组与质粒转染方法""转染后细胞形态观察""转染效率测算""培养上清液中HCV mRNA检测""A、B组细胞培养上清液中HCV感染滴度检测"，这四个二级标题的结构还比较合理，组合也算有序，但层次不够清晰。在本文中，可将一级标题"方法"下的二级标题修改为"人肝癌细胞 HCV 质粒转染中两种转染方法的操作""两种转染方法的人肝癌细胞 HCV 质粒转染效能观察"；二级标题"人肝癌细胞 HCV 质粒转染中两种转染方法的操作"下设两个三级标题，分别为"脂质体转染法的操作""电转染法的操作"；二级标题"两种转染方法的人肝癌细胞 HCV 质粒转染效能观察"下设四个三级标题，分别为"转染HCV质粒的人肝癌细胞形态观察""HCV质粒转染效率测算""转染HCV质粒的人肝癌细胞培养上清液HCV mRNA检测""转染HCV质粒的人肝癌细胞培养上清液HCV感染滴度测算"，这四个三级标题中的"细胞形态、转染效率、HCV mRNA、HCV 感染滴度"均为二级标题"两种转染方法的人肝癌细胞 HCV 质粒转染效能观察"中"转染效能"的判断指标。修改后的一级标题"方法"与其下的二、三级标题隶属关系明确，层次非常清晰，结构非常严谨。只看层次标题就完全可以了解这篇论文"方法"部分要介绍的内容，作者可以据此推断这篇论文应给出哪些"结果"才算完整、恰当、合理，编辑和读者也可以据此推断这篇论文"结果"部分要表达的内容及作为一级标题"结果"下的二级标题应该如何设置(一级标题"结果"下的二级标题应该为"转染HCV质粒的人肝癌细胞形态""HCV质粒转染效率""转染HCV质粒的人肝癌细胞培养上清液HCV mRNA水平""转染HCV质粒的人肝癌细胞培养上清液HCV感染滴度"。读者如果只想关注这篇论文的"结果"，为了节省时间，"方法"部分完全可以只读层次标题，不必费时阅读其详细内容，而"结果"下的二级标题也充分显示了"结果"的内容。层次清晰、结构严谨的层次标题可发挥良好的导读作用[7]。

医学科技论文层次标题的编制在层次清晰、结构严谨的基础上还必须符合逻辑[8]，包括结构逻辑和学术逻辑。首先，层次标题在结构上要符合以下逻辑：①从属关系。下一级标题必须从属于上一级标题(例1中修改后的二级标题从属于一级标题，三级标题从属于二级标题)。②平行关系。在同级层次标题中，所有标题是平行关系而非从属关系(例1中修改后的二级标题为同一层次的标题，三级标题也为同一层次的标题；无论结构上还是内容上，同一层次的二、三级标题各自均为平行关系，而不是从属关系)。③既不是平行关系也不是从属关系，它们分属不同的上级标题(一级标题除外,它隶属于题名;例1中修改后的两个二级标题下各自的三级标题即分属不同的上级标题,它们既不是平行关系也不是从属关系)。其次,医学科学研究,无论基础研究还是临床研究,通常都遵从一定的学术逻辑,即从易到难、从简单到复杂、从宏观到微观、从主观到客观、从动物到人体、从体外到体内、从组织到细胞、从形态到结构等,因此,医学科研论文中同一级层次标题在前后顺序上也要符合学术逻辑。例1中修改后的二级标题"两种转染方法的人肝癌细胞HCV质粒转染效能观察"下四个三级标题的顺序依次为"转染HCV质粒的人肝癌细胞形态观察→HCV质粒转染效率测算→转染HCV质粒的人肝癌细胞培养上清液HCV mRNA检测→转染HCV质粒的人肝癌细胞培养上清液HCV感染滴度测算"。因为在这个研究中,转染操作完成后,首先看到的是细胞形态的变化,细胞形态发生变化方有转染成功的可能性;检测到HCV病毒蛋白是转染成功的客观标志,通过检测到的HCV病毒蛋白来计算转染效率以判断转染成功率的高低;达到一定的转染成功率方可对转染细胞进行培养,使其增殖后才可对HCV病毒基因进行检测,这是从更高层次上进一步确定转染成功及转染细胞可以增殖;之后才能进行转染细胞的培养传代及HCV感染滴度的测算。因此,虽然上述四个属于同一层次的三级标题在结构上为平行关系,但按照学术逻辑,其先后顺序是不可随意变化的。结构上和内容上符合逻辑的层次标题能够清晰、完整、准确体现论文的框架。

2 医学科技论文的层次标题要准确并关联主题

医学科技论文的层次标题要准确体现同一层次段落的主要内容、范围和深度。但许多医学科技期刊刊载的部分医学科技论文中的层次标题都不具备这一条件。

例2 "免疫球蛋白重链结合蛋白和钙网蛋白在肝细胞癌中的表达与转移的关系"[9]一文,其主要内容是对肝癌细胞株及肝癌组织中的免疫球蛋白重链结合蛋白基因和钙网蛋白基因,分别从翻译水平与转录水平进行检测(以正常肝细胞和正常肝组织作对照),观察其表达变化并分析其与肝癌转移的关系。文中作为二级标题的"方法",下设的三级标题分别为"免疫组织化学染色""Western印迹""实时荧光定量PCR",每一个三级标题下分别对"免疫组织化学染色""Western印迹""实时荧光定量PCR"这三种技术的常规操作作了介绍,但没有提及免疫球蛋白重链结合蛋白基因和钙网蛋白基因,也没有提及受检标本。这样的层次标题提示本研究的重点应该是这三种技术,而非肝癌细胞株及肝癌组织中的免疫球蛋白重链结合蛋白基因和钙网蛋白基因。对此,笔者认为上述三级标题的内容、范围不够准确,也没有深度可言。本研究采用的"免疫组织化学染色法、Western印迹技术、实时荧光定量PCR技术"都已是医学科学研究中的常用方法,在其他基因的检测中也常用,所以不必在本文中作详细介绍,更不必作为层次标题出现在本文中。在本研究中,两种受检标本的检测方法和检测指标是相同的,所以,可将上述三个三级标题修改为两个,即"受检标本免疫球蛋白重链结合蛋白基因蛋白和钙网蛋白基因蛋白的检测方法""受检标本免疫球蛋白重链结合蛋白基因 mRNA 和钙网蛋白基因mRNA的检测方法"。因为本研究采用不同方法分别对免疫球蛋白重链结合蛋白基因蛋白和钙网蛋白基因蛋白进行了半定量检测、定量检测,所以作为三级标题的"受检标本免疫球蛋白重链结合蛋白基因蛋白和钙网蛋白基因蛋白的检测方法"下可以再设两个四级标题"免疫球蛋白重链结合蛋白基因蛋白和钙网蛋白基因蛋白的半定量检测方法""免疫球蛋白重链结合蛋白基因蛋白和钙网蛋白基因蛋白的定量检测方法"。免疫球蛋白重链结合蛋白基因蛋白和钙网蛋白基因蛋白的半定量检测采用的是免疫组织化学染色法，在前一个四级标题下可以简略介绍免疫组织化学染色法的操作方法；免疫球蛋白重链结合蛋白基因蛋白和钙网蛋白基因蛋白的定量检测采用的是 Western 印迹技术，故在后一个四级标题下可以简略介绍 Western 印迹技术的操作方法；免疫球蛋白重链结合蛋白基因 mRNA 和钙网蛋白基因 mRNA 的检测采用的是实时荧光定量 PCR 技术，所以后一个三级标题下可以简略介绍实时荧光定量 PCR 技术的操作方法。修改三级标题并加上四级标题后，可以准确体现"方法"部分的内容，涉及的范围既不扩大也没缩小，深度也恰当，当然也符合"清晰并符合逻辑"的要求。

可比作大树的论文，作为大树枝干的层次标题依附于作为主干的题名，也就是层次标题与主题不能分割，两者必须密切关联，否则将成不了一棵完整的大树。例 2 修改前的三个三级标题就是与主题分离了，而修改后的两个三级标题及加上的两个四级标题都与主题密切相关，作为枝干，它们名副其实地"长"在了主干上，也可以说与主干"血脉相连"。

3 医学科技论文的层次标题要前后呼应并统一风格

科学研究都是采用相应的研究方法进行研究，然后得到相关的研究结果。医学科技论文中论著型论文的撰写方法也是先介绍"方法"，再介绍"结果"，"方法"和"结果"既有先后顺序，也有相互联系。那么，论著型论文中作为同一层次标题的"方法""结果"的下一级层次标题也是要有顺序和联系的。一个研究方法必然得到相应的一个研究结果，作为"方法""结果"这一层次标题，其各自的下属层次标题必须遥相呼应，这样形成的论文框架结构才是稳固的，但"呼应"不应该是重复。

例 3 "miR-218 对宫颈癌细胞增殖和迁移的影响"[10]一文，其一级标题"方法"下的二级标题依次为"稳定过表达 miR-218 宫颈癌细胞的建立→宫颈癌细胞 miR-218 的表达检测→细胞克隆形成实验→MTT 实验→细胞迁移实验→Transwell 细胞迁移实验→miR-218 预测靶基因 mRNA 的表达"，一级标题"结果"下的二级标题依次为"转移细胞株的筛选及细胞荧光效率→宫颈癌细胞 miR-218 的表达情况→miR-218 对细胞克隆形成率的影响→细胞生长曲线的变化→细胞划痕实验→Transwell 迁移实验→miR-218 预测靶基因 mRNA 表达的变化"。在该文中，"方法"与"结果"下各自的七个二级标题基本上是一一呼应的，但有的"方法"与"结果"的二级标题出现了重复，当然也存在其他的问题，比如层次不够清晰、表达不够准确、与主题关联性不强等。该文中一级标题"方法"下的二级标题依次修改为"过表达 miR-218 宫颈癌细胞株的建立→过表达 miR-218 宫颈癌细胞株 miR-218 的检测→过表达 miR-218 宫颈癌细胞株的克隆→过表达 miR-218 宫颈癌细胞株增殖能力的观察→过表达 miR-218 宫颈癌细胞株迁移能力的观察(这个二级标题下设三级标题"细胞划痕实验""Transwell 细胞迁移实验")→过表达 miR-218 宫颈癌细胞株 miR-218 靶基因的 mRNA 检测"；一级标题"结果"下的二级标题依次修改为"过表达 miR-218 宫颈癌细胞株的建立情况→过表达 miR-218 宫颈癌细胞株 miR-218 的表达→过表达 miR-218 宫颈癌细胞株的克隆形成率→过表达 miR-218 宫颈癌细胞株的增殖能力→过表达 miR-218 宫颈癌细胞株的迁移能力(这个二级标题下设三级标题"细胞划痕实验结果""Transwell 细胞迁移实验结果")→过表达 miR-218 宫颈癌细胞株 miR-218 靶基因 mRNA 的表达"。将一级标题"方法"与"结果"下各自的七个二级标题修改为六个，并分别在各自的第五个二级标题下设置了两个三级标题，这样一级标题"方法"与"结果"下的二、三级标题均一一呼应，不存在重复现象，而且层次更加清晰、内容表达更加准确、与主题的关联性更强，也非常符合学术逻辑。

医学科技论文中同一级层次标题的语言结构风格尽量保持统一或相近[11]，这样的层次标题表现力强，而且生动，也可给读者带来美感[12]，引发读者的阅读兴趣[4]，但必须是在准确表达段落内容的前提下并顾及学术上和技术上的需要来追求语言结构风格上的统一或相近。例3修改后，一级标题"方法"与"结果"下的二、三级标题语言结构风格完全一致，都是术语或名词的逻辑组合[8]。

4 医学科技论文的层次标题要规范并简洁概括

医学科技论文的层次标题用词要规范、术语要规范，这与对题名的要求是一致的[3]，是基本要求。如果层次标题中用词不规范，尤其是虚词使用不当，可能会造成层次标题无法确切表达段落内容，影响读者的阅读理解。

例4 "国内外非结核分枝杆菌(NTM)诊治指南比较及临床适用性思考"[13]一文，其一级标题为"关于NTM感染诊断""关于NTM治疗"，其中的"关于"作为虚词完全可以不出现，修改为 "NTM感染的诊断""NTM感染的治疗"即可。非规范化的名词术语(如"头部外伤""视力障碍""食管反流"等)出现在层次标题中也会影响读者的阅读理解，并会在无形中降低论文的学术性，所以要避免不规范的词语和术语，尤其是不规范的专业术语出现在层次标题中。

用简短的文字概括段落核心内容也是医学科技论文层次标题的基本要求，力求简洁，切忌冗长繁杂[14]。当然，也不能为了追求简洁而造成层次标题中出现成分残缺，尤其是缺少表达段落主题的关键词或词组，这样层次标题所表达的内容会不准确、不完整。

例5 "联合检测FHIT、Ki-67及PCNA在皮质醇增多症肾上腺皮质不同病变中的意义"[15]一文，其二级标题"方法"下的三级标题分别为"检测方法""结果判断"，这两个三级标题虽然简短、简洁，但缺乏表达相应段落内容的关键词，既无法准确、完整表达段落主要内容，也没有与主题关联。如果将上述两个三级标题修改为"肾上腺皮质病变组织中FHIT、Ki-67及PCNA的检测方法"和"FHIT、Ki-67及PCNA检测结果的判断方法"，就可以准确、完整表达段落内容，并密切关联主题，而且不失简洁概括。

总之，笔者认为，要呈现一篇优秀的医学科技论文，作为其框架结构的层次标题制作精良是基本条件，制作精良的层次标题应尽量满足"清晰并符合逻辑、准确并关联主题、前后呼应并统一风格、规范并简洁概括"这四点。目前，我国的医学学术研究和医学科技论文数量正在不断扩增，今年年初开始的新冠病毒感染全球大流行就带来了数量庞大的科研论文。面对数量庞大的科研论文，快速浏览已成为读者的阅读趋势，尤其是因自己的研究或自己撰写论文需要参阅相关论文的医学科研工作者，快速浏览学术期刊刊载的相关研究论文可以节省时间并可快速筛选到自己真正需要参阅的论文。读者对论文进行快速浏览的目标，除了论文的题名和摘要，就是论文的层次标题了。因此，为了提高医学科技论文的整体质量，也为了方便读者的快速阅读、准确理解和选择，倡导医学科技期刊的编辑重视论文层次标题的规范编制。

参 考 文 献

[1] 马芳莲,朱德香.科技期刊编辑的整体思维[J].编辑学报,2005,17(3):160-161.

[2] 同任.不能把层次标题与列项说明混淆起来[J].编辑学报,2007,19(3):240.
[3] 郑海蓉.医学科技论文题名中存在的问题及实例分析和修改[J].编辑学报,2015,27(2):143-145.
[4] 孙莉.浅谈科技论文层次标题的编辑加工[J].北京联合大学学报,1997,11(3):77.
[5] 李兴昌.科技论文的层次标题[J].科技与出版,2000(1):36.
[6] 卢莎,谭文杰,张玲,等.脂质体转染法与电转染法在 HCV 质粒转染人肝癌细胞中的应用效果[J].山东医药,2016,56(19):15-17.
[7] 杨海亮,安碧丽,付示威.学术期刊论文标题制作的几项基本原则[J].科教导刊,2017(8):30-31.
[8] 刘玉静.书稿编辑加工中层次标题常见逻辑问题分析[J].科技传播,2020,12(3):164-165.
[9] 傅哲,叶健文,唐文超,等.免疫球蛋白重链结合蛋白和钙网蛋白在肝细胞癌中的表达与转移的关系[J].中华医学杂志,2016,96(10):767-771.
[10] 刘珍,张蔚,胡晓霞,等.miR-218 对宫颈癌细胞增殖和迁移的影响[J].中华肿瘤防治杂志,2015,2(20):1602-1608.
[11] 高时阔,黎文丽,文宇,等.学术论文层次标题的美学特征[J].中国科技期刊研究,2006,17(3):364-366.
[12] 陈婕.让论文的眼睛更加明亮:以稿件《腹痛呕吐抽搐》为例阐述标题编辑加工[J].中国科技期刊研究,2012,23(5):899-900.
[13] 马小军.国内外非结核分枝杆菌诊治指南比较及临床适用性思考[J].中华内科杂志,2016,55(4):264-266.
[14] 刘婷,陈佩.辞书条目审定若干问题浅析:以《中华医学百科全书》为例[J].中国报业,2020(1):86-88.
[15] 冼晶,梁秀就,黄高明,等.联合检测 FHIT、Ki-67 及 PCNA 在皮质醇增多症肾上腺皮质不同病变中的意义[J].重庆医学,2016,45(5):580-583.

学术期刊编辑如何处理和防范作者的学术不端行为

江国平

(集美大学学报编辑部,福建 厦门 361021)

摘要: 学术不端行为发生的原因是多方面的,文章从编辑的视角出发对作者投稿中学术不端行为的主要表现以及如何处理防范进行了分析和探讨。作者的学术不端行为主要包括剽窃、伪造、不当署名、一稿多投、重复发表、违背研究伦理以及其他学术不端行为等几方面,文章对如何处理提出了自己的意见。最后提出加强宣传、建立诚信档案、加大惩罚力度和签订合同等相关措施来防范学术不端行为的发生,为净化学术风气,促进学术进步提供了借鉴与参考。

关键词: 学术期刊;编辑;学术不端;处理防范

近年来学术不端事件屡有发生,昆明六年级小学生关于结直肠癌基因研究的课题获奖被质疑,著名演员、北影博士翟天临被"学术打假",西安交大教授、长江学者李连生严重学术不端行为被取消教授职务。学术不端行是学术界的一大"顽疾",这一丑恶现象给我国的科研和教育事业带来了极大的损害。学术不端行为产生的原因比较复杂,既有学者个人的原因,也有社会层面的问题,更与学术期刊把关不严有一定的关系[1]。从某种意义上,学术期刊如果能严把学术关,完善审稿、用稿机制,能在一定程度上减少学术不端行为的产生。本文从学术期刊编辑的角度对如何处理和防范作者的学术不端行为进行了分析和探讨,旨在为减少学术不端行为的发生提供一点借鉴和参考。

1 作者学术不端行为的主要表现

1.1 剽窃

剽窃是指:"采用不当手段,窃取他人的观点、数据、图像、研究方法、文字表述等并以自己名义发表的行为。"[2]作者向学术期刊投稿中经常出现的情况有:①在一些实验类的文章中,编辑发现作者的实验方法和已发表文章的实验方法完全相同,只是实验数据不同而已。②文章中原文引用他人文献却没有标注;文章中虽不是原文引用,但是对原文进行了删减或拆分引用而没有标注;在全文不同段落多处引用他人文献只标注一处或几处。③发表了全部或部分导师、课题组成员的未公开或公开但没有发表的成果,在文章中没有说明或者没有表示感谢。

1.2 伪造

伪造是指"编造或虚构数据、事实的行为。"[2]除了伪造实验数据、伪造研究方法等性质比较严重的情况外,作者向学术期刊投稿中比较经常出现的情况是,为了提升论文的层次使文章更容易发表，在不是课题组成员的情况下，把论文加上同事或朋友的基金论文课题，有的甚至课题的研究内容与文章所研究的内容都不相关。

1.3 不当署名

不当署名是指："与对论文实际贡献不符的署名或作者排序行为。"[2] 作者向学术期刊投稿时经常出现的不当署名情况有：①在一些文章中，不适合作为通信作者的人员成为了通信作者，包括第一作者的同事、朋友以及亲属等。②在稿件审理过程中或者被录用后，要求删减部分作者。③在稿件审理过程中或者被录用后，要求更改作者的顺序。④没有参与研究的作者在文章中署名。⑤导师发表了学生的研究论文。

1.4 一稿多投

一稿多投指的是："将同一篇论文或只有微小差别的多篇论文投给两个及以上期刊，或者在约定期限内再转投其他期刊。"[2] 作者向学术期刊投稿时比较经常出现的不当署名情况有：①为了节省时间，把同一篇文章同时投到多个学术期刊，哪一本期刊先发录用通知就在哪一本期刊上发表。②在作者与期刊约定可以另投他刊的时间没到时，在没有征得编辑部同意的情况下把文章另投他刊。③在作者与期刊约定可以另投他刊的时间没到时，作者虽发布了撤稿通知但在没收到编辑回复的情况下把文章另投他刊的行为。

1.5 重复发表

重复发表是指"在未说明的情况下重复发表自己(或自己作为作者之一)已经发表文献中内容的行为。"[2] 作者向学术期刊投稿时比较经常出现的重复发表情况有：①研究生、博士生把自己已经在知网等数据库上传播的学位论文全部或拆分后投向学术期刊。②作者将自己已经发表的文章各摘取片段后重新组成一篇文章投给学术期刊。

1.6 违背研究伦理

违背研究伦理："论文涉及的研究未按规定获得伦理审批，或者超出伦理审批许可范围，或者违背研究伦理规范。"[2] 作者向学术期刊投稿时比较经常出现的违背研究伦理的情况是：在一些有研究对象或者被试者的实验类文章中，没有征得本人同意涉嫌侵犯了相关人员的隐私，比如说公开了对方的姓名、单位及其他私人等相关信息。

1.7 其他学术不端行为

作者在向学术期刊投稿时比较经常出现的其他学术不端行为有：①没有实际引用，为了增加文献数量，在参考文献中加入未参考的文献。②将转引标注为直引，将引自原著标注为引自译著。③为了让自己的投稿文章由熟悉的专家审稿，向编辑推荐自己认识的审稿专家。④委托社会机构或者其他无关人员代为撰写稿件和投稿[2]。

2 编辑对作者学术不端行为的处理

2.1 剽窃行为的处理

编辑在初审稿件的时候，如果通过查重或其他渠道发现投稿论文的实验方法与其他论文的实验方法相同时，要认真甄别，除非是业内已取得共识不能更改的实验方法，否则要与作者沟通，让作者提供相应的原始实验数据资料，确认无误后方可送外审。在投稿须知和论文退修通知中，要明确告知作者引用他人的文献都要标注，无论是直接引用还是间接引用。多处引用同一文献全都要标注不能只标注一处。遇到正文中有加引号的内容、引用数据、规章制度等内容没有引用的，要让作者补齐出处。要告知作者引用他人文献没有标注的严重后果，避免剽窃现象的发生。如果是发表课题文章，作者不是课题负责人的，要有课题负责人的签字，确保课题成果发表无著作权争议，并在文章中并对相关人员和机构表示致谢。总之，要把握住一个原则，只要是引用(无论以什么方式)了其他人的研究成果，都要进行标注，否则均涉嫌剽窃。

2.2 伪造行为的处理

作者为了提升论文的层次，增加论文被采用的概率，有时会在论文基金资助情况中标注相关课题。编辑在这类初投稿进行初审时，一定要作者提课题相应的批复和立项文件。如果作者不是课题组成员则不能标注课题文章；如果是课题组成员，则要看课题研究方向是否与论文研究方向一致，如果不一致也不能标注课题文章；只有作者既是课题组成员且课题研究方向与论文研究方向一致的才能标注课题文章，最好要征得课题负责人的同意，否则都属伪造。

2.3 不当署名行为的处理

在很多学校的相关规定中，以通信作者身份发表的文章等同于第一作者发表的文章。故编辑对挂有通信作者的文章要严格进行把关，本人所工作的《体育科学研究》编辑部规定：只有两种情况才能加挂通信作者：①课题组成员的论文课题加挂课题组负责人为通信作者，但要提供相应的课题立项和批复文件；②学生的论文加挂导师为通信作者，但要有学生所在学院出具的师生关系证明。如果不是上述两种情况，或者即使是上述两种情况但是在论文撰写过程中没有相应贡献的课题负责人和导师，均不能挂通信作者。

作者在稿件的审稿过程中或录用后，一般情况下不能增加、删减作者，也不能对作者的顺序进行任意调整。如果一定需要更改，则需写出更改申请说明更改的原因，全体作者签字盖章，并经编辑部同意后方可更改。没有参与研究的人员一律不能在论文中署名。

编辑在处理稿件时经常还会碰到导师发表学生研究论文的情况，是否可行本人觉得要具体情况具体分析。有一种情况确实是老师的问题，老师在学生的学术成果中署名，为自己完成评职称等实际需要。还有一种情况，就是老师是出于保护和帮助自己学生的角度出发，在论文中署名。无论是什么情况，导师如要署名都要确实参与了论文的选题和撰写，并按贡献程度进行排名[3]。

2.4 一稿多投行为的处理

学术期刊要在刊物的投稿须知或刊物的明显位置中声明：刊物不接收一稿多投的稿件，并和作者约定好稿件处理的时间，只有在这个时间到期后，论文没被录用的情况下作者才可以另投其他刊物。如果在这个周期的时间内有特殊情况，要和编辑联系，取得同意后方可撤稿，如果编辑没有同意或者没有回复，作者在约定时间内均不可把论文投向其他刊物。为了避免作者一稿多投情况的发生，编辑要及时处理作者的稿件，尽量缩短稿件的运行周期，如果实在没办法在约定时间内处理好稿件，要和作者沟通并约定下一步的处理方案，同时保存好相关记录和档案备查。对即将要出刊的文章还要进行再次的查重，以免作者在等待出刊的时间里又把文章投给其他刊物。

2.5 重复发表行为的处理

虽说著作权法并没有禁止作者一稿多发，但是因为刊物的版面资源是有限的，刊物一般都不愿意重复发表作者已发表或已上传数据库的文章。为了增加文章被引用的概率，大多学术期刊都明确规定不接收研究生、博士生的学位论文，因为学位论文往往都被作者的学位授予单位打包上传给了知网等数据库,刊物若再发表相同的论文,时效性将大大降低。另外还有一点需要说明的是,作者在论文中即使引用的是自己已发表的学术成果也要标注,否则引用多了也属重复发表。

2.6 违背研究伦理行为的处理

如果投稿论文中出现了研究对象的姓名、单位及相关私人信息,编辑要与作者联系沟通,看看作者是否取得了研究对象的授权和同意,如果没有取得研究对象的授权和同意,则要隐去相关的私人信息,否则容易出现违背研究伦理的不端行为。

2.7 其他学术不端行为的处理

编辑部不能因为论文的参考文献数量不够或质量不高,而让作者增加或更换参考文献。不能转引只能直引,只能引自原著而不能引自译著,要让作者清晰地了解文献著录规范。很多编辑部为了完善自己的审稿专家库,会让作者推荐审稿专家,编辑要特别让作者注明与审稿专家的关系并签署关系声名。如果作者和审稿专家熟识,文章则不能由作者推荐的审稿专家进行审稿。另外,编辑要保持底线意识,不能和任何机构合作,不能接受非作者的投稿以及代写代发行为[2]。

3 编辑防范作者学术不端行为的措施

3.1 建议编辑部加入国际国内伦理出版协会,加强编辑的出版伦理培训和学习

为了应对学术界出现的违反科学研究和出版规则的伦理问题,国家成立了国家科技伦理委员会,国际上也成立了国际出版伦理委员会(COPE)。这些专业机构能为编辑们提供处理学术不端方面的建议,他们的很多规范和指南已经成为行业内的标准,编辑部应该积极加入这些协会,有助于编辑部坚持科研伦理与学术规范。编辑要利用参加相关学术伦理会议,学习相关学术不端文件等各种机会,提高自己辨别各种学术不端行为的能力,最大限度地减少作者学术不端行为的发生。

3.2 加强学术不端行为知识的宣传和普及

作者学术不端行为的发生固然有作者自身的问题,有的是作者明知故犯,但也有一部分作者是对相关规范以及编辑部的规定不了解,在无意中发生了学术不端行为。所以编辑要在日常的工作中,通过投稿网站、作者 QQ 群、微信群等多种平台链接相关的制度规范,加强科研诚信宣传,让作者清楚明确学术期刊的相关规定,以及学术不端带来的严重后果,从而减少学术不端行为的发生[4]。

3.3 建立作者投稿诚信档案

编辑可以对每一个投稿作者建立诚信档案,在投稿系统中进行备注,把有学术不端行为的作者情况进行详细记录,事先声明如果有学术不端行为的作者编辑部将不接受他们的再次投稿。将来如果可能,可在在学术期刊界建立作者科研诚信平台,把每位作者的学术不端行为进行综合曝光,让编辑以至整个学术界都可以查询作者的诚信度,共同抑制学术诚信度低的作者,迫使作者自觉遵守学术规范和伦理。

3.4 加大学术不端行为的惩罚力度

很多作者之所以屡次发生学术不端行为,原因之一是他们的违法成本太低。故编辑对作者的学术不端行为不能听之任之,而是要加大惩罚力度。例如可以打电话给作者的工作或学习单位,将作者的违规行为通报给他们,督促相关单位对作者的违规行为进行严肃处理,增

加他们的违规成本。还可以在业内相关的期刊群、学术圈里进行通报，形成共同的防范，对学术不端行为形成一个"过街老鼠、人人喊打"的局面[5]。

3.5 签订相关的合同

合同是具有法律效应的文书，签订相关的合同可以在很大程度避免学术不端行为。编辑可以把需要和作者约定的相关规范整理成合同，请法律专业的人士审核没有问题后，在合适的时间里与作者进行签订，例如"诚信声明""著作权转让合同"等，从规章制度上堵住学术不端的缺口。作者也因为签订了相关的合同，知道合同的法律效力，在进行学术不端行为之前会三思而后行。即使出现了学术不端行为，也可以按章行事，依合同进行追责，对作者的不端行为进行惩处。

4 结束语

学术不端是学术界需要共同面对的问题，仅仅依靠编辑一个人一个环节的力量是远远不够的。只有整个学术界共同努力，形成严格的制度规约，提高每个科研工作者的学术诚信素质，才能不断净化科研学术氛围，真正使我们国家从科研大国向科研强国迈进。

参 考 文 献

[1] 人民日报学术随笔:遏制学术不端须健全学术评价体系[N].人民日报,2019-05-06(13).
[2] 学术出版规范 期刊学术不端行为界定: CY/T 174—2019[S].北京:国家新闻出版署,2019.
[3] 现代快报.近年来学术不端事件屡有发生[N/OL].(2011-06-12)[2020-07-26].http://edu.sina.com.cn/l/2011-06-12/1401203588_2.shtml.
[4] 陈士奇,谷圣美,唐悦.学术不端的根源、成因及解决对策分析[J].教育教学论坛,2020(13):18-21.
[5] 陆雁,米慧芝,李智娟,等.学术期刊如何防范编辑的学术不端行为[J].编辑学报,2020,32(1):50-52.

科技论文图表编校中一致性问题例析

马攀可

(四川省建筑科学研究院有限公司《四川建筑科学研究》编辑部，四川 成都 610081)

摘要：针对科技论文图表编校中不一致问题的频发，结合《四川建筑科学研究》近年来的编校实务，将其分为表述不一致、量与单位不一致、前后逻辑不一致三类，并进行案例分析。最后，提出为减少乃至避免科技论文图表编校中不一致问题的出现，编校人员需要时刻保持科学性、逻辑性和敏感性。

关键词：科技论文；图表编校；不一致

图表以其形象直观、简明扼要的特性在科技论文中始终起着举足轻重的作用。专家学者对科技论文图表的编校研究也持续了多年，梳理10多年来对其的研究成果发现：有些人关注特定类型的图表，并对其进行了深入研究[1-4]；有些人对图表的细部，例如图题和表题、英文注释、坐标标值等进行了专项研究[5-7]；还有些人探讨了图表编辑加工中的共性问题等[8-10]。在研究图表编校中的共性问题时，有不少专家学者注意到了图表的一致性问题：陈浩元[11]指出插图上的图注说明文字除物理量和单位的表达必须遵循国家标准的规定外，所选用的名词术语一定要与正文中所使用的相一致；熊英等[9]从图表与正文内容、插图中比例尺和图片缩放大小、图表中的文献引用和正文文献次序、类似图表中的各要素等多个方面分析了图表的一致性问题，较为全面；曹长香[12]特别关注了表题、图题及图表说明等与图表数据内容不符的问题，认为编辑必须注意上下文相关数据的核算或核对，只有跨页来回翻查对比才能消灭数据纰漏；陈先军[13]将图表的一致性归结为图表的规范性审读时需要关照的方面等。插图和表格的规范中也多次明确提出了一致性的问题[14-15]。由此可见，一致性问题在科技论文图表编校中十分重要，并引起了足够的重视。笔者认同前辈对图表编校中一致性问题的认知和研究，在实际的编校工作中深感此类问题的庞杂与繁琐，稍不注意就会有"漏网之鱼"，若能简单而有效地对其进行分类，牢记不一致性问题的类型，编校中对待此类问题可以更加游刃有余。

因此，笔者从表述不一致、量与单位不一致、前后逻辑不一致三方面对科技论文图表编校中的一致性问题进行归纳，并结合《四川建筑科学研究》编校中的实操案例进行具体分析，以期给科技期刊尤其是建筑类科技期刊编辑同仁在进行图表编校时提供参考。最后，笔者提出为减少乃至避免科技论文编校中图表不一致问题的出现，编校人员需要时刻保持"三性"，即科学性、逻辑性和敏感性。

1 表述不一致

案例1 表1~3中，对于GHPF-1、GHPF-2、GHPF-3的命名，表1中的栏目名称为"编号"，表2和表3中分别为"试件编号"和"构件编号"，没有原则性错误，但是缺乏一致性，不够严谨，此处需要统一。

表 1　GHPFRCC 试件工况

编号	轴压比	受火方式	试验终止
GHPF-1	0.25	4	挠度控制
GHPF-2	0.35	4	挠度控制
GHPF-3	0.15	3	时间控制

表 2　试件耐火极限

试件编号	GHPF-1	GHPF-2	GHPF-3
耐火极限/min	80	69	60

表 3　试件模拟控制因素

构件编码	轴压比	受火方式	时间/min
GHPF-1	0.25	4	80
GHPF-2	0.35	4	69
GHPF-3	0.15	3	83
GHPF-4	0.15	4	83

案例 2　又如表 1~3 中，其表题的英文翻译分别是"Table 1　Test condition of GHPFRCC" "Table 2　Fire resistance limit of specimen" "Table 3　Simulation control factors of specimen"，结合中文表题对照分析发现，表 1 与表 2、3 的表题在形式上不一致，如果改为"表 1 试件工况 Table 1 Test condition of specimen"更佳。

案例 3　在《压力分散型锚索锚固段应力分布张拉模型对比试验研究》一文中有 4 个图的图题为"孔直锚索拉应力分布曲线""孔弯锚索拉应力分布曲线""孔直锚索剪应力分布曲线""孔弯锚索内侧剪应力分布曲线"，作者将其分别翻译为"Stres distribution curve of the straight anchor cable shaft" "Stress distribution curve of hole bending anchor cable" "Curve of shear stress distribution of straight anchor cable" "Curve of the distribution of shear stress on the inside of the hole bending anchor"。对单个的图题编校时，这 4 个图题的翻译并没有多大的问题，但是当其出现在同一篇稿件中时，其英文翻译稍显凌乱，不利于版式的优化，也不利于阅读。因此，在编校时，编辑在不影响作者原意的基础上将这 4 个图题的翻译进行了一致性处理，最终翻译为"Stres distribution curve of hole straight anchor cable" "Stress distribution curve of hole bending anchor cable" "Shear stress distribution curve of hole straight anchor cable" "Shear stress distribution curve on the inside of　hole bending anchor cable"。如此处理后，在排版格式上更为优化，同时读者也能一目了然地了解到几个相近图表的细微变化之处，有助于快速理解，提升阅读体验。

案例 4　如图 1 和图 2 所示，暂时忽略两图中的其他问题，只关注图例，发现抗折强度、超声声速对应的图形颠倒了，没有保持一致，编校时应该进行修改。

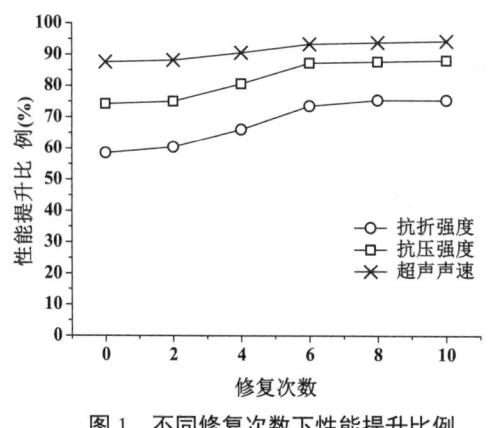

图 1　不同修复次数下性能提升比例　　　图 2　不同裂缝宽度下各性能提升比例

2　量与单位不一致

案例 5　如图 3 所示,其中除了变量符号的正斜体错误、坐标轴的变量和单位之间应使用"/"分隔之外,对照正文相关内容"通过对不同含水量、相同振动强度条件下的砂土试验数据进行回归分析,发现砂土动内摩擦角 ϕ 及动内摩擦角弱化值 $\Delta\phi$ 与砂土含水量变化满足二次函数关系"发现,图 3 中的"内摩擦角弱化 $\Delta\varPhi$"应与正文保持一致,改为"动内摩擦角弱化值 $\Delta\phi$"。图 3 中的变量符号"$\varPhi$、$\Delta\varPhi$"也应参照正文内容改为"ϕ、$\Delta\phi$"。

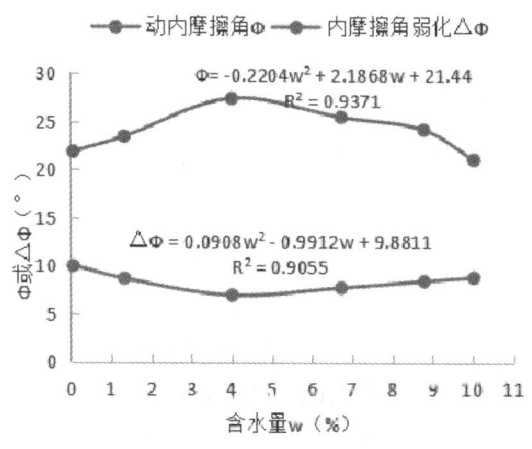

图 3　$\varPhi$ 或 $\Delta\varPhi$ 含水量变化的规律

案例 6　如图 4 所示,单看此图,4(b)、(c)中变量符号 u 应为斜体,且存在同一变量的数值修约位数不一致的情况,似乎应将"u=0.1 m、u=0.2 m"改为"u=0.10 m、u=0.20 m"。但是,对照正文内容"自由行程 u_1 以 50 mm 为始,……如图 3(b)所示……u_1=100 mm 其次;u_1=150 mm……"和"自由行程 u_2 以 150 mm 为始……如图 4(c)所示……u_2=150 mm 时……u_2 为 200 mm 与 250 mm 相比……u_2 取 200 mm 最佳"可知,对这个图表的编校原不是前述那么简单。首先,对照正文可知，作者在正文的表述中一致采用的单位是 mm 而非 m，因此，需要将表中纵坐标的单位改为 mm，同时相应修改数值。其次，从对图 4(b)、(c)的解释中可知，u 的单位也应改为 mm，并换算数值，而不是简单地改变数值修约位数。最后，正文的相关内容明确指出了图 4(b)中的 u 应为 u_1，图 4(c)中的 u 应为 u_2。

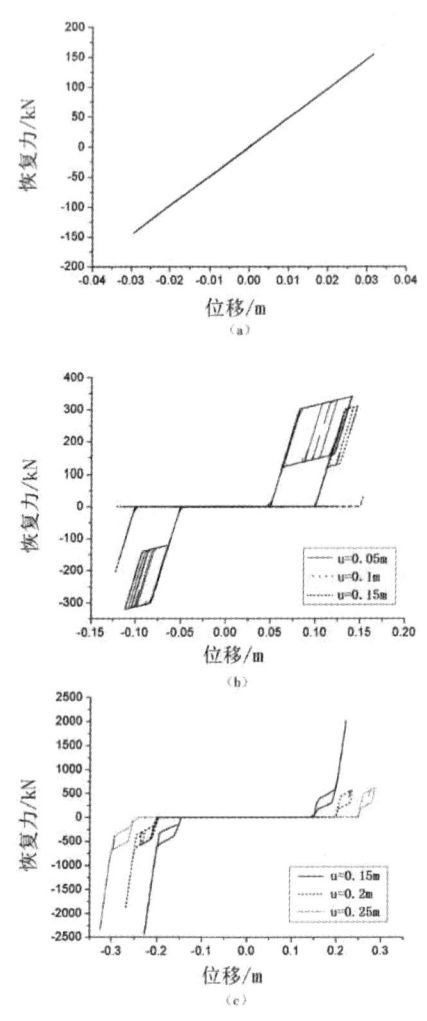

图 4　地震作用下 SMA 索恢复力

案例 7　科技论文中不同图表之间或同一图表之内出现同一单位写法有异的情况也较为常见，如 kg/m^3 与 $kg·m^{-3}$、K 与 ℃ 等，也应保持一致。此类错误比较明显，不再给出具体实例。

3　前后逻辑不一致

案例 8　图表中的内容与正文中的内容不一致，出现文不对图、文不对表的现象，造成论文逻辑性、知识性错误。如图 5 所示，作者对该图的部分解读为"de 段为下降阶段。从 d 点开始……钢管的纵向内力急剧下降……形成了 $b'c'$ 下降阶段"。对照图文可以看出 de 段并不存在，d 点之后曲线无下降趋势，同时 $b'c'$ 段为上升段而非下降段。实际编校时，与作者沟通后作出的修改为"$b'e$ 段为下降阶段。从 b' 点开始……钢管的纵向内力急剧下降……形成了 $b'e$ 下降阶段"。同时，也要密切关注由于图表解读错误带来的结论推理错误。

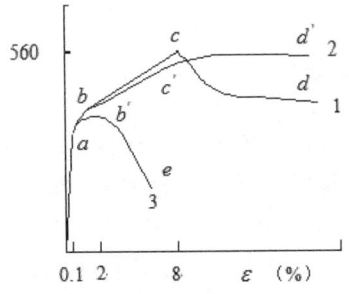

图 5 圆中空夹层钢管聚氨酯复合构件工作的类型

案例 9 在紧邻图表前后的正文解释中的不合逻辑现象，比较容易发现。但是，远离图表的文字说明，尤其是摘要或结论中与图表不一致的问题很容易被忽略。对比图 6、图 7 可以得出，"温度对钢索弦支穹顶结构中最外圈环索(HS1)的影响较大(约为 13%)，对内部的环索(HS4)影响较小；而对于 CFRP 索弦支穹顶结构的影响正好相反，对 HS1 的影响较小(约为 1%)，对 HS4 的影响较大(约为 17%)"。但是，该论文在结论部分的相关内容为"温度作用对钢索弦支穹顶结构内部索的影响较大，而通常内部索的预拉力都相对较小，因此，需要防止这些内部索在温度作用下发生松弛失效的情况"。直接对比两部分文字并结合图 6、图 7，可以轻而易举地发现，结论中的"钢索弦支穹顶结构"应改为"CFRP 索弦支穹顶结构"，原稿在此处偷换了概念，造成逻辑上不一致。

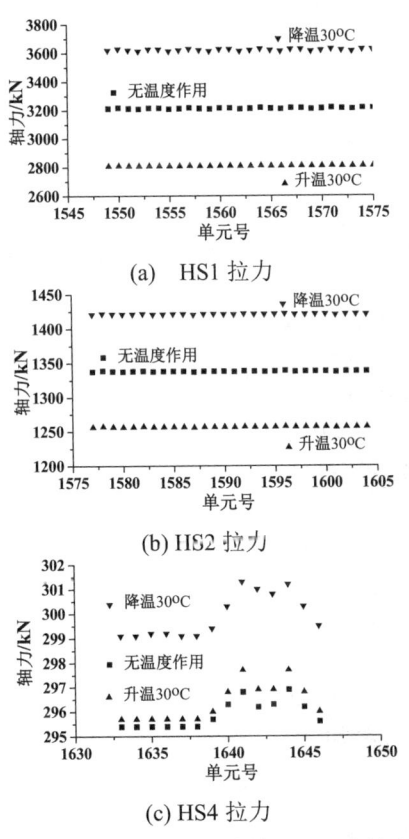

图 6 钢索弦支穹顶结构温度作用下环索拉力

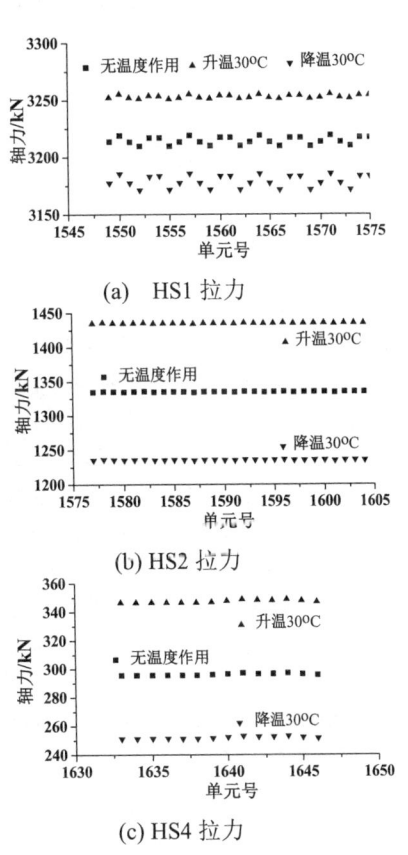

图 7 CFRP 索弦支穹顶结构温度作用下环索拉力

4 应对一致性问题的"三性"

为避免上述图表编校中出现的不一致现象,编校人员应该时刻保持"三性"——科学性、逻辑性和敏感性。保持科学性,要求编校人员应该熟悉《学术出版规范 表格》(CY/T 170—2019)、《学术出版规范 插图》(CY/T 171—2019)、《量和单位》的系列标准以及各科技期刊学科领域内的基础知识等;保持逻辑性,要求编校人员在编校时沉下心来,心无旁骛,专注到稿件本身,在理解内容的基础上,以"审稿专家"的眼光审慎对待稿件,确保稿件前后一致、逻辑清晰;保持敏感性,要求编校人员在编校时时刻将一致性问题作为悬挂在头上的"达摩克利斯之剑",随时翻看前后对照,确保表题、图题、单位与量、文字表述等的一致性,最后在编校完全文之后,将图表单独拎出,再逐一考察前文所述的几个一致性问题,以防错漏。

5 结束语

在科技论文编校中,图表编校内容繁琐、对细节要求高、容易被忽略,且广泛存在一致性问题。笔者在多年编校实操的基础上,将科技论文图表编校中的不一致性现象分为表述不一致、量与单位不一致、前后逻辑不一致三类,并结合《四川建筑科学研究》图表编校实践举例分析,而后提出为避免前述不一致现象的出现,编校人员应该时刻保持科学性、逻辑性和敏感性,以期为编辑同行提供参考。

参 考 文 献

[1] 南红梅,裴阿卫,潘新社,等.有关土壤特征指标曲线图表表达形式的调查与谬误辨析[J].编辑学报,2012,24(2):136.
[2] 黄鹂.科技期刊论文中由多个分图组成的坐标图的编辑加工[J].编辑学报,2018,30(6):589.
[3] 杨滨,崔护社,吕欢欢.石油开发类论文逻辑性结构图及其应用:以《中国海上油气》为例[J].编辑学报,2015(增刊1):26.
[4] 卓选鹏,黄崇亚,胡爱玲.医学期刊中照片图的编排理念和编辑方法[J].编辑学报,2010,22(4):316.
[5] 王敏.科技学术论文图表题名特征与英译:以土木工程为例[J].中国科技期刊研究,2011,23(3):456.
[6] 张震林.图表英文注释常见差错探析[J].中国科技期刊研究,2007,18(2):343.
[7] 王勤俭,耿鹏,刘洪娥,等.科技论文中统计线图坐标值不等距的处理方法[J].编辑学报,2008,20(2):118.
[8] 张福颖,倪东鸿.科技论文中图表编辑加工的8类情形[J].编辑学报,2019,31(4):391.
[9] 熊英,欧阳贱华,於秀芝,等.科技论文中图表的加工和校对[J].编辑学报,2011,23(2):123.
[10] 马智成,夏继军.科技期刊中图表的校对方法[J].编辑学报,2012(增刊1):24.
[11] 陈浩元.科技书刊标准化18讲[M].北京:北京师范大学出版社,1998:128.
[12] 曹长香.学术出版中的图表数据问题及其编辑加工[J].出版科学,2015,23(4):40.
[13] 陈先军.科技期刊论文的图表审读处理方法探讨[J].编辑学报,2018,30(3):267.
[14] 学术出版规范 插图:CY/171—2019[S].北京:国家新闻出版署,2019:3.
[15] 学术出版规范 表格:CY/170—2019[S].北京:国家新闻出版署,2019:6.

学术著作中外国人名汉译的常见错误及解决方法

逄锦伦

(中煤科工集团重庆研究院有限公司《矿业安全与环保》编辑部，重庆 400039)

摘要：学术著作中外国人名汉译时常因作者研究不深入导致其翻译不规范、不正确，为了确保学术著作中外国人名汉译的正确性，通过对外国人名翻译中的常见错误及原因进行分析，发现翻译错误主要来源于音译的不规范及违背了名从主人原则、约定俗成的原则。基于上述常见错误，提出了解决方法：①外国人名汉译时应首先遵循规范，即需严格遵循国家有关部门发布的相关标准、规范及工具书；②遵循名从主人、约定俗成的原则，即照抄或直接引用原文中人名、历史中不规范人名定名不咎；③借助数据库工具快捷查询大多数汉译人名，例如通过术语在线等专业、规范的数据库查询汉译人名。上述解决方法能为学术著作中外国人名规范、正确地汉译起到至关重要的作用。

关键词：编辑；学术著作；外名汉译；音译；遵循规范；名从主人；约定俗成

笔者在编辑稿件过程中，经常遇到外国人名字被翻译成不同的中文名字的情况，这显然是不利于学术传播的[1]，在笔者查阅很多已出版的期刊后发现，不同的期刊处理同一位外国人名时也没有统一的标准，特别是同一期刊不同的文章中同一外国人名也出现了不同的中文名，如此使得期刊少了严肃性。例如，Mohr-Coulomb 准则[2]被译成中文时，出现了莫尔-库仑[3-4]、莫尔-库伦[5]、摩尔-库仑[6]、摩尔-库伦[7]4 种中文名字。编辑在对外国人名汉译的审读时发挥的把关作用尤为重要。因此，掌握外名汉译的规则及常见翻译错误对学术著作中外国人名正确汉译的把关具有重要意义。

1 Mohr-Coulomb 该如何翻译

通过中国知网，用关键词进行检索，1978—2019 年间，与 Mohr-Coulomb 形成对应关系人名的论文数量对比如表 1 所示。

表 1 与 Mohr-Coulomb 形成对应关系人名的论文数量对比

时间范围	论文数量/篇				
	莫尔-库仑	莫尔-库伦	摩尔-库仑	摩尔-库伦	Mohr-Coulomb
1978—2019	276	502	655	921	4 443
1997—2019	265	464	641	904	4 356
2003—2019	261	436	617	896	4 223

由表 1 可知，含有 Mohr-Coulomb 的论文数量约是翻译成中文名字的论文数量的 2 倍。被翻译成中文名字的论文数量对比为：摩尔-库伦数量＞摩尔-库仑数量＞莫尔-库仑数量＞莫尔-库伦数量。

汉译外国人名时，不同的译者译出不同中文译名的现象，既不利于交流也会引起一定程度的混乱[8]。

笔者经过查阅相关文献了解到如下资料：Coulomb(1736—1806)，是法国工程师、物理学家，提出了著名的库仑定律；O.Mohr(1835—1918)，是德国斯图加特大学和德累斯顿大学的一位著名学者。O.Mohr 在 1900 年建立了著名的 Mohr-Coulomb 理论。该理论为人类工程结构的强度计算、设计和应用力学学科的发展做出了巨大的贡献[3]。

通过"术语在线"(http://www.termonline.cn)平台查询"Mohr-Coulomb"，可知莫尔-库仑定律出现在水利科学技术、土木工程学科，分别于 1997 年和 2003 年颁布。莫尔-库仑强度准则出现在冶金学学科，于 2019 年颁布。莫尔-库伦、摩尔-库仑、摩尔-库伦均未作为术语出现在数据库中。

由上述资料可知，Mohr-Coulomb 应译为莫尔-库仑。Mohr 的汉译名应为莫尔，Coulomb 的汉译名应为库仑。

2 外国人名汉译常见错误分析

人名属专有名词，其翻译有音译为主、名从主人和约定俗成三大原则。音译为主则是首要的翻译原则[9]。

2.1 音译中的常见错误分析

2.1.1 "望文生音"是比较典型的错误原因

在汉译外国人名时，译者即使看到了文字(字母)，也未必知道其正确发音[9-10]，即"只见其字，不闻其声"。大多数情况下译者可根据文字(字母)的读音规律进行判断，即直接按音译处理。但是外国人名的出处并非单一的英语语种。因此，进行音译时应遵照其本民族文字(字母)的发音，而不能一切都遵循英语字母的发音。任何语言的书面形式都是相对固定的，而发音却存在较大差异，英语中许多单词中某些字母如今并不发音。

例如 Beckham 规范的汉译名是"贝克姆"，其原因为 h 不发音，可见汉译名"贝克汉姆"是不规范的。由于现在的流行译名是"贝克汉姆"，并被广泛传播，因此只能"将错就错"了。

2.1.2 英语拼音文字中存在着大量辅音或辅音连缀音节

汉语音节绝大多数是辅音、元音结合起来的整体，声韵齐全。拼音文字中存在着大量辅音或辅音连缀音节[11]。包含了大量辅音或辅音连缀音节的外国人名被汉译时，读音会产生显著的变化，最终导致外国人名读音的改变。汉语辅音无法单独构成音节，故不能实现与外语同音，常用的方法是省去或用音韵齐全的汉字表示。但是现有的翻译规则没有明确规定哪些辅音该省，哪些不该省，从而形成了增音、省音的混乱现象。

2.1.3 英语中有些元音无法用汉语表达

英语中有些元音无法用汉语表达，常用的解决方法是用近似读音的汉字表示[12]，因此造成某些元音汉译时出现乱象。

例如，[bɑː][bæ.][bʌ]这 3 个不同的读音，均以汉字"巴"表示。

2.1.4 外名汉译受方言影响

外国人名汉译时,也会受到方言影响。各地方言与普通话的发音相距甚远,用方言翻译外国人名时与普通话的发音都会与原名差距较大。大陆、港、澳、台因方言原因对外国人名汉译时存在着较大的差异。

例如美国童星 Shirley Temple 按上海方言被译为"秀兰·邓波儿",按广东方言则被译为"莎梨潭宝",用普通话来念这 2 个译名,都与原名差距较大。

出现不同译名的原因,主要受历史原因影响,英国于 1966 年曾经编写了一份官方版的译名表,以方便中文使用者使用。该官方版译名表以粤语读音为基础、以归化音译法为翻译手段以及广州音作标准(即"韦氏拼音")。中国内地传媒走向世界以前,均以这份译名表为标准进行译名;1972 年中英建交伊始,中国大陆范围内官方和民间都没有再使用英国的官方译名表。中国香港、中国台湾依然使用英国的官方译名表导致翻译方法和准则与中国大陆不同,因此译名差异较大。中国台湾的翻译方法受中国香港影响但未完全仿照也不同于中国大陆,中国台湾倾向于用中国人姓氏进行译名以及选词,中国台湾把外国人的姓氏简化,译成声母接近该外国人姓氏的汉语姓氏。例如:Gagalin 在中国台湾被译为"贾加林";柬埔寨已故国王西哈努克在台湾被译为"施诺汉"[13];中国大陆的翻译方法变化很大[14-16]。汉译人名以音似为主,形似为辅。有部分音节按男女分用不同汉字。对于女子名字,尽量体现出女性性别特征。因此两岸之间翻译方法差异较大。海峡两岸暨香港人名汉译对照如表 2 所示。

表 2 海峡两岸暨香港人名汉译对比

英文	中国香港地区	中国台湾地区	中国大陆
Thatcher	戴卓尔	柴契尔/畲契尔	撒切尔
Reagan	列根	雷根	里根
Bush	布殊	布希	布什
Sarkozy	萨尔科齐	沙柯吉	萨科齐

2.1.5 拼音转译成汉字会出现讹音

外语与汉语存在差异,拼音文字汉译时会出现讹音[1]。主要原因为译者对外语原文读音没有弄清或译者随意汉译,讹音往往受方言干扰并与方言相互影响。主要表现为:①在某种语言中出现外语汉译的人名时,译者不管人名的外语原文的正确发音,只按该语言的发音进行转译,导致"客音"取代了主音;②有时需要把人名回译成外语原文,而译者却不管人名的外语原文的正确发音,自作主张进行音译,导致外语原名发音成为"客音"。

2.1.6 外国人名转译中的横向变化问题

即使掌握了一个国家或民族语言发音的一般规律还是无法正确转译外国人名,因为人名有其特殊的发音,有时会异常复杂。

美国作家 Trum an Capote 被汉译为"卡波特"是不正确的,按音译应被汉译为"卡波地"。因为该作家的继父是西班牙裔,按西班牙的发音规律应被汉译为"卡波地"。外来姓名的来源较为复杂,由于交通工具的快速发展,以及人才大范围的流动、商业高度的发达、移民数量增多等因素的影响,导致外来姓名的数量呈增大的趋势。新华社译名室编译的众多译名工具书相对稳定,无法及时收录并进行规范,致使外国人的译名愈发混乱。

2.1.7 用字限制

"一音多字、一字多音"是汉语的一个特点。如《汉英词典》收录汉语单词 6 000 余条,而汉语拼音音节总计只有 410 个,同音多字的现象明显。因此,相同外国人名被汉译不同名字(字及发音都可能不同)的概率极大。

2.1.8 外文中的"汉语人名"回归

早年在欧美等国,许多广东、福建人姓名的英语拼法主要参照其所在的地方口音[17],如"陈"姓被译为"chan";另外,一些中国人在国外的姓名是自己译成英文的,有很大的随意性。所以遇到外文中的"汉语人名"回归成中文人名时需谨慎。

2.2 名从主人原则中常见错误分析

《春秋穀梁传》中,孔子提出了"名从主人,物从中国"的原则,指出外来专有名词要根据诸侯小国、少数民族、异域他国的语言本身的发音来确定,而事物名称要用中国自己已有的名称来命名[18]。

外国人名的汉译存在一定程度的混乱,译者不知按照其在英语中的读音还是其在本民族语言中的读音来处理[19]。

例如"基地"组织头目 Osama bin Laden 应被汉译为"乌萨马·本·拉丹",其汉译名于 1998 年已被新华社译名室收录。但"9·11"事件发生后,一些媒体却错误地将其汉译成了"拉登"。拉丹被误译为"拉登",违反了"名从主人"的原则,即译音要按其本民族语言发音来确定[20]。"拉登"是媒体根据英语发音规律进行汉译的,但拉丹的名字是来自阿拉伯名族的,而阿拉伯语系里是没有"登"这个音节的,故 Laden 只能汉译为拉丹。因需要"抢新闻"的目的,一些媒体和个人纷纷抢译,但未参照新华社译名室编制的译名工具书,仅凭个人感觉随意汉译,出现了同一个外国人有多个汉译名的现象。如,美国总统被译成"特朗普"和"川普"[13]。

同一个名字,在不同的国家或民族的读音是不相同的。"名从主人",要求译音要根据被译名来源的国家或民族语言来定名,不能将一种外来语种强加给被译名来源的国家或民族[21]。

2.3 约定俗成原则中常见错误分析

翻译中的"约定俗成",是指不同语言间翻译时,某一词语被译成另一种语言后,该翻译结果经过一段时间的应用后,被人们广泛认可,并固定下来不再变更[22]。有些约定俗成的译名按音译的规则评判是不够准确甚至是错误的,由于该译名被长期沿用至今,只能将错就错。导致每一种规则都存在例外[23]。

遵循约定俗成原则的汉译人名应该一律从"俗",即使原来的译法不正确,也不宜轻易更改。即使不能一律从"俗",也只能进行小改动,不宜大改动,否则会引起大范围的混乱。

3 外国人名正确汉译的解决方法

在处理外国人的汉译名时,可通过如下方法确保学术著作中外国人名汉译的正确性:

3.1 遵循规范

人名翻译需遵循规范[24],遵循国家有关部门发布的相关标准、规范及工具书。新华社译名室会定期发布国外政坛要人的汉译名。

(1) 需要严格遵循国家有关部门发布的相关标准、规范。

(2) 参照由新华社译名室编辑的《世界人名翻译大辞典》,该工具书于 1993 年由中国对外翻译出版公司出版[25]。同时可以参照《中国大百科全书》各卷所附的"外国人名译名对照表"。新华社译名室还编译了许多译名工具书,如英语、法语、德语、西班牙语、葡萄牙语、意大利语、罗马尼亚语等姓名译名手册,以及《世界姓名译名手册》等[26]。

(3) 上述工具书均未收录的汉译人名,可根据新华社译名室编辑的《译音表》中相对应语言的译音表进行音译。该《译音表》由商务印书馆出版。

3.2 遵循名从主人、约定俗成,定名不咎的原则

不去改变已被广泛认可接受的某一历史人物的固定汉译名,但也不可以把过去一些不规范或不恰当的汉译名当作汉译标准,规范当今外国人的汉译名。对于历史原因导致的人名译法不统一的,可以依据"名从主人"和"约定俗成"的原则继续沿用,不去改动。在汉语文章中碰到外国人名时,照抄原文,将原文直接引用过来[27],进而从根本上解决译名混乱的问题。

3.3 借助数据库工具查询规范汉译人名

目前很多机构将工具书做成了数据库,方便用户通过网络进行检索和查询,查询过程方便快捷、体验度较好,能查询绝大多数的规范汉译人名。例如,通过术语在线数据库等工具查询相关规范、正确的汉译人名[28]。

4 结束语

通过分析 Mohr-Coulomb 的正确汉译名,理清了外国人名汉译过程中产生错误的主要原因。提出了解决方法即:外国人名汉译时应首先遵循规范,即需严格遵循国家有关部门发布的相关标准、规范及工具书;遵循名从主人、约定俗成,定名不咎的原则;借助数据库工具快捷查询大多数汉译人名,查询过程方便快捷、体验度较好。上述解决方法能为学术著作中外国人名规范、正确地汉译起到至关重要的作用。

参 考 文 献

[1] 康晋.关于外名汉译中混乱现象的产生及解决方法[J].对外经济贸易大学学报,1991(3):51-55.

[2] 邹萍,钟鸣,龙志林,等.Mohr-Coulomb 屈服准则与 Drucker-Prager 屈服准则在块体非晶合金中的应用[J].中国有色金属学报,2015,25(5):1200-1208.

[3] 俞茂宏,昝月稳,范文,等.20 世纪岩石强度理论的发展:纪念 Mohr-Coulomb 强度理论 100 周年[J].岩石力学与工程学报,2000,19(5):545-550.

[4] 郑颖人,向钰周,高红.岩土类摩擦材料空间 Mohr 应力圆与强度准则[J].岩石力学与工程学报,2016,35(6):1081-1089.

[5] 李纯,赵富丽,修占国,等.非饱和砂土有效应力增量的试验研究[J].东北大学学报(自然科学版),2017,38(8):1158-1162.

[6] 邹远晶,韦昌富,陈合龙,等.基于扰动状态概念的含水合物土弹塑性模型[J].岩土力学,2019,40(7):2653-2662.

[7] 张国军,张勇.基于摩尔-库伦准则的岩石材料加(卸)载分区破坏特征[J].煤炭学报,2019,44(4):1049-1058.

[8] 魏泓.论高教教材中外国人名汉译的失范与规范[J].出版发行研究,2016(8):66-68.

[9] 王银泉.外国人名汉译若干基本原则探析:从美国总统 Barack Obama 的中文译名谈起[J].中国科技术语,2014(1):44-49.

[10] 崔祥芬,王银泉.再谈译名规范:以当代西方翻译家姓名汉译为例[J].中国科技术语,2016(1):36-40.

[11] 陈永生.古汉字与古埃及圣书字表词方式的比较研究[D].上海:华东师范大学,2010.

[12] 黄裕峯.两岸新闻用语比较研究[D].上海:复旦大学,2011.

[13] 林永成,陈秀娟.外国人名地名的汉译名差异问题剖析[J].广东农工商职业技术学院学报,2018,34(3):77-82.

[14] 王敏.郑贞文科学文化实践与中国近代科学的传播[D].太原:山西大学,2016.

[15] 闫畅,王银泉.中国农业典籍英译研究:现状、问题与对策(2009—2018)[J].燕山大学学报(哲学社会科学版),2019,20(3):49-58.

[16] 李书兰.文化"走出去"视角下汉语习语异化翻译策略研究[J].边疆经济与文化,2019(6):91-93.

[17] 周国强.学术著作中外国人名汉译的若干经验[J].出版参考,2011(8):29.

[18] 黄敏.我国体育翻译出版的困惑与思考[J].科技资讯,2017(20):206.

[19] 丁伟.近代民营出版机构的英语函授教育(1915—1946)[D].杭州:浙江大学,2015.

[20] 李纯,孙闻.外国专名入境的"海关":新华社译名室[J].中国地名,2004(6):27.

[21] 朱世龙.新华社译名室 他们管理着全世界的人名[J].中国记者,1991(1):15-17.

[22] 李晗.英汉科技术语对比分析与翻译[J].中国科技术语,2018,20(3):22-26.

[23] 石春让,涂永前.外国人名的类别与编辑策略[J].编辑之友,2012(7):95-96.

[24] 王国华.科技书刊中外国科学家信息常见错误辨析[J].编辑学报,2015,27(6):548-549.

[25] 王胜利.外国人名翻译的乱象及治理对策:以 Bronislaw Malinowski 中文译名为线索[J].出版发行研究,2013(12):100-102.

[26] 金伟,乔桢.科技书刊中外国人名的规范表达[J].辽宁师范大学学报(自然科学版),2016,39(4):534-538.

[27] 毛星,李艳娜,董里.科技期刊中外国人名的规范化[J].天津科技,2016,43(12):88-90.

[28] 陈爱萍,余溢文,赵惠祥,等.提高参考文献中外国人名著录准确性的途径[J].编辑学报,2012,24(5):441-442.

医学科技论文中摘要与全文内容的"一致性"探讨

胡 鹭，刘国栋，向 勇，林昊阳，李 璇，邵献丽

(陆军军医大学大坪医院战创伤医学科，重庆 400042)

摘要：摘要作为科技文献的窗口，已成为科技人员快速浏览、索取资料的工具，所以应充分重视摘要的科学性和准确性。中文摘要内容与全文前后统一则体现了作者的科学态度及写作的严谨性。笔者结合自身在期刊编辑部的工作经验，探讨中文摘要中常见的"不一致"现象，并分析相关原因和提出对应的解决方法。

关键词：医学期刊；中文摘要；一致化

摘要是用来描述论文的内容梗概，简明但确切地记述论文的重要内容，具有独立性和自明性，并拥有与文献同等量的主要信息。一些索引数据库，只收录标题、摘要、关键词等二次文献，读者不阅读原文，只阅读摘要应能获得基本的信息[1-2]。因此摘要质量的高低，直接影响科技论文的被利用情况和科技期刊的影响力[2-4]。同时，中文期刊中写好英文摘要也要靠中文摘要打基础，可见中文摘要质量的重要性。但笔者发现，作者对中文摘要的重视度往往不够，除外文献报道的摘要背景内容过多、缺少研究目的、信息量少、内容空洞[2]等，常出现中文摘要与英文摘要及全文多次前后不统一的现象。该问题彰显了作者对学术研究的严谨性和科学性，并对论文质量及论文资料的真实性造成影响。笔者结合实例，探讨中文摘要与全文表述不一致的现象，总结可能存在的原因并加以分析，提出改进措施，旨在提高论文作者的严谨科学态度和对摘要写作的重视。

1 中文摘要与全文的"一致性"问题

1.1 与文题的"一致性"

摘要与文题的不一致主要体现在摘要目的及结论与文题"不相呼应"或"不统一"。摘要的目应客观如实地反映文题信息，不得夸大或缩小，甚至背离。同时，笔者在编辑工作中发现，许多摘要的结论千篇一律，结论笼统，多采用套路式写法，缺少针对性，如"某手术治疗某疾病疗效满意，满意度高，功能恢复好，值得临床推广应用"类似语句。

摘要目的及结论与文题不统一的常见问题包括：①文题不简明贴切，本身过大或过小，而摘要的目的确切表达了文章的主题。这个时候就需要根据摘要的目的来调整文题，使其准确反映研究范围和深度；②文题表达贴切，而摘要目的写得比较随意，所表达的意思模糊，读后不知所云，无法传递有效信息。虽说摘要"目的"部分应尽量避免简单重复文章标题，但也

通信作者：刘国栋，E-mail: 2533950711@qq.com

应准确反映文题的中心思想；③摘要和文题中对某种疾病、麻醉方式或术式等名词术语说法不规范或不统一；④摘要结论与本文主题无关或缺少针对性。作者既要避免妄下结论，也不要不敢下结论，应紧密结合本文目的及相关研究结果。

例1 文题：降钙素原对重症医学科谵妄的预测价值评估。摘要：目的：探讨重症医学科患者发生谵妄的危险因素，评估 C 反应蛋白、乳酸、降钙素原、神经元特异性烯醇化酶预测重症医学科患者谵妄的价值。摘要：结论：血降钙素原、乳酸是重症医学科患者发生谵妄的高危因素；降钙素原对重症医学科谵妄发生有预测价值。本示例中，可以看出摘要的结论与目的做到了相互呼应和统一，而文题本身过小，仅提及降钙素原对谵妄的预测价值，并未涉及发生谵妄的其他危险因素，不能全面概括主题内容。故建议文题修改为：重症医学科患者谵妄的危险因素分析。

例2 文题：去骨板减压术治疗重型、特重型颅脑损伤患者的疗效分析。摘要：目的：探讨创伤性脑损伤患者行去骨板减压术的临床效果。其中到底是颅脑损伤还是创伤性脑损伤，文题和摘要中名词说法不统一，且摘要目的中并未明确颅脑损伤是重型和特重型。

例3 文题：3D 打印辅助经皮椎体成形术治疗老年骨质疏松性椎体压缩骨折的手术治疗效果。摘要目的：探讨手术治疗老年骨质疏松性椎体压缩骨折的疗效。文题中可以看出统领全文的关键词有："3D 打印""经皮椎体成形术""脊柱骨折""椎体，压缩性""骨质疏松""老年"等。而摘要目的写得比较含糊，重点不突出，建议摘要目的可将术式明确化。

1.2 与英文摘要的"一致性"

科技论文中、英文摘要不一致是常见现象，主要体现在题目、作者及单位、分组名称、观察指标、结果数据、关键词，甚至缺少中文内容中的重要信息等方面。笔者发现，在反复修改稿件过程中，很容易出现中文摘要做了修改或补充，而英文摘要未及时进行对应修改。针对中文摘要与英文摘要的不一致分析，已有大量报道[4-6]。

1.3 与正文的"一致性"

摘要作为论文的内容梗概，全文的精髓，必须与正文相应的各部分内容保持一致，否则严重影响论文科学性和可读性[7]。

1.3.1 摘要中数据与正文的"一致性"

有学者指出即便是正式出版的论文中仍存在着很多的数据问题，特别是生物学、农业科学、医学等学科论文中的数据错误更为严重[8-10]。数据作为支撑论文结论的关键因素，在一定程度上反映了论文的学术质量，故作者在撰稿时一定要重视数据的准确性，避免出现数据的错误[11]，尤其方法和结果部分，涉及具体项目或数据，更应仔细校对和核查。摘要中的数据与正文不符(数据不一致)或者正文中不存在(数据遗漏)的现象比较普遍，这可能会带来一定程度的误解和误导[12]。

(1) 摘要方法部分的数据与正文不符。摘要方法中简述研究材料和(或)研究对象的基本资料、设计方案、指标观察时间点等数据与正文描述不符的情况，如研究材料和(或)对象的数量、病例收治时间、年龄等资料。

例4 摘要：方法：患者年龄为 14~58 岁，平均 33.6 岁。核对正文一般资料中所给纳入患者年龄也为 14~58 岁，平均 33.6 岁。两者一致，没有问题。但正文结果部分提供的典型病例图说中描述如下：患者男性，年龄 13 岁，因跌倒致肱骨骨折。由此推断，纳入患者的最小年龄应该是 13 岁而不是 14 岁。由此可见，摘要与正文数据不一致情况仅核对对应正文文字内容还不一定能发现错误,有可能文、图、表数据本身有误,故还需核对和检查文中对应图表数据,发现隐蔽性错误,从而确保数据准确一致。

例 5　摘要:方法:记录分析患者的手术时间、术中透视次数、术中出血量及术后 6 个月美国特种外科医院(HSS)膝关节功能评分。而正文观察指标中描述的是:术后 12 个月时根据 HSS 标准对患者膝关节功能进行评分。可以看出,关于膝关节进行功能评价的观察时间点,两部分描述不一致,得出的功能评分不同,导致统计结果偏差。

(2) 摘要结果部分列出的具体数值、数值单位、统计学结果等同正文不一致。可能存在以下几种情况:①摘要中数据混淆,尤其是有分组、论文观察指标多或观察时间点多的情况。笔者在编较稿件时,这种情况时有发生,如 A 组和 B 组数据或 A 指标和 C 指标的数据混淆等;②摘要中数据错误,与正文矛盾。不排除可能数据本身不真实或完全不正确,作者胡编乱造或涉嫌抄袭,以满足其需要的结果而造假过程中思虑不周而出现前后矛盾,数据不一;③摘要中数据的精确度与正文不同,如数据保留的小数位数不同;④摘要中数据测量单位与正文存在大小写不一致或者全文不同,甚至缺失。如摘要中描述的血肌酐浓度为(60.4±16.4)μmol/L,而正文文字或表中描述的却是血肌酐浓度为(60.4±16.4)mmol/L;⑤摘要中数据指数倍数与正文不同;⑥统计学结果不一致。常见的有:P 值、95%可信区间、RR 值、OR 值及多个观察指标的相关系数(如 r 值)等。

1.3.2　摘要中研究内容、分组说法与正文不一致

论文摘要中出现了正文中没有内容。又或者作者在论文正文中介绍了采用的某种研究方法、检测手段或评价某个指标及相关结果,但摘要方法或结果中未提及,缺少事实和数据。所以,摘要提及正文中未述及的信息或缺少正文涉及的关键信息,均不符合科技论文的严谨性,需引起重视。

分组说法在摘要与正文、图、表中的描述不一致也时常发生,组别说法随意,前后不一致,特别是基础研究类文章中分组较多的情况下,组别说法混乱,很容易产生张冠李戴的效果,使审稿人、编辑及读者摸不到头脑。组别说法不一致有的非常明显,如在摘要中直接用 A、B、C、D、E 组表示,而文中则用某治疗组、剂量组或模型组表示,表格中又用 A、B、C、D、E 组表示。但有的组别说法前后不一致,可能仅体现在个别词组不同或词组顺序方面,像这种差别比较细微,只要细心留意,可避免不一致问题。

例 6　摘要:方法:患者按照术前是否行 3D 打印分为 3D 打印辅助组和传统手术组。而正文文字和表格中组别项说法可能有:3D 打印组、3D 打印辅助手术组、辅助手术组和传统组、对照组等。

1.3.3　摘要中名词表述形式与正文不一致

一篇论文中科技名词表述形式应当保持全文统一,医学论文所要求的科学严谨性是非常高的,对于术语的标准化问题,业内讨论良多,也制定了一些规范,虽然仍有所不同,但同篇论文中名词术语应当前后一致,因为科技论文并非文学创作,不能随意改换说法以求文笔,以免引起理解错乱,导致歧义产生[7,13]。

有学者对科技期刊中免疫印迹表达形式进行调查,发现印迹技术的表达形式比较混乱,甚至同一篇论文出现前后都不一致的现象,常见表达形式有 Western 印迹、Western blot、Western blots、Western blotting、Western-blotting 等[14]。摘要中名词表述形式与正文不一致大致分为三类:①两部分的表述不同,但说法均正确;②两部分中的表述不同,但有对错之分;③中英

文混用(如摘要中用"Western blot",正文中用"免疫印迹")。无论是哪种类型,都应该保证摘要与正文说法一致的情况下,正确应用和掌握规范的科学术语、名词与药名等。

例 7 摘要:目的:探讨单侧穿刺经皮椎体后凸成形术治疗骨质疏松性椎体压缩骨折(osteoporotic vertebral compression fracture, OVCF)的疗效。而正文引言中提到:骨质疏松性椎体压缩性骨折(osteoporosis vertebral compression fracture, OVCF)主要表现为腰背部疼痛,甚至出现进行性椎体塌陷、后凸畸形。此文中的骨折疏松 osteoporotic 和 osteoporosis 这两种表述,但没做到前后统一。

例 8 摘要:目的:研究右美托咪定和丙泊酚对重度颅脑损伤患者术后的镇静效果。摘要关键词中写的也是:右美托咪定。但正文引言中提到:右美托咪啶是一种具有良好应用前景的新型镇静药物。"右美托咪定"和"右美托咪啶"同时出现在一文中,且摘要中的说法与正文不符。经查证,这两个词在很多医学文献中均有使用,但根据 MeSH 主题词中文版检索出的词是"右美托咪啶"。所以,笔者建议在统一说法的情况下使用后者"右美托咪啶"。

例 9 摘要:方法:采用 Oswestry 功能障碍指数(ODI)量表进行腰背功能评分。而正文疗效评价中提到:患者腰背部功能采用 Oswetry 功能障碍指数(ODI)评分。经仔细查看,其实正文给的 Oswetry 是错误的,与摘要中的表述相比少了一个"s"。

2 不一致的原因分析

针对笔者在编辑论文中发现的不一致现象究其原因,结合相关文献推想可能有以下几点:①作者撰稿匆忙,粗心或笔误等;②作者在写作时,文题、摘要、正文、图表等是单独完成后合并的,而非一气呵成,若作者在后期不仔细核查全文则可能造成文章逻辑结构混乱、内容不一致或数据混淆[15];③作者存在造假等学术不端行为;④编辑将论文反复退改给作者时,作者在修改和校对过程中仅做局部修改,忽略了全文的其他相关处,特别容易出现正文部分做了改正,而摘要部分忘了做同步调整;⑤编辑有时可能过分信赖作者,没有对论文进行仔细地推敲和勘校[16];⑥作者英文写作水平薄弱,在翻译为英文表达时可能直接通过复制其他文献的说法,无法分辨英文表述对与错,间接造成英文说法前后不一致。

3 笔者经验及改进建议

可见,要防止医学科技论文中上述不一致现象,必须作者与编辑协同进行,作者处在主体地位,须作更大的努力[16]。

作者撰稿时,应先从哪部分入手?首先得收集和整理数据,草拟提纲,当你已经囊括了所有的数据,或者你明确知道还需收集哪些额外的数据,有一个合理的构架后,就可以开始动笔写正文,而不要着急写摘要,可以等文章写完后再写[17]。笔者建议与之相似:先写提纲,再写内容,最后写摘要。摘要作为整篇论文的缩影,为确保摘要和论文其他部分的一致性,在写摘要之前,先浏览一遍你的论文并整理出各部分最重要的内容如相关句子和重要数据。然后再用这些句子和数据作为提纲,明确主旨,整合提炼来写作摘要。如果你的研究项目持续时间较长,对于研究的全貌你已然存在些许的模糊,若先写摘要,很可能造成摘要与文稿不一致。同时,在写摘要的目的和结论时需要仔细推敲,应紧扣本文主题和结果内容。

完稿后和投稿前,作者务必比对全文各处,仔细校队,避免相异错误。针对论文摘要,作为具有相对独立性的短文,要同全文其他各处保持一致,首先可考虑全文比对,逐字逐句对摘要中的所有信息与全文进行反复核对，尤其是历经反复修改时，更应加强校对。当摘要中的信息涉及图表时，更应注意。作者在接到出版清样时，应再次对摘要信息进行仔细校核。通过这种简单的方法就可以避免一些低级错误。另外，针对数据不一致，除了上述的全文对比外，可利用科学常识，核查简单错误或进行简单计算，查验数据是否准确。同时，应提高作者和编辑对摘要规范性必要认识，提高论文作者和期刊编辑的中英文写作水平和编校业务能力。

综上所述，科技论文的各部分是有机联系在一起的，需保持前后呼应，首尾一贯。作为论文的重要组成部分，摘要具有替代、导引、检索的功能，能使读者在短时间内快速获取一些相关信息。故中文摘要中不能出现论文正文中没有的信息或结论，且相关数据及名词应保证与正文其他部分统一。一篇论文完成后，作者应该反复推敲，仔细检查，按照写作规范书写论文，并可以在完稿后进行自查，对于上述的不一致问题应该是不难避免的。同时，编辑在修改稿件过程中也应重视科技论文结构的严谨性，及时发现稿件中的相关问题。

参 考 文 献

[1] 吕小红,杨开英,张蕾.大数据时代精细加工提高科技论文显示度[J].编辑学报,2018,30(4):373-375.
[2] 张凤,周望舒.中文科技论文摘要的常见问题及修改对策[J].中国科技期刊研究,2009,20(4):744-745.
[3] 董淑萍,徐妍.撰写医学科技期刊论文中文摘要的要求和技巧[J].医学信息,2015,28(44):278-279.
[4] 郭建顺,张学东,刘珊珊,等.科技论文中英文摘要不一致现象的调查与分析[J].预防医学情报杂志,2014,30(3):237-239.
[5] 黄丰,黄苏萍,王晓欢,等.中文医学论文中中英文摘要一致性问题探讨[J].中国科技期刊研究,2009,20(4):738-741.
[6] 于海.避免科技论文摘要和关键词中英文不一致现象的措施[J].辽宁师专学报(自然科学版),2018,20(3):106-108.
[7] 郭艳.医学科技论文书写中的内容一致的重要性[J].中国中西医结合杂志,2017,37(12):1528-1529.
[8] 游苏宁,石朝云.中国医药卫生期刊六十年[J].中国科技期刊研究,2009,20(5):777-782.
[9] 闻浩,凌桂芳,鲁立."不崇洋·不唯书·只求实":医学期刊编辑应弘扬的精神[J].编辑学报,2012,24(6):534-535.
[10] 游俊,赵燕,胡小洋.科技论文中数据问题的编辑审读技巧[J].编辑学报,2012,24(6):536-538.
[11] 袁梦.重视医学科技论文中数据的准确性[J].国际外科学杂志,2020,47(6):431-432.
[12] 杨莉丽,马擘,黄新文,等.论文摘要的数据准确性问题[J].编辑学报,2008,20(1):25-26.
[13] 马菊红.关于科技名词术语规范化的问题与思考[J].术语标准化与信息技术,2007,12(2):16-19,37.
[14] 郭建顺,张学东,李文红.中外文科技期刊中印迹技术表达形式的调查与规范化探讨[J].中国科技期刊研究,2012,23(2):320-321.
[15] 游俊,胡小洋,赵燕.科技论文中的数据问题及原因分析[J].江汉大学学报(自然科学版),2012,40(4):135-137.
[16] 吴益伟,袁醉敏,于晓庆,等.同篇科技论文相同内容表述不一的问题写作[J].中国科学基金,2003(2):127-128.
[17] WHITESIDES G M,张希,林志宏.科学论文的参考文献[J].科技通报,2011,27(1):148-153.

科技论文摘要的逻辑优化研究

丛 敏,姜雪梅,金胜迪,王治红

(《热能动力工程》编辑部,黑龙江 哈尔滨 150035)

摘要:为提高科技论文摘要逻辑表述水平,基于已有文献并结合编辑工作,对科技论文摘要逻辑表述存在的问题进行了总结与分类。主要包括:结构要素不全、要素之间不能呼应和衔接、句词之间搭配不恰当、创新性交代不足和要素内容缺少依据五方面。针对性地进行案例分析,并给出了提高摘要逻辑表述水平的编辑方法。

关键词:科技论文;摘要;行文规范;逻辑表述;案例解析;编辑方法

科技论文摘要是科技论文的重要组成部分,是对论文研究内容、研究方法、研究结果及结论的高度概括,能够为读者提供相应的学术信息,有利于论文检索及促进学术成果交流的作用。科技期刊编辑在重视摘要编辑加工工作的同时,从写作、规范、审读和编辑加工等方面对其存在的常见问题进行了大量分析。问题主要表现为行文不规范[1-5]、结构四要素欠缺[6-10]和表述不当[5,11]三个层面:①重复文题,语言不简练,出现图、表、公式和不规范术语等;②四要素不全、要素叙述不到位;③对论文做自我评价、言过其实及含有本专业众所周知的内容等。同时,给出了加强与作者的沟通、提高作者及编辑的责任意识和加强阅读等提高摘要质量的方法。

本文将内容提炼及其表述逻辑定义为摘要的内容逻辑。结合案例,着重从内容逻辑角度对摘要撰写存在的常见问题进行剖析,并给出系统性的编辑方法。

1 内容逻辑方面存在的主要问题

科技论文摘要除了要重视结构及文字表述外,还要注意其内在的逻辑性。基于已有文献并结合编辑工作,总结出科技论文摘要内容逻辑方面存在的常见问题。主要包括五个方面:①结构四要素不全或不明确;②各要素之间不能够前后衔接、相互呼应。研究目的与研究结论不能呼应,条件(物理模型和工况等)与结论不能呼应(有条件无结论或有结论无条件)和研究内容与研究的结论不能呼应等;③句与句间逻辑关系不紧密或不合理、词与词之间的搭配不合适;④工作创新性不突出;⑤要素内容缺少依据等。

2 案例分析

2.1 摘要四要素不全

例1 《某电厂发电机组锅炉 KSB 炉水循环泵电机腔室温度异常升高的解决措施》

摘要:在国内超临界、超超临界机组中,炉水循环泵作为直流锅炉内部循环的动力得到了广泛的应用,其具有流量大、启动快等优点。但是炉水循环泵一般布置在储水箱的底部,容易在泵内积聚大量的杂质，长时间运行容易导致炉水循环泵电机温度高的异常，严重影响了机组的安全可靠长周期运行。文中介绍了(删)某电厂发电机组锅炉 KSB 炉水循环泵电机腔室温度高的情况(改为：异常升高到47.3 ℃且有继续升高的趋势，)结合炉水循环泵的结构、运行(改为：运行参数以及电机的解体)情况进行全面的分析，得出了导致电机腔室温度异常升高的原因(补充：为炉水中的杂质进入到电机腔室内使得电机绕组的冷却水量不足)。并且有针对性地提出了治理方案，对同型号锅炉炉水循环泵电机腔室温度异常升高的治理有很好的借鉴意义。(改为：提出了加装外置式过滤器的治理方案，治理后电机腔室温度恢复正常。)

存在的问题：这是一篇应用技术论文。该机组运行过程中存在炉水循环泵电机腔室温度高的异常现象，需要对炉水循环泵进行解体查找原因和进行治理。背景信息过于冗长，缺少研究方法、研究结果和研究结论三要素；叙述逻辑混乱，未进行分析前在背景信息中就已经给出了问题的原因，既然已经是常识性的原因，还需要再进行分析么？

2.2 要素间缺少呼应

例 2 《冷风稀释器的工艺设计和数值分析》

摘要：对完成设计的工艺目标，将热烟气冷却到一定温度时，冷风稀释器需要混入的冷空气流量进行工艺计算。(删除)为进一步优化冷风稀释器的结构设计和定制内部耐火材料结构件，(改为：提高其混合、传热性能，)利用 Workbench 有限元分析软件建立冷风稀释器流场的数值分析模型，分析混合气体沿设备轴向的温度变化情况，从理论上了解设备内具体的混合传热状态，考察工艺设计方法的正确性。此外，还研究了相关设计参数对设备性能的影响程度和影响规律，(改为：研究"突缩-突扩"缩口直径、烟气入口与主管夹角、烟气与空气入口速比等结构参数对设备性能的影响。)发现增大烟气入口与主管夹角至约90度，保持烟气与空气入口气速比约为 0.31 时，有利于改善设备内的混合传热效果。(改为：研究表明：减小缩口直径、增大烟气入口与主管夹角有利于提高混合气体流速、增强流场湍动状态从而改善混合传热效果；保持合适的烟气与空气入口速比，在增强流动的同时、可以控制流场死区，保证良好的混合传热状态；在烟气与空气入口速比约为 0.31 时，流场内的混合传热效果达到最佳。)

存在的问题：初看，摘要的四要素比较全面，除了叙述逻辑不够清晰外没什么大问题。但是仔细推敲，该文的研究目的是为了优化为优化冷风稀释器的结构和定制内部耐火材料结构件，研究的结果及结论中仅给出了其内部流场的一些参数，没有与研究目的相呼应，没有解决需要解决的问题。经仔细阅读全文并进行修改，明确了冷风稀释器研究对象、确定了优化的冷风稀释器的结构，并删除了与主题无关的内容。

例 3 《基于变工况分析减温水对机组热经济性的影响》

摘要：喷水减温作为电厂调节蒸汽温度的重要手段，其取水位置对机组热经济性的影响较大。本文(改为：为分析喷水减温水取水位置对机组热经济性的影响，)基于"定流量法"在变工况条件下分析了某 200 MW 机组不同工况下过热器减温水和再热器减温水不同取水位置对机组热经济性的影响。结果表明：随着负荷的降低，(补充：过热器和再热器)减温水对机组经济性的影响逐渐减小；相比于过热器减温水，再热器减温水对机组热经济性的影响更大；(补充：再热器减温水取水位置对机组经济性的影响由低到高的顺序依次为高压加热器出口、给水泵出口和给水泵中间抽头。)

存在的问题：摘要前两句交待研究内容是取水位置对机组热经济性的影响，而减温水位置对机组热经济性的影响的研究结果叙述不够充分，与其研究目的没有形成呼应。

2.3 句、词间逻辑搭配不当

例 4 《生物乙醇喷雾蒸发和预混过程的数值模拟研究》

摘要：采用(删)基于液体燃料的贫燃预混、预蒸发燃烧技术(Lean Premixed Pervaporation，LPP)，模拟研究了空气旋流强度、空气温度等参数对预混室内生物乙醇燃料喷雾蒸发、混合特性的影响规律。(改为：采用数值模拟方法，研究了预混室内生物乙醇雾化蒸发流场，分析了预热空气温度为 500、600 和 1 000 K 以及旋流数为 0.47、0.8 和 1.41 时的生物乙醇蒸发和气体混合特性的规律。)研究表明：……。

存在的问题：数值模拟的对象应该是旋流流场，而参数的影响规律是在流场模拟的基础上分析出来的。作者将两句话捏在了一起，导致研究方法和研究对象混淆。

2.4 创新性交代不足

例 5 《微型燃气轮机低热值燃料燃烧室喷嘴流动实验研究》

摘要：为适应生物质气低热值、组分变化大等特点，达到燃烧室燃烧稳定、低排放要求，对微型燃气轮机原喷嘴及新设计喷嘴进行冷态流动实验，(改为：在某 60 kW 级微型燃气轮机环形燃烧室结构的基础上，设计了一种具有不同预混孔结构的新喷嘴，并在上海交通大学微型燃气轮机单喷嘴燃烧室实验台上进行冷态流动实验，)研究了燃料喷嘴及燃烧室稀释孔结构及流动参数对燃烧室空气流量分配问题，得到流动参数对流量分配的影响规律及适用于低热值燃料条件的喷嘴稀释孔结构匹配曲线。(改为：对比分析不同稀释孔直径及工质参数条件下原喷嘴及新喷嘴对燃烧室空气流量分配比及过量空气系数的影响。)结果表明：燃料流量、进口空气流量变化会影响燃烧室空气流量分配，(补充：随着空气流量的增加，在实验范围内新喷嘴与原喷嘴的流量分配比均得到提高，)空气温度变化对燃烧室流量分配无影响；燃料热值降低会导致燃烧室过量空气系数增大，需要匹配直径更大的燃烧室稀释孔；新设计喷嘴及其最佳匹配稀释孔，对低热值燃料可燃组分有宽范围适应性。(改为：相比于原喷嘴新喷嘴的流量分配比较大，为使其适应低热值燃料条件，需要匹配的燃烧室稀释孔直径为 11.0 mm，该条件下新喷嘴可适应 CH_4 摩尔分数为 50%~90%的燃料。)

存在的问题：这是一篇实验研究型的论文。摘要中给出了研究的目的、方法、结果和结论，但创新点交代不足。论文的创新点是新设计的喷嘴及其性能。摘要中未提及新喷嘴的设计以及试验所得的具体的性能参数，降低了论文参考价值。其次，结论过于空泛，结果缺少支撑。

2.5 摘要内容缺少依据和支撑

例 6 《水滴形管换热与阻力特性的数值研究》

摘要：为提高换热管的综合性能，设计并研究了一种新型的水滴形换热管。采用 CFD 软件，(补充：在相同管横截面积的前提下，)对圆形、椭圆形及水滴形换热管单管和管束的换热与阻力特性进行了模拟计算。研究表明：水滴形管可以明显减小换热管背流面的回流，……。由此可以证明，水滴型管相较于圆形管及椭圆形管，具有更好的换热流动特性。

存在的问题：该文设计了一种新型的水滴形换热管，并与圆形管、椭圆形管的流动换热特性进行了对比分析，指出水滴形换热管具有更好的换热和流动特性。这里存在的最大的逻辑问题是，缺少对比的基础。如果将不同尺寸的各种管型进行比较，比较的结果说明不了任何问题。

例 7 《不同厚度不同系列波状运动翼型的能量吸收特性研究》

摘要：已有的研究表明，在一定条件下，行波运动的翼片具有吸收流体中能量的能力。(改为：为改善做行波运动的翼型的能量吸收特性，)基于计算流体力学方法，分别以(改为：分析)波长(补充：(0.6L~1.4L，L 为中弧线长度))、振幅(补充：(0.02L~0.1L))与无量纲波速(补充：(0.1~0.9))作为自变量，研究其(改为：对)NACA4、NACA63 与 NACA65 系列不同最大厚度的翼型以及平板的能量吸收特性(补充：的影响)。在所研究的参数范围内，(删)结果表明：当运动参数相同时，同一系列翼型获能效率随最大厚度的增大而减小，且行波的获能效率最高；(补充：当行波振幅与无量纲波速一定时，)厚度相同的不同系列翼型(补充：的获能效率)均随波长、振幅和无量纲波速的变化均呈现相同的规律，且获能效率基本相当。(改为：波长的增大而减小，且不同系列翼型的获能效率基本相当；当行波波长与无量纲波速一定时，厚度相同的不同系列翼型的获能效率均随振幅的增大而增大；当行波波长与振幅一定时，厚度相同的不同系列翼型的获能效率均随无量纲波速的增大而先增大后减小，且在无量纲波速 c=0.45 时达到最大值。)

存在的问题：该摘要除了研究目的不明确、叙述不够简洁及缺少定量的研究结果外，主要问题是没有明确给出所研究参数的范围；其次，"在厚度相同时，不同系列翼型随波长、振幅和无量纲波速的变化均呈现相同的规律，且获能效率大小基本相同"这句话中相同的规律指的是什么规律？这些内容必须要通读全文后才能获知。

3　摘要编辑方法

科技论文摘要的撰写存在行文规范和内容逻辑表述的各种问题，这些问题的产生有作者对摘要撰写理解不到位的原因，也有论文内容质量水平的原因。摘要的质量水平不能独立于论文的质量水平，摘要的编辑也不能独立于正文的编辑。结合工作，从提高摘要表述逻辑的角度，总结出以下经验：

(1) 注意稿件的编辑顺序，先编辑正文再编辑摘要。

摘要的四要素与论文的主体结构是一一对应的：研究目的对应引言；研究方法对应正文的材料与方法；研究结果与结论如是。因此，编辑的过程是有顺序的。首先，应看正文的主体即材料与方法部分，分析该文的主要研究内容(主要工作)和创新点(作者可改进)；其次，查看引言的立题点与正文内容是否相扣、紧密结合，引言是否给出了该文的研究目的即立题点(作者可改进)，正文是否解决了引言提出的问题；然后，观察结论部分是否很好地总结了正文主要的、创新性的研究所形成的定量的研究结果和定性的研究结论(作者可改进)；最后，在改进后的正文的基础上凝练出摘要。

(2) 注意分析摘要四要素及词、句之间的逻辑联系。

一篇文章的摘要如果四要素不全，反映正文相应内容没有撰写到位。缺少研究目的可能代表这篇稿件的研究内容缺少创新性或工程实用性；缺少研究方法(方案、工况)可能代表这篇稿件计算、数值模拟或试验方法过于平淡；研究结果和结论空泛，可能反映该文确实没有得出很有意义、很有价值内容。可见摘要的撰写水平基本上可以反映稿件的创新性和规范性，对于这样的稿件编辑时应注意相应内容的挖掘、补充和完善，在此基础上才能形成质量较好的摘要。

(3) 注意积累专业知识、总结案例，有效引导作者修改。

编辑在工作中应注意学习国家相关标准及规范，多学习专业理论知识，避免出现不规范的术语及表达。每一篇论文都有自己的特点，但就每一本期刊而言，其专业领域、栏目划分和涉及的学科是相对固定的。因此，只要编辑善于积累和总结，就会形成一定的编辑经验，从而能更有效地指导作者修改与完善。

参 考 文 献

[1] 向飒,郑素侠,沈其旺,等.科技论文摘要撰写错误辨析与正确方法[J].郑州工业大学学报,1999,20(1):103-105.

[2] 李维东.科技论文摘要的撰写要求与方法[J].西安电子科技大学学报(社会科学版),2000,10(2):23-24.

[3] 陈玉堂,王士敏,张军,等.科技论文摘要写作中常见错误辨析[J].1995,10(2):103-106.

[4] 汪再非,潘亚莉.编辑视角下的论文摘要写作误区及对策[J].中国科技期刊研究,2006,17(6):1212-1213.

[5] 梁福军.科技论文规范写作与编辑[M].3版.北京:清华大学出版社,2009.

[6] 邓雯,廖移山,闵爱荣.科技论文摘要常见问题及编辑策略[J].湖北理工学院学报,2017(6):51-53;

[7] 岳满堂.科技论文摘要的规范化[J].钢管,1996(1):62-63;

[8] 王颖.科技论文摘要的作用及审读原则[J].编辑之窗,2009(2):92-93.

[9] 王亚秋,陈峰,李雪莲,等.科技论文摘要的编辑加工方法[J].编辑学报,2011,23(2):130-131.

[10] 谢文亮.科技期刊论文中研究成果的量化表述[J].科技管理研究,2018(7):210-214.

[11] 李兴昌.科技论文摘要的编辑加工[J].编辑学报,1993,5(1):19-23.

从作者在国外数据库中的著录情况谈中国人名汉语拼音拼写规则
——以 PubMed 数据库为例

张翠红

(《针灸推拿医学》(英文版)编辑部，上海 200030)

摘要： 以 PubMed 数据库为例，对中国人名汉语拼音在期刊中的著录格式及其在 PubMed 数据库中的被标引格式进行对照，发现 PubMed 数据库中常见的中国人名汉语拼音标引中存在单字名的姓与名混淆、双字名漏标第二字及吕姓的拼音拼写格式不统一等问题。因此呼吁对《中国人名汉语拼音字母拼写规则》进一步完善，建议将中国人名汉语拼音拼写改为姓全部字母大写；双姓及双字名间用"-"连接，并规定姓在前，名在后；用 v 代替 ü，统一"吕"姓的拼音为 LV。同时，加强宣传，强化期刊界和作者对中国人名汉语拼音拼写规则的认识，并坚决执行。

关键词： 科技期刊；姓名；翻译；汉语拼音；期刊国际化

作为一名科技期刊编辑，主要工作之一是对录用后稿件进行编辑加工，而对稿件引用文献的编辑与校对，是稿件编辑加工的重要内容，也是科技论文出版过程中的重要一环。

在实际工作中，尤其是在检索国外数据库进行文后参考文献校对时，发现中国人名的汉语拼音经常出现标引错误，究其原因，主要与各个期刊中国人名汉语拼音的拼写格式不统一有关，也与《中国人名汉语拼音字母拼写规则》本身不完善或执行不彻底密不可分。

以医学期刊编辑常用的 PubMed 数据库为例，根据《中国人名汉语拼音字母拼写规则》(中华人民共和国国家标准，GB/T 28039—2011)[1]，对数据库中常见的中国人名汉语拼音标引错误进行归纳，结合工作实践，阐述了对中国人名汉语拼音拼写规则的理解，与各位同道分享。

1 国家标准对中国人名汉语拼音拼写规则的规定

《中国人名汉语拼音字母拼写规则》(中华人民共和国国家标准，GB/T 28039—2011)对汉语人名的拼音拼写做了如下规定：正式的汉语人名由姓和名两个部分组成，姓和名分写，姓在前，名在后，姓名之间用空格分开。复姓连写，如东方(Dongfang)、诸葛(Zhuge)，姓和名的开头字母大写。由双姓组合(并列姓氏)作为姓氏部分，双姓中间加连接号，每个姓氏开头字母大写，如 Liu-Yang Fan(刘杨帆)。国际体育比赛等场合，人名可以缩写。中国人名汉语拼音的缩写，姓全写，首字母大写或每个字母大写，名取每个汉字拼音的首字母，大写，后面加小圆点，声调符号可以省略，例如：Li Xiaolong(李小龙)，缩写为 Li X.L.或 LI X.L.[1]。

对一些特殊情况，《中国人名汉语拼音字母拼写规则》也给出了变通处理办法：出版物中常见的著名历史人物，港、澳、台人士，海外华侨及外籍华人、华裔的姓名，以及科技领域各科(动植物、微生物、古生物等)学名命名中的中国人名,原来有惯用拉丁字母拼写法,必要时可以附注在括弧中或注释中。根据技术处理的特殊需要,必要的场合(如公民护照、对外文件和书刊等),大写字母 ü 可以用 YU 代替,例如吕和平,拼写为 LYU HEPING。

以上是国家标准对汉语人名拼音拼写规则的规定。作为国家标准,《中国人名汉语拼音字母拼写规则》为科技期刊的规范化出版提供了参考依据。但中国作者在国内外发表论文时,署名的拼音会根据期刊的格式要求拼写为多种形式[2-3],以笔者本人姓名为例,就有 ZHANG Cui-Hong、ZHANG Cui-hong、ZHANG Cuihong、Zhang Cui-hong、Zhang Cuihong、Cuihong Zhang、Zhang Cui Hong、Cui-Hong Zhang、Cuihong ZHANG 及 Cui-hong ZHANG 等多种表达形式[4-7]。

近年来,随着改革开放的日益深入和国际文化交流的日益频繁,很多期刊开始借鉴国际惯例或英语名字的拼写方法,先写名、后写姓,国际场合的运动员和国际会议上的学者姓名书写也有这个问题。这些人名汉语拼音拼写上出现的混乱现象,导致国际知名数据库,如 PubMed 数据库,对文章著者的姓名标引经常出现错误[8]。

这些错误现象的出现,不禁让人开始反思:《中国人名汉语拼音字母拼写规则》作为国家标准,是否应进行必要的完善?如何完善?国家是否应该出台统一的标准以规范国内期刊的中国人名汉语拼音拼写格式?

下面就结合实际工作,对中国人名汉语拼音在医学常用的 PubMed 数据库收录的期刊中的著录格式及其在 PubMed 中的被标引格式进行对照,对其中发现的问题谈谈自己的看法。

2 PubMed 数据库中常见的中国人名汉语拼音标引错误

2.1 单字名的姓与名混淆

《中国人名汉语拼音字母拼写规则》中规定:姓在前,名在后,姓名之间用空格分开;姓和名的开头字母大写。这一规定对于单字名的著者在被数据库,尤其是国外数据库标引时容易出现姓与名混淆的问题。只有一位单字名作者,或者所有作者都是单字名时,这种混淆更容易出现,如图 1,两位作者均为单字名,按照《中国人名汉语拼音字母拼写规则》,应为 Yuan Wei、Wang Qiang,但数据库在做引用标引时,将作者姓名标引成了 Yuan、Wei and Qiang Wang,即将第二位作者的姓和名颠倒混淆了。

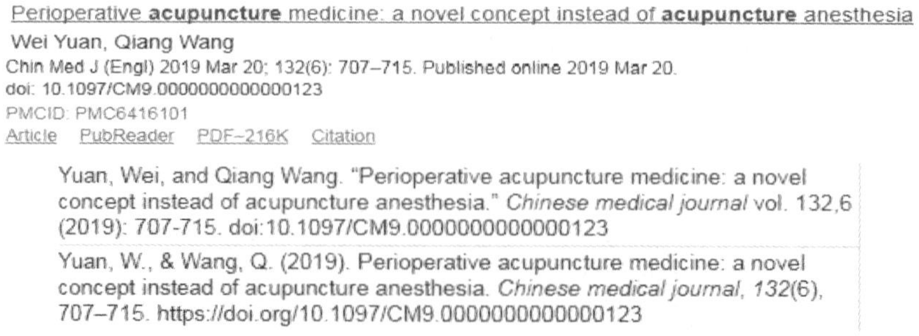

Perioperative acupuncture medicine: a novel concept instead of acupuncture anesthesia
Wei Yuan, Qiang Wang
Chin Med J (Engl) 2019 Mar 20; 132(6): 707–715. Published online 2019 Mar 20.
doi: 10.1097/CM9.0000000000000123
PMCID: PMC6416101
Article   PubReader   PDF–216K   Citation

Yuan, Wei, and Qiang Wang. "Perioperative acupuncture medicine: a novel concept instead of acupuncture anesthesia." *Chinese medical journal* vol. 132,6 (2019): 707-715. doi:10.1097/CM9.0000000000000123

Yuan, W., & Wang, Q. (2019). Perioperative acupuncture medicine: a novel concept instead of acupuncture anesthesia. *Chinese medical journal*, 132(6), 707–715. https://doi.org/10.1097/CM9.0000000000000123

图 1 PubMed 数据库中中国著者姓与名混淆标引错误

中国人在国外杂志发表文章时,经常为了符合国外杂志的习惯,将自己的姓名格式写为名前姓后,而在国内杂志发表文章时又写为姓前名后。这样不仅会误导海外读者(认为两种姓名格式指的不是同一位作者),也不利于推广国家通用语言文字法规和弘扬中华文化。

关于中国人名的缩写,特别是单字名,国际著名检索刊物也经常搞错。为了准确判断作者的姓和名,以避免单字名作者的姓与名混淆,建议把作者姓的拼写字母全部大写,这样既方便姓与名的区分,也可以避免双姓单字名和单姓双字名的混淆。国内很多杂志,如《上海针灸杂志》《针刺研究》等均采用姓的拼音字母全部大写的格式。

同时,建议所有中国作者,无论投稿国外杂志,还是国内杂志,对于自己的名字,都严格按照《中国人名汉语拼音字母拼写规则》中规定的姓前名后的格式,这也是我们坚持文化自信的表现。

2.2 双字名漏标第二字

在进行文后参考文献编辑加工时,看到有些文献的作者全是单字名,而查看原文后,发现作者中根本不全是单字名;而同一作者,有时被标引为单字名,有时则被标引为双字名。经分析发现,导致这种现象的根本原因是文章发表期刊的作者著录格式:无论是姓前名后,还是名前姓后,如果双字名两个字之间加"-",则双字名的最后一个字就不会被漏标(图 2 和图 3);反之,如果双字名两个字间没有分隔标记,双字名多被标为单字名(图 4 和图 5)。

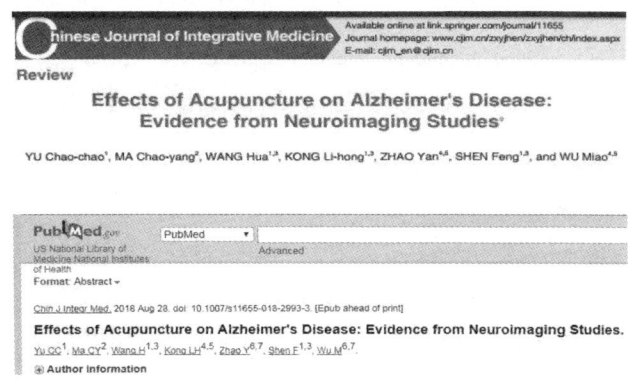

图 2 姓前名后双字名间加"-"原文及 PubMed 数据库标引情况

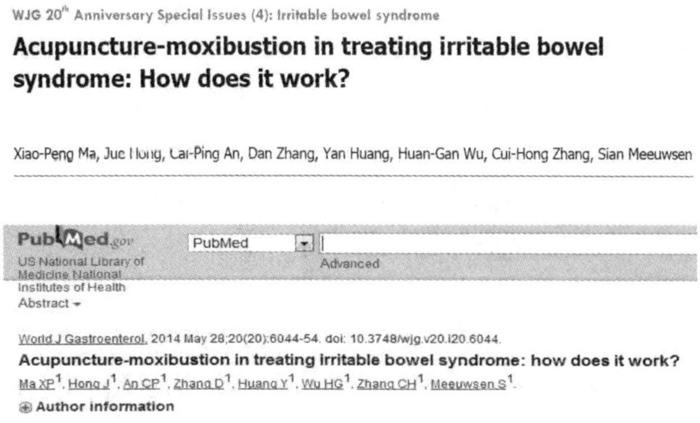

图 3 名前姓后双字名间加"-"原文及 PubMed 数据库标引情况

Safety test of air quality in simulated moxibustion clinic

DUAN Wenxiu[1], WU Zijian[1,2], HU Ling[1,2], WU Huangan[3], YU Shuguang[4], SONG Xiange[1,2], HE Lu[1,2], WANG Jie[1,2], WANG Chunhua[1], GONG Changping[1], XU Jing[1] (1. College of Acupuncture and Osteology, Anhui University of TCM, Hefei 230038, China; 2. Institute of Acupuncture and Meridian, Anhui Academy of TCM; 3. Shanghai Research Institute of Acupuncture and Meridian; 4. College of Acupuncture-Moxibustion and Tuina, Chengdu University of TCM)

ABSTRACT The air quality of simulated moxibustion clinic was tested, which could provide references for the

PubMed.gov　PubMed　Advanced
US National Library of Medicine National Institutes of Health
Format: Abstract

Zhongguo Zhen Jiu. 2016 Jun 12;36(6):637-640. doi: 10.13703/j.0255-2930.2016.06.022.

[Safety test of air quality in simulated moxibustion clinic].

[Article in Chinese]
Duan W[1], Wu Z[1,2], Hu L[1,2], Wu H[3], Yu S[4], Song X[1,2], He L[1,2], Wang J[1,2], Wang C[1], Gong C[1], Xu J[1].

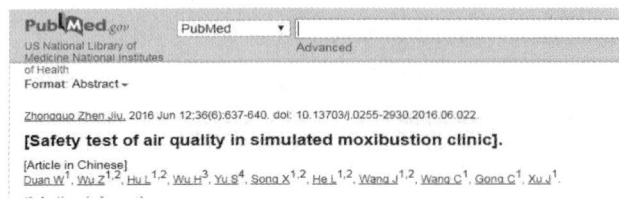

图 4　姓前名后双字名间无“-”原文及 PubMed 数据库标引情况

Zhu et al. BMC Complementary and Alternative Medicine 2014, 14:500
http://www.biomedcentral.com/1472-6882/14/500

BMC Complementary & Alternative Medicine

RESEARCH ARTICLE　Open Access

Brain regions involved in moxibustion-induced analgesia in irritable bowel syndrome with diarrhea: a functional magnetic resonance imaging study

Yi Zhu[1], Zhiyuan Wu[2], Xiaopeng Ma[1], Huirong Liu[1], Chunhui Bao[1], Ling Yang[1], Yunhua Cui[1], Cili Zhou[1], Xiaomei Wang[1], Yuemin Wang[3], Zhongwei Zhang[2], Huan Zhang[2], Haipeng Jia[2] and Huangan Wu[1*]

PubMed.gov　PubMed　Advanced
US National Library of Medicine National Institutes of Health
Abstract　Send to:

BMC Complement Altern Med. 2014 Dec 16;14:500. doi: 10.1186/1472-6882-14-500.

Brain regions involved in moxibustion-induced analgesia in irritable bowel syndrome with diarrhea: a functional magnetic resonance imaging study.

Zhu Y, Wu Z, Ma X, Liu H, Bao C, Yang L, Cui Y, Zhou C, Wang X, Wang Y, Zhang Z, Zhang H, Jia H, Wu H[1].

Author information

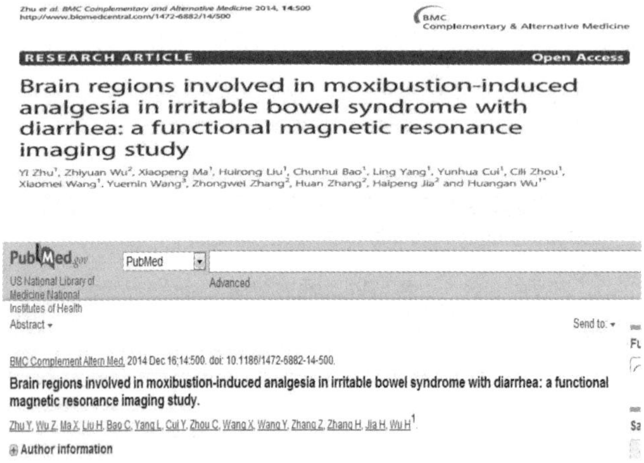

图 5　名前姓后双字名间无“-”原文及 PubMed 数据库标引情况

虽然《中国人名汉语拼音字母拼写规则》对中国人名汉语拼音的缩写作了规定：姓全写，首字母大写或每个字母大写，名取每个汉字拼音的首字母，大写，后面加小圆点，声调符号可以省略，例如：Li Xiaolong(李小龙)，缩写为 Li X.L.或 LI X.L.，但为什么会出现 PubMed 数据库中很多双字名被标引为单字名呢？最可能的原因是：对于不了解汉语拼音的国外数据库标引人员，如果遇到双字名拼音连写时，无法确定两个字拼音在何处断开，如笔者单位的国家 973 项目首席科学家吴焕淦教授，按照《中国人名汉语拼音字母拼写规则》，其姓名拼音应为 Wu Huangan，那拼音缩写到底是 Wu HG，还是 Wu HA，在没有汉字名字的前提下，即使是中国人也很难判断，更何况不认识汉字的外籍人员。于是，对于双字名两个字拼音之间无分隔的，PubMed 一律简化为只标第一字，双字名就变成了单字名。

如果双字名被标为单字名，以笔者姓名为例，那么 ZHANG Cuihong、ZHANG Cuilan、ZHANG Caiping……所有姓 ZHANG，名字第一个字拼音以 C 开头的姓名在数据库中都将被标为 ZHANG C，这不但不利于学术交流，而且对作者发表在国外的学术成果认定也带来了一定的阻碍和困难。

2.3 吕姓的拼音拼写格式不统一

在汉语拼音中，“ü”是唯一一个在 26 个英文字母中找不到对应字母的，因此，碰到吕姓拼音时就会出现各种形式，如 LV、Lv、Lu、Lü、LYU 等[9-10](图 6)。又因为 ü 的拼写格式与其前面的声母有关，即 ü 之前为 j、q、x 时，ü 写成 u。拼音 ü 的这些特殊性给汉语拼音的教和学及拼音输入都造成了很多困惑[11-12]。虽然《中国人名汉语拼音字母拼写规则》中有关于特殊问题的变通处理办法，即根据技术处理的特殊需要，必要的场合(如公民护照、对外文件和书刊等)大写字母 ü 可以用 YU 代替，但这种拼写形式对平时的工作及数据库标引都会造成不统一，引起很多不便。

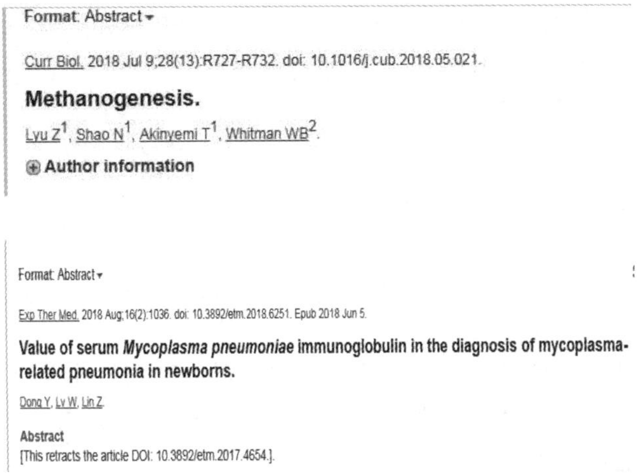
Format: Abstract

Curr Biol. 2018 Jul 9;28(13):R727-R732. doi: 10.1016/j.cub.2018.05.021.

Methanogenesis.

Lyu Z1, Shao N1, Akinyemi T1, Whitman WB2.

Author information

Format: Abstract

Exp Ther Med. 2018 Aug;16(2):1036. doi: 10.3892/etm.2018.6251. Epub 2018 Jun 5.

Value of serum *Mycoplasma pneumoniae* immunoglobulin in the diagnosis of mycoplasma-related pneumonia in newborns.

Dong Y, Lv W, Lin Z.

Abstract

[This retracts the article DOI: 10.3892/etm.2017.4654.].

图 6　吕姓在 PubMed 数据库中的不同拼音形式

3 思考

基于以上情况，笔者认为应进一步规范和统一中国人名的著录规则，达到规范化、标准化，以促进学术交流，有利于期刊规范和数据库建设。也可在适当情况下对《中国人名汉语拼音字母拼写规则》进行适当完善。以下是笔者对完善《中国人名汉语拼音字母拼写规则》的一些想法。

3.1 建议姓拼音字母全部大写，双字名间以“-”连接

以笔者姓名拼音为例，建议统一用 ZHANG Cui-hong，因为这种格式既保持了中国人姓前名后的表达习惯，又可通过字母全部大写来强调姓氏，从而避免单字名的作者姓和名不易区分的问题。同时，用连字符“-”将双字名的两个字分开，有助于国外的专家学者能将 ZHANG Cui-hong 正确地标引为 ZHANG CH，而不是 ZHANG C，从而避免标引时丢失名字中的第二个字的情况，还可以避免对双字名的误断，如赵平安，如果按照《中国人名汉语拼音字母拼写规则》写成 Zhao Pingan，则无法判断到底是 Ping an，还是 Pin gan，如果写成 ZHAO Ping-an，就不会出现误断。虽然《中国人名汉语拼音字母拼写规则》针对这种情况，规定赵平安应写成 Zhao Ping’an，但这种规定本身就导致了不同姓名拼写格式不统一的问题。如果统一为双字名间加“-”就可以避免《中国人名汉语拼音字母拼写规则》中对双字名第二个字没有声母时需要另外加“’”的不统一。

3.2 建议拼音"ü"用字母 v 代替

"ü"是汉语拼音中的特有字母,是唯一一个在 26 个英文字母中找不到对应字母的拼音,因此,在输入"ü"这个拼音时不能直接从键盘输入。而在 26 个字母中,除了"v"没有使用外,其他的 25 个字母全部用在汉语拼音的声母和韵母当中,也就是说,汉语拼音中所用的字母与国际上通用的 26 个字母相比,少了一个"v",多了一个"ü"。这样,在输入带有 ü 的拼音时不能直接输入,每次都要用插入符号的方法,非常不便。如果把 ü 的书写形式改成 v,汉语拼音字母的应用就与国际上的 26 个字母相统一了,这样将极大地提高带有 ü 的拼音的输入效率。目前,很多拼音输入法已默认用 v 代替 ü 了。

虽然《中国人名汉语拼音字母拼写规则》对一些特殊情况给出了变通处理办法:根据技术处理的特殊需要,必要的场合(如公民护照、对外文件和书刊等),大写字母 ü 可以用 YU 代替,例如吕和平,拼写为 LYU HEPING,但这样的拼写既不符合中国拼音的规则,也不便于拼读。如果用 v 代替 ü,除了便于带"ü"拼音的汉字输入外,还有利于与国际接轨,便于外国人学习汉语拼音,因为即使是中国人,也在学习拼音时对 ü 何时写为 ü,何时写为 u(声母为 j、q、x 时),何时又写为 YU 分不清。如果用 v 代替 ü,则便于区分 ü 和 u,更有利于汉字的输入和汉语的交流[13-15]。

4 结语

姓名的著录比较重要,既要符合中国传统文化和拼写规则,还要考虑国际交流。汉语人名拼音拼写看似简单,却存在各种问题,并常被忽视。但这些看似微小的问题,常会影响信息交流和传播,应引起高度重视。因此,需要慎重考虑,多方论证,以提出合理的解决方案。

名字是一个人的特定名称符号,都蕴含着独特的寓意。因此,名字的拼写应该是一件严肃的事情。认真做好引用文献的著者姓名校对既是科技期刊编校质量的要求,也是对相关文献著者的尊重。因此,做好参考文献著者姓名的准确著录是期刊出版的重要一环。编辑在校对参考文献时,除严格按照《文后参考文献著录规则》(GB/T 7714—2015)[16]对参考文献著录格式进行规范外,还应认真核对每条参考文献,务必按照原著的署名方式正确缩写著者姓名,一来表示对原作者的尊重,二来利于读者在阅读您的文章时能顺利地找到原参考文献。

无论是单字名的姓和名混淆,还是双字名标引为单字名,都是数据库标引时容易出现的问题,这些问题的出现,与《中国人名汉语拼音字母拼写规则》本身不完善或执行不彻底有很大关系;而这些问题,均可通过"姓拼音全部大写,双字名间用'-'连接"的方法避免。同时,要坚持中国传统的姓前名后的书写习惯,并在投稿国内外杂志时保持统一,既有利于国外数据库著录人员把握著录规则,更是坚持文化自信的表现。

虽然有上述建议,但对常见的著名历史人物,港、澳、台人士,海外华侨及外籍华人、华裔的姓名,以及科技领域各科(动植物、微生物、古生物等)学名命名,原来有惯用拉丁字母拼写法的,应遵从"名从主人"的原则,必要时可以附注在括弧中或注释中。

《中国人名汉语拼音字母拼写规则》实行已经 10 年,在强调文化自信的当下,根据一线工作者的实践经验,提出了对相关中国人名汉语拼音拼写规则进行适当完善的建议,希望能更加精准地表达中国人的名和姓。

参 考 文 献

[1] 中华人民共和国国家质量监督检验检疫总局、中国国家标准化管理委员会.中国人名汉语拼音字母拼写规则[S].北京:中国标准出版社,2012:1-3.
[2] 李霞.如何确保中国作者姓名在国际英文科技论文发表中的正确性[J].科学新闻,2007(7):25.
[3] 辛献云.谈汉语人名翻译的规范问题[J].解放军外国语学院学报,2005,28(1):65-69.
[4] 魏邦基,赵嬿,张翠红,等.穴位疗法治疗过敏性鼻炎机理探讨[J].辽宁中医药大学学报,2015,17(10):60-64.
[5] 刘占文,张翠红,纪军,等.针灸歌赋中"心病"治疗用穴规律分析[J].河南中医,2016,36(12):2096-2098.
[6] SHOU Y, HU L, ZHANG C H, et al. Efficacy of acupuncture at three nasal acupoints plus acupoint application for perennial allergic rhinitis: a multicenter, randomized controlled trial protocol [J]. Trials, 2020, 21:110.
[7] 李悦.科技论文中作者姓名的拼音拼写现状与问题[J].中国科技期刊研究,2008,19(5):905-907.
[8] 孙二虎,钟盛先,刘东渝.中国作者姓名的音译与姓名组分的改革[J].中国科技期刊研究,1998,9(1):44-47.
[9] 阎为民,虞沪生."吕"作为姓氏的拼音书写方式探讨[J].编辑学报,2006,18(6):426.
[10] 梁洁.学术期刊中姓氏"吕"的汉语拼音错误用法辨析[J].黄冈师范学院学报,2015(5):64-66.
[11] 刘燕.论《汉语拼音方案》存在的问题及其对对外汉语语音教学的影响[J].大众文艺,2011(10):234-235.
[12] 朱旭佩.拼音教学杂症及教学策略[J].家长(中、下旬刊),2019(4):130,133.
[13] 陈必武.用 v 代替 ü[J].小学教学研究,2004(8):21.
[14] 解植永,李开拓.《汉语拼音方案》存在的问题及改进策略[J].北华大学学报(社会科学版),2008,9(2):43-45.
[15] 玄玥."ü"偏误调查与"v"替代的拼音策略[J].语言与翻译,2015(3):88-90.
[16] 中华人民共和国国家质量监督检验检疫总局,中国国家标准化管理委员会.信息与文献参考文献著录规则(GB/T 7714—2015)[S].北京:中国标准出版社,2015.

生物医学论文中 PCR 术语辨析与写作应用参考

顾建雨，曹 灵，徐 晶

(南京医科大学附属口腔医院杂志编辑部，江苏 南京 210029)

摘要：聚合酶链式反应(polymerase chain reaction，PCR)是医学基础及临床研究最常用到的技术之一。该技术自 1985 年发明以来，已经发展出很多衍生技术，如反转录 PCR、定量 PCR、实时 PCR、实时荧光定量 PCR 等。笔者在实际工作中发现，不同作者在描述相同实验方法时使用的 PCR 概念并不完全相同，PCR 及其相关实验概念使用较为混乱。本文总结了常见的 PCR 及其衍生技术概念的错误用法，为规范 PCR 及其相关实验的写作提出参考建议。

关键词：PCR；衍生技术；概念；写作应用

1 PCR 技术的概念及常用衍生技术

PCR 技术是 1985 年由美国科学家 Kalu B. Mulis 发明的体外扩增 DNA 片段的方法，它是分子生物学的革命性技术发明，已经广泛应用在医学领域，是医学基础研究中一种常用技术手段[1-2]。

目前，根据不同的实验目的、已经发展出很多以 PCR 技术为基础的 PCR 相关衍生技术，包括逆转录 PCR 技术、定量 PCR 技术、实时 PCR 技术、多重 PCR 技术、原位 PCR 技术、巢式 PCR 技术等[2]。笔者就医学基础研究最常用到的、概念易混用的 PCR 技术进行了阐述。

1.1 逆转录 PCR 技术

逆转录 PCR(reverse transcription PCR，RT-PCR)技术，又称反转录 PCR 技术，是将信使 RNA(mRNA)逆转录成 cDNA，以 cDNA 为模板进行 PCR 扩增。RT-PCR 技术常用于基因表达的检测、遗传病诊断、RNA 病毒检测等，常与荧光定量 PCR 技术结合定量检测某种 RNA 的含量[2-3]。

1.2 定量 PCR 技术

定量 PCR(quantitative PCR，qPCR)技术是通过计算一定时间内的 DNA 增量来进行 DNA 的定量分析。定量 PCR 分广义和狭义两个概念。广义定量 PCR 是指以外参或者内参为标准，通过分析 PCR 终产物或者检测 PCR 过程，进行 PCR 起始模板量的定量。狭义定量 PCR 是指在 PCR 体系中加入荧光染料以监测 PCR 扩增过程，可以达到精确定量起始 PCR 模板数量的目的，同时设置内对照有效排除假阴性结果[4]。

通信作者：徐 晶，E-mail: dentistxj@sina.com

1.3 实时 PCR 技术

实时 PCR(real time PCR)技术又称实时荧光定量 PCR(real-time quantitative，qPCR)技术，是一种在 DNA 扩增过程中，以荧光染料检测每一个 PCR 循环后产物总量的方法技术，是狭义的定量 PCR。检测原理是在 PCR 体系中加入荧光染料使 DNA 扩增过程中产生荧光，而荧光强度与扩增产物水平呈正比，故可以通过实时监测荧光强度跟踪 PCR 进程，最后获得连续监测下的 PCR 动力曲线，用于定量分析初始模板水平。实时 PCR 常用的荧光染料有两种，一种是特异性的 Taq 酶，另一种是非特异性的 SYBR Green 荧光染料。在实际应用过程中，实时定量 PCR 常与逆转录 PCR 结合，用于定量监测和分析 RNA 的含量，以研究基因的表达情况，是最快速、简便、常用的 RNA 的定量方法，医学基础研究中应用广泛[5-6]。

实时 PCR 技术是在 1996 年由美国 Applied Biosystems 公司推出[6]。在该公司(现属于 Thermo Fisher Scientific 公司)中国区网站，笔者查阅到"Real-time PCR handbook"，即"Real-time PCR 使用手册"。该手册中写到，"In real-time quantitative PCR (often shortened to real-time PCR or qPCR)……"即实时定量 PCR 经常缩写为实时 PCR 或者 qPCR。此外手册中还提到了"Two-step qRT-PCR"和"One-step qRT-PCR"。具体是将"quantitative reverse- transcription PCR"定义为"qRT-PCR"，是将 RNA 逆转录为 cDNA，后进行实时荧光定量 PCR 的过程。而"One-step qRT-PCR"是指逆转录合成 cDNA 与实时荧光定量 PCR 一次完成。这里我们可以看到，"qRT-PCR"是指定量逆转录 PCR。在整本手册中，"real-time PCR"并未进行缩写。因此，笔者认为，从"Real-time PCR"技术推出开始，发明者对"real-time PCR"与"RT-PCR"是有严格区分的，"real-time PCR"等同于"qPCR"(即定量 PCR)、实时荧光定量 PCR，但是与"RT-PCR(逆转录 PCR)"是不同的。"qRT-PCR"则是指"定量逆转录 PCR"，即"实时荧光定量逆转录 PCR"。

2 常见 PCR 技术概念混用

笔者在实际工作过程中，常遇到论文中涉及 PCR 及其相关衍生技术，发现不同作者对同样的 PCR 及其相关实验方法使用的实验名称却各不相同。笔者主要查阅近 3 年口腔医学类核心期刊等以及部分学院学报，发现不同期刊写作亦有区别，在此作了一次汇总与总结。

2.1 实验名称与实验内容不符

例 1 某论文摘要中写到"实时荧光定量 PCR(quantitative real time PCR，qPCR)分析 4 种微 RNA……Runt 相关基因 2 mRNA 相对表达量"。作者最终想要检测是 mRNA 的表达，而实验方法名称却用了"qPCR"，即"定量 PCR"。笔者认为此处应改为"实时荧光定量 RT-PCR"。"材料与方法"中写到"一步法 SRBR 实时荧光定量 PCR(quantitative real time PCR，qPCR)试剂盒(Takara，日本)，LightCycler 480 qPCR 仪(Roche，德国)"，此部分表述是符合实际和仪器的实际的，与摘要和结果中属于不同情况。

例 2 某论文摘要有描述："采用 Real time PCR……P21 表达的影响"。同时在实验步骤中写到"1.3.3 Real time PCR 提取各组细胞中总 RNA，测定其 RNA 浓度，反转录为 cDNA，以 SYBR 法进行实验"。笔者认为作者意图为检测有关基因的表达情况，则应该使用的"逆转录 PCR(RT-PCR)"，同时作者"以 SYBR 法进行实验"，则可描述为"实时荧光定量 RT-PCR"。而作者文中使用了"Real time PCR"的概念，而"Real time PCR"意为实时 PCR，存在实验名称与实验内容不符的问题，改为"实时荧光定量逆转录 PCR(qRT-PCR)"更为妥当。

2.2 中文与英文全称及英文缩写不完全对等

例如：某论文摘要中写到"实时荧光定量PCR(quantitative real-time PCR，qRT-PCR)检测细胞中……信使RNA(mRNA)的表达水平"。笔者认为作者是将"real-time PCR"缩写为"RT-PCR"，但我们统一认为"RT-PCR"的意义是逆转录PCR，而"real-time PCR"本意是指实时PCR或称实时荧光定量PCR。二者在概念和意义上有着本质的区别。而作者在实验步骤中写到"1.2.3 qRT-PCR检测miR-579-3p和ACTR3B mRNA表达"。若不参考前文摘要中中英文全称及对应缩写，该处描述可认为无误，可解读为"定量RT-PCR"，但与文章前文内容相悖。

2.3 PCR直接用于基因表达检测

例如：论文提到"2.实时荧光定量聚合酶链式反应：……提取TSCC组织及细胞系中的总RNA，……，对目的基因进行扩增，实时荧光定量PCR反应条件……"。在该部分，提取组织RNA后，无逆转录过程，直接进入"实时荧光定量PCR反应"，笔者认为有误，且认为标题"实时荧光定量聚合酶链式反应"说明只进行了PCR检测，并不能涵盖此部分"反转录＋PCR"的实验内容。

2.4 检测方法描述不全

例如：某论文摘要写到"RT-PCR法……MMP-9 mRNA及蛋白的表达水平"，"材料与方法"中"1.4 RT-PCR检测MMP-9 mRNA的表达情况"，作者用"RT-PCR法"检测"MMP-9 mRNA表达"，使用符合相应概念。通读全文可知，作者进行了PCR产物的定量测定，故较为全面的表述应为"实时荧光定量RT-PCR检测"。

2.5 同一期杂志不同作者表述不一

例1 某论文摘要写到"RT-PCR检测成骨基因"，材料与方法"1.2.6 RT-PCR检测方法检测Mfn1……OCN mRNA表达"，"RT-PCR"应用得当。同时作者在"1.1 摘要试剂"中有描述到，"cDNA反转录试剂盒及实时定量PCR试剂盒……CFX96实时荧光定量PCR仪"。作者描述较清晰易懂，读者也很容易就知道作者具体实验方法为"实时荧光定量RT-PCR"。

例2 而与上文在同期杂志的另一篇论文中，摘要有描述如下："RT-PCR……IL-6和IL-8的表达和分泌"，此处描述尚为准确。而在"1.5 SFMSCs各组细胞IL-6和IL-8基因检测"中，作者使用了"按时间点提取细胞RNA，逆转录合成cDNA。采用荧光定量qPCR检测方法检测基因IL-6和IL-8的表达情况"，逆转录后采用"qPCR检测"并无异议，但是作者描述为"荧光定量qPCR"，其中"定量"和"qPCR"中的"q"重复。

例3 同样在同期杂志中，某论文中写道："采用实时荧光定量PCR的方法检测**受试者**MALAT1的表达"。作者是无法直接获得"受试者(即患者及健康对照者)"的"MALAT1"DNA的，则此处PCR检测MALAT1的表达则是错误表述。但阅其"1.2 主要试剂与仪器 实时荧光定量PCR仪……荧光定量PCR引物"，此处描述符合实际。而"1.3.3 实时荧光定量PCR(RT-qPCR)反应 采用SYBR法进行RT-qPCR检测"，"实时荧光定量PCR"缩写为"qPCR"，而不是"RT-qPCR"，"RT-PCR"特指"逆转录PCR"，若加前缀"q"可认为是"定量逆转录PCR"。由此可以看出，作者对"实时荧光定量PCR""RT-qPCR""RT-PCR"概念及其相应缩写并不清楚，编辑也同样未进行更正。由上述3篇论文看出，不同作者的写作规范是不一致的，而编辑人员在进行文章编辑加工时，也未进一步核实，导致同一期杂志不同论文PCR及其相关概念使用出现混乱与错误。

3 总结与建议

对上述问题进行归纳总结，可以发现：首先大部分作者不能准确区分不同 PCR 相关衍生概念的意义，导致检测方法与实验内容的不统一，以及文章不同写作部分的描述出现差异；其次，编辑人员缺乏相应的背景知识，在实际工作过程中不能发现并及时更正错误，导致同一概念在同一期期刊上出现各式各样描述的杂乱现象。科技期刊作为科技论文的发表载体，具有严肃性，应遵从标准化、规范化的原则，对待概念，应统一认识，规范表达。

笔者建议：①若检测分子为 DNA，则检测方法为"PCR"或"实时定量 PCR(real time PCR)"，无英文缩写形式。②若检测分子为 RNA 或者 mRNA，通常描述为"检测……基因的表达"，则检测方法应为"逆转录 PCR"，英文全称及缩写应为"reverse transcription PCR，RT-PCR"。若采用荧光定量的方法，建议描述为"实时荧光定量 RT-PCR 检测……基因表达"。③实时 PCR(real time PCR)不建议使用缩写，易与逆转录 PCR(RT-PCR)混淆。④"实时荧光定量 RT-PCR"缩写为"RT-qPCR 或 qRT-PCR"均可，因狭义"定量 PCR(quantitative PCR，qPCR)"即与"实时荧光定量 PCR"同义。

参 考 文 献

[1] 纪朋艳.PCR 反应体系的设计及优化[J].中国教育技术装备,2016(2):160-161.
[2] 王敏.医学免疫学实验指导[M].北京:北京邮电大学出版社,2018.
[3] 刘斌.细胞培养[M].北京:世界图书出版公司,2018.
[4] 卢春凤,陈廷玉.实用医学研究基本技术与方法[M].北京:知识产权出版社,2018.
[5] 王玉倩,薛秀花.实时荧光定量 PCR 技术研究进展及其应用[J].生物学通报,2016,51(2):1-6.
[6] 安钢力.实时荧光定量 PCR 技术的原理及其应用[J].中国现代教育装备,2018(21):19-21.

科技期刊论文英文对照部分的介词使用浅析

蒋 霞，黄龙旺，黄 伟

(《上海交通大学学报》编辑部，上海 200030)

摘要： 科技期刊论文的英文对照是中文论文实现对外学术交流的重要组成部分，主要包括英文摘要、英文题目和图表题名等。英语介词是这几部分的常用词和难点，本文从介词在句子中主要起媒介作用这一特点出发，对介词用法进行分类，总结常见组合，举例了典型错误，并讨论归纳出科技期刊论文英文对照中常用介词的使用规则，以期为编辑同人提供参考。

关键词： 科技期刊论文；英文摘要；英文题名；介词

随着科学研究成果国际化传播要求的提高，绝大多数中文科技期刊论文都附有题目、作者单位、摘要和图表题名的英文对照。在这几部分的英文翻译中，介词是最为常见的虚词之一。如英文科技论文标题的多维度研究发现[1]，名词短语+介词短语是使用最为高频次的类型。介词用法灵活多变，很难准确掌握和运用，介词的处理往往是非英语母语作者在工作实践中面临的一个比较棘手的问题。介词的主要作用是作为句子中词与词的媒介，将句子中的人、物、时间和地点联系起来，是反映语句成分关系的主力军，但其具体含义往往有点模糊而又微妙，很难根据中文字面意思对号入座，实际使用时以习语表达为主，没有明确固定的分类规则，因此成为中文科技期刊论文在英文对照部分的常见难点。已有较多文献[2-4]总结了科技论文中英文摘要和英文题名中常见的介词问题，指出介词的误用、少用和多用等是最为常见的语法错误；也有研究者[1]通过检索和统计给出介词中的高频词表，或在讨论科技英语翻译时简要提及介词[5-6]，一般以分类总结错误为主，相对零散，而且完全依靠记忆各种固定用法，也过于枯燥繁重。因此，本文试图从介词的媒介作用这一特点出发，通过分析科技期刊论文中常用介词的基本类型，讨论和总结主要介词组合，对其使用规则进行归纳，以期为编辑同人提供参考。

1 常见介词的基本类型

英语中有数十个介词，可以表达位置和运动、占有、时间，以及动作的完成方式等。最常用的几个介词是 of、to、for、with、on 和 at。不同于富有美学修辞的文学作品，科技期刊论文写作要求用语简洁、逻辑严密，根据不同媒介作用，常用介词可以分为表示空间(地点、位置或方向)、时间和其他逻辑关系(比较、目的或来源等)三类。

介词的英文单词为preposition，可以拆成pre+position，直译为一个放在地点或位置(position)之前(pre)的词，可见表示空间关系是介词的基本功能和原始作用。以科技期刊论文中常用的介词 on、in 和 at 为例，结合介词类型和基本词义对此进行说明。首先，在表示空间关系时，on

的基本含义是在一个面上并有实物接触，in 的基本含义是在某个范围内，at 则表示在某个特定的点，因此 on the way 是"在路上"，而 in the way 意指整个空间范围内的上下左右，有"挡住通行"的含义进而引申为"妨碍"。延伸到时间关系的表示：具体到某一天，一般用介词 on；对于一段时间上的范围，如在某年、某月、某季、某个世纪或一天中的某个阶段(上午、下午、晚上)，一般使用介词 in；对于时间轴上的某个明确时间点，则使用介词 at。对于 noon、night、midday、midnight 等，如正午(noon)，它的英文含义是 twelve o'clock in the day，理解为时间点，其前面一般使用介词 at。这三个介词的含义可以通过进一步延伸到更为抽象的逻辑关系来帮助使用者理解它们的用法：fluctuations in heart rate 是心率范围内的波动，in some conditions 是处于某种状态中；books on writing 可理解为研究主题面向写作，my focus on readers' requirements 意味着聚焦点(focus)在读者需求方面；at 对应到定点，如科技期刊论文在图表标题中表示处于某个或多个参数状态时，可以用 at，如在某个温度值或压强值时，在 100~200 ℃可以表示为 at 100—200 ℃，在 100 Pa 的压强下可以表示为 at 100 Pa。

其他常用介词如 to 表示趋向目标，for 表示用途或事件的受益者，of 表达部分与整体的关系，with 表达伴随有其他人或物。然而，正如前文所述，介词表达的是一种词与词的关系，语意相对模糊多变，很多情况下难以明确定义，尤其很难找出对应的确切中文词语，但其基本类型和含义决定了其常规用法；科技期刊论文一般主要涉及介词的常规用法，不适用普遍语法法则的例外用法很少，了解基本类型和延伸原始含义有助于科技期刊论文作者或编辑在大多数情况下合理正确地使用介词。

2 介词组合及其逻辑关系

其他词性的单词，常见的有名词、动词和形容词，与特定的介词组合形成特定的含义，是英文表达的重要组成部分。此时往往涉及比较抽象的概念，使用者对这些组合中的逻辑关系理解越深刻，对正确使用介词越有帮助。使用不同的介词，句子意思会发生显著变化。例如：

"He is good at science." 意指他擅长科学或在科学方面有一定才能。

"We should be good to the environment and to ourselves." 意指我们应善待环境和善待自己。

"I am good with my colleagues." 意指我和同事相处不错。

"Milk is good for children." 意指牛奶对儿童有益。

"The paint will be good on superficial coat." 意指这种颜料用在表面涂层上效果好。

名词可以通过与介词组合来加强或进一步说明他们的含义，没有固定规则要求某一特定类型的名词后面必须跟着某个从属介词。因此，使用者需要从本质关系上来理解和体会，从而熟悉名词和从属介词组合的不同可能性。例如，exhibit cruelty towards animals，a thirst for knowledge of physics，the trouble with engine，the first attempt at testing system，等等。

许多动词和形容词也可以和特定介词形成短语，常用介词有 to、for、about、of、in、at 和 from。动词后面跟着介词后有时候会表达与动词原始含义略有不同的意思，如 relate the character 是讲述这个角色，但 relate to the character 则表示认同这个角色。当某类形容词属于一组近义词或反义词时，它们可能会与同一个介词连用，如 afraid of 和 scare of，good at 和 bad at，这种比较性总结有利于使用者熟悉和记忆介词用法，但也总有很多例外，需要查阅辞典或其他语法权威资料。

由于未能正确理解介词的逻辑关系或未注意语法特点,最为常见的介词使用错误一般表现为 3 种情况:介词的误用、漏用和多用,其中以介词误用最为常见。

(1) 介词及其组合的误用。例如:文章标题 blade optimization design to expand stable operating range of high bypass ratio fan 中,将 to expand 改为 for expanding 更符合语境;将"在不同姿态角下"误译为 under different attitude angles,实际上用介词 at 才符合语法规则和介词与后面名词的逻辑关系。

(2) 介词的漏用。例如:句子"The aerodynamic performance was enhanced maximum increment of 2.63%."中,在谓语成分 was enhanced 后漏用介词 with,应改为 with a maximum increment of 2.63%;句子"The best receiving coil has a magnetic core diameter of 6 mm, a number of coil turns 80, and a coil wire diameter 0.12 mm."中,后两个短语中缺少 of,应为 a number of coil turns of 80, and a coil wire diameter of 0.12 mm。

(3) 介词的多用。常见者如 lack 和 equal 后是否需要加介词或什么时候需要与介词形成组合:"这种治疗方法因缺乏可重复性而被否定"被误译为"This treatment was denied because it lacked of reproducibility.",实际上 lack 作为动词使用时可以直接表达为 lack reproducibility,作为形容词时使用时才需要加介词 of,因此上述语句可表达为"This treatment was denied because it lacked reproducibility."或者"This treatment was denied for lack of reproducibility.",后者也更简洁易读;"1 升约等于 1 夸脱"被误译为"One litre roughly equals to one quart.",此句中 equal 为及物动词,无需加介词 to,或者作为形容词直接表达为"One litre is roughly equal to one quart."。

科技论文中虽然介词使用错误出现频率较高,但常用的介词并不多,错误类型也大同小异。通过总结相关文献[2-9]和平时编校工作中遇到的实例积累,表 1 和表 2 分别列举了科技论文英译部分常见的动词+介词组合和形容词+介词组合,但这些组合并不是绝对或唯一的,还需要考虑介词后的宾语和句子的具体语境。此外,因语言的灵活多变性,表格内容不免挂一漏万,只能略述大端,以供参考。

表 1 常见的动词+介词组合

to	for	about	of	in	at	from	on	with
admit to	account for	read about	approve of	believe in	excel at	differ from	concentrate on	agree with
belong to	allow for	hear about	consist of	occur in	smile at	recover from	depend on	argue with
compare to	provide for	learn about	dream of	result in		refrain from	insist on	begin with
contribute to	search for	think about	heard of	succeed in		retire from		compare with
correspond to						suffer from		comply with
lead to						prevent from		deal with
occur to								equip with
refer to								

表 2　常见的形容词+介词组合

to	for	about	of	in	at	from	with
accustomed to	good for	happy about	aware of	disappointed in	angry at	different from	combined with
beneficial to	grateful for	sorry about	capable of	interested in	good at	employed from	concerned with
contrary to	happy for		characteristic of			prohibited from	correlative with
equal to	responsible for		composed of				disappointed with
essential to			proud of				familiar with
opposed to							happy with
prior to							preoccupied with
similar to							
superior to							

3　常用介词的主要使用规则

　　介词使用之难源于它的灵活多变性，因此处理好介词的主要关键在于正确理解介词的特点和作用。总结常用介词的使用规则如下。

　　首先，介词词义相对模糊，进行一对一的翻译往往是不可能的，因此一定要理解介词在句中的媒介作用，理解它所揭示的对象之间的关系，不能望文生义。例如："在……之下"可能是 under the influence of，可能是 in the control of，也可能是 with the support of，并非"下"就意味着 under，而无视介词在句中表示何种关系。英文题名采用名词短语+多重介词短语形式时，应注意哪些表示研究对象，哪些表示研究路径，哪些表示研究条件，从而更准确客观地描述内容，而不是进行多个 of 的套用，the sink effect of the second-phase particle on the cavity swelling in RAFM steel under Ar-ion irradiation at 773 K 这种表达[10]就显得层次分明、语意清晰。

　　其次，每个介词都有各自的语法特点，应当熟悉和掌握科技期刊论文英文翻译中常用的几个介词及它们的常见用法和典型例句。科技期刊论文的英文部分既有普遍常用的介词，也有根据专业领域不同而出现频次不同的介词搭配，使用者应当根据自己学术写作的需要进行积累。由于英文期刊数量越来越多，非英语母语国家作者的英文论文也越来越多，写作质量良莠不齐，即使对于英语母语国家的作者而言，介词使用也是难点，所以进行积累时应当多阅读编辑质量高的期刊论文，多查阅权威的英语辞典，学习正确规范的介词用法。

　　最后，在语法规则内，基于句意逻辑选择合适的介词。遇到具体情况时，可以考虑使用不同的介词，甚至不同类型的介词来代替，是否可能会改变句子中其他单词的意思或它们之间的关系。为了使句意清晰，使用者需要用特定的介词体现特定的意思，使用不同的介词会产生截然不同的意义，例如：variation in prices 指房价的变化或差异(a change 或 a slight difference)，而 variation of hockey 则意味着曲棍球演化变种为另一种运动(a different or distinct form)。有些组合被认为是固定用法需要死记硬背，其实并非全然如此，例如：alternative to 往往被认为是固定用法，但 alternative 后面也可以跟介词 of，这取决于它在一个句子中所表达的含义，使用者需要选择相应的介词去搭配才能准确表达相应的内容；the alternative of high cost or poor lighting 表示在两个选项中择一，the alternative to this material 则表示这种物质的代替物，对于后者，如果理解 alternative 此处英文含义为 a choice limited to 可能更有助于理解介词 to 的媒介作用并正确使用。

4 结束语

介词虽小，但它们对句子的意义却非常重要。一个误用的介词可以使一个本可以清楚陈述的句子变成一堆混乱的单词，但是如果使用得当，介词就像句子各成分之间的高质量黏合剂，使作者能更准确、更专业地分享科学研究成果。介词通过将名词、代词或短语与句子中的其他词联结起来，揭示了描述对象与另一个词或句子其他部分的时间、空间或逻辑关系。决定使用哪个介词对非英语母语国家作者并不容易，本文从介词在句中主要起媒介作用这一特点出发，分析了科技期刊论文英文翻译中常用介词的类型，总结常用介词组合，最后提出几条介词使用规则，希望对这方面的写作和编辑有一定借鉴作用。

参 考 文 献

[1] 肖庚生,张再红.英文科技论文标题多维度特征研究:以 SCI 百篇高被引论文为例[J].中国科技期刊研究,2016,27(10):1055-1060.
[2] 王久丽.英文科技论文中介词使用的常见语法错误及分析[J].中国科技期刊研究,2006,17(3):504-505.
[3] 李学军,王小龙,白兰云,等.科技论文英文摘要中常见的介词问题[J].编辑学报,2004,16(6):418-420.
[4] 修荣荣.科技论文英文摘要写作中常见介词错误用法分析[J].中国石油大学胜利学院学报,2011,25(1):48-51.
[5] 李东霞,马建华.浅谈食品科技论文英文标题翻译[J].食品与机械,2013,29(6):271-272.
[6] 刘丽祥,杨晓燕.科技论文摘要在译英过程中的若干问题(二)[J].宁夏工程技术,2006,5(4):447-448.
[7] 王龙杰,刘芳.科技期刊题名的翻译和编辑:CA 对收录论文英文题名修改的启示[J].中国科技期刊研究,2007,18(1):165-168.
[8] 杨宏烨.介词 with 和 with 结构在科技英语中的用法[J].牡丹江大学学报,2008,17(4):67-68.
[9] 刘一鸣.for 在科技英语中的用法和译法[J].河南大学学报(自然科学版),1991(1):44.
[10] SHEN T L, WANG Z G, YAO C F, et al. The sink effect of the second-phase particle on the cavity swelling in RAFM steel under Ar-ion irradiation at 773 K [J]. Nuclear Instruments & Methods in Physics Research, 2013, 307(15):512-515.

英文学术期刊长句常见的语法问题解析

杨建霞

(东华大学期刊中心，上海 200051)

摘要：本文就编辑日常工作遇到的英文长句语法问题，从分句间谓语动词时态的一致性、分句内主语和谓语动词数的一致性、分句内主语和谓语动词语态的对应、对比项的对应、并列项的对应、连词这六个方面进行总结，并举例分析。针对这些问题，分别从作者写作和编辑检查两个角度提出具体策略，即将简单句合并为长句、利用"拆析法"检查语法，以期提升英文学术期刊论文质量，并更好地展示我国科研工作者的学术成果。

关键词：英文学术期刊；长句；语法

根据英文句式结构，英文句子可分为简单句(simple sentence)、并列句(compound sentence)、复合句(complex sentence)和并列复合句(compound-complex sentence)[1-3]。可将并列句、复合句和并列复合句统称为长句。简单句仅包含一个主谓结构，可作为文章的开头，给出结论，强调事实，调节段落节奏等。适当使用简单句，会使得表达简洁、明了、易懂。如简单句使用过多，则表达略显枯燥、啰嗦。并列句包含两个或两个以上的独立分句(简单句)，分句间常通过连词、分号等连接。并列句同时强调各分句表达的观点。复合句包含一个主句(简单句)以及一个或多个从句，主句与从句之间用引导词连接，重点强调主句表达的观点。并列复合句是并列句和复合句的结合，即至少包含两个独立分句(简单句)及一个从句。当在描述细节、解释原理、阐述观点、讨论时，常采用长句[3]。鉴于国内部分学术论文作者的英文写作经验欠缺或培训较少，其在英文表达上难免会出现语法错误。就编辑所在期刊来说，约70%的稿件第一作者为在读硕士研究生，其英文写作经验欠缺，稿件中的语法错误较多，尤其是在英文长句中。长句，亦称长难句，有结构复杂、逻辑性强、信息承载量大、理解难度大等特点[4]。作者在写作过程中，难免会顾此失彼，出现语法错误。此类句型必会给编辑的审读校对增加难度。

陆建平[5]发现2007—2013年我国境内自主出版的学术期刊英语语言与编校质量抽样检查的平均合格率为42.99%，其中2012年英文版高校学报语法差错占总差错的72.85%。针对这一现状，该作者认为需加强期刊社自查、地方主管部门年检、各行业协会或学会年检和国家主管部门抽检。李茜[6]抽样调查了2011—2015年出版的英文学术期刊(包含带英文摘要的中文学术期刊)，发现除2014年出版政府奖候选期刊的编辑质量合格率达到76%之外，其余期刊的编校质量合格率均低于50%。对于2010年100种核心期刊的英文摘要来说，语法差错为主要差错。就如上结果，该作者提出提高英文学术期刊英语语言质量的两点建议：提高重视程度；加强经费和政策支持。刘永新和陈忠才[7]就科技期刊英语表述的常见错误进行举例分析和修正，包括主语和谓语在人称和数上的一致，状语分词短语的正确使用，以及定语从句关系代词which和that的区分。赵凤超[8]就英文科技论文原稿中常见的错误类型进行举例分析，包括词法方面的错误，句法方法的错误，用词方面的错误，中式英语，以及拼写错误。张美慧[9]以《光电子快报》(英文版)为例，列举并纠正了国内作者经常出现的逻辑错误。

目前，针对英文学术期刊中长句语法问题的研究分析仍较少。笔者结合自身经验，以《东华大学学报(英文版)》投稿论文为例，就英文学术期刊中常见的长句语法问题进行分析总结，并提出避免此类问题的举措，以期确保语言表达的准确性和期刊论文质量，并更好地展示我国科研工作者的学术成果。

1 常见长句语法问题例析

在英语简单句中，因句式结构简单，句子较短，作者会留意英语语法问题。而在英语长句中，因句式结构复杂，句子较长，信息量大，作者难免会忽略语法，而使得句子出现语法问题：分句间谓语动词的时态不一致，分句内主语和谓语动词的数不一致，分句内主语和谓语动词的语态不对应，对比项不对应，并列项不对应，连词缺少或冗余。下面结合具体实例进行分析。

1.1 分句间谓语动词的时态不一致

(1) 并列句分句间谓语动词的时态不一致。

例1 The hydrolysis of ester bonds occurred in PBS fibers in acidic and alkaline solutions, and PBS fibers have certain acid resistance.

分析：该句为两个简单句组成的并列句，第一个分句为过去时(occurred)，第二个分句为一般现在时(have)，并列分句的前后时态不一致。因为该句为文章的结论之一，其他结论部分均采用一般现在时，所以建议统一采用一般现在时。又因为第一个分句主语为hydrolysis，是单数，所以谓语动词亦应采用单数。综上，该句应将occurred改为occurs。

例2 The TEM analysis illustrated that Eth had a spherical morphology, the outline of the appearance is clear and evenly dispersed to form a multilayer film structure as shown in Fig. 2(c).

分析：该句看似是为两个分句组成的并列复合句：第一个分句为一般过去时，谓语动词illustrated后接宾语从句(宾语从句中的谓语动词为had)；第二个分句为一般现在时，主语为outline，谓语动词is之后紧跟由and连接的两部分。很明显，前后两个分句的时态不一致。因为文中结果和分析部分多采用一般现在时，所以建议将illustrated和had均改为其对应的一般现在式；又因为主语分别为analysis和Eth，均为单数，所以谓语动词应采用单数。因此，illustrated和had应分别改为illustrates和has。

此外，该长句还存在其他语法错误。如果其为两个分句组成的长句，那么在两个分句之间缺乏连词and，此亦为长句常见的语法错误之一(详见1.6节)。实际上，该句的第二个分句在内容表达上不合理。此分句可简单拆分后抓出主干，即the outline is clear, and the outline is evenly dispersed(轮廓是清晰的，且轮廓是均匀分散的)。表达"轮廓是均匀分散的"疑有误。经与作者核实，此处是要表达颗粒(particles)是均匀分散的。因此，第二个分句中的两个谓语部分对应的主语不一致(一个主语为outline，一个主语为particles)，不可合并。

综上，该长句应分为三个分句，均采用一般现在时，且在最后两个分句之间加 and 连接：The TEM analysis illustrates that Eth has a spherical morphology, the outline of the appearance is clear, and the particles are evenly dispersed to form a multilayer film structure as shown in Fig. 2(c).

(2) 复合句主句和从句间谓语动词的时态不一致。

例 3　The peaks at 2 926 cm^{-1} and 2 854 cm^{-1} disappear, which means that almost non-infrared light penetrated through HNO_3/AC.

分析：该句为带有非限定性定语从句的复合句，在 which 引导的非限定性定语从句中又包含 that 引导的宾语从句。主句为一般现在时(disappear)；非限定性定语从句的主句部分为一般现在时(means)，宾语从句为一般过去时(penetrated)。因此，建议将该句统一为一般现在时，将 penetrated 改为 penetrates。

1.2　分句内主语和谓语动词的数不一致

在由几个简单分句组成的长句中，如有主语一致的简单分句，常使用一个主语而将多个谓语动词并列。在这种情况下，需考虑谓语动词数的一致性。

例 4　Least-square generative adversarial network (LSGAN) replaces sigmoid cross entropy loss in the standard GAN with least square loss, which can improve the quality of picture generation and makes the training stable by directly moving generator samples close to real data distribution.

分析：该句为带非限定性定语从句的长句。在非限定性定语从句中有情态动词 can，后接由 and 连接的并列分句，谓语动词分别采用了动词原形(improve)和第三人称单数的形式(makes)，谓语动词的数不一致。在情态动词后需接动词原形，因而此处的 makes 应改为 make。

1.3　分句内主语和谓语动词的语态不对应

因在汉语表达中不区分主动语态和被动语态，作者在长句表达中难免会忽略语态，尤其是在同一长句中既有主动语态又有被动语态的情况下。

例 5　The nanotechnology is researching more and more in-depth, and it is gradually transforming into scientific and technological capabilities and promoting social development.

分析：该句为两个分句组成的并列句，两个分句均采用主动语态，其中在第二个分句中谓语动词 transform 和 promote 并列。在第一个分句中，纳米技术(nanotechnology)是被研究(research)的对象，而非研究的主动施加者，应使用被动语态。同理，在第二个分句中，nanotechnology 是被转化(transform)的对象，也应使用被动语态。而 nanotechnology 是可以主动促进社会发展，可使用主动语态。为简洁起见，该句建议改为 "The nanotechnology is researched in-depth, and it is gradually transformed into scientific and technological capabilities and is promoting social development"。

1.4　对比项不对应

英文学术论文通常有较多的对比项。因长句的结构较复杂、句子成分较多，前后对比项常不对应，如对比项偷换、单复数不一致。

例 6　The initial modulus of PBS fibers was close to wool and nylon 6, which was smaller than cotton and viscose fibers.

分析：该复合句包含了非限定性定语从句，对比了多种纤维初始模量(the initial modulus)的大小，即对比项为初始模量，而非纤维。因此，wool and nylon 6 应改为 that of wool and nylon 6，cotton and viscose fibers 应改为 that of cotton and viscose fibers，用 that 代替 the initial modulus。

例 7　We can see that the results of the CB method are different from that of the other two in Table 2.

分析：该句对比了 CB 方法的结果(the results of the CB method)与表 2 其他两种方法的结果(that of the other two in Table 2)。此处用 that 指代 results，而 results 为复数，that 应改为 those。

1.5　并列项不对应

长句的并列项在内容、词性方面需对应。

例 8　The muga silk was tested before and after degumming, including scanning electron microscopy observation, linear density, moisture regain and mechanical properties.

分析：该句共有四项并列内容，扫描电子显微镜术观察(scanning electron microscopy observation)、线密度(linear density)、回潮率(moisture regain)，以及力学性能(mechanical properties)。后三项为纤维的性能，显然第一项"扫描电子显微镜术观察"与后三项内容不对应。经与作者核实，可将第一项改为表面性能(surface properties)。

此外，该句主语为柞蚕丝(muga silk)，与列举项"纤维的性能"亦不对应。因此，建议该句的主语改为 The properties of muga silk，相应的谓语动词改为 were。

例 9　That made it possible for the integrated wearable electronic devices with the requirements of conductibility, flexible, stretchable and soft.

分析：此处列举了集成可穿戴电子设备(the integrated wearable electronic devices)的四项要求，即 conductibility、flexible、stretchable、soft。第一项为名词；后三项为形容词，需改为相应的名词，即 flexibility、stretchability、softness。

1.6　连词缺少或冗余

英文并列句和并列复合句中有并列成分，需使用连词来连接并列成分。在汉语表达中，通常无连词的要求，因此作者在英文写作中，常忽略连词的使用(详见例 2)或者误用副词来代替连词，造成连词缺少。易误用的副词包括 thus、then 等。常用的连词有 and、but、so、although、since 等。

此外，当在英文表达中存在多个并列成分时，只需在最后一个并列成分前加连词。有不少作者会在每个并列成分前加连词，造成连词冗余。如作者在多项列举后，用 etc.结束，其前的并列成分前亦无须再加连词。

例 10　In the homogeneous precipitation method, the crystal particles are slowly and uniformly precipitated from the solution, and the precipitates are gradually and uniformly formed, and finally ZnO is obtained by thermal decomposition.

分析：该长句由三个并列分句组成，在第三个分句之前加连词 and 即可，第二个分句之前的连词 and 需去掉。

此外，引导词的选择也是复合句和并列复合句常见的问题之一，因文献[7-10]已有介绍，本文不单独将其列出进行分析。

2　英文学术期刊编校质量提升策略

2.1　先写简单句，再将简单句合并为长句

对于英语写作经验不足的作者，建议其在初稿中先多写简单句，然后再将逻辑关系紧密的简单句合并为长句。

第一，作者可以使用简单句的句式结构来表达观点。厘清简单句的内在关系，一一确定简单句的语态和时态、主语和谓语的单复数等，确保简单句的语法正确。

第二，作者可以将逻辑关系紧密的简单句合并。如果两个或多个简单句间没有主从关系，可以使用并列句的句式结构，如列举某种方法的优势。此时，作者需要根据两个分句间的逻辑关系选择合适的连词或者标点符号。如果两个或多个简单句间有主从关系，作者先确定主从关系的类型，根据逻辑关系的不同，可采用定语从句、宾语从句、表语从句、状语从句等；再据此选用合适的引导词，并确定从句的位置；最后兼顾分句间的时态完成句式合并。如对于定语从句、宾语从句、表语从句、状语从句，作者需分别明确先行词、谓语动词、系动词、关系副词的位置；通常，定语从句紧跟先行词，宾语从句在谓语之后，表语从句在系动词之后，状语从句通常可根据具体情况放在主句之前或主句之后。

作者在描述细节、解释原理、阐述观点、讨论时，可以适当采用长句。但是合并后的句子不建议太长，以免影响读者阅读。一般以合并 2~4 个简单句为宜。

2.2 利用"拆析法"检查语法

在某种程度上，"拆析法"可以看作是上述简单句合并的逆过程。编辑可以用"拆析法"来检查长句语法。

首先，找出连词、从句引导词，确定长句的类型：并列句、复合句、并列复合句。

其次，找出断句点[10]，将长句拆分。对于并列句，可在连词和句中标点处断句，将并列句拆分为多个简单句。对于复合句，可在引导词处断句，将复合句拆分成主句和从句。对于并列复合句，则可在连词、句中标点、引导词处断句，将并列复合句拆分为多个分句。

再次，根据简单句的语法，一一核对拆分后各个分句的语法，查找各分句是否有语法错误，如时态问题、单复数问题、语态问题。

最后，结合各分句的意思，确认连词和引导词的选用是否正确、分句间的时态是否一致等。

3 结束语

本文以《东华大学学报(英文版)》投稿论文为例，例析了英文学术期刊中常见的六类长句语法问题，并提出了避免此类问题的两项具体措施。本文所总结的语法问题及相应措施，有望为期刊论文质量的提升提供帮助，并助力期刊更好地传递我国科研工作者的学术成果。

参 考 文 献

[1] 邓志男.高级英语写作[M].上海:华东师范大学出版社,2008.
[2] 何光明.新国际商务英语写作[M].3 版.上海:上海教育出版社,2017.
[3] 罗莉,张慧,张馨引.学术英语写作 1[M].重庆:重庆大学出版社,2017.
[4] 张小玲.如何理解英语阅读中的长难句[J].课程教育研究,2016(24):87.
[5] 陆建平.中国英文学术期刊英语语言问题研究[J].中国编辑,2015(4):53-57,62.
[6] 李茜.中国英文学术期刊英语语言问题的探讨[J].辽宁科技学院学报,2017,19(2):60-62.
[7] 刘永新,陈忠才.科技期刊英文表述的常见错误及其修正[J].编辑学报,1992(3):152-155.
[8] 赵凤超.中国作者英文科技论文写作中的常见错误分析[J].中国科技期刊研究,2008,19(4):697-698.
[9] 张美慧.英文科技期刊常见逻辑错误例析:以《光电子快报》(英文版)为例[J].天津科技,2015,42(6):79-80.
[10] 孙程.浅谈大学英语四级阅读中的长难句理解:框架式阅读法[J].现代交际,2014(3):27-28.

科技期刊青年女性编辑成长困惑与策略分析

李春红，胡晓雯

(《淮阴师范学院(自然科学版)》编辑部，江苏 淮安 223001)

摘要：针对科技期刊青年女性编辑在媒体适应性、职业认同、角色冲突、职业规划等几个方面存在的问题进行了分析，找出科技期刊青年女编辑的成长困惑，通过挖掘内生动力和加强外部动力加以解决，进而促进青年女编辑朝着更好的方向发展，助力她们在日后能得心应手地工作，更好地实现自身价值。

关键词：科技期刊；女编辑；成长；职业认同；角色冲突；终身学习；能力建设

科技期刊肩负着传播和传承新时代中国特色社会主义文化的重要使命。科技期刊要办出特色，需要编辑队伍不断努力创新、砥砺前行[1]。据不完全统计，科技期刊编辑队伍中女编辑占比约 70%，其中青年女编辑占比约 50%，她们执着、细腻、稳健，在工作中富有活力，充满朝气，渴望在职业生涯中发挥才干，创造业绩，实现自我价值，撑起科技期刊事业发展的"半边天"。然而，我们发现许多青年女编辑在成长过程中面临很多困惑。工作家庭中的角色冲突、职场中岗位固化、同工不同酬、晋升空间狭小等一系列因素，使得她们对自身未来发展缺乏信心。久而久之，她们在工作中的困惑逐步转化为职业倦怠[2]，对编辑职业价值认同感降低，进而影响自身的职业发展和办刊质量的提高。

目前，国内许多学者对此进行了研究[3-5]。编辑职业倦怠体现在生命价值感衰落[3]；江郎才尽，才智枯竭；情绪烦躁，悲观沮丧[4]；编辑需要正确评价自己，特别是受到外界不利因素影响的学报编辑更应该发现自己和所在学报的优势，正视不足，扬长补短[5]等。但相关研究仍十分有限。因此，笔者结合自身经历，总结科技期刊青年女编辑成长中的困惑，分析个中原因，以期帮助女编辑跨越职场障碍，助力未来职业发展。

1 女编辑成长困惑的主要表现及原因

1.1 数字化媒体迅猛发展面临的不适应

随着互联网科技的迅猛发展，传统媒体和新兴媒体融合发展的全媒体出版时代已经到来。新兴媒体的产生与崛起对传统出版行业造成了巨大冲击，给科技期刊的编辑出版工作带来了极大的挑战。出版流程和出版模式由单一化向多元化转变，出版载体由纸质期刊向数字化、多媒体化转变。这对科技期刊编辑提出了新的更高的要求，需要他们成为懂编辑、懂技术、懂专业、懂营销，能写文、能编稿的全媒体复合型人才。然而，大部分女编辑非科班出身或

基金项目：江苏科技期刊研究基金优秀面上项目(JSRFSTP2019)；2020 年度高校哲学社会科学一般项目课题(2020SJA1783)

者是半路"出家"转行做编辑,相关知识储备不足,对媒体融合缺乏前瞻性思维和长远性规划,在技术融合、内容融合、经营融合、管理融合等方面也缺乏驾驭能力,于是她们在工作中倍感压力和挑战。

1.2 家庭、工作双重压力下的角色冲突

当代职业女性在工作和家庭中分别扮演着不同的角色,她们在双重维度下面临着巨大的压力[6]。女编辑群体也不例外,在家庭中要扮演妻子、母亲、女儿、儿媳等角色,在工作中要扮演努力出色的好员工,多重角色之下使女编辑倍感生活的压力。作为初为人妇、为人母的青年女编辑更加敏感、脆弱,面对产后的抑郁情绪,初为人母的精神困扰以及长达一年之久的母乳喂养带来的困扰,使得她们身心疲惫。再加上期刊严格的三审三校制度,使初入职场的青年女编辑往往容易在编校工作中自信心受挫,一些人甚至患上神经强迫症。文化的多元化、社会的飞速发展、人与人之间的攀比心理等因素,也会导致她们身心俱疲,分身乏术。同时,她们把更多的时间投入家庭,在相夫教子过程中身心疲惫,往往引发河东狮吼;拼尽全力才能勉强跟上编辑电子化、全媒体的步伐;很多青年女编辑感觉自己江郎才尽、才智枯竭,变得情绪烦躁,悲观沮丧,因此放弃了在职场上的更高追求,甘愿成为成功男人背后的女人。但看到周围同龄人在不断进步,她们又会因为"羡慕嫉妒恨"而产生较大的心理落差,内心焦虑不已。事实上,当代社会要求女性更加自尊、自强、自立,青年女编辑也希望广泛地参与到工作中去。这就需要她们平衡好工作、家庭和个人三者之间的关系,不断寻求自身发展的途径,从家庭角色中突围,主动寻找业务水平进一步提升的机会。因此,女编辑在职业生涯中做好角色管理尤为重要。

1.3 未来职业发展空间狭小导致的职业倦怠

职业倦怠是指个体在工作重压下产生的身心疲劳与耗竭的状态,最早由美国心理治疗学家Freudenberger于1974年提出。一般认为,职业倦怠是个体不能顺利应对工作压力时产生的一种极端反应,是伴随个体的长时期压力体验而产生的情感、态度和行为的衰竭状态[7]。职业倦怠现象多出现在助人群体中,而被喻为"为他人作嫁衣裳"的编辑职业正是典型的助人职业。由于编辑职业有隐匿性和烦琐性,使得编辑所做的工作难以体现,再加上外界对编辑的形象和价值的评价褒贬不一等原因,女编辑大多会出现职业倦怠的状态。目前科技期刊编辑部大多属于边缘化部门[8],得不到学校重视。在经费、科研、培训、进修、待遇、奖励、晋升等方面,主管部门对编辑部支持较少。青年女编辑多数是硕士、博士毕业就来到编辑部工作,本想一展才华,结果没有得到与之相匹配的待遇和发展空间,长久以往就会出现工作倦怠。而年纪较大的女编辑或"看破红尘"或"事不关己、高高挂起",或是"当一天和尚撞一天钟"。与男性编辑相比,女编辑由于要承担更多的家庭角色,更容易产生职业倦怠,甚至放弃理想,抛弃目标,仅仅把编辑工作当作养家糊口的工具。青年女编辑要想超越前辈,做出点成绩,难度就更大了。

2 助力青年女编辑成长的策略

2.1 内生动力

青年女编辑的职业成长困惑因工作而起,又反作用于工作,导致工作状态恶化,使职业倦怠进一步加深,影响编辑事业的发展和办刊质量。由于成长困惑是女编辑的主观感受和评价,因此解惑须从内因出发,重在自我调节。

(1) 自我认同。职业认同感是一个心理学概念，是指个体对于所从事职业的目标、社会价值及其他因素的看法与社会对该职业的评价及期望一致，即个人对他人或群体有关职业方面的看法、认识完全赞同或认可。职业认同感是人们努力做好本职工作、达成组织目标的心理基础，也是人们获得和拥有积极心理健康状态的重要保障[9]。即使科技期刊编辑职业具有隐匿性和烦琐性，常常被喻为"为他人作嫁衣"，但是科技期刊女编辑通过辛勤的工作，使准确无误、规范化的科研成果及时刊出，第一时间和读者交流时，也能在平凡的工作中体验到编辑工作带来的乐趣。所以，只有认同自己的职业价值，才能在工作中全情投入，才能在成就事业的同时获得极大的成就感和满足感，才能健康工作、快乐工作，激发和唤醒自我潜能。

(2) 自我管理。编辑的案头工作就是审稿、校对。每一期稿件接踵而来，常常使青年女编辑应接不暇。如何对工作任务进行科学合理的时间分配尤为重要。首先，需要对工作任务的优先级进行预判。重要的事情优先做；重要而不太紧急的事，可以暂缓处理。比如，自来稿中有些稿件看似质量不错，栏目也刚好需要。此时，编辑应马上电话联系投稿人，如果留下的电话不是作者本人，或作者在电话中语气不那么诚恳，就要小心对方是否一稿多投；一旦有此嫌疑，就要谨慎对待，以免做无用功。编辑工作流程纷繁复杂，不容小觑。三审三校后的稿件或多或少还会有问题，只不过大小而已。因此，明确编辑流程，做好时间节点的控制，明确各个时间段的主要任务，将大大减少编校差错率。科学的流程管理可以让工作井井有条，效率大大提高。做好时间管理可使女编辑在家庭和工作中更加游刃有余，并逐步找到适合自身发展的路径。其次，学会授权和分担任务，争取家人的支持，共同协调好家庭和工作事务。努力成为更好的自己，才能更好地适应其他角色。最后，充分利用好零碎时间和阶段性的空余时间，保持专注，提升自我。放弃生活上的舒适、工作中的闲暇，做好自己的职业规划，制定切合实际的阶段性目标并付诸努力，就可能迎来阶段性突破，在学习中成长，在实践中成熟。通过上述自我管理方法，在保质保量完成本职工作的同时，又能兼顾好家庭角色，实现工作、家庭和个人三者之间的完美平衡。

(3) 自我提升。随着全媒体时代的到来，女编辑必须对自身提出更高要求，需要不断"自我修炼"，树立终身学习意识，为个人职业发展制定更高目标。笔者认为，可以在以下几个方面加强自我提升。一是注重知识的广度，女编辑要紧跟时代步伐，广泛涉猎各种知识，充分利用知网、行业公众号、专家视频报告等网络资源，同时积极参加行业培训和学术会议，开阔视野。二是注重知识的深度，被誉为"现代管理学之父"的彼得·德鲁克在《旁观者》一书中写道："只有偏执狂才能真正成就大事。"[10]人的时间和精力是有限的，有时需要把精力专注在一件事上，不要肤浅的广泛，而要片面的深入，千万不能一味追求广度。很多女编辑前辈之所以有所成就，是多少年来日积月累的结果。如中华书局的徐敏霞先生，曾参与点校《茶香室丛钞》《十国春秋》以及《杨炯集 卢照邻集》等古籍，与其夫傅璇琮先生在文坛享有盛名。他们的光环背后是数十年如一日的清苦生活：在办公室里摆一张小床，晚上不回家，都住在单位里看书、写作[11]。每个行业都有优秀的人，"看齐意识"同样适用于青年女编辑。看到优秀编辑、业界翘楚，首先想到的应该是"台上三分钟，台下十年功""应该向他(她)学习"，开启正向思维，见贤思齐；而绝不能心生"羡慕妒忌恨"，为自己的不努力、不成功开脱。青年女编辑应该抓住每一次外出学习的机会，向作报告的学术大咖或职场导师虚心求教，促进自我成长。另外，通过积极撰写科研论文、申报相关的科研课题、开展学术研究，渐渐成长为某个领域的行家里手，直至被业界认可，这样在成长的路上逐渐提升自信心和价值感，以真诚的态度和积极乐观的心态去工作和生活。万事开头难。当自己的第一篇论文发表之后,自然庆幸不已;而当写到一定的程度时,就会自然而然地养成勤于思考的习惯,甚至哪天不看书都会产生深深的负疚感。同时,还要提高自己的编辑技能,夯实文字功底,深入学习编辑出版相关的行业规范和国家标准。只有编辑能力增强了,编辑业务纯熟了,才会对期刊工作中的收稿、送审、沟通、编校工作流程胸有成竹了。长期的训练使得编辑的职业敏感性逐渐加强,可以轻松鉴别来稿的选题、稿件价值以及稿件中的错讹等问题。此时,青年女编辑就会越做越熟,越做越喜欢,因为自己的知识有了用武之地,所具备的能力得到充分发挥,同时还能获得幸福感和成就感。

2.2 外部动力

阿德勒认为,社会兴趣可以在适当的社会环境下通过鼓励激发出来,并拓展成为合作和奉献的能力,同时影响个人选择和对自我动力的主观评价态度[12]。青年女编辑的成长除了取决于自我内生因素外,还取决于外部条件和环境。笔者认为,主管单位、部门和行业协会多方助力,可共同为女编辑的成长创造良好的外部环境。

(1) 主管单位助力。高校主管部门应加强和重视学报的建设,在制定学科发展建设规划时,正确理解学报的功能和作用,将学报发展纳入学科建设的整体规划之中,使期刊发展与学校发展相辅相成,充分发挥学报的窗口功能,为学校学科建设、人才培养和科研工作做好服务,促进学校学科的建设和发展。高校还应在人才培养、职称评定、职务晋升、出国进修等方面适当关注女编辑,为她们的成长提供平台、营造环境、配备资源,提升女编辑的综合素质和工作能力。同时,科研工作统计时要切实考虑到编辑工作的实际情况,建立多元化评价体系,让青年编辑在职称评聘的道路上看到希望。

(2) 部门和行业协会助力。青年编辑的成长离不开编辑前辈的关怀。编辑行业有"传帮带"的传统,"师傅"会把书本上学不到的知识、宝贵的实践经验传授给青年编辑,使其在工作中迅速成长。因此,编辑部制定的"老带新"计划不失为培养青年编辑的有效途径。基于编辑工作特点,可实行灵活的考勤制度,编辑工作兼具原则性和灵活性的特点,一稿在手,可随时随处办公,制定"活水计划"和岗位轮换制度,有效激励有潜力、有贡献的青年编辑,为其提供更大的发展空间。期刊协会要进一步发挥桥梁和纽带作用,积极采取创新举措,为青年编辑提供更多的培训和进修机会。同时,加强协会分支机构的作用。例如,省科技期刊学会可充分发挥下设的青委会的组织作用,定期举办相关的业务知识培训,开展丰富多彩的精神文化活动,构建青年编辑的交流平台[13],让青委会逐渐成为青年编辑的温馨大家庭,增强她们的归属感,促进青年编辑身心健康发展,从而激发她们的工作热情。

3 结束语

女编辑个人成长与职业发展的影响因素来自科技发展、婚姻家庭、职业属性等维度,及时发现问题并进行自我调节,加之外部环境的改善,有利于自我成长,促进期刊发展和学术传播。常言道,生活是由无数个选择构成的。当我们没有为这些选择拼尽全力时,也就没有资格去抱怨现在的生活。面对困惑,青年女编辑要试着进行自我调节,安排和利用好当下的每分每秒,才能拥有一个可以选择的未来。道阻且长,行则将至;行而不辍,未来可期。

参 考 文 献

[1] 李翠英.杜威的实用主义教育思想对高职文科专业实践教学的启示[J].学理论,2010(9):240-241.
[2] 孟渊.高校辅导员的职业倦怠研究探析[J].知识文库,2019(12):208-209.
[3] 张洁,韩啸,赵浩宇.全媒体时代科技期刊编辑修养的自我提升[J].科技传播,2018(6):157-159.
[4] 张文忠.编辑的职业倦怠和自我调适[J].编辑学刊,2012(4):94-98.
[5] 王丽婷.广东省高校学报编辑自我效能感调查与分析[J].韶关学院学报(自然科学版),2013,34(10):21-24.
[6] 党巍,刘文娟.职业女性工作、家庭双重维度下的压力缓解问题分析[J].学理论,2015(10):125-127.
[7] 韩芳.近年来高校学报编辑职业倦怠研究述评[J].阴山学刊,2013,26(2):97-100.
[8] 韩啸,赵莹莹,张祥和,等.科技期刊青年编辑成长的有效途径[J].编辑学报,2017,29(增刊1):141-143.
[9] 杨玉霜.高校思政理论课教师专业认同感的重要性与构建途径[J].太原城市职业技术学院学报,2013,145(8):115-116.
[10] 程翠.论青年科技期刊编辑如何实现自我价值[J].出版广角,2018,321(8):53-54.
[11] 澎湃新闻.傅璇琮遗孀、原中华书局副编审徐敏霞逝世,享年84岁[EB/OL].(2018-07-02)[2020-01-02].https://www.thepaper.cn/newsDetail_forward_2233427.
[12] 黎芳,郭荣华.高校学报编辑的职业价值感分析:基于阿德勒的社会兴趣理论[J].老区建设,2014(24):27-29.
[13] 刘晓涵,张铁明.高校科技期刊青年编辑职业发展状况问卷调查与分析[J].编辑学报,2016,28(3):295-298.

新形势下英文科技期刊青年编辑提升职业素养的主要途径

杜 焱，蒋 伟，季淑娟，李忠富

(北京科技大学期刊中心，北京 100083)

摘要： 建设世界一流英文科技期刊需要自主培育青年编辑出版人才，为建设国际化、专业化的编辑人才队伍培养后备力量。在国际化不断推进、互联网和新媒体蓬勃发展的新形势下，英文科技期刊青年编辑需要重新审视自身的职业素养。可通过实施"走出去"战略，向学者型编辑转化，为期刊搭建社交媒体平台和社群，提升自身学历水平和专业技能，掌握重要数据库和网络工具，参与组织、策划和参加国际学术会议，掌握国内外出版伦理道德相关标准和规范，开办英文科技论文写作与投稿讲座，参加科技期刊青年编辑业务大赛等方式，不断提升和完善英文科技期刊青年编辑的职业素养，使其向高水平、专业化、国际化的复合型编辑人才迈进。

关键词： 英文科技期刊；青年编辑；职业素养

编辑队伍的职业素养是期刊核心竞争力的重要体现。建设世界一流英文科技期刊，需要打造一支高水准、高素质、专业化和国际化的编辑队伍[1-2]。2019 年，中国科协等四部门联合印发的《关于深化改革 培育世界一流科技期刊的意见》和中国科协等七部门联合组织实施的"中国科技期刊卓越行动计划(2019–2023 年)"中的子项目"选育高水平办刊人才项目"均明确指出，要采取多种形式加强编辑队伍建设，培育和引进具有国际视野、熟悉领域内国际一流期刊管理与运作机制的编辑出版人才[3-4]。互联网、社交媒体和人工智能等新技术的出现为英文科技期刊带来了新的发展机遇，也对英文科技期刊编辑的职业素养提出了新的要求。新形势下，面对建设世界一流英文期刊的目标和期刊发展转型升级的需要，英文科技期刊编辑需要重新审视自身的职业素质。

青年编辑是编辑队伍的生力军，决定着期刊发展的未来。调查数据显示，我国英文科技期刊编辑中 31~40 岁的青年编辑约占 50%[5]。除了引进专业的国际一流编辑出版人才，如何通过内部挖掘，发挥青年编辑的主观能动性，自主培育青年编辑出版人才，为建设国际化、专业化的编辑人才队伍培养后备力量，是国内英文科技期刊应该考虑的重要课题。青年编辑有活力、工作热情高，精力充沛、富有创新思维，能够较快接受新生事物，具备一定的英文口语交流能力。因此，在英文科技期刊进行国际化、数字化和媒体融合转型升级过程中，青年编辑具有得天独厚的优势；同时，基于自身的职业成长和自我实现的需求，青年编辑也应该主动承担更多的责任和义务。本文探讨了新形势下英文科技期刊青年编辑提升职业素养的主

通信作者：蒋 伟，E-mail: jiangwei@ustb.edu.cn

要途径，可为英文科技期刊编辑部建设一流编辑队伍及青年编辑自我提升提供参考与借鉴。

1 实施"走出去"战略，培养国际化视野和市场营销能力

建设世界一流期刊，国内英文科技期刊需要建立与国际市场接轨的先进办刊体系与管理运作机制[3]，相应地，英文期刊编辑也要具备国际化的视野和品牌营销能力。青年编辑作为编辑队伍中的新生力量，要积极转变思维和工作模式，改变传统的"坐等来稿"的习惯，实施"走出去"战略，站在国际化视角运营期刊，辅助主编和编辑部主任不断提升期刊的品牌和国际影响力。首先，积极参加国际学术会议，走访国际一流的实验室和科学家，扩大国际化宣传，争取国际优质稿源；其次，辅助期刊组建国际化的编委、审稿人和作者队伍，加强与专家和读者的交流，不断提升服务水平；最后，掌握国际学术出版动态，为期刊发展方向提供决策支持。青年编辑还可结合新媒体和社交网络等新技术为用户提供个性化服务，开展全方位、多角度的宣传工作，通过多种途径提升期刊国际知名度；提升服务意识，从日常工作的细节做起，通过多媒体互动沟通平台，倾听作者和读者心声，了解其多方面、多层次的阅读需求。

2 参与专业与学术出版研究，向学者型编辑转化

一流的编辑是集学术出版和学科发展于一体的复合型人才[6]。国际一流期刊的编辑大都具有专业研究背景，既懂得学术出版，又是相关学科的专家。首先，有条件的青年编辑可积极承担或参与所负责学科方向的科学研究任务，这样才能把握专业领域的发展方向，不断提升学术鉴赏能力，帮助期刊遴选出优质稿件；同时，积极撰写和投稿高水平英文期刊论文，提升编辑的英文稿件撰写和审读能力，增加作者对于编辑英文能力的认可度；此外，通过定期阅读本领域的国际顶级期刊的英文文献，也可以帮助青年编辑快速、高效地掌握相关领域的学术动态。其次，青年编辑应加强学习，撰写编辑学论文，积极申报和承担编辑学相关课题的研究任务，掌握国际学术出版界的动态和热点，并将其积极转化和应用于编辑部的日常工作中，不断提升国际化办刊水平。进行科学研究和学术出版研究也是青年编辑自身成长的切实需要，通过参与科学研究和学术出版研究项目、撰写科研论文和编辑学论文，既可以提升自身专业水平和出版专业技能，也有助于青年编辑晋升高级职称，实现职业成长。

3 为期刊搭建社交媒体平台和社群

Facebook、Twitter、微信等社交媒体的出现为英文科技期刊进行媒体和社群化营销提供了新的平台。对于国内英文科技期刊，建设微信公众号已经成为其扩大传播和提升国际影响力的重要手段，然而，高影响力的微信公众号仍然偏少[7]。微信的主要用户为华人群体，如何通过建设Facebook、Twitter等国际化的社交媒体将国内英文科技期刊向全球范围推广也是英文科技期刊面临的重要课题。与国际出版商相比，我国期刊界在国际社交媒体应用方面还较为薄弱，有很大的提升潜力[8]。青年编辑大多精通社交媒体的使用和特点，可主动承担期刊社交媒体的申请、运营和维护任务。青年编辑可以通过借鉴国际出版商的运营经验，加强新媒体理念和技术的培训与学习，完善期刊社交媒体的功能设置，建设专家群、作者群和读者群，积极策划推文和社交活动，增强社交媒体的互动性、可视化和趣味性，不断提升用户体验等方式，提升其社交媒体的传播影响力，最终将形成一定的国际化品牌效应。为适应国内外读者的阅读方式，《国际口腔科学杂志(英文版)》编辑部积极应用微信、Facebook和Google Scholar

等多种平台进行宣传推广[9];《光：科学与应用》创建了期刊 Facebook 与 Twitter 账号并由海外及区域办公室负责运营,定期发布光学相关领域专家采访及研究概要[10]。

4 通过继续教育提升学历水平和专业技能

面临建设世界一流英文科技期刊的目标,国内英文科技期刊编辑应该通过继续教育不断提升自身的综合素质以适应出版行业国际化、专业化的要求。调查显示,我国英文期刊编辑中具有博士学位的编辑占比约为50%[5],这与国际一流英文科技期刊编辑普遍具备相关学科博士学位的情况还具有较大差距。调查也显示,部分国内高端英文科技期刊对于招聘编辑的要求为海外博士或博士后(占 5%)。随着更多高起点新英文期刊的出现,博士和博士后未来将是英文科技期刊招聘编辑的必备条件。有条件的青年编辑应该积极申请在职攻读博士学位,已具备博士学位的编辑可申请进入相关学科的博士后流动站从事研究工作,不断提升自身专业水平,这也是提升学历水平和未来保持职业竞争力的必由之路;同时,青年编辑可以寻求机会赴国外相关机构访学、进修或学术交流,学习国际一流学术期刊出版运作模式和成功经验。《国际口腔科学杂志(英文版)》编辑部选派编辑赴国际知名期刊参观学习 3~6 个月,学习先进的办刊理念和模式[9]。清华大学出版社多次选派期刊编辑到世界著名学术机构进行学术访问,与国际一流学者直接对话,了解和掌握国际学术发展动向,组织出版反映相关领域的专题和论文[11]。此外,通过"请进来",开展专题学习和培训的方式,也可以帮助青年编辑实现职业技能的快速提升。如中国高校科技期刊研究会和 Taylor & Francis 出版集团联合策划推出的"卓越"系列培训,重庆理工大学期刊社、英国工程技术学会(IET)、重庆市科技期刊编辑学会联合主办的"期刊谷系列讲坛",邀请国内外专家进行专题讲座和交流,为中国英文期刊编辑提供了与国际和国内同行面对面地进行沟通交流的机会。

5 掌握国际重要数据库和网络工具

互联网的发展为英文科技期刊提供了巨大的信息和资源,也可以帮助英文科技期刊编辑拓宽视野,改进工作方法,提高工作效率,进而助力期刊国际化[12-13]。青年编辑应同时掌握国际重要数据库和网络工具的各种功能,帮助期刊建设审稿人数据库、实现快速评估创新性、进行查重、了解学科研究热点,对稿件和栏目进行跟踪和评估,同时也可以实现选题策划、组稿约稿。比如,Web of Science 数据库中 ESI(Essential Science Indicators,基本科学指标数据库)高被引论文和学科指标、Elsevier 和相关出版商定期发布的高被引学者名单、Scopus 数据库中的 h 指数等都可以帮助期刊实现快速和精准约稿。人工智能和大数据的应用也可以为期刊实现个性化推送、组稿约稿、获取最新研究资讯提供智能和快速解决方案,如通过数据库获取读者和作者感兴趣的研究领域和基本信息,再通过 E-Alert 邮件定期推送其感兴趣的虚拟专辑和优秀论文。《仿生工程学报》编辑部充分应用 Scopus 数据库发掘潜在读者、作者,进行文章推送,查找和评估邀稿对象,研究热点分析以及进行期刊自我评估[13]。

6 参与组织、策划和参加国际学术会议

学术会议是青年编辑成才的好平台[14]。国际学术会议是国际专家进行学术交流的重要平台,也是国际期刊进行组稿约稿和宣传推广的重要平台。有条件的英文科技期刊应该自创品牌国际会议或者争取主办、承办高水平的学术会议,并依托会议扩大编委、审稿人和作者队

伍，同时依托会议建立专辑，争取国际高水平稿件。青年编辑大都具备一定的英文口语能力，应该积极参与国际会议的组织和策划工作，加强与国际专家的互动交流，做好专家的服务工作，在打造期刊国际品牌过程中实现自我；同时，也可以进一步提升自身的沟通交流、组织和语言能力。从 2011 年开始，《光：科学与应用》编辑部先后与国际知名学术组织、重点大学联合举办了 7 届 Light Conference 系列国际会议，为国内外科学家打造了良好的学术交流和科研合作的平台[10]。青年编辑也可精心选择参加一些国内外学术会议，与国内外专业领域顶尖的学者进行交流，掌握学术前沿和行业动态，通过参会组约优秀稿件；同时，积极申请展位，精心制作期刊宣传册，加强期刊的宣传推广。青年编辑也要参加编辑出版类国际学术会议，紧密关注国际学术出版业的热点与新技术的发展，学习和利用这些新变革，更好地服务学术期刊，提升文章的显示度和影响力[15]。《国际口腔科学杂志(英文版)》每年组织编辑参加国际牙科研究协会等全球最大的口腔学术年会和国内重要的口腔医学展会[9]。

7 掌握国内外出版伦理道德相关标准和规范

伦理道德素质是编辑需要遵从的普适性原则和根本宗旨[16]。世界一流英文科技期刊要遵循国际学术出版伦理规范。中国科协等四部门联合印发的《关于深化改革 培育世界一流科技期刊的意见》曾明确指出，"建立论文作者及期刊从业人员诚信体系，完善学术不端行为预警查处机制，筑牢学术诚信和出版伦理底线"。青年编辑应该加强自主学习，关注国际科技伦理热点信息，掌握国内外出版伦理道德相关的标准和规范，如中国科协组织编写的《科技期刊出版伦理规范》、国际医学杂志编辑委员会(International Committee of Medical Journal Editors，ICMJE)制订的《学术研究实施与报告和医学期刊编辑与发表的推荐规范》、国际出版伦理委员会(Committee on Publication Ethics，COPE)制订的《期刊编辑和出版商守则》等等，从而辅助期刊建立学术出版伦理委员会的审查、监督体系，为期刊把好质量关和内容关，预防学术不端行为；同时，通过日常审读、编校稿件过程中与作者的沟通或以专题讲座的方式提高作者的科技伦理学意识。此外，COPE 也为其会员提供了大量资源：包括 COPE 论坛、电子学习课程、研究基金和资助、年度讨论会和伦理审计工具等，可供青年编辑自主学习或参与讨论交流。青年编辑还应该善于应用学术不端检测系统如 CrossCheck 等服务，增强学术不端行为的辨别能力。

8 开办英文科技论文写作与投稿讲座

开展英文科技论文写作讲座既发挥了科技期刊人才培养的功能，也可以扩大作者群，实现期刊的品牌推广[17]。青年编辑大多具有硕士研究生或博士研究生学历，有着较为丰富的编校经验、良好的语言能力、沟通交流能力和演说能力，同时具备高水平英文论文撰写与投稿经历，是开展讲座的最佳人选。特别是高校学报的青年编辑，可以加入研究生学术论文写作课程授课教师队伍中，与专业课授课教师形成优势互补。这既是青年编辑拓展其职业生涯和自我实现的新途径，也是青年编辑展示个人风采、提升个人综合素质的新舞台。青年编辑可以与期刊联系紧密的高校、研究机构和国际学术会议合作，有针对性地开展科技论文写作与投稿讲座、学术沙龙、编辑面对面等活动，既拉近了编辑与作者之间的距离，提高了作者的论文写作与投稿能力，也可以通过在讲座、会议等活动中融入期刊简介、期刊动态等内容介绍，吸引潜在的作者向期刊投稿，扩大期刊的作者群，提升期刊的影响力。互联网和社交媒体的蓬勃发展为开展科技论文写作讲座等活动提供了全新的平台。青年编辑可以通过在线课堂、直播等形式开展讲座，同时利用期刊网站、博客、微信平台发布讲座通知、传播讲座视频和讲义，最大限度地提升讲座的育人效果，增加期刊的曝光度。通过建立讲座微信群为作者进行实时答疑，可以增加与作者的互动，提升期刊的服务水平。

9 参加科技期刊青年编辑业务大赛

中国科技期刊青年编辑业务大赛是由中国科协指导、中国科学技术期刊编辑学会主办的一项全国性比赛。自2017年至2019年，该比赛已经成功举办了三届，成为了中国科技期刊青年编辑的沟通交流、展示个人风采的重要舞台。比赛促进了青年编辑业务水平的提高和办刊理念的创新，提升了青年编辑的使命感和荣誉感，也为中国科技期刊发现和培养了许多优秀的后备编辑人才。比赛考察内容包括期刊出版政策法规、编辑业务知识与技能、时政资讯、国学历史、文字表达以及演讲展示等[18]。青年编辑应该勇于挑战自我，积极关注和参与该项比赛，在比赛中检验自身的职业素养，同时学习优秀青年编辑的理念和经验；参加和关注比赛也帮助青年编辑实现"走出去"，开拓视野，反思自身存在的不足，促使其转变传统思维和工作模式，不断突破自我，加强对于学术出版领域新知识、新理论和新技术的学习，向成长为高水平、专业化、国际化的世界一流英文科技期刊编辑的目标不懈努力。

10 结束语

青年编辑是编辑队伍的生力军，决定着期刊发展的未来。在英文科技期刊进行国际化、数字化和媒体融合转型升级过程中，英文科技期刊要结合自身实际情况和青年编辑各自特长，有针对性地做好编辑队伍发展规划，为青年编辑提供更多成长的机会和平台，加强分类培养，鼓励青年编辑朝着各自擅长的方向发展；青年编辑应该明确自身定位，主动寻求自我提升的机会，激发自身的潜力，积极学习和掌握新技术和新理论，通过多种途径提升自身的职业素养，与期刊共同成长，向成长为高水平、专业化、国际化的世界一流英文科技期刊编辑的目标不懈努力。

参 考 文 献

[1] 党君.我国英文科技期刊的国际化提升策略[J].出版发行研究,2015(7):64-66.
[2] 杜焱,蒋伟,季淑娟,等.我国英文科技期刊编辑队伍建设面临的困境及提升策略[J].科技与出版,2020(8):21-26.
[3] 四部门联合印发《关于深化改革 培育世界一流科技期刊的意见》[EB/OL].[2018-08-19].http://www.xinhuanet.com/science/2019-08/19/c_138320888.htm.
[4] 关于组织实施中国科技期刊卓越行动计划有关项目申报的通知[EB/OL].[2019-09-19]. http://www.cast.org.cn/art/2019/9/19/art_458_101785.html.
[5] 程磊,徐佳珺,姜姝姝,等.我国英文科技期刊编辑人才队伍现状及对策[J].中国科技期刊研究,2019,30(9):989-996.
[6] 肇英杰.关于期刊复合型编辑出版人才培养相关问题的探讨[J].编辑之友,2012(4):17-19.
[7] 杜焱,蒋伟,季淑娟,等.中国高水平科技期刊微信公众号运营现状及提升策略[J].编辑学报,2020,32(2):204-208.
[8] 程鹏.高校英文科技期刊利用国际社交媒体提高国际影响力的思考[J].编辑学报,2019,31(S2):163-165.

[9] 杨惠,骆筱秋,王晴.科技期刊国际化过程中的人才培养与团队建设[J].中国科技期刊研究,2018,29(1):84-87.

[10] 张莹,李自乐,郭宸孜,等.国际一流期刊的办刊探索:以 Light: Science & Applications 为例[J].中国科技期刊研究,2019,30(1):53-59.

[11] 陈禾.我国高校英文科技期刊出版的国际拓展[J].科技与出版,2019(6):31-34.

[12] 赵阳,梁霞,孙立华.充分利用网络工具提升英文科技期刊水平[J].编辑学报,2014,26(增刊1):156-157.

[13] 丁筠.Scopus 在英文科技期刊编辑中的应用[J].科技与出版,2016(12):31-38.

[14] 王维朗.学术会议是青年编辑成才的好平台[J].编辑学报,2013,25(3):304-305.

[15] 丁洁,王晓峰,胡艳芳,等.提升期刊国际影响力的宣传策略研究[J].中国科技期刊研究,2015,26(6):648.

[16] 郭晓芳,姜燕梅,陈鑫.浅谈科技期刊青年编辑的自我修养[J].编辑学报,2013,25(增刊1):89-91.

[17] 李世秋,蔡斐.充分发挥科技期刊的人才培养功能:《航空学报》举办科技论文写作与投稿讲座的实践[J].编辑学报,2016,28(3):284-286.

[18] 关于举办第四届科技期刊青年编辑大赛的通知[EB/OL].[2020-07-14].http://www.castscs.org.cn/?a=view&id=176318&m=news.

提升编辑能力　助力学科发展

李　庚

(湖北省地震局《大地测量与地球动力学》编辑部，湖北　武汉　430071)

摘要：科技期刊编辑应该从加强知识储备、提升学术鉴赏力等方面进行自我提升，做到发挥编辑的特长，把关初审，敢于退稿，慧眼识金，助力学科发展。

关键词：学科发展；能力提升；编辑特长；学术鉴赏力

科技期刊对学科的建设起到至关重要的作用，甚至在一定程度上可以引领学科的发展。刘颖等[1]提出，科技期刊可以采用主题约稿、专题策划和举办学术会议等方式引领新兴交叉学科的发展。陈更亮等[2]认为，科技期刊应充分发挥编委作用参与学科建设，同时积极培养学科人才。李晶[3]提出高校科技期刊应从论文定向发表、协助学科监测发展动态、协助编委在学科建设方面的工作、促进校内外专家交流以及培养校内优秀作者等方面助力学校学科建设。《力学学报》主要通过刊登创新论文推动力学学科的发展[4]。《农业机械》通过举办行业高端论坛、开展年度产品评选以及组织技术考察培训团等活动助力农机行业产学研合作[5]。这些研究很有现实意义，也取得了一定的成果，但基本上都是借助了大量外力达成，普适性不高。关于编辑自身应该在学科发展中发挥什么作用、怎样发挥作用的研究较少。姜联合[6]提出编辑应该适时掌握学科进展，掌握学科发展前沿的研究地点和带头人，掌握相关学科的新文献，但并未给出具体的执行方法。时秋宽等[7]认为，医学编辑除了要具备传统编辑素养，还应该参与临床活动、学科科研、学术活动，使自己成为"学者型编辑"。基于以上问题和研究，本文从编辑实务操作方面，讨论了编辑应该如何提升个人能力，发挥自身优势，助力学科发展。

1　编辑如何助力学科发展

1.1　发挥编辑特长，提供新的研究思路

多学科交叉是当前科技创新的重点，也是难点。而我国高校院系、专业的设置又比较单一，往往滞后于最前沿的研究，只有博士后才有跨一级学科的要求，这样远远无法满足学科融合的需求。同时，随着科学技术的飞速发展，学科分类越来越精细、种类越来越庞杂，而大部分科研工作者精力有限，往往只能对自己的学术方向进行专而精的研究，对其他的专业虽有涉猎但了解不深，所以有时会陷入科研的死胡同。

学者们都是"专家"，而编辑因为职业缘故都是"杂家"。科技期刊的办刊方向一般都不唯一，所以收稿范围比较广，这就要求编辑对自己期刊涵盖的各个专业都有相当程度的了解。编辑也不会受到自身学术专业的限制，可以多方位、多角度地看待问题，更容易发现某些学科中存在的局限性，比如 Science 的前主编埃利斯·鲁宾斯坦的专业是社会学，甚至都不是学科技的出身，但他同样可以将科技期刊办到极致，这除了归功于个人能力外，更多的是得益于他的

编辑思维。编辑每天会接触大量不同方向的稿件，思维比较活跃、发散，各种研究思路、方法、手段容易在脑中碰撞出灵感的火花。所以一个好的编辑完全可以尝试在学者们的研究陷入僵局、缺乏突破口的时候，结合多学科为其提供新的想法。

例如，大地震直接前兆的研究方法包括前震、地倾斜、地下水、水氡、水准、地磁、电离层、地电等，《大地测量与地球动力学》编辑部之前常常会收到用其中一种方法研究固定地区某个地震的文章，认为只要在震前该前兆观测手段发生了异常，就判断这个异常是有意义的，可以用来预测后续地震。但科学研究要反映的是自然、社会、思维等的客观规律，如果仅凭一次观测就得出结论是不严谨的，因为没有形成规律也不可重复。在编辑向作者们提出应该结合多种观测手段研究不同区域的地震前兆后，来稿质量有了跨越式提升。

又如，目前普遍认为地壳构造运动闭锁区是大地震的潜在危险区，本刊收到研究地壳运动、断裂闭锁程度的文章不少，这些文章往往基于 GPS 或水准数据提出地震风险区，但没有人将这些结论与地震前兆观测相结合，可能是因为大部分学者都只专注于自己的研究方向，又或者是难以获取其他学科的数据。如果在判断地震高危区之后再重点进行各种手段的前兆观测，运用演绎与归纳的逻辑方法，也许就可以总结出地震发生的规律。本刊编辑向研究人员提出该思路后，得到强烈反响，中国地震局地震研究所目前已经在开展类似工作。

1.2 把关初审，敢于退稿，充分发挥科技期刊导向性功能

初审的把关很重要，将不合适的稿件直接退掉可以提高编辑部的工作效率、减少开支，也可以节省作者和审稿人的时间，一本好的科技期刊一半以上的稿件都由编辑初审决定取舍的[7]。如果不考虑政治、学术不端、保密性等问题，退稿的理由总体而言可以分两类：理论方法有误，创新性不足。理论方法的正确性主要依赖于外审，而文章是否有创新性则是编辑应该也必须能判断的。有经验的作者会在引言部分详述文章的创新性，编辑只需要进行核实就行。如果文章没有研究背景介绍，或者对于创新性的表述含糊其辞，编辑就要仔细审查。一般从独创性、新颖性和实用性三个方面判别[8]，三者占其一即有送外审的价值。前人提出了很多初判稿件创新性的方法[9-12]，本文不再赘述。

毫无亮点的文章很容易识别，难的是如何发现看似有新意，但实则没有价值的文章。旧瓶装新酒可以，但是新瓶装旧酒就不行了。比如用很成熟的方法套用一些新数据进行研究，最后得出和以往类似的结论；又或者一味提高采样频率，用相同的方法分析同一个问题，虽然结果的精度有所提高，但意义不大。

还有一些研究方向属于学科的"末路"，虽然在前人的研究基础上有改进，但只是计算结果更加精细，没有本质上的不同，这样的文章也应该慎重过审。本刊收到过很多关于测量平差和测量误差方面的文章，这些文章会不断改进计算方法或者融合多种算法降低测量的误差。但算法能改善的误差是有极限的，测量精度的提高才有更广阔的前景。所以本刊编辑在初审时大量退掉该方向的论文，虽然起初会有质疑声，但很快得到作者们的理解，甚至部分作者已经开始转变研究方向。

最后，编辑应该敢于退稿。有的学者终身研究方向都不变，不能顺应时代的发展，难以接受新方法、新事物，文章写的千篇一律。对于这些文章，编辑要果断退稿处理，不能因为作者是老熟人或者高职称的教授、研究员而手下留情。

1.3 慧眼识金，捕捉学科生长点

编辑虽然可以看到科学走向，提出一些宏观意见，但毕竟不是一线科研人员，很难找到

学科真正的突破口和创新点。但是编辑应该具有敏锐的直觉，能够捕捉到学科的生长点，对于崛起的新科学、分支学科，要积极报道，甚至开辟专栏、新栏目跟踪，也许会催生新的学科方向。例如《中国中药杂志》2011年收集发表了5篇以"网络药理学在中医药研究中的应用"为主题的文章，拉开了网络药理学这一新概念和中医学融合的序幕[1]。

新学科或者新方向有可能在不经意间出现苗头，如果编辑在看稿件时发现非常新的思路、方法，应该主动联系作者进行约稿，给予帮助，争取发表后续更深入的研究论文。例如《大地测量与地球动力学》在2019年曾经刊登了一篇《地震后水汽异常变化初探》的文章，这是首篇系统探讨地震后水汽异常变化的文章，同时用 GNSS 数据分析大地震后常常伴有大雨的可能原因。虽然只研究了 3 次地震，数据不够全面，讨论也比较浅显，但具有相当的研究价值。如果可以结合地震震级大小、当地地质地貌特征建立模型，准确预测震后气候变化，对于抗震救灾工作的开展意义重大。处理稿件时，本文责编就积极与文章作者沟通，主动提出可以帮助其联系地震方面的专家，提供更多的地震相关数据，希望作者能进行更深入的研究。

2 编辑如何提升能力，助力学科发展

2.1 加强知识储备，紧跟时代前沿

首先，编辑应该拥有相当的知识储备，所以要大量阅读基础学科的书籍和最新的文献，这既是做一个好编辑的基本要求，也是助力学科发展的先决条件。不同于科研人员研究方向比较窄，编辑要有很广的知识面，对于自己刊物发表的论文都要尽量熟悉。学习中往往忌讳贪多嚼不烂，但编辑则不然，需尽量贪多而不用嚼太烂。

一个优秀的编辑要做到终身学习，随时紧跟科技前沿。除了坚持看书和文献之外，定期参加学术会议也很有必要。因为很多重要的科研方向、学术热点、最新的研究进展大多都是通过学术会议先呈现出来的[13]。此外，还可以从国家自然基金委员会、美国国家科学基金会的网站了解相应的国际最新科研动态[14]；Science、Nature 之类的顶级刊物也都会有"news""views"之类的栏目，可以关注。

有了丰富的知识储备，编辑才能把握自己期刊未来的发展方向，以此有针对性地进行组稿，以达到助力甚至引领学科发展和科技创新的目的。比如 Science 2005年曾经发布125个最具挑战性的科学问题，之后这些问题一直是各行业的研究重点和热点。

编辑既要善于总结最前沿的科技信息、行业动态、创新成果，也要经常总结自己的工作经验、心得。通过总结，可以提升编辑力，也可能发现新的问题。

Nature 每年都会评选 10 大科技人物，介绍他们过去一年中在科学领域发挥的作用或者取得的成果。编辑同样可以评选自己刊物方向的业内年度科研人物，梳理年度重大事件，总结年度创新成果，这样不仅能记录行业的发展状况，也能为科研人员提供研究思路和灵感。同时，通过这些总结，编辑会加深对行业的了解，在之后的工作中就有了明确的选题策划和约稿方向。

2.2 提升编辑学术鉴赏力

科技期刊的编辑要有良好的学术鉴赏力，能够判断什么样的文章是好文章，什么样的文章应快速见刊，什么样的文章没有发表价值。要善于思考，独具慧眼，开拓思维，发现和挖掘新的思想、创意。一般从科学性和创新性两个方面品读论文。

科学性是科技论文的根本，如果没有理论为基础，实验和数据作支撑，凭空猜想的论文

就如空中楼阁，即使是提出猜想，也需要以一定的事实或现象作为依据。判断科学性首先要看文章数据是否真实，实验设计是否合理；再看文章的理论、计算方法是否正确，使用的地方是否合适。编辑想要做到这两点需要具备足够的经验积累，要了解本学科常用仪器的精度，常见实验数据的合理范围，常用计算方法、实验方法的步骤和适用范围。建议每个编辑都将这些常识性的内容分类记录在电脑中，需要的时候可以随时翻看，毕竟人脑的记忆力有限也容易出错。

创新性是科技论文发表的价值所在，重复性的研究是没有意义的。品鉴论文的创新性对编辑的要求很高，编辑至少要对该研究方向有一定程度的了解，还要知道是否有公开发表过的类似论文。要做到这些，编辑应该平时多积累经验，填补自身知识空白。不过随着信息时代的到来，现在编辑只需要在各大数据库搜索关键词即可找到和来稿类似研究方向或方法的稿件，从而对没有把握的稿件进行创新性判断，大幅降低了工作量和工作难度。

此外，有些初出茅庐的青年学者文笔较差，文章格式混乱，但颇有新意。编辑要做到披沙拣金，不能因为形式问题而急于退稿，应耐心指导作者进行修改，达到发表的要求。

3　结束语

学科的发展离不开科技期刊的助力，也必然有科技编辑的参与。一个优秀的科技编辑必须具备相当的知识储备，善于总结，随时紧跟科技前沿；同时具有良好的学术鉴赏力。能利用自身知识面广的优势，发散编辑思维，为科研人员提供新的研究思路；做到严格把关初审，坚决摒弃不合适的稿件，发挥期刊导向性功能；能够慧眼识金，发现新的思想，捕捉学科生长点。

编辑绝不是简单的文字处理、格式修改者，应该努力提升个人能力，助力学科发展，争取做一个"编辑家"而非"编辑匠"。

参 考 文 献

[1] 刘颖,姜红,季景玉,等.科技期刊引领新兴交叉学科发展模式探究:以我国中医药类期刊与网络药理学互动发展为例[J].编辑学报,2020,32(2):212-215.

[2] 陈更亮,吴坚.高校体育学术期刊与学科建设互促发展实践与启示[C]//第十一届全国体育科学大会论文摘要汇编.2019:4218-4219.

[3] 李晶.高校科技期刊助力学校学科建设的若干思考[J].天津科技,2019,46(10):88-90.

[4] 刘俊丽.从《力学学报》发展历程看科技期刊对学科建设的推动作用[J].中国科技期刊研究,2019,30(6):571-576.

[5] 张品纯.行业期刊助力行业科技创新的实践与思考[J].科技与出版,2018,37(9):31-36.

[6] 姜联合.编辑肩负培养作者的任务:兼谈编辑为作者提供学科研究动态的体会[J].编辑学报,2002,14(2):49-50.

[7] 时秋宽,孟丽,段春波,等.医学期刊与学科建设的关系及编辑角色的转换[J].科技与出版,2015,34(2):48-50.

[8] 蔡琳,王秦玲,孟凡婷.关于编辑部退稿[J].编辑学报,2009,21(4):342-343.

[9] 盛杰.期刊编辑对科技论文创新性的把握[J].编辑学报,2011,23(3):215-217.

[10] 杨瑜,邓英,肖晗.编辑提高把握稿件创新性能力应注意的问题[J].科技传播,2017,9(20):26-28.

[11] 胡英奎,罗敏,王秀玲.学术期刊编辑初审论文创新性的方法[J].编辑学报,2012,24(4):353-355.

[12] 黄澜.科技论文创新性的初审判断[J].中国科技期刊研究,2001,12(4):244-245.

[13] 王淑霞.科技期刊学科发展引领的途径[J].编辑学报,2017,29(增刊1):26-29.

[14] 李庚,魏玉芳."互联网+"时代科技期刊青年编辑利用新技术快速学习成长的方法[J].编辑学报,2018,30(6):101-103.

新媒体时代科技期刊编辑沟通方式及技巧

刘 莉[1]，崔 桐[2]，蒋 函[1]

(1.吉林大学学报(地球科学版)编辑部，吉林 长春 130026；2.吉林大学《世界地质》编辑部，吉林 长春 130026)

摘要： 科技期刊编辑与审稿专家、作者和读者的沟通是日常工作中的重要部分，新媒体时代信息传播的多样化为科技期刊编辑提供了多元化的沟通方式。探讨了科技期刊编辑与审稿专家、作者和读者在不同流程时所采用的最优和次优的沟通方式，分析了E-mail、电话、微信、QQ等沟通方式的应用场景和应用技巧。编辑在工作中运用合适的沟通方式对提高工作效率和树立期刊形象可起到重要作用。

关键词： 沟通方式；编辑；电子邮件；腾讯QQ；微信；新媒体时代

科技期刊编辑与审稿专家、作者和读者的沟通是日常工作中的重要部分，在新媒体时代，沟通方式逐渐多样化。新媒体是相对于电视、报纸、广播等传统媒体而言的一个概念，是指网络出现之后的媒体形态，特别指利用数字或网络技术，通过互联网等渠道，以及通过计算机、手机等数字或智能终端向用户提供信息和服务的传播形态。新媒体最大的优势在于快速化、便捷化与多元化。相较于传统纸质审稿时代的信函、邮件、电话等沟通方式，如今的E-mail、腾讯QQ、微信等新媒体沟通方式在提供即时通讯服务、传输文件方便快捷及传递信息方式多样化等方面具有明显的优势，因此在编辑工作沟通时发挥了越来越重要的作用。

新媒体时代的沟通方式是当代管理学的一个主要的研究课题[1]，学者们对其在期刊编辑领域的应用也有诸多探索：孙岩等[2]认为，QQ可提高工作效率、增强同行间学习与共享；杨继民等[3]建议将QQ作为编辑工作的助手；张维维等[4]认为，应用QQ在线进行稿件退修，较之传统方法提高了稿件退修的质量和速度；吴彬等[5]提出利用微信进行审稿，审稿专家可以用语音模式代替文字录入，还可以建立微信群，便于审稿专家在线讨论；郭伟[6]提出了"群审稿"的模式，将微信群或QQ群引入审稿中，提高了专家选择稿件的主动性以及审稿群的先进性，以实现精准送审和及时审稿；陈晶[7]认为，编辑针对作者的不同稿件，可以在微信公众号中以文字图片、语音、视频等方式进行交流审稿；谢镒逊[8-9]认为学术期刊可与纸媒融合，借微信公众号的传播优势扩大自身的影响力，深化新媒体产业链。以上新媒体沟通方式在编辑工作中的成功范例值得学习和借鉴，但在实际工作中往往不能局限于某一种单一的沟通方式，而是要在编辑出版的不同流程中选择最适合的沟通方式，并实现多种媒介的融合交互使用。

笔者结合工作实践，探讨了期刊编辑在工作中与审稿专家、作者及读者交流中常用的沟通方式及其各自特点，分析了各种沟通方式在编辑不同工作流程中的适用性，以期实现更高效的沟通。

1 常用沟通方式

采编系统的应用实现了在线投稿、审稿、自动催审、查询稿件状态等"一条龙"网络化工作模式，方便了编辑与作者、审稿专家的沟通，提高了工作效率。对于采用在线采编系统的科技期刊来说，在作者投稿时，编辑在采编系统中通过 E-mail 与作者联系，告知作者投稿成功及准备送外审；在给作者退修、退稿等流程，除了 E-mail，电话沟通方式不可或缺；在编辑加工流程，QQ 或微信代替 E-mail 成为主要沟通方式。编辑与审稿专家的沟通，首先通过采编系统用 E-mail 沟通；其次是电话沟通，但审稿系统中也有不少专家未登记手机号，使电话沟通受阻；QQ 和微信是与专家联系的良好补充方式。

在期刊与读者的沟通方面，微信公众号、微博及期刊或第三方机构开发的 App(application) 等新媒体时代的沟通方式功不可没，其将以往编辑部向读者邮寄期刊这一单向沟通方式转变为一定程度上的互动，使得期刊主动吸引读者、抓住读者、"搞好售后、定点推送"成为可能。

下面对各种沟通方式的应用场景及注意事项加以讨论。

2 E-mail 应用场景及技巧

E-mail 是一种成文的记录，通过 E-mail 发送函件能将内容表述清晰、避免歧义，而且记录明确便于查询，既正式又快速便捷。E-mail 一般用于正式通知类，如给专家发送审稿邀请函，及给作者发送收稿通知单、审理费通知单、发表费通知单、退稿函或录用函等。

(1) 通过 E-mail 送审，邀请正式，记录清晰。目前国内科技期刊的稿件发表一般要经过同行评议。专家审稿意见是决定论文能否发表的重要依据，审稿工作的重要性不言而喻。编辑与审稿专家富于成效的沟通有利于促进期刊学术质量的提高[10]。

由于邀请正式和便于内容留存，E-mail 仍是首选的审稿邀请方式。一是通过审稿系统发送 E-mail，专家的研究方向、审稿专长以及审稿记录可以在系统中保留，记录明确，也为日后再次送审查找记录提供方便。二是专家对论文的评审付出了大量的劳动，评审意见也是专家心血的结晶，包含了专家的研究经验及技巧，所以专家的审稿成果不应该轻易销毁，而应有据可查。专家的审稿意见通过投稿系统上传以后，可以长时间保存在服务器上，方便日后类似问题的学习和讨论。

E-mail 沟通也存在一些缺点。如：专家未及时查看 E-mail，造成信息滞后，影响了审稿时效；从网络上查到专家的 E-mail 地址有误，或专家的邮箱障碍、拒收某些域名的邮件，造成邮件未能送达等，最终影响审稿时效。

(2) 通过 E-mail 给作者发送正式通知，避免失误。

a) 收费通知单应通过 E-mail 发送给作者。目前虚假投稿网站层出不穷，以骗钱为目的的假网站会危及作者的利益，所以涉及收费(审稿费、发表费)的函件在与作者联系时一定要正式明确。一是收费的 E-mail 由期刊网站公布的公共邮箱发出，带期刊官方服务器地址，增加可信度；二是可在收稿通知单及官方网站突出位置说明正确 E-mail 地址，对作者尽提醒义务。

b) 正式的录用函通过 E-mail 发出，表现出编辑部对作者的尊重，也易于作者和编辑查询录用日期，以便安排后续刊发时间。

c) 退稿函用 E-mail 通知作者。退稿是编辑和作者都不愿意面对，却又无法回避的一个问题。退稿是编辑应慎重处理的工作。处理好退稿可增加作者对期刊的信赖感和忠诚度，还可扩大作者群，提高期刊影响力；反之，忽视退稿工作，沟通工作不到位，则会流失作者，使得他们因主观印象不佳而不再向本刊投稿。因此，编辑在撰写退稿意见时应做到因稿而异，尽量使用婉转的用语指出每一篇稿件被退的具体原因[11]，表明退稿经过了专家审理和编辑部终审研究，编辑部是慎重对待稿件的；还可以告诉作者退稿不可怕，好稿件都是改出来的，对作者真诚鼓励，帮作者树立信心。

d）审后退修流程使用 E-mail 通知作者，并附上系统登陆链接，方便作者直接登陆。这样，一来可通过投稿系统直接把专家意见及时转达，避免因不同平台的切换而导致失误；二来审稿记录及退修记录清晰明确，查询方便；三来修改稿件从同一系统上传，便于再次请专家复审。编辑加工流程的初级阶段也可通过 E-mail 通知作者，便于在系统上查询初始编修稿和初始退修日期。

3 电话应用场景及应用技巧

电话沟通具有传递信息及时、节省沟通时间、提高沟通效率的优点，使人们的联系更为方便快捷。电话沟通是仅次于面对面沟通的、在电话线两端的"近距离"沟通的方式，无形中缩短了彼此的距离，可用于较紧急或需要深入沟通的情况。

3.1 电话催审，沟通效率高

如专家未能按期审回稿件，E-mail 联系后仍然无回复，可采用电话催审。电话沟通要注意礼节和细节，如打电话的时间、振铃的时长等，以及声音、态度、言辞、语速和语调[12]。电话交谈内容应简明扼要。相较于 E-mail 不知人在何方，电话沟通可闻其声，无形中就拉近了距离。因为电话沟通是短时瞬间反应，不像邮件可以反复修改，所以电话联系前最好将要沟通的内容要点加以准备，做到心中有数，沟通中也应注意礼貌用语及表达感谢。

电话通过声音传递信息，打电话时态度诚实恳切，仪态端正自然，面带微笑，吐字清晰，都能使电话沟通起到良好效果[12]。工作中的联系电话不仅代表编辑个人，更是代表编辑部的形象。良好的电话沟通会给专家留下好的印象，拉近编辑和审稿专家的距离。打电话催审，切记目的不是"催"，而是把握机会"联系"和"沟通"，交换意见，达成共识；可以请专家加 QQ 号或关注微信公众号，加强专家对期刊的印象，所以打电话的过程可以看作是一个展示编辑部形象的过程。与专家电话沟通时还要运用共情[13]，换位思考，体会到专家审稿需要耗费大量的时间和精力，言语之间自然会对专家充满理解和感谢之情。

3.2 电话退稿作为退稿的辅助手段必不可少

以下几种情况宜采用电话退稿之后再发送退稿函。一是，论文的研究方法有创新性、实验设计也合理、数据资料翔实，但作者缺少写作经验，以至于成文效果不好；编辑可通过电话与作者交流，了解作者写作情况，说明稿件需要加强修改之处，这样作者对如何修改会有更明确的认识，这样做有可能挽救一篇优质稿件。二是，作者是编委、审稿专家或支持本刊的老作者，退稿前可打电话跟对方沟通一下，说明退稿原因，取得对方理解，也可邀请其改后再投。三是，作者来邮件对退稿处理或审稿意见表示异议或不满时，编辑应主动与作者电话沟通，耐心倾听作者的申诉，并详细解释说明退稿原因。退稿时与作者沟通应运用共情[13]，体谅作者付出的劳动以及稿件被拒的受挫心态。电话沟通易于拉近距离，相较于格式化的没有人情味的退稿函，一通亲切的电话，可使对方感到被尊重，更易得到作者理解，达成共识，做到退稿不退人。

3.3 编辑加工流程电话解决疑难问题

科技期刊的论文专业性较强,在编辑加工流程中偶尔会遇到编辑通过 E-mail 沟通仍难以解决的问题,这时就需要借助电话。通过电话沟通能立刻收到作者的答复,得知作者的观点和态度,易达成共识,使疑难问题的修改取到较好的效果。

4 QQ/微信应用场景及技巧

QQ/微信有即时通讯的便捷性,又支持断点续传文件、共享文件、传送离线文件、在线聊天、视频通话等多种功能,是新媒体时代重要的沟通方式。如今智能手机普及,人们看手机的频率和次数大大提高,其中大多时候是在使用不同社交工具,体现了微信、QQ 等沟通方式具有优越的即时性。

4.1 编辑加工流程用 QQ 或微信与作者沟通

在稿件编辑加工流程,编辑和作者往往需要多次沟通和传送文件、图件等。本刊编辑在 2015 年之后使用 QQ 与作者沟通,发现不仅节省时间,而且沟通效率大大提高;QQ 可轻松传送大文件甚至超大附件,解决以往论文中较大的地质图件传送慢或不易送达的问题。地学类稿件涉及复杂的地质地形图、特殊的符号或图表等不易用文字直接表述的问题,在编辑加工稿件时可利用 QQ 截屏功能,将问题表述得更明了清晰。除了直接用 QQ 界面上剪刀图标以外,还可用 Ctrl+Alt+a 在任意页面截屏,并可利用截屏的编辑功能在截屏图像上加横线或画圈强调、画指引箭头、写批注等。总之,以前需要很长时间才能表述清楚的问题,现在只用一张图就可以说明。可以说 QQ 强大的功能性使其成为沟通、交流问题的得力助手。

编辑通过 QQ 与作者沟通时,应注意从平等的心态出发:提出问题时言简意赅,清晰明确;指出作者问题时就事论事,忌使用伤害自尊心的指责用语;回答作者疑问时不要高高在上,言语冰冷;交流中多用礼貌用语,少用祈使句和反问句;看到消息及时回复,等等。

利用 QQ 沟通除了方便以外,还能拉近人与人之间的距离。在互相交流中,编辑的专业严谨和真诚耐心不仅能给作者留下良好的印象,有时候也会收到意想不到的效果。例如,有作者在与我刊几次合作之后,对我刊编辑的工作态度和专业性十分认可,主动为我刊组稿,将其所在项目组的最新科研成果在我刊进行了集中展示(已发表于 2019 年 1 期)。期刊不仅收获了一批优秀稿件,还扩大了作者群。

4.2 微信沟通实时性强

微信问世以来,其普及性和沟通的即时性具有极强的优势。微信具有和 QQ 类似的即时通信、文件传输等功能,可以作为编辑加工流程中 QQ 的有益补充;遇到不方便登录 QQ 的作者时,可通过微信联系,同样能即时解决问题。据笔者对本校审稿专家和作者进行统计得知,更多专家和作者在工作状态是倾向于用 QQ,加之微信相对私密,所以 QQ 已成为本刊编辑在编辑加工流程首选的沟通方式。

4.3 QQ 群/微信群方便沟通,易于增加凝聚力

科技期刊的审稿专家、作者和读者之间并没有明确的界限,审稿专家和作者同时也是读者,今天的作者明天可能成为审稿专家。QQ 群/微信群的建立方便了编辑与作者、审稿专家和读者的联系与沟通。据了解,《沉积学报》编辑部成立的 QQ 群由审稿专家、作者、读者和编辑组成,成员数达到了 2 000 余人,日常在线人数在 1 500 人以上,活跃人数将近 500 人(据 2019-09-19 统计)。在该 QQ 群里:请教专业性问题,有相关热心专家会及时解答,可提高学

习效率，既节省了查询时间，又得到了较权威的答案；对有争议的问题，相关专业人士会展开精彩的讨论，加深作者对相关知识点的了解和掌握；有的作者需要某方面的资料，也会有热心专家提供帮助；作者提出编辑规范方面的问题，编辑会及时予以解答，其他人看到后也可避免以后出现同样的问题。微信群也会起到同样的作用。通过QQ/微信群的交流，可以拉近作者与期刊的距离，以后作者投稿时选择该期刊的几率可能更高一些，因此QQ/微信群的存在也可起到稳定期刊作者群、增加期刊吸引力的作用。

QQ/微信群的建立方便了编辑与作者、审稿专家的联系，对增加期刊凝聚力也起到积极作用。值得注意的是，期刊编辑作为群管理员，除了要注意群内沟通的基本礼仪和交流内容等，也要注意保密原则和安全原则，还要时时注意群成员交流内容以及清理无关人员的问题。

5 微信公众号及其他新媒体应用场景

微信公众号和其他新媒体方式的应用，使期刊编辑能够在一定程度上和读者互动，加强期刊编辑与读者的联系。利用微信传播速度快、受众面广的特点，推出期刊微信公众号能在很大程度上吸引读者关注。

5.1 微信公众号展示期刊形象、吸引读者

我刊的微信公众号于2016年上线，但关注人数一直有限。经过调查得知，欲打造一个高关注度的微信公众号，期刊也要下大力气做好运营[14]：首先要有擅长新媒体运营的编辑负责；其次要做好内容建设，具体而言，内容要科普化、大众化，将论文压缩到千字以内，适合碎片化阅读，形式要多样化、创新化，用新媒体的方式表达出来，这样才能吸引更多的读者；再者要定时更新、及时推送，加深读者印象；最后要有敏锐的嗅觉，善于抓住热点、跟上形势，再跟自己的刊物内容相结合，刊发特色文章。

如今微信公众平台已经走过了7个年头，总体上说进入了慢增长或疲劳期。如何应用创新性思维、通过多渠道、采用多种方式吸引更多读者，一直是公众号运营者关心的问题。在创新方面，不妨抓住如今短视频受众广泛、传播快的特点，由编辑创建自己的抖音号、视频号或者微博vlog号等，上传与本专业相关的科普短视频，首先获取公众关注度，吸引读者，然后进一步宣传期刊。

此外，对于作者来说，面对如今假网站猖獗、屡禁不止的现象，通过期刊微信公众号还可以给期刊"验明正身"，杜绝假网站给作者造成的危害和损失。

5.2 微信扩展方式及其他新媒体方式，促进多媒体融合

"融媒体"不是一个独立的实体媒体，而是一个把广播、电视、互联网的优势互为整合，互为利用，使其功能、手段、价值得以全面提升的一种运作模式，是实现"资源通融、内容兼融、宣传互融、利益共融"的"新型媒体"。如今，大数据通过用户搜索过的关键词，浏览、下载过的文章等信息分析搜索指数，可获得读者研究方向和兴趣点，进而实现对用户文章的精准推送；但这些单凭期刊自己的力量很难实现。我刊加入了OSID(open science identity)开放科学计划，这是基于微信实现的扩展沟通方式。即通过微信"扫一扫"单篇文章附加的二维码，可实现在手机上"听"该文作者的语音介绍(广播)、在手机上"看"到论文中的实验视频(电视)等，并可迅速加入感兴趣的学者圈，直接向作者提问。读者在"慢阅读"的同时，可通过"快场景"实现快速解决问题，进一步使精准化推送成为可能。目前我刊正在逐步推进OSID计划，以期驱动精准内容生产，进一步增进编辑、作者、读者交互融合。

科技期刊或第三方机构开发的 App 也是期刊编辑与专家、作者、读者沟通的方式之一。如超星公司提出了"域出版"模式，开发了学习通 App，目的是在移动终端打造基于微服务的知识传播与管理分享平台。利用学习通 App，编辑可以建立"小组"，即期刊的作者、专家和读者的社群，成员可在小组进行讨论、发布资源，可建立"个人图书馆"，学习通 App 也进行了论文的精准推送、专家线上审稿等功能的尝试。此类 App 是如今媒体融合方式的重要探索。

微博也是新媒体下重要的沟通方式，经笔者对 130 家地学类期刊(据中信所 2019 分类，包括地球科学类 15 种，大气科学类 18 种，地球物理学类 16 种，地理学类 22 种，地质学类 35 种，水文学与海洋科学 24 种)进行统计得知，仅有 4 家期刊(大气科学进展 AAS、气候变化研究进展、气象学报、热带气象学报)开通了微博账号，截止 2020 年 7 月坚持更新的只剩 1 家(大气科学进展 AAS)，这无疑得益于期刊的重视和良好的运营团队。

6 结束语

科技期刊编辑在与审稿专家、作者和读者的沟通中，应顺应多媒体发展，在不同的流程采用最适合的沟通方式，以达到高效沟通的目的。沟通方式因人而异、因阶段而异，但无论用什么方式，都应注意沟通的出发点是以人为本，互相尊重、互相信任是取得良好沟通效果的前提。用尊重、友善的态度去沟通，善待每一个沟通对象，平等交流，用共情理解他人，才能使沟通达到事半功倍的效果。良好有益的沟通不仅使双方身心愉悦，体现出期刊的人文关怀，也能提高审稿专家和作者的热情，吸引和留住读者，为期刊的长期发展奠定良好的基础。

参 考 文 献

[1] 杜斌.沟通:现代管理之必须[J].现代企业,2004(11):13-14.
[2] 孙岩,马中杰,卓文飞.在线即时通讯工具在编辑工作中的应用[J].农业图书情报学刊,2012,24(9):169-171.
[3] 杨继民,潘学燕,郭柏寿.编辑工作中 QQ 的利用[J].今传媒,2010(12):152,156.
[4] 张维维,臧庆军,吴立航,等.应用即时通信软件在线进行稿件退修的方法[J].编辑学报,2009,21(1):70-71.
[5] 吴彬,丁敏娇,贾建敏,等.利用微信平台打造科技期刊编辑新方式[J].中国科技期刊研究,2013,25(5):661-663
[6] 郭伟.群审稿:一种专家主动审稿模式的探索[J].编辑学报,30(3):222-226.
[7] 陈晶.微信在期刊编辑出版工作中的应用[J].中国传媒科技,2016(12):70-71.
[8] 谢镒逊.学术期刊微信公众号的传播优势、存在问题与提升途径[J].新媒体研究,2018(23):40-41.
[9] 谢镒逊.学术期刊微信公众号的运营问题与改进策略[J].新媒体研究,2017(2):63-64.
[10] 陈先军.构建编辑与审稿专家的互动机制初探[J].衡阳师范学院学报,2015,36(4):160-162.
[11] 刘莉,王晓丽,崔桐.情商理论在科技期刊编辑流程中的应用[J].编辑学报,2018,30(2):134-136.
[12] 刘晓筝.浅谈信息时代编辑出版从业人员职场电话沟通问题[J].河南财政税务高等专科学校学报,2018,32(6):99-101.
[13] 刘莉,王晓丽,崔桐,等.编辑压力缓解的共情策略[J].编辑学报,2019,31(4):468-470.
[14] 郭伟.学术期刊融合新媒体需要解决的关键问题[J].编辑学报,2018(2):137-140.

论编辑工作者在实现文化价值中的作用及地位

张卓文

(《浙江中医药大学学报》编辑部,浙江 杭州 310053)

摘要: 编辑工作是人类文明积累和传承的保障。编辑工作者是文化薪火的相传者,是文化学术的编辑者,是文化媒体的承载者,是时代文化的导引者,担负着文化相传、学术编辑、媒体承载、精神引导的社会重任,具有重要的文化价值。编辑的文化再创造活动对文化传承具有重要意义。文化价值由编辑工作者创造,编辑工作者肩负文化传承的重要责任。

关键词: 文化价值;文化传承;编辑;媒体;精神文明;社会角色

"文化"是一种复杂的日常生活世界,当人类优于自然遗产所赋予的一切,文化便开始形成了[1]。文化是经由人类的传播行为才得以延续传承。文化相对独立于经济、政治而存在,既有意识形态性质的组成成分,如世界观、人生观、价值观等,又有非意识形态的内容,如语言、文字、自然科学和技术等。而"编辑的本质是一种社会活动,其主要是对各种精神产品以及文献资料进行采集整理以及审定处理,然后将之传播,展现给社会大众"[2]。编辑工作者肩负文化传承的重要责任,编辑人对于各类文化作品进行收集、整理,对文化传承具有重要的意义。文化价值由编辑工作者编辑加工,编辑工作者肩负文化传承的重要责任。

1 文化薪火的相传者

编辑工作是人类文明积累和传承的保障,古往今来,任何文化的继承都是通过记录或著作的形式编辑成文献,阅之当代,传之后人。亘古亘今,各个国家都非常注重编辑工作,特别是"我国历代王朝一向注重典册编纂的传统,有常设人员或机构专司历史的记叙编修、图书的校订整理"[3]。我国古代设有秘书省、著作局、集贤院、翰林院、史馆、馆阁等[4-5]机构专门从事文献的编辑;设有著作郎、修撰、编修、校书郎等官职进行文献的编纂。

历史上大教育家孔子曾在教学的同时,对文化典籍进行了整理、编辑。通过其审定、厘订、编纂成集,《诗》《书》《礼》《乐》《易》《春秋》等古代典籍传至今日,成为藉以考察古代文、史、哲、经、伦理道德等的重要文献,称他为"中国历史上第一个伟大的编辑家"[6]。西汉刘向则"广收众本,相互补充,修别篇章,校雠讹文脱简"[7],以示编辑;晋王叔和兼通经史,更精于医,编辑了《脉经》,整理了《伤寒杂病论》,为古代医经文献得以保存、流传作出了重要贡献。清代的纪昀[8],集合360多位学者编纂成《四库全书》,纪昀可谓就是现在的主编。《四库全书》的编纂工程浩大,有30人为正、副总裁,下面还设立了总纂处、总阅处和总校官等,据"《四库全书》在事诸臣职名清单"所载,有362人参与了编纂工作,而其中又以总纂官纪昀、陆锡熊、戴震为最有力。近代的鲁迅先生不仅是一位著名的作家，也是一位编辑。在鲁迅的一生里，曾经编辑出版了许多作品，如其校编谢承《后汉书》《嵇康集》等。这些作品有对中国古籍的搜集、整理与汇编，也有对国外作品的选编、翻译等。

我国光辉璀璨的文化得以传承几千年不衰，与其他的文明体在传承中有所断结迥然不同，这与我们的文化先人对文明的传承有着独到的思考和文献记录的方法密不可分。我国历代都认为"言之无文，行而不远"[9]，我们祖先也以"立德、立言、立功"为人生的终极追求，并通过文献记载的方式，著书立说或修订古代先贤的著作，以实现对文化的代代相传，进而达到福泽子孙后人的效果。所以我们才能够捕捉千八百年来先辈们历史的身影，感悟我国前辈流传下来的文化精髓。

2 文化学术的编辑者

对现代文化的编辑，我们要保持"留取精华，去除糟粕""古为今用，洋为中用"的方针。对传统包括现代学术文化的思索既不可以毫无保留的继承，也不能采取完全否定的态度。对学术领域的作品，我们要尊重学术专家的意见，通过专家的解读认知，给予接纳，再编辑出版，但是也应充分吸取读者的意见，以求"百家争鸣，百花齐放"。编辑是联系作者、读者的纽带和桥梁，怎样让文化主体和文化客体达到辩证的统一，和而不同，是每一位编辑工作者应尽的责任。

个人认为，对待从事文化的编辑需要有"兼容并蓄"的态度。人在特定的历史阶段对事物的认知也都有一定的局限性，如果再跨越一个历史阶段，则认知的水平就可能提升到一定的高度。解读文化，使人产生更多的反思。文化既是经典，更是沉淀。大浪淘沙，金子总会显现。所以我们应该有着尊重文化、尊重作者、尊重时代、尊重未来的精神，不应因个人原因以致埋没一些优秀的作品。当然"去粗取精"，与时俱进，一定的批判精神是需要的，但更多的文化包容情怀则是每一位编辑工作者必不可少的职业精神。

3 文化媒体的承载者

编辑在生产各种媒体产品的过程中，扮演着多职能、多岗位的生产者的角色，是文化在媒体物质外壳的承载者。没有编辑者的辛苦劳动，再先进的传媒也不能表达出优质的文化作品。在编辑出版过程中，编辑能够运用自己独到的眼光、博学的知识以及价值取向，加强对主体、作者以及资源的选择，整合并挖掘资源，撷取精华，把有意义的优秀文化予以保存。《论语·雍也》有云："质胜文则野，文胜质则史，文质彬彬，然后君子"[10]。通过编辑者的文笔润色，把作品更好地展示给广大受众者，进而传承下去，或为"经国之大业，不朽之盛事"[11]。

当然，现在文化媒体众多，有图书、杂志、电影、电视、广播、网站、微博、微信公众号、手机 APP 等，编辑职能的内涵和外延已经大大超越了传统的媒体时代。2019 年 3 月 16 日，习近平总书记发表以《加快推动媒体融合发展构建全媒体传播格局》为题的重要讲话，"全媒体时代""媒体融合发展"再度升温。今天，媒体融合的大趋势不可逆转。……对于全媒体，习近平总书记指出，用得好是真本事。只有用得好，把住方向、顺应大势，遵循规律，真正参与进去、深入进去、运用起来，才能最大限度发挥全媒体作用[12]。因此，编辑需要不断学习，充实自己，不仅要有扎实的相关专业水平，更要有先从自己的专业走出去，再走进来的理念，不断提高自己的知识储备，关注时代的发展，紧跟时代的潮流，接纳新媒体，驾驭新媒体，才能适应信息化全媒体时代的需要。有学者认为："随着全媒体时代的到来，编辑工作者不仅需要传统编辑应有的基本知识储备，更需要开阔的眼界，学习相关新媒体知识，提升有关创意的职业敏感度"[13]。如此，方能与时代步伐同步，并更好驾驭新媒体这一飞驰的马车。

4 时代文化的导引者

文化具有积极的教育引导意义，诚如《彖》曰："刚柔交错，天文也；文明以止，人文也。观乎天文，以察时变；关乎人文，以化成天下"[14]。马克思主义认为，文化是一种精神力量，它在人们认识世界、改造世界的过程中可以转化成为物质力量，并对社会发展的各个层面产生深远的影响。此影响又会产生两个不同方向，这就需要一种积极的引导，规范其轨迹，以有利于社会和谐发展、人们安乐为目标的正能量。

而编辑工作者在进行文化作品的编辑过程中，可以充分地发挥自身在文化传播过程中的创造性作用，为良好的作品出版发行产生其正面的濡润效果。虽然编辑工作可以说是"为他人作嫁衣裳"，但在这种为人铺路架桥的过程中，可以通过自身的价值趋向来引导善的作品导向，发挥写作主体对真和美的追求，向社会传播更多地真善美的正能量，可以说，既能实现文化传承，又能提升人文素养。

5 结束语

编辑是一项既要求具有编辑人员职业能力，又需要肩负着社会精神服务及社会价值引导的重任。编辑工作者既是实现文化传承的把关者，又是实现文化价值的耕耘者。在兼容并包、和谐发展的编辑出版活动中，必然会担负文化相传、学术编辑、媒体承载、精神引导的积极社会角色。

参 考 文 献

[1] 埃德加.赛奇维克.文化理论:关键概念:英汉对照[M].张喜华,祝晶,译.郑州:河南大学出版社,2015:2,75.
[2] 金雪花.编辑出版在文化传承中的地位和作用探讨[J].科技传播,2018(9 下):178-179.
[3] 张慧蕊.我国古代编纂机构及其史馆的沿革[J].图书馆学刊,2011,33(12):120-122.
[4] 王颖楼.隋唐官制:公元 581—907 年[M].成都:四川大学出版社,1995:7-26.
[5] 成明明.北宋馆阁与文学研究[M].北京:中国社会科学出版社,2007:8-19.
[6] 夏明宇.孔子的编辑生涯和编辑思想论略[J].重庆广播电视大学学报,2002,14(4):45-46.
[7] 文.西汉编辑家刘向[J].中国出版,1996(12):22.
[8] 纪昀.四库全书精华[M].北京:中国华侨出版社,2015:1-4.
[9] 左丘明.左传[M].武汉:崇文书局,2007:111.
[10] 孔丘,孟轲.论语:全文注释本[M].北京:华夏出版社,2000.
[11] 张长永.论曹丕《典论·论文》[D].长春:吉林大学,2008.
[12] 卓娜.试论编辑在全媒体时代文化创意产业中的职能定位和转型[J].中国出版,2013(13):61-63.
[13] 思力.怎样用好全媒体[EB/OL]//求是网(2019-03-08)[2019-04-01].http://www.qstheory.cn/wp/2019/03/28/c_1124292488.htm.
[14] 王道正.易经全本详解[M].成都:四川大学出版社,2014:134-138.

编辑加工退修中编辑与作者间有效沟通的实现

陈爱萍[1]，余溢文[1]，巩　倩[2]，赵惠祥[1]

(1.同济大学学报(自然科学版)编辑部，上海 200092；2.同济大学学报(医学版)编辑部，上海 200092)

摘要：稿件加工退修中，作者对稿件的修改与编辑提出的要求相差甚远，影响了编辑工作效率。探究编辑和作者之间无法进行有效沟通的原因，提出相互尊重、编辑自身良好的学术素养以及严谨细致的工作是有效沟通的保障。最后，多种沟通手段以及有理有据的退修意见是有效沟通实现的保证。

关键词：科技期刊；编辑加工退修；有效沟通

　　稿件退修是指在作者投稿之后，编辑首先按照本刊要求进行初审，初审合格后送相关领域专家再次审稿，对于审稿专家通过的稿件，由责任编辑撰写退修意见(综合审稿专家和编辑意见)返给作者，并指导作者根据退修意见进一步修改、补充和完善稿件的一种编辑活动[1-2]。

　　就《同济大学学报(自然科学版)》而言，由于网上审稿系统的启用，稿件退修分为两个部分。第一部分为专家审稿意见退修，第二部分为编辑加工退修。编辑加工退修发生在审稿环节全部结束，即稿件录用后。在编辑加工退修阶段，编辑仔细阅读论文后撰写退修意见给作者，与作者就稿件中存在的问题反复沟通，进一步补充和完善论文。编辑与作者之间的沟通贯穿了科技期刊出版的全过程，因此有效沟通是科技期刊良好发展的重要环节[3-4]。然而，在实际工作中发现，作者对稿件的修改与编辑提出的要求往往相差甚远，导致稿件返修多次，甚至延误刊期。因此，有必要对稿件加工退修中编辑与作者间无法有效沟通的原因进行分析，并提出有效沟通实现的策略，进而提高工作效率。

1　有效沟通的定义

　　根据《百度百科》的定义，有效沟通是指基于听、说、读、写等载体，通过演讲、会见、对话、讨论、信件等方式将思维准确、恰当地表达出来，以促使对方更好地接受。达成有效沟通必须具备两个必要条件：首先，信息发送者清晰地表达信息的内涵，以便信息接收者能确切理解；其次，信息发送者重视信息接收者的反应并根据其反应及时修正信息的传递，免除不必要的误解。

　　编辑加工退修过程中编辑与作者之间的有效沟通是指，编辑给出明确清晰、有理有据的退修意见或建议，作者对退修意见或建议做出积极回应，从主观上接纳退修意见或建议，并按要求认真修改。

2 无法有效沟通的原因

2.1 编辑与作者对稿件修改认知的不同

论文被录用后，就进入编辑加工退修环节。在编辑加工退修环节，具体应该修改什么，编辑与作者的认知并不相同。科技期刊论文实行同行评议的评审方式，对论文的创新性、科学性等进行审查。目前的研究表明，由于各种原因，审稿专家在科学性控制方面做得有所欠缺[5]，同时，论文的科学性差错往往具有很强的隐蔽性和复杂性[6-7]。虽然论文经过严格的三审，但是有些差错很难被发现，需要编辑逐字逐句仔细推敲。在进入编辑加工环节前，论文经过编辑部初审、专家审稿、编委复审、主编终审等环节，已经进行了多次修改。作者往往过分依赖于专家审稿意见，认为只要针对专家审稿意见进行修改就可以了，而对编辑提出的科学性差错不够重视。除了科学性差错外，编辑还要对规范化、标准化以及语言表达等进行加工。在编辑看来非常重要的行业规范，作者却觉得仅仅是一些无关紧要的细枝末节。

2.2 编辑与作者对稿件出版流程认知的不同

完整的稿件出版流程包括初审、专家审稿、编委复审、主编终审、编辑加工、出版印刷。从表 1 可以看出，编辑与作者对稿件出版的心理期望有很大差别，作者的重点在投稿和审稿阶段，一旦稿件录用，作者就认为该篇论文的出版流程结束；而对于编辑来说，编辑加工也是稿件编辑出版流程中很重要的一部分。编辑加工是一个再创造性工作，是审稿阶段工作的延伸。只有审稿和编辑加工紧密结合，才能将稿件完美地呈现给读者。

表1 作者与编者心理期望的内容[8]

编者的期望	作者的期望
行文格式规范，与期刊要求一致	稿件处理及时，进展有信息提示
文字表达简洁、准确	咨询有回复，解答耐心、态度明确
逻辑清晰、论据充分	审稿周期短
诚信，无一稿多投等不端行为	同行评议意见专业、客观
论文科学、严谨、有创新性	编辑部有建设性评价意见反馈
论文附加信息"高大上"：职称、学历、项目	论文被录用
及时回复编辑信息，按时修回论文	论文尽早见刊
按时交纳相关费用	退稿意见翔实、有说服力
评议有争议之处合理申诉、不纠缠	版面费收费合理
论文发表后积极推广、传播和引用	稿酬有公开标准，且优稿优酬

3 有效沟通策略

3.1 相互尊重是有效沟通的基础

编辑要与作者进行有效沟通，首先要获得作者的尊重。从表 1 可以看出，作者更加关注稿件录用前的过程。因此，编辑尽可能缩短审稿周期，耐心解释稿件处理流程，以免作者产生不良情绪，不利于后续编辑加工阶段工作的开展。除此之外，要让作者认识到自己在编辑加工环节中的作用，无论科学性差错还是语言表达的不规范，都是论文的瑕疵，进而影响作者在学术领域的声誉。编辑应学会换位思考，只有作者感受到被理解时，才更加认同、接纳编辑的建议，从而达到良好的沟通效果。

作者也应该尊重编辑的劳动。有些作者稿件在录用前态度诚恳、谦卑，回应及时，但一旦得知录用了，后续修改中却拖拖拉拉，甚至影响编辑的整体出版进度，影响编辑的工作积极性。

只有编辑与作者相互尊重、相互理解、相互信任，才有利于沟通的进行。

3.2 编辑自身良好的学术素养是有效沟通的保障

作者是不同行业领域的，这就要求编辑是个杂家。因此，编辑不仅要不断深入学习自己研究领域的专业知识，还要扩展其他行业的专业知识，完善知识体系。如果自己的专业知识不够扎实，在与作者交流过程中就会显得捉襟见肘。尤其当作者觉得编辑说的都是外行话时，会对编辑的水平产生怀疑。现代社会各领域科学技术研究层出不穷，而且很多研究都是跨学科的，专业性很强，因此学术期刊编辑要不断学习新知识，主动参加各种培训，提高自身学术素养[9]。

3.3 严谨细致的工作是有效沟通的关键

作者在对编辑严谨细致的工作肯定后，与作者的交流就会变得容易，作者也愿意与编辑交流。在沟通前做好充分准备工作，对文章内容充分理解，避免在与作者沟通时因提问题不专业而发生尴尬。其实编辑用不用心，在和作者讨论论文内容的时候，作者就能感觉出来。在编辑稿件的过程中，刚开始时作者还漫不经心，经过几次讨论之后，明显感觉到作者的态度发生转变，有时候还表示对编辑的感激和信服。

明确细致的退修意见可以提高论文的质量，加强编辑同作者的沟通，提高论文返修成功率。退修意见包括指出稿件存在的具体问题和能具体指导作者加以修改的建议，以及稿件规范写作的要求。

4 有效沟通实现

4.1 多种沟通手段综合运用

《同济大学学报(自然科学版)》的稿件大多来自于本校作者，因此可以采取面对面沟通。面对面的直接沟通是最有效的沟通方式，它可以最快最直接地接收到对方反馈回来的信息。例如，面对面的沟通可以观察到作者的面部表情以及肢体语言等，根据这些信息编辑可以及时了解到作者对谈话内容的反应[10]。然后，编辑根据作者的反应，及时调整谈话策略。哪些作者收到了编辑传递的信息并愿意认真修改都能从面对面的沟通中感觉出来。对于那些没有给出良好回应的作者，可以采取一些辅助手段，如微信、QQ等社交软件[11]，随时关注稿件的修改进度。通过社交软件，编辑与作者之间的沟通更加自由和随意，增加作者与编辑间的黏性，有利于拉近编辑与作者间的距离。

4.2 有理有据的退修意见

在编辑加工过程中，坚持改必有据。退修意见应有的放矢地对作者提出修改的具体要求，让作者明白论文哪些需要修改、怎么修改，对有疑问的地方，让作者给出答复。作者通常认为编辑学术背景不强，因此编辑在提出修改意见时必须有理有据。

(1) 以审稿意见为依据。编辑应重视对各种审稿意见的深入研读和应用，逐步培养领悟审稿专家审稿意见的能力和准确传递修改意见的能力[12]。如在《污水处理工作的技术经济综合评价方法》一文中，笔者发现作者对多评价因子的参数评价体系叙述不清晰、公式符号应用混乱。文中的多评价因子的参数评价体系结合了传统的单因子评价和多目标模糊优选模型两种方法，但是文中并未将两种方法有机地结合在一起，而且对单个方法的叙述也不确切。笔者研读了 2 个审稿人的审稿意见，并对审稿专家意见退修前后的稿件进行对比后发现，作者未对 2 个专家意见进行针对性的修改。两个审稿专家分别指出："2. 评价因子如何确定？3. 归一化方法是什么？9. 权重因子如何确定？为何返修权重如此高？"；"2.样本的选取方法和针对性没有交代。5. 建议以研究比较方法为主线，实际数据为辅助验证来修改本文。把重点放在评价方法的研究上，否则样本的问题很难解决"。审稿专家对论文中描述的方法提出了质疑，但是如何修改并未叙述得特别详细。因此，笔者要求作者查阅相关书籍，系统学习理论知识，理解符号的含义，将含义相同的符号前后统一起来，并且对文中未交代清楚的内容叙述完整。退修时，作者并不太认同笔者的退修意见，笔者将审稿意见中的相关内容返回给作者。作者表示信服并进行了认真修改。

(2) 以参考文献为依据。在稿件编辑加工过程中，参考文献可提供明确的修改依据。在对《基于行业种类的专业密集型产业测度及其影响》一文中，笔者发现文中的行为分类和国民经济行业种类的表述前后多处不一致。笔者查阅了文后参考文献《专利密集型产业目录 2006》，将参考文献的术语打印出来，让作者按照《专利密集型产业目录 2006》将行业种类前后统一。其实，除了参考文献外，还包括编辑规范，如《科技书刊标准化 18 讲》《信息与文献 参考文献著录规则》(GB/T 7714—2015)等中的内容都可以作为明确的修改依据提供给作者。

(3) 以逻辑性审查为依据。在编辑加工过程中，应重视逻辑性审查，保证图文一致、图表一致、实验结果与结论一致等。如《基于 SPEA-II 的电动汽车快速充电站再布局优化》一文，文中设计了一个充电站再布局算法，然后采用实例进行验证。每座充电站配备的充电端口数量如表 2 和图 1 所示。单看图和表没有问题，但是结合起来看，表 2 中充电站的坐标无法与图 1 中的坐标一一对应。在退修意见中明确指出了该问题，和作者沟通后，作者表示模型的样本选取错误，最后做撤稿处理。

表 2 福田区现有充电站坐标及配备重点端口数量

序号	X坐标	Y坐标	充电端口数量	序号	X坐标	Y坐标	充电端口数量
1	2.0	0.7	3	16	7.3	5.8	5
2	0.6	1.4	5	17	5.5	0.1	5
3	1.1	1.5	6	18	7.5	0.0	4
4	4.5	4.1	5	19	7.9	2.5	6
5	6.1	1.1	6	20	8.2	1.8	8
6	5.9	2.3	8	21	10.4	2.3	8
7	6.6	4.5	6	22	10.5	1.0	10
8	8.3	4.6	8	23	2.9	1.6	10
9	8.5	2.9	5	24	6.9	1.9	8
10	9.9	4.4	7	25	5.0	1.7	7
11	10.3	3.5	6	26	9.6	1.4	8
12	1.8	3.7	8	27	9.2	2.7	6
13	2.7	2.2	6	28	6.2	4.2	8
14	3.3	0.0	6	29	5.6	2.9	6
15	4.9	5.0	5	30	6.9	3.0	5

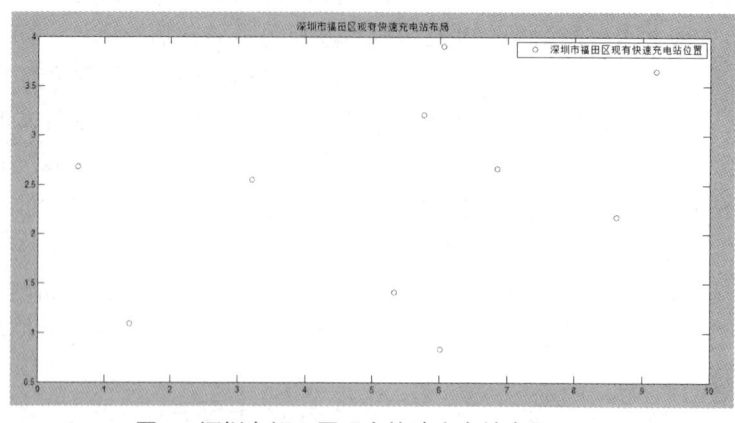

图1 深圳市福田区现有快速充电站布局

编辑加工中明确且有理有据的退修意见，可以弥补审稿专家意见的疏漏，防范论文的科学性差错，编辑工作是创造性劳动。同时，让作者意识到稿件录用后的编辑加工，也是论文出版流程中的重要组成部分。

5 结束语

快速有效的沟通可以缩短出版周期，提高工作效率。编辑在与作者就退修问题的沟通中应注意沟通技巧、沟通内容，通过与作者的有效沟通，减少论文的科学性错误，共同提高科技期刊的质量。

参 考 文 献

[1] 张娅彭.如何提升科技期刊稿件退修的有效性[J].编辑学报,2016,28(2):137.
[2] 张莉云.论科技期刊稿件的退修工作[J].甘肃中医学院学报,2015,32(4):98-99.
[3] 贾淑萍.学术期刊编辑与作者有效沟通的优化策略[J].内蒙古科技与经济,2017(7):11-12.
[4] 陈蔓.科技期刊编辑有效沟通的重要性[J].湖北师范大学学报,2018,38(3):208-210.
[5] 张颖.编辑在稿件科学性控制方面的责任与作为[J].中国科技期刊研究,2010,21(5):707-709.
[6] 黄万武.科技文稿的科学性差错与编辑防范[J].编辑学报,2001,13(3):138-139.
[7] 潘秀华,刘彦琴,杨华生,等.科技期刊应注意防范科学性差错[J].中国科技期刊研究,2001,12(1):57-58.
[8] 王景周.基于心理契约的编者与作者关系优化[J].编辑学报,2019,31(1):26-29.
[9] 田甜.新时期学术期刊编辑应具备的综合素养[J].新媒体研究,2019(2):116-117.
[10] 于广涛.组织行为学[M].北京:清华大学出版社,2009.
[11] 梁俊红,王兰英.新媒体融合环境下科技期刊编辑与作者关系新探[J].保定学院学报,2016,29(6):82-86.
[12] 李洁,陈竹,金丹,等.科技期刊稿件退修及编辑行为[J].编辑学报,2019,31(增刊1):31-32.

新建地方本科高校学报编辑的初审策略与学术鉴赏能力的培养

周 俊[1]，杨灵芳[2]，龚小兵[3]

(1.四川师范大学学报(自然科学版)，四川 成都 610066；
2.中国核动力研究设计院，四川 成都 610213；
3.内江师范学院学报，四川 内江 641100)

摘要：编辑初审是期刊出版的第一个环节也是重要环节。稿件初审质量直接影响稿件的处理效率，并进一步影响稿件的外审、终审和刊发。好的初审策略会给编辑带来事半功倍的效果。新建地方本科高校学报作为综合性期刊，栏目设置多、学科跨度大、编辑少，导致每个编辑负责的栏目相对于专业期刊更多、跨度更大，要让每个编辑熟悉所负责栏目的每一个学科比较困难。因此，在新建地方本科高校学报编辑初审中采取怎样的初审策略就非常重要。本文以学报自身定位和初审会议制为基础，以依据文章结构的创新性审查为核心，以分工协作和一专多能为指导思想探讨提升编辑初审效率的策略。同时，作为编辑发展的长期动力，讨论了与初审能力直接相关的学术鉴赏能力的培养方案。

关键词：新建地方本科高校学报；初审策略；学术鉴赏能力；创新性审查

高校学报是高等院校科学研究、学科建设和人才培养的重要组成部分，也是中国学术期刊的重要组成部分[1]。新建地方本科高校学报在其中占据了相当的比例，承担着地方经济文化建设和所在高校教师科研成果展示的重要作用。新建地方本科院校主要是指1999年以后位于地州市级城市，主要以地方财政拨款为办学资金的主要来源，多由专科院校升格或由多所不同层次、不同类型学校合并组成，学科门类比较齐全，以培养为地方经济社会服务的人才为主要任务的教学型普通本科院校[2]。相似于学校的地位，新建地方本科高校学报处于学术期刊金字塔形结构的底层[3]，数量庞大，学术水平一般，通常文理合刊是它具有的显著标签。但如此庞大的基数，以及作为新建地方本科高校科研展位，地方科技成果转化推进器，当地科普知识宣传栏和今后可能到来的转型职业教育后的技术交流平台，使得办好学报成为必须面对的挑战。由于大部分新建地方本科高校学报不是核心期刊，其稿源质量普遍不高，这也成为制约它们发展的最大障碍。除了积极组稿和约稿等治本但见效缓慢的办法外，加强审稿环节和编辑加工环节等基础性工作也是能快速稳定地提升办刊质量的有效办法，也就是所谓的在"三审三校"上下工夫。尤其在最新颁布的《关于规范高等学校SCI论文相关指标使用，树立正确评价导向的若干意见》指导下，可以预见全国范围内的稿源减少，优秀期刊与普通期刊稿

通信作者：杨灵芳，E-mail: 18780176377@163.com

源贫富差距进一步拉大的情况会加剧[4]，对于普刊来说审稿和编辑等基础性工作的好坏可能会成为能否生存的关键。本文我们主要关注"三审"中的第一环，也是非常重要的一环——初审。王萍等[5]甚至认为初审不仅是"三审三校"的第一个环节，也是从整体上把握期刊学术质量的最重要的环节。吴爱华等[6]也认为编辑高质量的初审不但可以提高稿件处理效率，使后续的外审和终审更为顺畅，也对择优出版具有重要意义。潘凤云[7]以《环境科学研究》为例，统计了编辑部实行初审会前后稿件的通过率和刊发时间的良性变化，说明了初审会议制能大幅缩短审稿周期，提高审稿效率。在具体策略方面，闫聪[8]针对通常采用的检索系统辅助初审法的局限性，探讨了对论文信息质量初审的综合分析法。陈先军[9]根据信息质量理论提出了论文信息质量5维法的编辑初审策略。赵金文[10]提出编辑初审时应该运用批判思维方法去解决4个方面问题的初审策略。邓航军[11]认为编辑初审应重点审查稿件的创新性。朱大明[12]认为应设计专门的初审意见表来加强编辑初审的规范化。徐红星等[13]分析了作者该如何提高初审通过率，这相当于编辑如何初审的反问题，对编辑初审也有一定启迪作用。

目前，国际上大部分优秀期刊如SCI、EI、SSCI检索的期刊都有一个学术水平较强的编委和编辑团队，其成员都是在相关研究领域的具有学术声望的，即使是文字编辑，也大部分具有博士学位，有一定的科研能力，编委和编辑团队强弱是评价一本期刊强弱的一条标准。而目前我国的国情造成了大部分期刊的学术水平及从业人员现状很难达到优秀的程度，并且这种状况在短期内较难改变，因此，好的审稿策略对现阶段提高期刊质量尤为重要。这种情况在新建地方本科高校学报更为突出。大多数新建地方本科高校学报编辑部划归教辅单位，编辑多数出身行政部门，也有专职教师出身的编辑，但只有少数编辑来自科研人员。再加上专职编辑个人发展空间小，工作量大且枯燥，导致编辑流动性大。新建地方本科高校学报编辑人员大部分不仅学术修养一般，而且编辑工作经验较少。其次新建地方本科高校学报栏目设置多，学科跨度大，经常还是文理合刊。这就导致每个编辑负责的栏目相对于专业期刊更多，跨度更大，需要熟悉更多的学科才能完成正常工作。这对于学术水平本就普通的新建地方本科高校学报编辑无疑是雪上加霜。

本文试图探索更好的初审策略，初审会议制、选题审查、重复率审查、稿件结构审查、创新性审查、关注度审查等策略，以期在现有人员的基础上提高学报的初审质量。同时也探讨培养编辑学术鉴赏能力的长期措施。

1 新建地方本科高校学报编辑初审现状

新建地方本科高校学报编辑部大多被划归教辅单位，主要具有以下特点：一是编辑人数较少。随机调查四川省内新建本科院校学报编辑人数，结果显示一般一本期刊(双月刊)配备2~3名专职编辑。二是编辑大多数为非科研人员且队伍不稳定。新建地方本科高校学报大多数编辑出身行政或教师岗位并且大多数学历为硕士研究生及以下，对不熟悉专业的稿件的学术把控能力不高，判断稿件学术质量能力有限，甚至不知道从哪几方面判断稿件的学术质量。再加上编辑工作本身上升空间小导致人员流动大，队伍不稳定，部分新编辑不知道审稿流程，甚至不了解核心期刊的定义，更别说核心期刊要目。虽然每年有继续教育培训，但主要是宏观政策学习和编校培训。以上特点导致许多新建地方本科高校学报编辑在收稿后不知如何初审？许多编辑由于自身未做科研，不知道从哪几方面审查稿件质量？结果拿到稿件后不知所措，心里没底，只能凭个人感觉是否初审通过然后进入下一步审稿程序，或者只能从无关紧要的地方审查文章，如参考文献格式是否规范，文章长度等，不能进行实质性地审查。最后导致好稿件没审过，而审过的许多文章又没有多少学术价值，就进入下一步程序送外审，浪费大量的人力财力。有部分教学科研出身的编辑虽然也做一些科研，但是由于新建地方本科高校学报设置的栏目多，编辑只了解他所研究的方向，对其他方向基本不了解，就更难判断该方向稿件的质量了。这也会导致编辑初审不知从何着手。

2 新建地方本科高校学报编辑初审策略与内容

2.1 初审策略

明确的是目前现状：让编辑们在短期内能看懂手里的各学科来稿几乎是不可能的，那么有什么策略能改善这一情况？

(1) 对自己的期刊有个合理的定位。注意这里的定位并不是指对自身水平和发展的定位，而主要是指对期刊规模和内容的定位。这本期刊究竟要办多少个版面，看似非核心的问题其实对整本期刊有着不小的影响。载文太少限制期刊的影响力，载文太多增加编辑工作量，不利于精审精读精加工。特别是在编辑人员配置较少的新建地方本科高校学报，合理的载文数量可以使编辑有时间对每一篇文章处理得更细致，能有更多时间初审，挑选外审专家，联系修改，排版校对，也有更多的业余时间从事科研活动，提高学术修养。同时增加的淘汰率也会让载文的学术水平得到提升。发展，切记步子迈太大，随着期刊质量的稳步提升再慢慢增加刊载量，慢慢增加编辑数量，这是一个长期过程。控制载文量的另一个思路是在版面不变的情况下多收长文章，普遍来说，长文章比短文章工作更扎实，内容更丰满，更可能是好文章。而且多收长文章减少收稿数量也同样增加了每篇文章的加工时间。总之就是最简单的道理：先求质量再求数量。以上是规模的定位，在内容的定位方面，思考适合自己期刊的收稿方向，也就是确定几个主要的收稿学科，重点刊发这些学科的稿件，而放弃以前撒大网，什么都收的策略。可以考虑符合自身学校学科优势的收稿策略，让学校的强势学科和学报的强势栏目形成联动，协同发展。

(2) 既然一个编辑初审各学科的来稿很困难，那么就分工协作，建立定期的初审会议制度。定期召开初审会，将近期来稿按学科分给不同的编辑，由不同的编辑专门负责不同学科的初审，这也是不少学报的通常做法，这样就有可能让编辑在初审时看懂各自手里来稿。学报来稿是按学科分配编辑，实现专业分工。这样分工既能让对的人做对的事，又能持续激励编辑在各自的学科继续学习探索，提高学术水平，从而提高学术鉴赏能力。

2.2 初审内容

大部分新建地方本科高校学报都开设有重点栏目或特色专栏，例如《内江师范学院学报》设有"张大千研究"专栏，依托于学校的张大千研究中心。的确，对于这一层次的学报来说，办出特色比办出高质量更容易、更有价值。同时，主编也会根据学报的发展和学校的学科建设制定合适的重点刊发栏目。编辑收到稿件后首先要判断是否属于学报的收稿栏目范围，不属于的告知其改投，属于的进一步审查。

2.2.1 重复率审查

现在数据库的查重系统已经普及。重复率高的稿件自然不宜进一步审查[14]，但也不能单凭查重的结果判断稿件质量。因此，查重还有几个值得注意的细节：①在查重系统中每篇文章应该点进去看具体的重复内容，因为抄袭的严重程度并不是单纯通过重复率就能准确判断，比如文章主要观点和结果重复就比引言重复更严重。②经常还会遇到作者投稿论文与自己的学位论文重复，在这点上目前虽然有争议，但主流的观点还是认为：作者的投稿论文与自己的学位论文重复并不算学术不端，因为学位论文主要也是介绍作者在读期间完成的工作，而如果与自己的已刊发论文大量重复则是明显的学术不端。③中国知网的查重系统最近升级了新功能，可以显示该稿件是否是首次查重，这是一个非常有用的功能，多次查重并且时间记录相近的文章需要警惕是否为一稿多投。下一步也希望中国知网能完善这一功能，例如增加显示每次查重记录的地点，这样期刊之间就可以联系确认是否为一稿多投。

2.2.2 依据结构的创新性审查

(1) 标题审查。学术论文的题目一般要求简洁精炼，指示性强，能简单明确地指明论文所研究的问题。例如数学论文——《带耗散项的 KdV 方程研究》，这个标题就比较业余，因为它没有指明研究这类方程的什么问题；《带耗散项的 KdV 方程的边值问题》，这个标题就好一些，因为它指明了研究这类方程的什么问题；但这还不够，《带耗散项的 KdV 方程边值问题解的适定性》，这样的标题才够专业，因为它不仅准确地指明了研究的问题，还进一步说明了具体研究的性质。

(2) 摘要审查。摘要可以说是一篇论文的魂。整篇文章的意义、创新和价值全浓缩在这几百字的摘要里。对摘要常用的审查方法是按目的、方法、结果、结论审查，能写清楚这几点的论文一般学术质量都有一定保证。但对于新建地方本科高校学报这种并不是太强的期刊，大部分来稿摘要的这几点都不全，有的甚至没有摘要，这时就要懂得如何取舍？一般来说结果和结论的价值高于目的和方法，因为科研论文最重要的属性是创新性，首先看文章得到了什么结果和结论，与前人有何不同。至于目的和方法，会涉及文章研究的问题是否是热点等属性，这些属性就像流行歌曲一样会随时代变迁而变化，长期来说评判可能会有偏差。当然对于初审通过的稿件编辑应该协助作者按以上 4 点完善摘要的内容。

(3) 引言审查。引言是体现论文学术价值的重要内容[15]，其作用是说明论文的主题、范围和目的；主要包括本研究的起源、背景及相关领域简要历史回顾以及本研究的意义和所得结果。从某种程度上说，引言的好坏决定文章的学术水平，因为你很难想象一个作者能做出很好的结果，但是却说不清楚这个问题的由来以及前人的工作。在教育水平普遍提高的今天，这种没经过专业训练但又有奇思妙想的民间科学家越来越少了。所以引言的写作水平在大多数情况下与文章的学术价值是正相关的。对于新建地方本科高校学报，由于来稿质量所限，通常还会遇到以下问题：第一是稿件无引言，此类作者一般是没有经过严格学术训练的新手，这种论文撰写质量普遍不高，如果接受，后期编校会遇到很多困难；第二是引言对问题历史描述不清或者引言无参考文献，此类作者接受的学术训练还较少，查找和阅读文献能力较差，没有深入了解问题，不清楚研究背景；第三是引言中参考文献不新，此类作者接受的学术训练依然不够，查阅文献能力还是不足，这种稿件有与现有结果重复的可能，或者此问题的关注度或学术价值不高；第四是引言中未说明该研究与已有研究的区别，此类稿件的创新性有待进一步审查。

(4) 结果审查。这里特别针对新建地方本科高校学报，由于以上所说稿件质量所限，不少文章引言残缺，无法判断，这时就需要看正文到底做了什么，也就是文章的主要观点或结果，着重在正文里面找，或者在结束语里面找。

(5) 文献审查。看参考文献判断文章质量也是个常用策略[16]，如一般有不少外文参考文献的文章至少说明作者受的专业训练较多,另一个点是看参考文献的杂志水平,引用名声好的杂志是加分项,不好的是减分项。编辑对杂志学术水平的了解要看编辑的真功夫了,这也是学术修养的一个重要部分,需要长期积累,只有编辑自己做科研才可能了解各种杂志的水平。另外,主要文献的新旧程度也是一个重要的关注点[17],但鉴于新建地方本科高校学报的稿源有限,在这点上是可以作一些妥协的。并且在初审通过后编辑可以联系作者查新参考文献。

3 编辑学术鉴赏能力的培养

学术鉴赏能力的培养是一个长期而艰苦的过程,但又是编辑不可或缺的能力。从某些角度来说,编辑的学术鉴赏能力比编辑加工能力更为重要,尤其是目前我国的国情,大部分期刊的初审是由编辑承担,而非像 SCI 期刊初审是由编委会承担,这实际对我国的期刊编辑提出了更高要求。但反过来,学术鉴赏能力其实和科研能力直接挂钩,就像是自己不会拉小提琴的人很难去欣赏小提琴名曲一样。本节由于该问题的通有性,我们就针对所有科技期刊的普遍情况进行论述,而不局限于新建地方本科高校学报。

(1) 坚持科研永远是第一位的,在高校和研究所,除了纯行政岗位,只要是和知识打交道的,无论全职科研、教师、编辑,哪怕是科研管理,都应该从事科研活动。教师如果不做科研,就没法将知识理解透彻,讲课会照本宣科,没有自己的思考,也无法培养学生的独立思维能力,而独立思维能力正是近现代高等教育育人的核心。编辑如果不做科研,自己不写文章,就很难去欣赏作者文章的好坏,好的论文都是相通的,他们的引言背景交代清楚,前人工作介绍有条理,自己的方法目的有逻辑,即使不是同行,只要自己会写文章,也能看出引言的好坏。就算是科研管理岗位,也应该做科研,这样才能搞懂各级的基金项目,才能分辨各本杂志的好坏,才能指导别人修改项目申报书。

(2) 要提高科研能力就要坚持学习,无论是读博还是访问进修,编辑们都应该有走出去的决心和信心,努力提高自己,无论对个人还是单位都大有裨益。编辑工作相比教师还有一些优势,稿件的处理和加工可通过网络完成,从某种程度上说,比教师有更多时间访问进修。即使暂时没有进修打算,编辑也可以多参加学术会议,多在学术圈里泡,这样不仅能了解最新的学术动态,还能认识圈内的专家学者,无论对提高自身学术鉴赏能力,还是对约稿和审稿都有很大好处。

(3) 每年的编辑继续教育,我认为主办方可以考虑增加一些科普讲座,例如邀请各学科的专家学者讲解本学科的科研前沿和研究热点,帮助编辑们做好选题,也培养初审能力。甚至可以让专家们实例解析,引导编辑阅读、分析一些文章的摘要和引言写得如何好,好在哪里。如同工商管理课程的案例分析一样,这种编辑初审的实战训练对个人学术鉴赏能力的提升会起到很大作用。

4 结束语

新建地方本科高校学报编辑初审是办好地方本科高校学报的重要环节。通过初审会议制的分工合作,正确使用查重和依据文章结构的创新性审查,可以在短期内一定程度上提升编辑的初审能力。同时,鼓励编辑在自己所学专业不断学习,做好科研也能提高编辑的学术鉴赏能力。相信通过这些策略,能有效促进新建地方本科高校学报编辑个人与期刊的不断发展。本文提出的初审策略及学术鉴赏能力培养方案也具有一定普适性。

参 考 文 献

[1] 徐用吉.办好高校学报的几点感悟[J].沈阳师范大学学报(社会科学版),2017,41(6):25-26.
[2] 龚晓林."双一流"背景下新建地方本科院校发展的机遇、挑战与应对[J].教学研究,2019,42(6):27-33.
[3] 林锋.当前学术期刊环境下地方本科高校学报"标签"探析:以《莆田学院学报》为例[J].中国科技期刊研究,2018,29(12):1208-1212.
[4] 赵大良.期刊人先别高兴[EB/OL].(2020-02-25)[2020-03-01].https://mp.weixin.qq.com/s/BbhrWCMyoKmWUYVeVJCnGw.
[5] 王萍,杨淑珍,于智龙,等.科技期刊编辑初审对论文质量的影响[J].编辑学报,2011,23(5):414-415.
[6] 吴爱华,王晴,吴婷,等.基于临床科研设计的医学期刊编辑初审方法和初审单设计[J].中国科技期刊研究,2018,29(9):894-899.
[7] 潘凤云.编辑部初审核对稿件审理周期及效果的影响[J].科技与出版,2016,35(11):66-68.
[8] 闫聪.对学术论文信息质量初审的综合分析方法[J].科技与出版,2014,33(6):89-92.
[9] 陈先军.基于信息质量理论的编辑初审方法[J].中国科技期刊研究,2015,26(11):1156-1160.
[10] 赵金文.科技编辑审稿中运用批判性思维方法问题[J].中国科技期刊研究,2002,13(6):542-544.
[11] 邓航军.科技期刊编辑初审时是否应审查稿件的创新性[J].传播与版权,2015(10):40-41.
[12] 朱大明.科技期刊编辑初审意见表设计探讨[J].编辑学报,2012,24(6):539-541.
[13] 徐红星,赵鸥.浅析科技期刊作者如何提高投稿的初审通过率[J].科技与出版,2013,32(12):112-114.
[14] 丁明刚.文字复制比检测的误区及其防范[J].出版广角,2015(1):95-97.
[15] 王小唯,吕雪梅,杨波,等.学术论文引言的结构模型化研究[J].编辑学报,2003,15(4):247-248.
[16] 朱大明.参考文献的主要作用与学术论文的创新性评审[J].编辑学报,2004,16(2):91-92.
[17] 肖元春.从参考文献评价学术期刊论文质量[J].出版广角,2015(4):48-50.

刍议学术期刊编辑动力生成机制

张建业[1]，樊艳芳[2]，刘 勇[1]

(1.空军工程大学教研保障中心，陕西 西安 710051；2.空军工程大学军政基础系，陕西 西安 710051)

摘要：在建设世界一流学术期刊的时代征程中，高水平一流人才队伍是前提和基础。研究如何激发和保持学术期刊编辑队伍的生机活力、持续推动期刊发展的方法途径。通过分析学术期刊编辑的主要特点，以及动力弱化的职业外在表现，提出要以创新作为驱动，围绕打破固有模式、开辟崭新领域、走进中心工作来突破职业局限，给出了实施机构改革、编辑流程再造、进行传道解惑、大力开展学术研究等动力生成机制。

关键词：学术期刊；编辑队伍；动力生成；创新驱动

近年来，随着国家建设世界一流学术期刊的指导意见及各项措施的逐步落实，期刊界迎来了大发展、大进步的黄金时期。解放思想、深化改革是期刊建设发展的根本动力，广泛应用新技术、加强国内外交流合作是重要的手段和途径，而做好所有工作的前提和基础是要有一支信仰坚定、素质优良的编辑人才队伍。"人才兴刊"是硬道理[1]，期刊的发展在任何时候都离不开高水平的编辑人才。尽管近年来这支队伍的结构发生了很大变化，然而固有的职业特点并不能迅速发生显著改变，因此，从不同层次研究编辑、期刊编辑、学术期刊编辑的队伍建设、人才培养等问题，积极探索工作动力产生与保持的机制、策略显得尤为必要。

1 学术期刊编辑的主要特点

学术期刊编辑的来源颇为广泛，从出身专业来看，有从事科研工作的，有从事情报工作的，有从事管理工作的，有从事教学工作的，许多人都是半道出家，转行进入期刊编辑行业，即使新入职的年轻人，大部分也都是具有相关学科背景的，很少有编辑学专业科班出身的。

从职称结构来看，既有完全符合编辑出版专业的职称系列，如助理编辑、编辑、副编审、编审，还有大量的教学系列如讲师、副教授、教授，研究员系列如助理研究员、副研究员、研究员，工程系列如工程师、高级工程师等，并且在同一个编辑部，经常会有多个不同系列职称存在。

从学历结构来看，原先以本科、硕士为主，但近几年发生很大变化，特别是有一大批博士、甚至博士后(包括海归博士)进入期刊界。文献[2]以《中国科技期刊研究》为研究工具，以 2015 年第 1 期至 2018 年第 8 期为时间段，筛选出第一作者单位为高等学校学术期刊编辑部的论文，从作者学位分布情况来看，博士作者从 2015 年占比 11.3%增长到 2018 年占比 56.1%，

基金项目：空军工程大学 2019 年教育理论课题

硕士作者从46.8%下降为31.7%，其他则从41.9%降至12.2%[2]。高学历人员进入期刊行业，不仅改善了编辑人员结构，而且对活跃学术研究氛围、提高编辑学研究水平起到了很大推进作用。

学术期刊编辑作为一般意义上的编辑，掌握了一定的编辑知识和编辑技能，承担期刊的编辑出版工作。但是作为一个独特的编辑群体，其显著特征是具有比较宽阔的视野、丰富的专业知识、良好的学术素养，具有从事学术研究的欲望和能力。

2 学术期刊编辑动力弱化的职业外在表现

一般认为编辑职业具有一些显著特点，如需要耐得清贫、甘于寂寞，要心有敬畏、守正出新等，这与从业人员的价值取向、兴趣爱好密切相关。对于学术期刊编辑来说，作为编辑之中一个独特的群体，其职业外在表现却又叠加了一些不同的特点。

2.1 学术期刊编辑的低吸引力职业标签

俗话说，隔行如隔山，在很多外行人看来，编辑工作缺乏挑战、没有压力、工作轻松，甚至是一个养老的职业，由于缺少技术含量，还有人称之为无聊的工作。从编辑队伍来源来看，这种观点是有一定道理的，至少进入该行业的起点或者门槛不高，如果对个人事业发展没有太多期待，只是有一个工作岗位、领一份收入不高的工资，那么这种心态也正是许多编辑的真实写照。正因如此，按部就班过日子、社会价值低、缺乏存在感，导致工作不新鲜，激情干劲不足。然而，学术期刊的"学术"特质对从业人员的要求还是比较高的，也是学术期刊编辑这个群体相对于一般编辑的关键所在。学术研究既要有深度，还要紧跟前沿、热点，始终处于快速动态变化之中，不了解、不掌握相关领域的这些情况，就很难做好一名合格的学术期刊编辑。现实情况往往是此类岗位少、要求高、待遇低，导致职位竞争力低，缺乏吸引力。

2.2 游离于单位主流业务之外的边缘化人群定位

这个定位是对于整个编辑行业的，因为编辑是对作者研究成果的加工与传播，原创思想来自作者而不是编辑，编辑只是起到一个中介服务的作用，其独特价值和社会地位很难凸显，就如同许多高校把期刊编辑、图书管理、新闻宣传、信息技术支持等定位为教辅岗位就是这个道理。然而，笔者认为边缘人群，甚至小众群体也是一个相对概念，比如在以工科为主的大学里，教师是主体，但从事社会科学研究的教师就是非主流人群。边缘人群的特点是关注度低，甚至默默无闻，久而久之就失去了工作的动力，也就渐渐失去了生机活力。

2.3 不同时代的多维度职业认同

期刊界有两个词汇流传颇为广泛，一个是"为他人作嫁衣"，另一个是"职业倦怠"，但笔者却不以为然。对于编辑就是"为他人作嫁衣"，这种观点无非是认为论文属于作者，编辑只是文字加工，甚至只是谋生的手段，付出再多心血也不可能有署名权，这种心理实际上是职业认同度低的表现，应该是计划经济时代的产物。与此相对应，职业认同度高的行业，如笔者从事过的科研管理，从业人员一般不会有这样的想法，每个单位每年要申报大量项目，立项论证、撰写申请、过程监管、结题审核、成果申报、推广转化、经费使用等，科管人员在每个环节、每个项目上都付出大量心血，这就是服务，是工作职责所在，而科研成效是管理人员职业上升的重要条件，特别是如果科管人员自己有能力，完全可以自行申请，或者开展合作研究，从而找到自己的专业价值，在社会价值与个体价值之间实现完美平衡。有研究人员将编辑职业认同划分为职业价值观、角色价值观、职业归属感、积极团结度和职业行为倾向五个维度[3]，而这些内容随着不同时代的社会变迁也发生了显著变化。在2015年一份关于我国青年编辑职业认同的调查报告中，职业认同度非常高，但组织归属感却一般，但这可以用来解释编辑人群边缘化的现象[4]。对于"职业倦怠"，窃以为是一个伪命题，哪个工作干久了，不新鲜了，都会感到索然无味，都会有倦怠感，而不仅仅编辑工作如此，这也是本文探讨动力保持的原因之一。

2.4 社会快速演变中的静默性工作氛围

编辑是一项事无巨细、繁杂琐碎的文字工作，并且是不重复的脑力劳动。根据任务分工，有学术编辑、技术编辑、美术编辑等，不同工种脑力劳动的程度有所不同，但终归是长期的、个性的、静默的案头工作，既劳神又劳形。特别是学术期刊，它所创设的学术氛围是由治学研究带来的严肃性、严谨性，它的话语体系是由各种国标和行业规范带来的约束性、程序性，这种环境久而久之就形成了沉闷的静默性氛围，即使生性豁达的人也可能变得沉默寡言、不苟言笑，因此，如何生成动力成为一个必须解决的问题。特别是当今社会处于快速演变之中，大国博弈日趋激烈，科技发展一日千里，相较于动荡不安的外部世界，偏安一隅的学术编辑工作及其氛围显得愈发与众不同。

3 创新驱动的动力生成机制分析

习近平总书记提出了科技创新的一系列重大论断，强调"创新驱动是国策""抓创新就是抓发展，谋创新就是谋未来"，特别是提出的"创新是引领发展的第一动力"这个重大理论创新成果，写入了党的十九大报告和新修订的党章。这些思想为期刊建设指明了发展方向，即：创新是一份期刊实现持续发展的动力和核心竞争力，缺少创意和创新精神的期刊编辑队伍只能按部就班、四平八稳，因而学术期刊编辑动力生成的机制和策略应围绕创新展开积极探索。

3.1 机构改革注入活力

改革是创新的最直接手段，而体制、机制改革是期刊建设发展的根本动力。众所周知，最近几年军队经历了建国以来规模最大的改革，涉及领导指挥体制、力量编成结构、配套制度机制等，笔者所在空军工程大学学报编辑部，隶属军队编制，也经历了彻头彻尾的改革，整体面貌焕然一新。如重新定编纳编，对现役军人、文职人员的数量结构、职称结构进行了规定，原有非现役文职人员重新考核纳编为新的文职人员，吸纳原现役军人转改文职人员，接收原大学机关转隶现役干部，所有人员重新任命，特别是文职人员纳编后确定全新的职级，工资收入显著增加，翻了一番，配发全军统一的制式服装，并且明确其身份为军队的重要组成部分，地位显著提升，因此，极大地激发了人员活力，广大文职人员充满了奉献军营、争创一流的激情和干劲。

3.2 流程再造激发活力

学术期刊的常规编辑出版工作流程是在通常"编辑六艺"主要工序，以及"三审三校"基本规范的基础上进行适当扩展形成的，笔者总结为15个环节。在长期工作实践中，编辑们已经习惯了这些过程环节，很难有兴趣研究琢磨过程问题。笔者借鉴企业业务流程再造的思想，对本编辑部的业务流程进行了再造，主要是在常规流程的基础上设计了冗余项和裁剪项，方便不同期刊根据自身特点借鉴时进行适应性裁剪[5]。由于期刊各自的流程不尽相同，而且在一段时期内，需要根据工作情况对流程进行调整，完成特定任务后再对流程进行修订，因而流程是一个具有相对稳定性的动态过程。

期刊整体审校属于出版前的最后一道重要把关程序，要对当期的内容、编校、设计进行全面审定和校对。为提高期刊质量，应在审校流程上进行优化完善，或者再造审校流程，尽可能把问题拦截在审读之前解决掉。笔者根据工作实践，按照要素、内容、格式、政治、保密五个方面进行分类，对论文题目、作者及单位、摘要、关键词、中图分类号、文献标志码、文章编号、收稿日期、基金项目、作者简介、参考文献、引言、1~3级标题、图表公式、字体字号、排版、目录、封二封三、封面封底等40项内容提出明确的审查要求，给出了可供参考的常见对应问题，明确了完整的审校流程及勘误方法[5]。根据该流程进行期刊审校，可显著降低编辑和审校工作的紧张情绪，对于保持积极主动、细致敏锐、张弛有度的工作状态具有良好作用。

3.3 传道解惑保持活力

据了解，国内许多大学学术期刊编辑部都通过"编、教、研"三位一体模式建设学术型编辑部，培育学术型编辑团队，并且取得了很大成功[6-7]，特别是高等院校学报编辑部，在"教"的方面具有天然的优势。笔者所在编辑部在"教"的方面也进行了有益探索，取得了良好效果。如在学校研究生新学员刚刚入学期间，与其他教授一起共同开设军事专题系列讲座，本编辑部主要讲授《学术论文写作与发表》，内容不仅仅讲授论文写作与发表的经验技巧，更重要的是讲授国内外学术传统思想、科研学术诚信、期刊论文规范、政治保密审定等学生不易接触到的领域知识。在此基础上，联合本校图书馆，对《文献检索与应用》进行课程设计，面向本科生、研究生分别开课，并与学校教务处、研究生院协商后确定为必修课、选修课或讲座课，总之要纳入正式课程表，形成教学课程，这也是从边缘逐步靠近中心的必由之路。

3.4 学术研究创造活力

许多期刊在学术研究方面成效显著，如《解放军医学杂志》构建的研究型编辑部，为创造性和持续性发展提供了活水源头[8]。在学术期刊编辑的职业发展规划方面，无论是成为编辑出版领域的专家，还是成为专业领域的学者，都需要进行扎扎实实的学术研究，而进行学术研究是一种可持续的原生动力。研究表明，编辑团队的学术指数是期刊声誉的重要的评价因素[9-10]，因此开展学术研究具有多重作用。从专业出身来看，学术期刊编辑很少来自编辑出版专业，更多来自专业学科，而且学历一般都比较高，具有扎实的专业知识和良好的学术素养，这为他们开展学术研究奠定了良好基础。从实践条件来看，学术期刊主要由高等院校或研究机构主办，特别是高校具有学科专业门类多、研究人员多、科研设施多、学术氛围浓厚等优势，期刊编辑立足自身专长寻找校内外合作伙伴联合申报研究课题是可行的，当然与编辑同仁一起申报编辑学课题、开展编辑学研究也是题中应有之义。通过立项论证、过程研究、结题鉴定、推广应用等全过程合作，必然会对后续深化研究、合作交流产生良性循环。这种研究不仅能提高期刊编辑自身的科研能力，还会对办好期刊产生重要影响。如笔者组织编辑部具备一定研究能力的青年编辑，共同申报与期刊建设、人才培养关联度较高的课题，并获得校级理论课题立项支持，同时鼓励单独申报学会课题并有多个项目获得立项。与此同时，笔者还联合校内其他专家承担了空军级、军队级重要科研项目，并多次参加各种项目评审活动。

3.5 业绩考评催生活力

业绩考评标准是指挥棒，是催生活力的直接来源。一般来讲各个单位都要对人员工作业绩进行考评，据此给出奖惩结论、调职晋级意见等，这是人力资源管理的基本法则。笔者所在编辑部的业绩考评办法在不同阶段有不同的实践，效果各有千秋。本轮军改之前实行量化为主、定性为辅的办法，基本思路是能够量化的工作尽可能量化。比如本职业务工作方面，工作量用编校论文的字数、篇数折算成分数，质量效果用基金论文比、特约稿件数、被引频次、论文获奖、期刊获奖等折算成分数；在学术研究方面，对发表研究论文、课题立项等进行折算；在日常管理方面主要进行定性考核。办法实行期间总有反对的声音，但由于反对者没有提出更好的考评办法，因此，这种方法实行了多年。本轮军改以来，由于调整变化巨大，还有些改革措施没有落地，目前实行定性为主、定量为辅的办法，基本思路是建立负面清单基础上的工作量宏观调控法，凡是列入负面清单的事项均属比较严重的质量问题、安全问题等，对业绩具有严重影响或具有一票否决权。总之，应根据不同阶段特点实施积极有效的业绩考评办法，以此催生编辑人员的活力。

4 结束语

在长期的编辑职业生涯中，能够始终保持工作的激情动力是很困难的，本文深入分析了学术期刊编辑的主要特点，以及编辑动力弱化的职业外在表现，提出编辑动力生成机制要以创新作为驱动，围绕打破机构设置、工作流程等固有模式，推行"编、教、研"一体化，以编为本、以教促编、以研领编，以此不断开辟崭新领域、走进中心工作来突破职业局限，为学术期刊编辑注入源源不断的动力，促进期刊不断快速进步。

参 考 文 献

[1] 林松清,余诗刚.试论科技期刊编辑人才梯队建设与对策[J].中国科技期刊研究,2012,23(3):494-498.
[2] 李文娟,张红霞."双一流"建设契机下高校学术期刊编辑人才的发展之路[J].中国科技期刊研究,2019,30(1):64-69.
[3] 范军,刘健.新中国成立 70 年来三维视野下的编辑岗位变迁[J].编辑之友,2019(9):110-115.
[4] 徐丽芳,徐志武.我国青年编辑职业认同、工作满意度及组织承诺研究总报告[J].出版科学,2016,24(4):10-12.
[5] 张建业,刘勇.学术期刊编辑出版工作流程再造及实践[J].编辑学报,2019,31(5):545-549.
[6] 张建军.高校期刊编辑在本科教学实践中的探索[J].天津科技,2015,42(2):79-80.
[7] 马宇红.学术期刊编辑应坚持与学术研究融合发展[J].编辑之友,2012(10):89-91.
[8] 范晨芳,齐学进,贾万年.建设研究型编辑部实现医学期刊可持续发展[J].中国科技期刊研究,2011,22(1):107-109.
[9] PETERSEN J, HATTKE F, VOGEL R. Editorial governance and journal impact: a study of management and business journals [J]. Scientometrics, 2017, 112(3): 1593-1614.
[10] XIE Y D, WU Q, LI X C. Editorial team scholarly index (ETSI): an alternative indicator for evaluating academic journal reputation [J]. Scientometrics, 2019, 120(3): 1333-1349.

科技期刊青年编辑快速成长的方法与建议

来冰华

(武汉大学科技期刊中心,湖北 武汉 430072)

摘要:科技期刊的发展离不开高素质的编辑队伍,青年编辑是学术期刊的新生力量,对未来科技期刊的传承和发展起着关键的作用。笔者通过自身工作实践,从青年编辑的自我成长出发,分析了青年编辑的特点,提出快速适应和成长的方法,对新形势下科技期刊青年编辑的快速成长提出了建议,以期为青年编辑尽快适应科技期刊工作提供有益的帮助,也为科技期刊人才的培养提供参考。

关键词:科技期刊;青年编辑;自我成长

科技期刊编辑在期刊出版过程中扮演着重要角色,肩负着期刊编校质量的重要责任。我国现有科技期刊 5 000 余种,其中科技期刊青年编辑约有 1 万人[1]。近年来,以 80 后、90 后为主的青年编辑逐渐加入科技期刊编辑队伍,为科技期刊的发展注入了新鲜血液,成为编辑出版过程中的中坚力量[2]。但是,绝大多数青年编辑所学专业并不是编辑出版专业,他们擅长的可能只是某个领域或学科的研究,知识面比较狭窄,不能完全满足科技期刊发展的要求。对于新入职的青年编辑来说,从事编辑工作可能会面临一定挑战,工作起来也会捉襟见肘。因此,如何快速适应和熟悉编辑工作对于青年编辑来说尤为重要。笔者从事编辑工作 3 年左右,作为一名进入科技期刊编辑行业不久的青年编辑,现结合自身工作经验,通过分析青年编辑的特点,探讨快速适应和成长的途径,以期为新入行青年编辑提供有益的参考,从而帮助他们更好地适应科技期刊编辑工作。

1 青年编辑的内涵及特点

青年编辑通常是指从事编辑职业未满 5 年或年龄在 35 岁以下的编辑[3]。为了适应建设世界一流科技期刊的要求,编辑岗位招聘的门槛一般较高,越来越多的高学历青年人才加入到编辑出版行业。这些青年编辑大多具有硕士及以上学历,专业知识扎实,英语水平普遍较高,网络信息和新媒体技术运用比较熟练,对于科技期刊数字出版转型升级具有极大的帮助。他们对于新知识和新技能的接受和学习能力都较强,可塑性较高;对于新鲜事物和先进知识也都充满好奇,是选题策划的"脑洞家",会给编辑部注入新鲜力量,也会带来新的工作理念和思维方法。

但同时,他们也存在各种问题。青年编辑的出版基础比较薄弱,由于工作时间不长,知识经验累积不够,在工作中很容易出现差错。编辑工作是一项非常繁琐和严谨的工作,需要有较强的耐心和细心。有些刚入职的青年编辑状态不够稳定,工作责任心不够强,比较浮躁,缺乏耐心,对工作产生懈怠。还有些青年编辑对编辑工作的职业认同感不强,无法找到工作的价值和乐趣，对编辑职业心生困惑，对未来感到迷茫[3]。这些都不利于青年编辑的健康成长。因此，对于青年编辑，尤其是新入职的青年编辑来说，尽快克服这些工作障碍，寻找到自我成长的有效方法，适应科技期刊编辑出版工作，十分紧迫和必要。

2 青年编辑快速成长的方法

2.1 虚心向资深编辑学习

编辑工作是一项实践性很强的工作，需要不断地积累才能熟练生巧。资深编辑工作年限长，编辑实践经验丰富，工作思路和方法相对熟练，处理常见的编校问题得心应手。为了少走弯路，青年编辑应该虚心向身边的资深编辑请教，尽快熟悉编辑加工、校对、出版等流程，掌握编辑出版有关的标准、规范和编校基本原则等，使自己迅速融入编辑角色，尽早胜任编辑工作[4]。青年编辑可以通过反复阅读资深编辑修改过的稿件，认真推敲稿件修改的方法，勤于笔记和总结，逐步掌握编辑加工的技巧和要领。同时，青年编辑还要学习和借鉴编辑同行的工作经验，将其合理运用到编辑工作实践中，以尽快提高自己的编辑业务水平，促进自我快速成长。

2.2 阅读编辑方面书刊

大多数青年编辑在入职前并没有进行编辑学方面的系统学习，编辑出版基础知识比较薄弱，要想尽快获取这方面的知识，最便捷的方法就是多阅读编辑学有关的书籍和刊物。阅读是人类获取知识的一种最基本的途径。通过阅读编辑方面的书刊，青年编辑可以对编辑出版工作的内容和流程有一个系统的了解，对编辑业务范围有一个整体的认知，为自己迅速进入编辑角色、开展工作打下坚实的理论基础[4]。编辑学方面的著作很多，如《科技书刊标准化18讲》《出版专业基础知识》《出版专业理论与实务》《标点符号用法》等。这些专著通俗易懂，是很好的编辑入门参考书。《编辑学报》《中国科技期刊研究》《学报编辑论丛》等编辑学科方向的优秀期刊也是非常好的学习和参考资料。此外，还有一些微信公众号，如"啄木鸟的天空""编辑之友"等，也是青年编辑获取编辑知识的有效渠道。

2.3 考取出版专业职业资格证书

从2001年起，国家对出版专业技术人员实行职业资格制度，具有硕士学历的青年编辑从事出版专业工作满1年即可参加出版专业中级资格考试。笔者通过出版专业理论知识的学习，结合自己的工作实践，经过认真复习备考，工作满1年后即通过了中级资格考试。这个过程使我进一步巩固了编辑出版理论知识，更加全面地了解了出版行业，更加熟悉了国家的编辑出版相关的标准和规范[5]，也检验了自己对编辑业务知识的掌握情况，可谓收获颇多。出版专业职业资格考试从某种程度上是对自己编辑技能的一种考验。考取资格证书是对自我编辑出版能力的肯定，表明了自己已经具备了从事编辑出版工作的资格。然而，有些青年编辑却认为出版专业职业资格考试并没多大实用价值，觉得备考浪费时间，消极对待。笔者认为应该及时转变态度，借助职业资格考试的契机，努力提高自己的编辑技能水平，巩固编辑出版理论知识。

2.4 积极参加编辑业务培训和学术会议

对于新入职的青年编辑来说，参加编辑业务培训学习必不可少。通过编辑业务培训学习，青年编辑可以快速了解和熟悉编辑出版相关的知识和业务，快速入行。新闻出版管理部门每年都会组织新编辑入职培训，通过邀请编辑出版行业的资深编辑为新入行的青年编辑进行业务培训，加深他们对编辑工作的认识和了解，提升其编辑业务能力和工作能力[6]。此外，青年编辑还应尽可能多参加一些编辑工作相关的学术会议，利用学术会议开阔视野，及时了解和掌握相关学科的发展和前沿动态，促进自己快速成长。通过与专家学者进行交流，锻炼自己与人交往的能力，与专家学者建立良好关系，挖掘一些学术新秀，发现新作者，为编辑工作中的选题、组稿及邀稿做好储备[7]。

2.5 参与专刊/专栏的策划与编校

聚焦某学科领域的研究热点，精心策划出版专刊/专栏，是科技期刊获取优质稿源的重要途径[8]，对提高期刊学术质量和影响力具有极大帮助。越来越多科技期刊每年都会策划出版专刊/专栏，专刊/专栏的策划能力已经成为科技期刊学术编辑必备的一项技能。因此，青年编辑应该尽早参与期刊的专刊/专栏策划工作。笔者所在期刊《武汉大学学报·信息科学版》在2019年策划了一期"遥感与地质灾害"专刊，本人前后参与了专刊的选题策划、约稿工作，作为该期的责任编辑，本人还负责了这期专刊文章的编辑加工、校对、出版工作。这个过程让我对专刊的出版工作有了详细的了解和体会。专刊的出版周期短、任务紧迫，需要在短时间内和众多专家学者同期进行有效沟通，工作强度高，任务重，能够有效激发出编辑的工作潜能。通过这期专刊，我感觉自己的沟通协调能力明显得到加强，编校能力也得到了快速提升，工作效率也显著提高了，专刊/专栏的策划与编校是一次工作和学习的机会，更是一种快速的自我能力培养和提升的机会。

2.6 积极撰写编辑学相关论文

好记性不如烂笔头。青年编辑在平时的工作中要勤于动笔，善于总结，不定期梳理和归纳自己积累的编辑知识和经验，分析和反思工作中遇到的常见编校问题，积极撰写编辑学相关论文，为自己的编辑工作实现创新和突破。撰写编辑学论文对于青年编辑来说，既是一种锻炼和提高，也是一种实践和运用，是提高青年编辑业务能力的一种有效手段，对青年编辑的快速成长有积极的促进作用[4]。通过撰写论文，青年编辑可以提高自己的专业知识水平、语言文字运用能力和文献阅读能力，巩固和深化自己所学的编辑出版知识，培养自己的思维和写作能力。同时，在撰写文章、查阅文献的过程中，青年编辑还能学习到前人的很多编辑经验，对自己快速掌握相关研究领域的最新进展十分有帮助。

2.7 掌握新媒体运用技能

新媒体时代的到来给科技期刊的发展和传播带来了新的活力和机遇。青年编辑除了要掌握扎实的编校知识外，还要对出版行业新媒体技术的运用和表达进行深入学习，培养自己跨媒体运营的管理能力，努力适应新媒体发展和信息时代科技期刊多元化传播的趋势，争当复合型编辑人才。目前，很多科技期刊开通了微信公众号功能，这对期刊论文的推送和传播十分有益。青年编辑学习能力强，敢于创新和尝鲜，微信公众号是其发挥自身优势的一个很好的平台。青年编辑要积极学习HTML、XML等新媒体加工技术[9]，利用新媒体平台对科技期刊进行有效地传播，对期刊网站进行更新和维护，在新媒体时代充分发挥"青年"的优势。

2.8 加强专业学习，关注本领域的前沿进展

青年编辑的编辑基础大多比较薄弱，知识面比较狭窄，工作经验不足，工作后需要着重加强编辑学方面的知识学习。同时，大多数科技期刊的专业性比较强，需要编辑具有较强的专业背景知识。当青年编辑从之前熟悉的专业领域跨度到编辑出版行业后，有很多新的出版知识需要学习和弥补，工作通常比较繁忙，久而久之会忽视对本专业的继续学习，导致有些知识点会被遗忘，一些领域内的最新技术也没有及时关注，对一些比较热门的前沿动态了解甚少，这对于青年编辑来说是非常不利的。因为科技期刊刊载的论文通常反映了本领域近年来的一些最新技术和研究成果，若是对学科领域内的前沿进展不关注、不了解，送审、编校稿件时就会显得力不从心，不知所措。因此，青年编辑在保质保量完成编辑工作任务后，应该合理规划好自己的时间，加强学科专业方面的学习，同时通过各大网站、移动客户端及时了解学科最新研究动态，与时俱进。

3 青年编辑快速成长的建议

3.1 积极调整心态

大多数新入职的青年编辑是刚从大学毕业的职场新手，不仅面临着环境和角色的转变，也面临着一定的工作和生活压力[5]。一些青年编辑在踏入职场之前可能对编辑工作抱有美好的幻想，但现实的工作内容和待遇往往使他们有心理落差感。再加上编辑工作比较繁琐、重复，需要编辑有较强的耐心，长时间单调枯燥的编辑工作容易使青年编辑产生倦怠感，对编辑工作的热情降低，创新意识和创新能力随之减退，甚至出现消极怠工现象，这时心态的调整显得尤为重要。还有部分青年编辑难以感受到工作的乐趣，甚至无法获得社会的认可，容易产生挫败感，焦虑迷茫，对编辑职业产生困惑。这就需要青年编辑积极调整自己的心态，对从事的编辑工作性质和内容进行充分的了解，寻找工作兴趣点和职业认同感，消除焦虑，尽快适应编辑角色的转变，以积极健康的心态迎接新的工作和生活[5]。

3.2 加强时间管理

科技期刊的编辑在日常工作中往往会承担多种角色，身兼数职，尤其是刚入行的青年编辑[10]。既要负责向专家约稿、送审稿件，又要编辑加工、校对稿件，同时还要承担一些编务或账务方面的工作，如开具发票、发放稿费、邮寄刊物等，工作比较繁琐，也会占据很多时间[9]。而期刊的出版必须遵循一定的出版周期，尤其像月刊、半月刊，出版节奏很强，因此如何有效地管理时间对于青年编辑来说显得尤为重要，若时间没分配好会直接影响工作效率。青年编辑可以根据自己的习惯，将分配的任务进行分门别类，每周列出一个工作清单，每天有计划地完成一两项内容，工作时按照任务的轻重缓急有序开展，合理安排工作时间，这样才不会出现手忙脚乱的状况。建议将同类型的琐碎事情集中在某个时间段进行处理，这样可以减少编辑的注意力分散，提高时间利用率，避免不必要的重复劳动。对于比较紧急的临时任务，要学会变通，灵活处理。另外，青年编辑要妥善安排自己的学习时间，在工作之余要多给自己充电，平时多了解出版行业新知识，增加编辑新技能，与时俱进，才不会淘汰。

3.3 制定职业发展规划

编辑的职业发展与期刊的发展密不可分。青年编辑的健康成长除了要有良好的编辑部工作氛围，还需要制定合理的职业发展规划，脚踏实地地实现每个阶段的小目标。对于刚踏入科技期刊编辑行业的青年编辑来说，一切都是茫然和未知的，平淡无奇的工作让他们甚至不知道接下来的几年或几十年该干嘛，职业如何发展。笔者建议青年编辑在入行初期多向资深编辑学习和请教，答疑解惑，根据自己的个人情况尽快找准职业定位，制定合理的短、中期职业规划，这样可以让我们的未来有明确的方向和目标，工作充满干劲，进而为科技期刊的繁荣发展贡献力量[11]。此外，青年编辑还应树立终身学习的理念，参加继续教育培训、学术研讨会，不断提升自我修养。

3.4 提高沟通交流能力

青年编辑刚入职场时都要面临与作者、专家进行沟通与交流不适应和不知所措的问题。与人沟通交流的能力事关青年编辑能否顺利工作、愉快工作甚至高效工作，非常重要。然而，现在的青年编辑大多数是独生子女，其优点和不足都很明显，有的不善于与外界交流，喜欢待在自己熟悉的舒适圈内，对不熟悉的人和环境往往会比较抵触，这对于青年编辑来说是极为不利的。因此，对于初入职场的青年编辑来说，应该努力调整和克服自己不敢与人沟通、不愿与人交流的畏难情绪，在工作中学会与人相处，努力提高自己的沟通交流能力，通过不断地锻炼，提升自己，这既是工作的需要，也是成长的过程。

4 结束语

青年编辑是未来科技期刊的主力军，是科技期刊可持续发展的重要保证，承载着科技期刊长远发展的希望。在网络发达的时代，科技期刊的挑战和机遇并存，青年编辑应不惧挑战，把握机遇。对于刚入职的青年编辑，要及时转变角色，掌握编辑技能，尽快适应编辑出版工作，勇于承担更多的工作。同时要树立问题意识，秉持科学严谨的态度和孜孜不倦的"工匠精神"，热爱编辑工作，脚踏实地地做好编辑工作，在平凡的工作岗位中实现自我价值。再平凡的工作也有不平凡的梦想，就像贫瘠的土地上也能绽放美丽的花朵一样。在自我成长的道路上，要充分发挥潜力，勇于创新工作思路，制定良好的职业规划，不断提升自己的职业素养，为科技期刊的生存与发展贡献自己的力量。

参 考 文 献

[1] 金琦,李静,王书亚,等.科技期刊青年编辑的培养与成长[J].编辑学报,2018,30(4):429-431.

[2] 张青松,赵天广,赵曼琳.科技期刊青年编辑素质培养[J].编辑学报,2019,31(增刊 1):131-133.

[3] 申轶男,曹兵,佟建国.论新时期科技期刊青年编辑的培养[J].编辑学报,2014,26(1):79-82.

[4] 蒋亚儒.科技期刊青年编辑的成长途径[J].延安大学学报(社会科学版),2014,36(5):121-123.

[5] 金延秋.科技期刊青年编辑快速成长的途径[J].科技与出版,2019(10):141-144.

[6] 陈锋杰.新入行青年编辑的成长之路[M]//学报编辑论丛(2019).上海:上海大学出版社,2019:278-282.

[7] 王娇,李世秋,蔡斐.参加学术会议助力科技期刊青年编辑能力提升[J].编辑学报,2018,30(增刊 1):190-192.

[8] 苏磊,蔡斐,李明敏,等.学术编辑策划专刊/专栏应具备的能力及实施要领[J].编辑学报,2020,32(1):109-111.

[9] 李莉,黄祖宾,周翠鸣,等.新媒体时代科技期刊青年编辑能力自我提升的途径[J].广西师范学院学报(自然科学版),2019,36(2):146-150.

[10] 刘怡辰,范雪梅,沈波.自我培养是高校学报青年编辑快速成长的捷径[J].编辑学报,2012,24(1):82-83.

[11] 葛世超,欧彦.科技期刊青年编辑的自我快速成长[J].编辑学报,2016,28(增刊 1):58-59.

新时期科技期刊编辑综合素质的培养与提升

王 艳

(新疆医科大学学报编辑部,新疆 乌鲁木齐 830011)

摘要: 科技期刊是科学研究和国家创新体系的组成部分,编辑素质是科技期刊发展与提升的核心要素。本文探讨在新的历史时期下,科技期刊编辑应具备的业务素质、信息素质和人文素质。提出坚持自主学习与培训、学术创新以及拓展服务交流是提升科技期刊编辑综合素质的路径。认为以人为本、培养编辑的综合素质对学术期刊质量提升具有重要意义。

关键词: 科技期刊;编辑;综合素质

科技期刊作为科技信息的载体,在科技成果展示与传播中的作用变得日益重要。编辑工作是期刊出版的核心工作,互联网的普及和数字出版业的快速发展对编辑的能力素质提出了更高的要求,专业基础和编辑功底不扎实、学术创新能力不强、网络经营和管理能力欠缺的编辑已经很难适应新时期期刊发展的需求。科技期刊编辑只有在不断提升业务素质和综合能力的基础上,转变出版理念,提高自身对信息获取和利用的能力,进一步提升信息素质。新技术的出现在时间和空间上改变了编辑与作者、审者、读者等的沟通交流方式,编辑自身内化的人文精神在编辑活动和科技传播中的表现越来越明显。因此,科技期刊编辑应在提高自身人文素质方面做更自觉、更艰苦的努力。只有这样才能适应新媒体时代发展的新要求,为科技期刊的发展提供更强大的动力[1]。

1 科技期刊编辑应具备的综合素质

1.1 业务素质

1.1.1 强化学科知识素养

大部分科技期刊编辑都具有某一专业领域的知识背景,除了掌握基本的编辑技能外,还要进行跨学科的知识积累,增强对稿件的把握,保证在期刊上刊登的文章具有较高的学术价值,做到既专又博,只有这样才能在新理论和新知识相互渗透的学科发展中捕捉、把握新的信息,使刊物的发展与时俱进。

为保证科技期刊的权威性,刊发文章的质量至关重要,作为科技期刊编辑,需要具备敏锐的洞察力和学术鉴别力。能够对文章提出自己的见解,可以从学术价值、科学水平、文章逻辑、写作水平、实用性等方面作出合理恰当的判断,杜绝低质量的稿件,确保期刊发表的文章能够为广大的科研工作者提供富有价值的信息和具有实践指导意义的知识[2]。

稿件的编辑加工是一项系统工程,需要反复多次推敲和修改,严格按照编辑规范标准进行操作。编辑在进行稿件的编辑加工时,应注重自身科研能力的培养,加强对日常工作经验的总结，编研结合，积极探索编辑工作的新方式、新方法，主动融入创新知识的再创造[3]，以便更好地发挥编辑在科技传播中的积极作用。作为科技期刊编辑，外语能力是一项基本技能，通过阅读外文文献可及时了解国外相关专业的最新成果和动态，给自身的编辑工作提供指导。

1.1.2 熟练使用新媒体工具

媒体融合时代，科技信息所含的内容丰富，传播速度快，渠道多样，覆盖面广[4]。在传统媒体和新媒体融合、线上与线下出版融合、全媒体的共享性与开放性共存的背景下，学术期刊作为科技传播载体，在出版流程和产品形态及传播方式上也开始呈现出多元化的发展态势，在纸质出版的基础上扩展到微信、微博、网页和手机 APP 等平台出版。面对新的出版形势，科技期刊编辑应保持积极的学习态度，迅速转变理念，熟练掌握计算机网络技术，提高信息检索能力，培养自身在数字化、网络化、智能化时代所需要的思维和全媒体信息与技术素养，根据所在期刊的特点，受众人群，传播渠道等，选择合适的平台，对期刊内容进行合理编辑加工，通过平台进行推送，以此来提高期刊的影响力[5]。

1.1.3 提高学术不端鉴别力

抄袭和剽窃是当前学术不端行为中较为流行的形式。当前国内常用的有中国知网学术不端文献检测系统、维普论文检测系统、万方文献相似性检测服务系统等，可有效杜绝和防止学术不端行为。学术不端检测系统应用在稿件初审环节给编辑的工作带来了极大的便利，节省了时间和精力，有效提高了工作效率，目前绝大多数编辑部都仅在稿件初审环节进行一次学术不端检测，以文字复制比的标准来判断稿件是否存在学术不端行为，其衡量标准单一，往往具有依赖性，而初检通过的稿件在经历了漫长的编辑出版流程后至刊发前的这段时间内，少数稿件的复制比会发生动态变化，甚至有些在刊发后被检出存在严重的学术不端行为。因此，作为科技期刊编辑，要结合学术不端的界定标准，认真分析，对常见的不端行为加强总结和归纳，对一些隐蔽的学术不端行为要积累辨识经验，在出版前应利用学术不端检测系统进行复检，以将学术不端风险降到最低，一旦发现问题稿件，应立马退稿，确保发表论文的诚信。

1.1.4 增强创新能力

编辑要不断培养自身接受新思维的意识，开阔思维视野，以利于开展创造性的编辑工作。科技期刊编辑必须树立创新意识，不断提高对"创新"的认知，完善和更新学科知识结构，及时发现有创新性的稿件，主动约稿，使其创新成果能够及时发表。创新选题一定程度上体现着编辑的学术专业能力、创新思维能力和信息感知能力。科技期刊编辑要在策划选题方面具有前瞻性，有能力把握学科热点和前沿，并将最新动态贯穿于编辑工作实际，策划的选题要能传递更具未来指导性或启迪性的学术理念和思想，从而真正使期刊由交流平台上升为引领发展的平台。

1.2 信息素质

科技期刊编辑可通过多种渠道获取信息，合理地利用信息检索手段可以提高编辑在审稿过程中对数据真实性等信息的识别，朱允等[6]认为在数字出版时代，学报编辑除应具备基本编辑素养外，还需努力提升自身的哲学思辨能力和社交协调能力、信息综合与分析能力、大数据资源整合和处理能力、经营与管理能力等。

信息素质包括获取、收集信息的能力；分析辨识信息的能力；加工信息的能力；利用信息的能力；遵守信息伦理的能力。首先，科技期刊编辑应熟练使用各种搜索引擎，通过各种途径高效获取信息。不论是从网站、QQ 或是微信等网络媒体获得的信息，编辑都要学会从海量的信息资源中提高自身对信息的认知和识别能力，进行正确、合理的判断，去伪存真。在信息收集和信息甄别的基础上，科技期刊编辑可以利用日常办公软件、图片处理软件及排版软件等对获取的信息进行正确、有效的加工。

随着现代化编辑手段的快速发展，对信息的利用程度也越来越高，比如很多科技期刊在编辑出版过程中均实现了平台一体化处理，通过在线投稿系统平台，在初审环节编辑就可以通过提取作者稿件的摘要、关键词和参考文献等信息在线检索，判断稿件的质量及创新性。审稿、退修、复审、终审、编辑加工、网络首发等各个环节，编辑可以有效利用碎片化的信息，对信息进行整合，从而提高工作效率。

1.3 人文素质

人文素质是指人们所具有的人文知识和由这些知识所反映的人文精神内化在人身上所表现出的人格气质、修养，其涉及的个性品格包括思想品味、道德水准、心理素质、思维方式、人际交往、情感等[7]。

作为科技期刊编辑，政治素质是首要的。要严把稿件的政治关，以高度的政治责任感当好期刊的"把关人"，及时发现文章中所隐含的政治问题。要加强自身政治理论和法律法规的学习，不断提高政治素养。同时，要增强法律意识，承担起保护作者著作权的责任。

编辑在出版活动中发挥着"桥梁"作用，其与作者、读者交往过程中所体现的社会活动能力，需要良好的文化素养积淀做支撑。作为科技期刊编辑，要不断提高科技期刊的学术质量和传播力，将服务于作者、审者及读者的意识贯穿于日常工作中。作者是科技成果的创造者，高学术水平的作者队伍能为期刊提供优质的稿源。作为与作者联系的直接接触者，编辑与作者的沟通以及编辑对待论文的态度和能力尤为重要。在与作者接触的过程中，编辑应本着以人为本的原则，公平公正，不盲从，与作者坦诚交流并给予一定的人文关怀，与作者建立起稳定、持久的合作关系，从而提升期刊在作者心中的地位。审稿专家作为稿件的第一位专业审阅者，在把握稿件取舍上至关重要。编辑在送审稿件过程中，要注意与审稿专家的沟通方式，做到言辞恰当。秉承"为读者服务"的宗旨，针对性地了解作者的需求，通过期刊的品牌特色吸引并不断扩大相应的作者群，通过广大读者进一步增强刊物的宣传力度，形成期刊与读者的良性循环，将有利于刊物影响力的持续提升。

2 提升科技期刊编辑综合素质的路径

2.1 坚持自主学习与培训相结合的方式

编辑工作需要投入编辑的智力劳动，每个编辑对编辑规范的理解不同，加工的规则也有差别，导致编辑习惯有偏差。因此，科技期刊编辑应做到：第一，树立"终身学习"的理念，加强自主学习，做好编辑知识的积累。积极参加编辑出版和专业技术培训，与编辑同仁们探讨规范规则，交流学习，努力搭建更加完备的知识体系。如《新疆医科大学学报》编辑部，每周一下午组织一次编辑业务学习，由主持人提前 1 周对学习主题提出要求，编辑轮流讲座，主题内容涉及编辑规范、法规、新媒体技术、编辑知识、出版伦理等，可以更好地督促编辑在工作之余，利用碎片化的时间钻研编辑业务知识，对知识进行系统的整理和思考，通过讲座交流，相互受益。同时，《新疆医科大学学报》编辑部，每月会开展一次稿件的集体审读学习活动，每位编辑将待刊发稿件的同行评审意见进行整理，结合自己对稿件学术质量和发表价值的认知意见,在集体审读会上汇报交流,为稿件质量把关。这种活动能极大地激发编辑自身的学习和思考潜能,助力编辑对专家的审稿意见进行深入解读,是一种有效的补充相关领域多维知识的有效途径。第二,通过"传帮带",向前辈学习编辑经验,在不断实战中提高编辑技能以及职业道德素质。第三,深入实践、科研一线,通过参加专业的学术会议、专题论坛及讲座,了解行业最新进展、学术热点。要善于用一双"慧眼"发现学科领域中的专家,尤其是中青年专家,与之多交流,积极组稿。在编辑流程方面,编辑应重点关注学术不端问题。《新疆医科大学学报》编辑部在稿件初审环节,通过知网的学术不端系统进行第一次检测,编辑加工完成后,在正式出版清样前,再进行二次的不端检测,以最大限度地维护学术尊严,防范学术不端。

2.2 鼓励编辑学术创新

编辑的创新意识与能力是提高期刊内容质量的首要条件。一方面,要鼓励编辑参与相关课题研究。在与科研专家、团队开展科研课题合作的过程中了解各种学术观点和学科发展态势,逐渐培养自身的创造性思维,挖掘有意义的选题,提高对稿件的鉴别与评判能力。另一方面,要要求编辑利用各大信息检索工具的强大分析功能,开展期刊的作者、读者特征调研工作,了解刊发文章的热点,被引情况等信息,为期刊提供指导。《新疆医科大学学报》编辑部定期利用中国知网、万方数据等平台对期刊网络数据进行分析,对热点下载和高被引文章进行摸底汇总,分析其高关注度的原因,预测文章的传播效果,根据分析结果,总结期刊短期的选题内容和长期规划方向。这项举措可以增强编辑在初审稿件时的敏锐度和信息分析能力,以此更好地保证期刊文章的专业水准和专业质量。同时,为了激发编辑人才的创新潜能,还可多途径开展选题或编辑策划项目,给编辑提供职称扶持、职务晋升的平台[8],从而更好地满足编辑对自我职业规划和价值的实现。

2.3 多渠道拓展服务交流

一本优秀的科技期刊,应该引导读者,提升读者,树立"以人为本"的观念。为了提升期刊的影响力,期刊出版后,可以通过开展读者需求调查,利用多种媒体平台等与读者进行互动交流,也可有针对性地和高校、科研院所、重点机构等建立联系,开展社会调研,了解其需求,寻求合作机会,进一步拓展服务渠道。《新疆医科大学学报》编辑部鼓励编辑转变思维,以读者需求为中心,编辑部实行栏目负责制,每位编辑根据自身的学科背景负责1~2个栏目,根据所负责的栏目,积极"走出去",联结与维护好相关学科领域的科研工作者、审稿专家、编委会成员、作者、读者等内外部关系,通过定期的沟通交流,了解其诉求、意见和建议,并及时反馈给主编,集体商议后确定下一步工作计划,以此不断优化栏目设置,进一步提升对外服务的能力和范围。

随着编辑手段的数字化和智能化发展,科技期刊编辑要在期刊内容、形式、传播手段上积极探索[9]。在出版工作方面,在纸质期刊出版的基础上,编辑可对科技期刊论文进行再加工,进一步提炼主题思想,整合重点实验数据和研究结论,以文字、图片、音频、视频等方式在期刊主页、微信、微博、论坛等新媒体平台发布,方便读者、专家浏览和交流。让广大的科研工作者和普通大众对科研成果有所了解,为期刊品牌的塑造和科学知识的普及推波助澜。

3 结束语

编辑人员的综合素养要与时俱进地适应社会需求。随着科技期刊与科技创新协同发展战略要求的不断深入，编辑人员要进一步扎实业务素质，保持谦虚的学习态度，提高信息素质，积极"走出去"，在与读者沟通交流中强化人文素质。全面提升编辑的综合素养不仅是期刊发展对编辑的高标准和新要求，也是保证期刊质量的需要，更是编辑履行社会职责和学术责任的基本职业要求。

参 考 文 献

[1] 秦锦文.媒体融合时代学术期刊编辑的素质重构[J].辽宁师专学报(自然科学版),2019,21(1):105-108.
[2] 孟庆媛.关于信息时代科技期刊编辑素质的优化研究[J].传媒论坛,2019,2(1):106.
[3] 王海蓉,张冰,张楚民.论新时期期刊编辑职业素养的培养与提高[J].编辑学报,2018,30(1):80-82.
[4] 宋先红.信息化时代创新型科技期刊编辑能力浅析[J].汕头大学学报(人文社会科学版),2018,34(3):78-83.
[5] 庞达.论媒体融合时代科技期刊编辑的新角色与自我发展[J].编辑学报,2018,30(1):21-24.
[6] 朱允,赵建萍,杨晓芳.数字出版时代学报编辑素质的变与不变[J].出版发行研究,2013(4):90-91.
[7] 原媛,李宗.科技期刊编辑的人文素质探析[J].编辑学报,2011,23(2):177-179.
[8] 成燕玲,李春雷,王斌,等.新时代科技期刊人才队伍素养建设与发展研究[J].常州信息职业技术学院学报,2018,17(6):89-92.
[9] 杨鹏.论全媒体时代科技期刊新编辑素养提升[J].今传媒,2019(10):133-135.

"三字经"——学术期刊编辑与作者间矛盾的解决途径

袁 茹

(苏州科技大学学报编辑部,江苏 苏州 215009)

摘要：在学术期刊出版过程中,以学术期刊编辑与作者的矛盾为主。编辑与作者的矛盾主要表现在"改"与"不改",解决这一矛盾的关键是要从编辑一方寻找方法,即必须念好"三字经"：静、敬、净。首先要"静"心修身,明确编辑的职业特征是为作者服务；其次是"敬"重作品,编辑面前无权威,对所有的作者一视同仁；最后是以"懂"作为编校工作的目标,时刻以"净"为编校工作的最高标准。念好"三字经","学者化编辑"即成学术期刊编辑发展的最高目标。

关键词：学术期刊；编辑；三字经；静；敬；净

1 问题的提出

在学术期刊出版过程中,以编辑与作者之间的矛盾为主,因为"作者在撰写论文时心中实际上都有目标读者群",无需编辑"联结素无交集的作者与读者"[1],所以编辑和读者之间就几无矛盾。而且在编辑逐渐职业化之后,编辑和作者之间的矛盾日益凸显,因为在 20 世纪 80 年代之前的学术期刊出版行业中,奉行的是"编研一体化"的标准,学术期刊的编辑同时又是某一个专业的研究者,所以学术期刊的编辑和作者之间就没有明显的矛盾。相比较而言,编辑比作者更关注这一矛盾,因为该矛盾会影响编辑自身业务的发展,进而影响学术期刊的发展。因此,解决编辑与作者之间的矛盾对学术期刊的发展影响很大。

学术期刊编辑与作者的主要矛盾在于"改"与"不改",即在编校过程中,编辑建议作者修改的某些意见,作者因为不认同而不愿意改；或者是作者不认同外审专家的建议,编辑也无法说服作者。编辑与作者这一矛盾的产生,源于学术期刊"编辑对作者文章有删改权"的规定。这一矛盾在出版界很具普遍性,同时也很隐蔽。编辑在这一矛盾过程中,很难要求作者改变多少,因为从学术层面上说,当前学术期刊编辑整体学术水平不如作者群高,不能与作者直接进行学术对话,编辑在大部分作者眼中只是个"文字校对者"。因为有《现代汉语词典》等工具书以及语言文字规范相关标准作为修改的依据,文字表述方面作者一般会采纳编辑的意见,而对于专家审稿提出的修改意见,作者修改到何种程度编辑一般会听之任之,主要还是因为编辑对稿件的学术价值判断不够,不能确定作者是否修改到外审专家要求的程度；或者即使有编辑指出作者文章学术方面或结构方面的欠缺,作者囿于将编辑认定为"文字校对者",也很

基金项目：江苏省期刊协会 2017 年立项课题 (2017JSQKB18)

难采纳编辑的建议。

学术期刊与大众出版编辑相比，后者面对的是文学创作，即使编辑本身创作水平不如作者高，也是可以对作者提出指导性意见的，因为不管是哪一种体裁的文学作品，内容和结构是根本性问题，大众出版编辑因为有长期的工作经验，会很容易发现文学创作者的毛病，并提出针对性的意见；而学术论文的逻辑结构一般是相对固定的：提出问题—论证问题—得出结论，不需要什么创作技巧与个性，所以一篇学术论文只要学术价值高，在语言文字等技术层面的问题就是偶有错别字、异体字、繁体字、病句，或者参考文献格式不规范等问题，这些在学术论文作者眼里是次要的问题。因此作者对这些问题都不太敏感，而且有的参考文献的规范化处理"明显偏离了汉语规范的表达框架"，使得"'国家标准'缺乏足够的权威性与说服力"[2]。当学术期刊编辑很热心地与作者进行沟通请作者改动文字表述和参考文献格式时，比较固执的作者会觉得编辑太较真，学术编辑或可能被迫迎合对方，将错就错；或者依据相关规定力争，会影响编辑与作者之间的关系。

面对以上的矛盾，学术期刊的编辑应该怎么做才能有效地与作者之间的沟通，使作者进行认真修改？笔者以为，要解决学术期刊编辑与作者之间"改"与"不改"的矛盾，必须念好"三字经"——"静、敬、净"。

2 "静"以修身，明确自己的职业特征

2.1 "静"心培养服务意识，"静"心不烦，为作者提供优质的服务

当前学术期刊编辑的边缘化地位比较明显，尤其是高校学报编辑。面对这一现状，埋怨或无所作为最终只会使自己陷入"混日子"状态，学术和编校水平都会停滞不前。所以首先应该"静"下心来认识自己的工作特点，设定目标，修心养性，以提高自己的工作能力，在学术期刊出版流程中，编辑负责初审和编校，学术论文水平高低、是否能发表的审稿权与决定权主要归于学术水平比编辑高的匿名审稿专家，所以学术期刊编辑所剩下的权力就是协助作者将论文的语言表达更规范更完美，因此学术期刊编辑的职业特征就是服务于作者。即使某些学术期刊的学术成就很高的学者型编辑，指导作者修改时能发现更多的学术问题，为作者提供了更优质的服务，但其工作还是属于编校工作中的一环，根本目的是为了使论文完美"出品"。

"静"心为作者做"嫁衣"，需要在不浮躁的"静心"状态下进行，编辑要不怕麻烦，同时也不要怕麻烦作者，需要和作者沟通修改的一定要征求作者的意见。比如文中引文内容是要作者文责自负的，有些必要的引文用的是二次转引文献，文献出处比较难以找到，有些作者怕麻烦会直接要求编辑将引文删掉。在这种情况下，编辑就要耐心对待，在查找文献时给予一定的帮助。但在"麻烦作者"的时候尽量为作者考虑，在编校过程中遇到需要请作者修改或核对正误的，最好把多次校对后的错误和疑点集中在一起，一次性发给作者，这样可以节省作者的时间，同时也让作者可以系统阅读校对自己的稿件。在沟通的过程中，编辑都要平心静气，遇到有分歧的问题，在确保自己的意见正确的基础上，耐心听取作者的意见后予以说服。

2.2 "静"心培养扎实的语言文字表达基本功

尽管学术期刊论文的作者基本都是硕士研究生以上的学历，但不可避免地会遇到有些作者语言表达水平基础不够扎实、语言表达方面的不规范或错误较多的情况，编辑要想说服作者改正，就要拿出过硬的语言文字表达基本功来说话。在静心修炼扎实的语言表达基本功的同时，还要及时更换大脑中已有的旧的知识储备，与时俱进，比如积极关注和了解不同时期

有关部门出台的行业标准，如新华社公布的一些禁用词、出版数字应用的相关规定、关于规范字的规定、关于参考文献的最新标准等。

平时"丰富的工作经验"使编辑对文字进行编辑加工"驾轻就熟"，"在鉴别作者的写作能力及作品的文字水平方面"[3]较一般作者有优势，尤其是长期编校文史类稿件的编辑，改正作者文章书稿中的人名、地名、日期等，改正的不仅仅是错别字，而是涉及学术问题了。比如有作者将"徐昌榖"写成"徐昌穀"，就是没有注意"榖"与"穀"的区别；如"罗马帝国派庞培率军征讨海盗"一句错误，因为"庞培生活的时代，古罗马政体尚为共和制，应称罗马共和国"[4]；又如南宋毛翔的《吾竹小稿》被作者误写成《吾筑小稿》，地名"可敦卜刺"被误写为"可敦卜剌"。类似错误是借助诸如黑马校对等软件校对不出的，而这些错误被编辑校对出来，会让作者心服口服。

2.3 "静"心提高学术素养，撰写"下水论文"

学术期刊编辑的特点是"两条腿走路"：一是语言文字的校对能力，一是学术价值品鉴的水平，两者缺一不可。写作能力和学术水平高，才更能提高自己的服务质量。当前学术期刊编辑学历基本较高，以经过一定学术训练的硕士、博士研究生为主，在学术水平上有一定的优势。但是，"任何一个编辑人员，哪怕他再有天赋，也无法通晓整个一级学科，更不要说其他一级学科了"[5]。多数学者也很难在通晓一个二级学科之外再去深入了解另外一个研究方向，编辑和其他学者一样，只能是有自己专门的研究领域，不可能做到门门专业，所以要编辑通晓整个一级学科也是苛求。但是，学术期刊的编辑还是要撰写某专业的水平很高的学术论文，成为该专业的专家，因为其虽然仅停留在一个二级学科的研究，但是其学术视野就会变宽，学术的品鉴能力就会提高，再加上长期的编辑工作经验，其学术水平与校对水平都会高于一般作者，具备和一般学者平等对话的能力。"无论古今中外，一个优秀的编辑是介入到作者的创造性劳动过程中的"[6]，学术期刊的编辑若能和作者进行学术上的对话，作者不仅会觉得自己的文章遇到了"知音"，而且会从编辑的服务工作中受益，会接受或至少会认真思考编辑提出的意见。因此，学术期刊编辑要养成撰写"下水论文"的习惯。学术期刊编辑的工作很琐碎，所在单位和职称评审程序也不太关注编辑的学术论文写作，要坚持写下去不太容易，但这是提高编辑品鉴与定位来稿水平的重要途径，关系到编辑审稿、策划、约稿等能力的提高，因此编辑要排除万难，坚持写作自己研究领域的学术论文。

3 "敬"重作品，对所有作者平等相待

3.1 "敬"作品：慎用修改权，时刻保持"求优"思维

一篇有学术价值的论文的撰写，需要作者费心费力，尤其是高质量的论文，没有几十个甚至更多的熬夜的晚上基本是难以成文的，所以编辑要认真对待每一篇来稿。首先做到"及时"回复稿件，缩短稿件处理的时间周期，减少作者等待的时间。其次是在编校过程中，慎用自己的"修改权"。依据《著作权法》第34条之规定，编辑有权对作品的文字、标点进行校对性修改，但是编辑不能按照自己的喜好随意删改作者原本正确的文字表述。此外，学术期刊编辑对作品的修改有时也行使能动性修改模式，即对文章中的论点、论据、结构等进行修改，而这种能动性修改的权利"须获得著作权人的授权，否则侵犯作品的修改权"[7]，因此编辑怀疑是错误的地方要及时与作者沟通，在避免侵权的基础上协助作者将论文修改到最完美。第三是要时刻保持"求优"思维，有打造"精品"的意识。作者"三更火五更鸡"写出来的论文，编辑要

尽可能用最完美的形式编校出来，除了没有错别字、不规范的标点等，还要追求形式的美观。每一篇稿件的学术水平难免有高下之分，囿于作者的写作水平，可能难以超越当下的自己，编辑要尽量将其作品编校至作者当下最高的表达水平。

3.2 "敬"作者：编辑面前"无权威"，对作者一视同仁

编辑与作者交流时，时刻要注意方式方法。首先，尊敬作者不代表只是肯定作者，而是要以认真负责的态度对待作者的稿件。学术期刊的编辑常常会面对德高望重的学界"权威"，但是，编辑面前"无权威"，因为编辑必须要求务实求真，就不能因为是"权威"就理所当然地认为其没有错误和不规范表达。"任何作者都会有不规范表述"的事实，要求编辑必须集中注意力，认真审校每一位作者的文章。其次是对所有的作者一视同仁，尤其是对待年轻学者时不能带有成见。笔者在编校第一作者为硕士研究生的论文时，常遇到文章逻辑上不够顺畅、一些词句意思不错但表达不够得体的情况，这就需要编辑付出更多的精力进行修改。最后，是"敬"作者的辛勤劳动，尊重作者的表达。作者一般都有自己的写作风格，在坚持语言表达没有错误和不规范现象的前提下，充分尊重作者的表达习惯和个性。

学术期刊编辑的"敬"作品和"敬"作者，本质是敬畏学术。"我们要求编辑对作者绝不能有一种居高临下的心态，不要妄谈'引领学术'，而是要敬畏学术，理解学术，服务学术。"[8]作者撰写论文就是求真求实，抱着对学术的敬畏之心而写作，学术期刊的编辑对学术有敬畏之心，与作者的沟通也就因为有同样的"敬畏"而更加顺畅。

4 以"净"作为编校工作的最高标准

学术编辑在平时的编校工作中，常常会听到这样的评价：某某编辑文章校对得"真干净"，反之则是"不干净"。可见，"干净"是编辑学界对编校工作的一个评价标准，这一标准自古有之。

4.1 把编校的最高标准定为"净"的历史依据

"编辑"是一个古今概念，学术编辑与古代图书"编辑"血缘最亲，因此学术编辑的编校工作标准与古代图书编撰者有相通之处。"干净"是一个现代汉语词汇，似乎是一个缺少理论渊源和实践基础的概念，其实不然，"干净"作为编校工作的标准在我国是源远流长。古代图书编辑工作尤其注重以"净"为标准。孔子是我国最早的编撰家，他在编修《春秋》时注重"笔则笔，削则削"，即如实记录，并且把应该删减的部分全部删掉。这种"削"，自然要削减到"净"为止。唐代以来有"净本"之称，谓誊写清楚的定本，是把比以前的任何一次编校水平都要高、编校得最好的本子称为"净"本。古代学者在编纂史书时也尤其注重"简净"之美："南北史以简净为主，大概就各朝正史删十之三四。"[9]187这也是编者认真修改的结果。但也有过于求"净"而适得其反的现象，如赵翼批评欧阳修在编撰《旧唐书》的时候删改太多："宰相王铎赴沧帅任，路经魏博，为节度使乐彦祯所害。新书但书'盗杀义昌军节度使王铎'，似为彦祯讳者。此皆欧公过求简净之失也。"[9]235这也提醒今天的编辑在行使文字修改权时要慎重，防止过犹不及。

4.2 编辑的内心及行为要"净"

当前学界的评价机制导致某些学术期刊的编辑或可能成为作者们"巴结"的对象。有的编辑把用不用稿作为个人的权力和资源，这样的编辑就是心不够"净"。学术期刊的编辑不能与相关学术中介勾结盈利，不能与作者进行与论文有关的利益上的交往，以致在衡量文章水平时丧失了学术标准，使文章的发表失去了公平公正。古往今来，一个人干净与否都是衡量其文明素质的重要标尺，只有拥有干净的人性，才能有平和的心态，认真负责的态度，做好每一

件事。

4.3 校"净"文字，尤其是校"净"隐藏在语言文字表面之下的错误

文字上的"净"首先是查出错别字、异体字、繁体字、语法和标点错误等。学术编辑在勘察语言文字和标点错误方面比一般作者要敏感一些，主要是因为多年的校对经验使然。其次，有些文字表达虽然没有错别字或者语法上的错误，但是拖泥带水，内容繁琐冗杂，也是文字不干净的表现，也需要编辑认真删改。还有一些隐藏在语言文字表面之下的错误更要时刻小心。如有的作者在行文中可能会借助内在的逻辑隐蔽表达自己的唯心主义的观点；有的甚至通过内在的逻辑表达一些不正确的观点，或者有含沙射影之嫌，这些都是需要在编校过程剔除干净的。

4.4 "懂"是"净"的前提

"净"与学术期刊编辑强大的判断力有关，要做到编校"净尽"，即最大可能地判断文章中观点的真伪、查找文字病句章法的错误等的前提，就是要"懂"。懂多少呢？"懂"与"净"之间的关系是成正比的，但是又没有一个量化的标准去衡量。怎么办？学术期刊的编辑要以自己的专业为中心，越多越好，无限量化，"人生也有涯，而知也无涯"。因懂而"净"——懂得越多文章编校就越干净，也决定了"净"成为最高标准不仅仅是理论观点，同时也是不可否认的编校实践经验。语言文字功底好的学术编辑，在语言文字表达方面的编校水平就会高；专业知识丰富的，对本专业的稿件编校水平就会高；学术素养高的编辑，就会更容易把优秀的稿件从众多的投稿中挑选出来。

编校到什么程度才算"净"？目前图书质量检查一般都以万分之二作为最低的合格标准。这个标准主要是以文字编校为主，相对来说可以量化，比如一个错别字没有校对出来要扣 1 分等，但这个编校质量的量化标准与文章本身的学术水平没有多大关系。目前学术期刊文章发表程序中有重要的一环——匿名专家审稿，学术期刊的编辑不主要承担评定文章学术水平任务，而且多数期刊编辑学术评定的能力也相对有限。那么，在此现实情况下，编辑如何做到学术编校方面的"净"呢？自然也就是能读"懂"文章所要表达的学术观点，了解文章的学术价值。而这一点，必然要求学术期刊的编辑要以成为"学者化编辑"为自己最高的发展目标。

5 学术期刊编辑"学者化"的必然性

近代以前，编辑是"编著校"统一的。古代学术类文章书籍的作者和编校者都是该文章书籍的"责任编辑"，学术精品都与编校者很高的学术素养有关。如宋眉山万卷堂以编印医书著称于世，该堂刻《新编近时十便良方》附有 14 本医书目录，均为精品，这与编印者精通医术有关。现代商务印书馆出的《四部丛刊》、百衲本《二十四史》之所以受到学术界的重视，就在于编者做了很多艰苦细致的工作，"尽力搜求旧本以校正今本，有很多新的发现"[10]，这些"新的发现"，主要是因为编校者具备很高的学术水平。

学术刊物"编辑学者化"问题已经讨论近 40 年之久，分歧很大。目前反对"编辑学者化"的大有人在，其实，"编辑学者化"是我国古代编辑职业的固有标准，也是最高标准。学术期刊的编辑本身就是一种复合身份，身份主体仍然是传统意义上的学术编辑，必须要具备学术编辑的基本素养，即对文字的修改能力、对学术水平的判断能力。

目前教育部也倾向将学术期刊的编辑部定为出版单位和研究单位的合体。1978 年 11 月教育部颁发的《关于办好高等学校哲学社会科学学报的意见》明确规定："学报编辑部一般应相

当于系一级或校(院)属研究所一级的学术机构。按文、史、哲、经、教等专业配备一定数量的专职编辑以及必要的行政人员。"即要求学术期刊编辑部相当于学术机构,需要各专业的编辑,因此编辑成为某专业的学者也是必然。学术期刊编辑主要负责哪个学术方向,就要对这个方向有比较深入的了解。学术编辑编辑学术书刊,是将学术书刊传播到相关的学术领域中去,只有这个学术领域的内行,才会有可能凭借自己的学术传播能力和水平打造出完善的学术讯息和一流的学术作品。

学术期刊的编辑有很高的学术素养,学术判断力就会增强,会从众多的来稿中判断出有一定学术价值的稿件送专家外审,审稿专家也就会少审阅学术水平低的稿件,工作效率因此提高。只有这样,也才能使学术期刊的编辑在发现作者、培养作者方面成为可能。大众出版编辑是重在发现创作新手,但等这位作家出名或者发展到自己的高峰期,编辑的作用也就不大了。同样,多数学者的第一篇学术论文也是被编辑发现的;即使发表的决定权多归于匿名审稿专家,但送到审稿专家手里的学术论文是被编辑最初发现的。学术期刊的编辑以"学者化"来要求自己,就会在学术上有所成就,也就能像一般大众出版编辑那样,发现作者,培养作者,更好地为学术期刊的发展服务。

参 考 文 献

[1] 朱剑.如影随形:四十年来学术期刊编辑的身份焦虑:1978—2017 年学术期刊史的一个侧面[J].清华大学学报(哲学社会科学版),2018(2):9.

[2] 陈信凌,祝丽君.对编辑出版一种"国家标准"的质疑:关于学术性文章文后参考文献规范表述的思考[J].中国记者,2018(7 上):53.

[3] 李记松.匿名审稿制下的编辑与作者关系:以人文社会科学期刊为中心[J].南京大学学报,2015(1):154.

[4] 胡宝亮.文史书稿中的各类错误与发现方法[EB/OL].(2018-09-17)[2018-09-25].https://mp.weixin.qq.com/s/Ynn8dZ-F3R9gpp1wPRGckg.

[5] 俞吾金.文科学术期刊建设之我见[N].文汇报,2004-12-12.

[6] 叶庆娜."嫁女"与"选媳":学术期刊编辑与作者互动关系新论[J].河南师范大学学报(哲学社会科学版),2018(5):153.

[7] 刘佳.著作权语境下的编辑权[J].编辑之友,2018(3):87.

[8] 吴承学.编辑莫妄谈"引领学术"[N].光明日报,2009-06-22.

[9] 赵翼.廿二史札记[M].曹光甫,校点.南京:凤凰出版社,2008.

[10] 程千帆,徐有富.校雠广义(版本编)[M].济南:齐鲁书社,1998:14.

关于出版专业技术人员继续教育的思考与建议

莫 愚，梁光萍

(《中华烧伤杂志》编辑部，重庆 400038)

摘要： 继续教育是对出版专业技术人员知识更新、拓展与补充的有力途径，笔者针对出版人员继续教育现存问题做了调研，结合有关条例规定提出几点思考与建议，包括分层次培训、大型专业会议与继续教育衔接、推广远程培训模式、面授培训地点和课程等几个方面。

关键词： 出版；继续教育；培训方式

继续教育是出版专业技术人员知识更新、拓展与补充的有力途径[1]，旨在促使出版人员在从业过程中通过不断学习和自我完善来提高创新水平和专业技能。2016、2018 年习总书记在宣传思想工作会议/新闻舆论工作座谈会上对宣传思想工作队伍提出"四力——脚力、眼力、脑力、笔力"要求，这不仅是出版专业技术人员职业资格考试中的理论知识所能涵盖的，还要靠平时的日积月累，开展继续教育凸显出重要性。国家新闻出版总署于 2010 年出台《出版专业技术人员继续教育暂行规定》(下称《暂行规定》)[2]，近日又针对《出版专业技术人员继续教育规定》公开征求意见(下称《规定(征求意见稿)》)[3]，反映了新闻管理部门在如何更好实施出版人员继续教育、加强出版职业道德建设、全面提升出版人员专业胜任能力方面所进行的重大举措。笔者针对出版继续教育现存问题做了调研，结合 2 个规定提出几点思考与建议，希望能为继续教育的有效开展提供参考依据。

1 出版继续教育现存问题

笔者近期针对 220 名出版专业技术人员做了关于当前出版继续教育现状调查，反馈率达 90.9%(200/220)。主要反馈问题如下：①认为继续教育重于形式，不同培训班的课程内容存在重复，实用性的课程较少。②培训授课人将个人对问题的理解作为标准进行培训，不同培训授课人对于同一内容理解不一使听课者困惑。③相较于其他行业，出版从业者数量相对少，工作量大，继续教育学时长且多以面授为主，出版人员自觉负担重——学习期间难以兼顾日常工作，用人单位缺少减负措施。④地方出版管理部门对出版职业资格/责任编辑的登记续展流程不熟悉、反馈拖延，导致申报的继续教育学时失效，延误登记或续展；登记或续展有效时限较短。⑤除了主编、主任有定向性培训外，其余人员不区分职业资格统一学习，不乏已经取得高级职业资格的人员为了学时参加收获不大的继续教育培训。⑥对远程继续教育不太了解。上述调查收集的部分问题与已有文献报道提及内容[4-10]相符。

通信作者：梁光萍，E-mail: guangpingliangg@163.com

2 出版继续教育政策中的培训方式和学时

《暂行规定》提出出版专业技术人员每年参加继续教育的时间累计不少于 72 学时。其中，接受新闻出版总署当年规定内容的面授形式继续教育不少于 24 学时，其余 48 小时可自愿选择参加省级以上新闻出版行政部门认可的继续教育。《规定(征求意见稿)》提出出版专业技术人员继续教育每年累计不少于 90 学时，分为公需科目和专业科目，其中出版专业科目学时一般不少于总学时的三分之二。对比《暂时规定》政策，《规定(征求意见稿)》对面授培训方式有弱化；培训内容分类清晰，公需知识单独划块列出强调出版人员学习、更新政治理论、法律法规和强化职业素养的重要性，同时提出每年出版专业科目的基线学时为 60 学时。

对比《暂行规定》政策，《规定(征求意见稿)》对继续教育的培训方式进行扩大和延伸，例如承担出版类研究课题、期刊发表出版类或与工作相关的学术论文、出版与翻译著作、会议报告人/授课人、出版资格考试的命题与审题和阅卷、参加所在单位或相关专业机构组织的与本单位出版范围相关的专业类培训等。此条措施的修订丰富了继续教育的培训方式，除了常规的听课方式外，还鼓励出版人员不断提升自我、参与出版理论与实践探索，为催生和培育优秀出版人才提供良好政策环境，同时为前述调查中提及"因参加面授培训学时长难以兼顾日常工作的困境"提供了多个解决途径。然而在《规定(征求意见稿)》中，未提及各类培训方式所对应的继续教育学时换算。此外，"参加所在单位或相关专业机构组织的专业类培训"这一条继续教育培训方式，"所在单位"用词不太明确，就期刊而言，是指出版单位开展的业务培训，或是各非法人编辑部开展的员工业务培训亦可。这些疑问希望在《规定》正式出台时能予以明确。

3 关于出版继续教育培训的建议

3.1 分层次培训

建议按照出版专业技术人员获取的职业资格划分层次进行培训，以更好打造出版人才梯队：①对于才从事出版工作的人员或者已经取得初级出版职业资格的人员，大多从事出版工作在 5 年之内，还处于需要多积累吸收出版专业知识的阶段，学时参照《规定(征求意见稿)》至少 90 学时较为适宜，其中公需科目至少达 30 学时(占比 1/3)，出版专业科目授课内容以出版政策法规、编辑业务知识、编校技能和质量要求、装帧和版式设计为主，且应为统一规范内容。②对于已经取得中级出版职业资格的人员，普遍从事出版工作超过 5 年，对出版专业知识熟悉或是相当熟悉，建议参照《暂行规定》至少 72 学时较为适宜，其中公需科目至少达 24 学时(占比 1/3)。这类人员属于成熟编辑，多半是出版工作的骨干力量，这样有助于他们平衡工作和学习，为进一步自我提升做好铺垫。出版专业科目授课内容以出版政策法规及编辑业务相关的新知识、新技术、新技能为主，可尝试对理论或实践问题讨论交流。③对于已经取得副编审及以上出版职业资格的人员，普遍从事出版工作超过 5 年，对出版专业知识熟悉或是相当熟悉，学时建议调整为至少 48 学时较为适宜，其中公需科目至少达 24 学时(占比 1/2)。这部分人员是单位的骨干力量或者是参与管理者，加大公需科目学习的比例，多学习掌握政策内容以把控出版物的导向性，同时给予他们进行出版理论与实践探索的自由度，以期为出版行业发展提出可行性建议。出版专业科目授课内容以出版政策法规，编辑业务相关的新知识、新技术、新技能，及出版运营管理等知识为主，并对亟待规范的理论或实践问题讨论分析。本提议与已有报道的部分观点[6-7,11]相符。

针对不同梯队的出版人员，将学时基线值个性化调整并不与上述出版管理规定冲突，只是希望出版业人才能拥有更多自由度去合理规划自我提升和探索的时间。

3.2 大型专业会议与继续教育衔接

大型出版学术会议比如中国科技期刊发展论坛、中国科技论文统计结果发布会等会议的报告内容丰富、含金量高，发人深省，不亚于培训班的理论知识学习。《规定(征求意见稿)》在继续教育的培训方式中没有提及参加大型出版学术会议可以申领继续教育学分，鉴于这类会议的听课人员较多，建议与继续教育衔接[7]，为出版人员减负，增加他们的收获感、调动学习积极性。

3.3 推广远程培训模式

上述调查中提及出版人员认为参加的继续教育学时长、压力大，普遍是通过参加面授培训班的集中学习来一次性获取学分，多数人认为分次参加培训班更耗费精力。即便是《暂行规定》中72学时折算下来大约需要9天时间，为了兼顾日常工作，在课堂上边学习边工作的情况不少见，培训质量不高；于用人单位而言，除培训费用外差旅费加9天的食宿费用、人员不能全心投入工作，成本也是不小。良好开展远程培训模式似乎可以提供一种解决途径。《规定(征求意见稿)》中提及的公需科目建议以远程教育方式开展，可缩短面授继续教育学时。目前不少出版人员不了解远程继续教育学习，估计一是推广宣传不到位，二是培训课程有待提高。鉴于当前每场出版继续教育培训班的学员名额有限，建议在有关部门指导下在当年面授培训班中优选部分或者全部同期开放远程直播视频，包括3.2节提及的大型出版学术会议寻求技术支持也可开设远程直播视频[12-13]，使线上线下都能及时学习到新知识，缓解出版人员工作压力和减少用人单位成本支出，主办方则可根据会议筹备情况针对线上直播培训人员按照面授培训人员会务费一定的比例收费支持会议运作。除平常时期外，在特殊时期如本次新冠肺炎疫情期间，因为不便面对面交流互动，远程培训能给大家提供学习机会，而且随着技术的更新换代将日益满足学员的个性化需求，值得推广[9,14-15]。

3.4 面授培训地点和课程

对于面授培训地点的设置，建议按照华北、华中、华东、华南、西北、东北、西南等地区轮流设置区域性继续教育培训点，在管理部门的统筹下会议主办方可按区域协调办会地点，让参会学习人员每年能够有就近接受继续教育培训的机会。对于不同培训班课程安排，建议统一上报相关管理部门审核，筛选重复多次的课程，但应允许适当必要的重复，满足不同听课人的需求。在课堂中，培训授课人应将个人对问题的理解和普及推广的规范标准明确区分开，并将个人的理解做出说明，尤其是针对刚从事出版工作的人员或者对出版业务知识不太熟悉的初级职业资格人员。针对不同授课人对于同一类内容的理解不一，尤其是在同一个培训班中，建议会议主办方事先对授课人的课件进行预览，或提前与授课人沟通讲课内容及主要观点，对有冲突的观点建议在课程中弱化或者予以说明，在授课过程中尽量带给学员准确统一的信息。

3.5 出版职业资格/责任编辑的登记续展

出版职业资格/责任编辑的登记续展有效期为3年，相比其他专业登记续展的有效期至少5年明显偏短[11]，建议各行业平行对照统一规划，有助于出版人员更好平衡工作和继续教育学习。建议地方出版管理部门强化专人熟悉出版职业资格/责任编辑的登记续展申报流程和较好落实解释义务，有效推进工作开展。

参 考 文 献

[1] 李崎钢.对编辑继续教育的几点想法[J].出版参考,2011(22):1.
[2] 国家新闻出版总署.出版专业技术人员继续教育暂行规定[EB/OL].(2010-11-25)[2020-06-17].http://www.cqbk.com.cn/InfoView?uid=f82b036a-e3f2-4461-bdfd-8e55ce249865.
[3] 国家新闻出版署人力资源社会保障部.关于《出版专业技术人员继续教育规定(征求意见稿)》公开征求意见的通知[EB/OL].(2020-05-29)[2020-06-17].http://www.cqbk.com.cn/InfoView?uid=932ef068-3c98-4409-aeb4-371d6e984376.
[4] 李文娟.出版专业技术人员继续教育问题剖析[J].出版参考,2015(11):18-19.
[5] 王钱超,张择瑞,郭娟娟.出版专业技术人员继续教育的特点、问题及其改进[J].安徽工业大学学报(社会科学版),2019,36(1):117-119.
[6] 朱兴红.期刊编辑继续教育问题探讨:以甘肃省继续教育培训为视角[J].西北民族大学学报(自然科学版),2016,37(2):93-95.
[7] 罗香,吴子瑛.出版专业技术人员继续教育中的按需施教研究:以期刊编辑为例[J].山西广播电视大学学报,2015(4):99-101.
[8] 刘锋.编辑继续教育工作存在的问题与应对策略[J].出版科学,2015,23(3):42-43.
[9] 张雪梅.出版职业资格续展中的继续教育问题研究:以学术期刊编辑为例[J].出版广角,2014(18):82-84.
[10] 姜楠.浅谈如何提升新疆新闻出版行业培训效果[J].新疆职业教育研究,2017(1):80-82.
[11] 李官.对我国出版专业技术人员继续教育的审视[J].出版广角,2015(增刊1),126-127.
[12] 张士成,刘玉秀,史兆荣.网络视频直播介入医学学术会议实践再思考[J].东南国防医药,2019,21(5):546-548.DOI:10.3969/j.issn.1672-271X.2019.05.024.
[13] 史晓翠,董家集,傅扬.视频直播系统在学术交流直播中的应用[J].电脑编程技巧与维护,2013,(16):153-154.DOI:10.16184/j.cnki.comprg.2013.12.015.
[14] 樊霄鹏.出版专业技术人员远程继续教育问题浅谈[J].成人教育,2017(6):42-44.
[15] 杨怀玫.MOOC理念对提高出版专业技术人员继续教育质量的启示[J].盐城师范学院学报(人文社会科学版),2016,36(3):117-120.DOI:10.16401/j.cnki.ysxb.1003-6873.2016.03.085.

期刊编辑工作投入现状调查及提升策略

龚阔英，赵 正

(咸阳师范学院学报编辑部，陕西 咸阳 712000)

摘要：采用工作投入量表(UWES中文版)对252名期刊编辑进行问卷调查，结果显示：本科及以上文化程度、初级职称、年龄30岁以下、工作年限3年以下的年轻编辑工作投入较高；大专及以下文化程度、中级职称、年龄36~45岁、工作年限5~10年的编辑工作投入较低。期刊编辑应正确面对工作压力，加强自我调适；同时，出版单位也应在工作环境、评价机制、任务分配及培训学习等方面给予充分的组织支持，以提升编辑的工作投入。

关键词：期刊编辑；工作投入；自我调适；组织支持

在以往的编辑心理研究中，多将关注点放在病态心理或亚健康状态，如编辑的职业倦怠、工作压力等方面[1]。随着积极心理学的兴起，心理学界开始越来越关注个体的积极心理品质研究，如心理弹性、乐观等[2]。在职业心理研究领域，工作投入、心理资本等[3-4]积极心理品质成为研究的热点。

良好的编辑工作投入状态，可以对编辑的身心和行为、工作绩效、组织和家庭都产生积极的影响。在个体方面，编辑工作投入有助于提升编辑的主观幸福感和生活满意度等积极情绪，降低抑郁、工作倦怠等负面情绪，同时，编辑工作投入还对编辑的心理资本如希望、韧性、自我效能感等有积极效用，也有助于提高个人地位和经济收入。在工作方面，编辑工作投入可以提高编辑的工作能力、工作绩效，创造更多的工作资源，进而提高期刊的出版质量。在组织方面，编辑工作投入可以增加组织的和谐度和组织绩效，提升组织核心竞争力。同时，编辑工作投入还以榜样的形式对编辑周围的人如同事、作者、配偶和子女等进行感染渗透，有助于积极情绪的传递。

1 编辑工作投入的概念界定

工作投入(work engagement)的概念，可以追溯到1990年美国的Kahn的研究。他基于质化的理论生成方法，指出工作中的投入是"组织成员通过控制和表达自我，能够全身心融入工作角色"。Kahn还明确指出工作投入包含生理投入(physical)、认知投入(cognitive)和情感投入(emotional)3个维度[5]，主要表现在生理上积极主动参与、认知上谨慎敏锐和专注、情绪上顺畅表达自我及良好的人际关系。之后，经历了Maslch、Rothbard、May等从多个角度对工作

基金项目：中国高校科技期刊研究会青年基金资助项目(CUJS-QN-2018-036)；陕西省出版科学基金项目(17BSC17)

投入的概念和应用的不断完善，形成了以 Schaufeli 为代表的主流观点。Schaufeli 认为工作投入是一种工作中积极、充实的情感和认知状态，包括活力(vigor)、专注(absorption)和奉献(dedication)3 个维度[6]。其中活力是指员工具有良好的心理韧性，工作中精力充沛，自愿努力工作，面对困难时坚持不懈；专注是指员工以工作为乐，工作中全神贯注而无视外界的影响；奉献是指员工能全身心投入工作中，有饱满的热情，勇于接受挑战，并有强烈的价值感、自豪感。

综上所述，本研究认为：从操作性层面对编辑工作投入进行定义，编辑工作投入是指编辑在工作中充满活力、全神贯注、积极奉献的一种工作状态。编辑工作投入是一种情感、认知、行为层面上的心理状态，具有持久性和弥散性的特点。

2 编辑工作投入的现状调查

2.1 调查对象

为了调查编辑的工作投入现状，本研究对期刊编辑进行随机抽样问卷调查，共发放问卷 287 份，回收有效问卷 252 份，有效回收率为 87.8%。其中男性 66 人，女性 186 人；年龄在 30 岁以下 57 人，31~35 岁 57 人，36~40 岁 48 人，41~45 岁 36 人，46~50 岁 36 人，51 岁以上 18 人；学历是大专及以下共 6 人，本科 111 人，硕士及以上 135 人；单位性质中事业单位 207 人，企业单位 39 人；职称是初级的 51 人，中级 117 人，副高 54 人，正高 30 人；工作年限中工作 1 年以下的 36 人，1~3 年 33 人，3~5 年 24 人，5~10 年 72 人，10 年以上 87 人。

2.2 研究工具

采用张轶文等修订形成的中文版工作投入量表(Utrecht Work Engagement Scale, UWES)[7]，测量期刊编辑的工作投入情况。该量表由 15 个项目组成，分为活力(vigor)、专注(absorption)和奉献(dedication)3 个因子。量表采用李科特 5 点记分。得分越高表明期刊编辑工作投入度越高。本研究中该量表内部一致性系数为 0.887。

2.3 调查结果

2.3.1 不同性别、单位性质编辑的工作投入

编辑工作投入在性别上存在显著性差异($t=1.06$，$P=0.018$)，男性编辑(58.50±6.68)比女性编辑(55.59±9.75)工作投入程度高(见表 1)。分析原因，女性编辑需要同时承担工作和家庭的双重压力，过重的压力容易使其生理上疲乏，心理上感到沮丧、抑郁，相对来说，男性编辑在工作中会更专一，投入程度更高。同时，数据也显示，女性编辑工作投入的标准差远大于男性，说明女性编辑工作投入程度两极分化较为严重。由表 1 还可以看出，事业单位(56.23±9.48)和企业单位(56.93±7.54)的编辑工作投入无显著性差异。

表 1 工作投入在性别、单位性质等方面的差异

项目	变量	工作投入($M±SD$)
性别	男	58.50±6.68
	女	55.59±9.75
单位性质	事业单位	56.23±9.48
	企业单位	56.93±7.54

2.3.2 不同年龄编辑的工作投入

由图1可知，编辑工作投入的水平随年龄的增长呈现先降低后升高的趋势。35岁以下、46岁以上的编辑工作投入水平较高，而36~45岁的编辑工作投入水平较低。分析原因，初入职的编辑，一方面编辑工作业务有适应期，需要大量的时间和精力投入工作中，所以工作投入较高；而46岁以上的编辑转岗转业的机会随着年龄增长而降低，工作趋于稳定，编辑工作的使命感使他们具有较高的工作投入状况。相反，年龄36~45岁的编辑正值工作的黄金时期，在出版单位大都是中青年骨干力量，但同时，处于这一时期的编辑群体受到其他职业诱惑的机会更多，在职业发展关键期常常将编辑工作投入转向管理、社会交际等事务，还有家庭因素，致使这一群体工作投入水平相对较低。

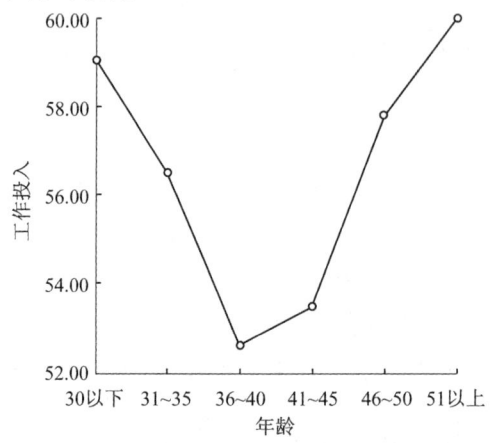

图1　不同年龄编辑的工作投入

2.3.3 不同文化程度编辑的工作投入

由图2可以看出，本科学历的编辑工作投入最高，硕士及以上学历的编辑次之，大专学历的编辑工作投入最低。分析原因，期刊编辑从事的是对精神文化知识的再加工，是文化传承和发展中的重要环节。尤其是学术编辑，工作的对象往往是有一定学术深度的稿件，面对的作者群体也多是高校和科研院所的研究人员，这就要求编辑具备一定的专业知识背景和对学术发展趋向的预判能力。相对而言，拥有本科及以上学历的编辑更容易胜任，且根据自身知识结构易于对某些学术问题产生关注，因而工作投入程度相应较高。

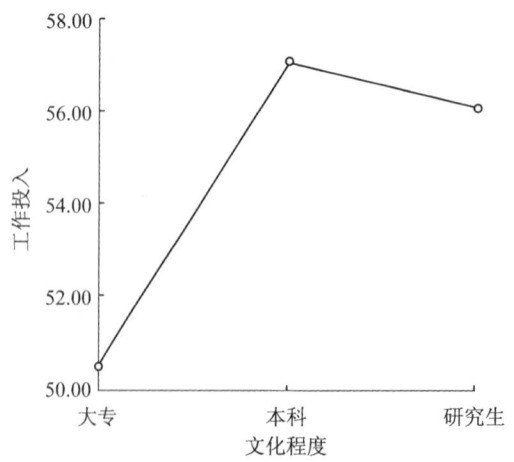

图2　不同文化程度编辑的工作投入

2.3.4　不同职称编辑的工作投入

由图3可以看出，初级职称的编辑工作投入最高，高级职称编辑工作投入随着职称的提高而升高，中级职称编辑工作投入最低。分析原因，初级职称的编辑多为刚入职不久的年轻人，对编辑工作充满兴趣和新鲜感，且多处于业务学习阶段，承担的编辑任务较轻，易获得成就感，故而工作投入程度较高。高级职称人员入职时间长，业务水平相对较高，一般多从事选题策划和稿件审读等工作，且工作经验丰富，更善于情绪的控制和自我的调适，能产生较高的工作绩效。而中级职称编辑作为出版单位的主体，承担着选题、约稿、编辑、校对、沟通等众多繁杂的工作，为了评定职称，还需要不断地摸索科研方向，撰写学术论文，导致心力交瘁、身心俱疲，工作投入就会较低。

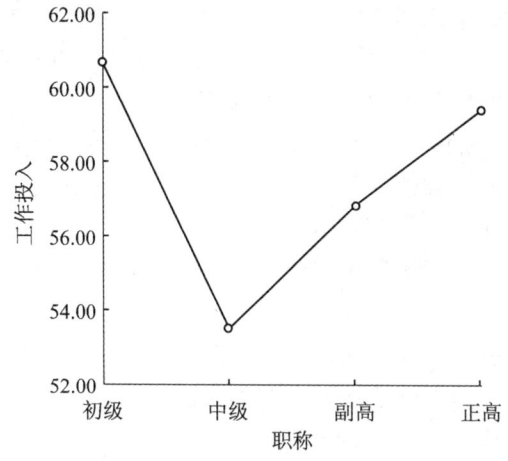

图3　不同职称编辑的工作投入

2.3.5　不同工作年限编辑的工作投入

由图4可以看出，工作3年以下的编辑工作投入最高，工作5~10年的编辑工作投入最低，这与编辑不同年龄的工作投入曲线走向大体相同。另外，工作5~10年的编辑的职称以中职居多，也与中级职称的工作投入最低相互印证。

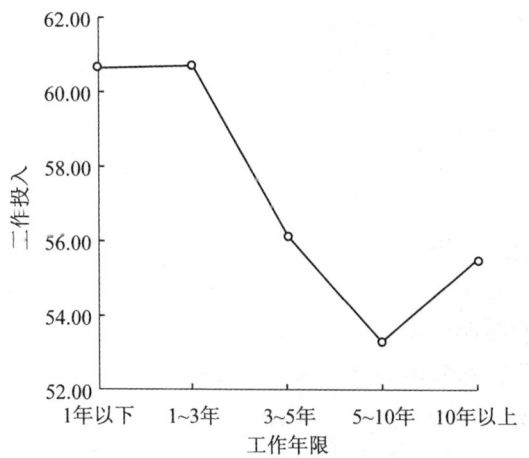

图4　不同工作年限编辑的工作投入

3 提升策略

3.1 编辑应加强自我调适

自我调适是编辑缓解职业倦怠、增加工作投入的重要途径。首先，编辑应正确面对工作压力。当今社会是信息化社会，科学技术日新月异，学术期刊编辑作为新知识、新技术传播的引介者，需要不断拓宽自己的知识储备，完善自己的知识结构；而出版形式的创新性与多样性，也要求编辑不能再拘泥于传统的出版模式和信息交流方式，需要不断地推陈出新；另外，薪酬收入不高、职称评定困难等问题，也都给编辑造成了巨大的工作压力。面对压力，编辑需要保持积极的心态，针对各种压力源予以甄别，合理利用挑战性压力，规避障碍性压力。同时，编辑还需要具备自我调控的能力，出现不良情绪时，寻找合适的渠道进行自我纾解，释放压力，避免不良情绪堆积进而造成职业倦怠。其次，编辑要学会"适度"抽离，以维持长期稳定的工作投入。资源保存理论认为，个人资源随着工作的投入会持续损耗，因此需要通过身心的恢复来维持下一阶段的工作投入[8]。编辑工作本身枯燥、乏味且繁琐，长期沉浸其中，很容易产生焦躁、烦闷、抑郁等情绪，感觉工作难以为继。产生这种不良情绪时，编辑需要尽量避免加班，及时抽离。研究表明，员工下班后能及时从工作中抽离，会减轻疲惫，更有活力[9]。编辑在下班后或节假日，可通过短途旅游、体育锻炼和社交活动等方式实现身体放松和心理抽离，恢复精力和体力，以便更好地投入后续工作。再次，编辑应坚持学习，丰富自我。信息时代，知识更新迅速，编辑若固守旧有知识体系，很难跟上知识更新的速度，就会感到无所适从。只有通过不断地学习，完善自己的知识储备，拓宽学术视野，提高论文编校水平，才能在工作中得心应手，保持活力。

3.2 出版单位应给予充分组织支持

编辑属于知识型员工，更为关注学习成长、情感需求等条件性资源，其工作投入程度与组织支持具有显著的正向相关性[10]。出版单位可采取以下几点措施为编辑提供组织支持：首先，为编辑营造较为轻松和谐的工作环境。轻松的工作氛围，能够有效缓解编辑的工作压力，树立积极向上的工作心态，轻松应对繁杂的编辑工作。同时，和谐的工作环境还能够帮助编辑建立良好的人际关系，促进同事间的相互理解与资源共享，提升编辑的工作绩效和团队整体绩效。其次，建立公平、科学的评价机制和管理制度。良好的组织公平感，可以使编辑感受到付出与回报之间的平衡，当预期期望被满足时，编辑更易全身心地投入到工作中，从而提升工作投入度；而缺乏公平的评价机制，则会伤害编辑的工作积极性，造成责任心缺失、消极怠工等后果，不利于编辑工作投入。再次，确立合理的任务分配原则。有研究表明，当工作要求过高时，员工倾向于实施低水平的工作投入，继而影响工作积极性。而任务分配不明确或不公平，极易产生编辑角色冲突和角色模糊等问题。因此，出版单位应合理分配工作任务，明确工作职责，建立畅通的内部沟通机制，使编辑既能感受到一定的工作压力，又可在能力范围内完成任务，如此才能促成编辑的迅速成长。最后，为编辑提供学习和发展的机会。编辑从事的是知识的整理、加工工作，需要拥有敏锐的洞察力、良好的沟通能力和一定的学术素养，并时刻保持正确的精神文化导向。出版单位应积极为编辑提供继续教育培训的机会，提升编辑的综合素养和业务能力，并针对编辑的个性化发展需求为其提供相应的发展空间，进而提高出版单位的核心竞争力，创造更多的社会效益和经济效益。

4 结论

由以上调查研究可知,年龄在30岁以下、文化程度为本科及以上、职称为初级、入职年限为3年以下的编辑工作投入最高,这部分人主要为刚入职的年轻编辑,工作积极热情,自我认知感强,善于接受挑战,且易于将压力转化为动力,能迅速有效地进入工作状态。年龄在36~45岁之间、文化程度为大专及以下、职称为中级、入职年限为5~10年的编辑工作投入程度最低,而这部分人员恰恰是出版单位的骨干力量,较低的工作投入不仅无益于团队工作绩效的提升,反而使自身成为职业倦怠潜在的高危人群[11]。另外,女性编辑的工作投入要略低于男性,这主要是因为多数女性编辑不仅仅要面对工作,更在日常家庭生活中起主导性作用,易产生生理疲劳和精神焦虑,难以全身心投入工作。可见,具备较高的文化程度,身处愉悦的工作环境,拥有较高的职称和薪资,更易使编辑产生高效的工作投入。这一方面要求编辑要积极进行自我调适,正确面对压力,并适度从工作中抽离,避免堆积不良情绪;同时,不断加强自身知识储备,完善知识结构,以便更轻松地投入工作。另一方面,出版单位也要主动关注编辑的工作投入情况,尽量为编辑创造较为轻松、和谐的工作氛围,建立科学、公平的评价机制,并为编辑提供进一步学习和发展的机会,进而产生更优的工作绩效。

参 考 文 献

[1] 张积玉.编辑学新论[M].北京:中国社会科学出版社,2003.
[2] 刘翔平.当代积极心理学[M].北京:中国轻工业出版社,2010.
[3] 陆欣欣,涂乙冬.工作投入的短期波动[J].心理科学进展,2015,23(2):268-279.
[4] 李玉娟.心理资本:组织竞争优势之源[J].淮海工学院学报(人文社会科学版),2014(1):99-100.
[5] KAHN W A. Psychological conditions of personal engagement and disengagement at work [J]. Academy of Management Journal, 1990, 33(4):692-724.
[6] SCHAUFELI W B, BAKKER A B, SALANOVA M. The measurement of work engagement with a short questionnaire: a cross-national study [J]. Educational and Psychological Measurement, 2006, 66(4):701-716.
[7] 张轶文,甘怡群.中文版 Utrecht 工作投入量表(UWES)的信效度检验[J].中国临床心理学杂志,2005,13(3):268-270.
[8] KÜHNEL J, SONNENTAG S, BLEDOW R. Resourcesand time pressure as day-level antecedents of work engagement [J]. Journal of Occupational and Organizational Psychology, 2012, 85(1):181-198.
[9] DEMEROUTI E, BAKKER A B, SONNENTAG S, et al. Work-related flow and energy at work and at home: a study on the role of daily recovery [J]. Journal of Organizational Behavior, 2012, 33(2):276-295.
[10] 孙健敏,焦海涛,赵简.组织支持感对工作投入与工作家庭冲突关系的调节作用[J].应用心理学,2011,17(1):31-35.
[11] 赵止,陈小萍.工作压力对编辑职业倦怠的影响[J].济南职业学院学报,2015(6):121-124.

通过修改医学论文摘要来提高编辑的专业素养

聂兰英，张以芳

(南方医科大学南方医院《中华创伤骨科杂志》编辑部，广东 广州 510515)

摘要： 本文总结了目前临床医学论文中文结构式摘要撰写中存在的主要问题：目的不明确、方法交代不清、结果描述不具体、缺统计学比较结果、结论不准确、与目的不呼应等，指出医学期刊编辑可以通过修改医学论文中文摘要来提高自身的专业素养，丰富专业知识，增强审稿决策能力，提高逻辑思维能力和语言文字表达能力，提升协调沟通能力。

关键词： 医学论文；摘要；编辑；专业素养

医学论文的摘要是论文的缩影、全文的概括和浓缩，是独立性的短文，也是读者决定是否阅读全文并加以引用的关键因素[1]。笔者从编16年来，在英文编辑老师的带领下修改了大量医学论文的中文摘要，但是至今仍然会出现摘要修改不到位的情况。从与英文编辑老师共同商讨摘要修改的过程中，笔者发现自己修改摘要、甚至修改全文的能力都大大提高了，现将医学论文摘要中存在的主要问题以及编辑修改的心得和体会总结如下。

1 医学论文摘要撰写中存在的主要问题

医学论文摘要包括结构式摘要和非结构式摘要(报道性摘要、指示性摘要、报道-指示性摘要)两种，前者适用于原创性研究(临床研究和实验研究)、Meta 分析等医学论文；后者主要适用于述评、综述类医学论文[2]。结构式摘要包括目的、方法、结果及结论四部分，本文主要探讨医学论文结构式摘要撰写过程中存在的主要问题。

1.1 目的不明确

目的主要是回答为什么要进行这项研究，说明提出问题的缘由。目的一定要明确，否则会使读者失去进一步阅读的兴趣。例如题为"数字化虚拟可视技术在骨科的初步应用研究"的一文，目的是这样写的"1) 建立'虚拟中国人'(Virtual Chinese Human, VCH)膝关节及小腿可视化数字模型；2) 建立足背皮瓣、带血管腓骨瓣数字化模型；3) 建立 VCH 女 1 号、男 1 号足踝可视化模型；4) 建立数字化骨折模型；5) 模拟椎弓根螺钉固定术"。将目的写成了方法，啰唆一大段，并没有明确本研究的目的是什么。经过编辑修改后为"探讨在自建数字化骨折模型上模拟椎弓根螺钉固定术的可能性和效果"。

基金项目：中国科协精品科技期刊工程学术质量提升项目(2015KJQK003-1)
通信作者：张以芳，E-mail: lynie80@163.com

1.2 方法交代不清晰

包括一般资料缺如、分组模糊或混乱、手术方法或实验方法缺如、观察指标缺如等。医学论文摘要的方法应包括研究对象来源、分组描述(随机试验要交代具体的随机方法)、样本量及患者一般情况、治疗方法或实验方法、观察指标等。例如方法如此描述"前瞻性收集 2015 年 8 月至 2016 年 8 月老年股骨粗隆间骨折患者共 119 例,检测围手术期不同时间点外周血 T 细胞 PD-1 表达变化,分析其与感染并发症的关系,评估其预警价值"。结果中有分组信息,但是方法中未交待分组情况:该文应该有 2 次分组,一次是骨折组和对照组;一次是骨折组再分为感染组与无感染组。改为"前瞻性收集 2015 年 8 月至 2016 年 8 月期间解放军总医院第七医学中心骨科的 119 例老年股骨转子间骨折患者(观察组),男 86 例,女 33 例;年龄(80.7±8.1)岁;20 例同期门诊就诊的无外伤及严重内科疾病的老年轻度膝关节骨性关节炎患者为对照组,男 14 例,女 6 例;年龄(81.8±6.5)岁。检测并比较两组患者围手术期不同时间点外周血 T 细胞 PD-1 的表达变化。观察组所有患者均接受闭合复位股骨近端髓内钉内固定术治疗。观察组患者根据随访期间是否发生感染并发症分为感染组和无感染组,比较两组患者的 PD-1 表达变化,评估 PD-1 的预警价值"。

1.3 结果描述不具体

无主要数据或数据不完整,医学论文摘要的结果必须描述与目的、方法相呼应的主要数据(如手术时间、骨折复位质量、骨折愈合时间、功能结果及并发症等)及统计学比较结果。如有文章结果描述就一句话"术后随访 6~54 月(平均 25.7 月),Harris 评分 32~91 分(平均 74.7 分)"。结果描述太简单,既未交代病例数量,又未交代患者的预后结果。修改后为"1 例急性浅层感染患者 VSD 治疗 9 d 后去除吸引装置,感染症状消失;6 例患者感染控制后骨折正常愈合;4 例患者在感染控制后,关节结构损毁,行人工全髋关节置换术;10 例患者术后获 6~54 个月(平均 25.7 个月)随访;末次随访时 10 例患者的髋关节 Harris 评分为 32~92 分,平均 74.8 分"。另外,还有与主题无关内容描述过多,组间比较不清楚;缺乏统计学比较结果等问题。

1.4 结论不准确

结论是结果内容的升华,是结果的分析、研究的比较等,但不是结果;而且结论要与目的相呼应,重点突出,不要啰嗦。如有篇医学论文的摘要目的是"探讨下肢骨折患者住院期间健侧肢体深静脉血栓形成(DVT)的发生率及危险因素",但结论描述为"尽管在住院期间使用抗凝剂预防或治疗,但下肢骨折患者健侧肢体 DVT 的实际发生率仍不容忽视。关注患侧肢体 DVT 的同时,还应该了解健侧肢体 DVT 的发生"。结论中并没有描述危险因素,与目的不呼应,改为"尽管在住院期间使用抗凝剂预防或治疗,但下肢骨折患者健侧肢体 DVT 仍有发生,发生率为 12.5%。年龄和术后 1 d 血浆 D-二聚体浓度是影响健侧肢体 DVT 形成的危险因素"。

2 通过修改医学论文摘要来提高编辑的专业素养

编辑的专业素养对期刊的质量起着至关重要的作用。专业性是倡导做学者型编辑的今天,编辑专业成长的必然路径和有效策略。也就是说,学术期刊编辑在实现自身专业成长的过程中,不仅要"知其然",还要"知其所以然"[3]。医学期刊编辑的专业化过程就是形塑其专业素养的过程。

2.1 可以丰富编辑的专业知识,提高其审稿决策能力

与其他科普类期刊编辑不一样,医学类期刊编辑除了掌握一定的编辑技能之外,还必须

熟悉自己所从事医学领域的专业知识。在该专业领域，编辑必须具备有比较强的理解稿件、判断稿件内容的科学性、创新性和实用性的能力，从而提高编辑审稿的工作效率和质量，以便把好论文学术水平的初审关[4]。编辑修改摘要并不是只修改文字和标点符号，编辑必须首先理解论文的内容，只有弄明白论文的意思，才能发现写作上存在的问题，进而帮助作者修改摘要。因此，编辑在修改医学论文摘要的过程中可以不断掌握相关专业知识。笔者通过多年来医学论文摘要的修改，积累了大量骨科专业知识，如掌握了不同部位骨折的分型、手术方法、治疗原则、疗效评定标准、各种手术方式的优、缺点等知识。对一般的治疗原则都能掌握。笔者所在编辑部曾经收到一篇采用钢板固定治疗股骨干骨折的文章，因为股骨干骨折采用钢板固定的内固定失败率高、并发症多，目前已经不用此方法，改为采用髓内钉固定，此文违反了治疗原则，所以笔者第一时间就直接退稿了。

2.2 可以提高编辑的逻辑思维能力

逻辑思维能力是指正确、合理思考的能力。医学期刊编辑必须具备一定的逻辑思维能力[5]。医学期刊编辑经常面对两种作者：一种作者是当你问他文章的目的、方法、结果及结论时，他总能清晰地表达出来，而你不用思考就能明白；而另一种作者呢？他跟你说了几分钟，你都不知道他在说什么，绕来绕去，他自己也不知道自己要表达什么内容，你就更不明白了。医学期刊编辑面对第一种作者时，从作者的医学论文摘要修改中可以不断提高自己的逻辑思维能力；当面对第二种作者时，必须耐心引导作者"写这篇文章的目的是什么？采用了哪些方法？为什么采用这些方法？结果怎么样？从结果可以得出什么结论？"在与作者沟通过程中多帮其分析，不先入为主，更不想当然，在帮作者提高逻辑思维能力的同时自己的逻辑思维能力也在不知不觉中提高。如前面描述的目的不明确、方法交代不清、结果描述层次不清、结论与目的不呼应及结果与结论不分等问题，归根结底是作者的逻辑思维能力欠缺。例如文题为"前交叉韧带重建术后感染的诊断分型与分期治疗"，其摘要结论为"根据本组小样本病例的回顾研究发现，本组关节镜下 ACL 重建术后各种感染的发生率约为 2.0%，其中感染性关节炎的发病率为 0.6%，治疗方案和预后与临床分型有关"。这是结果，而不是结论，应改为"对于 ACL 重建术后感染，根据临床表现可早期进行诊断分型；根据我们的诊断分型实施分期治疗可取得良好疗效"。笔者如今面对医学论文时总能瞬间抓住作者论文的关键，指出作者医学论文摘要、乃至全文存在的问题。

2.3 可以增强编辑的语言文字表达能力

语言文字表达能力是医学编辑必须具备的基本能力之一[6]。医学论文摘要虽然不要求语言文字多么华丽，但是要求语言准确、科学、简练。语言文字运用的准确性是科技论文质量的基本保证。语言文字的准确性表现在用字用词要得当，句子要符合语法和语言逻辑，数据要真实、可靠[7]。医学论文摘要既需要充分反映论文的总体面貌和主要观点，又有文字的要求，一般不超过 500 字。对语言文字的表达要求更严格，多一个字、少一个字都存在很大区别。医学编辑在修改医学论文摘要的过程中日积月累，语言文字表达能力自然增强。如题为"关节镜下肩袖足印区骨髓开窗技术在全层大肩袖损伤修复中的应用"一文中，结论描述为"关节镜下肩袖足印区骨髓开窗技术可明显提高肩袖修复后愈合能力，虽然在肩关节功能恢复上无明显优势，但是随着时间及撕裂率的变化，该技术的优势可能就能体现"，作者在方法中描述"根据治疗方式不同分为 SB 组(采用线桥技术修复，15 例)和 BMSB 组(足印区骨髓开窗技术+线桥技术修复术，15 例)"，说明肩袖足印区骨髓开窗技术只是线桥技术修复全层大肩袖损伤中的一种补充，并不能单独用于修复全层大肩袖损伤，所以语言表述不准确，且"但是随着时间及撕裂率的变化，该技术的优势可能就能体现"不是结论，而是推论，也不能用于结论中。应该改为"在单纯应用线桥技术的基础上，应用关节镜下肩袖足印区骨髓开窗技术可明显改善肩袖疼痛，但在肩关节功能恢复上无明显优势"。

2.4 可以提升编辑的协调沟通能力

编辑的沟通协调能力对医学期刊的发展极为重要[9-11]。医学论文摘要的修改过程中需要不断向作者提出问题、帮助作者解决问题，帮助作者理清文章的思路，与作者核实数据等。在与不同作者不断地联系过程中，编辑自身的协调沟通能力得以不断提升，进而获得一批作者的尊敬和信任，与他们建立起良好的关系，为下一步争取这批作者的优秀稿件提供基础。如"磁力诱导细胞靶向移植介导磁化荧光细胞修复小鼠骨缺损及机制研究"一文，目的是这样描述的"在交通事故外伤、骨原发肿瘤和骨转移癌的治疗中，以及骨骼修复时，治疗性细胞均需要深入骨组织内部发挥作用。本课题探究使用磁力诱导细胞靶向移植(MagIC-TT)技术，介导治疗性荧光基因标记细胞进入骨组织内部进行骨缺损修复的效果及其作用机制"。本文的重点是磁力诱导细胞靶向移植(MagIC-TT)技术，还是治疗性荧光基因标记细胞进入骨组织内部进行骨缺损修复？是谁的作用机制？带着这两个问题与作者多次电话沟通，最后终于弄清楚本文的重点是 MagIC-TT 技术，也是探讨它的作用机制，因此改为"探讨磁力诱导细胞靶向移植(MagIC-TT)技术在介导治疗性荧光基因标记细胞进入骨组织内部修复小鼠骨缺损中的效果及其作用机制"。作者最后表示通过与编辑的沟通，明白了自己写作存在的问题，并认为笔者非常认真，今后会将更高质量的稿件投给笔者所在编辑部。

3 结束语

摘要具有导引和索引功能，作为读者阅读和文献检索的入口，其质量的高低直接影响读者对论文整体水平的价值判断、阅读兴趣及检索倾向，进而影响论文的检索率和被引频次。因此，主题新颖、层次分明、言简意赅、准确到位的摘要是优秀医学论文之必备条件[12]。一篇一目了然的医学论文摘要是读者决定是否继续阅读全文的关键，可以提高文章的被引用率。目前医学论文摘要的撰写仍然存在一些问题，医学期刊编辑应该认真对待，不断研究摘要的核心，明确指出摘要的缺陷所在，在帮助作者修改摘要的过程中不断提升自身的专业素养。

参 考 文 献

[1] 金丹,聂兰英,张宁,等.如何撰写骨科论文:从审稿中常见问题谈起[J].中华创伤骨科杂志,2011,13(1):3-5
[2] 赵立华.高校学报摘要写作中存在的问题与对策[J].现代情报,2003,23(4):37-37,39.
[3] 王国光.广博与精专:论职业教育学术期刊编辑的专业素养[J].职业教育研究,2019(11):59-63.
[4] 聂兰央,余斌,金丹,等.临床医学类期刊编辑审稿决策能力及提高举措[J].编辑学报,2013,25(2):186-188.
[5] 吴键.论编辑如何提高逻辑素养[J].出版广角,2018(20):59-61.
[6] 郭纹.学术论文摘要写作常见问题及解决对策[J].科技传播,2018,10(10):154-157.
[7] 赵庆.地质科技论文中语言文字表达的几个要求[J].地质找矿论丛,2013,28(3):493-498.
[8] 张树仁.编辑如何提升自身的语言文字素养[J].西部广播电视,2018(5):152.
[9] 师菲.编辑的协调沟通能力与医学期刊质量建设[J].科技视界,2014(27):129-129,177.
[10] 袁媛.智能媒体时代新闻编辑的新媒介素养研究[J].编辑学刊,2018(5):115-120.
[11] 林雪怡.医学期刊编辑素养的提高[J].传媒论坛,2019,2(8):55,57.
[12] 邓雯,廖移山,闵爱荣.科技论文摘要常见问题及编辑策略[J].湖北理工学院学报(人文社会科学版),2017,34(6):51-53.

科技期刊编辑论文选题、撰写及发表

张建军

(《首都医科大学学报》编辑部,北京 100069)

摘要:为了提升自身业务水平和实操技能,除了完成编辑常规工作,科技期刊编辑也应撰写编辑相关论文。通过论文撰写,编辑可以及时总结和提炼工作经验,在促进个人编辑业务能力提升的同时也助于同行借鉴。本文就编辑类论文主题的选定、论文的撰写和投稿等几方面对科技期刊编辑如何撰写编辑类相关论文进行了阐述,希望对编辑同行有所帮助。

关键词:科技期刊;论文主题;论文撰写;投稿

科技论文是科研成果的一种重要体现,除了具体的科研数据和结果外,其中更蕴含了科研工作者对所研究内容的思考和分析,这对推动科技发展具有重要意义。目前国内许多学术期刊,编辑的受教育水平越来越高,许多编辑在特定学术领域受过良好的科研培训,对相关学科领域论文的撰写有一定的经验和能力。但是,对一些科技期刊编辑,尤其是相对年轻的编辑对编辑领域论文的撰写还存在一定的困难,他们不知写什么、如何写。撰写编辑学论文也就成了科技期刊青年编辑的短板[1],而撰写编辑学论文对科技期刊青年编辑的成长和发展至关重要[2]。本文就此谈一点个人的体会和经验,希望会对科技期刊编辑,尤其是青年编辑在论文写作上有所帮助。

1 编辑论文的重要性

一些科技期刊编辑认为其主要工作就是对科技论的编辑加工,没有撰写论文的必要。其实不然,首先,各行业的从业者,在长期从事本行业工作的过程中,应该总会对工作有所思考和总结;其次,这个飞速发展的时代要求科技期刊编辑在各方面(编辑业务、实操技能、学科专业等方面)都要持续学习,学习过程中,就会有心得,有体验;再次,长期的编辑工作,就会在某方面积累个人独特的工作经验;另外,论文对编辑个人职务晋升具有重要参考价值;此外,撰写编辑论文,可以进一步加深编辑对业务工作的认识,提高编辑的业务水平;如果一个编辑长期不愿思考、不愿写东西,可能导致思路枯竭,就无法做好编辑工作[3];最后,除对个人的帮助之外,撰写编辑学论文也是提高期刊知名度与影响力的重要途径[4]。所以,不管从个人发展,还是期刊发展角度,学术期刊编辑都有撰写编辑相关论文的需求。

2 如何确定编辑相关论文的主题

任何类型的论文,首先都要先明确论文的主题,或者更简单地来说,就是需要有一个想法。好的选题是写好编辑学论文的关键[2]。对没有编辑论文写作经验的编辑而言,确定论文的主题可以从以下几方面思考。

(1) 及时总结工作中遇到的问题和经验。困难和问题促进思考,在个人思考的基础上,我们自然会查阅资料去了解他人的工作,进一步充实和发展个人的思考,随着知识的积累,在某个问题的认识上我们就会越来越深刻,对这些问题或者困难有了个人初步的解决思路和方法,对这些思路、方法加以阐述,就产生了论文的主题。比如,笔者为了设计一个适合本刊的封面,查阅了国内外很多期刊的封面设计,对这些封面设计内容加以归类、总结,结合本刊封面设计特点,就提炼出一篇和期刊封面设计相关的文章。另外,及时总结工作经验。有些人认为工作经验都是个人性的,对他人没什么意义。其实不然,结合实例的经验总结对他人往往更具有借鉴意义。如笔者曾经作为"师傅"对新员工进行了一年多的"传""帮""带",这个过程,除了编辑常识的传授外,更多的是经验的传承,笔者之后也把这些经验总结成文发表。

(2) 多翻阅编辑相关期刊,多参加编辑交流会,在阅读和与他人交流的过程中提取自己感兴趣的主题。科技期刊是为科研人员服务的,从某种意义上来说,编辑工作也是科研工作的一部分。所以,和科研工作者一样,除了完成常规工作之外,科技期刊的编辑也应该在闲暇时刻多翻阅编辑相关期刊,多看、多读他人的论文,通过各种方式(如参加编辑相关会议,加入编辑网络群等)和同行多交流、多探讨,在这样的阅读和交流过程中,不仅丰富了自己的业务知识,也会促进新观点的产生,以此确定论文的主题。另外,一些编辑期刊或者编辑相关会议,会罗列出一系列主题以此征稿,这对一些想不出论文主题的编辑人员来说,有重要的借鉴意义,他们完全可以从众多已罗列好的主题中选择一个自己感兴趣或者有能力完成的主题开展论文写作工作。

(3) 申请编辑相关类课题,通过课题研究确定主题并撰写论文,课题的申请过程同时也是论文主题的确定过程。虽然编辑领域的课题不多,但还是有一些的,如高校科技期刊研究会的一些基金课题、各个地方编辑学会提供的一些研究课题等。编辑根据自己的实际情况选择申报适合自己的课题,在课题的支持下,完成论文主题的确定和论文的撰写,以笔者为例,就是通过申请"北京市高校科技期刊研究会"的课题,完成了一篇课题报告。

(4) 学术论文的编辑视角总结。科技期刊编辑在日常的工作中,会发现作者写作水平良莠不齐,甚至有些作者还缺乏写作能力。从编辑视阈下的学术论文撰写规律的研究[5],可为作者提供写作建议,这些建议也是编辑论文写作的一个主题来源。如医学科技论文撰写是临床医生经常碰到的难题,有编辑就从编辑的角度撰写相关论文,指导临床医生如何撰写科技论文及投稿,为临床科研课题的发表提供帮助[6]。

当然,论文主题的确定不止这些方法。时代的不断变化要求科技期刊进一步提高学术质量、扩大影响力,在办刊的方方面面进行开拓和实践,为学术做好服务。这涉及期刊的选题/组稿、排版/出版/传播数字化、编校质量、人才和专家队伍建设、新媒体运用、与期刊管理有关的法律法规、学术伦理、版权保护、国际规范、数据挖掘、学术工具的应用等很多方面,这些选题与编辑工作息息相关,都值得学习和研究。

3 如何撰写编辑相关论文

主题确定之后,就要及时进入论文撰写。和科技论文撰写的各种技巧和方法一样,编辑类论文的撰写也具有同样的技巧和方法。因为科技类文章撰写技巧和方法的文章已有很多,本文不展开具体论述。但对论文写作感到困难的编辑,根据个人经验,笔者着重强调以下几点：①不要只想不做，不要拖沓，要克服畏难情绪；②先撰写论文框架，列出论文提纲，不要着急完成一篇完整论文；③填充框架内容，先填写自己的想法，再查阅相关文献，通过文献充实自己的想法；④选择一个相对完整的时间撰写论文，避免写作思路受到打扰；⑤论文初稿完成后，进行结构性梳理，让论文更有逻辑性；⑥论文完成后，可以让同行先阅读，请同行给予建议或者意见，根据这些意见或建议，自己酌情修改；⑦作为学术期刊编辑，更要注意避免论文出现科研不端行为。

4 如何发表编辑相关论文

论文完成后，作者都希望论文可以得以快速发表。但不可否认，论文主题不同、论文写作广度和深度不同都会影响论文的发表，这就需要作者选择合适的期刊投稿。对一些主题意义较大，内容有一定深度、对他人有重要借鉴意义的论文，作者可以考虑选择一些编辑行业内影响力较大的期刊投稿；反之，选择一些影响力较小的期刊投稿，或者选择一些会议论文集投稿。当然，在论文投稿时掌握一些必要的策略，如有的放矢投稿，注重投稿的后续工作等，可以提高稿件发表成功的概率[6]。但不管稿件最后是否发表，作者都不要过于气馁。毕竟，论文的撰写过程其实也是一个自身知识再提炼和积累的过程。另外，如果论文退稿，我们可以结合退稿意见，进一步丰富资料、加深论文深度，优化论文结构，提高论文写作水平，进行下次投稿。此外，为了论文更容易或更早发表，有些编辑会选择在自己所在期刊发表论文，这并非不可以，但一方面有"利益冲突"的嫌疑，另一方面，由于很多编辑所属期刊并非编辑专业类期刊，在这些非编辑类期刊上发表编辑类论文，不仅会影响这些非编辑类期刊的宗旨，也不利于编辑类论文的扩散。所以，除非论文只是对编辑所属刊物的阐述，对他人没有太多借鉴意义，可以投稿本人所属期刊外，其他编辑类论文尽量还是以投他刊，尤其是编辑专业期刊为好。

5 结束语

无论从自身发展，还是从做好业务工作方面来讲，科技期刊编辑，尤其是青年编辑应该注重学术素养的培养，包括论文写作能力[7]。和科技论文一样，编辑学相关论文也需要在大量知识积累、总结、分类和长期业务实践的基础上完成，编辑工作者也同样需要遵循论文写作的一般规律，按照五个阶段即积累阶段、准备阶段、写作阶段、优化阶段、发表阶段[8]进行论文写作，所以编辑工作者在论文写作时还要具备耐心，在不断的写作过程中积累写作经验，提高自身写作水平。

参 考 文 献

[1] 于红艳.科技期刊青年编辑如何撰写和发表编辑学论文[J].编辑学报,2019,31(4):456-459.
[2] 谢晓红,王淑华,肖骏.科技期刊青年编辑撰写编辑学论文时如何选题[J].编辑学报,2017,29(5):495-497.
[3] 段思怡,黎志明,孙冰.基于对科技期刊编辑撰写编辑学论文的思考[J].今传媒,2006(12):126-127.
[4] 江霞.从信息意识与职业实践的契合点中寻找论文选题:撰写编辑学论文的体会[J].编辑学报,2017,29(3):296-298.
[5] 尹玉吉.编辑视阈下学术论文撰写规律研究[J].编辑之友,2017,(3):62-73.
[6] 徐海娟.从编辑角度谈临床医学论文撰写与投稿[J].武汉商学院学报,2017,31(6):88-90.
[7] 任卫娜.青年编辑撰写学术论文的路径探析[J].中国科技期刊研究,2013,24(1):197-199.
[8] 兰洁,唐圣平.策划编辑如何结合工作撰写论文[J].科技与出版,2016(3):80-83.

关于科技期刊青年编辑拓展国际化视野的几点体会

李 锡

(全球能源互联网集团有限公司《全球能源互联网》编辑部,北京 100031)

摘要: 国内科技期刊的国际化发展对青年编辑提出了新的要求。编辑在提高自身编辑业务能力与专业水平的同时,还需要拓展国际化视野,才能促进期刊发展、满足读者日益增长的知识需求,同时拓宽个人职业发展道路。学习国际研究报告与论文、翻译优质内容、参加国际学术交流活动、提高自身外语水平等都是编辑拓展国际化视野的有效方法。但是,应当保持职业敏感,工作中遵守国内相关规定与习惯。

关键词: 科技期刊;青年编辑;国际化;职业发展

随着我国科研实力的提升,科技论文数量近年来快速增长,为推动我国科技进步、服务经济社会发展发挥了重要作用。国内科研评价导向使得本土期刊在与国际期刊的竞争中面临严峻挑战,加之当前的科研活动越来越体现出国际合作的重要性,本土期刊的国际化发展已成为学术出版界的重要议题。一方面,国家近年来出台了一系列扶持国内英文期刊发展的举措,取得了显著成效。目前我国大约出版 350 种英文科技期刊,其中 SCI 期刊数量已超过 200 种,2014—2018 年增幅达 23%[1-2]。另一方面,国内中文科技期刊发展面临来自外部环境和自身能力的双重压力,存在不少问题。一项权威问卷调查显示,近 80%的科研工作者希望在中文科技期刊上看到国外最新进展综述,还有近 80%的科技期刊从业者认为,中文科技期刊的发展同样需要走国际化道路[3],国内期刊界已经开始探讨中文科技期刊如何实现国际化发展。李根等[4]提出利用学术社交网站开展国际化约稿、审稿可以起到良好效果。黄睿春[5]分析了中文科技期刊开展双语出版的现状、困难与挑战,提出了以作者为主体、利用增强出版和网站开发等手段的双语出版可行方案。董策等[6]认为,中国科技期刊当前一些应对举措只是"被国际化"过程,仍处在初级阶段,真正实现"国际化"还需从管理、运行、经营等方面作出努力。曹启花等[7]提出一套系统的中文科技期刊内容生产能力提升方案,包含 9 项核心策略,其中提到通过双语出版、国际合作办刊、优选论文翻译等方式提升中文科技期刊国际关注度。然而,关于如何拓展编辑特别是中文期刊编辑国际化视野的研究较少,笔者总结担任科技期刊编辑以来的一些经历和体会,针对青年编辑拓展国际化视野提出建议。

1 充分认识编辑国际化视野的重要性

科技期刊编辑在工作中需要不断提高自身编辑业务能力[8]、学科专业水平[9]、科学素养[10]、沟通技巧[11]、创新思维[12]等,但是伴随着本土期刊走向国际,编辑的国际化视野同样不可或缺。

1.1 编辑的国际化视野是期刊发展的必然要求

期刊的国际化体现在许多方面：出版语言、刊载内容、编委会构成、作者与审稿专家分布、发行与传播、国际数据库收录等。对于国内科技期刊而言，这些工作大都需要编辑来完成，国际化视野可以帮助编辑找准国际最前沿的研究领域、发展具有国际背景的作者或专家、推动期刊进入合适的国际数据库，既能够提升期刊质量，也可以提高期刊国际化水平，扩大期刊传播范围。

1.2 编辑需要拓展国际化视野才能满足读者日益增长的知识需求

随着全球化进程的不断推进，科研活动中的国际交流合作越来越普遍。中国在一些研究领域正在快速追赶甚至已经进入世界第一梯队，但是仍有许多领域与国际一流水平存在差距，国内期刊如果只局限于报道国内研究成果，则无法满足读者需要，将导致读者的流失。

1.3 国际化视野为编辑的个人职业发展拓宽道路

出版行业的快速发展对科技期刊编辑的各方面要求越来越高，对于编辑来说，具备国际化视野有助于在工作中提高学科专业素质、激发创新思维、开拓人脉资源、提升外语水平，综合能力的增强将为编辑未来的职业发展提供更多可能。

2 拓展国际化视野的有效方法

笔者 2018 年加入《全球能源互联网》编辑部成为一名科技期刊编辑。《全球能源互联网》响应习近平主席重大倡议[13]，旨在推动构建全球能源互联网，通过建设生产清洁化、配置广域化、消费电气化的现代能源体系，促进全球低碳清洁能源转型与经济社会可持续发展。借助单位在工作中创造的良好条件，笔者总结出一些有效方法，对于国内期刊的国际化发展与编辑个人能力提升均有所裨益。

2.1 关注国际机构、智库的高质量研究报告

《全球能源互联网》主要刊载能源电力领域的研究成果，要求编辑对全球能源开发与利用、清洁能源转型、气候变化治理等方面都有所了解。一些国际机构与智库会定期发布报告，聚焦前沿技术、总结阶段成果、展望未来趋势，这些报告一般都具有较高的质量与可信度，是了解技术发展与行业动态的重要渠道。能源领域有国际能源署(IEA)、国际可再生能源署(IRENA)、国际风能理事会(GWEC)、电气和电子工程师协会(IEEE)等，在其他专业领域同样有相应的国际组织、行业协会或智库，其成果值得青年编辑重点关注。比如，气候环境领域的联合国环境署、世界气象组织，国际经贸领域的世界贸易组织、国际货币基金组织，医药卫生领域的世界卫生组织，农业领域的联合国粮农组织，工业领域的联合国工业发展组织等。

2.2 学习同领域国际论文

他山之石，可以攻玉，国外高水平期刊的论文通常体现了某领域的最新研究进展，对于国内的研究有很强的指导意义。对广大科研工作者来说，大量阅读国外文献是从事研究工作的前提条件。对于期刊编辑亦是如此，阅读国外文献能够更直接了解该领域在国际发展到什么程度。当然，除了个别重要文献，绝大部分论文泛读即可，一方面，个人时间、精力和知识储备不允许；另一方面，只需要了解其研究对象、大致的研究方法及主要结论就已经能够对编辑的审稿、策划等工作提供很大帮助。

2.3 动手翻译优质内容，巩固认知、锻炼能力

教育界常说"眼过千遍，不如手过一遍"，对于具备一定英语基础的青年编辑来说，无论是

研究报告还是论文,如果能够亲自将其主要内容翻译出来,将有效加深理解。笔者先后翻译了每年定期发布的IEA《世界能源展望》《世界能源投资报告》、IRENA《全球可再生能源展望:能源转型2050》以及储能、风电等专项技术报告或论文。这些优质内容翻译整理完成后,可以通过微信公众号、网站等方式分享给读者,帮助读者更便捷地获得最新的专业信息。以《全球能源互联网》的微信公众号为例进行说明,为降低发布时间对微信消息阅读量的影响,统计对比同在2020年6月发布的国际报告、国际前沿论文与本刊普通论文的阅读量(截至2020年8月3日),如图1所示。《可再生能源发电成本2019》《全球电力系统如何脱碳》分别是由IRENA与麦肯锡咨询公司发布的最新英文报告;《未来储能技术的平准化成本预测》是原文发表在英文期刊 Joule 上的论文,对于科学研究、政策制定和投资活动具有很高的参考价值。由图1中相近时间发布的微信消息阅读量对比可以明显看出,通过编译发布的各类国际报告、国际论文普遍受到更多关注。

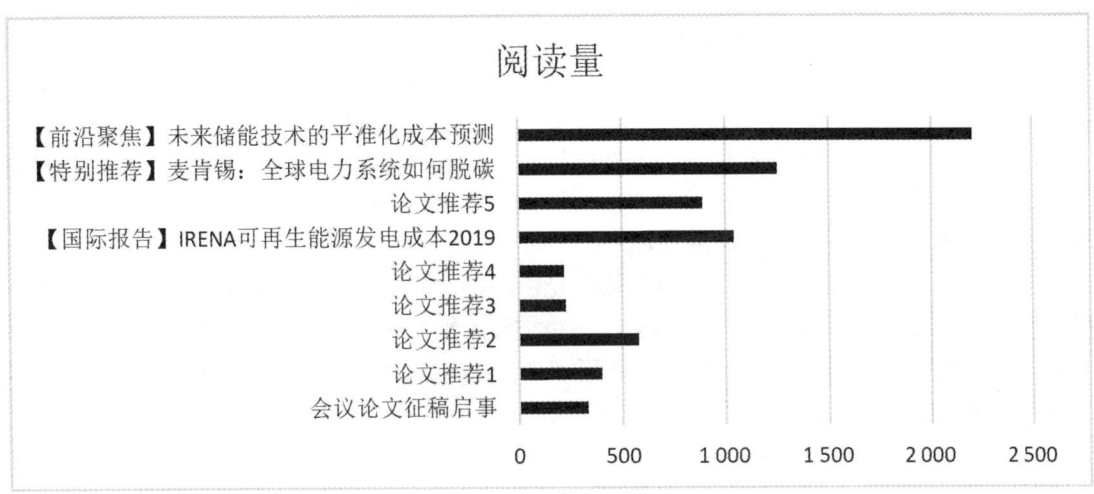

图1 《全球能源互联网》微信公众号2020年6月发布的部分微信消息阅读量

2.4 参加国际学术交流活动,关注海外华人专家

中国在国际科技舞台上的角色越来越重要,每年都会举办大量国际学术活动,吸引许多海外学者来华交流,编辑应当多参加这类学术活动,一方面可以了解前沿进展,另一方面可以建立人脉。有研究提出通过国际论文数量、国际引用频次、稿源国数量、引用国数量等基本统计数据计算得出期刊的国际化学术贡献量、国际化广度、国际化强度等指标,用来定量评价期刊的国际化程度[14],其主要适用于英文期刊,但是对中文期刊的国际化水平评估也有参考意义。对于中文科技期刊编辑来说,在学术活动中应当主动结识海外华人专家,他们对国外情况有更深入的了解,如果能将研究成果用中文发表,既可以满足国内读者的需求,又能提升专家在国内的学术影响力,同时提高了期刊的国际化水平。以《全球能源互联网》为例,曾邀请海外华人团队撰写过欧洲海上风电发展现状、英国输电网规划方法等论文,下载量远超其他文章,图2是2019年第2期"海上风电"专题8篇论文在中国知网的下载量对比(截至2020年8月3日)。又如,2019年8月9日,英国发生了严重的大断电事故,波及上百万人,编辑部迅速联系了有英国国家电网公司工作经历的专家,根据公开资料,撰写了事故分

析，仅 1 周便发表在微信公众号上，获得了 2 万次阅读，并被其他媒体广泛转载。

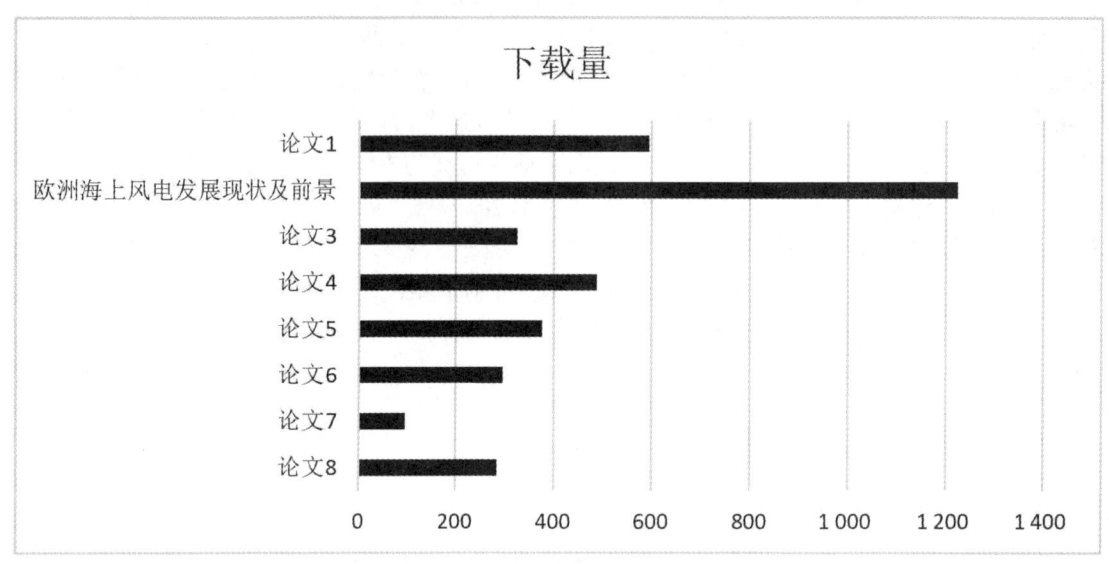

图 2　《全球能源互联网》2019 年第 2 期"海上风电"专题论文下载量

2.5　主动提升英文水平，特别是翻译能力

中文科技期刊编辑的英文水平同样非常重要。许多高水平中文期刊为了提高国际化水平，都会设置中英双语的题目、摘要、关键词、图表题、参考文献等，这些内容都需要按照与中文同等严格的要求进行把关，优秀的题目和摘要将促进期刊的国际传播。另外，上述的英文文献也需先理解、再通过高水平的翻译才能够准确传递给国内读者。

3　通过拓展国际化视野取得的积极成效

第一，最明显的改变是个人能力得到提高。通过学习国际报告与论文，对当前能源转型发展趋势、研究现状有了更深入的了解，同时英文阅读、写作水平都有显著提升。第二，期刊选题策划质量得到提高。通过学习调研，了解到当前世界各国陆续开始对城市能源系统进行研究，然而如何使用综合能源技术来推动城市能源系统高效、低碳、智慧、可持续发展还处于探索初期，因此，编辑部联系到中外多位学者组织了相关专题，获得广泛关注。第三，期刊品牌特色得到加强。通过作者、稿件、选题的国际化，《全球能源互联网》在国内能源电力类期刊中逐渐形成特色鲜明的国际化品牌形象。第四，期刊的传播效果更好。微信公众号是期刊传播的重要平台，通过在微信平台发布优质国际化内容，阅读量与订阅用户数都有快速提升，扩大了期刊的传播受众。

4　应注意的问题

4.1　时刻保持政治敏锐性

个别国外的报告、论文中概念表述、地区称谓等存在严重错误，在笔者曾收到的来稿中，作者甚至使用了错误的地图。编辑在进行文章编校、文献翻译的过程中一定要明辨是非，坚决不能犯政治错误。

4.2 注意术语统一,符合国内习惯

一些术语在国内有习惯的说法,例如,英文"offshore wind power"直译为"离岸风电",但国内一般习惯称作"海上风电";英文"VSC-HVDC"全称是"voltage source converter-high voltage direct current transmission",直译为"电压源换流器高压直流输电",但是国内一般习惯直接称作"柔性直流输电"。

4.3 严格遵循国家标准

一些国外文献中存在不符合我国国家标准的情况,有的作者见得多了便认为是理所应当、行业惯例,并将类似错误带入论文写作中。国标《有关量、单位和符号的一般原则:GB 3101—1993》中指出:"在单位符号上附加表示量的特性和测量过程信息的标志是不正确的"[15]。但是,在能源与气候变化研究领域,会见到很多类似说法:"2018年电力生产度电排放水平为 0.476 kgCO$_2$/kWh",国外文献这样的表述就更常见了,这显然是错误使用 CO$_2$ 修饰单位。编辑要对此类错误严格把关、及时纠正。

5 结束语

国内科技期刊发展面临巨大压力,特别是中文期刊,同样需要走国际化道路来应对各种挑战。期刊编辑作为期刊建设的骨干力量,亟需拓展国际化视野。建议编辑在日常工作中关注国际机构、智库的高质量研究报告,以及同领域国际论文,翻译优质内容,树立期刊国际化形象,提高期刊关注度。重点关注海外华人专家,在期刊内容方面提高国际化水平。同时需要注意,应保持职业敏感性,涉及国外的内容要符合我国相关规定与习惯。

参 考 文 献

[1] 宁笔.我国需要更多英文科技期刊[J].科技与出版,2020,39(4):5-10.
[2] 任胜利,宁笔,陈哲.2019年我国英文科技期刊发展回顾[J].科技与出版.2020,39(3):6-13.
[3] 刘天星,武文,任胜利,等.中文科技期刊的现状与困境:问卷调查分析的启示[J].中国科学院院刊,2019,34(6):667-676.
[4] 李根,王淑华,史冠中.利用ResearchGate推动科技期刊国际化发展初探[J].编辑学报,2016,28(1):75-76.
[5] 黄睿春.中文科技期刊开展双语出版的现状及对策[J].中国科技期刊研究,2018,29(6):552-556.
[6] 董策,陈辉,俞良军.中国科技期刊国际化之路:从"被国际化"到真正走向"国际化"[J].编辑学报,2017,29(1):76-79.
[7] 曹启花,谭辉,阮剑,等.中文科技期刊内容生产能力提升策略[J].中国科技期刊研究,2020,31(5):570-580.
[8] 张冬冬.科技期刊青年编辑业务能力提升的几种途径[J].编辑学报,2019,31(增刊1):123-125.
[9] 周江川.建设世界一流科技期刊亟需职业化编辑[J].科技与出版,2019,38(6):150-152.
[10] 张曼夏,何洪英,葛亮,等.新时代科技期刊青年编辑素养及提升[M]//学报编辑论丛(2019).上海:上海大学出版社,2019:240-244.
[11] 黄江华.新时代学术期刊编辑素养的"六维"构建[J].科技与出版,2019,38(6):128-131.
[12] 张青松,赵天广,赵曼琳.科技期刊青年编辑素质培养[J].编辑学报,2019,31(增刊1):131-133.
[13] 新华网.习近平在联合国发展峰会上的讲话(全文)[EB/OL].(2015-09-27)[2020-07-07]. http://www.xinhuanet.com/world/2015-09/27/c_1116687809.htm.
[14] 朱大明.科技期刊国际化程度评价指标和方法[J].中国科技期刊研究,2015,26(3):325-329.
[15] 国家技术监督局.有关量、单位和符号的一般原则:GB 3101—1993[S].北京:中国标准出版社,1994.

高校科技期刊青年编辑的成长与实践

熊莹丽

(《中国计量大学学报》编辑部，浙江 杭州 310018)

摘要：高校科技期刊青年编辑是编辑队伍的重要人才力量，青年编辑的成长和提升对高校科技期刊的发展至关重要。高校青年编辑面临多重压力，容易对职业前景产生困惑。结合高校科技期刊和青年编辑的特点，分析在高校科技期刊平台青年编辑入职后的成长和实践途径，帮助青年编辑进行自我培养，使之能够在新形势下抓住机遇有所作为，实现与期刊的共同成长。

关键词：高校科技期刊；青年编辑；人才培养

高校科技期刊在有效传播我国科技创新成果、持续推进我国的科技发展进程、稳步提升我国的国际影响力、服务创新型国家建设方面发挥着重要作用[1]。高校科技期刊也是培养高校优秀学术人才和展示高校科研成果的优秀平台。高校科技期刊青年编辑专业知识水平高、可塑性强，易于接受新知识和新技能，为期刊注入活力和希望。根据《关于深化改革培育世界一流科技期刊的意见》的精神，要以建设世界一流科技期刊为目标，做精做强一批基础和传统优势领域期刊，科技期刊将迎来发展的春天。高校青年编辑应该顺势而为、抓住机遇、迎接挑战，实现青年编辑自身和高校科技期刊的共同成长。

1 现状与困难

编辑职业信念来自于编辑的职业认同，编辑职业的认同是一种表现出编辑个体对于工作的态度和热情的心理状态[2]。期刊所处的环境和青年编辑的自身特点都会影响编辑的职业认同，进而影响青年编辑是否能够坚定从事编辑职业的信念。在科技期刊发展的春天来临之际，高校科技期刊及其青年编辑仍然面临诸多压力与挑战。

1.1 高校科技期刊的现状

目前全国共有5 020种科技期刊，其中有1 165种中国高校科技期刊(有CN号)，第一主办单位为高校的期刊为1 051种(占比90.22%)，期刊数量居前十位的均为我国"985"高校[3]。普通高校科技期刊没有"985"高校的光环，对外缺乏平台优势，对内也存在一定局限。高校科技期刊编辑部大多处于学校行政体系，但与学术和科研密切关联，与其他职能部门工作性质不同。此外，受高校评价机制影响，普通高校科技期刊很难与SCI、核心期刊媲美，本校期刊并不是本校科研人员的首要选择，本校科技论文大量外流，所以高校科技期刊在科研体系也显得魅力不足，甚至还需要编辑自己去组织稿源。编辑部人员不充足，专职编辑更少，青年编辑承担了编辑、校对、编务、发行等多重事务，任务繁重，更面临高质量稿源不足等工作压力。

1.2 青年编辑的职业状态

作为一项主客体相互作用显著的文化创意活动,编辑工作具有高度职业化的特征[4]。多数青年编辑所学专业并非出版专业,入职前对编辑职业不甚了解,而是被高校平台吸引,初衷是成为一名教职工。而编辑工作本身具有较强的奉献性质,青年编辑可能短期难以达到一定的境界,初入职青年编辑可能很难适应这种默默无闻的耕耘。而且高校编辑的职业上升空间有限,编辑基本是编辑、副编审、编审这样单一路线的发展,容易丧失前进的动力。因此,青年编辑无法建立职业信心,而且很快就进入职业倦怠期,导致停滞不前。

2 青年编辑的职业素养培养

虽然青年编辑在高校科技期刊面临各方面的压力,但仍然有成长空间。青年编辑应积极作为改善职业状态,不断进行量的积累,最终迎来质的飞跃。

2.1 青年编辑的职业定位

青年编辑应该对自己进行合理定位,充分认识编辑职业,坚定编辑职业信念。高校科技期刊在学校的现状并不阻碍青年编辑的职业前途,青年编辑应该坚定自己的职业信念,展开编辑领域的职业规划,不仅可以快速提升自己,也会改善期刊现状。青年编辑应该看到编辑职业的内涵和价值。编辑学作为一门独立的学科有着很深的积累,需要花费大量时间和精力去学习和探索。青年编辑不要抱怨自己只是付出和奉献,为别人做嫁衣,恰恰相反,正是他人的论文为我们提供了发挥的机会,审读和加工论文更是编辑的能力所在,青年编辑应迅速学习和掌握这种能力。青年编辑也不要把自己局限在学校内部,放眼全国,编辑队伍庞大,我们并不缺同行,更不乏编辑领域的名师学者,说明编辑职业有很大努力的空间,青年编辑更应该坚定职业信念,树立专业精神,提升专业素养。

2.2 制定编辑职业规划

刚毕业入职的青年编辑难以产生职业认同感,对职业生涯疏于规划。编辑作为一门专业技术,在高校是作为其他专业技术岗位存在,青年编辑可以对自己合理定位。出版专业技术职称分为中级(编辑)、副高级(副编审)、正高级(编审)三个等级。硕士毕业的青年编辑入职编辑工作满 1 年可报考出版专业中级职业资格考试。青年编辑必须重视并早做准备,对于非出版专业出身的编辑,需要深入学习编辑出版知识和加强编辑实践才能通过。考试合格并满足 72 学时的继续教育要求后可以申请责任编辑注册,注册成功后可从事专业的责任编辑工作。中级职业资格对青年编辑至关重要,不仅是期刊出版的要求,也能够增强青年编辑的职业信心从而快速入行。获得了中级专业资格,青年编辑就可以开始更专业的编辑研究,为编辑出版业贡献自己的智慧,也为高级职称做准备。青年编辑有了职业规划意识就会让自己更充实,认识到这个行业的进步空间,也能获得成就感和满足感,产生前进动力。

2.3 提升编辑业务能力

编辑工作具有较强的专业性,需要编辑具备政治素养、文字素养、学术素养等。青年编辑应该学习和发扬工匠精神,尚匠心,事匠艺,做匠人[5]。在高校专职编辑欠缺的条件下,青年编辑需要对每篇文章精雕细琢,从文章的政治方向到学术质量,编辑需要保持警惕性和敏锐性。青年编辑应从出版法律法规、学术规范、专业知识等方面拓展深度和广度,编辑加工文章做到有据可依,修炼编辑基本功。科学性和严谨性都是编辑功力的体现,随心所欲是专业编辑最大的忌讳。青年编辑不仅要参考大量工具书,更应参加编辑专业培训,专家的面授深入浅出，深刻全面，新颖前沿，青年编辑可以直接学到编辑技能。

2.4 参与行业交流

信息时代高校科技期刊不能闭门造车，局限于学校等范围，应该顺应形势，鼓励编辑走出去。青年编辑通过交流、互通信息、共享资源、汲取智慧、启发思维、扩展思路，能有效提高编辑自身水平，也提升期刊的学术性、创新性、科学性、预见性和实践性[6]。参加编辑培训能够系统学习编辑知识，各类编辑学会、研究会等编辑组织都是青年编辑与专家交流学习的好机会。除了积极建立与行业资深编辑的沟通，青年编辑群体年龄相仿，能够产生共鸣，互相帮助，积极参加青年编辑大赛及青年编辑论坛等可以结识志同道合的同行，组建青年编辑圈，主动找到适合自己的群体来改善在高校的孤立状态。

3 编辑业务能力培养

编辑的业务能力是期刊发展的重要因素，是期刊软实力的体现。数字环境下的科技期刊应树立以用户为核心的服务理念，转变传统出版的单向输出思维至融合出版的用户思维，利用科技期刊长期累积的专业文献数据、编辑、读者等知识服务基础[7]。高校科技期刊也应树立服务理念，将整个编辑出版流程视为编辑持续各类服务的过程。高校青年编辑可从论文写作、技术服务、成果推广等方面提供各类知识服务，让高校科技期刊成为高效专业的学习平台。

3.1 作者服务

台前幕后为作者服务是编辑的本职工作[8]。高校科技期刊的部分稿源来自学校师生，特别是在读研究生，他们初次接触科技论文写作，对科技论文中的每个概念都知之甚少，写作水平更是有待提高。青年编辑与研究生作者年龄上比较接近，了解他们的需求和困惑，便于沟通和交流，解决他们的写作难题。恰当的沟通技巧容易让作者增进彼此之间的信任和理解，青年编辑应与作者建立有效的沟通模式[9]。青年编辑可在摘要写作、科技名词、专业术语、图表制作、量和符号、参考文献录著、文献检索等方面耐心为作者解读，规范论文写作，提高论文质量。青年编辑应尽可能帮助和引导年轻作者，鼓励他们写作科技论文，培养他们严谨的科学态度。

3.2 审稿服务

高校科技期刊的审稿人是高校教师、行业专家或专业学者，他们工作繁忙，身兼数职。青年编辑应为审稿专家提供精准服务，让专家能够便捷地完成审稿，既可以为他们减轻负担，也可缩短审稿周期。高校科技期刊都有完善的审稿平台和网上审稿流程。青年编辑可从技术上简化审稿操作，使审稿系统方便实用。青年编辑应提前做足功课，了解送审稿件的基本信息，包括稿件的主要研究内容，送审时间以及送审的邮箱，了解专家的基本情况，包括专家职称、职务、性别、主要研究方向、近期是否获得重要奖项等[10]，这样既能精准定位又能节约时间，更方便满足专家需求。很多审稿通知是通过系统发送到审稿专家邮箱，审稿专家太忙而不能及时查看，或者审稿邮件被拦截等，青年编辑可以及时与审稿专家联系，多次确认，做好提醒服务。而且随着高校科技期刊专业化趋势，青年编辑可以建立相对稳定的审稿专家群，熟悉审稿专家的研究方向，保存专家的各类联系方式，方便为他们服务。

3.3 传播服务

高校科技期刊应突破地域局限，多渠道多维度传播。青年编辑对新生事物比较敏感，学习研究能力强，可发挥自身的优势，学习新的出版理念，寻找新的方式改善本校科技期刊的出版现状，不断适应新的出版环境。全媒体时代已经来临，传统出版已经不能满足学术传播的需要，媒体融合出版、数字出版、互联网出版、微信微博、开放获取等都是是期刊发展的趋势。多维度传播不是在传播方式上简单叠加，青年编辑须对内容进行深度加工，制作图文、音频、视频等吸引读者阅读。学术成果的传播途径的多样化，编辑工具的现代化要求青年编辑必须能够掌握获取信息，处理信息的手段和方法，优化自己的知识结构[11]。当前，青年编辑应与适合的服务工具互相配合，借助网站宣传、新媒体宣传等加大优秀学术成果的实时传播力度[12]，为作者提供宣传服务，为读者提供知识服务，形成学术圈，建立作者群，促进期刊的发展。

4 学术能力培养

编辑学者化是编辑工作的趋势，高校的学术和科研氛围浓厚，高校科技期刊青年编辑甚至具有相应的理工科专业背景。科研体验有助于青年编辑在稿件初审、加工过程中具备开阔和专业性的视角，进一步加强直观印象和理性思维[13]。高校青年编辑可兼顾编辑研究和学术研究，成长为学术型编辑。

4.1 编辑出版研究

在编辑出版的研究中，青年编辑结合自身的编辑实践，需要不断阅读相关文献，可以获得丰富的编辑知识和办刊经验，自己也得到提升和成长。《编辑学报》《中国科技期刊研究》等专业编辑出版刊物是青年编辑的权威学习平台，青年编辑应该阅读大量相关文献，了解编辑出版的研究热点，对人工智能、区块链、多元化、新媒体、AR技术等在期刊中的应用展开追踪和研究，推动编辑出版行业的创新和进步。

4.2 专业领域研究

高校科技期刊通常根据学校优势学科和行业优势来定位期刊。青年编辑应对行业和专业展开研究，追踪专业领域的研究热点，实现与学界的专家对话，发掘潜在作者，建立专业作者队伍。青年编辑可参加本校研究生、博士生的学术活动，了解学科的研究进展，与研究生、博士生交流难点、疑点，提升专业水平[14]，融入高校的学术环境。高校科技期刊编辑进行学术研究，不仅可以提升编辑素养，更不至于丢弃多年所学专业，也能融入高校的学术环境，更能促进科技期刊的专业化和特色化。

4.3 申报科研课题

青年编辑积极申请研究项目，既体现出对提升基础业务能力的重视，也显示出不再局限于自身的编辑工作，已从埋头看稿向学习探究转变，有利于青年编辑业务能力的快速提升[15]。高校科技期刊青年编辑首先可以从中国科学技术期刊编辑学会、中国高校科技期刊研究会等权威组织的项目开始，尤其是青年基金项目，比较有针对性。申报项目可以督促青年编辑不断研究，不断进步，加深与编辑行业的联系，促进自身成长。有技术背景的青年编辑甚至可以开发系统、申请专利、软件著作权等，为编辑出版贡献智慧。

5 结束语

高校青年编辑的成长与实践都基于期刊的发展，青年编辑需要将自身的发展与期刊的发展有机结合，积极与外界沟通，克服职业怠倦，利用青年这个黄金时段为自己储备更多的知识和技能，增强编辑职业认同，坚定职业信念实现全面发展。高校青年编辑应从初出茅庐的担心，建立星火燎原的信心，培养一丝不苟的匠心，坚定献身服务的决心，迎来弥足珍贵的冰心。

参 考 文 献

[1] 高慧芳.高校科技期刊在促进"双一流"建设中的作用[J].西北民族大学学报(自然科学版),2018,39(2):91-95.
[2] 郑燕.编辑的职业认同及其培养分析[J].传播力研究,2019,3(15):156.
[3] 刘志强,王婧,张芳英,等.建设中国高校一流科技期刊的发展展望:基于《中国高校科技期刊年度观察报告(2018)》[J].科技与出版,2019(1):13-19.
[4] 周畅,徐志武.青年编辑职业认同提升策略研究:以工作满意度为视角[J].出版发行研究,2017(12):67-69.
[5] 辛亮,黄雅意,黄锋.工匠精神背景下科技期刊青年编辑的自我培养[J].编辑学报,2019,31(1):100-101.
[6] 王维朗,刘志强,游滨.科技期刊编辑提升科研能力的途径及策略[J].科技与出版,2018(9):50-53.
[7] 沈锡宾,刘红霞,李鹏,等.数字化环境下中国科技期刊知识服务模式探析[J].编辑学报,2019,31(1):11-16.
[8] 于学玲,曲鸣明,裘艳莉.科技期刊青年学术编辑的学习途径[J].编辑学报,2017,29(增刊1):156-157.
[9] 赵向斌,李美芹.高校学报青年编辑如何做好与作者的沟通[J].新闻研究导刊,2018,9(24):213.
[10] 刘晓艳,高建群,张志琴,等.科技期刊编辑与审稿专家有效沟通的策略[J].编辑学报,2019,31(3),250-253.
[11] 张华,于涌.科技期刊编辑如何应对新媒体时代的挑战[J].编辑学报,2019,31(增刊1),87-89.
[12] 时红磊.关于中国科技期刊编辑的服务意识的思考:新媒体融合下科技期刊编辑的转型[J].中国传媒科技,2017(3),74-75.
[13] 张冬冬.科技期刊青年编辑业务能力提升的几种途径[J].编辑学报,2019,31(增刊1):123-125.
[14] 高磊,王俊丽.科技期刊青年编辑的成长[J].编辑学报,2017,29(增刊1):130-131.
[15] 王媛媛.科技期刊青年编辑业务研究诉求透视[J].中国科技期刊研究,2019,30(6),658-662.

打造当代精品力作——编辑先行

高丽丽

(科学出版社石家庄分公司,河北 石家庄 050000)

摘要: 在人类文化宝库中,精品力作永远闪耀着夺目的光彩,在传播和传承文化方面有着不可替代的作用。在打造当代精品力作的过程中,编辑作为连接作者和读者的桥梁和纽带发挥着至关重要的作用。由此,编辑应该发扬工匠精神,从发掘优秀作者、保证出版质量和引导大众阅读等方面为打造当代精品力作贡献自己的力量。

关键词: 精品力作;编辑的作用;工匠精神

习近平主席于 2014 年 10 月 15 日在京主持召开文艺工作座谈会并发表重要讲话,他强调:"改革开放以来,我国文艺创作迎来了新的春天,产生了大量脍炙人口的优秀作品。同时,也不能否认,在文艺创作方面,也存在着有数量缺质量、有'高原'缺'高峰'的现象,存在着抄袭模仿、千篇一律的问题,存在着机械化生产、快餐式消费的问题。文艺不能在市场经济大潮中迷失方向,不能在为什么人的问题上发生偏差,否则文艺就没有生命力。低俗不是通俗,欲望不代表希望,单纯感官娱乐不等于精神快乐。精品之所以'精',就在于其思想精深、艺术精湛、制作精良。文艺工作者要志存高远,随着时代生活创新,以自己的艺术个性进行创新。要坚持百花齐放、百家争鸣的方针,发扬学术民主、艺术民主,营造积极健康、宽松和谐的氛围,提倡不同观点和学派充分讨论,提倡体裁、题材、形式、手段充分发展,推动观念、内容、风格、流派切磋互鉴。"

"悠悠岁月,大浪淘沙,时间创造了一切,时间又淹没了一切,当代捧为'精品力作'者,未必为后代所认可;而在当代默默无闻者,也可以经后代人的慧眼'发现'而重新跻身'精品力作'行列,其中的关键是要经得起不同时代的反复检验。"[1]

从古至今,先贤们为我们留下了无数脍炙人口的精品力作,这些精品力作是历史的积淀、文化的传承,构筑起了中华民族的艺术宝库。然而,精品力作的打造并不容易,是作者、出版者、读者产生合力的结果。要想打造出传世的精品力作,需要有具备社会意识和问题意识的作者,能够及时发现现实中存在的问题,并进行分析,提出解决问题的途径,还需要有具备慧眼的出版者,能够从茫茫人海中识别出那个最不起眼却最有思想的作者,同时还需要有具备阅读经验的读者,能够发现作品中的闪光点,从而与作者产生共鸣。只有这三者的结合,才能使一部优秀的作品破茧成蝶,成为优秀的精品力作展现在世人面前。

出版活动承担着文化积累、文化传播、文化选择、文化创新等功能,在文化的传播和传承中有举足轻重的地位。因此,本文主要从出版视角出发,针对编辑在打造当代精品力作中的作用及途径谈一些看法。

1 编辑在打造当代精品力作中的作用

1.1 发掘优秀作者

对于伯乐与千里马的关系，我们并不陌生。编辑与作者的关系便是如此。要想打造传世精品力作，首先必须要有高水平的作者，同时还必须要有善于发现作者的编辑。在这个人心浮躁的时代，能专心搞创作和研究的作者确实不多，大多数人的所谓"创作"都是被利益和名誉所驱使，作品质量不高，存在雷同和抄袭现象，缺乏创造性和创新性，更无法为读者提供精神食粮。因此，对编辑来说，要想遇到情投意合且学术水平较高的作者，确实是一件困难的事情。

高手在江湖，一般情况下，学术造诣比较深的作者大多不愿抛头露面，而是默默地观察这个世界的变化，体悟人生的变迁，以及其所蕴含的人生哲理。因此，当编辑就要放下身段，在平常的场合发现令人感动的东西，从而挖掘到有价值的选题，寻找有实力、有思想的作者。这是打造精品力作的先决条件，因为如果没有一个好的选题，没有一位优秀的作者，精品力作便无从谈起。

1.2 保证出版质量

质量是出版活动的生命线，也是出版的永恒主题。在保证出版质量方面，编辑的作用不可低估。这主要表现在以下几个方面。

第一，编辑可以从整体策划角度出发，对书稿的架构进行把握。相对而言，编辑对出版要素和细节更加了解，包括内容、装帧、设计等多个方面，而且能根据国家政策和规定的变化，对相应的内容进行调整和更新，进而提出建设性的意见。

第二，编辑可以从专业角度出发，对书稿的大体内容进行把握。编辑可以根据自己的专业和经验，对书稿的内容进行审读，取其精华，去其糟粕，发现书稿中的文字错误、语言错误并进行改正，从而保证书稿的质量。

第三，编辑可以从读者角度出发，给作者提出有建设性的意见。编辑作为一部书的第一位读者，可以从读者接受的角度，对书稿的内容、体例、写作形式等方面提出自己的看法和观点，以利于读者阅读，进而为该书赢得更多的读者受众。

1.3 引导大众阅读

"编辑作为连接读者和作者的桥梁，传播知识的使者，其行为不但可以影响某一人群，甚至可以影响人类历史。"[2] 编辑是一本书的第一位读者，对书稿的内容、特色比较了解，所以在向读者推荐一本书时，编辑是最有发言权的。一本书出版之后，编辑应该积极主动地向读者进行推介，对其内容和闪光点进行宣传。当然，做宣传并不是王婆卖瓜，而是要引领读者大众知晓、了解该作品，进而对其进行深入阅读，挖掘其中隐藏的价值与意义，为其在若干年之后成为经典力作奠定基础。

同时，编辑应该善于为自己所做的书做宣传，让读者知晓该作品。同时这也是引领读者走近作者、进入作品的一种途径。鲁迅在为瞿秋白的集子取名为"海上述林"时，曾经做过如下宣传："本卷所收，都是文艺论文，作者既系大家，译者又是名手，信而且达，并世无两。其中《写实主义文艺论》与《高尔基论文选集》两种，尤为煌煌巨制。此处论说，亦无一不佳，足以传世。全书六百七十余页，玻璃版印画九副……"[3] 此处的宣传广告语是编辑在对作品进行深度理解的基础上写出的，会使读者大众眼前一亮。好的广告宣传语可以对图书的传播起到一定的宣传和推介作用，因为很多作品从不为人所知到成为经典，都经历了一个漫长的过程，其中宣传是一个不可忽视的因素。

2 编辑在打造精品力作过程中需练就的本领

2.1 善于发现作者

编辑要有善于发现有实力作者的卓见与热忱，要有海纳百川的博大胸怀，将作者范围扩大到全国各地，在众多作者中挖掘出最有潜力的那一位。编辑应该多参加各种学术会议及相关活动，在这些活动中可以遇见具有不同背景、不同造诣、不同品位的作者，从而为自己发现优秀作者创造机会。同时，编辑还应该具备社群意识，通过多种途径与作者之间建立起融洽、和谐的伙伴关系，促使编辑与作者能够相互砥砺、相互学习。

2.2 编辑学者化

乔还田在《再谈出版精品是这样打造的——基于编辑工作视角的思考》一文中谈道："实践证明，一个编辑如果没有真才实学，很难提出有价值的选题，很难对书稿做出准确的判断，更谈不上进一步提高书稿的学术质量，充其量只是统一一下全书的格式，改几个错别字而已。曾经发生这样的笑话：有的编辑面对一部学术价值'含金量极高'的书稿，觉得平淡无奇，以致把精华当作糟粕删掉；反之，本是一部没有任何创意，且学术上的'二道贩子'的书稿，竟以为发现了'新大陆'，佩服得五体投地。难怪资深编辑要这么说：如果编辑和作者在学问方面找不到共同语言，无法进行对话，那么，必然会给交流书稿意见带来诸多不便，甚至被作者瞧不起。"[4]

很多人认为，编辑就是一个杂家，看的书多，天文、地理、古代、近代、国内、国外，各方面的知识都懂一些，但是都不专，只是皮毛而已。其实不然，一位好的编辑不仅能熟练掌握出版领域的知识，包括出版规范、出版流程、出版法规等，而且对自己的专业领域也有很深的研究，能在学术性方面提出自己的建议，形成自己的思想。这种"双肩挑"型的编辑才是真正有水平的编辑，才是受作者和读者欢迎的编辑。

因此，编辑应该不断提升自身的素养和专业能力，随时关注本专业领域的研究动态和前沿问题，不断学习和研究，在专业问题上形成自己的看法和思想。只有这样，在与作者的沟通和交流中才能获得主动权，才能与作者进行平等、高水平的对话[5]。

2.3 发扬工匠精神

日本五大上市出版社之一幻冬舍社长及创建人见城彻说："编辑人的首要条件就是要有热情，并愿意为对方付出。那就是编辑的特权！"[6]出版活动是一个精神文化创造的过程，更是一个精雕细琢的过程，因此需要编辑投入极大的热情，并大力发扬工匠精神。

编辑加工是出版活动的核心环节，编辑在这个过程中的投入与否、细心与否，最终会以出版物质量反映出来，所以编辑加工是出版活动中的关键。要想提升出版物的质量，就需要编辑时刻秉持工匠精神的理念，将其贯穿于自己工作的始终。编辑加工是一项琐碎、繁杂的工作，需要编辑完全投入到稿件中，并调动各种感官协同工作，才能发现稿件中存在的问题，进而消除差错。尤其是越到出版后期，越不能松懈。编辑工作并不像大多数人所理解的那样简单，而是包含着编辑的精神创造和价值。精益求精的工匠精神和熟练规范的基本技能构成了编辑出版人的基本素质[7]。

同时，编辑也要有"板凳甘坐十年冷"的精神，耐得住寂寞，禁得住诱惑，不为外界所干扰，能在出版这片土地上不断耕耘,不断有新的发现、新的收获。

3 结束语

"当手机阅读、网络阅读席卷越来越多的读者和市场时,编辑应该清楚,这是一场介质的革命,而非内容的死去。"[8]在信息化快速发展的时代,各种形式的阅读介质正在冲击着传统阅读,读书似乎离我们越来越远,现代人已经没有古人那种"挑灯夜读"的精神,也少了看见书便如获至宝的那种疯狂。由此,读书、精品、力作等概念似乎与人们渐行渐远,大多数作品已难满足人们的多样化需求。

在此背景下,编辑不应该总是抱怨人们的品位下降、审美异化,无法领悟到作品中的精华与真谛,而是应该发挥自己的传播、推介、引导作用,引领读者大众改变认知、走进作者、发现真善美,从而为精品力作的打造创造群众基础。

"明者因时而变, 知者随事而制。"编辑也应该努力适应时代的发展变化,调整自己的心态,具有创新改革和融合发展的理念[9],抓住质量这条主线,以不变应万变,如此才能不断推出精品、打造力作,坚守职业操守、严守职业底线,甘愿做书林的守望者!

参 考 文 献

[1] 梅新林.以精品意识打造精品力作[J].浙江社会科学,2015(1):16-18.
[2] 王京涛.打造精品力作的实践与思考:以运作国家出版基金项目为例[J].中国出版,2018(18):43-45.
[3] 吴波.编辑是一门正在消逝的艺术[M].北京:金城出版社,2013:95.
[4] 乔还田.再谈出版精品是这样打造的:基于编辑工作视角的思考[J].中国编辑,2017(5):4-10.
[5] 吴子明.出版的初心是着力打造精品力作[J].中国出版,2018(24):37-40.
[6] 见城彻.编辑这种病[M].邱振瑞,译.杭州:浙江大学出版社,2012:209.
[7] 吴培华.书比人长寿,应该成为编辑的终身追求:论编辑在打造精品力作中的主体地位[J].科技与出版,2017(10):22-25.
[8] 吴波.编辑是一门正在消逝的艺术[M].北京:金城出版社,2013.
[9] 杜贤.培养新时代编辑人才刍议[J].中国出版,2019(3):15-17.

新时代高校学报编辑政治素养研究

刘朝霞

(东华理工大学学报编辑部,江西 南昌 330013)

摘要:政治素养是出版从业者的核心素养,是出版实践重视和强调的核心问题之一。新时代更加凸显了出版从业者政治素养的重要性,并赋予其新的内容。作为高校学报编辑,政治素养重要性应从四个方面来全面认知:出版工作意识形态本质属性所决定;出版行业制度要求所规定;意识形态斗争复杂化的现实所驱;提升中国学术话语权的使命所要。因而,在实践中编辑应切实采取措施增强政治意识和能力,提升政治素养。

关键词:新时代;高校学报;编辑;政治素养

高校学报作为定期向读者提供知识的学术刊物,是记载和传播前沿性、科学性和创新性理论知识的重要载体和平台,是人类高层次、高水平精神文化沉淀的结晶。高校学报的办刊水平和质量,反映一个国家教育、科技与文化的综合实力以及学术共同体的创新力和影响力。据有关统计,截至 2017 年,国家新闻出版广电总局认定了 6 468 种学术期刊,其中高校学报有 1 400 多种,约占全国学术期刊总数的 1/4,是我国学术期刊的重要组成部分[1]。长期以来,高校学报在促进学术交流、创新理论、传承文明以及构建我国学术话语体系等方面发挥着重要作用。2016 年,习近平总书记在哲学社会科学工作座谈会的讲话中指出:"一个没有发达的自然科学的国家不可能走在世界前列,一个没有繁荣的哲学社会科学的国家也不可能走在世界前列"[2]。新时代文化强国的建设必定是学术强国的建设,而学术强国的建设必依赖于学术期刊的繁荣和发展,需要高素养、高能力的学术期刊从业者队伍。政治素养作为出版从业者的第一素养、核心素养,一直是出版实践过程中重视和强调的问题。新中国成立以来,我国在不同时期对出版从业者的政治素养做出过明确规定和要求。比如 1952 年 10 月,国家出版领导机关公布的《关于国营出版社编辑机构及工作制度的规定》中就明确规定:"编辑部对每一书稿都应负政治上与技术上的责任"[3]。1998 年教育部办公厅颁布的《高等学校学报管理办法》中第六条明确提出,要采取切实措施不断提高编辑人员的政治思想与业务学识水平,提高学报的办刊质量和水平。2018 年 12 月,中宣部印发的《图书出版单位社会效益评价考核试行办法》提出,图书出版单位的出版物出现严重政治导向错误、社会影响恶劣的,社会效益评价考核实行"一票否决"。因而,在新时代的大背景下,如何全面更好提升编辑的政治素养,推出有正确政治思想、深厚学术思想和深入实践根基的学术成果[4],是高校学报的职责和使命,具有重要的现实和理论意义。

基金资助:东华理工大学博士基金项目(DHBK2019377)

1 政治素养内涵分析

概念是研究问题的逻辑起点，是思维的最小单位，反映事物的一般本质特征，一切思维和理论都与概念有关。何为"政治素养"？不少研究者对其内涵进行了分析和解释。杨亚鸿[5]认为，政治素养是指编辑工作具备政治敏锐性、政治鉴别力和政治洞察力等一系列素质能力的总和。陆昱[6]指出，政治素养是编辑对马克思主义科学理论体系的理解和掌握程度以及运用马克思主义的基本立场、观点和方法分析问题、概括问题、解决问题的能力。吴重龙和白来勤[7]从多个方面对编辑的政治素养进行了分析：为人民服务，为社会主义服务；坚持社会效益第一，增强政治责任感；树立精品意识，提高出版质量；遵纪守法，廉洁自律，爱岗敬业等。从以上研究者对政治素养概念的分析中可以看出，政治素养虽然尚无统一定义，但其内涵应包含马克思主义指导、人民立场、国家利益三者的统一。另外，从词源上来看，政治有两个意思，一是管理众人之事便为政治；二是泛指政府制定法令，管理国家事务的一切行为。在西方，政治一词的英文为"politics"，原文来自古希腊文的"polis"，意为关于城邦的科学。简言之，政治就是治理国家的学说和行为。而素养是指平日的修养。从词源的分析来看，政治素养可解释为管理国家的修养或能力。因而，政治素养必具有意识形态功能的内在根本属性。那么如何定义政治素养呢？本文给出的定义是政治素养是指用马克思主义的立场、观点和方法，正确观察社会问题、分析问题及辨别是非的能力和水平。因而，政治素养有高低之分、是非之论、好坏之别。对于出版从业者来说，政治素养是一个不断学习、内化和提升的过程，是编辑的职责所在和终身课题，贯穿其整个职业生涯。新时代，尤其是对于哲学社会科学学报的编辑来说，除了做好"政治卫士"，充分发挥"把关人"和"过滤器"的作用外，自觉深入学习、宣传和研究习近平新时代中国特色社会主义思想，是重要的政治任务也是新时代编辑政治素养内涵建设的重要理论根源。

2 新时代高校学报编辑政治素养提升依据

2.1 出版物意识形态属性所决定[8]

高校学报作为连续出版物，"交流学术、追求真理、引领时代"是其核心价值。其既是精神产品也是物质产品，具有双重属性，而精神产品是其第一属性。其一，学报所刊载的内容主要反映了人类认识和改造客观世界所获取的理论成果，本质是一种具有实践性的思想加工和文化传播创新活动，对社会的发展及人的思想会产生重大影响和导向。随着时间的推移，物质属性可能将逐渐湮灭，而精神价值则可能成为人类知识的重要组成部分，具有永恒的社会文化价值。这也是我们自始至终一直强调把出版物的社会属性放在第一位的主因，强调注重出版物内容的思想性、科学性、真理性和创新性之由。其二，要明晰学术与政治的关系。学术不应政治化，但不能否认学术具有政治功能，更不能简单地把学术与政治相对立。一般而言，学术作为观念的上层建筑，具有意识形态的属性，尤其是哲学社会科学的一些学科，研究对象本身就决定了其具有意识形态的品质，总是要直接或间接地反映统治阶级的政治立场、主张和观点。比如政治学、法律学、哲学、道德等，这些学科的研究往往与意识形态密不可分，基本都是为统治阶级著书立说，发挥其政治和教化功能，具有阶级性和意识形态的属性。可以说从期刊萌芽之日起，便与政治紧密相连。在我国古代，宋代的《邸报》、明清时的《京报》《宫门抄》就是为封建王朝通报政治情报服务的，更不用说《资治通鉴》一类的书籍，更是为统治阶级政治服务。早期马克思在担任《莱茵报》主编时，就注重发挥报纸的政治功能和社会责任，针对立法机关偏袒林木所有者的利益，剥夺贫民捡拾枯枝的权利，1842年，马克思发表《关于林木盗窃法的辩论》为平民百姓发声，伸张正义，为此还丢掉了《莱茵报》主编职务。因此，主张搞纯粹的学术研究或理论宣传，主张"价值中立""拒斥意识形态"的说教是片面的、错误的。即使是自然科学，追求科学、真理是其终极价值和本质，但还要解决一个为谁研究、怎样研究、为谁服务的问题。学术研究具有中立性，但学术或科技的运用具有社会性、政治性。华为本质是一个技术问题、经济问题，现在却在西方活生生地演变为一个政治问题，就是一个典型的例证。其三，高校学报作为由学校主办，学校统筹拨款的职能部门，理应为党和国家著书立说，积极传播党的方针政策，宣传社会主义核心价值观，弘扬社会主旋律，为社会主义，为人民服务；成为党的意识形态战线的重要阵地，向社会提供优良的精神食粮，为社会主义事业提供思想保证、精神动力和治理支持。在西方，"新闻自由"一直是西方推崇和标榜的，但事实上西方媒体也会把国家利益放在首位，也会倾向于支持自己认可的党派。也就是说西方传播媒体的宣传可独立于政府、政党但不可能独立于资本，必在此控制下构筑其政治正确性原则的基本框架。

2.2 出版行业制度规定所要求

马克思主义新闻观是马克思主义的重要组成部分，是指导无产阶级政党和社会主义国家的根本指导思想，坚持社会主义方向，坚持马克思主义理论为指导，是我国新闻出版事业的基本要求。列宁曾指出："报纸刊物应该成为社会主义建设的工具"[9]。我国在不同时期，党的领导人也强调出版行业的政治属性问题。1957年，毛泽东在与人民日报主编吴冷西谈话中指出，写文章尤其是社论，一定要从政治上总揽全局，紧密结合政治形势，这叫做"政治家办报"[10]。1980年，邓小平提出要使我们党的报刊成为全国安定团结的思想上的中心。党的十八大以来，习近平总书记高度重视意识形态的地位和作用，加强党对新闻舆论的引导，2016年2月19日，在党的新闻舆论工作座谈会上，习近平总书记指出："新闻舆论工作，是党领导下的重要工作，是治国、安邦的大事"[11]。从规章制度角度来看，党在不同时期也颁布了系列规章制度，来加强编辑政治素养。1983年《关于加强出版工作的决定》指出："我国的出版事业，与资本主义国家的出版事业根本不同，是党领导的社会主义事业的一个组成部分，必须坚持为人民服务、为社会主义服务的根本方针"。1997年颁发的《中国出版工作者职业道德准则》对出版工作者提出了8条必须遵守的准则，其中第一条是为人民服务，为社会主义服务；第二条坚持社会效益第一，增强政治责任感。2004年《图书质量管理规定》对科学技术期刊质量评估标准和社会科学期刊质量标准及评估办法都进行了详细说明，其中第一条即是政治标准：要坚持正确的舆论导向和为人民服务、为社会主义服务的政治方向。2018年，中宣部印发《图书出版单位社会效益评价考核试行办法》强调把社会效益放在首位，对连续三年考核不合格的出版单位，要依法依规对出版单位予于处罚直至退出。相关的规章制度还有《关于加强军事题材出版物出版管理的规定》《关于对编辑出版集中介绍党政领导干部情况出版物加强管理的通知》《关于期刊发表有关党和国家主要领导人工作和生活文章、图片的规定》《新闻出版保密规定》《关于严禁在新闻出版和文艺作品中出现损害民族团结内容的通知》《地图审核管理办法》等[7]。可以说，研究无禁区，宣传有纪律，这是思想政治领域的一条重要原则，是出版行业必须遵守的规章制度，也是高校学报从业者应该遵守的行业规范和职业操守。

2.3 新时代意识形态斗争复杂化的现实所驱

国际上,意识形态的斗争从未停止过。毛泽东曾说过,文化思想阵地我们不去占领,敌人就会占领。2018 年,习近平总书记在全国宣传思想会议上指出,新时代建设具有强大凝聚力和引领力的社会主义意识形态,是全党特别是宣传思想战线必须担负起的一个战略任务,要让党的创新理论"飞入寻常百姓家"。从现实角度看,几十年来,随着我国对外开放和社会主义市场经济的发展,所有制的多元化,思想文化交流的日益全球化,导致了人们思想和价值取向的多样化。尤其是互联网的普及和交互性,网络成为不同意识形态的交流、交锋、交融的重要场地,各种思想文化交流碰撞,各种思潮真伪难辨;再加上西方尽可能利用互联网对我国进行政治、文化和意识形态的渗透和颠覆,受众意识形态和价值观的多元化,对我国的主流意识形态产生了冲击和影响。从历史角度看,意识形态的混乱为苏联解体打开了切口,带来了灾难性的影响,东欧社会主义国家也忽视在思想领域进行的意识形态斗争,致使西方反共思潮、民主社会主义思潮、国内反社会主义思潮在党内不断扩大和泛滥,最终导致了亡国灭党,教训是深刻的。易言之,能否做好意识形态工作,事关党的前途命运,事关国家长治久安,事关民族凝聚力和向心力。新时代,做好意识形态工作内容庞大且涉及面广,渗透于方方面面。高校学报作为党的舆论宣传阵地,要有责任意识,要成为新思想宣传的阵地和平台,积极主动去宣传和讲好中国故事,传播中国好声音;要有阵地意识,不碰高压线、红线,旗帜鲜明地反对各种错误观点和思潮,要做内容和导向的把关者;学术创新和学术繁荣的引领者;切实维护我国意识形态安全,引领学术繁荣和发展。

2.4 提升中国学术话语权的使命所要

新时代,构建具有中国特色的学术体系、学科体系和话语体系,是建立文化强国的内在需求,提升中国软实力的必然要求也是彰显大国责任的重要体现[12]。学术自信必然是文化自信的题中之意,拥有学术话语权,也是我国学术立于世界学术之林,贡献具有世界杰出学术理论观点的关键问题。2018 年,习近平总书记在全国思想宣传工作会议上强调要建设具有中国特色、中国风格、中国气派的哲学社会科学,构建有学理性的新理论,中国问题中国最具有解释权和话语权。但长期以来,中国的学术话语在世界上并未产生太大的影响,存在有理说不出,说了传不开的境地[13];存在软实力与硬实力不相称的现状。出现这种问题的原因是多方面的,也并不能简单把文化强国等同于经济强国。外因,西方学术话语和学术评价长期主导国际学术话语权;内因,改革开放以来,从某种角度上讲,中国学术缺乏一定独立自主的创新精神,存在唯西论的学风和导向,跟在别人后面亦步亦趋,甚至充当西方的学徒,有一定的客观原因和需求,但不是长久之计,如在国际学术舞台占有一席之地,拥有学术话语权,学术话语体系应具有先进性、创新性和吸引力。破除西方学术霸权,增强中国学术话语权在国际上的传播和地位,是新时代文化强国的一个目标,是文化大国到文化强国的必然路径。当然也是一个系统的工程,需要一定的条件和能力,是一个艰巨的任务和发展目标。高校学报在我国学术话语权建立中应该充当什么角色和定位,是当今广大学报同仁需认真思考和对待的问题,也是新时代赋予的任务。新时代,高校学报应坚定鲜明的政治立场,坚守自身学术话语和学术精神,立足中国实际,以问题为导向,旗帜鲜明地推动学术研究本土化,推出研究回答新时代重大理论和现实问题的选题,深入研究反映中国视角、中国经验和中国思想的学术思想和理论,增强构建中国特色社会主义学术话语体系的意识和行动,提高主动向世界传输中国特色的学术思想、理论概念和话语体系的意识和能力。这种责任意识、担当

3 新时代高校学报编辑提升政治素养实践路径

3.1 加强政治理论学习

思想建设是党的基础性建设,是保持党的先进性和纯洁性的重要法宝。高校学报作为党的舆论宣传、理论研究的重要阵地,编辑要用马克思主义理论武装头脑,多读经典文献,夯实理论根基;不断加强对党的基本理论、基本路线和基本方略的学习和研究,从而增强政治敏锐力和政治辨别力。当今,要加强对习近平新时代中国特色社会主义思想的学习和研究。习近平新时代中国特色社会主义思想是21世纪的马克思主义,民族伟大复兴的纲领,要深刻把握其内涵、精髓和实践要求,做到理论更好指导实践,指导工作。进而肩负起引导社会舆论,唱响社会主义主旋律,向社会提供优秀精神食粮的责任。

3.2 做好出版的"政治卫士"

"编辑笔下无小事"。在实际工作过程中,编辑会收到来自不同专业和研究方向的稿件,这其中就有些带有"政治性问题"的稿件,碰"高压线"和"红线"的稿件;在校对环节过程中,编辑在一字一句进行文章校对、修改、润色等加工环节时,也会发现文中带有政治性错误的论断。因此,作为编辑,要时刻紧绷"政治弦",充分发挥编辑的初审功能,对不符合收稿标准的稿件,及时做退稿处理,做好筛选功能;在校对环节中,对涉及民族、外交、港台地区、军事、保密、领土的稿件时,要严格、严谨和规范,对一些带有"政治性问题"的论断或图表进行删除或修正,做好政治把关。总之,作为编辑,要牢牢把握政治大方向,严把政治关口,把好政治这条红线,要与党的路线、方针、政策时刻保持一致,始终是党的意识形态工作的坚强阵地。

3.3 做好栏目的"主持人"

我国的出版事业,是党领导的社会主义事业的一个组成部分。理应对国家重大方针、政策进行研究和宣传。新时代,深入加强对习近平新时代中国特色社会主义思想的研究和宣传,是高校学报尤其是文科学报的内在职责。文科学报应开设"新思想"研究专栏,主动设置议题,对"新思想"的科学内涵、精神实质和实践要求,进行学理上的探讨和研究。用学术讲政治,推出有深厚学术素养和政治素养的文章,充分发挥党和人民的"喉舌"作用,发挥政治和思想引领作用,为构建新时代中国特色社会主义理论贡献自己的力量,为新思想的学术话语对外传播积极探索和努力。另外,学术质量是期刊发展的生命线,推出具有理论深度、思维创新的学术精品是高校学报的中心任务。实践中要坚持以"人民为中心"的研究导向,增强问题意识,关注社会热点、焦点、难点问题,关注国家重大需求问题,推出具有本土性、主体性和原创性的学术精品[14],构建具有中国特色、中国风格、中国气派的学术话语体系,不仅做好学术研究的传播者、开创者,也要做好学术研究的塑造者、构建者。讲好中国故事,共塑中国形象。

4 结束语

高校学报作为学术期刊,是新时代中国学术话语权构建和对外传播的有机组成部分,反映我国学术共同体的创新力和凝聚力。中国特色社会主义的发展为高校学报提供了理论研究的实践宝库,文化强国建设为高校学报的未来发展提出了新的目标和使命。因此,作为高校学报编辑,要不断加强政治学习和提高业务能力,做一名政治站位高,业务能力强的责任编辑,为构建具有自觉性、自主性和科学性的中国学术话语体系贡献自己的力量!

参 考 文 献

[1] 刘允林.提高编辑政治素质坚定出版正确政治方向[J].经济研究导刊,2019(8):192-193.
[2] 习近平:在哲学社会科学工作座谈会上的讲话(全文)[EB/OL].(2016-05-18)[2020-03-28]. http://politics.people.com.cn/ n1/2016/0518/c1024-28361421-2.html.
[3] 吴平,芦珊珊.编辑学原理[M].武汉:武汉大学出版社,2011.
[4] 张瑞才.在学术体系构建中发挥阵地和平台作用[N].中国社会科学报,2020-05-19(2).
[5] 杨亚鸿.新时代背景下人文社科学术编辑素养及其培养[J].中国编辑,2018(9):40-44.
[6] 谢群.学术期刊国际化与编辑素养探析[J].今传媒,2013(5):124-125.
[7] 吴重龙,白来勤.编辑工作手册[M].北京:华艺出版社,2004:15.
[8] 蒋茂凝.新时代出版业两个效益辩证统一的理论和实践[J].中国编辑,2020(5):4-9.
[9] 列宁全集:第27卷[M].北京:人民出版社,2014:239.
[10] 李沙."政治家办报"的历史解读[J].新闻与写作,2013(11):206-207.
[11] 中共中央宣传部.习近平新时代中国特色社会主义思想三十讲[M].北京:学习出版社,2018:200.
[12] 姜辉.不断增强社会主义意识形态凝聚力引领力[N].人民日报,2018-02-22(7).
[13] 秦宣.正确处理政治话语与学术话语的关系[J].中国青年社会科学,2019(3):9-13.
[14] 句云生.构建中国特色哲学社会科学呼唤"术语的革命"[N].光明日报,2020-05-15(11).

科技期刊青年编辑焦虑的原因与突破口

吴领叶

(上海大学期刊社《运筹学学报》编辑部,上海 200444)

摘要:透过科技期刊青年编辑普遍焦虑的现象,以青年编辑人才队伍的变化和工作现状为视角,分析青年编辑焦虑产生的深层次原因:不断发展的高学历、专业化的青年编辑队伍与其工作现状仍然处于编校、编务等事务性工作的矛盾日益突出。然而,要用辨证的眼光看待科技期刊青年编辑焦虑现象。过度的焦虑情绪,严重影响科技期刊青年编辑的正常生活,制约科技期刊的发展;而适度的焦虑情绪是正常合理的,对科技期刊青年编辑和期刊的发展有积极促进作用。缓解科技期刊青年编辑焦虑的突破口是厘清科技期刊编辑的定位:编辑是期刊主体中最活跃的因子。通过科技期刊青年编辑自身、主编及相关管理部门的努力,提高青年编辑的约稿、审稿、学术传播能力,从而不断激发青年编辑的活性,缓解青年编辑的焦虑情绪。

关键词:科技期刊;青年编辑;焦虑;定位

学术期刊,无论科技期刊还是人文社科类期刊,青年编辑中普遍呈现出焦虑现象。部分同行[1-4]意识到了这个问题,也分析了编辑产生焦虑的原因,探讨了应对策略。何谓青年编辑焦虑?结合心理学[5]和情感学[6]对焦虑的解释,笔者认为学术期刊青年编辑焦虑是指青年编辑由于对未来怀有美好期待,然而根据现实工作状况,预测未来个人或期刊的趋势发展,而又难以应付,形成紧张不安、不愉快的情绪。

张亘稼[1]从科技期刊编辑工作特点入手,认为科技期刊编辑焦虑源自日常工作和期刊竞争。李艳艳[2]认为除日常工作外,职称评定、人际关系的交往、编辑部内部的工作也会引发科技期刊编辑焦虑。金莹[3]从社科期刊的角度出发,认为除期刊竞争、职称评定外,约稿难、期刊转企改制等也是引起编辑焦虑的原因。王丽婷[4]重点探讨了高职学报青年编辑大多由校内青年教师转岗而来,由于心理上对编辑工作的认识不足而带来的职业焦虑。文献[1-4]分别从主客观两方面给出了应对策略。王廷国[7]重点介绍了融合时代期刊编辑的身份焦虑以及价值建构。然而,以上文献在分析学术期刊编辑焦虑的原因时,忽略了一个事实:现阶段从事学术期刊工作的青年编辑队伍发生了重大变化,而大部分学术期刊青年编辑的工作现状仍然停留在编校、编务等事务性工作上。笔者认为,正是变与不变的矛盾才产生了学术期刊青年编辑焦虑的普遍现象。那么,进一步值得深思的是,青年编辑焦虑是否合理?如何缓解青年编辑的焦虑情绪?本文从科技期刊角度出发,在分析青年编辑焦虑原因的基础上,认为青年编辑出现焦虑情绪是正常、合理的,对青年编辑个人及期刊发展都有积极促进作用。但不能任其发展,青年编辑过度的焦虑情绪会严重阻碍科技期刊的发展。因此,笔者尝试提出缓解青年编辑焦虑的突破口，供青年编辑同人参考。

1　科技期刊青年编辑焦虑的原因

现阶段科技期刊青年编辑的学历和专业化程度逐步得到了提高，青年编辑迫切地期望个人的价值在服务期刊中得以发挥，因此对个人和期刊的发展有美好期待。而由于各种原因，目前大部分科技期刊青年编辑的工作现状仍然停留在编校、编务等事务性工作上，引起青年编辑的焦虑。正是科技期刊青年编辑队伍之变与青年编辑工作现状之不变的矛盾才产生了科技期刊青年编辑焦虑的普遍现象。

目前从事科技期刊的青年编辑队伍正在迅速朝着高学历、专业化的方向发展。2006年，中国科协及其全国学会科技期刊编辑人员中，硕士学历的占18.3%，博士学历的占9.5%，本科学历的占45.2%[8]。2007—2010年，高学历编辑人员比例逐步增加。经过近几年迅速地发展，目前我国科技期刊编辑学历总体结构已发生根本性的变化，高学历人才已经成为中国科协科技期刊编辑部人员的主要力量，且所占比例呈稳步增长态势[9]。值得注意的是，这些青年高学历人才大多一毕业便通过编辑职业化的培训，持证进入编辑行业，服务于与自身专业相关的科技期刊，受过系统的科学研究培养，从事过某一专业领域的研究，熟悉本专业及相关专业领域的科研现状，并能够敏锐地捕捉本专业及相关专业的学术前沿信息，掌握行业发展动态，具备良好的科学素养。与10多年前本科生为主要编辑力量相比，现阶段从事科技期刊的青年编辑队伍大多为硕士或博士毕业，且职业化、专业化的程度不断提高。

与日益发展的青年编辑队伍相对的是，尽管部分科技期刊紧跟世界一流科技期刊的步伐，采取了现代化的办刊模式，也取得了很好的成效，但对我国大部分科技期刊而言，青年编辑的工作现状仍然停留在编校、编务等事务性工作上。导致该现状产生的原因有很多，笔者列举三个主要方面：

第一，现行体制内，相关管理部门缺乏编辑人才培养的积极措施。以提高编辑的约稿能力为例。期刊的竞争本质上是优质稿源的竞争，由于期刊评价的唯"SCI"论，导致国内科技期刊，尤其中文科技期刊难以与国外一流的科技期刊相抗衡。中国科协精品科技期刊工程项目、中国科技期刊卓越行动计划项目、关于破除科技评价中"唯论文"不良导向的若干措施(试行)的实施将会帮助国内部分科技期刊"抢夺"到大量优质稿源，大力提升学术影响力，进一步缩小与国际一流科技期刊的差距。但不可否认的是，同时也使得没有进入精品或卓越项目的期刊处境犹如雪上加霜。为缓解稿源之荒，大部分期刊(中心)社一方面鼓励青年编辑不断增强约稿能力，鼓励青年编辑参加相关学术会议，增进与学者的交流，另一方面几乎没有对编辑约稿能力提升实施具体的积极措施。鉴于国家对科技期刊编校质量的严格把关，所以即使在优质稿源急缺的情况下，大部分科技期刊编辑部仍然将编校工作置于首位。

第二，新媒体环境下融合出版的挑战。随着互联网环境下，新媒体的不断涌现，数字化出版逐步进入深水区，然大部分科技期刊缺乏相应的数字化专业人员。为适应新媒体环境，青年编辑尝试做好期刊的网站、微信公众平台、网络学术传播等数字化工作，以期提高期刊学术影响力，并尝试通过数字化工具分析新媒体传播的质量，等等。然而，由于缺乏数字化专业知识，青年编辑只能做数字化方面基础性、事务性工作，无法深入开展利于期刊发展的专业度更高的新媒体融合出版工作。

第三，科技期刊的编辑人员数量有限且配备不均衡。笔者认为这是青年编辑陷入编校、编务等事务性工作的一个现实原因。2006 年，我国科技期刊从业人员由三部分人员构成：编辑人员(83%)、经营人员(9.4%)和行政管理人员(7.6%)；刊均 4.4 个编辑，56.3%的期刊没有经营人员，60.5%的期刊没有行政管理人员[8]。通过近些年的发展，我国科技期刊办刊队伍的专业化程度正在迅速提高，2015 年，我国科技期刊刊均编辑人员为 6.4 人，其中学科编辑刊均为 4 人[9]。但是，通过以上数据不难看出：一方面科技期刊编辑部人员仍然数量有限，仅有 2 或 3 位专职编辑的期刊编辑部不在少数，甚至，部分科技期刊，编辑部人员仅有一人；另一方面编辑职业化、专业化的程度需进一步提高，行政管理人员和经营人员的占比仍然需要提高。囿于专职编辑人员的匮乏，青年编辑只能先抓编校、编务等最基础、最核心的事务性工作，而有利于期刊发展的选题策划、约稿、审稿、传播等工作只能暂居其次。

对于很多科技期刊而言，令青年编辑陷入编校、编务等事务性工作的原因可能不限于以上三点。但总的来说，不断发展的职业化、专业化青年编辑队伍迫切地要通过服务期刊实现个人的价值，面对目前的期刊出版环境、编校、编务等事务性工作的编辑现状，预测期刊未来的趋势发展、编辑个人价值的体现、职称的评定等方面受阻，矛盾日益突出，使得大部分科技期刊青年编辑时常处于焦虑状态。

2 辩证看待科技期刊青年编辑焦虑现象

通常来看，焦虑是负面的情绪，具有焦虑情绪的编辑可能会产生工作懈怠、疲惫等，影响和制约期刊的发展[1]。但笔者认为，应该用辩证的眼光看待科技期刊青年编辑焦虑现象。过度的焦虑会严重影响人的正常活动，需要心理医生介入治疗。但具有适度焦虑的科技期刊青年编辑能够保持头脑的清醒，对当下个人和期刊的现状和发展趋势有较清楚的认识，坚信通过多方的努力，能够克服困难，使得个人和期刊逐渐向良好态势发展，对个人及期刊的未来依然充满希望。古人云：居安思危，思则有备，有备无患。笔者认为具有适度焦虑的科技期刊青年编辑能够居安思危，对未来有所准备，对期刊的发展具有促进作用，所以科技期刊青年编辑产生焦虑是合理、正常的现象。黄帝内经云：不治已病治未病。在焦虑情绪还没有对青年编辑及期刊的发展产生危害作用之前，笔者号召青年编辑个人、主编、期刊社(中心)领导及相关管理部门要了解、认识、重视并及时采取积极的措施缓解青年编辑焦虑情绪，这也是本文写作的缘起。

3 缓解科技期刊青年编辑焦虑的突破口

解决了日益发展的科技期刊青年编辑队伍与青年编辑对工作现状的不满产生的矛盾，青年编辑就会化焦虑为动力，为提高期刊质量而努力。缓解科技期刊青年编辑焦虑的突破口是厘清现阶段科技期刊编辑角色的功能和定位。笔者认为：编辑是科技期刊主体中最活跃的因子。

一般来讲，决定期刊整体质量的主体有两类：内部主体有主编、编委会、编辑，负责期刊的运作；外部主体有作者(直接决定期刊内容质量)、审稿专家(保证和提高期刊学术质量)、读者(读者认可度直接决定期刊影响力)。对高水平期刊而言，两类主体可能是同一个群体。期刊主体中，除专职主编外，只有编辑是专职为期刊服务的人员。由于主编及编委会决定期刊的定位及发展方向，对期刊发挥着重大作用，所以尽管主编及编委会对期刊投入的时间和精力有限，仍然要充分依靠专家办刊，编辑要竭尽全力充分调动主编及编委的积极性为期刊发展服务。作为同行评议中的重要一环,审稿专家对期刊内容质量的保证和提高起着非常重要的作用,编辑与审稿专家密切合作的同时,做好审稿专家的服务工作,共同确保审稿质量和时效性。另外,现阶段在期刊评价的指挥棒下,中国科技期刊(尤其中文科技期刊)很难获得作者(内容生产者)最优秀的学术成果,然而读者(内容需求者)却需要最新最高质量的学术内容。随着内容生产者和内容需求者之间矛盾的激化,期刊认可度、影响力会逐渐下降;反之,期刊的认可度、影响力会急速攀升。编辑作为内容的接收者和发布者,不能简单被动地接收和发布,要与作者对话,争取优秀稿源,保证期刊学术内容的质量,通过良好、高效的学术传播渠道,保障读者获取最新最高质量学术内容及最好服务的权益,不断协调、解决内容生产者和内容需求者之间的矛盾,提高期刊学术影响力。此外,编辑还要保持内外主体沟通顺畅。因此,编辑是科技期刊主体中最活跃的因子。

4 激发科技期刊青年编辑的活性

如前所述,编辑的定位应是期刊主体中最活跃的因子。然若编辑一旦由于焦虑而成为惰性因子,期刊各主体将无法通过编辑的纽带充分发挥各自的作用为期刊发展服务。因此,要缓解青年编辑的焦虑情绪,必须不断激发青年编辑的活性。激发青年编辑的活性就是要大力提高青年编辑与期刊各主体的沟通、对话能力,即不断提高青年编辑的科学素养、专业水平,为中国科技期刊向世界一流科技期刊迈进提供专业保障。笔者认为通过提高青年编辑的约稿、审稿、学术传播能力,可以不断增强青年编辑的活性。

第一,提高青年编辑的约稿能力。青年编辑充分发挥自身的科学素养优势,通过各种渠道(网络、编委推荐、会议、拜访学术团队等)掌握优秀作者群的学术成就(科研方向、科研进展、阶段性成果、下一步的科研计划等),以各种方式(面约、微信约、邮件约等)持续不断地向优秀作者群邀约优秀稿件,从而提高约稿能力。涉及多方密切合作的约稿过程,对青年编辑也是一项严峻的考验:青年编辑要主动依靠主编、编委会的力量,加强与优秀作者群的对话能力,不断满足读者的更高需求。可以说编辑的约稿能力与编辑的活性程度成正比。

第二,提高青年编辑的审稿能力。笔者认为编辑的审稿能力包括两项:编辑初审和鉴定审稿人审稿意见的能力。青年编辑随着对期刊办刊宗旨的深入了解、对行业动态及学术前沿的深入跟踪,要不断提高初审能力,从而间接地提高主编、编委初审的效率。青年编辑提高鉴定审稿人审稿意见的能力,一方面可以更好地甄选、培养高效高质量的审稿专家队伍,从而更好地保证同行评议的效率和质量;另一方面借助审稿意见,可以提高编辑与作者和读者的学术对话能力。青年编辑的审稿能力主要考验编辑对外部主体的活性,青年编辑要通过不断地提高自身专业水平,同时充分依靠期刊外部主体,做好外部主体的服务工作,从而大力提高审稿能力。

第三,提高青年编辑的学术传播能力。新媒体时代,学术期刊传播的重要性不言而喻。编辑在学术传播过程中起着重要的桥梁、纽带作用,其学术传播能力一定程度上决定了期刊受众的广度和深度。

5 结束语

科技期刊出版环境不断发生变化,青年编辑人才队伍不断更新,青年编辑工作现状没有及时跟上时代的步伐,青年编辑为了实现个人在服务期刊中的价值,自然产生焦虑情绪。虽然科技期刊青年编辑焦虑是正常合理地现象,但青年编辑自身、主编、相关管理部门要及时认识、了解并重视青年编辑的焦虑现象,不能任其发展,使其严重阻碍科技期刊的发展。只要厘清编辑的功能和定位:编辑是期刊主体中最活跃的因子,不断激发青年编辑的活性,提高青年编辑的科学素养,就能在一定程度上缓解青年编辑的焦虑情绪。

参 考 文 献

[1] 张亘稼.科技期刊编辑职业焦虑分析及应对[J].中国科技期刊研究,2015,26(2):128-132.
[2] 李艳艳.科技期刊编辑职业健康与职业焦虑分析[J].天津科技,2018,45(2):82-83,88.
[3] 金莹.网络化时代社科期刊编辑职业焦虑成因及干预策略[J].延边大学学报(社会科学版),2016,49(2):136-141.
[4] 王丽婷.高职学报青年编辑的职业焦虑及应对措施[J].商丘职业技术学院学报,2016,15(4):139-141.
[5] 陈东城.焦虑心理学[M].北京:中央编译出版社,2017.
[6] 仇德辉.数理情感学[M].北京:中共中央党校出版社,2018.
[7] 王廷国.融合时代期刊编辑的身份焦虑与价值建构[J].湖南大众传媒职业技术学院学报,2019(3):9-12,47.
[8] 中国科学技术协会.中国科协科技期刊发展报告(2007)[M].北京:中国科学技术出版社,2007.
[9] 闫群,张晓宇,刘培一,等.中国科技期刊办刊队伍现状、问题与发展策略[J].科技与出版,2017(7):104-107.

全球化语境下科技期刊编辑的能力提升
——以《等离子体科学和技术》为例

李 芬，李仁红，严 慧，项 磊，许 平

(中国科学院合肥物质科学研究院《等离子体科学和技术》编辑部，安徽 合肥 230031)

摘要： 全球化语境下，我国科技期刊急需与国际接轨提高自己的竞争力。高素质的编辑队伍是增强期刊服务力、吸引优质稿源、提高期刊质量的重要保障。科技期刊编辑除了必备的编辑技能外还需要掌握学科专业知识，积极参加国内外专业学术会议以提高科学素养成为科学编辑。养成敏锐的洞察力，积极思考捕捉新的选题，吸引优质稿源、提高期刊质量。积极学习国内外先进的办刊经验和举措，提升期刊的服务能力。全媒体时代，科技期刊编辑更要与时俱进善于使用大数据分析，灵活运用多媒体，才能为读者提供多元化服务，扩大期刊国际影响力。

关键词： 全球化语境；科技期刊编辑；能力；国际影响力

21世纪是全球化时代，这是东西方学者的共识。美国当代学者科布认为："我们始终生活在一个世界，一个地球之上。对于实际的目的而言，这个地球已经变得很小，地理的距离已不在话下。技术与我们息息相关，我们的许多问题不可避免都是全球性的。"[1] 全球化时代的到来，使世界范围内的政治、经济、文化、科学、教育等领域的互动增多，各个国家之间的相互依赖也日渐增强，逐步形成相互补充、相互联系的有机整体。随着研究对象的全球化，学术研究也不可避免地走向世界，国际学术交流和合作更加频繁[2]。科技期刊作为记录、传播科学新发现的重要载体，是反映一个国家科学技术研究水平的重要窗口。我国有5 000多种科技期刊，虽是出版大国，却不是出版强国。在JCR收录的近9 000种期刊中，中国大陆仅有期刊近200余种[2]。我国科技期刊在数量、影响力以及优质稿源竞争力上与国际出版强国相比还存在较大差距。我国科技期刊的服务能力与科技工作者的期待不相匹配，高水平的科技期刊数量和质量远不能满足科研成果产出的需要。此外科技期刊数字化进展缓慢，缺乏高影响力的出版与传播平台。学术影响力有待提高，缺乏吸引优质稿源的能力，大量优秀科研成果发表在国外期刊上[3-4]。我国要实现出版大国到出版强国的跨越，任重而道远。高素质的编辑队伍对于增强媒体传播力、公信力、引导力和影响力具有重要意义[5]。在整个出版流程中，科技期刊编辑要从事选题策划、组稿、送审稿件、语言润色、编辑排版、校对、发行、推介等诸多工作。作为期刊出版的骨干力量、期刊质量的把关人，科技期刊编辑的能力在全球化语境下也面临新的挑战。一支能力全面、素质过硬的科技期刊编辑队伍是保证期刊质量的基础与核心[6]。本文作者就职于《等离子体科学和技术(PST)》编辑部，从事科技期刊编辑工作十几年，拟从自身多年的学习、经验和体会出发，分析全球化语境下科技期刊编辑如何提高职业素养和编辑能力，以帮助期刊吸引优秀稿源，提升期刊的服务力，从而提高期刊国际影响力。

1 掌握学科专业知识、养成敏锐的洞察力，吸引优质论文

全球化时代，科学技术日益进步，新技术不断涌现，学科发展异常迅速。科技期刊编辑除了基本的编辑素养之外，还需要不断学习，提高科学素养，由文字型编辑向科学编辑转变。科技期刊编辑只有具备高敏感度的信息触觉与广泛的国际化视野，才能吸引广泛的优质稿源，为科技交流和传播作贡献[7]。科技期刊编辑要积极提升自己的学科专业知识，认真研读专业文献，积极参加国内外专业学术会议，加强与一线科研人员的交流学习、紧跟学科发展、关注学科热点，养成敏锐的洞察力。只有具备一定的专业知识积累，才能积极思考、捕捉灵感、抓住新的选题增长点，从而提出新选题、建立新专栏，为期刊注入活力。作者供职于 PST 编辑部，每年编辑部都要参加很多国内外的专业学术会议，和参会专家学者交流他们最新的工作动态和科研进展。在学习和交流中我们发现随着等离子体科学和技术的迅速发展，等离子体广泛应用于多学科交叉领域，如等离子体材料、等离子体医学、等离子体农业等等。等离子体在高压绝缘材料、高电压等离子体放电、航空等离子体技术等方面的应用受到很多高电压界的学者和工业人士的关注。清华大学、华中科技大学等许多科研工作者致力于高电压和等离子体交叉应用方面的研究。于是编辑部就组织策划了高电压会议专刊，并于 2017 年第 7 期发表了这一期专刊，这批特刊的稿件一共 20 篇。根据 Web of Science 的统计数据显示，截至 2020 年 7 月该专刊的平均被引频次是 6.29 次，远超当年发文的年平均被引次数 3.43 次，为期刊影响因子的提高提供助力。编辑的专业水平和洞察力有助于吸引优质论文、提高论文传播力、从而提高期刊国际影响力。

2 与时俱进、主动学习，提升期刊服务能力

全球化语境中，经济发展、科学技术、网络应用的迅速发展将越来越多的国家卷入了相互交流之中。科技期刊要提高期刊国际影响力，除了实现作者国际化、读者国际化、出版语言国际化之外，还要实现审稿国际化、编辑标准和规范的国际化、编辑管理的国际化等等。工欲善其事，必先利其器。科技期刊也需要与时俱进，不断学习国内外先进的软件、新的方法和手段，这样才能更好地和国际接轨，提高期刊的质量。我国科技期刊要走向世界，为全球的读者和作者服务，选择被广泛使用的稿件处理系统，成为影响期刊工作效率的重要因素。PST 编辑部自 2016 年开始就启用目前全球诸多出版集团使用的 ScholarOne 稿件处理系统。该系统是一个全英文的稿件处理系统，可以提供多个用户中心，如作者、编辑、管理员、审稿人、编委、主编等角色。从最初的稿件投稿到初审、外审、录用、编辑、出版等全过程可以在线实现，实现从投稿到出版的全流程网络化服务[8]。该系统的使用虽然对编辑提出较高的要求，但却为作者、审稿人尤其是海外审稿人提供了便利。我们编辑不仅要学会使用新的稿件处理系统，还要熟练掌握，善于利用系统来进行数据分析。作者和审稿人在使用过程中遇到问题向编辑部求助时，及时地解决作者和审稿人的问题，既能够为作者审稿人提供更好的服务，让稿件处理过程更通畅，也有助于树立编辑部的形象。文章质量是科技期刊生存的根本，要想提高期刊质量，就要严把文章的质量关，确保文章的原创性。对文章进行查重是确保文章原创性的重要手段之一。PST 所有的稿件都要经过严格的查重审核，我们目前使用的是 iThenticate 查重软件系统对投稿进行检查。初审时、录用前多次对文章进行查重并分析查重报告，避免稿件重复率过高，以确保文章的原创性[9]。初审结束后才能进入审稿流程，邀请审稿

人从工作质量、原创性、重要性等角度对文章进行评价[10]。精准高效的邀请审稿人对稿件进行审核，是科技期刊编辑日常的重要工作。除了在 Web of Science、Scopus 中寻找合适审稿人之外，编辑部还使用 Review Locator 选择目标审稿人，再根据 ORCID 来调研审稿人，研究他过去有没有做过类似的研究，以及最新的研究方向和工作动态，从而做出正确选择。另外还可以从 Publons 中查询他的信息。Publons 是一个审稿人全面认证系统，该系统中不仅列出科研人员的研究领域和学术成果，还记录其过去的审稿经历，从而选出小同行完成稿件的审稿工作，对论文的学术质量进行把关和提升。稿件处理结束后，再使用 Latex、Photoshop 等对文章和图表进行编辑排版。论文发表之后还需要通过 Web of Science、知网等国内外著名数据库来对文章进行追踪，收集大数据并进行分析、整理，以了解文章的下载、引用情况。时代在发展，新概念、新技术在整个编辑出版流程不同环节不断涌现，如 iThenticate、Review Locator、Publons、Crossref、CRediT 等等，为期刊工作提供助力。科技期刊编辑要与时俱进、不断学习来更新自己知识结构，提升业务能力以和国际接轨。要积极参加编辑领域的学术交流活动，主动参与国内外编辑类继续教育和学术沙龙，如中国科学院主办的"中国科学院期刊沙龙"、科学出版社举办的出版研讨会、科睿唯安举办的学术研讨会等等。和国内外出版界同行学习交流，了解行业动态，学习国内外期刊新举措、新方法，并运用到期刊的日常工作中来，有助于提高科技期刊编辑工作效率，提升期刊服务能力。

3 提高数字化使用能力，扩大期刊传播力

全球化时代，科技创新日新月异，新事物、新媒介不断涌现，整个世界瞬息万变，各种各样的信息时刻充斥着读者的视野。人们获得知识的渠道越来越多元化，各类 APP、微信、Kindle、微博等等不断涌现。这些新的传播方式便捷、直观、互动性强。新媒体的出现对传统纸媒带来了巨大的冲击，要想不在这场新的信息革命中灰飞烟灭，就得要转变自己积极面对挑战。传统的编辑出版，编辑只需要面对纸质期刊和一些计算机和软件知识。现在，科技期刊编辑不仅需要实现网络化办公和数字化出版，还需要掌握新媒体技术。目前众多国际著名的出版集团如爱思唯尔(Elsevier)施普林格(Springer)等等都实现了出版数字化。AIP 美国物理联合会，英国 IOPP 出版社等都开通了微信公众号，发布最近动态和文章信息，为读者和读者提供多元化服务。科技期刊一反过去传统的古板形象，在期刊的互联网和新媒体上图文并茂展现最新科研成果，有的还运用视频引起读者的关注和阅读兴趣，扩大文章影响力。PST 不时更新期刊主页，用更直观、友好的界面引起读者的阅读兴趣。除了期刊主页之外，我们还开通了微信公众号及时公布最新期刊信息和动态。同时 PST 还启用电子邮件推送，把期刊最新文章信息发给国内外读者，以便于他们检索选择自己感兴趣的文章进行阅读。据统计，期刊 2020 年第 6 期电子邮件推送的邮件打开总次数达到了推送总数的 61%，扩大了阅读量，文章的传播力得到了提高。QQ、微信群也是比较活跃的交流途径，编辑可以在群里面和读者、作者直接交流讨论，非常便利和直观。全球化发展、数字化技术、新技术、新媒体的出现给科技期刊编辑工作提出了新的要求。科技期刊编辑除了传统的编辑技能之外，还要培养数字化出版和新媒体的运用能力，例如微信公众号的维护和信息编排、期刊网页维护和更新、文章发布、电子邮件推送的编辑等等，多渠道推介论文，与作者和审稿人互动，提高期刊与作者、读者之间的黏合度[11]。

4 结束语

全球化语境下,科学技术的迅速发展为科技期刊提供新的契机。科技期刊编辑要具备国际视野、开放的心态、勇于突破提升自己,才能更好地服务期刊。科技期刊编辑不仅需要出版专业知识,还需要不断学习学科专业知识,向科学编辑转变。积极参加相关领域的国内外专业学术会议、深入和科研人员交流了解最新的科研动态,培养敏锐的洞察力,捕捉新的选题增长点,才能有针对性的组、约高质量稿件,提高期刊论文质量。不断地和国内外同行交流学习,了解国内外同行和国际知名期刊的办刊经验和新举措,有助于科技期刊编辑提高工作效率,提高期刊服务能力。数字化时代,科技期刊编辑要善于使用大数据进行分析,具备多媒体加工能力,能够充分利用网站、微信等社交媒体来对期刊进行多渠道宣传推介,提高期刊影响力。

参 考 文 献

[1] 王治河,薛晓源编.全球化与后现代性[M].桂林:广西师范大学出版社,2003.
[2] 中国科学技术协会.中国科技期刊发展蓝皮书(2019)[M].北京:科学出版社,2019.
[3] 任胜利,马峥,严谨,等.机遇前所未有,挑战更加严峻:中国英文科技期刊"十三五"发展简述[J/OL].科技与出版,2020[2020-08-10].https://doi.org/10.16510/j.cnki.kjycb.20200820.003.
[4] 严谨,彭斌,柴钊.发展中国科技期刊,服务发展中国科技期刊服务创新型国家建设[J].科技与出版,2017(1):33.
[5] 黄晓峰.论当今编辑素养的缺失及应对措施[J].出版广角,2017(9):48-50.
[6] 何先刚,龙能芬,张诚.跨世纪青年编辑的培养机制探讨[J].中国科技期刊研究,1999,10(3):231.
[7] 戴杰.新时期科技期刊编辑的核心素养[J].科技与出版,2018(10):25. DOI:10.16510/j.cnki.kjycb.2018.10.005.
[8] 黄娟,吴民淑.《中国医理学报》使用 ScholarOne Manuscript 在线投稿审稿系统的实践[J].中国科技期刊研究,2011,22(1):93
[9] 李芬.科技期刊如何利用 ScholarOne 系统高效选择审稿人[J].科技传播,2020,12(5):41.
[10] WARE M. Peer review: benefits, perceptions and alternatives [J/OL]. Publishing Research Consortium, 2008:6 [2020-08-25]. https://ils.unc.edu/courses/2015_fall/inls700_001/Readings/Ware2008-PRCPeerReview.pdf.
[11] 李芬.传统和现代相结合:加强科技期刊宣传,提升国际影响力[J].传播与版权,2020(6):92.

科技期刊微信公众号版式设计优化技巧

李 莉[1],周翠鸣[1],黄祖宾[2],蒋巧媛[1]

(1.广西壮族自治区中国科学院广西植物研究所《广西植物》编辑部,广西 桂林 541006;
2.广西民族大学《广西民族大学学报》编辑部,广西 南宁 530006)

摘要: 为探讨科技期刊微信公众号版式设计,提升用户体验和微信公众号传播效果,本文基于微信公众号版式设计与实际运营经验,分析了科技期刊微信公众号的排版问题,总结了科技期刊微信公众号排版设计原则与版式设计策略,以及服务功能模块、标题、图表与配图、色彩、小标题、段落排版、留白等优化微信公众号版式设计技巧,可为科技期刊新媒体编辑提供参考。根据自身刊物的定位建立有利于用户体验的视觉流程,掌握版式设计优化并善于使用微信辅助排版工具,可提升微信公众号的运营效果。

关键词: 科技期刊;微信公众号;版式设计;图文消息;数字出版;移动媒体

智能手机的普及和移动互联网的快速发展,使公众的阅读习惯已从传统阅读逐步转变为移动阅读,即碎片化阅读和浅阅读。微信公众平台因其无时间和地域限制且低成本地快速传播,成为科技期刊信息传播的最佳新媒体阵地。与传统纸质页面相比,微信图文消息表现形式更加生动活泼,表现力更强,能在感官上最大限度地彰显文章个性,从侧面呈现出公众号以及期刊的形象与风格。微信公众号不仅有助于塑造和提高期刊形象,而且能为用户提供知识来源和便捷的服务,所以,在编辑微信公众号图文消息时,应注重期刊的个体风格和特色的同时,也要注重用户的阅读习惯和体验效果[1]。

国内对科技期刊微信公众号的研究较多,但仅限于关于行业应用,而且微信应用和科技期刊版式设计研究很少涉及科技期刊微信公众号的排版设计应用,以及科技期刊的移动版式设计与效果,缺少版式设计原理和色彩、文字等设计方法和具体思路。在新媒体融合时代,微信公众号已是科技期刊发展中不可替代的一种形式,所以,很多同行想要学习微信公众平台运营操作知识,但都感觉培训课程关于微信公众号的大方向发展理论较多,而具体的实际操作细节知识较少。受众的阅读需求需要高品质的内容策划,而受众的阅读行为则由版式设计决定。因此,科技期刊微信公众号的排版设计原则与版式设计优化策略,在一定程度上决定了科技期刊微信公众号传播效果[2]。本文从微信公众号排版设计与运营角度,通过分析科技期刊微信公众号版式设计中存在的问题,讨论科技期刊微信公众号排版设计原则与版式设计策略,提出图文消息服务功能模块、内容加工和版面设计优化技巧,建议选用微信编辑器等

基金项目:广西植物出版专项经费(2020)
通信作者:蒋巧媛,E-mail: 459690362@qq.com

辅助工具，对提高科技期刊微信公众号运营效果和提升新媒体编辑技能具有重要的现实指导意义。

1 科技期刊微信公众号版式设计中存在的问题

微信公众号是科技期刊跨媒体融合发展的重要方式之一，在实际运营过程中，只有高水平的版式设计结合高质量文章内容，才能使推送消息达到最佳传播效果，因为高水平版式设计是吸引用户的最大助力器。但是，科技期刊是自身性质决定了其微信公众号不能像其他公众号一样多彩炫目，不过也应注重用户体验，在版式设计方面形成独特的风格。国内科技期刊微信公众号版式设计的主要问题有以下3种。

1.1 移动出版特点不足

因微信是移动媒体，故科技期刊微信公众号应充分呈现出移动出版的特点。但目前，大多数科技期刊微信公众号推送的消息仅仅是将纸质内容直接复制过来，并未在字体、字号、颜色、图片、链接等进行编辑加工[3]。对微信公众号文章进行编排设计时，应将科技期刊的自身性质与移动端的显示特点进行优化。例如：主体颜色和科技期刊的学科方向相匹配，蓝色比较适合医学期刊；某些过程性较强的研究可利用GIF动图展示其具体过程，会使用户有更好的阅读体验。

1.2 版式设计水平较低

与传统纸质科技期刊排版不同，微信公众号移动端的文章需要生动地呈现出图文并茂的特点，而大多科技期刊并没有专业的微信公众号运营人员，只能由编辑部编辑兼职负责，因此，与商业公众号的版式设计水平相比，表现出明显的不足。科技期刊微信公众号版式设计主要存在以下三个问题：①文章中的字体、字号、字间距、行距设置不当。字号、字间距和行距过大导致单屏显示内容过少，增加用户下拉内容的动作次数；而字号、字间距和行距过小则不易识别，影响用户阅读体验效果。②文章版面色彩使用不够美观协调，颜色单一或色彩过于花俏。颜色单一会导致版式设计效果较差，色彩过于花哨，会使用户感到杂乱无章，影响科技期刊整体形象。③图片使用不够严谨，文章封面与文章匹配度不高，图片作用不佳，影响文章打开率；正文配图极少，只有大段的文字拥堵视线，显得枯燥无趣，容易给用户造成疲劳感，不利于文章阅读。

1.3 导航栏服务模式单一

微信公众号导航栏设计简单，没有根据期刊特点和受众需求进行细化，导致公众号主界面单调，不能激起用户访问的冲动。而信息量大小以及信息的实用性是吸引用户的一个关键因素，与受众需求结合越紧密，阅读率和转发率就会越高，因此，可在导航栏内多添加或推送一些科研思路、方法、写作、工具等知识，或专业性较强的学术性文章[4]。

科技期刊微信公众号版式设计中存在以上问题的原因主要有3个：一是对微信公众平台缺乏研究；二是运营者自身审美能力和新媒体素养(如信息整合能力、图片加工能力)有限；三是编辑部人员有限，没有专人负责微信运营或将微信公众号交于托管平台，编辑难以兼顾日常出版工作与微信运营。

2 科技期刊微信公众号排版设计原则与版式设计策略

微信公众号的高水平排版既可提升阅读体验，给用户内容精良的心理暗示；又可提高文章读完率,辅助塑造期刊品牌。微信公众号版式设计的目的是提升用户的阅读体验,突显微信公众号重点内容,提高图文转化率(图文阅读人数/送达人数)和转发率(分享转发人数/图文页阅读人数)。信息送达率可达100%,后续传播的可能性由一级受众的图文打开率和转发率决定。所以,学术期刊欲扩大传播力和增强影响力,提高图文消息打开率是关键问题。微信公众号在进行版式设计时,应经过合理的规划与安排,将图文进行加工及排版[5]。这就要求在遵循纸质文章版式设计的视觉流程设计原则基础上,彰显出移动阅读与移动出版特点,并形成一套完整的体系,使微信公众号的传播效果达到最佳。

优秀的微信公众号版面编排设计,需具备富有个性的视觉形象,给用户以良好的阅读体验,应遵循以下5个原则:①便捷直观原则。科技期刊微信公众号用户多为高校师生和科研机构的科研人员,其工作性质具有专业性,其阅读需求为在最短时间内获取最有效的专业信息,这就要求科技期刊微信公众平台应具有便捷性和直观性,以节省用户时间。便捷性即方便用户获取稿件查询、当期目录、亮点文章、电子书架、过刊浏览等期刊相关信息和学科或行业的最新资讯等;直观性即将期刊文章通过图文消息更直观、更清晰地展现出来,利用小视频、音频或超链接准确展示科学研究的复杂步骤及研究过程中重要细节,以增强对此项研究的理解和应用[6]。②风格固定原则。每个科技期刊微信公众号的受众不同,定位不同,因此,在微信公众号版式设计上也应有自己的风格特征,且版面整体风格固定统一、协调。③简约美观原则。科技期刊公众号应采取简洁的版式设计风格,所用色彩应与其行业学科相匹配,提高版面的美感,使文章版面令用户感觉赏心悦目。④结构清晰原则。版面编排设计应结构清晰,引导受众阅读,塑造版面个性。⑤重点突出原则。此原则主要应用于3个方面。一是微信公众号在单次推送多篇文章时,应根据文章的重要程度进行排序,因为头条文章的点击率明显高于其他文章;二是每篇文章正文中应根据内容的重要性确定顺序,精彩和高质量的内容应尽量前置,力争第一时间吸引读者注意力以保证后续阅读;三是在文章正文编排过程中,应注重文章内容的编排技巧,开头、结尾、小标题、字词句、图片、视频优先重点呈现,通过多种对比引导读者阅读,如字体大小、色彩、繁杂与简单等对比。在不影响文章风格的前提下,多利用多媒体,尽可能使文章图文并茂地呈现出来。

3 微信公众号版式设计优化技巧

科技期刊微信公众号的版式设计原理和要素与传统媒体既有相同之处,也有一定的差异。微信公众号版式设计三大要素为色彩、图片和文字,其版式设计实质上是根据微信公众号的定位与行业特点,确定版式设计风格,通过对比、均衡、韵律等基本设计原理,将三大要素进行美学编排设计以增强微信公众号版式设计的整体美感和交互性,突出文章的主要信息。在进行微信公众号排版时,应把握微信版面的整体风格,保持长期风格一致性,画面具有整体的美感,色彩和谐统一。可充分利用微信编辑工具,在服务功能模块、内容加工和版面方面进行设计优化。

3.1 服务功能模块设计优化技巧

微信公众号服务功能模块设计主要包括三个方面:菜单设置;消息自动回复功能设置;被添加自动回复功能设置。

3.1.1 菜单设置

专业学术科研"小木虫"论坛的调查结果表明,用户希望通过科技期刊微信公众号获得的信息依次为：查询审稿进度、热点文章推荐、最新录用的论文题目、学术论文写作技巧、当期目录/过刊目录、期刊动态/引用排行、在线检索相关论文等[6]。由此可见，提供稿件查询服务可以成为微信平台聚集人气的最大突破点，需加以重视，微信服务功能模块设计和推文内容应以期刊宣传和信息查询为主，学界信息为辅。菜单功能可从侧面体现出期刊服务质量，是公众用户的服务导航，因此，菜单设计一定要方便用户获取信息，应尽量简单易懂，设置一二级菜单为宜[3]。一级栏目通常设置3个，二级栏目多采用上翻式设置方式，没有数量限制。一级菜单可设置期刊内容(包括二级菜单如当期目录、电子书、过刊浏览、预发表、亮点文章等)、在线查询(包括二级菜单如论文检索、稿件查询、最新资讯、投稿指南、写作知识等)以及用户登录(包括二级菜单如作者、审稿人、编辑)或者期刊宣传/关于我们(包括二级菜单如期刊简介、期刊资讯、投稿指南、联系我们、在线地图)等3个一级菜单，二级菜单可以根据各刊情况而定，从而形成科学、完备的功能模块。

3.1.2 消息自动回复功能

消息自动回复功能是指在用户输入关键词或关键词以外的内容时，自动回复预设内容，可避免发生空应答的状况，不利于用户体验。消息自动回复功能，尤其是关键词回复功能，可作为微信公众平台自定义菜单的有益补充，增强与用户之间的互动。后台定期统计关键词，可将热度偏低的关键词替换为输入率较高的关键词。若用户输入专业术语，可引导其通过"论文检索"菜单自助查询。若某个关键词的输入率较高，并且期刊刚好有相应的专栏/专刊，则可在"期刊在线"一级菜单下增加论文专栏/专题二级菜单，并定期更新，从而长时间吸附这部分用户[6]。

3.1.3 被添加自动回复功能

公众号被添加后，自动推送一条可读性较强的图文，不仅包括欢迎语、期刊简介、编辑部联系方式等必要内容，还可以关键词形式添加往期回顾、电子书、扫码送刊、订阅方式等内容并链接到期刊官网，相比大幅推送文字更能方便用户各取所需，获取内容。推送这些自动回复给用户以亲切感，提供了人性化的引导，有助于提升用户的体验[7]。

3.2 版面设计优化技巧

微信内容应注重原创性，用精品内容吸引订阅者，留住用户。除了学术论文内容，还可推送征稿通知、学科知识、学术会议通知、科技论文写作技巧、优秀文章、专栏/专刊精品文章等，可为用户提供一些有价值的信息，也为培养潜在作者群提供必要的土壤；同时，以此形成特色资源，推动母刊品牌资源的增值。推送的内容应以原创内容为主，以转发、整合或改编高质量网络内容为辅；以专业性内容为主，以专业有关的科普内容(在周末和节假日发送)为辅[8]。科技期刊论文较长，不能直接复制到微信上，可采用多元化形式如图片、语音及短视频等方式深入浅出地展示学术成果，使其变得短而精且有趣，让曲高和寡的学术贴近大众，从而提高阅读率和转发率。摘要应重点突出，文字优美；尽量活泼，具有幽默感，给用户全新的感受，激发其阅读欲望(可让作者将科研过程中发生的趣味小故事以幽默的语言写成短文)。单条图文消息的标题、导语和图片设计直接影响打开率，因此，设计好标题和撰写导语显得格外重要，同时配以合适的图片也不容忽视[5]。

3.2.1 标题设计优化技巧

标题包括大标题和正文中的各级标题。大标题是一个文章的灵魂，大标题越有吸引力点击率就越高，公众号的扩散速度就越快。大标题不同，即使同样内容，其传播效果也相差甚远[7]。正文中的各级标题是吸引用户后续阅读的指路牌，可通过以下6个设计技巧，最大限度地优化标题。第一，大标题长度以12~32个汉字为最佳。前12个字是影响其是否阅读的关键，所以标题不宜过长，关键字词尽量在前12个字之前以吸引眼球；标题最长不要超过32个字，太长会挡住封面图片，分享到朋友圈时，无法显示整个题目。第二，大标题精华前置。因为公众号列表内只能看到标题前半部分，若关键词后置就显示不出来，降低阅读率。第三，大标题出现以下内容时，可使用括号单独列出某个亮点：希望增加文章标题的说服力，如"强烈推荐""点赞破万"；多个亮点很难组成一个逻辑完整的标题，可借用括号，如"(附实验视频)""(含专家解说)"等。第四，如果不想独条信息大标题下方显示除标题以外的文字，可在正文首段前插入一张相关图片，否则，公众号编辑页面下端"封面和摘要"会自动摘取正文前54个字，影响整体美观。第五，还需要注意以下几点：使用默认字体即可；标题中的日期最好用阿拉伯数字；标点符号建议不要超过 2 种；多用短句，少用或不用生僻词；正文中各级标题之间要有逻辑性，字数长短适中，在手机屏幕显示不超过两行。第六，正文中各级标题具体优化技巧。一级标题，上下行距为1~2行，字号15或16，颜色优先使用品牌色，如果没有可使用#000000，并加粗，居中对齐；二级标题，字号15或与正文内容字号相同，颜色#2f2f2f并加粗，两端对齐；三级、四级标题分别用全角半括号、全角双括号，字号15或与正文内容字号相同，颜色#2f2f2f并加粗，两端对齐。

3.2.2 图表选择与配图优化技巧

封面和标题在整个推文界面所占比例最大，对内容起到引导和说明的作用。图文并茂的推文通常比纯文字的阅读量高，且首条消息一般高于第二条和第三条[6]。因此，图片是微信公众号版式设计中的核心元素之一。移动阅读时代是读图时代，与文字相比，图片可以其更加生动、形象、直接的特性使传播效果得以增强，使阅读率和二次传播的概率得以提升。科技期刊微信公众号选择与文章相关度高或者主题性强的图片，恰如其分地点缀于字里行间，一方面，能够直观地展示文章的主要内容，实现图文互补，可使文本内容更具完整性；另一方面，也可愉悦身心，缓解用户在阅读过长文字内容后产生的乏味感，增强读者对期刊微信公众号的使用黏性。

作为科技期刊的新媒体发布平台，微信公众号在遴选图片时，除了信息量以外，图片的美感和形式感也必须兼顾。图片应色调淡雅、美观大方、比例适当、画质清晰，与文章内容具有较高的相关度，并与期刊风格应保持一致，以塑造和巩固科技期刊的专业形象[6]。图片素材选择主要有两个途径：第一，可使用配合文章内容拍摄的照片、视频以及音频文件或文中已有的图表。但图表以 2~5 个为宜，图表过多会使读者难以区分重点，从而失去耐心和阅读兴趣，特别是在缺少文字引导说明的情况下。因此，在筛选图表时应注意既要反映文章内容的精髓，又具自明性，图题、表题等要完整、准确，尽量不要使用非公知公用的符号、缩写和简称等[9]。第二，是充分利用网络资源进行相关素材的搜索，但是一定要注意版权问题。在选择图片时应尽量不使用人物摄影和作者已经声明不允许转载的图片，若一定要使用，则应注明作者姓名、作品名称及出处，不得歪曲创作者原意[6]。

配图要讲究三个统一，即主色调统一，风格统一，尺寸统一，尤其是图片的宽度应该尽量铺开整个屏幕，否则由上而下浏览的界面忽大忽小，影响整个页面的和谐。一篇推文主要有 3 种图片：封面图片、多图文推送的侧图和正文图片[10]。封面图要具有稳定性和系列性(原创和内容相关，能体现整体的不可复制性)不仅关系到排版是否美观，对提高打开率也有决定性的影响；封面图最好选择横幅，视觉焦点要在图的正中间，这样才能保证分享到朋友圈后封面图依旧清晰可见；最佳制作尺寸为 900 像素×500 像素。单图文消息和多图文消息的封面显示不同。单图文消息的封面图片居中显示，标题在图片下方。多图文消息主图文消息标题会覆盖封面图片下部分，使视觉中心上移，所以在选择和处理图片时，应确保主要元素在图片上半部，否则标题挡住主要元素，降低整体效果；而次图文消息的标题居左，侧图居右，小图片建议尺寸为 200 像素×200 像素。配图过程中还应注意以下 3 点：首先，如果正文文字内容较多，可根据内容的长度合理配图，但并非越多越好，一篇推文中引导性的图片(与内容无关)建议只放一次即可，而且图片要清晰，大小控制在 500 kB 之内，在不影响画质的前提下尽量压缩图片至最小，否则图片过大会耗费流量，影响加载速度[11]，从而引起用户反感，严重影响其阅读体验；其次，编辑配图要美观、布局科学，确保有用性，不要为了配图而配图，确定图片是否有用的方法就是去掉图片看是否有变化；最后，图片最好去掉水印，即使自己微信公众号的水印也不要，否则会影响公众号的品质感。

3.2.3 色彩搭配优化技巧

色彩搭配是科技期刊色彩识别系统的组成部分，对微信公众号视觉形象与品牌认知具有重要影响。高水平的色彩设计，能够提高微信公众号的点击率和阅读率，提升用户的阅读体验。微信公众号版式设计的色彩搭配，利用色彩在心理暗示和视觉传播中的优势，突出文章风格并传递学科特征和行业信息，增强科技期刊微信公众号的传播效果。色彩搭配主要是指推文中的文字和微信编辑器提供的各种样式元素。对文字进行多种颜色搭配，不但可以增加文章层次感，而且可以使学术论文编排更加丰富饱满；用不同颜色将文章的一些重点语句标出，以提高读者注意力，快速捕捉到重要信息[3,8]。在选择颜色时，首先应简约美观，文章中确定一种主色调，配色最好不要超过 3 种，否则，整个版面会显得繁杂且不美观，同时也容易使文章内容失去重点。常见的是正文用黑色，注释性的文字用灰色，需要重点突出的内容用亮眼的颜色，但是颜色要固定下来，不要每次都换，一般选取品牌色。当所选颜色数量不够时，可调整同一色系颜色的深浅来加以区分，这样既可保证整篇文章颜色统一，又可增加颜色层次感，提升视觉效果。其次，颜色应与文中已有图片的色彩相符，使版面在总体上协调统一，突出文章风格[1]。

3.2.4 内容模块化、小标题化

分好内容模块，多提炼小标题，可让内容整洁有序、结构更清晰、逻辑感更强。因为小标题有以下两点优势：第一，不是每一个打开的用户都会看完整篇文章，内容模块化、小标题化可使用户快速了解文章的整体结构和重点内容，让其快速找到想要阅读的部分，提高用户获取有效信息的效率；第二，小标题更具吸引力，可使用户在碎片化阅读环境下集中注意力，使其能够一直往下看，增加用户黏性。

3.2.5 段落排版标准化

正文段落是否整齐有序对文章整体视觉效果有非常重要的影响，用户的视觉印象直接关联到阅读速度、愉悦度、点赞的可能性。因此，为了使用户有更好的阅读体验，需将段落的排版进行以下四种标准化处理。第一，分段要合理，段落尽可能短一些，以减轻用户的阅读压力。每段 3 行或 4 行阅读起来比较舒服，最多不要超过 8 行，10 行一段就会让用户感觉满屏都是字，有心理压力。第二，每段段首取消首行缩进，段落之间需要空行，图片与文字之间也要有空行。第三，适当使用加粗效果可使用户对文章重点内容一目了然，也可减轻用户

的阅读负担，但此方法不能应用于整段或通篇，否则适得其反。第四，适当变换字体颜色，但整篇文字的字体颜色不要超过三种，这样才能达到突出重点内容的效果[10]。

3.2.6 文末设计风格化

正文末尾一般会加上和期刊相关的内容，模式长期固定，形成自己的风格。正文末尾一般有两种设计方法，一种是设置文章之间的关联通道，添加相关历史文章或电子书链接，让用户点击原文链接或识别二维码阅读，抑或添加关键词回复，既可增加用户对历史文章的阅读率，也为用户开启一扇又一扇的知识大门；另一种是添加微信公众号二维码和期刊官网网址、邮箱、联系电话及购买方式等，二维码旁设计一些诱导图标，方便用户直接扫描关注。需要注意的是，因为电脑端的页面不适合微信自带的浏览器，所以，不能直接链接到一个电脑端的网页，而需要通过 HTML 进行链接，否则将是无效链接，或者，可将需链接文章的 HTML 页面网址生成二维码，通过长按识别二维码阅读[5]。

3.2.7 文字设计规范化

文字是微信公众号版式设计中的一个重要基本要素。文字编排设计首先应实现其信息传播的功能，其次应突出文章重点，引导用户的阅读行为。字号和字体颜色的设置直接影响到读者的阅读体验，适当的字体字号变换不仅起到强调的作用，还能突出设计性和节奏感[2]。在字体、字号、行距、字间距及颜色设定上，有一些规则可供参考。字体要易于辨认，使用默认字体就好，不要用斜体，适应用户的阅读习惯就好，不要搞特殊化。文章中字号大小遵循的是普世原则，即应考虑 80%的目标用户，大小要适中，字号过大影响美观，字号过小容易使眼睛疲劳，尤其是文字较多的文章。字号使用一般是正文 14~16 号字体，小标题 16~18 号字体，段落标题 18 号加粗字体，注释性文字 12~14 号字体，行高 1.5 或 1.75。增大或加粗文本字体、更改文字颜色和文字背景色等方法，可突出文中的重要信息，使读者一目了然[1]。颜色总体上应控制在 3 种以内，且以柔和的、饱和度较高的颜色为宜。正文最好统一为黑色或 75%灰色，注释一般使用 50%灰色，需要突出的重点内容一般使用品牌色、或暗红 c00000、深蓝 0070c0、橙色 f79646，可根据各期刊自身特点进行选择。

3.2.8 留白法则

微信图文消息排版时，除了要使整个版面看起来美观，还要注重用户的阅读体验和文章信息传达的技巧。适当的留白处理、简约大气的风格更易于阅读，也更能突出重点。通过加大文本与文本、图片与文本、段落与段落的间距，使内容张弛有度，更具美感和呼吸感，可使用户阅读起来更流畅，更舒服，增强其阅读舒适感。微信运营人员可尝试以下留白法则：①段与段之间空1行；②段首不要留白，新媒体两端对齐看起来更工整；③行与行之间的留白，间距一般选择1.5或者1.75，超过1.75行距过大，结构性不强；④两端缩进，两边留有空间在手机上看起来更有阅读杂志的质感，建议留白0.5到1个字符，不要超过2个字符；⑤小标题上下要留白，小标题与上面内容的留白大于与下面内容的留白，这是整体性原则；⑥文字注释不要留白，图片、音频、视频和文字之间都不要留白；⑦数字、英文单词、字母前后要留白。

3.3 充分利用微信编辑工具

在微信运营过程中，自己设计制作所有功能耗时太多，也不现实，所以充分利用微信相关工具是较好的选择，如公众号托管平台、短网址生成器、二维码生成器和编辑插件等。

公众号托管平台有微盟、微俱聚、微小信等。在托管平台上，可以根据自己刊物的需要来选择需要的功能，还能设置关注提示语、交互用语等。短网址生成器有助于将推文中较长的链接适当缩短，使页面更加美观协调，增加用户视觉舒适感。在百度输入"短网址"或"短链接"即可搜索到很多短网址生成器，个人觉得"网址缩短"比较好用，在生成短网址的同时还有短网址二维码，且页面简单、干净、没有广告。二维码生成器也是比较实用的工具，个人推荐"草料二维码生成器"，微信运营者可利用其将文本、网址、文件、图片、音视频和名片等快速生成二维码后嵌入到推文中，方便用户获取相关信息。

　　微信编辑插件可节省推文编辑排版时间，提高工作效率。常见的微信编辑插件有壹伴、135编辑器、秀米编辑器、365编辑器等。其中，壹伴插件可高效地排版、编辑图篇、上传素材，而且可利用其直接在微信公众平台上编辑文章实现一键排版。因为壹伴插件功能可显示在公众号后台编辑页面上，所以，不用先在第三方编辑器上编辑完后再复制粘贴到微信公众平台上，比较方便高效。壹伴插件有6个高效排版的重要功能：排版功能、文章采集功能(一键转载)、图片采集功能、生成文章音频功能(C、P、K等化学符号不能语音识别，最好改为文字)、网页截屏直接上传和图片编辑功能(图1~图3)。

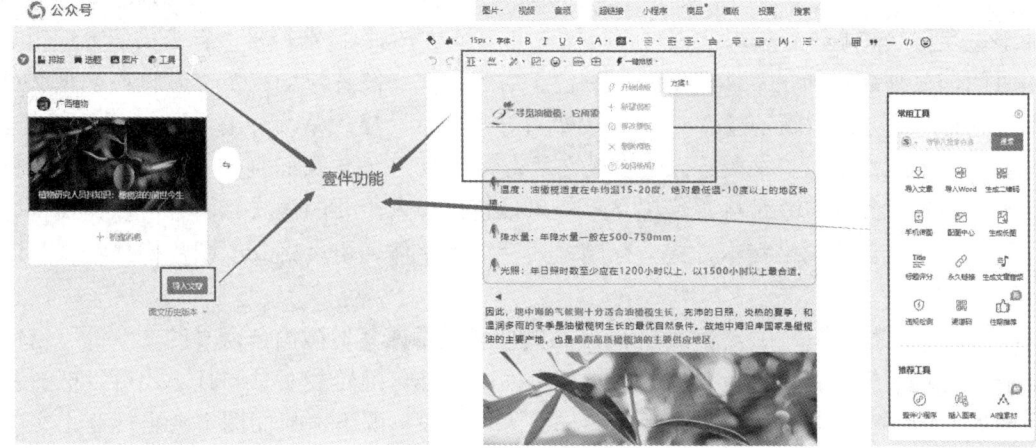

图1　壹伴插件的重要功能

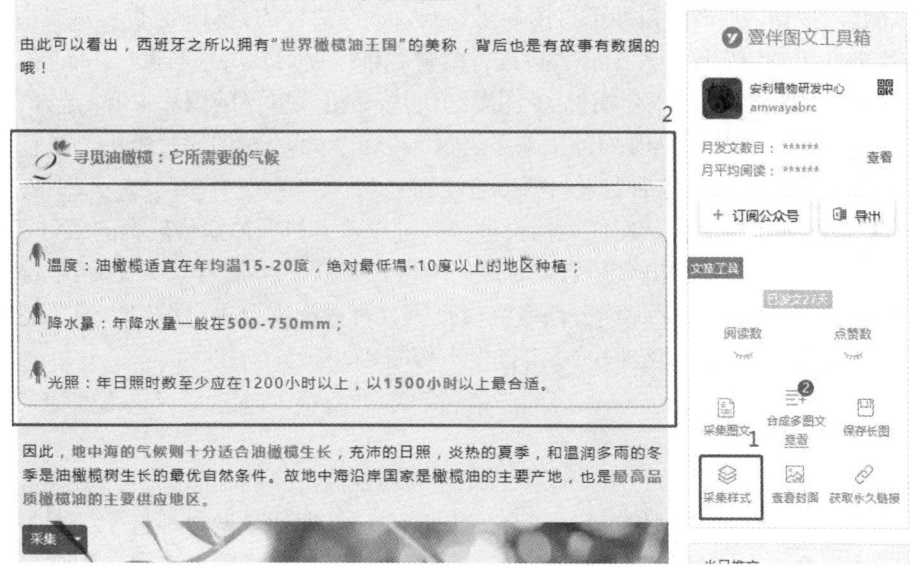

图2　壹伴插件的样式采集功能

图 3 壹伴插件的生成文章音频

(1) 排版功能中有 3 个非常实用的增强功能：一是壹伴增强，可直接在公众号编辑页面对两端缩进和文字间距进行编辑，也可直接插入 3 种表情包和特殊符号，省去第三方编辑器查找的时间，另外还增加了字体、字号、颜色、对齐方式、图片浮动以及符号转换的全文过滤和图片圆角与阴影的编辑功能；二是编辑增强(导入文章、导入 Word、配图中心、手机传图、生成长图、生成二维码、永久链接、生成文章音频)，可在编辑页面直接实现动图和无版权图片的插入，省时高效；三是排版增强，不但可以直接导入想要的样式，而且可以先设置好模板，再通过批量设置正文文本样式、标题样式、加粗字体、引用格式、图片格式实现一键排版。

(2) 文章采集功能(一键转载)。任意网站的任意文章或其他微信公众号的文章都可以使用此功能将文章采集到公众号后台的素材管理页面，而且一键转载文章同时，还可以把文章的封面图也直接保存到公众号后台的素材库里。因为一般情况下，封面图不会出现在正文中，所以，若不使用此插件，想下载封面图则比较麻烦。

(3) 图片采集功能。浏览任意网站、任意图片时，只需把鼠标放在图片上，图片左上角就会出现"采集"的按钮，点击按钮即可将图片采集到公众号后台的素材库，也可点击小三角选择"编辑"，就可以切换到壹伴图片中心直接进行编辑后再保存到公众号的素材库备用。

(4) 图片编辑功能。点击壹伴插件的"图题制作"按钮进入壹伴的图片中心，选择自己电脑、无版权图片库或纯色图片，结合插件上头条、次条、正文和收藏的图片模板，进行图片相关编辑，然后直接保存到公众号后台素材库或者电脑上。

(5) 网页截屏并直接上传。在任意网页截屏后可直接上传到公众号后台的素材库。

(6) 样式采集。在网页中看到适合文章风格的样式元素，点击"样式采集"再框选想要采集的部分，即可将其样式直接采集到公众号编辑页面，再根据需要进行编辑。壹伴还有数据看板，可在公众号后台查看各种数据，还可批量上传图片。

4 结束语

在移动媒体高速发展的背景下，微信公众号成为宣传科技期刊品牌、扩充期刊影响力的不可或缺的平台。媒体融合时代，科技期刊编辑应对科技期刊文章内容进行二次深度加工的同时，还应注重微信公众号的版式设计技巧，使推送信息的传播效果达到最佳，并应具备一些不可或缺的新媒体标准化素质,如根据新媒体特点,熟练掌握文字、图片、视频、音频等不同手段的呈现方式。本研究从服务功能模块设计、内容模块方面总结出科技期刊微信公众号的版式设计优化技巧,以及如何充分利用微信公众号编辑工具更加高效地运营微信公众号,以期对国内微信公众号排版实践和研究提供参考。

参 考 文 献

[1] 黄林美.微信公众号图文消息排版的方法和技巧[M]//科技期刊发展与导向(第 10 辑).上海:上海大学出版社,2016:116-119.

[2] 周丹,周华清.科技期刊微信公众号文章版式设计研究[J].中国科技期刊研究,2017,28(12):1154-1159.

[3] 谢文亮.移动互联网时代学术期刊的微信公众号服务模式创新[J].中国科技期刊研究,2015,26(1):65-72.

[4] 周华清.科技期刊微信公众平台运营指标与模式研究[J].中国科技期刊研究,2015,26(12):1289-1294.

[5] 刘星星,崔金贵,盛杰,等.学术期刊微信公众平台运营中的优势转化及实践盲点[J].中国科技期刊研究,2016,27(2):207-211.

[6] 顾艳,赵俊杰,崔金贵.科技期刊微信订阅号图片的选择原则及优化技巧[J].编辑学报,2015,27(6):587-589.

[7] 黄锋,辛亮,黄雅意.高校学报微信公众平台的发展现状和运营策略研究[J].中国科技期刊研究,2015,27(1):79-84.

[8] 肖昕宇.科技期刊微信公众号定位与编发技巧探讨[J].科技传播,2015(3 下):123-125.

[9] 何真,王玉锋,王小飞,等.学术期刊微信推送论文的内容选择及加工技巧[J].编辑学报,2017,29(增刊 2):S55-S57.

[10] 王晓宇,郭光威.高校图书馆微信公众号编辑探微技巧:以山东大学图书馆微信公众平台为例[J].内蒙古科技与经济,2018(18):79-80.

[11] 吴昔昔,季魏红,吴飞盈,等.利用微信公众平台打造学术期刊服务新模式[M]//学报编辑论丛(2019).上海:上海大学出版社,2019:329-334.

参考文献著录自动录入系统的设计与实现

包震宇

(上海师范大学期刊社,上海 200234)

摘要:介绍上海师范大学期刊社自主研发的参考文献自动著录(AutoRG)系统,为实现科技期刊参考文献著录的规范化提供可行路径。依照参考文献著录格式(GB/T 7714—2015),将原始文献拆分为单元信息,利用 C#语言编程,实现参考文献著录信息整合的自动化及规范化。通过系统的设计与实现,从如何提高参考文献著录的效率,较好地保证参考文献著录的规范性,实现参考文献资源科学合理的整合,提出思考与建议。AutoRG 系统能为全面落实参考文献著录格式(GB/T 7714—2015),减少参考文献著录过程中的差错,提供一个行之有效的途径。

关键词:AutoRG 系统;参考文献;规范化;单元信息

参考文献作为引文的直接原始资料来源,是学术期刊论文的重要组成部分,与期刊影响因子、影响力密切相关,对衡量期刊论文创新性和作者学术水平具有重要的参考作用[1-3]。参考文献引用、著录是否规范直接影响学术论文和期刊的质量[4-6]。

对于作者而言,一方面,不了解我国有着严格的参考文献著录标准;另一方面,作者所引证的多数国外参考文献本身也没有统一的规范格式,导致其撰写的论文参考文献很少符合 GB/T 7714—2015 的规定,这给各出版单位的编辑的编审工作带来了较大的压力。

针对科技论文参考文献著录格式不统一的情况,研究人员提出了一些策略,降低参考文献著录的差错率。董建军[7]建议每篇论文中给出文章作为参考文献的著录内容和格式,从而方便研究人员撰稿时引用和著录,实现引文分析的准确性和客观性,减少引文评价体系存在的偏差;朱红梅等[8]分析了各类型错误产生的原因,提出编辑在退修、编辑加工与校对三阶段把关的相应策略,以提高参考文献著录准确率;郑晓梅[9]将科技期刊参考文献著录不规范的情况进行分类,找出导致参考文献著录不规范或差错的主要原因,制定确保参考文献著录规范化、准确化的应对措施;于学玲等[10]提出科技期刊编辑应利用参考文献检索技能、专业知识挖掘参考文献的隐蔽性差错;谢金海[11]提出在广泛宣传著录规则之外,还应充分利用作者修改稿件的机会,引导作者重视参考文献的著录;侯修洲等[12]提出基于 CrossRef 数据库的参考文献自动加工,提升了参考文献编校工作的效率和准确率;张宏等[13]将英文参考文献的编辑加工与参考文献管理软件 EndNote 相结合,对参考文献进行批量导入及查新纠错,提高了编辑加工英文参考文献的工作效率。以上方法虽在一定程度上起到了规范参考文献著录的作用,但在实施过程中作者对参考文献著录标准的理解程度以及编辑的业务能力决定了参考文献格式的检查效果,要进一步降低差错率,应降低人为因素在检查参考文献格式过程中所起的作用。

本文利用 C#编程语言，设计了 AutoRG 参考文献著录自动规范系统，该系统将参考文献著录工作视为办公自动化任务，引导用户将参考文献信息拆分为单元信息，分别录入系统，AutoRG 自主将这些单元信息合成为参考文献著录条目，保证参考文献格式的规范性。由于用户(作者或编辑)只需注重单元信息内容的准确性，无需关注格式问题，参考文献著录规范化工作的压力将得以缓解。本文采用 AutoRG 系统录入上海师范大学(自然科学版)2017—2019 年部分论文原稿的参考文献，生成参考文献条目表格，对比论文发稿时的最终参考文献格式。实验表明：AutoRG 系统能较好地帮助用户生成符合规定的参考文献格式。

1 整体设计

1.1 数据采集

根据 2017—2019 年上海师范大学(自然科学版)的收稿情况，在所有发表的学术论文中，工科类论文的参考文献著录情况最为复杂：一方面大部分作者习惯借鉴国外论文的参考文献著录方式，但国外学术论文对文章的参考文献著录要求并不是很严格，很难符合国内的规范要求；另一方面，工科类论文的研究成果往往涉及多个研究领域，学术论文的参考文献著录方式差异较大，造成单篇论文的同类型参考文献存在多种著录方式，所产生的差错增多。

本文选取 30 篇 2017—2019 年发表的通信、计算机方向的学术论文原稿，共 403 条参考文献作为初始数据，测试 AutoRG 系统规范参考文献著录的效果。

1.2 参考文献分类及拆分

科技期刊论文较为常用的 6 种参考文献类型为：期刊论文、专著、会议论文、毕业论文、学术报告和专利，本文主要讨论对这 6 类参考文献的处理。在数据录入 AutoRG 之前，需要对原稿中的参考文献信息进行拆分，将原始的参考文献条目拆分为参考文献所必需的单元信息。由于不同的参考文献类型所表述的格式并不相同，类别之间的单元信息也不相同。按照 GB/T 7714—2015 的规定，6 类参考文献的单元信息拆分情况如表 1 所示。

表 1 各类参考文献的单元信息组成

单元信息	期刊论文	专著	会议论文	毕业论文	学术报告	专利
作者信息	√	√	√	√	√	√
文献名	√	√	√	√	√	√
文献出处	√	—	—	—	—	—
出版年份	√	√	√	√	√	—
卷号	*	—	—	—	—	—
期号	*	—	—	—	—	—
起始页码	*	—	√	—	—	—
终止页码	*	—	√	—	—	—
转页码	*	—	—	—	—	—
文章编号	*	—	—	—	—	—
版本号	—	*	—	—	—	—
地点	—	√	√	√	√	√
出版机构	—	√	√	√	√	—
发布日期	—	—	—	—	—	√

注：√表示该单元信息为必要信息；*表示该单元信息为非必要信息；—表示该单元信息非该文献单元信息

另外,单元信息在不同类型参考文献下可能包含不同含义,如:"地点",在专著中,表示参考文献出版地点;在会议论文中,表示会议的举办地;在毕业论文中,表示毕业院校所在城市;在学术报告中,表示报告发表的城市;在专利中,表示专利所属国别。

1.3 数据约束

(1) 除毕业论文外,"作者信息"包含:第一、第二和第三责任者姓名,如果作者数大于3位,则在该单元信息后加"等";而毕业论文应由第一责任者独立完成,"作者信息"由第一责任人姓名组成。

(2) 如果原始参考文献为英文文献,除专著之外,"文献名"都以句首字母大写表述,专著的参考文献名以每个单词(介词除外)首字母大写表述。

(3) "卷号"和"期号"不能同时缺失。

(4) "起始页码"必须小于"终止页码";如不存在"文章编号",则"起始页码"和"终止页码"不能缺失;如存在"转页码",则"起始页码"和"终止页码"不能缺失。

(5) 发布日期不可晚于参考文献录入 AutoRG 的日期。

1.4 流程设计

通过对初始数据集的初步统计,发现期刊论文在所有参考文献中占据多数。由表 1 可见,期刊论文所包含的单元信息较多,因此,本文重点介绍期刊论文的参考文献处理流程,程序流程图如图 1 所示。

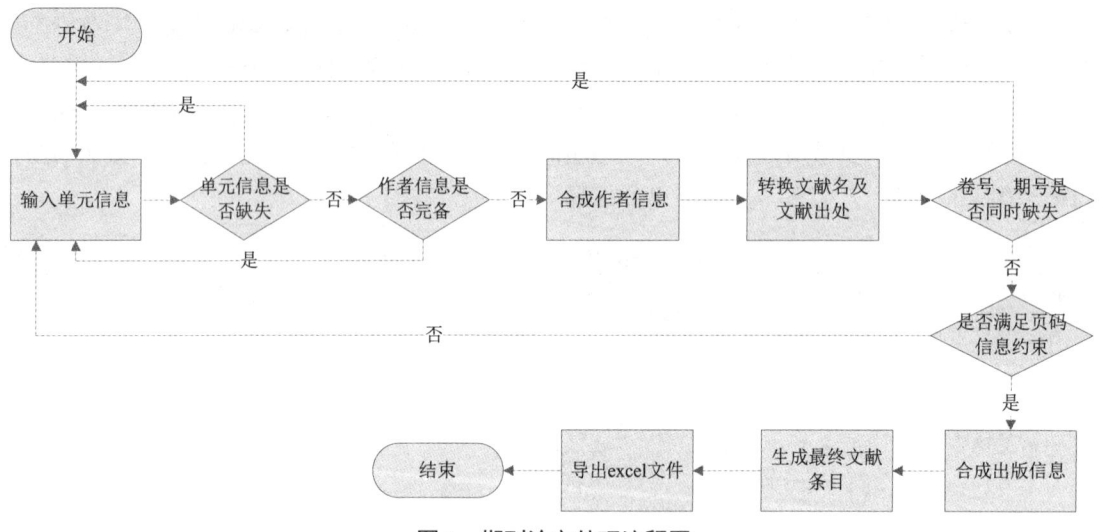

图 1 期刊论文处理流程图

假设用户录入的是英文参考文献,AutoRG 首先判断期刊参考文献所有必需的单元信息是否有缺失的情况,判断参考文献责任人姓氏与名字是否成对出现,满足上述条件后,AutoRG 依照"姓前名后"的原则,将英文姓名全改为大写,名字只取每个单词的首字母,以空格分隔,生成"作者信息"部分;然后,将"文献名"首字母改为大写,并将"文献出处"每个单词首字母改为大写;接着,判断录入信息是否满足期号、卷号、起始页码及终止页码的约束条件,再合成出版信息;最后生成最终的参考文献条目,并导出对应的 excel。

中文参考文献的处理流程较为简单,与英文参考文献一致,在此不再赘述。

2　AutoRG 实现与评价

采用 C#编程语言实现 AutoRG 所有功能，系统主要分为：验证模块及生成模块。以期刊为例，验证模块分为：作者信息验证，数据完整性验证和出版信息验证，代码如图 2 所示；生成模块分为作者信息、文献名、文献出处、出版信息合成 4 个步骤，如图 3 所示。

图 2　验证模块

图 3　生成模块

本文选取 30 篇 2017—2019 年上海师范大学(自然科学版)发表的通信、计算机学科论文，将作者原稿中的参考文献直接录入 AutoRG 系统，以 excel 文件方式导出结果，并与最终发刊的参考文献格式进行比较，以此验证参考文献的转换准确性，操作界面如图 4 所示。

在选取的 403 条参考文献中，经 AutoRG 系统处理后，与最终发表的参考文献内容及格式一致的条目为 379 条。有 20 条参考文献转换内容与最终发刊文章不一致，原因大致为：①作者姓名存在 AutoRG 系统无法识别的非中文、非英文的字符；②文献名中的专有名词未能大写；③部分英文责任者姓名前置(如：Jr 等)大小写判断有误。还有 4 条参考文献不属于本文所讨论的 6 个参考文献种类，无法比较。综上所述，AutoRG 系统参考文献转换的成功率约为 94.04%，执行效果较好。

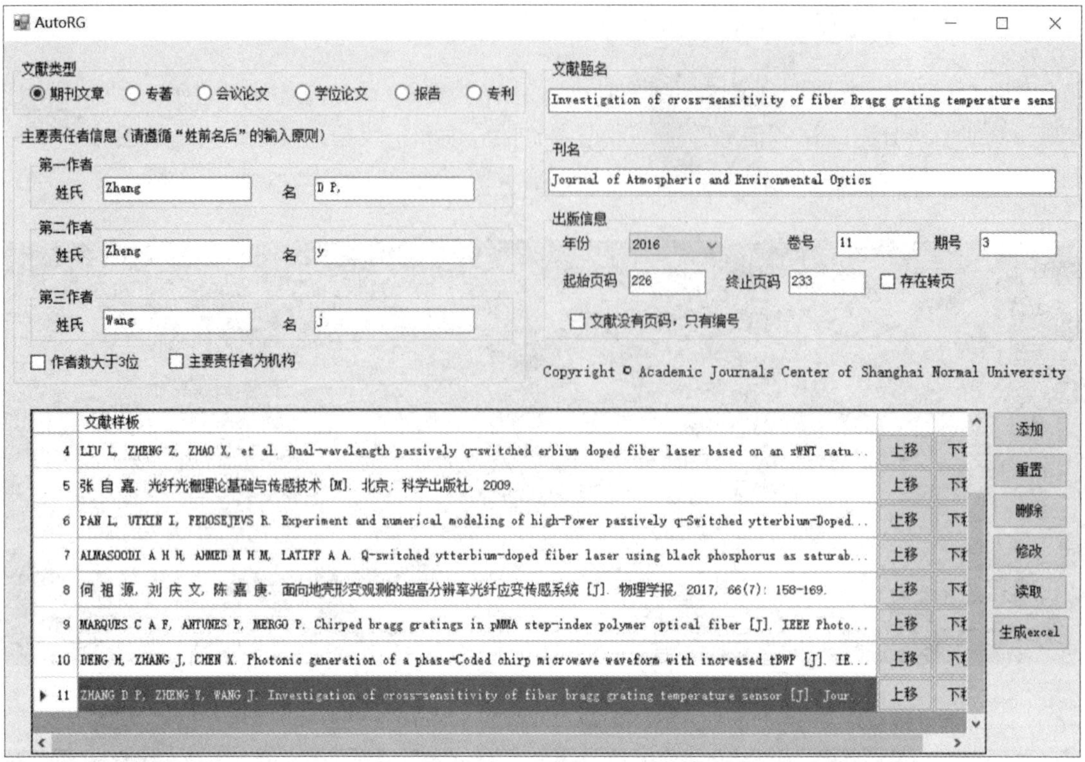

图 4　AutoRG 系统运行界面

3　结论与探讨

本文研发了一套用于参考文献自主生成的 AutoRG 系统，通过对原稿参考文献的拆分，根据参考文献的类型，按照 GB/T 7714—2015 的规定，确定参考文献所需的必要单元信息，对单元信息进行规范化转换，最后合成符合规定的参考文献表述内容及格式。采用 AutoRG 系统对原稿参考文献条目进行处理，实验证明：AutoRG 系统处理参考文献的正确率约为 94.04%。

综上所述，针对参考文献条目杂乱无章的情况，AutoRG 系统呈现如下优势：

(1) AutoRG 系统降低了作者在撰写参考文献时，因不了解 GB/T 7714—2015 规定而出现的差错数量，同时也减轻了编辑审核参考文献的工作压力，提高了参考文献著录的准确率。

(2) AutoRG 系统将原始参考文献拆分为单位信息，以"化整为零"的策略将规范化要求附加到对参考文献各个部分的处理操作中，参考文献著录的规范性得到了较大程度的保证。

(3) AutoRG 系统能以 excel 文件形式保存参考文献条目的处理结果，为出版单位对相同研究领域的相关参考文献整理工作，为编辑约稿、组稿工作提供有力的数据支持。

虽然 AutoRG 系统能在一定程度上降低了文献著录的差错率，但是系统仍有优化的地方，如：AutoRG 系统还无法准确识别汉语及英语之外的他国文字，还无法对析出参考文献的表述进行规范处理。这些都将在后续的研究工作中加以改进。

参 考 文 献

[1] 曹敏.GB/T 7714—2015《信息与文献参考文献著录规则》标准解析[J].科技与出版,2015,34(9):41-44.

[2] 冯秀兰,陈浩元.对《GB/T 7714—2015〈信息与文献参考文献著录规则〉标准解析》中几个问题的辨析[J].科技与出版,2016,35(4):39-41.
[3] 盛丽娜.科技期刊编校质量与学术影响力的关系[J].中国科技期刊研究,2013,24(1):76-79.
[5] 杜红平,王元.学术论文参考文献引用的科学化范式研究[J].中国科技期刊研究,2017,28(1):18-23.
[6] 侯集体,刘艳莉.APA 格式参考文献著录不规范问题分析:以 CSSCI 心理学期刊为例[J].中国科技期刊研究,2019,30(4):364-368.
[7] 董建军.科技期刊应注出每篇文章作为参考文献的著录内容和格式[J].中国科技期刊研究,2013,24(1):209-210.
[8] 朱红梅,张大志,任红.对我国高影响力医学期刊的中、英文参考文献著录差错分析[J].中国科技期刊研究,2012,23(5):784-787.
[9] 郑晓梅.正确著录参考文献:编辑的事前作者工作[J].编辑学报,2014,26(5):441-443.
[10] 于学玲,阎明凡.科技期刊编辑要善于发现参考文献的隐蔽性差错[J].编辑学报,2014,26(2):132-133.
[11] 谢金海.编辑应引导作者重视参考文献著录[J].编辑学报,2012,24(1):47-48.
[12] 侯修洲,黄延红.基于 CrossRef 数据库的参考文献自动加工及 XML 标引方法[J].编辑学报,2017,29(1):70-72.
[13] 张宏,李航,程利冬,等.运用 EndNote 批量编辑加工英文参考文献[J].编辑学报,2018,30(4):369-372.

基于微信公众平台的科技期刊新媒体化探索
——以《电力系统自动化》为例

孔丽蓓，许文杨

(南瑞集团有限公司(国网电力科学研究院有限公司)期刊中心，江苏 南京 211106)

摘要： 在科技期刊传播的主要途径由纸媒逐渐向数字化新媒体倾斜的背景下，本文以《电力系统自动化》微信公众号平台为例，针对其在传播力建设过程中主要存在的两大问题，从推文语言新媒体化、组织策划创新型微文、学习并应用新媒体技术和增进与读者的互动交流四个方面出发，探索如何在微信公众平台上借助互联网优势，融合新媒体技术，推动科技期刊传播力建设，提升科技期刊影响力。

关键词： 微信公众平台；媒体融合；科技期刊；新媒体；传播力

1 现状及问题

随着科技的不断进步，人们的阅读习惯也随之发生改变。传统媒体的传播方式致使消息流通滞后，难以适应社会发展趋势。科技期刊具有专业性较强、受众范围有限等特点，依靠传统纸质媒介进行传播与推广，存在一定的滞后性。新媒体技术的快速发展，给传统期刊，特别是科技期刊带来了机遇与挑战[1]。

近年来，伴随我国出版业的体制改革、数字化转型升级和融合发展，期刊界的竞争日趋激烈。2014 年 8 月中央出台了《关于推动传统媒体和新兴媒体融合发展的指导意见》[2]，使得融合发展成为期刊业甚至整个传媒产业未来发展的重要方向。随着传统媒体与新媒体融合发展的兴起，移动端已成为人们获取信息的主要途径，"两微一端"(微博、微信、应用客户端软 APP)已成为受众接收信息的主要方式。而科技期刊的互联网转型是发展的必然趋势，在"两微一端"已成为新媒体代表的时代背景下，微博、微信等新媒体平台具有营销成本低、定位精准、受众面广、传播力强等优点，因此科技期刊需要借助新媒体平台的传播优势，提升传播力与影响力[3-4]。

"电力系统自动化"微信公众号平台创办于 2015 年，虽然经过多年的实践与探索取得了一定的成绩，但仍然存在一些不足，主要包括两个方面：一是对受众需求考虑不足，传播渠道和方式较为单一，未能做到个性化定制服务；二是新媒体平台内容素材过于单一，形式过于死板，无法吸引读者的注意力和引发读者的阅读兴趣，从而影响平台的传播力和影响力。为解决以上问题，扩大"电力系统自动化"微信公众号学术影响力，公众号推文在内容和形式上做了以下几方面尝试，供广大科技期刊工作者参考。

2 解决措施

为解决以上问题，《电力系统自动化》编辑部通过全方位加强编辑队伍的能力建设，整合多种传播平台和信息资源,通过四大举措,积极探索科技期刊传播的新模式和新方法,提升传播和媒体服务能力。充分利用现代科学研究具有的数字化、网络化和开放化的特点,明确战略定位,在推动科技传播和促进科研成果的转化与利用中形成自己的影响力。

2.1 推文语言新媒体化

微信公众号具有便捷易读、传播迅速等特点,为读者提供更加丰富的信息。然而科技期刊内容比较深奥,传播性存在不足。"电力系统自动化"微信公众号结合当前热点,在每期出版的论文中遴选出一批具有代表性的论文进行微信推广。被选中的论文通常需要提前通知作者根据新媒体的传播特性来对论文进行改写,如简化论文内容、突出核心观点、丰富作者及团队介绍等,经过改写的论文会更适用于新媒体平台,对作者的研究成果和团队也起到宣传推广的作用(第五届江苏科技期刊研究基金资助项目(JSRFSTP2019C05))。

在改写论文的过程中,推荐作者在原文的基础上,对论文的标题进行重新设计。结合自身研究背景,可采用疑问句、突出重点等方式改写标题,起到增加微文阅读量、扩大论文影响力的作用。微信公众平台"精彩论文推荐"栏目中论文标题新媒体化前后的阅读量对比如表1所示。

表1 标题新媒体化前后的阅读量对比

新媒体化之前的标题	标题新媒体化前的阅读量	新媒体化之后的标题	标题新媒体化后的阅读量
基于深度强化学习的自适应不确定性经济调度	254	利用深度强化学习自适应新能源出力的不确定性,实现电力系统动态经济调度	2 076
可再生能源配额制的机制设计与影响分析	305	配额制的前世今生——论"舶来品"如何中国式落地	1 229
基于阻抗辨识的下垂控制并网逆变器孤岛检测方法	112	如何实现下垂控制并网逆变器的孤岛检测?	1 409

由此可见,通过将微信推文语言新媒体化的方式,可以吸引读者的阅读兴趣,有效提升期刊的传播力和学术影响力。

2.2 组织策划创新型微文

为了刷新科技期刊"单调乏味"的刻板印象,《电力系统自动化》编辑部广泛调研读者需求,组织策划微信公众平台新栏目。如聚焦作者来电中的热点问题,用诙谐的文字加生动表情包进行解答的"客服小编在线答疑"栏目;结合编辑部工作日常,向作者进行编校规范宣传的:"容易写错的6个电力专业词汇,你'躺枪'了吗?"推文;紧跟热点行业信息,整理数据以长图文形式进行展示宣传的"统计丨58所电气名校2020年考研复试线汇总"信息推文;同步宣传对《电力系统自动化》网站上实现的新技术进行细致介绍的"HTML阅读上线了,您体验了吗?"推文等。

创新型微文与日常微文的阅读量、留言评论量对比如图1所示。由图1可以看出,积极组织策划新栏目及原创微文更贴近读者需求,有利于吸引新粉丝,进一步扩大微信公众平台的受众人群,对提升《电力系统自动化》影响力有积极的推动作用。

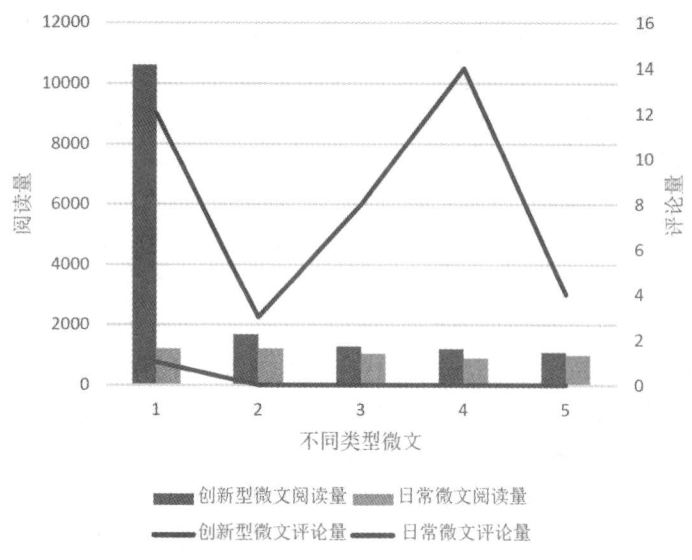

图 1　创新型微文与日常微文的阅读量、评论量对比

2.3　学习并应用新媒体技术

2.3.1　结合 HTML 技术，补充微文完整性

HTML 称为超文本标记语言，是一种标识性的语言。HTML 文本是由 HTML 命令组成的描述性文本，HTML 命令可以说明文字、图形、动画、声音、表格、链接等[5]。为适应新媒体化传播方式，《电力系统自动化》将已经发表的论文改写成内容更精简的版本。考虑到会有读者在完成阅读后对该文产生想要深入了解的意愿，经过调研，结合外部资源，调整论文排版方式，从 2020 年起实现了所有论文的 HTML 化。在制作微文的过程中，在文首注明作者、标题、刊期信息，并在标题处添加 HTML 链接，以方便读者在移动端快速浏览全文内容。

不仅如此，通过添加 HTML 链接的方式可将一部分读者引流到《电力系统自动化》网站，增加网站的访问量，真正实现了"刊-微"同步。表 2 为使用 HTML 技术前后《电力系统自动化》目次阅读量对比情况。

表 2　使用 HTML 技术前后《电力系统自动化》目次阅读量对比

年份	刊期	是否使用 HTML 技术	推文阅读量
2019 年	1	否	3 226
	2	否	1 989
	3	否	2 014
2020 年	1	是	3 774
	2	是	2 412
	3	是	2 639

从表 2 可以看出，使用 HTML 技术后同期推文的阅读量平均提升约 533 次/期，由此说明该新媒体技术受到广大读者的喜爱。

2.3.2　采用视频、图文相结合的方式，提升读者的阅读观感

会议报告是"电力系统自动化"微信公众号很受读者欢迎的一个栏目，其内容具有很大的信息量，而且往往是目前该领域研究的热点问题，报告内容具有很强的参考价值。会议类报告的宣传形式不同于日常的精彩论文推荐，它所展现的内容较为丰富，具有很强的时效性。

之前的会议报告微文往往是采用 PPT 分享+报告人简介的形式进行宣传，展现形式较为单一。2019 年尝试在推文中运用短视频、动图、多图文设计等技术手段。不仅与读者分享了报告内容，还通过视频、图片的形式让读者感受到了会场的气氛，使推文更生动、更具有人文气息，也提升了读者的阅读观感。

2.4 增进与读者的互动交流

公众号的运营，核心是内容，重点是互动。内容是为了吸引用户、留住用户，互动是为了增加与用户的感情，让用户变成粉丝[6]。那科技期刊微信公众号如何才能增加互动性，与用户互动起来呢？尝试了如下几种形式。

2.4.1 引发读者讨论

为了引发读者多多参与讨论互动同时推动学术争鸣，设立"争鸣"栏目，将一些具有代表性的论文在微信公众平台上进行展现。保留审稿过程中作者与审稿人关于不同学术观点的切磋，以对话的形式附在微文结尾处，供读者参考和扩展研究思路。鼓励读者积极留言，发表自己的观点与见解，并邀请作者本人在留言区进行答疑解惑，拉近作者与读者间的距离，促进双方对于不同观点的交流与探讨。

互动型微文留言量与日常微文留言量平均值的比较如图 2 所示。由图 2 可以看出，刊发有争议的微文更能引起读者关注和讨论，微信公众平台更像是一座桥梁促进读者与作者之间的沟通与交流，也进一步拉近了作者与读者之间的距离。

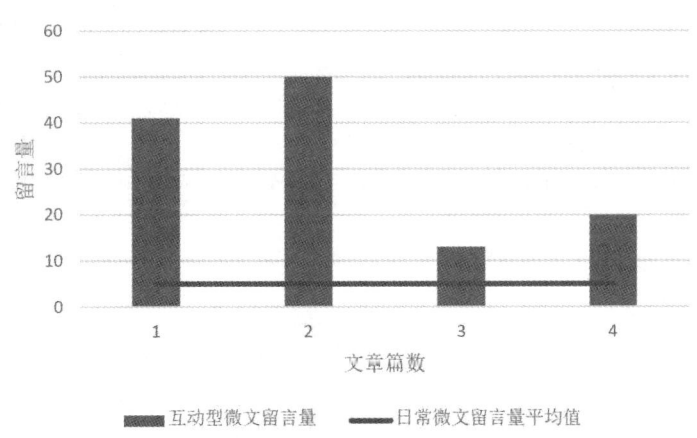

图 2　互动型微文留言量与日常微文留言量平均值的比较

2.4.2 节日祝福

选择合适的节假日为用户送去祝福与关心，可设计"彩蛋"，号召读者在留言区交流互动。根据留言区点赞数排名给读者邮寄样刊及小礼品等形式，拉近了《电力系统自动化》杂志与读者间的距离。

2.4.3 优质资源分享

经过筛选，整理一批优质文章在公众号进行宣传，并提供打包发送至邮箱服务，大大提升了用户参与互动的积极性,这种高品质资源的分享活动,加深了用户对《电力系统自动化》"实用"的印象,增强了用户黏性。

在微信公众平台推荐文章结尾处添加引导点击"阅读原文"的样式,并附上可供下载论文印刷版 pdf 链接,便于读者收藏文件进行深入学习,省去自行查找的麻烦。

3 结束语

在科技期刊传播的主要途径由纸媒逐渐向数字化新媒体倾斜的背景下,本文研究多种传播平台和信息资源整合,探索科技期刊传播的新模式和新方法,提升其传播和媒体服务能力。研究了科技期刊在数字化新媒体推动下可以采用的新型传播方式和传播渠道,通过采用多种类型的多媒体素材,研究如何丰富传播内容和拓展传播途径来提升传播的深度和广度。在今后的工作中,我们将进一步研究新媒体平台下科技期刊可转变的内容和形式,立足内容、团队、平台三大着力点,借助新媒体技术,研究内容动态更新和特色栏目策划对科技期刊传播力建设的影响。

参 考 文 献

[1] 李海燕,丁捷.浅谈传统科技期刊与新媒体融合发展[J].盐科学与化工,2019,48(12):49-51.DOI:10.16570/j.cnki.issn1673-6850.2019.12.017.

[2] 刘奇葆.加快推动传统媒体和新兴媒体融合发展[EB/OL].(2014-04-23)[2020-08-10].http://politics.people.com.cn/n/2014/0423/c1001-24930310.html.

[3] 洪鸥,国荣,姜春明,等.学术期刊在新媒体时代如何有效传播学术成果[M]//学报编辑论丛(2018).上海:上海大学出版社,2018:338-341.

[4] 蒋亚宝,栗延文,吕建新,等.科技期刊微信公众号传播力及运营策略研究[J].编辑学报,2020(3):257-261.DOI:10.16811/j.cnki.1001-4314.2020.03.005.

[5] 周丹.科技期刊微信公众号文章版式设计研究[J].中国科技期刊研究,2017,28(12):1154-1159.DOI:10.11946/cjstp.201707030547.

[6] 孙素华.Dreamweaver CS5 Flash CS5 Photoshop CS5 网页设计从入门到精通[M].北京:中国青年出版社,2014:16.

我国医药卫生类英文期刊网站建设现状及改进建议

黎世莹

(《法庭科学研究(英文)》编辑部,司法鉴定科学研究院,上海市法医学重点实验室,司法部司法鉴定重点实验室,上海市司法鉴定专业技术服务平台,上海 200063)

摘要： 分析我国医药卫生类英文期刊网站建设现状，以了解该领域英文期刊网站建设的最新进展。本研究于 2020 年 8 月对 2019 年版《中国英文学术期刊国际国内引证报告》中 54 本医药卫生类期刊进行全面搜索，调查这些期刊的网站建设数量以及上网形式、网站功能与技术服务等情况。结果显示，54 本期刊多采用单独刊名后缀 com 形式；与国外出版商合作期刊 41 本；有国内自建网站 27 本(其中只有国内自建网站的 8 本)，主办单位以中华医学会期刊最多，多选择 Magtech 作为网站技术支持，审稿系统多采用 ScholarOne/Editorial Manager，15 本期刊实现全部年份上网。研究结果可见我国医药卫生类英文期刊与国外出版社合作的同时也在摸索自建具有自主版权的网站，部分期刊已有成熟全面的网站建设，值得同行期刊借鉴。但部分期刊还需加强网站建设，建议在维护基础信息的同时尝试新媒体技术融合，与国际化接轨。

关键词： 医药卫生类；英文科技期刊；医学期刊；网站建设；多媒体融合；域名

期刊建设网站是网络化时代宣传和展示期刊的重要窗口，是编辑部提高工作效率、扩大期刊市场占有率、吸引国内外读者、提高科技期刊竞争力、促进期刊发展、推动期刊国际化、规范期刊管理的有效途径[1]。随着我国英文期刊数量的快速增长，许多期刊逐渐从与 Springer Nature、Elsevier 等国际著名出版商合作的"借船出海"模式转变为建立拥有自主版权的网站模式(以下简称自建网站)。自建网站对期刊编辑部来说能有更多的自主性，栏目设置的自由度更高，也更有助于向读者呈现期刊特色。

从期刊种类和学科总被引的角度来看，我国期刊国际影响力的提升主要是由科技类期刊所推动的，其中医药卫生、工业技术、数理科学和化学等学科贡献较大。近年来，已有不少学者对中国期刊网站建设总体情况做过相关研究及问卷调查[2-5]，但针对医药卫生类英文期刊的相关研究尚未见报道。因此，有必要对我国医药卫生类英文期刊的网站建设情况进行研究。

1 数据来源和研究方法

备选期刊名单来自 2019 年版《中国英文学术期刊国际国内引证报告》[6]，该报告统计的

基金项目： 中央级公益性科研院所基本科研业务费专项资金资助项目(GY2019G-5)；十三五国家重点研发计划(2016YFC0800701)；上海市法庭科学重点实验室资助项目(17DZ2273200)；上海市司法鉴定专业技术服务平台资助项目(19DZ2292700)

对象即为我国正式出版的英文学术期刊。此外,备选期刊还须符合下列出版规范:①有国际标准连续出版物编号 ISSN 号;②有国内统一刊号 CN 号;③英文投稿且正常出版发行的中国大陆学术期刊;④入选国家新闻广电总局"第一批认定学术期刊名单(5 756 种)"或"CNKI-JIF 评价期刊名单(5 700 种)";⑤创刊年在 2017 年(含)之前。在此条件下,共有 314 种期刊确定"英文版中国学术期刊"。其中,科技类期刊有 286 种、人文社科类期刊有 28 种。本研究选取该报告中科技类期刊下收录的医药卫生类英文刊 58 本作为研究对象,通过使用 Bing 和 Google 搜索引擎搜索这 58 本期刊,其中网站处于关闭状态的期刊共 4 本,去除具有上述情况的期刊后,本研究对其余 54 本期刊网站的建设现状进行了调研(数据截至 2020 年 8 月 10 日)。

2 我国医药卫生类英文期刊网站建设情况

2.1 网站建设总体情况

本研究调查的 54 本期刊全部拥有门户网站。41 本与国外出版商合作,主要为 Springer Nature(16 本)和 Elsevier(15 本),而 27 本有国内自建网站(27/54,50%)。其中,同时有国外出版商网站和国内自建网站的期刊合计 19 本(19/27,70%),而只有国内自建网站的仅有 8 本(8/27,30%),如图 1 所示。自建网站期刊的主办单位以中华医学会最多(5 本),其次为浙江大学、四川大学、中国抗癌协会。

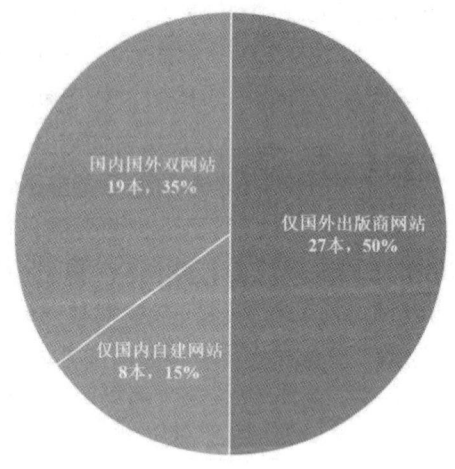

图 1 我国 54 本医药卫生类英文期刊网站建设情况

2.2 国内自建网站期刊情况

为进一步研究国内自建网站的现状,本研究选取上述 27 本有国内自建网站的期刊,从期刊基础信息(是否为 OA 刊、是否 JCR 收录期刊、使用的域名、网站技术支持公司、使用的投审稿系统),网站基本信息和扩展内容(期刊介绍、编辑部联系方式、投稿要求、编委名单、期刊信息、征订启事、被数据库收录情况、文章点击/下载量显示、多媒体分享、预出版、文献回溯完整度、能否下载全文、中英文切换、使用体验)等方面做逐一调查。

2.2.1 期刊基础信息

27 本期刊中,完全 OA 期刊 12 本,部分 OA 期刊 9 本,其余为付费订阅,并有 JCR 期刊

12 本。网站域名以"单独刊名"的形式居多(15/27,55%),其次为"刊名+单位名"(8/27,30%),剩余为"刊名+网站公司名(4/27,15%)";27 本期刊采用的域名后缀情况见表 1。检索每本期刊网站标注的技术公司,除了未明确注明技术公司信息的 10 本期刊外,合作最多的是北京玛格泰克(Magtech)科技发展有限公司,其次为北京勤云科技发展有限公司,详情见表 2。另外,网站的版权基本归属期刊或期刊主办单位所有。各期刊自建网站投审稿系统的使用情况见表 3,可见被期刊采用的主要为国外投审稿系统 ScholarOne 和 Editorial Manager,其次为国内投审稿系统 Magtech。

表 1 我国有自建网站的 27 本医疗卫生类英文期刊域名后缀情况

No.	域名后缀	刊数/本	占比/%
1	com	10	37
2	cn	5	18
3	org	4	15
4	com.cn	3	11
5	org.cn	2	7
6	edu.cn	1	4
7	ac.cn	1	4
8	net	1	4

表 2 我国医药卫生类英文期刊自建网站合作技术公司

No.	开发公司或隶属单位	刊数/本
1	北京玛格泰克科技发展有限公司	5
2	北京勤云科技发展有限公司	3
3	北京仁和汇智信息技术有限公司	1
4	中国知网	1
5	丁香园	1
6	中华医学期刊网	1
7	科学出版社	1
8	锐狐网络	1
9	索医网	1
10	协会	1
11	期刊	1
12	网站未注明	10

表 3 我国医药卫生类英文期刊自建网站在线投稿系统使用情况

No.	在线投稿系统	刊数/本	占比/%
1	ScholarOne	10	37
2	Editorial Manager	7	26
3	Magtech	4	14
4	Manuscript Tracking System	2	7
5	Beijing E-tiller CO., LTD.	1	4
6	JournalX	1	4
7	Science Press	1	4
8	中国知网+ Editorial Manager	1	4

2.2.2 网站基本信息和扩展内容

本研究调查了网站基本信息和扩展内容。此次调研结果发现 27 本期刊网站在期刊基本信息方面，即期刊介绍、编辑部联系方式、投稿要求、编委名单、期刊信息、征订启事、被数据库收录情况等内容较为完善。但在网站扩展内容上，即文章点击/下载量显示(18/27, 67%)、多媒体分享(9/27, 33%)、预出版(10/27, 37%)、文献回溯完整度(15 本期刊实现全部年份上网，占 56%)、能否下载全文(17 本能下载全文，5 本需链接至国内外出版商平台，5 本不能下载全文)、中英文切换(6/27, 22%)等方面有待完善。

3 网站建设存在的问题

调研结果显示，目前我国医药卫生类英文期刊能够自建网站的比例较低，但仍有半数期刊通过同时建立国内国外网站取得了一定"自主权"，且不少期刊自建网站水平已与国际接轨，如 *Journal of Integrative Medicine* (http://www.jcimjournal.com/EN/2095-4964/home.shtml)、*The Journal of Biomedical Research* (http://www.jbr-pub.org.cn/) 、*Chinese Herbal Medicines* (http://www.tiprpress.com/chmen/home)、*Frontiers of Medicine* (http://journal.hep.com.cn/fmd/EN/2095-0217/home.shtml) 、*Chinese Medical Sciences Journal* (http://cmsj.cams.cn/EN/article/showAsap.do)等，上述几本期刊的网站服务功能更加多元化、扩展信息更加丰富和全面、具有学科自身特色、实现了预出版及多媒体分享，值得业内同行借鉴。

调研中也发现仍有不少期刊网站缺乏基本维护，与 2004—2017 年其他领域的期刊的网站建设调研结果[7-11]或多或少存在类似问题，包括：网站内容单调死板，布局不合理，采编系统为主的传统基调，没有实现真正的网络化，无法引起读者兴趣；有些期刊卷期回溯不全或文章发布严重滞后；对网页更新、维护和建设不够，期刊内容随着时间推移已经失去时效性；网站缺乏交互性，缺乏引用或多媒体分享渠道；版权标注不明确，缺乏备案登记信息；通过刊名只能搜索到国外出版商建立的期刊网站，国内自建平台多不排在前几位或首页，需要通过依托单位、万方或知网等平台才能检索到网址，且部分网址已失效，未随期刊变更及时更新；国内投审稿系统的建设仍不完善，选择面较小的问题。总体而言，我国医药卫生类英文期刊网站与国外科技期刊网站[1]相比，用户体验较差，建设程度参差不齐，部分自建网站只是起到过刊文献存储作用，无文献存储功能的网站，最终还是需要链接至合作的国外出版商平台。

4 分析与建议

英文期刊自建网站的目的无外乎为了掌握自主权，但是网站构建往往受到人力、资金、主办单位重视程度的限制，而在期刊网站建设好后，后期的维护与优化工作主要由编辑部来完成，如果缺乏专业的多媒体技术以及后期持续的投入，将导致网站的维护与优化工作被忽视甚至停滞。笔者从网站建设的基本要点到进一步优化提出以下几点建议：

(1) 重视网站信息维护，完善版权信息。完整准确的基本信息是网站建设的基础，清晰地注明办刊模式，如有重要信息变更应及时联系各数据库平台。与此同时，办刊人员应申请加入知名的搜索引擎，并提高在搜索引擎中的排名，使期刊与网站同时得以宣传推广。

(2) 在域名选择方面，本研究的 54 本期刊多采用单独刊名后缀 com 形式，该类域名下的网站信息量较大，功能更为齐备，能规避由于主办单位关闭服务器导致期刊网站不能登录的问题。但也有学者指出依托高校、科研院所等主办单位申请单位的二级域名，能有效突出科技学术期刊网站的归属，更方便作者鉴别[12-13]。因此，各期刊可根据自己具体情况选择最为合适的域名，但注意遵循简明易记、便于输入、有一定的内涵和意义等原则[14]。

(3) 除了期刊网站建设情况以外，本研究还反映出国内投审稿系统的建设仍不完善，选择面较小的问题。Magtech是北京玛格泰克科技发展有限公司自主研发的投审稿系统，更适合国内审稿人和作者的使用习惯，虽然投入成本较低，但也存在一定的局限性[4]。通过知名数据库平台、高校期刊集群等平台，尽快研发多个更适用于我国英文期刊的投审稿系统，将有助于提升我国英文期刊的国际化水平。

(4) 尝试预出版、部分文章开放获取、将结合时事热点或科技前沿的特色文章或栏目在首页重点展示以吸引读者。

(5) 依托主办单位，引进多媒体技术人员负责网站的后期维护和优化。

(6) 走集群化发展道路。国外科技期刊大多是集团化运作，由出版公司或学会统一建立网站，在节省各编辑部开发网站成本的同时，凝聚了集团化品牌的力量[15]。在我国期刊网站集群化发展方面，中华医学会期刊网(https://www.cma.org.cn/col/col182/index.html)的成功建立[16]可为仍在孤军奋战的医药卫生类英文期刊网站的集群化发展提供参考。

(7) 增加网站互动性栏目，如建立互动社区，插入播客，标注每篇文章引用格式，文章一键转发微博、微信、Facebook和Twitter等，便于受众对象快速了解期刊内容和主题，参与互动，扩大期刊知名度。除提供常规的订阅分享等服务功能之外，还应当着力打造基于社交媒体的读者、作者、审稿人的互动生态圈，如定期分享业内学术会议、科研动态，多方面拓展期刊的服务功能，促进期刊迈向更高层次的信息服务和知识服务[17]。

由于疫情影响，我国医药卫生类期刊正受到前所未有的来自国内外的关注，期刊网站已不仅仅是自身品牌形象的展示，一定程度上更是国家形象的呈现。随着中国科技期刊国际影响力提升计划等期刊资助与扶持项目的持续实施，我国科技期刊的学术质量与影响力已经有了很大提高，单刊或单个期刊社的网站建设质量也有很大提升，但期刊数字平台的内容资源集群化建设仍然缓慢，这在很大程度上制约了我国高影响力数字出版与传播平台的出现和发展。除了上述客观条件，笔者希望期刊编辑能从小处着手，将有限的资源发挥好，注重网站建设对期刊品牌的提升，能让网站浏览者感受到期刊特色，获得较好的阅读、投稿和互动体验。

参 考 文 献

[1] 刘飚,邢飞,徐威.国外科技期刊网站的调查与思考[J].中国科技期刊研究,2009,20(3):479-483.
[2] 吴涛,袁天峰,崔悦,等.国内核心医学期刊网站建设现状及改进建议[J].中国科技期刊研究,2018,29(12):1247-1251.
[3] 程维红,任胜利,沈锡宾,等.2011—2015年中国科协科技期刊网站建设进展[J].中国科技期刊研究,2016,27(11):1156-1161.
[4] 许媛媛.SCI收录中国办英文学术期刊网站现状分析[J].科技资讯,2015,13(17):245-246.
[5] 程维红,任胜利,王应宽,等.中国科协科技期刊网站运营状况的问卷调查[J].编辑学报,2010,22(3):257-259.
[6] 中国英文学术期刊国际国内引证报告[R].中国科学技术信息研究所,2019.
[7] 钱国富,涂颖哲.我国图书情报学核心期刊网站建设研究[J].图书情报工作,2004(4):94-97.

[8] 刘虓,冯金东,刘飚.我国科技期刊的网站建设调查[J].编辑学报,2006(增刊1):170-171.
[9] 刘颖,唐永林,曾媛.我国物理类核心期刊网站建设研究[J].科技情报开发与经济,2009,19(2):11-13.
[10] 张红艳,刘国正.我国中医药类双核心期刊网站建设现状与思考[J].中国中医药图书情报杂志,2015,39(5):51-55.
[11] 耿懿,郑军卫,李小燕,等.网站建设与科技期刊影响力提升:以石油天然气工业类科技期刊为例[J].中国科技期刊研究,2017,28(11):1038-1042.
[12] 张义,陈怡平.科技期刊假冒网站应对措施[J].科技与出版,2016(7):35.
[13] 杨继涛,潘新社.科技期刊对网络侵权现象的防范措施[J].中国科技期刊研究,2016,27(10):1076.
[14] 蒲素清,罗云梅,李缨来.我国统计源核心期刊官方网站建设情况分析及其在国内主要搜索引擎平台中的排位情况[J].编辑学报,2020,32(1):72-75,79.
[15] 顾凯,邹栩.我国药学期刊的网站建设现状与分析[J].中国科技期刊研究,2013,24(1):29-32.
[16] 沈锡宾,刘红霞,李鹏,等.中国科技期刊集约化数字出版的效益分析:以中华医学会杂志社为例[J].中国科技期刊研究,2019,30(12):1304-1310.
[17] 袁国华,王传清.开放获取期刊网站建设规范要求与优化策略[J].中国科技期刊研究,2018,29(3):253-258.

基于 OSID 开放科学计划的科技期刊融合发展模式应用

郑雯，马慧群

(西安交通大学第二附属医院《中国皮肤性病学杂志》编辑部，陕西 西安 710004)

摘要：OSID 开放科学计划是在全球开放科学战略大背景下应运而生的，面向全国科技期刊行业的公益性计划。它以简单的二维码为入口，通过微信小程序，可以使科技期刊完成论文相关内容的多媒体形式扩展传播，建立学术圈和问答平台，实现传统期刊在全媒体视域下的内容融合和服务融合，提升期刊的影响力。借助 OSID 系统构建起的科研数据共享体系和开放的同行评议模式，使科学研究及审稿过程透明化，可切实推动科研诚信建设。OSID 体系通过大数据构建起的精准用户画像，能够有效推动期刊编辑部对用户资源的深度挖掘，促进期刊开展全媒体视域下的经营与活动运营，助力期刊发展。

关键词：开放科学；OSID；科技期刊；媒体融合

随着新媒体技术的快速发展和受众阅读习惯的巨大改变，传统科技期刊媒体融合出版转型势在必行。然而，目前科技期刊媒体融合发展不够深入，往往流于形式，内容单一，服务意识欠缺，亟待探索一种能够真正打破媒体融合壁垒的发展模式[1]。OSID(open science identity, OSID)即开放科学计划，是由中国编辑学会出版融合编辑专业委员会、国家新闻出版署出版融合发展(武汉)重点实验室发起，面向科技期刊行业的一项开放科学公益性计划。OSID 系统以简单的二维码为入口，通过微信小程序，可以实现作者对文章背景的语音介绍、发布论文相关研究数据、作者与读者的交互问答、学术圈等多种实用功能，是科技期刊提升科研诚信水平、提高论文传播质量、加强期刊创新能力的有力帮手和实用工具，能够切实助力学术期刊的数字化转型和媒体融合发展[2]。

1 开放科学及 OSID 概述

在人类科学研究的进程中，伴随着网络技术的迅猛发展和现代知识经济型社会对科学知识需求的不断增加，科学知识的生产范式正逐渐由传统的闭合式向高度开放式转变。开放科学(open science)是科学范式演化进程的内在逻辑和网络 2.0 时代发展所共同作用的结果[3]，是一种研究数据资源共享的全新科学实践，主要包括开放研究数据、开放实验方法、开放获取研究成果、开放同行评议等多个维度。通过网络平台，研究者可以在数据资源免费提供的情况下进行协作和贡献，并可对基础研究数据和方法进行重新分配和复制，实现相关领域研究

基金项目：西安交大二附院医院管理项目[YJ(GL)201701]；陕西省出版科学基金资助项目(17BSC02)
通信作者：马慧群，E-mail: mahuiqun2003@163.com

者的跨时空合作，增强科学发展和数据共享。目前，开放科学已经在世界范围内得到推崇，成为了一项重大的全球科学战略。2013 年，美国率先出台了"科学与技术研究平等获取法案"；2016 年，欧盟启动了"欧洲开放科学云计划"；随后芬兰、捷克、法国、丹麦等国也先后发布并实施了开放科学相关计划；2018 年，我国国家新闻出版署融合发展(武汉)重点实验室也发起了"OSID 开放科学计划"[3-4]。

OSID 平台以在论文中添加二维码的形式，通过微信"扫一扫"功能，即可完成平台的对接，打通了传统科技期刊纸质媒体与互联网移动媒体间的壁垒，使每一篇论文都可以向读者立体展示相关音频、视频、实验数据、证明材料等，既丰富了论文的内容，又可以建立起编辑、作者、读者以及审稿专家之间的紧密连接。这种新的出版模式实现了期刊从纸质媒介向网络媒介的数字化转型增值，使科技期刊成为开放科学战略推进的重要组成部分，为传统科技期刊的融合发展提供了新的模式。此外，OSID 开放科学计划准入门槛低，凡是具有国内统一连续出版物号(CN 号)，且能够确保连续正常出版，没有违法违规、学术不端行为的科技期刊均可以申请加入；而且此项计划属于公益项目，期刊可以免费加入，并免费享受系统提供的各类服务和技术支持，非常适合我国科技期刊进行数字化转型。截至目前，已有 841 家期刊社，21 890 篇论文，15 089 位作者加入到此项计划中。

2 科技期刊 OSID 出版模式

2.1 OSID 码的使用

OSID 码即开放科学二维标识码，是 OSID 出版模式中论文的身份编码，也是进入论文 OSID 界面的钥匙，具有独立性和唯一性，期刊论文要实现在 OSID 平台的数字化出版，第一步就需要创建 OSID 码。

2.1.1 创建 OSID 码

OSID 码有两种建码方式，一是投稿时由作者自行建码，另一个是在论文通过同行评议审核达到发表要求后由编辑统一建码。由作者自行建码时，编辑部需向作者提供平台为期刊生成的专属小程序码，或相关链接，作者在投稿时只需通过手机微信扫描进入小程序或在 PC 端打开链接进入"OSID 作者助手"界面完成注册，即可填写提交论文有关信息，由系统自动生成该文的 OSID 码并与期刊绑定；由编辑统一建码时，编辑可在"OSID 编辑助手"页面录入提交文章相关信息，一键生成与文章匹配的 OSID 码，也可将多篇文章信息录入 Excel 文件后统一上传批量建码。无论作者或编辑建码在操作上均简单快捷，但两种建码方式各有特点：第一种方式由作者自行录入稿件信息建码可以省去编辑稿件信息录入的工作，而且在投稿之初稿件即可获得专属的 OSID 码，作者可以在审稿前上传与稿件相关的语音、视频及各类数据资料，在进行稿件同行评议时可节省审稿专家查阅资料的时间，并可增强专家对稿件的了解，有助于获得更为准确的审稿信息；但是，采用这种形式建码的稿件一旦退稿编辑需要及时将文章 OSID 码与期刊解绑或与作者协商及时删除，以免造成版权纠纷等不必要的麻烦。第二种方式由编辑在稿件录用后再统一建码时可以确保创建的所有 OSID 码均为本刊论文所拥有，且作者收到接收函后对于在 OSID 平台上传相关信息的配合度更高，但采用录用后建码的方式稿件在审核阶段则无法向专家提供相关视频、音频等参考信息，降低了 OSID 系统的使用效果；对于编辑部向专家的约稿则比较适合采用由编辑建码。因此，编辑部在工作实践中应根据杂志的需要灵活选择建码方式。

2.1.2 使用 OSID 码

文章建码成功后,论文在 OSID 平台就拥有了唯一的身份号码,这个二维标识码也是读者进入论文 OSID 界面获取相关资料、参与学术互动的即时通讯入口,只需用手机微信进行简单的扫码即可完成操作。论文在纸质期刊发表时,OSID 码随文刊登,方便读者在阅读文章时获得增值体验;此外,论文的 OSID 码还可以通过网络渠道由编辑部或作者自行传播,或读者主动传播,丰富了论文的宣传途径。

2.2 OSID 平台主要功能

2.2.1 基础服务

(1) 上传论文语音介绍:文章成功建码后,作者即可在 OSID 平台中录制并上传论文的语音导读资料,通过直观的音频形式介绍论文的写作背景、写作动机、在稿件撰写过程中遇到的困难和趣事以及对本项研究的感悟等等,帮助读者能够快速且清晰地了解此项研究的目的、采用的科研方法及取得的学术成果。OSID 系统要求,作者最多可以录制 5 段语音,每段语音录制的时长不超过 10 min,总时长达 50 min,完全可以满足作者的阐述需要。

(2) 多维度素材共享:作者可以将与论文相关而在纸质期刊媒介中无法呈现的各类研究素材、资料或数据在 OSID 平台中以视频、音频、动画、PPT、源代码、源图表等形式上传,与读者及领域内的专家共享,使论文实现多维度的立体增强出版,为读者带来更加直观、深入且透彻的阅读体验。目前,平台上传要求文件大小不超过 100 MB,视频大小不超过 1 GB,可上传 Word、Excel、PDF、PPT、音频、视频、图片、在线文章、链接地址等格式内容,同时还可添加不超过 1 000 字的附件说明。③建立学术交流圈:OSID 平台为每一篇论文都设有学术圈功能,专家、作者、读者都可以围绕论文展开话题,发布各自的观点和感想,进行在线学术交流,帮助作者以文章为纽带建立起自己所在研究领域的学术圈层空间,对作者影响力的提升也有一定的助推作用。在 OSID 学术圈中交流者不仅可发布单条不超过 1 000 字的文本动态,同时也可通过上传语音、图片等方式进行多媒体交流。④作者在线问答:审稿专家或读者可通过 OSID 平台,使用文字、图片、语音及视频的方式向论文作者提出问题;针对问题,作者也可通过以上多种形式作答,完成解释和相互探讨。通常读者提问最多可添加 100 字的文字内容、2 张图片;作者回答最多可添加 1 000 字的文字内容、2 张图片。目前 OSID 平台基础服务尚不支持自定义配置,建码成功后四项基础服务即自动开通,作者通过手机扫码就可以对其中的内容进行维护。

2.2.2 个性服务

(1) 期刊宣传:OSID 平台中专门设有"关于本刊"的杂志宣传功能,编辑可以在"OSID 编辑助手"界面上传期刊简介、投稿须知、订购方式等内容,当已录用稿件的 OSID 码被扫描后,即可在文章界面的最下方看到"关于本刊"按钮,点击即可阅读相关内容。

(2) 学者教育单:针对学术类期刊,编辑可通过平台中的"学者教育单"服务设立并解答一系列的学术问题,读者则可以借助该应用中的问题答案,收获引导。

(3) 学术专栏:在"学术专栏"中编辑可以根据期刊所涉及学科领域内的近期热点问题,为读者展现关于某个学科、某个相关话题的系列文章,并可在其中设置多个栏目,分享多篇文章,为读者集中提供该热点全方位的学术研究成果。

(4) 互动卡片:使用"互动卡片"功能,读者可以通过拍照、从手机文件上传图片或文字输入等方式在客户端即时发布对论文的摘抄或感悟,编辑部及作者可以通过此功能深入了解论文对读者所产生的影响。

(5) 投稿工具箱：编辑可在"投稿工具箱"中添加投稿模板、投稿网址、投稿秘籍等多个板块，为作者投稿提供帮助。目前，平台支持基础服务+个性服务的配置最多为 8 个，编辑部可根据需要，在"OSID 编辑助手"页面为不同论文的 OSID 码灵活匹配不同的个性服务。例如当阅读并理解某篇论文需要读者掌握一定专业背景知识时，编辑部则可以将"学者教育单"服务功能匹配至该论文的 OSID 码中，编辑通过设置相关问题并提供解答，协助读者了解相关知识，提升论文的可读性和共鸣性；当某篇论文涉及近期领域内的某个热点且杂志针对此问题有集中的相关论文发表时，编辑部可将"学术专栏"功能与该文匹配，通过此功能将相关论文同时展示，方便读者查询。

2.2.3 数据统计功能

OSID 平台具有强大的数据统计功能，可对平台中 OSID 浏览量和扫码量进行近 30 天、近 7 天及近 1 天的 top5 排名，并可下载全部论文 OSID 的浏览量和扫码量，便于编辑统计论文经过此平台进行数字出版的传播效果，通过数据分析还可以帮助编辑快速掌握近期内学术领域内的热点，可为期刊选题策划提供依据。同时，平台中对各项服务的浏览量也可进行统计，便于编辑了解读者对不同 OSID 服务的喜好，便于调整个性服务的匹配项目。此外，OSID 平台还可对杂志读者、作者的基础资料和阅读喜好进行统计，帮助编辑部挖掘潜在作者和审稿人。

3 OSID 出版模式的作用

3.1 助力实现期刊的媒体融合发展

近年来，科技期刊一直在不断探索媒体融合发展的出版模式，然而目前大多数科技期刊并没有进入实质性的融合，仅是停留在开通自有网站或微信公众平台等简单的融合中[5-6]，未能完成真正的内容融合和服务融合。在目前倡导开放科学和科学数据出版的大背景下[7]，OSID 平台则为科技期刊提供了深入整合和挖掘内容资源，构建知识共享、知识服务体系的新媒体共享融合平台。通过简单的二维码扫描和相关资料素材的上传，期刊即可打破传统纸媒的束缚，将论文的内容立体化，深度挖掘论文在研究阶段采用的实验法、科学数据等资源，并完成与读者共享的过程；同时，在 OSID 系统中期刊可以通过构建学术圈和在线问答平台，建立起作者与领域内学者的交流圈，促进学科内的交流，提升期刊的服务融合。与此同时，与维护微信公众平台和期刊网站需要编辑自行搜集素材、撰写大量内容不同，在 OSID 融合出版体系中，作者是上传各类资料、数据信息与读者互动的主体，可以大大节省编辑的工作量，提高融合出版效率。再加之 OSID 开放科学计划的公益性质、较低的准入门槛以及简单的操作模式，即使是经济和人力资源不足的期刊也能够借助 OSID 平台实现媒体融合出版。

3.2 提升期刊影响力

进入互联网+时代，学术论文的传播方式也在不断发生变化，有越来越多的论文通过网络社群、图文推送、朋友圈等渠道实现了定向传播和主动传播。OSID 出版体系的二维码移动阅读模式可以以期刊论文为纽带，构建起期刊、作者、读者、专家之间多方面、多角度的持续性关联，通过同领域科研人员间的交流互动，逐渐形成圈层社交网络，使立体化的论文以二维码形式得以在相关学术领域快速传播，从而提升整个期刊的影响力。有研究显示《计算机工程》自 2017 年 11 月启动二维码服务后，仅在 2 个月的时间内，4 个二维码的浏览量即达到

455 次。刊登二维码增强传播的论文平均下载次数达到 400 次以上，远超过未刊登二维码论文 150~200 次的下载量[8]。同时，以《放射学实践》杂志为例，该杂志于 2018 年第 6 期开始启动论文 OSID 出版，经过知网数据统计发现，截至目前《放射学实践》杂志 2018 年第 6 期所刊登的 25 篇论文的篇均下载量为 72.84(1 821/25)，篇均引用量为 0.56(14/25)；而未进行 OSID 出版的 2018 年第 5 期所刊登的 24 篇论文的篇均下载量为 64.46(1 547/24)，篇均引用量为 0.21(5/24)。两期杂志出版时间相近，但采用 OSID 出版的一期篇均下载量和篇均引用量均较未采用的一期明显提升。

3.3 控制学术不端，提升科研诚信

OSID 码是开放科学出版体系中论文的身份编码，而其也是一种能够帮助编辑及审稿专家识别学术不端行为的"防伪标识码"和推动科研诚信建设的"同行监督"。在审稿阶段，作者对论文的语音介绍可以作为一种学术不端检测的手段，编辑部通过要求作者录制论文相关导读资料，可以使抄袭、剽窃的论文露出马脚，帮助编辑在论文投稿之初进行快速甄别和过滤；将论文相关研究数据、实验方法等资料上传至 OSID 码中，可以更多、更深入地揭示研究过程，使论文的创作过程"透明化"，当论文进行同行评议时，审稿专家可以根据作者上传的数据资料评判研究过程中是否存在伪造、篡改数据等学术不端行为；同时，作者上传的各类数据资料可以直接或间接证明研究者对论文的贡献，编辑以此为依据可对论文的作者署名进行筛查，过滤掉没有实际贡献的挂名作者。

论文出版后，作者基于论文 OSID 码所上传共享的与论文相互关联的研究数据材料便成为开放科学体系中的一部分，任何研究者都可以通过二维码扫描开放获取，使研究过程、研究数据等开放、透明，在论文发表后仍可接受同行监督，从而促使科学研究过程更注重科学协作、科研共享、数据重用，有利于科研诚信建设[9]。

3.4 提高审稿质量和速度，促进构建开放同行评议审稿模式

同行评议一直以来都被认为是科技期刊遴选论文、提升学术影响力的重要一环，与论文质量和期刊影响因子互为因果关系[10]，然而传统的论文同行评议过程具有保守性，缺乏一致性和公开性，同时审稿专家为了对论文作出客观而严谨的评价，通常需要花费较多时间进行文献检索和材料搜集，使审稿时间延长。而在 OSID 出版体系中，审稿专家可以通过参考作者上传的各类开放科学内容，快速有效地对稿件进行权威评价，从而提升审稿质量和审稿速度，帮助期刊有效缩短论文发表周期，提高出版效率。此外，OSID 出版体系中的学术圈和作者在线问答功能可以促进期刊构建以作者-审稿专家-编辑为基础的开放评议审稿模式，评审专家可以通过 OSID 学术圈以交流讨论的形式上传对论文的审查意见，还可通过作者在线问答功能直接向作者提问并获取作者的回答，作者专家双方署名、审稿过程公开，实现透明、交互、高效、共享的同行评议，编辑可对评审专家和作者的交互意见进行总结归纳，对稿件的创新性、科学性、实用性、规范性、可读性进行综合评价[11]。论文发表后，论文同行评议过程随 OSID 码公布于众，接受更为广泛的同行监督，针对问题形成更广泛的同行探讨，提升期刊影响力，促进学科发展。

3.5 深度挖掘各类资源，开展精准经营

对于科技期刊而言，作者、专家、读者以及论文数据都是重要的资源，但如何能够将各类资源进行有效整合、深度挖掘并进行有效利用一直是一个难点。OSID 出版体系可以将论文、作者、读者和学科领域的研究者进行标签化处理，通过大数据从用户基础属性、科研偏好和

科研关系三个维度构建精准的用户画像[12]，从而有效地将各类资源进行关联、沉淀。以此为基础，通过 OSID 平台可以帮助期刊将论文和知识精准地推送给目标用户，提升期刊对用户的知识服务水平，进一步提升期刊的影响力；同时，利用系统构建的用户画像，编辑部可以以用户的基础属性、科研偏好和科研关系为依据，为稿件精准匹配合适的审稿人，并从用户群体中挖掘潜在的审稿人和作者[13]。在大数据和精准用户画像的背景下，也可为期刊后续开展全媒体视域下的广告经营、学术合作和活动运营等提供无限可能[14]。

4　OSID 融合出版模式应用中的问题及应对措施

4.1　OSID 开放数据的监管

在 OSID 融合出版体系中，开放共享的各类资料主要由作者自行上传，因此期刊需要对这些资料以及读者-作者的互动信息进行严格的审核和有效的监管，防止不当言论或虚假数据的散播。对于 OSID 开放数据的监管可以分为三级：①系统自动监管：OSID 系统对敏感字眼能够自动识别并屏蔽，可以有效地对潜在的不当言论进行初级过滤，同时 OSID 系统采用用户实名认证管理也为约束不当言论和追责提供了保障。②编辑监管：在 OSID 平台中编辑对于 OSID 码具有最高的管理权限，当作者投稿建码后，"OSID 编辑助手"界面随即会向编辑提示有新的作者建码记录，此时编辑便可对作者上传的各类文件进行审核，并向作者提出修改意见，对不符合期刊要求或有可能涉及国家秘密、国家安全、社会公共利益、商业秘密和个人隐私[15]的问题资料可以进行直接删除；同时编辑还可通过设置作者上传权限来控制上传行为，稿件录用后作者需向编辑部提交申请并获得同意才可修改或重新上传相关资料内容，对于退稿稿件编辑还应做到及时删除或与期刊解绑；此外，编辑可通过 OSID 平台的学术圈管理功能对学术圈动态进行监管，对不当言论可以及时下撤。③专家监管：在审稿过程中，审稿专家可对作者上传的各类资料进行学术权威审核，并将问题并反馈给编辑，专家监管是对资料科学性、真实性的有效审核过程。以上的三级监管模式中，编辑监管是 OSID 开放数据最重要、最基本的监管，而编辑则是最直接的管理者，因此期刊在采用 OSID 融合出版模式后，编辑应通过不断学习提升自身的伦理道德素养、政治文化素养和科学专业素养[16]，以更好地完成开放数据审核工作。

4.2　提升作者配合度

作者在 OSID 融合出版模式中具有较高的参与度，因此作者的配合度将直接影响期刊 OSID 融合出版的质量。影响作者配合度主要有两方面的因素，首先是作者的分享意愿，由于我国的开放科学理念还处于逐渐形成的起步阶段，很多研究者对于开放科学的共享模式心有顾虑，特别是在稿件录用前，有些作者并不愿意将研究数据上传；其次是作者对数据处理和存储存在操作技术上的困难，从而影响数据的上传展示。针对这些问题，编辑部首先应做好作者告知工作，在稿件录用前签署编辑部-作者-审稿人的三方协议，保证数据在论文出版前不被传播和不当利用，同时根据学科特点制定明确的数据规范和使用规则，打消作者的顾虑；编辑部还可以以投稿须知、作者告知书、微信图文消息推送等形式针对作者中存在的问题开展开放科学相关教育活动，让作者了解科研数据共享在科学研究中的重要作用，以及可能给自身在学术领域带来的利益和影响，让作者真正了解其意义，提升作者配合度；同时，对一些上传资料质量高的稿件实行优先审稿、优先录用等机制，也可在一定程度上对作者配合起到激励作用。另一方面，编辑部对作者上传的资料要注重内容，在形式上不能追求花哨[17]，力求简单、直接、明了以减少作者制作上传文件的工作和技术要求,另外编辑部应对制作有困难的作者提供帮助,以此来提高作者的配合度。

4.3 开放数据的版权问题

与论文一样,论文的相关研究资料同样存在版权问题,编辑部在期刊论文进行 OSID 融合出版之前不但需要与作者签署论文的版权协议,同时还需要签署论文相关资料数据的版权协议,协议内容应涉及包括语音介绍、在线问答、学术交流互动、开放科学内容等全部与论文相关的各类格式的内容素材;同时编辑部应获得作者的承诺,保证论文及其扩展内容未违反任何法律法规或者侵犯第三方合法权益;作者在签署版权协议的过程中,编辑部可要求其在 OSID 平台语音介绍功能下录制确认签署的语音作为佐证,以避免产生不必要的纠纷。

5 结束语

开放科学目前已成为了一项重大的全球科学战略,在这个大背景下,我国 OSID 开放科学计划应运而生。借助 OSID 系统的期刊融合出版模式操作简单,仅需以简单的二维码为入口,即可实现论文相关内容的多媒体形式扩展传播,并可建立起科研人员交流的学术圈和问答平台实现传统期刊在全媒体视域下的内容融合和服务融合;通过 OSID 系统可以助力期刊建立起在学科领域内的圈层社交网络,通过网络的级联放大效应,使论文在学科内快速传播,从而提升整个期刊的影响力;同时,借助 OSID 系统构建起的科研数据共享体系和开放的同行评议模式,可以使科学研究以及审稿过程更加透明,推动科研诚信建设;此外,OSID 体系通过大数据从用户基础属性、科研偏好和科研关系三个维度构建精准的用户画像,能够有效推动用户资源的深度挖掘,促进期刊开展全媒体视域下的经营与活动运营,助力期刊发展。

参 考 文 献

[1] 辛亮,黄雅意,黄锋.媒体融合背景下科技期刊的思维转型[J].编辑学报,2019,31(2):156.
[2] 陈晓峰,蔡敬羽,刘永坚.开放科学背景下区块链在科技期刊中的应用[J].中国传媒科技,2019(2):21.
[3] 武学超,罗志敏.开放科学时代大学科研范式转型[J].高教探索,2019(4):5.
[4] 陈晓峰,可天浩,施其明,等.开放科学:概况、问题与出路[J].中国传媒科技,2019(2):16-18.
[5] 黄庆发.新媒体视域下科技期刊发展困境与策略探析[J].新媒体研究,2019(5):72.
[6] 晏小敏,邓桂英."互联网+"时代高校期刊媒体融合创新发展策略[J].出版广角,2019(3):49.
[7] 屈宝强,宋立荣,王健.开放共享视角下科学数据出版的发展趋势[J].中国科技期刊研究,2019,30(4):329-335.
[8] 李婷,施其明,刘琦."OSID 开放科学计划"助力学术期刊融合创新发展[J].出版与印刷,2018(3):16.
[9] 姚长青,田瑞强.开放科学中的数据诚信问题研究[J].科技与出版,2019(1):130-135.
[10] 王维朗,黄江华,游滨,等.科技期刊同行评议中编辑-审稿专家-作者之间关系的重构与强化[J].编辑学报,2019,31(2):145.
[11] 张学颖,罗萍.Web3.0 时代学术期刊开放同行评议的实质和审稿模型构建[J].编辑学报,2016,28(3):220-223.
[12] 范晓玉,窦永香,赵捧未,等.融合多源数据的科研人员画像构建方法研究[J].图书情报工作,2018,62(15):31.
[13] 盛怡瑾.用户画像技术在学术期刊审稿人遴选中的应用[J].出版发行研究,2018(5):54-58.
[14] 吴年华,于向凤.大数据时代科技期刊经营策略研究[J].编辑学报,2017,29(5):412-415.
[15] 王德庄,姜鑫.科学数据开放政策与个人数据保护政策的政策协同研究:基于利益相关者理论视角[J].情报资料工作,2019,40(3):43.
[16] 赵爱维.新媒体视阈下网络内容传播特征及监管模式初探[J].科技传播,2019(3 下):105-106.
[17] 李宁.学术论文增强出版的困境及对策[J].科技与出版,2018(9):129.

《核动力工程》期刊媒体融合发展路径

杨灵芳[1]，周　俊[2]，黄可东[1]，左婉玉[1]，周　茂[1]，杨洁蕾[1]，邱　彦[1]

(1.中国核动力研究设计院，四川 成都 610213；
2.四川师范大学学报(自然科学版)，四川 成都 610066)

摘要：媒体融合时代的到来，给《核动力工程》的生存与发展带来了严峻的挑战。在这样的背景下，为了找到《核动力工程》期刊的发展策略，本文对媒体融合的科技期刊发展进行了阐述，针对《核动力工程》期刊媒体融合现状进行了归纳与分析，剖析了其媒体融合制约因素，从而提出发展路径。研究结果表明，要实现《核动力工程》期刊媒体深度融合，《核动力工程》应坚持"创新、协调、绿色、开放、共享"的发展理念；建立并推进转型升级的人才激励机制；加强编辑队伍建设，培养融合编辑人才；注重技术支撑，实现技术创新；探索运营模式，保证合作共赢。

关键词：核动力工程；媒体融合；制约因素；发展路径

2018年11月14日，中央全面深化改革委员会第5次会议通过了《关于深化改革培育世界一流科技期刊的意见》[1]。会议强调："科技期刊传承人类文明，荟萃科学发现，引领科技发展，直接体现国家科技竞争力和文化软实力。要以建设世界一流科技期刊为目标，科学编制重点建设期刊目录，做精做强一批基础和传统优势领域期刊"[1]。应用智能化、信息化、科技化技术，提升科技期刊品牌效应与营运能力，最终办成一流科技期刊，是我国科技期刊的夙愿。中国核动力研究设计院建设世界一流研究设计院，应当将《核动力工程》打造成世界一流科技期刊。媒体融合可能具有帕累托效应，会加快《核动力工程》成为世界一流科技期刊的步伐，所以须尽快实现《核动力工程》期刊与媒体技术"融为一体、合二为一"[2]。本文首先阐述了媒体融合对科技期刊发展的影响，在此基础上对《核动力工程》期刊媒体融合现状进行了归纳与分析，剖析了其媒体融合制约因素，从而提出了媒体融合背景下《核动力工程》期刊成为一流科技期刊的发展路径。

1　媒体融合对科技期刊发展的影响

在互联网发展和新技术应用日趋繁盛的时代背景下，大量新媒体应运而生，这对于科技期刊来说是前所未有的挑战，也是新的机遇。在这样的背景下，对科技期刊提出了新的要求，科技期刊想要欣欣向荣地发展，必须要找准自身定位，对发展形势有更加明确的认识与判断，勇于面对新事物，同时对现有的多种媒体渠道进行充分的发掘和利用，以此才能拥有更好的发展前景。

通信作者：周　俊，E-mail: matzhj@126.com

1.1 阅读方式的转变

互联网的发展给我们的生活带来了很大改变，人们的阅读方式也随之发生了极大地转变，报纸、杂志、书籍等传统纸媒已经向网页、音频、视频等新媒体转变。不断新增和多样化的新媒体，很大程度上改变了人们的阅读方式，在21世纪的今天，阅读方式已经由纸质媒体时代、电子媒体时代发展为新媒体时代[3]。

1.2 角色之间的互动

互联网快速发展的优势显而易见，媒体之间相互融合成为了现实，科技期刊媒体互联融合主要体现在以下几个方面：增强了新媒体与作者、读者之间的互动性，作者和读者之间的信息交流变得方便快捷，不再像纸刊时代存在滞后性和局限性[4]。

1.3 影响力的扩大

传播方式的改变主要体现在信息交流和传播途径发生了极大的转变[5]，这对科技期刊来讲是一把双刃剑，有利也有弊。利在于不仅可以增加期刊的被引频次，提升期刊影响因子，还可以增加期刊的影响力，具有一举多得的作用。新媒体的发展速度极为迅速，微信、微博及抖音的数千万受众在短短十几个月时间内就发展起来了，传统媒体根本无法与其比较，科技期刊积极发展新媒体是其当前发展的必要环节[6]。

1.4 传播渠道的变化

目前，三位一体的采编系统是科技期刊处理稿件较为常用的平台，采编系统缩短了作者所投文章的出版周期，较大程度上提高了期刊工作人员的工作效率，也降低了期刊出版的成本。此外，期刊内容的传播和检索也因互联网以及相关应用软件技术的发展而变得灵活便捷，如数字刊在其形成的同时就达到了传播与流通的效果，此外，所发表文章的各种转载途径，也为文章影响力地提升提供了更多的形式[3]。

2 《核动力工程》期刊媒体融合的现状

2.1 新媒体融合程度偏低

大部分期刊通过建立自己的微信公众号、App、网站、网刊、采编系统、微博等搭建自己的传播矩阵，普遍采用的传播矩阵是"两微一端"，尤其盛行的是微信公众号[7]。《核动力工程》期刊的主管单位和主办单位是中国核动力研究设计院，由于单位属性，目前媒体融合方面只建立了期刊数字化采编系统，实现了数字优先出版，并加入了开放学科计划，这3种方式取得了显著的成效，但融合深度还不够。

2.2 人才缺失

在信息化的21世纪，各行各业要在激烈的竞争中脱颖而出、蓬勃发展，人才是最关键的因素，对于《核动力工程》期刊来说亦是如此。根据中国知网个刊分析显示(见表1)，《核动力工程》期刊从2013—2018年复合影响因子基本维持保持在0.28~0.40之间。由此可以看出，《核动力工程》期刊对读者的吸引力和影响力需要进一步提高。对现有编辑的构成情况(见表2)进行分析，发现《核动力工程》期刊编辑部没有专门的新媒体工作人员，可以看出编辑部在新媒体领域人才有所缺失，大部分编辑对于新媒体的了解不够，操作不熟练，造成编辑部对新媒体的宣传和推广期刊的影响力有所欠缺，从而使《核动力工程》期刊在媒体融合发展的背景下缺少竞争优势。

表1 《核动力工程》期刊年度指标统计报表

统计年	可被引文献量	复合总被引	复合影响因子	基金论文比	他引总引比	WEB即年下载率
2013年	236	1 532	0.403	0.29	0.89	20
2014年	248	2 043	0.299	0.25	0.90	18
2015年	256	2 025	0.252	0.25	0.90	13
2016年	235	1 963	0.268	0.31	0.90	25
2017年	231	2 403	0.314	0.26	0.91	20
2018年	238	2 405	0.328	0.30	0.90	24

表2 《核动力工程》编辑部现有人员构成情况

人员	数量
总人员	14
聘用人员	1
采编工作人员	10
行政服务人员	1
发行工作人员	1
在编人数	12
退休返聘人员	1
新媒体工作人员	0
广告工作人员	2
其他人员	0

2.3 作者精力有限

《核动力工程》期刊大部分文章都来自科研人员，由于平时工作繁忙，作者的精力和时间有限，因此，《核动力工程》的增强出版(开放科学计划(OSID))只有很少一部分作者展示文章相关视频、音频和图片等。为了吸引作者的关注和兴趣，《核动力工程》期刊将制作OSID码的方法放入采编系统作者投稿环节中，提示感兴趣的作者制作。据统计，截至目前通过采编系统投稿的343篇文章，制作此二维码的文章有29篇，编辑扫描此二维码可以看到大部分的作者只上传了音频和文章pdf版。可以看出，《核动力工程》编辑部需要进一步提高作者在OSID码上的制作兴趣，引导作者去展示更为丰富的音频、视频及文章中未体现的数据。

3 制约《核动力工程》期刊媒体融合的因素

3.1 现行机制限制新媒体融合的积极性

3.1.1 生产活力不够

《核动力工程》编辑部属于"事业单位下属，非法人编辑部"，因此，编辑部的生产活力不可避免地受到管理机制、组织架构、用人机制、分配制度等因素牵制。对于编辑人员来说，媒体融合增加了工作量，且没有相应的奖励。

3.1.2 评价体系可能不被认可

职称评审等考核机制没有紧跟新媒体发展步伐，通过知网或者期刊网站优先发布的文章不被现有的评审机制认可，这在一定程度上降低了《核动力工程》期刊全面数字化、网络化、碎片化发展的积极性[2]。

3.2 现有人才构成限制核心竞争力

在新媒体的浪潮下,《核动力工程》专业新媒体团队组建之路充满了艰难险阻,主要有以下几个方面:

(1)《核动力工程》期刊依托中国核动力研究设计院,在单位属于支撑部门,《核动力工程》编辑部在院内的地位不高,从而导致编辑的社会认同感与从业获得感相对不高,并且现有的体系导致编辑部很难向编辑人员提供具有竞争力的薪资水平。由于薪资水平得不到满足,编辑的工作积极性和执行力就得不到提升,就很难吸引到高端专业的新媒体运营人才[2]。

(2)《核动力工程》编辑部人员构成缺乏多样性,编辑部只有新来1~2名青年专业编辑作为新媒体运营兼职人员,由于专业的局限性,不能分配编辑全职从事数字出版和新媒体建设。

因此,现有编辑的专业局限性和不充分的激励机制,导致新媒体创新在实际发展中进展缓慢,整体处于"疲软"状态[2]。

3.3 技术局限性限制强刊品牌塑造

新媒体融合发展离不开强硬的技术。技术是为内容服务的,在新媒体时代,技术又起到推广内容的作用。当内容与技术达到深而广的融合,新媒体时代的"内容为王"才能得以实现[2]。但是,《核动力工程》编辑部现有的人力资源结构限制了新媒体技术的发展,从而导致目前媒体融合工作进展缓慢。在如此大的市场竞争力下,要实现一流期刊的媒体特色品牌还有一定的差距。

4 发展路径探讨

就目前发展形势来看,《核动力工程》期刊最终要形成自己的一套全媒体产业链,包括一体化结构,传播体系和管理机制,建设一个立体网络平台,集成海量数据资源,借助新媒体矩阵广泛传播,实现《核动力工程》与新媒体的深度融合,达到"人类命运共同体"的状态。通过对限制媒体融合的因素进行分析,得出《核动力工程》期刊媒体融合应从5个方面全面推进(见图1),实现传统出版与新媒体出版的深度融合。

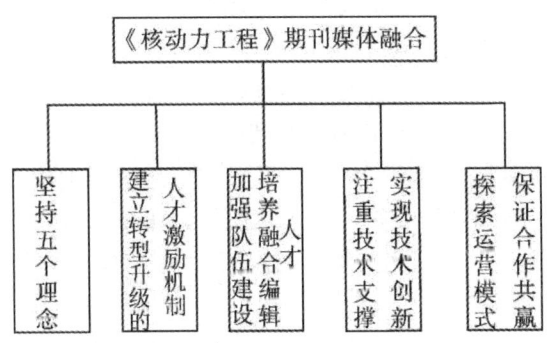

图1 媒体融合路径

4.1 坚持五个发展理念,重构人与媒体关系

《核动力工程》期刊要将五个发展理念(见图2)应用在实际发展中。发展的决定因素是创新,而创新的关键是人才,因此,《核动力工程》期刊要做到"选对人、用好人",同时贯彻创

新理念，才能实现高效卓越的媒体融合。除此之外，协调是成功媒体融合的重点，在这样一个背景下，期刊与新媒体、用户、数据库之间有必要建立良好互动的关系网。通过充分利用信息技术来实现"无纸化"出版的目标，响应低碳绿色的环保号召。激励和引导编辑建立数字化出版思维，坚持开放交流，使内容呈现多样化、个性化，并与各媒体终端互通，实现信息共享[2]。"关系重构"是传统媒体转型的现实途径，其特点是基于用户思维。《核动力工程》期刊必须坚持互联网融合的思维，以用户为中心，细分内容-平台的整合，提供一体化的服务，精心维持、提升用户的体验和关系，促进人与媒体关系的重构，实现用户开拓与积累，力求在期刊竞争中脱颖而出[2]。

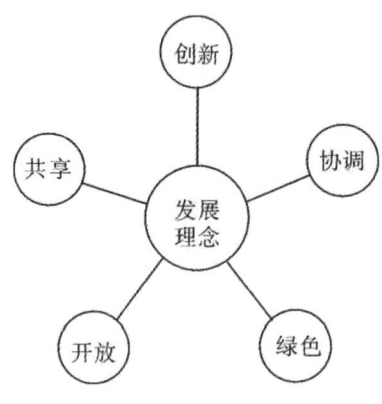

图2　五个发展理念

4.2　推进转型升级，建立人才激励机制

主管单位和主办单位应加强对《核动力工程》编辑部的重视，给予大力支持和帮助，充分肯定编辑的工作，积极的目标向导，使编辑的社会认同感和薪资水平都得到提升。激发编辑的工作热情、创新能力和新媒体融合主动性，加强编辑人员对《核动力工程》期刊的"情感"，增强其办刊"激情"、责任感和使命感[2]。对媒体融合做出巨大贡献的编辑人员给予额外的奖励，以此体现对其工作能力的肯定并激发其他编辑人员的工作能动性和创新性。

4.3　加强队伍建设，培养融合编辑人才

编辑是《核动力工程》期刊所发表文章的主要责任者。编辑人员的素质直接影响着期刊的质量[8]。《核动力工程》期刊正处于媒体融合的关键时刻，各种新技术在编辑部的广泛应用将给编辑工作带来更多的便利。但这些技术的开发和引进也对编辑人员提出了更高的要求。新时期《核动力工程》科技期刊的编辑，除了传统的编辑技术外，还必须加强网络思维，更新工作模式。针对这一要求，《核动力工程》编辑部应在编辑团队中引入专业精、懂经营、会运营、具有国际视野的复合型人才，充实编辑团队[2]。对于现有的编辑人员，可以采用国际合作的方式，选择优秀骨干到国内外先进的期刊编辑部门或出版机构学习，提高业务能力。此外还可在现有编辑中专门培养2~3名专业技术编辑，增强新技术、新媒体、新平台应用能力。综合编辑人才积极协助作者制作视频、音频、图片，并将其碎片化呈现给读者。

4.4　注重技术支撑，实现技术创新

《核动力工程》编辑部可以借助外部技术力量实现技术创新，但要更加注重技术的掌握和自主研发。短时间内，编辑部可以与相关的新媒体技术公司建立良性合作关系，促进传统出版向媒体融合的快速转型，长远发展则需要建立自己的新媒体技术部门，掌握自主研发能

力,将内容创新主动权握在自己手里。

4.5 探索运营模式,保证合作共赢

在国外科技期刊集群化发展所表现出的主导信息服务、开放出版、开放科研的大趋势下[2],以单刊运营《核动力工程》,国际竞争压力大,离建成"世界一流科技期刊"还有一定的差距。《核动力工程》期刊从单刊经营向集群化的规模发展是市场竞争的需要,也是《核动力工程》期刊长远发展需要。在集群化运营管理时要注重顶层设计、资源有效配置、最大化利用,促进其可持续发展[2]。集群可以实现大规模资源的集聚和二次开发。然而,在集群化发展中,更要重视《核动力工程》的品牌建设。集群与《核动力工程》应该是双赢的关系,而不是"大鱼吃小鱼"的消亡关系,这样才能保证《核动力工程》的利益。

5 结论

《核动力工程》期刊在媒体融合方面存在诸多制约因素和问题。在国家大好的政策指导下,主办单位、主管单位应采取必要措施,尽快使相关的管理制度和评价体系都得到进一步完善;引进各类媒体型、专家型、营销型编辑综合人才,并大力培养新媒体人才,做到"选对人、用好人"。以用户为中心,向"数字内容产业"转型,加强科技研发和引进;增强期刊品牌建设,借助各种形式的传播平台,融入知识服务的海洋,在精诚合作的同时,也要注意保证期刊本身发展的特色,加强自身品牌建设。《核动力工程》要打造成世界一流科技期刊,必须在深度媒体融合上下工夫,这意味着《核动力工程》期刊在媒体融合方面还有很长一段路要走。

参 考 文 献

[1] 新华社.习近平主持召开中央全面深化改革委员会第五次会议[EB/OL]. (2018-11-14) [2019-03-10]. http://www.xinhuanet.com/politics/leaders/2018-11/14/c_1123714393.htm.
[2] 李小燕,侯春梅,郑军卫,等.我国科技期刊媒体融合制约因素及突破路径探析[J].中国科技期刊研究,2019,30(4):381-386.
[3] 黎娅.新媒体时代科技期刊编辑能力探讨[J].新媒体研究,2019,5(5):125-127.
[4] 刘鑫.新媒体视域下的科技期刊发展策略研究[J].出版广角,2014(11):68-70.
[5] 陈佳沁,马潇漪.科技期刊的新媒体应用与提升策略[J].中国科技期刊研究,2014,25(7):909-913.
[6] 张可杰.学术期刊要主动拥抱新媒体[J].新闻前哨,2013(9):20.
[7] 张耀铭.学术期刊与新媒体融合的关键与进路[J].济南大学学报(社会科学版),2018,28(3):5-23.
[8] 黄庆发.新媒体视域下科技期刊发展困境与策略探析[J].新媒体研究,2019,5(5):72-73.

疫情背景下体育学术期刊的媒体融合发展

王 娟

(北京体育大学学术期刊社，北京 100084)

摘要：从时代要求和新冠肺炎疫情的影响出发，探讨体育学术期刊媒体融合发展的必要性和紧迫性，分析体育学术期刊媒体融合发展的现状以及新冠肺炎疫情对其的影响，认为体育学术期刊的媒体融合发展是时代所需，应该在保持内容为王、体现专业特点的基础上，打造特色媒体平台，实现新媒体深度融合，建立学术期刊主导的学术交流平台，实现期刊自身的可持续发展。

关键词：媒体融合；体育学术期刊；新媒体；新冠肺炎疫情

随着新媒体和数字技术向出版行业的延伸，学术期刊的媒体融合发展已是大势所趋。媒体融合使传播主体和受众之间构建了更均衡、更紧密的联系，为学术期刊的转型发展提供了难得的机遇[1]。在坚持传统媒体的基础上，适应时代要求，谋求转型发展已成为学术期刊的必然选择[2]。体育学术期刊作为"体育"行业内专业期刊也不能例外，媒体融合发展为其更好地进行体育学术成果传播、为其自身进一步发展提供了方向和思路，深度思考体育学术期刊媒体融合发展与转型具有重要的理论价值和现实意义。

2020 年新冠肺炎疫情在全球的蔓延影响了各行各业，对学术期刊的发展尤其是媒体融合发展也提出了新的要求。在全民防疫抗疫、举国关注的情形下，体育学术期刊由于专业的原因，无法像医学期刊从医学专业的角度对新冠肺炎疫情进行报道，但也不能失声缺位，而是要找准立足点、突出自身特点、促进新媒体平台融合发展，从而发出期刊自己的声音。因此，本文从体育学术期刊发展新媒体融合的必要性与紧迫性、发展现状入手，结合新冠肺炎疫情带来的影响，思考体育学术期刊媒体融合发展的思路，为体育学术期刊的持续发展提供依据。

1 发展新媒体融合的必要性与紧迫性

1.1 发展新媒体融合是学术期刊应当承担的社会责任

体育学术期刊是发表科学研究信息的重要载体，对促进学术界及时有效地开展学术交流、组织科研活动和引导交叉创新具有举足轻重的作用。长期以来，学术期刊为我国体育科技发展作出了巨大贡献。体育学术期刊一般由大学或科研机构主管/主办，拥有大量的高水平编委、研究团队、审稿专家，对学术信息有高度的甄别能力，发布的信息有着更强的权威性。面对中国体育事业的蓬勃发展，体育强国建设和健康中国的国家战略定位，体育科研成果的不断涌现，体育学术期刊应回应社会需求、国家需要，发挥自身特点，利用新媒体平台加速媒体融合，发挥权威媒体的科技引领作用，加快优秀科研成果的传播。这既是体育学术期刊数字化转型的内在要求，也是体育学术期刊应当承担的社会责任。

新冠肺炎疫情的发生凸显了学术期刊的社会属性。医学学术期刊积极发布新冠病毒的相关科研成果，包括基因测序、防治手段等学术价值与实用价值并举的成果，为下一步的疫情防控工作提供了可靠依据，破除了当时漫天飞的谣言，给大众以正确的信息和导向，凸显了学术期刊的社会效益。同样，新冠肺炎疫情的发生也对体育学术期刊提出了新的要求。疫情期间，人们需要居家办公/学习，减少甚至不能外出，对居家健身相关科学知识有了更多的需求，居家健身成为热门话题。体育学术期刊应该积极回应这一新的需求，推进新媒体融合，向民众提供相关的科研成果成了义不容辞的责任与义务。

1.2 读者阅读方式的变化倒逼学术期刊进行新媒体融合发展

中国数字出版的发展历史并不长，但发展速度非常快。仅从 2012 年到 2018 年，中国数字出版产业年度总值就由 1 935.49 亿元增加到了 8 330.78 亿元[3-4]。中国网民数量庞大，截至 2018 年 6 月底已经达到 8.02 亿人，其中手机网民占 98.3%[3]，人们的阅读方式发生了深刻变化，通过互联网或手机进行阅读的人越来越多。2019 年数字化阅读方式的接触率达到 79.3%，手机和互联网成为我国成年国民每天接触媒介的主要载体[5]。在新冠肺炎疫情的影响下，数字化阅读的数据还会攀升。数字化阅读已经成为最流行的方式。借助互联网或手机查阅资料已经成为科研工作者获取信息的重要方式。体育学术期刊的主要作者和读者都是科研工作者，面对这种情况，体育学术期刊不得不加快实现数字化，推进新媒体融合，以满足作者和读者的需求，实现自身的可持续发展。

1.3 新冠肺炎疫情中暴露的出版模式弊端体现了学术期刊发展新媒体融合的紧迫性

在策划、编校、排版、印刷、发行等出版环节，大部分的体育学术期刊采取网上投稿和/或审稿，在策划、编校、印刷、发行等环节通过纸质版的传统方式进行。但在新冠肺炎疫情期间，由于无法到办公室办公，编辑不得不把大部分的出版业务搬到电脑上进行。工作模式的改变暴露了传统工作方式存在的弊端，对新媒体融合的需求明显增加，主要表现在以下几点：一是编辑需要投入更多的精力在编校环节。电子编校次数增加，编辑的工作量增加，产生了对相关编校新技术、新手段的需求。二是编辑与读者、作者、专家的互动沟通对网络联络技术的需求明显增加，而且为了保证网络联络的效果，编辑需要借助更多的新技术、新媒体平台。三是出版时间受到影响。传统期刊要求整期出版和每期固定页码，造成稿件无法尽快上线，期刊无法快速传播科研成果。北京体育大学学术期刊社的英文期刊《体育运动科学(英文)》从投稿到稿件的出版全过程采用数字化形式，并采用单篇论文优先出版的模式，保证了疫情期间论文的顺利出版。四是传统纸质发行受到很大影响，数字出版的需求大为增加。要求期刊加快数字发行与传播，满足读者需求，保证优秀科研成果的快速、畅通传播。

2 体育学术期刊对媒体融合发展的回应

2.1 体育学术期刊新媒体融合发展现状

在新媒体给期刊带来转型契机之时，官方网站最先受到体育学术期刊的重视。2000 年以来，大多数体育学术期刊都开通了官方网站，作者、编辑和审稿专家可以在网站或通过邮箱投稿、查稿、审稿，官方网站已经成为体育学术期刊最重要的数字出版平台。但这些官方网站普遍缺乏互动栏目，各体育学术期刊的官方网站之间在板块设置上缺乏明显的区分度，没有进行新功能的拓展。期刊网站应根据互联网的特点主动调整定位、开拓新的功能，充分发挥互联网的作用，成长为独立、成熟且有特色的数字出版平台。

另外，体育学术期刊选择加入大型第三方学术数据平台，中文体育学术期刊加入了知网、万方、维普、超星等数据库，目前中国大陆唯有的 2 本英文体育学术期刊《运动与健康科学(英文)》和《体育运动科学(英文)》也在建立之初就分别加入了 ScienceDirect 和 SpringerLink 数据库。大型学术数据库为体育学术期刊的传播提供了更广泛的读者用户，扩大了期刊的传播范围。但同时应注意，数据库之间呈现的期刊信息大同小异，且基本上是照搬纸刊，对用户是被动使用的模式。在互联网不断发展的背景下，这种传播已经不能满足用户获取信息资源的需求。

随着社交媒体和新移动端的兴起，"两微一端"被各行各业所运用。体育学术期刊在这些新媒体平台建设较为缓慢，有调查发现，在 16 种体育类核心期刊中，只有 8 种开通了微信公众号，3 种开通了新浪微博，2 种制作了手机 APP，4 种建立了读者 QQ 交流群[6]。从选择最多的微信公众号来看，大多数是推送论文信息，包括目录、论文题目、摘要、全文，内容单一，且消息推送不及时，关注人数少，通常没有发挥微信公众号本身的传播影响力。不过少数体育学术期刊开始注重创新，增加了用户互动与用户体验。北京体育大学学术期刊社刊登了"疫情与体育相关专题稿件征文"，征文的观点类文章直接在其微信公众号平台陆续刊出。《体育与科学》在 2018 年 1 月推出了"作者自白"特色栏目，以叙事的方式呈现学者进行学术研究的心路历程，拉近作者与读者的距离。其他还有个别体育学术期刊采取了作者通过视频的方式介绍自己论文等方式。从长远来看，这些注重用户互动和用户体验的特色功能肯定会吸引越来越多的读者和作者。

2.2 体育学术期刊对新冠肺炎疫情做出的媒体融合发展的回应

面对 2020 年新冠肺炎疫情在全球的蔓延，人们的锻炼方式和工作方式发生了变化，体育学术期刊积极行动，推进媒体融合，传播体育相关成果，为促进健康提供了科学指导，为科研工作者服务，履行了学术期刊的学术担当与社会责任。

2.2.1 充分利用新媒体平台，增加选题策划，发表与疫情相关的体育科研成果

面对新冠疫情带来的各方面影响，体育学术期刊通过网络和多媒体平台，积极筹划、选稿、组稿，发表与疫情相关的体育科研成果。2020 年 2 月初，《运动与健康科学(英文)》及时关注新冠肺炎疫情，网络优先发表运动免疫学专家 Jeffrey A. Woods 的访谈录[7]和运动健康科学专家陈佩杰教授的观点[8]，对新冠肺炎疫情期间民众的锻炼给予指导，呼吁大家居家期间也应保持体力活动水平。北京体育大学学术期刊社通过其公众微信号发布"新冠疫情对体育的影响——来自体育学人的观点和思考"征稿启事，之后陆续刊登了 23 篇观点类文章，并将《北京体育大学学报》第三期作为专刊，发表此次征文活动获得的与疫情相关的优质体育研究论文 19 篇，涉及居家健身、体育产业、体育认知、体育教学等多个方面。其他多家体育学术期刊也通过网站、微信公众号等平台先后刊登征稿启事，刊登与疫情相关的体育学术论文。刊发的论文均通过网站、数据库和/或在微信公众号等平台进行数字化传播，以扩大论文的影响。

2.2.2 充分利用新媒体平台，宣传体育科研成果

面对新冠疫情，作者、读者对数字化信息需求上升，体育学术期刊利用微信公众号、网站等新媒体平台，积极宣传体育科研成果。为了加强传播效果，部分体育学术期刊采取论文优先在线发表的方式缩短出版过程，并在官方网站采用开放获取的模式供读者下载。有的体育学术期刊尝试对论文进行二次加工，通过视频、采访等多种形式在微信公众号进行传播，尽量避免照搬纸质刊的内容；还有的体育学术期刊在多媒体平台发表纸质刊内容之外的科研

成果，丰富期刊内容，传播新知识。这些举动与措施，虽然有的处于初级探索阶段，还需要不断发展与完善，但对相关体育科研成果的积极传播无疑是良好的发展势头。

2.2.3 充分利用新媒体，加强编辑、读者、作者和专家的交流

随着疫情的发展，期刊的工作方式改为了以线上工作为主，与读者、作者、专家的交流不能像往常一样面对面进行。这就要求期刊必须发展线上的交流方式。体育学术期刊通过建立微信和 QQ 读者群、作者群、审稿专家群等，举办线上的学术论坛或参与相关的线上学术会议，维持和加深了期刊与读者、作者、专家的交流与联系。在 2020 年 7 月 24 日召开的第 32 届中国高校科技期刊研究会体育期刊专委会年会上，通过业内专家、学者在线主题报告和圆桌会议的方式，围绕"新冠疫情下的体育发展和期刊责任"主题进行了热烈讨论。会上，专家、学者指出了新媒体发展对于体育学术期刊的重要性。本次会议也加强体育学术期刊之间的交流，认为应该加强期刊与读者、作者、专家的交流。由此可见，新媒体的运用帮助体育学术期刊适应新的工作模式，顺畅编辑与读者、作者、专家的交流。

3 体育学术期刊媒体融合发展的思路

无论是否是学术期刊，在进行数字化新媒体融合发展时，最根本的是必须找准自己的特色，找出自身最大的亮点，并根据这些特色和亮点找到最合适的新媒体平台，才能实现媒体的深度融合。因此，体育学术期刊在发展媒体融合的道路上要找准定位，积极思考。

3.1 保持"内容为王"的定位，体现专业特色

学术期刊的主要功能是传播学术成果，学术成果的质量永远是其命脉。学术成果的质量跟不上，不管是以何种形式在何种平台进行传播都价值有限。体育学术期刊要维护自己的学术权威和学术前沿的优势，加强策划新颖的、有价值的选题和组稿内容，在保质保量的前提下加快审稿、编辑等环节，在栏目设置、内容选题、质量价值、传播方式以及服务方式等方面做到专业突出、特色明显、权威可靠。作为体育类专业期刊，体育学术期刊在内容上更应把握"体育"这一特点，注重问题导向、行业发展需求，认准体育本身的高话题性优势、内容的国际化特征[9]，关注全民健身、竞技体育、体育产业、体育文化和体育对外交流等重点内容，回应体育强国建设目标，实现促进体育发展的功能，体现自身专业特点。

3.2 打造精品特色媒体平台，实现新媒体深度融合

新媒体最大优势在于传播的速度、深度和广度，充分利用新媒体对提升期刊的影响力有积极作用。但由于经费和人才的限制，体育学术期刊或许要考虑如何优中选优，集中精力打造 2~3 个媒体平台。体育学术期刊编辑部人员组成一般比较少，平台越多，需要的宣传、创作和维护的人力人本和经费成本也越高。从现状来看，体育学术期刊的经费主要来自上级主办/主管单位拨款，数额往往根据期刊的出版、印刷等来确定，缺乏开发、运营新媒体的经费，造成体育学术期刊在此方面捉襟见肘，无法大力开展工作。另外，融媒体时代需要懂新媒体知识、编辑知识和专业知识的复合型编辑人才，但体育学术期刊编辑部这方面人才存在缺口，需要对现有编辑人员加强培训与学习，提高整体素质，这需要一定的时间。这些客观原因造成了体育学术期刊很难一蹴而就充分利用各种新媒体。因此，找准最合适自己的新媒体方式，集中力量，特色发展才是可行之道。而且，体育学术期刊的受众相对比较固定，过多媒体平台反而会分散学者和读者的注意力，打造高质量有特色的媒体平台，满足受众的需求才是体育学术期刊的发展之道。

媒体融合不是照搬传统纸质版的内容，也不是简单地配上几张图片或几段音频，而是对信息传播手段和形态不断优化的动态过程[10]。体育学术期刊在媒体融合过程中，要充分挖掘和发挥媒体平台或形式的作用与优势，充分利用移动端数据平台、权威学术网站、专业数据库，实现传统媒体与新媒体的优势互补，真正实现媒体深度融合。完善期刊官方网站，拓展新功能，增强互动性，完成在线投稿、审稿、编校等一体化的数字化出版环节。提高微信公众号消息推送频率，实现投稿、查稿、审稿和编辑稿件，设立讨论版块，为有共同需求和兴趣的用户提供一个良好的交流空间，发挥微信的及时通信与互动功能。实时更新微博平台内容，发挥微博"短平快"的特点，策划相关论点，发挥话题功能。总之，体育学术期刊要找准自身的特色与亮点，利用"体育"的热点话题性，发挥新媒体的优势，树立自己的新媒体品牌，真正做到期刊与新媒体的"相融"，才能保持长期的发展活力。在面对类似新冠肺炎疫情带来的突发影响时，才可以做到游刃有余，持续发展。

3.3 利用新媒体建立学术期刊主导的学术交流平台

科技期刊是我国科技交流的重要平台，在学术交流中占有绝对重要的地位[11]。学术期刊的学术交流从作者投稿开始，贯穿在编辑审稿和加工、出版发行等过程中[12]。纸质期刊的出版发行是学术期刊进行学术交流的传统方式，在信息化时代，新媒体因为其速度快、传播范围广等优点成为学术期刊进行学术交流的生力军。体育学术期刊在坚守传统学术交流的作用的基础上，应加快媒体融合，建立体育学术期刊主导的学术交流平台。优化数字化途径，建立合理的数字出版运营模式和盈利模式；利用新媒体平台，构建期刊与学术专题会议的互动机制[13]，举办、参加线上学术论坛、讲座、培训，加强与作者、专家和读者的学术交流，增强作者、专家、读者对期刊的黏性，在为作者、专家和读者服务的同时，期刊获得优质选题，培养潜在作者，实现期刊可持续发展。同时，可以利用"体育"本身的高话题性和新媒体平台，发布"体育"高热点相关成果或作品，吸引体育圈之外的专业人士的关注，从其他专业其他学科的角度来研究体育，丰富体育科研内容，加强体育科研深度，搭建"体育"与其他专业的交流平台，实现期刊深度发展。

4 结束语

在信息化时代，体育学术期刊推进新媒体融合既是顺应社会发展的需求，也是自身发展之道，具有必要性和必然性，新冠肺炎疫情加强了这种必要性和紧迫性。在新冠肺炎疫情背景下，体育学术期刊在多媒体融合方面进行了多措施、多平台的回应，但还达不到媒体"相融"的程度。面对居家办公越来越流行的新态势、体育发展事业的高要求和读者、作者的新需求，体育学术期刊应该在保持"内容为王"、体现专业特点的基础上，打造精品特色媒体平台，实现新媒体深度融合，建立期刊主导的学术交流平台，在体现期刊社会效益为先属性的基础上实现期刊自身的可持续发展。

参 考 文 献

[1] 谷子成.融媒格局下学术期刊传播力的提升路径思考[J].今传媒,2020(4):137-139.

[2] 刘水强,朱鸿鹏,谢兵.基于"互联网+媒体"高校期刊融合发展若干问题思考与实践[J].邵阳学院学报,2020,9(2):112-116.

[3] 中国新闻出版研究院中国数字出版产业年度报告课题组.2012—2013 中国数字出版产业年度报告(摘

要)[J].出版参考,2013(21):17.

[4] 中国新闻出版研究院.2018—2019 中国数字出版产业年度报告[EB/OL].(2019-08-30)[2020-07-01]. https://www.sohu.com/a/337636639_734862.

[5] 中国新闻出版研究院.第十七次全国国民阅读调查成果发布[EB/OL].(2020-04-21)[2020-07-01]. http://www.nationalreading.gov.cn/ReadBook/contents/6271/414891.shtml.

[6] 杨红梅.体育学术期刊发展战略定位及其实现路径[J].中国科技期刊研究,2020,31(3):259-262.

[7] ZHU W. Should, and how can, exercise be done during a coronavirus outbreak? An interview with Dr. Jeffrey A. Woods [J]. Journal of Sport and Health Science, 2020, 9(2):105-107.

[8] CHEN P, MAO L, NASSIS G, et al. Coronavirus disease (COVID-19) The need to maintain regular physical activity while taking precautions [J]. Journal of Sport and Health Science, 2020, 9(2):103-104.

[9] 王娟.提升中文体育学术期刊国际影响力的经验与思考[J].编辑学报,2019,31(4):442-444,448.

[10] 朱玲.期刊从"相加"到"相融"的传播策略[J].青年记者,2018 (17):52-53.

[11] 任胜利.我国科技期刊的现状及其在学术交流中的作用[J].中国科技期刊研究,2007,18(3):357.

[12] 宇文高峰.科技期刊学术交流作用的实现与拓展[J].编辑学报,2020,32(2):198-200,203.

[13] 黎文丽,亢小玉,宇文高峰.开门办刊质量立刊特色强刊[J].西安文理学院学报(社会科学版),2011(1):121-124.

高校社科学报栏目在数字化出版模式下的瓶颈与突围

廖哲平

(《厦门大学学报(哲学社会科学版)》编辑部,福建 厦门 361005)

摘要:对于包括高校社科学报在内的综合性期刊而言,栏目曾一度作为窗口存在,是学报摆脱"全、散、小、弱"状况的突破口。科学合理的栏目设置能够体现编辑方针和办刊宗旨。数字化环境使单篇文章成为学术传播的主要单元,曾经作为期刊窗口的栏目逐渐不被看见。为应对数字化挑战,高校学报或加入大型数据库,或建立独立网站和微信公众号,或加入"中国高校系列专业期刊"平台,但这些方式都没有解决栏目窗口作用逐渐被遮蔽的困境。新时期要继续发挥栏目的作用,首要的是作为数字时代传播新模式主体的编辑自身思维模式的转变。学报编辑不仅应在纸刊栏目的策划、发表和传播过程中,转变传统观念,建立数字思维,还应突破一校一刊的思维局限,破除传统观念中专业性学科壁垒,摆脱纸刊思维模式束缚,利用优质数字化公共学术平台积极推动栏目由数字传播向数字出版迈进。

关键词:高校学报;栏目;数字化;编辑;数字思维

长期以来,栏目作为期刊窗口的作用一直为学界所强调,这方面的研究也已有较为丰富的成果,如蔡玉麟《栏目——期刊的眼睛》(《中国科技期刊研究》2003 年第 6 期)、王国红《特色栏目:创建知名学术期刊的奠基石》(《黄冈师范学院学报》2007 年第 3 期)、李梅《期刊栏目策划的重要性与原则》(《出版发行研究》2008 年第 4 期)等。近年来,在数字化出版模式之下,栏目面临着逐渐被遮蔽的困境,进入到了发展瓶颈之中,也有文章注意到数字化环境对期刊栏目所产生的影响,如沈丹、张福颖《学术期刊的栏目策划如何应对数字化挑战——从检索和阅读习惯的变革谈起》(《出版科学》2015 年第 6 期)。本文拟对栏目在过去传统出版中的作用、当下数字出版中的困境、未来的可能方向三个方面进行探讨,对栏目的窗口作用进行反思,并重新思考高校社科学报栏目在数字化出版模式下的发展瓶颈和突围方式。

1 传统视野中的栏目:期刊之窗

《现代汉语词典》(第 7 版)对"栏目"一词的解释是:"报纸、杂志等版面上或广播、电视等节目中按内容性质分成的部分"[1]。对于学术期刊来说,栏目通常是对论文按学科归属、论题范围等方面性质作出区分而形成的类目。刊物目次中的栏目,可以让读者对期刊的结构框架一目了然,便捷地获知论文信息从而聚焦自己感兴趣的内容。特色栏目更可以彰显期刊的风格,吸引固定的作者群和读者群,聚集学术共同体。因此,栏目设置是编辑人员一直以来较为关注的问题,科学合理的栏目设置能够全面体现编辑方针和办刊宗旨。

对于专业性期刊来说，因为整本期刊的论文都属于一类学科，所以栏目的划分通常是基于论题进行的。对于高校学报这样的综合性期刊来说，很通常的做法是按照文、史、哲、政、经、教等学科归属作出栏目分类。这样做的优点是使期刊的文稿结构边界清晰、便于阅读，但这种对全部学科的覆盖和简单划分，容易造成期刊栏目趋同化，使期刊逐渐迷失、弱化，形成"全、散、小、弱"的状况[1]，陷入发展瓶颈。事实上早在2002年，教育部就为学报发展设计了三条路径："倡导高校学报走整合之路，创办代表我国高校哲学社会科学学术水平的专业性学报；鼓励若干高校社科学报进行合作或联合，走联合之路，把刊物做大做强；支持高校社科学报在保持各高校主办的现有格局不变的情况下，根据各地和各校的实际和特色，创办特色栏目和名牌栏目，走内涵式发展之路，塑造各自刊物的学术个性和文化特征。"其中，"创办特色栏目和名牌栏目"是较为明确并对个刊来说最有操作性的举措，依据学科优势和特色创办精品栏目，一度成为学报面对期刊改革大环境的过渡性尝试和变革自身的自救方式。2004年，教育部继"名刊"工程之后又启动了"名栏"工程，计划建设在"国内外享有较高学术声誉、为解决社会主义现代化建设中的重大理论和现实问题、为文化的积累和传承、为学科建设发挥重要作用的高校社科学报品牌栏目"[2]。教育部对"名栏"的定义，说明了特色栏目和名牌栏目绝非简单的学科分类，而是直面理论和现实问题，具备较强的现实意义和明确的问题指向。只有这样的栏目，才能真正成为期刊的窗口，使期刊的内涵能够被看见。

以笔者所在的《厦门大学学报(哲学社会科学版)》为例，近十多年来，期刊在保持原有特色的基础上，努力探索改革思路，确定走"内涵式发展"之路，创办特色栏目和名牌栏目，通过特色栏目的建设来塑造自身的学术个性。为此，编辑部在办有"台湾研究""科举学研究""中国宏观经济分析与预测"等体现学校学术专长和科研优势的传统栏目的同时，与时俱进地创办了"马克思主义研究""新时代中国特色学科体系构建"等栏目。此外，我刊还将发文重点从一篇篇零散的论文，调整为围绕当下学术热点问题展开讨论的专栏，发表了"高校学科评估省思""金融科技的法律规制""农村问题研究""新时代民生研究""营商环境研究""'一带一路'研究""环境传播研究""文体学研究""敦煌蒙书研究"等数十个具有明确问题意识的栏目。

事实上，各个高校学报也都在为创办特色栏目和品牌栏目付诸努力，形成了体现地域特色的"岳麓书院与传统文化"(《湖南大学学报(社会科学版)》)、"东北亚文化研究"(延边大学《东疆学刊》)，体现学校特色的"青少年研究"(《中国青年政治学院学报》)、"蒙古学研究"(《内蒙古大学学报(人文社会科学版)》)，体现学科特色的"人类学研究"(《广西民族学院学报(哲学社会科学版)》)、"文化哲学研究"(黑龙江大学《求是学刊》)等知名栏目[2]，这些栏目也成为我们了解其所在刊物的一个个窗口，"形成鲜明的文化特色，成为打破千刊一面格局的生长点"[3]。

2 当前面临的瓶颈：数字化之殇

数字化环境为学报发展带来机遇和挑战，是近十多年来期刊出版研究的热点。如何应对挑战并实现突破和蜕变，是摆在高校学报面前的现实问题。当前高校学报的数字出版主要有

---

[1] "全"指目前高校社科学报综合性学报占多数，文、史、哲、政、经、法诸学科都有；"散"指高校人文社科报分散经营、各自为政，形不成规模效应；"小"指高校人文社会科学报还存在着发行量偏小、经济效益以及社会效益偏低的问题；"弱"指高校人文社会科学学报普遍存在的质量弱，影响弱，综合实力弱。参见：姚申. 高校人文社会科学学报改革与特色栏目建设[J].云南师范大学学报(哲学社会科学版)，2009(5):82-87.
[2] 对这类特色栏目的梳理已有很多文章都做了相关工作，如钱蓉《特色栏目：学术期刊品牌构建的点睛之笔》(《南都学刊》2008年第4期)，本文不再赘述。

如下三种形式：一是加入某一个或多个大型期刊数据网站；二是建立自己的独立网站，发布微信公众号；三是加入"中国高校系列专业期刊"平台，寻求全新的数字化和集约化发展方式。但目前来看，无论哪种方式，都没有改变栏目窗口作用逐渐被遮蔽的现状。

首先，当各期刊纷纷加入中国知网、万方数据库、维普资讯网等大型数据库网站时，读者阅读的对象也从纸质期刊本身转移到数据库的单篇论文，阅读由读刊时代进入了读库时代。读者往往是在数据库给定的学科分类之下，通过关键词搜索需要的文章，再进行阅读。尽管知网也设置了"栏目信息"的检索选项，但只有较为准确地输入栏目名称，才能显示出其所在刊物，当纸刊在阅读者的眼中消失以后，期刊的栏目也必将不为人所熟知，更不用说它的确切名称了。可以说，在容量庞大的数据库里，栏目消失了，"期刊不见了，因期刊而存在的刊物特色、编辑思想、编排风格、专栏结构、各专栏间的呼应对话统统不见了。社科期刊这一独立存在的个体已迷失在网络的海洋之中"[4]。长期以来期刊为打造特色栏目和品牌栏目所付出的种种努力，在数据库传播大潮面前显示出了覆水难收的趋势。

其次，在当下，包括高校学报在内的学术期刊的独立网站和微信公众号都很常见，期刊通常在网站和公众号上发布每期刊载的文章信息，有些还可以实现论文的全文下载或是仿纸版的全文阅读。但这其实只是纸质期刊的电子化而已，并没有真正实现传播方式和思维模式的改变。网站的浏览者和微信公众号的关注者，往往和纸质期刊的订阅者是同一批人，而更多的读者，还是会选择去知网而非期刊网站上下载单篇文章。期刊网站的建立和微信公众号的营业，似乎都只是数字化潮流面前的一种被动的顺势而为而已。大部分学报依然在按部就班地走内涵式发展道路，为打造特色栏目，聚焦学术热点而努力，但这些特色栏目要想成为数字时代为大众所熟知的品牌，其间距离却似乎越来越远。就当下普遍情况来说，数字化只是提供了一个纸质刊物传播的可选项，真正为数字时代所期待的巨大传播力量尚未形成。

再次，在专业性期刊和数字化的双重压力之下，2011 年，作为综合性期刊的几家高校学报联合创办了专业网刊——"中国高校系列专业期刊"。专业网刊主要是按学科专业对文章进行归类重组，先后创办了《文学学报》《历史学报》《哲学学报》等 12 个专业期刊以及《三农问题研究》《性别研究》《区域文化研究》等 7 个专题期刊。十年来，网刊经历了几次扩容，从最初的 17 家名刊学报扩大到一两百家，越来越多的高校学报，甚至是专业性期刊都加入到这个平台中来。但专业网刊发展到现在似乎又与最初创办的动因和期待相去甚远：一方面，扩容尽管在一定程度上证明了平台的影响力，但受关注度却并没有因此提高，庞大的容量和学科分类设置使网刊看起来几乎像是人大复印资料的一种网络版；另一方面，读者们从专业网刊中读到的依然是单篇的学术文章，只不过论文来源是经过平台提供的学科论文汇编，而非数据库，期刊的栏目依然不被看见。而符合网刊创办初衷、能够体现编辑理念的，应该就是那几个专题期刊(关于这点后文会详细论述)，但专题期刊目前的发展还仅仅是刚刚起步，更多专题的选定还需要深入地调研和讨论，并且其选题是否能够兼顾学术共同话题和成员期刊栏目的区域特色及学科特色等问题，都需要进一步摸索和探讨。

以往学界研究关于栏目重要性的分析，恰恰是建立在其"窗口"的功能上，但若窗口关闭，栏目及其背后的期刊不被看见，它的重要性该如何体现呢？在此之前的栏目，在被看见和阅读的同时也在传递着刊物风格和学科特色等诸方面信息，可以说是一张招徕学术共同体的无声名片。这也是期刊要打造品牌栏目的原因，当栏目成为品牌，可以吸引到越来越多优秀学者从而形成一个范围不断扩大的学术共同体的圈子。通过栏目这个窗口，期刊能达到和学术界的有效沟通，得到良性发展。但是当数字时代的单篇论文成为学者阅读的主要对象时，栏目就和纸刊一起被关闭在不被看见的角落，失去了吸引、汇聚和扩大学术共同体的作用。

3 未来的可能突围方式：思维模式之变

可以看到，无论是加入数据库，或是建立网站和微信公众号，还是加入网刊平台，对高校学报各期刊来说，走的都是个刊电子化的道路，单篇文章的传播走强，栏目传播弱化。新时期要继续发挥栏目的作用，需要想方设法让他被看见，数字化遮蔽了栏目，却也能够成为推动他走向聚光灯的巨大传播力量。要达到这点，首要的是思维模式的转变。而思维模式之变的主体，是学报编辑自身。

3.1 栏目数字化传播的思维模式之变

对于高校学报的个刊编辑来说，在栏目的策划、发表和传播过程中，应该转变传统观念，建立数字思维，实现跨越式转型。桑海在《视差之见"与跨越性反思——近期高校社科学报改革讨论述评》一文中提出，应"以数字思维取代纸质思维"，认为"建立数字思维至关重要，只有这样才能破除纸质思维束缚，以跨越性的视野重新审视期刊业的变化，从而改变某些误解和偏见，真正把握数字化期刊的发展脉络"[5]。

在栏目策划方面，以往高校文科学报的做法通常是约请一些专家就某一学术问题组织一批撰稿人，依靠的是专家的学术眼光和影响力。在数字化时代，高校文科学报可以借数据东风，依靠知网等数据库，统计排名靠前的学术热点话题，及时更新刊物栏目。数字时代的栏目策划，要求编辑能够主动掌握较好的计算机操作能力和统计软件使用能力，而这些能力的掌握，也是以思维模式的转变为前提的。

在栏目发表方面，由于当前阶段的期刊出版还是以纸刊为中心，无法做到完全的电子化出版，高校文科学报可以在栏目发布方面率先实现优先出版，突破纸刊刊期限制，做到栏目文章在网上的实时更新。此外，在发布栏目时，高校文科学报应对栏目文章的数字化传播有前瞻意识。当单篇论文成为数字时代传播的主要单元时，可以进行一些小调整，比如在关键词中加入栏目名称，或在每篇栏目文章的开头或者页眉的显眼地方都标明栏目。这些措施的可操作性都比较强，编辑只需稍微转换观念，就能增强栏目发表阶段数字传播的可行性。

在栏目传播方面，以往栏目策划的全过程往往终止于栏目的发布，这之后栏目的学术反馈，编辑力量是较少参与其中的。在数字化时代，编辑自身在栏目传播过程中的营销意识显得尤其重要。营销意识，"要求编辑在执行策划、创办相关专栏后对它所取得的效果进行跟踪，搜集数据，整合信息，加以总结，并在此基础上对栏目进行宣传。开办专栏，并不是策划过程的终结，对专目进行跟踪和宣传，才能更好地监控策划效果，搜集到反馈信息，进一步完善栏目。"[6]编辑应充分乘借数字化东风，利用微信公众号向学者推送栏目策划信息、约稿信息以及相关学术活动信息，并在微信、QQ等平台上创建与栏目选题相关的讨论群，接受读者、作者的反馈意见和信息，在栏目的双向传播中，稳定并扩大学术共同体。

3.2 专栏重组传播的思维模式之变

如果说以上工作属于栏目的数字化传播，那么选择"中国高校系列专业期刊"之类的优质数字化公共学术平台，则是进行专栏的重组传播。在这一学术传播新模式之下，期刊编辑则有望摆脱边缘地位，成长为新模式的灵魂[7]。要做到这一点，同样依靠编辑自身思维模式的转变。

首先，学报编辑应突破一校一刊的思维局限，利用平台积极推动跨校合作，努力方向从一刊之栏转向平台之"域"。"域出版"理念最初是由朱剑提出的。朱剑于2015年3月在清华大学举办的"首届学术期刊文学编辑论坛"上提出了以专栏为单元打造数字传播平台的设想,后又在《构建互联网时代学术传播的新秩序——以高校学术期刊发展战略为中心》一文中明确指出:"以'专域'为单元的大型开放互动学术传播平台呼之欲出,并有望打开通往互联网时代学术传播新秩序之路。"[8]该理念尽管目前为止还未真正得以付诸实践3,却为期刊及其栏目从数字化瓶颈中突围出来指明了可能出路,那就是各期刊编辑的线上合作和期刊栏目的在线升级。事实上,也正是数字化为这样的合作和由"栏"到"域"的升级得以实现提供了条件。

其次,应破除传统观念中专业性学科壁垒,着重打造关注跨学科领域综合性话题的专题期刊。相比"全、散、小、弱"的综合性期刊,专业性期刊似乎总在扮演更为强势的角色,他们更能汇聚学术共同体。因此,如前文所述,包括学报在内的综合性期刊也做出了打造特色栏目和品牌栏目的应对措施。以单篇文章为传播单元的数据库不但遮蔽了栏目,而且抹去了专业性期刊和综合性期刊之间的界限。这种情形事实上是为综合刊的崛起提供了契机,但网刊平台在创立之初,却依然以几本专业期刊为主体,某种程度则是编辑自身对专业性期刊优势的认同。事实上,扩容后的网刊要给出学术共同体一个优选的理由,应当不是一种新形式的按学科分类的数据库,而是能够体现编辑思想和数字思维的专题。涵盖跨学科领域的专题,才能真正成为网刊区别于人大复印资料或是其他数据库的巨大优势所在。因此,以学报编辑为主体的网刊编辑部,应当将重心从专业期刊转移到专题期刊的打造上来。

再次,应摆脱纸刊思维模式束缚,利用平台积极推动栏目由数字传播向数字出版迈进。数字传播和数字出版的区别在于:之于前者,数字技术是工具;而之于后者,数字技术是基础。以数字技术为基础的栏目出版,是以"域出版"平台的建立或专题期刊的发展壮大为前提的,能够实现出版的无时限和无界限。无时限即不受时间上的刊期限制,而是实现栏目文章的及时滚动更新;无界限即不受空间上的栏目容量限制,可以涵盖相关话题的所有文章。当然,要真正实现栏目的数字出版,面临的实际问题还很多,如知识产权归属、专题设定流程、全新评审制度、科研成果认定等,这些都是需要另文讨论的内容。

参 考 文 献

[1] 中国社会科学院语言研究所词典编辑室.现代汉语词典[Z].7版.北京:商务印书馆,2019:775.
[2] 教育部高校哲学社会科学学报名栏建设实施方案[Z].教社政〔2004〕11号,2004-10-11.
[3] 龙协涛.学报的核心期刊与特色栏目[J].云梦学刊,2004(2):14-15.
[4] 朱剑.徘徊于十字路口:社科期刊的十个两难选择[J].清华大学学报(哲学社会科学版),2007(4):70-89.
[5] 桑海.视差之见"与跨越性反思:近期高校社科学报改革讨论述评[J].文史哲,2013(2):146-164
[6] 廖哲平.论当下高校学报的栏目策划与编辑意识[J].福建师范大学学报(哲学社会科学版),2016(1):149-155.
[7] 桑海.学术编辑:学术传播新模式的灵魂:以"中国高校系列专业期刊"和"域出版学术平台"为例[J].传媒,2016(19):20-24.
[8] 朱剑.构建互联网时代学术传播的新秩序:以高校学术期刊发展战略为中心[J].武汉大学学报(人文科学版),2016(2):66-80.

---

3 期刊界与北京超星公司之间的"域出版"合作,并未真正构建起以专栏为基本传播单元的在线学术平台。参见:桑海.从网刊到新平台——"中国高校系列专业期刊"及其升级转型[J].苏州教育学院学报,2020(1):24-44.

高校医学期刊微信公众号运营分析与优化策略

陈越[1]，朱欣[1]，戴月卿[2]，杨郁霞[3]

(1.福建医科大学学报编辑部，福建 福州 350122；2.福建医科大学图书馆，福建 福州 350122；
3.福建农林大学科研院学术期刊部，福建 福州 350002)

摘要：通过对高校医学期刊微信公众号的开通情况、基本资料、推送频率、WCI 指标等进行分析，发现其存在公众号开通率不高、资料不全、推送频率不固定、忽视用户服务、推送模式单一、特色不明显等问题。提出依托高校积极宣传、发挥新媒体优势、定期维护更新、提高编读互动性、突显高校医学期刊特色栏目、提升传播力等优化策略，为改善高校医学期刊微信公众号的运营效果提供借鉴。

关键词：医学期刊；微信公众号；运营；策略；高校

高校医学期刊依托于高等医学院校，是高等医学教育工作的重要组成部分。高校医学期刊占全国医学期刊总量的 1/3，已有 200 多年的发展历史，见证了中国中医、西医、中西医结合、外文期刊的办刊历程，是我国医学期刊的主力之一，在我国医药卫生科技进步中发挥重要作用[1]。高校医学期刊的服务对象是广大医务工作者和医学科研工作者、医学院校师生。

2019 年 1 月 25 日，习近平总书记主持中共中央政治局第十二次集体学习，就加快推进媒体融合发展、构建全媒体传播格局发表重要讲话，强调"推动媒体融合发展、建设全媒体成为我们面临的一项紧迫课题"[2]。媒体逐步向个人化、移动化、可参与、无处不在的方向发展。微信公众平台功能于 2012 年 8 月上线，产生了较大的社会影响力。国内一些高校医学期刊已经结合微信公众平台进行了有益的尝试，笔者通过结合高校医学期刊微信公众号的运营现状，分析运营中存在的问题，提出个性化的优化策略，以期使高校医学期刊微信公众号更迎合受众阅读习惯，为推进高校医学期刊的转型发展，拓展高校医学期刊更多功能和应用前景，提高期刊传播力与影响力提供参考。

1 调查对象与方法

"维普期刊中文期刊服务平台"(http://qikan.cqvip.com/)的《中文科技期刊数据库》是我国最大的数字期刊数据库之一。通过点击该数据库首页"期刊导航"，在"期刊检索"中选择"主办单位"，分别检索"大学""学院""学校"，学科均选择"医药卫生"，结果显示主办单位为大学、学院、学校的医学期刊分别有 405、182、15 种，剔除重复计算及主办单位为科研、培训机构的共 53 种，基于"维普期刊 中文期刊服务平台"《中文科技期刊数据库》统计的中国高校医学期刊共有 549 种。分别以这 549 种期刊的中英文全称、缩写、名称前缀为检索词，通过手机微

基金项目：2018 年福建省中青年教师教育科研项目(JAS180144)

信公众号逐一检索,剔除同名无关账号,共检索到256个高校医学期刊微信公众号(统计日期截至2020年5月1日)。

2 高校医学期刊微信公众号运营现状分析

2.1 开通情况

根据检索结果统计,高校医学期刊微信公众号开通率约为46.6%,开通比例不高。其中存在一种或几种期刊以期刊社、杂志社、编辑部的名义共用一个微信公众号或一种期刊有两个公众号的情况,如"天津中医药大学期刊编辑部"公众号包含《天津中医药》《天津中医药大学学报》2种期刊;《康复学报》开通了"康复学报"(订阅号)与"康复学报服务号"(服务号)。停用、无推送内容或超过3个月未更新的公众号共51个。

在256个高校医学期刊微信公众号中,扣除9个无推送内容的公众号,笔者对其余的高校医学期刊公众号首次推送日期进行统计,其中"药学教育"公众号发布内容最早,首次推送日期为2013年4月23日。此后逐年都有新开通并推送内容的公众号,2015年数量最多,呈快速增长趋势,之后趋于平缓,近2年数量较少(图1)。

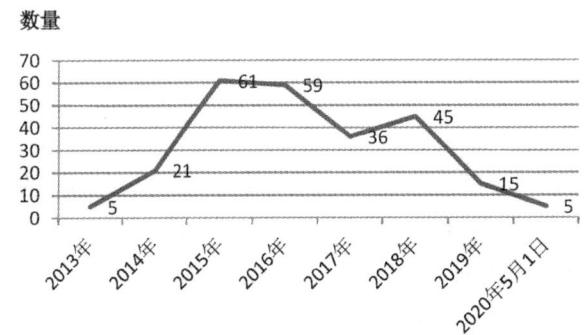

图1 高校医学期刊微信公众号首次推送日期趋势

2.2 基本资料

2.2.1 地域分布

从高校医学期刊微信公众号运营地域来看,较集中分布在上海(27个)、广东(22个)、江苏(22个)、辽宁(21个)、四川(20个)、北京(20个)等医学教育相对发达地区。此外,公众号开通往往具有连带效应,相近的高校医学期刊社、杂志社或编辑部易受到影响,从而相继开通期刊微信公众号,形成聚集性效果。

2.2.2 账号性质

公众号分为订阅号与服务号,高校医学期刊微信公众号分别有订阅号154个,服务号102个。订阅号侧重于信息传播与文化推广,服务号可用于产品营销与付费服务。总体来说,高校医学期刊的信息传播推广性质大于营利性质,订阅号比服务号更适合高校医学期刊。笔者调查发现,一些开通服务号的高校医学期刊微信公众号在运营中并未使用服务号的营销功能,没有做到合理利用;还有一些公众号在订阅号停用后改为使用服务号,如"复旦学报医学版"订阅号停更后,改用"复旦大学复旦学报医学版"服务号继续更新。

2.2.3 微信认证

微信认证可以保证公众号的真实性、唯一性与安全性，确保用户准确搜索到相应的官方账号，此外可开放更多功能，如服务号须完成认证才能使用微信支付功能。调查结果显示，共有157个高校医学期刊微信公众号完成了微信认证，占比61.33%，说明较大部分运营者意识到维护期刊公信力的重要性。然而，微信认证需每年缴纳300元服务审核费，且一些运营者认为认证程序较为繁琐，因此放弃认证；也存在一些公众号每年完成认证工作，但不使用相应功能或更新内容的情况。

2.2.4 欢迎语

用户关注公众号后，系统会根据运营者的设置自动回复欢迎语，可选择默认欢迎语或进行个性化设置。调查显示，仅有17个高校医学期刊微信公众号无欢迎语，93.4%的公众号都设置了欢迎语，自定义的欢迎语一般包含期刊的基本信息，如期刊简介、网址、电话等；一些公众号的欢迎语还关联"兄弟号"的二维码等。

2.2.5 菜单设置

菜单设置可以帮助用户快速直接进入相应页面，了解所需的信息。大部分高校医学期刊微信公众号都设置了自定义菜单，仅有40个公众号没有自定义菜单。自定义菜单一般包含期刊文章浏览、在线查询、期刊资讯等，一些服务号菜单可链接至商城页面，提供期刊付费订阅等服务。调查发现，其中一些公众号存在菜单链接无法打开、页面信息陈旧等现象。

2.3 推送频率

根据上文统计，目前仍在更新的高校医学期刊微信公众号共有205个。其中，仅发布3条及以下内容的公众号4个；基本日均推送1次(扣除国家法定节假日及周末)的公众号20个；小于日均推送大于周均推送的公众号33个；小于周均推送大于月均推送的公众号56个；平均1~2个月推送一次的公众号51个；推送频率不固定的公众号41个。值得注意的是，自2020年新冠肺炎疫情暴发以来，高校医学期刊微信公众号更新频率有所提高，一些公众号持续推介一系列抗疫专题文章及疫情相关内容，如"福建中医药杂志"公众号利用中医学科特色，推送"新型冠状病毒肺炎"专题频道。部分大于3个月未更新的公众号也开始恢复更新，进行新冠肺炎疫情方面的报道，充分彰显出公众号对热点事件的舆情传播作用以及高校医学期刊在宣传国家医学科研进展方面的使命和担当。

2.4 微信传播指数(WCI)

WCI(WeChat Communication Index)是清博大数据基于亿量数据库及深度学术研究能力独立研发的微信传播力指数，从"整体传播力""篇均传播力""头条传播力""峰值传播力"四个维度进行综合评估，旨在多维度、全面客观地反映微信公众号在一定周期内的传播效果，直观地呈现微信公众号的传播力。2020年7月20日，清博大数据推出V14.0版本的WCI，对相关指标参数进行了优化升级[3]。笔者于2020年8月5日在清博大数据平台(http://www.gsdata.cn/)分别输入205个仍在运营的高校医学期刊微信公众号名称，以了解这些公众号最新的WCI。调查显示，其中共有125个公众号被清博大数据收录并有WCI指标，WCI范围在34.88~652.31，其中WCI最高的公众号为"山东大学耳鼻喉眼学报"，WCI最低的公众号为"神经药理学报"。大部分高校医学期刊微信公众号的WCI介于100~300，占63.2%，WCI超过500的公众号仅有7个，占5.6%(图2)。

笔者根据清博指数选取WCI排名前5位的高校医学期刊微信公众号账号数据(统计时间截至2020年8月5日)，结果显示，WCI与微信总榜排名不一定成正比；科普类文章阅读量较高,但阅读量与 WCI 也不一定成正比(表 1)。查看这 5 个公众号推送的历史文章,"山东大学耳鼻喉眼学报"近期推出一系列学报专家教授文章、科室团队介绍及专题征稿通知等,并附有相关照片或手术视频片段。"中国实用内科杂志"与"中华现代护理杂志"推送类型相似,均包含转发的科普类文章及原创的专家笔谈或医学进展文章等,因科普类文章标题一般较生动夸张,内容贴近大众生活,易吸引读者注意,往往阅读量较高。"中国疼痛医学杂志"近期推送本刊专业文章、问卷调查、征稿通知等。"中华实用儿科临床杂志"的推送包括预出版文章、声明公告、会议通知等。这些文章类型基本囊括了其余高校医学期刊微信公众号的文章推送类型,且这些公众号运营者主要挑选本刊单篇优质文章着重介绍,避免许多高校医学期刊微信公众号一味简单复制每期目次的通病。

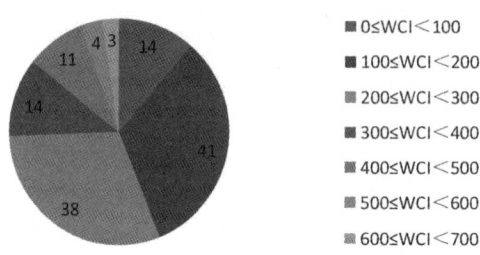

图 2　高校医学期刊微信公众号 WCI 分布

表 1　高校医学期刊微信公众号账号数据(WCI 前 5 位)

排名	公众号名称	WCI	微信总榜排名	近 30 天热文 top1 阅读量	近 30 天热文 top1 标题
1	山东大学耳鼻喉眼学报	652.31	14 643	3 257	张秋航教授|内镜经鼻入路鼻咽纤维血管瘤切除术
2	中国实用内科杂志	642.18	18 269	9 565	可怕!男子左肝被掏空,壁上布满密密麻麻的虫卵,只因吃了……很多人都爱吃
3	中国疼痛医学杂志	635.53	15 869	4 589	周围神经病理性疼痛诊疗中国专家共识
4	中华实用儿科临床杂志	583.60	24 216	3 414	重磅:2020 全球儿科呼吸联盟(GPPA)网络直播会议——全球儿科新冠论坛 COVID-19
5	中华现代护理杂志	562.80	26 741	8 450	过了不惑之年的护士可以去哪里呀?

3　高校医学期刊微信公众号运营存在的问题

3.1　公众号开通率不高,基本资料不全

调查显示,大部分高校医学期刊未开通微信公众号,且近 2 年有减少开通的趋势,不利于期刊媒体融合发展。一方面,说明其新媒体意识不强,仍停留在从传播者到受众者的单向传播思维[4];另一方面,可能由于硬件条件不足,如运营人员、资金不到位等。在开通的高校医学期刊公众号中,一些公众号无菜单、无认证、无欢迎语;一些无推送内容的公众号是否

迁移至新公众号、暂时停用或永久停用，均没有公告或说明，这些做法不利于吸引潜在用户，也易导致订阅用户流失。

3.2 更新频率不固定，忽视用户服务

根据上文统计，更新频率不固定的高校医学期刊微信公众号占比20%，部分公众号存在间隔几个月甚至一年未更新，之后一段时间连续更新数条又停止的情况，说明有相当一部分公众号不重视内容运营与读者服务，缺少固定运营团队与管理机制。且大部分公众号无法做到每周均有推送，优秀的公众号需要持续输出优质内容，更新频率较慢不利于维系用户黏度。目前，我国科技期刊与新媒体的融合仍相对滞后，微服务整体处于起步阶段[5]。高校医学期刊微信公众号总体用户参与度较低、体验差，内容阅读量、点赞数偏低，基本没有用户留言，缺乏运营者与用户交流，无法形成良性互动。

3.3 推送模式单一，特色不明显，传播效果不佳

高校医学期刊微信公众号运营者往往将纸质期刊内容复制到公众号，较少进行二次加工，导致各个公众号推送模式千篇一律，缺乏创新性与期刊特色。每种学术期刊都有自身的独特性，其融合发展的模式与路径各不相同，需要寻求适合各高校医学期刊特点的微信公众号运营模式及管理方式。此外，根据上文统计，半数以上的高校医学期刊公众号运营效果一般，且传播力较高的公众号偏少，仍有很大的运营改善空间。一方面，由于高校医学期刊微信公众号主要发布医学专业的学术动态信息等，潜在阅读基数不高，传播效果无法与主流公众号相比；另一方面，公众号运营者编辑能力不足，无法彰显期刊特色。

4 高校医学期刊微信公众号运营优化策略

4.1 依托高校积极开通与宣传公众号，发挥新媒体优势

首先，高校医学期刊编辑应转变观念，树立新媒体思维，积极开通公众号，促进高校医学期刊媒体融合。申请公众号时应权衡利弊，选择适合本刊的公众号性质，避免因换号给用户造成使用不便，若必须换号应与旧号关联，自动转为关注新号；公众号开通后应及时认证，完善基本资料。其次，高校医学期刊拥有稳定的用户群，可优先向高校师生宣传公众号，还可通过期刊纸本与网站、高校学术会议扩大宣传力度。一所高校若有多种期刊微信公众号，可在欢迎语关联其他公众号二维码，建立公众号矩阵；大学城或医药类院校可形成学术联盟，相互推荐公众号文章，使潜在用户呈几何级增长。再次，高校医学期刊用户往往工作、学业繁忙，可在菜单中链接期刊投稿、审稿系统，用户可利用碎片化时间查稿、审稿，或通过服务号缴纳审稿费与版面费，充分利用公众号作为新媒体的优势，有效满足用户需求的公众号必然能在其领域内产生较大影响[6]。

4.2 定期维护更新，加强用户服务与互动

建立公众号编辑队伍、运营管理和激励机制是运营公众号的必要条件。应提升编辑的新媒体素养，使其成为专业出版知识与互联网思维兼具的复合型编辑人才[7]，并积极向学校争取硬件支持，还可让学生以勤工俭学方式协同维护公众号，保证公众号定期维护更新。此外，通过公众号能增强编读互动、加快信息反馈，形成期刊学术生态圈。例如，建立用户社群，定期向师生发起征文，鼓励其发表原创作品，包括学术性文章或医学科普文章，提高公众号原创文章数量；邀请高校专家学者提供实验视频、PPT等，展现最新科研成果；开放公众号留言功能，向师生发放调查问卷，发起微信投票等，倾听订阅用户需求；联合第三方媒体开

展学术营销合作,共同发起学术活动,可制作期刊相关礼品,定期赠送给黏度较高的用户,加强线上线下互动等,以实现编辑部与用户的即时沟通,构建由编辑为主、用户为辅的微信平台建设团队,使公众号服务更加多元化[8]。

4.3 突显高校医学期刊特色栏目,提升传播效能

综合性医学期刊依托高校优势学科的特色化趋势应成为发展的主流[1]。医药类院校集中了一大批高等医学科研工作者,具有良好的作者资源,可结合学校特色学科或地方学术资源设立专栏,创建高校医学期刊品牌专栏,借助微信公众号展现特色化的精品学术内容。建议采用多样化的推送模式,包括特色栏目、新冠肺炎疫情、医疗卫生节日等专题;最新论文、录用名单、优秀专家审稿人、手术视频、学术直播、诊疗指南、专家共识、述评等;面向医学生推送医学论文写作指导等内容[9]。此外,注意运用多元化的编辑手法,推荐使用秀米编辑器、135编辑器等进行二次加工;通过矢量图标网站(如Flaticon、Iconfont)及免版权图库(如Pexels、Pickpik)等积累编辑素材。可结合音视频等将公众号人格化,提升用户对公众号的好感度;在推送医学专业文章的基础上,辅以有价值的科普类、时事热点文章[10],注意标题设置可生动但不过分夸大,避免成为"标题党",应把握标题设置的"度",做到吸引读者的同时又不流俗,使公众号在学科领域和用户群中形成一定影响力,从而提升公众号传播效能。

5 结束语

高校医学期刊可利用微信公众号发挥传统的内容优势与品牌优势,弥补受众面较窄的传播劣势,以满足读者日趋个性化的阅读需求。高校医学期刊微信公众号应依托高校主办的优势,重视宣传,挖掘优质内容,通过加强微信公众号的运营,提高期刊知名度与影响力,从而促进高校医学期刊媒体融合,为我国医药卫生事业的建设发展服务。

参 考 文 献

[1] 杨婷婷,姚远.中国高校医学期刊的现状调查与分析[J].编辑学报,2014,26(6):608,611.

[2] 新华社.习近平主持中共中央政治局第十二次集体学习并发表重要讲话[EB/OL].(2019-0-1-25)[2020-05-20].http://www.gov.cn/xinwen/2019-01/25/content_5361197.htm.

[3] 清博指数."点赞"功能回归,WCI更新升级!你还不了解自家公众号的传播力吗?[EB/OL].(2020-07-21)[2020-08-04].https://mp.weixin.qq.com/s?__biz=MzU1ODA0MjgwNg==&mid=2247510032&idx=7&sn=79317b5b99d3a67489e430f4ca950cde&scene=0.

[4] 付强,杨旻.新媒体时代学术期刊发展困境及其变革路向[J].中国编辑,2019(3):66.

[5] 孔薇.科技期刊微信公众号信息传播效果和运营策略研究[J].中国科技期刊研究,2019,30(7):747.

[6] 程海燕,田艳妮.科技期刊微信公众号运营与其学术影响力关系的实证分析:基于医学期刊数据的研究[J].中国科技期刊研究,2019,30(4):391.

[7] 孟凡骞,张玉梅."互联网+"时代传统媒体编辑转型策略探析[J].编辑学刊,2017(1):48-52.

[8] 刘丹,苟莉,王雁,等.医学期刊微信公众号用户需求调查分析:以《中国修复重建外科杂志》为例[J].编辑学报,2018,30(4):408.

[9] 张维,吴培红,栾嘉,等.医学期刊移动终端阅读服务问卷调查与实践探索:以《第三军医大学学报》为例[J].中国科技期刊研究,2018,29(6):603.

[10] 王志娟.医药卫生期刊微信公众号热文的内容特征分析[J].新媒体研究,2019(12):5.

互联网产品在科技期刊商业模式中的应用

张 晶

(上海市医学会《中华消化杂志》编辑部,上海 200040)

摘要: 在高速发展的信息时代,多种互联网产品应运而生,为科技期刊的转型和发展带来契机。科技期刊应在信息化大背景下,运用商业运营和商业服务模式经营管理,应用合适的互联网产品助力科技期刊发展,使期刊文化产品更受大众欢迎,使用户打开电脑和手机移动端浏览科技期刊的官方网页、应用程序、微信公众号等服务成为日常生活的一部分,让知识付费成为生活方式之一。

关键词: 科技期刊;商业模式;互联网产品;知识服务;传播力

信息技术影响着各行各业的发展和走向,期刊出版业也不可避免受信息时代的冲击,已进入网络数字化出版和纸质印刷出版共生的时代。"互联网+"时代下新媒体、自媒体给传统期刊业带来深远影响,已经到了如果传统期刊出版业不改变现状,势必会陷入被信息时代洪流强行改变的困境。期刊出版业应走向市场,积极适应时代,可尝试运用二维码、微信、音频和短视频、网络直播等互联网产品在商业模式下经营期刊,在新媒体时代下健康发展,实现社会效益带动经济效益,经济效益又推动社会效益的双赢。

1 科技期刊的商业模式

科技期刊的出版内容是以某一领域的专业研究为主体,是出版行业的生力军,天生具备垂直性媒体基因,沉淀了几代科研人员的专业优势,拥有优质的作者群和读者群,但是在日益发达的信息时代,其优势却并没有真正发挥,在发展中仍存在许多问题。科技期刊已很难再从发行量来增加效益和传播影响力,传统的期刊运营和经营方式已不再适应时下数字化时代的节奏,只有转变思维,运用新的管理模式才有可能打造出受作者、读者欢迎的品牌期刊。

商业模式是管理学的重要研究主题,已经被提升至与市场机制并行的高度,用来解释企业为何存在、如何经营、如何赢利等问题,从而成为科斯定理的新注解,商业模式及其创新已然成为当今传播速度最快、理论普适性最强、影响范围最广的管理理论[1]。科技期刊的商业模式主要包括商业服务模式和商业运营模式,科技期刊是科研文化载体,承担着传播先进科技知识的使命,应以服务理念为先,以商业服务模式带动商业运营模式。从科技期刊业的发展来看,期刊出版从业人员一直以实现数字化期刊出版为己任。科技期刊的初审、外审流程由传统的邮局信件寄送的方式,渐改为电子邮件等互联网方式,电子邮件方式也逐步转为直接在投审稿系统中投稿;科技期刊的官方网页日益完善,官方微信号也在积极运营等。这些工作流程和传播方式的改进大大提高了期刊出版工作效率和传播效力,为稿件的长期储存、查阅和读者的阅读提供了便捷。这些工作方式和传播方式的改变都依托于科技期刊官方网页和应用程序(APP)载体下互联网产品的恰当运用,体现了科技期刊商业模式的初步探索成果,也是更好发挥科技期刊优势的有力工具。

2 互联网产品在科技期刊的商业应用模式

信息科技的飞速发展给科技期刊带来挑战的同时也带来了机遇,数字信息时代下应运而生的各种互联网产品,如二维码、微信、音频和短视频、网络直播等,为科技期刊的商业模式实现带来可能。知识服务已渐渐成为一种商业形态,依靠市场的赋能,以知识付费为商业模式,正在中国蓬勃发展起来,构成了科技期刊创新发展的一个重要参照体系[2]。科技期刊从业人员应掌握不同互联网产品的优缺点、适用范围和质量管控原则(见表1),合理利用这些产品的优势,积极解决运用过程中出现的问题,更好地发挥科技期刊的学术优势。

表 1 互联网产品在科技期刊商业应用模式中的优缺点、适用范围和质量管控

互联网产品形式	优势	不足	适用范围	质量管控
二维码	制作简便,版面占用小,内容丰富,普及率高,适用范围广	形式单一,不易识别	微信公众号,读者调查问卷,会议资讯,学术评论和讨论,动态影像,原始核心资料,交互信息	建立完善的逐级审核规范和制度,控制使用总量,优化摆放位置
微信	用户覆盖面广,阅读便捷,内容生动自由,个性化隐私设置较完善,小程序应用较成熟,互动性强	整体流量下滑趋势	预出版,各类微信群,宣传公告,衔接官方网页和投审稿系统	建立完善的逐级审核规范和制度,加强信息监管,内容不可以与主旨内容相距甚远
音频和短视频	活跃用户不断上升,宣传力强,接受度高	受众群体局限,制作成本较高,行业规范不完善	期刊形象宣传,期刊和期刊工作人员荣誉介绍,学科行业内最新研究进展和突破性成果介绍,特色栏目和组稿计划介绍	建立完善的逐级审核规范和制度,加强宣传平台监管和投放
网络直播	宣传力强,接受度高	播放平台技术、设备和人员要求高,行业规范不完善	线上会议,线上产品介绍,学科相关培训	建立完善的逐级审核规范和制度,做好内容方案预审核

2.1 二维码

二维码外形小巧精致,但内有乾坤。二维码版面占用小,最容易直接印刷在纸质版面或呈现在官方网页中,可以丰富科技期刊所载内容的信息量,使枯燥的信息变得立体,实现扩展阅读功效[3]。二维码是科技期刊相对比较容易操作和实现的新媒体手段,随着科技的进步,二维码的功效也大大改进,已不仅只包含一些相关的文字信息,还可以生成音频、视频文件。

科技期刊大力推广和应用好二维码产品，是提高期刊可读性和影响力的有效方式。

科技期刊官方网页或 APP 中可以发布每期文章时，用二维码形式制作读者问卷调查表，让读者投票选出当期最受欢迎的文章内容或文章主题，该二维码同步印刷在每期目次的合适位置，个性化定制与读者、作者的互动内容，提高与作者、读者的沟通，让文字生动活泼起来。这样也为科技期刊评选优秀论文、优秀作者、优秀读者提供了参考依据。二维码可以生成音频和短视频文件，可生动展现微创介入手术、内镜手术或外科手术操作，对于一些不涉及这些动态内容的期刊也可以通过二维码形式推广，如可以针对某些有争议的文章或观点，添加一段学术评论和讨论内容；利用一段音频简要概括特色刊期的精华、某研究的背景和亮点内容等，这些音频视频文件均由相应文章的作者提供，也不一定每期都涵盖，不会给编辑部带来太大的工作量，但传播的效力可能会因这样的改变而发生质变。

二维码由于形式单一，存在不易识别的弊端，一定程度上影响阅读体验，可通过给二维码添加一些特征性元素或色彩增强识别能力，特别是一些不含音频或视频的期刊更应慎用，主要文字性内容还是直接呈现为宜，不宜过多依赖二维码，造成版面的混乱。科技期刊在引入二维码时需要考虑读者的扫码体验、版式呈现效果、成本效益等多重因素，不断优化其数量和位置。

2.2 微信

开放的网络时代，微信从众多对话软件中脱颖而出，是移动互联网时代下的核心产品，除了具备语音、视频对话界面外，最重要的是非常注重个人隐私的保护，它的设置非常人性化，既可以成为工作软件，也可以用于记录生活。微信已实现手机用户的全面覆盖，已成为一种生活方式。越来越多的科技期刊开通并运营微信公众号，在移动端延伸学术品牌，扩大影响和传播力[4]。目前，大多数科技期刊还没有实现 APP 的开发和应用，可将微信公众号"我的服务、我的查询"等功能的运营暂替代 APP 的功能。拥有微信公众号的科技期刊可扩充微信公众号内容的发布，不局限在刊期发表的科研论文这一个内容，可以结合自己的专业方向和学科特点，适当跨界，如三只松鼠这个品牌，坚果产品为主要经营项目，虽然属于食品行业，但是该企业的思维并未禁锢在食品行业，首次宣传自己是通过动漫展，找到了产品包装是动漫形象这一嵌入点。科技期刊也不要禁锢思维，应与相对口的科研单位、高校和企业进行学科或交叉学科合作，使科技期刊的品牌效应和专业实力提到新台阶，找准定位，提升科技期刊的优势认知，通过微信平台塑造自身的差异化价值。

随着企业微信办公软件的推出，使科技期刊的运营模式又大大革新，还拉近了与作者、读者的沟通距离。企业微信是腾讯微信团队为企业打造的企业通讯与办公工具，具备与微信一致的沟通体验，全方位连接微信、日程式、会议、文档、盘等效率工具，助力企业高效沟通与管理，从应用市场的数据来看，企业微信已实现近 8 亿次安装。企业微信具备权威性，可一定程度避免伪官方网页欺骗信息对作者、读者造成的损失，企业微信可以起到客户服务的作用，使科技期刊的服务能力提升，提高作者、读者的满意度。

伴随科技期刊纷纷开通微信公众号，整体流量有下滑趋势，这就对科技期刊的微信公众号运营提出新要求。尽管微信推文的阅读体验佳，但如果内容与已出版的纸质期刊有太多重复和雷同就不会起到好的宣传作用，往往会成为一种摆设，没有成为纸质期刊的有力辅助，只是表面似实现新媒体化。科技期刊运营微信公众号时需要兼顾行业和社会热点，发布的相关文章内容不宜与印刷版内容和官方网页太多重复，可更科普化和生动化，由于微信的用户分布范围广泛，科技期刊也应对学术论文进行适当改写，适当运用热词，加入生动的图片、动漫卡通形象，联系当下热点，使内容生动活泼，让读者对下一期内容有所期待。

2.3 音频和短视频

音频和短视频已成为一种重要的传播方式，刷视频已占据中国大多数手机用户大多数使用时间，短视频2017年才形成一定规模，当时的行业规模仅数十亿元，到2019年已接近1 000亿元，短视频的用户数已超过长视频，已成为各行业营销的重要手段[5-7]。科技期刊从业人员在编辑加工录用稿件后，让作者修改稿件的同时给编辑部提供一份音频或短视频文件，由科研论文的作者或通信作者进行个人简介说明，并就本科研的背景、科研思路和文章主旨内容进行简介，除外中文版文件，还可以建议作者同时提供一份英文版音频或短视频文件，内容不变，这些音频或短视频文件可以摆放在在科技期刊的官方网页中每篇文章下面，读者直接点击即可实现视听效果传达，中英文不同版本既可以满足国内读者需求，又在一定程度上推进了世界交流。科技期刊刊登内容已不再是零散无规律的整合，即使是综合类专业期刊，每年也会针对某一特定主题组稿形成专辑特色刊期，这些特色刊期的组稿和宣传工作就可以通过音频或短视频的形式广而告之。编辑部人员不必拘泥于将组稿通知或专辑预告内容以文字形式发布，可以邀请该专辑主题的策划者、该专业领域有专长的编委或专家就该专业领域新进展和主题内容亮点以音频或短视频的形式呈现。音频或短视频可以宣传作者们的科研成果，其形式对科技期刊的读者群而言也是一种新的体验，可使官方网页变得与众不同，也能适应时下年轻人这一受众群体的需求，有利于科技期刊的移动端推广。

科技期刊以知识性内容为主，知识性音频和短视频内容的受众群体较局限，也涉及制作成本较高和是否符合行业规范的问题。目前大多数科技期刊对音频和短视频的应用持观望态度，特别是不涉及一些动态影像的期刊。根据较成功的实例发现，科技期刊的知识性音频和视频文件时长不宜过长，控制在1~2分钟，确立中心内容，开门见山，突出亮点，既起到控制成本的功效，又更符合读者的观感体验[8]。

2.4 网络直播

2020年，国内各大媒体相继尝试直播带货，尤其是2020年3月各地陆续复工复产之后，媒体直播带货进入了高潮[9]。新型冠状病毒肺炎特殊时期，衍生出许多线上产品，如腾讯会议、钉钉办公软件等，给线上会议或线上远程办公带来更大的可能和便捷。科技期刊应利用这种新的服务模式，通过不定期网络直播形式交流近期所投稿件存在的问题和优点，就这些作者、读者想要了解的问题进行互动交流。科技期刊定期召开的编委会等工作会议，可以采用线下直接交流和线上网络直播相结合的形式，让一些不能到场的专家也能参与其中讨论，形成对期刊未来发展更有利的建议和发展计划。

时下网络直播形式和内容质量参差不齐，对播放平台技术、设备和人员要求高。对于大数科技期刊而言，人员储备尚不能达到直播的水平和要求，特别是直播内容的场景转换时可能会出现一些问题，期刊编辑部可以尝试向当前发展较好的线上产品借力，或与学科相关的企事业单位联合制作，从简单的日常编辑加工工作、学科溯源等相关内容开始做起，渐延展至衍生性产品。

3 服务意识带动互联网产品的相互融合

互联网产品的主角是用户，科技期刊业也同样应以受众对象的感受为主。科技期刊属于文化产业，承载着传播科技成果的使命，无论何种经营和运营模式都应不忘初心，以科技交流为己任，将我国先进的科技理念带出国门，成为与世界科学家交流的平台，扩大中国科技期刊的周边传播力[10]。

科技期刊在接收稿件、常规发表科技论文的基础上，还有一种非常可行的方法可以服务于作者、读者，即继续教育。科技期刊是专业期刊，作者和读者大多是具有执业资格证的专业人员，每年都有相应的继续教育学分的执业任务，中华医学会2019年开始授予系列期刊继续教育权限，这些签约的科技期刊开设新栏目"继教论坛"，该栏目文章结尾处会围绕该栏目文章内容设立5项单项选择题，可通过阅读栏目文章完成题目获取学分。这样的形式既丰富了刊载内容，又为读者提供了继续教育路径。

随着融合媒体概念的提出，互联网产品并不是孤立存在的，应根据互联网产品的优势有效将二维码、微信、视频和网络直播等社会化媒体工具进行优势整合，构建完整的社会化媒体营销体系，发挥"1+1＞2"的效应，无缝对接影响目标用户，从而实现营销效益的最大化[11]。中华医学会系列期刊的继续教育项目就是将内容和题目以二维码的形式呈现，很多音频视频文件和直播的内容均需要一定的载体有效传播，微信公众号可以发布内容简介，二维码可以配合这些展示成果将信息传递。科技期刊可根据特色专题刊期、特色栏目、特定文章的评论等选用合适的互联网产品，制定商业模式化服务路径，制定出可行的商业运营和服务模式，以满足用户需求为初衷和最终目标实现，如图1所示。

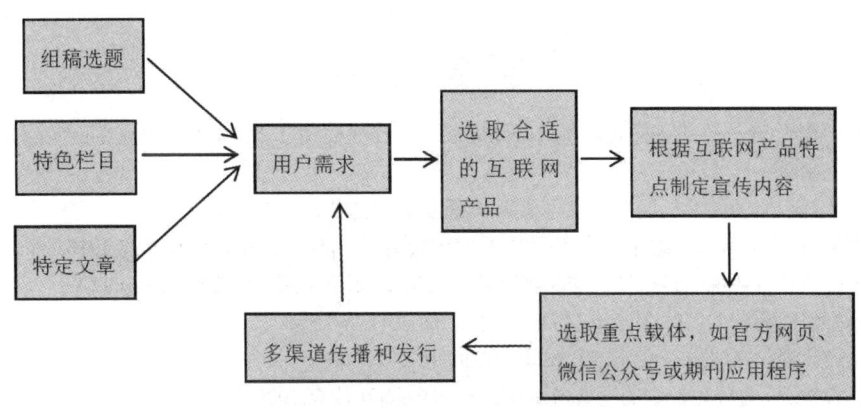

图1 科技期刊商业模式初建路径

4 互联网产品在科技期刊应用中的隐患

商业运营模式的重要内容是宣传和推广，通过这些互联网产品传播科技期刊研究成果时，要求科技期刊编辑从业人员必须熟悉这些产品的优缺点，特别是不足，避免带来的问题和隐患。

科技期刊在使用这些互联网产品经营时需避免形式化，甚至因这些形式而影响完整信息的传播，互联网让许多信息碎片化，读者有时会习惯于只看这些总结性的言论，弱化信息的分辨能力，忽视了内容的完整性。科技期刊在借力互联网产品时，需尽量避免这样的问题，注重信息的完整性，在介绍相关内容时可添加"阅读全文"的提示按钮或进行提问互动等标识，以引导读者对相关内容进行深入了解，使阅读和学习体验升级，而不是弱化。

互联网信息审核尚不完善，具有一定的网络欺骗性，如一些未授权的第三方平台借科技期刊之名发布一些虚假信息，使期刊名誉受损。科技期刊在通过互联网产品推广时需注意发布平台的规范性，对读者、作者和相关人员做好科学宣传，可通过微信公众号、企业微信朋友圈等形式发布类似虚假信息的识别宣传内容，以提醒期刊用户注意识别。

科技期刊无论采用何种运营模式，必须坚持内容第一，期刊不应让内容成为文字版的语音呈现，在利用短视频、音频或网络直播时，不应使其成为期刊或作者宣传与推广自己的窗口；应以科研人员的需求为核心，成为读者阅读需求的有益辅助，避免让互联网产品沦落为学术期刊数字出版的表面形式[12]。科技期刊不宜过多依赖互联网产品，拥抱互联网的同时需注重期刊实业，不可本末倒置。

5 结束语

尽管互联网信息时代的到来给科技期刊带来一定冲击，但先进的互联网产品也给期刊的发展带来无限可能。科技期刊应尝试运用商业模式经营管理，合理运用互联网产品，成为产业链的参与者，在信息的助力下，发挥文化服务行业的优势，面对开放的网络时代，应注意新媒体发展带来的问题，积极解决，以更好地展现文化载体和平台的作用。科技期刊从业人员应有跨界思维，不能仅局限于本专业领域，要多关注时下的流行趋势，借鉴其他行业的商业运营和服务模式，不断适应新媒体融合时代。

参 考 文 献

[1] 刁玉柱,白景刊.开放式商业模式创新的研究进展与整合框架:基于 SSCI 期刊研究性论文的分析[J].商场现代化,2017(8):1-7.
[2] 张波.基于知识服务的期刊编辑角色再思考[J].重庆行政,2020(2):103-104.
[3] 谭潇,高超,邹晨双,等.二维码在科技期刊中的应用实例分析[J].中国科技期刊研究,2018,29(1):48-54.
[4] 杨怀玫.媒体融合环境下科技期刊的品牌延伸与再造[J].肇庆学院学报,2019,40(6):92-95.
[5] 朱赛.图书短视频营销策略[J].合作经济与科技,2020(14):74-75.
[6] 黄楚新.让短视频在"短"中见"长"[J].传媒,2020(11):1.
[7] 庄军,石雅宁.5G 时代短视频的发展与西瓜视频的实践[J].传媒,2020(11):25-27.
[8] 王晓醉,王颖.知识类短视频对科技期刊的启示:以"中科院之声"系列短视频为例[J].科技与出版,2019(11):76-82.
[9] 吕春梅,戚云雷.直播带货如何成为媒体转型突破口[J].青年记者,2020(17):102-103.
[10] 向芝谊.周边传播价值机制中短视频的作用进路[J].中国出版,2020(14):39-42.
[11] 曹子郁,刘雪梅.移动互联环境下大众期刊社会化媒体营销整合研究[J].出版科学,2019,27(6):87-92.
[12] 占莉娟,陈晓峰.学术文章附作者讲解视频二维码的推广价值及注意策略[J].科技与出版,2017(11):97-103.

新书 新课 新服务
——"互联网+"5G 下高等教育外语教材出版新模式

王琳琳

(高等教育出版社，北京 100029)

摘要："互联网+"5G 下教育技术的更新迭代，国家对高等教育外语教材要求的不断提升，纸版教材销售减少以及在线教育的异军突起都对传统外语教材出版提出了严峻考验。面对挑战，出版机构应保持头脑清醒，紧跟国家要求，依托先进技术，发挥优势，顺应变化，稳中求变，不断创新教材的形式，不断提升在线课程的品质，不断丰富教学服务的内涵，以"新书+新课+新服务"的有机融合，打造外语教材出版新模式。

关键词：外语教材出版模式；教材出版；外语教育；互联网+；5G

随着科技进步的飞速发展，以互联网大数据为代表的各类信息技术已经深入影响教育理念和目标。《中国教育现代化 2035》[1]中把"加强课程教材体系建设""充分利用现代信息技术，丰富并创新课程形式"作为发展中国特色世界先进水平的优质教育标准之一。《教育信息化 2.0 行动计划》[2]中提出"努力构建'互联网+'条件下的人才培养新模式，发展基于互联网的教育服务新模式"。5G 时代将会以更精准的大数据算法和人工智能技术，丰富教育资源的内容呈现形势，提升教育资源的内容品质，促使教材用户对内容需求发生重大变化[3]。此外，各类外语教材出版机构之间竞争态势明显加强。如何化不利为动力，融挑战为机遇？剖析目前外语教材出版业面临的挑战，探讨可行策略，可促使高等教育外语教材出版更好地适应时代挑战，找到适合自身发展的新模式。

1 外语教材出版业面临的挑战

1.1 挑战 1：教材出版要求严

外语教材既承担着连接中西方文明的桥梁纽带作用，也承担着弘扬中华文化的重要使命。通过语言教学，让学生了解西方文明的同时，也让学生深入理解中华民族优秀的传统文化，既为向世界讲好中国故事提供精神内核，也是实践文化自信，培养正确社会主义价值观的重要体现。在改革开放初期，外语教材在引导学生了解西方文明，学习语言知识方面起着重要不可替代的作用。随着改革开放向纵深发展，国际形势变化风起云涌，一些片面夸大西方文化优势，变相诋毁中华优秀文化以及夹杂部分意识形态领域不良思想导向等内容不断渗透进我国外语教育领域，使部分在校生的人生观和价值观有所偏离。有鉴于此，国家层面对于承担学生思想文化教育载体的教材管理工作提出了新的更加严格的要求。2017 年中共中央国务院为贯彻落实《关于加强和改进新形势下大中小学教材建设的意见》，进一步做好教材管理有关工作，成立了国家教材委员会。2019 年 12 月教育部印发《职业院校教材管理办法》[4]和《普通高等学校教材管理办法》[5]，明确提出各类教材编写内容应"有机融入中华优秀传统文化、革命传统、法治意识和国家安全、民族团结以及生态文明教育""努力构建中国特色、融通中外的概念范畴、理论范式和话语体系"。

国家教材管理机构的设立和各类教材管理办法的出台，明确提高了教材的内容编写要求和准入门槛，更加严格了审核标准。外语类教材如何在促进中西方文化健康交流，培养学生掌握基础语言能力的基础上，将上述标准融入到内容编写中，是外语教材出版机构面临的最迫切的挑战。

1.2 挑战 2：课时减少销售难

外语作为公共基础课之一，在人才培养战略中起着基础性作用。在国家对人才培养质量要求不断提升的前提下，各专业学科不可避免地要求增加教学学时。而公共外语课(以下简称公外)作为课时最多的公共基础课之一，长期以来存在着教学周期较长，教学效果不甚令人满意等问题，公外课时被取消的现象较为普遍。虽然教育部高等学校大学外语教学指导委员会和教育部职业院校外语类专业教学指导委员会等均呼吁各类院校要加强对公外教学的监管和重视，但无论高等院校还是职业院校，公外课时不断让位于专业课时的现象普遍存在，原本 4 个学期的公外课程不断缩水，降至 3 个或 2 个学期，不少院校还存在仅用 1 个学期的外语教材或根本不用教材的情况。这对以公外纸质教材为主的传统外语教材销售影响巨大。

1.3 挑战 3：在线教育新勃发

多数传统教材出版机构对在线教育的应对举措是被迫的，和互联网教育类公司比较，其应对反应相对迟缓，技术应用也存在滞后性。随着互联网的飞速发展，各类新技术不断发展成熟并应用于教育领域，各类互联网教育公司在拼技术、抢资源上持续发力，不断蚕食传统教材出版机构的优势领域。与此同时，5G 时代的到来将会在教学方式、手段和内容上突破 4G 限制，加大冲击传统课堂+教材的授课方式和传统教材出版模式。新冠疫情的爆发，更是助推了线上教育飞速发展。目前各院校已经普遍采用大规模线上教学形式，虽是疫情所迫，但广大师生也从开始的各种不适，逐步过渡到了解、接受并适应了在线学习。不少院校更将在线学习作为新的教学手段列入考核及课程综合评价体系。这些对于传统教材出版将产生理念性影响。

2 外语教材出版机构的应对策略

2.1 应对策略之一——顺应形势研发新教材

2.1.1 教材编写理念要新

面对教材编写的高标准严要求，外语教材出版机构应积极响应，准确了解自身教材存在的不足，及时安排新教材的选题论证，时刻警惕选材内容要求，提高政治站位和职业敏感性。

在具体项目研发上，要注重融入新的编写理念，在强化外语基础学科知识点，培养学科能力基础上，融入《高等学校课程思政建设指导纲要》[6]等文件精神，按照学科知识点、拟培养学生达到的能力水平和拟引导学生形成的正确价值观(知识传授—能力提升—价值塑造)3 个层面，组织具有较深教材编写造诣的专家认真研讨，仔细选材，形成套系教材的总体理念和编写要求，并将上述 3 个层次的要求细化到每本书、每个单元、每个章节，甚至每个教学任务中，确保新的编写理念在整体和细节落实方面均不走样。

2.1.2 教材呈现手段要新

高等教育出版社总编辑陈晓光在《教育出版融合发展的实践与思考》[7]中指出，"推动传统出版和新兴出版的融合要以传统出版为根基"，"传统教材的基础性、全局性作用不会改变，变革的关键在于运用互联网思维重新定位传统教材的价值，以技术赋能推动传统教材的升级换代，构建融合发展下新形态教材的研发模式和创新模式"。受客观条件限制，传统教材在内容呈现手段上存在明显短板。"互联网+"5G下，各类信息技术已相对成熟，为传统教材内容的扩容提质提供了技术保障。以技术为依托，以教材内容为基础，以二维码平台为媒介，可推出"二维码+教材"形式，通过手机等扫码即可获取文字、音频、视频等内容相关的多种类学习资源，极大地扩充了传统教材的内容承载量；依据教材特点，还可以考虑"AR+教材"形式，将教材中重点难点的平面文字介绍，转为具有视觉冲击力的 AR 呈现，学生既可直观领悟教材内容，又可提升学习体验；对某些情景类素材要求较高的教材，"VR+教材"可将静态文字描述动态地展现出来，学生可以通过配套 VR 设备，或通过手机 APP 扫描，身临其境地感受各类情景，提升融入感和学习兴趣。

2.1.3 线上线下形式要新

传统外语教材出版机构的常规做法是以 1~2 套教材为龙头产品，并以此为中心调动多方资源进行推广。然而，实际上仅靠 1~2 套教材内容很难满足众多院校学生对不同教学活动的需求，对其中的重点教学活动进行多难度级别的教学设计，就显得尤为重要。在传统教材中这类需求无法得到有效满足。陈晓光指出"传统教材必须主动适应互联网时代受众的阅读习惯和接受信息的方式变化，围绕核心知识点和技能点，研发形式丰富的线上资源"[7]。在"互联网+"5G下，研发者可以充分利用网络空间优势，以教材内容为基础，以技术平台为依托，对重点教学内容进行适合低、中、高不同学生水平(或是适应新文科类、新理科类、新工科类等不同方向)的教学设计，及时补充适合不同水平或学科方向教学内容，并将这些内容以在线资源的形式与教材绑定，形成有益互补。不同院校可以根据学生实际水平或方向选择使用。线上线下混搭的方式，使传统教材的教学设计容量大幅提升，既有效扩展了适用范围，提升了龙头教材的品质内涵，又为不同院校教师提供了多种有益的教学参考，侧面提升外语教师的教学能力。

2.1.4 与时俱进内容要新

《普通高等学校教材管理办法》[5]要求"建立高校教材周期修订制度，原则上按学制周期修订。及时淘汰内容陈旧、缺乏特色或难以修订的教材。"《职业院校教材管理办法》[4]要求"职业院校教材投入使用后，应根据经济社会和产业升级新动态及时进行修订，一般按学制周期修订。"综上，本科院校教材的修订周期大体应为 4~5 年，职业院校教材的修订周期大体应为 3 年。而在实践中，研发完成一套配备完整教学资源的教材一般需要 1~2 年时间，这就意味着某套教材尚在发行期内，其下一代产品就要着手研发了。"互联网+"5G 可为出版机构全面落实修订任务提供数据反馈和技术支持。出版机构可以利用在线平台方便快捷地组织编写团队，在线交流编写思路，及时同步修订内容，全面落实选题组稿时间表；通过大数据、云计算和人工智能技术，还可收集和分析各类院校学生在线学习数据，帮助编写团队精准有效地修订旧版教材中的不足，补充学生感兴趣的内容，有效落实配套资源的建设，按时推出全套系、全资源的新版教材。

2.2 应对策略之二——深挖优势研发新课程

2.2.1 一书一码一课程

一书一码一课程中的"一书"即一本外语类精品教材;"一码"即该精品教材配套的防伪码,该防伪码既可以验证教材的真伪,也可以通过专用 APP 扫描,成为每本教材配备在线课程的唯一激活码;"一课程"则是指以传统教材内容为基础进行研发的配套在线课程。依据实际需要,"一课程"的研发既要以精品教材内容为基准,又要融入最新的教材研发要求,既要突出在线特点,又要考虑教学实际,是对精品教材使用效果的集中展示,也是对教材不足之处的有益改进。基于上述考虑,依据不同教材内容和适用对象,该课程内容或与教材内容互为补充,或与教材内容相同但活动设计形式不同,或是教材配套资源类课程,与教材内容形成拓展关系。需要注意的是,"一课程"设有多种激活方式,教材的码激活仅为其中一种,对于非教材用户,该课程可以作为独立学习资源定价销售,其激活方式也将随之变化。

不论用哪种方式激活课程,学生均可通过手机或电脑端专用 APP 扫码登录平台并在线学习。以高教社外语专属 iSmart 平台为例,平台利用"互联网+"技术优势,实时保存在线学习数据,并汇总生成各类直观数据报表,方便师生检查学习效果。

对于外语教师,一书一码一课程的形式,使得教师可以充分利用技术红利,安排学生线上自学知识点等内容,集中课堂时间用来答疑解惑并实施能力提升及价值观塑造等高层次教学活动,以达到培养学生学科能力、科学思维、树立正确价值观等要求。

对于外语教材出版机构,一书一码一课程的模式有效利用了先进技术,提升了教材的内在品质,拓展了适用范围,还可拓展数字业务营销模式,弥补部分由于课程缩减造成的销售损失。

2.2.2 共建共享达双赢

2020 年 5 月 14 日教育部基础教育司司长吕玉刚在《介绍疫情期间大中小学在线教育有关情况和下一步工作考虑》[8]中指出,大规模在线教育尚存在"体系化的优质数字教育资源不足,教师信息技术应用能力不足,以及线上教育师生互动和情感交流不足等方面的突出问题。"

外语教材出版机构应及时研发体系化的优质在线教育资源,除了精品教材内容的线上转化外,还应深入挖掘一批具有学生亲和力、专业特色过硬且具有较强在线建课实力的教学团队或个人,由课程编辑与教研团队采取一对一定向联合共建或委托开发方式,合作出版一批具有院校特色、外语学科代表性和优质思政教育的在线课程。

2.3 应对策略之三——融合拓展新服务

2.3.1 外语教学专属服务

"互联网+"5G 下,外语教学专属服务应分为教材(线下)服务和平台(线上)两方面。

教材服务:教材销售服务虽属于出版机构的传统服务,但在新形势下,也需要更新它的打开方式。销售部除了应与研发部形成有效沟通协调机制外,还需按教材销售周期和规律,融入互联网销售概念,将理念新、手段新、形式新、内容新的教材优势借助各类技术手段,直观、充分地展示出来,并借助微信公众号、抖音、微信群等新媒介,及时、精准地推向用户市场并收集有效反馈。依靠互联思维和技术手段将各类因时、势、人而造成的不利因素转化为有利活动,如疫情期间不便拜访院校,则可组织线上书评、主编直播、编辑说课、教师反馈等各类线上活动,营造良好有效的人文服务生态。

平台服务:平台服务属于"互联网+"5G 下外语教材出版机构的新增服务,是各类在线课程的学习载体,与教材服务结合紧密。平台服务应立足优质教育资源,在充分发挥资源优势的同时,辅以先进的技术支持,提升师生线上教学体验。以 iSmart 平台为例,平台通过各类课程和资源的自适应推送和大数据统计分析技术，使得师生不仅能够在线教学、在线测评，还可以直观看到学习和检测效果，及时发现并分析存在的问题，提升教学和测评的有效性；平台提供的外语专属建课工具，可支持各类线上课程、资源之间模块化、颗粒化的拆装组合；建课过程中随时支持大学英语四/六级试题库、外语微课资源库等各类素材库的资源调取，为高校外语教师快速开课、建课赋能。截至 2020 年 7 月 5 日，iSmart 平台已经累计服务院校 1 607 所，累计服务学生 1 182 233 人，累计服务教师 18 201 人；各类院校利用平台开展在线测验共 4 392 场次，参与在线测验学生 169 652 人次。

2.3.2 外语教学延伸服务

延伸服务是外语教学专属服务的有机延伸，旨在通过技术加持，使部分教学资源便捷、快速、有机衔接。再次以 iSmart 平台为例，除了提供线上课程外，为了方便课堂教学，平台研发了适合手机移动教学、符合课堂教学实际需求的 iSmart 课堂小助手微信小程序。小程序和平台资源动态关联，数据共享。教师登录后即可进行班级学生的即时签到、智能分组及头脑风暴活动，各类课堂学习数据将动态回传至平台，成为该课程学习大数据的一部分。

为了方便词汇教学，平台研发了 iSmart 背单词小程序，配套各类主干教材，提供相关的词汇、发音及释义，帮助学生随时随地记忆并检测单词。

此外，为了满足 5G 时代对外语课堂教学形式的要求，增强课堂中教师、学生与教材资源之间的实时互动，平台利用 eBookware 技术优势，基于多套外语精品教材，研发了手机端与电脑端均支持的实时、透明、多模态的师生互动课件系统，将各类视频、音频、图片、PPT、网络资源等以提前预设知识点的方式进行定点预埋，形成完整的资源嵌入式课程，教师可根据学生具体情况选择使用。该交互课件支持教学资源的实时增删改查，支持个性化教案打造和个性化课程定制，随时随地为不同院校外语课堂教学提供贴心服务。

2.3.3 外语赛事拓展服务

拓展服务是外语教学专属服务的有机外扩，旨在通过各类活动让外语教师准确、深入理解"以赛促教""立德树人"及"课程思政"等相关要求，提高育人效果。本着服务外语教学的宗旨，外语教材出版机构可倡导举办各级各类教学比赛，了解教师需求，创建交流平台，为教师个人能力发展和教学能力发展创造条件。

教师理念更新了，教学能力提高了，直接受益者将是千千万万的学生，侧面体现出版机构的社会价值。此外，该服务不仅会让教师提升获得感和成就感，还密切了出版社同广大教师的联系，有益于出版社提前物色一批具有先进教学理念的潜在作者，提前锁定一批具有较强信息技术处理能力的骨干外语教师，助推"产"和"研"的有机融合。

3 结束语

新教材、新课程、新服务是"互联网+"5G 下外语教育出版机构所做的一种大胆探索。教材+课程+服务三位一体，有机联动，教学服务与教育服务相互融合，协同发展，共同构成新形势下外语教育出版模式新要素。同时，外语教材出版机构应时刻保持头脑清醒，客观分析优势，理性面对不足，不断突破旧有模式，尝试探索新的发展道路。

参 考 文 献

[1] 中共中央,国务院.中国教育现代化 2035[EB/OL].(2019-02-23)[2020-08-14]. http://www.gov.cn/zhengce/2019-02/23/content_5367987.htm.

[2] 教育部.教育信息化 2.0 行动计划[EB/OL].(2018-04-13) [2020-08-14]. http://www.moe.gov.cn/srcsite/A16/s3342/201804/t20180425_334188.html.

[3] 赖青,刘璇.5G 智媒时代内容生产与内容运营的新趋势[J].中国编辑,2020(2):21-26.

[4] 教育部.职业院校教材管理办法[EB/OL].(2019-12-19) [2020-08-14]. http://www.moe.gov.cn/srcsite/A26/moe_714/202001/t20200107_414578.html.

[5] 教育部.普通高等学校教材管理办法[EB/OL]. (2019-12-19) [2020-08-14].http://www.moe.gov.cn/srcsite/A26/moe_714/202001/t20200107_414578.html.

[6] 教育部.高等学校课程思政建设指导纲要[EB/OL].(2020-06-01)[2020-08-14]. http://www.moe.gov.cn/srcsite/A08/s7056/202006/t20200603_462437.html.

[7] 陈晓光.教育出版融合发展的实践与思考[J].中国编辑,2020(1):5.

[8] 教育部.介绍疫情期间大中小学在线教育有关情况和下一步工作考虑[EB/OL]. (2020-05-14)[2020-08-14]. http://www.moe.gov.cn/fbh/live/2020/51987/.

人工智能技术赋能科技期刊集群平台的展望
——以中国水产期刊集群平台为例

黄 历,陈 鹏

(上海海洋大学期刊中心,上海 201306)

摘要: 科技期刊集群化发展是国际出版领域的主流方向,国际出版商应用人工智能技术升级期刊出版平台大数据服务架构已初现端倪,而中国科技期刊集群平台建设仍处于全媒体融合出版阶段,利用人工智能技术提升科技期刊出版模式、提高内容生产效率、提供决策依据、实现内容增值等方面需要进一步加强。本文结合国际出版领域中的应用实践,从人工智能技术应用于学术内容定制化、学术热点追踪、策划选题、审稿专家推荐、期刊推荐等方面展望中国水产期刊集群平台由学术交流的媒体升级转变为学术资源和数据的人工智能技术应用平台,为中国科技期刊出版优化创新提供思路。

关键词: 人工智能;科技期刊集群平台;自然语言处理;机器学习;语义技术

进入 21 世纪以来,中国科技期刊的发展转型探索逐渐深入,其中科技期刊的集群平台建设尤为显著,如标杆"中国光学期刊集群"[1],在科技期刊集群化和媒体产品多元化发展上起到引领和示范作用;"中国煤炭期刊网"在充分整合行业期刊资源的基础上,实现了集群化融合出版[2];清华大学期刊中心依托清华大学出版社的资源优势,走出兼具学科、管理、书刊互动、"产学研"一体化的集群化建设之路[3];中国地理与资源期刊集群化服务平台经过十多年的发展与实践,极大地推动了科技期刊由传统纸质出版向富媒体出版、由文献生产者向学科与社会集成型知识服务提供平台的两大根本性转型[4]。实践证明,以行业或学科为组织形式的科技期刊集群平台作为学术交流的媒体对提升科技期刊的影响力和传播力发挥了重要的作用。随着人工智能的不断发展,服务于学术交流和知识传播的科技期刊集群平台也将发生前所未有的变革。尽管科技期刊集群平台在期刊数字化、流程网络化、传播多元化方面取得了长足的发展,但是,在国际学术出版商不断利用新技术赋能和升级期刊集群平台的大背景下,中国科技期刊集群出版转型升级任重道远。本文结合国际出版领域中人工智能技术的应用实践,展望基于人工智能技术赋能中国水产期刊集群平台,将来驱使平台由学术交流的媒体升级转变为学术资源和数据的人工智能技术应用平台,为中国科技期刊出版优化创新提供新思路。

1 中国水产期刊集群平台的建设历程

中国水产期刊集群于 2007 年由《水产学报》编辑部发起,集聚中国水产学科领域 50 多

基金项目: 中文科技期刊精品建设计划(2018KJQK005);2016 年度高水平高校学术期刊支持计划 B 类项目;上海市高等院校科技期刊研究基金资助项目(SHGX2018B03)
通信作者: 陈 鹏,E-mail: pchen@shou.edu.cn

本学术、技术、科普、信息类专业期刊,旨在构建有广泛影响力水产类科技期刊集群更好地发挥整体优势,实现资源共享,提高信息的可获得性,加快我国水产领域科技信息的传播。集群数字出版平台——中国水产期刊网,将分散在网上的水产类科技期刊整合、集成到同一网络平台上,从2011年上线以来,对提升联盟期刊的影响力发挥了积极作用,水产期刊在115多种学科期刊中的地位有了一定的提高[5]。受限于水产学科的体量以及发起单位的综合实力,中国水产期刊平台与国内优秀的期刊集群平台相比还有相当大的差距,但作为我国水产领域唯一的期刊集群平台,其影响力将随着我国水产和渔业学科的发展而进一步扩大,如果能顺应时势拥抱人工智能技术,结合学科特点升级集群平台的功能,必将为水产学科科研成果的传播和数据深度挖掘利用起到更好的促进作用。

2 人工智能技术赋能中国水产期刊集群平台的展望

人工智能技术在出版领域应用广阔,将人工智能技术与科技期刊出版结合,制定相应的专家系统、智能辅助编辑加工和决策支持系统等将提高科技期刊出版行业的社会和经济的综合效益[6]。国际学术出版商采用人工智能技术升级其期刊出版平台已成为不可否认的事实。随着全球的学术产出的不断增长,学术内容通过期刊或出版平台的发布和传播仅仅只是初级利用,而在海量的学术内容中精确查找、智能整合、深度挖掘等则是对这些数据更高层次的利用。因此,未来的期刊集群平台应该在不断完善学术文献发布、传播、检索的功能基础上升级为人工智能技术的应用平台。

2.1 学术内容的智能抽提和整合的平台

水产和渔业领域中,研究对象多种多样,仅鱼类分类学工具书——*Fishes of the World* 中就记载了超过6万多种鱼类的词条,其他水生生物种类更加数不胜数;此外,与水产相关的术语,如《水产辞典》中记录了水产学科的名词术语共5 194条,《汉英渔业词典》中记录了7万多条渔业相关的术语。上述学术术语都来自科研从业人员通过人工查阅文献资料编纂汇总完成,一旦出版,只能通过更新版本而更改错误信息或增加新的共识从而更新内容。中国水产期刊集群平台是水产领域重要的专业文献数据库,随着文献数据不断累积以及数据结构化处理程度不断加深,未来完全可以作为人工智能技术——自然语言处理和语义技术的数据来源,通过机器学习的方法智能抽提和整合学术术语,并将术语与文献相关联,提高术语的更新速率以及查询效率。

此外,水产期刊集群平台还应该能对所有加盟期刊的内容以及水产行业的学术会议、技术资料、科研成果等进行细分以实现精确的内容定制服务,以满足各种用户的多方面需求。平台的每一位用户可以按需设置自己对分类内容的喜好并选择相关概念要求平台进行文档监测,并且可以手动选择期刊并设置监测时间范围,同时针对机器生成的结果,用户可以通过拖动鼠标扩大或缩小范围,进而选择所需的文档。定制化的内容推送功能有助于消除人工管理文章内容及分类时的瓶颈,节省人工和时间成本。

2.2 水产和渔业专业的文献计量学研究平台

实时掌握本学科的研究热点以及开展文献综述是科研人员必备的素质。基于引文分析法的文献计量学是目前帮助科研人员判断学科热点的有效方法。然而,通过人工查找文献辅以工具(Citespace,HistCite)计算,耗时费力,有时由于数据源的限制,获得的基础分析数据覆盖度不够,因而造成分析结果的可靠性不足。国际知名出版商Elsevier依托其Scopus数据库建立的 SciVal 分析平台正是应对人工分析的不足，采用人工智能相关技术开展文献计量学研究，为科研人员提供及时、有效、可靠的分析结果。因此，中国水产期刊集群平台将来应该借鉴 SciVal 平台的形式，开发集群平台自有的大数据分析技术，可快速发现热门选题和挖掘核心作者，加盟期刊的编辑可以根据当前的科研态势主动出击，科学选题及精准约稿。基于语义分析技术和自然语言处理技术对所有学术内容进行研究主题归纳抽提，并按照研究问题层次的主题为文章进行分类划分，突出主题的跨学科和微观问题层面特点，满足学科交叉汇聚态势下的编辑选题需求。增加研究主题的跨学科属性以助于在专家库的构建上实现基于具体研究问题的小同行间的比较，从而使得那些在专业研究领域具有较高学术水平，但受到传统学科分类方法限制的研究者有了更多被发现的机会。整合现有数据资源，依托国内技术提供商，升级平台的文献分析功能，为水产科研人员提供免费、精确、实时的研究趋势和选题方案等文献计量学分析结果，同时也能为应对水产和渔业领域类突发事件提供基础理论依据。

2.3 人工智能化的投审稿流程平台和编辑加工平台

人工智能技术的出现旨在提高人类传统的工作效率，期刊集群平台的出现也是为了提高行业内期刊整体的运行效率。例如，第一，在投稿环节，水产期刊集群平台可以提供智能化的期刊投稿推荐系统。最近几年国际知名出版商相继推出了投稿推荐系统，作者只需要将要投的文章的标题和摘要输入系统，系统通过语义分析技术为作者推荐最适合的期刊。投稿推荐系统不仅可以提高投稿的精确度，而且还能杜绝伪造的期刊网站。第二，在编辑初审环节，水产期刊集群平台可以提供人工智能化的技术性检查功能。通常情况下期刊编辑收到稿件后，在同行评审之前，初审编辑需要进行技术性检查或格式检查，以确保其符合期刊要求以及相关的标准规范。人工智能化的技术性检查功能可以帮助作者和编辑快速检查新投稿文章的内容，并对格式规范等错误信息以及缺失的信息进行提示以加快稿件处理速度，此外对文章的学术道德规范方面作快速检查防止剽窃或重复投稿等。通过设置检测标准对提交的文章进行审核，根据严重程度进行分类预警。第三，在审稿环节，Publons[7]的成功说明对专家审稿的有效激励将极大地提高审稿效率和审稿质量。因此，中国水产期刊集群平台将来也应该利用数据优势同时整合中国水产学会的资源，设计合理的、可持续的激励策略，采用基于区块链的技术，建立中国水产期刊集群平台的审稿专家数据库，应用机器学习技术开发智能审稿系统，精准查找审稿人并自动分配审稿任务，为集群加盟期刊提供审稿服务。第四，在编辑加工环节，传统的编辑加工主要依靠编辑的编校经验和对规范理解，针对文稿的语言文字、格式规范等进行处理。这个过程具有形式规范化，逻辑可验证等特征，正是以人工智能所擅长的领域之一。随着中国水产期刊集群平台积累的文献量不断增加，且数据格式 XML 转化程度不断加深，作为机器学习的数据集可利用性不断提高，用于开展水产和渔业领域内容编辑加工的人工智能辅助系统必将出现。

3 结束语

中国水产期刊集群平台的加盟期刊仍隶属于各个主管、主办和出版单位，平台与加盟期刊的联系仍然较松散，加盟期刊仅仅为平台提供文献数据，且各期刊的数据相对独立，形成了"数据孤岛"，从而很难参与到平台的建设和升级，难以形成内部合力和凝聚力，对外也不可能形成巨大的竞争优势。展望中国水产期刊集群平台未来，应用人工智能技术将"数据孤岛"关联起来深度挖掘文献深层次的作用，开发文献数据更高级的功能才是未来的发展方向，也为水产和渔业科研人员提供更有效率的科研辅助手段。

参 考 文 献

[1] 胡冰,段家喜,杨蕾.光学期刊集群化发展的新思路[J].传媒,2015(17):15-17.
[2] 朱拴成.科技期刊集群化服务平台融合出版探索实践:以中国煤炭期刊网为例[J].编辑学报,2019,31(2):209-211.
[3] 刘俊,张昕,颜帅.大学出版社学术期刊集群化运营模式研究:以清华大学出版社期刊中心为例[J].编辑学报,2016,28(6):561-565.
[4] 朱晓华,何书金,袁丽华.中国地理与资源期刊集群化服务平台的发展与实践[J].地理学报,2017,72(5):918-941.
[5] 陈鹏.中国水产期刊集群的实践与思考[M]//学报编辑论丛(2016).上海:上海大学出版社,2016:1-5.
[6] 黄历.人工智能在科技期刊出版领域中的应用现状与发展趋势[M]//学报编辑论丛(2019).上海:上海大学出版社,2019:361-365.
[7] 黄历.同行评议记录平台 Publons 对实现第三方审稿的启示[M]//学报编辑论丛(2017).上海:上海大学出版社,2017:274-277.

科技期刊微信公众号运营探析

王李艳

(上海市计划生育科学研究所《中华生殖与避孕杂志》编辑部,上海 200237)

摘要: 期刊微信公众号的建设关键是要重视推文质量及推文发布时间,同时栏目设置要简明友好。本研究通过手机搜索期刊名,关注相关期刊微信公众号,了解公众号栏目设置和推文情况,同时利用清博大数据网站查找期刊公众号,查看微信传播力指数(WCI)等指标,并对相关期刊微信公众号进行比较。旨在重新定位本刊微信公众号的运营方向,并借鉴同行优势来改进平台运营的不足,同时也为其他期刊微信公众号的运营提供参考。

关键词: 微信公众号;微信传播力指数;栏目设置

科技期刊因其专业性的特点,受众面十分有限,特别是医学类科技期刊,它所面向的群体基本就是广大医务工作者和医学院校的学生。在新媒体迅猛发展的今天,移动终端已成为人们生活中必不可少的一部分。随着人们阅读习惯的改变,传统的纸媒在市场上的份额越来越少,这就要求期刊人寻求办刊模式的转变。微信自 2012 年 8 月正式上线后,已成为大部分人每天接触的媒体平台。腾讯公布的 2019 年第一季业绩报告显示:今年首季微信及 WeChat 的合并月活跃账户数达 11.12 亿,同比增长 6.9%[1]。基于如此庞大的微信用户数量,微信公众号已成为当前新媒体中最热门、应用最广泛的媒体形式。在推动媒体融合发展的政策指导下,期刊的微信公众号应运而生。如何运营好期刊公众号来推动期刊的发展是期刊人共同关注的话题。学术期刊微信公众平台是学术期刊与新媒体融合的一种介质,科学的定位有利于加速这种融合,扩大学术期刊的发展空间和影响力。学术期刊移动互联网化是必然趋势,扩大期刊影响力,增强与科研工作者的黏度,是期刊追求的结果,因此学术期刊微信公众平台有其存在的必要性。肖骏等[2]从学术期刊与微信公众平台差异的视角分析了学术期刊微信公众平台的定位及其意义,认为期刊微信公众号应以为期刊和订阅用户服务为核心,着眼于增加学术期刊与科研人员的黏度。不少期刊人对微信公众号运营现状作过调查分析,并提出一些提升策略[3-5]。

本刊自开通微信公众号以来,基本只是纸刊的附属品,从最初推送文章摘要,到现在推送全文,关注度未见明显提升。为了改变运营现状,本文通过调查分析相关领域期刊微信公众号的运营情况,重新定位本刊微信公众号的运营方向,借鉴同行优势来改进平台运营的不足,同时给想要办好微信公众号的期刊提供参考。

1 研究内容

1.1 期刊的选取

选取与《中华生殖与避孕杂志》专业相关的期刊,以 2018 年版《中国科技期刊引证报告

(核心版)》妇产科学类和优生学、计划生育学类期刊共 15 种作为研究对象。

1.2 研究方法

1.2.1 微信传播指数(Wechat Communication Index,WCI)

关于微信的评价，多集中在传播方面，较常用的是 WCI。WCI 是新媒体指数平台推出的评估工具，它通过微信公众号推送文章的传播度、覆盖度、账号成熟度与影响力，来反映其整体热度及发展走势[6]。用于定量评价微信公众号所发信息的传播指标，综合计算多个数据维度数据，可以客观评价微信信息和公众号的影响力。WCI(V13.0)指标更加丰富，从整体传播力、篇均传播力、头条传播力和峰值传播力等 4 个维度进行评价，评价维度更全面。登录清博大数据网站(www.gsdata.com)查找期刊公众号的微信传播指数等数据，检索词为期刊名。

1.2.2 手机关注微信公众号

手机搜索期刊微信公众号，搜索词为 1.1 中 15 种期刊名，找到 7 本期刊的微信公众号；再通过清博大数据网站搜索这 7 本刊，发现《中国计划生育学杂志》未入库，《中国计划生育与妇产科》《实用妇产科杂志》和《中国妇产科临床杂志》无法搜索到，为了增加 WCI 分析样本量，又纳入儿科学、预防医学与公共卫生学期刊 7 本。具体微信影响力情况及 2018 年版《中国科技期刊引证报告(核心版)》影响因子见表 1。

表 1 10 本期刊微信传播力情况(按 WCI 从高到低排序)

期刊名	开通时间	微信总榜排名	近 30 天文章发布习惯	当天文章阅读总量	近 30 天热文 Top10	预估活跃粉丝数	WCI	影响因子
公共卫生与预防医学	2014-04-15	9 257	周一至周日 8—18 点	11 070	疾病预防科普	91 770	695.86	1.064
中国实用妇科与产科杂志	2014-10-15	19 019	周一至周日 8—11 点/13—16 点	4 008	专家共识，微信专栏	14 330	573.31	1.713
中华预防医学杂志	2014-11-20	23 692	除周五 8—11 点/15—17 点	2 060	直播课，流行病热点	9 875	530.25	1.535
中华儿科杂志	2015-08-21	43 103	周一、三、四、五 17—19 点	1 473	论著、综述	9 405	410.67	2.067
中华围产医学杂志	2013-06-17	92 896	周一至周日 16—18 点	344	最新论文	5 035	246.71	1.130
中国当代儿科杂志	2016-02-02	96 056	周一至周四，时间段不固定	184	最新论文	3 450	230.11	1.078
中华疾病控制杂志	2016-11-03	107 167	周日 15—17 点	144	通知	2 900	178.95	1.536
中华生殖与避孕杂志	2018-01-03	129 635	周一至周五，时间段不固定	153	最新论文	2 695	153.2	1.050
国际儿科学杂志	2015-07-06	136 033	周一、二、六 12—16 点	93	最新论文	3 980	149.14	0.612
临床小儿外科杂志	2015-12-17	133 483	周二、五、六 7—9 点/15—19 点	47	最新论文	3 070	108.28	0.451

注：检索日期 2020 年 5 月 8 日

2 研究结果

2.1 清博大数据指数分析

通常来说，WCI 指数越高，期刊关注度越高，微信公众号影响力越大[5]。这些 WCI 高的期刊公众号都有什么特点？我们对其进行定性分析，以了解其发布习惯、发布内容等信息。

由表 1 可见，在这 10 本期刊中本刊的 WCI 和影响因子均排第七，最后 2 本 WCI 低，其影响因子也低，这在一定程度上说明影响因子高的，WCI 相对也高。从近 30 天热文 Top10 来看，排在前三位的期刊都有其自身特点，而不是简单发布纸刊内容，因此当天文章阅读量遥遥领先，特别是《公共卫生与预防医学》，发布的内容基本都是疾病预防科普内容，受众面更广，更易被大众接受，这也是它影响因子虽然相对较低但 WCI 和粉丝数最高的原因。本刊的公众号开通时间最晚，在一定程度上造成粉丝数少。从近 30 天文章发布习惯来看，有 7 本刊除了在工作日发布外，周末也会发布内容，而且多数都有相对固定的发布时间段，而本刊只在工作日发布，且发布时间相对不固定，当天文章阅读量仅百余篇，与《公共卫生与预防医学》相差甚远。

2.2 栏目设置及推文特点

通过关注与本刊专业相近的 7 本期刊的微信公众号，分析期刊微信公众号的栏目设置，结果如表 2 所示。

表 2　7 本期刊微信公众号栏目设置一览表

期刊	主要推文	原创内容	一级栏目	二级栏目
中国实用妇科与产科杂志	微信专栏，全文转载	545	无	无
中国妇产科临床杂志	会议报道、最新研究进展、专家共识	8	杂志介绍	期刊简介、编委名单、投稿指南、联系我们、
			文章目录	最新目录、过刊目录
			互动社区	无，可发表评论
中华围产医学杂志	目录+摘要、医学英语角、前沿科普	1 153	复苏大赛	通知、报名、招商合作
			找文章	号内搜、往期目录、指南共识、文章合集、杂志官网
			12 届 SPM	一轮通知、招商合作、官网投稿
中华生殖与避孕杂志	目次+全文	0	期刊介绍	出版方向、收录情况
			期刊浏览	当期内容、往期内容、高级检索
			投稿系统	投稿须知、系统登录
中国计划生育学杂志	生殖健康科普专栏	19	我要投稿	作者中心、投稿须知、审稿通知
			期刊内容	当期目录、过往期刊、论文检索、栏目浏览
			联系我们	期刊介绍、政策解读、本刊网址、联系我们
中国计划生育与妇产科	目次+全文	0	杂志介绍	期刊介绍、编委成员、期刊信息、投稿须知、联系我们
			文章目录	最新全文、最近 2 期目录、往期浏览
实用妇产科杂志	指南解读	0	在线查询	过刊浏览、当期目录、最新资讯、作者查稿、在线投稿
			关于我们	期刊简介、投稿须知、联系我们、期刊订阅
			用户中心	用户登录、登录绑定、取消绑定

注：搜索日期 2019 年 12 月 1 日。

由表 2 可见，除了中国实用妇科与产科杂志，其他杂志都设了 3 个一级栏目，每个一级栏目又会有 2~5 个二级栏目。然而，WCI 最高的《中国实用妇科与产科杂志》反而无栏目设置。其他微信公众号基本都设置了文章目录的检索、期刊基本信息等作者、读者比较关心的问题。对作者而言，稿件进展情况是最关心的问题。《中国计划生育学杂志》设有作者中心，输入用户民和密码即可查询稿件状态，《实用妇产科杂志》则更简便，只需提供稿件编号或者作者姓名即可查询。本刊的栏目设置特点不够鲜明，所包含的信息量不够全面，查询稿件目前也只能链接到网页版投稿系统界面，对手机用户而言界面并不友好。

3　讨论

3.1　注重推文质量

黄炜等[8]研究表明，不管是哪种类型的微信公众号，注重内容质量的公众号更受用户欢迎，用户黏度更高。无论是传统纸媒，还是新媒体，内容的质量永远都是刊物的灵魂。因此，学术期刊微信公众号需要对推送内容进行筛选，追求优质化的内容推送。比如在《公共卫生与预防医学》的微信平台上科普性质的内容就广受欢迎。如果微信推文仅仅是照搬纸刊的内容，不进行加工和创作，对读者而言仍然是枯燥乏味的，缺乏吸引力就很难被转发，无法扩大传播范围。有研究显示，科技期刊微信公众号推文中有动图、音频或视频的推文不超过 3%[3]。本刊目前的运营基本就是照搬纸刊内容，将当期纸刊发表的文章逐篇推送，未经删选，因此关注度相对低下。未来在这方面要加以调整改进。比如，挑选高质量的文章经过加工后再推送，也可在发布文字和图片的基础上，适当插入音、视频，弥补纸媒音、视频传播的不足。同时要抓住微信用户"浅阅读"的特点，尽量削减推文篇幅，将内容的精华部分提炼出来推送。也可增设科普文章，扩大受众面。如《中国计划生育杂志》生殖健康科普专栏，他们推出的《孕期羊水知多少》《迷路的受精卵》等原创科普推文，用通俗易懂的语言配以卡通图片，普通大众也能受益匪浅。《中华围产医学》由编辑撰写的医学英语角具有实用价值，不仅提高了编辑的编校水平，也能给作者在写作上提供一点启发。今后本刊在推文的选择上不应局限于纸刊发表的文章，也可以推出科普类型的短文，生殖与避孕方面的科普正是大众所需要的，用通俗的语言加上生动的图片，一定能够吸引读者的眼球。

3.2　合理微信推文发布时间

除了有吸引眼球的内容外，发布时间也是关键。保持稳定的消息推送有利于培养与建立用户阅读习惯，对于学术期刊微信公众平台而言，提高信息推送的时效性意义重大[9]。《2014年微信公众号用户行为习惯研究报告》[10]指出，从推送时间来看，大多数用户喜欢在 18:00—20:00 及 20:00—22:00 这 2 个时间段查看公众号信息。适应用户行为习惯的细致服务不仅有利于将一次关注变为持续关注，而且有助于提高推送信息的点击率，从而达到宣传推广的效果。由于本刊的专业性较强，关注我们的大部分是医务工作者及医学院校的学生。医务人员工作非常繁忙，关注手机资讯的时间较少，因此选择在下班之后这个时间段发布信息，符合读者的阅读习惯。上下班途中或上下课间隔、排队等比较短的时间里，也是获取信息的主要时间。目前微信公众号的运营大部分还是期刊编辑在上班时间完成的，因此这些时间段的推送很难把握，除非加班来完成。本刊目前推文发布没有一个固定的时间段，而且也较难达到上述研究中的两个时间段，那么方便达到的就是固定一个时间段推文，比如在中午午休时间段推文，也是获取信息的主要时间。有了一个固定的时间段，随着时间延长，就会让关注我们的用户形成在特定时间阅读的习惯。

3.3 优化栏目设置

栏目设置是为了更好地方便用户获取想要的信息,如果设置栏目不清,甚至繁琐,会让用户感觉不方便,从而放弃继续浏览。这种情况下,栏目设置就失去了它存在的意义,还不如像《中国实用妇科与产科杂志》那样,不设置栏目,注重推文质量,用户关注度并不会下降。其实,多数用户只是在收到自己感兴趣的推文时才会进入公众号阅读,而真正会通过栏目去搜索相关文章的大部分是我们的作者。那么,我们设置栏目时,就要考虑到这部分用户的需求。他们最关心的是稿件进展,因此可以设"稿件查询"栏目,而非只是简单地链接到网页版,《中国计划生育学杂志》的作者中心和《实用妇产科杂志》的作者查稿栏目就很好地实现了这一点。目前本刊的栏目设置不够合理,如"投稿系统"只是链接到网页版的投稿界面,这样的界面其实并不友好。投稿时作者要上传的附件比较多,因此没有作者会在手机上投稿,所以这个栏目起不到作用。而对普通读者而言,期刊文章的浏览就是他们的需求,目前大部分期刊微信公众号已实现这一功能,包括当期和往期的文章浏览。总之,栏目的设置应考虑不同受众的特点,也可开设用户交流、互动、反馈等模块,与用户建立良好的互动关系,及时了解用户的需求,这样才能为他们提供更好的服务。

3.4 增加活跃粉丝数

内容决定关注程度,好的内容、好的文章,能让用户主动分享出去,通过朋友圈的辐射效应,吸引更多的粉丝,因此好的推文是增粉的有力保障。推送频率和时间段对微信公众号的圈粉也有较大影响。有规律地每日推送次数恰当的微信公众号往往比推送频率过低、推送时间段不固定的微信公众号关注度更高,粉丝数量也更多[11]。目前,本刊公众号活跃粉丝数量较低,一方面是因为我们开通时间相对比较晚,另一方面还是推文内容比较单薄,只是照搬纸刊内容,没有新意,也没有抓人眼球的图片与标题,无法吸引读者点击浏览。在今后的运营中,编辑部要加大宣传力度,积极加粉,如参加学术会议期间,关注公众号可免费领杂志;宣传海报上印有期刊公众号二维码,在大会上作报告时结尾处放上微信二维码等。同时还要对推文内容进行二次加工,加上吸引人的图片与标题,再对内容适当精简,让已有粉丝成为活跃的粉丝。

本文的不足之处在于,只摘录清博大数据中的月指数,只能体现这一个月的运营情况,说服力还有欠缺。但是,这在一定程度上也能反映该公众号的大致运营情况,可以起到借鉴作用。总之,如何运营好微信公众号是本刊今后需要努力的方向。关键还是要围绕"内容为王"的核心,将科技期刊纸质媒介的创新严谨和微信公众平台的轻松易读有机结合起来,精心挑选受用户关注的、有价值的图文,并抓住微信用户碎片化阅读和浅阅读的特点,为他们提供精炼的科研成果报道。同时找准自己的定位,并严格按照这个定位深入走下去。在移动互联网时代信息大爆炸的形势下,科技期刊应及时跟上数字化发展的步伐,创新办刊理念,重视微信公众平台的建设、运营和使用,充分发挥各种优势,以期通过提高微信公众平台的传播力和影响力,最终提升科技期刊的影响力。

参 考 文 献

[1] 2019 年一季度微信用户数量达 11 亿 2019 年即时通信用户规模分析(图)[EB/OL].(2019-11-24)[2020-08-10]. http://www.askci.com/news/chanye/20190516/1346051146282.shtml.

[2] 肖骏,谢晓红,王淑华.学术期刊微信公众平台定位及其意义:从学术期刊与微信公众平台差异的视角分析[J].编辑学报,2017,29(3):275-277.

[3] 李广欣.科技期刊微信公众号推文内容运营状况调查与分析[J].中国科技期刊研究,2017,28(12):1141-1147.

[4] 黄雅意,辛亮,黄锋.科技学术期刊微信公众平台问题分析与影响力提升策略[J].编辑学报,2016,28(6):529-531.

[5] 徐小明,董燕萍,杨扬,等.医学期刊微信公众平台应用现状调查分析及提升策略:基于中华医学会系列杂志开通情况的分析[J].编辑学报,2016,28(5):478-481.

[6] 黄国凡,张钰梅.图书馆微信公众号内容营销策略:基于微信传播指数 WCI 的分析[J].图书馆杂志,2015,34(9):91-96.

[7] 董敏,刘雪梅.医学期刊微信公众号运营调查分析[J].出版科学,2018,26(4):79-83.

[8] 黄炜,黄建桥,胡悦,等.微信公众号的评价指标体系研究[J].现代情报,2018,38(3):99-103,149.

[9] 冀芳,张夏恒.学术期刊微信公众平台影响力研究:基于5种CSSCI来源期刊的实证分析[J].情报杂志,2016,35(4):147-151.

[10] 契约.众号用户行为习惯研究报告[EB/OL].(2017-07-18)[2019-11-17].https://max.book118.com/html/2017/0718/122861764.shtm.

[11] 魏莎莎.医学期刊微信公众号"涨粉"实践:以《亚洲泌尿外科杂志(英文)》为例[M]//科技期刊发展与导向(第11辑).上海:上海大学出版社,2018:98-101.

基于 CNKI 的我国科技期刊新媒体相关研究的文献数据分析

郑雯，王婉芬，吕依宣，马慧群

(西安交通大学第二附属医院《中国皮肤性病学杂志》编辑部，陕西 西安 710004)

摘要： 采用文献计量学方法，对中国知网(CNKI)自建库至 2018 年 12 月 31 日收录的 756 篇科技期刊的新媒体相关研究文献进行数据分析。统计结果显示，我国科技期刊的新媒体相关研究最早开始于 2008 年，2016—2018 年的发文总量占到了 71.69%，其发展进程与我国新媒体产业的整体发展趋势一致；研究的主题主要集中在媒体融合、微信公众平台、数字出版及编辑培养等方面，研究较为单一。各地区对于科技期刊新媒体研究的支持力度不一，本研究领域未能形成实力较强的核心作者群和研究机构。我国科技期刊的新媒体研究还存在一定的局限性，各地区应进一步加大对该领域的支持力度，培育相关人才，结合国内新媒体产业的发展动向和个刊特点从期刊定位、新技术应用、品牌和市场营销等多个层面进行广泛而深入的系统探索。

关键词： 科技期刊；新媒体；文献分析

随着新媒体技术的不断发展和媒体融合的不断深入，国内科技期刊研究领域对新媒体的相关研究越来越多，但目前对于其研究现况和进展并没有深入的数据分析。本研究旨在通过对国内已发表的科技期刊相关新媒体研究的文献进行数据统计分析，分析其研究趋势和存在的问题，以期为新媒体在科技期刊发展中更好地发挥作用提供理论依据。

1 文献检索及分析

以"新媒体"+"科技期刊"、"新媒体"+"学术期刊"为主题词，检索获得中国知网(CNKI)自建库至 2018 年 12 月 31 日收录的所有相关文献共 835 篇。将 835 篇文献题录导入 NoteExpress 文献管理系统进行数据分析，通过系统查重和剔除消息、启事等非研究性文献，共余 756 篇有效文献用于本研究分析。同时，应用该软件分别从 756 篇文献题录中提取发表年份、作者及作者单位、发表刊物、基金项目、主题词等字段，利用 Excel 2013 对年发文量、核心作者、研究机构分布、发表期刊分布、基金论文数量及等级、研究主题词等各项数据进行统计分析，得到关于科技期刊新媒体相关研究的统计结果。

2 统计结果及分析

2.1 年发文量

基金项目： 西安交大二附院医院管理项目[YJ(GL)201701]；陕西省出版科学基金资助（17BSC02）
通信作者： 马慧群，E-mail: mahuiqun2003@163.com

经过统计分析发现，本研究纳入的 756 篇有效文献中发表最早的为 2008 年，但仅有 4 篇；之后随着新媒体的不断发展，科技期刊新媒体相关研究不断增多，年发文量在 2008—2017 年间逐年攀升，2018 年较 2017 年略有回落，其中 2015—2016 年增幅最大；2016—2018 年的年发文量均维持在较高水平，3 年的发文总量占到了全部文献的 71.69%(542 篇)，如表 1 所示。从相关研究发文量的增长速度来看，2008—2011 年为研究的起步期，每年发文量仅增长 1~2 篇；2012—2015 年，该领域研究进入到快速增长期，年发文量呈现出成倍增长的趋势；2016—2018 年，发文量增长趋于稳定，并一直保持在较高水平，研究进入稳定发展期，见图 1。

表 1 发文量统计表

年份	发文量/篇	比例/%
2008	4	0.53
2009	6	0.79
2010	7	0.93
2011	8	1.06
2012	13	1.72
2013	27	3.57
2014	46	6.08
2015	103	13.62
2016	183	24.21
2017	192	25.40
2018	167	22.09
合计	756	100

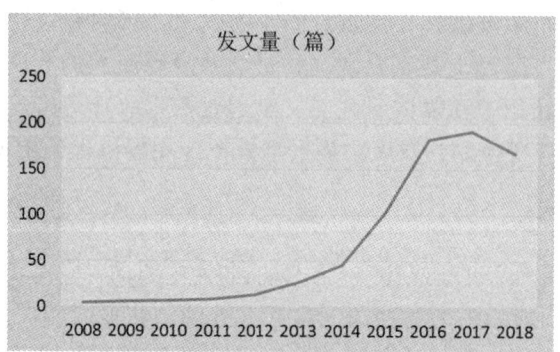

图 1 发文量增长趋势统计图

从统计结果可以得出，我国科技期刊的新媒体研究最早开始于 2008 年，比 1967 年美国 CBS(哥伦比亚广播电视网)技术研究所所长 P·戈尔德马克(P.Goldmark)最早提出新媒体概念[1]晚了 40 年，但与我国新媒体产业发展的趋势具有较高的一致性。2008 年，中国互联网络信息中心(CNNIC)统计数据显示，中国网民数量达到了 2.53 亿人，首次超过美国跃居世界第一位，使我国新媒体发展展现出巨大的空间；与此同时，2008 年北京奥运会首次将互联网、手机等新媒体作为独立转播机构与传统媒体一起纳入转播体系，实现了奥运历史上首次全球网络覆盖[2]，这也成为了我国出版传播领域研究新媒体融合发展的促发剂。在之后 10 多年的发展历程中，科技期刊的新媒体相关研究发文数量不断增加，特别是近年来，伴随着我国新媒体技术的快速发展、应用范围的不断扩大以及各种智能移动终端的迅速普及，近 3 年该领域相关研的发文量究几乎占到了所有研究的3/4。由此说明，科技期刊的新媒体相关研究与我国新媒体的整体发展具有一定的相关性，随着新媒体技术手段的持续更新、各类新媒体相关的网络应用用户数量不断增长、媒体融合的继续深入，科技期刊的新媒体相关研究仍是本领域未来研究的热点。

2.2 核心作者及研究机构分布

2.2.1 核心作者分布

经过统计分析，在本研究所纳入的756篇有效文献中，以第一作者发文数最多的为7篇，根据普赖斯定律，本研究中核心作者的最少发文量应为2篇。计算公式为[3]

$$m_p = 0.749 \times \sqrt{n_{p\max}} \tag{1}$$

式中：m_p为研究中核心作者至少发表的论文数；$n_{p\max}$是所统计的发表论文最多的作者发表的论文数。

经统计，本研究纳入文献中共有584位不同的第一作者，相关研究领域的核心作者有113位，其中以第一作者发表7篇者2位、发表5篇者2位、发表4篇者10位、发表3篇者14位、发表2篇者85位。以第一作者发文最多的作者来自于新疆医科大学学报编辑部和福建工程学院人文学院。

数据显示，本领域的研究未能形成具有较强实力的核心作者群，根据普赖斯定律，仅发表2篇论文的作者即被纳入该领域的核心作者群，且发表论文量超过5篇的第一作者仅4位。

2.2.2 研究机构分布

研究中的756篇有效文献来自于676个研究机构，其中发表1篇论文的机构有652个，发表2篇论文的机构有7个，发表3篇论文的机构有5个，发表4篇及以上的机构共有12个(见表2)。从分析数据来看，我国科技期刊新媒体相关研究机构分布比较分散，发文数仅1篇的机构占到了96.45%，缺乏有实力的核心研究机构；另外，发文数量在4篇以上的研究机构主要集中在高校学报编辑部和高校杂志社，由此说明，在我国高校科技期刊对于新媒体的研究更加重视，研究成果在领域内有更多的交流。

2.3 基金项目统计

756篇有效文献中有基金支持的论文共243篇，占到总数的32.14%。243篇基金论文中国家级课题支持55篇、部级课题支持24篇、省级课题支持76篇、市级课题支持21篇、厅局级课题支持19篇、院校级课题支持48篇，如表3所示。除外国家级和部级课题项目支持论文79篇，其他地方课题项目(地方课题项目指各省级行政区设立的各级相关基金项目)支持论文共164篇，基金项目来源于19个省、4个直辖市和1个自治区，其中设立基金项目并完成研究最多的省份为江苏省，有32项；其次为河北省，有15项；全国5个自治区中仅新疆维吾尔自治区设立有3项相关课题项目并有论文发表，如图2所示。

以上统计数据表明，国家较为注重科技期刊的新媒体研究发展，国家级及部级的相关基金项目占到了所有项目的32.51%；同时，不少省份对此领域的研究也给予了充分的支持，省级项目课题占到了31.28%；地方课题项目来源于全国24个省级行政区，比较集中于文化发展较快地区，结合本研究的研究机构分布分析，地方课题项目支持较多的地区，其机构发文量也相对较多；但目前，仍有不少省份、自治区对科技期刊的新媒体研究的重视程度不够，仍需进一步加大相关研究的支持力度。

表 2 研究机构分布(刊载 4 篇及以上文献的机构)

研究机构	发文数量/篇	发文比例/%	所在地
《新疆医科大学学报》编辑部	12	1.59	新疆维吾尔自治区
江苏大学杂志社	11	1.46	江苏省
福建工程学院人文学院	9	1.19	福建省
北京航空航天大学文化传媒集团	7	0.93	北京市
西北政法大学商学院	6	0.79	陕西省
武汉体育学院期刊社	5	0.66	湖北省
《中国中药杂志》编辑部	5	0.66	北京市
广州医科大学杂志社	4	0.53	广东省
长安大学文学艺术与传播学院	4	0.53	陕西省
《常州大学学报》编辑部	4	0.53	江苏省
《北华大学学报》编辑部	4	0.53	吉林省
《沈阳工业大学学报》编辑部	4	0.53	辽宁省
合计	75	9.92	—

表 3 基金项目统计

项目等级	论文数量/篇	百分比/%
国家级	55	22.63
部级	24	9.88
省级	76	31.28
市级	21	8.64
厅局级	19	7.82
院校级	48	19.75

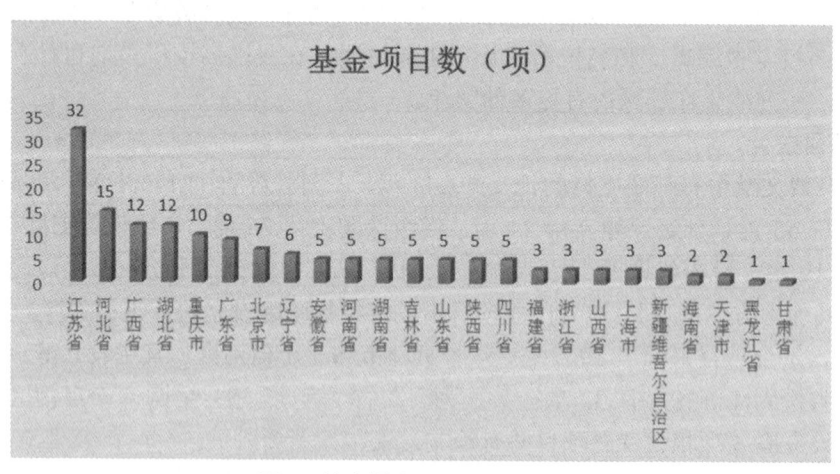

图 2 地方课题项目来源统计图

2.3 发表期刊分布

本研究中的 756 篇有效文献刊登在 256 种期刊中，其中刊登 10 篇以上的期刊共有 14 种，发文量为 368 篇，占全部有效文献的 48.68%，是科技期刊新媒体相关研究的主要发表平台(见表 4)；同时，刊登 10 篇以上的期刊中有 6 种为 CSSCI 收录的核心期刊，发文量为 234 篇，占全部有效文献的 30.95%。数据统计结果表明，近一半的此类研究论文比较集中的刊登于 14 种编辑出版以及新闻传媒类期刊中,且核心期刊的刊文量占比较大。由此说明,科技期刊的新媒体相关研究是编辑出版、新闻与传媒领域的研究热点,业内核心期刊对此类研究有更高的关注度。

表4 发表期刊分布(刊载10篇以上相关文献的期刊)

发表期刊	发文数量/篇	发文比例/%
编辑学报*	79	10.45
中国科技期刊研究*	65	8.60
科技与出版*	46	6.08
新媒体研究	33	4.37
传播与版权	31	4.10
出版广角*	20	2.65
科技传播	18	2.38
新闻研究导刊	15	1.98
天津科技	14	1.85
传媒*	13	1.72
黄冈师范学院学报	12	1.59
出版发行研究*	11	1.46
学报编辑论丛	11	1.46
合计	368	48.68

注:*为北大中文核心期刊目录来源期刊

同时,本研究还对刊登10篇以上文献的14种期刊所刊登的368篇文献的下载量和被引量进行了统计学分析。相关数据表明刊登于6种核心期刊的234篇文献的总被引数为2 428,总下载数为71 734,平均被引数为10.38,篇均下载数为306.56;刊登于其余8种非核心期刊的134篇文献的总被引数为221,总下载数为10 071,篇均被引数为1.65,篇均下载数为75.16。经过比较,核心期刊刊登文献的篇均被引数和篇均下载数均较非核心期刊高。被引量和篇均被引量是两个传统的文献评价指标,其中被引量是被研究文献影响力的总体反映,它与论文量存在一定的相关性,而篇均被引量则反映的是被研究文献的质量;下载量和篇均下载量反映的则是被研究文献在网络载体中的影响和被应用的能力[4]。从统计数据中看,在本研究领域中核心期刊所发表相关文献的质量和在网络载体中的影响及被应用能力均强于非核心期刊。

2.5 研究主题词分析

2.5.1 整体分析

经过统计,除讨本研究所采用的文献检索词"科技期刊""学术期刊""新媒体"外,756篇有效文献出现频次排在前10位的主题词依次为:"媒体融合"141次、"微信"119次、"数字出版"60次、"编辑"41次、"高校科技期刊"24次、"互联网"22次、"青年编辑"18次、"影响力"15次、"微博"14次、"创新"13次。对主题词的共现情况进行进一步分析发现,排名前4位的主题词在相关文献中有较高的共现率,除此之外"媒体融合"的主要共现主题词还有:传播模式、发展和集约化经营;"微信"的主要共现主题词还有:公众平台、运营和影响力;"数字出版"的主要共现主题词还有:互联网、影响力和品牌;"编辑"的主要共现主题词还有:队伍建设、能力和素养。统计数据表明,我国科技期刊的新媒体相关研究主要集中在媒体融合背景下科技期刊传播模式的变化、未来的发展方向和途径以及集约化经营模式的探索;科技期刊微信公众平台的运营策略和对期刊提升影响力的作用;互联网在数字出版中的运用、数字出版对期刊影响力提升的作用以及在期刊品牌建设中的重要意义；科技期刊编辑队伍建设以及新媒体素养和能力的培养等主题。

2.5.2 时间分层分析

对主题词以时间进行分层分析发现(见表5)：2008—2011年，各主题词出现的频次数量并没有太大的差距，分析其可能的原因主要有两点：①此阶段为科技期刊新媒体研究的起步阶段，相关研究的发文量较少仅25篇，所以各主题词出现频次均不高；另一方面，由于该领域研究刚刚起步，研究主题相对分散，未能形成集中的研究热点。随着2011年腾讯公司即时通讯服务智能终端应用程序微信的推出和迅速普及[5]，2012—2015年科技期刊新媒体相关研究的发表论文中，"微信"成为了出现频次最高的主题词，是此时期科技期刊进行新媒体应用探索的焦点；此外，我国科技期刊媒体融合的概念于2013年最早提出，并于2015年起成为科技期刊的研究热点[6]，本研究数据显示，在2012—2015年期间，"媒体融合"迅速成为本领域研究论文中排名第二的高频主题词；与此同时，在这一时期"高校科技期刊"和"医学期刊"也成为了研究中出现的高频主题词，说明高校科技期刊和医学期刊相比于其他科技期刊而言，更早也更注重新媒体与自身相结合的研究，并已取得了一定的成果。2016—2018年新媒体研究进入到稳定发展阶段，以"媒体融合"为主题的研究增长迅速，主题词出现频次跃至第一位；除"媒体融合"外，此时期的热点仍集中在微信、数字出版、编辑等相关主题；在这一时期，"青年编辑"成为高频主题词，说明此阶段科技期刊开始注重新媒体青年人才储备，并开展了相关研究；此外，这一时期高校科技期刊对新媒体的研究仍保持在较高水平，"高校科技期刊"仍为此时期的高频主题词。

表5 主题词时间分层分析

2008—2011年		2012—2015年		2016—2018年	
主题词	出现频次/次	主题词	出现频次/次	主题词	出现频次/次
数字出版	4	微信	31	媒体融合	117
期刊社	4	媒体融合	24	微信	88
传统媒体	3	数字出版	23	数字出版	33
编辑	3	编辑	11	编辑	27
信息资源	2	微博	10	互联网	18
期刊业	2	高校科技期刊	9	青年编辑	16
互联网	2	医学期刊	6	高校科技期刊	15
计算机科学与技术	2	期刊	5	品牌	15
资源利用	2	影响力	4	影响力	11
集成共享	2	网络化	4	大数据	9

本次研究还发现，发表于不同时期的研究文献均有代表当时国内新媒体技术最新发展的特征性主题词出现，例如：2008—2011年出现的"信息技术""手机"等，2012—2015年新出现的"微信""APP""云出版"等，2016—2018年新出现的"H5""O2O"等，具有一定的时代代表性，但相关研究未能形成热点。

3 结束语

本研究数据统计分析显示，我国科技期刊的新媒体相关研究开始于2008年，目前已有10

余年的研究历史,相关研究的发展经历了起步期、快速增长期和稳定发展期三个阶段。科技期刊与新媒体同属于信息传播的重要载体,两者之间存在着共生、竞争、融合、利用等复杂的相互关系[7],本研究数据也显示,科技期刊的新媒体相关研究发展及研究热点均受到我国新媒体技术、产业整体发展的影响,呈现出伴随发展的趋势。因此,随着我国新媒体产业的继续快速发展,及其对传统科技期刊的深远影响,科技期刊在新媒体环境下如何更好地实现媒体融合、探索适合本刊继续发展途径的相关研究,仍会是未来业内研究的热点和重点。目前,国家和不少省份都比较重视科技期刊新媒体相关研究的发展,本次研究纳入的有效文献中,各级基金支持论文占到总数的 32.14%;但是各地区的支持力度差异较大,仍有不少省份、自治区对相关研究的重视程度不够,本组数据显示,不同地区科技期刊的新媒体研究发文量与本地区的相关课题支持力度存在一定的相关性,由于新媒体研究在科技期刊发展中的重要性,各地区仍需进一步加大支持力度,鼓励相关机构进行更深层次的研究。

与此同时,本研究分析显示,科技期刊对于新媒体的研究比较分散,未能形成实力较强的核心作者群和单位机构,新媒体与个刊发展实际相结合的研究不够深入,未能形成相互联系的研究体系;同时,研究主要集中在高校科技期刊,其他刊物的相关研究有待加强。因此,本领域在未来的发展中应集中力量培育相关的研究人才,增强与个刊实际相结合的体系研究,加强研究实力。

本研究在对有效文献进行主题词分析时发现,科技期刊对于新媒体技术手段应用的研究比较集中和单一,主要聚焦在微信公众平台的运营策略探索上,但对于其他新媒体手段比如APP、云出版以及微信衍生的新功能 H5、小程序等的研究不多,反映出现阶段我国科技期刊媒体融合探索的局限性。目前,微信公众平台的红利期正在关闭[8],已经进入了后微信时代,网络直播、短视频、5G 技术等已经进入高速发展期[9],但经查询科技期刊与之相关的文献却寥寥无几。此外,通过主题词共现分析发现,目前的研究关于新媒体对期刊影响力的作用研究比较多,而对于期刊在新媒体时代如何定位转型实现媒体融合、如何通过新媒体的应用进行品牌营销和市场营销的相关研究却相对薄弱。因此,科技期刊的新媒体相关研究应当走出既有模式,与时俱进,结合国内新媒体产业的最新发展动向和个刊的自身特点从期刊的定位、新技术应用、品牌营销和市场营销等多个层面进行广泛、深入的系统探索,不断探寻新的发展方向。

参 考 文 献

[1] 匡文波.到底什么是新媒体?[J].新闻与写作,2012(7):24.
[2] 高红波.2008 年中国新媒体产业发展研究[J].现代视听,2009(2):22-24.
[3] 宗淑萍.基于普赖斯定律和综合指数法的核心著者测评:以《中国科技期刊研究》为例[J].中国科技期刊研究,2016,27(12):1311.
[4] 魏晓萍,杨思洛.基于 CNKI 的期刊网络学术影响力研究[J].2010,28(5):748.
[5] 郭伟.学术期刊融合新媒体需要解决的关键问题[J].编辑学报,2018,30(2):137.
[6] 景勇,郭雨梅,钟媛,等.科技期刊融合发展的阶段、内涵与策略[J].编辑学报,2019,31(1):17.
[7] 李帛珊.新媒体环境下科技期刊的发展探略[J].新媒体研究,2018,22:125-127.
[8] 徐亚,李禾,杨驰.从传统纸媒到新媒体,科技期刊如何走出第一步[J].科技与出版,2016(6):15.
[9] 郭全中.快速进化中的中国新媒体产业[J].新闻与写作,2018(7):55-63.

学术期刊编辑在线排版的实践与探索

——以《农业大数据学报》为例

黄　朝，郝心宁

(中国农业科学院农业信息研究所，北京 100081)

摘要： 随着计算机应用技术的发展，辅助出版的智能软件在编辑日常工作中发挥着越来越重要作用。由于新冠疫情的影响，居家办公成了一段特殊时期编辑们的特殊工作状态。编辑工作是一项综合性工作，不仅需要文字功底，还需要有把控出版全流程的能力。本文从编辑实践与探索角度对在线排版系统进行了从与传统排版的对比优势、编辑角色转换、在线排版的实践与探索几个方面进行了总结，希望能给其他期刊的排版工作作为参考。

关键词： 学术期刊编辑；在线排版；智能；实践

一场突如其来的新冠疫情，导致编辑开始了长达近 3 个月的居家办公。刊期在即，在人手不足以及纸质版材料互通不便的情况下，《农业大数据学报》编辑部(以下简称"学报")快速启用在线排版平台(方正出版平台)，实现编辑居家自行对文章单篇快速排版，自由组合成刊，经过精修之后签发，定版后将各种类型数据文件一键式转换下载，电子文件类型全面，分为整期文章文件和单篇文章文件，可以直接用于国内外各数据库、官网以及官方微信等各平台。

1 在线排版的优势

出版机构目前常用的排版软件包括 Adobe InDesign、方正书版飞翔以及 Office Word，这些软件均是以本地化安装软件提供服务的，并且不具备自动输出 xml 结构文件数据的能力。方正在线出版服务平台是现在唯一一个在线排版的软件系统，在数字化时代，与本地化安装软件对比有着其明显优势。

1.1 编辑部多人同步办公，内容共享

在线排版平台构建于云端，编辑部编辑在线注册获取账号，就可以随时随地登录系统完成生产工作；通过账号权限，任务分发等方式，实现编辑分工与协同[1]。系统内设置一个管理员，可以对所有人的工作内容进行管理与调整。

1.2 单篇文章随时加工，整期文章一键拼版

新型的科技期刊生产流程是以一个单篇稿件的生产过程为主线的。优质的单篇稿件一旦达到学术质量和出版的要求，就可以随时进行排版，不需要受到整期期刊出版周期的影响。而整期期刊的组织环节相比传统出版的时间也大大缩短。编辑部选择本期需要上版的单篇稿件，调整好顺序和栏目，通过一键操作智能实现整期组刊，中英文目录、年卷期页码即刻完

通信作者：郝心宁，E-mail: haoxinning@caas.cn

成,可以减少了人工操作的步骤,让生产环节不再成为整个出版周期的瓶颈。

智能检索原文章的关键信息,实现格式匹配。对论文、图片、表格等内容资源进行多字段检索,包括论文标题、作者、作者单位、基金、关键词、摘要、图题标题等多字段。依据期刊排版的格式,自动将上面的内容进行格式转换,行成匹配。

1.3 数据格式多样,根据实际需求直接下载传输

系统能够基于一份 XML 数据源实现多格式动态出版能力,文件格式包括元数据 XML、全文 XML、印刷 PDF(符合印刷标准)、网络 PDF(满足网络首发)、定稿 Word、微网刊(满足微信公众号发布)、HTML(满足 Web 平台发布)及 H5(满足移动端发布)等基本数据格式,同时也可以支持输出对接国内外数据库收录的 XML 格式文件,如 Pubmed、PMC、CA、EI、CMA 等。

2 传统编辑在新排版模式下的角色转换与实践

2.1 从"编辑"到"编辑+排版"的角色转换

传统编辑[2]在文章送排版前,最主要的工作是把关文章的文字内容,组成文章的各元素齐全即可,不用考虑太多格式方面的细节。而使用在线排版平台,编辑还需要对论文标题、作者、作者单位、基金、关键词、摘要、图题标题等多字段进行全面检查[3],避免系统因为找不到检索词而漏排或者错排信息,增加后续编辑加工的工作量和难度。

2.2 在线排版操作步骤实践

学报在收到作者稿件后,先分配稿件给对应的责编,后经三审后确认收稿,责编认真对稿件进行编辑加工,然后开始在线排版的操作。整个工作流程简图如图 1 所示。

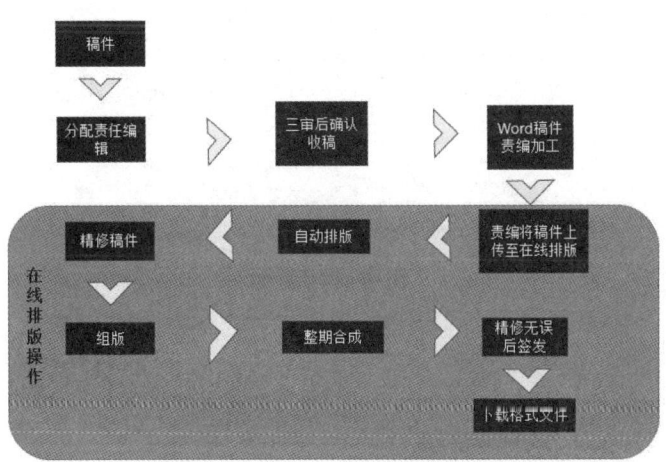

图 1 编辑部工作流程简图

在线排版操作步骤:①上传稿件(图 2);②点击"智能排版"(图 3);③点击"精修"(图 4);④选择文章组版,排序;⑤拼版;⑥整期精修;⑦签发;⑧导出数据文件(图 5)。

总体而言,每一个步骤点击操作都比较简单,具体在精修环节,会直接进入到系统嵌入的排版软件界面,此时会有大量的细节问题需要处理。

图2 上传稿件界面

图3 智能排版界面

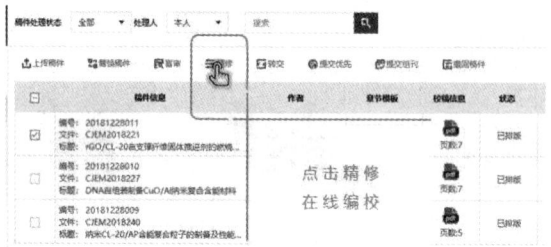

图4 精修界面

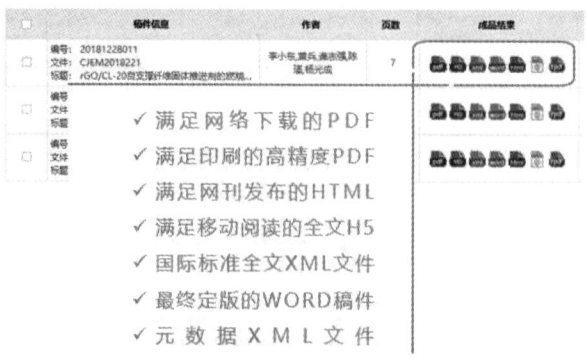

图5 导数据文件界面

3 结论与建议

编辑实现在线排版使得编辑部能够多人协同处理稿件,同时省去了大量与排版员沟通的时间,而且智能软件的识别功能提高了效率,在定稿后支持多种格式文件的导出方面也体现出独特优势,但是在这项工作中,人工智能仍然代替不了人工[5]。随着技术发展,编辑的智慧更体现在语言组织、润色还有对文章涉及的专业内容把关方面[6],也还体现在对系统的更加娴熟的操作上,真正做到物尽所用。

对于在线排版操作方面,学报在实践中有如下建议。

3.1 排版前的稿件处理

文章排版前需要进行一些前期处理,这些处理能使得后续自动排版进行得更为顺利,也能从格式和形式上提高文章质量[4]。以《农业大数据学报》为例,需要进行以下内容的检查:①基金名称及第一作者和通信作者简介是否齐全并且有前缀;②英文标题除虚词外均检查首字母大写;③中图分类号;④中英文摘要是否已完成润色;⑤图表是否清晰,图表的英文翻译,有且只需第一个单词首字母大写;⑥参考文献内容核实;⑦参考文献格式:期刊——作者(三人以上只取前三并用等).题名[J].刊名,出版年,卷(期):起-止页码.⑧文章中机构名的全称,简称问题;⑨作者的机构,所在地,邮编,中英文对照格式检查。

3.2 排版后的细节检查

一般情况下,编辑操作在线排版平台都是单篇文章先进行排版,然后精修完成后再整期合成。往往在整期合成之后,编辑会碰到许多细节问题是单篇排版时不会遇到的。以《农业大数据学报》为例,需要进行以下内容的检查:①DOI号是否匹配正确;②中英文目录(包括标题、作者名、页码),特别是英文标题大小写问题及通信作者的星标是否标记正确;③文章的引用格式和页眉是否与标题、作者一致;④摘要和关键词是否采用缩进格式;⑤背题问题是否解决;⑥再次检查参考文献格式及缩进。

3.3 制定操作步骤规范

由于在线排版可以实现编辑部多人同步办公,内容共享,所以对操作步骤进行规范尤为重要,一是可以避免工作中无用功和交叉操作错误;二是可以提高工作效率。

期刊需要根据特点制定符合实际情况的操作步骤规范,以满足出版需求。

参 考 文 献

[1] 蒲素清,罗云梅,李缨来,等.编辑部集体分层初审的实施细则及优势[J].编辑学报,2019,31(2):165.
[2] 韩啸,赵莹莹,李琦,等.大数据下编辑的理念创新与职能定位[J]中国编辑,2019,111(3):50-53.
[3] 陆宜新.科技学术期刊青年编辑初审工作要做到"1234"[J].编辑学报,2019,31(1):106.
[4] 张娅彭,王紫霞.科技期刊青年编辑如何提升稿件初审质量[J].编辑学报,2017,29(5):460.
[5] 李枫.对媒介融合时代新闻编辑素养的几点思考[J].传媒论坛,2020,3(4):111.
[6] 史锐.科技期刊编辑的修养与提高[J].编辑学报,2019,31(2):23.

学术科研类微信公众号对遴选"小同行"审稿人的启示

于红艳

(《东南大学学报(自然科学版)》编辑部,江苏 南京 210096)

摘要:考虑到科技期刊编辑通过各种信息途径遴选到合适的"小同行"审稿人是实现高质量审稿的关键,提出在互联网和数字化环境背景下利用学术科研类微信公众号遴选"小同行"审稿人的方法。基于几个优质学术科研类微信公众号,分析利用学术科研类微信公众号遴选"小同行"审稿人的意义,并结合送审工作实践,阐述如何根据期刊的学科和层次有效利用学术科研类微信公众号选择"小同行"审稿人,最后总结基于学术科研类微信公众号进行审稿人选择时应注意的问题。微信公众平台资源虽有可供编辑学习借鉴之处,但也存在弊端,科技期刊编辑既要与时俱进,充分利用多种渠道培养特殊的职业敏感,更要学会高效合理地筛选有利信息,多做总结,及时消化。

关键词:学术科研类微信公众号;"小同行"审稿人;辅助工具

对于学术期刊,专家对稿件的评价是保证其学术价值的重要依据,科技期刊编辑直接参与专家遴选工作,是实现高质量审稿的关键[1]。因此,提升信息意识和信息能力是当代科技期刊编辑具备可持续发展能力的必备条件[2-4]。在互联网和数字化环境背景下,微信公众号成为新媒体时代信息传播的重要途径之一[5-9]。由于互联网时代的免费与共享特性及微信公众平台的轻松易读性,微信正逐渐成为用户生活的一部分[6]。据科学网调查显示,国内超过80%的科研人员希望通过微信平台关注学术期刊发布的信息[5]。同样,顺应互联网传播背景,科技期刊编辑也可通过微信平台订阅学术科研类微信公众号,了解专家学者研究动态、进行碎片化学习、提升编辑素养[10]。学术科研类微信公众号是基于个人或团队对于学术科研的热爱而创立的,是反映科研人员学术、心理状态,对前沿学术资讯进行传递分享的一类公众号[9]。科技期刊编辑应充分利用这一大众化与平等化的平台资源,立足编辑角色,及时获取专家信息,拓展学术眼界,掌握专家心理状态,为遴选"小同行"审稿人做好辅助准备。

本文基于几个典型优质学术科研类微信公众号,结合笔者送审工作实践经验,分析了利用学术科研类微信公众号进行"小同行"审稿人遴选的意义,阐述利用此类微信公众号辅助遴选"小同行"审稿人的应用实践,最后总结了基于学术科研类微信公众号进行审稿人选择的效果和应注意的问题,以供同行参考。

1 利用学术科研类微信公众号遴选"小同行"审稿人的意义

笔者以"中国科讯""科学网""知社学术圈""科袖网""研之成理""德先生""知识分子"等

基金项目:江苏省期刊协会课题(2019JSQKB22)

优质微信公众平台为例,探讨学术科研类微信公众号对于科技期刊编辑遴选"小同行"审稿人的作用。

1.1 利于获取相关领域专家信息,包括研究方向、研究兴趣等

学术科研类微信公众号的首要特点就是针对不同学科、专业进行最新学术资讯的推送,典型的如"中国科讯""知社学术圈""科袖网""研之成理"。其中,"研之成理"每天固定推送相关领域顶级期刊最新科研成果及研究团队介绍,此外,还有名家访谈录和学术名人堂等活动,这类信息有利于科技期刊编辑了解、关注期刊相关领域专家的最新科研动态,从而帮助其遴选"小同行"审稿人;"中国科讯"每天固定推送最新科技获奖资讯,如"葛均波、程京共享百万大奖!第5届'树兰医学奖'获奖名单""中文名单!2018中国大陆高被引科学家榜单""1人未通过,2018年国家杰青获得者正式出炉"等,为科技期刊编辑寻觅新的优秀审稿人提供大量辅助性信息;"知社学术圈"除推送最新科研成果外,还有最新学术资讯及专家介绍,如"2018,那些闪耀中国的科技新锐,砥砺前行""IEEE Fellow 2019名单出炉,41位华人学者入选""2017自科基金千万量级重大项目清单及统计""2017优秀青年科学基金放榜,热烈祝贺399名新晋优青"等;同样,"科袖网"除推送相关领域最新科研成果外,也推送最新学术资讯,如"高被引科学家出炉!首发交叉学科学者名单!大陆上榜482人次,规模翻倍""博士毕业后4年就晋升为教授,他是位一路'破格'的80后博导""重磅!2018何梁何利基金奖揭晓:共56人获奖,张弥曼院士获最高奖"等。可见,通过关注此类微信公众号,科技期刊编辑可直接获取相关领域优秀专家的科研信息,包括研究方向、研究兴趣、最新科研动态等。

1.2 利于追踪相关领域最新研究热点,拓展编辑学术眼界,完善专业知识等

学术科研类微信公众号通过向用户推送精彩的学术论文导读,满足用户科研需求。科技期刊编辑可以从中汲取营养,获取有利于提升编辑业务水平、提高稿件送审效率的精品内容信息。通过关注学术科研类微信公众号,如"知社学术圈""科袖网""研之成理""德先生""科学网",从职业视角对相关推送内容进行阅读,及时更新完善有关专业知识,及时了解期刊论文涉及专业的发展动向和前沿趋势,同时拜读相关领域优秀专家学术成果,有助于编辑跟踪学术热点,追踪科研动态,开阔学术眼界,保持和强化职业敏锐性,成为一个有能力主动出击、与专家有共同科学语境、约得来高水平审稿人的编辑[2]。"德先生"推送人工智能、机器学习、深度学习、大数据与机器人等领域的科技快讯和科普类专题探讨,有助于编辑学习该前沿科技领域的专业知识;"研之成理"、"科学网"定期推送相关领域包括 Nature、Science 级别顶级期刊的最新科研成果,有利于熏陶编辑的学术情操、开阔编辑的科研视野;"知社学术圈"除推送最新科研突破外,还有学术类科普文,如"声音的彩虹""最有潜力统合宇宙的理论黑马——让人着迷的弦理论""论科学的终极意义与人类发展"等,除开阔编辑学术眼界、完善其专业知识外,还有助于编辑保持不断追求科学的精神及对学术的敬畏之心。

1.3 利于掌握专家审稿心理状态,汲取利于期刊改进的有益信息

"布鞋院士"李小文认为科学网在促进学术交流方面有很大潜力,他在自己的科学网博客中发表近2000篇博文,曾提出"中国自己的高水平科学杂志,应该以为中国科学自主创新服务为首要目的""科技期刊吸引优质稿源的关键在高质量的审稿"及"高质量的审稿不光是有明确的处理意见,而且要帮助作者凝练创新点,帮助作者改出一篇好文章"等对科技期刊编辑有益的见解[11]。随着微信公众平台这一社交新媒体的快速发展,科技期刊编辑通过关注"科学网"微信公众号可以快捷捕捉专家学者关于科技期刊的审稿流程、同行评议模式等的意见反馈,

如"审稿是另一种学习""中国期刊的内伤经年累月已成难治的慢性疾病,出路就两条""审稿不积极,积极'有目的'?——中国学者,你为何不爱参与国际同行评议""今天处理了第一篇中文稿件""为什么说给学报审稿还比较能实话实说?""杰出审稿人奖——审稿是一种担当""审稿人的审稿意见没有被重视?""今天你审稿了吗,你考虑过从审稿中获得回报吗?""审稿是科技工作者的义务"等。此外,"中国科讯""知社学术圈""知识分子"也有关于学术期刊同行评议的一些有益信息,如"青年学者如何建立学术声誉和个人标签""透明评审,2019年1月1日起正式实行 | Genome Biology""吴仲义、蒲慕明:现今学术出版走上的错路"等。

1.4 活跃作者成为潜在的审稿人

根据自身的创办目的和读者群定位,学术科研类微信公众号所推送信息均为针对不同学科、专业量身打造的精品内容,其中活跃作者自然是相关学科领域内取得前沿科研成果的权威或杰出科研工作者。如"研之成理"中名家访谈录和学术名人堂等活动,"中国科讯"推送的2018中国大陆高被引科学家榜单、2018年国家杰青获得者,"知社学术圈"推送的2018闪耀中国的科技新锐、2017自科基金千万量级重大项目清单、2017优秀青年科学基金,"科袖网"推送的高被引交叉学科学者名单等,既有学科带头人等级别的资深学者,又有优秀的中青年科研工作者,科技期刊编辑可根据所在刊学科领域和层次积极吸纳有效信息,选定合适的"小同行"审稿人。

2 利用学术科研类微信公众号遴选"小同行"审稿人的实践

《东南大学学报(自然科学版)》(以下简称《学报》)是以机械动力、能源环境、材料科学、电力电气、通信工程、电子工程、计算机工程、自动控制、仪器科学、土木交通和生物医学等学科为主的学术期刊,被美国《工程索引》(Ei Compendex)、英国《科学文摘》、中国科学引文数据库(CSCD)、《中文核心期刊要目总览》、中国科技论文统计源期刊等数据库收录。笔者以《学报》为例,并结合本刊送审工作实践,阐述如何根据期刊的学科和层次有效利用学术科研类微信公众号选择"小同行"审稿人。由于《学报》涉及学科广泛,且近年来学科细分化程度越来越高,新兴交叉学科较多,因此稿件送审一直是困扰本刊编辑的一大难题。结合以往送审工作经验,笔者认为,做好"小同行"审稿人遴选工作的要点有:一是注重梳理学科知识和研究方向;二是不断探索新的合适的"小同行"审稿人;三是注重专家库的不断完善和优化。因此,根据学术科研类微信公众号的特征,利用学术科研类微信公众号辅助遴选"小同行"审稿人的途径主要有以下3条。

2.1 梳理完善各学科框架结构

准确快速送审的前提是将审稿人的研究领域与稿件的研究方向准确匹配,因此科技期刊编辑必须对所在刊涉及学科知识和研究方向有足够的了解[12]。在送审总结的基础上,科技期刊编辑应通过业余关注相关学术科研类微信公众号,及时更新完善有关专业知识,及时了解期刊论文涉及专业的发展动向和前沿趋势,辅助自己进一步掌握各学科领域专业知识,进而逐步细化各学科研究方向,提高送审准确率。根据《学报》所涉及学科领域,笔者大致将其归纳为土木工程、交通运输工程、计算机科学与工程、机械工程、电子科学与工程、信息科学与工程、能源与环境、仪器科学与工程、自动化、材料科学与工程、经济与管理、化学化工、生物医学工程、电气工程、建筑学、数学物理学力学等。以《学报》来稿量最大的土木工程学科为例,每个学科下属的二级学科所涉及的研究方向众多,细分方向更是繁杂,更何况还有许多的交叉学科方向，比如土木工程与交通工程、采矿工程、地质工程、建筑学、市政工程、建筑环境与设备工程等领域密切相关。笔者通过关注微信公众号"岩土工程学习与探索"，可以有效收集到关于岩土工程各个研究方向的系统专业知识，包括工程勘察、地基基础工程、基坑及地下空间工程、边坡及土工建筑物、岩土地震工程、岩土环境工程等。

2.2 创建潜在优秀专家积累库

在通过持续关注相关学术科研类微信公众号、梳理归纳各学科知识框架的同时，科技期刊编辑还可同时获取大量的行业专家信息，并借此按细分研究方向建立标志性典型潜在审稿人群。比如，"岩土工程学习与探索"按研究方向进行了相关文献推送，知识点集中，同时该公众号附有部分专家信息链接，为科技期刊编辑直接或间接遴选"小同行"审稿人提供了绝佳参考途径。除专业类微信公众号外，通过关注"中国科讯"等综合类微信公众号，也可汲取本刊相关学科专家信息，如"中国科讯"推送的2018中国大陆高被引科学家榜单、2018年国家杰青获得者，"知社学术圈"推送的2018闪耀中国的科技新锐、2017自科基金千万量级重大项目清单、2017优秀青年科学基金，"科袖网"推送的高被引交叉学科学者名单等。相比以往通过查阅国家自然科学基金项目数据库寻找"小同行"审稿人等方法[13]，此类微信公众号提供的潜在审稿人信息更加集中、专业、前沿、新颖，符合新时代科技期刊编辑的信息需求特征。当然，根据期刊的不同层次及实际送审效果预期，科技期刊编辑应从中做出筛选和匹配，笔者的基本做法为：浏览→收集→定位→匹配，并结合大型数据库的分析工具，如"知网节"，不断收集新的潜在"小同行"审稿人，拓展性地建立潜在优秀专家积累库。

2.3 实施针对性服务改善措施

对专家审稿需求的重视不足，会严重影响专家的审稿积极性，进而影响审稿质量和速度，因此，科技期刊编辑应通过多种渠道掌握专家的审稿心理状态。通过关注学术科研类微信公众号，比如"科学网"，收集专家意见反馈，辅助专家队伍优化。笔者的做法是建立意见收集薄，针对性逐一实现服务性改善措施，比如，实行专家积分激励制度。该制度旨在提高专家审稿的积极性和主动性，提高对优秀审稿人高质量审稿工作的认同度，提升专家队伍整体审稿时效和质量。编辑部面向所有审稿人采用积分制，针对每篇稿件的审稿时滞、审稿认真度、综合拒审率、推荐审稿人次数等进行积分考评，具体实施细则为：一是每季度每人设100积分，根据每篇稿件进行加减分操作；二是每一年为一个计分周期，在一个计分周期内积分低于280分将不会得到编辑部年底审稿人奖励名额；三是专家积分根据其审稿状态长期有效，年底审稿人奖励包括"最佳审稿时效奖""最认真审稿质量奖""审稿能手奖""全勤审稿奖"等，编辑部根据专家意向制定减免版面费、绿色审稿通道、聘任为编委、颁发证书、文献资料获取等奖励；四是专家因重大失误或者违反同行评议规范被取消审稿人资格的将删除积分，不享受积分相关的一切奖励待遇。

3 选择"小同行"审稿人应注意的问题

采用上述方法，科技期刊编辑可以轻松地梳理相关学科知识，直接锁定具有较高学术影响力的"小同行"审稿人，为期刊收获优质高效的审稿意见，促进期刊学术影响力提升。相比其他途径，学术科研类微信公众号提供的内容信息集中、专业、前沿、新颖，且便于科技期刊编辑查找到大量潜在审稿人。但该方法仍存在诸多不可忽视的弊端。

3.1 追根溯源，避免浅阅读

微信公众平台的知识存在碎片化的特点，不系统深入，科技期刊编辑要学会追根溯源，避免浅阅读。

3.2 调查、筛选、匹配，去粗取精

微信公众平台知识信息多且散，在获取大量潜在审稿人信息的同时，针对具体稿件，科技期刊编辑需进行调查、筛选、匹配，去粗取精。

3.3 斟酌考量，提高送审敏锐度

关注学术科研类微信公众号仅仅是科技期刊编辑做好"小同行"审稿人遴选的一个辅助途径，不可全部依赖，但是要从中积极吸纳有益信息，使之起到助力作用。在遴选"小同行"审稿人时，专家的"帽子"并不重要，但可以参考，科技期刊编辑要学会斟酌考量，提高送审敏锐度。

4 结束语

在新媒体时代，面临高速发展的科学技术、繁杂多变的信息潮流，编辑的知识结构和思维模式应该是开放的，编辑应根据自己的兴趣和需求调整阅读取向，将信息和知识进行筛选加工，不断获取新的滋养[4]。本文立足科技期刊编辑角色，围绕"小同行"审稿人遴选问题，基于几个优质学术科研类微信公众号，分析此类新媒体学术科研信息传播平台所推送内容对科技期刊编辑遴选"小同行"审稿人的重要启示，希望对编辑同人有所帮助。不过，微信公众平台资源虽有可供编辑学习借鉴之处，但也存在弊端，比如：内容资源数量大、信息碎片化、不利于深入研究学习等，因此，科技期刊编辑要学会高效合理地筛选有利信息，多做总结，及时消化。科技期刊编辑应本着奉献与坚守的精神，与时俱进，掌握现代化的工具，充分利用多种渠道培养特殊的职业敏感，依赖不断学习、积累完善编辑职业能力、胜任力。

参 考 文 献

[1] 赵燕,游俊,江津,等.编辑角色在提高外审稿质量中的行为分析[J].传播力研究,2018(7):154-155.
[2] 陈小华.论科技期刊编辑可持续发展能力的培养[J].中国科技期刊研究,2012,23(6):1099-1101.
[3] 余子真.浅谈网络与数字环境对科技期刊编辑的影响[C]//第八届中国科技期刊发展论坛论文集.武汉:中国科学技术协会,2012:447-453.
[4] 许丹,马静,王斌,等.新时期网络与数字环境下期刊编辑素质的转型[C]//第八届中国科技期刊发展论坛论文集.武汉:中国科学技术协会,2012:467-471.
[5] 耿蕊,陈倩.新闻传播类学术期刊微信公众平台建设热的冷思考[J].中国科技期刊研究,2017,28(1):53-57.
[6] 黄雅意,辛亮,黄锋.科技学术期刊微信公众平台问题分析与影响力提升策略[J].编辑学报,2016,28(6):529-531.
[7] 杨晨晨.微信公众平台在科技期刊中的应用[J].新媒体研究,2015(13):32-33,50.
[8] 陈健,苏畅,孙廷.移动互联网时代学术期刊的微信公众号服务模式分析[J].中国传媒科技,2016(9):62-63.
[9] 王丹,宋梦梦,魏蕊.学术科研类微信公众平台信息服务模式案例研究[J].图书馆学研究,2018(9):31-36.
[10] 钟晓红.碎片化学习:学术期刊编辑素养提升的新途径[J].东华理工大学学报(社会科学版),2015,34(3):261-264.
[11] 宫福满.一位院士的情怀对科技期刊编辑的启示[J].编辑学报,2016,28(1):101-102.
[12] 陈爱萍,徐清华,余溢文,等.从研究方向入手准确查找审稿人:以《建筑与土木工程前沿(英文版)》为例[J].中国科技期刊研究,2011,22(3):439-440.
[13] 罗承丽,朱健利,陈菁华.利用国家自然科学基金项目数据库选择审稿人[J].科技情报开发与经济,2003,13(5):10-11.

融媒背景下科技期刊开展科普工作的路径思考与实践探索

方圆，李志

(北京海鹰科技情报研究所，北京 100074)

摘要：科普是科技期刊义不容辞的责任与使命，也是扩大期刊品牌影响力和传播力的需要。目前我国科技期刊的科普工作，尚存在受众面狭窄、市场占有率低、科普功能弱化、科普转化率低等问题。针对这些问题，讨论了制约科技期刊开展科普工作的主要制约因素，结合《飞航导弹》期刊近年来的探索实践，探讨了融媒时代科技期刊开展科普工作的新思路：充分利用新媒体平台，扩大学术成果传播范围；运用多种新传播手段，实现"寓教于乐"；与大众媒体及专业出版社合作，打破传统科学传播话语体系，以此来满足公众对于科技信息的获取需要，更好地促进前沿科技成果的传播和转化。

关键词：融媒时代；科技期刊；科学普及

2016 年，习总书记在"全国科技创新大会、两院院士大会、中国科协第九次全国代表大会"上发表重要讲话，指出"科技创新、科学普及是实现创新发展的两翼，要把科学普及放在与科技创新同等重要的位置。普及科学知识、弘扬科学精神、传播科学思想、倡导科学方法，在全社会推动形成讲科学、爱科学、学科学、用科学的良好氛围，使蕴藏在亿万人民中间的创新智慧充分释放、创新力量充分涌流。"[1]这一重要讲话对于在新时期开展科技期刊出版工作具有战略性的指导价值和深远的历史意义。作为承载和传播科技知识的重要阵地，科技期刊在发布科研成果、促进学术交流、倡导学术争鸣、传播科学研究思想、引领学科发展前沿等方面发挥了重要作用。但与此同时，科技期刊也肩负着弘扬科学精神、普及科学知识、提高公民科学素养、推动社会进步的责任与使命。

近年来，我国一些知名的科技期刊，都在拓展期刊科普功能、扩大科学传播效果等方面做出了很多积极的探索和实践。但纵观整个科技期刊的科普工作，尚存在受众面狭窄、市场占有率低、科普功能弱化、科普转化率低等问题。当前，我们正处于融媒时代的"纵深"阶段，这无疑为科技期刊开展科普工作带来了新的机遇，因而科技期刊应该借助媒体融合的发展趋势，密切融合传承与传播的功能，在专业化和大众化之间找到合适的平衡点，架设起科技期刊与大众传播之间的桥梁，为科技期刊的科普工作探寻新的发展思路和途径。

本文探讨了科技期刊开展科普工作的必要性，在客观分析目前我国科技期刊开展科普工作的现状及制约因素的基础上，结合《飞航导弹》在办刊过程中开展科普工作的实践经验，阐述了科技期刊如何借助新媒体平台，充分发挥自身优势，打破科学事业与民众之间的藩篱，从而扩大学术成果的传播范围，实现科学知识的普及推广。

1 科技期刊开展科学普及工作的必要性

1.1 科普是科技期刊义不容辞的责任

2002年6月，我国颁布的《中华人民共和国科学技术普及法》中指出：科普是全社会的共同任务。科学研究和技术开发机构、高等院校、自然科学和社会科学类社会团体，应当组织和支持科学技术工作者和教师开展科普活动，鼓励其结合本职工作进行科普宣传[2]。这就从法律层面上规定了科普是全社会的共同责任。

科技期刊作为重要的学术传播园地，在科学传播和学术导向上扮演着主导角色，是科学技术转化为社会生产力的重要媒介，所以科技期刊不仅要承担起引领科技创新、推动产业发展的历史使命，还要肩负起弘扬科学精神、普及科学知识、传播科学思想、建设理性社会的责任。

1.2 科普是融媒时代扩大期刊品牌影响力和传播力的需要

随着互联网、移动互联等媒体技术的快速发展，媒介产品日益丰富，传播手段日益多样，作为传统出版行业的科技期刊面临着巨大的冲击和挑战。在这种融媒背景下，如何促进整合各类媒体资源，充分发挥各种媒体在传播中的长处，如何更好地满足受众对于科技信息获取的需求，更好地为其提供服务，成为科技期刊要面对的难题。因而，国内外诸多知名的科技期刊都开始利用科普元素在增强学术传播效果中的优势，将科学普及作为一项重要的工作来开展，例如Nature、Science、《柳叶刀》、《中国科学》、《协和医学杂志》等，都借助多种多样的传播方式，向公众及时高效地传播科普知识，以此扩大了其受众范围，增强了市场竞争力，也提升了期刊的品牌影响力和传播力，对期刊实现更好更快发展产生了深远影响。

1.3 科普是引导公众理解科研成果的需要

科技期刊作为科学传播链条上重要的组成部分，应该成为衔接学术共同体与媒体及公众之间的纽带和桥梁。一直以来，科技期刊在刊载论文时，始终遵循着学术导向的原则，致力于从学术理论的角度去解决现实的科技难题，所以在理论知识、研究内容、话语表达等方面呈现出较高的学理性[3]，这在某种程度上缩小了科研成果的传播范围，限制了公众对前沿学术成果的理解，无法满足公众对于信息获取的需求。科技期刊的社会责任不仅在于传播和普及科研成果，更重要的是保障科研成果能得到正确的理解与应用，从而促进科技向有利于人类社会进步的方向发展。

2 科技期刊开展科普工作的制约因素

纵观我国目前科技期刊开展科普工作的发展现状，仍然面临着受众面狭窄、难以满足市场需求、科普环节薄弱、科普转化率低等问题，归纳起来，制约科技期刊开展科普工作主要有以下几方面因素：

2.1 未能将科学普及工作纳入到办刊理念中

一直以来，国外众多知名的科技期刊都非常重视其发表科学研究成果的公众影响力和传播力。Nature和Science将"谁对新的结论感兴趣"和"是否激动人心"引进学术论文的评价体系，以满足专业和非专业读者的需要[4]。与国际一流的科技期刊相比，我国科技期刊在开展科学普及工作的内容、形式及传播效果上都还存在着较大差距，主要原因在于还未能将科普工作纳入到整个办刊理念中。受制于学术评价机制以及职业惰性和传统观念的影响，很多科技期刊的办刊理念还束缚在"科学本位"的观念之中，认为"阳春白雪"的学术研究与面向普罗大众的科普无直接关系或者关系不大，所以通常只重视科学共同体内部的传播，而忽视了大众传播。

2.2 缺乏科学传播人才，科普转化率低

发挥科技期刊的科普功能，很多时候需要对科技论文进行二次加工和科普转化，它要求能够用直白浅显的语言将复杂晦涩的科研成果传递给不同层次的受众，对于期刊编辑而言，这并非易事，既需要具有强烈的创新创作动力，还需要具备一定的科学背景和知识储备，要对相关领域的发展动向具有深入的了解，同时还需要深厚的文字表达功底。我国目前的科技期刊主管单位，大多为国家机关、行业团体、高校、科研院所等事业单位，缺乏专门的科学传播人才，很多期刊编辑既要承担大量的期刊任务，又要兼职负责科普宣传推广工作，在缺乏激励机制的情况下，编辑人员进行科普创作的积极性不高，往往将科普工作视为一种负担，只能敷衍了事；同时很多编辑缺乏新闻传播观念和全媒体能力，难以将专业内容向受众做出通俗易懂的"翻译"，这就导致了科普转化率低，影响了前沿科技成果的普及传播。

2.3 投入资源少，难以适应市场需求

目前科技期刊的科普工作未能形成一种体系和规范，很多编辑部在开展科学普及工作上未能投入大量的人力物力，使得科普的社会价值始终没有办法受到整个行业领域的认可和重视。在如今"人人皆学、处处能学、时时可学"的网络背景下，公众对于前沿科技动向有着很高的需求和渴望，而很多的科技期刊在内容和经营上，都难以适应这种市场需求，这使得受众范围逐步缩小，科普化路线更加难以施展拳脚。

3 《飞航导弹》期刊在科学普及工作中的探索与实践

《飞航导弹》是由中国航天科工集团有限公司主管、北京海鹰科技情报研究所主办的学术性武器工业类期刊，迄今已有30年的发展历史，其旨在及时全面地报道如导弹、高超声速飞行器、临近空间飞行器等国外先进武器的研制生产、装备作战、改型试验及相关新技术、新材料和新工艺的进展。2015年，为进一步提升期刊的品牌影响力和传播力，使优秀的科研成果得到更加有效及广泛的传播，《飞航导弹》编辑部顺应媒体融合发展趋势，运用了很多切实有效的方法开展科学普及工作。经过几年的努力，期刊的知名度和影响力得到了显著提升。2018年，《飞航导弹》荣获"期刊数字影响力100强"，2019年，成功入选"庆祝中华人民共和国成立70周年精品期刊展"。

3.1 充分利用新媒体平台，扩大学术成果传播范围

编辑部创新提出"海鹰资讯"三位一体的新媒体平台发展思路，搭建了海鹰资讯网站、微信公众平台、官方微博。其中，海鹰资讯微信公众平台以《飞航导弹》期刊及周边产品为内容基础，面向受众需求，深耕防务版块，关注前沿领域，不断打破媒体间的边界和壁垒，深度整合各类融媒资源，使得期刊内容与新媒体实现更有效的融合。与此同时，结合新近时事热点、年度重大选题，精准推送各类受众关心的军事资讯、热点专报、专家解读、科普连载，为受众提供更具价值的"干货"内容。

例如，2017年发生的"萨德入韩"事件，韩方不顾中国反对，执意把美国导弹防御局和美国陆军隶下的陆基反导系统，即末段高空区域防御系统(一般简称萨德反导系统)部署在韩国星州基地，由此引发了一系列事件。"萨德"事件刚发生，编辑部就结合《飞航导弹》以往的期刊内容，将科技论文进行二次加工和科普转化，发布了多篇专题科普文章，如《最近备受关注的"萨

德"究竟是什么》《数据告诉你，萨德对我国弹道导弹有何影响》《萨德获将进入实质部署？细说美军末段双层反导系统发展动向》，用通俗易懂的语言向受众讲解了"萨德"究竟是什么，部署后将对我国产生何种影响。随着事件的升级，萨德系统的雷达装备"X波段AN/TPY-2火控雷达系统"等话题开始发酵，编辑部又组织了情报分析专家和导弹专家对受众关心的问题进行了权威解答，推出了科普文章《"萨德之眼"AN/TPY-2雷达究竟是神马？我们能否应对它》，获得了良好的传播效果。

可以说，充分利用新媒体平台优势，捕捉新闻热点，将科技论文进行科普转化，对科技期刊的发展和作者的个人成长来说是一种双赢。一方面，作者所发表的科技论文将以通俗易懂的方式呈现给公众，提高了科研成果的影响力，从而增强了作者对于期刊的信任，为今后建立长期友好关系打下基础，也有利于树立期刊的品牌形象；另一方面，科技期刊也能够充分利用新媒体平台优势，及时有效地为受众普及科学知识，满足受众对于科技信息的获取需求，从而更好地促进前沿科研成果的传播，促进科学交流。

3.2 运用多种新传播手段，实现"寓教于乐"

随着互联网、移动互联网等媒体技术的发展，彻底颠覆了大众传播时代传播渠道垄断、传播方向单一的传播模式。短视频、直播等传播方式的异军突起，人们获取信息的方式早已突破了传统媒介渠道与平台的限制。近年来，《飞航导弹》编辑部也运用绘制漫画、制作科普短视频等多种传播形式，将晦涩难懂的专业学术知识用形象生动、易于理解的方式呈现给受众。

2019年，《飞航导弹》编辑部联合情报研究人员，在微信公众平台上推出了"倚天说剑——巡航导弹科普专题"，围绕巡航导弹的作战需求、装备技术特点和未来发展趋势等，从历史、人物、观点、争鸣等多个维度组织专题文章，并引入科普视频、仿真推演、漫画动画等多种传播形式，持续地、高密度地发声。科普短视频的优势即在于能够高度契合新闻价值的五个特性，也就是真实性、时效性、接近性、重要性和趣味性，"倚天说剑——巡航导弹科普专题"在向受众进行科普的同时，不仅用幽默轻松的视听语言将复杂的科学术语进行简洁生动的解读，还结合了期刊所发布的科技论文，并附有论文中数据统计图表的图片，充分体现了科普短视频的科学性和严谨性，从而引发了受众对巡航导弹的强烈关注，更新了对巡航导弹的相关认识，取得了非常好的传播和推广效果。

3.3 与大众媒体及专业出版社合作，打破传统科学传播话语体系

加强科技期刊与大众传媒之间的紧密联系，是让公众了解世界科技进展的主要渠道，也是提高公众科学素养、弘扬科学精神的重要举措[5]。目前国际科技期刊界，已经形成了一套很成熟的与大众媒体沟通的体系，主要由编辑约稿、作者撰稿、公共或专一论文新闻网站发稿、记者注册、新闻稿限时禁发制度组成[6]。因而科技新闻已经成为科技期刊与大众媒体实现快速融合的有效媒介，通过将受公众广泛关注的前沿科技成果进行科普语言的转化并改写为科技新闻，有利于加强科研成果的推广和宣传。

《飞航导弹》编辑部近年来注重与大众媒体的沟通与合作，特别是结合时事热点，将科技论文进行科普转化，把"高精尖的科学语言"翻译成大众熟知的"网络语言"，经过"改头换面"后，发布在《中国国防报》、澎湃防务、军工圈等知名军事专业媒体，以及今日头条、网易、搜狐等大众媒体上。例如，2016年发生的台湾"雄风3"导弹误射事件和我军在南海捕获美国无人潜航器事件，均引起了网友热议，编辑部第一时间将科技论文和新闻热点进行结合及二次

加工，改写成科技新闻，在相关话题正处于舆论高峰期时推送给各大媒体，新闻一经发出，便获得了较多的关注、转发及评论，也有不少受众看到新闻后，与论文作者进行了更为深入的沟通交流或计划开展科研项目合作。

除此之外，《飞航导弹》编辑部还与军事科学出版社、机械工业出版社等合作出版了多本军事科普读物，例如《世界导弹大全》《埃隆·马斯克与SpaceX的商业传奇》《钢铁侠的空间梦想》等。这些科普读物均为权威军事领域专家、情报领域一线科研人员亲自撰稿，在确保内容专业严谨、科学实用的基础上，以生动形象的表达方式，图文并茂地进行科普化解读，从而打破了传统的科学传播话语体系，消解了高精尖科技与大众文化之间的隔阂，引起了受众的广泛共鸣。

4 结束语

科技期刊作为承载和传播科技知识的重要阵地，是科学传播链条上重要的组成部分，也是衔接学术共同体与媒体及公众之间的纽带和桥梁。近年来，《飞航导弹》编辑部顺应媒体融合发展趋势，在开展科学普及工作上，做出了很多积极的探索和实践：充分利用新媒体平台，使期刊内容与新媒体实现更有效的融合，扩大学术成果传播范围；通过绘制漫画、制作科普短视频等多种传播形式，实现"寓教于乐"，使公众主动接近科学知识；加强与大众媒体及专业出版社的沟通合作，将科技论文进行科普转化，打破了传统科学传播话语体系。

可以看到，融媒时代，新平台和新技术的快速发展为科技期刊的科普工作注入了新的活力，科技期刊不应囿于科学共同体内的小众传播，而应该主动拥抱科学普及的使命，以此来满足公众对于科技信息的获取需要，从而更好地促进前沿科技成果的传播和转化，为我国创新驱动发展战略的深入实施提供更多新动能，发挥更加重要的作用。

参 考 文 献

[1] 让创新和科普两翼齐飞[EB/OL].(2019-07-28)[2020-05-25].http://www.xinhuanet.com/politics/2016-06/01/c_1118972645.htm.
[2] 中华人民共和国科学技术普及法[EB/OL].(2018-03-20)[2020-06-05].http://www.nsfc.gov.cn/publish/portal0/tab609/info73540.htm.
[3] 吴彬,徐天士,丁敏娇.科技期刊强科普功能建设面临的问题与路径思考[J].编辑学报,2019,31(5):556-559.
[4] 欧阳菁.科普元素在增强学术期刊传播效果中的作用[J].中国科技期刊研究,2014,25(2):201.
[5] 贾鹤鹏,赵彦.沟通科技期刊与大众传媒:意义、方法与挑战[J].中国科技期刊研究,2008,19(4):641-644.
[6] 朱倩蓉,吴民淑.学术期刊应当重视科学知识传播:《中国药理学报》科技新闻工作实践[J].中国科技期刊研究,2015,26(2):123-127.

北京科技大学期刊中心微信公众号运营的实践及思考

杜 焱,蒋 伟,季淑娟,李忠富

(北京科技大学期刊中心,北京 100083)

摘要:以期刊社整体为单位运营微信公众号,可以提升整个期刊社及其主办期刊的知名度和影响力。本文以北京科技大学期刊中心微信公众号的运营实践为例,分析了其以期刊社整体为单位运营微信公众号的影响力现状、运营策略及存在问题,并提出了未来的建设和发展方向,研究结果可为其他期刊社建设和提升微信公众号的传播力提供指导和借鉴。

关键词:期刊社;微信公众号;新媒体;传播影响力;提升策略

2019 年 1 月腾讯发布的数据显示,微信在 2018 年的月活跃全球用户达到了 10.8 亿户[1]。随着新媒体融合的理念深入人心,建设微信公众号成为了学术期刊扩大传播和提高期刊影响力的重要手段[2-3]。关于学术期刊建设微信公众号的研究成果也越来越多,但现有的研究成果中,建设微信公众号主要是以单个期刊的模式进行运营的[4-5],以期刊社整体为单位运营的案例较少。

以期刊社整体为单位运营微信公众号(以下简称期刊社公众号),可以提升整个期刊社及其主办期刊的知名度和影响力,实现主办期刊的集群化发展,加强了期刊社内容资源的集约整合,形成作者的聚集效应,如公众号"浙大学报英文版"和"中国激光"等[6]。但是,其与单个期刊微信公众号有着不同的定位和特点,运营策略具有一定差异。本文以北京科技大学期刊中心微信公众号(以下简称中心公众号)的运营实践为例,分析了其以期刊社整体为单位运营微信公众号的现状及存在问题,并提出相应的提升策略,可为其他期刊社建设和提升微信公众号传播力提供指导和借鉴。

1 北京科技大学期刊中心微信公众号的基本情况及其传播力现状

北京科技大学期刊中心(以下简称中心)微信公众号"USTB 期刊中心"于 2019 年 1 月份正式注册运营,主要服务于学校主办的 5 种期刊的数字出版工作,包括《矿物冶金与材料学报(英文版)》《工程科学学报》《北京科技大学学报(社会科学版)》《金属世界》和《粉末冶金技术》。公众号为订阅号,定位为以前沿资讯和学术服务为主、推广主办学术期刊文章为辅的复合型公众号。平均发布周期为每周 1 次,发布内容主要包括期刊社动态、论文写作投稿交流和相关学术资讯动态,也包括主办期刊目次、亮点研究文章、特约研究综述、专刊征稿启事等。通过主办期刊擅长的矿物、冶金和材料学科领域的前沿资讯、学术动态、品牌会议和论文写

通信作者:蒋 伟,E-mail: jiangwei@ustb.edu.cn

作与投稿技能等来吸引普通读者的关注。同时，对中心主办期刊发表的高水平学术论文进行运作，延续期刊的学术特色，延伸其在新媒体上的品牌效应，以吸引专业读者的关注。

"USTB期刊中心"微信公众号设置"期刊导航""学术服务"和"精选资讯"三个一级选单，其下包括微信矩阵、期刊简介、期刊官网、中心公告、论文写作、投稿指导、语言润色、特约综述、亮点文章、虚拟专辑、最新目录、会议信息和专刊征集等二级选单，清晰引导用户定位需求内容，将纸刊、网站、微信等多个平台进行整合，集通知公告、前沿资讯、学术服务和学术论文于一体，建立了以推进学术服务和前沿资讯为主，推广学术论文为辅的基本策略。同时，实现中心公众号与主办期刊公众号的社群化运营，提升主办期刊的影响力和知名度。中心公众号运营一年以来，关注人数已经超过2 000多人，总阅读次数超过10万次，总阅读人数超过5万人，总被分享3 000余次，单篇文章最高点击率超过6 700次，尤其是在矿物、冶金和材料相关特色学科领域的国内高校研究生、教师群体中的活跃度不断提高。

2 微信公众号运营主要策略

2.1 借鉴高影响力公众号传播策略，明确自身定位，实现个性化发展

中心公众号设立之初，主要借鉴单刊学术型微信公众号的运营模式，将中心公众号作为多个期刊公众号集合体，完全围绕主办期刊发表的学术论文进行运作，延续期刊的学术特色[7]，主要推送期刊目录、虚拟专辑、亮点文章等内容，但是关注度一般，甚至出现"脱粉"现象。通过借鉴资讯型公众号"浙大学报英文版"和学术资讯并重型公众号"中国激光"的成功经验[6]，中心调整运营策略，结合这两种类型公众号的优势，将定位调整为以资讯和学术服务为主、辅助推广主办期刊学术文章的"资讯学术并重型"，同时强调资讯和服务在前，学术文章为辅。

资讯型公众号由于发文范围广泛，可选素材内容丰富，推文频率较高，具有较高的微信传播力[6]。从服务项目来看，资讯型公众号的侧重点在于发布所有学科的国内外行业动态、学术动态、科研感受和经历分享、基金申请、评奖评优、论文写作等，推文内容比较科普化和通俗化，通常适用于所有读者，因此容易获得较高关注度。在推文范围和类型发生转变后，中心公众号的推文点击率迅速回升，粉丝数也不断激增。但资讯型公众号如果完全脱离母刊运营[7]，推文内容过于缺乏学术性，会造成粉丝的学科领域过于分散，难以形成学术聚集效应。虽然公众号自身可以获得较高的传播力，但是对于提升主办期刊影响力的推动作用却十分有限。而学术资讯并重型的推文内容适用于科普类读者，也适用于相关学科专业读者。因此，中心公众号确定为学术资讯型加强改良版的"资讯学术型"公众号，推送资讯主要围绕在主办期刊群擅长的矿物、冶金和材料学科领域的前沿资讯、学术动态、品牌会议和论文写作与投稿技能等内容来吸引普通读者的关注。同时，以中心主办期刊群发表的高水平学术论文进行运作，延续期刊的学术特色，吸引专业读者的关注。

2.2 统一管理，统一规划

中心指定专人负责新媒体工作，完善公众号的界面和栏目设计，精心策划和编排推文内容。成立了新媒体工作小组，指定一名编辑专门管理中心公众号，每个期刊指定一名负责人，负责提供素材，协助生产推文，同时招募多名兼职学生团队协助微信公众号的日常管理运营，包括策划选题、收集信息、排版和推送等。中心根据主办期刊特色和公众号设定的服务内容设置了个性化的欢迎语和功能介绍，帮助用户第一时间了解其功能和作用。考虑微信用户以华人群体为主，微信推文语言以中文为主。在推送英文刊内容时，通常采用中英文结合的方

式发布推文，提升内容的可读性和吸引力，同时保持内容的原创性。中心不断加强编辑新媒体运营技能培训，借助第三方辅助工具，自主学习图文制作和排版设计技能，确保按照微信格式对学术文章内容进行编排，保证内容适用于碎片化的手机阅读，为读者提供舒适的阅读体验[8]。

考虑运营初期存在的素材缺乏、经验不足的情况，为坚持精品化策略，公众号宁缺毋滥，将发文周期暂时设定为每周 1 次。同时，不断尝试丰富推送文章类型，加强内容策划，对高影响力公众号的策略进行总结，运营初期重点推文目标为论文写作技能提升、投稿指南和相关学科前沿资讯，这些策略给中心公众号带来了很高的阅读量和关注度。推文中的"【SCI 投稿指南】矿业和冶金学科最新影响因子和分区整理" "【SCI 投稿指南】2019 年 SCI 影响因子抢先看！"均获得了 3 000+的点击率，"共克时艰，免费学习｜北科大开通斯坦福大学 SCI 写作课程特殊权限"更是获得了 6 000+的点击率。当中心公众号粉丝增长到一定数量后，推文中开始适当融入主办期刊的学术文章内容如亮点文章、特约综述和专刊征集等，但是在运营过程中发现，当粉丝增长到较高数量时，纯学术文章推文的点击率依然不高。有学者曾经调研得出，高校学报的微信公众号关注点排名第一的是学术动态[9]。中心最终确定推文菜单设定为"资讯+论文"的模式，坚持从上到下，由主到次的编排顺序[10]，以保证粉丝的黏性，避免过多学术文章的堆叠导致推送的趣味性下降，造成脱粉。

2.3 多种途径加强微信公众号宣传推广，挖掘核心用户群体

衡量微信公众号影响力的重要标准是关注人数。但是，公众号影响力不仅与关注用户群体的数量有关，而且与这些用户对公众号的黏性有关[8]。为提升公众号影响力，公众号发布了一些重点关注的热点新闻，如院士评选结果、自然基金评审通知和矿物、冶金和材料学科的专栏征稿通知等，并将这些推文第一时间发送给编委、作者和会议的 QQ 群、微信群，借助编委、作者和读者的分享吸引相关领域科研人员的关注，在网站或纸质刊物的显著位置设置公众号的宣传信息。这些措施为中心公众号带来丰富的流量和粉丝。

微信公众号的关注度还可以通过利用电子邮件推送给作者群体，和相关领域国内外会议合作特刊，在学术会议上发放印制微信二维码的宣传单、文件夹等纪念品等方式得到提高。2019 年，中心微信公众号共发布三个专刊的征稿通知，点击率均高于期刊目次、亮点文章和公众号发文的平均点击率。2019 年，中心参加第四届膏体充填采矿国际会议、中国矿物加工大会、中国材料加工大会、太平洋地区国际材料大会等学术会议，借助会议提升微信公众号的关注度。经过统计，通过会议带来的关注人数占总关注人数的一半左右。中心与"埃米编辑"合作，将中心公众号作为合作信息宣传平台，为学校师生组织斯坦福大学 SCI 论文写作的线上培训课程。本次课程共有 2 660 多名学生和老师参加学习，为中心公众号带来了众多粉丝。

2.4 多样化、社群化运营，实现合作共赢，快速发展

为了快速提升公众号和期刊影响力，注册开通时间晚、关注度低和缺乏原创内容的公众号可以借助外力，通过转发和共享其他高影响力的科普类公众号的推文和服务项目或者相关网络平台的资源来提升自身的影响力。特别是行业学术动态和人文等内容，原创花费的时间长、精力多，可以以转载为主，不过前提是加入相应期刊微信联盟或矩阵，并与相应公众号建立良好的合作关系[6]。中心公众号与"Clarivate" "Wiley" "Elsevier" "软科" "青塔" "inature" "51 选刊" "解说国自然"等高影响力资讯型公众号建立良好合作关系，经常性转载相关公众号的优秀文章，在不增加编辑太多额外工作量的情况下，最大限度提升公众号的活跃度和吸引

力。中心与"材料科学与工程"公众号联合举办"材料之美！第六届材料微结构大赛"，建立合作关系，通过公众号发布比赛相关信息，迅速获得了来自材料学科高校师生的关注。

同时，中心建设了单个期刊微信公众号服务号，实现了"1个主体+5个社群+2种类型"全覆盖的多样化、社群化运营模式，以中心整体公众号为主线串联5个期刊公众号建立微信矩阵，互相加入白名单后可共享整个期刊社的资源，根据需求在共享素材库中直接筛选发送推文，提高公众号的管理效率。同时，中心与单刊之间，单刊与单刊之间进行信息传播，共享粉丝，将中心公众号的众多粉丝分学科传递和吸引到单刊公众号中，实现多赢。

3 微信公众号运营中存在的问题和不足

3.1 缺乏长远规划，未能形成自主品牌效应

由于建设时间较短，中心尚未确立长远的规划，创始之初未能进行深入调研，没有明确期刊社公众号与单刊公众号的不同和特点，没有明确订阅号和服务号的区别，运营策略盲目模仿，仓促创建并运转，虽然及时调整了策略，但也由于准备不足走了很多弯路。同时，由于自主创新能力不足，原创精品文章数量仍然偏少，未能形成自主品牌效应。此外，缺乏与作者和读者的互动，没有充分重视用户的体验，无法与用户建立有效的联系。

3.2 缺乏专业运营团队，运营难以持之以恒

由于缺乏独立的专业运维人员、专业的新媒体团队，导致运营不够专业化。推送内容比较单一，缺乏吸引力，主要以图文方式，视频、音频、漫画等广受欢迎的多媒体形式的推送内容几乎没有。在文章标题、图片设计、板式设计和内容策划方面缺乏专业创作，多数是模仿或简单地转发和分享，发文内容流于表面。公众号运营都是由期刊编辑兼职管理，给编辑带来了很多额外工作量，难以持久坚持。

3.3 缺乏文案策划，内容素材缺乏，同质化严重

中心公众号推送内容主要集中在学术资讯、期刊目次、学术专辑和编辑部动态等方面，缺少行业内动态和人文内容(如科研人物和科研故事分享等)，内容比较单一，不能长期吸引相应的作者和读者群体。虽然科普资讯获得了较高的点击率，但是关于主办期刊内容的阅读量却很低。对于学术动态和热点新闻等多是采用转发分享的方式，缺少期刊社特色的原创内容，经常陷入"巧妇难为无米之炊"的困境。

4 期刊社微信公众号未来的建设和发展方向

4.1 明确功能和定位，建立长远发展规划，树立微信品牌意识

微信公众号的定位模糊是制约公众号运营质量的很大因素[11]。管理者应将建设微信公众号提升到期刊社发展的战略高度，提升新媒体意识和互联网思维，在充分调研的基础上，依据期刊社和主办期刊的发展目标，结合期刊社的实际情况如人力、物力等条件，制定合理的发展规划，明确主要的用户群体和内容定位[9]，精准施策，对公众号运营进行指导和引领，保证个性化发展，树立微信公众号品牌意识[12]，有目的地提高微信传播力。期刊社微信公众号应定位于服务大众科普和发布资讯的公众号，体现其科普性和服务性，以高等学校教师、研究生、科研人员为主要目标人群。

目前，基于后台开发功能的提升，公众号运营的策略也越来越丰富，期刊社在自主开发用户功能时，应根据自身发展水平，有侧重地发展某些功能，保持适当的推文量、稳定的推

文频率和优质的推文内容[9]，切忌"一味模仿"和"贪大求全"。期刊社应选择并注册适合自身发展的微信公众号类型，完善功能模块设置，打造优质的微信公众平台[13]。基于期刊社微信公众号的特点，重点推荐申请微信订阅号，鼓励主办期刊申请微信服务号，同时加强期刊社公众号和主办期刊群公众号的联系，充分发挥服务号和订阅号的不同特点，实现优势互补。

4.2 提供前沿资讯与学术服务，拓宽内容素材来源，形成独特风格

结合期刊社和主办刊物的特点和优势，找准定位，从作者需求和行业特点出发，搜集行业学科动态和人文内容，优化推送内容和推送形式，形成独特风格，增加相关学科作者的黏性。如推送行业热点新闻、科研动态、会议通知、科研大牛和国内外科研资讯等吸引本领域的研究人员[6]。"中国激光"建立了"光学前沿在线直播""五分钟光学"视频，评选中国光学十大进展，汇聚了光学前沿会议信息、光学研究团队招聘、最美封面投票、光学领域最新资讯等。其次，通过积极关注重量级科技消息、学科发展动态，敏锐捕捉与期刊专业及发展息息相关的线索，做到快速反应、主动出击，第一时间向用户推送[14]。如《机械工程学报》每周都会推送上一周科技新闻集锦，命名为"一周科学技术新闻速览"。

借助微信公众号为读者和作者建立线上课堂，提供论文写作与投稿指导、语言润色等学术服务。除了专业信息，也可以适度精选推送一些紧扣受众兴趣和需求的热门内容，如"'双一流'高校建设""最新JCR排行""SCI投稿"等具有广泛性的行业信息[15-17]。"浙大学报英文版"建立了科学微信群，搭建服务广大科研人员的交流平台，推送基金申请通知、评奖评优通知、论文写作与投稿指导和学术团队招聘信息等内容，并向作者提供英文语言润色服务，设立科技图书微店，其微信传播力一直在全国同类微信公众号处于领先地位。

4.3 社群化、集群化发展，实现合作共赢，并做好危机管理

期刊社内部建立"1+n"的模式，以中心整体公众号为主线串联主办期刊公众号建立微信矩阵，中心与单刊之间，单刊与单刊之间进行信息传播，共享粉丝，形成聚集效应。同学科或相近学科的高校期刊社可以建设微信矩阵，通过期刊社微信矩阵连通实现不同期刊社主办单刊微信矩阵的连通，按照学科和专业划分期刊目录，建立全国统一的期刊社微信矩阵和单刊微信矩阵，共享粉丝和推文资源，形成合力，不断提升期刊社和主办期刊的影响力。或与广受高校师生、科研人员、期刊编辑关注的高影响力知名公众号加强合作共享，实现共赢。前提是加入相应期刊微信联盟或矩阵，并与相应公众号建立良好的合作关系，同时要注意进行内容把关和版权保护，避免学术失范[12,18]。"北京科技大学期刊中心""重庆理工大学期刊社""上海大学期刊社""上海交通大学期刊中心"均建立了期刊社公众号微信矩阵，多个期刊共用公众号形成集群发展，快速提升公众号和期刊影响力。

5 结束语

通过对北京科技大学期刊中心微信公众号的运营实践进行分析，可以看出通过借鉴高影响力公众号传播策略，明确自身定位，实现个性化发展，指定专人负责新媒体工作，完善公众号的界面和栏目设计，精心策划和编排推文内容，加强微信公众号宣传推广，多样化、社群化运营，北京科技大学期刊中心微信公众号实现了快速发展。但同时，也可以看出北京科技大学期刊中心微信公众号存在缺乏长远规划、未能形成自主品牌效应、缺乏专业运营团队、内容素材缺乏、同质化严重等问题。综合分析可知，通过建立长远发展规划，树立微信品牌形象，提供前沿资讯与学术服务，实现社群化、集群化运营，并做好危机管理，将是未来期

刊社微信公众号的发展方向,也是提升其传播影响力的必要途径。

参 考 文 献

[1] 微信.2018微信数据报告[EB/OL].[2019-01-09].https://support.weixin.qq.com/cgi-bin/mmsupport-bin/getopendays.

[2] 马爱芳,赵建梅,王宝英,等.我国中文自然科学核心期刊微信公众平台开通现状的调查与分析[J].编辑学报,2015,27(5):481-484.

[3] 钱筠,郑志民.中国科技核心期刊微信公众平台的应用现状及对策分析[J].编辑学报,2015,27(4):379-383.

[4] 张广萌,李世秋,葛建平.微信推广:让"枯燥"的学术期刊生动起来:以《航空学报》微信公众号为例[J].编辑学报,2016,28(5):482-484.

[5] 周心玉,郭焕芳,郑爱莲.微信公众号对提升英文科技期刊影响力的影响:以"药学学报"微信公众号为例[J].中国科技期刊研究,2018,29(11):1171-1176.

[6] 杜焱,蒋伟,季淑娟,等.中国高水平科技期刊微信公众号运营现状及提升策略[J].编辑学报,2020,32(2):1-5.

[7] 孔薇.科技期刊微信公众号信息传播效果和运营策略研究[J].中国科技期刊研究,2019,30(7):745-753.

[8] 罗敏,张阳,石建光.民族高校学术期刊官方微信公众平台建设推广探析[J].西南民族大学学报(自然科学版),2015,41(5):657-660.

[9] 李文娟,朱倩,尚利娜,等.我国自然科学综合类高校学报微信公众平台传播影响力提升策略[J].科技与出版,2018(6):123-129.

[10] 周丹,周华清.科技期刊微信公众号文章版式设计研究[J].中国科技期刊研究,2017,28(12):1154-1159.

[11] 吕冬梅,杨驰,陈玲,等.科技期刊的微信创新定位与公众号的运营:以《中国中药杂志》微信公众号为例[J].科技与出版,2016(6):16-19.

[12] 张晋生,李晶.学术期刊微信平台使用问题及对策建议[J].中国出版,2016(14):27-29.

[13] 刘玉成,王丹,张丹.EI收录期刊微信公众平台的运营现状及提升策略[J].编辑学报,2017,29(6):574-578.

[14] 马新荣,徐书荣,潘静.中国地学类核心期刊微信公众平台的开发现状及发展需求[J].中国科技期刊研究,2017,28(12):1148-1153.

[15] 胡沈明,胡琪萍.学术期刊微信公众号运营现状研究:以新闻传播类期刊为例[J].出版发行研究,2016(12):62-67.

[16] 周华清.学术期刊微信公众号PPP运营模式探讨[J].出版发行研究,2019(1):39-42.

[17] 张海东,孙继华.科技期刊微内容传播的思考[J].中国科技期刊研究,2015,26(9):925-930.

[18] 董敏,刘雪梅.医学期刊微信公众号运营调查分析[J].出版科学,2018,26(4):79-83.

媒体融合与学术期刊影响力的提升

李 莉

(山西财经大学期刊社,山西 太原 030006)

摘要：随着互联网与智能手机的普及,大众的阅读环境已经发生了改变。学术期刊要充分利用媒体融合的优势,在提升品质的基础上,对内容进行延伸与再加工,满足读者的细化需求。同时打造专业平台,拓宽传播路径,提高编辑的数字素养,使数字内容的形式更加多样化,以提升刊物整体的吸引力与影响力。

关键词：媒体融合；学术期刊；内容品质；专业平台；数字素养

互联网与智能手机的普及,已经深深改变了人们的生活方式。截至 2020 年 3 月,我国网民规模达 9.04 亿,互联网普及率达 64.5%。2020 年 4 月 21 日 QuestMobile 发布的《2020 中国移动互联网春季大报告》显示,2020 年一季度疫情期间,娱乐、教育、办公、医疗、资讯等快速线上化、"云化",我国移动互联网月活跃用户数在 2020 年 3 月已突破 11.56 亿户。同时,月人均单日使用时长从去年的 5.6 小时增加至 7.2 小时[1]。可见,互联网的发展已经渗入人们生活的方方面面,通过改变信息的生产与传播方式,改变着人们的生活习惯、消费习惯、阅读习惯等。在这样的情形下,纸质传媒普遍受到冲击。对于学术期刊而言,如何利用新媒体的优势,将传统纸质媒体与数字媒体相结合,提升自身的影响力,是值得关注的问题。

1 阅读环境的改变与数字媒体的优势

新闻出版研究院第十七次全国国民阅读调查数据显示,2019 年我国成年国民包括书报刊和数字出版物在内的各种媒介的综合阅读率为 81.1%,较 2018 年提升了 0.3 个百分点。数字化阅读方式(网络在线阅读、手机阅读、电子阅读器阅读、Pad 阅读等)的接触率为 79.3%,较 2018 年上升了 3.1 个百分点。图书阅读率较 2018 年略有上升(0.3 个百分点),而报纸和期刊的阅读率下降较快,分别下降了 7.5 个百分点和 4.1 个百分点[2]。可以看出,数字化阅读发展较快,而纸质阅读率增长放缓甚至出现了下降趋势。信息技术的发展改变了信息的传播方式,也改变了人们的阅读习惯。

在这样的形势下,传统媒体开始探索与数字媒体相结合的新路径。首先,数字媒体传播速度快,能够突破传统纸媒的出版周期,使内容(文章)以最快的速度出现在读者面前,保持了内容的新鲜度。其次,数字媒体传播形式更加多样化,图文、音频、视频相结合,能够对内容进行延伸与再加工,吸引更多的读者,增加了传播的深度与广度。数字媒体的这种快速化与多样化某种程度上与碎片化的阅读习惯相契合,纸质媒体则更方便于进行深度阅读。当然,在一些特别的情形下,纸质媒体依然优势突出,不可替代。例如,在试图了解刊物的整体风格时,依然要选择纸质媒体,这是因为,一本刊物的特色不仅体现在内容上,而且还体现在封面设计、排版安排等很多细节中,它与文章内容相结合,是一种整体风格的呈现。再例如,在图书馆等一些特定场合,纸质媒体目前而言依然不可或缺。还有部分读者,或者因为年龄因素,或者是出于阅读习惯,依然对传统媒体青睐有加。

2 媒体融合拓展了学术期刊的发展空间

媒体融合(Media Convergence)是1983年由美国的伊索尔·索勒·普尔首次提出,其核心是把报刊、电视、广播等传统媒体与互联网、手机、手持智能终端等新媒体的传播通道有效结合,资源进行共享,信息集中处理,衍生出不同形式的信息产品,然后通过不同的平台传播给受众[3]。传统媒体与新媒体有效结合,能够大大拓展学术期刊的发展空间,增加传播路径,有效提升期刊的影响力。

媒体融合可以"衍生出不同形式的信息产品",然而,这一切都是基于对内容的把控与加工。对于学术期刊而言,其专业性较强,读者大多是相关领域的学者与研究者。数字媒体如何对内容进行编辑加工,以何种形式呈现出来,需要仔细琢磨读者在研究的不同阶段对内容的不同需求。对于专业研究人员,研究所处阶段不同其需求也不尽相同,对于阅读方式的选择也不一样。

学术期刊刊载的主要是学术内容,与广播、电视、图书、大众刊物等媒体形式相比,具有以社会效益为主、作者群体相对集中、受众范围较为狭窄、传播范围相对有限等特点[4]。对于一个从事学术研究的人而言,平时对于研究领域的最新动态会有所关注,其中,对于专业学术期刊发表的文章也会关注,以了解研究的前沿信息。因而,快速、准确、简洁地了解最新刊发文章的信息(包括摘要与主要结论),是其从事学术研究的日常需求,这是一个信息储备过程。在这个过程中,其需求是快速准确地了解最新文章,从而进一步提取与自己专业密切相关的信息。如果发现有感兴趣的文章,可能会进行浏览式全文阅读,这个时候一般会选择在线阅读或下载阅读,这是一个筛选过程。在浏览式阅读结束后,依据与自身研究的密切程度与兴趣,再判断是否需要进一步精读,这个时候一般会将文章打印出来,或者寻求纸质刊物,采取纸质的方式深度、反复研读,这是一个精读的过程。在这样一个简化的研究过程中,我们发现,媒体融合带来了相当大的便利性,大大减少了读者信息搜寻的时间与成本。例如,利用微信公众号发布最新目录与摘要,可以满足读者信息储备的需求。在学术成果发布平台(如中国知网)可以进行在线阅读与下载,从而满足了读者信息筛选的需求。而在深度阅读阶段,纸质媒体依然有着不可替代的优势。因而,媒体融合拓展了学术期刊的发展空间,使内容得到更多形式的呈现,满足了读者的不同需求。

3 媒体融合背景下学术期刊影响力的提升途径

在媒体融合的背景下,提升学术刊物的影响力,要以内容为核心,同时发挥数字媒体与纸质媒体的优势,对内容进行加工、整合与延伸。此外,要打造专业平台,发挥规模优势,并注重提高编辑的数字素养。

3.1 以品质提升学术期刊的影响力

品质是期刊发展的核心要素,在纸质媒体中,这种品质更多体现在对于文章内容的选择与编辑上,而在媒体融合背景下,品质还体现在对内容的再加工上。学术刊物首先要有明确的定位,学术期刊的读者群一般具有较高的学术素养,因此,学术期刊的专业性要突出,同时文章也要具有创新性。数字媒体是对于内容的再加工与延伸，形式上更加多样，针对的读者需求更加细化与明确，这样纸质媒体与数字媒体相结合，就可以对文章内容进行深层次开发，使文章价值得到最大程度的挖掘与体现。目前，我国多数学术期刊普遍在内容上媒体融合程度还不够深入，而国外的学术期刊在媒体融合发展方面已经取得相当好的成就，如国际顶级期刊 Science 已经成功实现了从内容、多媒体运用、个性化服务、商业模式等角度的完美转型。在媒体融合时代，学术期刊的内容建设要更加注重在内容结构、内容重组、内容再造等方面下工夫[5]。

3.2 以平台提升学术期刊的影响力

数字媒体的发展拓宽了学术期刊的发展空间，为提升刊物的影响力提供了更多途径。

其一，在线投稿系统的应用。目前，大部分刊物已经开通了在线投稿系统。对于编辑部而言，在线投稿系统可以更方便地管理稿件，流程更加快速，节省了时间，对稿件的管理更加条理化。对于投稿的作者而言，能够更方便知道稿件的审核状态。

其二，微信公众号的开通。近些年，许多刊物都开办了自己的微信公众号。在微信公众号上，学术期刊可以及时发布最新目录以及每篇文章的摘要，方便读者浏览，获取最新的研究信息。例如，山西财经大学学报的微信公众号，会根据编辑工作进度，及时公布目录以及作者信息、摘要等，并提供二维码附上全文链接，以方便读者的进一步深入阅读。还有一些刊物，如《中国农业经济》等，在微信公众号上会推荐重点文章，这些文章或者具有较高的学术价值，或者与热点经济问题结合紧密，能够引起更多的关注度，从而提升整体刊物的影响力。还有一些刊物，会与作者联系，在微信公众号上分享写作体会，拉近了与作者、读者的距离，对于刊物的形象与发展也能起到很好的促进作用。

其三，专业平台的打造。在媒体融合背景下，学术期刊靠传统的"单打独斗"方式谋求发展只能走向日渐式微的结局，只有推动学术期刊资源共建共享，才能有效保证学术期刊的整体利益[5]。单个刊物的影响力毕竟有限，多个刊物联合起来搭建学术期刊资源服务平台，可以实现学术期刊信息、资源共享，这是学术期刊集群化发展的新路径，如中华医学会系列期刊、中国化学会系列期刊、中国力学学会系列期刊等[6]。多个刊物联合打造学术研究平台，能够形成规模优势，借助平台的优化与完善，提升单刊的学术影响力。

其四，可视化内容的拓展。可视化有助于实现出版内容增值，可视化技术运用大量高清图像、视频、Flash 等多媒体方式代替传统的文字或二维图表呈现文献数据，使原本单调的线性叙述方式被一种更富于层次感的文献结构所取代，可带给读者全新的阅读体验[7]。例如，可以将文章内容、刊物简介等以更加活泼的动画形式展现出来，增加趣味性，来吸引读者；也可以将编辑之间的交流活动、与作者的互动、学术活动的举办等制作成小视频，增加作者、读者、评审人、编辑之间的互动与了解。这些方面我们都可以进行尝试，以更加开放的姿态面对媒体融合背景下出现的新变化。

3.3 以素养提升学术期刊的影响力

媒体融合背景下，对期刊编辑提出了更高的要求。纸质媒体时代，学术期刊的编辑更加关注内容，从审稿入手，对稿件从选题到文字加工，更多地体现了编辑的学术修养与文字修养。然而，在数字媒体时代，随着阅读大环境的变化，学术期刊的发展也要更加适应时代发展的需要与读者阅读习惯的改变，内容上要紧贴时政热点与学术前沿，同时在形式上要更加丰富。因此，编辑要提高自身的数字修养[8]，利用图像、声音等对稿件进行再编辑与再加工，既突出办刊特色，也要注重形式多样，图文结合，提高读者的阅读兴趣，满足读者不同的需求，拓展刊物的传播渠道，提高传播效率，从而提升刊物的影响力。

4 结束语

随着互联网技术的发展，大众的阅读习惯已经发生了改变。学术期刊要适应时代的潮流，积极利用数字媒体挖掘文章价值，将音频、视频、图形、文字相结合，满足读者的阅读需求，并拓宽刊物的传播途径。具体而言，在媒体融合背景下，学术刊物应该通过注重品质、打造专业平台、提升编辑数字素养等途径来提高学术刊物的影响力。

参 考 文 献

[1] QuestMobile.2020中国移动互联网春季大报告[EB/OL].(2020-04-21)[2020-08-10]. https://www.questmobile. com.cn/ research/report-new/90.
[2] 新闻出版研究院.第十七次全国国民阅读调查成果发布[EB/OL].[2020-05-12].http://www.nationalreading. gov.cn/ReadBook/contents/6271/414891.shtml.
[3] 吉海涛,郭雨梅,郭晓亮,等.媒体融合背景下学术期刊发展新模式[J].中国科技期刊研究,2015,26(1):60-64.
[4] 郭雨梅,郭晓亮,吉海涛,等.媒体融合背景下学术期刊的创新之路[J].编辑学报,2014,26(6):521-524.
[5] 谢暄,蒋晓,何雨莲,等."融"时代下学术期刊媒体融合发展策略[J].编辑学报,2017,29(3):218-221.
[6] 郑晓棠.媒体融合背景下学术期刊知识服务体系构建[J].科技与出版,2020(6):55-60.
[7] 游滨.学术期刊数字化发展趋势及因应策略[J].编辑之友,2016(11):36-41.
[8] 姜红.媒体融合背景下学术期刊发展路径探析[EB/OL].[2020-08-07].https://kns.cnki.net/kcms/detail/11. 3209.G3.20200807.1035.012.html.

高校学报微信公众号运营策略探析

黄 勇

(广西师范大学学报编辑部,广西 桂林 541004)

摘要：在媒体融合的时代大潮下，高校学报的媒体融合发展之路走得比较艰难。在分析高校学报微信公众号运营现状的基础上，结合本刊微信公众号的运营实践，探讨提升高校学报微信公众号影响力和传播力的运营策略：配备新媒体编辑人员；突破纸刊的内容局限；拓展公众号传播渠道；掌握公众号编辑技巧和传播规律。

关键词：高校学报；微信公众号；媒体融合；运营策略

2014 年，中央全面深化改革领导小组第四次会议审议通过了《关于推动传统媒体和新兴媒体融合发展的指导意见》，媒体融合"是出版业巩固壮大宣传思想文化阵地的迫切需要，是履行文化职责的迫切需要，是自身生存发展的迫切需要"[1]。这些年来，媒体融合在我国发展迅速，移动互联网上大众媒体异彩纷呈、百花齐放。学术出版领域也进行了很多媒体融合的尝试，拓展了学术信息的传播渠道。

"两微一端"是最主要的新媒体融合传播形式，其中微信是用户数最多、使用最频繁的平台。截至 2019 年 9 月，微信月活跃账户数为 11.51 亿[2]；截至 2020 年 1 月，微信公众号创作者数量已超 2 000 万[3]；同时，微信也是中国网民获取新闻信息最重要的新媒体平台，占比为 77.25%[4]。另外，科学网的一项调查表明，超过 80%的科研人员希望通过微信平台关注学术期刊发布的信息[5]。因此，开通运营微信公众号成为学术期刊谋求媒体融合发展的首选方式，但高校学报应用微信公众号的情况却不尽如人意。余沉[6]、张家瑞等[7]分析了高校学报微信公众号内容建设问题，并给出了运营建议；刘建朝[8]分析了高校学报微信公众号的用户黏度与传播效果，提出高校学报应理性、适度应用微信公众号；刘钊[9]、黄锋等[10]基于统计调查数据，分析了高校学报微信公众平台存在的问题，给出优化和改善高校学报媒体融合状况的建议。笔者结合微信公众号运营实践，针对高校学报的办刊特点，进一步探讨高校学报与微信公众号融合发展的路径。

1 高校学报微信公众号运营现状分析

1.1 微信公众号开通数量偏低

目前，我国共有高校学报 2 000 多种，但开通微信公众号的学报较少。截至 2020 年 8 月，笔者利用搜狗微信搜索(https://weixin.sogou.com/)，搜索关键词"大学学报"，返回公众号结果 200 个；搜索关键词"学院学报"，返回公众号结果 92 个；搜索关键词"学校学报"，返回公众号结果 2 个。总共仅有约 300 种高校学报开通了微信公众号，这里面还包含了从未发布内容和已经停止发布内容的"僵尸号"，微信公众号开通数量明显偏低。

1.2 微信公众号文章内容和版式单一

浏览检索到的高校学报微信公众号文章列表，发现大部分高校学报微信公众号文章仅限于纸刊内容，如每期刊物的目次、摘要、HTML全文等。再有就是涉及一些期刊动态信息、征稿启事等。甚至一些高校学报把纸刊的目次、摘要及全文原封不动地以图片形式搬到微信公众号上来，没有基于移动终端的呈现特点重新排版，使得阅读体验非常差，也不能进行文字信息检索，这样就失去了使用新媒体的意义。

高校学报微信公众号文章的版式往往非常单一和"朴素"。绝大部分文章采用同一版式排版，缺少变化；文中缺乏装饰性的插图，版面没有设计感；文章均以图文素材为主，缺乏音频、视频等多媒体素材。

1.3 微信公众号缺乏与用户互动

互动性是新媒体区别于传统媒体的重要特征之一，然而许多高校学报微信公众号缺少与用户的互动。主要表现在：微信公众号没有发布一些调动读者互动积极性的文章，如读者调查、话题讨论、活动推广等；微信公众号功能开发上缺少与用户互动的模块，如没有设置关键词自动回复；对读者的后台留言置之不理或回复不及时；没有开放文章的留言功能(腾讯已经取消了2018年后新注册的微信公众号的留言功能，但可以通过账号迁移已具有留言功能的公众号来解决)。

1.4 微信公众号社会效益不明显

高校学报微信公众号的内容一般都是立足于本刊、本校，较少参与社会热点讨论、发布公益和慈善信息。由于公众号关注的用户数不高，即使参与热点话题、发布公益和慈善信息，也难形成"气候"。

2 高校学报微信公众号运营策略探析

2.1 加强新媒体编辑人员配备

新媒体编辑人员要求具备很强的专业技能和职业素养，如：快速信息采集；文字、图片、声音、视频的综合加工处理；熟练各种信息平台的操作；对网络舆情和意识形态的敏感性和辨别能力等。目前高校学报几乎没有配备专职新媒体编辑，大多采取一些替代的方案：①将微信公众号运营外包给专业公司，这需要极大的财力支撑，极少有高校学报能做到；②招聘高校学生管理微信公众号，由于学生的流动性较大，且能力参差不齐，难以长期持续；③学报编辑兼职运营微信公众号，但由于日常编辑业务繁重，无法保证有足够的时间运营微信公众号。因此，需要学校领导和学报领导重视新媒体运营，加强经费支持和人员配备，同时注重对现有编辑人员的培养，打造一支胜任新媒体出版的编辑人才队伍。

2.2 突破纸刊内容局限

绝大部分高校学报的微信公众号内容为其纸刊内容的复现，在浅阅读盛行的新媒体平台，即使纸刊内容精彩，搬运到新媒体平台不见得就能引起读者关注。在融媒体时代，高校学报编辑也必须转变传统的编辑出版思维，论文印刷出来并不是出版工作的完结，之后的论文传播更加重要。因此，高校学报微信公众号必须突破纸刊内容的局限，根据期刊栏目设置和读者定位，打造高质量的公众号文章，寻求更多的读者关注。针对该问题，可采取相应的微信公众号运营策略：①编辑与作者沟通，对纸刊发表的论文进行二次编辑，形成一篇2 000字以内的论文概要，突出论文的观点和创新之处。在微信公众号上推送论文概要而不是动辄一两万字的全文，可以让读者快速抓住论文的重点，避免读者失去阅读的耐心。②高校学报微信公众号可根据纸刊的栏目，报道相应学科的学术动态和学术热点，吸引更多的用户关注。③高校学报微信公众号可发布相应学科重要学术会议的信息、在本校举办的学术会议的信息以及本刊编辑参加的学术会议的信息。本刊编辑参加学术会议时应多收集和了解会议信息、关注会议上讨论的热点问题，还可以采访一些参加会议的学术名家，形成独家的会议报道，发布在微信公众号上。④高校学报微信公众号可定期发布一些学术论文写作规范和写作技巧的文章，吸引学生读者和潜在作者的关注。⑤高校学报微信公众号可根据某个专题或社会热点，适当转载其他学术公众号的文章。可以单篇转载，也可以与自家公众号的相关文章合成一个专辑发布，提高影响力和关注度。⑥高校学报微信公众号可发布读者调查、话题讨论、活动推广等，加强与读者互动，提升读者黏性。

2.3 扩展公众号宣传渠道

高校学报大多是综合性学术期刊，内容涵盖多个学科，其公众号内容必然也是多学科杂糅，即使部分单篇内容出彩，公众号也很难得到持续关注，必须加大公众号的宣传力度，扩展宣传渠道。①依靠高校学生和教师众多的优势，发动本校学生和教师关注学报微信公众号，并在微信朋友圈做推荐；②在公众号发布学术论文内容时，提醒论文作者转发到自己的朋友圈、相关学术微信群甚至作者自己的公众号中，引发更广泛的关注；③与同校、同城、同省、同系统的学术公众号建立互相转发的机制，进一步增大传播范围；④在学报网站、学报纸刊封面、电子邮件的签名栏以及学报的宣传品(如名片、信封、信笺、纸袋、笔记本、书签等)上刊登和印刷公众号二维码，拓宽宣传渠道。

2.4 掌握公众号编辑技巧和传播规律

高校学报微信公众号的运营人员必须熟悉和掌握新媒体的编辑技巧和传播规律。

2.4.1 掌握第三方微信公众号文章编辑器的使用

一款好的微信公众号编辑器能提高文章编排的效率。由于微信公众号后台自带的编辑器功能单一、用户体验差，很多微信公众号采用第三方编辑器来排版文章，目前比较流行的第三方微信公众号编辑器有：秀米、135编辑器、壹伴、小蚂蚁编辑器等。它们功能强大，各有特色，需要编辑人员根据自己公众号文章的特点，选择合适的第三方编辑器。掌握好第三方编辑器的使用，能使微信公众号文章的编排得心应手、事半功倍。

2.4.2 巧妙安排公众号文章的结构和内容

纸刊的排版方式并不适合移动终端阅读，微信公众号推送的论文必须经过重新排版，以适配移动终端的显示屏，并适合移动阅读的习惯。笔者在实践中摸索出一些编排技巧：文章各部分的字号和字体颜色需要精心选择；给文章的题名、摘要、一级标题等设置一些装饰性的边框和分割线；文章开头、结尾、章节之间可根据排版需要配少量与文章主题相关的插图，防止整篇都是密密麻麻的文字，提升阅读体验；文章末尾放置公众号的二维码，引导读者关注公众号；文章最后一行引导读者点击"分享""点赞"和"在看"，提升文章的二次传播机率。

2.4.3 选择合适的推送时机

微信公众号文章的推送时机一般要吻合读者的阅读习惯，才能提高文章的"能见度"，否则将淹没在微信巨量的信息海洋中。《2019微信数据报告》[2]中显示，公众号打开活跃高峰为晚上约21:00。高校学报的读者群体以在校学生和教师为主，根据广西师范大学学报哲社版微信公众号后台数据显示，契合该阅读群体的推送时间为12:00—13:00、17:00—22:00(节假日会有所区别)。微信公众号运营者应该利用后台数据,找出自己公众号上读者活跃的高峰时段,选择在这个时段推送文章,可以使传播效果最大化。

3 结束语

自 2014 年媒体融合上升为国家战略,经过几年的发展,已经形成较大的行业规模。高校学报由于其自身的特点,在媒体融合的道路上走得并不顺利。笔者结合微信公众号运营实践,分析了高校学报微信公众号运营中的困难,探讨了提升的策略。未来,希望高校学报加快新媒体人才队伍建设,在媒体融合发展的道路上,形成更好的发展趋势,促进学术研究成果快速、广泛传播。

参 考 文 献

[1] 新闻出版广电总局,财政部.关于推动传统出版和新兴出版融合发展的指导意见:新广发[2015]32 号[EB/OL].(2015-03-31)[2020-08-14].http://www.gov.cn/gongbao/content/2015/content_2893178.htm.

[2] 深圳市腾讯计算机系统有限公司.2019 微信数据报告[R].深圳:深圳市腾讯计算机系统有限公司,2020.

[3] 今日头条,新榜.2020 内容创作发展趋势报告[R/OL].(2020-03-04)[2020-08-14].https://index.toutiao.com/report/download/e2325edaed356c998697344863635c33.pdf.

[4] 匡文波.2019 年中国网民新闻阅读习惯变化的量化研究[M]//唐绪军,黄楚新,吴信训.中国新媒体发展报告 No.11(2020).北京:社会科学文献出版社,2020:105-119.

[5] 薛梅.高校期刊运用新媒体之困境探讨[J].新媒体研究,2018,4(5):61-63.

[6] 余沉.高校学报微信公众平台内容建设思考[J].淮南师范学院学报,2017,19(5):141-144.

[7] 张家瑞.高校学术期刊自媒体平台视听内容建设探究:以 C9 联盟高校学报微信订阅号为例[J].出版广角,2020(4):49-51.

[8] 刘建朝.高校学术期刊应用微信公众号的反思[J].新媒体研究,2019,5(19):31-33,41.

[9] 刘钊.媒体融合下高校学报的微信公众号与网络运营现状和优化建议[J].中国科技期刊研究,2019,30(6):613-620.

[10] 黄锋,辛亮,黄雅意.高校学报微信公众平台的发展现状和运营策略研究[J].中国科技期刊研究,2016,27(1):79-84.

科技期刊批量发行效率的提升途径

谢文亮[1]，郑添尹[2]

(1.广东财经大学学报编辑部，广东 广州 510320；2.广西师范大学政治与公共管理学院，广西 桂林 541004)

摘要：针对科技期刊批量发行中读者信息在信封上录入的低效率问题，提出使用信封打印技术实现信封批量打印。鉴于商业信封打印软件多为付费软件，其实际的推广应用价值大打折扣，本文提出利用 Microsoft Office 中的 Word 和 Excel 作为信封打印技术软件，详细介绍期刊发行信封模版的设计与配置；发行中的信封与读者信息数据库的邮件合并；读者信息的数据库生成，如期刊采编系统的作者信息批量导出、电子邮箱投稿的复制录入以及一些特定读者信息的手工录用等，实现发行中信封的高效、准确打印，既节省时间又减少成本，可供从事科技期刊发行工作的同行参考和借鉴。

关键词：科技期刊；发行；信封打印；批量打印；读者信息

科技期刊发行中的信封包括寄送样刊普通信件、编辑部与作者来往信件、各编辑部之间函件、作者稿酬汇款、特快专递等。以发行样刊为例，效率关系到期刊的品牌形象以及影响力的提高。如何将出版的样刊安全、快速寄送到读者手中，是一个亟待解决的难题。目前科技期刊每期发行量一般有 1 000 份以上，其中包括作者订阅、通过期刊编辑部订阅(不包括邮局订阅)、期刊的各种赠刊等。样刊发行的信封地址填写一般使用手抄、A4 纸打印两种方式。手抄地址方式效率慢，不适合有一定发行数量的期刊，而且容易出错。A4 纸打印方式将地址复制到事先设计好尺寸的方框中，用剪刀沿着方框边沿线剪出地址片，再将地址片用胶水贴到信封上。A4 纸打印的方式比手工抄写效率高，实现了邮寄地址的批量打印，然而，邮寄地址需要人工剪切和粘贴到信封上。在打印过程中，打印机容易出现咬纸；剪切时容易出现错剪，以致需要重新打印；寄出时，由于成批量的粘贴，地址片如果粘贴不牢，就会在邮寄的过程中脱落，导致样刊因无地址而被退回来，浪费了人力和物力；人工剪切和粘贴消耗了大量的时间。一些期刊尝试两者结合方式：对于每期经常变动、数量极少的，如作者样刊，就使用手写方式写地址；对于相对固定的、每期必发的读者和单位，就制成A4纸打印地址格式。这种方法虽顾及到效率及安全，但还是没有根本上解决发行时信封地址的问题。一些文献研究期刊应用打印信封的方法，如文献[1-4]，但无法真正做到高效及方便。本文根据发行经验和总结，提出用信封打印技术实现信封地址批量打印，以达到高效、准确、省时、省力又省成本。

基金项目：教育部人文社会科学一般项目青年基金(19YJC860054)

1 期刊发行中的信封打印介绍

信封打印技术是根据信封的大小、读者信息字段等在信封上的位置,对软件进行设置,使打印出来的各项地址项恰好在信封中相对应的地址框中。信封的地址项有收信人邮编、地址、姓名、称呼(可选),寄信人姓名、地址(包括单位),联系方式(可选,如 E-mail,联系电话、网址等)、邮编。科技期刊普遍采取将寄信人的具体地址信息在信封右下角印刷出来的方式,因此可以不考虑寄信人的地址信息打印。信封的各个地址项一般来说以分行、分阶设计,以达到层次分明,方便邮递人送信。用信封打印技术要严格按照信封的尺寸,各个字段在信封的位置,在软件上进行精确设计,在字体、间距、上下左右距离等根据进行设置,以达到精确、美观打印效果。

1.1 软件选取

信封打印软件有多种,比较出名的有易人信封打印软件[5]、手写体信封打印软件[6]、雪人信封打印软件[7]、超级信封打印软件[8]等,此类软件较多,但多为付费软件,在实际推广和应用中受到限制。在日常办公软件中,最普通的 Word 和 Excel 等软件,具备便捷、价廉、可操作性强、便于推广等特性,又由于大部分编辑部启用采编系统,具备 Excel 批量导出功能。因此,只要进行适当的配置,用 Excel 创建相应的读者数据库,实现数据库与信封的关联,Word 便成了最佳的信封打印软件。

1.2 整体流程图

科技期刊科技期刊信封打印的整体流程图如图 1 所示。

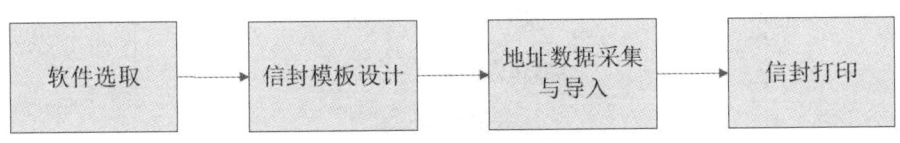

图 1　科技期刊信封打印的整体流程图

2 期刊发行信封模板设计

2.1 信封设计

(1) 尺寸设置。Microsoft Word 各版本菜单等虽有所改变,但其原理是一致的。打开 Word 菜单栏中的"工具"—>"信函与邮件"—>"中文信封向导"—>"下一步",进入"选择标准信封样式"的选项界面。有多种标准信封大小尺寸可选,要根据所要邮寄的信封选择尺寸设置。信封分为多种,一般在信封上以特快专递、C4 号、C5 号、ZL 号、DL 号、B6 号、国内包裹单[6]等注明。以《广东财经大学学报》为例,该期刊寄样刊的信封是使用 C4 号,与现行的 9 号信封相一致,对应 Word 选项中的"大型信封 9:(324 mm×229 mm)";寄发票、退修或修定稿的信封是 C5 信封,与现行的 7 号信封相一致,对应 Word 选项中的"大型信封 7:(230×160)"。信封的尺寸与现行的信封的对应关系可参考《中国国家标准信封尺寸》(GB/T 1416—2003)[9]。选中了寄样刊的"大型信封 9:(324 mm×229 mm)"后,按"下一步",进入"怎样生成这个信封?",图 2 所示。"打印邮政编码边框"可选项要根据需要选择,期刊的发行信封一般在印刷时已经印好邮政编码边框,因此可以不勾上边框。

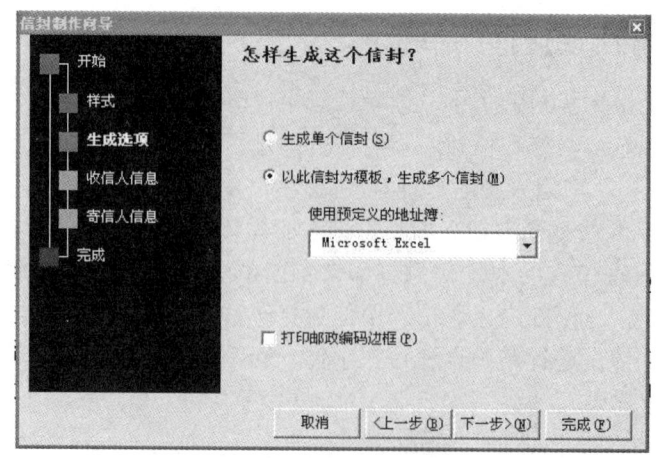

图 2　信封制作向导

由于样刊发行是批量的，因此，选择"以信封为模板，生成多个信封(M)"选项。信封制作向导中提供使用预定义的地址簿，方便用户批量导入数据。考虑到数据操作的方便性，以及采编系统读者、作者信息可由系统以 Excel 格式导出，因此，选取 Microsoft Excel 作为预定义的地址簿。按"下一步"—>"完成"，实现了中文信封的自动生成，如图 3。其中有"《》"标志符号的数据内容是由数据库提供的，具体操作时需要与数据库相关联。

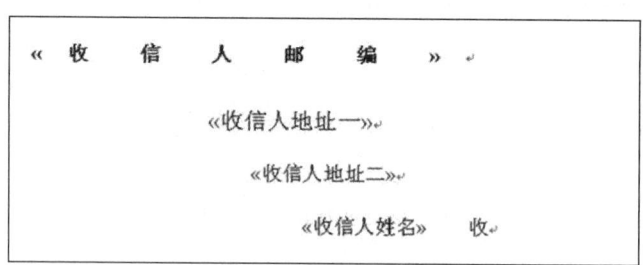

图 3　中文信封自动生成界面

(2) 字段选择。期刊发行的信封上需要关联数据库的字段中，必要字段是收信人邮编、收信人地址、收信人姓名；发信人称呼是非必要因素，有些读者德高望重，加入称呼表示尊重；寄信人是期刊，由于期刊的信息，包括期刊刊名、地址、邮编、联系电话等信息在出厂时已经印刷，在信封字段设置时无须选择这些要素；有时，寄出样刊时，为了让收信者留意信的内容，可在信封上添加一些额外的文字或图片，仅需要用文本框便可完成。

(3) 字体选择。出于美观的目的，需要考虑到信封的颜色等因素，进而为了使字体与颜色搭配，必须考虑到字体类型，如宋体、黑体等，字号大小，是否加粗，是否倾斜等。例如，为了体现层次感，收信人地址字号大小宜比收信人姓名小 1 号，收信人称呼宜比收信人姓名小 1 到 2 号，等。字段虽要跟数据库关联，无法显示内容，但能设置字体显示的结果，因此，可对如带有"《》"符号的内容进行字体选择。

(4) 自定义信封配置。Word 中没有提供 EMS、顺丰等寄信单据的尺寸和模板供选择，另外，每期给作者寄稿酬时需填写汇款单，这类单据实事上是扩展的信封，有的与标准信封具有相同字段，也有不同的字段。汇款单的收(寄)件人地址、姓名、邮政编码等字段的位置与信封不同，如多了汇款方式、金额、附言等字段，没有现成的信封打印模板，因此只能自定义信封。使用 Word 菜单栏中的"工具"—>"信封与标签"—>"选项"，进入"信封选项"选择界面，在"信封尺寸"中选项"自定义尺寸…"，输入宽度和高度，点击"确定"—>"添加到文档"。字段的添加方式为：选择"插入"—>"域"，域名选择"Merge Field"，"域名："输入所要定义的字段名，如金额、汇款方式、附言等，如图4所示。

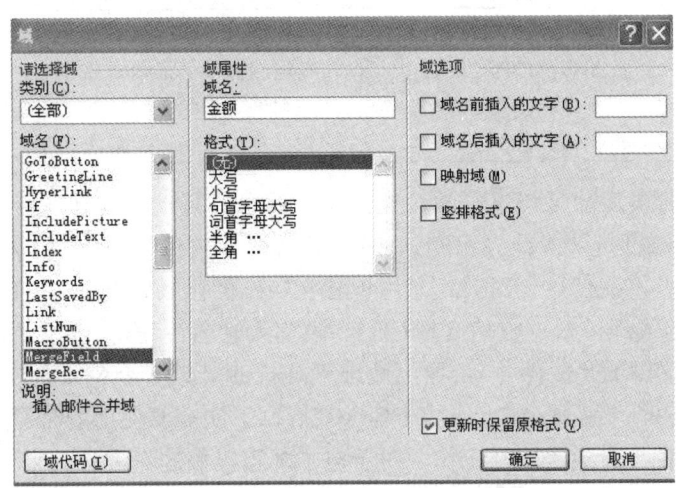

图4　自定义信封中添加域

为了增加自定义信封的精确度，可首先将汇款单作扫描，然后将扫描出的照片用 Photoshop 裁剪成与原来单据像素一样大小的图片，命名为"汇款单模板图片"，图片导入已设定的自定义信封里，作为背景图片，以高度仿真，方便设置各个字段的位置；其次，测量出汇款单中各种字段的位置，然后按照精确的位置在自定义信封中设置相对应的字段，设计完毕后，为了不影响打印效果，可删去背景图，便能实现自定义信封的精确打印。

2.2 信封配置模版保存与调用

设计好各种信封模版配置后，点击"保存"，或可改名另存为"期刊信封模版""发票信封模版""EMS 模版""包裹模版""汇款单模版"等，以方便以后调用。每期发行时，对不同的信件，只要调出相关的模板，并根据各种不同模版导入数据库文件，便可方便、快速、精确、美观的打印出所需的信封。

3　期刊发行信息的采集与批量导入

在信封的设计过程中，以"《》"为标志的字段数据是来自数据库的批量导入。有三种用于预定义地址簿的工具，Microsoft Word、Microsoft Access 和 Microsoft Excel，由于 Excel 有强大的数据查询、分类、排序等操作功能，再加上采编系统的作者信息导出格式通常是.xls，另外，一些期刊使用 Excel 作为电子邮箱来稿中读者信息保存介质，因此，Excel 被大部分期刊选作保存读者地址簿的工具。

3.1 期刊发行信息的采集

(1) 采编系统作者信息批量导出与调整。对于使用采编系统的期刊，每期发行都需要给作者寄样刊。采编系统提供了打印地址签标的功能，选中相应的期数后，用 Excel 将当期的读者信息批量导出。其导出的读者信息中有序号、稿号、姓名、单位、地址、邮政编码、E-mail、手机等，根据信封字段的需要，保留姓名、单位、地址、邮政编码这四个字段的内容，并相应改成字段名改成"收信人姓名、收信人地址二、收信人地址一、收信人邮编"，顺序不必调，但是字段名必须完全一致，如表1所示。

表1　Excel中数据库字段设计

收信人邮编	收信人地址一	收信人地址二	收信人姓名
510320	广州市赤沙路21号	广东财经大学学报编辑部	张三
510320	广州市赤沙路21号	广东财经大学学报编辑部	李四
510320	广州市赤沙路21号	广东财经大学学报编辑部	王五
510320	广州市赤沙路21号	广东财经大学学报编辑部	赵六

(2) 读者信息的手工录入与电子邮箱投稿作者信息的复制。期刊发行除了作者之外，还有一些读者信息无法批量录入或导出的，如期刊同行、编委、审稿专家等，这些信息必须手工录用。考虑到需要多次使用，可对信息用单独文档作保存。如表1，在 Excel 中设置好字段"收信人邮编、收信人地址一、收信人地址二、收信人姓名"，根据字段录入相应的内容，录入完毕后，使用菜单栏的"文件"—>"导出地址到 Excel"，功能，对.xls 文件作命名，如"读者.xls""同行学报.xls""编委.xls""审稿专家.xls"等，下次需要使用的时候，用邮件合并功能导入相应的数据文件，避免了重复工作。对于电子邮箱投稿的作者，其来稿中在 Word 一般附有作者的联系方式，可根据字段将相应的内容复制到 Excel 中来，实现了电子邮箱投稿作者信息的复制。

3.2　期刊发行信息的批量导入

发行信封与 Excel 读者地址簿的关联方式是通过邮件合并功能实现的。打开相应的信封模版，系统将提示是否将数据库中的数据放入文档中，点击"是"将打开信封界面，并准备进行数据导入。打开"工具"—>"信函与邮件"—>"邮件合并"，在右边点击"选择另外的列表文件"，将出现图 5 中的"选取数据源"，选择事前已经定义好的读者信息地址簿，其数据库字段与信封的字段相同，如表 1 所示。选取完毕后，点击"下一步：选取信封"—>"下一步：预览信封"(其效果如图 6 所示)—>"下一步：完成合并"，便可进行全部或部分的打印。

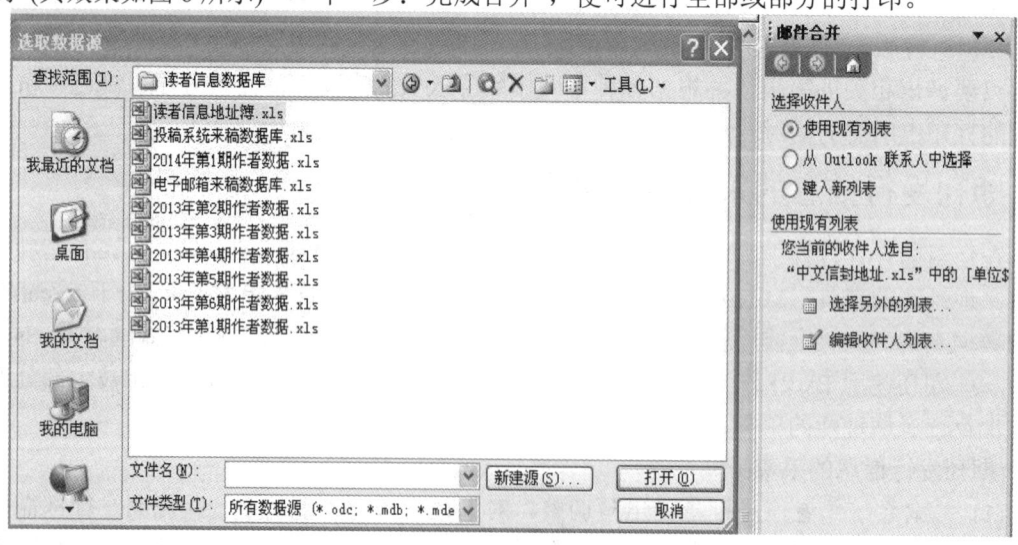

图 5　选取数据源

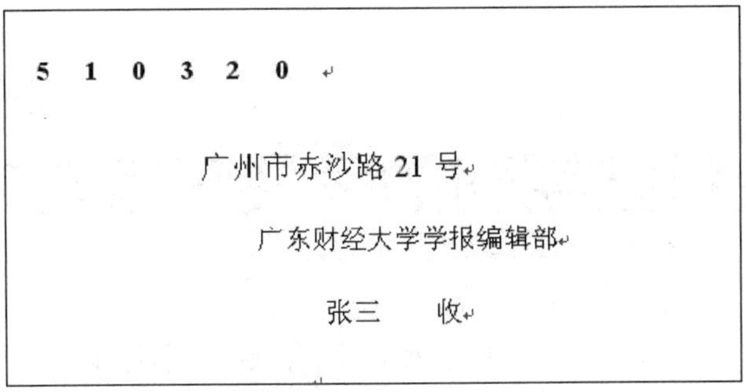
5 1 0 3 2 0

广州市赤沙路21号

广东财经大学学报编辑部

张三　　收

图6　作者信息在信封上的邮件合并效果

4　信封打印

打印前，将所要打印的信封按打印软件的位置设置要求放进打印机进纸器里，如纵向打印、横向打印、旋转180°打印或进纸器两边向中间收缩等方式。完成数据导入后，可点击“浏览”查看打印效果。当浏览的效果符合发行的要求时，点击“打印”，实现信封批量打印。

5　结束语

尽管大部分期刊实现信息化办公，与读者的联系信函也是通过电子邮件的方式，然而，在样刊的发行、稿酬、发票的邮寄等，都需要用到信封方式。鉴于目前的发行过程中信封录入的耗时、低效、高成本，提出使用Word作为信封打印软件批量打印发行中信封，并详细介绍整个实现流程，可供期刊编辑部实现发行信息化借鉴。

参　考　文　献

[1]　韩丽,武文.如何实现科技期刊管理、发行中快递单据的批量打印[J].中国科技期刊研究,2013,24(5):932-935.

[2]　倪树森,王芳菲,丁月华.利用Word和Excel软件快速制作期刊邮寄标签[J].新闻传播,2019(2):67-68.

[3]　李松林,饶华英,向晓丽,等.基于B/S模式的期刊邮寄标签管理系统的设计与实现[J].湖北师范学院学报(自然科学版),2016,36(3):120-126.

[4]　鲁立,闻浩,郭萍,等.基于在线采编系统的期刊管理实践[J].编辑学报,2015,27(1):55-57.

[5]　百度百科.易人信封打印软件[EB/OL].(2013-11-22)[2020-07-15].http://baike.baidu.com/view/1226755.htm.

[6]　百度百科.手写体信封打印软件[EB/OL].(2013-11-22) [2020-07-15].http://baike.baidu.com/view/6024314.htm.

[7]　百度百科.雪人信封打印软件[EB/OL].(2013-11-22) [2020-07-15].http://baike.baidu.com/view/575059.htm.

[8]　百度百科.超级信封打印工具[EB/OL].(2013-11-22) [2020-07-15].http://baike.baidu.com/view/570709.htm.

[9]　中国国家标准信封尺寸:GB/T 1416—2003[S].北京:中国标准出版社,2003.

上海高校科技期刊的发展现状与对策研究

王婧，吴领叶，张芳英，刘志强

(上海大学期刊社，上海 200444)

摘要：文章通过对上海高校 83 种科技期刊的语种、主管单位、主办单位、刊均影响因子、刊均总被引频次、数据库收录情况等进行统计分析，以了解上海高校科技期刊的办刊整体现状，探索上海高校科技期刊高质量发展方向，对推动上海、长三角地区乃至全国高校科技期刊争创一流具有参考意义。

关键词：上海高校；科技期刊；发展现状

习近平总书记曾在中央全面深化改革委员会第五次会议、科学家座谈会、经济社会领域专家座谈会等多个场合发表重要讲话，就办好一流期刊、把论文写在祖国大地上、推动高质量发展等做出系列重要指示。强调科技期刊传承人类文明，荟萃科学发现，引领科技发展，直接体现着国家科技竞争力和文化软实力。要以建设世界一流科技期刊为目标，科学编制重点建设期刊目录，做精做强一批基础和传统优势领域期刊[1-2]。这些都为上海高校科技期刊的发展指明了方向。

秉承"海纳百川、追求卓越、开明睿智、大气谦和"的城市精神，上海这座不懈前行的城市，如今已成为中国最大的经济中心城市。随着大众创业、万众创新和"互联网＋"战略的深入推进，上海将崛起成为具有全球影响力的科技创新中心。上海拥有 64 所高校，其中 4 所高校同时具备双一流、985、211 大学(复旦大学、上海交通大学、同济大学、华东师范大学)，211 大学为华东理工大学、上海大学、东华大学、上海财经大学、上海外国语大学。上海重点高校分布仅次于北京市，重点高校排名第二，为我国的一流大学、一流学科建设不断贡献着积极力量。

上海高校科技期刊作为科技期刊发展的前沿阵地，始终坚持正确的政治导向，坚持科技期刊为科技服务，运用优质的学科资源与学术发展氛围，开展刊学研良性互动，不断促进科技成果发布、人才培养与学术交流，助力上海科创中心建设，服务科技发展与创新。

本文将 2015—2019 年《中国期刊引证报告(扩刊版)》的数据作为统计依据，对近五年上海高校科技期刊的语种、影响因子、总被引频次、数据库收录等情况进行了统计与分析，提高对上海高校科技期刊建设现状的认识与思考，为促进上海高校科技期刊提升学术影响力、争创世界一流提供参考[3]。

基金项目：上海市高等院校科技期刊研究基金资助项目(SHGX2018A01)
通信作者：刘志强，E-mail: zqliu@i.shu.edu.cn

1 上海高校科技期刊的基本情况

1.1 语种

从整体上看，上海高校科技期刊共有83种，语种包括中文、英文、中英文合刊。其中，数量最多的为中文刊，共71种，占比86%；英文刊占12%；中英文合刊占2%。

1.2 创刊年份

83种上海高校科技期刊中，1980—1990年(含)创刊的期刊种数最多，为20种，占期刊总数的24%。2010年后创办的期刊中，英文刊占54%，中英文合刊占18%。可见，近年来随着科技期刊"走出去"战略的实施，英文刊的创办成为推动期刊国际化的主力军。同时，中英文合刊的创办，也为高校科技期刊的国际化发展起到了重要促进作用。

1.3 刊期

从上海高校科技期刊刊期情况可以看出，双月刊种数最多，占59%，其余依次为季刊(21%)、月刊(19%)、半年刊(1%)。

1.4 主管单位

从主管单位来看，上海高校科技期刊由教育部主管的期刊种数最多，占比59%，其余依次为由上海市教育委员会主管的期刊种数占比23%，由高校及其他主管的期刊种数占比18%。

1.5 主办单位

上海高校科技期刊中主办期刊数量前3位的高校均是上海地区的"985"高校，分别为上海交通大学(包括附属医院)25种、复旦大学(包括附属医院)13种、同济大学13种。其余主办期刊数量居前5位的上海高校分别是上海大学和东华大学。由此可见，"985"高校在具备强大科研实力的同时，也十分重视科技期刊的发展，所主办的科技期刊数量较多，这有赖于高校科研工作者和期刊工作者的共同努力。高校期刊是科学技术传播的重要载体，为学科领域最新研究成果传播搭建交流平台，从而促进高校学科发展。与此同时，高校"双一流"学科的建设与发展又加速提升了高校科技期刊的办刊水平与学术质量。

1.6 数字化

83种上海高校科技期刊中，有74种期刊具有投审稿系统网址链接，占比89.16%；44种期刊有微博/微信，占比53.01%。可见，上海高校科技期刊在数字化发展方面，投审稿系统的网上应用程度已较为普遍，大部分期刊可以进行在线投稿、审稿，从而进一步优化了编辑出版流程，提升了工作效率。

2 影响力发展情况

本文主要数据源为2015—2019年《中国期刊引证报告(扩刊版)》，近五年上海高校科技期刊取样数据(有效数据)分别为2015年69种，2016年75种，2017—2019年均是76种，以下分析上海高校科技期刊的主要影响力指标的变化情况。

现阶段影响因子和总被引频次是定量评价期刊影响力的两个关键指标。上海高校科技期刊的影响因子和总被引频次爬坡中上升。相比2018年，2019年上海高校科技期刊刊均影响因子和刊均被引频次涨幅令人可喜，分别约为15%和3%。

与期刊影响力息息相关的还有引文数、来源文献量、基金比三种指标，上海高校科技期刊的引文数整体呈上升趋势；而对来源文献量而言，虽然2019年的数值比2017和2018年的数值有所上升，但仍然低于 2015 年的数值，所以上海高校科技期刊的来源文献量整体呈下降趋势。上海高校科技期刊的基金比以每年约 2.5%幅度逐年上升。

数据显示上海高校科技期刊影响因子≥1 刊物量逐年上升，与 2015 年相比，2019 年影响因子≥1 刊物数量翻了一番，约占上海高校科技期刊总量的 1/3。由此可见，上海高校科技期刊整体的影响力正在显著提升。上海高校科技期刊总被引频次≥2 000 的刊物数量无显著波动。

通过与 2015—2018 年相关数据对比可知：《中国感染与化疗杂志》《城市规划学刊》《中国癌症杂志》的影响因子稳居前三；医学类期刊依然占绝大多数，但令人可喜的是自 2017 年开始新增 3 种非医学类期刊《工业工程与管理》《建筑材料学报》《系统管理学报》，连续三年影响因子>1，使得非医学类期刊占比略有提升。同样地，通过与 2015—2018 年相关数据对比发现：上海交通大学主办的《实验室研究与探索》连续五年总被引频次过万，稳居第一，且遥遥领先其他期刊；与上海高校影响因子≥1 的科技期刊中医学类期刊占绝大多数不同，上海高校总被引频次≥2 000 的科技期刊中医学类期刊每年占比约为 50%；不可忽略的是，与 2015 年相比，新增总被引频次大于等于 2 000 的期刊为《中国感染与化疗杂志》，说明医学类期刊发展势头迅猛。

3 上海高校科技期刊数据库收录情况

3.1 国外数据库收录情况

3.1.1 SCI/ESCI 收录情况

《科学引文索引》(Science Citation Index, SCI)由美国科学信息研究所(ISI)的尤金•加菲尔德(Eugene Garfield)于 1957 年在美国费城创办的引文数据库，是国际公认的进行科学统计与科学评价的主要检索工具，目前属于 Clarivate Analytics 公司旗下。截至 2020 年 9 月，共有 8 种上海高校科技期刊被 SCI 收录，其中上海大学主办的有 3 种，上海交通大学主办的有 3 种，复旦大学和上海体育学院主办的各 1 种。这些期刊中 1980 年创刊的有 2 种，1999 年创刊的有 1 种，其余均为 2012 年(包括 2012)之后创刊。期刊中，位于学科 Q1 区的期刊有 4 种，位于学科 Q2 区的有 1 种，位于学科 Q3 区的有 2 种，1 种为 2020 年新收录期刊。

ESCI 是 Clarivate Analytics 旗下另一数据库，主要聚焦新兴研究领域的高质量同行评审出版物。许多被 SCI 收录的期刊均是从 ESCI 数据库晋级而来。截至 2020 年 9 月，上海高校科技期刊共有 2 种期刊被 ESCI 数据库收录，分别为上海交通大学主办的《海洋工程与科学(英文)》和复旦大学主办的《生殖与发育医学(英文)》。这两种期刊中，仅《海洋工程与科学(英文)》归属地为上海。

3.1.2 EI 收录情况

著名工程技术类综合性检索工具《工程索引》(Engineering Index, EI)创刊于 1884 年，由美国工程信息公司(Engineering Information Inc.)出版。截至 2020 年 9 月，共有 7 种上海高校科技期刊被 EI 收录，其中上海交通大学主办的有 4 种，同济大学主办的有 2 种，上海大学主办的有 1 种。这些期刊中，英文刊有 3 种，中文刊有 4 种。

3.1.3 Scopus 收录情况

Scopus 数据库是由全球最大的出版社爱思唯尔(Elsevier)出版社推出的科研管理、学科规划数据库，是全球最大的同行评审期刊文摘和引文数据库。截至 2020 年 9 月，共有 18 种上海高校科技期刊被 Scopus 数据库收录。其中，中文期刊 9 种，英文刊 9 种；上海交通大学主办的期刊 6 种，同济大学主办的期刊 4 种，上海大学主办的期刊 3 种，华东理工大学、上海理工大学、复旦大学、东华大学、上海体育学院主办的期刊各 1 种。

3.1.4 Medline 收录情况

Medline 是美国国立医学图书馆建立的 MEDLARS 系统中使用频率最高，也是最大的数据库，是当今世界最具权威的综合性生物医学数据库之一。截至 2020 年 9 月，共有 4 种上海高校科技期刊被 Medline 数据库收录，其中 3 种为上海交通大学主办，1 种为上海体育学院主办。这些期刊中，英文刊有 3 种，中文刊有 1 种。需要说明的是，上海交通大学主办的《高等学校学术文摘·医学前沿(英文)》由于刊号属地不是上海，并未计入此次统计。

3.1.5 DOAJ 收录情况

《开放存取期刊目录》(Directory of Open Access Journals, DOAJ)于 2003 年由瑞典 Lund 大学推出，可以索引并提供对高质量、开放获取、同行评审期刊的访问。截至 2020 年 9 月，上海高校科技期刊共有 8 种被 DOAJ 收录，其中，上海交通大学主办的有 5 种，同济大学主办的有 2 种，上海师范大学主办的有 1 种。这些期刊中，英文期刊有 6 种，中文期刊有 1 种，中英文期刊 1 种。需要指出的是，复旦大学和上海海洋大学参与主办的《生殖与发育医学(英文)》《渔业学报(英文)》因为刊号所属地不是上海未计入此次统计。

3.1 国内数据库收录情况

3.2.1 北大核心收录情况

《中文核心期刊要目总览》(简称北大核心)是北京大学图书馆期刊工作研究会等联合发布的中文核心期刊目录，2008 年前每四年发布一次，2008 年后每三年发布一次，至今共发布了七版。最新公布的北大核心(2017 版)共收录中文期刊 1 983 种，其中人文社科类 733 种，科技类 1 250 种。在这 1 250 种被收录的科技期刊中，有 22 种上海高校科技期刊。其中，同济大学主办期刊 6 中，上海交通大学主办期刊 4 种，复旦大学、上海大学、华东理工大学各主办 2 种，东华大学、华东师范大学、上海海事大、上海海洋大学、上海理工大学各主办 1 种，同济大学和上海交通大学合办 1 种。

3.2.2 CSCD 收录情况

中国科学引文数据库(Chinese Science Citation Database, CSCD)由中国科学院文献情报中新于 1989 年创建，主要收录我国数学、物理、化学、天文学、地学、生物学、农林科学、医药卫生、工程技术、环境科学和管理科学等领域出版的中英文科技核心期刊和优秀期刊[4]。CSCD(2019—2020)收录来源期刊 1 230 种，其中英文刊 229 种，中文刊 1 001 种；核心库(C)期刊 908 种；扩展库(E)期刊 322 种。在这些期刊中，上海高校科技期刊共 31 种，其中英文刊 5 种，中文刊 26 种；核心库期刊 19 种，扩展库期刊 12 种。

4 政策支持

近年来，为大力推动科技期刊发展，我国政府推出一系列相应的政策支持。2013 年，中国科学技术协会、教育部等六部委共同提出了"中国科技期刊国际影响力提升计划"，为我国科技期刊国际化助力；2014 年，国家新闻出版总署正式公布了第一批认定的学术期刊名单；2015 年，教育部、国家新闻出版总署等五部委联合发布了《关于准确把握科技期刊在学术评价中作用的若干意见》[5]。

2019 年 9 月，中国科协等七部门联合实施"中国科技期刊卓越行动计划"，以认真落实《关

于深化改革 培育世界一流科技期刊的意见》，推动我国科技期刊不断朝着高质量方向发展[6]。2019年度领军期刊、重点期刊、梯队期刊、高起点新刊、集群化试点等5个子项目均为中国科技期刊卓越行动计划的项目[7]。为深入贯彻习近平新时代中国特色社会主义思想和党的十九大精神，进一步提升上海高水平高校学术期刊的质量和国际影响力，上海市文教结合工作协调小组办公室印发《上海市文教结合工作三年行动计划(2019—2021年)》，2019年继续实施上海市"高水平高校学术期刊支持计划"。这些文件进一步规范了科技期刊体制机制、管理制度，为促进上海高校科技期刊的融合发展、高质量发展创造了良好的政策环境。

5 发展对策

本文通过对上海高校科技期刊的统计分析可以看出，上海高校科技期刊的整体水平较高，在上海科技期刊中占有重要地位，反映了上海高校的整体科研实力和办刊综合实力。但期刊评价与学术评价往往被一些量化的指标所牵绊，比如，行政管理部门往往会较多地关注到期刊的引证指标、数据库收录情况、获得奖项等[8]。因此，仍需根据高校科技期刊的办刊特点，多方面地关注期刊的持续性发展的培育，比如高校科技期刊与高校学科的互动、对接，高校科技期刊在学术交流平台中的支持作用，对期刊编辑人员业务素质的培训与提升，期刊管理制度的不断完善等多个方面。

从国家发展战略看，上海高校科技期刊在国家政策指引下，要不断提高政治站位，认真学习贯彻落实习近平总书记关于办好一流期刊、推动期刊高质量发展等系列重要指示精神，不断提升上海高校科技期刊的国际化水平，并形成辐射长三角，乃至全国的示范、带动效应。

从学科发展的角度看，上海高校数量众多，学科建设各具特色。上海高校要结合自身发展优势与上海市科创中心建设的需求，整合资源，重点规划，以点带面，建构优势特色学科群。上海高校科技期刊将在刊学研联动，搭建学科平台中发挥积极促进作用。

在国家政策大力支持的背景下，在国际、国内科技期刊的激烈竞争中，上海高校科技期刊在打造有特色、高水平的高校科技期刊道路上，需坚定信念，不断提升学术内容质量与学术影响力，为国家的科技期刊发展事业贡献高校力量！

参 考 文 献

[1] 张重毅.立中文科技期刊风范 树中华民族科技文化自信:浅论如何树立中文科技期刊风范[J].编辑学报,2019(2):1-3.

[2] 莫弦丰,田亚玲.培育一流期刊背景下国内外林业期刊对比分析[J].江苏科技信息,2020(12):17-21.

[3] 刘志强,王婧,张芳英,等.上海高校期刊的现状与发展思考[J].科技与出版,2014(8):98-103.

[4] 孙昌朋,林萍,郎朗,等.打造中文品牌科技期刊的策略与方法:以《南方医科大学学报》为例[J].中国科技期刊研究,2020(3):331-336.

[5] 杜鹏,张苙怡,张理茜.转型与重构:中文科技期刊困境分析[J].科学与社会,2020,10(1):1-17.

[6] 张芳英,王婧,刘志强,等.肩负服务科技重要使命 建设卓越中文科技期刊:2019年我国中文科技期刊出版盘点[J].科技与出版,2020(3):47-57.

[7] 任胜利,马峥,严谨,等.机遇前所未有,挑战更加严峻:中国科技期刊"十三五"发展简述[J].科技与出版,2020(9):26-33.

[8] 中华人民共和国教育部.关于规范高等学校SCI论文相关指标使用树立正确评价导向的若干意见[EB/OL].(2020-02-18)[2020-09-16].http://www.moe.gov.cn/srcsite/A16/moe_784/202002/t20200223_423334.html.

中国知网数据库新冠肺炎高被引论文分析

董瓅瑾[1]，段晓彦[2]，李宏伟[3]

(1.武警后勤学院教研保障中心，天津300309；2.武警后勤学院后勤指挥系，天津300309；
3.天津市西青医院，天津300380)

摘要：通过对新冠病毒肺炎高被引论文相关指标的统计，分析了新冠病毒肺炎高被引论文的分布特点及影响力。对中国知网数据库以"新冠""新冠病毒""新型冠状""新型冠状病毒"为主题，对2019—2020年出版和被引的论文进行检索。检索日期2020年6月10日。对被引频次>12的论文进行文本输出，人工筛选出符合本文要求的最终结果。采用Excel 2016软件对高被引新冠病毒相关论文的被引作者、被引机构、被引学科、被引基金、被引出版物进行统计分析。共检索出新冠肺炎相关的论文9 589篇，被引论文1 289篇，被引频次>12的高被引论文96篇。被引2篇以上的论文共37篇，被引机构排名第一的是中国中医科学院中药研究所，出版物被引频次排名第一是《中医杂志》。中医学、呼吸系统疾病、医药卫生方针政策与法律法规研究、预防医学与卫生学等学科是此次新冠论文的高被引学科，国家重点研发计划项目论文(11篇)被引频次最高。新冠病毒肺炎高被引论文的作者主要分布在上海、北京、四川、浙江、湖北等医院院校及科研院所。所撰写的高被引论文的刊出为我国疫情防控工作提供了知识支持和信息服务。

关键词：新冠肺炎；高被引论文；中国知网

新冠肺炎疫情是新中国成立以来在我国传播速度最快、感染范围最广、防控难度最大的一次重大突发公共卫生事件。目前，根据对新型冠状病毒感染的肺炎的病原、流行病学、临床特征等特点的认识及对人群健康的危害程度，国家卫健委将新型冠状病毒感染的肺炎(以下简称"新冠肺炎")纳入乙类传染病[1]。在防控新冠肺炎的过程中，先进的医疗技术手段发挥了至关重要的作用，绝大多数新冠肺炎患者通过抗病毒治疗、对症治疗，包括呼吸支持、循环支持、提高免疫力等综合诊疗手段，加速了患者的治愈。与此同时，一系列优秀的医学科研成果以论文形式先后发表于国内外刊物，为新冠的治疗也提供了大量数据支撑。现对中国知网数据库高被引新冠病毒相关论文的被引作者、被引机构、被引学科、被引基金、被引出版物进行统计分析，旨在分析新冠肺炎高被引论文的特点分布及影响力。

1 资料和方法

1.1 一般资料

本文所涉及的新冠肺炎论文来源于中国知网数据库(https://www.cnki.net)，以"新冠""新冠

通信作者：李宏伟，E-mail：lihongwei0630@126.com

病毒""新型冠状""新型冠状病毒"为主题，对 2019—2020 年出版，2019—2020 年被引的论文进行检索，包括网络首发、增强出版、数据论文出版等新型出版模式刊出的论文。检索日期 2020 年 6 月 10 日。被引频次高的论文定义为高被引论文。本研究对被引频次>12 的论文进行检索同时文本输出，人工筛选出符合本文要求的最终结果。

1.2 方法

论文范围来自知网期刊库、学位论文库、会议论文库。被引文献类型为期刊类型、学位论文类型、会议论文类型、标准类型、外文文献。对符合本文要求的论文，分别按被引作者、被引机构、被引学科、被引基金、被引出版物等指标进行分类统计，将所需数据文本导出，采用 Excel 2016 软件进行统计分析。

2 结果与讨论

2.1 新冠肺炎论文整体情况

共检索出新冠肺炎相关论文 9 589 篇，被引论文 1 289 篇，被引频次>12 的高被引论文 96 篇。高被引论文的质量决定了科技期刊学术影响力的深度。

2.2 被引作者情况分析

2.2.1 被引 20 次以上的作者情况

本文检索到的最高被引频次最高的作者是张华敏(中国中医科学院中药研究所)，共被引 3 篇论文，被引频次为 82 次。其中《试析从寒疫论治新型冠状病毒肺炎》一文，被引频次最高为 79 次。范逸品、王燕平、王永炎 3 名作者(中国中医科学院中医临床基础医学研究所)被引频次紧随其后，被引频次为 79 次。论文高被引是科研成果学术影响力的体现，从本文检索结果来看，范逸品为第一作者的学术论文影响力极大。此文属于国家重点研发计划，作者认为新冠肺炎属于中医学"寒疫"范畴，指出主要病位、病因及主要病机，并将治疗分为初期、中期、危重期及恢复期四期进行辨证论治。此文被下载 6 231 次，被引用 75 次，被众多作者高度关注，并吸引了同行作者的相继引用。被《中医杂志》于 2020 年 2 月 5 日收稿后，迅速于 2020 年 3 月第 61 卷第 5 期刊出。于明坤、柴倩云、梁昌昊、丁砚秋、林子宜、高佳琪、王涵、张立山、刘建平、费宇彤共同撰写的《新型冠状病毒肺炎中医预防及诊疗方案汇总分析》被《中医杂志》2020 年第 5 期刊登，下载 8 161 次，被引 26 次。此文汇总国家及各省、自治区和直辖市多位中医临床专家的新型冠状病毒肺炎预防及诊疗方案，为该病的预防和治疗提供参考。

2.2.2 被引 2 篇以上的作者情况分析

被引 2 篇以上的论文共 37 篇，如图 1 所示。这些论文的作者主要分布在上海、北京、四川、浙江、湖北等医院院校及科研院所。并不是高被引作者撰写的所有论文，都是高被引论文。同一作者撰写的论文，被引用频次相差也较大。其中有高被引论文，也有 1 次都未被引用的论文。换句话说，同一作者撰写的论文，有的论文被高度关注，利用度极高。有的论文则未被重视，影响力相对较低。

2.3 被引机构情况分析

本文检索结果显示，被引机构排名第一的是中国中医科学院中药研究所，产出论文(3 篇)被引 89 次。其次为中国中医科学院中医临床基础医学研究所，产出论文(1 篇)被引 86 次。虽

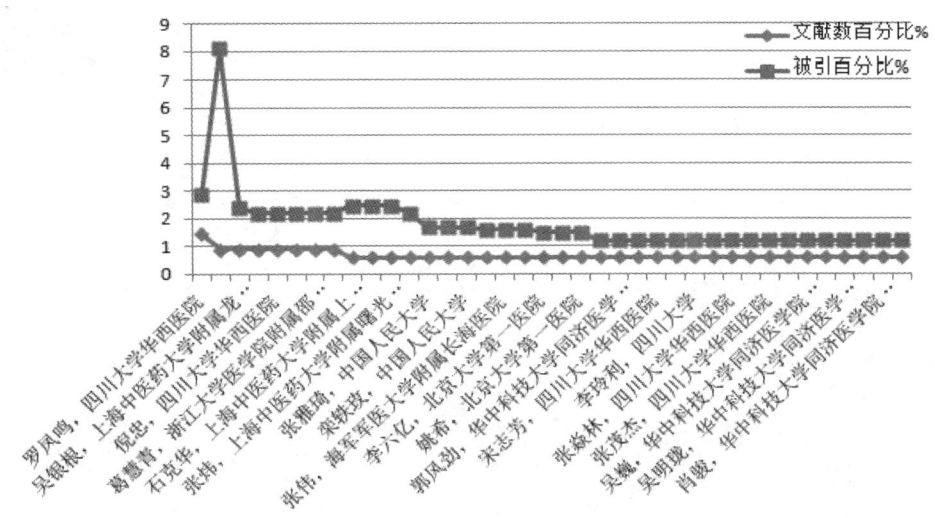

图 1 被引 2 篇以上新冠肺炎论文作者分布情况

四川大学华西医院排第 4 位,但其产出被引论文数量最多为 16 篇。华中科技大学同济医学院附属同济医院和中国人民大学并列产出论文数量相同,均为 12 篇,因被引频次不同,排名顺序不同。除中国人民大学和复旦大学外,其他机构产出的论文主要是医学论文。

如图 2 所示,从被引机构前 20 名中可以看出,有些机构产出的论文虽然被引论文数量不多,但被引频次很高,数量虽少,但每篇的学术质量都很高。有些机构产出的论文,数量和质量较为均衡。中国中医科学院中药研究所、中国中医科学院中医临床基础医学研究所、中南大学湘雅医院、四川大学华西医院、华中科技大学同济医学院附属同济医院、上海中医药大学附属岳阳中西医结合医院、北京中医药大学、中国医科大学附属第一医院、上海中医药大学附属曙光医院、中国人民大学、复旦大学、海军军医大学附属长海医院、北京中医药大学东直门医院、滨州医学院、解放军总医院第一医学中心、上海中医药大学附属龙华医院、浙江大学医学院附属邵逸夫医院、中国医学科学院北京协和医院、上海中医药大学附属上海市中医医院等,这些优秀论文的产出机构分布仍以北京、上海、山东、浙江、四川为主,他们也是科研资源的聚集地。此次疫情期间,支援湖北的东齐鲁,西华西、南湘雅、北协和四大医学院也是我国最优秀的医学资源产出地。

2.4 被引出版物情况分析

前 20 名被引出版物如图 3 所示。出版物被引频次前 3 名分别是《中医杂志》(第 1)、《中国呼吸与危重监护杂志》(第 2)、《中国感染控制杂志》《上海中医药杂志》《中国普通外科杂志》并列第 3。这些期刊通过网络出版平台,第一时间展示出作者在新冠肺炎诊治、管理等方面的研究成果。目前,互联网时代凸显出新媒体的优势。这远远快于过去纸质期刊的传播速度,为疾病救治快速共享经验提供了平台。此次新冠系列论文的刊出有一个显著的特点,在同一出版物甚至同一期刊物上连续刊出同一作者新冠系列的多篇文章,这也表明各出版物反应快速敏感,出版人对当前热点研究领域、问题的快速把握和及时反应。抓住热点,对一线学术论文产出者及时跟进,在论文发表过程中给予一系列绿色通道。把握机会,争取到质量高的学术论文,直接提升了刊物的影响力,提高了刊物的影响因子。同一期刊发表的论文质量也有差异,被引频次分布并不均衡。可以说是少数高水平论文贡献了某期刊绝对多数的被引频次[2]。因此,也提示科技期刊编辑出版工作者应该关注所属领域的高被引论文。

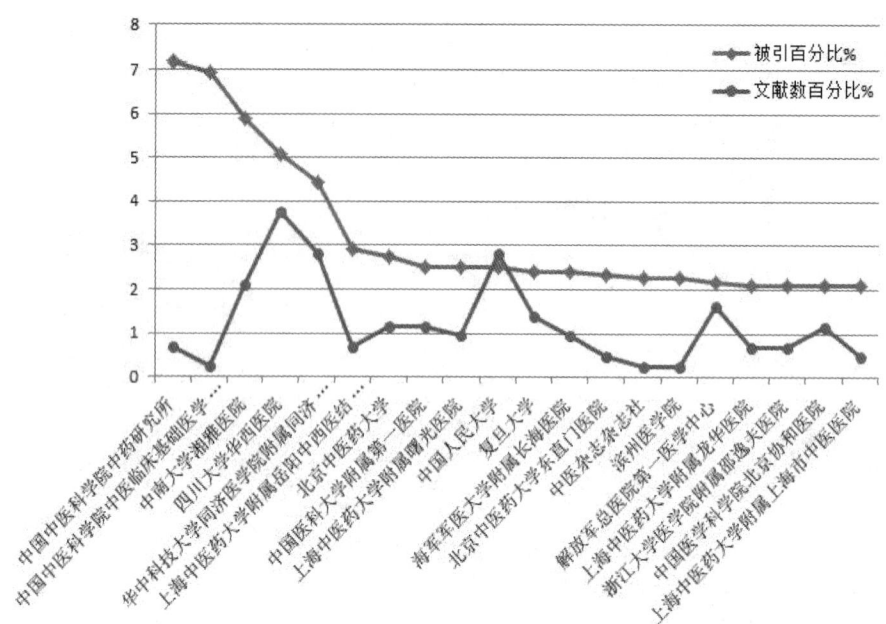

图 2 高被引新冠肺炎论文被引机构分布情况

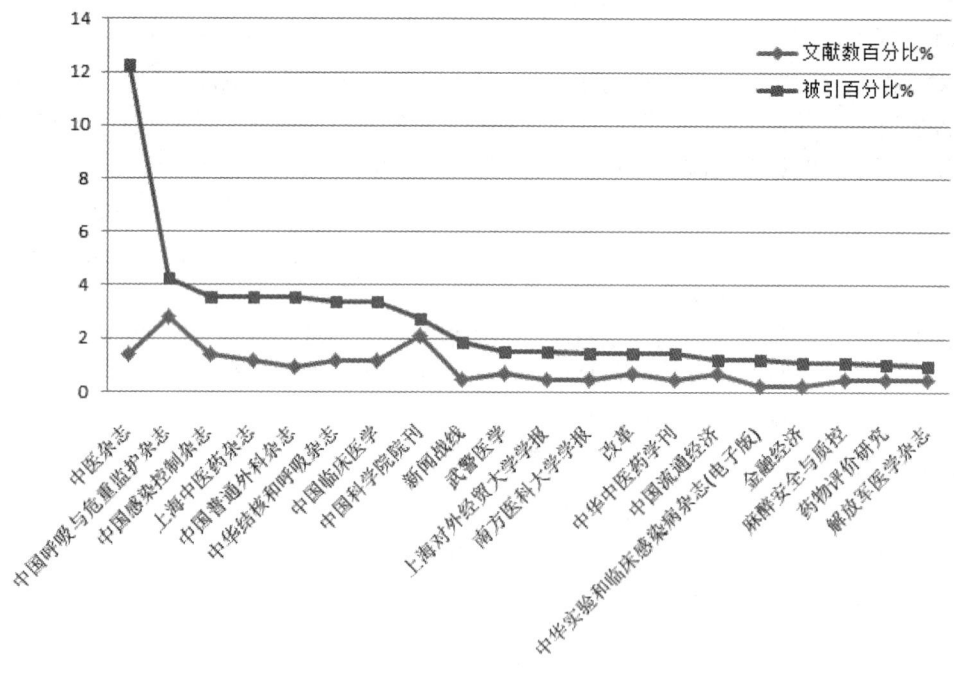

图 3 前 20 名新冠肺炎被引出版物论文分布情况

2.5 被引学科情况分析

本文检索结果显示中医学、呼吸系统疾病、医药卫生方针政策与法律法规研究、预防医学与卫生学等学科是此次新冠论文的高被引学科，如图 4 所示。中医是我国传统医学，是中华民族优秀文化的重要组成部分，是我国的国粹。中医药是中国特色卫生健康发展道路的重要组成部分,在健康中国建设中发挥着独特优势和价值作用。《中国的中医药》《"健康中国2030"规划纲要》《中医药发展战略规划纲要(2016—2030)》的发布,提出了一系列振兴中医药发展、服务健康中国建设的任务和举措。已经把中医药发展上升为国家战略,对新时期推进中医药发展作出系统部署,中医药事业进入了新的历史发展时期。此次新冠疫情中,再次凸显了我国中医药在诊治疫情中发挥的重要作用。在应对突如其来的新冠肺炎疫情过程中,中医药发挥了重要作用,张伯礼院士建议,形成统一指挥、专长兼备、反应灵敏、上下联动的中国特色应急管理体制,面向重特大灾害事故应急救援和物资保障需求,完善重大突发公共卫生事件应急响应机制,在相关应急预案中增加中医药内容。配备中医常用药物、器械等应急救援装备和物资保障。中医药为人类健康事业做出了巨大的贡献[3]。中医药为人类健康事业做出了巨大的贡献。

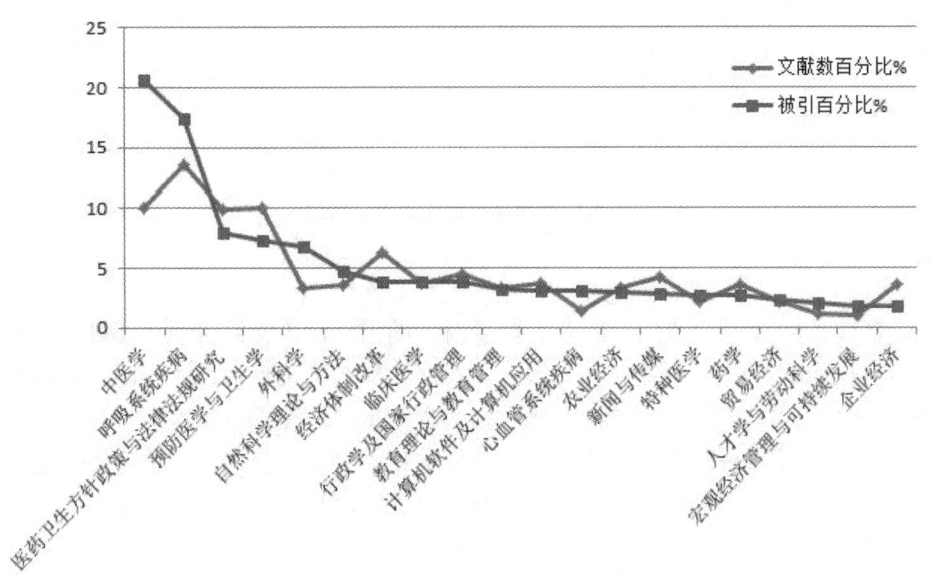

图 4　新冠肺炎高被引论文学科情况分析

自然科学理论与方法、经济体制改革、行政学及国家行政管理、教育理论与教育管理、计算机软件及计算机应用、农业经济、新闻与传媒、贸易经济、人才学与劳动科学、宏观经济管理与可持续发展、企业经济等学科也是本次检索的高被引学科,可以看出此次新冠疫情不仅仅和医学领域密切相关,还对经济、政治、文化等领域产生了巨大的影响。

2.6　被引基金情况分析

国家重点研发计划项目论文(11 篇)被引频次最高,其次为国家自然科学基金(24 篇)和国家社会科学基金(26 篇)论文,如图 5 所示。国家自然科学基金是我国在基础研究领域最有影响力的科学基金,多年来在促进基础学科建设、培养优秀科研人才等方面取得了巨大成绩,成为反映研究者承担高水平研究条件和能力标尺[4]。这次新冠疫情的出现,也提示应加大特大灾害事故应急救援和物资保障需求,重大突发公共卫生事件应急响应等项目的研究,应鼓励公共卫生领域学科的发展,对重大突发事件学科重点资助,促进学科快速发展,筑牢国家公共卫生应急管理防护网。

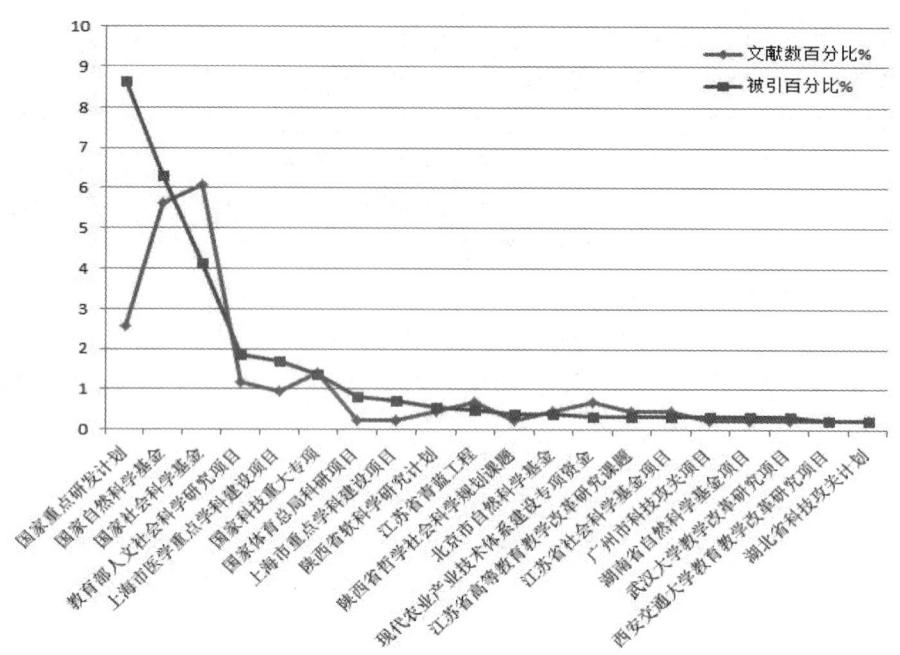

图 5 新冠肺炎高被引论文基金分布情况

3 结论

本文检索日期是在 2020 年 6 月 10 日，随着时间的推移，论文被引次数及排名不断进行动态调整，因此，本文的数据存在一定局限性。在此次新冠肺炎疫情期间，国内期刊在这场抗疫中发挥的重要作用，凸显了期刊对学术传播和突发事件快速反应的能力，显示出学术期刊应有的责任担当和重要性。新冠肺炎疫情的暴发加速了传统出版与新兴出版的快速融合。出版界积极发挥科学知识普及和传播的功能，第一时间报道有关疫情的防治经验、管理措施等，为我国疫情防控工作提供了知识支持和信息服务。

参 考 文 献

[1] 国家卫健委医政医改局.新型冠状病毒肺炎诊疗方案(试行第七版)[EB/OL].(2020-03-04)[2020-08-06].http://news.cri.cn/20200304/6c1a347b-9bbc-ce15-b903-b2039175a0ed.html.

[2] 韩维栋,薛秦芬,王丽珍.挖掘高被引论文有利于提高科技期刊的学术影响力[J].中国科技期刊研究,2010,21(4):514-518.

[3] 高长安.全国人大代表、中国工程院院士张伯礼:国家突发公共卫生事件应急预案应增加中医药)[N].中国科学报,2020-05-25.

[4] 李小娟,张薇,邓宏勇.2000—2019 年国家自然科学基金资助循证医学相关项目情况分析[J].中国循证医学杂志,2020(4):383-388.

大数据时代高校学报档案管理中须引起重视的工作

周晓薇[1,2]

(1.南京工业大学学报编辑部,江苏 南京 210023;2.南京大学哲学系,江苏 南京 211800)

摘要:对大数据时代高校学报档案整理的范围进行了新的分类和归纳,重申了学报审稿人档案的管理、作者信息档案的管理、学报各校次档案的管理、学报财务档案的管理 4 个方面的重要性;并从编辑学角度,结合大数据的处理方法,提出了开发和活化这些档案中信息和价值的具体措施及方法。以期使学报档案工作能够更加规律化、信息化和现代化,为学报的编辑出版工作和未来的某些学科的科研发展提供更具价值的帮助。

关键词:大数据时代;高校;学报;档案管理

高校学报的档案资料通常包括有关学报的文献、文件、档案资料和知识信息等,主要源于高校学报内部整理归纳后形成的期刊、报纸信息、学术会议资料和论文专辑文摘等[1]。一般来说,学者们通常以档案保管的期限来区分,将高校学报档案资料总体分为短期性、长期性和永久性 3 种[2];也有分为文件类、期刊类和其他类[3];还有的认为有 11 项,更有包含 17 个方面的说法[4]。笔者较为倾向于肖先福[5]编著的《新世纪科技期刊管理》中关于新时代科技期刊管理 11 项内容的划分方法。但其实无论以何种形式来划分学报档案管理的内容和种类,所秉持的原则均是以学报档案的真实性、原始性和完整性为主。档案资料为今后查询、争辩、处理作者和编辑矛盾等工作提供了原始而客观的材料,有效的高校学报档案管理是保证期刊工作顺利进行的重要保证,是高校在不同历史时期的教学、科研等发展水平的客观体现和重要凭证,也是总结、改进编辑部工作的主要依据[6]。

目前,极少有高校拥有完善的大数据信息平台和采编系统,有的学报即使有局部的信息数据库也尚未对外开放;更多的高校期刊对内部资源的大数据整合处理也都还没有开始,更不用说是与各数据库间的互联互通和资源共享了。在学报档案的数据化处理方面,例如整理和存储学报财务信息、作者信息、审稿专家信息和学报义库(学报各校次档案),挖掘和分析这些档案信息所具有的潜在价值尚未被重视。随着大数据时代的到来,高校学报各项工作也将势必进行转型,且是通过有效的数据挖掘、分析和整合的方式进行,继而实现信息共享,从内容提供者变为信息服务商[7-8]。这将对档案的保存、编辑和公开等工作提出更为严格的要求。

本文旨在重整高校学报档案管理中通常容易被忽视的几项工作,探讨和研究在当前大数

基金项目:南京工业大学"青年社科基金"项目(QNSK201916, QNSK201908);南京工业大学高层次未立项资助项目(JYBSK201908)

据时期，如何实现学报审稿人档案、学报作者档案、学报文库和财务信息的数据化处理及其潜在信息、价值的利用开发；如何对已经完成电子化的学报档案加以进一步的数据化处理等问题，以期为新时代学报编辑出版工作的完善和创新发展，特别是档案管理工作方面的推进和改革工作，提供有效的意见和建议。

1 现阶段高校学报档案管理中四项基本工作的建立和管理

1.1 审稿人档案的建立和管理

对一般学报编辑部而言，稿件的审阅主要由本校、外校的专家、学者和教授负责。这些审稿人通常须有较高的学术造诣和对待稿件认真、负责的审稿态度，能给予作者和编辑部以客观、公正和合理的评审建议。

但由于大多数审稿人同时也肩负着较为繁重的教学、科研工作及社会活动，审稿工作在一定程度上容易受到这些审稿工作者时间不济和精力不足的影响，从而出现以下问题：不能及时或按时完成编辑部指派的审稿工作，审稿时间较长，继而影响稿件后期的编修及发表工作；不能对审稿工作采取积极主动的态度和严谨、仔细的作风，把期刊审稿当作一项区别于本职教学和研究的兼职事务，对审稿工作敷衍了事，甚至推脱、拒绝。因此，建立起一批可靠且认真负责的审稿人队伍及其相应的档案资料管理就显得十分必要。

审稿人档案须诚实、详细地记录下每位审稿人的专业学科、主要研究方面、职务职称及工作单位等情况，如果审稿人的人事工作发生变更，应及时更新。对一些审稿及时，对稿件处理认真、负责，且对审稿工作抱有热忱态度，能在学术上提出明确且具有实用价值判断和修改意见的审稿人，应在其档案中得以体现。

1.2 作者档案的建立和管理

作者档案的建立，可以按照人事档案的种类划分为 3 种：①根据人事档案相对人的身份特征，可以将其划分为青年讲师、副教授、正教授等；②根据人事档案相对人的在岗状况，可以将其划分为现职人员人事档案、离退休人员人事档案等；③根据人事档案相对人的从业属性特征，可以将其划分为在校研究生、在校教师或教授、研究所在职专家和企业在职专家等[9]。无论以哪种分类方法组成的作者档案，都应留有凭证，以备核实和查考之用。

1.3 学报各校次档案的建立和管理

学报各校次版本档案的管理通常包括：作者投稿版本、编辑部修改版本和最终定稿清样版本等。其中，按照档案所属的主体人可分为作者版本(主要为初投稿版本、自校版本)、专家审稿意见和编辑部各校次版本。

作者的初投稿档案和自校档案，相对于作者的各校次修回档案更有存留意义，因此通常被作为该作者该期论文的档案进行保留，这对于学报编辑部及作者今后可能会涉及的知识产权、著作权问题或法律纠纷，能起到可靠且有效的防御措施及证明作用[5]。特别是涉及导师著作权、知识产权及基金项目支持、赞助的论文，应尽早确认有关导师或课题组的授权，并将有关授权书以档案的方式存留[6]。对于现在及将来每期学报的最终定稿，例如期刊的封面封底、目次页和内页，建议以电子版本的形式保留完整，以备不时之需。另外，建议各期刊保留三审三校的稿件，以备新闻出版总署检查。

1.4 学报财务档案的建立和管理

高校学报财务主要涉及的经费有：上级行政主管部门分配的每年办公经费；每期的稿件

相关经费(包括有审稿费、版面费和编辑费等);学报编辑每年参加执业资格培训、续展的经费;参加有关学术会议活动的会务费、差旅费等[9]。通常高校学报对这些经费存档等工作并不重视,缺乏相应的、深入的研究,甚至将此完全推托于高校财务处。这样做,编辑部容易失去对学报财务工作归档的主动权,继而影响学报工作对以往档案的所有权和使用权,以及进一步对其开发利用的可能性。

对此,学报工作者应转变及更新观念。首先,应重视学报的财务档案管理工作,适当学习和研究相应的财务管理及档案归纳知识,将财务工作档案方面的整理和归置更多的回归由本编辑部负责,或者尽量多掌握一部分财务档案工作的主动权。

2 现阶段高校学报档案管理中四项基本工作存在的问题

综上所述,传统的高校学报档案工作中存在的主要问题有:①不利于保存,因为传统的档案通常是以纸质文件的形式保存,如果一旦出现受潮、火灾、虫蛀、霉变等情况,会对档案造成无法挽回的损失。②随着时间的推移,纸质档案数量会越来越庞大,需要不断增加档案管理工作所占用的空间,对其管理工作的要求也越来越严格。③查询和借阅纸质学报档案因受到档案管理工作时间和场所的限制,长期以来,一般都侧重于保存管理,缺乏对其信息进行开发和利用。在大数据时代,高校学报的档案管理工作将迎来新的机遇和挑战,特别是在档案信息的发掘和使用方面。

3 高校学报档案管理中四项基本工作的大数据建设及应用

3.1 审稿人档案信息的大数据建设和应用

国内有些科技信息有限公司近年来一直致力于对人才大数据的深度挖掘和智能分析,例如人才的测评、人才库的建立和人才地图的拓展等,目前主要是为企业招聘提供服务[10]。

高校学报可以对审稿人档案的数据进行类似处理,通过业内领先的云人才库的简历解析技术,库内的智能搜索与推荐以及实时更新功能,实现审稿人对科技期刊初稿的精准匹配。高校学校审稿人档案信息的大数据建设和应用可以避免同行评议中发生审稿人的研究方向与被审文章的内容不匹配的情况发生,使外审结果更具客观性和公正性;还可以利用数据库本身的"人脉内推"技术,基于原有人才库中的简历数据,运用大数据算法智能筛选匹配,解决由新兴学术热点和学科交叉所导致的难以"人工"匹配合适的审稿专家问题。此外,利用大数据平台还可以对作者和来稿进行多个方面的有效分析[11-12]。

3.2 作者档案信息的大数据建设和应用

在大数据时代,从作者档案信息中筛选出作者最需要和关注的学科相关信息数据,进而为不同的作者量身定制个性化的期刊精准化内容推送服务,将有助于期刊价值的有效传播和影响力的提升。在此基础上,通过大数据平台和有关技术分析,期刊可以解读作者的阅读和购买行为,捕捉其相关的兴趣爱好和阅读习惯,继而为期刊未来的选题策划、专题约稿等提供依据,形成大数据时代期刊线性价值链向长尾价值链的转型和延伸[13]。

大数据还可以对投稿进行智能甄别,以此防范学术不端行为的发生。通过多方链接或多家期刊数字系统平台的后台数据连接协作或多方数据库连接,形成一个大型分布式的数据库,识别一稿多投的现象;或者将作者来稿与其他已发表的中外文献数据进行比对,甄别有抄袭嫌疑和语言重复发表的稿件[12]。基于此,期刊可以逐渐拥有每个作者历来投稿的诚信数据和实名制资料,继而利用这些诚信数据协助判断作者来稿学术不端行为存在的可能性,提升审稿效率。不过,这些大数据可能会威胁到作者的个人隐私,在与他人共享时须征得作者的同意和授权[14]。

3.3 学报各校次档案信息的大数据建设和应用

大数据平台通常都有强大的存储功能,数量级以 PB 计[15]。因此,浩如烟海的各类信息可以全部纳入数据库,并且随时随地方便地被搜索和提取[7]。

国内现在的期刊投稿网站和全文数据库(如中国知网、万方数据等)绝大部分还停留在以 PDF 格式为档案信息载体的时代,尚不能支持 HTML/XML 文档的数字出版和发行模式。PDF 格式的文本不易标记学术论文的元数据和结构信息,特别是在结构化信息存储方面,会受到自身定位和功能的限制[16]。而 XML 作为一种更为精简纯粹的新文本语言,在全文解析和元数据提取方面有优势,能在数字出版中得到广泛应用。从某种意义上说,XML 中的元素、元素属性及元素和元素属性间的关系,可构成数据库中的表以及字段,只须借助简单的计算机程序,就能很容易地将 XML 格式的文档转化为其他格式的关联数据[16]。

当前,很多学术期刊出版商均以 XML 文档作为储备工作流的媒介[16]。如何借鉴国外先进的数字出版技术,提高我国学术论文文本形式的可读性、机读性和可交互性,对大数据时代学术信息的存储、提取和分析,以及期刊文献研究所需数据档案的便捷化处理和交互运作,具有重大的意义和价值。

3.4 学报财务档案信息的大数据建设和应用

斯坦利·昂温[17]在享有"出版者圣经"之称的《出版实况》中曾明确指出:出版社的整体运营中,财务管理始终是经营管理的核心环节之一。同其他行业相比,高校学报编辑部更容易忽视这个问题。高校学报编辑部因为普遍不具有独立法人资格,导致经营能力较弱,盈利方式单一。而随着行业态势的发展和大数据时代的到来,编辑部和出版社在财务管理方面必须大力加强信息化建设,尽快摆脱以往"记账式"管理的事后监控模式,提高信息化程度和管理水平。在包含网络、数据库、管理软件平台等信息化软硬件要素的环境中,实现对账和回款的速度及相关信息对接效率,加强对财务数据和信息的及时反映、监控和指导。

ERP 系统是目前出版企业的首选财务管理系统,在现今国际出版企业中,全球最大的 10 个出版集团中有 80%都采用和实施了 EPR 系统[17]。该系统为实现财务信息与编辑、出版和发行的业务流程一体化提供了基础。它可以加强各部门之间的整体配合,保障出版单位的预算、决策和监控等财务管理工作的规范化、高效化;还能将企业整个生产经营活动纳入到财务管理信息网络中。大量的数据通过网络从各业务部门直接采集获得,使绝大部分业务信息实现实时转化,直接生成财务信息。但目前国内高校中使用 ERP 系统的学报编辑部,甚至出版社都很少,文献资料中显示只有高等教育出版社、外语与研究出版社、上海外语教育出版社等少数几家有运用该系统管理的报道[17-18]。

4 结束语

目前,高校学报的档案管理工作正在向信息化、网络化和智能化方向发展,但基于大多数高校学报编辑部并未配置专职管理学报档案工作的人员,再加上编辑工作者对学报档案建立、管理等方面的意识不强,普遍存在着重视编辑出版工作,轻视或忽略学报档案工作的情况。高校学报编辑部档案管理方面的相关制度、规范和方法不够健全,且相对落后。与学报其他工作的进展相比,仍有很多需要改进和完善的地方。因此,更需要高校及学报编辑部有关领导的重视、推动和扶持。当前,学报档案管理工作正处于实体管理向信息化管理的过渡时期,很长一段时间将以纸质档案为主、电子档案为辅。为学报的管理和经营提供完整、真实的档案记录,充分发挥高校学报档案管理的有效性和价值性,让档案成为日后开发和利用坚实有效的储备,更好地为所属院校、作者和读者服务,让学报档案管理工作将档案资料的生命活化起来,是学报编辑部自身工作的落实、运行和发展中的一个关键和切实的问题。

参 考 文 献

[1] 陈咏梅.高校学报档案资料管理的价值探析[J].黄石理工学院学报,2010,27(1):54-56.
[2] 李穆,张士莹,张军.创新管理与高校学报档案工作[J].兰台世界,2007(5):41.
[3] 张艳霞.论高校学报的档案管理[J].湖南城市学院学报,2010,31(3):102-103.
[4] 赵金鹏.高校学报编辑部档案管理应在三个方面下功夫[J].中国科技期刊研究,2008,19(4):535-538.
[5] 肖先福.新世纪科技期刊管理[M].北京:国家图书馆出版社,2010.
[6] 唐震.高校学报编辑人员应树立档案意识[J].中国科技期刊研究,2011,22(3):427-429.
[7] 姚青群."大数据"时代高校学报破冰转型的挑战与探索[J].长春工程学院学报(社会科学版),2016,17(3):40-43.
[8] 吴锋."大数据时代"科技期刊的出版革命及面临挑战[J].出版发行研究,2013(8):66-70.
[9] 陈新河.赢在大数据:政府/工业/农业/安全/教育/人才行业大数据应用典型案例[M].北京:电子工业出版社,2017.
[10] 张建军.科技期刊编辑要做好期刊档案工作[J].兰台世界,2016,23:75-76.
[11] 蓝华.大数据推动期刊体制机制创新[N].中国社会科学报,2015-11-10(6).
[12] 邵玉娴.大数据时代学术期刊的变革及编辑工作的转型[J].编辑学报,2014,26(增刊1):152-155.
[13] 于志涛,韦文杰.大数据时代数字出版产业链的变革与重构[J].科技与出版,2016(2):76-79.
[14] 蓝艳华,刘晓,谢云鹏.大数据时代对我国科技期刊的影响及其对策[C]//万方数据电子出版社.第十二届2014全国核心期刊与期刊国际化、网络化研讨会论文集.北京:万方数据电子出版社,2014.
[15] 李鹏飞.大数据时代中国期刊的发展机遇与探索创新[C]//万方数据电子出版社.第十二届2014全国核心期刊与期刊国际化、网络化研讨会论文集.北京:万方数据电子出版社,2014.
[16] 胡志刚,侯海燕,林歌歌.从书信沙龙到开放获取:刍议学术论文形态的演化[J].数字图书馆论坛,2016(10):32-37.
[17] 于春迟,谢文辉.出版管理学[M].北京:中国人民大学出版社,2011.
[18] 张传根.大数据时代编辑信息素养的提升[J].出版广角,2015(11):69-71.

《学报编辑论丛》研究文献特征及其图谱分析

王 健,贾晶晶,许 金

(滨州学院学报编辑部,山东 滨州 256603)

摘要:运用 CiteSpace 知识图谱软件,对由中国知网检索出的《学报编辑论丛》1 941 篇研究文献的作者、机构、关键词以及高被引文献进行数据可视化分析。通过分析发现,《学报编辑论丛》经过 30 年的发展,已经形成了若干核心作者群、核心研究机构和高被引文献;刊登的研究文献,为促进我国高校学报和学术书刊的发展作出了重要贡献,在我国高校学报和学术书刊界有着广泛的影响。

关键词:学报编辑论丛;核心作者;核心机构;关键词;CiteSpace;图谱

为推动华东地区高校期刊的学术质量,促进编辑同行之间相互交流和学习,全面培养和提高编辑的业务素质和水平,1990 年华东地区高等院校自然科学学报编辑协会创办了《学报编辑论丛》(以下简称《论丛》)[1]。经过30年的努力,分别由河海大学出版社、上海医科大学出版社、吉林大学出版社、中国科技大学出版社、江西高校出版社、上海第二军医大学出版社、上海交通大学出版社、上海大学出版社等单位出版了 26 集《论丛》[2]。《论丛》设有学报创新与发展(改革与发展、学报改革探讨、高校学报改革探索)、编辑理论与实践(编辑学与编辑工程、编辑学研究、编辑规范化研究、编辑学·编辑理论、编辑理论·编辑学)、编辑素质与人才培养(编辑素质、编辑素质·编辑工程)、媒体融合与新媒体技术应用(数字化出版、数字化网络出版、数字化与网络技术应用)、期刊出版工作研究(期刊工作研究、工作研究)等栏目,共发表文献 2 009 篇。现通过 CiteSpace、Excel 软件对《论丛》刊登研究文献的作者、机构以及高被引文献等的分析,全面呈现《论丛》研究文献的知识谱系,并对《论丛》研究文献的发展趋势与研究前沿进行深入的探讨。

1 研究方法与数据来源

1.1 研究方法

CiteSpace 是美国德雷赛尔大学计算机与情报学学院陈超美教授开发的信息可视化软件[3]。CiteSpace 是一款着眼于分析科学分析中蕴含的潜在知识,是在科学计量学、数据可视化背景下逐渐发展起来的一款引文可视化分析软件,通过此软件获得的可视化图形称为"科学知识图谱"[4-5]。现采用 CiteSpace.5.6.R3 信息可视化软件对《论丛》文献特征进行分析,并对文献的作者、机构以及高频被引文献等信息可视化[5-8]。

1.2 数据来源

在中国知网检索《论丛》的已发表文献,共检索出 2 009 篇。通过数据筛选,将其中的前言、编者的话、内容简介、征稿启事、附录、回顾等文献剔除,共获研究文献1 941篇。

2 《论丛》研究文献特征分析

2.1 作者分析

对《论丛》研究文献作者的知识图谱分析,可以清晰呈现出《论丛》的核心作者(见图1)。在《论丛》发文最多的是上海大学期刊社的刘志强(31篇),根据美国著名学者普赖斯论文核心作者计算公式 $N=0.749\sqrt{\eta_{max}}$ 计数[9],发表5篇论文及以上的为核心作者。经过CiteSpace统计,67位作者发表论文达5篇,这67位作者即为《论丛》的核心作者。其中,刘志强发表31篇、于卫21篇、江星15篇、邓晓群15篇、赵惠祥15篇、华启清14篇、吴寿林13篇、庞旻12篇、何学华11篇、倪东鸿10篇、陈呈超10篇、张芳英10篇、单晓巍10篇、王婧9篇、于方9篇、徐海丽9篇、商素芳8篇、丁春8篇、傅恒8篇、伍烈尧8篇、徐环8篇、席庆义8篇、诸静英8篇、刘玉姝8篇、叶济蓉8篇、李晓红8篇等。经过统计,《论丛》1 941篇研究文献中有937篇文献为两位作者及以上合作,其合著率[10]为48.27%;1 941篇研究文献共有作者3 800人次,其合作度为1.96。由此可见,《论丛》研究文献作者综合及协作能力很强,学术研究及学术活动的群体意识很好。

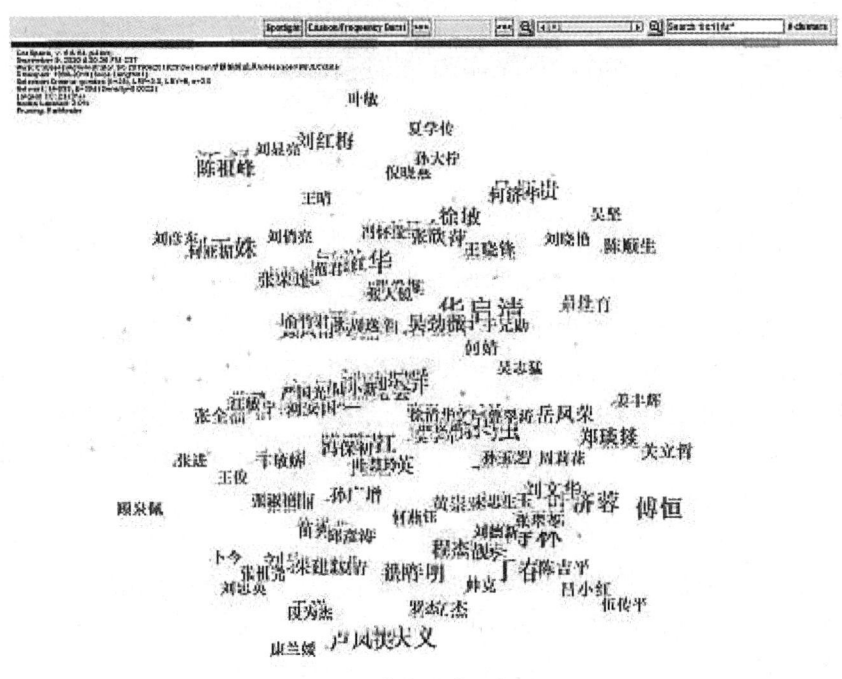

图1 作者分布可视图

2.2 机构分布

对《论丛》研究文献作者的所在机构进行分析,可以了解《论丛》研究文献的核心机构(见图2)。通过对图2进行分析可以看出,发文数10篇以上按照机构(因个别机构名称有变化,此处按照文献著录的机构分别统计)发文数由多到少依次为:厦门大学学报(自然科学版)编辑部(36篇)、上海大学期刊社(31篇)、福建农林大学学报编辑部(29篇)、南京航空航天大学学报编辑部(26篇)、第二军医大学学报编辑部(23篇)、上海电力学院学报编辑部(15篇)、南京大学学报编辑部(14 篇)、南京林业大学学报编辑部(14 篇)、江西农业大学学报编辑部(14 篇)、东南大学学报编辑部(11 篇)、山东农业大学学报编辑部(11 篇)、上海海运学院学报编辑部(11 篇)、第二军医大学出版社(10 篇)、复旦大学《数学年刊》编辑部(10 篇)、复旦大学附属眼耳鼻喉科医院《眼耳鼻喉科杂志》编辑部(10 篇)。这些机构为《论丛》的出版作出了较大贡献。

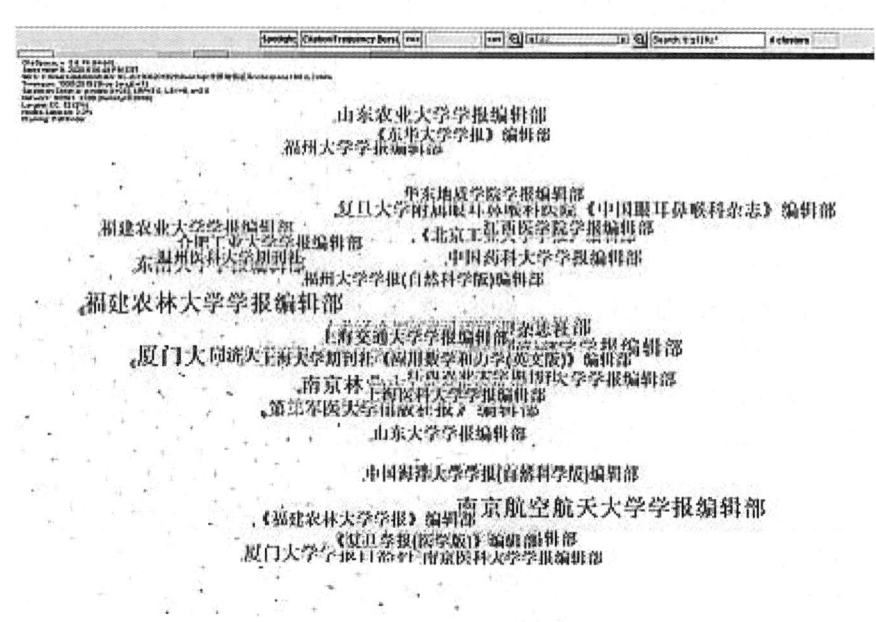

图 2　核心机构共现网络图

2.3　关键词分析

对《论丛》研究文献的关键词共现分析，可以清晰地看出《论丛》高频关键词的分布(见图 3)。根据图 3，《论丛》的高频关键词按照出现频次由高到低依次为：科技期刊(369 次)、高校学报(262 次)、编辑(203 次)、学报(112 次)、学术期刊(94 次)、科技论文(74 次)、参考文献(47 次)、期刊(41 次)、学术质量(37 次)、青年编辑(35 次)、医学期刊(33 次)、编辑素质(28 次)、科技编辑(27 次)、作者(24 次)、数字出版(19 次)、影响因子(19 次)、新媒体(19 次)、编辑加工(19 次)、编辑工作(18 次)、审稿(18 次)、医学论文(18 次)等。高频关键词可以反映《论丛》所载研究文献的研究侧重点和研究热点。

通过《论丛》研究文献的关键词聚类时序图谱(见图 4)，可以了解《论丛》研究文献的关键词在各年份的出现情况。《论丛》研究文献按照时间顺序各年份首次出现的主要关键词为：1990 年，编辑、科技论文、科技编辑、学报质量、编辑学；1991 年，科技期刊、高校学报、学术质量、医学期刊、编辑素质；1992 年，学报编辑、规范化、专家审稿、体制改革；1993 年，改革、市场经济、经济效益；1994 年，青年编辑、编排规范、出版时滞、信息意识；1996 年，参考文献、组稿、核心期刊、一稿多投；1998 年，人才培养、传播、主体意识、出版现代化；1999 年，知识经济、英文摘要、信息传播；2000 年，学术期刊、编辑加工、文献计量学、WTO；2002 年，稿源、网络化、排版；2003 年，影响因子、可持续发展、专业化、三审制、标准化；2004 年，数据库、国际化、编委会、Word、专业期刊；2005 年，审稿专家、Photoshop、

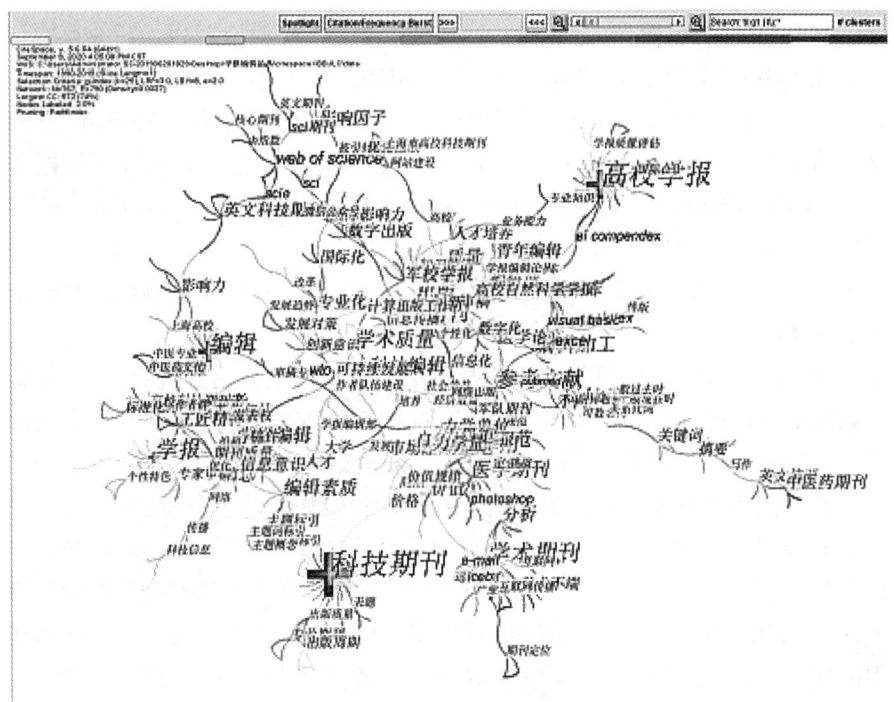

图 3 关键词共现网络图

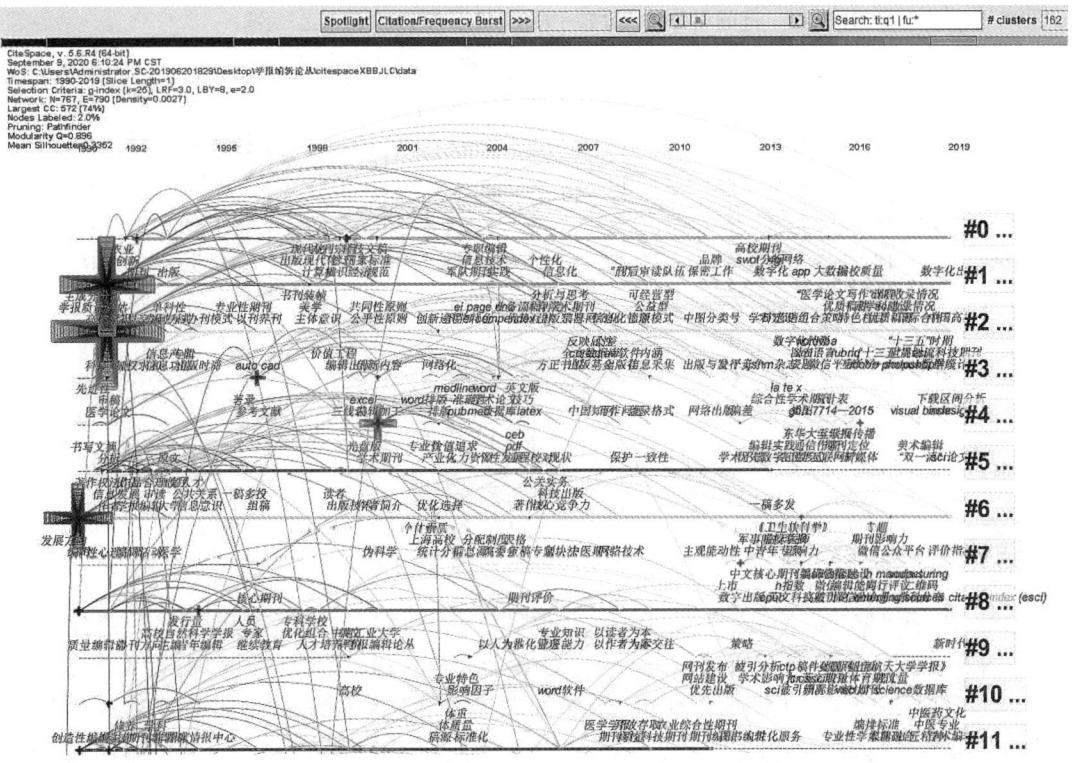

图 4 关键词聚类时序图谱

著作权、期刊评价；2006 年，军校学报、专业知识、方正书版；2007 年，中国知网、网站、编辑学者化；2008 年，期刊质量、网络技术；2009 年，高校科技期刊、开放存取；2011 年，网络出版、优先出版、网络发布；2012 年，数字出版、学术不端；2013 年，数字化、SCI、学术影响力、被引分析；2014 年，英文科技期刊、被引频次、h 指数；2015 年，国际影响力、高被引论文、大数据、微信、互联网+；2016 年，新媒体、微信公众号、互联网传播；2017 年，媒体融合、Web of Science、微信公众平台；2018 年，二维码、国际合作、"双一流"；2019 年，评价指标、新时代、数字化出版。

由上可见，《论丛》所载研究文献的发展历程是与高校学报研究的侧重点和热点统一的。

2.4 被引文献分析

对被引文献的统计分析，可以得出《论丛》的高被引文献。通过统计，1 941 篇文献被引 1 131 次，篇均被引 0.58 次；《论丛》研究文献的 h 指数为 8，被引 8 次及以上的研究文献分别是：张弘、张新平、龚汉忠的《科技期刊编辑的素质》(11 次)，孙岩、邓晓群的《科技期刊选择审稿专家的三大环节》(10 次)，张冰的《科技期刊中基因及蛋白质的规范表达》(10 次)，巩倩、陈华、李锋的《医学科技论文英文摘要概况及目前存在问题》(9 次)，张景、高晓晨的《我国高校教材数字化出版的困境与出路》(8 次)，张黄群的《期刊被引半衰期与有关指标的相关性》(8 次)，苏秦、谢金海的《论科技期刊品牌的创建》，郭春兰的《网络技术在科技期刊编辑工作中的应用》(8 次)。表 1 为《论丛》高被引作者(作者发文被引在 10 次及以上)的情况，由表 1 可见，《论丛》部分作者发表的文献具有较高影响力。

表1 高被引作者发文被引(发文被引在 10 次及以上)情况

作者	文献被引/次	作者	文献被引/次	作者	文献被引/次	作者	文献被引/次
赵惠祥	34	陈 智	14	巩 倩	12	闫杏丽	11
邓晓群	29	郭春兰	14	李 锋	12	杨沂凤	11
孙 岩	20	毛文明	14	廖彩荣	12	叶宏玉	11
张 弘	19	庞 旻	14	于 杰	12	李 娟	10
单晓巍	18	陈爱萍	13	张新平	12	刘亚萍	10
王东方	18	陈 鹏	13	郑俊海	12	倪东鸿	10
王 勇	18	龚汉忠	13	陈光宇	11	商素芳	10
刘志强	16	徐 环	13	方 华	11	于 卫	10
陈 华	15	叶济蓉	13	梁 凯	11	张 冰	10
顾泉佩	15	陈呈超	12	刘 岩	11	张 欣	10

3 结论

经过 30 年的发展，《论丛》已经形成了以刘志强、于卫、江星、邓晓群、赵惠祥、华启清、吴寿林、庞旻等为代表的核心作者群，作者的合作意识较强；同时形成了以厦门大学学报(自然科学版)编辑部、上海大学期刊社、福建农林大学学报编辑部、南京航空航天大学学报编辑部、第二军医大学学报编辑部、上海电力学院学报编辑部、南京大学学报编辑部等核心研究机构。通过对研究文献的关键词分析，可以发现科技期刊、高校学报、编辑、学报、学术期刊、科技论文、参考文献、期刊、学术质量、青年编辑、医学期刊、编辑素质、科技编辑等是研究的侧重点和热点。通过对研究文献关键词聚类时序，显示了《论丛》研究文献的发展历程。研究文献被引情况分析结果表明,《科技期刊编辑的素质》《科技期刊选择审稿专家的三大环节》《科技期刊中基因及蛋白质的规范表达》《医学科技论文英文摘要概况及目前存在问题》《我国高校教材数字化出版的困境与出路》等文献被引频次较高、学术影响较大,赵惠祥、邓晓群、孙岩、张弘、单晓巍、王东方、王勇、刘志强等作者发文被引频次较高、贡献较大,但《论丛》研究文献的篇均被引较低,整体学术水平有待于提高。

<h2 style="text-align:center">参 考 文 献</h2>

[1] 刘志强,张芳英,赵惠祥.《学报编辑论丛》2009—2014 年集刊品牌经营策略[M]//刘志强.学报编辑论丛(2014).上海:上海大学出版社,2014:368-372.

[2] 赵惠祥.前言[M]//刘志强.学报编辑论丛(2019).上海:上海大学出版社,2019:5-6.

[3] 李杰,陈超美.CiteSpace 科技文本挖掘及可视化[M].北京:首都经济贸易大学出版社,2016.

[4] 李杰.CiteSpace 中文版指南[EB/OL].(2015-05-03)[2020-08-12].http://blog.sciencenet.cn/blog-496649-886962.html.

[5] 李天江,国万忠.马克思共同体思想研究的科学知识图谱及价值思考:基于 CiteSpace 的可视化文献分析[J].社会科学动态,2020(5):36-45.

[6] 梁怀新.基于 CiteSpace 的我国国家安全研究知识图谱分析[J].情报杂志,2019,38(6):23-29.

[7] 张幸芝,杨超.基于 CNKI 和 CiteSpace 的文献计量与知识图谱分析[J].当代图书馆,2019(3):12-17.

[8] 陈俊梅,张文翔,刘甜甜,等.基于 CiteSpace 和知网数据库的《湖泊科学》创刊 30 年(1989—2018 年)发表论文的文献计量学分析[J].湖泊科学,2019,31(4):891-906.

[9] 马费成,胡翠华,陈亮.信息管理学基础[M].武汉:武汉大学出版社,2002:83-90.

[10] 王健.打造特色栏目 提升地方院校学报影响力[J].中国科技期刊研究,2013,24(3):591-592.

中文临床医学论文中常见的统计学问题

翟铖铖[1]，黄丽红[2]，贾泽军[1]

(1.复旦大学附属中山医院《中国临床医学》编辑部，上海 200032；
2.复旦大学附属中山医院生物统计室，上海 200032)

摘要：临床医学研究中贯穿着统计学思路，统计学处理的正误直接影响研究结果的准确性和研究结论的可靠性。但在中文临床医学论文初审过程中发现，作者普遍统计学素养较差，统计学问题众多，错误率非常高。现将常见的统计学问题总结如下，旨在为作者和编辑同行提供参考，提高中文临床医学论文的编校质量。

关键词：临床医学；论文写作；统计学

医学研究设计包括专业设计和统计学设计2个部分[1]。统计学方法在医学科研及论文中的作用至关重要，直接决定了研究结果的准确性及研究结论的可靠性。医学论文是研究成果展示的重要环节，大多数临床医学论文中均涉及统计学方法[2]，若出现统计学错误，很容易将整个研究设计全盘否定。

但是很多临床医学研究人员临床业务较繁忙，缺乏必备的统计学知识，在研究设计时，乱用统计学方法，研究结果不可靠，论文中的统计学方法错误率很高。我们前期对医学期刊作者及读者对统计学服务需求的调查分析[3]结果发现，88.9%的被调查者迫切需要完善及更新统计学知识和技能。另外，医学编辑大多也非统计学专业，未进行过统计学知识培训，难以辨别统计学错误。因此，论文中的统计学错误较普遍[4]，甚至有的期刊出版后论文的统计学错误率高达80%[5]。

本文就《中国临床医学》杂志临床医学论文初审及编辑中常见的统计学问题进行总结，一方面为作者临床医学研究中的统计学问题提供帮助；另一方面为不熟悉统计学的编辑同行进行医学论文的初审提供参考。

1 样本量估计常见问题

样本量的大小影响结论的可靠性。样本量过小，抽样误差大，结果可靠性差，且经不起验证；但若盲目加大样本量，不但会造成人、财、物的浪费，而且会造成抽样误差增大。因此，应在保证研究结果精确可靠的前提下，确定最小的样本量[6]。若研究疾病的发病率较低，可采用病例对照研究；若发病率不低，研究的样本量应略高于计算所得出的样本量[7]。根据样

基金项目：复旦大学附属中山医院科研发展基金(2020ZSFZ16)；复旦大学附属中山医院青年基金(2020ZSQN35)；2019年度徐汇区科普创新项目(xhkp2019037)
通信作者：贾泽军，E-mail: smmujiazejun@163.com

本类型,样本量有相应的估算方法。不同的假设检验方法,样本量估计方法不同,检验效能越大,样本量要求越高。

绝大多数作者在论文中未体现如何设定样本量,直接忽略了这个步骤,导致很多研究样本量过小,结果和结论并不可靠。应根据研究具体情况进行估算,不可盲目套用公式,但估算公式中希腊字母较多,含义较难理解,建议作者请教统计学专家来讲解和把关。

2 数据分析方法常见问题

2.1 医学论文常用统计学方法介绍

在临床研究设计时,可根据研究目的和数据类型选择适合的统计学方法,下面就最常见的几种统计学方法进行介绍,如表 1 所示。

表 1 常用统计学方法的选择

统计学方法	研究目的/适用条件
单因素分析	
计量资料	
t 检验	比较 2 个均数的差别是否有统计学意义
方差分析	比较多个均数之间的差别是否有统计学意义
计数资料	
χ^2 检验	2 个或多个率之间的差别是否有统计学意义
Fisher 确切概率法	样本含量 $n<40$;理论频数 $T<1$;χ^2 检验后所得概率 P 接近检验水准 α
等级资料	
秩和检验	适用于分布类型未知、一端或两端无界、出现少量异常值的小样本数据、以等级资料做记录的资料
多因素分析	
多元线性回归	研究一个连续型变量和其他多个变量间线性关系
logistic 回归	研究分类变量与一组自变量的关系
生存分析	
log-rank 检验	比较 2 条或多条生存分析曲线是否有统计学意义
Cox 比例风险回归模型	分析众多因素对生存结局和生存时间的影响
其他	
相关分析	两定量变量间是否存在关联
Kappa 指数	检验同一批研究对象 2 次定性观察结果的一致性
ROC 曲线	比较 2 种或 2 种以上不同诊断试验对疾病识别能力;选择最佳的诊断界限值

2.2 t 检验

t 检验常被用来比较 2 组间某个指标的均数是否属于同一总体,是临床医学论文中最常见的统计学方法,但它的使用是有条件的。若要采用 t 检验,则数据必须满足:①正态性;②独立性;③方差齐性,三者缺一不可。符合以上条件的数据,分为 2 组时可行 t 检验,3 组及以上的比较则要使用方差分析。

论文中常见问题:①将 2 组样本直接进行 t 检验,而不管是否符合正态分布和方差齐性,样本是否独立。②将配对 t 检验误用为 t 检验。自身对照应用配对 t 检验,而 t 检验必须用于两独立样本资料。③多组独立样本的比较,不应采用 2 组间 t 检验,而是应采用方差分析,再选择两两比较的方法，例如 SNK 法、Dunnett 法、Bonferroni 法等。④若是加入时间因素，产生了时间的交互效应，研究 2 组不同时间水平的差异，则应采用重复测量方差分析，这是研究同一研究对象在不同条件下对同一观察指标进行多次重复观察或测量的设计方法，不应再采用 t 检验或方差分析。

2.3 χ^2 检验

临床医学论文中常比较几种药物或治疗方法的治愈率、病死率等，应用 χ^2 检验。χ^2 检验适用于分类资料，用来比较 2 个率或 2 个构成比、多个率或多个构成比，用来检验 2 个样本或多个样本的总体频率分布是否相同。

论文中常见问题：①将 χ^2 检验的 χ 写成小写英文字母 x；②当样本量不足 40 或最小理论频数不足 1 时，依然使用 χ^2 检验，而正确的是使用 Fisher 确切概率法；③需要注意 χ^2 检验的样本可为独立样本或配对样本，样本不同，处理方法也不同，不能一概而论。

2.4 相关性分析

临床研究中常研究某个指标与另一指标或某种疾病的相关性。若要得知 2 个定量变量之间关联性，可采用 Pearson 积矩相关或 Spearman 秩相关，还可得到关联方向和密切程度。Pearson 积矩相关仅适用于二元正态分布资料，但有些资料不服从正态分布、总体分布未知或为等级资料，则可采用秩相关。相关系数 r 的范围为 $-1<r<1$，$r>0$ 为正相关，$r<0$ 为负相关，$r=0$ 为零相关。R 的绝对值越接近于 1，说明密切程度越高，越接近 0，密切程度越低。

论文中常见问题：①很多作者不确定是否有线性趋势，就盲目做线性相关；②应先分析资料的分布状态，选择 Pearson 积矩相关或 Spearman 秩相关；③部分文章中并未做相关性分析，却仅靠 P 值小于 0.05，就得出存在相关性的结论；④以回归分析中得到的回归系数，误作为相关系数，得出错误的相关性的结论。

2.5 logistic 回归

临床医学研究中常采用 logistic 回归分析某种疾病的危险因素。通常在单因素分析中筛选出有统计学意义的变量，纳入到 logistic 回归模型中，来筛选危险因素。logistic 回归适用于研究分类变量与一组自变量的关系，所谓分类变量包括二分类因变量(如患病与未患病、阳性与阴性等)和多分类因变量(如治愈、显效、好转、无效)。而多元线性回归是研究一个连续型变量和其他多个变量间线性关系的统计学分析方法，因变量必须为连续型变量，而自变量可为连续型变量，也可为分类变量。

论文中常见问题：①logistic 回归需要大样本，一般要求样本量是自变量个数 5~10 倍，有些文章的样本量不足，结果不可靠；②有些文章存在滥用 logistic 回归的现象，分析目的并非探究疾病危险因素，而是为了凑文章篇幅，实际无分析意义；③结果表格的表头项目不全面，且解释错误；④有些作者没弄清楚分类变量和连续变量，混淆 logistic 回归和多元线性回归，因变量是分类变量时误用多元线性回归分析。

2.6 生存分析

临床研究中常研究某种恶性疾病的生存时间及影响生存时间的危险因素，比较几种治疗方法对生存时间的影响。生存分析是将终点事件的出现与否和到达终点所经历的时间结合起来分析的方法。生存函数的描述主要有寿命表法和 Kaplan-Meier 法，前者适用于按生存时间区间分组的大样本资料，后者适用于含个体生存时间的大样本或小样本资料。log-rank 检验和 Cox 比例风险回归模型是生存分析最常用的统计学方法。

论文中常见问题：①未交代起点事件和终点事件；②终点事件为 2 个或多个，造成混乱；③没有搞清楚终点事件，例如将出院定义为终点事件，却研究了死亡的危险因素；④未标明生存函数用的是寿命表法还是 Kaplan-Meier 法；⑤log-rank 检验可比较 2 条生存曲线间是否有统计学意义，部分作者只对比生存曲线却未做此检验；⑥Cox 比例风险回归模型可分析众多因素对生存结局和生存时间的影响，部分作者未将结果表格的表头信息填写完整，只列出 P 值与 HR。

2.7 ROC 曲线

临床研究中常比较新方法与金标准方法对某种疾病的诊断能力，寻找某个检测指标的最佳诊断界限值，此时就应用受试者工作特征曲线(receiver operating characteristic curve，ROC 曲线)，可用曲线下面积(area under curve, AUC)大小来比较诊断价值，ROC 曲线越凸、越近左上角，表明其诊断价值越大。

论文中常见问题：①只有 1 种诊断方法，未写明疾病诊断的金标准方法；②适合用 ROC 曲线的临床研究，却未使用此方法，只比较灵敏度和特异度；③少数作者不明白 ROC 曲线的原理，误将得到的 AUC 认为某疾病的诊断灵敏度；④ROC 曲线也区分诊断方法是否在同一受试者身上进行，分为成组设计和配对设计。

3 统计学结果解释的常见问题

3.1 结果数据的描述

在数据描述的过程中，"均数±标准差"是针对服从正态分布的连续变量最为标准的描述方式[8]，通常被称为计量资料。若计量资料是偏态分布，推荐采用中位数和上四分位数、下四分位数 $M(P_{25},P_{75})$ 来描述变量的平均水平和变异程度。而计数资料一般以 n 或 $n(\%)$ 的形式表示，作者可根据数据情况自行选择。

论文中常见的问题：①表格中数据结果的表达与文字表述重复，通常表格中的数据表达形式比较直观，可一目了然，文字简练总结即可；②数据应保持小数点后的位数一致，统一为 1 位或 2 位，若为整数，也应用 0 补齐；③在临床医学作者的投稿中，作者未区分数据的分布状态，将非正态分布的资料也按照正态分布的表达形式表示，或常表示为中位数与四分位数间距 $M(Q)$ 的形式。

3.2 统计学相关字母的表述

统计学中相关字母一般都有固定的书写方式，希腊字母众多，很容易将其与英文字母混淆。论文中常见的书写问题：①χ^2 检验中的 χ 为小写的希腊字母，读为 chi，且为斜体，众多作者将 χ^2 检验的 χ 写成小写英文字母 x；②t 检验应为小写 t 且斜体，许多作者写为大写正体 T；③P 值应为大写 P，且为斜体，许多作者常写为小写 p；④均数±标准差应用 $\bar{x}\pm s$ 来表达，小写 x 和小写 s 均为斜体，均数符号"ˉ"可通过公式或插入符号获得，作者常误写为大写 X 和大写 S，不书写均数符号。

3.3 P 值的表述及解释

假设检验的检验水准一般取 $\alpha=0.05$ 或 0.01，以保证犯假阳性错误的概率不超过 0.05 或 0.01。P 值表达的是 2 个样本来自同一总体的可能性，P 值其实只是一个概率。$P<0.05$，说明两样本来自同一总体的可能性小于 0.05，代表犯假阳性错误的概率小于 0.05。因此，结果表述只能用"差异有统计学意义"或"差异无统计学意义"来表达。

论文中常见的问题：①众多作者将 P 值误解为统计学差异的显著性，误认为 P 值越小，差异越显著，因此常误用"差异有显著统计学意义"或"有显著的统计学差异"来表达；②许多论文中简单表格中只标出 P 值大于 0.05 或者小于 0.05，难以保证数据的真实性和可靠性，建议将具体的统计值及 P 值列出，以便读者重复研究；若是组别比较多，表格较复杂，也可用标记符号将差异有统计学意义的值在表格中标出，并在表注中写明"$P<0.05$ 与××相比"。

4 数据正误问题

医学编辑可以识别文章中的研究设计问题、统计学处理方法问题和数据描述问题，但是很难将作者的原始数据一一检查，重新做统计学分析来检查数据的真实性和准确性，需要作者对自己文章的真实性负责。怀疑数据错误时，也应与作者进行沟通确认。

但是初审浏览文章时，以下几个方面可初步判断数据的正误：①样本量过少时，只有几例至十几例时(具体例数需根据文章情况把握)，只可进行描述性分析，不建议使用统计学方法，因为样本量过少，统计学结果不可靠；②临床上常见研究某种药物或治疗方法的效果，几组随机样本进行基线资料对比时，只有 $P>0.05$ 时，代表几组样本的基线资料差异无统计学意义，代表选择的样本来自同一总体，才可进行处理因素的干预；③若总样本量 $n<40$，或最小理论频数 $T<1$，此时需注意是否采用了 Fisher 确切概率法，而使用 χ^2 检验的结果必定是不可靠的；④临床论文中若见标准差数值大于均数，说明此资料不符合正态分布，应以 $M(P_{25},P_{75})$ 表示；⑤部分文章中会出现男女人数相加与总人数不符、几组病例数相加不等于总例数的情况，那么就需要寻找出错数据；⑥ 根据专业医学知识判断，例如正常人的血常规计数应在正常参考值范围内，若超出，则怀疑数据错误。

5 讨论

在中文医学期刊中，统计学错误一直以来就非常常见，也不乏纠正统计学谬误的文章，但统计学错误仍无法避免。不可否认，统计学的确博大精深，需要很强的逻辑思维能力，多加练习才能驾驭。笔者也只是从常见的、浅显的统计学问题入手，整理了根据研究目的和数据类型选择统计学方法的表格，再根据选择的方法对应常见问题，以及样本量计算、结果解释的常见问题和数据正误问题，以帮助研究者或编辑同行避免最低级的统计学错误。

统计学可以称得上临床研究的灵魂，从最初的实验设计部分就应该做到严谨和合理，应找专业的统计学专家把关，否则很可能造成研究设计不合理、研究结果不可靠、研究结论错误的严重后果，造成研究者的损失和研究资源的浪费。

产生众多统计学错误的原因无非是作者本身的统计学知识储备不足，应用能力不强，以及未引起作者足够的重视。未来，必须采取相应举措解决临床医学论文中上述问题。①提高作者的统计学素养：作者应首先认识统计学的重要性，加强统计学知识的学习，在研究设计时就应注意与统计学专家的沟通，使研究严谨和合理。②编辑辅助作者改正统计学错误：医学期刊编辑也应提高自己的统计学素养[9]，能发现作者统计学方面的错误，与统计学外审专家与作者保持沟通，改正文章的错误，保证发表论文的正确性，避免误导读者。

综上所述，统计学错误在临床医学论文中很常见，医学研究者和编辑人员应引起足够重视，加强统计学素养，请统计学专家把关，提高科研和论文质量。

参 考 文 献

[1] 方积乾.卫生统计学[M].7 版.北京:人民卫生出版社,2012.
[2] 罗云梅,孙艳,梅荀莉,等.中文医学期刊中常用的统计分析方法[J].编辑学报,2017,29(4):351-353.
[3] 翟铖铖,高静,贾泽军,等.数字出版模式下中文医学期刊作者及读者对统计学服务需求的调查分析[M]//学报编辑论丛(2019).上海:上海大学出版社,2019:304-309.
[4] 李霞,张印朋,闫苏平.医学期刊作者来稿统计学应用与表述常见问题分析[J].中国科技期刊研究,2011,22(1):88-89.
[5] YIM K H, NAHM F S, HAN K A, et al. Analysis of statistical methods and errors in the articles published in the Korean journal of pain [J]. Korean J Pain, 2010, 23(1):35-41.
[6] 姜瑞涛.医学科研论文中常见的统计学问题与改进措施[J].卫生职业教育,2018,36(8):13-14.
[7] YAN F, ROBERT M, LI Y. Statistical methods and common problems in medical or biomedical science research [J]. Int J Physiol Pathophysiol Pharmacol, 2017, 9(5):157-163.
[8] 李雪迎,康晓平.康复医学论文中的常见统计学错误[J].中国康复医学杂志,2016,31(6):691-693.
[9] 李晓炜,王春燕,王希营,等.医学期刊青年编辑统计学素养的影响因素和提升策略[J].编辑学报,2020,32(2):225-227.

以期为单位特刊组稿模式的探索与实践

魏莎莎，余党会

(《第二军医大学学报》《亚洲泌尿外科杂志(英文)》编辑部，上海 200433)

摘要：组织高质量的稿件是办好期刊的最重要因素之一，作者结合自身近 8 年来负责组织和出版多期特刊组稿实践，对"以期为单位特刊组稿模式"进行了探索，并总结出了一套行之有效的组稿方法和流程，与同行分享。"顺畅的沟通"和"时间的把控"是特刊成功"落地"的关键。同时，特刊责任编辑的经历有助于提升编辑业务能力和职业成就感。

关键词：稿源；特刊；组稿；流程

期刊发展始终应坚持"内容为王，质量第一"的原则[1]，然而"巧妇难为无米之炊"。如何为期刊找到上好的"稻田"，收获最香的"大米"，是期刊编辑需要时刻去思考和探讨的问题。

组稿是提升期刊质量和学术影响力的重要途径，越来越多的编辑同人已意识到其重要性，并已根据各自期刊的特点进行了各种有益的组稿实践和探索。高伟[2]探讨了高质量特刊对提升科技期刊内容质量与影响力的作用，总结了《运动与健康科学(英文)》的特刊组稿策略和实践；李明敏等[3]总结了航空类学术期刊专刊专栏的组稿策略与出版成效。特刊组稿不仅在英文期刊中常见，中文期刊的同人们也在不断实践和探索。陈宏宇等[4]通过梳理《生物工程学报》近 10 年来的约稿实践，总结了约稿策略，供编辑同人参考；顾黎等[5]总结了《山东大学学报(医学版)》组织专题/专刊的工作模式，为高校医学学报实现规模化组稿提供了参考。在人工智能研究暴发式开展之初，《第二军医大学学报》率先在国内迅速组织了一期"人工智能与医学"特刊(2018 年第 8 期)，得到了"丁香园"和"知识分子"两个公众号的推广报道。此外，各类新技术、新方法在组稿中的应用实践也日益多样化。白娅娜等[6]以《洁净煤技术》专刊《煤炭燃烧及污染物防治理论与技术》为例，分析了数据挖掘在专刊组稿策划中的应用；舒安琴等[7]以《国际检验医学杂志》为例，探讨了如何利用互联网资源，及时了解各类学术动向，进行精准的策划组稿，取得了较好的效果。

然而，现实工作中组织特刊却是想法多，策划多，甚至是开头多，但半路"夭折"也多。如何能让一期思考和策划很久的特刊成功"落地"，是一项非常有挑战性的工作，对这一问题的探讨现有文献鲜有提及。作者结合自身近 8 年来负责组织和出版多期特刊的组稿实践，对"以期为单位特刊组稿模式"进行了探索，并总结出了一套行之有效的组稿方法和流程，供编辑同人参考。

通信作者：余党会，E-mail: medyudanghui@163.com

1 以期为单位特刊组稿模式的探索

就我们的经验而言,"以期为单位特刊组稿模式的探索"这一举措的目的是为了更高效地组织国际优秀稿源。具体操作过程中最核心的一点就是需要物色合适的客座主编人选。客座主编不仅要有较深厚的学术背景,还要有较强的学术号召力,有能力和把握邀请到其领域内的各个小同行从不同角度为这一期撰写文章。其次是需要编辑和客座主编默契合作,编辑是客座主编和各位作者之间联系沟通的桥梁,需定期向客座主编汇报进度,及时提醒作者们保持进度,为按时到稿、顺利出刊提供保障。通过这一做法,期刊可高效地组织到一整期文章。这期文章均围绕一个大主题展开,组合在一起构成一个有机整体,别具特色,能吸引更多读者关注,为期刊带来更大的显示度和更多的交流机会。表 1 中列举了作者近 8 年来担任责任编辑的特刊出版情况。

表 1 作者担任责任编辑的特刊出版概况(截至 2020 年 7 月)

刊名	刊期	特刊文章数/篇	特刊主题
《亚洲男性学杂志(英文)》	2012 年第 2 期	9	雄激素剥夺治疗的副作用
《亚洲男性学杂志(英文)》	2013 年第 2 期	14	精子数下降和全球雌激素污染:20 年来的经验和教训
《亚洲男性学杂志(英文)》	2014 年第 1 期	11	男性生殖健康与环境
《亚洲男性学杂志(英文)》	2014 年第 4 期	12	前列腺癌研究和临床实践的全球进展
《亚洲泌尿外科杂志(英文)》	2016 年第 3 期	9	泌尿系肿瘤的微创治疗进展
《亚洲泌尿外科杂志(英文)》	2016 年第 4 期	15	泌尿肿瘤转移的生物学机制与治疗
《亚洲泌尿外科杂志(英文)》	2017 年第 1 期	12	来自国际领先泌尿外科机构的学术进展
《亚洲泌尿外科杂志(英文)》	2017 年第 3 期	11	男性下尿路症状/良性前列腺增生的共识与争议(一)
《亚洲泌尿外科杂志(英文)》	2018 年第 1 期	10	男性下尿路症状/良性前列腺增生的共识与争议(二)
《亚洲泌尿外科杂志(英文)》	2018 年第 4 期	11	尿石症的药物和手术治疗
《亚洲泌尿外科杂志(英文)》	2019 年第 1 期	12	纪念 Dr. Donald S. Coffey:前列腺癌的生物学和治疗
《亚洲泌尿外科杂志(英文)》	2020 年第 3 期	9	雄激素受体在泌尿外科领域的功能角色和调控意义

2 以期为单位特刊组稿模式的实践

2.1 "十步走"让特刊成功"落地"

2.1.1 前期广泛调研

在拟定特刊主题后,首先需要对这一主题进行全面的前期调研工作,具体方法包括通过关键词搜索、PubMed 及 Web of Science 相关主题文章查阅等,框定此命题可能涵盖的范围,了解学科发展现状、进展及意义,确定目前该领域较为活跃的研究学者及研究团队等[8]。特刊的客座主编及特刊单篇文章的作者候选人均来源于此。

2.1.2 确定客座主编人选

对调研结果进行综合评估,从中选出几位有潜力成为客座主编的候选人,通过查找他们的学术简历、h-index 等,综合评估其在学术界的影响力,找到有特刊客座经验、专业知识丰富、热心、敬业的客座主编人选,经编委会论证后,确定客座主编候选人,建议至少准备 3 位客座主编候选人。此外,编辑也可通过查看客座主编候选人的文章合著情况,考察候选人的学术人脉圈。具有较广学术人脉圈的客座主编有助于成功邀请到其小同行为特刊撰文。

2.1.3 邀请客座主编，确定联合客座主编

给拟定的专家发送客座主编邀请函，待其同意担任特刊客座主编后，由客座主编提议另外 1~2 位愿意与其合作的联合客座主编，并由客座主编代表编辑部向其发出邀请，以提高邀请成功率。特刊设立联合客座主编(1~2 位)，一则可以通过"强强"联合提升特刊的学术影响力和人脉号召力，再则可以分担客座主编在特刊组稿、审稿、定稿等环节的工作量。

2.1.4 明确组稿流程

客座主编(1~3 位)确定后，责任编辑应及时告知特刊运作过程中客座主编需要承担的各项工作职责及各项工作需要完成的时间节点。在这一过程中，责任编辑不仅需要让客座主编对特刊运作有一个整体的了解，而且要让其清楚每一步的时间节点，这样才能保证特刊能按原有出版计划按时高质量出版。同时，因为客座主编往往事务繁忙，责任编辑要做好各项辅助工作(如草拟特刊约稿函、代表客座主编发送约稿函、收集邀请反馈情况、及时汇报各类进展等)，最大限度节省客座主编的时间和精力，让他们能时刻专注于学术质量的把控。

2.1.5 确定特刊中每篇文章的主题

若有多位客座主编，在他们相互沟通后，便可以确定该特刊的脉络主线，并以特定主题展开，确定特刊中每篇文章的具体研究方向或角度，拟定约稿对象。责任编辑可以建议客座主编为每篇约稿提供多位作者候选人，并列出邀请的优先顺序，同时还应尽量考虑整期特刊的作者地区分布平衡问题。这些候选作者大多都是客座主编的"熟人"(包括曾经一起合作完成过项目的同行、师从学界泰斗的同门、同一个行业协会中的核心成员等)，因而可大大提高邀请的成功率。

2.1.6 发送特刊单篇文章的约稿函

特刊的责任编辑从客座主编处收到各篇文章拟邀请的作者名单后，便可开始将单篇文章的约稿函发送给作者。一般可以给作者 3 个月左右的时间撰写稿件，责任编辑可在 1 个半月后第一次发邮件提醒，在 2.5 个月后发送第二次邮件提醒，不断跟进。期间若遇到无反馈的作者，需及时与客座主编联系，确保作者处于撰写稿件的状态中；若作者遇到一些突发情况(如身体原因、工作调动等)，不能按时到稿，责任编辑也需及时与客座主编联系，启用备选方案，避免特刊策划内容的缺失。

2.1.7 收稿及同行评议

作者稿件陆续上传，责任编辑需负责稿件同行评议相关事宜，特刊稿件的审稿模式可与客座主编提前商讨，主要有以下几种形式：①客座主编全权委托编辑部邀审；②客座主编推荐审稿人列表，责任编辑按列表送审；③若有多位客座主编，也可由几位客座主编共同负责审稿；④本期作者之间匿名交叉审稿。

2.1.8 作者修改文章

同行评审意见返回后，责任编辑综合整理审稿人意见后征询客座主编意见，客座主编可能会再增加一些修改意见或者删掉一些不合理的修改意见，随后责任编辑再将综合后的意见返回给作者进行修改。若作者投来的稿件问题较多、质量较差，修改时间又比较紧张，为保证特刊整体质量，在与客座主编商量后，应以委婉的方式作退稿处理。

2.1.9 客座主编定稿，并准备前言/后序

作者修回且通过同行评议重审后，将稿件整理送客座主编(1~3位)定稿。有客座主编参与的稿件可送期刊编委会及主编定稿。随后，责任编辑应及时整理所有已接受稿件的全文，打包发送给客座主编，请客座主编及时撰写前言或后序等相关内容。

2.1.10 特刊的宣传和推广

特刊的一个重要特点就是便于宣传推广。特刊文章进入后期出版流程后，责任编辑就应开始着手策划特刊宣传和推广的相关事宜。特刊往往主题明确，宣传推广针对性强。责任编辑可根据特刊自身主题特点，筹划开展多方位的宣传和推广工作，包括特刊封面的设计、特刊内容的邮件精准推送、社交媒体上的宣传推广、专题会议的布展宣传等。例如《亚洲泌尿外科杂志(英文)》"泌尿系统肿瘤转移的生物学机制与治疗"特刊于2016年10月正式出版，同年11月正值第23届全国泌尿外科学术会议隆重召开，期刊在会议期间进行了布展宣传，共发放特刊5 000余册，极大地提升了该特刊的学术影响力和期刊的知名度。特刊强有力的后期推广也是越来越多专家愿意为期刊撰写特刊文章的重要原因之一。

2.2 特刊"周边"

2.1.1 制作Meet Guest Editors单页

一期特刊的成功"落地"，前前后后大概需要近1年的时间，为了感谢客座主编们在这场"持久战"中的辛勤付出，期刊可制作Meet Guest Editors等单页(见图1)。一方面是为了感谢，同时也是对特刊的一种极好的宣传。另外，还可以建议客座主编把这些单页以及特刊的链接通过社交媒体发给他们的同行，增加特刊的曝光度，提升期刊影响力。

图1　Meet Guest Editors单页举例

2.2.2 邀请客座主编分享经验

在期刊召开编委会时，编辑部可以为客座主编颁发荣誉证书，并邀请优秀的客座主编分享其特刊组稿经验，让更多的编委快速了解特刊运作的全过程，从而吸引更多优秀的编委加入特刊组稿的行列。

2.2.3 提升编辑的业务能力和职业成就感

成功组织一期特刊可以给责任编辑带来强大的正反馈，提升其职业成就感。笔者在负责

《亚洲男性学杂志(英文)》"男性生殖健康与环境"特刊时，为了使特刊作者间有更多的交流互动机会，为了使那一期特刊更具影响力，统筹安排特刊的每位作者对其他作者的综述进行了交叉提问，在客座主编筛选提问后，再请原作者针对选定的提问做出回答，因而，那期特刊的每篇文章最后都有"QUESTIONS FROM THE PANEL"这样一块内容，使综述在原有的基础上有了聚焦和延伸。"QUESTIONS FROM THE PANEL"作为这期特刊形式上、内容上的创新得到了成功实践，虽然过程繁琐，增加了很多工作量，但作为责任编辑收获的不仅仅是客座的好评，还有满满的成就感。

此外，在笔者担任责任编辑的另两期特刊("泌尿系统肿瘤转移的生物学机制与治疗"特刊和"尿石症的药物和手术治疗"特刊)的序言中(图2)，客座主编们还特别点名感谢了责任编辑在特刊筹备及出版全过程中所作出的贡献，也让笔者欣喜不已。

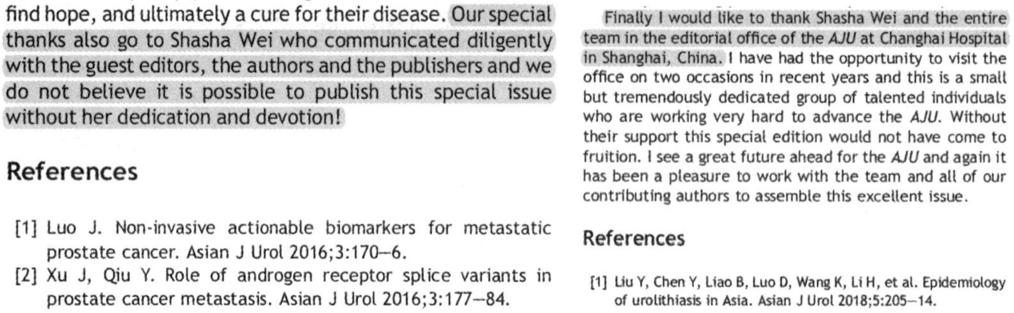

find hope, and ultimately a cure for their disease. Our special thanks also go to Shasha Wei who communicated diligently with the guest editors, the authors and the publishers and we do not believe it is possible to publish this special issue without her dedication and devotion!

References

[1] Luo J. Non-invasive actionable biomarkers for metastatic prostate cancer. Asian J Urol 2016;3:170–6.
[2] Xu J, Qiu Y. Role of androgen receptor splice variants in prostate cancer metastasis. Asian J Urol 2016;3:177–84.

Finally I would like to thank Shasha Wei and the entire team in the editorial office of the AJU at Changhai Hospital in Shanghai, China. I have had the opportunity to visit the office on two occasions in recent years and this is a small but tremendously dedicated group of talented individuals who are working very hard to advance the AJU. Without their support this special edition would not have come to fruition. I see a great future ahead for the AJU and again it has been a pleasure to work with the team and all of our contributing authors to assemble this excellent issue.

References

[1] Liu Y, Chen Y, Liao B, Luo D, Wang K, Li H, et al. Epidemiology of urolithiasis in Asia. Asian J Urol 2018;5:205–14.

图2　特刊序言中的点名致谢

3　结束语

在"以期为单位特刊组稿模式的探索与实践"过程中，作者认为特刊责任编辑与客座主编、作者、审稿人等的"顺畅的沟通"，以及特刊责任编辑对"时间的把控"是特刊成功"落地"的关键。特刊运作的整个过程是与时间赛跑的一个过程，责任编辑有很大一部分时间和精力消耗在各种催促中，同时还要做好质量把关的"守门员"。这项工作对编辑的统筹安排能力和沟通协调能力是一个极大的考验，同时需要其有较强的责任心和较高的工作热情，但当特刊成功出版并推广后，也能收获令人欣慰的肯定，在提升编辑业务能力的同时，获得满满的职业成就感。

参　考　文　献

[1] 李兴昌.随想:内容为王·质量第一·期刊永存·编辑万岁[J].编辑学报,2016,28(2):103-105.
[2] 高伟.英文科技期刊特刊组稿的策略与实践探索[J].中国科技期刊研究,2018,29(2):189-195.
[3] 李明敏,李世秋,蔡斐.航空类学术期刊专刊专栏组稿策略与出版成效[J].编辑学报,2018,30(5):525-528.
[4] 陈宏宇,郝丽芳.中文科技期刊约稿的策略、问题及举措:以《生物工程学报》为例[J].编辑学报,2020,32(1):97-100.
[5] 顾黎,陈斌,周英智.高校医学学报重点号组稿模式的建立与思考:以《山东大学学报(医学版)》为例[J].中国科技期刊研究,2018,29(7):739-744.
[6] 白娅娜,武英刚,宫在芹,代艳玲.数据挖掘在专刊组稿策划中的应用[J].编辑学报,2016,28(6):550-553.
[7] 舒安琴,周晓凤,姚雪,等.科技期刊利用互联网资源进行策划组稿的实践:以《国际检验医学杂志》为例[J].编辑学报,2018,30(3):307-310.
[8] 毕永华,许升阳,朱拴成.用"四四法"提升期刊学术质量:《煤炭学报》学术质量提升实践[J].编辑学报,2016,28(1):55-57.

科技期刊培养优秀作者群路径

詹燕平，游　滨，陈移峰

(重庆大学期刊社《重庆大学学报》编辑部，重庆 400044)

摘要：科技期刊需要提高自身的核心竞争力，离不开优质的稿源，也就离不开优秀的作者群。科技期刊编辑不仅需要提高自身职业素养和服务意识，而且应重视扩大作者群，吸引高质量的稿源，还要发挥期刊的学术服务功能，提高作者的写作和科研水平，为科技期刊培养一支优秀的作者群，并对其进行管理，使其保持与期刊的黏性。

关键词：科技期刊；编辑；优秀作者群；学术影响力

1 科技期刊优秀作者群的重要性

科技期刊是科研人员进行技术交流、研究总结和成果展示的重要平台，具有专业性、学术性、连续性和时效性的特点[1]。在竞争日益激烈的期刊市场，如何有效提升科技期刊核心竞争力，保持其可持续发展，是值得每位科技期刊编辑深入思考的问题。作者是科技期刊发展的根本，是期刊赖以生存和发展的生命线，特别是优秀的作者群更是科技期刊质量的保证[2-6]。只有拥有了优秀的作者群，拥有优质的稿源，才能保证科技期刊的质量及其核心竞争力，才能使科技期刊在媒体融合的潮流中立于不败之地。因此，在媒体融合背景下，科技期刊编辑应该将作者队伍的建设，特别是开发和维护优秀作者群，当作是一项长期、重要的工作。

2 学术期刊编辑应广泛挖掘和培养优秀作者，提高期刊核心竞争力

作者工作对于开发作者资源和提高出版物质量具有重要的意义，是编辑的一项基础性工作。期刊只有拥有了一支稳定的、高水平的优秀作者群，才能保证期刊的学术水平。编辑在日常工作中，不仅要完成好眼前具体的编辑任务，还要考虑建设一支优秀的作者队伍，并与优秀的作者建立长期的合作关系。

2.1 培养优秀作者群，科技期刊编辑首先需提高自身编辑力

一方面，科技期刊编辑要在编辑过程中提高自身的职业素养[7]。一名学术期刊编辑首先需要具备良好的政治思想素质和职业道德素质，把握正确的舆论方向；科技编辑入职后要准备国家职业资格考试，以系统快速地掌握编辑技能；根据国家《出版专业技术人员职业资格管理规定》的相关要求，完成每年72学时的继续教育学习，参加编辑学和相关学术会议掌握新

基金项目：重庆市高校期刊研究会基金课题资助项目(CQYB2018-1)；中国高校科技期刊研究会2018年青年基金课题资助项目(CUJS-QN-2018-004)

的编辑学知识和法规；此外，还要熟练运用计算机技术和网络检索功能，加强专业知识学习，不断拓展专业技能。编辑除了提高自身的编辑业务水平外，还需了解学科学术前沿，只有这样才能更好地帮助作者开阔科研视野，提高学术写作水平。

另一方面，在媒体融合时代，期刊编辑人员要增强服务意识，要以乐于为他人作嫁衣的服务精神做好服务工作[1]。编辑部服务的优劣直接关系到作者对期刊的整体认知，若编辑的服务意识缺失，会导致作者群体失去对编辑部的信任与支持，满意度会下降。长此以往，编辑部会导致科技期刊丧失作者群，造成期刊稿件质量下降，继而影响到期刊的长远发展。编辑的服务意识体现在对待每一篇稿件和每一位作者都一视同仁，认真对待并及时处理作者从投稿、审稿、录用、编辑、校对的每一个环节，监督审稿人的工作，注重作者权益的保护等方面。编辑应通过良好的服务态度、完善的服务内容和便捷的服务方式，借助媒体融合的强大力量，如QQ、微博、微信、微信公众号等实时快捷的交流工具，及时解决作者遇到的问题，从作者友好的角度不断调整和完善自身的编辑工作。

2.2 扩大作者群，吸引高质量稿源

一支高水平、高素质、稳定的作者队伍是期刊核心竞争力的重要组成部分，作者资源建设已成为影响期刊生存和发展的关键。作者群规模大，来稿量丰富；作者群写作水平高，来稿质量高，期刊的学术质量就有了保证[2]。

首先，媒体融合背景下，做好期刊的网络宣传和推广工作[7]，科技期刊需要在期刊官网、微信公众号等对外宣传的窗口上，发布欢迎及鼓励作者投稿的信息，并提供详细的、人性化的投稿须知和论文模板，使作者能清晰地了解本刊的刊登范围、编排格式等信息。通过建立QQ群、微信群、微信公众号等互动服务信息，编辑不仅可以实时地了解作者的动态、及时解决作者遇到的问题，而且还可以推送期刊最新的期刊内容和期刊的征稿通知，与广大作者在平台上"面对面"交流。

其次，充分利用学术会议和学术论坛等专业的学术交流平台，加强组稿约稿的力度，调动作者投稿的积极性。学术会议等学术交流活动是专家进行科研成果展示和技术交流的重要平台，聚焦有大批相关研究领域的专家[7]。科技期刊编辑要主动出击，有目的地参加此类学术会议，与各学科的专家学者交流，与编委多沟通，诚恳地向他们请教，在会议上结交一批有水准的作者，并且敏锐地捕捉到学科热点研究方向和前沿课题，有针对性地组约稿件，若来稿数量较多还可以以专题的形式发表。

《重庆大学学报》依托于各类学术会议，近年来组织、策划和出版了一系列选题，比如针对全国第十七届钛及钛合金学术交流会上的约稿，期刊专门组织、策划了"钛资源高效清洁开发利用与钛产品高端高值绿色制造"选题。本刊作为重庆市的重点学术期刊，多次获得了重庆市出版专项资金资助，这与近年来成功组织、策划和出版了相关选题密不可分。

本刊近年来以"风电装备""南方计算力学""冶金反应工程""电气工程""电工理论与新技术"等专题在相关学术会议上约稿，取得了良好的反响，来稿大部分都是各学科学术前沿的文章。以"风电装备"专题为例，该专题占全年总发文量的15.3%，到笔者截稿为止，"风电装备"专题在Scopus数据库贡献的引用频次占到了该年的总被引次数的45%，在CNKI的引用频次和下载频次分别占到该年总被引次数的34.3%和29.7%。可见，约稿的整体引用量与下载量都非常高，极大地提高了期刊的学术影响力。截至2020年7月，"风电装备"专题的部分文章在CNKI数据库的数据表现如表1所示。

表 1　"风电装备"专题的部分文章在 CNKI 数据库的表现

论文题目	发表年份	期数	被引次数/次	在当年总被引次数占比/%	下载频次/次
中国风电产业发展分析	2015	1	119	14.6	2012
风电机组主轴承选型与设计分析	2015	1	20	4.5	592
风电增速箱结合部刚度分析及振动噪声预估	2015	1	19	3.1	246
风电机组传动系统网络化状态监测与故障诊断系统设计	2015	1	17	2.6	595

最后，尽量缩短审稿时间。《重庆大学学报》作为国家教育部主管、重庆大学主办的高校期刊，来稿大部分是硕士、博士研究生群体，以及青年科研工作者。一般硕士研究生学制为 2~3 年，博士研究生学制为 3~4 年，大部分学院对研究生在校期间有公开发表学术论文的要求，青年科研工作者则有评职称等要求。他们在选择期刊投稿的时候，将审稿时间和出版周期作为一个很重要的考虑因素。为了提高为作者服务的水平，《重庆大学学报》从多方面努力加快评审速度，缩短稿件处理时间，改革前原来每篇文章从投稿到终审需要 3~6 个月，改革后 80%的文章能在 1 个月内返回终审结果，大大缩短了审稿时间，来稿量也与日俱增。审稿周期缩短离不开审稿专家对本刊的大力支持，每年年底，综合考虑审稿专家的审稿速度、质量与数量，本刊对 40 余名审稿专家进行了表彰，颁发了"优秀审稿专家"荣誉证书，以期与他们以后能有更好的合作。

2.3　善于引导作者修改，提高作者写作水平

退修意见要明确。科技期刊编辑在处理稿件的过程中，要善于引导作者修改，对于专家评审环节退修的稿件，编辑要对这些意见进行再加工。由于专家意见主要注重稿件的学术质量、创新性、工程应用性等方面进行宏观把控，而可能忽视一些细节的把控[8]，比如乱套用公式、图表与文中叙述不一致、前后文矛盾等问题，编辑需要在专家意见的基础上，尽可能详细地增加细节修改的要求，使作者能一目了然地明白修改要求，尽快能按期刊的编排格式与习惯修改。有些首次撰写论文的作者，或者生产服务企业的一线作者，普遍缺乏论文写作经验，常见的问题是内容混杂、重点不突出、参考文献欠规范等[8]。编辑在退修之前，需要仔细通读文章，对论文中存在的问题要明确指出并撰写详细的修改说明，对图表、公式、参考文献等问题可以给出模板，请作者参照修改，必要时可电话、QQ、微信等互动聊天工具，与作者一一沟通，以使稿件达到发表要求。

退稿意见要明确。在退稿过程中说明具体的退稿理由，如"不符合期刊收录范围""对研究现状没有进行系统研究""立论不够科学""推理不够严谨""结论不可信""存在抄袭行为等学术不端现象""一稿多投"等，引导作者修改完善，不能笼统地将退稿理由归结为"创新性不够"或者"不符合本刊要求"。明确退稿的原因，使作者能有针对性地修改稿件，并为下次投稿积累有益经验。

2.4　发挥期刊的学术服务功能，提高作者科研水平

科技期刊从业人员应发挥期刊的学术服务功能。利用校内外资源举办科研方法培训班，使科研人员能尽快掌握科学的研究方法，不断提高其科研能力和写作水平。如重庆大学期刊

社联合社科处、人事处等多个部门，从 2010 年开始，至今已举办了 10 期"实证社会科学研究方法"培训班，每期都吸引了 300 余名各高校青年教师和博士研究生参加。培训班成为不同高校青年学者提供了学术探讨和思想交流的平台，而且为宣传期刊起到了非常良好的积极效应，至今已在全国范围形成较大影响，成为实证社会科学研究方法学习的品牌，取得良好的社会效益。

2.5 加强作者学术道德建设

科技期刊肩负着传播科学知识和培养队伍的双重职责，有责任和义务对作者进行知识产权相关法律法规的普及，加强作者的学术道德建设。近年来，学术不端现象在我国屡屡发生，比如抄袭剽窃、伪造和篡改数据、一稿多投等不端行为，严重损害了学术界的形象。编辑作为科技期刊的守门员，应从源头上加强对作者的学术道德教育。在作者投稿时，就要在网站上刊登学术伦理道德规范，并与作者签订杜绝学术不端承诺书。初审环节要通过知网的 AMLC 和万方数据库论文检测系统等复合排查，初步排查出文字重复率较高和已经发表的稿件。若一篇文章重复地投向使用相同投审稿系统的编辑部，编辑初审时可以通过查看投审稿系统中"未发表相似文献"，鉴别一部分一稿多投的稿件。对于学术不端行为视情节严重程度给予一定的处罚，例如对"一稿多投"的作者，给予三年内不发表该作者文章的处罚。对于伪造和篡改数据的行为，编辑由于非专业人士不容易鉴别，需要依靠同行评审的专业视角去鉴别。除此之外，编辑要以身作则，在稿件校对过程中，不放过任何一个有疑问的地方，与作者反复推敲，以求准确、真实。编辑应以实际行动，培养作者科学严谨的治学精神，提高学术不端防范风险意识，树立求实的科学精神和正确的科研道德观。

3 筛选和管理优秀作者群

科技期刊建立了一支高水平、高素质的作者群后，还要对其进行科学的管理和维护，只有这样才能发挥作者群的积极作用，进而提高科技期刊的核心竞争力。

一方面，对曾经在期刊投过稿的作者进行梳理，筛选出优秀的作者。现在大部分期刊都使用了投审稿系统，作者在投稿时就在投审稿系统里详细录入了作者的个人信息，如姓名、性别、出生年月、学历、专业、研究方向、单位名、通信地址、邮箱、电话、QQ 号、微信号、个人网页等。但科技期刊的作者信息是不断变化的，编辑需要对他们的信息进行维护和更新。通过 CNKI 和 Scopus 等数据库，整理和筛选期刊近几年的高被引文献，筛选、发现优秀作者群。对优秀的作者群，深层次分析作者信息，对他们的专业特长和写作水平的情况加以备注，以备下次对优秀的作者有针对性地约稿。除了日常在学术方面的交流外，编辑也要通过邮件、QQ、微信等形式与作者联系，了解其科研动态，使作者切实感受到期刊对他们的关怀，获得他们的信任，进而争取到他们的投稿。

另一方面，跟踪与关注尚未在期刊投稿作者群。编辑需要追踪重大课题和系列研究，关注编委所在的团队成员，通过编委或其他途径向他们约稿；关注重大课题的申报团队和有着系列研究的团队，如有团队成员在本刊投过稿，可通过已在本刊投过稿的团队成员约稿；关注学科最新的学术会议，在会议上直接约稿，增加稿源，发现优秀作者和潜在优秀的作者[9]；关注国家自然科学基金和项目方向，了解前沿学术动态，发现和跟踪活跃在学术前沿的作者群体和团队，组约稿件，培养优秀作者群体。

近年来，《重庆大学学报》编辑部通过 Scopus 和中国知网数据库，每年筛选出近 5 年表现特别优秀的论文 20 余篇，给予论文作者奖励，并颁发"优秀作者"荣誉证书，对他们再次投稿设置投审稿"绿色通道"等优惠措施，吸引他们再次投稿，增加他们与本刊的黏性。

4 结束语

在媒体融合的时代，科技期刊只有发表了优质的稿件，才能提升期刊自身的影响力，科技期刊的竞争在很大程度上是争夺作者资源的竞争。科技期刊只有组建一支相对稳定的、高水平的优秀作者群，并对其进行科学的管理和维护，才能吸引更多高质量的稿源，保证期刊的学术质量和可持续发展，从而提升期刊的核心竞争力。

参 考 文 献

[1] 丁岩,吴惠勤.科技期刊稿件质量的控制与提升策略[J].韶关学院学报,2015,36(10):80-83.
[2] 辛丽艳.论科技期刊编辑培养年轻作者的责任[C]//中国高校学出版.2009:177-178.
[3] 蔡琳,王跃军,王秦玲.科技学术期刊编辑应增强为作者服务的意识[J].编辑学报,2014,26(2):175-177.
[4] 陈翔.科技期刊构建核心竞争力中作者队伍的组建原则与措施[J].中国科技期刊研究,2011,22(4):498-501.
[5] 吴红艳,刘义兰,王菊香,等.论科技期刊编辑培养优秀作者群的策略与措施[J].编辑学报,2016,28(6):522-524.
[6] 李世秋,蔡斐.学术期刊研究生作者群体培养浅析[J].编辑学报,2015(增刊 1):63-64.
[7] 詹燕平,吕赛英,梁远华,等.科技期刊青年编辑职业素养提升的途径[J].编辑学报,2015,27(3):290-292.
[8] 吕欢欢,崔护社,杨滨.做好科技期刊稿件退修工作的有效策略[J].编辑学报,2016,28(1):67-68.
[9] 郑洁,吕赛英,游滨,等.建设高水平作者队伍须重视潜在核心作者[J].中国科技期刊研究,2013,24(5):1005-1008.

综合性预防医学学术期刊 100 篇现场流行病学论著的编撰分析

符移才[1]，吴玉霞[2]，洪琪[3]，张俊焱[3]，吕涵路[1]，黄明敏[1]

(1.上海市预防医学会，上海 200052；2.上海市普陀区疾病预防控制中心，上海 200333；3.上海市疾病预防控制中心，上海 200336)

摘要：为探索我国综合性预防医学现场流行病学论著的学术质量和编撰质量，从 2018 或 2019 年出版的 10 种相关期刊中抽取 100 篇论著进行编撰质量分析。以期刊的核心数量、论著的下载量和引用量来评价学术质量，以伦理学表述（"伦理"）、现场和实验室质量控制（"质控"）、抽样回复调查（"回调"）、出版时滞（"时滞"）等来评价编撰质量。分析合格和不合格论著的相关影响因素，同时包括作者数、第一作者属地、基金资助、版面、参考文献数（"文献"）等指标。显示总不合格率为 56%，主要表现为缺乏伦理、质控、回调方面的描述或排版等其他不足。不合格的影响因素与 IF、作者、伦理、质控、回调、文献等明显相关（$P<0.05$），而与英文摘要、基金、页码、时滞、下载和引用量相关性不显著（$P>0.05$）。建议责任编辑从收、审、修、编校各个环节加强现场流行病学论著的相关必要件的收集和补充表述，特别是伦理学、知情同意的签署和相关的质控应是必不可少的，以提高我国该领域论著的质量水平，进而跻身国际先进水平行列。

关键词：现场流行病学；论著；学术质量；编校

学术期刊是科研成果交流、传播及传承的重要信息载体。目前我国科技期刊出版体制改革不断深入，作为医药卫生期刊的重要期刊群之一——预防医学类学术期刊也应更好地为预防医学事业发展服务。预防医学期刊是公共卫生和预防医学领域内主要的学术成果展示和发表之地[1-2]。预防医学是以人群为研究对象，它采用宏观与微观相结合的方法研究疾病发生、分布规律以及影响健康的诸多因素，制定预防措施和对策，达到预防疾病、促进健康、提高生命质量的目的。故现场流行病学是重要的研究手段，也是文献报道最多的内容之一，但是其学术质量(含编撰质量)的研究报道极少。

科研论文的评价体系，在国内外都得到逐步完善，比如每种学术期刊的评价离不开 IF 大小(影响因子)的排序[3-4]。对不同类型的期刊、不同语言的期刊的评价起到了良好的横向比较作用，得到全世界的普遍应用。但是对单篇论文的评价，可能该期刊的 IF 因子不能直接类推到该论著本身。可以通过文献的检索来查询该文的下载和引用。但是效率不高，实用性不强，另外某些论文的被引很高，但本专业科研人员不认同现象也存在。如何通过论文的编撰或整

基金项目：上海市质量技术监督局 TBT 项目(16TBT015)；中国科学院期刊研究会科研项目(YJH2019031)
通信作者：黄明敏，E-mail: m13661635811@vip.163.com

体质量，含学术质量和编校质量来重复直观评价一篇学术论文是很有价值的。因为一篇论文包括前言、材料与方法、结果和讨论等，有的引用者关注了结果、内容、讨论，可能忽略了语言文字、编校质量等。即某些被引较好者，其撰写质量和编校质量未必就好。故本研究就单篇中文论著的编撰质量进行分析，试图寻找出较重要的影响因素，进一步提高编校行业人员对稿件的收、审、修、校等过程的质量把关，特别是对某些专业内容的缺少，应当引起足够的重视。

如现场流行病学论著的伦理审查、知情同意书的签署十分重要，可能国内一些学术期刊的重视度不够，甚至不到50%(基本符合率只有46%)，其他的欠缺也较明显，可能存在作者不重视、编辑缺乏足够的专业知识储备有关[1,5-8]，与我国的传统也有关，即与以往对论文的字数页码等的严格规定所形成的习惯有关。本文通过近两年已发表的现场流行病学论著100篇的现况分析，反过来评价该文的学术质量和编校质量，为相关行业的编校人员提供借鉴，对提升稿件的质量、找出提高的方向有益。

1 材料与方法

1.1 论著的抽样

论著的抽样是从具有一定知名度，即计入中国知网统计源和遴选数据库的期刊(不包括科普期刊)中抽取。首先，从中国科学文献计量评价中心2019年9月发布的《中国学术期刊影响因子年报(自然科学与工程技术)》R1预防医学与卫生学栏目88种杂志中，随机抽取具有代表性的预防医学(公共卫生)综合性期刊[4]，共收集10种期刊共10期；然后，在所选的期刊中，从头至尾收集10篇现场或流行病学方面的论著，共100篇论文。排除综述、述评、案例报道、国外动态、消息等，所选10种期刊的年度为2018或2019年。

1.2 相关定义

"IF"指impact factors，即从中国科学文献计量评价研究中心出版的《中国学术期刊影响因子年报(自然科学与工程技术)》(2019年)中的复合影响因子[2]，具体信息如表1所示。"基金"指省部级及以上基金的资助；"伦理"指有伦理学审批及批件的准确表述，并签署知情同意书；"质控"指具有严格的实验室和/或现场的质量控制表述；"回调"指具有针对调查数据进行5%~10%的重新随机抽样并进行回复调查研究的表述[9-12]。"本地"系指第一投稿作者的署名单位为期刊所在的本省或本直辖市，"外地"系指第一投稿作者署名单位为非期刊所在的省或直辖市。

核心期刊指具有当年"科技核心""北大核心""CSCD(中国科学引文数据库)核心"者。其中含2~3个核心的期刊为"类别2"、含一个核心(科技核心)者为"类别1"，非核心者为"类别0"。类别2共2种(即表1中序号1和2)、类别1共4种(即表1中序号3~6)、类别0共4种(即表1中序号7~10)。"校正下载"指计算每种学术期刊每篇文章的年度下载次数(下载日的下载数除以出版日至下载日的天数，乘以365)。"校正引用"的计算也采用同样的方法进行校正。

采用期刊的核心数量、该论文下载和引用等评价学术质量；采用伦理学表述("伦理")、现场质量控制和实验室质量控制("质控")、抽样回复调查("回调")、出版时滞("时滞")、年度下载量、年度引用量等评价编撰质量。综合学术质量和编撰质量以"合格"或"不合格"对每篇论著进行分类。论著不合格的标准，即为存在下列特征之一者：版面排版有重要瑕疵(违反"文前图表后"的规定、图表错漏或结果置于讨论部分等)、缺乏必要的伦理学或知情同意书的签署、非常明显地缺乏质量控制、缺少非常必要的结果回复抽样调查(即 5%~10%的抽样回调)。

表 1 抽取的 10 种综合性预防医学学术期刊

序号	核心/个	地区	年份	期次	论著数	备注(主办)
1	3	北京	2018	8	10	学会
2	3	辽宁	2018	11	10	疾控
3	2	湖南	2019	7	10	疾控
4	1	浙江	2019	6	10	学会
5	1	四川	2018	1	10	疾控
6	1	海南	2019	5	10	疾控
7	0	上海	2018	6	10	学会
8	0	福建	2019	10	10	学会
9	0	河南	2018	3	10	学会
10	0	安徽	2019	2	10	疾控

注:"学会"指省级及以上的预防医学会,"疾控"指省级的疾病预防控制中心。"核心":科技核心期刊、中文核心期刊(北大核心)或 CSCD 来源期刊(中国科学引文数据库),其中 0:无;1:科技核心;2:科技核心+北大核心/CSCD;3:科技核心+北大核心+CSCD 核心

1.3 统计学分析

抽样为简单随机抽样(随机数字表),根据核心的多寡分组后进行方差齐性检验。汇总结果以均数±标准差($\bar{x} \pm s$)表示。计数资料采用卡方(χ^2)检验,计量资料采用成组 t 检验。检验水准 $a=0.05$。

2 结果

2.1 一般情况

2.1.1 抽样学术期刊的代表性

所抽取的 10 种预防医学综合性学术期刊中出版地分布于全国各地,既有华南也有东北,既有东北也有西部。占全国该类总刊的 11.36%(10/88,如排除非综合性期刊 47 种,则占比提高至 24.39%),既有核心期刊也有非核心期刊。它们的主办单位 50%为省级预防医学,50%为省级疾控中心;50%为 2018 年出版,50%为 2019 年出版;刊期分别为第 1、2、3、5、6、6、7、8、10、11 期。可见期刊具有良好的代表性,如表 1 所示。

2.1.2 学术期刊的一般情况

将期刊按照拥有核心的多寡进行分类后分析发现,20 篇核心类别为 2(科技核心和/或北大和/或 CSCD)论著的 IF 为 2.08;40 篇核心类别 1(科技核心)论著的 IF 为 1.29;而 40 篇非核心期刊(类别 0)论著的 IF 为 0.53。作者数类别 2 为 6.00 个;类别 1 为 5.10 个;类别 0 为 3.23 个。作者来源非本地占比中类别 2 为 95%;类别 1 为 75;类别 0 为 28%。100%的类别 2 和类别 1 有英文摘要(英摘);只有 70%的类别 0 有英摘。类别 2、1、0 的参考文献数分别为 16.7、15.2、11.3;类别 2、1、0 的论文页数分别为 4.70、4.29、3.78。100%的类别 2 有省部级以上基金资助,47.5%的类别 1 有基金资助,15%的类别 0 有基金资助。

有关编撰方面,类别 2、1、0 的"伦理"表述占比分别为 35%、13%、10%;类别 2、1、0 的"质控"表述分别为 20%、20%、2.5%;类别 2、1、0 的"回调"表述分别为 20%、20%、2.5%;类别 2、1、0 的"版面"排版不合格率分别为 15%、25%、30%。

出版质量方面,用出版时滞和每篇论著每年的引用/下载来体现。类别 2、1、0 的"时滞"分别为 178.25 d、264.03 d、152.98 d;类别 2、1、0 的"校正下载"分别为 107.18 次/年、77.24 次/年、52.85 次/年;"校正引用"分别为 2.20 次/年、0.74 次/年、0.37 次/年,如表 2 所示。

表 2 抽取的 100 篇现场流行病学论著的一般情况

因素	核心类别		
	2(n=20)	1(n=40)	0(n=40)
IF	2.087±0.298	1.286±0.236	0.527±0.162
作者数/个	6.00±2.176	5.10±2.182	4.225±2.069
地区(外地)	0.95±0.22	0.75±0.44	0.28±0.45
英摘	1.00±0.00	1.00±0.00	0.70±0.464
基金[a]	1.00±0.858	0.48±0.75	0.15±0.362
伦理[b]	0.35±0.49	0.13±0.33	0.10±0.30
质控[c]	0.20±0.410	0.20±0.405	0.025±0.158
回调[d]	0.05±0.224	0.025±0.158	0.05±0.221
版面(不合格)	0.15	0.25	0.30
文献数/篇	16.7±6.71	15.2±3.78	11.3±4.04
页数	4.70±0.80	4.29±0.78	3.78±0.97
下载/次	164.30±123.55	73.25±57.22	70.85±62.48
引用/次	3.15±4.65	1.13±2.92	0.65±1.14
时滞/d	178.25±61.53	264.03±116.38	152.98±66.00
校正下载/次	107.18±83.92	77.24±70.05	52.85±42.49
校正引用/次	2.20±2.808	0.74±1.465	0.37±0.632

注:核心类别中"2"指科技核心,北大核心和/或 CSCD 核心。"1"指科技核心。"0"非核心学术期刊。
a:指省部级及以上基金的资助;b:指有伦理学审批及批件的准确表述,并签署知情同意书;c:指具有严格的实验室和/或现场的质量控制表述;d:指具有 5%~10%以上的重新随机抽样并进行重复调查研究的表述

2.2 不同核心论著合格情况

100 篇现场流行病学类型的论著中 56 篇不合格,即不合格率达 56%。将不合格论著的核心情况汇总发现,合格期刊中类别 2、1、0 的论著数分别为 17 篇、24 篇、15 篇,而不合格论著中类别 2、类别 1、类别 0 的论著数分别为 3 篇、16 篇、25 篇。即,3 核心的期刊论文整体情况(学术和编撰质量)好于其他 2 类刊物,卡方检验的结果为 χ^2=12.63,$P<0.05$,如表 3 所示。

表 3 不同核心论著合格情况汇总

因素	2(n=20)	1(n=40)	0(n=40)	合计
合格	17	24	15	56
不合格	3	16	25	44

注:经卡方检验,χ^2=12.63,$P<0.05$

2.3 不合格论著情况的单因素分析

对合格与不合格论著的 IF 分析发现,合格论著的平均 IF 为 1.34,不合格为 0.89($P<0.001$)。

作者数中合格为 5.38 位、不合格为 4.36 位(P=0.023)。非本地占比合格为 70%、不合格为 47.7%(P=0.026)。"英摘"占比合格为 92.9%、不合格为 81.8%(P>0.05)。省部级基金资助占比合格为 57.1%、不合格为 29.5%(P>0.05)。参考文献数合格为 14.9 条、不合格为 12.70(P=0.02)。论著的页数合格为 4.32 页、不合格为 3.96 页(P=0.056)。

合格论著的平均"伦理"表述占比为 28.6%、不合格为 0.0%(P<0.001)。合格论著的平均"质控"表述占比为 23.0%、不合格为 0.0%(P<0.001)。合格论著的平均"回调"表述占比为 7.1%、不合格为 0.0%(P<0.001)。

发表"时滞"方面,合格为 196.2 天、不合格为 210.4 天(P>0.05)。校正下载方面,合格为 81.34 次/篇、不合格为 63.46 次/篇(P>0.05)。校正引用方面,合格为每年 1.09 次/篇、不合格为每年 0.54 次/篇(P>0.05),如表 4 所示。

表 4 不合格论著情况与合格相比的单因素分析

因素	不合格	合格	P 值
IF	0.89±0.494	1.34±0.651	<0.001
作者数	4.36±2.190	5.38±2.154	0.023
地区(外地)	0.477±0.505	0.70±0.464	0.026
英摘	0.82±0.390	0.93±0.260	>0.05
基金[a]	0.29±0.594	0.57±0.783	>0.05
伦理[b]	0.00	0.286±0.456	<0.001
质控[c]	0.00	0.23±0.426	<0.001
回调[d]	0.00	0.071±0.260	<0.001
文献数/篇	12.70±4.250	14.90±5.460	0.02
页数	3.97±0.936	4.32±0.897	0.056
下载/次	82.00±83.40	97.20±85.40	>0.05
引用/次	0.773±1.008	1.79±3.841	0.092
时滞/d	210.40±116.98	196.20±89.23	>0.05
校正下载/次	63.46±62.04	81.34±69.62	>0.05
校正引用/次	0.54±0.78	1.10±2.14	>0.05

注:a:指省部级及以上基金的资助;b:指有伦理学审批及批件的准确表述,并签署知情同意书;c:指具有严格的实验室和/或现场的质量控制表述;d:指具有 5%~10%或以上的重新随机抽样并进行重复调查研究的表述。

3 讨论

国内外对每种学术期刊的评价离不开 IF 因子的排序。对不同类型的期刊、不同语言的期刊的横向比较评价起到了良好的作用,当然其他类似的评价指标层出不穷,如 IPP(impact per publication)、谷歌的 h5m(median 5-year h-index)等[3]。但是对单篇论文的评价可能存在该期刊的 IF 因子不能直接类推到该论著本身的现象,可以通过文献的检索来查询该文的下载和引用。

本文通过近两年已发表的现场流行病学论著 100 篇的现况分析,反过来评价该文的学术质量和编校质量,为相关行业的编校人员提供借鉴,对提升稿件的质量找出提高的方向有益。整体而言,好的期刊(核心数量多者)的编撰质量较好。即,100%的论著有基金资助和英文摘要、伦理和质控的表述也有 35%和 20%(表 2、表 3)。同时,从期刊的核心数量、该论著的下载和应用来评价学术质量,从伦理学表述("伦理")、现场质量控制和实验室质量控制("质控")、抽样回复调查("回调")、出版时滞等来评价编撰质量,都得到了验证,即它们确实是影响稿件质量的重要因素($P<0.05$)。进一步分析合格和不合格论著的相关影响因素,它们是作者数、第一作者属地、基金资助、版面、参考文献数等。首先发现不合格率高达56%,主要为缺乏对伦理、质控、回调、排版等方面的描述或不足。不合格明显与IF、作者、伦理、质控、回调、文献等明显相关($P<0.05$),而与英摘、基金、页码、下载和应用相关不显著($P>0.05$)。出版时滞与稿源密切相关,非核心杂志的出版压力相对较少。而部分核心期刊存在作者面临晋升、结题等压力,编辑部也面临"人情稿"等压力,故稿件积压较多、出版时间偏长。本次发现平均时滞为152天到264天不等,科研报道的及时性仍显不足。缺乏伦理学的表述,伦理学的表述率从10%到35%。它们势必影响科研报道的时效性和科学性,进一步削弱国际竞争力,需要作者重视和编辑的关注[5]。

本研究不是文献计量学,而是从现场流行病学论著的撰写及专业角度进行学术质量(含编校)的评价,并进行影响因素的分析,为编撰行业人员(包括作者)提供了参考依据。同时,还发现存在相似度较大的问题,即许多论著的内容大同小异。这是值得注意的地方(本研究没有将其单列,而是在判定"合格"和"不合格"时加以考虑了),值得进一步研究[15-16]。本研究不足之处是讨论对象为已刊出的现场流行病学的论著:可能部分信息留存于编辑部(作者没有适当表述),或编辑没有收集上来,存在得出假阴性结论的可能。在推断学术和编撰质量上,这样进行倒推也是科学、省力的评价方法。

4 建议

(1) 拓展稿源,多用外地稿件,本次研究发现合格稿件外地占比70%、不合格者外地占比为47.7%。出现该结果可能是编辑或作者自主"选择"的结果,扩大不同地区的稿源仍是相当有必要的。

(2) 仍少许存在文不对题的现象,前言、结果、讨论不相衔接。尽管这主要是审稿专家的任务,期望专家能确实把好学术质量关,但是编辑的责任也不可推卸。在稿约和审稿时充分强调现场质量和实验室质量是非常重要的,甚至是影响该研究学术质量的关键,国内对此重视度可能稍有欠缺(编辑可能侧重在文字和政策等方面了)。

(3) 临床研究的注册制度应当得到确实的执行。这样会倒逼临床医师和预防医学医师重视伦理学和相应的质控以提升学术质量,进而让编辑从更高的角度来提升编校质量,加快出版速度[9-10],共同打造国际一流的中文学术期刊。

参 考 文 献

[1] 符移才,吴玉霞,黄明敏,等.100篇预防医学综合性科技期刊论著的伦理学表述[M]//学报编辑论丛(2019).上海:上海大学出版社,2019:403-406.

[2] 关珠珠,李雅楠,郭锦秋.医学期刊编辑应重视医学伦理学审查[J].科技与出版,2019(1):123-126.

[3] BRADSHAW C J, BROOK B W. How to rank journals [J]. PLoS One, 2016, 03.01. DOI: 10.1371/journal.pone.0149852.

[4] 中国科学文献计量评价研究中心.中国学术期刊影响因子年报(自然科学与工程技术)(2019年)[R]. 2019:31-33.

[5] HURST S A, PERRIER A, PEGORARO A, et al. Ethical difficulties in clinical practice: experiences of European doctors [J]. J Med Ethics, 2007, 33: 51-57.

[6] GLONTI K, HREN D. Editors' perspectives on the peer-review process in biomedical journals: protocol for a qualitative study [J]. BMJ Open, 2018; 8:e020568. DOI:10.1136/ bmjopen-2017-020568.

[7] HURST S A, PERRIER A, PEGORARO R, et al. Ethical difficulties in clinical practice: experiences of European doctors [J]. J Med Ethics, 2007, 33: 51-57.

[8] TAYLOR H A, EHRHARDT S, ERVIN A M. Public Comments on the proposed common rule mandate for single-IRB review of multisite research [J]. Ethics Hum Res. 2019, 41(1): 15-21.

[9] GALIPEAU J, BARBOUR V, BASKIN P, et al. A scoping review of competencies for scientific editors of biomedical journals [J]. BMC Medicine, 2016, 14:16. DOI: 10.1186/s12916-016-0561-2.

[10] GASPARYAN A Y, YESSIRKEPOV M, VORONOV A A, et al. Updated editorial guidance for quality and reliability of research output [J]. J Korean Med Sci. 2018, 33(35): e247. https://doi.org/10.3346/jkms.2018.33.e247.

[11] SAVULESCU J, VIENS A M. What makes the best medical ethics journal? A North American perspective [J]. J Med Ethics, 2005, 31:591-597.

[12] TOOEY M J, ARNOLD G N. The impact of institutional ethics on academic health sciences library leadership: a survey of academic health sciences library directors [J]. J Med Lib Assoc, 2014, 102(4) :241- 246.

[13] FINCH S A, BARKIN S L, WASSERMAN R C, et al. Effects of local-IRB review on participation in national practice-based research network (PBRN) studies [J]. Arch Pediatr Adolesc Med, 2009, 163(12): 1130-1134.

[14] 陈丽,陈坤.应用加权秩和比法作医学期刊学术质量综合评价的研究[J].浙江预防医学,2015,27(9): 960-962,965.

[15] 刘茂.学术期刊出版质量要素与控制策略分析[J].出版广角,2019(17):45-47.

[16] 李敏.新时代背景下高校学术期刊的功能定位与质量提升[J].滁州学院学报,2019,21(5):86-90.

积极应对因退稿产生的作者意见反馈

张娅彭，王紫霞

(《高等学校化学学报》分编辑部，天津 300071)

摘要：以《高等学校化学学报》实际工作为例，对作者因为被退稿而产生的反馈意见的类型进行了归纳，并分析了不同类型的意见所对应的原因及处理方法。旨在与编辑同行交流，提供因退稿产生的作者意见反馈的应对策略，以期让作者感受到期刊对其足够的重视和尊重，不造成作者队伍的流失的同时，维护和提高期刊的学术水平和声誉。编辑需要端正心态，积极应对作者因退稿而产生的意见反馈，并在编辑部内部建立完善的退稿机制，确保退稿工作的规范、公正、合理。

关键词：稿件质量；退稿；作者意见反馈；退稿机制

稿件质量是科技学术期刊的根基，只有对编辑工作中各个环节的加强质量控制，才能保证期刊稿件的整体质量[1]。稿件在经历过审理后，达不到期刊质量要求的稿件会做退稿处理。作为编辑工作的一部分，退稿是其中不可避免、不容忽视的一个重要环节[2]。已有研究对退稿工作的基本原则、退稿原因、退稿策略、退稿应使用的语言及退稿过程中应注意的问题进行了分析[3-5]。而编辑在退稿工作进行后，还需要面对的一个问题就是部分作者会对退稿意见进行反馈，编辑如何应对、处理这类反馈意见，并最终促进编辑与作者的关系，维护和提高期刊的学术水平和声誉则较少涉及。对于作者所反馈的意见，编辑若不予理会，一方面会导致作者尚不能完全认同或理解退稿意见，不利于稿件修改或改投，甚至影响该稿件的发表；另一方面会使作者感到反馈的意见未受重视，作者本人未受尊重，打击了投稿热情，甚至不再向期刊投稿，造成作者及稿源的流失。

本文以《高等学校化学学报》的实际工作为例，通过具体实例对作者因被退稿而产生的反馈意见的类型进行了归纳，并给出了相应的处理办法，旨在与编辑同行交流，提供面对类似情况的应对策略，以期让作者感受到期刊对其足够的重视和尊重，不因退稿造成作者队伍的流失，维护和提高期刊的学术水平和声誉。希望编辑端正心态，积极应对作者因退稿而产生的意见反馈，并在编辑部内部建立完善的退稿机制，确保退稿工作的规范、公正、合理。

1 面对作者退稿反馈时的基本态度及处理方法

如同赵大良先生在博客中写道，学术期刊出版中的矛盾冲突一直存在，埋怨任何一方都不公平，最重要的还是要"从我做起"，并从双方角度考虑，坦诚沟通和交流[6]。作为编辑，我们也会投稿，有时也遭遇被退稿。当面临退稿时，心态上肯定也会感到遭受了打击，特别是当稿件自认为比较满意时，这种被退稿的打击更甚，有可能转化成一种不满。将心比心，当面对作者的退稿反馈时，编辑首先应该充分理解作者，端正自身态度，具备一定作者意识[2]，努力做到退稿不退人[6]。仔细阅读作者的退稿意见反馈时，即便有作者语气强烈，用语过激，也不应产生厌烦、抵触情绪，而应该以平和的心态、中立的角度，不偏不倚对作者的意见反馈进行思辨分析作者意见反馈的合理性，给予作者相应答复，并且要在情绪上努力安抚作者。当然，由于编辑部在分析作者意见、讨论处理结果过程中需要一定时间，甚至还需要与外审专家就该反馈意见进行反复交流，为缓解作者的紧张焦虑情绪，编辑部应该在收到作者的退稿反馈意见后，第一时间告知作者已收到该反馈，并将尽快给予作者答复。

一般而言，如果退稿理由充分，退稿意见令作者信服，多数作者都会接受，或按意见修改，或进行改投。编辑一旦收到作者的退稿反馈意见，应该及时进行稿件处置上的排查和反思，分析作者的反馈或申诉理由是否充足，是否确实存在审稿意见偏颇或退稿失误。编辑部通过查阅被退稿件处理记录及审稿意见，并与作者的申诉反馈进行对比，着重查找两者的意见分歧之处，整理后提交编委会，由编委会定夺是否有必要将稿件再次送审或依照原意见作退稿处理。编辑在得到稿件的最终处理结果后，应及时反馈给作者，若结果仍为退稿，需要编辑务必将稿件存在的核心问题向作者叙述清楚，以助于作者后续修改，同时也应适当鼓励作者，继续踊跃投稿。

2 反馈意见类型

笔者在从事《高等学校化学学报》的编辑工作中，遇到过部分作者基于某些原因不能完全认同审稿意见，或是希望向编辑部再争取一次审理机会。以下将讨论作者的退稿反馈意见类型，并提供应对和解决的实例，从而更好地服务作者，达到不挫伤作者投稿的积极性，帮助作者完善稿件的目的[7]。

2.1 接受意见型

笔者在实际工作中收到的退稿反馈并非都是对退稿意见的申诉或反驳，有部分作者来信表示接受审理意见，但同时希望编辑部能再给一次修改机会，不要直接退稿。例如，有作者的反馈意见为："从专家返修的意见来看，此文问题确实不少，比如格式、参考文献以及引用等，这也给我一个启示，那就是应该需要更加严谨，而不是马虎。希望老师可以再次给一次修改机会"。又如"非常抱歉因为种种原因我们的实验工作没能达到预期的水平，关键性实验没有完成，导致文章被退回。想请教一下老师，请问如果以我目前的文章的工作，辅以圆二色谱实验，增加相关内容后的文章是不是发表机会比较大？"

此类情况中的作者实际上是理解稿件被退的原因，也知晓稿件中存在的问题，但是由于迫切希望论文得以发表，而向编辑部致信。编辑可以从心理层面上积极回应作者，缓解作者紧张迫切的情绪。在将专家审理意见及编委会讨论结果提供给作者的基础上，编辑部可以根据论文存在的问题程度给出作者在完善稿件后是否重投或改投等合理化建议，以节约作者的时间。对于上述两篇文章作者反馈，经分析专家意见后，发现退稿原因分别是由于文章多处表述不严谨和文章缺少关键数据而被退稿，问题虽多，但是专家对于稿件创新性、科学性方面评价尚可。由于这两篇论文并非存在文章立意方面的问题，如经充分修改后发表价值较大，因此经讨论，编辑部给予作者充分修改后再次投稿的建议，两篇文章也分别进行了再次投稿后通过了专家评审，最终被录用。

2.2 一般申诉型

一些作者在退稿后会因不完全认可退稿意见进行申诉，认为稿件质量达到期刊标准，应被发表，但是并非对每条意见均予以反驳，仅对于其中某一两点进行申诉。编辑部可以针对于该意见争论焦点进行分析，并将各方面意见提交编委会讨论最终处理结果。笔者曾遇到一篇关于抗癌化合物活性研究的稿件。作者被退稿后发邮件称不能接受审稿专家的意见。鉴于该名作者对于退稿意见的质疑，为给作者一个较为满意同时也具有说服力的答复，编辑部进行认真讨论。经查该稿两位审稿专家意见，均认为稿件虽然通过活性筛选，优选抗癌化合物并进行了抗癌机制研究，但是该文内容偏重药物化学，有关有机化学内容相对欠缺，因此研究内容在化学上缺少创新性，且产物的表征不够完整。而稿件作者则认为该论文的创新重点就是其中新药化合物的活性。

编辑部通过审阅意见，发现审稿专家与作者在此稿件中争论焦点主要集中在文章研究重点及相应所属二级学科类别的判断上。作者来信虽不能接受专家观点，但也承认稿件确属于药物化学研究范畴。鉴于我刊是化学期刊，只有《有机化学》栏目而没有《药物化学》栏目。编辑部给出了与专家意见一致的退稿决定，但同时致信作者，肯定其研究价值，基于文章内容更侧重于药物化学，综合双方意见，建议作者改投药物化学类刊物发表。

2.3 全面驳回型

一些作者在退稿后会对审理意见逐条或大多数进行较为充分、具体的意见申诉。这样的申诉意见，既是作者对退稿意见难以信服的重要体现，同时也说明作者对期刊的投稿意愿非常强烈，内在认可度较高。因此，处理该类意见反馈时，需要做到有理、有据、有节、有情，无论该稿最终定论是何结果，尽量避免挫伤作者投稿意愿。同时，编辑部也应自查是否存在审稿偏差，是否需要将作者反馈转给审稿专家进行二次审理，或再重新选择该研究领域更具权威的专家对稿件价值进行评判。笔者曾遇到一篇关于天然产物合成方面的稿件。作者针对退稿意见中指出的文章研究方法与已报道的文献相近，创新性不足以及所研究的化合物不够深入的意见，进行了逐条申诉。申诉意见中把研究过程中的实验细节、研究优势与已报道的文献进行了对比，以证明其创新性。而针对研究不够深入的意见，作者虽认可，但认为根据我刊的刊文范围，现阶段的研究结果是满足的。

编委会经过讨论后，认为两位审稿人均指出稿件内容创新性不足及研究深度不够的问题，虽然作者就退稿意见做了大量的解释，但影响文章质量的核心问题较为突出，暂不能予以发表，维持了原稿件退稿的处理意见。鉴于该作者申诉时，意见较为详细，言辞比较迫切，再次给出退稿的处理意见时，编辑注意合理用词，尽量安抚作者的情绪。除了将专家审理意见中所集中反映的问题以及编委会的最终结果告知作者外，也积极鼓励作者按意见充分修改，体现研究价值。

3 建立科学合理的退稿机制

其实，作者之所以会为被退稿进行意见反馈或申诉，一方面是失落情绪的宣泄，但更多的还是因退稿理由不能使作者心悦诚服，而对编辑部的退稿工作产生质疑。因此，编辑部应该以外审专家及编委专家的意见为处理依据，制定从送审到退稿的全流程规范机制，以制度框架规范退稿工作。

当两位外审专家的审理意见同为退稿时，且专家退稿意见中指出稿件确实存在创新性、先进性等方面影响稿件质量的核心问题，稿件缺少研究意义，则应做退稿处理。若稿件在创新性、先进性方面评价尚可，但是存在如缺少某些数据难以支撑其结论或某方面研究需更充分讨论等科学性问题,则这类稿件虽也应做退稿处理,但考虑其研究意义,可告知作者欢迎其补充说明相应科学性问题后再次投稿。

外审专家的审稿意见往往会成为稿件能否采用的决定性依据[8]。但是,由于不同专家的学术流派、审稿侧重以及对刊文尺度把握不同等原因,其审理意见也常会存在分歧[9-11]。当专家审理意见存在分歧时,则可以积极发挥编委会的作用,提请学术水平及对刊物发表要求了解程度都更高的编委专家给出仲裁意见,对稿件的创新性、先进性、科学性进行重点评价。编辑部应从论文本身出发[12],以编委专家的仲裁意见为依据决定录用与否。若仲裁意见评价文稿在内容上确有发表价值,编辑部可适当采取宽容的态度,先让作者根据审理意见及仲裁意见进行修改,再进行审定;若经编委仲裁后,也给出退稿意见,则应按退稿处理。

4 结束语

本文归纳并分析了不同类型的作者退稿意见反馈所对应的原因及处理方法,通过积极应对的策略,以期让作者感受到期刊对其足够的重视和尊重。在严格把关稿件质量的基础上,不造成作者队伍的流失。"文章千古事,得失寸草心",只有通过建立完善的退稿机制,以制度标杆规范退稿工作,使之更加公正、合理,作者才能感受到公平、公正,才会将自己的心爱之作交到编辑手中;同样,才能使编辑退稿工作有章可循,更好地维护和提高期刊的学术水平和声誉。

参 考 文 献

[1] 王晓丽,刘莉.科技论文质量把控中编辑与审稿专家的责任定位[M]//学报编辑论丛(2018).上海:上海大学出版社,2018:220-223.

[2] 周国清.理解·尊重·稳定:编辑退稿的作者意识论[J].株洲工学院学报,2004,18(3):10-13.

[3] 蔡琳,王秦玲,孟凡婷.关于编辑部退稿[J].编辑学报,2009,21(4):342-343.

[4] 李建军,郭卫东.科技期刊面对面退稿的语言艺术[J].编辑学报,2009,21(4):322-324.

[5] 乔玉兰.退稿过程中应注意的问题[J].编辑学报,2016,28(增刊1):S25-S26.

[6] 赵大良.努力做到退稿不退人![EB/OL].(2014-04-24)[2018-06-27].http://zhaodal.blog.163.com/blog/static/5583842014324105855419/.

[7] 原媛,李宗.科技期刊编辑的人文素质探析[J].编辑学报,2011,23(2):177-179.

[8] 阎西林.学术期刊编辑稿件"外审"工作中的中枢作用和认识机能[J].编辑学报,2006,18(3):170-172.

[9] 王昕,王有登,骆瑾.编辑流程中对专家审稿意见的分析、反馈与核查[J].编辑学报,2008,20(1):22-24.

[10] 陈爱萍,丁嘉羽,洪鸥.选稿标准及某些稿件在两位审稿专家意见分歧时的处理实践[J].中国科技期刊研究,2007,18(2):346-348.

[11] 邵凯云.学术期刊责任编辑应如何对待专家审稿意见[J].科技与出版,2011(3):37-40.

[12] 胡益波.学术期刊编辑审稿存在问题及应对策略[M]//学报编辑论丛(2018).上海:上海大学出版社,2018:179-183.

普通科技期刊重细节促发展的实践探索
——以《生物安全学报》为例

杨郁霞，郭莹

(福建农林大学科学技术发展研究院学术期刊部，福建 福州 350002)

摘要：以《生物安全学报》为例，分析了其在优质稿源争取、数字化平台建设和对用户服务方面的细节工作以及取得的成效。优质稿源争取的细节体现在约稿和审校方面；数字化平台建设的细节贯穿于构建和使用的整个过程中；对用户的细节服务是建立在用户思维的基础之上。普通科技期刊可以从细节着手，通过做好各方面服务来促进自身不断发展。

关键词：普通科技期刊；细节服务；稿源争取；数字化；用户思维

近年来，随着国家对科技事业发展的日益重视，科技研发投入不断增大，科研产出逐年增长，科技期刊的作用和地位也日益凸显[1]。然而，我国大多数科技期刊依然面临国际影响力低、学术公信力差、市场竞争力弱的困境[2]；同时，由于国内学术评价体制的约束，优质稿源外流现象非常严重，导致国内科技期刊生存难度加大。普通科技期刊是指未被任何核心数据库收录的科技期刊，在以往的学术评价环境下，该类期刊更是陷入了"刊物层次低—优质稿源少—学术水平和质量差—刊物层次低"的怪圈里[3]，生存和发展难上加难。

2016 年 5 月 30 日，习近平总书记在全国科技创新大会、中国科学院第十八次院士大会和中国工程院第十三次院士大会、中国科学技术协会第九次全国代表大会上提出："广大科技工作者要把论文写在祖国的大地上，把科技成果应用到实现现代化的伟大事业中。"[4]2019 年 11 月 28 日，国家科学技术奖励工作办公室有关负责人在接受科技日报记者专访时指出，在全面贯彻落实国务院《关于深化科技奖励制度改革的方案》的新举措中包括国家科技奖将取消填写论文期刊影响因子，鼓励发表在国内期刊的论文作为代表作[5]。这意味着国内普通科技期刊将面临新的发展机遇和更大的发展空间。

《生物安全学报》创刊于 2010 年，2011 年起正式出版发行。作为普通科技期刊，该刊在起步阶段经历了稿源稀缺的艰难时期，但是经过全体办刊人员的群策群力，通过对稿源争取、数字化平台建设和用户服务等环节中的细节方面下工夫，期刊得到了一定的发展，影响力不断提升。现对此进行总结，旨在探索普通科技期刊的发展之道，并与同行交流学习。

1 优质稿源争取细节

1.1 约稿

约稿是普通科技期刊获取高水平稿源的唯一途径，这要求科技期刊的编辑必须摆脱传统期刊出版服务模式，除了低头看稿，更要抬头看路[6]。然而，约稿过程中的细节决定了约稿成功率。

1.1.1 约稿函的撰写有讲究

约稿函的撰写需注意3个方面：①专家研究方向的确认，有时从数据库或他人处获取的专家研究方向不够准确，贸然约稿可能会造成乌龙事件，所以应结合其所在单位官网中的个人简介进一步确认其研究方向；②有针对性，切忌千篇一律，需重点体现读者在该研究方向的关注度和期刊在该方面需求的迫切性；③落款最好要有主编亲笔签字和编辑部盖章，以让专家体会到编辑部对约稿的重视度。

1.1.2 约稿后的定期回访有必要

约稿函发出后，编辑部应对这些邮件给予密切关注和登记：对于回信有意向投稿的专家需每隔 3 个月左右跟踪其撰稿进度，对于第一次邮件发出后没有回音的专家需隔半个月左右再次咨询接收邮件情况和投稿意向。《生物安全学报》每年都会通过发送约稿函的方式向编委或相关专家约稿，约稿成功率约为40%。

1.1.3 实地约稿有计划

实地约稿是指赴对口单位定向约稿，在执行之前要有明确的计划和事前沟通。明确的计划包括制定完整的组稿意向、组稿形式、组稿目标等内容；事前沟通是指在执行计划前与对方单位的沟通，主要就对方接受约稿的意愿、编辑部赴约时间、赴约人员、交流形式等方面达成共识。通常采取与对口单位相关专业的学者座谈的形式进行定向约稿，座谈过程中应让对方充分了解期刊对于学术发展的优势。《生物安全学报》曾赴中国热带农业科学院环境与植物保护研究所成功组稿"海南地区生物入侵"专刊。

1.1.4 约稿内容形式需灵活

科技期刊主要刊载科技论文，但科技论文的撰写周期较长，且非常优秀的论文一般不会将普通科技期刊作为首选。因此，与科技信息相关的最新课题简介、评论等也是约稿内容的不错选择。例如，《生物安全学报》刊登的简介"国家重点研发计划项目'重大/新发农业入侵生物风险评估及防控关键技术研究'被立项"至今在中国知网的下载次数已超过 115 次。同时，每年定期向外籍编委邀约英文短评，以扩大期刊在国外的影响范围，每年刊登短评 1~2 篇，至今共刊登 16 篇。

1.1.5 专刊主题可细分

专题出版能够以点带面加强发表文章的冲击力，是期刊精品化的重要策略之一[7]。专刊既可以设不同主题，也可以将同一主题按不同研究对象进行细分，要维持专刊出版的持续性应以后者为主。出版专刊是《生物安全学报》的惯例，2011—2019 年共出版专刊 9 期，包括恶性杂草区域持续治理专刊、转基因生物安全评价专刊等大范围的主题划分，也包括按地域进行细分(中国—东盟、海南、云南、新疆)的生物入侵专刊等。

1.2 审校

审校是优质稿源最终形成的重要环节。"三审三校"是大多数科技期刊出版的常规流程，在此不做赘述。其中，英文部分的质量对于中文科技期刊在国外的传播具有重要影响，所以英文内容的审校不容忽视。《生物安全学报》固定聘请两位外籍编委负责待发文章英文部分题名、摘要、关键词、图表等的审校。据《中国学术期刊国际引证年报》统计，该刊 2015—2018 年国际他引总被引频次分别为 43、55、54、58，呈上升趋势。此外，刊前审读是进一步减少编校差错率的重要一环。《生物安全学报》专门聘请一位期刊出版方面的专家进行刊前审读。2015 年福建省新闻出版局组织了一次期刊编校质量检查，在 175 种期刊中，该刊排名第 13 位，差错率仅为 0.23/10 000。

2 数字化平台建设细节

2.1 期刊网站建设

  细节贯穿于网站建设和使用的整个过程中：初期(即开始建网)需对网站界面的架构、栏目的设置以及办公窗口的使用进行不断调试；中期(即试运行)需对邮件模板和栏目功能进行修改和完善；后期(即正式投入使用)需实时更新公告信息、融合最新数字化元素、收集用户反馈等。《生物安全学报》网站在正式使用后陆续收集用户和编委建议，不断完善网站功能和提高安全性，如增加 RSS、E-mail alert 及查重功能，融合微信公众号二维码和 HTML 全文、实现蓝标"官网"认证等。2017 年 11 月《生物安全学报》网站被评为第四届中国高校科技期刊优秀网站。

2.2 微信和二维码应用

  2014年许多编辑部开始重视微信在科技期刊运营中的重要性，纷纷搭建微信公众平台，并取得一定的成效[8]。《生物安全学报》于2015年建立了微信公众平台，设有"作者微栏""读者微栏""关于我们"3个栏目。微信的推广是实现其价值的重要环节，需要紧抓细节，如以二维码的形式插入期刊官网首页显著位置、公共电子邮件签名栏、纸质期刊封面和期刊宣传册等媒介上。此外，该刊于2019年加入开放科学计划(Open Science Identity，OSID)，2020年启用单篇论文二维码。码的位置、大小、样式、导引语以及链接内容是其应用的细节，笔者已另文对该方面内容进行了系统研究[9]。

2.3 HTML 邮件推送和 HTML 文章发布

  超文本标记语言(hyper text mark-up language，HTML)是构成网页文档的主要语言，其在科技期刊中的应用以 HTML 邮件和 HTML 文章为主：前者以期刊网站首页页面的形式展示于用户，用户通过邮件可直接查看当期单篇论文；后者是一种网页式的论文表现形式，可以像浏览新闻似的浏览论文[10]。两种模式应用前期刊部门均应结合自身特点对其界面形式、链接内容和目标、扩展服务功能等细节进行充分考证和调整[11]。《生物安全学报》于 2016 年实行 HTML 邮件推送和 HTML 文章发布：邮件主要面向作者、审稿专家和编委进行精准推送；HTML 文章在期刊官网和微信平台上同步发布，实现了不同终端的碎片化阅读。

2.4 移动出版

  移动出版是数字时代科技期刊满足读者阅读需求和适应时代发展的必然趋势。收录科技期刊的三大数据库(知网、维普、万方)都有 APP 应用，但对个人用户为收费阅读，这对读者而言并无吸引力。2016 年《生物安全学报》加入超星"域出版"平台开展移动出版，超星流媒体形式有着便捷的阅读方式和良好的阅读体验[12]。读者通过"超星学习通"APP 即可免费查看期刊文献。目前，《生物安全学报》在该平台的收藏人数为 128 人，总被引频次超过 1.2 万次。

3 对用户的服务细节

  树立用户思维是服务好用户的根本，用户思维是以用户为导向的思维模式，即想用户所想，急用户所急，从细节着手提升服务水平。

3.1 作者

  文章审理情况和刊发情况是作者最关心的两个问题，且论文发表周期的长短不仅是作者选择期刊投稿时的重要考虑因素，也是影响科技期刊传播力的重要因素[13]，所以快审稿和快发稿是基于作者思维的最基本服务细节。除此外还应做到快推送，一般整期的电子出版会优先于纸版，编辑部应在第一时间将整期电子书推送给该期所有作者，尽快让其了解当期出版内容，并满足其对所刊发文章的需求。

3.2 审稿专家

审稿专家对于保证期刊学术质量具有重要意义，且稳定的专家团队对于期刊的发展有举足轻重的作用。从专家个人出发，其对期刊付出一定的脑力劳动，必然会希望编辑部无论是对稿件还是对其个人都能给予足够重视。稿件方面，编辑部应慎重采纳每位专家意见，对于作者提出的异议，应反馈给专家并与其商榷；服务方面，除了及时发放审稿费之外，每年第一期纸刊需安排专门版面对上一年的审稿专家表达郑重谢意，电子平台同步发布。此外，通过 HTML 邮件向所有审稿专家推送各期电子版，使其了解期刊的出版情况。

3.3 编委

编委的职能除了供稿之外，每年还对期刊的组稿方向建言献策，同时为编辑部联系其他专家牵线搭桥。因此，充分凝聚和发挥编委力量对于期刊发展起着非常重要的作用。从编委的角度，其愿为期刊效力，自然希望能与期刊建立密切联系，定时得到期刊工作的反馈。首先，每期出版后通过 HTML 邮件精准推送至每位编委；其次，通过召开编委会的形式向其汇报阶段性工作进展；再次，每年年底通过电子邮件的形式向编委汇报本年度总结和次年计划，同时征求次年的组稿建议。

3.4 读者

读者队伍是决定期刊影响力的重要因素，《生物安全学报》对于读者的服务细节主要有 4 点：①每期各异的封面图案，能够极大地提升读者的阅读兴趣，该刊曾荣获福建省期刊协会举办的"2013 年期刊优秀封面"铜奖；②期刊网站同时呈现整期电子书和单篇论文电子版，满足读者对不同电子版本的需求；③微信平台上论文采用 HTML 阅读模式，不仅打开速度快，而且方便信息的链接和页面的跳转；④及时解决读者反馈的问题，无论是论文还是平台的问题，编辑部都应尽快协调解决。

4 发展成效

《生物安全学报》通过在各方面细节上下工夫，稿源积累、数字化传播和用户积累都取得了一定进展，期刊影响力不断提升。据中国知网统计，2014—2018 年该刊复合影响因子分别为 1.000、0.547、0.620、0.657、0.861，综合影响因子分别为 0.584、0.484、0.490、0.552、0.741，整体呈上升趋势。其中，2014 年复合影响因子较高的原因可能是 2012 年发表的一篇文章《烟粉虱的分类地位及在中国的分布》被引次数较大，致使 2014 年复合总被引次数较高，至今该文献被引次数仍居《生物安全学报》所有已发表文献之首。2018 年 Web 即年下载率为 2014 年的 4 倍。此外，2017 年 10 月经过多项学术指标综合评定及同行专家评议推荐，《生物安全学报》首次被收录为"中国科技核心期刊"，2018 和 2019 年被继续收录；2018 年 10 月经过中国高校科技期刊研究会评选荣获 2018 年度中国高校优秀期刊；同时被日本科学技术振兴机构数据库收录；2019 年 5 月通过定量与定性相结合的综合评审，首次被收录为中国科学引文数据库(CSCD)来源期刊。

5 结束语

细节决定成败,普通科技期刊要想在传统的学术评价环境下寻得一番天地,不妨从细节着手,做好各方面服务工作。《生物安全学报》虽然取得了一定成绩,但在资源整合、学科服务、媒体融合等方面仍存在很大不足;未来需要借鉴国内外期刊的成功经验,不断创新,实现期刊的互联网简约思维和迭代思维的紧密相连,通过"快"和"微"的方式传播时效性强的科技信息[14];继续把握用户的细微需求,不断深化服务功能,进一步提升办刊能力。

致谢:《生物安全学报》取得的成绩离不开所有编委以及广大作者、专家和读者的支持与帮助,特此表示衷心感谢!

参 考 文 献

[1] 李玉乐,李娜,刘洋,等.综合性医学科技期刊品牌建设的探索与效果:以《协和医学杂志》为例[J].中国科技期刊研究,2019,30(10):1091-1096.

[2] 罗东,黄春晓,周海燕,等.学术期刊国际化发展的思考与探索:以《材料科学技术(英文版)》为例[J].中国科技期刊研究,2015,26(3):223-228.

[3] 冼春梅,梁晓道,贺嫁姿.普通高校学术期刊学术影响力提升研究[J].广东石油化工学院学报,2019(4):89-94.

[4] 习近平治国理政"100 句话"之:把论文写在祖国的大地上[EB/OL].(2016-06-11)[2020-05-20].http://www.chinanews.com/gn/2016/06-11/7900399.shtml.

[5] 刘垠,唐婷.国家科技奖励制度进入"深改时间"[N].科技日报,2019-11-29(1).

[6] 罗艳芬,罗东,黄春晓,等.《金属学报(英文版)》提升学术质量和影响力的新举措[J].编辑学报,2018,30(3):310-312.

[7] 李小玲.基于SWOT分析的科技期刊精品化发展战略:以《热带地理》近年办刊实践为例[J].中国科技期刊研究,2018,29(9):956-962.

[8] 杨臻峥,李娜,郑民,等.科技期刊借助微信平台拓展服务模式的探索:以《药学进展》办刊实践为例[J].编辑学报,2016,28(6):584-587.

[9] 杨郁霞.单篇论文融合二维码现状分析及其规范化应用建议:以中国高校科技期刊为例[J].中国科技期刊研究,2020,31(8):904-908.

[10] 苏磊,张玉,蔡斐.科技期刊全文阅读模式PDF和HTML的对比与分析[J].编辑学报,2015,27(增刊1):17-19.

[11] 杨郁霞.基于PC端调查HTML在高校科技期刊中的应用[J].编辑学报,2019,31(3):316-319.

[12] 邢爱敏,郑晓南.基于资源整合的科技期刊办刊能力提升路径:以《药学进展》为例[J].中国科技期刊研究,2018,29(12):1292-1297.

[13] 李林.提升科技期刊传播力的实践与探索:以《环境科学》为例[J].编辑学报,2018,30(1):77-79.

[14] 严飞.科技期刊全媒出版的互联网思维[J].编辑学报,2015,27(1):13-15.

加强审稿专家队伍建设 合理组织同行评议

杨凤霞,钮凯福

(北京大学数学科学学院《数学进展》编辑部,北京 100871)

摘要:同行评议是维护学术期刊质量的重要保障。在实际操作中,审稿专家队伍建设不足、送审工作不顺利等诸多因素都会影响同行评议作用的发挥。本文结合办刊实际,就加强审稿专家队伍建设、合理组织同行评议的相关工作进行探讨,从发掘年轻审稿专家、多渠道丰富和科学管理审稿专家库等角度给出加强审稿专家队伍建设的有效途径,并围绕送审环节遇到的突出问题提出合理组织同行评议的措施,为广大期刊界同仁提供借鉴和参考。

关键词:学术期刊;审稿专家;同行评议;队伍建设

同行评议过程是学术期刊质量控制的重要手段,也是论文质量评估中极其重要的环节。高水平的同行评议可以保证刊发论文的质量,维护期刊的学术声誉,提高期刊对作者的吸引力。期刊编辑部非常重视同行评议工作,因刊制宜,创新工作思路,发挥好同行评议的作用,尽力确保同行评议的公平性、客观性、公正性和时效性。然而在实际操作中,审稿专家队伍建设不足、送审工作不顺利等诸多因素都会影响同行评议作用的发挥。

笔者结合《数学进展》办刊经验,就加强审稿专家队伍建设、合理组织同行评议相关工作进行探讨,以期为广大期刊界同仁提供借鉴和参考。

1 加强审稿专家队伍建设

加强审稿专家队伍建设是编辑部组织好同行评议的一项十分重要的基础性工作[1-8]。当前学术期刊界同行审稿专家队伍建设水平参差不齐,不少期刊存在审稿专家队伍老化和规模萎缩、审稿人信息更新不及时、管理缺失或粗放等问题。鉴于此,期刊编辑部需要重视对年轻审稿专家的发掘,同时通过各种渠道丰富审稿专家库,并加强对审稿专家库的管理。

1.1 发掘年轻审稿专家

年轻审稿者创新思维处于人生巅峰阶段,思想活跃,精力充沛,知识更新快,能够比较准确地把握与评价当前的研究动态。年轻审稿者担任的社会兼职较少,主要精力能集中于科学研究或者期刊审稿工作。大部分年轻审稿者将审稿邀请视为对个人学术成就的一种肯定,具有很强的责任感和荣誉感[9]。

学术期刊要重视发现与培养新的审稿专家,保持审稿专家队伍的活力和动态平衡。特别需要注意发掘年轻审稿专家,下面介绍发掘审稿专家的一些有效途径:

(1)请编委、资深审稿专家推荐他们所在研究领域的年轻学者。编委、资深审稿专家的人

基金项目:国家自然科学基金资助项目(8200904605)

脉资源丰富,而且比较了解期刊的情况,请他们帮忙推荐年轻的审稿专家是一个常用的有效途径。

(2) 关注各高校新招聘的年轻教师。期刊编辑可以通过浏览各高校的院系网页,尤其是师资队伍(师资力量)栏目了解新招聘教师的信息,从中发现合适的审稿专家。重点关注院系网页新闻、微信公众号等宣传报道的年轻教师。

(3) 关注优秀的青年学者。例如国家自然科学基金优秀青年基金获得者和其他青年学术奖项获得者,他们学术水平高,发展潜力大。期刊可以邀请他们作为审稿专家。

(4) 关注优秀博士后。博士后往往具有较高的学术水平,不少博士后与合作导师的研究成果发表在顶尖杂志上。期刊可以多关注博士后信息,把一些优秀博士后发展为审稿专家。

(5) 编辑通过参加学术会议和学术报告等途径发掘审稿专家。编辑可以通过学术会议与学者面对面交流,建立联系;多听报告,了解国际最新的研究动态,并在报告中结识更多的年轻学者。这些往往是约稿和物色审稿人的重要方法。

1.2 多渠道丰富审稿专家库

学术期刊应当建立学术期刊审稿专家库,通过各种渠道丰富审稿专家库[6,10],不断壮大审稿专家队伍。可以考虑通过如下渠道丰富审稿专家库:

(1) 请作者推荐审稿专家。作者推荐的审稿专家往往更熟悉稿件的研究领域。期刊可以在作者投稿时请作者推荐几名审稿专家,然后再具体了解推荐审稿专家的情况,从中选择合适的审稿专家。

(2) 将一些作者发展为审稿专家。对于部分知名优秀作者,或者是经过几年研究、投稿后成长为该专业领域经验丰富的学者,期刊可以发展其为审稿专家。发表论文比较多的作者大多活跃在科研前沿,可以请他们为刊物审稿,还可以通过与他们的合作了解到更多专家信息。

(3) 从高校的师资队伍中发现审稿专家。每个高校都有自己的专业优势,编辑可以经常浏览各个高校院系的网站,了解他们的师资力量和科研人员的研究方向,从中发现合适的审稿专家。

(4) 从退休教师群体中发现审稿专家。退休教师往往在比较成熟的研究方向上有优秀的学术判断力。他们时间自由,大多乐意为期刊审稿,能够保质保量地完成期刊的审稿任务。编辑可以多留意退休教师群体,尤其是刚从教学、科研一线退下来的教授,从中找到合适的审稿专家或者直接聘请他们为固定审稿人。

(5) 从参考文献中找出合适的审稿专家。每篇研究性论文都会列出几篇甚至几十篇参考文献,不少综述性文章的参考文献多达上百篇。这些参考文献的不少作者都可以作为审稿专家。期刊编辑部可以通过查询了解他们的研究成果来判断是否可以发展为审稿专家。

(6) 请兄弟期刊帮忙提供审稿专家人选。在审稿专家队伍建设方面,可以加强与兄弟期刊的交流与合作。例如有的稿件由于涉及的研究方向比较冷门或者涉及交叉学科,很难找到合适的审稿专家。如果兄弟期刊发表过类似研究方向的文章,就可以向兄弟期刊寻求帮助,请他们帮忙提供合适的审稿专家。

(7) 利用在线科研交流平台发现审稿专家。编辑可以多关注 ResearchGate、科研在线、科学网等在线科研交流平台。在这些平台上能够比较全面、准确地查询到各研究方向的活跃学者及其合作者等信息,这有利于审稿专家队伍的扩充。

1.3 科学管理审稿专家库

审稿专家库的管理是一项长期工作,具有重要的意义和作用。期刊编辑部应科学管理审稿专家库，保持审稿专家队伍的相对稳定与动态发展[3,6-7,10]。

(1) 建立一套科学化、规范化、系统化的审稿专家库管理制度。期刊编辑部负责审稿专家库的日常管理，编委会负责监督和审核。在审稿专家库的具体管理上，做到分工明确，层级分明，根据不同的分工开通对应的管理权限。

(2) 加强审稿专家库的信息维护和完善工作。期刊编辑部要认真维护审稿专家库数据，及时追踪、更新，保证信息的完整性和准确性。另外要注意补充一些相关的有用信息，例如可以在审稿专家库中添加每个专家的个人主页链接、发表文章的学科分类号、ORCID 号(Open Researcher and Contributor ID)等信息。

(3) 引入先进技术管理审稿专家库。学术期刊拥有的审稿专家队伍普遍数量庞大，审稿专家库的信息维护和管理工作费时费力。随着科技的发展，可以引入大数据、人工智能等先进技术管理审稿专家库，以提高工作效率和管理能力。例如可以与大型数据库合作，直接引入他们的成熟技术或者运用他们的分析结果。如果期刊自身条件有限，可以考虑与其他兄弟期刊联合创建和扩大专家库，并引用先进技术进行统一管理。

(4) 对审稿专家进行考核。为更清楚了解审稿专家的审稿情况，为以后的送审工作提供借鉴和参考，期刊每年可以对审稿专家进行年度考核，根据期刊情况制定合理的考核方式。例如可以请每篇文章的责任编委根据审稿专家的审理意见对其进行评价和打分，并根据评价结果对审稿专家划分 A、B、C、D(或者优秀、良好、合格、不合格)四个等级。对审稿时效和质量方面长期达不到要求的专家，可将其从审稿专家库剔除。

(5) 人性化管理审稿专家库。编辑在日常送审稿件的环节中要及时对审稿专家的审理态度和能力进行梳理与总结。对因年龄和健康原因明确表示不再审稿的学者，要将其信息及时删除，避免再次送审稿件为学者带来麻烦。对于拒绝审稿、延迟审稿、审稿敷衍的专家要设法进行个案分析，查明原因(身体状况，学派关系，担任行政职务和社会兼职导致精力有限，送审时间是否与专家申请基金项目、申报奖项、评职称等重要事件的时间冲突，等等)，对合理的情形予以理解，而非"一刀切"地完全否定。

2　合理组织同行评议

组织同行评议是学术期刊遴选论文的有效措施。如果期刊不能合理有效地组织同行评议，不仅会造成人力、物力、时间的浪费，还会造成优秀稿源的流失，给期刊带来负面影响。对于绝大多数学术期刊来说，稿件送审环节往往会碰到各种各样的问题与挑战[11-14]，影响审稿工作顺利进行。尤其对于学术影响力一般的学术期刊来说，论文送审更加耗费心力。

送审环节遇到的常见问题有：期刊编辑部在遴选审稿人方面存在薄弱环节，一些稿件难以为找到合适的审稿人；有些研究方向的学者群体较小，很难为这类稿件找到合适的审稿人选；学科分支不断细化，前沿学科和交叉学科不断涌现，加大了选择审稿人的难度；送审邮件没有发送到审稿人常用邮箱或者被视为垃圾邮件而得不到及时查阅；有些审稿人直接拒审；有些审稿人拖延审稿，要经过多次催审，才能返回审稿意见；审稿专家的审稿尺度和水平参差不齐，有些审稿人对期刊录用标准掌握不足，要么对稿件质量要求过高，对质量不错的稿件给出退稿意见，要么推荐录用的稿件达不到刊用标准；有的审稿人评审态度不认真，审理意见空泛敷衍，甚至未能发现稿件中的科学性错误和首创性问题，等等。期刊编辑部要客观理性地面对送审环节中的各种问题，采取有效措施克服困难，坚持组织高质量的同行评议。

(1) 选择合适的审稿专家。在选择审稿专家时，期刊编辑部要做到对送审稿件和审稿人的全面了解与掌握，尽最大努力为稿件选择合适的审稿专家[2,4,10-11,15-17]，提高送审准确率。对送审稿件，编辑需要清楚稿件所属的学科领域，把握稿件主要论断所继承的研究脉络和实质参考的关键文献，并对论文的学术水平有一定的判断。对审稿人，一方面需要了解其近年来是否在送审稿件的研究领域有相应的研究成果，保证审稿人能够迅速切入稿件所研究问题的核心，准确判断稿件的学术价值和正确性，给出客观的审理意见；另一方面需要清楚审稿专家近期为期刊审稿的数量和审稿态度。对于责任编委推荐的审稿专家，编辑在送外审之前要仔细了解审稿专家的情况，一旦发现不合适的情况(审稿专家与作者有利害关系、研究方向相差甚远、身体状况不允许、联系不上、审稿态度不好等等)，及时告知责任编委，并请责任编委推荐其他专家审稿。对少数确难找到合适编委处理的稿件，编辑在请示主编后可以根据稿件内容和参考文献自行选择专业对口且认真负责的审稿专家。特别对涉及交叉学科、新兴研究方向的稿件，可以利用文献分类号(中图分类号、国际通用的学科分类号)在文献数据库上进行匹配，从而找到合适的审稿专家。有条件的期刊可以尝试使用数据库厂商在大数据基础上开发的软件查找审稿专家。

(2) 及时跟进审理进度。稿件送外审后编辑应及时跟进稿件审理进度，应对出现的各种情况，并根据实际情况作出适当调整，保证审稿的时效性。若有审稿专家的微信，可以通过微信提醒审稿专家注意查收送审邮件。如果一段时间内没有收到审稿专家的任何回应，要想办法联系审稿专家(电话、短信、再次发送邮件、请编委帮忙联系等)询问是否收到送审邮件，并征询审稿专家的审稿意愿；若送审邮件被视为垃圾邮件，请审稿专家修改邮箱设置；若多次联系均未果，就要考虑及时更换审稿人。如果在规定的时间内没有收到审理意见，要及时礼貌地催审或者更换审稿人。

(3) 协助审稿专家做好审稿工作。编辑要积极协助，全力配合审稿专家，及时解决他们在审稿过程中遇到的各种问题，并提供尽可能多的帮助，以减轻审稿专家的工作量。除了积极提供常规的审稿相关资料，编辑在送审稿件前可以对稿件进行查重等"预处理"，主动查询发现与稿件内容最密切相关但作者未进行引用的文献，供审稿专家判断稿件学术原创性和先进性时参考。对于初次为期刊审稿的专家，考虑到他们对期刊了解有限，不清楚期刊对稿件的要求和标准，编辑在送审稿件时，要主动把期刊简介、定位、特色、稿件要求、评判标准等信息告知审稿专家，还可以为他们提供审稿意见模板，协助他们提高初次审稿的质量[17]。

(4) 了解审稿专家的审稿风格。审稿专家的审稿风格不尽相同，有的审稿专家审稿标准偏严格，有的审稿标准偏宽松，有的审稿非常注重形式和细节，有的审稿更注重研究内容的前沿性。对于不同专业，要尽可能了解掌握审稿专家的审稿风格，并按照审稿风格对审稿专家加以划分，这样在送审时可以做到有的放矢、合理搭配。

(5) 科学理性地看待审理意见。由于自身素质(知识结构、专业水平)、学术流派、人际关系、利益诱导等诸多因素，审稿专家返回的审稿意见各不相同；既有客观公正、准确翔实的审稿意见，又会有一些敷衍空洞，甚至有失公允的审稿意见[12]。编辑部需要对审稿意见进行甄别，并结合上述各因素以及期刊发展现状与要求进行综合考量，力求用一致的尺度对稿件进行衡量。一方面，要允分提取审稿意见中的合理内容，对稿件质量做出准确判断，帮助作者改进文章表达，保证推导科学性。另一方面，又要留意缺乏实质内容或显失公正的审稿意见，与编委沟通对稿件和审稿意见进行再审核，避免对稿件做出错误的判断。

(6) 调动审稿专家积极性。期刊要采取有力措施，想办法调动审稿专家的积极性[18-19]。重点是要尊重审稿专家，肯定审稿专家的劳动，认可审稿专家的学术贡献。例如，期刊可以根据审稿意见的质量调整审稿费用，体现多劳多得的原则；给每位审稿专家发放聘书，每年评选优秀审稿专家并加以表彰；在重要节日为审稿专家送去编辑部的祝福；关注审稿专家动态，在审稿专家获得荣誉时表示祝贺，在审稿专家需要帮助时提供力所能及的帮助和支持；对于优秀的审稿专家，可以考虑将其发展为编委；送审稿件时多从审稿专家的角度去考虑问题，避免送审有利害关系的稿件，令审稿人感到为难[2]；想方设法为审稿专家记录认证审稿贡献，建立审稿声誉等[18]。

(7) 加强与审稿专家的沟通。与审稿专家的有效沟通在期刊的同行评议工作中发挥重要作用。良好的沟通有助于提高审稿效率，提高审稿专家对期刊的认可度和信任度。编辑要注重沟通能力的培养，加强与审稿专家的沟通与联系[7,19]。编辑可以不定期地通过邮件、电话、微信等方式把期刊的稿源状况、最新动态等信息告知审稿专家，还可以利用参加学术会议的机会与审稿专家面对面交流，拉近与审稿专家的距离。

(8) 创新同行评议方式。为提高稿件审理的效率，期刊要勇于创新同行评议方式。同行评议的方式可以多种多样，不要拘泥于一种方法。除了使用在线审稿系统、邮件，期刊还可以利用微信、微信公众号、专题研讨会(线下或线上)、搭建国际化同行评议平台等方式组织同行评议。随着人工智能的发展，相信未来会有更加智能化的同行评议平台和方式。

3 结束语

期刊要重视加强审稿专家的队伍建设，采取各种途径发掘、培养年轻审稿专家，多渠道丰富和科学管理审稿专家库，在组织同行评议方面多研究、多分析、多总结，采取有力措施充分发挥同行评议的作用，推动审稿工作顺利进行。

参 考 文 献

[1] 聂兰英,王钢,金丹,等.论科技期刊审稿专家队伍的建设[J].编辑学报,2008,20(3):241-242.
[2] 刘东信.综合性科技学术期刊审稿人的选择和外审经验谈[J].编辑学报,2010,22(6):521-522.
[3] 冯广清.浅谈审稿专家队伍的建设与优化[J].新闻传播,2017(3):24-25.
[4] 朱乾坤,石红青.从审稿统计数据看审稿人的选择[J].编辑学报,2010,22(2):151-153.
[5] 周长清.学术期刊要重视外审队伍建设[J].编辑学报,2002,14(2):99-100.
[6] 郑晓艳.学术期刊审稿专家库的建设与管理[J].黄冈师范学院学报,2015,35(3):129-131.
[7] 张小庆,陈春雪.科技编辑如何管理和开发审稿专家资源[J].编辑学报,2016,28(增刊1):37-38.
[8] 韩琳.高校学报审稿人队伍建设:以《上海工程技术大学学报》为例[M]//学报编辑论丛(2012).上海:上海大学出版社,2012:65-67.
[9] 韩锟,刘冬云,游苏宁.论期刊编辑部对年轻审稿者的选拔与培养[J].中国科技期刊研究,2007,18(2):143-145.
[10] 王雪.稿件送审的三个重要环节[M]//学报编辑论丛(2011).上海:上海大学出版社,2011:53-55.
[11] 王华生.学术稿件专家外审存在的问题与编辑控制[J].中国出版,2012(14):14-17.
[12] 刘宇.科技期刊稿件外审应注意的若干问题[J].出版科学,2011(3):32-35.
[13] 梁丽,张洋.专家审稿存在的问题分析及解决措施[J].中国科技信息,2009,20(12):211-214.
[14] 熊英,欧阳贱华.专家拒绝或延迟审稿原因分析及对策[J].编辑学报,2012,24(2):147-149.
[15] 张淑敏,辛明红,刘永新.如何缩短审稿时滞[J].编辑学报,2005,17(4):274-275.
[16] 赵丽莹,冯树民,刘彤,等.如何选择"小同行"审稿专家[J].编辑学报,2007,19(1):75.
[17] 刘晓涵.科技期刊编辑如何协助提高审稿专家初次审稿的质量[J].韶关学院学报自然科学版,2013,34(10):34-38.
[18] 陈晓峰,蔡敬羽,刘永坚.科技期刊同行评议中审稿人激励措施研究[J].中国科技期刊研究,2019,30(11):1157-1162.
[19] 刘晓艳,高建群,张志琴,等.科技期刊编辑与审稿专家有效沟通的策略[J].编辑学报,2019,21(3):250-253.

《滨州学院学报》2005—2019年载文被引特征分析

贾晶晶，王 健，许 金

(滨州学院学报编辑部，山东 滨州 256603)

摘要：基于中国知网文献总库，从作者、机构、篇幅、文理分布等方面，分析《滨州学院学报》2005—2019 年载文被引情况，得到被引篇数和频次受时间影响较大、被引作者和机构较为集中、被引论文与篇幅存在一定联系、被引论文文理分布不平衡等被引特征。根据分析结果，给出了相关建议。

关键词：《滨州学院学报》；被引特征；作者；机构；篇幅；文理

高校学报是展示本校教学、科研成果的重要平台，是提升高校学术地位和科技影响力的重要渠道。对高校学报进行文献计量分析，可以评估其质量和办刊水平[1]。为全面了解《滨州学院学报》学术水平，拟利用中国知网数据库，对《滨州学院学报》载文被引特征进行分析，以期为其以后的发展提供参考。由于《滨州学院学报》前身为创刊于 1985 年的《滨州师专学报》，2005 年更名为《滨州学院学报》，因此选择的时间范围为 2005—2019 年。

1 数据获得与处理方法

在中国知网(CNKI)精确检索来源为"滨州学院学报"、发表时间为"2005—2019"的文献，将所得结果选中，利用"知网研学(原 E-study)"，根据需要导出为 Excel 文件或检索报告，这样就可以得到《滨州学院学报》2005—2019 年刊载论文的题名、作者、发表时间、关键词、被引频次、下载量、起止页码等信息。去除补白、院系风采等数据，只保留学术文献。将所得数据整理为 Excel 表格并进行统计分析。

2 被引概况

2005—2019 年《滨州学院学报》共发文 2 013 篇，其中 1 254 篇被引 1 次及以上，759 篇零被引，如图 1 所示。2005—2019 年，《滨州学院学报》载文被引率呈下降趋势，2013 年之前刊载的论文被引率均超过 60%，2014 年之后刊载论文的被引率明显下降；零被引论文统计结果与之相反。显然时间是影响论文被引与否的重要因素。从数据看，自《滨州学院学报》出版的第二年起，其刊载论文的被引率大幅提升。

《滨州学院学报》2005—2019 年载文中，被引频次最高的是梅增霞、李建庆发表在 2006 年第 3 期的论文《昆虫抗寒性的生理机制及影响因子》，被引 49 次。据公式[2] $N = 0.749 \times \sqrt{\eta_{\max}}$ 得被引 6 次及以上的论文为高被引论文，有 234 篇(占发文量的 11.6%)，共被引 2 394 次(占总被引频次的 51.2%)。2005—2017 年高被引论文篇数分别为 47、28、30、25、20、27、20、16、

10、6、1、1、3，呈下降趋势；2018、2019 年《滨州学院学报》载文被引均低于 6 次，高被引篇数为 0。数据显示，约 12%的论文贡献了一半以上的被引频次，约 90%的高被引论文刊发于 2012 年之前，近 5 年仅有 5 篇论文被引达到或超过 6 次进入高被引名单。

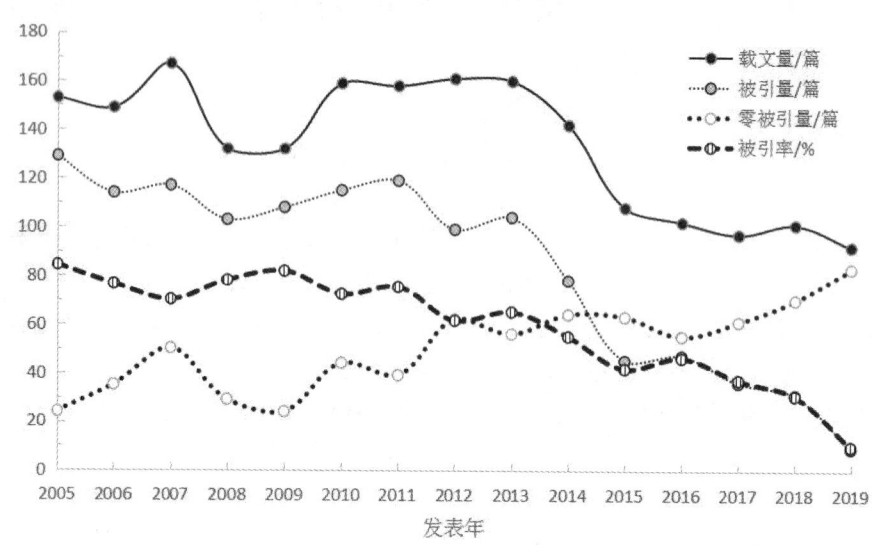

图 1　《滨州学院学报》载文与被引概况

3　单个作者论文被引分析

统计方法如下。复制被引作者姓名列，以无格式文本形式粘贴到 Word 文档，利用 Word 的查找、替换功能，将作者间的分隔符号和段落符号替换为分号，这样作者姓名就变成了一段文字。将这段文字复制到记事本，保存为 TXT 文件。打开 Excel，利用数据导入功能，将所得 TXT 文件导入 Excel，选择分隔符为分号，作者姓名就变成了 Excel 中的一行。为便于统计，复制该行数据，选择"选择性粘贴"的"转置"，这样作者姓名就变成了每个作者占一个单元格的一列数据。利用数据透视表对作者姓名出现次数进行统计，即可得到单个作者被引论文数量。该法比文献[3]的方法更容易操作。

结果显示，1 352 名作者被引 2 004 篇次，其中，37 人被引 5 篇次及以上、34 人被引 4 篇次、81 人被引 3 篇次、172 人被引 2 篇次、1 028 人被引 1 篇次，50%以上的作者被引 1 篇。定义被引 5 篇以上的作者为高被引作者。高被引作者中超过 40%从事孙子兵法及其相关研究，超过 60%来自滨州学院。这与《滨州学院学报》是反映学校教学、科研的窗口和平台，而"孙子研究"是其着力打造的特色栏目有关。此外，通过查阅相关资料，发现多数高被引作者拥有高职称，总体而言，职称与论文质量大致正相关。

4　被引机构分析

作者所属机构标注情况较为复杂(如单篇论文同机构的两位作者标注了两次机构名称)，为避免机构多次重复计算，仅统计论文标注的第一机构。利用 Excel 的查找、替换功能删除第二序位及以后的机构名称，并对第一序位机构名称进行整理(如将滨州学院外语系、滨州学院经管系统一为滨州学院),然后用数据透视表计数。

结果显示,被引的 1 254 篇论文主要来自 292 个机构,其中普通高校约占 2/3,科研院所、党校、企业、军队等约占 1/3,驻地为山东的机构约占 1/5。定义被引 10 篇以上的机构为高被引机构,有 13 个:作为主办单位的滨州学院被引 517 篇列第一位,其后依次为山东师范大学 35 篇、军事科学院 33 篇、曲阜师范大学 27 篇、山东大学 26 篇、中国海洋大学 16 篇、北京大学、北京邮电大学各 15 篇,解放军外国语学院 13 篇,国防大学、南京陆军指挥学院、南京航空航天大学、北京师范大学各 11 篇。统计发现,与发文情况类似,《滨州学院学报》被引论文带有明显的区域、学科特征。

5 被引与篇幅的关系

论文被引与否与论文的学术质量必然是分不开的,那么被引是否与论文篇幅有关?笔者未查到相关报道。就《滨州学院学报》2005—2019 年载文被引情况看,篇幅与被引存在一定联系,如表 1 所示。2005—2019 年《滨州学院学报》载文的篇幅超过 85%集中在 3~6 页(按版面计算约 6 000~12 000 字),这些论文中有 1 087 篇被引,约占全部被引论文的 87%。12 页以上论文被引率达到了 100%,但只有 11 篇,样本太少,偶然性较大。234 篇高被引论文中有 209 篇的篇幅为 3~6 页,其中 2 篇的被引频次超过 40(一是梅增霞、李建庆发表于 2006 年第 3 期的《昆虫抗寒性的生理机制及影响因子》5 页,一是牛立波发表于 2006 年第 2 期的《高校辅导员角色的重新定位及认识》3 页),说明,大部分学术观点可以用 6 000~12 000 字表述清楚,而读者更容易从这种篇幅的学术论文中把握作者的主要思想或方法,进而引用。

表 1 论文篇幅与被引

页数	发文数	被引篇数	高被引篇数	页数	发文数	被引篇数	高被引篇数
1	1	1	0	10	16	9	1
2	23	16	1	11	7	3	0
3	301	201	43	12	4	4	1
4	597	374	76	13	2	2	0
5	541	336	63	14	1	1	0
6	286	176	27	15	2	2	2
7	154	81	11	19	1	1	0
8	51	33	6	20	1	1	0
9	25	13	3				

6 被引论文的文理对比

《滨州学院学报》属于文理综合期刊,2005—2014 年第 1、2、4、5 期刊发社会科学(简称文科)论文,第 3、6 期刊发自然科学(简称理科)论文;2015 后改为第 1、3、5 期刊发文科论文,第 2、4、6 期刊发理科论文,因此文科发文量高于理科发文量。《滨州学院学报》2005—2019 年文理载文被引情况见表 2,表中:

被引贡献=文(理)科被引频次/总被引频次×100%,

高被引率=文(理)高被引篇数/发文篇数×100%。

不考虑发文因素影响，仅从被引论文数量、被引率等项目看，文科高于理科。《滨州学院学报》的"孙子研究"栏目是教育部名栏，统计发现约 1/3 文科被引论文出自该栏目。

表 2　2005—2019 年文理载文被引情况

类别	载文量/篇	载文占比/%	被引量/篇	被引频次	被引率/%	被引贡献/%	高被引/篇	高被引率/%
文科	1 280	63.59	838	3 075	65.47	65.73	146	11.41
理科	733	36.41	416	1 603	56.75	34.27	88	12.01

6.1　单篇论文被引情况

文科有 838 篇论文被引，其中 13 篇被引 20 次以上(合计 345 次)、34 篇被引 10~19 次(合计 414 次)、99 篇被引 6~9 次(合计 710 次)、692 篇被引 1~5 次(合计 1 606 次)，约 17%的论文被引被引 6 次及以上，这 17%的论文贡献了文科论文 48%的被引频次。

理科有 416 篇论文被引，其中 4 篇被引 20 次以上(合计 120 次)、34 篇被引 10~19 次(合计 447 次)、50 篇被引 6~9 次(合计 358 次)、328 篇被引 1~5 次(合计 678 次)，约 21%的论文被引被引 6 次及以上，这 21%的论文贡献了理科论文 58%的被引频次。

单篇被引情况说明，《滨州学院学报》2005—2019 年刊载的论文，无论文理被引范围都较窄，被引文献较为集中。

6.2　高被引论文情况

146 篇文科高被引论文共被引 1 469 次，篇均 10.06 次，其中 110 篇被引 6~10 次、25 篇被引 11~20 次、11 篇被引 21 次及以上；88 篇高被引理科论文共被引 925 次，篇均 10.51 次，其中 53 篇被引 6~10 次、31 篇被引 11~20 次、4 篇被引 21 次及以上——在篇均被引频次、10 次以上高被引论文占比方面，理科占据一定优势。此外，尽管文科高被引论文数量远高于理科，但高被引论文中约 62%来自文科、38%来自理科，相对各自的载文占比、高被引率而言，理科在高被引方面并不弱于文科。

6.3　h 指数

据 CNKI 数据得到《滨州学院学报》2005—2019 年的 h 指数，见表 3。2005—2011 年的 h 指数文科高于理科；2012—2013 年文科、理科 h 指数相等；2014—2017 年的 h 指数理科高于文科；2018、2019 年的论文被引篇数和频次都较低，h 指数很小。即就《滨州学院学报》而言，h 指数随发表时间的延长逐渐增大，短期内理科 h 指数的增长速度快于文科，之后文科 h 指数增长速度变快并超过理科。相较于理科，文科需要更长的时间才能使其效益得到充分的发挥。

7　被引特征

根据《滨州学院学报》2005—2019 年载文被引数据，得到被引特征如下：

(1)《滨州学院学报》2005—2019 年载文的被引篇数和频次受时间影响较大。2014 年之前各年的论文被引率均超过 50%，被引论文的 86.7%刊发于 2005—2014 年，高被引论文的 90%刊发于 2012 年之前。2015—2019 年论文被引率尽管呈上升趋势，但仍低于 50%，且被引频次较低，仅有 5 篇论文进入高被引名单，而它们的被引频次均低于 10。

表 3 《滨州学院学报》h 指数

年份	h 指数			年份	h 指数		
	文理综合	文科	理科		文理综合	文科	理科
2005—2019	18	16	14	2012	8	6	6
2005	12	10	7	2013	7	5	5
2006	11	8	8	2014	6	4	5
2007	11	9	6	2015	4	3	4
2008	10	7	7	2016	4	4	3
2009	10	8	7	2017	5	3	4
2010	9	8	7	2018	2	2	2
2011	9	8	6	2019	2	1	1

(2) 被引作者较为集中。由第 3 部分统计数据可知，被引 2 篇次以上的作者有 324 人，占被引作者的 24.5%，他们的论文被引 966 篇次，占总被引篇次 48.2%。即，约 1/4 的作者群贡献了一半的被引篇次。

(3) 被引论文所属机构特征明显。一是机构类型主要为普通高校：约 80%的被引论文来自普通高校，其中滨州学院约占 40%。二是被引论文所属机构较为集中：被引论文的 58.9%来自 13 个高被引机构，而这 13 个高被引机构仅占被引机构数的 4.5%。三是被引论文所属机构主要集中在山东、北京、江苏等地。

(4) 被引论文与篇幅存在一定关系。全部被引论文的 87%、高被引论文的 89%集中在 3~6 页。

(5)文理论文被引情况有异同。相同之处是无论文理，被引文献都较为集中。差异主要有四点：首先，从被引论文文理分布总体情况看，文科论文在被引篇数、被引频次、被引率方面占据绝对优势。其次，文科"孙子研究"栏目贡献了约全部被引篇数的 1/4、文科被引篇数的 1/3，优势明显；理科"微分方程与动力系统研究""航空科学与工程研究"栏目未见明显优势。再次，就高被引而言，尽管文科高被引论文数量较多，但考虑发文占比、高被引率等因素后，理科并不弱于文科。此外，文理 h 指数增长速度不同，论文刊发的前六年理科 h 指数增长速度快于文科，之后文科逐渐超越理科。

8 建议

第一，加快传播速度。《滨州学院学报》刊发 5 年内的论文的被引率、被引频次较低，而刊发 6 年以上的论文被引率、被引频次显著提升，说明论文质量值得肯定，但传播速度过慢，编辑部应在加快传播速度上加大工作力度。如，加快稿件处理进度，缩短出版时滞；利用中国知网优先出版系统，使确定录用的稿件尽快实现网上传播；及时向中国知网、万方数据等数据库发送《滨州学院学报》电子版等。

第二，加强与被引篇次较高作者的联系。被引篇次较高的作者人数不多，却占了约一半的被引篇次，说明其论文质量较高。这些作者是《滨州学院学报》重要且较为稳定的力量，编辑部应加强与他们的联系，并适时邀约稿件，特别是高职称作者，他们的论文往往质量较高。

第三，继续做好"孙子研究"栏目。"孙子研究"是《滨州学院学报》长期扶持培育的特色栏目,2012年入选教育部高校哲学社会科学学报名栏建设工程,该栏目贡献了《滨州学院学报》2005—2019年近1/4的被引论文数。该栏目应保持现有发展势头,以点带面,提高《滨州学院学报》学术水平和影响力。

第四,尽管数据显示论文被引与篇幅存在一定关系,但质量为王,论文刊发不应受篇幅限制。不过笔者认为,在保证论文质量前提下,应鼓励作者言简意赅地表达、论证自己的学术观点。

第五,促进《滨州学院学报》(理科)发展。由数据对比知,《滨州学院学报》文强理弱,发展不平衡,需提升理科论文刊发质量,促进《滨州学院学报》(理科)发展。一是借鉴"孙子研究"栏目建设方法,努力做好"航空科学与工程研究"与"微分方程与动力系统研究"栏目建设,如专题出版等。二是从约稿、审稿等环节入手,严把稿件质量关,过滤删除劣质稿件。

参 考 文 献

[1] 王净.《测绘科学技术学报》2011—2017年文献计量学统计分析[M]//学报编辑论丛(2019).上海:上海大学出版社,2019:485-491.

[2] 沈律.论科学计量学六大文献分析定律[EB/OL].(2016-08-21)[2020-07-17]. https://www.wkepu.com/xs/2016-08-21/2356.html.

[3] 储节旺,郭春侠.EXCEL实现共词分析的方法:以国内图书情报领域知识管理研究为例[J].情报杂志,2011,30(3):45-49.

我国出版领域论文被引情况分析

丁 寒，吴晓红，李 丽

(安徽理工大学学术出版中心，安徽 淮南 232001)

摘要：为分析我国出版领域发文现状和发展趋势，以中国知网为数据库，检索 2010—2019 年期间出版领域收录的文献，对被引频次在 30 次及以上文献进行了计量分析。研究发现出版领域年度载文量整体呈下降趋势，而且高被引频次的文献多出自高校；16 种高被引频次文献来源期刊中 11 种期刊均为出版类专业期刊，且都是核心期刊，发文量最多的是《中国科技期刊研究》；发文机构中发文量最高的是高校，主要有中南财经政法大学和武汉大学，并且各机构之间合作较少，只有《作物学报》编辑和其他机构合作较多；该领域高频发文热点以科技期刊、数字出版和学术期刊的研究为主。今后应加强对出版领域研究的关注，机构之间应多交流合作，注重期刊数字出版和微信应用研究。

关键词：出版；期刊；文献计量；高被引

近年来，随着网络和数字技术的高速发展，大数据技术和新兴媒体等的出现和应用使各行各业发生了巨大变化，出版业也包含其中，例如数字化出版、期刊论文的网络首发、期刊微信公众号等。从学科角度来看，出版学科的研究对象、研究内容、研究方法也处在不断变化过程中[1]，这些变化往往通过研究成果的形式被呈现出来。期刊作为刊载、传播科研成果的平台，具有较强的专业性，刊发的文献在一定程度上代表着某一领域的发展或存在问题，特别是高被引频次论文，能够客观地反映论文的学术影响力和在学术交流中的作用，近年来高被引论文成为国际上普遍采用的科研水平评价标准[2]。目前我国正由出版大国向出版强国迈进，高质量论文的产出需求迫切，但在我国学术期刊评价领域，目前存在的最为突出的问题就是科研成果"重数量轻质量"，这在一定程度上造成了学术期刊发表论文质量不高，科研经费产出效率较低以及科研人员职称评定过程中论文重量轻质等问题[3-4]，这与我国向出版强国发展的方向相违背。对此，本文以中国知网为数据库，分析近 10 年我国出版领域发文被引情况，特别是高被引频次论文，总结高被引频次论文的特征，以期为出版领域的研究提供参考。

1 材料与方法

本研究以中国知网为数据库，检索 2010—2019 年期间"出版"了库收录文献，检索时间为 2020 年 6 月 12 号，共计得到 362 944 篇文献，被引频次在 30 次及以上的文献共计 476 篇，利用中国知网自带的分析工具、Citespace 软件，对被引频次在 30 次及以上文献的年度发文量、被引频次、来源期刊以及关键词、合作机构共线图谱等进行了统计分析。

2 统计结果与分析

2.1 年度发文量和被引频次分析

据统计,目前中国知网共计收录 11 478 种期刊,其中出版类期刊 29 种。图 1 是出版类文献的年度发文量的走势图,由图 1 可知近 10 年出版领域的发文量呈下降趋势,降幅达 59.39%,2010—2012 年下降幅度最为明显,2013 年略有回升,但之后一直呈持续下降趋势,说明该领域研究人员对出版领域的关注度下降,文献产出减少。论文的被引频次可以反映该论文的科研水平和学术影响力。

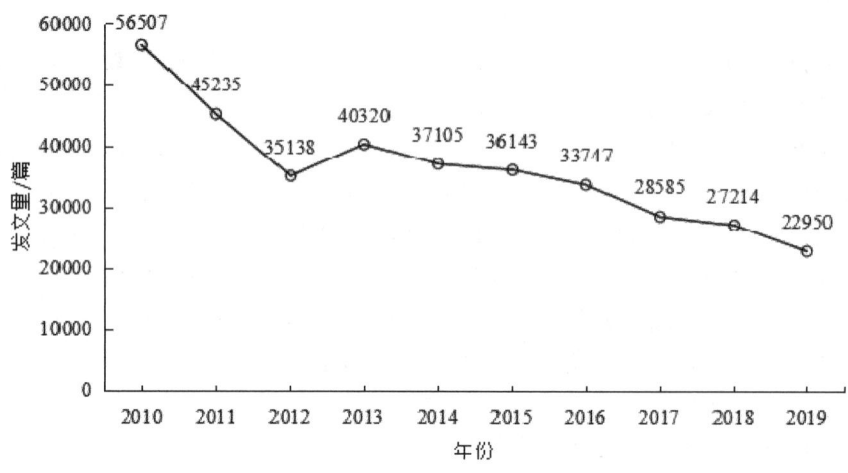

图 1 出版类文献年度发文量走势

表 1 统计了 2010—2019 年期间中国知网收录的出版类文献的年度发文量和被引频次统计。研究发现,未被引用论文数占总发文数的 90.9%,被引频次 50 次以上、30 次以上、20 次以上的文章占比分别为 0.03%、0.13%、0.24%,说明出版领域研究论文水平有待提高。进一步统计发现,被引频次最高(326 次)的文献是谢文亮于 2015 年发表在《中国科技期刊研究》上的"移动互联网时代学术期刊的微信公众号服务模式创新",其次是龚诗阳等于 2012 年发表在《南开管理评论》上的"网络口碑决定产品命运吗——对线上图书评论的实证分析",被引频次为 242 次,排名第三的是朱剑发表于《清华大学学报(哲学社会科学版)》的"高校学报的专业化转型与集约化、数字化发展——以教育部名刊工程建设为中心",被引频次 199 次;这 3 篇文献的作者有 2 个来自于高校编辑部,1 位是清华大学专业型博士,文献内容分别是关于学术期刊、图书和高校学报。

2.2 高被引频次文献来源期刊统计

据统计,2010—2019 年出版领域发表论文被引频次在 30 次及以上的有 476 篇,来自 96 种期刊,本文选取发文量在 5 篇及以上的期刊(共计 16 种)进一步分析,如表 2 所示,16 种期刊创刊年份从 1956—2003 年,其中 5 种期刊非出版专业期刊,分别是知识产权、清华大学学报(哲学社会科学版)、法学、法学杂志和图书情报工作,其他均为出版类专业期刊;值得注意的是,16 种高被引频次发文期刊中只有 1 种是非核心期刊,说明我国出版领域高被引频次论文的学术水平和影响力较高。发文量最高(105 篇)的期刊是《中国科技期刊研究》,影响因子

表1 2010—2019年检索文献被引频次统计

年份	发文量/篇	被引频次					
		≥50次	≥30次	≥20次	≥10次	≥1次	0次
2010	56 507	19	76	186	627	5 146	51 361
2011	45 235	16	71	169	593	5 295	39 940
2012	35 138	16	61	162	534	5 194	29 944
2013	40 320	22	82	78	365	2 707	37 613
2014	37 105	23	67	80	332	2 668	34 437
2015	36 143	14	55	83	346	2 517	33 626
2016	33 747	7	31	67	326	2 496	31 251
2017	28 585	2	22	40	251	2 581	26 004
2018	27 214	3	11	20	167	2 281	24 933
2019	22 950	0	0	2	35	2 000	20 950
总计	362 944	122	476	887	3 576	32 885	330 059

为2.534，在11种出版类专业期刊中最高，说明中国科技期刊研究是出版领域学术水平和影响力较高的高质量期刊，该刊是综合研究科技期刊学术理论与实践创新的专业性核心期刊，创刊于1990年，由中国科学院主管和主办，作为月刊发行；其次是发文量为79篇的《编辑学报》和发文量43篇的《出版发行》研究，《编辑学报》是创刊于1989年的双月刊，影响因子1.942，发文量和影响力在11种专业期刊中均排名第2，由此可见，在出版领域期刊研究和编辑学研究的论文影响力较高。

表1 被引频次30次以上发文期刊统计

期刊名称	高频次论文数	创刊年份	复合影响因子	期刊类型	出版周期	主管单位	主办单位
中国科技期刊研究	105	1990	2.534	核心期刊	月刊	中国科学院	中国科学院自然科学期刊编辑研究会,中国科学院文献情报中心
编辑学报	79	1989	1.942	核心期刊	双月刊	中国科学技术协会	中国科学技术期刊编辑学会
出版发行研究	43	1985	0.857	核心期刊	月刊	原国家新闻出版广电总局	中国出版科学研究所
科技与出版	32	1982	1.065	核心期刊	月刊	清华大学	清华大学出版社有限公司
中国出版	23	1978	0.966	核心期刊	半月刊	国家新闻出版署	中国新闻出版传媒集团
知识产权	18	1987	3.553	核心期刊	月刊	国家知识产权局	中国知识产权研究会
编辑之友	14	1981	1.218	核心期刊	月刊	山西出版集团	山西出版集团
出版科学	12	1993	0.879	核心期刊	双月刊	湖北省新闻出版局	湖北省编辑学会;武汉大学
清华大学学报(哲学社会科学版)	10	1986	2.507	核心期刊	双月刊	教育部	清华大学
出版参考	6	1988	0.16	非核心	月刊	国家新闻出版署	中国版协国际合作出版促进会,中国出版科学研究所
中国编辑	6	2003	0.662	核心期刊	月刊	国家新闻出版署	中国编辑学会、高等教育出版社
出版广角	5	1995	0.615	核心期刊	半月刊	广西师范大学	广西期刊传媒集团

续表

期刊名称	高频次论文数	创刊年份	复合影响因子	期刊类型	出版周期	主管单位	主办单位
法学	5	1956	5.872	核心期刊	月刊	上海市教育委员会	华东政法大学
法学杂志	5	1980	3.224	核心期刊	月刊	北京市法学会	北京市法学会
图书情报工作	5	1980	2.778	核心期刊	半月刊	中国科学院	中国科学院文献情报中心
现代出版	5	1994	0.579	核心期刊	双月刊	教育部	中国大学出版社协会，中国传媒大学出版社

2.3 高被引频次论文的发文机构分析

据统计被引频次在 30 次及以上论文的发文机构共计 47 个，如表 3 所示，本文选取出现频次为 4 次及以上的机构进行分析，发文量(10 篇)和出现频次(10 次)最高的是中南财经政法大学知识产权研究中心，其次是武汉大学信息管理学院和中华医学会杂志社，发文量分别为 9 篇和 6 篇。对表 3 中发文机构的发文量统计发现，发文量最高的是高校，共计 31 篇，其次是杂志社(12 篇)和科研院所(10 篇)。

表 2 高被引频次论文的发文机构统计

单位名称	出现频次	Burst	Sigma	发文量/篇
中南财经政法大学知识产权研究中心	10		1	10
武汉大学信息管理学院	8		1	9
中华医学会杂志社	8	2.6	1	6
国家自然科学基金委员会杂志社	6		1	2
《中国科学》杂志社	6		1	4
中国农业科学院作物科学研究所《作物学报》编辑部	6		1	6
中国科学院软件研究所《软件学报》编辑部	4		1	0
华东政法大学	4		1	2
重庆大学期刊社	4		1	1
中国科学院文献情报中心	4		1	4
陕西师范大学新闻与传播学院	4		1	2
北京印刷学院	4		1	5
中国农业科学院《中国农业科学》编辑部	4		1	2
清华大学出版社期刊中心	4		1	2

注：发文量为 0 说明该机构以第一作者单位的发文量为 0

为了分析各发文机构之间的合作关系，本文利用 Citespace 软件制作了各机构的合作关系图谱，如图 2 所示。圆圈大小代表发文机构的出现频次、活跃程度，连线表示机构之间合作的密切程度。由图 2 可知，多数机构较为分散，只有部分机构之间形成了网络连接，说明该领域机构内合作较少。出现频次最高的中南财经政法大学知识产权研究中心，中心性为 0，无合作单位；其次是武汉大学信息管理学院，出现频次 8 次，发表文章 9 篇；排名第三的是中华医学杂志社，发文量为 6 篇，合作单位为中国科学院文献情报中心，在所统计的合作关系图谱中，只有中华医学杂志社出现 Burst 值为 2.6，说明该机构在整个关系图谱中较为重要。

图 2 中只有一处连线较为密切的关系网，连线较粗说明这些机构合作较为密切，合作机构分别是国家自然科学基金委员会杂志社、《中国科学》杂志社、中国科学院软件研究所《软件学报》编辑部、中国农业科学院作物科学研究所《作物学报》编辑部、中国农业科学院《中国农业科学》编辑部、《农业工程学报》编辑部、《国际农业与生物工程学报》编辑部，通过检索发现该合作网中以中国农业科学院作物科学研究所《作物学报》编辑部为第一作者单位，发文内容以科技期刊的出版和发展为主。

图 2　高被引频次文献的发文机构之间的合作关系图谱

2.3　文献关键词统计与分析

关键词是文献主要内容的概括，一个关键词出现的频次等于富有该关键词的叙述论文数，关键词出现的频次越高，说明相关的研究成果数越多，研究内容的集中性就越高[5]。本文通过引文网络分析工具 Citespace 对检索文献进行了关键词统计分析，476 篇高频文献的关键词共计有 109 个，本文选取出现频次前 26 的关键词统计分析(见表 4)。109 个关键词的共线可视化图谱如图 3 所示。如表 4 所示，被引频次 30 次以上的文献关键词出现频次较高的有科技期刊、数字出版、学术期刊，说明出版类期刊的发文多以有关科技期刊、数字出版和学术期刊的研究为内容，而这些关键词相对应的中介中心性也较高，更加说明了出版类期刊的研究内容多以这些关键词为网络中心；通过关键词的时间线视图更能直观地反映该领域研究热点的变化，由图 3 可知，近 10 年出版领域的研究大致分为 8 类，首先，数字出版、科技期刊研究是近 10 年研究热点，2017 年开始趋冷；其次是期刊影响力和新媒体的研究，2010—2015 年期间是较为热点的研究，之后研究开始趋冷；再者是著作权研究和微信公众平台研究，研究高峰期分别在 2010—2013 年和 2013—2016 年；最后，有关众筹出版的研究较少，针对出版模式、出版路径有少量研究。

表 4 被引频次 30 次以上的文献关键词统计

序号	关键词	频次	Burst	中介中心性	Sigma	序号	关键词	频次	Burst	中介中心性	Sigma
1	科技期刊	91		0.4	1	14	作品	6		0.12	1
2	数字出版	64		0.72	1	15	出版	6		0.08	1
3	学术期刊	51	3.17	0.45	3.23	16	商业模式	5		0.01	1
4	微信公众平台	19	6.31	0.03	1.21	17	发展趋势	5		0.03	1
5	著作权	15		0.23	1	18	对策	5		0.01	1
6	编辑	13		0.13	1	19	媒介融合	4		0.03	1
7	微信	11		0.05	1	20	数字出版产业	4		0	1
8	新媒体	10	2.51	0.08	1.21	21	版权	4		0.25	1
9	大数据	9	3.41	0.03	1.09	22	现状	4		0	1
10	数字化	9		0.09	1	23	人工智能	4	2.65	0	1
11	高校学报	9		0.04	1	24	实体书店	4		0	1
12	媒体融合	7	3.4	0.02	1.06	25	微博	4		0	1
13	学术影响力	6		0	1	26	众筹出版	4		0.05	1

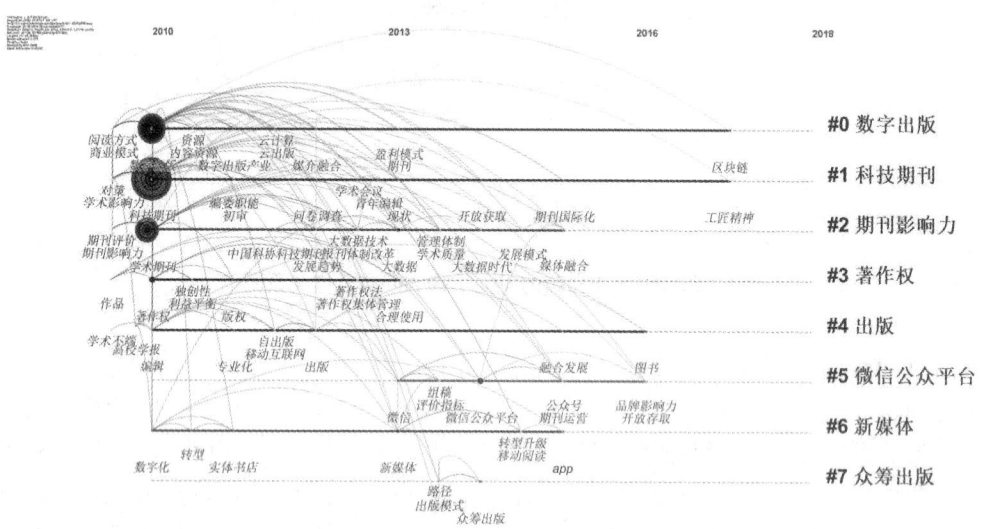

图 3 2010—2019 年高频(30 次以上)文献关键词时间线视图

3 结论与讨论

研究发现被引频次在 30 次以上的论文只占总论文数的 0.1%,从侧面反映了出版领域研究论文质量普遍不高以及"重数量轻质量"现象的存在,究其原因主要和我国科研评价体系不合理有关,如评价方法不完善,以定量评价为主、评价标准单一化、评价行政化倾向严重等[6];年度发文量的逐年下降,说明研究人员对该领域的关注度下降;各发文机构之间几乎无合作研究不利于机构间优势互补、促进成果转化。这些现象和我国出版现状有关,如有关出版领域的专业学科偏少、出版机构之间交流合作少、出版领域科研评价体系不完善等[7]。

在今后出版领域研究中应鼓励研究人员提高关注度,如多形式开展出版专题研讨、针对性组织出版领域项目申报等,加大各研究机构之间的合作交流,特别是高校之间,同行出版机构之间多交流访问、促进互助合作。在进一步加强出版研究、促进科研产出的同时,实现我国由出版大国迈向出版强国,提升学术影响力显得尤为重要,作为期刊编辑现给出以下建议:一方面,严把审稿环节,提高审稿水平、论文质量[8]。另一方面,多渠道多形式加大开放获取[9],提高文章被引频次。如通过期刊资源网站、期刊来源数据库、图书馆网站、机构知识库等来源途径实现开放获取[10],扩大期刊展示度和影响力。

参 考 文 献

[1] 马克·J.H.弗雷茨,柏雯,曹子郁,等.大数据出版[J].出版科学,2017,25(1):5-17.
[2] 邱长波,刘兆恒,张风.SCI收录中国主导国际合作论文被引频次研究[J].情报科学,2014,32(8):110-113.
[3] 王凌峰.高校职称评审存在的问题及其对策[J].广西社会科学,2013(1):173-176.
[4] 张献锋.以质量评价为主导:也谈期刊评价体系的改革[J].华南师范大学学报(社会科学版),2015,217(5):30-33.
[5] 安秀芬,黄晓鹂,张霞,等.期刊工作文献计量学学术论文的关键词分析[J].中国科技期刊研究,2002(6):43-44.
[6] 王攀.高校教师科研评价研究[D].武汉:武汉理工大学,2006.
[7] 隗静秋,唐振贵.从《科技与出版》近五年施引和被引情况看编辑出版学的学科地位[J].科技与出版,2015(4):97-100.
[8] 康敬奎.论学术期刊双向匿名专家审稿制度[J].继续教育研究,2011(12):227-229.
[9] 张理华.图书馆自建开放获取整本电子期刊资源库研究:以期刊来源和获取方式为例[J].图书馆杂志,2018,38(2):47-52.
[10] 刘晓霞,张新鹤.我国学术期刊参与开放获取的调查研究[J].图书情报知识,2015(1):107-115.

科技期刊零被引和高被引论文特征分析
——以《检验医学》为例

伍潇怡，李　欣

(上海市临床检验中心，上海 200126)

摘要：通过对《检验医学》2012—2016 年发表论文的引用频次、下载频次、学科专业、第一作者单位、页码及图表数量、参考文献篇数等数据的比较，总结了零被引论文的特点，分析零被引论文出现的原因。与高被引论文相比，零被引论文下载频次相对较少且更多地分布在"病例报道""实验室管理"栏目和临床检验与血液学、实验室管理专业；零被引论文的第一作者更多分散在高校、临检中心、血液中心、疾控中心、公司，而高被引论文的第一作者则集中在医院；零被引与高被引论文，两者的篇幅基本无差异，但零被引论文的图表数量较多，且内容多为性能验证和方法评价；高被引综述的参考文献高于零被引综述，差异有统计学意义($P < 0.05$)。因此，编辑在遴选稿件时应关注文章的选题和内容的完整性，还可通过优化栏目设置降低零被引论文数量，提高总被引频次和影响因子，提升期刊影响力。

关键词：高被引论文；零被引论文；期刊影响力；内容质量

科技期刊是研究者交流和展示科研成果的载体，助推科技创新和成果的转化应用。当前我国科技期刊的学术影响力普遍较低，而论文学术影响力低、缺乏高质量稿源是导致科技期刊学术影响力难以提升的重要原因。因此，为了提高科技期刊学术影响力，需要对登载的论文水平提出更高的要求。被引用情况往往是衡量论文影响力的一项重要指标[1]，论文被引次数越多，说明论文的影响力越大，学术价值也越高[2]。与高被引论文相对的就是零被引论文，零被引论文作为被引频次的反向评价指标，近年来的相关研究日渐增多[3]。然而，零被引论文也绝对不是没有学术价值的论文，有些论文在很多年后其价值可能会被重新发现，被称为"睡美人"现象[4]，但是这样的论文还是少数，期刊还是应尽量避免零被引论文的发生。

近年来，医学检验技术飞速发展，设备不断更新换代，对许多疾病的诊断、治疗监测和预后评估有重要意义，检验学科在现代医学中也越来越受重视，检验技术相关的科研成果也越来越突出。《检验医学》是上海市卫生局主管、上海市临床检验中心主办的国内外公开发行的期刊，是中国科技论文统计源核心期刊，被美国化学文摘、俄罗斯文摘杂志和波兰的哥白尼索引收录。《检验医学》主要报道与检验医学相关的最新科研成果、检验技术的新进展以及各种检测的新标准和新规范等，为检验医学工作者提供了很好的信息交流平台[5]。为了进一步提升整体论文的内容质量，分析零被引论文出现的原因，本研究将高被引和零被引论文放在同一层次中进行分析比较，以《检验医学》为例，通过CNKI数据库中获取的《检验医学》

通信作者：李　欣，E-mail：lixin7319@126.com

2012—2016年发表的论文数据，对高被引和零被引论文的下载频次、学科专业、研究方向、页码及图表数量、参考文献篇数等数据进行了统计分析，希望通过研究高被引及零被引论文的特征，为优化组稿、审稿等过程提供参考，也供其他科技期刊借鉴，以进一步提升整体科技期刊的学术影响力。

1 研究方法

1.1 数据来源

有研究表明，中文期刊论文在发表后2~3年为被引可能高峰[6]。依据零被引文献计量研究的结果，分析5年的零被引数据是衡量一个期刊影响力的合理且必要标准[7]。本研究前期对2017年的零被引论文情况也做了相关分析，发现零被引论文数量从2016年开始呈断崖式减少，并且2012—2016年的零被引论文数量相差不大。因此，本研究基于中国知网，检索、整理了2012—2016年在《检验医学》上发表的未被引用的论文，将其作为研究数据进行统计分析。高被引论文的选取则根据同时间CNKI中《检验医学》的数据统计，选取2012—2016年中每年引用排名前20名的论文作为高被引论文，如果第20名含有多篇论文，则选择下载频次较多的论文作为统计数据。数据收集截止日期为2020年2月20日。

1.2 研究对象

对CNKI数据库中《检验医学》载文量进行统计发现，2012—2016年，总发文量为1 469篇，总页码为5 903页，其中零被引论文篇数为101篇，占总发文量的6.9%(见表1)，落在科技论文平均零被引率0~10%的范围内[1]。本研究主要对《检验医学》2012—2016年期间发表的零被引和高被引论文中的下载情况、栏目以及专业方向、第一作者单位信息、论文篇幅和图表数量以及参考文献进行了统计分析。

表1 2012—2016年《检验医学》发文量及零被引论文情况

被引情况	总篇数/篇	引用频次	下载频次
零被引	101	0	1.77±0.22
高被引	100	1.54±0.18	2.52±0.23**

注：与零被引比较，** $P<0.01$。

1.3 统计分析

应用SPSS 17.0软件对零被引和高被引论文中的数据进行统计分析。被引频次取对数值进行统计，正态分布的数据以$\bar{x}\pm s$表示，2个组之间比较采用T检验，非正态分布的数据由中位数(M)表示，组间比较采用Mann-Whitney U检验。以$P<0.05$为差异有统计学意义。

2 结果与分析

2.1 零被引和高被引论文平均引用频次和平均下载频次比较

对2012—2016年发表的论文进行分析发现，与高被引论文相比，零被引论文不但未被引用，其下载频次也相对较低($P<0.01$)(见表2)。被引频次是被人们普遍关注衡量论文影响力的指标之一，与被引频次相比，下载频次时效性较强，能够更为及时地反映论文被读者关注和获取的情况，两者也存在相关性[8]。因此，相较于零被引论文，两者都较高的高被引论文具有更高的学术影响力。

表 2 零被引和高被引论文引用频次和下载频次比较

被引情况	总篇数/篇	引用频次	下载频次
零被引	101	0	1.77±0.22
高被引	100	1.54±0.18	2.52±0.23**

注：**$P<0.01$，与零被引论文比较

2.2 零被引和高被引论文所在栏目分布情况

《检验医学》栏目划分较细，高被引和零被引论文在不同栏目中比例也不同。其中，高被引论文在"临床应用研究"栏目比例最高，为 9.5%。零被引论文在"病例报道"栏目中比例最高，为 25.0%，而高被引论文中没有出自这个栏目的论文；"实验室管理"和"基础研究"栏目的零被引率也很高，分别为 14.9%和 14.3%；这 3 个栏目的总和占整个零被引论文数量的 54.2%。见表 3。

出现以上结果的原因可能与栏目的特殊性有关，"病例报道"栏目本身就是对罕见的、特殊的病例进行检验学检查并进一步跟踪报道，本身发病率就极低，所以没有办法更多地被引用。《中华检验医学杂志》是医学检验领域唯一一本中文核心期刊，2012—2016 年，在病例报道和/或临床病理(例)研究栏目共发表文章 13 篇，其中有 8 篇为零被引，这也充分说明了此类文章的特殊性。但是，其下载频次也很低，说明读者的关注度也不是很高，因此还需进一步在组稿阶段加强对"病例报道"栏目文章的筛选力度，选取学术价值更高的病例进行报道，为临床提供更有价值的参考数据。对"基础研究"栏目中的零被引论文进行进一步分析，发现大部分论文仅停留在对蛋白和 RNA 等干扰后状态以及对其他蛋白产生的影响进行检测，并没有对产生这种现象的机制进行深入研究和探讨，研究纵深不够，导致论文整体参考价值不高。"实验室管理"栏目的文章都是关于实验室管理专业的，而实验室管理本身是一门较新的领域，需要时间进一步发展。

表 3 零被引和高被引论文所在栏目分布情况比较

栏目	总篇数/篇	零被引论文		高被引论文	
		篇数/篇	比例/%	篇数/篇	比例/%
临床应用研究	778	38	4.9	74	9.5
技术研究与评价	153	12	7.8	3	2.0
实验室管理	74	11	14.9	3	4.1
基础研究	77	11	14.3	1	1.3
综述与讲座	96	6	6.3	8	8.3
专题	129	6	4.7	6	4.7
病例报道	36	9	25.0	0	0
经验交流	118	8	6.8	4	3.4
检验项目临床应用	11	0	0	1	9.1

2.3 零被引和高被引论文所在专业的分布情况

《检验医学》分为 6 个专业：临床微生物、临床生物化学、临床免疫学、临床检验与血液学、分子生物学以及实验室管理。在这 6 个专业中，临床生物化学和临床免疫学是来稿量最大的 2 个专业，同时也是发稿量最多的。本研究发现，相对于临床生物化学，临床免疫学的零被引论文占比较高被引论文高。20 世纪末，分子学在生物学领域快速发展，分子诊断学技术也获得了前所未有的关注与发展，为遗传病诊断、微生物检验、免疫系统疾病诊断、肿

瘤诊断与评估等提供参考依据与创新思路[9]，但就《检验医学》来看，分子生物学的来稿量却不是很多，而且高被引论文数量也较少。实验室管理属于医学检验领域中较新的一门课程，随着我国科技进步和经济发展，仪器设备日趋先进，检测技术也在不断完善，管理水平也需要进一步提高，但是从被引情况和投稿量来看，实验室管理专业并未获得很多优秀的稿件，这也是今后有待加强的方面(表4)。

表4 零被引和高被引论文所在专业比较

被引情况	总篇数/篇	临床微生物学	临床生物化学	临床免疫学	临床检验与血液学	分子生物学	实验室管理
零被引	101	4.78	4.37	7.80	10.13	8.39	12.63
高被引	100	7.09	8.25	5.42	9.69	3.87	3.16

2.4 研究方向对比

对论文的研究方向进行分析后发现，零被引论文大多来自性能评价、正确度验证、参考区间及方法的建立等，而高被引论文的研究方向占比最高的是心脑血管疾病。有研究显示，随着社会经济的发展和人口老龄化的加重，我国居民的心脑血管疾病患病率及死亡率不断上升，2016年心脑血管疾病死亡率居首位[10]。可以看到，高被引论文的研究方向更贴合当下研究的热门领域，更紧跟社会需求，更具前沿性，因此在这个领域的研究者也更多，相应地也会获得更多的引用机会。对《中华检验医学杂志》2012—2016年发表的文章进行分析，发现其在2015年和2013年就分别发表过关于心脑血管疾病的专题，可见其对此专业方向的重视程度；相反，在知网上可查到的关于性能评价、正确度验证、参考区间及方法建立等的75篇文章中，有21篇为零被引，引用频次≤5次的文章有55篇，这说明此研究方向的关注度相对较低。

2.5 零被引和高被引论文第一作者单位信息

《检验医学》的大部分论文都是以临床检验数据为基础，医院可以第一时间获取大量的临床检验数据，并以此为基础，开展实验研究，所以大部分论文的第一作者都来自医院。但是与高被引论文相比，零被引论文的第一作者有一部分来自高校、血液中心、临检中心和疾控中心以及公司，且来自这类单位的高被引论文也极少(表5)，可能与此类单位与临床接触较少，拿到的临床数据不多，无法进行更多、更深入的研究，导致论文质量不理想有关。

表5 零被引和高被引论文第一作者所在单位比较 篇

被引情况	总篇数	医院			高校	临检中心/疾控中心/血液中心	公司
		三级	二级	一级			
零被引	101	66	13	2	7	10	3
高被引	100	77	17	2	3	1	0

2.6 零被引和高被引论文篇幅和图表数量比较

论文篇幅和图表数量往往能反映一篇文章传递有效信息的多少。因此，本研究剔除14篇综述类文章后对页码和图标数量进行统计分析，发现零被引与高被引论文相比，篇幅没有变化，但图表数却有所增加，且差异有显著性意义($P<0.05$)(表6)，这与之前的研究结果并不一致[1]。于是笔者又对图表数较多的零被引论文进行分析发现，其中大多数论文类型都是关于性能验证或方法评价，论文中每一个图或表传递的有效信息少，还有些是可以进行合并，甚至

有论文使用同一组数据同时绘制图和表。所以对于不同选题的论文，文章的图表数并不能完全反应文章的工作量。也可能是由于在篇幅差异不大的情况下，零被引论文图表数量增加，减少了作者对论文观点更深层次的剖析，讨论整体不够深入，结论只能流于表浅，导致论文学术水平不高；还有可能是从最初的论文选题和实验设计就无新意，只是一味地按照已有的方法或步骤，换汤不换药地将结果罗列成图表，导致论文学术性下降。

表6 研究型论文篇幅和数据量统计

被引情况	总篇数/篇	页码/页	图表/个
零被引	95	4	4
高被引	92	4	3**

注：**$P<0.01$，与零被引论文比较

2.7 参考文献分析

参考文献也能体现一篇文章的学术质量和写作水平，参考文献的数量、质量以及新旧程度都反映出作者对该领域的熟悉程度[11]。有研究发现，篇均引文数与总被引频次具有很好的线性相关性[11]。普莱斯指数是发表年限不超过5年的文献的引用次数与总的引用次数之比值。综述类文章具有一定的时效性，需要作者对近期某个领域的科研成果进行总结归纳，提出自己独特的见解。高被引综述引用参考文献总数和普莱斯指数明显高于零被引综述，差异有显著意义（$P<0.05$）。而对于研究论文而言，参考文献可以反映出文章的选题是否处于当下研究领域的前沿、是否经过充分的选题背景调查、是否能涵盖近期最新的研究成果[1]。本研究发现，这2类论文的引用参考文献总数之间没有差异，但是高被引论文的普莱斯指数高于零被引论文，差异有统计学意义（$P<0.05$）。见表7。

表7 不同类型论文参考文献分析

论文分类	引用参考文献总数	普莱斯指数/%
零被引综述	25.3	50.7
高被引综述	35.8*	64.7*
零被引论文	10.6	41.0
高被引论文	12.4	52.5#

注：与零被引综述比较，*$P<0.05$；与零被引论文比较，#$P<0.05$

3 讨论

近年来，人们对于科技论文的关注更多集中在高被引或者零被引论文上[6,12-13]，但单方面分析零被引或高被引论文的特征，往往不能得出比较客观的结论。本研究将高被引和零被引论文放在一起进行对比，通过分析高被引和零被引论文的部分特征，总结出以下影响论文质量的因素以及能够减少零被引论文出现的措施。

3.1 加强论文的选题调查和完整性

选题是科研工作中至关重要的第一步。选题过于宽泛，后续的科研工作难以顺利展开，实验设计复杂，人力和物力投入过多，如果无法达到预期结果，很可能导致该选题无法开展下去；选题过于狭隘，导致整体研究的科学价值不高，失去继续研究的意义。因此，在开展科研工作初始，就一定要注重选题调查，多阅读高质量文献，尤其是近几年的最新研究成果，从中寻找新的研究思路。本研究发现，高被引论文选题紧随前沿，研究更有深度，论点更具

创新性；而零被引论文中前沿性研究较少，论文缺乏对研究的深度讨论，整篇文章流于数据的堆砌。因此，编辑人员需要保持对相关专业的视野深度，关注新兴的实验技术和研究方向，推进自己的学术深度，从源头提高论文的内容质量，做好科技期刊质量的"把门人"[14]。

学术论文的写作一般要有完整的逻辑，就像讲故事一样将研究目的、具体工作内容，以及最终做此研究的意义娓娓道来，而并非只是将研究结果罗列成图表生硬地堆砌在文中，或者只截取课题中的一小部分成果进行发表，导致论文结果不完整，失去其学术价值。当然，再出色的研究成果最后都要通过作者用心的写作和编辑的精细加工来完成。一名优秀的科技期刊编辑，不应只是修改作者语言中的问题，应该对稿件实行更为严格的精细加工，应用自己专业的学科知识，对作者和审稿专家未发现的漏洞进行查漏补缺也是一名科技期刊编辑的职责。

3.2 优化栏目设置

期刊栏目是区分不同题材文章的重要标识，科学的栏目设置能体现期刊的办刊特色和专业定位等。有研究发现，很多高影响因子的医学学报都开设了专题、综述、病例报道、技术方法、临床研究等栏目，而低影响因子的学报除了综述、临床研究等固定栏目外，还开设了经验交流、教学研究、基础研究等[15]。《检验医学》大部分栏目还是比较固定，在不同栏目的论文统计中可以看出，有些栏目的零被引论文远远高于高被引论文比例，例如基础研究、经验交流等，这些栏目较多出现在低影响因子的学报中。笔者认为，以后进行栏目设置时应更加灵活，结合期刊自身特点将栏目逐渐细化，也可以根据学科或者研究方向增设更多具体栏目，突出期刊特色。编辑人员应该从论文选题是否贴合当下研究热潮、作者见解是否独到等多个方面对该栏目的来稿进行审视，并在此基础上灵活增减栏目，一旦出现好文章，即可增设栏目，从而增加期刊的关注度和被利用度，进一步提升期刊影响力[15]。

3.3 分专业优化编委队伍

《检验医学》在"三审制"的基础上增加了"编委初筛"环节，以此来强化稿件的初审工作[16]。"编委初筛"环节是稿件筛选的第一步，也是最重要的一步。稿件在"初筛"时被退稿，不仅可以缩短投稿人的稿件等待时间，让其可以尽快修改或转投他刊，而且可以减轻后续审稿人的稿件审理压力，让其可以有更多时间有质量地完成其他稿件的审阅。对于零被引论文较高的学科专业应在"编委初筛"环节尽量寻找研究方向与此论文相近的编委进行审稿，不应限制在无论来稿具体内容如何变化，平时给谁初筛依然按部就班地给同一个人，这样就失去了编委初筛的实际意义，反而加重了工作量。专业方向不同，论文的热门程度以及被引用情况也不尽相同，但是在来稿量都较多的临床生物化学和临床免疫学专业中，零被引论文比例差异却很大，这也为不同专业的专家队伍提出了不同的要求。首先，审稿专家应加强对出现零被引论文较多的学科专业的筛选力度，提出有效的评审意见，使文章内容精益求精；其次，如果条件允许，可以让不同学科间的审稿专家就稿件的评审环节进行探讨，总结可提升论文内容质量有效审稿意见的具体方案；最后，编辑部应该利用已有编委的资源优势，进一步扩大审稿队伍，吸收更多青年编委，严把稿件质量关。

3.4 提升期刊行业内影响力

目前我国的论文学术影响力普遍较低，最重要的一点是缺乏优秀的、高质量的稿源。目前，多数论文的发表大多都为了毕业、晋升职称或者课题的结题需求，往往时间仓促、内容缺乏创新、引用价值也不是很高。更有些单位会加大对发表SCI论文的奖励制度，所以导致有些优秀的作者倾向于先将选题创新、思路清晰、数据完整的论文投到SCI期刊,将剩余的数据整理成小文章发表在国内的杂志上,导致国内论文质量迟迟难以提升。2012—2016年,《检验医学》组过近20个专题,但是其中能成为高被引论文的却只有几篇,这对期刊的贡献是远远不够的。编辑在组约专题或单篇论文时,应开阔眼界,放宽专业限制,不一定哪个专业的编辑就只能组约此专业的文章,现在很多专业都是融合的,很难做到完全区分。学术会议是学术论文和思想起源的地方,也是学术与外界互通的重要桥梁[17],利用学术会议,组约业界权威专家的优秀文章,并在此基础上进行精细加工,使之成为期刊"品牌",并利用品牌效应加大对期刊的宣传,从而获取更多的优秀稿源,这样一来形成良性循环,可从根本上提高期刊影响力。

4 结束语

零被引论文是无法完全避免的[18],任何期刊都会出现零被引论文,本文通过对比分析零被引与高被引论文的特征,提出减少零被引论文的措施,供编辑同行参考,以提升科技期刊影响力。

参 考 文 献

[1] 费理文,王瑞霞.零被引和高被引论文的特征比较和分析:以《食用菌学报》为例[J].编辑学报,2018,30(增刊1):204-209.
[2] 吴凤芝,谭丽博,张玮玮.期刊影响力与零被引论文关系:以《现代中医临床》为例[J].现代中医临床,2019,26(5):55-60.
[3] 孔朝霞,陈璐.引用习惯对中文期刊零被引率的影响分析:以《中国医学科学院学报》10年载文为例[J].科学与出版,2013,31(6):126-129.
[4] VANRAANAF J. Sleeping beauties in science [J]. Scientometrics, 2004, 59(3): 467-472.
[5] 姜敏,储怡星,范基农,等.《检验医学》2004至2007年载文被引分析[J].检验医学,2009,24(1):81-84.
[6] 朱梦皎,武夷山.零被引现象:文献综述[J].情报理论与实践,2013,36(8):111-116.
[7] 刘雪立,方红玲,周志新,等.科技期刊反向评价指标:零被引论文率及其与其他文献计量学指标的关系[J].中国科技期刊研究,2011,22(4):525-528.
[8] 温芳芳.我国情报学期刊论文零被引现象的计量分析:基于零被引与高被引论文的比较[J].情报科学,2016,34(8):128-132.
[9] 夏晓培,赵静.分子生物学技术在医学检验中的有效应用[J].生物化工,2019,5(3):128-130.
[10] 梁大艳,陆素颖,方艺娟.2012—2018年肇庆市端州区心脑血管疾病死亡状况及趋势分析[J].实用预防医学,2020,27(8):960-964.
[11] 葛赵青,苗凌,赵大良,等.科技期刊参考文献数量与部分引证指标的定量关系初探[J].编辑学报,2015,27(5):423-425.
[12] 张晓丽,乐建鑫.《东南大学学报(自然科学版)》高被引论文特征分析及启示[J].中国科技期刊研究,2012,23(6):1008-1012.
[13] 胡清华.《浙江大学学报(农业与生命科学版)》2002—2011年高被引论文特征分析及启示[J].中国科技期刊研究,2013,24(4):699-702.
[14] 楼亚儿.高校期刊编辑与研究生作者之间的三重关系分析[J].编辑学报,2018,30(6):561-563.
[15] 余菁,刘清海,孙慧兰,等.期刊栏目设置与影响力[J].中国科技期刊研究,2018,29(1):75-78.
[16] 姜敏,董悦颖.建立"编委初筛"环节强化稿件初审工作[J].编辑学报,2014,26(1):49-51.
[17] 肖时花.学术期刊选题策划的信息捕捉[J].编辑之友,2018,36(11):90-94.
[18] THELWALL M. Are there too many uncited articles? Zero inflated variants of the discretised lognormal and hooked power law distributions [J]. J Informetr, 2016, 10(2): 622-633.

科技期刊编辑部针对学术不端的防范措施

王 嘉，仲 辉，杨 琴

(国防科技大学出版社学报编辑部，湖南 长沙 410073)

摘要：在舆论的压力和现实的需求中，学术不端行为有了更多的表现形式，同时也变得更隐蔽和难以被察觉。针对层出不穷的学术不端及其边缘行为，编辑部要从运行机制和管理方式上入手，多手段多节点管控，有效杜绝学术不端行为的发生。本文把稿件出版全流程分为三阶段进行研究，从前期的宣传告知预防、中期的层层审查排除、后期的同行评议中利用各种技术方式，发现学术不端稿件，有效阻止各种涉嫌学术不端的论文进入发表流程。

关键词：学术不端；多节点；管控措施；防范

学术诚信是科研人员的基本品质也是科研交流的基石。我国拥有数量众多的由高校教师、在校研究生、科研院所研究人员、企事业单位科技人员等组成的作者群和审稿专家群，他们是我们国家的科研生力军，但在学术论文事关职称评定、课题立项、毕业评优、岗位聘用等利益的驱动下，少数人会不自觉有学术不端行为[1]。近几年，经媒体披露，各种学术不端行为逐渐浮出水面，给科研领域带来极大的负面影响。

我国政府和相关部门十分重视对学术不端的防范与治理，出台了一系列的政策文件，如《国家科技计划实施中科研不端行为处理办法(试行)》(科学技术部令第 11 号)、《关于进一步加强科研诚信建设的若干意见》、《学术出版规范 期刊学术不端行为界定(CY/T 174—2019)》等，这些政策文件的出台有助于界定学术不端行为，并有利于建立与完善使科研活动良性发展的管理体制和运行机制[2-3]。出版学术界也联合科技界开发了一系列检测工具，如同方知网的"学术不端文献检测系统"、万方"论文查重检测系统"、维普网"论文检测系统"等，这些检测工具的广泛使用成为遏制学术不端现象的有效手段[4-5]。

在各方面的舆论压力和现实的需求中，学术不端行为的具体行为有了更多表现形式，同时也变得更隐蔽难以被察觉。因此，在期刊出版流程中需要每一位编辑负好责、把好关，编辑部在流程管控上进行多环节控制、多节点检查，及时发现学术不端行为，威慑心存侥幸的潜在学术不端者，避免学术不端现象的发生，同时也避免因疑似学术不端而误伤优秀稿件和作者[6]。

1 学术不端的界定、示例及相应处理

学术不端行为，是指在科学研究、成果发表和学术交流活动中，行为主体各种违背科学共同体规范及惯例的明显且故意的行为。国家新闻出版署 2019 年发布的《学术出版规范 期刊学术不端行为界定(CY/T 174—2019)》对学术不端行为进行了界定，包括学术期刊论文作者、

审稿专家、编辑者所可能涉及的学术不端行为[7]。

(1) 论文作者的学术不端行为主要包括剽窃、伪造、篡改、不当署名、一稿多投、重复发表、违背研究伦理等。典型示例有：稿件的文字复制比超高且无合理解释；伪造实验过程，篡改数据；同一篇稿件向多种期刊投稿；稿件过度拆分发表，关键数据重复发表，同一科研成果重复发表；请人代写或为人代写论文；在关键部分使用他人数据而不标明引文；本人成果与团队系列成果关系处理不当；未经导师或课题组成员同意擅自投稿；投稿时向编辑部推荐人情审稿人；论文所涉及的研究超出伦理审批许可的范围；等等。

(2) 审稿专家的学术不端行为主要包括违背学术道德的评审、干扰评审程序、违反利益冲突规定、违反保密规定、盗用稿件内容、谋取不正当利益等。典型示例有：不负责任地随意评价稿件；给人情稿"开绿灯"；给有竞争关系的作者论文恶意评价；私下和作者联系以评审权力谋取不当利益；转卖在审稿件；等等。

(3) 编辑者的学术不端行为主要包括违背学术和伦理标准提出编辑意见、违反利益冲突规定、违反保密要求、盗用稿件内容、干扰评审、谋取不正当利益等。典型示例有：在匿名评审中向论文作者透露审稿专家的相关信息；擅自以与编辑程序无关的目的使用稿件内容；私下影响审稿专家，左右评审意见；利用编辑权利左右发表决定，谋取不当利益；等等。

针对第一种学术不端行为，是本文重点研究内容，编辑部一般会根据具体情况采取约谈作者，修改论文、退稿或撤稿的处理方式[8]；对于第二种情况，编辑部要注意防范，允许作者申诉或增加审稿人，规避某些有利益冲突的审稿人，若编辑部发现通过在审论文谋取不当利益的审稿人，一旦核实就拖入"黑名单"，永不再用；对于第三种情况，编辑部平时要加强职业教育，培养编辑者正确的职业道德观。

2 科技期刊编辑部针对学术不端的防范措施

针对层出不穷的学术不端及其边缘行为，既需要期刊编辑的火眼金睛和技术手段的辅助判别，也需要编辑部从运行机制和管理方式上进行把控，在多节点进行管控，才能有效杜绝学术不端行为的发生。本文结合笔者所在编辑部的工作流程将稿件投入审稿系统到论文发表这一过程分为三个阶段进行研究，前期是指作者准备投稿到稿件投入审稿系统；中期是指稿件三审这一时段；后期指稿件发排到出版发行。

2.1 前期以宣传告知为主，重在预防

编辑部在前期的防范措施中主要以宣传告知为主。例如，加强诚信宣传，在网站或者微信公众号等平台上宣传国家和有关部门的文件规定；在"投稿说明"中明确对各种学术不端及其边缘行为的态度和处理方式；对常见可能会引起疑似学术不端的行为进行风险提示；要求作者在投稿过程中承诺所投稿件没有学术不端问题并签署诚信协议等。

稿件投进系统后必须进行一次文字复制比查询，如果不符合要求即退给作者并要求作者给出合理的解释，若文字高复制比原因可以接受则指导作者进一步修改，如应标未标的引用，应列未列的参考文献等；若编辑不能把握作者给出的原因，则在提交外审时提请评审专家把关，如一些专业性的问题。

2.2 中期以审查为主，通过细节排除

责编在初审时要仔细考察作者的研究背景和作者单位的科研实力和科研设施是否和论文研究内容相符；根据作者提供的联系方式、推荐的审稿人、署名文件等判断所投稿件是否经

过导师或者研究团队负责人审核同意；基金项目是否标注规范合理[9]；在通读全文过程中，若发现段落风格前后不一致的地方，要审慎怀疑是否为外语种翻译的论文；如果发现图片、表格不像作者所绘制，如作者提供的不是可编辑的图片、表格而是比较模糊的截图图片，须与作者核实；发现文中突然出现大段文字图片取代可编辑文字的形式[6]，则要求作者必须改成可编辑的文字形式，并再次进行文字复制比检查；还要审查实验伦理及实验备案资料，尤其涉及人体和动物的实验[10]；鼓励上传原始实验数据以便评审专家评估。例如，开放科学计划(OSID)就提供一个多媒体平台，作者可以上传所有和研究相关的资料，如图片、视频、实验数据等，这些资料一般是不太适宜在论文中出现，但又有助于其他人了解作者科研实力和科研过程。审稿专家和读者还可以通过这样的平台和作者直接交流，获取更多的实验背景材料，了解作者的科研过程，从某种程度上说也是防范了学术不端。

责编在送外审时要审核评审专家的科研学术背景是否能担当审稿的职责，尽量寻找研究背景相同或接近的"小同行"；外审尽可能实行双向匿名审稿或单向匿名审稿；提供审稿指南，告知期刊层次和收录稿件的整体情况，提醒审稿老师客观公正地对待论文；既要提醒审稿老师注意防范作者的学术不端问题，也要告知审稿老师在审稿过程中哪些行为属于审稿的学术不端；保留审稿的流程细节记录，以便以后查询。

审稿意见返回后，责编还须认真通读审稿意见，并对照论文检查是否有学术不端问题；对于审稿专家提出的数据来源、创新观点、实验设计、图表内容方面的问题，责编须提醒作者关键的实验数据是否可以在专业数据中心注册，创新观点是否是原创，实验设计是否与作者科研背景科研实力相符，图表内容若来源他处需要标明引用。在返修说明中要求作者针对审稿专家的意见逐一给出合理说明，论文也要做相应修改，突出自己的工作，减少不必要的研究背景说明。

录用前责编再检查一次论文文字复制比，并结合修改说明确定是否及时退稿还是可以进一步修改；再次要求所有作者签名并确定作者排序；提醒作者最后一次确认论文信息，论文通过终审被录用后，原则上不再更改任何论文信息。

2.3 后期以同行评议为主，查缺补漏

论文发排时，责编再做一次论文文字复制比查询，因出版周期基本在一年左右，此时的文字复制比可能又会发生一些变化，所以这次的查重还是很有必要，如果出现问题，还是可以及时处理；在后期的编校环节中，编辑仔细通读论文，发现问题及时和作者沟通解决，通过作者对问题的反馈，如对论文每一部分的熟悉程度和与指导教师的沟通等情况，可以大致判断这篇论文是否会有潜在的学术不端问题。

在整期期刊电子版定稿，准备上传数据前，还可以做最后一次论文文字复制比查询。如果此时查重数据较高，且作者无法给出合理的解释，只能撤稿，宁愿这一期少一篇论文，也绝不留后患。

期刊电子版上传网站后，一般开放评价，这个环节可以发现一些隐性的学术不端。例如，我刊的一位读者在浏览网站论文时，发现一篇论文和他看过的某篇英文会议论文相似，读者找到这篇同一作者的英文论文后，在网站上给编辑部留言，我们得知消息后迅速联系作者，要求作者给出解释说明，并将作者的解释文档和论文再次送审，外审意见回来后，我们再把处理意见反馈给该读者。通过这件事，可以总结出，论文只有预计会被很多同行们看到，并会经受很多专业检验的情况下，作者才会有足够的敬畏心认真对待论文，学术不端行为才能

有效避免。所以，我们期刊一直通过各种方式推广论文，如免费下载电子版，加入各大数据库，微信推广，加入OSID计划等，目的就是希望能吸引更多论文的"小同行"们的关注。

3 结束语

学术不端行为给科研领域带来了极大的负面影响，每一位科研工作者都要重视这个问题。作为科技期刊编辑部，应充分发挥职能作用，通过优化出版流程，从编辑出版的各个关键环节发力，制定各种预防措施，利用好各种科技手段，堵塞管理漏洞，严防各种涉嫌学术不端的论文进入发表流程。

参 考 文 献

[1] 唐虹,朱银周.学术不端检测中文字复制比超限稿件的取舍分析[J].中国科技期刊研究,2020,31(3):281-287.

[2] 张利田,郑晓梅,靳炜,等.面向科技期刊编辑部的学术不端及其边缘行为防范和处理导则的制订方法及主要内容[J].中国科技期刊研究,2020,31(5):518-523.

[3] 郑晓梅,张利田,王育花,等.期刊编辑和科研人员对学术不端及其边缘行为的界定、防范和处理认知的调查结果分析[J].中国科技期刊研究,2020,31(4):401-412.

[4] 吴凌,李海霞,郭桃美.国内五个学术不端文献检测系统的对比研究[J].科技传播,2019,11(10):7-12.

[5] 孙雄勇,耿崇,申艳.学术不端检测的难点及对策[J].中国科技期刊研究,2019,30(1):14-18.

[6] 张重毅,方梅.科技论文隐性学术不端行为判别特征分析[J].中国科技期刊研究,2019,30(1):24-28.

[7] 国家新闻出版署.学术出版规范:期刊学术不端行为界定:CY/T 147—2019[S].全国新闻出版标准化技术委员会,2019.

[8] 刘春明.防范学术不端的实践与思考[J].中国科技期刊研究,2019,30(1):6-8.

[9] 舒安琴,罗瑞,张耀元,等.科技期刊中国家自然科学基金标注失范现象的调查[J].中国科技期刊研究,2020,31(4):413-418.

[10] 任艳青,靳炜,翁彦琴.撤销论文的学术不端行为新特征及启示[J].中国科技期刊研究,2019,30(12):1251-1258.

突发事件与学术期刊选题策划
——以新冠肺炎主题征文为例

王 玉

(上海行政学院校刊编辑部,上海 200233)

摘要：新冠肺炎疫情重大突发事件,给学术期刊选题策划及正常出版工作带来了极大挑战。分析国内学术期刊新冠肺炎主题征文发现,为有效应对突发事件带来的种种挑战,刊物采取了开辟绿色通道、借力网络出版、创新征文形式、强调实践价值等有力措施。要做好学术期刊突发事件选题策划、应急出版工作,必须建立突发事件选题策划机制,健全在线投审稿、数字出版系统,坚持用学术讲好突发事件。

关键词：学术期刊；选题策划；新冠肺炎；突发事件；应急出版

从 2019 年底到现在,一场罕见的新型冠状病毒肺炎疫情肆虐全球,正常的生活生产秩序陷入停摆或半停摆状态。在这至暗时刻,包括学术期刊在内的编辑出版界积极行动起来,陆续推出新冠肺炎主题出版,为疫情防控贡献知识的力量[1]。仅笔者所见,截至 2020 年 3 月初,国内就有 20 多家人文社科类学术期刊在微信公众号或网站上推出新冠肺炎主题征文。选题策划是学术期刊的核心竞争力之一。面对重大突发事件,学术期刊应该采取何种得力措施做好选题策划、应急出版呢？新冠肺炎疫情主题征文为我们观察学术期刊策划突发事件选题、开展应急出版提供了鲜活的实践样本。

1 学术期刊进行突发事件选题策划面临的挑战

进行选题策划是学术期刊的常规工作之一。一般来说,每种学术期刊都有自己的常设栏目,每年还会根据社会形势与学术热点提前策划一些专题、专栏甚至专刊。但突发事件与一般性社会热点相比,既有相同的地方,也有显著的不同点。从相同点来看,一般性社会热点选题策划是进行突发事件选题策划的基础；从相异点来看,突发事件选题策划给学术期刊提出了更多的挑战。

第一,突发性。与一般性社会热点选题策划不同,突发事件选题策划的首要特点是突发性,即不可预期性。在讨论学术期刊选题策划时,时效性是一个重要的维度,这要求刊物编辑具备高度的职业敏感度,能够分析趋势,见微知著,提前布局。但这次新冠肺炎疫情突然暴发,并迅速波及全球,资讯铺天盖地,这时候各大学术期刊之间比拼的就不是预判能力。因为没有学术期刊会料到今年要暴发新冠肺炎疫情。

第二,危害性。进行一般性社会热点选题时,学术期刊通常处于置身于事外的旁观者角色。但新冠肺炎疫情刷新了我们的认知,整个社会几陷于停摆状态,就学术期刊生态链而言,作者、编辑、外审专家、印刷发行从业人员等每一个环节都可能掉链子,比如作者滞留外地,编辑居家隔离,印厂无法及时复工。学术期刊本身成了突发事件的受害者之一,此时再策划突发事件选题、开展应急出版自然雪上加霜、难上加难。

第三，紧急性。以新冠肺炎疫情为例，2020年1月23日，武汉市城市公交、地铁、轮渡、长途客运暂停运营，机场、火车站离汉通道暂时关闭[2]。这意味武汉正式"封城"，中国全面打响疫情防控的阻止战。而第二天(1月24日)就是农历大年三十，中国最重要的传统节日之一。更紧急的是，疫情一直在快速蔓延，整个防控工作在高度紧张地进行当中。学术期刊在此时实施相关选题策划，犹如生产紧缺的防疫物资，必须加班加点，尽快为打赢新冠肺炎疫情防控阻击战提供智力支持。

2 学术期刊应对突发事件选题策划的措施

习近平总书记指出，这次抗击新冠肺炎疫情，是对国家治理体系和治理能力的一次大考。要研究和加强疫情防控工作，从体制机制上创新和完善重大疫情防控举措，健全国家公共卫生应急管理体系，提高应对突发重大公共卫生事件的能力水平[3]。如果站在学术期刊编辑的角度来看，这次抗击新冠肺炎疫情，同样是学术期刊突发事件选题策划能力、应急出版能力的一次大考。那么，面对突发事件时，学术期刊是如何迅速开展选题策划的呢？通过梳理上文提到的20多家学术期刊的疫情防控主题征文可以发现，突发事件的背景让这些学术期刊的选题策划、应急出版工作，呈现出了与一般性社会热点选题策划迥然不同的新现象和新特点。

2.1 开辟绿色通道

新冠肺炎是重大突发事件，疫情还在发展中，而且叠加了假期，学术期刊的常规审稿流程不能适应选题策划需要，必须启动应急流程，特稿特审。学术期刊三审三校的根本制度必须坚持，但形式要灵活、进度要加快，以应急状态的审稿流程应对突发事件选题策划。比如，《武汉大学学报(哲学社会科学版)》《武大国际法评论》和《新闻与传播评论》等刊物都比较快地进入应急状态，对相关来稿开通了快速审稿的绿色通道。在审稿流程上，一些学术期刊也作了变通。比如，《城市治理研究》许可作者先提交摘要，专家盲审，然后再完成全文。《电子科技大学学报》的投稿经专题编委会快速评审、主编快速终审后即可录用。

2.2 借力网络出版

现在绝大部分学术期刊都被多种数据库收录，但收录时间一般会晚于纸质刊物出版时间。为了克服纸质刊物出版的相对滞后性，最大限度提升所刊发的论文的影响力，网络首发成为各大数据库力推的新举措。不过，出于种种考虑有些刊物对其重要性仍然认识不足。新冠肺炎疫情则让网络首发的优势尽显。由于疫情防控的需要，刊物编辑一般隔离在家，好在线上审稿的难度不大，即使没有建立在线投审稿系统，通过电子邮件也可以保证三审三校制度的顺利执行。然而，纸质刊物的印刷、发行问题，就成为学术期刊开展突发事件选题策划的软肋。一些印刷厂因为假期叠加疫情，无法正常开工、复工，学术期刊即使稿件全部"齐、清、定"了，依然无法及时印刷发行。这时候网络首发、在线出版的重要意义就凸显出来。如《电子科技大学学报》所有录用稿件经编辑快速编校即可获取doi号，并在网络上优先发表。《城市治理研究》的拟录用稿件全文会及时上线，以便于被下载、引用、转载。总体来看，数字出版已成为新冠疫情应急出版的重要形式[4]。

2.3 创新征文形式

在各种媒介已经高度融合的今天，学术期刊还拘泥于纸质载体吗？答案显然是否定的。除了长篇大论的学术论文外，短平快的学术评论也成为学术期刊青睐的征文对象。这背后是学术期刊新的抓手——微信公众号平台的崛起。比如,《探索与争鸣》微信公众号推出了"新型肺炎防控"专题,并明确 3 000 字以内的征文在微信公众号上发表。《公共管理与政策评论》微信公众号也推出了"新型肺炎防控"专题,主要刊登学术评论。

此外,一些学术期刊还将征文扩展到"云端"学术会议。比如,《复旦公共行政评论》将期刊征文与会议征文合二为一,并提出,如作者无法参会,可以通过网络视频参会。《公共管理与政策评论》也表示,大力支持研究者组织相关主题工作坊。

2.4 强调实践价值

与决策咨询类的文章不同,人文社科类学术期刊较少刊发纯粹的应用对策型文章,他们更多的是强调学理性研究。即便是公共管理等注重实践价值的学科的论文会提出对策建议,但一般也是强调学理性研究与应用性研究的有机融合。这次新冠肺炎主题征文却更加注重理论联系实际,要求相关论文具有实践指导价值。当然,这是可以理解的,因为疫情防控还在紧张地进行当中。比如,《求索》明确,论文要围绕当前正在进行的新冠肺炎疫情应对与防控中存在的亟待解决和探讨的问题。《探索与争鸣》《广州大学学报(社会科学版)》要求,论文要能够将学术研究和现实关怀相结合,为解释和解决现实问题提供独到的思路。总而言之,学术期刊应在新冠肺炎疫情防控中承担相应的社会责任,在疫情过后也应继续发挥其抗疫成果传播和精神引领作用[5]。

3 启示

对广大学者而言,要把论文写在祖国大地上;相应地对广大学术期刊而言,就是要把论文发在祖国大地上。改革开放 40 多年来,中国学术期刊获得了空前的大繁荣大发展。在新时代,学术期刊如何"百尺竿头更进一步",以新冠肺炎疫情为代表的突发事件给我们提出了全新的课题。这次学术期刊新冠肺炎主题征文实践,在突发事件选题策划和应急出版领域至少带来了以下几点启示:

3.1 建立突发事件选题策划机制

做好学术期刊突发事件选题策划,必须建立完善相关机制。建议在一般性社会热点选题策划的机制上,增加一章突发事件选题策划预案。编制突发事件选题策划预案,必须充分考虑方案的可操作性,刊物编辑要经常演练,并不断充实完善方案。相较于学术期刊,图书出版界早在几年前就提出要建立应急出版机制[6],这是很有预判性的。值得一提的是,在新冠肺炎疫情中一些学术期刊比较及时地开展了选题策划,这说明它们也拥有相对较快的反应机制。比如,1 月 27 日,也就是大年初三,春节假期还未结束,《探索与争鸣》就公告要在微信公众号推出"新型肺炎防控"专题。

完整的突发事件选题策划过程,包括事前策划、事中出版、事后宣传三个环节。除了策划、出版外,刊物编辑还需要具有营销、推广意识,广泛利用各种渠道做好相关宣传,这是突发事件选题策划关键的"最后一公里"。比如,《治理研究》刊发一组新冠肺炎专题文章后,利用微信公众号加以宣传,并借力学者在相关学科群里反复推介,扩大已刊论文的影响力,并为下一期组稿奠定基础。

3.2 健全在线投审稿、数字出版系统

当前学术期刊在信息化技术的应用上参差不齐,个别刊物还在采用原始的纸质投稿方式,大多数刊物是电子邮箱投稿,有些刊物使用在线投审稿系统但不稳定,也有部分刊物开始尝

鲜网络首发。这次疫情的爆发，充分暴露了国内学术期刊数字化出版能力不强、网络首发平台应用不充分等问题[7]。在移动互联网时代的背景下，学术期刊要在突发事件选题策划中占得先机，必须在网络等硬件上下工夫，建立完善在线投审稿、数字出版系统。在新冠肺炎疫情重大突发事件影响下，越来越多的学术期刊感到了建立健全在线投审稿与网络数字出版的紧迫性。比如，从 2020 年 6 月 1 日起，《行政管理改革》和《经济社会体制比较》杂志将启用在线投稿系统。

此外，要充分借力微信等新兴技术平台为学术期刊进行突发事件选题策划、开展应急出版服务。这次学术期刊大规模进行新冠肺炎主题征文，让编辑出版界开始意识到，微信公众号不仅是发布消息的新媒体平台，比如发布征文启事和论文摘要；还是刊发学术评论的"准期刊"平台，有些刊物甚至已经在上面推出了系列专题。这充分说明，学术期刊需要高度重视微信公众号这种新媒介，其地位已经跃升为纸质刊物的一个小号，分量绝对不可轻视。不过，目前大多数科研单位在统计学术成果时，尚不认可在学术期刊微信公众号平台上刊发的文章。所以，要充分调动学者的积极性，还有待科研单位的考核机制作出相应的调整。除了微信公众号平台外，学术期刊的编辑也要善于运用微信朋友圈、学者群。比如，新冠肺炎疫情发生以来，一些学者在微信朋友圈、学者群里发布在线问卷，借助问卷，编辑就可以轻松了解到他们正在研究什么，进而有的放矢地进行组稿。

3.3 坚持用学术讲好突发事件

重大事件具有社会价值与学术价值两重属性[8]。在进行突发事件选题策划时，刊物编辑必须认真考虑，突发事件如何转换成学术问题，和所在学术期刊又有什么交集。以新冠肺炎疫情主题征文为例，相关学术关键词就涉及安全、灾害、应急、风险、危机、舆情、谣言、经济，等等。这为学术期刊进行突发事件选题策划提供了足够的操作空间。有些刊物称，只要和新冠肺炎疫情有关的研究即可。有些刊物则将其扩大到地震、海啸、蝗灾等自然灾害，以及污染、重大安全事故甚至战争等领域。在学科上也是如此，多家刊物鼓励跨学科、大视野的深度研究。虽然可选动作比较多，但比较可行的是根据各自学术期刊的特色量身打造主题征文。比如，作为城市类学术出版物，《城市治理研究》主打"城市疫情治理"。《新闻与传播评论》的征文主题是"国际突发公共卫生事件中的传播应对与反思"。《武大国际法评论》的征文主题是"重大公共卫生事件的国际法问题"。这些都是高度结合刊物自身定位的优秀选题策划。《复旦公共行政评论》甚至提出了一个新的学术概念，它的征文题目为"急时行政：极限条件下的公共治理"，而且明确"急时行政"与应急管理不一样，虽然有个别学者对此并不认同，但毫无疑问拓展了讨论的空间。

学术期刊发表的是学术性论文，不是理论宣传文章，更不是其他类型的文章。近年来，一些学术期刊遭到了学术界的非议，主要原因就是偏离了学术的主航标，这要引起办刊人的警觉。这次新冠肺炎主题论文也出现了一个反面事例。《***学报(哲学社会科学版)》网络首发的一篇蹭热度但缺少学术含量的论文，引起了较多的批评，显然刊物没把好关，负有责任。学术文章，要少喊口号，多些理论分析。正如《中国政法大学学报》强调的，要从具体问题出发，从学术问题着手。坚持用学术讲突发事件，这才是学术期刊进行选题策划的立身之本。

4 结束语

新冠肺炎疫情重大突发事件给学术期刊选题策划、应急出版上了一堂居安思危的大课。

一方面，突然事件选题策划是学术期刊核心竞争力的体现，要想在众多学术期刊中脱颖而出，必须建立完善突发事件选题策划机制。另一方面，像新冠肺炎疫情这种重大突发事件会造成学术期刊本身工作的暂时停摆，突发事件选题策划又与应急出版紧密联系在一起。从这个意义上讲，对学术期刊而言，建立完善突发事件选题策划出版机制，既是提高选题策划工作效率的重要抓手，也是确保刊物在非常时期能够正常出版的有效举措。

参 考 文 献

[1] 李娜,王凤廷.公共突发事件中的应急出版:以新冠肺炎出版物为例[J].现代出版,2020(2):86-88.
[2] 我们在武汉|1 月 23 日从北京到武汉[EB/OL].(2020-01-23)[2020-08-26].http://www.xinhuanet.com/politics/2020-01/23/c_1125498491.htm.
[3] 习近平主持召开中央全面深化改革委员会第十二次会议强调 完善重大疫情防控体制机制 健全国家公共卫生应急管理体系 李克强王沪宁韩正出席[EB/OL].(2020-02-14)[2020-05-25].http://www.xinhuanet.com/politics/2020-02/14/c_1125575922.htm.
[4] 王大可,李本乾.数字时代救灾应急出版的传承与新变[J].中国编辑,2020(7):58-61.
[5] 田杰,王雅娇,王佳.学术期刊在突发公共卫生事件中的社会责任与思考:以新冠肺炎疫情为例[J].中国科技期刊研究,2020,31(3):241-247.
[6] 孙宇,张淙.关于应急出版机制的几个要点分析[J].科技与出版,2014(4):62-64.
[7] 王景周,崔建英,谭春林,等.COVID-19 研究成果在中国知网网络首发状况的调查与思考[J].中国科技期刊研究,2020,31(4):483-489.
[8] 程琴娟.重大事件对学术期刊的影响及其选题策略[J].出版发行研究,2015(1):55-57.

学术期刊与新型智库的协同发展策略
——以《上海行政学院学报》为例

周 巍

(《上海行政学院学报》编辑部,上海 200233)

摘要:新型智库建设与学术期刊发展目标相近,高度同频共振,且互为补充,具备协同发展的现实条件。《上海行政学院学报》在实践中,通过优化完善编委会制度,搭建互动平台;通过聚焦高端成果、打造特色栏目、策划重要选题,使期刊内容与新型智库成果高度对接;通过研讨会、工作坊等进一步拓展与新型智库的合作方式,从而有效推进学术期刊与新型智库的协同发展。今后,两者还要在新媒体平台互动、团队建设、对外传播等方面不断探索,提升发展效能。

关键词:学术期刊;新型智库;协同

党的十八大以来,党中央、国务院高度重视中国特色新型智库建设,先后印发了《关于加强中国特色新型智库建设的意见》《国家高端智库建设试点工作方案》等,为新型智库建设指明了方向,明确提出"中国特色新型智库是党和政府科学民主依法决策的重要支撑,是国家治理体系和治理能力现代化的重要内容,是国家软实力的重要组成部分",要以"服务党和政府科学民主依法决策为宗旨"[1]。

学术期刊作为学术研究成果发布的平台,同时又是相关研究成果转化的重要渠道。在《关于规范学术期刊出版秩序促进学术期刊健康发展的通知》中特别强调:"学术期刊是国家科研和国家文化软实力的重要组成部分,在繁荣学术研究,推动文化创新,促进经济社会发展和科学技术进步等方面发挥着不可替代的作用。"[2]

由此可见,学术期刊与新型智库同为国家软实力的标志,有着相近的发展目标,高度同频共振。学术期刊与新型智库既互相独立,又相互依存。一方面,新型智库建设需要学术交流平台、成果转化渠道,学术期刊恰好能提供相关服务;另一方面,学术期刊提升影响力传播力,需要进一步延展视野、聚焦问题,新型智库的研究成果正好可以丰富学术期刊的发展内涵。

《上海行政学院学报》是由上海行政学院主办的政治类学术期刊,入选中文社会科学引文索引来源期刊(CSSCI)等评价体系,先后获得"全国高校精品社科学报""上海市高校最佳学报"等荣誉。近年来,为了适应学术期刊发展新要求,《上海行政学院学报》主动呼应新型智库建设需求,结合自身特点与优势,在实践中不断探索学术期刊与智库的协同发展策略。

1 完善编委会制度,打通互动平台

在《关于加强中国特色新型智库建设的意见》中,明确了各级各类新型智库的发展目标。对《上海行政学院学报》来说,首先要立足自身,服务好党校行政学院新型智库建设,因此期刊结合主办单位的实际情况，不断优化完善编委会制度。

编委会成立初衷，是要借由专业优势，提升学术质量，推动期刊创新发展。目前，编委会主任由上海市委组织部副部长和常务副校长担任，编委会副主任由分管教学、科研、新型智库的校领导担任。编委会成员从最初的各教研部主任，到吸纳与新型智库建设相关的行政部门领导如教务处处长、科研处处长等进入，再到把与新型智库建设最密切的决策咨询部主任、上海发展研究院及马克思主义学院负责人充实进编委会。这样的编委会构成做到了教学、科研、咨询重点部门的全覆盖，相对固定又动态发展的编委会制度，打通了期刊与新型智库的互动平台。同时，《上海行政学院学报》还有一支特别的校外智库专家审稿队伍，来自科研院所、高校、专业智库机构等，为期刊的内容把关，无形中承担起"特殊编委"的作用。

定期的编委会会议和不定期的编委、专家意见反馈，使期刊更容易了解新型智库发展的时代需求，及时作出反应；同时，也使新型智库从刊文中找到新问题、探寻新思路、提出新对策，为两者协同发展做好制度设计。

2 期刊内容与新型智库成果高度对接

2.1 聚焦高端成果

基金资助项目多为学界所关注的学科热点和前沿研究课题，或者是国家、地区迫切需要解决的一些重要问题[3]。国家社科基金项目的很多课题，明显具有智库生产的特征[4]。因而，《上海行政学院学报》在办刊过程中，注重刊发基金资助论文。一方面，一些基金论文本身就是新型智库研究的重要成果，通过刊文发表实现智力转化；另一方面，有些基金论文可能反映了基础性的、现实性的问题，为新型智库的相关研究提供有价值的研究视野。

2014年，《上海行政学院学报》刊发基金论文50篇，占比52.63%；2015年为56篇，占比65.12%；2016年为51篇，占比60%；2017年为57篇，占比75%；2018年为53篇，占比77.94%，2019年为52篇，占比77.61%。从数据中不难看出，基金论文比呈现稳定增长的态势，其中国家级课题等高端成果占到55%，2017年以来国家级课题等高端成果更是占到75%。期刊的内容发表与新型智库成果生产实现了较高的融合。

2.2 打造特色栏目

栏目是学术期刊的核心与导向，最能体现期刊的发展理念。近年来，学术期刊不断向专业化、特色化转型，更加深入地阐释所属领域的最新研究成果，从而达到扩大影响力的目标。这也正是学术期刊内容与新型智库成果对接的有利条件。如何体现专业性？最直接的便是加强特色栏目建设[5]。特色栏目的设立需要经过精心的谋划设计，既能集中体现办刊思想，又能树立鲜明的品牌特色；既能发挥主办单位和新型智库的优势，又能对刊文质量起到积极的推动作用。

《上海行政学院学报》自2000年创刊以来，主要聚焦的是公共管理学科的前沿问题，常设有公共管理栏目，随着国家治理体系和治理能力现代化相关研究的大量需求，原有栏目设置较为宽泛，并不能有效凸显期刊的重点方向。于是，编辑部在2013年策划了新栏目"大城市公共治理"，明确了两个关键词"大城市"与"治理"，特色栏目既呼应了《上海行政学院学报》所处的地域环境，从大城市的视野出发，深入挖掘改革中的现实问题、核心问题，又从党中央深化改革的总目标、新型智库关心的现实问题以及主办单位的优势学科背景出发，将"治理"这篇文章做精做细做实。

自 2013 年"大城市公共治理"栏目设立至 2019 年底，已刊发 53 篇文章。刊文体现了以下特点：一是注重政策性与学术性兼顾，将学术期刊的基础理论研究与新型智库关心的政策研究紧密结合起来。这样，既不会使理论沦为空洞的文字，也不会使政策因缺乏理论支撑而不够科学深入。例如，以国家-社会二分法为视角，探索大都市社会安全预警建设的机理及其利用；从公共参与的角度，研究居民参与大城市社区治理的相关议题；以流程再造的理论，进一步分析大城市政府构建权力清单制度的方向；等等。二是围绕上海城市发展中的问题做文章。在 53 篇文章中，有 18 篇反映了上海城市治理中的各种问题，如"社区治理""流动人口管理""生态环境治理""城市综合执法""网格化协同治理""生活垃圾处理""养老服务供给"等，并提出有针对性的政策建议，及时响应上海市委一号课题《关于进一步创新社会治理加强基层建设的意见》，同时，还加强与本地智库研究机构如上海华夏社会发展研究院、上海国有资本运营研究院等合作，共同探讨问题，使特色栏目与国家、地方、党校行政学院等新型智库的研究重点高度对接。

2.3 策划重要选题

除了特色栏目外，《上海行政学院学报》牢牢把握新时代的发展脉搏，以习近平新时代中国特色社会主义思想为指导，时刻关注经济社会发展中具有趋势性的重大问题，做好重要选题的策划工作，强化新型智库应用对策研究成果的传播。选题策划体现出"快""新""深"的特点[6]。

一是"快"，有敏锐的选题洞察力。随着十三五规划中明确提出"推动粤港澳大湾区建设"，《上海行政学院学报》马上捕捉到了相关选题，由于较早的酝酿策划，2017 年第 1 期刊发的"构筑湾区经济引领的对外开放新格局——基于粤港澳大湾区开放度的实证分析"一文，至今总下载量高达 8 354 次，在粤港澳大湾区相关研究论文中排名第 3，被引 70 次，排名第 6，影响广泛。

二是"新"，在宏大的背景下开拓新的研究视野。例如，党的十八大作出建设海洋强国的重大部署，于是，海洋建设在近几年成为新型智库重点研究领域，但在同类的学术期刊中并没有相关栏目，有关论文也较少。于是，《上海行政学院学报》抓住这个契机，结合公共管理专业背景，先后策划了 18 篇"海洋管理"的文章，比如"海洋强国背景下海洋行政管理体制改革的思考与重构""政府工作报告中的海洋政策演变""海洋环境污染治理府际协调研究"等，18 篇文章均被引用，多篇文章被引超过 20 次，对于跨学科多角度的研究提供了新的探索。

三是"深"，做到精耕细作。专题策划与单篇文章相比，要能清晰地展示出不同研究视角和成果，因此需要深入挖掘，从研究方法、理论视阈、思考角度等方面综合谋划选题，使专题探讨更加深入立体。例如，2015 年第 2 期的"绩效管理"专题，有宏观的理论阐释，有微观的思考分析，还有趋势展望，丰富了专题内容，刊发的 4 篇文章引用次数都较高，打出了组合拳。

3 拓展学术期刊与新型智库协同发展的方式

3.1 利用新型智库研讨会精准组稿

近年来，《上海行政学院学报》编辑部积极利用新型智库研讨会等机会精准组稿。例如，与中国公共经济研究会等单位联合主办了"中国城镇化的走向、问题和选择"研讨会。这次会议邀请了国务院发展研究中心、财政部、国家行政学院、复旦大学、南京大学等单位的 30 多位专家学者参会，就城镇化议题展开了充分的研讨，编辑部充分利用这次机会，责任编辑"人盯人"落实组稿任务，把新型智库研讨会开成了"送上门来"的组稿会，经过对选题与内容的打磨，刊发了研讨会的系列论文，反响热烈。

3.2 依托工作坊等形式，孵化作者队伍

学术期刊的作者队伍汇集了全国各地的专家学者，新型智库建设正需要熟悉业务政策又具有扎实学术功底的研究人员。因而，两者的人员构成是高度重合的，但是，一些学者擅长理论研究，却未必能找准与现实土壤的切入点。为此，编辑部这些年先后赴四川大学、云南大学、南开大学、吉林大会、兰州大学、天津师范大学、复旦大学、上海交通大学等高校举办小型专题工作坊，工作坊的形式本身就带有智库研讨的特点，围绕"国家治理现代化""公共危机管理""电子政府"等大主题，选取其中的小切口如"社区资源共享""基层邻避冲突的化解""政务新媒体的技术传播"等开展交流。在方式上特别注重对各地基层案例的选取与分析。在人员上，除了紧盯知名专家学者，还注意对青年学者的孵化培养。实践证明，这些工作坊为期刊培养了一支高质量的作者队伍，其中的不少青年学者已经成为知名的教授、研究员、领军人物，同时也为各地各级新型智库储备了人才。

4 展望与建议

《上海行政学院学报》通过与新型智库的协同发展，更加明确自身定位，树立了鲜明的行业特色，提升了期刊影响力。实践证明，学术期刊与新型智库协同发展，可以使研究问题更有温度更有深度更有效度，上接党中央和国家发展战略的天线，下接地方实践的地气，实现基础研究、应用研究和战略决策三位一体，既能充分发挥学术期刊的学术价值引领功能，又能强化新型智库的决策咨询功能。

但是，在实践中，依然存在一些需要改进和完善的地方，这可能也是学术期刊与新型智库协同发展中的共性问题。

4.1 增强新媒体平台互动，提升传播效果

当前，大部分学术期刊都开通了微信公众号，但是发展水平参差不齐，有的微信公众号如"探索与争鸣"会不定期发布圆桌论坛、专题策划等内容，聚焦经济社会发展中的重要话题、创新问题等，形成与新型智库的网络联动，但还有不少期刊的微信公众号限于人手、经费等问题，仅停留在每期的目录发布、文章推送，发布频次较低，内容单薄、影响力不大。因此，可以考虑按照系统、领域、学科等划分，以相关智库的新媒体平台为中心，联合多家学术期刊共同策划，由学术期刊提供内容支撑，智库机构协调选题、负责日常运营，发挥各自的优势与专长，既可以解决单一学术期刊微信公众号运营的困境，又可以进一步增强互动性，推动智库新媒体的发展，提升研究成果的传播效果。

4.2 共同开展研究，加强团队建设

学术期刊的发展离不开高质量的作者队伍，同时也依托一支优秀的编辑队伍，多年来，围绕编辑学者化和学者型编辑的讨论一直存在。学者型编辑并不等同于学者加编辑的简单累加，而是学术研究和编辑学耦合产生的一种高素质、高境界、有学识、有修养、有魄力的优秀人才。他们能够在所编辑的学科领域高屋建瓴、目光高远地判断和甄别优秀稿件，精准挖掘稿件的价值，发掘作者的创造力[7]。因此，新型智库可以聘请相关学术期刊的编辑担任研究员，共同开展研究，充分发挥编辑敏锐的洞察力、对研究问题的前瞻性等特长，编辑也可以

在参与研究的过程中积累经验、加强专业学习、提升编辑素养,从团队建设上夯实协同发展的基础。

4.3 扩大对外传播,讲好中国故事

对外讲好中国的发展故事是新型智库不可或缺的使命与担当,而要"讲好中国故事"的独特品质和普遍价值,就要努力构建能充分容纳和有效解释中国经验和道路的学术体系,为各界讲好中国故事、为世界理解中国好故事提供学理支撑。当前,中国道路提供的"好故事"很多,如何"讲好故事"还有很大的提升空间[8]。这就要求学术期刊提高站位,加强对中国发展道路的总结和提炼,与新型智库一道积极参与国际交流和对话,增进国际社会对中国的理解和认识,同时为全球治理提供中国经验和中国智慧。这也是今后学术期刊与新型智库协同发展的重要方向。

参 考 文 献

[1] 加强中国特色新型智库建设[N].人民日报,2015-01-21(1).
[2] 国家新闻出版广电总局.关于规范学术期刊出版秩序促进学术期刊健康发展的通知[J].中国期刊年鉴,2015(1):514-515.
[3] 苏新宁.构建人文社会科学学术期刊评价体系[J].东岳论丛,2008(1):35-42.
[4] 金福林.学术期刊与智库建设的互动关系[J].社会观察,2015(11):16.
[5] 何峰.高校社科学报栏目建设中的问题意识研究[J].科技与出版,2019(10):64-69.
[6] 周巍.党校行政学院精品期刊高被引论文分析[J].传播与版权,2018(1):44-46.
[7] 马丹丹,王瑞霞.期刊发展需要学者型编辑[J].编辑学报,2019,31(增刊 2):206-207.
[8] 本刊编辑部.加强中国特色新型智库建设讲好中国故事:中国公共管理高端讲坛第六讲会议综述[J].公共管理评论,2020,2(2):171-176.

2012—2019 年《中华创伤骨科杂志》论文发表时滞量化分析及改进建议

张以芳，聂兰英

(南方医科大学南方医院《中华创伤骨科杂志》编辑部，广东 广州 510515)

摘要：调查分析近 8 年《中华创伤骨科杂志》论文发表时滞(DPA)，通过量化各类型文章的出版周期，为医学期刊编辑优化选稿、审稿流程以提高杂志时效性和质量提供数据依据。利用 Excel 2007 软件对 96 期 1 874 篇论文的 DPA 天数按年度、文献类型、是否基金类文章、是否重点刊文章及是否约稿文章进行分类统计，然后通过 IBM SPSS 23.0 统计软件进行数据处理。《中华创伤骨科杂志》2012—2019 年 8 年平均 DPA 为 184.9 d。平均 DPA 最长为 2013 年，为 215.5 d；最短为 2017 年，为 170.0 d。论文刊登数最多为 2013 年，为 271 篇；最少为 2018 年和 2019 年，均为 202 篇。每年度将 DPA 按时间长度分为 5 组：≤90 d 刊出稿共 315 篇，91~180 d 刊出稿共 614 篇，181~280 d 刊出稿共 652 篇，281~380 d 刊出稿共 264 篇，>380 d 刊出稿共 29 篇。最多的一组为 181~280 d 刊出组，共 652 篇，最少为 >380 d 刊出组，共 29 篇。8 年间 DPA≤90 d、91~180 d 刊出组的刊文数量各年度间比较差异均无统计学意义($P>0.05$)，但 181~280 d、281~380 d 和 >380 d 刊出组的刊文数量各年度间比较差异均有统计学意义($P<0.05$)。各栏目文献类型刊登 DPA 差异有统计学意义($P<0.05$)，其中述评类文章平均 DPA 最短，为(19.4±7.2) d，实验研究类文章平均 DPA 最长，为(326.1±176.8) d。基金类文章与非基金类文章 DPA、重点刊与非重点刊 DPA、约稿与自由投稿 DPA，以上项目比较差异均有统计学意义($P<0.05$)。《中华创伤骨科杂志》的 DPA 有逐年缩短的趋势，临床论著和评述类文章的 DPA 明显较短，基金类文章、重点刊文章和约稿文章 DPA 也明显较短。期刊编辑应在选稿和审稿过程中在公平对待所有来稿的同时，提高优秀稿件的甄选能力和审稿效率，从而提高论文时效性，缩短 DPA。其次，推进优先数字出版的常态化，利用目前的资源和工具优化出版流程，同时强化作者对 DPA 的重视程度也同样可以有效缩短 DPA，从而提高期刊的整体学术质量。

关键词：医学期刊；发表时滞；文献类型；时效性

论文发表时滞(delay for publication of articles，DPA)是指科技期刊论文的出版日期与编辑部收到该论文的日期之时间差，既是衡量期刊时效性的参数，也与科技期刊的影响因子和被

基金项目：中国科协精品科技期刊工程学术质量提升项目(2015KJQK003-1)
通信作者：聂兰英，E-mail: lynie80@163.com

引频次有密切关系[1]。目前世界科学技术发展迅猛，要求作为科技文化知识传播媒介的科技期刊能够及时报道研究成果，否则研究成果失去其时效性，信息失效速率大大提高，很多创新性研究和最新数据都会丧失首发权[2]。

《中华创伤骨科杂志》为月刊，2012年以前为每期100页，2012开始改版为每期92页。故本研究对《中华创伤骨科杂志》2012—2019年8年论文DPA进行统计量化，定性分析DPA的成因、时滞过长可能造成的不利影响以及缩短的意义及相关举措，为医学期刊编辑优化选稿、审稿流程以提高杂志时效性和质量提供数据支持，也为医学期刊管理部门和审查单位提供量化依据。

1 材料与方法

1.1 论文材料

论文纳入标准：收集2012—2019年8年以来《中华创伤骨科杂志》发表的所有文章，包括述评、专家论坛、指南与共识、临床论著、实验研究、临床研究和综述等所有学术栏目论文。论文排除标准：消息类文献和人文栏目"骨科新视点"文章；未标注收稿日期的论文或收稿日期标注错误的论文。

根据论文纳入与排除标准，共纳入1 874篇论文，其中临床论著788篇，实验研究173篇，临床研究455篇，综述151篇，个案报道25篇，评述类155篇，其他(如总编寄语、院士论坛等)127篇。2012年270篇，2013年271篇，2014年258篇，2015年243篇，2016年222篇，2017年206篇，2018年和2019年一样，均为202篇。

1.2 研究方法

收集每篇论文的收稿日期和发表日期算出其DPA，利用Excel 2007软件对120期1 874篇论文的DPA天数按年度、文献类型、是否基金类文章、是否重点刊文章及是否约稿文章进行分类统计。根据中华医学会审查中华系列杂志年度期刊编辑出版情况汇总要求，将DPA按时间长度分为5组：≤90 d刊出为一组，91~180 d刊出为一组，181~280 d刊出为一组，281~380 d刊出为一组，＞380 d刊出为一组。统计对比分析8年间各DPA时间长度刊稿数的差异、各文献类型的年DPA的差异、基金类与非基金类文章、重点刊与非重点刊文章、约稿与自由投稿文章的DPA差异。

1.3 统计学处理

采用IBM SPSS 23.0统计学软件进行数据处理。计量资料首先使用Shapiro-Wilk检验判断数据是否为正态分布，其中各文献类型的年平均DPA、基金类与非基金类文章、重点刊与非重点刊文章、约稿与自由投稿文章的平均DPA为正态分布数据，且方差齐性，以$x±s$表示，两组间比较采用独立样本t检验，多组间比较采用单因素方差分析检验。计数资料，如各时间段DPA文章数比较采用χ^2检验，$P<0.05$认为差异有统计学意义。

2 结果

《中华创伤骨科杂志》2012—2019年8年间每年度最长、最短及平均DPA如表1所示。论文刊登数最多为2013年，为271篇；最少为2018年和2019年，均为202篇。8年间，单篇最长DPA为419 d，最短仅为10 d。2013年平均DPA最长，为215.5 d，2017年平均DPA最短，为170.0 d。8年平均DPA为184.9 d。

表 1 2012—2019 年 8 年间《中华创伤骨科杂志》年度总刊文数和 DPA 基本情况

年度	总刊文数/篇	最长 DPA/d	最短 DPA/d	平均 DPA/d
2012	270	397	20	185.7
2013	271	419	25	215.5
2014	258	391	19	192.5
2015	243	406	23	179.1
2016	222	370	27	185.0
2017	206	335	10	170.0
2018	202	357	12	174.0
2019	202	362	16	171.0
平均	234.3	379.6	19.0	184.9

每年度按各 DPA 时间长度组的刊稿数量如表 2 所示。将 DPA 按时间长度分为 5 组：≤90 d 刊出稿共 315 篇，91~180 d 刊出稿共 614 篇，181~280 d 刊出稿共 652 篇，281~380 d 刊出稿共 264 篇，＞380 d 刊出稿共 29 篇。最多的一组为 181~280 d 刊出组，共 652 篇，最少为＞380 d 刊出组，共 29 篇。其中 2012—2014 年、2016 年刊稿数最多的是 181~280 d 刊出组，其他年份均为 91~180 d 刊出稿最多。2016 年开始，＞380 d 刊出稿数量均为 0。8 年间 DPA≤90 d、91~180 d 刊出组的刊文数量各年度间比较差异均无统计学意义($P>0.05$，表 2)，但 181~280 d、281~380 d 和＞380 d 刊出组的刊文数量各年度间比较差异均有统计学意义($P<0.05$，表 2)。

表 2 2012—2019 年 8 年间《中华创伤骨科杂志》每年度按各 DPA 时间长度分组的刊稿情况及比较结果(篇,%)

年度	总刊文数/篇	≤90 d 刊出稿	91~180 d 刊出稿	181~280 d 刊出稿	281~380 d 刊出稿	＞380 d 刊出稿
2012	270	60(22.2)	61(22.6)	99(36.7)	49(18.1)	1(0.4)
2013	271	43(15.9)	65(24.0)	75(27.7)	69(25.5)	19(7.0)
2014	258	42(16.3)	75(29.1)	110(42.6)	27(10.5)	4(1.6)
2015	243	46(18.9)	89(36.6)	69(28.4)	34(14.0)	5(2.1)
2016	222	26(11.7)	74(33.3)	104(46.8)	18(8.1)	0(0)
2017	206	34(16.5)	84(40.8)	71(34.5)	17(8.3)	0(0)
2018	202	27(13.4)	90(44.6)	64(31.7)	21(10.4)	0(0)
2019	202	37(18.3)	76(37.6)	60(37.6)	29(14.4)	0(0)
χ^2 值	—	4.266	4.100	0.720	0.384	0.596
P 值	—	0.039	0.043	0.396	0.536	0.440

各栏目文献类型刊登 DPA 差异有统计学意义($P<0.05$，表 3)，其中述评类文章平均 DPA 最短，为(19.4 ± 7.2) d，其次为其他类型文献(如总编寄语等)为(85.2 ± 41.5) d；实验研究类文章平均 DPA 最长，为(326.1 ± 176.8) d，其次为临床研究类文献，为(242.6 ± 133.4) d。

各年度的基金类和非基金类论文数量及其各自的平均 DPA 见表 4。基金类与非基金论文刊登数各年度间比较差异均无统计学意义($P>0.05$，表 4)。各年度基金类与非基金论文平均 DPA 差异均有统计学意义($P<0.05$，表 4)；基金类论文平均 DPA 各年度间比较差异均有统计学意义($P<0.05$，表 4)，但非基金类论文平均 DPA 各年度间比较差异无统计学意义($P>0.05$，

表 4)。

表 3　2012—2019 年 8 年间《中华创伤骨科杂志》不同栏目文献类型的总刊文数和年平均 DPA 的比较

文献类型	总刊文数/篇	年平均 DPA(d, $\bar{x}\pm s$)	变异系数
临床论著	788	158.3±92.6	62.45
实验研究	173	326.1±176.8	86.27
临床研究	455	242.6±133.4	105.58
综述	151	189.5±115.7	98.15
个案报道	25	132.4±83.4	78.24
评述类	155	19.4±7.2	52.63
其他	127	85.2±41.5	58.26
F 值	—	5.141	—
P 值	—	0.023	—

表 4　2012—2019 年 8 年间《中华创伤骨科杂志》基金类论文与非基金论文平均 DPA 的比较

年度	总刊文数/篇	基金类		非基金类		t 值	P 值
		论文数(篇,%)	平均 DPA (d, $\bar{x}\pm s$)	论文数(篇,%)	平均 DPA (d, $\bar{x}\pm s$)		
2012	270	98(36.3)	135.2±67.9	172(63.7)	235.8±132.2	3.169	0.002
2013	271	87(32.1)	156.3±71.8	184(67.9)	274.7±152.6	-2.165	0.040
2014	258	104(40.3)	112.1±55.2	154(59.7)	272.9±151.7	8.529	<0.001
2015	243	111(45.7)	105.7±48.7	132(44.3)	253.2±141.2	4.853	<0.001
2016	222	98(44.1)	144.5±85.1	124(45.9)	225.5±128.3	2.256	0.033
2017	206	106(51.5)	96.5±43.9	100(48.5)	243.7±133.1	8.262	<0.001
2018	202	112(55.4)	102.5±47.6	90(44.6)	245.4±133.9	4.687	<0.001
2019	202	113(55.9)	105.8±48.1	89(44.1)	219.7±122.8	5.105	<0.001
F 值	-	0.136	0.735	0.391	14.983		
P 值	-	0.939	0.464	0.759	<0.001		

各年度的重点刊和非重点刊论文数量及其各自的平均 DPA 见表 5。重点刊论文和非重点刊论文刊登数各年度间比较差异均无统计学意义(P>0.05，表 5)。各年度重点刊和非重点刊论文平均 DPA 差异均有统计学意义(P<0.05，表 5)；重点刊论文和非重点刊论文平均 DPA 各年度间比较差异均无统计学意义(P>0.05，表 5)。

各年度的约稿和自由投稿数量及其各自的平均 DPA 见表 6。约稿论文和自由投稿论文刊登数各年度间比较差异均无统计学意义(P>0.05，表 5)。各年度约稿和自由投稿论文平均 DPA 差异均有统计学意义(P<0.05，表 6)；约稿和自由投稿论文平均 DPA 各年度间比较差异均无统计学意义(P>0.05，表 6)。

表 5 2012—2019 年 8 年间《中华创伤骨科杂志》重点刊论文与非重点刊论文平均 DPA 的比较

年度	总刊文数/篇	重点刊		非重点刊		t 值	P 值
		论文数(篇,%)	平均 DPA (d, $\bar{x}±s$)	论文数(篇,%)	平均 DPA (d, $\bar{x}±s$)		
2012	270	56(20.7)	86.5±34.5	214(79.3)	284.9±148.7	4.589	0.014
2013	271	64(23.6)	98.8±44.2	207(76.4)	332.2±177.3	5.113	0.023
2014	258	59(22.9)	89.5±35.1	199(77.1)	295.5±155.9	9.715	0.004
2015	243	62(25.5)	91.7±36.4	181(74.5)	266.5±141.2	8.326	0.007
2016	222	50(22.5)	65.7±24.1	172(77.5)	304.3±167.9	5.318	0.008
2017	206	54(26.2)	59.1±21.7	152(73.8)	280.9±151.5	5.116	0.009
2018	202	48(23.8)	68.5±25.9	154(76.2)	279.5±150.4	9.192	<0.001
2019	202	61(30.2)	56.9±18.5	141(69.8)	279.5±150.4	11.767	0.003
F 值	—	0.283	0.420	0.302	2.135		
P 值	—	0.837	0.810	0.824	0.445		

表 6 2012—2019 年 8 年间《中华创伤骨科杂志》约稿论文与自由投稿论文平均 DPA 的比较

年度	总刊文数/篇	约稿		自由投稿		t 值	P 值
		论文数(篇,%)	平均 DPA (d, $\bar{x}±s$)	论文数(篇,%)	平均 DPA (d, $\bar{x}±s$)		
2012	270	69(25.6)	53.3±19.4	201(74.4)	318.1±167.6	2.402	0.020
2013	271	85(31.4)	67.8±28.1	186(68.6)	363.2±181.3	9.594	<0.001
2014	258	54(20.9)	73.1±30.3	204(79.1)	311.9±165.9	7.077	<0.001
2015	243	69(28.4)	55.8±20.5	174(71.6)	302.4±160.2	2.716	0.009
2016	222	42(18.9)	63.4±23.6	180(81.1)	306.6±161.1	12.950	<0.001
2017	206	41(19.9)	48.9±18.1	165(80.1)	291.1±155.7	9.610	<0.001
2018	202	44(21.8)	49.2±18.7	158(78.2)	298.8±156.4	4.708	0.030
2019	202	68(33.7)	45.8±17.2	134(66.3.2)	293.7±148.5	4.329	0.037
F 值	—	4.766	1.034	0.207	2.619		
P 值	—	0.080	0.596	0.902	0.082		

3 结果分析

《中华创伤骨科杂志》8 年间总刊文数和平均 DPA 均呈逐年下降趋势。2012—2014 年 DPA 为 181~280 d 刊出组的论文数最多，2017—2019 年 DPA 为 91~180 d 刊出组论文数最多。各栏目文献类型的 DPA 相差较大，基金类文章 DPA 比非基金类论文明显缩短，重点刊论文 DPA 比非重点刊论文也明显缩短，约稿文章 DPA 也明显比自由投稿的 DPA 短。8 年间，DPA 最长与最短的两篇两种论文相差较大。根据本研究结果，我们总结分析单篇文献 DPA＞380 d 的可能原因有以下几个方面：文章主题与近期投稿多数主题类似；属基础研究类文献，存在实验数据需补充或修订的；非重点刊主题内容；无基金项目支持等。

从统计结果来看，《中华创伤骨科杂志》的述评类和临床论著类栏目论文的 DPA 较其他文献类型明显较短，尤其是述评类文章。我们总结，可能有以下几个方面原因：述评类文章多为时效性较强的文章，且多为约稿和权威专家所书；另外，临床论著类文献内容多具有创新性、实用性优势，较能代表杂志的学术水平，且影响力较大；其次，临床论著类文献对于作者职称评定、科研结题等较有分量，作者修改多积极主动，效率大大提高，直接影响了 DPA 的缩短[2]。另外，基金类论文 DPA 远低于非基金类论文的原因可能在于：基金类文章常常较有创新性，获得了国家或省部级科研基金项目，其成果较有时效性，如果 DPA 太长，既影响作者的投稿积极性，也不利于期刊影响力和学术水平的提升。最后，约稿类文章 DPA 普遍低于自由投稿文章，因为主题明确、刊期确定且文章学术质量较高，编辑在约稿期也一直与作者保持沟通，确保了审稿、改稿和编辑处理的连续性，对于 DPA 的缩短也是大有裨益的。

2012 年是《中华创伤骨科杂志》减少版面的年份，从每期 100 页缩短为 92 页。由于减少了版面，2012 年当年尚未影响 DPA，但投稿量未减少，堆积的存稿到 2013 年，导致 2013 年的平均 DPA 是 8 年间最长的，为 215.5 d。后来，编辑部采取一系列措施，包括加强编辑审稿、提高退稿率、扩大编委和审稿专家队伍等，逐渐提高重点文章的有效利用率，从而缩短了 DPA。尽管 8 年间本刊的平均 DPA 有逐渐缩短的趋势，但缩短并不是特别明显，笔者总结原因包括：首先，要保证杂志的学术质量，严格的"三审三校"制度的切实执行并不是一蹴而就的，必定需要花费一定的时间。其次，随着杂志质量和影响力的逐年攀升，杂志的投稿量也逐渐加大，而编辑部人员没有进行及时补充，编辑初审的工作量加大，部分稿件的初审时间较长，特别是需要退稿的稿件分流了编辑的工作时间和精力。

4 缩短 DPA 的措施建议

通过本研究，我们总结分析文章 DPA 过长的主要原因有：第一，投稿数量太大，退稿率较低，而版面有限；第二，论文的审稿或修改周期太长，审稿专家、编辑和作者都有可能因为各种主观或客观原因导致不能按期完成各环节和阶段的工作；第三，论文内容与近期已刊登文献较雷同，主题不符合期刊近期刊登计划等。最后，上级部门要求的临时约稿和重点刊计划打乱自由投稿和非重点论文的刊登规律[3]。

4.1 提高审稿效率

审稿效率的提高有赖于编辑、专家和主编的共同努力。笔者将从"三审"出发，主要针对初审、外审、终审各个角色逐一介绍。

首先，要提高编辑初审效率，则需要编辑具有较强的责任感和甄别优秀内容文章的能力以及较高的编辑素养和业务水平。有别于其他科普类期刊，如《中华创伤骨科杂志》一类的临床实用性期刊编辑不仅需要掌握一定的编辑处理技巧，还需要熟悉相关专业的医学基础知识。在初审时，就需要快速鉴别来稿的科学性、实用性和创新性，对于质量较差或内容不符合刊登要求的文章，及时退稿，提高编审效率和质量，当好论文的"第一把关人"。如果初审编辑不具备这样的素养和专业水平，可能错误选择审稿专家，导致优秀的论文被退稿或质量差的稿件被录用；也可能增加审稿专家的工作量，浪费审稿资源，从而堆积更多未审稿件，必然影响审稿效率，延长了 DPA。《中华创伤骨科杂志》为了提高编辑素养，主要采用以下几个措施[4]：第一，鼓励编辑参加继续教育和临床医学知识再学习。本刊 3 位编辑的第一学历均为大学本科，目前已有 2 位编辑通过继续教育和再学习获得了硕士学位，包括 1 名医学统计学专业硕士和 1 位医学影像学硕士。另 1 位编辑也正在参加研究生学习班。通过进一步深造学习，编辑们都加深了专业知识的理解，拓展了相关专业的医学知识，对编辑工作更加得心应手。第二，编辑部依托南方医科大学南方医院创伤骨科的平台，有机会参加医生的早交班和病例讨论会以及一些学术会议，这有助于编辑基本了解疾病的诊治方法和过程，学习影像学图片阅读等，从而能基本审查投稿文章的病例图片资料的真实性和质量。第三，加强与同行和专家的交流学习。编辑部订阅了本刊有关的国内外杂志包括：英国版和美国版 *Journal of Bone & Joint Surgery*、*Injury*、*Clinical Orthopedic Relanted Research*、《中华骨科杂志》、《中国骨与关节杂志》、《中国修复与重建杂志》、《中华创伤杂志》等，编辑们定期阅读，取长补短，从而不断提高专业知识水平，对编辑工作也更加娴熟[4]。同时，编辑们也会定期参加骨科相关领域的学术会议，与骨科医务工作者们近距离交流，向他们请教，专家们也非常乐于为我们答疑解惑，而且还夸赞我们对专业的认真态度。

其次，提高外审专家审稿效率的途径可以总结为以下几点：一是精心遴选和建设外审审稿队伍，扩充和丰富编委和审稿专家团队的各年龄层和细分专业。二是建立动态专家数据库，优化专家队伍，大力强化审稿专家对稿件的责任意识，避免审稿专家拖延审稿周期或提出过于简单和无建设性价值的意见，从而需要重启外审程序，另外送审其他专家。三是充分利用网络和沟通工具，实现和倡导专家与编辑部保持良性沟通。比如中华医学会 2017 年开始启用的"中华医学会远程审稿系统"，一旦编辑选定专家送审稿件后，系统会提示给专家发邮件和短信提醒，还会约定审稿期限，到期还可以催审。同时，若审稿专家的联系方式变更、专业方面转变或出国等原因导致不能审稿等，审稿专家应跟编辑部报备，以免拖延审稿时间，从而加长 DPA。针对审稿专家队伍建设和加强与专家的沟通联系，《中华创伤骨科杂志》采取了以下措施：一是主办或协办骨科专业学术会议，如一年一度的"南方创伤骨科论坛"，一年 7 场的"优秀论文和经典病例大赛"，两年一届超千人规模的"国际创伤骨科高峰论坛"，通过这些学术会议发掘优秀的、中青年专业人才纳入审稿专家团队，遴选下一届的编委。审稿专家团队的扩充直接影响审稿效率的提高，通过精准审稿和缩短审稿周期，缩短 DPA。二是，定期召开编委会和定稿会。通过召开编委会，编辑通过联络编委，增加了沟通机会，增强感情，同时也能及时获得编委们的近期动态和反馈，从而提高审稿积极性。

最后，终审对 DPA 的影响往往是最容易被忽略的。如《中华创伤骨科杂志》一样，大多数医学科技期刊的主编和主任都并非全职，而是兼任临床和科研岗位，多是主任医师和教授，临床和科研工作比较繁忙。很多期刊的终审稿件和外审意见都需要编务打印成纸质版给主编或主任，这个过程既浪费人力和资源，又浪费时间且不环保。如果采用一体化远程审稿处理系统，则可以大大缩短这个时间，主编和主任可以通过登录系统直接看编辑的初审意见和审稿专家的外审意见，同时在系统中完成复审和终审，也不必手签终审意见。《中华创伤骨科杂志》采用的 "中华医学会远程审稿系统"，集作者投稿、编辑初审、专家外审、主任复审和主编终审为一体，主编在终审时对于无需再修改补充的稿件，只需点同意即可。这个系统既能记录每个时间段所花费的时间，起到相互督促的作用，又简化审稿流程，从而提高终审效率。

4.2 优化出版流程

科技期刊主要采用"三审三校"制，这基于三个不同层级的审阅，确保看出文章的学术质量和文字准确性。如何基于这个制度不变的情况下，改进出版流程是值得我们思考。目前，大部分期刊都拥有自己的网上投稿审稿系统，可以集投稿、审稿和编辑处理为一体。然而，很多系统不够完善，发排、校对、发行等环节流程尚还需要编辑通过纸质版线下工作。

首先，升级采编系统是第一要素。包括《中华创伤骨科杂志》在内的中华医学会系列杂志统一采用"中华医学会杂志社远程稿件管理系统"，经过几轮升级后，2019年1月正式启用的新系统大大提高了送审、发排效率：审稿专家可以在一个系统切换期刊，完成不同期刊的审稿工作，同时及时发回给系统；完善了专家库信息，可直接在系统送审给专家的账号，不必下载稿件，再通过编辑的邮箱发邮件送审；新系统加设了自动审稿提醒功能，送审时会有自动短信提醒专家审稿，超过15 d未审回时系统也会自动发信息催促提醒审稿人，还可以多次提醒；作者投稿时要求必须同时提供基金证明、伦理批准文件、授权书等材料，不必编辑再重新联系作者提供，节约了沟通成本；新系统也会自动查阅来稿的重复率，不必编辑再一篇一篇查重；新系统还可以自动识别作者投稿是否有重复投稿或相同主题的投稿，不仅仅局限于一本杂志，是可以识别中华医学会192种系列杂志，包括其他期刊已经退稿的文章，还能相应查看其退稿意见，很大程度上杜绝了学术不端行为。因为作者如果同时投稿多个期刊，在还没有出版前，编辑部很难查到有重复投稿嫌疑。曾经发生过编辑部已经通过三审、编辑处理后，才被作者告知已经被别的期刊录用，所有的工作都变成的徒劳。这既浪费审稿专家资源、编辑的时间，也耽误了其他稿件的流程进度。

其次，优先数字出版。国外较多出版机构和期刊较早采用优先数字出版，如Nature的AOP、Science的Express、Springer的Online First、Elsevier的In Press等。目前，国内中国知网也提供优先出版数字平台"学术期刊优先数字出版系统"[5]。谭春林[6]自主研发了"数字出版加工平台"，该平台可以从已排版的各类排版文件中，根据设置的元数据拾取器，一键提取文件的各部分文字和数据，存入数据库，然后根据各类数据交换的需求，一键生成单篇或整期发布所需的XML或HTML文件，用于中国知网数字平台或微信公众平台文章发布等。优先数字出版可节省组刊、排版时间，不受版面容量的限制，所以不必考虑已录用稿件数量，同时还节省印刷的等待时间。论文在编辑加工处理后达到"齐、清、定"之后，就可以在纸质版出版前，也优先利用数字平台进行在线出版。编辑部还可设置专职新媒体编辑，主要负责优先数字出版和刊后数字出版工作，明确分工可提高工作效率，缩短DPA。不仅仅是结构化排版的实现，谭春林[6]提出了排队排版的问题，这也是影响DPA的因素之一。方正也推出了结构化排版软件"飞翔"，助力实现快速排版。中华医学会也相继设置了新媒体部，建立了中华医学期刊网数字出版平台，专门协助系列杂志稿件的数字出版，只是仍然采用先印刷纸质出版，再数字出版的模式。2020年2月疫情期间，中华医学会杂志社迅速反应，率先协调联合科技部、国家卫生健康委、中国科协建立上线"新型冠状病毒肺炎科研成果学术交流平台"，优先网络发布科研成果、研究论文、实验数据、临床病例等重要进展，免费供广大一线医务工作者开展交流和信息共享[7]。该平台可以手机阅读、HTML阅读、CAJ下载和PDF下载形式，多功能展示相关学术论文。《中华创伤骨科杂志》紧急联系约请在抗疫一线的医学工作者们总结病例和经验，分享临床治疗体会，然后第一时间审稿、编辑处理，优先发布在本刊的微信公众号上(zhcsgkzz)和官方网站(http://zhcsgkzz.yiigle.com/yufabiao/index.htm)上，先后发布了9篇"新型冠状病毒肺炎与骨科"专栏文章和5篇"抗疫一线日记"的抗疫纪实，均免费供读者阅读。同时，提前计划组版，生成稿件的DOI号，即读者可以通过DOI号引用尚未正式发表和印刷的文章。

目前，阅读和转发 5.9 万余次，其中单篇《新型冠状病毒肺炎疫情期间骨科急症处理原则的专家共识》最大阅读量达 1.1 万余人次。

然而，优先数字出版有得也有失。优先数字出版有效地弥补了传统出版中 DPA 长、传播范围小的不足，但在其发展过程中也带来了新的问题。如个别作者出于职称评定、业绩考核等利益需求，罔顾学术质量，只求快速发表，甚至找人代写，出于利益考虑的学术期刊出版机构迁就劣稿、他人代稿，降低学术标准，对不合格的学术成果进行优先数字出版。这样不仅对那些严谨治学的作者不公平，更损害了学术期刊的形象。其次，目前很多高校及研究机构对科研工作者的考核依据仍然以传统的纸质印刷期刊为主，学者在评职称、申请课题及申请学位时，优先数字出版的科研成果难以得到相关部门的认可[8]。最后，由于目前大多数学术期刊的资金来源主要依靠主办单位拨款或学术期刊编辑部收取"版面费"，有限的资金来源导致学术期刊出版机构参与优先数字出版的积极性不高。因此，我国优先数字出版的成熟还任重道远。尽管包括《中华创伤骨科杂志》在内的中华系列杂志已经搭建一个统一管理的专属平台进行优先数字出版，编辑部只需专注于提升期刊的稿件质量，提高工作效率。然而，很多期刊尚且没有自建平台，那么可以和中国知网、万方、维普等国内较为成熟的优先数字出版平台服务商合作。其次，学术期刊必须要坚持行业内的自律，在编辑部内部树立牢固的期刊品牌意识和学术质量追求，坚持三审制度，杜绝人情稿、关系稿。学术期刊应加强行业规范，构建公平、公正的学术质量评估标准，如借鉴国外经验，由行业协会联手优先数字出版平台服务商设置"专业评审委员会"，根据学科专业的不同，定期邀请权威专家对优先发表的论文进行质量评判。最后，出版机构应该强化优先数字出版系统建设的同时，积极引进数字出版人才，同时政府也要积极推进优先数字出版知识产权管理体系的建设和完善，加强优先数字出版知识产权组织的管理和运营[9]。

最后，灵活编校排模式。升级和更新排版系统，实现清样进行初步自动化校对。谭春林[6]曾设计自主研发了"自动排版助手"，其基于网络数据库，通过上传稿件的 word 版文档形式，自动提取稿件的元文字和数据，包括题目、作者名、单位、中英文摘要、关键词、正文和参考文献等，存入数据库，根据杂志的方正排版模板，自动生成方正书版的排版文件。他认为，该软件可不要求排版人员特别熟悉方正的排版软件，同时该软件在正文、表格、参考文献等结构化的一键排版功能，可使较娴熟的排版员的排版速度提高好几倍。《中华创伤骨科杂志》杂志设有专门的排版人员，责任编辑出来好一篇文章可以及时交由排版人员排版，排版后就可以即刻启动校对程序。整个流程可以穿插着进行，使各项工作流动衔接更加紧凑，不留任何一方的等待时间，既减少排版人员在某一时间工作量大的压力，又提高了编、排、校的工作效率。杂志没有设置专门的校对人员，而是直接由责任编辑进行初校，然后责任编辑与另外 2 位编辑同时交叉校对，再由责任编辑誊抄、核红，减少了排版人员的工作量；责任编辑三校的同时，给作者校样稿。

4.3 加强作者对 DPA 的重视度

前面我们分析总结了编者、审稿专家对于缩短 DPA 可采取的措施，都属于编辑较能可控的因素。然而，还有一个较不受编辑控制的因素也不容忽视，那就是作者的重视程度。稿件的录用退修过程是否进展顺利，很大程度取决于作者的修改速度和质量。每本医学期刊经过较长期间的发展，都已经形成一套较规范的写作格式和结构要求。作者若在投稿前熟知目标期刊的稿约或投稿须知，规范论文写作模式，包括格式、结构、专业术语、符号、计量单位、统计学方法、图表编排、参考文献的引用格式等[10]。不仅使投稿录用率更高，更节省了在返修时间。其次，作者收到编辑部的返修意见时，应该积极、快速反应，尽快修改发回，节约时间。最后，作者在投稿时候注意多留下几种联系方式，如邮箱、微信、手机号码等，并定期查阅邮件和微信等，以免没有及时收到编者的反馈意见或退修意见。总而言之，作者若能在论文写作、投稿、修改过程中就重视DPA的问题，最终缩短DPA只是水到渠成的结果。

根据本研究结果，我们发现《中华创伤骨科杂志》的DPA有逐年缩短的趋势，临床论著和评述类文章的DPA明显较短，基金类文章、重点刊文章和约稿文章DPA也明显较短。期刊编辑应在选稿和审稿过程中在公平对待所有来稿的同时，提高优秀稿件的甄选能力和审稿效率，从而加强论文时效性，缩短DPA。其次，推进优先数字出版的常态化，利用目前的资源和工具优化出版流程，同时强化作者对DPA的重视程度也同样可以有效缩短DPA，从而提高期刊的整体学术质量，更快、更好地服务于广大学者。

参 考 文 献

[1] 韩牧哲,李秀霞,王冬,等.发表时滞与论文影响力关系研究:以图书情报学中文核心期刊为例[J].中国科技期刊研究,2016,27(7):785-792.
[2] 刘景昭.优化编辑出版流程缩短论文发表时滞[J].中国科技期刊研究,2012,23(3):486-488.
[3] 钱进,吴开明,徐川平.2000—2011年《重庆医学》杂志发表时滞调查分析[J].中国科技期刊研究,2013,24(2):304-306.
[4] 聂兰英,余斌,金丹,等.临床医学类期刊编辑审稿决策能力及提高举措[J].编辑学报,2013,25(2):186-188.
[5] 李江,伍军红.论文发表时滞与优先数字出版[J].编辑学报,2011,23(4):357-359.
[6] 谭春林.新媒体时代科技期刊的"数字化断层"现象分析[J].编辑学报,2019,31(1):41-44.
[7] 刘冰,魏均民,沈锡宾,等.新型冠状病毒肺炎疫情期间专题信息服务工作及引发的思考[J].编辑学报,2020,32(2):132-137,144.
[8] 郑雪洁.我国学术期刊优先数字出版发展现状研究[J].今传媒(学术版),2016(11):59-61.
[9] 陈燎宏.学术期刊优先数字出版优劣分析:以"中国知网"为例[J].嘉兴学院学报,2013,25(5):129-133.
[10] 王铁军.医学论文作者应重视发表时滞[J].中国煤炭工业医学杂志,2008,11(8):1304-1305.

某些高校学报编辑缘何不愿被称呼为编辑?

刘胜兰

(《云南师范大学学报(哲学社会科学版)》编辑部,云南 昆明 650092)

摘要:在职业角色上愿意被怎么称呼,体现的是对职业身份的接纳与否,反映的是职业认同度。某些高校学报编辑不愿被称呼为"编辑",更乐于接受"老师"这一称呼,这说明在高校,教师的职业认同显著高于编辑。之所以出现这一现象,原因来自高校、社会以及编辑身份焦虑。

关键词:职业认同;身份焦虑;高校学报;编辑

从事高校文科学报编辑工作9年之久,有一种感觉从模糊到清晰,由曾经以为的个别现象到发现其为一定范围内存在的现象,那就是:不少高校学报编辑从心理上并不愿被别人称呼为"某编辑"或"某编",他们更乐于接受的称呼是"某老师"。为什么会这样?这种现象反映出怎样的问题?本文试着对这一现象折射的编辑心态进行探讨,并作出解答。

在职业角色上愿意被怎么称呼,体现的是对职业身份的接纳与否,反映的是职业认同度。职业认同是现代心理学的一个概念,指的是个体对其所从事职业的性质、作用、意义、目标、社会价值等的看法以及在此基础上产生和形成的职业情感和职业归属感。所以,职业认同包括职业认知和职业情感两个方面[1]。职业认同是做好本职工作、完成职业目的的心理基础,是职业人员发展的激励性因素[2]。职业认同度高,说明个体对其所从事的职业在感知上是积极的,在评价上是肯定的。

编辑的职业认同,是编辑个体对编辑职业的性质、地位、功能、价值的评价,反映着编辑个体对编辑工作的兴趣、态度、理念、作风和价值观等。影响编辑职业认同的因素有自我因素,也有社会因素。也就是说,就主体而言,职业认同包括自我认同和社会认同两个方面。一般来说,编辑的职业动机越纯粹,职业意志越坚定,专业技能越高,其自我认同度越高[3]。另一方面,编辑所处的社会环境和面临的社会评价决定了他们的社会认同(被认同)。编辑职业认同很重要,是编辑做好编辑工作的前提和实现自我发展的根本动力,同时影响编辑的工作满意度,决定编辑的职业懈怠水平[4]。可以说,编辑的职业认同关系到编辑活动能否有效开展及出版产品质量的高低,进而对我国出版产业整体水平产生一定影响。

高校学报是期刊的一个特殊群体,承担着繁荣出版、促进学术交流、服务高校教学与科研的三重使命[5]。高校学报编辑作为使命的担当者,从理论上来说应该有较高的职业认同。然而,现实情况是不少高校学报编辑不愿被称呼为编辑,更乐于接受"老师"这一称呼,这说明在高校,教师的职业认同显著高于编辑。为什么会出现这一现象?本文认为,原因来自高校、社会以及编辑身份焦虑。

1 来自学校层面的原因

高校学报作为反映高校科研成果的重要窗口，在高校中的地位应该是很重要的。然而实际上，在高等学府，学报一方面承载着老师发表科研成果的期盼，另一方面又容易被边缘化，从而导致学报编辑这一角色也颇有些不尴不尬。

学报在学校的边缘化，首先体现在地域上。除了少数成立出版集团的高校，学报隶属出版集团外，大部分高校的学报编辑部由于是高校中一个人员较少、规模较小、层级结构简单的部门，因而被安排在比较边缘的角落或者附着于其他部门(例如科研处、图书馆等)。学报无缘进入学校的主流与中心，常常处在被忽视、被轻视乃至被歧视的境地。

学报在学校的边缘化，其次体现在定位及相应的管理上。在教学和科研占绝对主流的高校，学报编辑部多被定义为管理及教辅部门，学报编辑于是成了为教学科研服务的辅助人员。尽管学报界一些有影响力的人物不断呼吁，教育部也曾几次下文强调学报编辑是高校教学科研队伍的重要组成部分，但多数高校学报编辑的教辅地位没有任何改变。许多高校通常还把学报编辑部归于机关部门，或是机关宣传、科研管理部门的下属单位，学报编辑部显然不具有行政职能却不得不厮混于行政队伍。于是，学报编辑部便成了既被教学科研队伍冷落，又被机关行政部门遗忘的对象[6]。在职位提升上，学报编辑部结构通常扁平化，管理岗位非常有限。管理者多由校方任命或从其他部门转调，能够从编辑提升到领导层的很少[7]。职称评定与社会影响力和薪酬直接挂钩，学报编辑在这方面面临的竞争也非常残酷。一方面在科研成果上与教师系列晋级的要求相同，另一方面指标控制得更为严格。一些学校不给学报编辑与教学科研人员同等的职称评审机会，导致学报编辑职称评审滞后，工作积极性受到打击。一些高校还人为设置区别待遇，比如规定编审只能是四级教授等等。一些编辑部内部也存在分化，有的编辑走教师系列，有的编辑走编辑系列，学校管理上实行老人老办法，新人新办法，职称不同，管理上也不一样。有研究者撰文指出，目前很多青年编辑都是从硕士、博士毕业直接到学报，而此时编辑已经被各高校列为专业技术岗位，属教辅或其他系列，分配的岗位数相对较少。有的还限制申报高级别课题，但凡与教师有关的人才培养计划、资金资助项目等资源划分都与编辑无关；人的发展都需要有前期的积累，这是路径依赖，学术研究不可能一蹴而就；学报编辑一入行就被抽离了所有的外部资源和学术支持[8]。工作多年的老编辑也慨叹，"学报编辑在学校的定位十分尴尬，被列为'其他专业技术岗位'，在职称晋升中被边缘化。在日复一日的琐碎中，职业倦怠、发展瓶颈、中年危机……一串串消极的字眼在我眼前挥之不去。"[9]在职业要求越来越高，福利待遇却不相匹配的局势下，一些编辑萌生了与其为他人作嫁衣，不如自己做学问的想法，对编辑职业产生倦怠，职业认同也降到低点。在考核方面，高校学报编辑部多服从学校统一安排，缺乏具有岗位针对性的考核。这样的考核难以形成对编辑个人业绩的监控和激励，加深了编辑对自身职业身份的认同危机。有些高校领导在意识上对学报定位存在偏差，仍将学报作为主要发表校内作者文章的自留地。还有些领导不断安排关系稿，罔顾稿件质量，使编辑部在服从领导意志和确保稿件质量之间左右为难。在这样的学校环境下，一些编辑对自身的劳动产出缺乏满足感、成就感和荣誉感，甚至自称其编校的文章是垃圾、废纸。

高校学报编辑与高校教师虽同为高校职工，但两者工作性质不同，上班机制不同，长期以来两者之间存在着某种疏离和隔膜。在一些教师眼中，编辑只是工具，为职称、结题、完成科研任务等所需。在学校环境的浸润下，编辑一方面不愿意被学校边缘化，另一方面又常常自我边缘化。在内心敏感度高的状态下，他们有一种忌讳被称为某编辑或某编的心态。在高校，老师是一个普遍的称呼，很多管理岗位和工勤岗位的人都被称为老师。同样地，编辑也更愿意接受这样的称呼，体现一种平等性和对具体职业的模糊化处理。有研究者在阐述编辑的职业魅力时就提到了"为人师的满足"，认为编辑与教师一样给人类和社会带来精神文明，在日常工作、生活交往中，编辑被以老师相称，同样享受着为人师的满足[10]。曾有一位编辑跟笔者抱怨：我们不会称呼某位工人为某技工、某电工，而是就称某师傅，那为什么我们不能被称作某老师，而要被称为某编辑？这种抱怨就体现了编辑对自己职业的认同度不高。

2 来自社会层面的原因

虽然高校学报数量不算少，但因为受众面小，并没有太多的订阅量。在整个出版界，高校学报属于小众媒体，是被众多图书出版社和期刊社排挤的"末流"。学报不仅在高校界，在出版界也处于边缘地位，可谓是"双边缘"。社会公众对高校学报编辑这一职业的熟悉程度，比图书编辑、大众杂志编辑等要低很多，很多人不知道有学报编辑这一职业，更不清楚学报编辑的工作内容具体是什么。大多数人对教师系列职称了然于胸，但对编辑系列职称十分陌生。不少人觉得学报编辑就是改改错别字，一年编发十几篇文章就了事，工作轻松没压力。或者觉得学报编辑工作仅仅具有技术性，缺乏创造性。学术创新归功于作者，编辑只是一个文字加工者，其身份是名字署在文章末尾的责任编辑，经常被忽略。一项针对青年编辑工作满意度的全国性调查显示，网络编辑、报纸编辑满意度较高，其次是图书编辑，期刊编辑满意度低。学术期刊编辑面临工作内容单一、考核制度不健全等问题，满意度最低[11]。全国高校学报界的整体生态基本相同，边缘是编辑们生存处境的共性，由自我认可和社会认可共同决定。高校学报编辑的边缘标识是一种整体图景，是从非统计学视角做出的定性化结论[12]。

虽然编辑工作具有幕后性、隐匿性特点，但在传统的出版模式下，编辑助力出版这一作用还是被社会大众普遍接受的。然而，在数字出版(网络出版、手机出版、电子书等)时代，编辑的角色和功能发生了很大变化。例如，在网络出版中，作者常常可以通过网络平台直接面对读者，根据读者的意见随时修改作品，甚至不需要传统职业编辑的存在。在网络出版中，编辑自称为"小编"成为一种常态。于编辑而言，小编是自谦之词，但也引起一部分人包括作者对编辑这一职业的轻视和怠慢。数字出版一定程度上造成编辑职业的泛化，编辑职业的门槛降低。人们容易形成一种误解，即具有一定的文字处理能力就可以从事编辑工作，从内心里不太重视这一职业。此外，物欲横流的时代，一些出版社唯利是图，抛却自身作为文化传播者的重任，编辑作风浮躁，出版物质量低下，也造成社会大众对编辑的满意度降低。在高校内部，由于职称评定对论文发表有硬性要求，个别学报编辑忘却自己应有的职业操守，对作者刁难卡要，使作者对编辑职业产生不好的印象。

影响职业认同的社会因素，还包含社会对职业的精神激励和荣誉赋予等。在我国众多职业奖项中，没有针对编辑职业设置的国家奖项和荣誉，荣誉缺乏在一定程度上使得编辑受到的社会关注较少，社会对编辑工作的价值认识不足。有研究者就认为，以设立奖项的方式加强编辑工作者的荣誉感，是加强编辑工作者提高职业认同的主要措施[13]。

不愿被称为编辑，还有一个原因是编辑如果连同姓氏被简称，会出现尴尬。比如被称作刘编、杨编、马编、朱编等，容易与动物器官或物品联系在一起，不雅。还有个别姓氏，比如胡，被叫作胡编就会有一种搞笑的意味。而如果称为老师，就不会产生这样的尴尬。

3 来自编辑身份焦虑的原因

中国学术期刊诞生后相当长的时间里，"编研一体"是常态，编辑即为熟知研究问题的一线学者，做起编辑工作得心应手，从不缺乏职业自信。在编辑、作者与读者身份高度重合的情况下，学术期刊编辑的身份焦虑并不存在。但是，随着"1980年代学术期刊体制的确立，历史上那种编研一体、编辑与学者身份可自由切换的情况渐渐消失，取而代之的是职业编辑；学术期刊数量的不断增加，则使职业编辑队伍不断壮大，形成了一定的规模。学术期刊编辑作为一个群体从学者队伍中分离出来，归入了职业出版人的队伍，必然面临身份重建问题，如何重新定位其与学者的关系遂成为关键"[14]。可以说，编辑职业认同走的是一条从单一化到多元化的道路，如今在不同编辑个体之间存在着多元化差异[15]。关于学术期刊编辑的身份焦虑，作为《南京大学学报》前主编的朱剑曾有长文进行深入而全面的论述。他用"如影随形"4个字概括40年来学术期刊编辑的身份焦虑。他认为，编辑身份的建构经历了"编辑中介说""编辑再创造说""编辑主体说""编辑学者化"等交替递进的过程，每当前一个解说在现实中碰壁后即为后一个解说所取代。编辑职业化始终是不变的前提，而变化的则是身份目标不断提高，实现路径愈加艰难，直到"学术引领者"这一在许多人看来高不可攀的目标提出后，终于响起了"回归杂家"的呼声，身份构建又回到了起点[14]。从学者队伍分离出来，作为职业出版人的高校学报编辑如何立足？是凭杂家身份服务学术界，还是凭学者型编辑身份融入甚至引领学术界？经过近40年不断地讨论，至今尚无结论。正如朱剑老师所言，学术期刊编辑特别是学报编辑"只要摆不正自己与学者的位置，就不可能获得真正的职业自信，口号喊得再多再响亮，自信心看上去再怎么爆棚，也只不过是身份焦虑的另一种表现而已"[14]。

学报编辑群体内部对于学报编辑的身份定位一直有不同看法。龙协涛曾经说过，高校学报编辑要有两支笔，蓝笔做学问，红笔改文章。蓝笔意味着编辑具有学术眼光、学术辨别力、学术功底和学术素养。编辑技术性的东西在3~5年内会掌握得很好，学报编辑发展的关键还是在于学术。当然做一名学者型编辑很难，既要有广博的知识，还要有精深的专业，把握学科的最前沿动态，具备学术交流与沟通能力、学术鉴赏与评价能力。故而也有编辑不认同编辑学者化，认为"术业有专攻，人的精力是有限的，你要当一个好的编辑，又要成为某一学科领域的学者，是很难的事。因此，我认为编辑更应像个经纪人，对你所编辑的学科领域有所熟悉就够了，编辑能力的体现更多的是你对栏目的策划、稿件的组织、学术论文价值的判断，而对于某一学术论文的具体把握和修改，你交给相关领域的专家就行了"[16]。客观来看，目前很多学报编辑的工作是在编辑规范与论文结构、语言运用、标点符号等完善方面，在主题内容的建设方面，无法给予过多的专业意见。对大多数学报编辑来说，能够精通编辑业务，具备学术规范能力、期刊品牌运营推广能力等，就已经很不错了。

基于高校学报作为学术刊物的特性，编辑的知识结构、学术水平也越来越成为制约刊物发展的重要因素[17]。编辑能力主要体现在前瞻的眼光和选题策划意识、专业水平和稿件评审能力、扎实的基础和编辑加工能力等。高校学报编辑队伍人才结构调整面临很大挑战，建设一支既有学术水平又有娴熟编辑技术的队伍非常不容易。提高编辑学术素养，使其在选题策划和引导学术交流方面发挥更大的作用是必要的，编辑学者化也倡导多年。但编辑学者化的标准或者条件是什么？并没有一个清晰的答案。由于环境影响和个人原因，有一部分高校学报编辑在学术上走的是眼高手低、逐渐荒废的道路,在面对学者的傲慢和社会的偏见时缺乏底气。他们自我认同不高,且在一定程度上影响了社会对整个高校学报编辑队伍的判断。相反,有些高校学报编辑是从教师岗位转到编辑岗位的,他们一方面习惯被称作老师,另一方便具有不亚于教师的科研能力,这部分编辑更不愿意被低看。他们在参加学术会议的时候会积极提交论文,参与讨论,而非仅仅以一个编辑的身份去约稿。

有研究者指出,如何破解学术期刊编辑的认同困境,已是提升我国学术期刊国际竞争力的主要短板[18]。唯有高校学报编辑的职业认同提高了,他们才能从内心真正接纳编辑这一称谓,并乐于被别人这样称呼。叶圣陶先生拥有作家、教育家、出版家、社会活动家等多重身份,但是与编辑工作结缘60余年的他曾说:"如果有人问起我的职业,我就告诉他:第一是编辑,第二是教员"[19]。高校学报编辑既不可妄自菲薄,游走在学校和出版界的边缘;也不可妄自尊大,以为自己掌握了论文编发的生杀大权。在学校要敢于争取权益、发表意见,杜绝自我边缘化;在社会上要勇于亮明身份,恪守职业操守,引导社会大众熟悉并认同编辑职业;在学术界要加强自身学术修养,努力提高理论水平,赢得职业尊重。

参 考 文 献

[1] 卢晓中.提升教师身份认同从哪里入手[N].光明日报,2019-09-10(13).
[2] 周畅,徐志武.青年编辑职业认同提升策略研究:以工作满意度为视角[J].出版发行研究,2017(12):67.
[3] 宋丹.关于编辑的职业认同及其培养研究[J].科技传播,2015(9 上):156.
[4] 王保健.论当代编辑的危机[J].河南社会科学,2011(9):179.
[5] 季潇潇.高校学报青年编辑职业发展中的个人因素分析[J].语文学刊,2016(5):84.
[6] 陈颖.编涯"四味"[M]//全国高等学校文科学报研究会编辑委员会.惜缘:我与学报:纪念中国高校学报 110 周年征文竞赛作品选.贵阳:贵州大学出版社,2016:25-26.
[7] 罗雯瑶.高校学报编辑职业发展的困境与对策[J].出版广角,2015(2):97.
[8] 杨中启.高校学报编辑的边缘化图谱[M]//全国高等学校文科学报研究会编辑工作委员会.编缘:纪念全国高等学校文科学报研究会成立三十周年征文集萃.贵阳:贵州大学出版社,2018:350.
[9] 顾艳.绿叶的情怀:一名三十三岁编辑的十八年编辑心路[M]//全国高等学校文科学报研究会编辑工作委员会.编缘:纪念全国高等学校文科学报研究会成立三十周年征文集萃.贵阳:贵州大学出版社,2018:147.
[10] 陈雯兰,刘岩.编辑人的职业魅力及其塑造中的"四品质"[J].福建广播电视大学学报,2019(1):71.
[11] 徐志武.我国青年编辑工作满意度研究[J].出版科学,2016(5):25.
[12] 杨中启.高校学报编辑的边缘化图谱[M]//全国高等学校文科学报研究会编辑工作委员会.编缘:纪念全国高等学校文科学报研究会成立三十周年征文集萃.贵阳:贵州大学出版社,2018:341.
[13] 郑燕.编辑的职业认同及其培养分析[J].传播力研究,2019(5):156.
[14] 朱剑.如影随形:四十年来学术期刊编辑的身份焦虑:1978—2017 年学术期刊史的一个侧面[J].清华大学学报(哲学社会科学版),2018(2):1.
[15] 范军,刘健.新中国成立 70 年来三维视野下的编辑岗位变迁[J].编辑之友,2019(9):114.
[16] 沈天舒.相信自己活出自我[M]//全国高等学校文科学报研究会编辑工作委员会.编缘:纪念全国高等学校文科学报研究会成立三十周年征文集萃.贵阳:贵州大学出版社,2018:381.
[17] 王雪松.论高校学报青年编辑的学术素养:兼论高校青年编辑的职业发展[J].襄阳职业技术学院学报,2013(3):80.
[18] 吴文成.亟需破解学术期刊编辑的职业认同困境[J].民主,2020(2):28.
[19] 宋应离,袁喜生,刘小敏.20 世纪中国著名编辑出版家研究资料汇辑:3[M].开封:河南大学出版社,2005:177.

数字化背景下学术期刊的选题策划策略

楼启炜

(南京邮电大学期刊社，江苏 南京 210042)

摘要： 在数字化背景下，学术期刊的选题策划依然十分重要，选题策划的思路变得更加开阔。期刊编辑应当在坚持为政府决策及社会发展服务、凸显期刊自身定位与特色、有利于期刊可持续发展以及适应读者学术需求转变的原则下，充分利用数字化平台的用户数据信息、期刊数据库信息以及各类社会信息资源，开展学术期刊的选题策划。此外，还应借助数字化平台发布选题策划信息，运用数字化手段积累作者资源，发展学术共同体。

关键词： 数字化；学术期刊；选题策划；信息

1 学术期刊数字化出版的现状

1.1 数字化出版的概念

数字出版是指利用数字技术进行内容编辑加工，并通过网络传播数字内容产品的一种新型出版方式，其主要特征为内容生产数字化、管理过程数字化、产品形态数字化和传播渠道网络化[1]。数字化出版的形式包括学术信息的电子文档、视频期刊或论文、博客、播客、全文数据库、各种形式的开放仓储等。期刊数字化出版指的是，应用数字技术对期刊内容进行编辑加工，并以网络为媒介来传播期刊内容的一种新型出版方式[2]。

1.2 学术期刊数字化出版的发展趋势

随着计算机的普及和网络技术不断发展，自20世纪80年代以来，数字出版与在线传播越来越受到国际性学术期刊出版机构的重视。诸多国际一流学术期刊陆续开发了功能完善的稿件编辑出版平台，开拓了期刊的信息化传播渠道，为作者、读者、编辑和审稿人提供全面的在线服务。Elsevier、Thomson、Springer等国际一流期刊出版机构均已完成由印本出版模式向数字出版模式的演变[3]。经过多年发展，国外期刊的数字化转型已经初具规模。

我国期刊数字化转型虽然起步较晚，但近年来的发展十分迅速。以中国期刊网、中国知识资源总库、维普中文科技期刊数据库、万方数据知识服务平台为代表的各大数据库平台均已收录万余种学术期刊，数据库的功能也在不断完善与增加。以中国知网为例，它已发展成为专业性较强且知名度较高的专业互联网与电子出版机构，拥有2 000余万在线读者，以及数千家海内外机构用户。目前我国已基本形成从内容提供商到技术服务商，到网络发行平台，再到终端阅读、移动阅读的期刊数字化产业链，并在逐步延伸和完善。许多学术期刊还建立

基金项目：全国理工农医院校社科学报联络中心2018年度基金资助项目(LGNY18C6)；江苏省期刊协会2019年度立项课题(2019JSQKB27)；南京邮电大学教育科学"十三五"规划2019年度课题(GJS-XKT1907)

了独立的网站、微信公众号、微博头条号等，用以与读者互动交流，并及时发布最新的文章和相关信息。2019年8月，在中国科协、中宣部、教育部、科技部联合印发的《关于深化改革 培育世界一流科技期刊的意见》[4]中也特别强调，要建设数字化知识服务出版平台。强化政府、产业有效互动，依托出版集团和学会、高校等期刊集群，建设数字化知识服务平台，集论文采集、编辑加工、出版传播于一体，探索论文网络首发、增强数字出版、数据出版、全媒体一体化出版等新型出版模式，提供高效精准知识服务，推动科技期刊数字化转型升级。

2 数字化背景下学术期刊选题策划的必要性

数字化出版不仅仅是期刊出版形态的转变，而且从根本上打破了传统的期刊传播格局。在数字化出版的推动下，学术期刊的传播速率大大提高，传播范围显著扩大，传播互动性不断增强，传播信息量不断加大。当然，学术期刊的选题策划依然是期刊编辑出版的首要环节，是期刊编辑部各项工作的纲领[5]。在学术期刊数字化的背景下，选题策划的重要性集中体现在以下两个方面。

2.1 坚持内容为王，增强学术期刊的吸引力

无论学术期刊的呈现方式如何变化，优质的内容始终是期刊价值的支撑点。在数字化背景下，学术期刊应当首先关注期刊的内容，致力于呈现高品质的学术信息，提升稿件质量，在此基础上再进行数字化转型。在数字化背景下，不仅期刊的呈现形式发生了变化，读者的阅读方式与阅读习惯也随之发生了改变。"浅阅读"和"碎片化"阅读往往是读者更多采用的数字化阅读方式。因此，想要在读者快速浏览的过程中抓住其眼球，学术期刊选题策划的质量尤为关键。

2.2 注重创新，提升学术期刊的传播力

数字化、网络化出版的快速发展，让学术期刊知识成果的分享与传播更加轻而易举，编辑必须改变以往"等米下锅"的思维方式，主动借助新媒体的传播优势，策划受读者青睐、吸引用户关注的选题。数字化转型不是学术期刊内容的简单平移，而是出版形态的改变，不能仅仅停留在把纸上的内容搬到计算机显示器上，而是要从纸质层面的固化出版传播模式，跨越数字化、网络化出版时代的"数据库"存储利用模式，直接进入移动出版时代的多文本、富媒体、全动态、超链接的"数据化"资源应用模式[6]。这就需要突出创新意识，把信息激活为资源、优势和价值：一方面，通过创新性的选题策划，多收录原创性强、可读性高、有助于提升学术期刊影响力的文章；另一方面，利用数字化传播过程中信息流通由"点对面式的大众传播"向"网络多极化传播"转变的特点，寻找与读者的共鸣，从而拟定选题。

3 数字化背景下学术期刊选题策划的原则与依据

3.1 服务于政府决策和社会发展

学术期刊，尤其是社科类学术期刊，既是科学研究各个领域最新研究成果交流、传播的平台，同时也是宣传党的路线、方针、政策和弘扬社会主义先进文化的重要舆论阵地[7]。因此，学术期刊的选题策划要围绕解决政府面临的实际问题、社会发展中遇到的实际困难等展开。在选题策划的过程中，要积极主动地关注社会发展中亟需解决的问题，及时挖掘、选择、提炼出有价值的选题。

3.2 符合期刊自身的定位与特色

学术期刊的特色即指学术期刊本身不同于其他学术期刊的内容特点、办刊理念、编辑技巧、版式设计等个性化的综合反映。落实到选题策划层面，就是要根据学术期刊所在区域的文化资源优势，学术期刊所依托的科研机构的学科优势进行选题策划。学术期刊所在区域长期以来形成的历史文化资源和人文资源和学术期刊所依托的高校、科研单位的特色学科，构成了学术期刊独有的特色文化资源优势和学科资源优势。在此基础上进行选题策划，一方面可以推动相关领域的研究不断深入，为当地的政治、经济、文化等发展提供支持和决策参考，另一方面可以发挥学校或机构已经形成的研究团队的优势，刊发这些团队的最新研究成果。

3.3 有利于期刊的可持续发展

学术期刊的特色不是在短时间内、凭借主观想象创造出来的，而是必须经过长期探索、努力和坚持才能形成的，并且需要更长的时间才能得以维持和稳固。数字化背景下，期刊栏目的作用在弱化，在选题策划的过程中，应当运用跨文化、跨学科的选题思路，打破固有的栏目拼凑模式。还应当在遵循办刊宗旨的前提下，跳出本单位、本校的范畴，破除门户之见，通过点-面式的网络信息，进行选题策划。好的选题策划，能够吸引更多学者的关注，也能激发作者的写作灵感，催生优质稿件，从而使期刊获得更多的稿源，促进期刊的可持续发展。

3.4 适应于读者学术需求的转变

学术期刊的数字化出版拓宽了学术期刊的传播路径，扩展了其传播范围，读者们可以不受时间、地点的限制，通过电脑、手机等渠道，获取学术期刊的内容。学术期刊的数字化出版不仅是单纯传送内容，还可以加入动画、音乐、视频等元素，实现读者、作者、编者之间的互动，即从原本的信息单向传播变成了多向传播，使得传播的互动性大大增强，搭建了学术交流的平台。在学术期刊的内容传播由简单静态结构向复杂动态结构转变的同时，读者的学术需求也在发生变化。学术期刊编辑可以通过在数字化平台上与读者的信息交流了解读者的学术需求。学术期刊的选题策划建设要适应分众化、差异化传播趋势，以满足作者个性化、专业化和专题化的需求。

4 数字化背景下学术期刊的选题策划路径

4.1 数字化背景下学术期刊选题策划的思路

4.1.1 充分利用用户数据信息

目前，大多数学术期刊已经建立了自己的网站和微信公众号，还有不少申请了微博头条号。这些数字化传播平台的建立在改变了传统期刊传播方式单一化问题的同时，也拉近了期刊与作者之间的距离，给学术期刊的选题策划提供了新的契机。

数字化平台能够给用户提供舒适的使用体验感，用户可以借助平台与编辑部进行互动。互动的内容既包括回答作者疑问，做好服务工作，也包括与作者交流写作思路，共同探讨感兴趣的话题等。在互动、交流的过程中，编辑往往可以从中受到启发，构思选题。

数字化平台自身有强大的后台统计分析功能。以微信公众号为例，其统计功能包括用户分析、图文分析、菜单分析、消息分析、接口分析等，每个部分都可向使用单位提供详细的数据及图表。具体来说，用户分析包括对任意时间段内用户数的增长、取消关注和用户属性等的统计；图文分析包括对任意时间段内图文消息的送达人数、阅读人数和转发人数等的统计；消息分析包括对消息发送人数、次数等的统计。利用平台搜集的数据可以分析用户的阅读兴趣、阅读习惯，可以分析单篇文章的阅读来源分布和阅读发展趋势，也可以对比各栏目中文章的点击率、下载量，还可以提取消息关键词并进行排序……这些对于发掘高质量论文、高关注度的选题都具有很强的启发性，可以作为选题策划的重要依据。

4.1.2 分析整合期刊数据库信息

学术期刊的数字化出版使信息的共享达到了一个更高、更快的水平。学术期刊数字化的最普遍形式便是在各类期刊数据库中以数字化的形式呈现出来。数字化出版有别于传统的传播方式，具有超文本功能和计算机检索功能。数据库里存储了海量的学术期刊信息供读者浏览，读者也可以通过检索获得自己所需要的信息，这不仅拓宽了读者的视野，也给科研工作者开展研究带来了便利。数据库强大的检索功能为获取选题策划的信息提供了可能。

首先，编辑可以选取自己感兴趣的主题，在数据库中检索相关文献。通过对文献进行分析对比，深入了解某个学术领域的研究现状和研究热点，并预测研究趋势。在掌握该领域已经取得的研究成果的基础上，分析研究可能存在的不足，从而抓住选题的切入点。其次，编辑可以通过精细化检索，寻找高被引论文，对其进行归类，判断当前的研究热点，从中提取选题策划的信息。再次，编辑可以检索某个领域的学科带头人、重点科研机构中重要学者发表的论文，通过查看他们的论文发表情况把握其研究动向，有针对性地组约专题稿件。最后，编辑还可以从数据库中搜索到一些关注度较高的学术期刊的信息，学习优秀期刊的栏目编排技巧，借鉴他们的选题策划经验。

4.1.3 深度挖掘社会信息资源

数字化时代的信息资源非常丰富，信息获取也非常便利。这为编辑的选题策划提供了机遇。编辑应当学会在海量的信息中进行甄别，找到有价值的信息展开选题策划。具体来说，编辑可以通过以下渠道获得选题策划的信息：

第一，从国家重大的方针、政策中获取选题策划的信息。如前所述，学术期刊，尤其是社科类学术期刊，具有为党和政府的决策服务的职能，必须坚持正确的舆论导向，弘扬正确的价值观和主旋律，准确传达党和政府的主张，围绕人民群众所关心的问题开展深入研究，促进学术理论的发展。国家的方针政策引导了学术期刊的政治动向，在数字化时代，这些信息的获取已经相当便利。因此，编辑应当积极关注各类国家重大的会议信息，深度研读政府工作报告，从中把握宏观政策走向，确定期刊选题。

第二，从社会热点事件中获取选题策划的信息。在数字化时代，各媒体对时事新闻的报道具有较强的时效性。在各媒体中曝光度较高的新闻事件一般都具有较强的理论意义和现实意义，它们往往是社会发展中亟需解决的问题，反映了某种普遍的社会思潮或共同的社会心理，抑或跟广大人民群众的切身利益相关[8]。围绕社会热点事件开展选题策划，一方面能够解决实际问题，彰显期刊的社会责任，另一方面能够获取较多的社会关注，扩大期刊的影响力。

第三，从重大立项项目中获取选题策划的信息。科研项目，即开展科学技术研究的一系列独特的、复杂的并相互关联的活动，这些活动有一个明确的目标或目的，必须在特定的时间、预算、资源限定内，依据规范完成[9]。科研项目的选题都是经过专家严格论证、层层筛选的焦点问题，其合理性、创新性、先进性毋庸置疑。这些项目所产生的科研成果必然具有重大的理论意义和现实意义。编辑可以通过网站搜索、权威数据库查询等方式获取重大立项项目的信息，并围绕这些信息进行选题策划。

第四，从重要的学术会议中获取选题策划的信息。专业的学术会议一般都涵盖该专业领域最新的研究进展和热点问题，集聚了该领域的专家学者和研究团队，学术资源非常丰富[10]。在数字化时代，各类学术会议信息常常通过数字化的形式发布，例如在专门的会议信息网站发布，在微信公众号发布，通过微信群、QQ群推送发布等。因此，编辑应当密切关注相关网站的会议信息，加入与期刊选题策划相关的研究领域的"学术圈"，获取重要会议信息，并积极参会学习，主动结识专家学者，捕捉领域热点、研究最新进展，从而提炼选题策划方案。

4.2 数字化背景下学术期刊选题策划的实施

制定了选题策划的方案，如何才能组约到高质量的稿件，又如何与高水平的作者保持稳定的关系呢？这些都可以在数字化的辅助下得以实现。

4.2.1 借助各类数字化平台，公布选题策划方案

传统的纸质学术期刊需要通过订阅的方式获取，但订阅的对象一般是图书馆和科研院所，传阅度不高，读者面相对较窄，因此传播范围有限。但是期刊实现数字化传播后，读者就可通过各类数字化平台，不受时间、地点、设备的约束，方便地获得所需的信息。编辑部可将选题方案和征稿启事发布在微信公众号、微博头条上，并推送给重要的作者，向其约稿。还可以在编辑部网站的公告栏及时发布、更新重要选题，让广大读者了解到期刊所关注的选题的最新信息。

4.2.2 运用数字化手段积累作者资源，发展学术研究共同体

学术期刊应当坚持选题策划，由优质的选题吸引优秀的作者，不断扩大作者队伍，并组建重要作者的微信群、QQ群，保持与作者的密切互动。还应当借助数字化渠道，获取某个领域内顶尖学者或知名人士的信息，邀请他们担任栏目主持人。通过长期维护作者群，联系栏目主持人，培养学术共同体，利用学术共同体中的专业资源吸收更多优秀学者的研究成果。

5 结束语

在数字化时代，各行各业均面临着许多挑战，同时也拥有许多机遇，学术期刊亦是如此。大部分学术期刊目前已经实现了数字化转型，期刊如何更好地适应数字化时代以创造新的增值点，已成为大家探讨的热门话题。成功的选题策划能够丰富学术期刊的内容，凸显学术期刊的特色，提高学术期刊的质量，增强学术期刊的竞争力。在数字化背景下，学术期刊的选题策划应当打破"突出异质性资源优势"等传统的固有思路，改变闭门造车的做法。作为编辑，应当主动开阔眼界，运用数字化思维，大胆尝试利用数字化手段来进行选题策划。

参 考 文 献

[1] 新闻出版总署.关于加快我国数字出版产业发展的若干意见[EB/OL].[2019-09-10]. http://www.gov.cn/gongbao/content/2011/content_1778072.htm.
[2] 王雪芬,汤淏.大数据背景下科技期刊传统出版与数字化出版的融合研究[J].天津科技,2015,42(9):98-99.
[3] 游滨.学术期刊数字化发展趋势及因应策略[J].编辑之友,2016(11):36-41.
[4] 四部门联合印发《关于深化改革 培育世界一流科技期刊的意见》[EB/OL].[2019-09-10].http://www.xinhuanet.com/science/2019-08/19/c_138320888.htm.
[5] 李祖平."特色栏目、编辑身份"再造重构与学术期刊移动出版突破[J].中国出版,2016(15):28-30.
[6] 戎国强.若无"热点"，评论何为?[J].新闻战线,2014(2):99-100.
[7] 郭嘉.浅谈社科期刊编辑政治意识的重要性[J].新疆社科论坛,2014(6):93-96.
[8] 付国彬.科技学术期刊选题策划的信息捕捉[J].编辑学报,2009(2):125-127.
[9] 百 度 百 科 [EB/OL].[2019-10-13].https://baike.baidu.com/item/%E9%A1%B9%E7%9B%AE/477803?fr=aladdin.
[10] 肖时花.学术期刊选题策划的信息捕捉[J].编辑之友,2018(11):90-94.

大数据环境下科技期刊学术影响力评价分析
——以《信息工程大学学报》为例

吴绍民，尤江东，颜　峻

(信息工程大学，河南　郑州 450001)

摘要：大数据驱动下的信息技术革命，给学术出版、学术传播带来了全新的机遇和挑战。文章基于期刊学术影响力概念，采用计量指标，选取《信息工程大学学报》的载文量、国际/国内影响力、学科分布、他引率数据、基金论文比和文献网络传播等方面情况对学术影响力进行分析，选取相关期刊进行了横向比较，客观总结学报质量、影响力及其指标趋势，以期为该刊后续发展研究提供有益借鉴。

关键词：《信息工程大学学报》；学术影响力；期刊质量；期刊影响力

网络信息技术由 IT 时代进入 DT 时代，数据正展现出非凡的价值[1]，其发展和运用给学术出版、学术传播带来了全新的机遇和挑战。学术期刊作为学术成果展示和学术传播的重要平台，是学术交流的主要媒介载体。而学术影响力则是衡量学术期刊质量和社会价值认同的重要指标，反映了某期刊在其学科领域方面所占的地位[2]。科学客观地评价期刊在学术影响、学术传播中的能力和价值，对于推动期刊发展具有重要意义。文章基于云服务模式下期刊评价大数据，以多维度多角度的指标体系，评价分析《信息工程大学学报》(以下简称《学报》)的载文量、影响因子、学科分布、基金论文及传播力情况，以期多元化的评价结果为未来期刊的采编、管理及出版提供决策参考。

1 《学报》发展概况

《信息工程大学学报》于 1982 年创刊，是信息工程大学主办公开发行的以基础理论、应用科学和工程技术为主的综合性学术刊物。其前身是由解放军工程技术学院主办的《教学与科研》，1991 年更名为《信息工程学院学报》。1999 年被列为全军首批建设的军事学重点学术期刊，2000 年更名为《信息工程大学学报》，2004 年《学报》入列全军首批军事学核心期刊，2011 年成为 RCCSE 中国核心(扩展版)学术期刊。2012 年建立《学报》网站，2015 年通过军事学核心期刊年度核验(见图 1)。

《学报》坚持强化创新意识，主要刊登信息与通信工程、电子科学与技术、计算机科学与技术、网络空间安全、软件工程、军事信息学等专业领域的科研成果论文。曾先后荣获"总参优秀期刊""优秀国防期刊""河南省优秀学报""河南省优秀科技期刊"和"总参优秀出版物"等奖励。

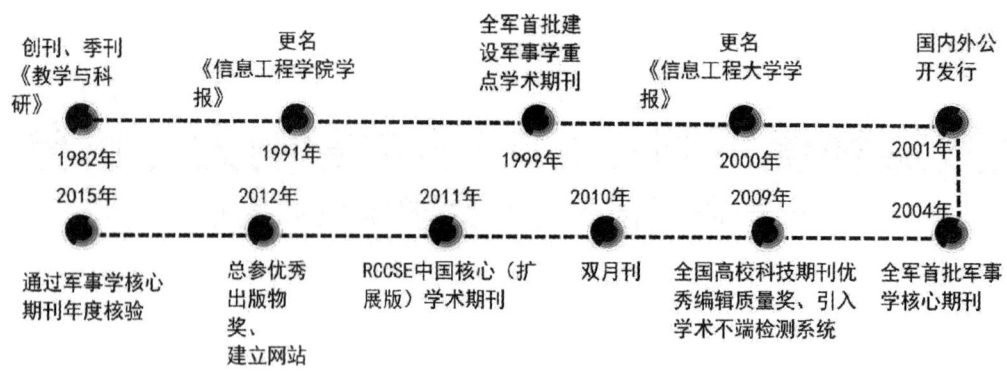

图 1 《信息工程大学学报》发展历程大事件

2 学术影响力要素分析

2.1 期刊学术影响力概述

期刊的学术影响力,是指学术期刊在一定时期内所传播的学术观点、思想、理念、理论、方法、发现、发明、事实、情感等内容,以及期刊的品牌,在某段时间里引发其受众关注和思考、促进相关领域学术研究与应用发展的能力[3],也是反映期刊受到学术界关注程度及其对科学技术发展作用大小的重要依据。学术期刊的影响力受到期刊刊载内容的学术质量和出版水平的双重影响,学术质量是刊物的内在价值和品质,是产生影响力的内因;出版水平则反映了期刊的传播能力,是产生影响力的外因。当前,国内针对期刊学术影响力的研究已进入一个持续关注期,但尚未发现对《学报》学术影响力进行全面系统分析评价的研究。利用《中国学术期刊国际国内影响力统计分析数据库》对《学报》的载文量、国际/国内影响力、学科分布、他引率数据、基金论文比和网络传播等进行数据统计与指标分析,客观反映其学术水平和影响效能,为研究该刊学科布局、提升办刊质量、改进办刊策略提供科学依据。

2.2 载文量统计分析

载文量是指某期刊在特定时间刊载文献的总量,载文量是衡量学术期刊吸纳和传递信息能力的主要指标之一[4],论文质量要求、稿源充足与否、刊物社会效应均是影响期刊载文量的重要因素。由图 2 可知,《信息工程大学学报》2008—2017 年 10 年来论文发表总量为 1 439 篇,该刊整体载文量比较稳定,年均基本稳定在 140 篇上下,2010 年载文量 173 篇,达到近 10 年来的峰值。

2.3 国际国内影响力分析

《中国学术期刊国际国内引证年报》是全面揭示期刊国际国内学术影响力的分析工具。期刊影响因子(JIF)是最早基于引用时间特征提出的期刊评价指标[5],即某期刊前两年发表的论文在该报告年份中被引用总次数除以该期刊在这两年内发表的论文总数。JIF 是度量期刊学术创新影响力和整体学术水平的主要指标,反映了某期刊在其研究领域的学术水平及学术影响力。由图 3 可知,《学报》通过国际他引影响因子、国际五年影响因子指标、国内综合影响因子、国内复合影响因子数据趋势客观真实反映该刊国内外的学术影响力情况。2008—2017 年《学报》国际国内影响力在波动中略有上升。

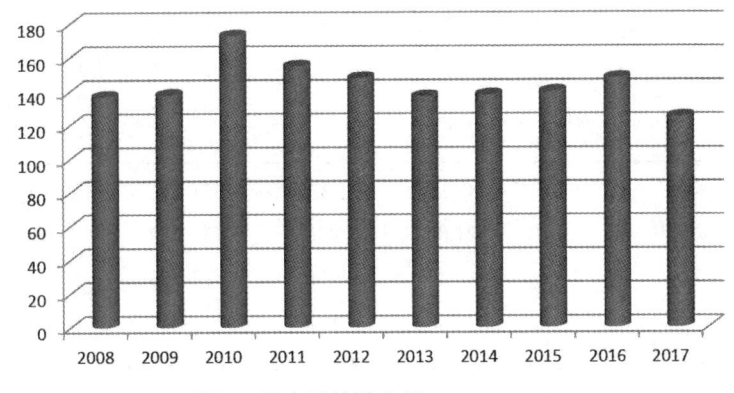

图2 载文量统计分析(2008—2017)

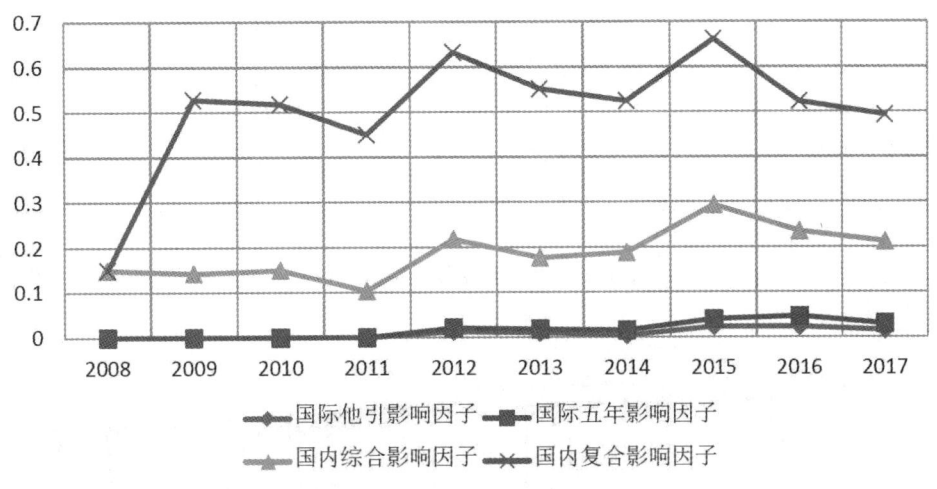

图3 国际国内引证报告(2008—2017)

2.4 学科分布分析

按照 CNKI 中国知网学科体系统计《学报》2008—2017 年学科发文量表现情况(发文量<10 篇未统计)。其中,"本刊比重"为本学科本年度发文量与本刊本年度总发文量之比;"总被引频次"为本刊本学科发表文献自 2008—2017 年被期刊、博硕士学位论文、会议论文引用的总频次之和;"总下载频次"为本刊本学科发表文献自 2008—2017 年被 CNKI 中心网站用户下载总频次之和。由表 1 可知,《学报》2008—2017 年发文量超过 10 篇涉及学科有 12 个,前三个分别为电信技术、计算机软件及应用、互联网技术,共发文 1 145 篇,占总发文量的 78.1%,且这三门学科的总被引频次和总下载频次也位居前三。根据中国知网的学科分布统计,该学报发文共涉及 47 个学科,在中国知网共设的 168 个学科专题中,覆盖率达 27.98%。

2.5 他引率数据分析

他引率即他引总引比,指某期刊的总被引频次中,被其他期刊引用次数所占的比例。据 2017 版《中国科技期刊印证报告》(扩刊版)显示,在 149 种工程技术大学学报中综合排第 119 位(前 57 位为中文核心期刊),由图 4 可知,《学报》他引率远高于同类学科平均值,其中据 2016 年统计数据,该刊他引率指标排名 43,远超期刊综合排名,并已进入前 57(核心期刊)。

表 1 学科分布分析(2008—2017)

序号	学科	发文量/篇	本刊比重/%	影响力评估			
				总被引频次	总下载频次	篇均被引频次	篇均下载频次
1	电信技术	643	43.80	1 322	51 183	2.1	79.6
2	计算机软件及应用	309	21.05	880	32 029	2.8	103.7
3	互联网技术	193	13.15	656	18 555	3.4	96.1
4	自动化技术	76	5.18	191	7 457	2.5	98.1
5	数学	72	4.90	134	6 137	1.9	85.2
6	无线电电子学	58	3.95	168	5 386	2.9	92.9
7	自然地理学和测绘学	43	2.93	182	6 014	4.2	139.9
8	物理学	23	1.96	26	1 561	1.1	67.9
9	武器工业和军事技术	22	1.87	33	1 531	1.5	69.6
10	计算机硬件技术	21	1.60	49	1 278	2.3	60.9
11	电力工业	21	1.58	66	2 823	3.1	134.4
12	军事	13	1.75	7	756	0.5	58.2

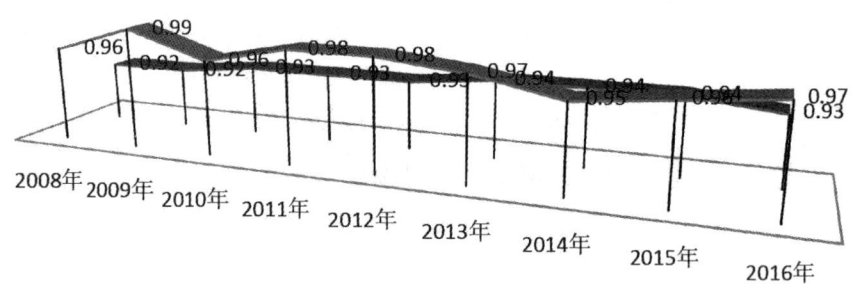

图 4 他引率统计表(2008—2016)

2.6 基金论文比统计

基金项目资助发表论文是科研活动常见形式。基金论文是指受到各类基金资助的论文占全部论文的比例，其中基金类别为："国家基金"包括 28 个部委基金；"省市/院校(所)基金"包括科研院所 11 个、91 所高校基金、各省市地方政府基金 323 种；"其他"资助包括企业基金及不属于上述各类基金的其他基金。在现行学术期刊评价体系中，基金论文比是衡量期刊学术质量的重要指标，在期刊学术影响力评价中权重较高[6]。由图 5 可知，《学报》基金论文呈现出一定下降趋势，但总体上高于或接近平均值。

2.7 文献网络传播情况统计

文献网络传播情况是科技期刊学术影响力展现的重要方面，主要通过期刊各年发表文献的被浏览量和被下载量来体现。由图 6 可知，《学报》各年发表文献浏览量呈明显的高速上升趋势，下载量高峰和低谷交替呈现循环微升趋势。

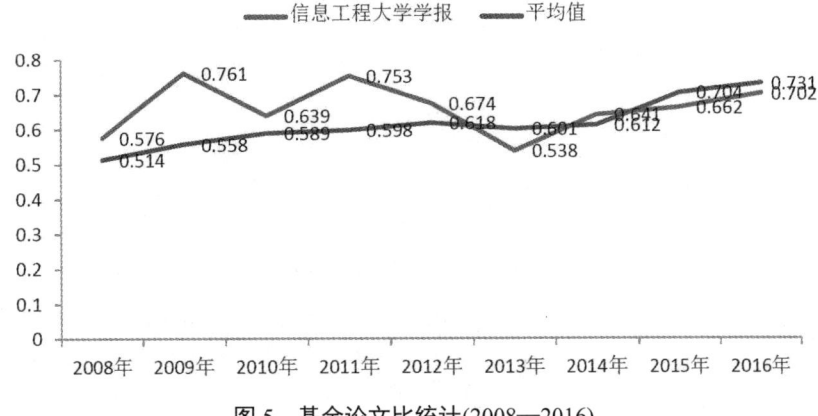

图 5　基金论文比统计(2008—2016)

图 6　发表文献浏览量和下载量统计(2008—2018)

3　相关期刊类比分析

3.1　选取期刊情况

选取同类行业期刊《清华大学学报(自然科学版)》《解放军信息工程大学学报(自然科学版)》《成都信息工程大学学报》进行横向数据比较，旨在对《信息工程大学学报》在行业中的学术影响力定位有一个更加明确的认识。

表 2　相关期刊基本情况一览表

中文刊名	主办单位	创刊时间	刊期	收录情况	栏目方向
信息工程大学学报	战略支援部队信息工程大学	1986年	双月	英国《科学文摘》、中国科技论文统计源期刊、中国科学引文数据库来源期刊、中国学术期刊综合评价数据库（CAJCED）、中国期刊全文数据库（CJFD）等收录	通讯工程与技术、信息处理技术、计算机技术与应用、数学、信息安全、测绘科学与技术、基础理论研究及其他科技动态
解放军理工大学学报（自科版）	陆军工程大学	2000	双月	SA英国科学文摘、JST日本科学技术振兴机构数据库、Рж（AJ）俄罗斯文摘杂志及国内多家全国性文献检索机构收录	电子、通信与自动控制、计算机科学与技术、机械工程、环境科学与技术、气象与海洋科学等

续表 2

中文刊名	主办单位	创刊时间	刊期	收录情况	栏目方向
清华大学学报（自科版）	清华大学	1915 年	月刊	美国《化学文摘》、美国《工程索引》、JST 日本科学技术振兴机构数据库、Pж（AJ）俄罗斯文摘杂志、SA 英国科学文摘等及国内外文献检索机构收录	信息科学、机械工程、精密仪器与机械学、工程力学、汽车工程、水利与水电工程、核能技术等
成都信息工程大学学报	成都信息工程大学	1986 年	双月	中国核心期刊（遴选）数据库、CNKI、万方、超星数字图书馆等数据库收录	电子、通信工程、计算机科学、信息安全、大气科学、环境科学等

3.2 相关期刊综合影响因子比较

由图 7 可知，2008—2018 年，《清华大学学报》在综合影响因子上遥遥领先，《信息工程大学学报》综合影响因子逐年提升，呈现出超越《成都信息工程大学学报》的趋势。

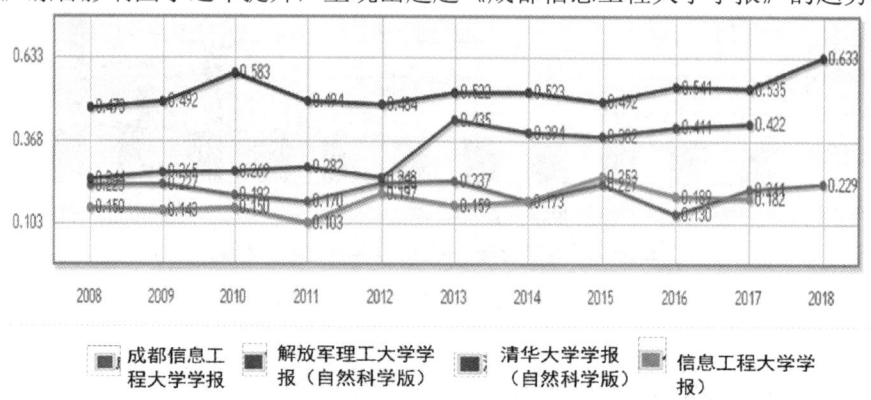

图 7 相关期刊综合影响因子变化趋势比较分析

3.3 相关期刊综合总被引比较

由图 8 可知，2008—2018 年，四所军地院校学报中，《清华大学学报》在综合总被引方面独树一帜，《信息工程大学学报》《解放军理工大学学报》《成都信息工程学院学报》处于同一水平线。

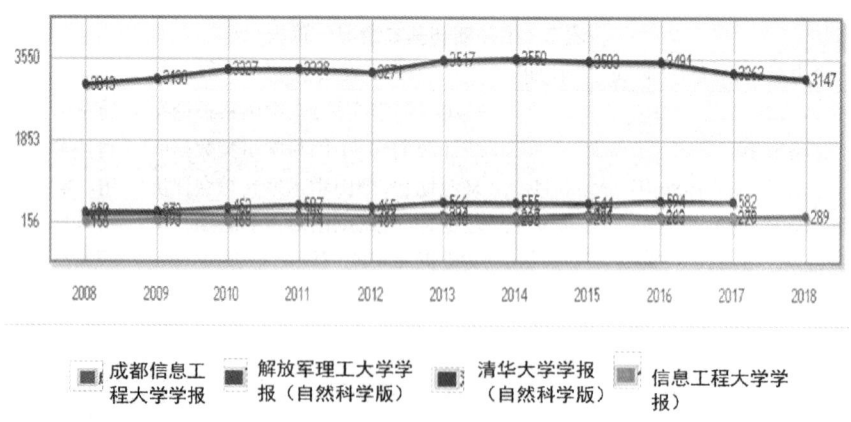

图 8 相关期刊综合总被引变化趋势比较分析

3.4 相关期刊总下载频次比较

由图 9 可知，在总下载频次方面，除《清华大学学报》外，与其他三所院校学报处于同一水平线，与《清华大学学报(自科版)》存在明显差距。

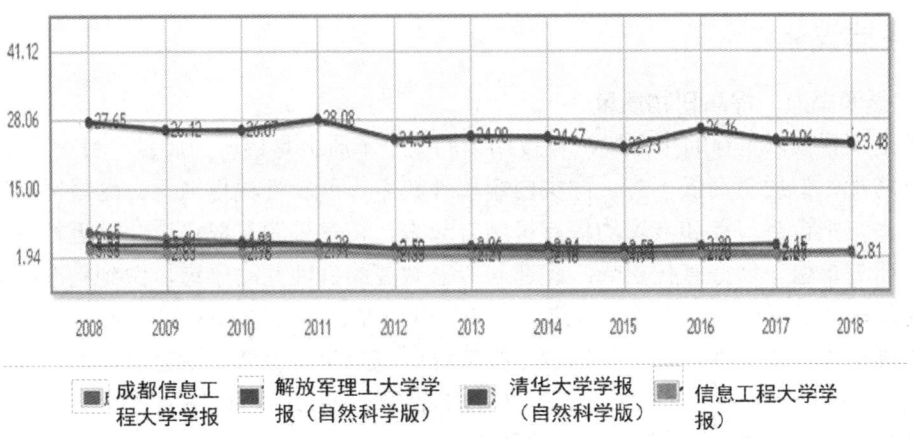

图 9 相关期刊总下载频次变化趋势比较分析

4 分析结论

通过对《学报》载文量、影响力、学科分布、他引率、基金论文比和文献网络传播情况数据统计及相关期刊的比较分析，结论如下：

(1) 载文量一直保持相对稳定，年均 140 篇左右，国际国内影响因子在小幅波动中略有上升，从一个侧面体现了该刊的办刊理念和发展历程。《学报》基于服务校内外广大作者群体，广泛传播科研成果的职责角度，没有以牺牲载文量以提升期刊影响因子，而是将两者有机结合，既关注高质量稿源，也注重期刊的学术辐射度。但《学报》因院校调整而经历更名整合，对其发展还是产生了一定影响，出现了阶段性的小幅波动。总体来看，发展方向和改革措施是值得肯定的，依托高校得天独厚的科研优势，未来在科技知识创新方面具有较大的发展空间。

(2) 发文学科占中国知网总学科专题的覆盖率达 27.98%，电信技术、计算机软件及应用、互联网技术占总发文量的 78.1%，且这三门学科的总被引频次和总下载频次也位居前三。体现了《学报》学科广覆盖性及主体学科的凸显性，与该刊"理工科综合性学术期刊"的角色定位相契合，主体学科同时也是信息工程大学最新一期学科评估中 A 级重点学科，说明该刊在大学学科建设发展中的准确定位及突出的学术价值。

(3) 他引率是论文水平重要的衡量指标，《学报》他引率始终高于平均值，其中 2016 年他引率指标在国内 149 种工程技术大学学报中排名 43(前 57 位为中文核心期刊)，可见学科发文质量达到同学科研究人员的认可，这是《学报》成为军事学核心期刊后，重抓稿源，确保编校质量的有效成果。致使吸引了大量的基金项目作者投稿，整体基金论文比为 68.38%，持续高于或接近均值，对进一步提升《学报》的学术质量大有裨益。

(4) 论文浏览量和下载量都有较明显的上升趋势，体现《学报》网络传播效能持续增强。一方面得益于成为军事学核心期刊后，影响力提升，稿源质量提高；另一方面得益于物联网网站开通，网络媒体的广传播效应作用。

(5) 从横向比较看，《学报》在综合影响因子、总被引频次、总下载频次方面与二类期刊处于相当的水平线，与《清华大学学报》等优秀核心期刊差距十分明显。但其综合影响力呈现出逐年上升的良好势头，未来有值得期待的上升空间。

5 策略建议

5.1 拓宽稿源渠道，提高刊物质量

稿源是期刊赖以生存的生命线，科技期刊的竞争本质上是稿源的质量。目前，《学报》稿文量逐年增加，但质量高低不齐，同类内容稿件较多，创新性稿件缺乏。这就需要在稿源方面主动出击，把自主投稿和专家约稿有机结合起来，拓宽稿源获取渠道。贴近校内外相关学科领域的研究单位，做好宣传引导；疏通与专家教授的良性互动渠道，做到精准约稿；跟踪相关课题阶段性研究成果，关注学科热点；统计分析 Web of Science、Scopus、中国知网等检索数据库高被引论文作者信息，挖掘潜力投稿群；追踪学科领域学术会议动态，开辟更多的稿源市场。"好稿子是靠挖出来的"，真正打破固有的"一等二靠"的消极思想，聚焦市场面向作者发挥"挖"和"要"的主动性，从而提高稿件质量。

5.2 优化栏目设置，打造学科特色

栏目设置可以反映期刊的自身定位和学科特色，是向作者及用户明确传递刊载内容的直接窗口。特色栏目是期刊的生命，有利于提高学术传播水平、扩大期刊的学术影响力和社会影响力。高校学报应结合主办单位的学科专业设立特色栏目，凸显学报的办刊风格[7]。《学报》在设置学科专栏时，扎根于信息工程大学优势学科，设立信息与通信工程、电子科学与技术、计算机科学与技术、网络空间安全、软件工程、军事信息学等栏目。其内容涉及大部分信息技术发展的前沿学科，形成了鲜明的栏目特色，较好地体现了《学报》的整体构思与定位。

5.3 抓好队伍建设，提升编校能力

编校质量是期刊质量的重要组成部分，提升编校质量则需要有高素质的编辑队伍。近年来，《学报》非常重视编辑业务水平的提高，结合新媒体时代特征，组建了由院士为顾问委员、各学科知名专家为委员的编委会，有针对性地对编辑人员进行新媒体基本技能培训、科研能力培训及策划组稿能力的培养[8]，有效提高科技期刊编辑人员的综合素质，优化编辑队伍建设。同时，把日常工作制度化、规范化，每一篇文章在初审、复审、终审以及编辑、排版、校对、发行等各个环节都认真对待，确保编校质量的有效提升。

5.4 发挥媒体效应，扩大学报影响

新媒体融合发展，促进了期刊与受众之间的双向互动传播，科技期刊面临新的机遇和挑战。如何利用新媒体高效传播科研成果，扩大期刊影响力成为期刊编辑部必须面对和思考的现实问题。科技期刊首先要在注重自身品牌化建设确保期刊质量的基础上，多途径进行推广宣传，比如开通专刊网站，建立微信公众平台，发布微博等方式，针对特殊作者和受众对象，可以单建一对一的交流渠道，及时公布期刊最新文章目次、组稿约稿信息以及科研会议信息[9]，留住优质作者群，增加期刊竞争力，以期为未来发展营造良好的空间环境。

6 结束语

在中央全面深化改革委员会第五次会议上，习近平总书记强调"要以建设世界一流科技期

刊为目标，科学编制重点期刊目录，做精做强一批基础和传统优势领域期刊"[10]。有效提升信息工程领域科技期刊的国内外影响力是新时代面临的新任务。文章通过对《信息工程大学学报》载文量、国际国内影响因子、学科分布、他引率、基金论文比及文献网络传播情况量化指标的客观分析，并选取相关期刊进行横向比较，从不同侧面反映了该刊的办刊质量及影响能力，下一步要注重吸收地方高校的优秀学术成果，继续扩充优质稿源，注重吸纳科研课题资金资助的论文，保证稿件的论文质量，扩大文献的网络传播效果，提升《学报》的学术影响力。

参 考 文 献

[1] 尤江东,张立.基于用户诉求的开源情报系统应用研究[J].信息与电脑,2019(22):12-14.
[2] 赵淑君,杨美芳.期刊学术影响力分析及办刊策略:以《第四纪研究》为例[J].编辑学报,2019,31(增刊2):299-304.
[3] 梁凤鸣,冯君等.基于高被引频次的《山东农业大学学报(自然科学版)》学术影响力分析[J].山东农业大学学报(自然科学版),2019,50(4):652-655.
[4] 仲圆.载文、作者及引文的统计分析[J].传媒论苑,2010(10):146-147.
[5] 程结晶,李秀霞.学术期刊影响力评价指标及改进方案[J].情报理论与实践,2019,23(6):56-61,48.
[6] 中国科学技术信息研究所.2006年中国科技期刊引证报告(核心版)[M].北京:科学技术文献出版社,2007.
[7] 李克永,用特色栏目打造高校学报的鲜明个性:以《西安科技大学学报》为例[J].编辑学报,2019,31(2):220-222.
[8] 黄严严,高校科技期刊新媒体下编辑队伍人才建设浅谈[J].编辑学报,2019-11,31(增刊2):263-264.
[9] 徐芷慧.《甘肃科学学报》学术影响力现状与提升研究[D].兰州:兰州大学,2019.
[10] 高岚.互联网背景下的科技期刊影响力提升实践[J].编辑学报,2019(12):174-178.

运筹学高被引期刊分析及启示
——以《运筹管理杂志(JOM)》为例

张济明

(上海大学期刊社《中国运筹学会会刊》编辑部)

摘要：首先介绍《运筹管理杂志(JOM)》的基本情况，重点分析高被引论文与综述论文，接着从国家和学科等方面分析了施引情况，结合我国运筹学期刊的实际情况，提出一些行之有效的办刊建议。国内运筹学期刊首先应刊登具有多学科交叉性质的文章，加大在美国等发达国家运筹学界宣传和组稿，高品质研究论文与综述论文齐抓并取。通过与 JOM 的高被引来源单位建立联系，组织运筹应用方面的文章，尤其是供应链管理方面的文章，提高期刊的引用率和影响因子。

关键词：JOM；施引分析；高被引论文；综述论文

运筹学是 20 世纪三四十年代发展起来的新兴科学，主要研究人类对各种资源的运用和筹化活动，达到总体优化的目标[1]。运筹学在军事国防、企业民生、科技工程和经济金融等领域产生了深刻而广泛的影响，国际上一批影响力较大的运筹学期刊也应运而生并快速发展。20 世纪 80 年代，中国运筹学会创办了第一本运筹学专业期刊《运筹学杂志》(1997 年更名为《运筹学学报》)，1992 年又创办了《运筹与管理》，2013 年创办了中国第一本运筹学专业英文期刊《中国运筹学会会刊》(Journal of the Operations Research Society of China，JORSC)。

科技期刊作为科研成果交流与展示的载体，是国家科技竞争力与文化软实力的重要体现之一[2]。根据 Web of Science 网站 2018 年 JCR 数据，SCI 收录的运筹与管理类期刊共有 83 本，平均影响因子为 2.799。中国共有 3 本管理类期刊入选，但没有一本运筹类期刊入选。值得注意的是，我国对运筹与管理类的期刊研究极少，据笔者在中国知网查找结果，贺颖[3]根据《中国学术期刊综合引证报告》，采用因子分析的方法，探索了管理类学术期刊引文的基本特点和一般规律。程靖[4]研究了管理类相关刊物学术期刊网站优化策略；张济明等[5]以《中国运筹学会会刊》为例，分析了英文期刊初创阶段的办刊策略。

运筹与管理类期刊近年来在 SCI 数据中表现最出色的无疑是《运筹管理杂志》(Journal of Operations Management，JOM)，其影响因子 2015 年以来一直稳居第一，2018 年影响因子为 7.776，相比 2017 年的 4.889，再次获得巨大飞跃。本文将重点分析该刊的计量指标及其对我国相关刊物的启示(主要数据来源于 Web of Science，部分来源于 wizdom.ia 和中国知网，数据截止日期 2019 年 12 月 31 日)，盘点中国学者的发文量和引用贡献，以期给我国运筹学期刊的发展带来一点启示。

1 JOM 的载文情况与作者来源

JOM 是美国供应链管理协会 1980 年创办的学术期刊，是 UT/DALLAS 经济管理类国际公认的 24 种顶级期刊之一(美国前 100 名研究能力商学院评估的 24 种顶级期刊，由德克萨斯大学达拉斯分校发布，故称 UT/DALLAS 24 种期刊)[6]，也是金融时报界定的 45 种管理类一流学术期刊之一[7]，是 SCI 和 SSCI 双检索的一区期刊。2018 年以前由 Elsiver 出版，2019 年 1 月开始由 Willey 出版。

JOM 主要发表运筹与管理学科的原创性论文，必须同时兼备高度的学术性与实践指导意义。该刊共设有 9 个分分区：决策科学、医疗管理、人道主义行为研究、企业内部关系、市场与零售、运营系统、策略与组织、可持续运营和技术管理。

载文量反映期刊在知识传播中承载信息量的大小，是期刊影响力评价的一个重要指标[8]。本文重点研究 JOM 在 Web of Science 最近 20 年(2000 年初至 2019 年底)的资料，期间共刊登学术论文 867 篇文章，平均每年发表论文 43.35 篇，保持在 30~50 篇之间。

JOM 每年出版的卷数和期数均不固定，每年出版 1~8 卷，每卷 1~6 期不等，2019 年出版 1 卷 8 期，2018 年出版 8 卷 7 期，2017 年出版 8 卷 3 期。截至 2019 年末，共出版 65 卷，199 期。

JOM 出版的学术论文主要为研究论文和综述论文两大类：研究论文 797 篇，占比 91.9%；综述论文 70 篇，占比 8.1%。此外，还有编者案 58 篇，更正启事 9 篇。发表的研究论文多数具有交叉性质，同时属于科学技术和社会科学两个领域，也有少量兼属于艺术人文领域。

JOM 作者来源最多的国家是美国，占比达到 80%以上，中国作者数量排名第 4，共有 50 位。作者来源最多的 5 个单位分别为：密歇根州立大学(74 位)，明尼苏达大学(61 位)，明尼苏达双城大学(61 位)，亚利桑那州立大学(57 位)，俄亥俄州立大学(50 位)，均为美国著名大学。发文最多的作者是来自美国俄亥俄州立大学菲舍尔商学院的 Kenneth K. Boyer，共发文 18 篇。发文 17 篇的作者有三名：Ram Narasimhan (美国密歇根州立大学管理学院供应链系)，Roger Schroeder(美国明尼苏达大学管理学院)，Morgan Swink (美国德克萨斯克里斯汀大学)。来自美国俄勒冈州立大学的华人学者 Wu Zhaohui 发文 8 篇，来自西安交通大学的赵先德教授和刘益教授各发文 5 篇。

JOM 出版的论文中，资助最多的 5 个基金分别为：中国自然科学基金(20 篇)，中国香港研究基金(11 篇)，美国自然科学基金(10 篇)，加拿大社会科学与人文研究理事会基金(4 篇)，英国经济社会研究理事会基金(3 篇)。

2 JOM 的计量指标

JOM 2000 年至 2019 年间出版的 867 篇论文共被引用 85 850 次(除去自引为 81 021 次)，平均每篇论文被引 98.56 次，H 指数为 158。

JOM 2018 年的二年影响因子为 7.776，五年影响因子为 10.161，而其即年指数只有 0.438，其中好的文章往往具有时间越久引用次数越多的特征。

2.1 高被引论文

Web of Science 中的 ESI 数据库涵盖 22 个学科领域，各学科被引名次排名前 1%的论文即为 ESI 高被引论文[9]，这是衡量学科发展水平、评估国家或机构科研影响力和竞争力的重要指标。一般来说，高被引论文即为热点论文。热点论文数量是影响该刊影响力的重要因素[10]。因此，研究 JOM 高被引论文具有重要意义。

JOM 发表发表的 800 多篇论文中，被 Web of Science 列为高被引的论文共 26 篇，其中引用率最高的一篇论文是发表于 2010 年，题名为 The impact of supply chain integration on performance: a contingency and configuration approach，在 Web of Science 核心数据库中截至 2019 年底共被引用 913 次，第一作者是来自美国印第安纳大学的 Barbara Flynn，第二作者和通信作者是来自中国西安交通大学霍宝锋教授，第三和第四作者均来自中国香港。引用率次高的一篇论文为：Supply chain collaboration: impact on collaborative advantage and firm performance，在 Web of Science 核心数据库中截止 2019 年底共被引用 575 次，作者是署名为美国的 Cao Mei 和 Zhang Qingyu。这两篇文章逐年引用情况如图 1 和图 2 所示。

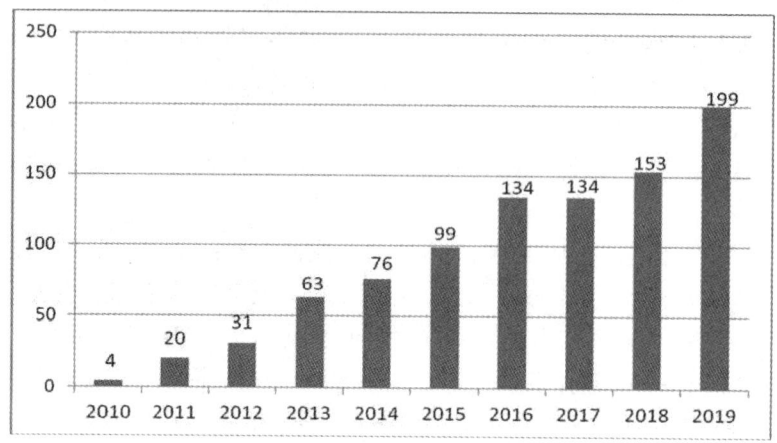

图 1　JOM 引用率最高的论文逐年引用次数

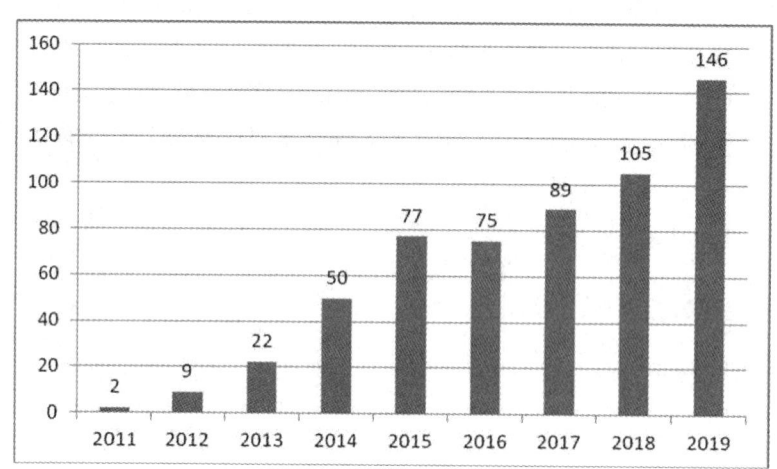

图 2　JOM 引用率次高的论文逐年引用次数

由图 1 和图 2 可以看出，文章在发表的当年引用率很低，但在发表之后的 8 年内，这两篇章论文的引用数量基本呈现直线上升状态，近年仍有非常顽强的生命力。这两篇文章均是关于供应链的，应该是近年研究的热点。

26 篇高被引论文中，有 9 篇的题名中含有 supply chain，2 篇的题名中含有 supply network，2 篇题名中含有 supplier 一词，也就是说供应链文章几乎占去全部高被引论文一半。

26 篇高被引论文全部为研究论文，下面将对综述论文引用进行重点研究。

2.2 综述论文

JOM 到 2019 年底共发表综述文章 70 篇，其中 2018 年和 2019 年各一篇，引用次数分别为 2 和 11 次。其他综述论文均发表在 2010 年以前，2011 年至 2017 年之间基本没有发表综述论文。本文重点研究 JOM 在 2000 年至 2010 年之间发表的 68 篇综述论文，截止 2019 年底的被引情况如表 1 所示。

表 1 JOM 综述文章逐年被引情况

发表年份	综述文章数量	被引总次数	平均被引次数	当年全部论文平均被引次数
2010	2	195	97.50	118.92
2009	10	1 271	127.10	109.00
2008	12	2 259	188.25	99.29
2007	16	2 725	170.31	120.02
2006	8	1 114	139.25	92.96
2005	6	1 061	176.83	94.55
2004	4	1 346	336.5	159.24
2003	3	980	326.67	194.93
2002	2	400	200.00	111.06
2001	2	419	209.50	137.11
2000	3	354	118.00	146.10

由表 1 可知，除了 2010 年和 2000 年之外，综述论文的平均被引次数均远远高于整个平均值，综述论文对提高期刊影响因子有一定帮助。68 篇综述平均被引 178.29 次，而 705 篇研究论文平均被引 82.41，综述论文平均被引次数超过研究论文 2 倍以上。但综述文章的 H 指数为 58，而研究论文的 H 指数却为 82.41，也就是说真正高被引的论文主要是研究论文。

2.3 施引国家

根据 Web of Science 分析情况，JOM 最近 20 年的重要施引国家和地区主要包括：中国 8 793 (29.125%)，美国 7 160(24.467%)，英国 4 882(16.68%)，西班牙 1 579 (5.396%)，德国 1 482 (5.064%)，印度 1 301(4.446%)，澳大利亚 1 281(4.377%)。这 7 个国家和地区的引用已占总引用的 89.555%。中国在 JOM 中引用贡献方面已跃居第一，可见中国学者对 JOM 发表的文章非常重视，中国的运筹与管理学者是一支非常活跃的队伍。除中国之外，施引较多的国家中只有印度为发展中国家，其他均为发达国家。

进一步分析 JOM 近 5 年的引用情况，中国大陆学者的引用次数共为 4 228，美国的总引用次数为 3 482，中国更是远远超过美国，中国学者在运筹与管理领域的活跃度更高。

2.4 施引学科与施引期刊

JOM 的施引领域主要集中在社会科学(3 048 次)与科学技术(2 729 次)，艺术人文领域较少(19 次)，更详细的学科分类如图 3 所示。

由图 3 可以看出，引用最多的领域为商业经济、工程、计算机科学、运筹与管理学，其次在数学、环境科学、其他科学技术、社会事务、政府法律和交通中也得到不少关注。可以说，充分发挥了运筹学在社会各项事务中的应用，对社会多种行业都有指导作用。

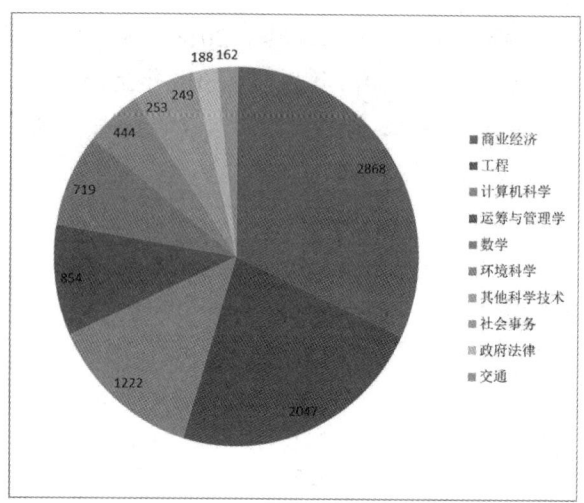

图 3 JOM 的施引领域分布图

本文作者对施引期刊和机构也作了一些分析，施引前五名期刊为：产品经济国际期刊(*International Journal of Production Economics*)，产品运作管理国际期刊(*International Journal of Operations Production Management*)，运筹管理杂志(*Journal of Operations Management*)，产品研究国际期刊(*International Journal of Production Research*)，清洁生产杂志(*Journal of cleaner production*)。其中 JOM 自引次数为 132，占比 3.643%，完全属于正常范围。施引最多的机构是香港理工大学、明尼苏达州立大学、乔治亚大学系统、佛罗里达大学和俄亥俄州立大学。

3 分析与启示

JOM 的主编团队非常重视引用，每年在美国管理年会上颁发优秀论文奖，旨在褒奖该刊过去五年在 Google Scholar 和 Web of Science 单篇引用最高的论文。根据中国知网统计结果，《运筹与管理》2018 年的复合影响因子 1.150，综合影响因子为 0.584；《运筹学学报》2018 年的复合影响因子为 0.477，综合影响因子为 0.312；JORSC 在 Scopus 网站上显示的在 2018 三年影响因子为 0.72。相比 JOM，均有很大的差距。通过分析以上数据，我国运筹学期刊在办刊方面可获得如下启示。

3.1 发表交叉性质文章，发挥运筹学科优势

JOM 在 Web of Science 中同时被 SCI 与 SSCI 收录，发表的文章多数据有交叉性质，同时属于科学技术和社会科学两个方面，主要集中在工程、商业、计算机、社会学、法律等学科，因此，对其施引的学科和期刊也非常广泛，既有社会科学，又有科学技术，包括了商业经济、工程技术、计算机科学、运筹与管理学等各个方面，达到较高的引用率，具体参见第二部分。

根据中国知网统计，《运筹学学报》近十年 74.8%的论文属于数学学科，占比第二的是宏观经济管理可与持续发展(5.8%)。《运筹与管理》宏观经济管理与可持续发展方面占比 21.9%，企业经济占比 21.4%，数学占比 15.8%。根据 wizdom.ai 统计，JORSC 自 2013 年创刊以来，50%左右的文章属于数学学科，其次是计算机科学，约占 20%左右。

国内的运筹学期刊目前《运筹与管理》经济的成分比重大于数学成分，更加接近一些 JOM，

因此引用较好，被中国知网评为 2018 年度引用率最高的数学期刊。而《运筹学学报》与 JORSC 则数学学科占据大半江山。进一步提升影响力必须在内容上进行较大转型，参照 JOM 刊登一些具体有交叉学科性质的文章。

JORSC 作为中国运筹学会唯一的英文期刊，与 JOM 具有相同的语言，可进行更多的参照对比。①文章属性不同：JORSC 发表的文章多数是属于运筹与管理、数学和科学技术。而 JOM 发表的文章则主要属于工程、商业经济、运筹与管理、计算机科学和数学，JOM 更偏向于工程和商业经济。JOM 刊登的多数文章不仅属于科学技术类别，同时也从属于社会科学，而 JORSC 刊登的文章具有很强的理论性，多数属于科学技术类别。因此，两刊的施引文献类别也相差较大，JOM 的施引文献大半源于商业分析，施引期刊主要为经济和产品分析类。而 JORSC 的施引领域主要集中在数学和工程类，施引期刊主要为优化类期刊。②综述文章的影响：JORSC 基本不刊登综述文章，而 JOM 刊登 10%左右的综述文章，总体引用率明显高于研究论文。③稿源不同：JOM 的主要稿源地为美国，JORSC 的主要稿源地为中国。中国的科学技术虽然正在快速发展，但目前美国还是领先于中国。④施引国家类似，无论是 JOM 还是 JORSC，目前施引国家最多的都是中国，其次为美国，中国运筹学研究者正在成为世界运筹学的一支重要力量。

JORSC 与《运筹学学报》的作者主要来自数学学院，众所周知，数学类文章的引用率低而且引用周期长，以后可以多刊登一些来自管理学院和商学院的文章，他们的文章同时涵盖了自然科学与社会科学，引用率往往比较高。形式方面可以适当邀请一些综述文章，提高整体引用率。当然最具开创性的论文还是研究论文，邀请高质量的具有原创性的论文为重中之重。

3.2 抓住热点高频词汇，紧紧跟随行业形势

热点问题是一定时间内理论研究的热点，具有典型的时代印记[11]，由于研究人数较多，被引的可能性就往往很大，很容易成为高被引论文。随着互联网兴起，供应链研究成为过去十年的研究热点，JOM 正是抓住了这一热点，发表了大量的相关论文，其中的 13 篇还成为高被引论文。

JOM 近年研究的几个关键词如下：Operations management(86.88%)，Supply chain(77.79%)，Supplier(73.10%)，Manufacturing(61.02%)，Academic conference(50.38%)，Supply-chain management(47.76%)。

一方面，国内的运筹学期刊可以根据这一研究组织出版一些供应链相关的专题或专辑；另一方面，更要根据时代特征，善于捕捉热点研究问题，组织相关稿件，才能真正提高期刊引用率和影响因子，成为高被引高影响力的期刊。

3.3 关注美国研究动态，充分利用华人资源

美国依然是运筹与管理学科非常发达的国家，JORSC 作为中国唯一的运筹学英文期刊，应密切关注美国的运筹学研究动态，尤其是 JOM 来稿最多的几个大学，比如密歇根州立大学、明尼苏达大学系统、明尼苏达双城大学、亚利桑那州立大学、俄亥俄州立大学等。同时应多向引用最多的机构宣传刊物，比如香港理工大学、明尼苏达州立大学、乔治亚大学系统、佛罗里达大学和俄亥俄州立大学等。

尤其值得注意的是，海外华人也是美国运筹学界的一支重要力量，比如美国斯坦福大学的叶荫宇教授和德克萨斯大学的堵丁柱教授等都是世界运筹学界的著名专家，可以通过他们

与美国相关研究机构建立联系。同时，向他们邀请最新研究论文或撰写综述论文对提高期刊影响力一定会有很大的帮助。

此外，中国运筹学者在 JOM 的表现非常突出，在组稿时一定要首先紧紧抓住中国作者，让他们把最好的论文发表在中国人自己的学术期刊上。

3.4 高被引机构与作者，建立多方合作关系

分析 JOM 的 26 篇高被引文章的所有作者(共 111 名)，其中有 10 名来自美国亚利桑那州立大学，6 名来自美国的密西根州立大学，6 名来自西安交通大学，5 名来自西班牙 IE 大学，4 名来自香港中文大学。JORSC 首先应抓住国内的高被引文章来源机构西安交通大学和香港中文大学，可以邀请相关研究人员来期刊所在单位讲学，甚至吸纳部分高水平人员成为期刊编委会成员。有机会时与美国的大学建立关系，可以从向相关机构定期赠送期刊开始，《中国天然药物》编辑部长期向国内外拥有 ESI 药学学科的科研机构赠送期刊[12]。

3.5 重视自然科学基金，想方设法组稿约稿

分析 JOM 发表论文的基金支持情况，可以发现一个非常有趣的现象，中国国家自然科学基金资助项目最多，共有 12 项，而美国的自然科学基金资助项目总共才 6 项。由赵先德，霍宝锋，Selen Willem 等 2011 年发表的 Impact of internal integration and relationship commitment on external integration 一文还是 JOM 高被引论文之一。

国内的运筹学期刊一定要多关注国家自然科学中与运筹和管理相关的项目，多了解相关学者，通过专门拜访或参加会议，请求他们支持自己国家的运筹学刊物，力争让祖国的文章发表在祖国的大地上。

3.6 充分认识学科特点，做好长远发展规划

无论是研究论文，还是综述论文，JOM 发表的多数论文都具有很强的生命力，在发表数年后依然引用率很高。高被引论文的引用就是最好的证明，虽然已经发表了 10 多年，但引用率依然在逐年上升。运筹学是一门理论与实践相结合的科学，具有引用周期较长的特点，JOM 的即年指标很低，五年影响因子高于二年的影响因子，因此，国内的期刊一定不能急于求成，努力寻求具有长期生命力的理论性文章。一手抓综述文章，一手抓高被引研究论文，两手同时抓，这样才能切实提高期刊的影响因子。

4 结论

中国的运筹学者在 JOM 的供稿与引用方面发挥了非常重要的作用，成为世界运筹学学科的一支重要力量，但中国的运筹学期刊目前还有很大差距，中国的运筹学期刊首先要从内容上进行改变，刊登一些具有交叉性质的文章，以提高引用率；其次要抓住国际运筹学发展的关键词，刊登热点文章，从文章类型上来说，要适当地提高综述文章的刊登率；最后要紧紧抓住中国和美国两大运筹学发展阵地进行组稿和宣传，大力发展我国运筹学期刊，缩短与国际名刊的差距。

参 考 文 献

[1] 中国运筹学会.中国运筹学发展研究报告[J].运筹学学报,2012,16(3):1-48.
[2] 张莹,李自乐,郭宸孜,等.国际一流期刊的办刊探索:以 Light: Science & Applications 为例[J].中国科技期刊

研究,2019,30(1):53-59.
[3] 贺颖.2001—2004 年中国管理类期刊学术影响力综合评价[J].中国软科学,2007(1):107-112,133.
[4] 程靖.从 CSSCI 管理类相关刊物看学术期刊网站优化策略[J].电脑知识与技术,2008(15):1074-1077.
[5] 张济明,陆祯.英文科技期刊创刊阶段的发展策略:以《中国运筹学会会刊》的办刊实践为例[J].出版广角,2020(1):46-49.
[6] 刘娇,从培秀,陈洋,等.3 种国外海洋科学类 SCI 收录期刊的影响力提升策略研究[J].中国科技期刊研究,2019,30(2):197-201.
[7] UT/DALLAS 界定的 24 种期刊[EB/OL].[2020-01-01].http://ms.tjut.edu.cn/info/1136/1748.htm.
[8] 金融时报 45 种期刊 [EB/OL].[2020-01-01]. http://ms.tjut.edu.cn/info/1136/1749.htm.
[9] ROELANDS I, NICHOLAS D. The changing scholarly communication landscape: an international survey of senior researchers [J]. Leaned Pulishing, 2006, 19(1):31-35.
[10] 马倩,李文兰,田爱苹.基于多期 ESI 的全球高被引论文动态变化特征研究[J].情报探索,2019(2):44-49.
[11] 范桂红.1993—2017 年间国内档案学高被引论文的学术特征分析[J].山西档案,2018(6):11-13.
[12] 丁佐奇,王明华.基于 EESI 的植物动物学研究领域热点论文分析及对编辑组稿的启示[J].中国科技期刊研究,2014,25(11):1384-1390.

提高期刊质量方法的探索
——以《国际外科学杂志》为例

袁梦[1,2]

(1.首都医科大学附属北京友谊医院期刊编辑部,北京 100050;2.北京印刷学院,北京 102600)

摘要:期刊质量是期刊的根本,期刊编辑要将提高期刊质量作为首要任务。本文通过总结《国际外科学杂志》在提高期刊质量方面所做的探索,论述了提高期刊质量的方法,指出期刊要利用各种渠道,寻求优秀稿源;严格初审标准,提高审稿效率;定期期刊内部审读,提高编辑加工质量;加强专业知识学习,提高编辑素质,进而提高期刊质量。

关键词:期刊质量;初审;刊内审读;编辑

期刊承载着普及科学知识、传播科学信息、培养专业人才的责任,在加强学术交流、开展科学研究、促进学科繁荣方面起着非常重要的作用。期刊的质量是期刊赖以生存和发展的基石,对于任何期刊,其质量都是排在首位的,"内容为王"永不过时,期刊的编辑、出版及发行都是基于其论文质量过关的情况下发生的。作为编辑,不断提高期刊质量是我们的首要任务,也是我们一直追求的目标[1]。

截至 2019 年 7 月,我国共有期刊 10 217 种[2]。虽然少量的优秀期刊已经在国际上具有了一定的影响力,但是相对于我国的期刊数量,大多数期刊的办刊规模弱小、分散、质量不高[3]。目前,新媒体信息技术的发展对期刊影响非常大,很多期刊面临稿源不足、组稿能力弱、审稿效率低、编辑质量不高、编辑专业化队伍建设薄弱等问题,进而导致期刊质量下降。所以,如何提高期刊质量一直是业界讨论的热点。《国际外科学杂志》创刊于 1974 年,2007 年进行改版,办刊过程中也面临了同样的问题,其后也在一直探索提高期刊质量的方法,多年来通过一系列措施使期刊的质量得到一定的提高。本文就《国际外科学杂志》探索提高期刊质量的方法进行总结,以期对其他同行起到借鉴和参考作用。

1 利用各种渠道,寻求优秀稿源

目前,期刊的自投稿量在逐渐减少,而且投稿质量也参差不齐,退稿率高,优秀稿件越来越少。要提高期刊质量,一定要通过各种渠道寻求优秀稿源。

本刊也经历过一段稿源紧张的时期,为了改变这种现状,通过一段时间地研究和探索,找到了一些可行的好办法。首先,加大组稿力度。自投稿量少的情况下组稿是最有效的办法,一是能解决稿件不足的燃眉之急;二是组织到的稿件一般质量较好,可免去很多编辑方面的修改。但是,也有一些组稿质量不理想,所以,如何能快速、准确、高效地组织到优质稿件也是有窍门的。编委会是期刊的强大后盾,我们要充分发挥编委会的作用。编委们大都是各个专业的学科带头人,具有很高的学术造诣和知名度,我们要加强和编委们的联系,充分发挥他们的带头作用,以组织到优质稿件。另外,有些编委社会活动能力非常强,可通过他们组织的学术会议宣传期刊,以提高期刊的影响力,进而拓宽稿源。其次,要学会利用互联网寻求优秀稿源。现在是信息高速发展的时代,互联网提高了大家获取信息的速度和广度,所以我们要充分利用互联网查找有用资源。本刊属于医学类期刊,我们常用的是万方医学网和中国知网,通过高级检索途径,设定查找的范围和关键词,进而获得准确的信息资源。还可以通过基金项目课题组稿,这类文章质量较高,可以通过国家自然科学基金委员会、丁香园等网站查找基金信息。再次,要善于发掘优秀的作者。每个期刊都会有大量的作者群,要学会从中发掘优秀的青年作者,这类作者年富力强,善于学习,平时多加强联系,定期可向其组稿,拓展期刊的优秀稿源。还可以邀请他们担任本刊审稿专家,他们乐意通过审稿工作增加自己的知识面,所以审阅文章会更加细心、认真。其他寻找优秀稿源的方法还有参加外科相关的会议,了解专业发展动态,现场向专家邀稿,这种方式成功率也较高。

通过以上一系列方法,本刊解决了稿源不足的难题,组织的稿件水平较高,基金课题文章也在逐渐增多,进一步提高了期刊的质量。

2 严格初审标准,提高审稿效率

作者投稿后,我们首先对稿件进行基本的审查,即为初审。初审作为三审中的第一个环节,也是决定稿件去留的第一道关卡,是期刊质量把关的重要环节。我们作为初审的执行者和负责人,一定要担负起应有的责任,要有良好的专业素养,专业素养包括专业基础知识、专业思考能力和专业批判能力[4]。根据自己的专业基础知识,我们要有预先判断的能力,对于写作水平较差、不符合期刊要求的文章要及时退稿,这样可以使优质的稿件得以送审,既提高了刊物的整体质量,又减少了人力和物力上的浪费[5]。

本刊多年来一直重视初审的作用,在初审方面制定了严格的标准,首先是基本审查,看文章内容是否符合期刊的办刊宗旨。每个期刊都有各自的办刊宗旨和研究方向,本刊的办刊宗旨是突出外科学术类期刊的特色,报道国内外外科学领域的新理论、新成果、新方法等,所以一些非外科类文章就不在本刊的收稿范围之内。其次是看文章是否符合栏目设置范围。栏目是某类稿件的统称,不同的期刊有不同的栏目设置标准,也通过栏目设置来反映各自的特点和个性。虽然有的文章不符合栏目设置要求,但是退稿时一定要注意给作者交代清楚退稿原因,以免作者误认为是因自己文章的质量原因而退稿,可以建议作者改投其他杂志,这样不会耽误作者继续投稿的时机。第三是看文章是否有政治或伦理问题。我们要认真通读文章,如果有政治上或伦理上的问题一定要退稿,并交代清楚退稿原因。最后是学术审查。专业知识方面的学术审查可以交由审稿专家进行把关,作为编辑,我们一是看作者的写作水平,行文规范是论文的基本要求,写作质量也是衡量稿件整体质量的重要组成[6]。二是看稿件的学术道德水平,看文章的重合率。对于重合率较高的文章直接退稿,重合率在20%左右的文章视情况而定,有的可能是同一个实验得出的不同结果,重合部分在实验方法,但是观察指标和结论不一样,这样的文章要谨慎对待,不能轻易退稿。以上内容都符合本刊标准后再送专家审阅,这样能极大地提高专家审稿的效率。

初审是保证期刊质量的前提,筛选出符合要求的稿件再送专家审阅,这样既是对审稿专家的尊重,也能提高专家的审稿效率。所以,我们一定要重视初审的作用,本着对期刊和作者负责的原则,把好初审关。

3 定期期刊内部审读,提高编辑质量

审读是管理期刊的一种方法,自古有之。审读不是为了评优,而是细致地挑错,查找各种问题然后改之,以进一步提高期刊质量[7]。本刊的主管单位中华医学会每年也会定期组织专家对系列期刊进行审读,而且制定有系统的审读方法、标准和程序,审读结果也会很详细地反馈给各个期刊,是我们学习改进的标杆。本刊学习中华医学会这种查漏补缺的好方法,多年来一直进行期刊内部审读,以提高本刊的编辑质量。

在期刊出版后,本刊编辑部主任会组织编辑部全体人员进行内部审读,从错字错句、逻辑结构、编辑出版等各个方面进行审查。具体流程为:选定新近刊出的一期,提前一周将每位编辑负责的部分告知大家,一周后在编辑部固定的学习时间,由编辑部主任主持,大家把各自发现的问题和更改方案进行逐个汇报,最后负责该期的责任编辑会将大家发现的问题进行汇总,在下周固定学习的时间向大家反馈结果,有异议的再进行讨论,直至制定出大家认可的标准。

近年来,本刊通过期刊内部审读发现了很多的问题,比如栏目设置、封面色差、编辑质量等,通过对发现的问题进行整改,使期刊编辑质量得到了进一步提升。期刊内部审读除了发现一些大的问题外,还可以发现许多平时容易忽略的细小问题,比如专家论坛栏目中专家简介的内容顺序混乱、专家照片的大小不一等,经过大家讨论,制定出了合适的专家简介内容顺序和专家照片尺寸,使其更具统一性和规范性。

稿件的编辑加工是期刊质量控制的重要一环。本刊通过内部审读找出的问题,再经过大家讨论进行解决,为以后编辑加工树立了标准,可以大大减少以后编辑时的出错率,更加规范编辑出版。期刊内部审读过程中,每个人角度不同,认识不同,我们能从其他人发现的问题中发现自身的不足,会从思想上更加重视编辑质量的提高。更重要的是,通过这种方式增强了大家的责任心,对以后的工作会更加认真细致,尽最大可能减少自己负责期刊的出错率,进而提高了期刊的编辑质量。

4 加强专业知识学习,提高编辑自身素质

21世纪是信息技术的时代,新媒体的发展使得传统期刊面临着激烈地竞争,期刊编辑作为稿件的策划者、组织者和编校者,其个人素质决定着期刊质量的高低[8]。所以,我们要充分利用互联网的优质平台不断学习,与时俱进,跟上期刊发展的步伐,提高自身的素质,加强编辑队伍建设。

为了提高编辑的专业知识,本刊编辑部多年来一直有坚持学习的好习惯。每周固定时间进行全员学习,通过轮流制作幻灯形式进行编辑专业知识学习,学习内容可以是比较实用的编辑小妙招,也可以是新发现的查找快捷的编辑相关网站,或者是主任指定的专题,比如:如何提高组稿成功率、选题策划的好方法、如何提高审稿的效率等。讲解幻灯后大家再就幻灯内容进行讨论,可以就某个知识点提出不同的见解,也可以表达自己学习后的感受,最后由主任进行总结。

近几年我们学习的内容几乎涵盖了编辑的方方面面,大到统计方法、伦理问题,小到错字错句、标点符号等。通过这种形式的学习,大家普遍认为对自身有很大的帮助,首先,能

提高大家制作幻灯片的水平，而且从讲解幻灯的过程中也能提高自己的语言表达能力；其次，大家能根据自己制作幻灯的内容查找文献，把自己的经验、知识、见识融入、加工、再输出，不管是知识方面还是思想上都有了一定地提升；再次，这种形式拓宽了大家的思路，通过查找文献能吸取他人的经验，提高了对相关专业知识的认识；最后，集中学习还可以增强大家的交流，就某个问题集思广益，各抒己见，可以说每次学习都是一次"头脑风暴"，使大家受益匪浅。

编辑是期刊生存的基础，也是期刊运作的原动力[9]。编辑在提高期刊质量方面起着举足轻重的作用，我们要加强专业知识学习，提高自身的素质，更好地为期刊服务。

5 结束语

期刊作为信息交流的平台和窗口，质量是其生存发展的核心与灵魂，我们一定要将提高期刊质量作为首要任务。《国际外科学杂志》通过多年探索和实践，在提高期刊质量方面有以下几点举措：首先，要利用编委会、作者群等多种渠道进行组稿，丰富稿源；其次，严格初审标准，不符合期刊标准的稿件及时退稿，将初审通过的稿件送审专家，提高审稿的效率；再次，定期进行期刊内部审读，查漏补缺，使刊出文章具有准确的信息，提高期刊的编辑加工质量；最后，要定期进行专业知识学习，提高编辑素养，加强编辑队伍建设。通过以上一系列措施，本刊在提高期刊质量方面取得了一定成绩，在中华医学会的审读中也多次获得了表扬。今后，我们还要继续探索提高期刊质量的方法，更好地促进期刊的发展。

参 考 文 献

[1] 尹熳,徐厚礼.提高期刊质量的路径探析[J].新闻前哨,2019(11):106-107.
[2] 杜一娜,丁以绣.直击中国科技期刊发展的痛点不仅是"SCI 崇拜"这么简单[N].中国新闻出版广电报,2019-08-06(5).
[3] 楼亚儿.科技期刊提升学术质量和影响力的举措分析:以地质学期刊为例[J].编辑学报,2020,32(2):184-187.
[4] 张瑞,陈金芳.提高科技期刊质量的思考[J].科技创业月刊,2014,27(4):172-173.
[5] 盛团珍.读其精要审其肌理:学术论文初审中的几个方面[J].集宁师范学院学报,2015,37(1):116-118.
[6] 叶文娟,余茜,杜新征.初审在科技期刊编辑工作中的重要性:以《水生生物学报》为例[J].编辑学报,2016,28(增刊 1):101-103.
[7] 胡春雨,赵允南,成建军,等.刊后内部审读可促进中医药期刊良性发展[M]//学报编辑论丛(2019).上海:上海大学出版社,2019:104-107.
[8] 王晓璐.新时期学术期刊编辑的素质及优化途径[J].传媒论坛,2020,3(4):92,94.
[9] 兰秀清.提高学术期刊质量的探索与实践[J].中国民航飞行学院学报,2020,31(2):78-80.

基于 VOSviewer 的英文学术期刊选题策划
——以《亚洲两栖爬行动物研究(英文版)》为例

赵鹤凌,朱 丹,毛 萍

(中国科学院成都生物研究所《亚洲两栖爬行动物研究》编辑部,四川 成都610041)

摘要:对英文学术期刊,特别是 SCI 期刊,而言,选题策划是提高期刊学术质量和国际影响力的重要途径。本文以动物学类期刊《亚洲两栖爬行动物研究》为例,探讨如何对期刊本学科领域研究的发展趋势、热点和前沿进行深入分析,开展有前瞻性的选题组稿:以 Web of Science 数据库期刊本学科领域近十年已发表论文为基础数据,利用 VOSviewer 可视化分析软件,分析本领域主要的研究方向,把握研究的发展趋势主线,确保选题组稿契合研究发展趋势的大方向。同时,分析不同研究主题近十年的热度变化趋势,挖掘本领域的前沿主题,紧跟研究热点的变化,从期刊的实际情况出发,开展有针对性的选题组稿。

关键词: VOSviewer; 可视化分析; 选题策划; 组约稿

选题策划是期刊学术特色的体现,也是学术期刊编辑工作与出版工作之"本"。基于学术期刊的办刊宗旨,选题策划的计划性和整体性使所组文稿在主题上具有强烈的关联性,从而使期刊形成自己的特色和定位,最终有益于期刊学术影响力的提升[1-3]。对英文学术期刊,特别是 SCI 期刊而言,影响因子是期刊主要的评价指标,而决定影响因子的关键因素则是期刊本身的学术质量和水平,这也是学术期刊提升国际竞争力的焦点所在。以《亚洲两栖爬行动物研究》(*Asian Herpetological Research*,AHR)为例,AHR 在 2020 年发布的 JCR 报告中的影响因子为 1.052,分区为动物学类 Q3 区。在近三年 AHR 发表论文的作者中,国内作者占 62%,国外作者占 38%,与其他动物学类的 SCI 期刊相比,国外作者的比例相对较低。对 AHR 而言,要摆脱处于 Q4/Q3 区的发展瓶颈,提升期刊至 Q2/Q1 区,使期刊真正成为一流的国际化学术期刊,必须吸引更多优质的国际稿源。目前,AHR 的稿源89%来自自由来稿,由编辑部组织的约稿仅占 11%,远远不能满足期刊发展的要求。因此,深入剖析 AHR 所在学科领域研究的发展趋势、热点和前沿,开展有前瞻性的选题策划,吸引优质的国际国内稿源,势在必行。

1 AHR 选题的现状分析

利用 Web of Science 数据库检索和分析 AHR 近十年发表的论文,针对期刊的高被引和零被引论文进行关键词对比分析。具体的检索和分析步骤如下:①首先登录 www.isiknowledge.com,进入"Web of Science 核心合集"。②在"基本检索"界面选择"出版物名称"检索,输入期刊名"Asian Herpetological Research",时间跨度选择"2010—2019"进行检索。③"检索结果"页

通信作者:朱 丹,E-mail: zhudan@cib.ac.cn

面列出了 2010—2019 年发表的 313 篇文献,通过"创建引文报告"获得被引频次降序排列的论文列表,筛选出期刊的高被引和零被引论文。④利用 Web of Science 的文献导出功能,将筛选出的论文以 EndNote Desktop 的形式导出。⑤利用 EndNote X7 的"主题参考"工具,选择"keywords",分别提取高被引和零被引论文的关键词进行对比。统计并分别筛选出高被引和零被引论文频次最高的关键词(见表 1),比对后发现高被引的论文主题大多集中在保护保育、生物多样性调查、新种发现、分子分类学、性别二态性、繁殖行为学等研究方向;而零被引的论文主题主要集中在新纪录发现、发育周期描述、微卫星位点筛选、养殖与营养等研究方向。从稿源形式来分析高被引和零被引论文的区别,发现高被引论文中有 41%来自编辑部的约稿,而零被引论文全部来自自由投稿。可见,要提高期刊稿源的质量,需要编辑部充分发挥主观能动性,根据期刊的办刊宗旨、学术特色和稿源基础,进行大数据的信息采集和科学分析,策划能够提高期刊学术影响力的选题。

表 1　高被引和零被引论文关键词对比

高被引	零被引
taxonomy	diet
evolution	metamorphosis
morphology	larvae
behavior	new record
new species	ultrastructure
body-size	case study
conservation	feeding
molecular phylogeny	gene-expression
advertisement call	microsatellite
diversity	virus

2　基于 VOSviewer 可视化分析的选题策划

2.1　Web of Science 数据库检索

VOSviewer 可视化分析的数据基于 AHR 本学科领域 Web of Science 核心数据库近十年发表的论文。具体的检索步骤如下:①首先登录 www.isiknowledge.com,进入"Web of Science 核心合集"。②在"基本检索"界面选择"主题"检索,输入两栖爬行动物研究相关的检索字段"amphibi* OR reptil* OR herpetol* OR anura* OR caudat* OR salamand* OR frog OR toad OR snake OR turtle",时间跨度选择"2010—2019"进行检索。③因 AHR 属于动物学类期刊,在"检索结果"页面左侧的"精炼检索结果"选项中,勾选"Web of Science"类别中的"Zoology",单击"精炼"按钮即得出相关文献共 13 673 篇。利用 Web of Science 的文献导出功能,导出 VOSviewer 兼容格式的 txt 文件。

2.2　研究发展趋势分析

利用 VOSviewer 分析两栖爬行动物学研究领域的发展趋势,发现该领域主要的研究方向包括 3 个方面(见图 1):

(1) 生态与资源:保护保育(conservation)、生物多样性(biodiversity)、种群衰退(survival/

extinction/declines)、栖息地利用(habitat use)、迁移(movement)。

(2) 分子进化与系统发育：形态学(morphology)、分类学(taxonomy)、新种发现(new species)、生物地理(biogeography)。

(3) 生理与行为：繁殖发育(reproduction/growth)、进化(evolution)、行为(behavior/responses)、性别二态性(sexual dimorphism/body size/sexual selection)。

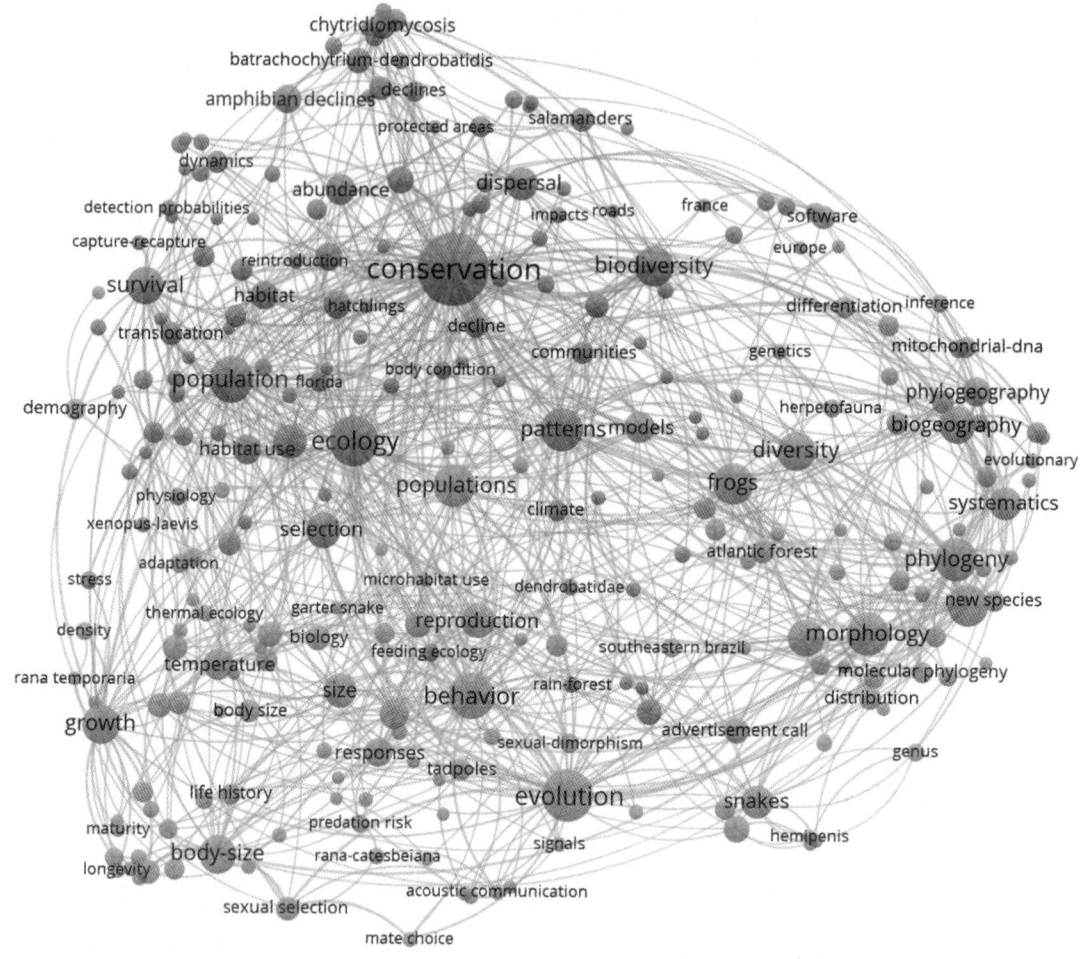

图 1 两栖爬行动物学研究领域发展趋势图

对照期刊高被引和零被引论文的关键词，发现高被引论文的主题几乎与两栖爬行动物学研究领域的主要发展方向相重合：保护保育和生物多样性调查主题的论文符合生态与资源研究方向；新种发现和分子分类学主题的论文符合分子进化与系统发育研究方向；性别二态性和繁殖行为学主题的论文符合生理与行为研究方向。而零被引论文的主题相对比较偏离本研究领域发展趋势的主要方向。由此可见，要科学的进行选题策划，首先要充分了解本研究领域的发展趋势主线，尽量避免选题偏离研究发展趋势的大方向。对照期刊近十年发表的论文，发现论文的研究主题相对比较分散，约稿也过于偏重于分子进化与系统发育研究方向。就生态与资源、生理与行为这两个研究方向而言，大部分稿件来自自由投稿，这也是期刊低被引论文数量相对偏高的主要原因。要增加期刊高被引论文的数量，编辑部需要重新调整期刊的组约稿方向，增加生态与资源、生理与行为这两个研究方向的约稿力度，使期刊的选题方向与其学科领域研究发展的大方向相契合。

2.3 研究热点和前沿分析

利用 VOSviewer 分析两栖爬行动物学研究领域的热点(见图2)，发现该领域的热点主要集中在保护保育主题(分属生态与资源研究方向)，其次是分子分类学和新种发现主题(分属分子进化与系统发育研究方向)。对照期刊近十年发表的论文，发现保护保育主题的论文有42篇(占总量的13%)，分子分类学主题的论文有49篇(占总量的16%)，新种发现主题的论文有71篇(占总量的23%)。由此可见，期刊以自由投稿为主要组稿形式，一定程度上导致稿源的主题较为分散。要进行有针对性的选题策划，一定要紧跟本研究领域的热点，尽量围绕这些热点策划相应的选题。

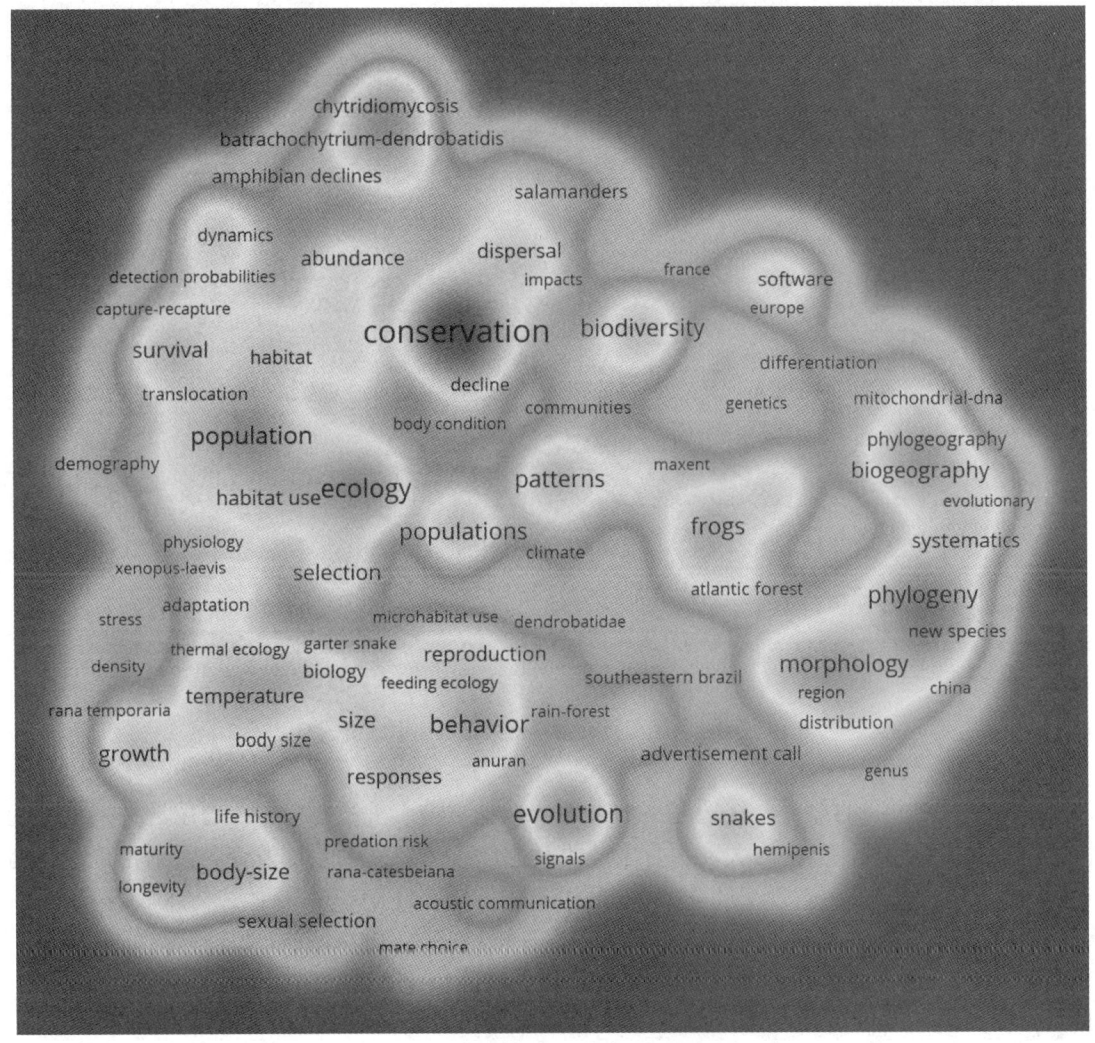

图2 两栖爬行动物学研究领域热点图

进一步分析不同研究主题近十年的热度变化趋势，挖掘两栖爬行动物学研究领域的前沿主题(见图3)，发现：①生态与资源研究方向最前沿的主题是生物多样性(biodiversity)，其次是两栖动物种群衰退(amphibian declines)和栖息地利用(habitat use)；②分子进化与系统发育研究方向最前沿的主题是系统发育关系(phylogenetic-relationship)，其次是遗传趋异(genetic/divergence)；③生理与行为研究方向最前沿的主题是性别二态性(sexual selection/body size)，其次是竞争行为(competition/performance)。

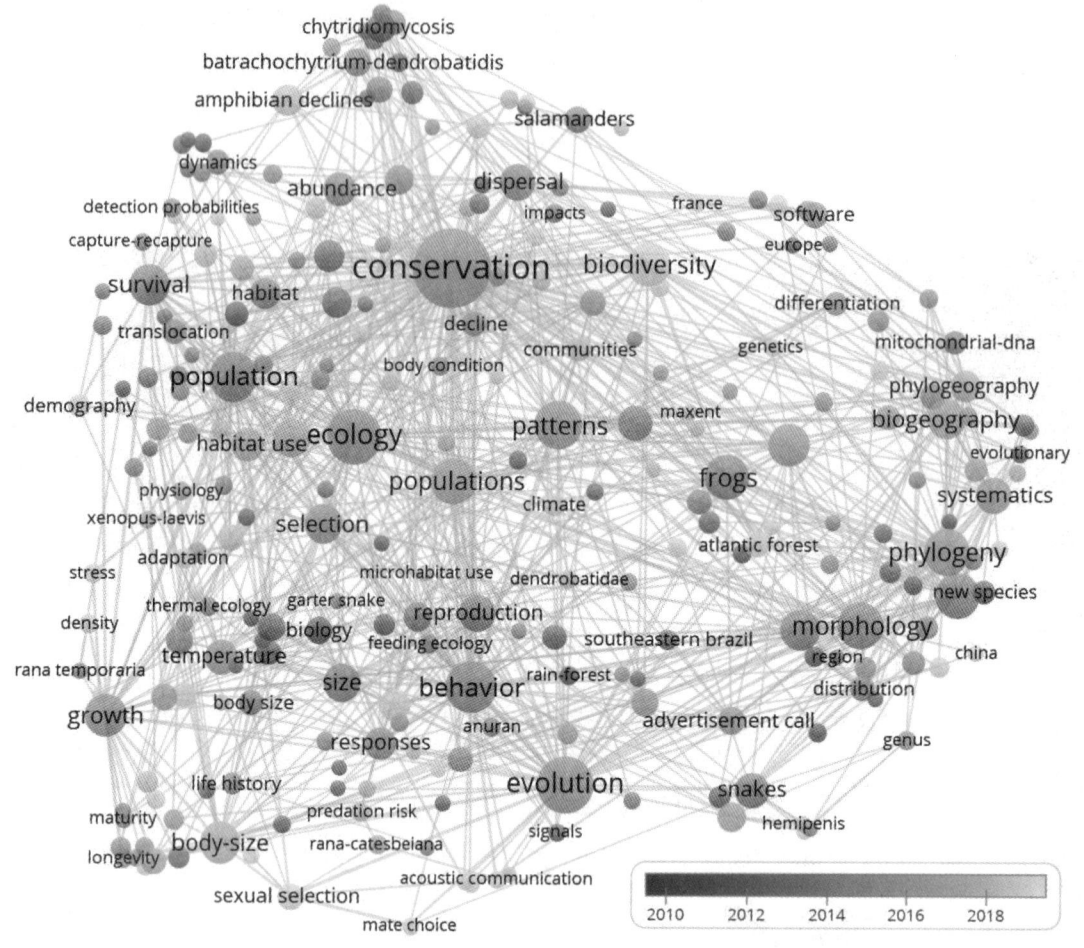

图3　两栖爬行动物学研究领域前沿分析图

结合各研究方向的热点，在选题策划方面，期刊应重点关注与保护保育主题关系密切的生物多样性前沿选题，其次应关注与分子分类学主题关系密切的系统发育关系前沿选题。对照期刊近十年发表的论文，发现生物多样性主题的论文仅11篇(占总量的3.5%)，系统发育关系主题的论文仅27篇(占总量的8.6%)。进一步分析这些论文的稿源形式，发现这38篇论文全部来自编辑部的约稿，其中有国家级基金项目支持的论文有35篇(占总量的92%)。可见，相对于热点选题，前沿选题更加依赖于编辑部的主动约稿[4]。

期刊在针对本研究领域的前沿选题进行约稿时，应该充分利用 Web of Science 核心数据库，着重筛选承担了相关基金项目的约稿对象[5]：①首先登录 www.isiknowledge.com，进入"Web

of Science 核心合集"。②在"基本检索"界面选择"主题"检索,输入前沿选题的检索字段(如图 3 中的 biodiversity),对近期发表的论文进行检索(时间跨度可选择"2019—2020")。③在"检索结果"页面左侧的"精炼检索结果"选项中,勾选"Web of Science"类别中的"Zoology",单击"精炼"按钮即得出相关文献共 1 181 篇。④单击左侧"基金资助机构"栏目的"更多选项/分类"即得出前 100 个基金资助机构。⑤以国家自然基金为例,勾选 NATIONAL NATURAL SCIENCE FOUNDATION OF CHINA NSFC,点击精炼即得出获该基金支持的 52 篇文章。⑥点击右上方的"分析检索结果"即得出这些文章的作者以及其所在机构的具体情况。根据结果中作者的具体情况,编辑部可以从中筛选出正在承担相关基金项目的潜在作者,通过紧跟这些作者的研究进展,与其建立及时有效的沟通和互动,争取第一时间的研究成果论文和高质量的研究综述。

3 结束语

针对期刊面临的发展瓶颈,选题策划是提高期刊学术质量和国际影响力的重要途径。然而要做好选题策划就必须:①从期刊本学科领域的研究发展趋势出发,把握其主要研究方向,然后对比期刊原有稿件的研究方向,找出差距,调整期刊选题组稿的大方向。②从期刊本学科领域的研究热点出发,重点关注研究主题的热度变化趋势,结合期刊自有的稿件资源,紧跟研究热点的变化,开展有针对性的选题组稿。③分析期刊本学科领域的研究前沿,挖掘相关的前沿主题,由编辑部开展"一对一"的组约稿工作,在具体实施过程中可以重点关注承担相关基金项目的潜在作者的研究进展,保障组约稿的时效性。总之,选题策划是学术期刊办刊过程中最具有决定意义的一环,编辑部一定要充分发挥其主观能动性,从期刊的实际情况出发,开展符合期刊本学科领域的研究发展趋势、研究热点和前沿的组约稿工作。

参 考 文 献

[1] 张瑛,申嫣平.大数据时代学术期刊选题策划的实施[J].晋中学院学报,2019,36(6):102-104.
[2] 邹霞.学术期刊的选题策划与实现路径探究[J].河南社会科学,2020,28(4):119-124.
[3] 蒋学东,涂鹏,阳丽霞.数据挖掘与智能筛选视角下的科技期刊选题策划[J].出版科学,2020,28(1):36-41.
[4] 任伟.科技期刊选题策划方法及模式探讨[J].传播与版权,2018(10):37-38.
[5] 郭萌,李敬文,薛爱华.2011—2016 年国内结核病学核心期刊结核类文章国家级基金项目资助情况分析[J].医学信息,2019,32(3):15-18.

石油类科技期刊提升国际影响力研究
——以《大庆石油地质与开发》为例

周 琴,杨家伟

(大庆油田有限责任公司勘探开发研究院,黑龙江 大庆 163712)

摘要: 为了提升石油类科技期刊国际影响力,以《大庆石油地质与开发》为例,开展了科技期刊国际影响力的基本概念和基本特征研究,调研了同行业优秀石油类科技期刊国际影响力的程度,分析了本刊国际影响力的现状、差距与不足,提出了本刊提升国际影响力的方法和途径。研究成果可为同行业的科技期刊提升国际影响力提供借鉴。

关键词: 国际影响力;石油类;科技期刊;核心指标

近年来,随着市场的逐步开放和人们认识的不断加深,很多国外科技期刊渐渐进入国内市场,随着学者对科技期刊的国际影响力的研究热度不断增强,中国科技期刊的国际影响力研究也成为科技界、编辑出版界关心的热点、研究讨论的重点[1-2]。

为了解我国科技期刊国际影响力的现状,对近几年各大数字平台发布的"中国最具国际影响力学术期刊"进行研究。主要分析了入选具有国际影响力TOP5%以内的期刊的学科分类和地域分布、主管主办单位和版本语种,并通过网络查询入选期刊的个刊情况[3]。结果表明,中国的科技期刊的国际影响力正在逐步提高,具有较高国际影响力期刊的学科分类和地域分布存在很大的差距,较高国际影响力期刊主管、主办单位主要集中在中国科学院所或一级专业学会;入选的具有较高国际影响力指数的大部分为英文版期刊。总的来说,中国是科技期刊大国,然而从中国科技期刊的质量看,仍然是科技期刊弱国。其主要原因:一是科研基础仍然不够雄厚;二是一流论文流向国际期刊;三是期刊自身发展体制机制等。

中国科技期刊国际影响力还不高,高度重视中国科技期刊的国际化建设是科技创新的基本国策要求,积极努力办好具有国际影响力的科技期刊是中国科技期刊走向世界的首要选择。

1 科技期刊国际影响力的基本概念和基本特征

1.1 基本概念

期刊影响力:所传播的学术观点、思想、理论、方法、发明、发现、理念、事实、情感等内容以及科技期刊的品牌,引发大众关注、思考,取得其认同,甚至改变其看法、思维和行为的能力。

期刊国际影响力:指在期刊影响力的基础上,引发国际学术界思考和关注,反映国际学术界对期刊及其所报道内容的重视程度。

1.2 基本特征

稿件来源国际化是指稿件来自全球许多国家,且海外来稿比例较大,拥有优秀的国际化作者群；组织机构国际化即作者、读者、编委、审稿专家国际化；出版发行国际化指国际化出版发行方式主要是数字化和网络化，发行语言主要是国际化的语言——英语）；以及境外出版机构和平台、数据库合作出版；出版周期国际化：论文出版周期是编辑出版效率的直接体现，国外期刊大多稿件自投稿至发表的时间为 6 个月以内，快报类稿件为 3 个月以内，甚至更快；编排标准国际化指科技期刊的编排严格执行国际标准及规范；语种版本国际化指具有国际化特征的期刊多数以英语为主[4-5]。

2 同行业优秀石油类期刊国际影响力的程度

科技期刊影响力指数是反映一组期刊中各刊影响力大小的综合指标。期刊国际影响力指数及 TOP 期刊遴选的原则是：TOP 值小于 5%的为中国最具国际影响力学术期刊；TOP 值为 5%~10%的为中国国际影响力优秀学术期刊，TOP 值大于 10%为一般普通期刊。

根据以上遴选的原则，调研并分析了 8 家优秀石油类科技期刊的国际影响力程度(表 1)。从表 1 可见，《石油学报》《石油勘探与开发》是石油类中国最具国际影响力学术期刊[6-8]。我刊与他们还存在较大的差距。

表 1　8 家优秀石油类科技期刊的国际影响力程度

期刊名称	中国最具国际影响力学术期刊 (TOP 值小于 5%)	中国国际影响力优秀学术期刊 (TOP 值为 5%~10%)	一般普通期刊 (TOP 值大于 10%)
《石油学报》	√		
《石油勘探与开发》	√		
《天然气工业》		√	
《石油与天然气地质》		√	
《天然气地球科学》		√	
《西安石油大学学报》			√
《油气地质与采收率》			√
《特种油气藏》			√

3 我刊国际影响力的现状、差距与不足

3.1 发展现状

《大庆石油地质与开发》是由中国石油天然气集团有限公司主管、大庆油田有限责任公司主办、大庆油田有限责任公司勘探开发研究院承办的学术期刊。自 1982 年创刊以来，经过 30 多年的发展，我刊国际化的基础条件从形式上、内容上和评价指标等多方面是基本具备的。

3.1.1 国际化形式

稿源国际化主要来自美国、加拿大、挪威、英国、巴基斯坦等国家；组织机构国际化主要表现在拥有国际作者、国际读者和国际编委；出版发行国际化指有一定国际纸质发行量和国际数字发行量；出版周期国际化为 7~8 个月，接近国际先进水平；编排标准国际化指严格执行国际标准及编排规范；语种版本国际化指文题、作者及单位、摘要、关键词、图题、表题、参考文献等英文化。

3.1.2 国际化内容

我刊在地域上(黑龙江省,以下简称"省")和行业上(中国石油天然气集团公司,以下简称"集团公司")具有一定影响力。在"省"140 多种科技期刊评估中始终排在前 10 位；在"集团公司"近几年的科技期刊评估中连续 3 届荣获二等奖；荣获黑龙江省出版奖、中国期刊方阵双效期刊、中国北方优秀期刊等。我刊从地域上和行业上在国内石油类科技期刊界具备了一定的影响力,也为期刊走向国际奠定了坚实的基础。

国内知名数据库基本都被收录,包括中国科学引文数据库(CSCD)、中国期刊全文数据库(CJFD)、中国学术期刊文摘(CSAE)、北大中文核心期刊数据库；与知网、万方、维普、中教、博看、超星等 6 家数字平台合作发行。

已进入 2 个国际著名检索机构,如：美国石油文摘数据库(PA)、日本科学技术振兴机构数据库(JST)；还加入了其他一些有影响力的国际检索机构,如：美国化学文摘数据库(CA)；美国地质文献信息系统(Geo-Ref)等。

3.1.3 国际化评价指标

我刊在 2019 年知网提供的影响因子年报中,石油天然气工业学科属于 Q1 区,在 92 种期刊中排名第 16 位,排名比较靠前；地质学学科属于 Q2 区,在 102 种期刊中排名第 37 位,排名中上等。

2019 年我刊国际影响力指数为 274.360,总被引频次 1 609,影响因子 1.268,在石油天然气工业学科入选的 51 种期刊中世界排名第 22 位,与去年比较,各项指标都有所提高,国际影响力稳步上升。

3.2 差距与不足

我刊虽基本具备了国际影响力的基础条件,但是还有很大的差距。与国际影响力的形式上的差距是：国际稿源每年 2~3 篇,海外论文比为 0.12%左右,国际编委偏少；国际纸质发行量较少,数字化发行量不是很多；执行国际标准及编排规范还有差距；部分要素英文化,但是没有英文版(见表 2)。

表 2　我刊与同行业优秀期刊在国际影响力方面的差距

期刊名称	国际编委数量	加入国际 6 大检索机构数量	国际审稿专家	英文版
《石油勘探与开发》	12	5	有	有
《石油学报》	19	4	有	有
《天然气工业》	5	3	有	有
《大庆石油地质与开发》	2	2	无	无

我刊与优秀期刊的差距是在国际编委、加入国际检索机构数量、国际审稿专家、语种版本上存在很大不足。

通过与 3 家期刊的总被引频次、影响因子、即年指标、总下载频次核心指标对比,差距明显。主要因为我刊国际化起步晚,重视不够,工作成效不显著(见图 1)。

4　提升国际影响力的方法和途径

通过进行深入研究,与同行业优秀的石油类科技期刊开展对标分析,查找我刊在提升国际影响力方面的不足,总结了 4 个方面的方法和途径,为下一步我刊"十四五"发展规划奠定了基础并明确了发展方向[9]。

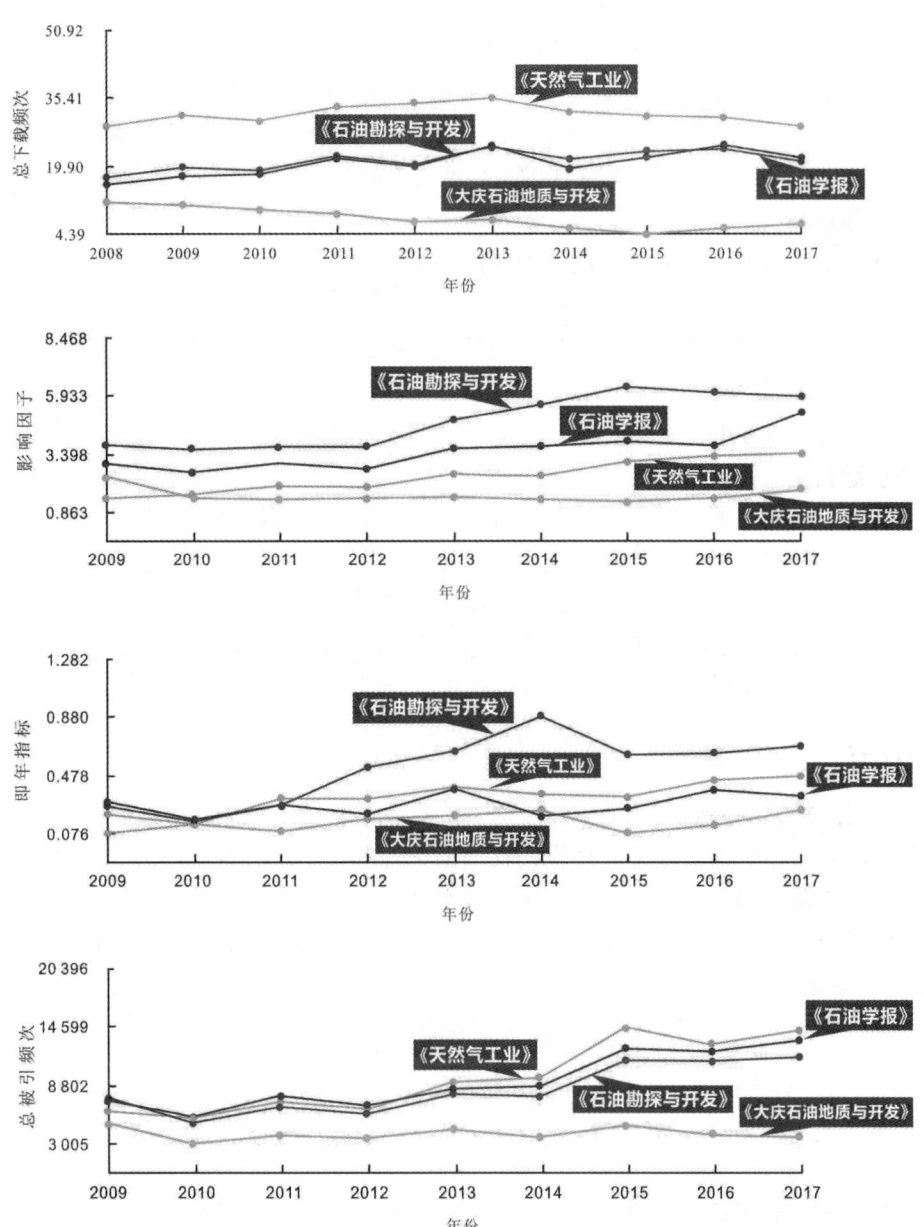

图 1 我刊与 3 家优秀期刊核心指标的对比

4.1 明确办刊理念

创办具有国际影响力的科技期刊一定要解放思想、转变观念、瞄准国际前沿，拓宽国际视野，主动走出去，选择合适的国际机构，加强国际交流与合作。目前，通过中英文双语起步开展期刊国际化道路已得到期刊界的认可，积极探索适合我刊发展的"中英文双语""双向翻译""国内外双稿源""双语采编平台"的"四双"国际化办刊模式，以"借船出海"的形式逐步扩大期刊的国际影响力。

4.2 突出选题策划

在选题策划方面,重点报道石油地质类国际热点、难点问题,如非常规油气领域的致密油(气)、页岩油(气)、复杂油气藏的压裂开采技术等,主动与国际热点、难点领域接轨,逐步扩大国际读者群和作者群;集中报道国家级及省部级基金项目成果,报道重点、重大选题主要来源于基金项目,基金项目产出论文具有较强的学术影响力,因此录稿时基金论文比保持在95%以上;优先报道国外油田及区块的最新成果,如 Toson 油田井网部署及实施效果评价。

4.3 提升编审质量

编审质量是科技期刊赖以生存的生命线,提高期刊质量是走向国际化的前提和保障。科技论文编辑加工的标准化、规范化不仅有利于论文的国际交流,也有利于国内外数据库的检索,这也是科技期刊国际化的前提条件。在期刊编排结构和格式上最大限度地增加国际化元素,除常规要素实现中英文翻译外,我们在重点部分也实现了中英文对照,如:目录、参考文献等;积极发挥国际审稿专家的作用,严格进行学术把关。

4.4 加快出版传播

期刊采用印刷版与数字版并存的发行方式,在保证印刷版期刊订阅量的同时,与多家数字出版平台合作,积极探索新型高效数字出版模式,期刊发行和传播速度显著提升。以数字平台为传播媒介进行优先数字出版,加快网络数字出版,与中国知网合作,在坚持排版定稿后网络首发的基础上,争取近期内录用稿就实现网络首发,从而提高了阅读时效和传播范围;定期推送期刊微信公众号,指派专人培训和管理,发挥其推介传播功能作用。

5 结束语

科技期刊国际影响力研究还处于初级探索阶段,尤其是专业期刊整体研究不够,没有相关政策支持,研究相对滞后,不成规模。我国已成为世界上发表科技论文数量第二的国家,但由于我国科技期刊国际影响力和国际化程度不高,大量优质论文刊载到国外期刊上,目前学术研究与期刊发展不匹配。因此,要加大期刊国际影响力研究的力度,寻找更多的适合自己的、提高国际影响力的方法和途径。

参 考 文 献

[1] 贺晓利.中国科技期刊国际化研究的现状、问题及发展思路[J].图书馆学刊,2008,26(1):34-35.

[2] 周文.近年SCI收录中国期刊的变化情况及对期刊国际化发展的启示[J].医学信息学杂志,2007,28(3):232-235.

[3] 中国科学技术信息研究所.2016年度中国科技论文统计与分析[J].科学,2017,69(6):59-61.

[4] 陈征,张昕.中文科技期刊和英文科技期刊协同发展的对策研究[J].编辑学报,2016,28(3):217-219.

[5] 黄锋,黄雅意,辛亮.中英文双语出版对中国科技期刊国际化的启示[J].中国科技期刊研究,2016,27(11):1128-1132.

[6] 宋立臣,许怀先,王大锐,等.《石油勘探与开发》(英文版,PED)被SCI收录的历程及启示[J].编辑学报,2014,26(4):383-385.

[7] 王大锐,许怀先,宋立臣,等.借船出海提升科技期刊的影响力:《石油勘探与开发》进入SCI与EI数据库的办刊体会[J].中国科技期刊研究,2014,25(7):963-965.

[8] 宋立臣.积极沟通是科技期刊国际化的重要环节:《石油勘探与开发(英文版)》办刊实践[J].科技与出版,2013,44(9):44-46.

[9] 龙秀芬,周启动,吴惠勤.科技期刊国际化研究初探[J].黄冈师范学院学报,2017,37(6):92-96.

科技期刊宣传推广策略与实践
——以《大气与环境光学学报》为例

王晓梅，陈文琳，胡长进，徐宽业，马 跃

(中国科学院合肥物质科学研究院文献情报与期刊中心，安徽 合肥 230031)

摘要： 科技期刊的知名度与影响力不仅源于所刊发论文的学术质量，也来自期刊的宣传与推广。为提高所刊发文章(尤其是高质量论文)的显示度，以《大气与环境光学学报》近年来的实践为例，从期刊宣传内容策划、推广方式及取得成效等方面对新形势下科技期刊的宣传推广进行了探索。实践证明，借助邮件精准推送、微信公众号、加入中国光学期刊联盟等方式对刊物进行多维度推介以来，刊物的显示度得到了进一步提升，取得了一定的宣传成效。

关键词： 科技期刊；内容策划；多维度推介

学术质量是科技期刊生存和发展的重要基石。在传统出版时代及互联网时代初期，科技期刊的宣传与推广往往是刊物的薄弱环节，没有受到足够的重视。但随着数字信息技术、社交媒体、移动终端等技术与设备的迅速发展，科技期刊的内容生产和传播机制都发生了巨大变化，人们阅读信息、获取知识的途径、阅读习惯也随之改变，越来越多的科技期刊在宣传推广方面进行了全新的探索与尝试。如付雅静等[1]从期刊的数字出版、网络推广和科技论文的编辑加工等方面探讨了提高科技期刊网络显示度的途径。李红霞等[2]提出通过优化期刊官方网站、改进学术专刊出版方式、加强微信公众平台建设、充分利用超星域出版平台开展期刊宣传与推广工作。

《大气与环境光学学报》是中国科学院合肥物质科学研究院主办、科学出版社出版的光学期刊。本文总结了《大气与环境光学学报》近年来在期刊宣传推广方面所做的探索及实践经验，从加强邮件推送、借助微信平台及专业网站、依托中国光学期刊联盟、积极参加专业性学术会议等方面探讨了刊物的宣传推广方案，并结合中国知网提供的数据分析了刊物采用上述方案进行宣传推广所取得的成效，希望能为科技期刊的宣传、推广工作带来一定的参考与启发。

1 加强邮件推送

相对众多新媒体而言，电子邮件是相对正式的通信方式，更有利于文献的传播、保存与回溯。2018年，对《大气与环境光学学报》部分作者以发送邮件、进行问卷调查及学术会议现场交流的形式进行回访，发现精准的邮件推送依然是作者最认可的文章推广方式。基于此调查，为了让读者能及时了解到刊物的最新信息，对本刊官网进行了升级，开通了E-mail Alert功能，从而实现了及时将每一期的电子目录、专辑征文通知、刊物最新动态等通过邮件推送给订户；同时，根据读者关键词订阅情况，挑选优秀论文，定期精准推送到读者邮箱，实现从被动服务到主动服务的转变。目前单次邮件推送已达3 000人左右，并在逐步增加，这一举措进一步提升了刊物的显示度和影响力。

要做好期刊宣传工作，必须要做到宣传内容的精细化。有的放矢，才能精准推送，从而达到最好的宣传效果。近年来，对每期的封面文章、专辑邀约稿件等高质量优秀论文，《大气与环境光学学报》采用"一对一好文推荐"的方式，以编辑部的名义把单篇优秀论文精准推送给相关领域的专家，推送页面可以直接链接到本刊网站，直接点击链接就可以获取更详细的信息。由于进行了精准定位，与整期推送相比，单篇推送的效果更好，对部分专家的回访表明，邮件精准推送的方式一定程度上增加了所刊发优秀论文的被引用频次。

2 借助微信等新媒体提升宣传力度

随着移动终端技术和设备的快速发展，人们逐渐习惯于用智能手机、iPad等移动终端浏览网页、阅读和下载信息资源。微信公众号在时效性、专业性以及适应新的阅读环境等方面都有明显的优势[3]。通过微信公众平台不仅可以添加传统纸质媒介无法提供的内容，还可以为作者、读者等提供多元化服务，促进刊物的多维度传播。由于编辑部人手紧缺，虽有心开展此方面的工作，但一直没有落实。直到2018年，终于克服困难，在主办单位的支持下开通了《大气与环境光学学报》微信公众号，并由专人负责平台的维护。目前公众号具有刊物网站主页的部分功能，如可以实现查询稿件进度、专家及编委查询、查看当期目录及过刊浏览、论文检索等功能。自公众号开通以来，及时推送了最新发文、专辑征稿和重要会议信息等。并且为细化信息发布流程，监督发布效果，编辑部已经把通过微信发布信息的方式融入到期刊出版流程。在此基础上，为丰富刊物微信公众号内容、吸引更多读者关注，计划增加科普模块，发布大气光学、环境光学、光学遥感、环境监测等方面的科普知识，从而进一步提升读者关注度，为期刊的宣传与推广提供更多机遇。

2020年开始，《大气与环境光学学报》推出了封面文章，责任编辑邀请并协助每一期封面文章的作者针对文章内容撰写封面故事，包括对课题组的介绍及宣传图片等，并通过刊物微信公众号、中国科学院合肥物质科学研究院主页、安徽省光学期刊网、科学网等专业网站对封面文章、热点文章及专辑进行了及时推介，这一举措进一步激发了作者的投稿热情，为刊物获取更多优质稿源打下了基础。

近年来，《大气与环境光学学报》开展了"走出编辑部，走进重点实验室"的活动。依托主办单位，相继走访了安徽省部分高校及研究所重点实验室，通过做报告的形式对刊物进行宣传，并从编辑的角度对研究生等青年作者进行写作方面的相关培训，给予耐心的指导与帮助。此活动开展以来深受好评，提高了刊物的知名度。但2020年，由于疫情影响，活动被迫中断，困则思变，编辑部计划通过开设小编讲堂进行直播的方式继续这一活动。

图1为2016—2019年《大气与环境光学学报》年平均下载量统计图，数据来自于中国知网。由图可见，《大气与环境光学学报》年平均下载量总体呈增加趋势，2018年增幅明显加大，而2018年正是本刊开通E-mail Alert加强邮件推送，并借助微信等新媒体提升宣传力度的起始年，这也验证了借助邮件精准推送、微信公众号进行多维度推介是科技期刊宣传推广的有效手段。

3 依托中国光学期刊联盟提高刊物的影响力

中国光学期刊联盟是中国首个专业科技期刊联盟，目前已有53种光学期刊加盟，其中中国激光杂志社被誉为光学届的风向标。联盟的数字化出版平台——中国光学期刊网,为联盟的数字化和移动化发展提供了支撑。中国光学期刊网已打造出学术、资讯和产品三位一体的科技期刊联盟平台,得到了国家新闻出版广电总局的高度认可[4]。

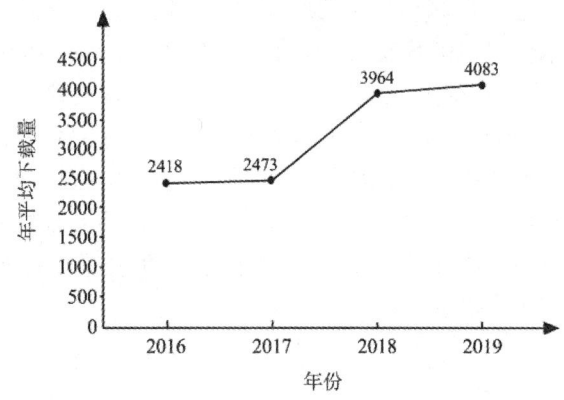

图1 2016—2019年《大气与环境光学学报》年平均下载量统计图

《大气与环境光学学报》与本单位文献情报与期刊出版中心的《量子电子学报》共同加入了中国光学期刊联盟,通过参加第十四届光学期刊发展与合作研讨会、中科院高水平学科刊群第一次会议等向优秀同行取经,并依托联盟积极参与了各种相关学术活动、会议及书展,提升了期刊的品牌效应。另外,刊物通过学术会议组约到部分优秀稿件,进而提升了刊物的学术质量和影响力。

2019年,《大气与环境光学学报》《量子电子学报》作为35个期刊中的一份子,入选中国科技期刊卓越行动计划集群化试点项目。2020年,"新冠病毒"疫情大规模爆发,到目前为止,计划中的学术交流会议均无法正常开展。面对此困境,中国光学期刊联盟的核心成员中国激光杂志社快速应对,于6月中旬精心策划了第一次光学前沿在线学术会议,各分会场报告均在线上进行,并首次将Post移到线上。会议期间大屏幕滚动展示了中国光学期刊联盟旗下的所有期刊,在这个非常时期通过线上会议促进了各刊的宣传推广,提升了各刊的显示度。

由此可见,通过加入战略联盟,可以实现整合资源、协同发展,是科技期刊进行宣传推广的有效手段之一。

4 积极参加专业性学术会议

专业性的学术会议一般是该领域内知名学者和行业专家进行学术交流的聚集园地,也是编辑与作者、读者、专家面对面互动的平台。编辑通过聆听会议报告,能够及时了解学科动态和发展前沿,并与会议代表进行面对面的交流,迅速发现并结识优秀的作者[5]。《大气与环境光学学报》近年来积极参加了相关专业的学术会议,如历届"全国光学前沿问题"讨论会、2019年中国光学学会学术大会、第三届全国海洋光学论坛、第四届大气光学及自适应光学技术发展研讨会、安徽省光学学会光物理与光化学专业委员会等。会议期间开展了多种形式的期刊宣传和推介,包括张贴海报、布置展台、借助本单位专家的邀请报告宣传刊物、发放印有本刊微信公众号二维码的宣传彩页及纪念品、赠送样刊、与审稿专家进行交流沟通、组约优秀会议论文等。

5 宣传推广成效

《大气与环境光学学报》通过以上方式加强对刊物的推介以来，主要取得了以下几个方面的成效：①进一步拓展了优秀作者群。基于中国知网的数据，对近五年刊物的作者群进行了分析，发现所刊发优秀论文多来自科研院所及地方高校，近年来随着宣传范围的扩大，也有部分优秀稿件来自学术会议、国有或民营企业等。②启用E-mail Alert功能对刊物最新动态、优秀论文等进行精准推送，依托中国光学期刊联盟在各大学术会议进行线上宣传，并通过微信公众号、专业网站等推送每一期的封面文章以来，刊物的订阅数量、微信公众号的关注人数均逐步提高。③借助学术会议宣传、编委推荐，依托主办单位的学科优势，《大气与环境光学学报》近年来相继推出了"光学遥感定标技术及应用""先进环境监测技术与设备""大气环境光学探测技术"专辑，并于2020年第1期在国内率先推出了"海洋光学技术与应用"专辑。这些专辑的刊出进一步提升了刊物的显示度。

6 结束语

科技期刊的宣传与推广是提高刊物知名度和影响力的一项重要工作。面对技术含量越来越高的宣传方式，要想在激烈的竞争中取得一席之地，策划有价值的宣传内容是科技期刊工作者必须重视的问题。实践证明，在融媒体时代，科技期刊做好内容策划，并通过邮件精准推送、借助微信公众平台等新媒体对刊物进行多维度宣传，加入本行业科技期刊联盟等是提升刊物显示度的有效手段。作为科技期刊的编辑，只有跟上时代的发展，敢于创新并勇于实践，才能做好科技期刊的宣传推广工作。

参 考 文 献

[1] 付雅静,钱俊龙.数字出版时代提高科技期刊显示度途径的探讨[J].中国科技期刊研究,2014(10):1262-1265.
[2] 李红霞,彭冰霞,邱亮斌.新形势下加强科技期刊宣传与推广的思路探讨[J].传播与版权,2019(1):81-83.
[3] 刘娜,黄思敏,王天津,等."互联网+"时代学术期刊微信公众平台的运营与推广[J].中华医学图书情报杂志,2017(6):33-35,40.
[4] 任健,纪瑜.科技期刊战略联盟的知识共享机制探析:以中国光学期刊联盟为例[J].中国科技期刊研究,2017(6):538-543.
[5] 张凤新.利用学术会议拓展作者队伍的方法与技巧[J].科技与出版,2012,31(6):52-53.

英文科技期刊编辑在国际学术会议中的宣传和实践
——以 *Reproductive and Developmental Medicine* 为例

朱永青[1]，赵玲颖[1]，孙　敏[2]

(1. 复旦大学附属妇产科医院《生殖与发育医学(英文)》编辑部，上海 200082；
2. 上海市计划生育科学研究所《中华生殖与避孕杂志》编辑部，上海 200237)

摘要：参加国际学术会议是科技期刊编辑的重要工作内容，是科技编辑获取最新研究动态和发掘本学科研究"热点"和"焦点"的平台，也是编辑与专家、作者沟通交流的舞台。本文结合 Reproductive and Developmental Medicine 编辑参加国际学术会议的心得体会，探讨英文学术期刊办刊初期存在的主要问题，并对编辑参会前准备、与会期间发挥主观能动性，以及会后跟进等方面的工作进行梳理和阐述，以期为初创期的英文科技期刊同仁提供借鉴。

关键词：学术会议；英文科技期刊；国际影响力；约稿

科技期刊是促进科研成果交流的重要载体，也是展示国家科技实力的重要窗口，在推动国家科技创新和创新体系建设中发挥着举足轻重的作用。截至 2019 年底 JCR 收录了 9 356 种科技期刊，其中中国大陆共计有 241 种英文科技期刊被收录。我国英文科技期刊的整体规模小、国际影响力和认可度偏低，难以满足快速发展的科技成果的交流和发表的需要。如何提高我国科技期刊的学术质量，增强核心竞争力，提升科技期刊服务创新驱动发展战略的能力，吸引更多的科研工作者将优秀的科技论文发表在祖国大地上，是新时期我国科技期刊面临的一项十分重要的任务，也是科技期刊编辑必须思考和普遍关心的重要问题。

在 2019—2020 年，国家连续发文《关于深化改革 培育世界一流科技期刊的意见》《关于规范高等学校 SCI 论文相关指标使用 树立正确评价导向的若干意见》，这给国内科技期刊尤其是英文科技期刊带来了千载难逢的发展机遇。期刊如何抓住机遇，快速发展自身水平成了期刊人亟需思考的问题。期刊的快速、高质量发展，除了积极申请加入各类国际主流数据库、"借船出海"与国际出版社合作办刊、引入国际化的投审稿系统和稿件处理流程等举措外，期刊编辑参加国际学术会议也是有助于拓宽国际稿源、结识国际审稿人和编委、提升期刊国际知晓度的重要途径。

国际学术会议是一种进行课题研究、开展学术交流、促进科学发展等为主旨的会议，分为学术论坛、学术报告会、学术研讨会、学术年会等形式，具有国际性、权威性、高知识性、高互动性。参会者一般为本研究领域知名专家学者。参加国际学术会议，能使编辑在短时间

通信作者：孙　敏，E-mail: abrn1012@163.com

内了解本专业的最新研究动态、新的观点和争论的焦点,这不仅有助于科技编辑增长知识、拓宽视野,而且在选题策划、组稿约稿时更具针对性,更加贴近学科发展前沿[1-4],有助于培养和提高编辑的科学鉴赏力,有助于直观、准确地了解与会专家学者的科研方向和学术水平,为今后有的放矢的组稿和审稿奠定良好的工作基础[1,5,6],有助于巩固老作者加深对期刊的了解,建立更加深厚的感情,还有助于发掘新作者,扩大稿源,提升期刊的显示度[2,5,7]。

已有一些文献探讨了编辑应重视参加行业学术会议,如何选择学术会议,参会期间组稿和宣传策略,以及编辑自身能力提升和期刊国际影响力提升。张文才[6]指出期刊编辑如何选择学术会议,并指出积极参加学术会议、走出去、拓宽视野和汲取营养是培养青年编辑的一个重要和有效途径。徐丁尧等[5]、张淑敏等[8]和邵玉娴等[9]围绕编辑如何通过学术会议促进组稿、审稿,提高期刊学术水平、扩大影响力展开了讨论。郭雨齐等[10]、王维等[11]和李明敏等[2]从会前准备、现场展示和会后跟踪三个方面系统阐述了编辑参加学术会议的策略,有助于完善审稿人队伍、提升办刊水平和国际影响力。从已有的文献来看,他们都充分肯定了参加学术会议对期刊发展的重要意义,但这些研究多适用于已具有一定影响力的期刊,对于一本新创的或者影响力不高的期刊,如何充分利用学术会议促进期刊高质量发展仍需要我们更多地探索。

《生殖与发育医学(英文)》(*Reproductive and Developmental Medicine*, RDM)创刊于2017年,为解决稿源不足,吸引高质量稿件,提升期刊的国际显示度和影响力,我们几位从科研一线转变为科技期刊编辑的青年编辑努力尝试突破原有的办刊模式,积极主动的探索"走出去"的方式。经过3年的负重前行和辛勤耕耘,我们的期刊已陆续被ESCI、SCOPUS、DOAJ、CSCD等国内外知名数据库收录。本文主要结合RDM在新创刊初期的实践,浅谈期刊编辑参加国际学术会议的一些心得体会,以期为编辑同仁提供借鉴,共同助力我国科技期刊国际影响力的提升。

1 英文学术期刊办刊初期存在的主要问题

1.1 缺乏稿源,尤其是高质量的国际稿源

高质量的稿源是学术期刊生存和赖以发展之根本,但在期刊创建初期,没有被各类数据库收录,没有影响因子,普遍面临着无人投稿、缺少稿源的窘境。究其原因,从主观上来看,因为我国的英文科技期刊起步比较晚,存在着影响因子低、发表周期长、发行数量少、国际化程度低等一系列问题,导致作者对其缺乏认同感,难以吸引作者投稿。从客观上来看,这也与国家的政策导向有着密切的关系。由于科研院所和教育主管部门过分夸大和强化SCI检索系统的作用,发表SCI论文数量成为衡量科研院所研究水平最重要的指标,并据此来给高等院校、科研单位,以至科研人员进行排名,并与个人的学位评定、职称晋升、待遇、奖金等直接挂钩。同时,在科技评价体系中对文献计量指标的不公正使用,比如发表在SCI收录期刊上的研究论文比发表在国内科技期刊上的研究论文在考核时赋予更高的分值。这种"唯SCI论"的科技评价体系,实质上是在用行政手段给国外的SCI期刊进行组稿,其结局是导致我国大量优秀的稿件投向国外期刊,重大科研成果率先发表在国外的科技期刊上[2]。

1.2 编委国际化程度低

编委是学术期刊的灵魂,建立一支高效的国际化编委队伍,既能把关期刊学术内容的质量,又能扩大期刊的国际影响力。但在期刊创建初期,很难吸引国际专家学者加入编委队伍,就连国内的学者对默默无闻的期刊也不感兴趣。通过国内编委推荐的外籍编委,他们大多在

相应的研究领域颇有建树，学识高、资源广，但他们的科研任务繁重、压力大、社会兼职较多，对期刊的工作常常有心无力，有些外籍编委只在科研工作之余抽空帮忙审读几篇稿件，难以为期刊发展建言献策、难以主动帮忙宣传和推广期刊，使得编委的作用形同虚设，进而导致初创英文期刊的发展步履维艰。

1.3 稿件处理时间长、严重滞后

科技期刊的时效性关系到科研论文的学术价值，也严重影响学术交流和作者投稿的积极性。倘若期刊能将作者的稿件在第一时间完成审读和刊发，必将对期刊投稿量的增长带来积极影响。当前制约稿件处理时间的关键一环是专家评审。在创刊初期，尽管我们主要邀请期刊编委来审读稿件，但由于他们工作繁忙，很难快捷、高质量地完成审稿，为了加快外审环节，我们有时候会同时请5位以上审稿专家，但还是经常出现不理不睬或直接拒审的情形。

针对上述创刊初期期刊发展面临的瓶颈，如何拓宽稿源，快速、高效地组织到最新、最前沿的优秀稿件，有效改变"等米下锅"的局面；如何邀请到本研究领域国际知名专家学者加入编委会，为期刊发展建言献策；如何高效邀请到审稿专家，提升稿件学术质量、降低出版时滞，是RDM期刊编辑的重要工作内容。我们尝试了多种提升期刊影响力的方式，譬如通过电子邮件、电话、微信等向国内外专家学者发出约稿邀请；走访高校、医院和科研院所，深入科研一线参加科室或课题组的专题讨论会；采用融媒体手段加强宣传和提升期刊的知晓度；设立优秀论文奖、优秀审稿人奖，激励作者和审稿专家为期刊发展做贡献。经过3年的尝试，我们觉得参加国际学术会议对汲取国际化稿件、吸纳国际编委、结识专家学者扩充审稿专家队伍的作用非常积极和高效，极大提升了期刊的影响力。

2019年6月，第35届欧洲人类生殖与胚胎协会年会(ESHRE)在奥地利维也纳会展中心举行，RDM期刊编辑参加了此次年会。接下来以此次参会为例，从会前准备、会中工作开展、会后跟进等环节进行归纳分析，以期为国内英文学术期刊参加国际学术会议、提升期刊国际影响力提供借鉴。

2 编辑参加国际学术会议的策略

2.1 会前充分准备，不打无准备之仗

2.1.1 会议选择

如今各个医师协会、行业协会举办的学术会议日趋增多，期刊编辑很难做到逢会必参。通常每个国际学术会议都有官方网址，编辑在筛选国际学术会议时，认真了解此次会议的主题是否与自己期刊的收稿范围相符[8]。如果盲目参加一些与期刊收稿范围不符的学术会议，不仅有可能无功而返，还浪费编辑部有限的人力、物力和财力资源。

RDM主要刊载生殖医学与发育生物学相关的基础、临床和转化医学的最新研究成果，以及生殖与发育生物学研究的新技术、新方法。旨在通过基础研究来回答临床问题，解决人类生殖与发育相关的健康问题，并通过生殖与发育来促进人类健康。ESHRE成立于1984年，致力于促进和发展生殖医学领域的临床和基础研究，推动本领域医务人员和基础研究人员的知识更新和技能培训。经过30多年的发展，ESHRE年会已成为生殖医学研究领域规模最大、最具影响力的年度国际会议。2019年在维也纳召开的第35届ESHRE年会聚集了来自生殖医学、胚胎学、内分泌学、遗传学等领域12000多名专家学者参加。

RDM办刊宗旨与ESHRE聚焦的科学问题非常契合，ESHRE的参会者几乎都是RDM潜

在的作者、审稿人、读者以及国际编委候选。因此 ESHRE 年会是 RDM 最理想的选择。

经主办单位领导批复 RDM 期刊可以参加 ESHRE 年会后,编辑仔细阅读会议的日程安排,了解主题报告、特邀报告和各个分会场报告。通常情况下,国际学术会议的日程非常紧凑,短短几天内会安排几十场甚至上百场学术报告,而且很多分会场报告都是平行进行,为此编辑在大会前期就要对每个学术报告的时间、地点、报告人、报告内容等作综合权衡和合理规划,从中挑选出自己感兴趣的学术报告[8,10-11],并查阅筛选的报告人近几年发表的文章,大致了解其研究领域,以更好地理解报告的内容,并做好交流沟通和约稿的准备。

2.1.2　与期刊编委联系

学术会议是专家的聚集地,很多学术期刊的编委也会参加会议。学术期刊的编委大多是该研究领域的"大牛"或是处于学术前沿的知名专家,这些人在国际科研领域都非常活跃,到处可见他们活动的身影。编辑在大会前先与自己期刊的编委联系,了解哪些编委参加会议,并积极协调在会议召开期间组织一场小范围的编委会,汇报期刊取得的成绩和发展中遇到的困难,听取他们对期刊建设的意见和建议,同时请他们积极帮忙引荐参会的专家学者,增加编辑在会议现场组稿和约稿的可能性。有些期刊编委在参加学术会议前夕会主动和编辑部联系,希望现场介绍期刊,并把为期刊宣传、推广看作是自己义不容辞的责任。鉴于此,编辑部更应充分调动编委会资源协助期刊在学术会议上组稿和约稿[1,3,7]。通过事先联系获悉,RDM 期刊有 2 位副总编辑和 6 位编委参加维也纳 ESHRE 年会,在开会期间积极宣传期刊,积极向编辑部引荐其他参会的专家学者,并和编辑部针对后续的组稿约稿进行富有成效的交流。

2.1.3　期刊宣传

参会前,通过与大会组委会联系,查询展位、内插页和宣传页、赞助会议材料的价格。经综合考虑编辑部的财力,RDM 于 2019 年 4 月正式与 ESHRE 组委会联系展位预定。展位位置尽可能选择靠近茶歇地方或者选择与同行相近的区块,以形成集群效应,确保利益最大化。

接下来精心设计布展内容,尽可能简洁明了,吸引参会人员的注意。在此次会议的布展上,我们将期刊总编辑和副总编辑的照片、稿件处理流程、期刊被数据库收录情况等内容进行个性化展示。此外,我们还精心制作一份精美的期刊宣传资料和小礼品。在宣传资料上突显期刊的名称,并紧扣大会的主题,这不仅有助于加深与会专家学者对我们期刊的印象,还有助于吸引他们对我们期刊的兴趣。在此参会前,我们制作富有特色的 U 盘,在 U 盘表面印上期刊名称和 logo,并将我们已刊发的文章存放在每个 U 盘,这样的小礼品既有实用价值,便于携带,重复利用率高,还有助于提升期刊的显示度[12]和阅读我们已发表的文章。

会前准备一张带有期刊信息的编辑名片也非常有必要。名片是一个很好的沟通工具,在交流过程中,可以与专家互换名片,便于今后根据专家的研究兴趣有针对性地送审和约稿[12]。

2.2　与会期间,充分发挥编辑的主观能动性

2.2.1　认真聆听学术报告

根据会前筛选的学术报告,期刊编辑按时到达会场,认真聆听报告,并做好笔记。如遇到感兴趣的学术报告,可在学术报告结束后,主动和报告人交流,当面约稿。有些专家可能在会场答应撰写供稿,但会后可能会因为工作繁忙,没有时间撰写稿件,或者时间拖得很久,失去时效性。因此,编辑在听取学术报告时可以对感兴趣的报告内容进行录音,然后根据录音文件和专家 PPT 整理出文章的大纲,经专家修改和确认后可尽快刊出[5]。

如遇到熟悉的专家,可以选择和他们在同一个分会场听报告,这不仅有助于和专家加强

交流、增进感情，还能听取他们对本组系列报告的点评，从而有助于更好地获得报告的"闪光点"。此外，科技编辑要格外重视每个学术报告之后的交流互动环节，同行专家们提出的问题通常都是他们的"兴趣点"所在。这些"闪光点"和"兴趣点"正是编辑进行选题和约稿的重点[12]。

2.2.2 与编委联系

期刊的编委平时工作繁忙，与他们直接接触的机会比较少，因此，编辑可以利用参加会议的时机向期刊编委汇报近期的工作安排，征询他们的意见和建议，很多科技期刊的编委同时也兼任着其他国际期刊的编委，他们也拥有丰富的办刊经验，通过学术会议与他们面对面交流，可以及时了解国外优秀期刊的办刊经验和提高期刊影响力的有效途径，从而将这些经验应用到我们的科技期刊上，提高期刊的学术质量和国际影响力[1,3]。

同时还可以向他们邀约高水平的综述文章。编委对本学科的前沿动态有着前瞻性的掌握，为此编辑可请求编委在会议期间为期刊组织一些好文章[1,3]。

积极发挥编委的人格魅力和广泛的人脉。编辑直接和与会专家交流时，可能无法获取对方的信任，此时可以请期刊编委出面引荐。期刊编委通常在学术界拥有较高的知名度，通过编委的介绍，可以拉近编辑与专家的距离，增进彼此的信任，还有机会扩增期刊的专家库。

主动与期刊编委联系，寻求他们在大会报告中利用几分钟时间宣传期刊。维也纳 ESHRE 年会时，编辑和我们期刊外籍编委 Chian 教授沟通，在他的报告最后一页加上我们期刊介绍，宣传效果显著，会后有多位专家主动和编辑联系，有些专家愿意给期刊撰稿，有些专家表示愿意向他们的同事和朋友推荐本刊，这对期刊稿源国际化起到了很大的推动作用。

2.2.3 结识新的专家学者

编辑充应分利用会议的茶歇、就餐等时间积极主动地和专家学者进行交谈，向他们介绍期刊，邀请他们成为期刊审稿人甚至加入编委会。编辑也可以请一些自己熟悉的专家做引荐来结识这些专家。通过此类工作的开展，一方面可以发掘新的审稿专家，便于今后更容易开展稿件送审工作，另一方面也起到宣传期刊，提升期刊影响力的作用[1,3,5,13]。编辑在参加维也纳 ESHRE 年会时，现场认识了国际生殖协会(Society for the Study of Reproduction, SSR)前任主席 Murphy 教授。于是笔者在期刊副总编的引荐和帮助下，成功邀请了 Murphy 教授担任我们期刊的国际编委，这为我们期刊拓展国际编委、扩大国际稿源和提升影响力起到了重要作用。

2.2.4 与期刊同行交流

在学术会议的现场，也有国际知名期刊的编辑参会，他们当中有很多期刊已积累了丰富的办刊经验。编辑在参加学术会议时，应与同行多沟通交流，寻求同行的指导，达到通过会议了解编辑行业的发展趋势，并将这些前沿信息和成熟的经验运用到自己的期刊发展上。同时还可以相互分享学术会议的资源，采取期刊联盟的形式宣传和推广期刊，共同提升期刊的国际显示度和影响力[3]。与期刊同行的交流不仅可以锻炼编辑的公关能力，还可提高科技编辑的宣传推广能力。编辑参加维也纳 ESHRE 年会时，遇到国际知名的同行期刊，比如 *Human Reproduction*、*Fertility and Sterility* 的编辑。我们作为新创的期刊，缺乏国际显示度，而 *Human Reproduction* 和 *Fertility and Sterility* 期刊尽管久负盛名，却不能很好地打开中国的市场。通过两刊的彼此交流，取长补短，促进期刊的共同发展和进步。

2.3 会后跟进，加强联系，增进感情

会后联系是个"趁热打铁"的过程，要及时总结参会经验，写一份详细的会议考察报告，记录会议上学习和了解到的知识、信息，记录会议期间捕捉到的"闪光点"和"兴趣点"，记录专家

的意见和建议,不要让它们随着时间的推移而流逝。保存好会议的通讯录和交换到的专家名片,逢年过节时可以给一些重要的专家寄上一张贺卡或一封电子邮件[11],可以加深印象、增进感情。

加强和编委联系,通过电子邮件、电话、微信等通讯手段,感谢他们在会议期间给予的支持和帮助,并有针对性地向他推送我们期刊发表的文献,让他逐渐了解和关注本刊,这将为今后的进一步合作奠定坚实的基础。同时,如果在会上遇到合适的约稿对象,可向编委陈述约稿的理由,并请编委出面邀请,这样约到高质量稿件的成功率将大大提升。加强和专家联系,既要对专家早期的研究工作有所了解,更要积极关注其近期的研究工作,以诚恳的态度和专家沟通交流,让其感受到自己受到重视,做到"以情感人"。通常编辑部会先邀请他们审稿,若能及时、认真地返回审稿意见,且对学术的把握度很高,此时可以总编的名义向该专家发出正式邀请函,邀请他们加入期刊编委会或成为期刊的审稿人。同时,对于在学术会议现场口头洽谈的约稿,科技编辑一定要在会后向对方发出正式的约稿函,并定期跟进所约文章的撰写进度[11],同时还可邀请他们加入期刊微信群,提高作者和期刊的黏度。

学术会议后,编辑要及时更新期刊的专家库。会议期间了解期刊编委或审稿专家信息的新变化,比如联系方式或研究方向,保证期刊专家库的准确性,减少因为送审专家不合适而导致稿件审稿时间延长,进而影响期刊的出刊周期[1]。

3 结束语

国际学术会议是一个良好的学习和交流平台。科技期刊编辑有机会同本学科优秀的专家学者展开面对面交流,这有助于科技期刊编辑了解学科发展的前沿动态跟踪研究热点,拓宽自身学术视野,同专家建立更加紧密的联系,从而拓展国际编委、扩大国际稿源,提高稿源质量和增加本刊文章的引用率,提升期刊的影响力。

参 考 文 献

[1] 刘艳玲.科技期刊编辑参加科研活动对工作的几点好处[J].编辑学报,2015,27(增刊2):82.
[2] 李明敏,李世秋,蔡斐俞,等.英文科技期刊编辑参加国际学术会议的策略与实践:以 Chinese Journal of Aeronautics 为例[J].中国科技期刊研究,2017,28(8):774.
[3] 李丹霞,黄崇亚,吉鹏程,等.论科技期刊青年编辑成长之路:参加专业学术会议与编辑业务培训[M]//学报编辑论丛(2016).上海:上海大学出版社,2016:181-184.
[4] 王维朗.学术会议是青年编辑成才的好平台[J].编辑学报,2013,25(3):304-305.
[5] 徐丁尧,步召德.科技期刊学术会议组稿策略[J].中国科技期刊研究,2017,28(2):126-130.
[6] 张文才.科技期刊青年编辑参加学术会议的选择[J].河北联合大学学报(医学版),2013,15(6):879-880.
[7] 张玉琳,毛蜀,赵蕾,等.谈会议约稿的技巧[J].编辑学报,2015,27(3):241-243.
[8] 张淑敏,辛明红,段为杰,等.如何通过学术会议促进组稿和审稿工作[J].编辑学报,2014,26(1):52.
[9] 邵玉娴,王小玲,杨雪,等.借助学术会议提升科技期刊学术水平和影响力[J].编辑学报,2019,31(增刊1):73-76.
[10] 郭雨齐,董萌,王桂颖.科技期刊编辑参加学术会议策略[J].中国科技期刊研究,2011,22(1):142.
[11] 王维,黄延红,郭媛媛,等.学科编辑在学术会议中的宣传和实践[J].编辑学报,2017,29(2):166.
[12] 丁佐奇,郑晓南.青年编辑依托期刊发展平台的成长之路探析:以《中国天然药物》编辑部为例[J].编辑学报,2014,24(4):378.
[13] 徐晓,葛建平,蔡斐,等.英文科技期刊稿源国际化探讨[J].编辑学报,2012,24(增刊1):71.

网络出版背景下学位论文析出内容再发表的思考与建议

曾礼娜,徐婷婷,任滢滢

(《厦门大学学报(自然科学版)》编辑部,福建 厦门 361005)

摘要:基于网络出版背景下学位论文析出内容再发表的困境,通过比较学位论文与期刊论文的作用、评审标准和传播效果的差异,阐明学位论文析出内容在期刊上再发表具有合理性。认为学位论文析出内容再发表不能仅因其与学位论文重复率较高而被拒收,或是被简单地评判为学术不端,而应以科学价值作为评定标准;并对此类稿件的处理提出了建议。

关键词:学位论文;再发表;网络出版

随着网络出版的发展,学位论文全文提交至网络公开数据库后,其析出内容在期刊上再发表是否涉及学术不端和版权的问题引起了广泛的讨论。有部分学者[1-2]提出学位论文析出内容在期刊上再发表无论是否引注,都有悖科研伦理,有重复发表之嫌,属于学术不端行为;而与之相对的部分学者[3-6]则提出:学位论文析出内容在期刊上再发表是合理的,学位论文的特殊性也不适用于"一稿多投"的禁止,不能轻易地、随意地将数据库收录了的学位论文析出内容再发表指责为"学术不端",应以稿件的科学价值为标准来正确地处理此类稿件的取舍问题。目前,学术界对此问题尚未形成统一的认识,也无相应的法律条文对其进行规范,导致作者和编辑对此产生了许多的疑惑。

1 网络出版背景下学位论文析出内容再发表的困境

1.1 版权问题

《中华人民共和国学位条例暂行实施办法》[7]中规定:"已经通过的硕士学位和博士学位的论文,应当交存学位授予单位图书馆一份,已经通过的博士学位论文,还应当交存北京图书馆和有关的专业图书馆各一份。"随着网络技术的发展,国内许多高校与大型数据库合作,大部分学位论文都被收入进中国知网或万方等全文数据库。因此,研究生申请毕业时都必须签订学位论文版权使用授权书,作为申请毕业的材料之一。王蔚等[8]的调查指出"如果知道学位论文被数据库收录后将不能在期刊发表相关内容的论文,则有81.1%的作者不愿意将学位论文的版权进行转让;如果有可能,92.9%的作者会争取学位论文的相关版权。"除了保密级论文外,即使作者提出不希望将论文上传至网络,但由于其作为申请毕业的强制性要求,所以作者对学位论文的版权归属无法享有自主选择权。可见,学位论文的存缴和全文收入数据库具有一定强制性。

通信作者:徐婷婷,E-mail: jxmu4@xmu.edu.cn

此外，王蔚等[8]的调查还显示："89.3%的作者否定(62.9%)或并不确定(26.4%)签署过学位论文的版权转让协议；87.8%的作者对数据库收录后的学位论文版权归属毫不知情。"可见目前学位论文版权使用授权书还存在不规范、不详细及不清晰等问题。不仅如此，杜西红[9]还指出"目前采用的学位论文版权使用授权书作为一种格式合同存在很大的弊端：首先，格式合同缺少一些必要条款和选择性条款，并且具有不可协商性以及不变性，造成了缔约双方地位的不平等，有悖于民法平等、自愿的原则；其次，格式条款往往具有利己而不利于相对人的特点。"期刊论文在发表前作者同样需要签订版权转让合同，随着网络的发展，现在许多期刊都会在其网站上给出版权转让合同的模板，其中一般会明确地逐条列出作者需要转让的权利。这使作者在投稿前就清楚地知晓其权利和义务，使作者有自由选择的权利。可见，相较于期刊论文的版权转让合同，学位论文版权使用授权书中的条款更多表现出强制性和不对等性。

1.2 学术不端问题

目前，《高等学校预防与处理学术不端行为办法》[10]中认定的7种高校学术不端行为并未将学位论文析出内容再发表明确定义属于学术不端行为。但在实际的稿件处理过程中，学位论文析出内容的投稿常被认定为一稿多投。

一稿多投指的是"同样的信息、论文或论文的主要内容在编辑和读者未知的情况下，于两种或多种媒体上同时或相继报道。"[11] 目前，一稿多投在本质上是投稿人以更快地发表论文为目的，将同一内容的论文投到多个期刊，以节省论文审稿时间，从而达到其尽可能快速发表的目的。而学位论文析出内容再发表和上述情况有本质的不同。从笔者的理解来看，学位论文析出内容再发表不是完全将学位论文部分章节拿出来独立发表，而是在学位论文的基础上，通过相关的具有延续性的科研活动，将学位论文的部分内容充分完善、发展后再发表，因此其也不应被视为"一稿多投"而被禁止。

学位论文一般包含 3~5 章的研究内容，但受时间限制，不是所有的章节内容都是成体系或已有最终研究结果的，有些内容可能只有初步的实验结果，仍需进一步深入研究才能获得结论。学位论文作者或其所在课题组的其他人员，都可能在这些初步的实验结果基础上进行下一步的深入研究。因此，学位论文中的这部分内容也将成为日后发表的期刊论文的重要组成部分，如果在作为期刊论文投稿时仅因内容与其学位论文存在一定重复率而被拒稿是不合理的。

此外，由于期刊论文是研究生申请毕业的硬性条件之一，其内容是研究生攻读学位期间进行的科学研究的重要组成部分；而作为体现研究生科研工作的学位论文，也不可能脱离已发表的期刊论文的内容自行成文。目前，数据库收录学位论文进行网络出版时并未对其已在期刊上发表的内容进行任何特殊处理，也未被视作"重复发表"或是"学术不端"。那么反之，作者将学位论文中未在期刊上发表的内容整理后向期刊投稿的行为，也不应做出上述判断。

2 学位论文析出内容在期刊上再发表的合理性

2.1 学位论文与期刊论文的作用不同

学位论文是指学位申请者为获得某种学位而撰写的以证明其学术水平或技能的学术论文，是学位授予单位为授予申请者相应学位进行学术评价的依据[3]。因此，学位论文的作用是用于评定学位申请者是否能获得相应学位的重要依据，是学位申请者为获得学位而创作的，其出发点不是为了传播作者的学术思想和学术成果。而学术期刊的作用是记载、传播和交流学术思想和学术成果,其最终目的是促进研究的发展。

通过对比可以看出,学位论文和期刊论文的作用并不相同,因此其作者的创作意图也随之不同,作者在文字和语言的编排上也会有所不同。《尼泊尔公约》第9条第2款规定:"著作权保护延及表达,不延及思想、工艺(过程)、操作方法或者数学概念之类"。从著作权的角度来分析,学位论文和期刊论文尽管实质内容一样,但由于文字表达不一样,属于两个著作。从读者获得的角度来分析,由于期刊论文的作者在创作时是为了传播和交流研究成果,所以读者可以通过简短的期刊论文快速地领会作者的思想精髓;而学位论文的作者为了较全面地体现自己研究生阶段的工作内容,在创作时则会尽可能面面俱到,注重细节,因此文章显得冗长。但目前有许多作者由于学位论文被网络公开数据库收录,而无法将其中重要的科研成果以期刊论文的形式发表,导致其成果的传播大大受阻。

2.2 学位论文与期刊论文的评审标准不同

学位论文的评审标准首先是依据其学位高低进行区分[7]。此外,学位论文的评审专家也会依据学位授予单位的科研水平相应地调整评审标准。由于我国现有的学位论文评审是通过主管部门限期批量进行的,这使得评审专家在短期内需要评审大量的学位论文,再加上硕士和博士学位论文的篇幅都较长,无法有效保障学位论文评审的质量。

近年来由于国家扩大了高校的招生规模,加重了高校教师人才培养工作的压力,导致学位论文质量呈现不同程度的下滑趋势[12]。针对学位论文质量的控制,学者们提出了许多针对性的意见[13-16],但是在实际学位申请过程中,各高校主要对博士、硕士学位申请者提出的是科研成果作为期刊论文发表的要求。由此可见,在科研成果的评定上,还是以期刊论文作为主要的评审标准,也是研究生申请学位的硬性条件之一。

学位论文是学位申请者科研工作的一个整体的呈现,受限于现有的评审制度,通过率很高[17];而且学位论文中存在的问题即使在评审中提出,研究生最多针对文字描述部分进行修改,并不会针对其缺失增加研究内容。期刊对论文的评审标准明显高于学位论文,在论文录用前需经过三审过程,并且针对审稿专家提出的意见,编辑一般都会要求作者进行相应的修改,不仅包括文字上的修改还包括实验数据的补充和对实验结果的分析等,从而使文章进一步完善以达到期刊录用的要求。学位论文虽然也需进行格式审查程序,但是其审查工作不如期刊精细,对差错率的控制要求也不及期刊论文高,其可读性、规范性和科学性等均不如期刊论文。由于期刊和学位论文两者评审标准的不同,所以在学术期刊上发表的论文更能获得普遍的认可。

2.3 学位论文与期刊论文的传播效果不同

学位论文虽然在知识传播和科研利用中发挥了一定作用,但是其传播深度和广度均远不及期刊。由于学位论文较为冗长,可读性和规范性较差,不利于读者在较短的时间内获取有效的信息,而随着自媒体和大数据的发展,期刊不仅可以通过纸质媒体,还可以通过自媒体根据大数据进行精准推送,以实现科研成果的有效传播;此外,通过增强出版模式,期刊不再受限于版面,可为读者提供更为全面的科研信息。同时,由于学位论文的通过率过高,导致人们对其内容的逻辑性和科学性也存在一定的疑虑,所以人们更愿意引用期刊文献来支撑自己的观点。

3 学位论文析出内容在期刊上再发表的可行性建议

综上所述,学位论文析出内容再发表具有合理性,不能仅以稿件与学位论文内容有较高重复率为由拒稿，或是评定为学术不端，应该以科学价值为标准来评定稿件。与此同时，为了让学位论文析出内容的再发表途径更规范、更合理，作者、期刊、高校、数据库应采取积极的态度去化解彼此间可能的冲突，为提升学术内容的价值而共同推动改革实践。

3.1 在期刊稿约中明确接纳范围与标准

目前对于学位论文析出内容再发表的问题尚在探讨，近年来我国高校、学术研究机构的水平在不断提高，学术论文写作也成为研究生培养中日渐被重视的部分。从作者和期刊双方的需求出发，研究生学位论文中一些不错的创新性成果确实值得被更广泛、更专业地传播，而期刊的读者群体恰好符合这样的需求。已有期刊界同行对此提出过一些建议，认为期刊编辑接收到学位论文析出内容的投稿时应依据原创性、协议性、灵活性3个原则慎重对待[18]。虽然此类稿件的审查可能给期刊编辑增加一定工作量，后续还会进一步使用专家审稿资源，但是在如今学术研究和交流日渐呈现开放性的大环境下，学术出版与传播也应适当更具包容性。当然，由于学术不端之风给学术出版环境造成了许多不良影响，这种合理范围内的接纳需要一定的"附加条件"进行约束才具有可行性，从而确保作者和期刊双方的利益。

笔者认为不同期刊根据各自的办刊宗旨，参考部分国内外刊物的经验，应当详细地在稿约(投稿指南)中明确此类稿件的接纳标准和范围，如：①与学位论文析出内容的文字重复率达到多少将被视为"重复发表"而退稿；②稿件中学位论文析出内容应如何注明已收录于网络公开数据库；③考虑到期刊发表学术研究成果的时效性，学位论文析出内容在网络公开后多久再投稿不接收；④当在学位论文析出内容基础上补充不同分量的其他内容后，相应的作者署名有何要求等。这些"附加条件"一方面提示作者可能涉及的版权纠纷、利益冲突、学术不端等问题，另一方面也让编辑审查时有据可依，保障期刊出版的基本权益。在这些前提条件下，经过审稿专家对内容质量和学术价值的审查把关、编辑对语句表述和数据呈现的润色修订后，学位论文析出内容依托期刊为载体再发表，将有望达到更完善、更广泛的传播效果。

3.2 在数据库收录时给予政策解释与支持

目前国内大多数高校的硕、博士学位论文都由图书馆负责收藏和管理，并按照高校与万方、中国知网等数据库签订的协议加入网络检索，进行网络传播。高校文献管理机构在学位论文作者与网络数据库之间，实则发挥着重要的连接纽带作用，但当涉及学位论文析出内容再发表问题时却容易因协议条款的不明确性而产生纠纷。新近一项相关研究对国内外学位论文再发表的政策进行了对比分析：在欧美国家的高校对于学位论文的管理体系下，作者的自主选择性比较大(如是否公开、在什么范围内公开、何时公开)，一些依托商业数据库公开学位论文的高校仅充当中介而让作者直接与学位论文开发机构签署授权协议，国内则更多是比较固定统一的"转授权模式"；此外，国外对于学位论文是否构成"先前出版物"在学术界、数据库开发商和学术出版商之间也已达成了较一致的共识，绝大多数期刊和出版社(96%)不会因学位论文被数据库收录而拒收，一些大型出版机构对学位论文再发表也有明确的政策[19]。结合我国国情，在目前相关法规制度还不完备的情况下，这些相对成熟的国外经验可以作为借鉴，并由高校和数据库就国内现行的政策给予作者更明确的解释，让作者提前有所考量。

在给予现行政策解释的前提下，笔者认为面对西方出版界开放式的格局，为鼓励我国优秀硕、博士论文作者将其成果优先发表于国内刊物，学位论文析出内容再发表更需要来自高校和数据库收录机构的政策支持，给作者创造更广的空间、提供更大的动力，如：①高校在关于学位论文著作权相关声明中明确提示，允许学位论文提交网络数据库收录后多长时限内在期刊再发表析出内容；②数据库在与高校签订收录协议中明确声明，所收录学位论文网络公开发表后，在如何注明版权归属的条件下不影响析出内容在期刊再发表；③网络出版物管理机构依据法律法规，针对如何进行学位论文析出内容再发表提出指导意见和实施办法等。在期刊尝试"接纳"的同时，需要从源头上采取"放开"的态度，才能为学位论文析出内容再发表打开新路径，并通过逐步建全符合我国国情的相关出版制度，使网络出版环境更严肃规范、更公开透明，从而保障学位论文中有价值的内容更开放地传播。

4 结束语

学位论文析出内容再发表的问题，包括版权问题、学术伦理、解决方法等一直停留在研究讨论阶段，作者在版权问题上始终处于弱势，数据库运营商由于掌握发表平台因而具有更多的话语权，期刊编辑夹在双方中间纠结为难。为了改变目前的胶着状态，笔者希望相关的政府部门(教育部、宣传部等)能够征求各方意见(包括教育单位、科研工作者、期刊编辑部和数据库运营商)，尽快出台兼顾各方权益、平衡相互关系、有利于科学传播发展的管理规范或法律法规，为学位论文析出内容再发表提供有效的解决方法。

参 考 文 献

[1] 张小强,赵大良.学位论文再次发表的版权与学术不端问题分析[J].编辑学报,2011,23(5):377-379.
[2] 张丛,赵大良,张小强.学位论文再发表的版权与伦理冲突[J].西北大学学报(哲学社会科学版),2012,42(6):88-91.
[3] 孙凡.学位论文析出内容多种形式发表探究[J].南京林业大学学报(人文社会科学版),2013(4):110-114.
[4] 余筱瑶.学位论文再出版与学术不端行为探析:基于学术期刊编辑的视角[J].出版广角,2015(1):92-94.
[5] 赵志宇,黄悦勤.源于数据库学位论文的学术期刊稿件处理[J].编辑学报,2015,27(5):429-432.
[6] 马秋明,李小平,温晓平,等.学位论文再发表的背后原因探析及应注意的问题[J].编辑学报,2017,29(6):524-527.
[7] 中华人民共和国教育部.中华人民共和国学位条例暂行实施办法[EB/OL].[2018-01-11].http://old.moe.gov.cn/publicfiles/business/htmlfiles/moe/moe_620/200409/3133.html.
[8] 王蔚,张秀峰,段佳,等.对期刊编辑和作者学位论文再发表的认知调查[J].中国科技期刊研究,2016,27(6):587-591.
[9] 杜西红.互联网时代学位论文著作权保护研究[J].农业图书情报学刊,2016,28(1):85-87.
[10] 中华人民共和国教育部.高等学校预防与处理学术不端行为办法[EB/OL].[2018-01-11].http://www.moe.edu.cn/srcsite/A02/s5911/moe_621/201607/t20160718_272156.html.
[11] 教育部科学技术委员会学风建设委员会.高等学校科学技术学术规范指南[M].北京:中国人民大学出版社,2010:40-50.
[12] 袁本涛,赵伟,王孙禺.我国研究生教育质量现状的调查与研究[J].高等工程教育研究,2007(4):105-118.
[13] 唐予华.独立·独特·独创:我国三级学位论文创新点剖析[C]//会计教育改革与发展:第四届会计与财务问题国际研讨会.厦门:厦门大学会计发展研究中心,2004:215-218.
[14] 巩宪伟.硕士研究生学位论文质量现状分析及提高办法[J].现代商贸工业,2016(17):170-171.
[15] 王芬,沈可.关于提高研究生学位论文质量问题的探讨[J].教育教学论坛,2013(46):247-248.
[16] 杨靖云.全日制专业硕士学位论文质量控制对策探索[J].产业与科技论坛,2015,14(12):218-219.
[17] 李春根,罗丽.研究生学位论文:质量现状及提升措施:基于研究生创新能力培养的视角[J].高等财经教育研究,2012,15(2):62-66.
[18] 钟羡芳.论学位论文析出内容能否在期刊再发表[J].科技与出版,2014(7):123-125.
[19] 王茜,窦天芳,胡洪营,等.国内外学位论文再出版的政策研究及启示[J].大学图书馆学报,2020(2):56-62.

基于 CI 值的中文科技期刊学科影响效能分析
——以电气工程学科中文科技期刊为例

王 静，阎正坤

(山西大学学术期刊社，山西 太原 030006)

摘要：为客观反映中文科技期刊的学科影响效能，以 2015—2019 年《中国学术期刊影响因子年报(自然科学与工程技术版)》中的电气工程学科中文科技期刊的期刊影响力指数(Academic Journal Clout Index，简称 CI)数据为基础，从 CI 的分布、总量和平均值三个维度，对该学科中文科技期刊群年度数据进行统计处理和分类分析。得到：CI 分布直观显示，该类组期刊群的 CI 值离散度大，超过 90%的期刊的 CI 分布在标准值的 20%以下，说明绝大多数期刊的影响力过小；CI 总量数据表明，仅占 25%的 Q1 区期刊 CI 总值占该学科期刊群 CI 总值的 70%以上，占类组数量 75%的期刊的 CI 总值占比低于总学科期刊群的 CI 总值的 30%，没能在学科影响力方向形成群体优势；电气工程学科全部期刊的 CI 均值均低于 10%类组标准值，超过 70%期刊的 CI 均值低于类组标准值的 4%。总之，该学科期刊群的学科影响效能整体偏低，绝大多数期刊在学科影响效能方面有待提高。

关键词：科技期刊；CI 值；学科影响；效能

学术期刊影响力指数(Academic Journal Clout Index，简称 CI)，反映一组期刊中各刊影响力大小的综合指标，CI 是由中国学术期刊(光盘版)电子杂志社于 2013 年提出，2015 年开始编入《中国学术期刊影响因子年报》，是各类期刊影响力比较的基本指标[1-5]。

中文科技期刊评价是一个多维度、多因素、多动能的复杂系统工程，其评价体系不应、也很难被简单量化。CI 是一个得到国内外学术界和期刊界基本认可[1-5]的期刊评价指标，它用数据呈现各刊在其学科群组中的学术影响力的相对程度，能够较全面地反映其影响力水平[6]。因此，采用 CI 可以客观呈现各期刊的学科影响力效能。

本文以《中国学术期刊影响因子年报(自然科学与工程技术版)》提供的中文科技期刊评价数据为基础，结合上述两个核心期刊评价数据，依据 CI 值的特性，选定电气工程学科的中文科技期刊数据为基本考察对象，从 CI 值的分布、总值和平均值等三个方面，对中文科技期刊的 CI 值进行分类统计分析，以客观数据呈现该类组中中文科技期刊学科影响力的基本状态、水平和影响效能。

1 数据来源、研究对象与方法

1.1 数据来源

本研究采用的数据来源是中国科学文献计量评价研究中心和清华大学图书馆研制的 2015—2019 年《中国学术期刊影响因子年报(自然科学与工程技术版)》(以下简称《年报》)[1-5]。

该数据来源于中国知网(即中国国家知识基础设施，China National Knowledge Infrastructure，CNKI)的年度统计报告，被公认是国内最为完善和最常用的中文期刊评价数据源[7]。

1.2 数据筛选与研究对象选择

CI 值的数学构造特点表明，它只能用于组内期刊排序的比较[14]。电气工程是工程科技领域的一个重要学科，本次研究选择电气工程学科(TM)中文科技期刊为研究类组，其 2015—2019 年的 CI 数据均来源于《年报》[1-5]。

根据《年报》[1-5]2015—2019 年提供的电气工程学科类中文科技期刊数量如表 1 所示。

表 1　电气工程学科中文科技期刊的数量统计

年份	中文科技期刊数/本
2015	105
2016	106
2017	116
2018	118
2019	116

1.3 研究方法

首先针对选题进行资料收集与整理，根据研究对象的特性，以及电气工程学科期刊出版实践经验，以有代表性、有共性和便于统分析为原则，构建了 CI 值指标分析框架；再采用 OCR 文字识别技术对文献[1-5]提供的部分数据进行识别和提取，并对所提取的数据进行整理，转换为.xlsx 格式文件以便数据处理和统计分析；最后对研究对象进行详细的分类、统计和分析。

2　统计与分析

期刊影响力指数 CI 值的几何定义是：在各刊被引总频次和影响因子经过统计学处理之后，将本组内影响力最大期刊的指标定为基点，其他各刊与之相比较[1-5]。差距越小，该刊的 CI 值越大；差距越大者，其期刊影响力指数 CI 值越小。本文研究对象范围为电气工程学中文科技期刊，因此将其类组内期刊影响力最大期刊的 CI 值作为类组标准值。

2.1 CI 值的分布

以 2019 年为例，电气工程学科各中文科技期刊 CI 值分布如图 1 所示。

图 1 呈现出电气工程学科期刊 CI 分布极度不均。2015—2019 年间电气工程类学科各刊年度 CI 值的平均值与标准差计算结果如表 2 所示。

表 2　2015—2019 年电气工程学科中文科技期刊 CI 值的平均值和标准差统计表

年度	标准差	平均值	平均值/标准差
2015	213.26	126.949	0.595
2016	205.50	116.487	0.567
2017	197.77	113.310	0.573
2018	197.48	108.418	0.549
2019	208.83	129.848	0.622

表 2 数据表明，电气工程学科各期刊 CI 值非正态分布，且离散度巨大，均值与标准差之比达 0.6 左右。

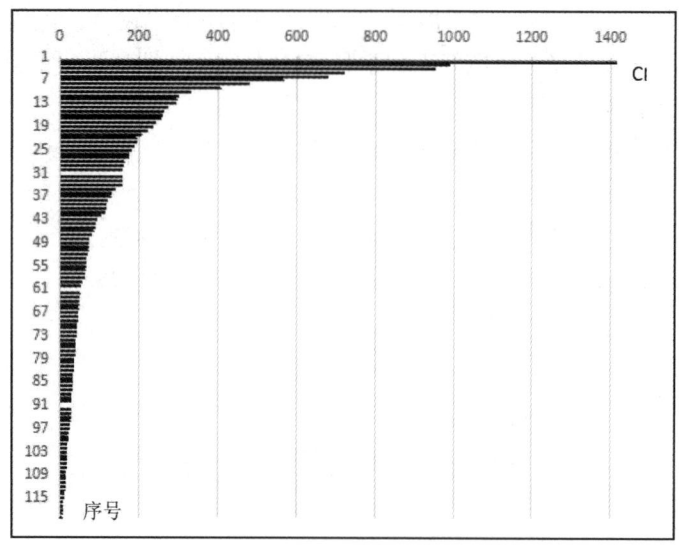

图 1　2019 年电气工程学科各刊 CI 值统计图

为更明确反映电气工程学科各中文科技期刊 CI 值的分布，我们以电气工程学科中影响力最大期刊——中国电机工程学报的影响力 CI 值为标准，以 10%为间隔，统计了 CI 值的百分位期刊数量分布，结果如表 3 所示。

表 3　2015—2019 年电气工程学科中文科技期刊 CI 值百分位统计表

百分位/%	2015		2016		2017		2018		2019	
	数量/本	占比/%	数量/本	占比/%	数量/本	占比/%	数量/本	占比/%	数量/本	占比/%
100	1	0.95	1	0.94	1	0.85	1	0.85	1	0.86
99~90	0	0	0	0	0	0	0	0	0	0
89~80	0	0	0	0	0	0	0	0	0	0
79~70	1	0.95	0	0	0	0	0	0	1	0.86
69~60	1	0.95	1	0.94	1	0.85	2	1.69	1	0.86
59~50	1	0.95	2	1.89	2	1.71	0	0	1	0.86
49~40	0	0	0	0	1	0.85	2	1.69	2	1.72
39~30	2	1.90	3	2.83	2	1.71	2	1.69	1	0.86
29~20	7	6.67	3	2.83	3	2.56	3	2.54	5	4.31
19~10	12	11.43	12	11.32	15	12.82	14	11.86	21	18.10
10~0	80	76.19	84	79.25	92	78.63	94	79.66	83	71.55
合计	105	100.00	106	100.00	117	100.00	118	100.00	116	100.00

表 3 数据表明，2015—2019 年的电气工程学科中文科技期刊中，超过 70%期刊的 CI 值不足其类组标准值的 10%，其中，2016 年和 2018 年接近 80%期刊的 CI 值低于类组标准值的 10%。且约 90%的期刊的 CI 值均低于类组标准值的 20%；换言之，少于 10%的期刊的 CI 值在类组标准值 20%以上。可见，该学科类别的绝大多数期刊的学科影响效能低下。

总之，在电气工程学科中，2015—2019 年的各中文科技期刊的 CI 值离散度巨大。超过 70%的期刊的 CI 不足类组标准值的 10%，约 90%期刊的 CI 值在类组标准值的 20%以下，说明绝大多数期刊处于学科影响低能效的状态。

2.2 CI 值的总量

CI 总量是本类组内所有期刊 CI 值之和，它反映了电气工程类中文科技期刊 CI 值的数量积累的基本情况。为了更为直观地反映学科群各期刊 CI 总量情况，我们采用了分区统计，即对全部期刊按照期刊影响力指数(CI)降序排列，依次按照数量平均划分为 Q1、Q2、Q3、Q4 等 4 个区：Q1 区为本类排名前 25%的期刊，Q2 区为本类排名在 26%~50%的期刊，如此类推。具体统计结果如表 4 所示。

表 4 2015—2019 年电气工程学科中文科技期刊 CI 总量及 Q1~Q4 区 CI 总量统计表

分区	2015	2016	2017	2018	2019
Q1 区	9 907.307	9 244.070 8	9 699.654	9 594.673	10 921.612
Q2 区	2 082.236	2 056.228	2 198.841	2 123.477	2 616.620
Q3 区	1 003.635	825.39	920.766	801.829	1 079.652
Q4 区	336.493	321.903 6	324.75	273.324	444.494
合计	13 329.671	12 347.592 4	13 144.011	12 793.303	15 192.226

CI 值研制者曾说明，CI 指标绝对值不能跨年度比较[14]，因此，我们仅做年度内的数据比较分析，年度间比较仅做趋势分析。各分区期刊的 CI 总量在其类组年度 CI 总量的占比统计如图 2 所示。

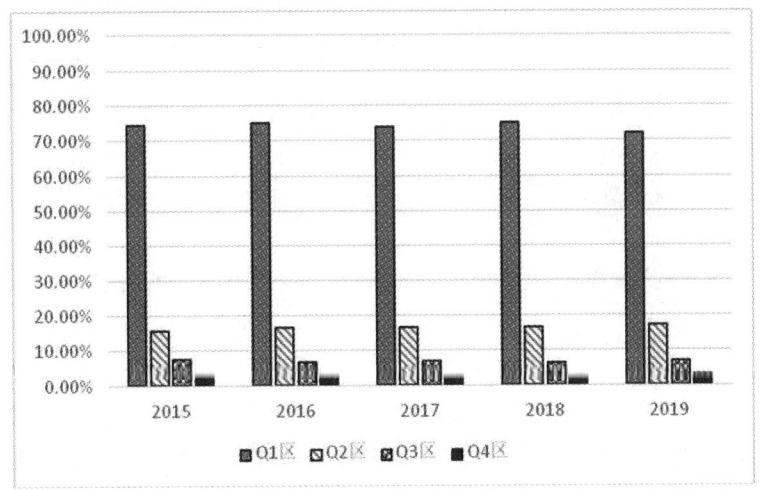

图 2 2015—2019 年电气工程学科各分区中文科技期刊 CI 总量占比统计

表 4 数据显示，电气工程学科期刊群的 CI 总值在 2015—2018 年逐渐下降，趋势明显。图 2 显示了各区期刊 CI 总值占比情况。Q1 区期刊的 CI 总量占到全年类组 CI 总量的 70%以上，其中，从 2015—2018 年，Q1 区期刊的 CI 总量占比不断攀升，到 2018 年占比达到最高，为 75%；同时，Q2~Q4 区期刊的占比不断下降，Q3 区期刊 CI 总值占比维持在 7%左右，Q4 区期刊的 CI 总值的占比一直徘徊在 2%~3%的区间内。CI 总量数据显示，在总数量上占 75%的 Q2~Q4 区的期刊，在学科影响方面还远没有形成群体效益。

但是，表 4 和图 2 的 CI 总值年度数据显示出一个引人关注的变化，2019 年电气工程学科期刊群的 CI 总值没有延续前 4 年的总值逐年减小的趋势，CI 总值达到 15 192.226，数值明显增加，同时，各区期刊 CI 总值占比也有了明显变化，Q1 区期刊 CI 总值占比明显减少，仅为 71.89%，Q2~Q4 区的期刊 CI 总值占比都有了不同程度的增加，其中，Q4 区期刊 CI 总值占比增加幅度最大，增加 36.95%。虽然，CI 总值总体格局没有根本性改变，但 Q2~Q4 区期刊的 CI 总值和总值占比"双增加"表明了这一年间期刊群的学科影响力有增加的迹象，是否能够保持增加势头，有待后续观察。

总之，CI 总量数据表明，仅占 25%的 Q1 区期刊 CI 总值占全部学科期刊群 CI 总值 70%以上，优势地位明显。占类组数量 75%的期刊的 CI 总值占比低于总学科期刊群的 30%，说明这个区间的期刊数量虽多，但在学科影响力方面，它们还没有形成有效的群体效益。

2.3 CI 值的平均值

为进一步明确电气工程学科期刊的办刊效能，深度观察各刊在学科影响方面客观状态，我们引入了 CI 平均值，它是该学科期刊的 CI 总值与刊数之比。CI 均值直接以数字的形式呈现该期刊群的整体办刊水平和效能。同时，为了进一步清晰描画该类组期刊的学科影响力，我们还以年度 CI 均值为界，将全部期刊分为 CI>均值和 CI<均值两组，再分别计算两组的 CI 均值(均值$_1$(CI>均值)和均值$_2$(CI<均值))，及两类组期刊的数量和占比。2015—2019 年电气工程学科各类中文科技期刊 CI 值年度平均值，以及以当年 CI 均值为界分组统计其组间均值和期刊数量及占比数据如表 5 和表 6 所示。

表 5 2015—2019 年电气工程学科各类中文科技期刊 CI 值平均值及均值$_1$(CI>均值)、均值$_2$(CI<均值)统计表

年份	2015	2016	2017	2018	2019
年度均值	126.949	116.487	113.310	108.418	129.848
均值$_1$(CI>均值)	381.050	355.541	334.471	330.851	342.865
均值$_2$(CI<均值)	43.321	38.794	39.590	35.940	41.524

表 6 2015—2019 年电气工程学科各类中文科技期刊 CI>均值、CI<均值统期刊数量及占比统计表

年份	2015		2016		2017		2018		2019	
	数量/本	占比/%	数量/本	占比/%	数量/本	占比/%	数量/本	占比/%	数量/本	占比/%
期刊数量$_1$(CI>均值)	26	24.76	26	24.53	29	25.00	29	24.58	34	29.31
期刊数量$_2$(CI<均值)	79	75.24	80	75.47	87	75.00	89	75.42	82	70.69

表 5 数据表明，2015—2019 年间，电气工程学科中文科技期刊的 CI 年度平均值均低于类

组标准值的 10%(其类组标准值为 1 414.214),"CI>均值"刊的年度 CI 平均值在 300~400 之间,<25%类组标准值;"CI<均值"刊的 CI 均值低于 50,<4%类组标准值,在 2015—2019 年间其占比逐年下降。

表 6 数据显示,在 2015—2018 年的电气工程学科中文科技期刊中,其 CI 高于年度均值的期刊数量占比保持在 25%左右,约 75%的期刊 CI 低于年度均值。

年度均值<10%类组标准值,说明该类组期刊整体的学科影响效益非常低。特别是,70%以上的期刊 CI 均值<4%类组标准值,说明该类组中大部分期刊的学科影响力效能极低。

但 2019 年的数据显示,这种局面有了变化的迹象:CI>均值的期刊数量占比接近 30%,"CI<均值"的期刊数量占比减少,逼近 70%,且其组内均值不降反增,停止了前 4 年逐年递减的势头。

综合表 5 和表 6 的数据信息,电气工程学科全部期刊的 CI 均值均低于 10%类组标准值,仅有 25%的期刊 CI 高于年度均值,其组中的 CI 均值<25%类组标准值,学科影响在低水平位置徘徊;更为严重的是,超过 70%期刊的 CI 均值不仅在年度均值线之下,且它们的 CI 均值低于 4%类组标准值。所以,该学科期刊群的学科影响力水平极低。

3 讨论与结论

本文以客观反映中文科技期刊学科影响能效为目的,以 2015—2019 年《中国学术期刊影响因子年报(自然科学与工程技术版)》中的电气工程学科中文科技期刊 CI 值数据为基础,从 CI 值的分布、总值和平均值等三个方面进行了统计和分析,得到了如下结论:

(1) CI 分布直观显示,该类组期刊群的 CI 值离散度大。超过 70%的期刊的 CI 不足类组标准值的 10%,约 90%期刊的 CI 值在类组标准值的 20%以下。整个学科期刊群的 CI 不呈现正态分布,显著呈现上端细小底部巨大的基本情况。超过 90%的期刊的学科影响力在标准值的 20%以下,说明绝大多数期刊的影响力过小。

(2) CI 总量数据表明,仅占 25%的 Q1 区期刊 CI 总值占全部学科期刊群 CI 总值 70%以上,优势地位明显。占类组数量 75%的期刊的 CI 总值占比低于总学科期刊群的 CI 总值的 30%,可见,位于 Q2~Q4 区间的期刊没能在学科影响力方向形成群体优势。

(3) 电气工程学科全部期刊的 CI 均值均低于 10%类组标准值,仅有 25%的期刊 CI 高于年度均值,其组中 CI 均值<25%类组标准值,说明该组期刊的学科影响力水平较低;更为严重的是,超过 70%期刊的 CI 均值不仅在年度均值线之下,且它们的 CI 均值低于 4%类组标准值。可见,整体上该学科期刊群在学科影响效益极低。

总之,电气工程学科中文期刊的学术影响效能整体偏低,绝大部分期刊在学科影响效能方面都有待提高。

不过值得注意的是,2019 年的数据显示出变化的迹象。电气工程学科期刊群的 2019 年 CI 总值中止了前 4 年该数据减小的势头,同时,Q1 区期刊 CI 总值占比明显减少,Q2~Q4 区的期刊 CI 总值占比都有了不同程度的增加,其中,Q4 区期刊增加幅度最大;CI 均值数据也显示出相同的迹象,"CI<均值"的期刊数量占比减少,逼近 70%,且其组内均值有明显的增高,止住了前 4 年逐年递减的势头,期刊群的整体办刊影响效益有了提升的迹象。但在整体上,该类别中文科技期刊学科影响效能的总体格局还没有发生根本性改变。

2018 年 7 月,中共中央办公厅、国务院办公厅印发了《关于深化项目评审、人才评价、机构评估改革的意见》，国务院发布了《关于优化科研管理提升科研绩效若干措施的通知(国发〔2018〕25号)》，为贯彻落实以上两个文件，2018年10月，科技部、教育部、人力资源社会保障部、中科院、工程院发出了《关于开展清理"唯论文、唯职称、唯学历、唯奖项"专项行动的通知》，全国范围内科研评价机制优化行动逐渐拉开帷幕，2019年中文科技期刊影响效能的数据变化应是本轮改革的积极反馈。对于本轮改革的机制、效果及效益评估等问题有待后续观察和研究。

参 考 文 献

[1] 中国科学文献计量评价研究中心，清华大学图书馆.2015中国学术期刊影响因子年报(自然科学与工程技术版)[M/OL].北京：《中国学术期刊(光盘版)》电子杂志社有限公司[2020-08-10].https://eval.cnki.net/userfiles/file/20200619/20200619101946_6556.pdf.

[2] 中国科学文献计量评价研究中心，清华大学图书馆.2016中国学术期刊影响因子年报(自然科学与工程技术版)[M].北京：《中国学术期刊(光盘版)》电子杂志社有限公司[2020-08-10].https://eval.cnki.net/userfiles/file/%E5%A4%A7%E6%96%87%E4%BB%B6/2016%E7%89%88-%E8%87%AA%E7%84%B6%E7%A7%91%E5%AD%A6%E4%B8%8E%E5%B7%A5%E7%A8%8B%E6%8A%80%E6%9C%AF.pdf.

[3] 中国科学文献计量评价研究中心，清华大学图书馆.2017中国学术期刊影响因子年报(自然科学与工程技术版)[M].北京：《中国学术期刊(光盘版)》电子杂志社有限公司[2020-08-10].https://eval.cnki.net/userfiles/file/20200619/20200619102642_2195.pdf.

[4] 中国科学文献计量评价研究中心，清华大学图书馆.2018中国学术期刊影响因子年报(自然科学与工程技术版)[M].北京：《中国学术期刊(光盘版)》电子杂志社有限公司[2020-08-10].https://eval.cnki.net/userfiles/file/20200619/20200619103000_4608.pdf.

[5] 中国科学文献计量评价研究中心，清华大学图书馆.2019中国学术期刊影响因子年报(自然科学与工程技术版)[M].北京：《中国学术期刊(光盘版)》电子杂志社有限公司[2020-08-10].https://eval.cnki.net/userfiles/file/20200619/20200619134315_8300.pdf.

[6] 伍军红,孙秀坤,孙隽,等.期刊影响力指数与影响因子评价国际期刊的比较研究[J].编辑学报,2017,29(5):500-504.

[7] 刘雪立,郭佳.中文科技期刊评价:现状·问题·建议[J].编辑学报,2020,32(1):5-9.

[8] 中共中央办公厅、国务院办公厅.关于深化项目评审、人才评价、机构评估改革的意见[A/OL].[2020-08-10].http://www.gov.cn/zhengce/content/2018-07/24/content_5308787.htm.

[9] 国务院.关于优化科研管理提升科研绩效若干措施的通知[A/OL].[2020-08-10].http://www.gov.cn/zhengce/content/2018-07/24/content_5308787.htm.

[10] 科技部,教育部,人力资源社会保障部,中科院,工程院.关于开展清理"唯论文、唯职称、唯学历、唯奖项"专项行动的通知[A/OL].[2020-08-10].http://www.cujs.com/detail.asp?id=2886.

我国学术期刊开放获取面临的困境探析

王 倩

(清华大学出版社,北京 100084)

摘要:在开放获取的国际浪潮中,我国相关部门积极推进开放获取政策,我国开放获取学术期刊占比逐年升高。但由于我国学术期刊起步晚,并且缺少国家层面的整体规划,因此开放获取仍然面临着很大的困难,平台建设相对落后,导致大多数学术期刊采取"小农经济"式的开放获取,国家的学术评价体系也不利于学术期刊开放获取的发展。本文分析了我国学术期刊开放获取面临的困境,并提出相应解决对策。

关键词:学术期刊;开放获取;转型协议;平台建设

在过去几十年中,国际学术出版日趋商业化,出版行业兼并收购现象越来越普遍,五大出版巨头拥有的期刊在 1973 年仅占 20%,1996 年占到 30%,目前已经超过 50%。出版商在收购期刊后,会大幅提高期刊的订阅价格,因此大型出版商每年都有巨大的销售额,其利润高达 40%[1],而学术机构却由于高额的出版费用和数据库订阅费用不堪重负,最终众多学术机构与学者通过开放获取(open access,OA)革命向出版商提出抗议。与传统出版相比,开放获取具有非常明显的优势。一方面,学术出版在世界范围内的可获取性、高效性、公平性和透明性都显著增强;另一方面,科学研究本就由公共科研经费资助,开放获取让读者可以免费获取科研成果。

早在 2009 年,美国麻省理工学院(MIT)就施行了开放获取政策;欧盟于 2018 年推出了激进的 S 计划,要求到 2021 年由公共资金资助的全部论文需要开放获取,并提出要大幅削减出版商的利润[2];为了抗议期刊订阅价格大幅上涨,2019 年 2 月,美国加州大学宣布停止订阅由全球最大的科学出版商爱思唯尔出版的所有期刊[3]。

面对来自开放获取阵营的巨大压力和强硬措施,各大出版商都在积极探索新的商业模式。2019 年可以说是学术出版的"转型协议年",施普林格·自然与德国签署转型协议,全球最大的学术出版巨头爱思唯尔也与德国、瑞典、法国、等国家达成了一对一的转型协议[4]。2020 年 6 月,加州大学与施普林格·自然宣布签署一项突破性的开放获取协议。根据协议,加州大学所有的研究人员都能以开放获取形式在施普林格·自然的期刊发表论文,施普林格还将为加州大学开放旗下所有期刊的阅读权限。

国际上,期刊出版商为追逐高额利润与学术机构和学者产生了激烈的冲突,虽然出版商与学术机构通过签署转型协议来缓解这一矛盾,但开放获取论文处理费用仍然居高不下,尤其是高影响因子顶级期刊,如 *Nature Communications* 和 *Cell Reports*,单篇论文收费超过 5 000 美元[5],因此这一问题并没有得到根本解决。我国的期刊起步较晚,学术期刊的出版较为分散,规模性较差,这虽然减小了学术期刊开放获取的阻力,但我国仍缺少强有力的推进政策以及基础设施建设,缺乏系统的管理与规划。并且我国学术期刊影响力普遍较低,在施行开放获取的过程中会遇到更多的困难。本文对我国学术期刊开放获取现状进行梳理,总结目前遇到的问题和困境,并探讨相应对策。

1 开放获取的模式及特点

"开放获取"最早出现在 2002 年 2 月开放学会研究所(Open Society Institute)发布的《布达佩斯开放存取宣言》(Budapest Open Access Initiative)中。

根据不同的开放模式,开放获取可分为金色 OA(green OA)和绿色 OA(gold OA)。金色 OA 即以开放存取模式出版的期刊,通过作者支付论文处理费的方式,实现期刊内容面向读者免费获取。金色 OA 允许文章在出版后立即被所有人自由和永久地访问,文章的版权归作者所有。绿色开放获取是作者将已出版或未出版的文献存储到机构库、知识库等平台以供读者免费获取。绿色 OA 文章的版权通常归出版商所有,并且有特定的条款和条件决定如何以及何时可以在存储库中允许公开访问(称为禁运期 (embargo period),通常在文章发表后 6~24 个月)。

根据期刊的开放获取程度,可分为完全 OA 和混合 OA。完全 OA 既在期刊上发表的所有文章都可以免费获取;混合 OA 既作者在期刊发表论文后,读者需支付订阅费用才可阅读,作者也可以选择支付论文处理费使其文章成为开放获取论文,这样读者无需支付订阅费用就能获取全文。高影响因子的顶级 OA 期刊为了维持高额利润,多采取混合 OA 模式,而 S 计划禁止学者在混合 OA 期刊发表论文[6]。

开放获取的最初目的是为例降低数据库订阅费用,减少学术经费支出,在一些学术机构和学者的抗议下,部分出版商确实削减了利润,将期刊免费向读者开放,使读者更方便快捷地获取到学术资源,促进了学术的传播。但由于顶级期刊的稀缺性,在顶级 OA 期刊发表学术论文的费用不菲,因此期刊的订阅费转嫁到了期刊的发表费用上,并没有从实质上解决学术经费的问题。开放获取对信息共享和学术交流的促进为我国学术期刊的发展带来了机遇,我国的科研经费逐年攀升,国家应借机大力推进传统出版向开放获取模式转型。

2 我国学术期刊开放获取现状

我国作为学术论文生产大国,一直以来积极推进开放获取政策。2014 年 5 月,中国科学院和国家自然基金委分别发布相关政策声明。中国科学院发布的关于公共资助科研项目发表的论文实行开放获取的政策声明[7]中,要求中国科学院下属的各个研究所建立机构知识库,保存本机构作者受公共资助项目发表的论文,支持公众通过网络开放获取,研究人员和学生应在论文发表时把同行评议后录用的最终审定稿存储到所属机构的知识库,并于发表后 12 个月内开放获取。2018 年 3 月,我国首次在国家层面出台《科学数据管理办法》[8],进一步加强和规范科学数据管理,提高开放共享水平。2018 年 12 月,在第 14 届柏林开放获取会议上,国家自然科学基金委、国家科技图书文献中心和中科院文献情报中心明确表态支持 OA2020计划和 S 计划。2019 年,科技部启动 2021—2035 年国家中长期科技发展规划,将科技文献工作纳入其中。

在国内各项政策的推动下,在国际开放获取的浪潮中,我国学术期刊也在积极探索适合自己的开放获取方式。随着研究人员对开放获取期刊的认知度不断上升,我国学术期刊开放获取的比例也日益增加。《中国科技期刊引证报告》中收录的期刊，开放获取期刊占比从 2005 年的 5.66%[9]上升到 2009 年的 18.4%[10]。2018 年，李克伟等[11]对 CSCD 中收录的期刊进行统计，开放获取期刊占比已经高达 69.65%。按照国际惯例，可认定开放获取已成为我国期刊的主流做法，我国已初步进入开放获取时代。虽然我国开放获取期刊占比不断攀升，但也存在很多问题。例如，我国相当数量的高水平学术期刊是与国外大型出版集团合作办刊，由国外出版集团负责发行和传播，这在很大程度上削弱了我们的自主权。还有很多期刊在自己的网站上允许全文免费下载，但并没有开放获取声明，这说明期刊对开放获取的认知和管理并不规范。

与欧美一些国家几十年开放获取的长足发展相比，我国开放获取的发展较为缓慢，这主要是由我国期刊的发展所决定。我国的期刊编辑部较为分散，缺少大规模的出版商，因此统一管理的难度较大。国家已经出台了一系列的资助政策支持一部分优秀学术期刊作为试点，力争尽快探索出一条适合我国期刊开放获取的道路。

3 我国学术期刊开放获取面临的困境

3.1 平台建设相对落后

虽然我国已经出台相应政策推进信息共享，但对于期刊出版及平台建设的支持则相对落后。2014 年，中国科学院在提出"关于公共资助科研项目发表的论文实行开放获取的政策声明"时，要求各个研究所建立知识库。同期，中国科学院创建了开放期刊投稿推荐与论文一站式发现平台——GoOA，截至 2020 年 8 月，GoOA 收录经过遴选的国内外 OA 期刊 2 227 种，OA 论文 548 890 篇，这在很大程度上推动了 OA 论文的传播与再利用。但 GoOA 主要收录英文期刊，中文期刊的平台建设则更滞后，国内期刊开放获取平台——中国科技期刊开放获取平台——仅收录了 660 本期刊，而能够提供全文获取的期刊仅有 190 种。相对于每年海量的科研论文，我国的开放获取平台建设远远不够。

由此可见，我国学术期刊平台的建设落后于科学技术的发展，这在很大程度上制约了学术成果的传播，导致大批优秀科研成果发表在国外期刊上，优秀资源的流失使我国学术期刊的发展更加举步维艰。

3.2 开放获取发展不成熟

除了少数与国外大型出版商合作出版的期刊采取金色 OA 模式，我国大部分 OA 期刊采用传统出版+绿色 OA 模式。我国大部分期刊仍在发行纸质期刊，这在很多期刊的收入中占了很大比例。随着网络的飞速发展，期刊纷纷自建网站，进行数字化建设，相当大一部分期刊将已经发表的论文放到自建网站上免费开放。李克伟等[11]统计的 CSCD 中开放获取期刊占比高达 69.65%，其中 98.77%来自自建网站，而这些期刊大多被 CNKI 等数据库收录，在数据库中，这些期刊的论文则需要收费阅读和下载。

由此可见，我国绝大部分 OA 期刊并不是金色 OA 期刊，这些期刊还处于开放获取的初始阶段，因此我国学术期刊的开放获取之路还非常漫长。

3.3 学术评价体系不利于期刊开放获取

我国科研学术评价过分依赖影响因子，而高影响影子期刊集中在五大出版巨头，因此致使大量高水平论文投向国外期刊。根据 SCI 数据库显示，2017 年中国作者总共发表了 69 051 篇开放存取论文，保守地估算，2017 年中国作者向开放存取期刊贡献的总费用至少为 7.6 亿元人民币[5]。

我国期刊起步晚，影响力普遍较低，在国外期刊的冲击下，发展十分艰难。部分期刊归属于科研单位，期刊运营费可以由科研单位提供。还有一部分期刊已经转企，需要自负盈亏，在传统出版模式下，期刊收取的版面费和订阅费可以勉强维持期刊运营，如果实行完全的开放获取政策，则会失去订阅费用的收入，期刊将很难维持下去。在这种情况下，期刊无法施行金色 OA。一些发展较好的期刊可以申请国家资助项目，在自建网站上免费开放论文，施行绿色 OA，其他期刊由于经费不足，网站建设相对落后，难以推行开放获取政策。

因此，只有从国家层面改变学术评价体系，制定有利于国内期刊发展的政策，才能更好地推行开放获取，缩小我们与发达国家学术期刊开放获取的差距。

4 我国开放获取发展的建议

我国学术期刊起步晚，虽然近些年发展迅速，但与欧美等发达国家相比还存在不小的差距，为了进一步提升我国科技期刊的影响力，推动我国期刊开放获取的发展，国家应采取一系列举措。

(1) 加强基础平台建设，为我国学术期刊开放获取的发展铺平道路。首先，应加强已有数据库平台的管理和维护，对已有数据库进行深度开发和更充分的利用；其次，应利用图书馆、科研机构的资源优势，进行开放获取平台建设；同时，应借鉴发达国家的发展经验和先进理念，加大平台建设的力度。

(2) 我国科研经费逐年攀升，受基金项目资助的文章应率先实行开放获取。2015 年，国家自然科学基金委员会正式发布"国家自然科学基金基础研究知识库"(The Open Repository of National Natural Science Foundation of China)，收集国家自然科学基金资助项目成果的研究论文全文，向社会公众免费开放。国家及地方每年的基金资助项目众多，国家应制定相应政策，积极推动受基金资助的文章施行开放获取。

(3) 鼓励我国的优秀科研成果发表在国内期刊上，提高国内学术期刊的影响力，提高我国期刊的国际话语权，这样才能有资本与国际 OA 期刊竞争，进而将国际上的优秀研究成果吸引到我们的开放获取平台，最终实现不以营利为目的，广泛传播优秀学术成果的开放获取。

5 结束语

学术出版正处于转型的十字路口，在开放获取刚被提出时，传统出版巨头们强烈抵制，但是这些巨头们很快意识到，这是一个获取更高利润的"契机"，因为高影响因子期刊可以收取高额的论文发表费用。我国学术期刊普遍影响力低，开放获取平台的建设也远落后于欧美的发达国家，众多期刊只能"小农经济"式开放获取，不利于学术成果的传播。但我国的绝大多数学术期刊不是以盈利为目的，这在很大程度上减少了开放获取发展的障碍。我国应加强开放获取平台建设，制定相应政策，建立有中国特色的新的学术评价体系，积极推进学术期刊开放获取的发展，不仅要加入开放获取的变革，更要在这场变革中发出中国的声音，对开放获取的发展产生深远的影响。

参 考 文 献

[1] SIVERTSEN G.关于开放获取出版模式转型的观察与思考[J].图书情报知识,2019(4):115-123.

[2] About Plan S [EB/OL].(2019-11-10)[2020-03-10].https://www.oa2020.org/about/.

[3] 任翔.开放获取博弈与出版变局:2018年欧美学术出版发展评述[J].科技与出版,2019(2):8-14.

[4] 任翔.开放生态改变出版规则:2019年欧美开放获取发展评述[J].科技与出版,2020(2):28-34.

[5] 江晓原."开放存取"已沦为一场商业骗局[N].中国科学报,2020-05-07.

[6] Radical open-access plan could spell end to journal subscriptions [EB/OL]. (2018-12-19)[2020-08-10]. https://www.nature.com/articles/d41586-018-06178-7.

[7] 中国科学院.中国科学院关于公共资助科研项目发表的论文实行开放获取的政策声明[EB/OL].(2014-05-09)[2020-08-10].http://www.cas.cn/xw/yxdt/201405/P020140516559414259606.pdf.

[8] 国务院办公厅.国务院办公厅关于印发科学数据管理办法的通知[EB/OL].(2018-03-17)[2020-08-10]. http://www.gov.cn/zhengce/content/2018-04/02/content_5279272.htm.

[9] CHENG W, REN S. Evolution of open access publishing in Chinese scientific journals [J]. Learned Publishing, 2008, 21(2): 140-152.

[10] 张莞,潘薇.我国科技期刊OA现状和发展策略研究[J].数字图书馆论坛,2010(12):56-60.

[11] 李克伟,乐丽娜,张耀坤.我国学术期刊进入了开放存取时代吗:基于CSCD及CSSCI来源期刊的调查[J].图书馆研究,2019(6):71-77.

我国科技期刊发展与一流学科建设关系的思考
——以华东师范大学统计学科及统计学英文刊为例

赵 伟

(华东师范大学学报期刊社 Statistical Theory and Related Fields 编辑部,上海 200062)

摘要:分析了SCI核心期刊政策给我国科技期刊带来的困境以及目前我国政府所采取的应对措施,指出科技期刊应与其主办团体共同发展;并以华东师范大学统计学院和主办的统计学英文新刊为例,说明"双一流"高校应主动承担起建设世界一流科技期刊的重任,促进并引领世界的一流学科建设。

关键词:科技期刊;SCI评价;一流学科建设;学术评价;统计学英文刊

1 SCI评价体系及中国科技期刊的现状分析

从20世纪80年代开始,我国开始引入"SCI核心期刊"政策,根据发表论文的期刊影响因子高低而非论文本身的质量来评价科研人员的学术工作。为获得科研经费支持和职称晋升,科研人员必须不断地发表SCI论文,自此开启了SCI崇拜时代[1]。

由于"SCI核心期刊"政策的导向,国内科研人员纷纷把他们最好的科研成果投往国外SCI期刊发表,国内期刊却面临优秀学术成果大量外流的挑战,这反而使得英美科学家可以更全面地了解全球同行的工作。另一方面,中国图书馆和科研院所还要花费巨资从国外出版商购买SCI期刊资源,造成了我国科研经费的极大浪费。事实上,SCI统计数据与学术期刊本身的质量是有差距的,对引文数据的滥用只会对我国科学发展造成伤害[2]。

据不完全统计,全球科技期刊大约有25 000余种,中国科技期刊超过5 000种,是仅次于美国的世界第二科技期刊大国。根据Web of Science的检索数据,2019年中国的SCI论文数量为548 291篇,排名世界第二。虽然我国已经成为科技期刊大国,但科技期刊的技术能力和整体质量与其国际地位并不对等。真正原创领域的论文少之又少,与发达国家的差距依然很大。

一方面,中国英文学术期刊的数量只有300多种,在科技期刊中占比不到8%。根据历年JCR报告统计,中国SCI期刊数稳定增加(见图1),这与我国的科研投入和近些年对科技期刊的重视与支持是分不开的。

2013年9月,中国科协、财政部、教育部、国家新闻出版广电总局、中国科学院、中国工程院启动了"中国科技期刊国际影响力提升计划",从国家层面支持中国科技期刊的国际化发展,其中D类项目助力新刊的创办[3]。2013年D类项目入选的项目之一,由上海交通大学主办的 *Nano-Micro Letters* 发展迅速,目前已跻身至世界一流期刊行列(2020年JCR报告中2019年影响因子为12.264,在物理、材料、纳米三个领域均居Q1区)。

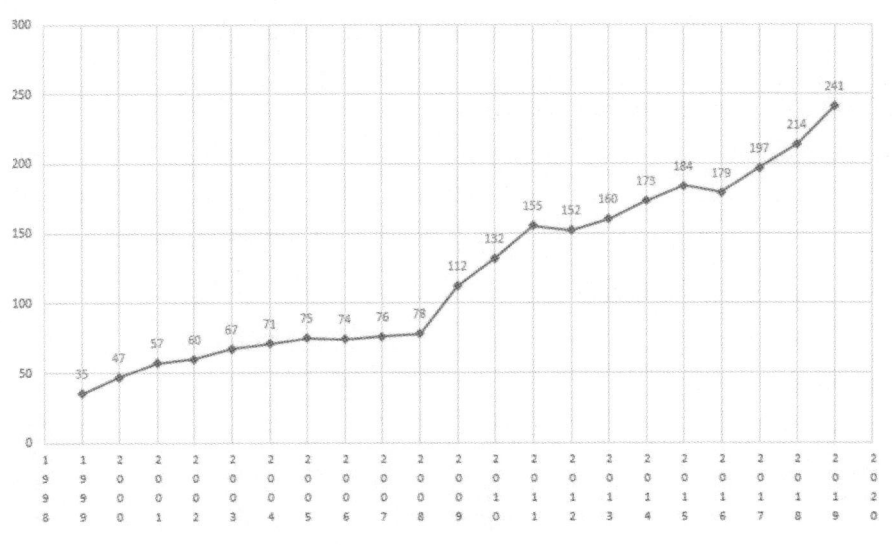

图 1 中国大陆 SCI 期刊数量变化图（数据来自 JCR 报告）

另一方面，我国缺乏有影响力的世界一流科技期刊，在全球科技竞争中存在明显劣势。2018 年 11 月 14 日，中央全面深化改革委员会第五次会议上审议通过了《关于深化改革 培育世界一流科技期刊的意见》[4]。为落实此意见，推动我国科技期刊发展，加快建设世界一流科技期刊，夯实进军科技强国的科技与文化基础，2019 年 9 月中国科协、财政部、教育部、科技部、国家新闻出版署、中国科学院、中国工程院联合实施了"中国科技期刊卓越行动计划"[5]，目前已完成 2019 和 2020 年度的项目评选。

2 华东师范大学统计学科与统计英文刊建设

2017 年，华东师范大学的统计学科入选了国家一流学科建设行列。统计学作为大数据时代重要的基础与应用学科，正在蓬勃发展，每年发表的论文数量正在迅速增长。以统计学的一个重要分支"贝叶斯分析及其应用"为例，根据在 Web of Science 上的检索结果，该学科在 1982 年仅发表 51 篇论文，在 1992 年发表 148 篇，2000 年 1 441 篇，2010 年 5 688 篇；在 2018 年和 2019 年已分别发表了论文 12 388 篇和 14 589 篇。

2.1 *Statistical Theory and Related Fields* 的创办

目前，世界上与统计学有关的刊物有 120 多种，远远不能满足该学科发展的需要。横向来看，很多国家和地区都拥有自己的统计学英文刊(见表 1)，这些刊物不仅有力地推动了各自国家和地区统计学的自主发展，还很好地帮助了那里的学者在国际统计学界发挥重要影响。

特别值得一提的是，*Statistica Sinica* 是 1991 年由中国台湾地区的统计科学研究所与泛华统计协会(International Chinese Statistical Association, ICSA)联合创办的，经过 20 多年的发展，目前已成为 SCI 统计学 Q1 区刊物，是华人统计学界的领军国际刊物。

反观中国大陆，有许多杰出的统计理论和应用的专家和学者，其专业能力并不逊色于欧美发达国家的同行，却因为长期以来没有属于自己的英文学术期刊，阻碍了他们在国际统计学发展中处于主导地位，这不利于将国际最新研究成果及时推广应用于我国经济建设和社会发展的各领域，也不利于中国统计学在国际上确立应有的重要地位。

表 1 不同国家和地区的代表性统计学类学术刊物

刊名	国家和地区	IF
Journal of the American Statistical Association	美国	3.989
Annals of Statistics	美国	2.650
Biometrika	英国	1.632
Journal of the Royal Statistical Society, Series B	英国	3.965
Probability Theory and Related Fields	德国	2.125
Scandinavian Journal of Statistics	挪威、瑞典	0.924
Statistica Neerlandica	荷兰	1.023
Annals of the Institute of Statistical Mathematics	日本	0.758
Canadian Journal of Statistics	加拿大	0.656
Australian & New Zealand Journal of Statistics	澳大利亚、新西兰	0.542
Journal of the Korean Statistical Society	韩国	0.556
Sankhya	印度	—
Statistica Sinica	中国台湾地区	0.968

2017 年 8 月，华东师范大学和中国现场统计研究会(CAAS)共同创办了统计学英文刊 *Statistical Theory and Related Fields* (STaRF)，这不仅对于统计学在全球地理范围均衡全面发展具有重要意义，还填补了我国统计学国际交流一个重要的空白，实现了中国几代概率统计学家的梦想。在海外统计学界有许多杰出华人学者，他们都很愿意帮助国内统计学的发展，STaRF 则为他们提供了反哺祖国的平台。

2.2 *Statistical Theory and Related Fields* 的办刊定位

STaRF 借鉴国外"顶级学术期刊"的做法，其重要的功能定位为：①为国内统计学家自主发表学术研究成果提供便利；②扶持国内青年统计学家尽快走向国际学术前沿；③组织统计学国际学术会议，促进中外统计学家的交流；④报道国内学术活动，介绍国内重要学术团体、机构和著名统计学家，扩大国际影响；⑤以刊物为平台，吸引海内外优秀统计学家，积聚人才，引领和主导国内统计学的发展。

2.3 *Statistical Theory and Related Fields* 的办刊进展

申请进入由国家六部门联合实施的"中国科技期刊国际影响力提升计划"是创办 STaRF 的一个初衷，华东师范大学于 2015 年，2016 年和 2017 年都提交了申请报告。但十分遗憾的是，三次都未能入选。当"中国科技期刊卓越行动计划"推出后，华东师范大学再次递交了申请，组织召开研讨论证会、请教相关专家，开展预答辩等前期演练和准备工作，并赴京参加答辩。2019 年 11 月 22 日，STaRF 终于成功入选该计划的"高起点新刊"项目。2019 年 5 月，STaRF 被世界上最大的学术期刊和著作的评论和引文数据库 Scopus 收录。这些进展为 STaRF 第一阶段的发展注入新动能，创造了攀升的有利机遇和条件。

3 学术评价体系的优化

2020 年 2 月 17 日，科技部印发《关于破除科技评价中"唯论文"不良导向的若干措施(试行)》

的通知(国科发监〔2020〕37号),其中具有国际影响力的国内科技期刊参照中国科技期刊卓越行动计划入选期刊目录确定[6]。若干措施中提出了评价重点和量化指标,这是对多年奉行的唯"SCI核心期刊"至上的价值导向的扭转,这对国内科研工作者和期刊人都是极大的鼓舞。

4 结束语

"双一流"高校有责任和义务配合国家整体战略的发展需要,主动承担起建设世界一流科技期刊的重任,实现世界一流科技期刊的建设目标,促进并引领世界的一流学科建设,进而为我国的科技发展和经济建设做出更大的贡献。

科技期刊传承人类文明,引领科技发展,直接体现国家的科技竞争力和文化软实力。中国科学的发展离不开中国科技期刊,相信中国科技期刊的春天从此来临。

参 考 文 献

[1] 王善平."SCI核心期刊"政策推进还是阻碍了中国科学的发展[J].科技导报,2011,29(28):15-19.
[2] 王善平.SCI统计数据与真相之间的差距[J].科学(上海),2013,65(1):36-41.
[3] 赵勋,李芳.中国科技期刊国际影响力提升计划(2013—2015年)D类入选期刊的办刊进展[J].编辑学报,2018,30(2):111-115.
[4] 科技日报.建设世界一流科技期刊未来可期[EB/OL].(2018-11-16)[2020-08-11].https://m.people.cn/n4/2018/1116/c28-11903651.html.
[5] 中国科协,财政部,教育部,科技部,国家新闻出版署,中国科学院,中国工程院.关于组织实施中国科技期刊卓越行动计划有关项目申报的通知:科协发学字〔2019〕41号[EB/OL].(2019-09-19)[2020-08-11]. http://www.cast.org.cn/art/2019/9/19/art_458_101785.html.
[6] 科技部.《关于破除科技评价中"唯论文"不良导向的若干措施(试行)》的通知:国科发监〔2020〕37号[EB/OL].(2020-02-17)[2020-08-11].http://www.most.gov.cn/xxgk/xinxifenlei/fdzdgknr/fgzc/gfxwj/gfxwj2020/202002/t20200223_151781.html.

编辑部严格执行《报纸期刊质量管理规定》的若干措施

闫杏丽，胡亚敏，张淑艳，张 锚

(合肥工业大学学报杂志社，安徽 合肥 230009)

摘要：依据国家新闻出版署印发的《报纸期刊质量管理规定》要求，结合编辑部的实际工作，分别从期刊的内容质量、编校质量、出版形式质量和印制质量 4 个方面论述了编辑部目前所做的工作及存在的不足，并提出了一系列措施，力求全面提升本刊的办刊质量和办刊水平。

关键词：期刊质量管理；内容质量；编校质量；出版形式质量；印制质量

对于报纸、期刊质量的相关政策性文件，原新闻出版署 1995 年发布了一系列的"标准"和"办法"，相关的还有 2010 年 7 月制定出台的《报纸期刊出版质量综合评估办法》[1]。这些"标准"和"办法"作为规范性文件，是报刊质量水平评测和管理部门年度核验考评的依据。但以上文件均在 10 年前出台的，而在这 10 年里，报刊行业发生了巨大的变化，特别是数字出版的出现，使报刊管理的重点、方式及策略也随之发生了改变[2]，因此那些旧的"标准"和"办法"已无法适应当前新的出版环境。加之近几年在国家出版管理部门组织的报刊质量抽检中，部分报刊存在差错率高、质量粗劣、主管主办单位责任不明确等问题。2018 年 11 月，中央全面深化改革委员会第五次会议审议通过了《关于加强和改进出版工作的意见》，强调出版工作要坚持质量第一的原则，完善出版管理体系。

为了健全报刊质量监管体系，提升报刊质检工作法制化、规范化水平，提高全行业责任意识和质量意识，推动推动报刊业加快向高质量高水平发展阶段迈进，2020 年 5 月 28 日，国家新闻出版署印发了《报纸期刊质量管理规定》(简称规定)。该规定是首个专门针对报纸期刊质量管理的规范性文件，是由正文和 4 个附件组成，其中正文部分共 15 条，主要包括报刊质量的定义、质量是否合格的判定标准、质量检查的方法和程序、质量管理的分级责任、对质量不合格报刊的处罚措施等内容[3]。以上内容中，质量判定标准、质量管理的分级责任、质量检查的方法和程序、对质量不合格报刊的处罚等方面的工作均由国家新闻出版主管部门和各省级新闻出版主管部门以及主办单位负责完成。

对于出版单位而言，最重要的工作就是要严把期刊质量关，《规定》第三条明确指出：期刊质量包括内容质量、编校质量、出版形式质量、印制质量四项，分为合格和不合格两个等级。四项均合格的，其质量为合格；四项中有一项不合格的，其质量为不合格。其中，编校质量(期刊差错率不超过万分之二)和出版形式质量(期刊差错数不超过 5 个)的合格标准在此前的法规规章中没有明确规定。四项的质量同等重要，缺一不可，为此本文主要从以上 4 项入手，分析了编辑部目前所做的工作以及存在的不足之处，并提出了一系列改进措施，力求全面提升学报办刊质量和学术水平。

1 内容质量方面

1.1 提高稿源质量的措施

稿源是期刊生存和发展的根本,是期刊质量的关键所在,因此稿源质量是影响期刊内容质量的关键因素。目前不合理的科研评价体系和职称晋升体系,出现了"一流稿投国外,二流稿投核心,三流稿投学报"的现象,从而导致高校学报优质稿源的流失[4]。再加之目前本刊的稿件来源主要以自由来稿为主,这样等到优质稿源更是难上加难,因此编辑部就不能按照常规在办公室被动地接收来稿[5],而应该积极采取各种措施争取好稿件,具体措施有:

(1) 编辑部主动约稿。编辑部可以定期地向编委会成员、审稿专家约稿;编辑部向本刊相关栏目的会议组稿,近几年本刊已成功向全国计算机技术与应用学术会议(CACIS)、全国青年地质大会进行了组稿;了解每年学校申请到的国家自然基金、国家重大专项等国家级资助项目,及时联系相关课题组进行约稿。

(2) 提高学报影响力,才能吸引高质量的稿源。对于综合性的高校学报来说,其影响力与专业性期刊是没法相提并论的。为此编辑部调整办刊思路,借助于本校的优势学科,设置特色栏目,有侧重地刊发这些学科的优质稿源。走出一条高校学报向专业化期刊发展的特色之路,从而形成良性循环,在提高学报影响力的同时,自然而然吸引到了高质量的稿源。

(3) 争取学校政策上的支持。学报作为学校的名片,学校应该制定合理的政策鼓励本校师生将科研成果发表在学报上,及时展示本校的科研学术水平,才不会使这张名片失色。学校在制定科研评价体系标准、教师晋升职称条件和年度考核指标时,应该给予政策上的支持,例如项目结题时至少在学报发一篇论文才能结题;教师晋升职称时在学报上发文章计一定的分值;年度考核算一定的工作量,从而调动了教师投稿的积极性,优质稿源自然而然就来了。

(4) 高质量稿源打破常规用稿流程,可根据实际情况做到快速收稿、快速送审、快速刊发,尽可能缩短出版周期,吸收优质稿源。为了缩短出版周期,本编辑部与中国学术期刊(光盘版)电子杂志社《"中国知网"学术期刊优先数字出版平台》合作,实现了即时在线出版,优质稿件一旦被录用经作者同意后即刻在网上实现优先数字出版。

1.2 审稿制度的完善

本编辑部在内容把关方面所做的工作主要有编辑初审、专家审稿、主编审格实行"双盲制",以确保本刊所刊登稿件内容的真实性、客观性、科学性,以把好内容质量关。

(1) 责任编辑初审制度。本刊所有稿件均通过网上在线投稿查稿系统进行收稿,编辑通过在线办公系统对稿件进行初审。在初审环节,编辑逐篇审读在线投稿稿件,严格把好导向关、学术关、知识关、文字关等。审核后,初审人员给出初审意见,并对稿件提出取舍意见和修改建议。对不确定的稿件和涉及重大选题备案内容的选题,提交编辑部统一讨论决定。

(2) 专家双盲审制度。外审一般由具有副教授及以上职称的专家担任,本刊建立了专门的审稿专家库和在线审稿系统,将稿件按学科方向安排相关学者专家进行审稿。在审稿过程中严格执行"双盲"审稿制度,即审稿专家不知所审稿件的作者,作者也不知自己稿件的审稿专家,所有稿件都一视同仁,从而有效避免了关系稿、人情稿的发表,提高了本刊的学术质量。同时编辑部重视审稿专家的遴选,坚持对审稿专家数据库的动态管理,以建立稳定的较高水平的审稿专家队伍;要求审稿专家对稿件的综合学术水平进行严格审核,对稿件最终能否录用提出明确意见,以确保刊物的学术质量,提升刊物的学术影响力。

(3) 主编终审制度。终审由主编担任。在终审环节，主编根据初审、复审意见和审稿专家的评审意见，对稿件的内容，包括出版导向、学术质量、社会效果、是否符合党和国家的政策法规等方面做出最终评价，给出最终审稿意见。作者根据审稿结果对稿件进行修改后经编辑部确认后稿件进入待出版状态。

2　编校质量方面

编校质量是编辑部工作的重头戏，编校质量的好坏是编辑部可以控制的。编校是每个编辑最基本的工作，因此编辑部的编校制度、编辑人员的专业素养和业务能力决定了整个期刊的编校质量[6]。

2.1　编校制度

编辑部狠抓编校质量。在编校过程中，认真执行《出版管理条例》《报纸期刊出版管理规定》《高等学校学报管理办法》《中国高等学校自然科学学报编排规范(修订版)》《信息与文献 参考文献著录规则(GB/T 7714—2015)》《学术出版规范 表格(CYT 170—2019)》《学术出版规范 插图(CYT 171—2019)》《学术出版规范 关键词编写规则(CYT 173—2019)》《学术出版规范 期刊学术不端行为界定(CYT 174—2019)》等相关出版管理规定和行业标准，坚持"精益求精"的优良作风，做到数字使用规范，数理公式编排合理规范，文字表达、外文符号与标点使用规范严谨，量和单位的使用及参考文献著录符合规范要求，差错率远低于国家标准；稿件编辑出版严格实行编辑三编三校、作者校对、主任统稿、主编终校终审等编校制度，以确保期刊的编校质量；编辑部对每期进行自查，发现问题及时解决，并定期开展编辑部内部的业务学习和交流。为了更好地把编校制度落实到实际工作中，编辑部制定了详细的编校流程，每位编辑人员都必须严格按照该编校流程完成编校任务。本刊的编校流程如下：

(1) 主编根据来稿时间先后、论文质量、栏目需要等因素选定各期拟用稿件，并签发发稿清单，连同审稿单交编辑部主任安排编辑出版。

(2) 编辑部主任根据编辑的专业、编辑方向及工作量，确定稿件的责任编辑。

(3) 责任编辑拿到稿件后，应按照学报编排规范的要求对稿件进行编辑加工。稿件编辑校对应采取的方式为：编辑一编后交录排人员进行录排；编辑二编校对后交作者校对；编辑再进行三编三校，做到齐、清、定后，将清样、原稿一并交编辑部主任。

(4) 编辑部主任对完成编校的稿件进行统稿及终校，并将编辑编校的清样、编辑部主任统稿后的清样及原稿一并交主编进行终审。

(5) 主编终审后的稿件交编辑部主任进行最后修改，待编辑部主任进行最终审核无误后，交主编签发付印。

(6) 主编对统稿后的稿件进行终审，将终审中发现的问题与责任编辑进行沟通、指导与修改，并对终审过程中遇到的新问题进行记录，以作为编辑质量分析会的内容之一。主编或编辑部主任定期召开业务学习会议，对编校过程中的问题进行讨论分析，并结合业务学习进行点评，总结经验教训，不断改进工作，提高学报质量。

从上述编校流程可以看出，编辑部要求作者本人对稿件至少校对一次，编校人员的专业编校一般不低于3次，编辑部主任校对2次、主编终审校对1次，远远超出了"三校"的要求，学报的编校质量做到了高标准严要求，从而确保了本刊的学术质量和编校质量。

2.2 编辑的专业素养和业务能力

完善的编校制度是期刊编校质量的保障，编辑人员的专业素养和业务水平是期刊编校质量的基础。编辑部鼓励编辑参加中国高校科技期刊研究会、华东编协以及省高校学报研究会等期刊管理部门及协会组织的各类编辑业务培训和学术交流会。通过学术交流和对外联络，不仅学习了编校方面的专业知识，还及时了解了专业领域的最新学术动态和前沿问题，把握国家期刊改革的动向及办刊理念的变革趋势，学习和借鉴兄弟院校学报的办刊经验，有助于培养编辑的创新思维和开放理念，开阔了编辑的视野，可以更好地为期刊的发展进言献策。

加强编辑理论知识方面的学习和研究，要善于总结和研究在编辑稿件过程中遇到的问题，以便提升自身的编辑业务能力。目前，编辑部每位编辑的业务能力已达到较高的水平，但有关编辑学方面的理论研究比较欠缺，从而制约了编辑部和自身的发展。为了鼓励编辑加强这方面的工作，编辑部制定了以下规定：凡是申请到编辑学方面的课题，根据课题档次折算成不同的工作量；发表编辑学方面的论文，根据刊物的档次折算为不同的工作量，对于高水平的论文编辑部在版面费方面予以补贴；凡是主讲了编辑学方面讲座的在年终考核中折算为一定的工作量。

进一步加强编辑队伍建设，培养专业化、复合型的编辑人才。编辑部既要有知识渊博、编校经验丰富的老编辑；也要有富有钻研精神、勇于探索学科前沿的中年编辑；还要有一批思想活跃、热爱编辑工作的青年编辑。只有这样，才能有利于编辑团队的可持续发展，才能保障期刊的编校质量。同时，加强编辑部内部管理，明确岗位职责，把质量与绩效挂钩，以制度来保证校对质量。

3 出版形式质量方面

《规定》第十条指出，期刊内容质量、编校质量、出版形式质量抽样检查的对象为期刊正文、封一(含书脊)、封二、封三、封四、版权页、目次页、广告页、插页等所有内容。该规定体现了出版形式质量与内容质量、编校质量同等的重要，必须严格执行《规定》对期刊出版形式的基本要求，加强对期刊出版形式质量的检查，确保期刊名称、国内统一连续出版物号和国际标准连续出版物号、主要责任单位、期刊条码、印刷发行信息、版权信息、出版标识、定价、版权页及标识性文字等所有信息的准确无误。

一般情况下，编辑部在内容质量和编校质量方面投入了大量的人力、物力，只重视了期刊正文的把关，往往忽视了出版形式质量的把关。本刊曾出现条形码的年份码和附加码不正确的情况，这是由于编辑部当时根本不了解条形码的结构与信息含义，以为是固定不变的；编辑部忽略了对该部分内容的校对。这一事件说明编辑部对出版形式的重视程度不够，为此，编辑部提出了以下措施加强出版形式质量的把关：①编辑部必须及时地了解期刊出版管理部门发布的各种最新标准和规范，一定要做到严格执行；②编辑部组织所有编辑人员认真学习了《规定》中出版形式质量内容方面的要求，逐项对照自查，找出本刊的问题所在，并积极整改；③每位编辑应重视出版形式质量方面规范的学习，并注重理论联系实际，认真执行《规定》。

4 印制质量方面

期刊的印制质量包括印前制作质量、印刷加工质量、印后检查等方面。每个方面涉及到不同的单位，需要协调好编辑部、排版制作单位与印刷厂三者之间的工作，严把印制过程中每一环节的质量关，才能确保期刊的印制质量[7]。为此，编辑部从这 3 个方面入手严把印制质量关。

(1) 印前制作过程是由编辑部和排版制作单位协作完成的，编辑部需加强规范化管理，严格按照科技期刊编排格式规范对期刊的版式、版心、字号、字体、图、表等进行编辑加工，为了实现编辑加工与排版制作间的无缝衔接，编辑部聘用了长期从事科技期刊编排的专职录排人员，已与编辑部合作了二十几年之久，非常熟悉本刊的编排格式和设计要求，配合起来非常的默契，从而大大提高了工作效率，减少了排版过程中的差错，保障了期刊的印制质量。为了严格把控印前制作质量关，每期在付印前编辑部主任和主编再各检查一遍，对印前可能影响期刊质量的因素进行彻底的排查，确认无误后再印刷出版。

(2) 印刷加工是期刊成品的一道重要工序，对印刷质量起着决定性的作用[7]，因此编辑部必须严格选择有印刷资质且设备、操作人员技术有保障的印刷厂，为此通过对数家印刷厂的设备、人员素质以及管理方式等方面进行考核，采用招标的方式来确定印刷厂。同时要与印刷厂进行交流和沟通，建立良好的互信关系。排版人员在发稿付印后，编辑部有专人跟踪印刷和装订质量，严格检查、监督印制过程中的每个环节，做到版面编排规范美观、精编精校精印，以确保期刊的印制质量符合《中华人民共和国产品质量法》《出版管理条例》等相关规定。

(3) 期刊正式出版后，主编与编辑部主任对每期学报的印刷质量进行检查，其中包括版式、印刷以及装订质量。如果发现问题，及时与排版人员和印刷厂沟通，并采取一定的奖罚措施，以保证期刊的印制质量。

5 结束语

国家新闻出版署高度重视期刊质量管理工作，2019 年底开展了期刊社会效益评价考核、"三审三校"制度执行情况专项检查等一系列的期刊质量检查工作。因此我们更应该重视期刊的质量，《报纸期刊质量管理规定》的出台为期刊质量管理提出了更为具体的要求。本文总结了实际工作中为提高期刊质量所采取的措施，并注重对期刊内容、编辑、校对、印制等业务环节的质量管理，努力实现对内容质量、编校质量、出版形式质量和印制质量更为有效的把控，不断提升办刊水平。

参 考 文 献

[1] 新闻出版总署法规司.中华人民共和国新闻出版法规文件汇编[M].北京:中国民主法制出版社,2013.
[2] 王凌.质量管理的规与矩:关于"如何为报刊质量管理立规矩"的观察与探讨[J].中国出版,2018(10):7-10.
[3] 袁舒婕.健全质量监管体系推进报刊业高质量发展:国家新闻出版署有关负责人就《报纸期刊质量管理规定》实施答记者问[EB/OL].[2020-06-25].http://media.people.com.cn/n1/2020/0629/c40606-31763171.html.
[4] 蒋湘莲,丁炳丽,朱雯霞,等.高校科技期刊稿源质量的现状调查及提升措施:以《中南医学科学杂志》为例[J].当代教育理论与实践,2013,5(7):153-155.
[5] 曾小汉,王慰,赵卫兵,等.提高科技期刊稿源质量方法探讨[J].黄冈师范学院学报,2011,31(3):153-155.
[6] 曹启花,谭辉,阮剑,等.中文期刊内容生产能力提升策略[J].中国科技期刊研究,2020,31(5):571-579.
[7] 金东,蔡红叶,游苏宁.统一印制管理:提高集群化期刊的印制质量[J].编辑学报,2011,23(1):56-58.

编 者 的 话

华东编协创办的《学报编辑论丛》从1990年出版第1集开始，到2020年，第27集又与广大读者见面了。30年来，伴随着高校学报的发展与壮大，《学报编辑论丛》每一集的出版都凝聚了广大编辑工作者的辛勤与努力。其不仅是一套系列参考丛书，也是华东编协成立30多年来成长的历史见证。

《学报编辑论丛(2020)》（第27集）共刊登相关论文139篇，内容包括学报创新与发展、编辑理论与实践、编辑素质与人才培养、媒体融合与新媒体技术应用以及期刊出版工作研究等方面。刊登的论文内容丰富，既有理论研究，又有经验交流，既有学报改革与创新等方面的宏观论述，又有稿件及编辑等工作的具体分析。随着我国报刊业的改革与发展，高校学报正面临着前所未有的机遇和挑战，一流科技期刊建设、体制改革、集约发展、校际联合、融合出版等方面可能会有重大的突破，本书体现了对这些方面的积极探讨和研究。本书中有关编辑实践、数字出版、运作管理等方面的论文中有许多创新见解和经验体会，充分体现了本套丛书注重工作经验交流，注重实际参考价值的出版取向。

为保证本书的编辑出版质量，编委会成员对所有投稿进行了严格认真的审稿和修改，对缺乏新意或论述水准低的稿件实行了退稿处理。本书由上海大学期刊社负责征稿编排，同济大学学报编辑部协同编务，上海大学出版社出版发行。本书正式出版发行后，电子版将在中国知网、超星APP平台上发布。目前，《学报编辑论丛》第1至26集已在中国知网全文上网发布，以方便读者阅读参考。

本书献给华东编协2021年学术年会。借此机会，谨向华东编协各成员单位、作者、审稿专家、上海大学期刊社、同济大学学报编辑部、上海大学出版社，以及关心与支持本书编辑出版工作的所有人员致以衷心的感谢！

《学报编辑论丛(2020)》编委会

2020年10月

《学报编辑论丛(2021)》(第 28 集)征稿启事

经《学报编辑论丛》编委会研究决定，2021 年 10 月出版《学报编辑论丛(2021)》。该书为系列丛书《学报编辑论丛》的第 28 集，2021 年 1 月开始征稿，2021 年 8 月 15 日截止征稿。征稿范围：高校学报编辑部、期刊杂志社、出版社以及期刊管理部门等单位或个人撰写的有关高校学报和学术书刊方面的研究成果与经验交流。

《学报编辑论丛》是为高校学报、各类学术书刊编辑工作者提供业务交流的系列丛书，由《学报编辑论丛》编辑委员会组稿编辑，国内权威出版社出版发行。从 1990 年到 2020 年，《学报编辑论丛》已正式出版 27 集，刊登了 2 000 多篇探讨学报和学术书刊方面的研究论文，为促进我国高校学报和学术书刊的发展作出了重要贡献，在我国高校学报和学术书刊界有着广泛的影响。

《学报编辑论丛(2021)》将继续由上海大学出版社出版发行，论文的电子版将在中国知网、超星 APP 平台上发布。全书设立"学报创新与发展""编辑理论与实践""编辑素质与人才培养""媒体融合与新媒体技术应用""期刊出版工作研究"等栏目，重点刊登对高校学报和学术书刊工作者有实用参考价值的研究论文与经验介绍。

现提供部分选题类型供投稿者参考：(1) 高校学报管理体制与运作模式的改革创新；(2) 科技期刊体制创新与文化产业发展；(3) 科技期刊的市场化与国际化；(4) 媒体融合与新媒体技术应用；(5) 编辑理论与实践；(6) 学术论文审稿方法创新；(7) 编辑素质、人才培养与管理；(8) 期刊检索系统与数据库；(9) 核心期刊与科技期刊评价；(10) 科技期刊的知识产权问题；(11) 办刊经验与经营管理。

稿件要求：正文 3 000~8 000 字，并附有中文摘要（不少于 100 字）和关键词（3~8 个）；参考文献按国标 GB/T 7714—2015 格式著录，并要求在文中标出引用之处；文末需注明第一作者的性别、出生年月、职称、学历学位、E-mail、联系电话（手机）等信息。所征稿件在 2021 年 7—9 月由《学报编辑论丛》编委会组织审稿。审稿通过的稿件在正式出版时按发排页码收取版面费 200 元/页。论丛发表后华东编协将评选优秀论文，并颁发荣誉证书。

投稿事项：《学报编辑论丛》已在中国知网开通网上投审稿系统，请注册账号登录后投稿，投稿网址为 http://xblu.cbpt.cnki.net/EditorBN/Quit.aspx。投稿咨询邮箱：hdgxxb@163.com。联系人：刘老师。咨询电话：13501876566。请关注学报编辑论丛微信公众号：xuebaobianjiluncong。

中国知网《学报编辑论丛》阅读网址：http://mall.cnki.net/magazine/magalist/XBLU.htm

《学报编辑论丛》编委会
2020 年 10 月 9 日